国家哲学社会科学成果文库
NATIONAL ACHIEVEMENTS LIBRARY
OF PHILOSOPHY AND SOCIAL SCIENCES

儒学与中国少数民族哲学

杨翰卿 等 著

中国社会科学出版社

图书在版编目(CIP)数据

儒学与中国少数民族哲学/杨翰卿等著. —北京：中国社会科学出版社，2024.11

（国家哲学社会科学成果文库）

ISBN 978-7-5227-3330-2

Ⅰ.①儒… Ⅱ.①杨… Ⅲ.①儒学—关系—少数民族—哲学思想—研究—中国 Ⅳ.①B2

中国国家版本馆 CIP 数据核字（2024）第 063969 号

出 版 人	赵剑英
责任编辑	韩国茹
责任校对	闫　萃
封面设计	郭蕾蕾
责任印制	戴　宽

出　　版	中国社会科学出版社
社　　址	北京鼓楼西大街甲 158 号
邮　　编	100720
网　　址	http://www.csspw.cn
发 行 部	010-84083685
门 市 部	010-84029450
经　　销	新华书店及其他书店
印刷装订	北京君升印刷有限公司
版　　次	2024 年 11 月第 1 版
印　　次	2024 年 11 月第 1 次印刷
开　　本	710×1000　1/16
印　　张	54.25
字　　数	747 千字
定　　价	369.00 元

凡购买中国社会科学出版社图书，如有质量问题请与本社营销中心联系调换

电话：010-84083683

版权所有　侵权必究

《国家哲学社会科学成果文库》
出版说明

  为充分发挥哲学社会科学优秀成果和优秀人才的示范引领作用,促进我国哲学社会科学繁荣发展,自 2010 年始设立《国家哲学社会科学成果文库》。入选成果经同行专家严格评审,反映新时代中国特色社会主义理论和实践创新,代表当前相关学科领域前沿水平。按照"统一标识、统一风格、统一版式、统一标准"的总体要求组织出版。

全国哲学社会科学工作办公室
2023 年 3 月

目 录

第一章 绪论：儒学与中国少数民族哲学的良性融促互动发展
  第一节 儒学南传对中国南方西南少数民族哲学的
      影响和"释儒"现象 / 002
  第二节 儒学西渐对中国西部西北少数民族哲学的
      影响和"伊儒"之学 / 013
  第三节 儒学北播及与中国北方少数民族政权密切联系的
      政治化实用儒学 / 018
  第四节 中国少数民族哲学对儒学的反哺与促进 / 021
  第五节 儒学与中国少数民族哲学交融互动和谐发展的
      重要作用和意义 / 027

第二章 人文地理学视野下的儒学与中国少数民族哲学关系
  第一节 自然与文化：人之生命的两重性与文化的区域性 / 031
  第二节 事实与理论：人文地理视野下儒家文化的区域性 / 046
  第三节 "中域"与"异域"：民族间的文化尺度与文化关系 / 058
  第四节 神道与人道：儒道宗教化与世界三大宗教中国化 / 069
  第五节 主体与行为：儒学与少数民族哲学融汇中的能动作用 / 078

第六节 制度与俗治：变教化俗与因俗而治 /094

第三章 儒学与壮族哲学

第一节 汉魏时期儒学在壮族先民地区的初始传播影响 /104

第二节 隋唐时期儒学在壮族先民地区的进一步传播影响 /111

第三节 宋元明清时期儒学广被岭表及壮族儒学的规模和特质 /116

第四节 壮族伦理长诗《传扬歌》与儒家思想的一致性 /132

第五节 本章结语 /134

第四章 儒学与黎族哲学

第一节 先秦至隋代儒学南渐与黎族先民的礼义之化 /138

第二节 盛唐时期儒学的传播与黎族先民思想观念的脱蛮祛魅 /144

第三节 宋元时期儒被海南对黎族文化进步产生深刻影响 /147

第四节 明清海南儒学的进一步发展与黎族思想文化受到的濡染 /157

第五节 "太古风致"：黎族哲学思想观念的生成转变与儒学浸润 /175

第六节 本章结语 /182

第五章 儒学与土家族哲学

第一节 原生初始：土家族神话史诗中的"儒心"文化 /184

第二节 世所公认：史籍对土家族"儒"意文化的认肯 /197

第三节 异源同流：土家族对儒家文化的现实选择 /207

第四节 异源一统：土家族儒家文化观念的民俗化 /213

第五节 本章结语 /218

第六章　儒学与瑶族哲学

第一节　瑶族创世史诗《密洛陀》受儒学文化影响觅踪　/ 221

第二节　瑶族"盘瓠开天"宇宙观与儒学的渊源关系　/ 226

第三节　深受儒学文化影响的瑶族伦理思想　/ 235

第四节　本章结语　/ 239

第七章　儒学与白族哲学

第一节　汉唐时期儒学传播影响与白族哲学思想文化对儒学的接受吸纳　/ 241

第二节　释儒和融：宋元明清时期白族哲学思想文化的主要观念形态（一）　/ 248

第三节　释儒和融：宋元明清时期白族哲学思想文化的主要观念形态（二）　/ 267

第四节　本章结语　/ 289

第八章　儒学与彝族哲学

第一节　儒学在彝族地区的传播　/ 291

第二节　儒学与彝族哲学关系中的几个问题　/ 329

第三节　本章结语　/ 361

第九章　儒学与苗族、布依族哲学

第一节　两汉时期苗族、布依族先民哲学思想文化形成发展的历史背景和儒学环境　/ 362

第二节　宋明时期儒学与苗族、布依族哲学的良性互动　/ 371

第三节　清朝时期苗族、布依族哲学与儒学的融汇发展　/ 384

第四节　本章结语　/396

第十章　儒学与纳西族哲学

第一节　纳西族的独特文化和渊源　/398

第二节　纳西族原始阴阳观念对儒学思想的融摄　/400

第三节　纳西族原始五行观念及其对儒学思想的吸纳　/405

第四节　纳西族原始八卦宇宙论及其与儒学《周易》思想的关联　/413

第五节　纳西木氏"好礼守义"的儒学观念传承　/414

第六节　本章结语　/421

第十一章　儒学与藏族哲学

第一节　苯教文化与儒学　/423

第二节　藏族世俗社会思想观念与儒学　/430

第三节　藏传佛教哲学与儒学　/442

第四节　本章结语　/469

第十二章　儒学与羌族哲学

第一节　《白狼歌》与儒家政治哲理　/471

第二节　"大禹出于西羌"的历史记忆及其禹文化观的现代阐释　/481

第三节　西夏对儒学的吸纳及其儒释关系　/489

第四节　儒学与川西羌族的哲学观念　/501

第五节　本章结语　/514

第十三章　儒学与维吾尔族哲学

第一节　唐代以前中原文化对回鹘文化的影响　／516

第二节　维吾尔族喀喇汗王朝时期的《福乐智慧》与宋代儒学的观念联系　／522

第三节　儒学在元代维吾尔族文化中的光大　／554

第四节　本章结语　／561

第十四章　儒学与回族哲学

第一节　元朝时期儒学对于回族哲学思想文化的影响　／563

第二节　明代的海瑞奉儒与李贽的"异端"儒学思想　／567

第三节　明清回族思想家"以儒诠经"的"伊儒"哲学　／582

第四节　本章结语　／590

第十五章　儒学与蒙古族哲学

第一节　元代儒学与蒙古族文化　／593

第二节　清代儒学与蒙古族哲学　／620

第三节　本章结语　／643

第十六章　儒学与满族哲学

第一节　儒学传播及靺鞨、女真、满族对儒学的接纳　／647

第二节　满族哲学思想及其与儒学的渗透融合　／658

第三节　满族哲学思想的基本特征及其与儒学的深度融合　／669

第四节　本章结语　／679

第十七章　儒学与朝鲜族哲学

第一节　中国朝鲜族的儒学传统文化：儒学在朝鲜半岛的
传播影响和发展　/ 681

第二节　朝鲜半岛的儒学成就及其特质　/ 693

第三节　中国朝鲜族葆有着朝鲜半岛儒学的思想传统　/ 707

第四节　本章结语　/ 711

第十八章　儒学与中国少数民族哲学交融互动的原因、途径和特点

第一节　儒学与中国少数民族哲学交融互动的主要原因　/ 713

第二节　儒学与中国少数民族哲学交融互动的基本途径　/ 728

第三节　儒学与中国少数民族哲学交融互动的基本特征　/ 758

第十九章　儒学与中国少数民族哲学交融互动的价值和意义

第一节　儒学与中国少数民族哲学交融互动的理论价值　/ 769

第二节　儒学与中国少数民族哲学交融互动的实践意义　/ 787

第三节　儒学与中国少数民族哲学交融互动对于世界和平
发展的当代意义　/ 794

主要参考书目　/ 806

索　引　/ 827

后　记　/ 845

CONTENTS

CHAPTER 1 INTRODUCTION: THE BENIGN INTERACTION AND MUTUAL PROMOTION BETWEEN CONFUCIANISM AND CHINESE ETHNIC MINORITY PHILOSOPHIES

1.1 The Influence of Confucianism Spread Southward on the Philosophies of Ethnic Minorities in South and Southwest China and the Phenomenon of "Buddhism and Confucianism" / 002

1.2 The Influence of Confucianism Spread Westward on the Philosophies of Ethnic Minorities in West and Nor thwest China and the Studies of "Islamic Confucianism" / 013

1.3 The Influence of Confucianism Spread Northward on the Philosophies of Ethnic Minorities in North China, and the Politicized Practical Confucianism Closely Related to the Political Power of Northern Ethnic Minorities / 018

1.4 TheResponse from and Promotion by the Philosophies and Cultures of Chinese Ethnic Minorities back to Confucianism / 021

1.5 The Important Role and Significance of the Interaction and Harmonious Development of Confucianism and the Philosophies of Chinese Ethnic Minorities / 027

CHAPTER 2　RELATIONSHIP BETWEEN CONFUCIANISM AND CHINESE MINORITY PHILOSOPHIES IN THE PERSPECTIVE OF HUMAN GEOGRAPHY

2.1　Nature vs. Culture: The Duality of Human Life and the Regionality of Culture ／ 031

2.2　Facts vs. Theories: The Regionality of Confucian Culture in the Perspective of Human Geography ／ 046

2.3　"Han" vs. "Foreign": the Cultural Scale and Cultural Relationship between Ethnic Groups ／ 058

2.4　The Ways of God vs. Human: The Religionization of Confucianism and Taoism and the Sinicization of Three Major Religions in the World ／ 069

2.5　Subject vs. Behavior: TheInitiative Role in the Blending of Confucianism and Ethnic Minority Philosophies and Cultures ／ 078

2.6　System vs. Custom: Customizing with Edification and Governing with Custom ／ 094

CHAPTER 3　CONFUCIANISM AND THE PHILOSOPHY OF THE ZHUANG ETHNIC MINORITY

3.1　The Early Spread of Confucianism and its Influence in the Areas of Zhuang Ancestors during the Han and Wei Dynasties ／ 104

3.2　The Further Spread of Confucianism and its Influence in the Areas of Zhuang Ancestors during the Sui and Tang Dynasties ／ 111

3.3　The Wide Spread of Confucianism and its Scale and Features in the Zhuang Ethnic Areas during the Song and Yuan Dynasties ／ 116

3.4　The Consistency between Confucianism and the Poem of "*Chuan Yang Ge*" Epitomizing Ethics and Morality of the Zhuang Ethnic Group ／ 132

3.5　Summary ／ 134

CHAPTER 4 CONFUCIANISM AND THE PHILOSOPHY OF THE LI ETHNIC MINORITY

4.1 The Spread of Confucianism in Southern China and the Edification of Li Ancestors from the Pre-Qin Period to the Sui Dynasty / 138

4.2 The Spread of Confucianism in the Areas of Li Ancestors and Its Influence on Their Civilization in the Prosperous Tang Dynasty / 144

4.3 The Wide Spread of Confucianism in Hainan and Its Profound Impact on the Progress of Li Culture during the Song and Yuan Dynasties / 147

4.4 The Further Development of Confucianism in Hainan and Its Influence on Li Ideology and Culture during the Ming and Qing Dynasties / 157

4.5 "Ancient Edification": The Formation and Transformation of the Li Philosophy with Infiltration of Confucianism / 175

4.6 Summary / 182

CHAPTER 5 CONFUCIANISM AND THE PHILOSOPHY OF THE TUJIA ETHNIC MINORITY

5.1 Protogenesis: The "Confucian Core" in Mythical Epics of Tujia Culture / 184

5.2 Universal Identification: The Identification of Tujia Confucian Culture in Historical Books / 197

5.3 Different Courses with the Same Source: A Realistic Choice of Confucian Culture by Tujia People / 207

5.4 Unification of Different Courses: The Folkloric Transformation of Tujia Confucian Culture / 213

5.5 Summary / 218

CHAPTER 6 CONFUCIANISM AND THE PHILOSOPHY OF THE YAO ETHNIC MINORITY

6.1 "*Mi Tuoluo*", the Epic of Creation of Yao, and the Influence on It from Confucian Culture / 221

6.2　The Original Relationship between Confucianism and the Yao Cosmology of "Panhu Separating Heaven and Earth" ／226

6.3　The Profound Influence of Confucian Culture on the Yao Ethical Thoughts ／235

6.4　Summary ／239

CHAPTER 7　CONFUCIANISM AND THE PHILOSOPHY OF THE BAI ETHNIC MINORITY

7.1　The Spread and Influence of Confucianism and the Assimilation by the Bai Philosophy and Culture in the Han and Tang Dynasties ／241

7.2　The Integration of Buddhism and Confucianism: the Main Conceptual Forms of the Bai Ideology and Culture in the Song, Yuan, Ming and Qing Dynasties (Ⅰ) ／248

7.3　The Integration of Buddhism and Confucianism: the Main Conceptual Forms of the Bai Ideology and Culture in the Song, Yuan, Ming and Qing Dynasties (Ⅱ) ／267

7.4　Summary ／289

CHAPTER 8　CONFUCIANISM AND THE PHILOSOPHY OF THE YI ETHNIC MINORITY

8.1　The Spread of Confucianism in the Yi Ethnic Regions ／291

8.2　Some Issues on the Relationship between Confucianism and the Yi Philosophy ／329

8.3　Summary ／361

CHAPTER 9　CONFUCIANISM AND THE PHILOSOPHIES OF MIAO AND BUYI MINORITIES

9.1　The Historical Background and Confucian Context of the Formation and Development of the Ideologies and Cultures of Miao and Buyi Ancestors during the Han Dynasty ／362

9.2 The Benign Interaction between Confucianism and the Philosophies of Miao and Buyi during the Song and Ming Dynasties / 371

9.3 The Integration of Confucianism and the Philosophies of Miao and Buyi during the Qing Dynasty / 384

9.4 Summary / 396

CHAPTER 10 CONFUCIANISM AND THE PHILOSOPHY AND CULTURE OF THE NAXI ETHNIC MINORITY

10.1 The Uniqueness and Origin of Naxi Culture / 398

10.2 The Assimilation of Confucianism in Naxi Original Ideas of Yin and Yang / 400

10.3 The Assimilation of Confucianism in Naxi Original Ideas of the Five Elements / 405

10.4 Naxi Original Cosmology of Eight Diagrams and Its Relevance with the Confucian Thought of *The Book of Changes* / 413

10.5 The Inheriting of Confucian Ideas by the Mu Clan of Naxi in Practicing Proprieties and Upholding Righteousness / 414

10.6 Summary / 421

CHAPTER 11 CONFUCIANISM AND THE PHILOSOPHY OF THE TIBETAN ETHNIC GROUP

11.1 The Bon Religious Culture and Confucianism / 423

11.2 The Tibetan Social Secular ideas and Confucianism / 430

11.3 Tibetan Buddhism and Confucianism / 442

11.4 Summary / 469

CHAPTER 12 CONFUCIANISM AND THE PHILOSOPHY OF THE QIANG ETHNIC MINORITY

12.1 *The Song of Bailang* and Confucian Political Philosophy / 471

12.2 The Historical Record of "Yu the Great was Born in Western Qiang" and the Modern Interpretation of the Yu Culture / 481

12.3　The Assimilation of Confucianism and the Confucianism-Buddhism Relationship in the Western Xia Regime / 489

12.4　Confucianism and the Philosophical Ideas of Qiang in the West of Sichuan Province / 501

12.5　Summary / 514

CHAPTER 13　CONFUCIANISM AND THE PHILOSOPHY AND CULTURE OF THE UYGHUR ETHNIC MINORITY

13.1　The Influence of Central China Culture on Uighur Culture before the Tang Dynasty / 516

13.2　The Conceptual Correlation between *Kutadgu Bilig* (*Wisdom of Fortune and Joy*) in the Uighur Kara-Khanate Regime and Confucianism in the Song Dynasty / 522

13.3　The Glorious Development of Confucianism in Uighur Culture in the Yuan Dynasty / 554

13.4　Summary / 561

CHAPTER 14　CONFUCIANISM AND THE PHILOSOPHY OF THE HUI ETHNIC MINORITY

14.1　The Influence of Confucianism on the Philosophy and Culture of Hui in the Yuan Dynasty / 563

14.2　Hai Rui's Confucianism and Li Zhi's "Heterodox" Confucianism in the Ming Dynasty / 567

14.3　The "Islamic Confucianism" of Hui Philosophers "Interpreting Islamic Classics with Confucianism" during the Ming and Qing Dynasties / 582

14.4　Summary / 590

CHAPTER 15　CONFUCIANISM AND THE PHILOSOPHY OF THE MONGOL ETHNIC MINORITY

15.1　Confucianism and the Mongolian Culture in the Yuan Dynasty / 593

15.2　Confucianism and the Mongolian Philosophy in the Qing Dynasty / 620

15.3　Summary / 643

CHAPTER 16　CONFUCIANISM AND THE PHILOSOPHY OF THE MANCHU ETHNIC MINORITY

16.1　The Spread and Acceptance of Confucianism in Mohe, Nuchen and Manchu Ethnic Areas / 647

16.2　The Philosophy of Manchu andIts Infiltration and Integration with Confucianism / 658

16.3　The Essential Characteristics of Manchu Philosophical Thoughts and Its Profound Integration with Confucianism / 669

16.4　Summary / 679

CHAPTER 17　CONFUCIANISM AND THE PHILOSOPHY OF THE KOREAN ETHNIC MINORITY

17.1　Traditional Confucian Culture of Chinese Koreans: the Spread, Influence and Development of Confucianism on the Korean Peninsula / 681

17.2　The Achievements and Characteristics of Confucianism on the Korean Peninsula / 693

17.3　The Ideological Tradition of Confucianism Maintained on the Korean Peninsula as Preserved by Chinese Koreans back to the Home of Chinese Confucianism / 707

17.4　Summary / 711

CHAPTER 18　THE CAUSES, WAYS AND FEATURES OF THE INTEGRATED DEVELOPMENT OF CONFUCIANISM AND THE CHINESE MINORITY PHILOSOPHIES

18.1　The Main Causes of the Integrated Development of Confucianism and the Chinese Minority Philosophies / 713

18.2　The Major Ways of the Integrated Development of Confucianism and the Chinese Minority Philosophies and Cultures ／ 728

18.3　The Basic Features of the Integrated Development of Confucianism and the Chinese Minority Philosophies ／ 758

CHAPTER 19　THE VALUE AND SIGNIFICANCE OF INTERACTION BETWEEN CONFUCIANISM AND THE CHINESE MINORITY PHILOSOPHIES

19.1　The Theoretical Value of Interaction between Confucianism and the Chinese Minority Philosophies ／ 769

19.2　The Significance of Interaction between Confucianism and the Chinese Minority Philosophies ／ 787

19.3　The Contemporary Significance of Interaction between Confucianism and Chinese Minority Philosophies for the Peaceful Development of the World ／ 794

BIBLIOGRAPHY ／ 806

INDEX ／ 827

EPILOGUE ／ 845

第一章
绪论：儒学与中国少数民族哲学的
良性融促互动发展

由于社会发展和文化形成、演变的历史原因，儒学创始并主要承进于我国中原地区，且经历由形成到显学再到长期作为具有国家意识形态性质的观念体系，乃至生活方式、文化类型的发展进程。鉴于中华民族形成发展的历史地理特点，我国以汉族为主体并居于中原地区，而少数民族多居周边。我国这样的历史文化生态和民族地理构成，决定了儒学与少数民族哲学相互眷顾和培壅发展的机缘：少数民族哲学由于儒学的传播影响而得到充足的浸润滋养，儒学也因少数民族哲学的基因合成而更加绮丽多姿。儒学与少数民族哲学这种交相成长演进的历程，其理论和实践、历史和当代的价值与意义，都是十分重大的；儒学与少数民族哲学双向的交流交合交融，其结果是既大大促进了儒学的进一步发展，更深刻促进和催生了带有我国历史上"四夷"文化特色的诸少数民族儒学形态的孕育和形成。就后者来说，我们姑且称之为中国少数民族儒学。

根据儒学在我国历史上少数民族中的传播影响，及少数民族认同吸纳、融合转化儒学的实际面貌，我们选取了壮族、黎族、土家族、瑶族、白族、彝族、苗族、布依族、纳西族、藏族、羌族、回族、维吾尔族、蒙古族、满族、朝鲜族16个民族为代表，进行考察和论述，其他少数民族的传统思想文化与儒学之关系，限于篇幅恕仅在有关的综论性章节中涵括或略有涉及。

第一节　儒学南传对中国南方西南少数民族哲学的影响和"释儒"现象

我国南方五岭之南的地区称为岭南，包括现在的广东、广西、海南全境，以及湖南、江西等省的部分地区[1]，现在一般特指广东、广西和海南三省区。目前来说，岭南地区的少数民族主要有壮族、黎族、瑶族、畲族、苗族、回族和满族。其中苗族、回族、满族是在特定历史时期，先后从其他地区移入岭南的，壮族、黎族、瑶族则是岭南越族后裔，畲族与岭南古越族有密切的渊源关系。由于范围广袤和地理位置等特点，历史上儒学在岭南地区的传播和影响是极其久远深广的，因而岭南少数民族受儒学浸润熏染的程度也最为突出。

如果注目于历史上的辉煌时点，儒学在岭南的传播和发展，于两汉三国时期已蔚为大观，蔚然成风；唐代进一步扩大与深化；宋明时期儒被岭南规模空前，形成灿然辉煌之势。总体来看，儒学文化在岭南具有广泛的传播，深刻的影响，长足的发展。汉高祖和汉文帝时期曾两次出使南越国的陆贾，主要怀抱儒学思想理论，说服南越政权臣服汉朝，可视为儒学传播岭南的开风气之先者。东汉时期，一些岭南郡守开始重视和创办学校，推行礼义教化，传播儒家经典，导致岭南华风丕变的情况，培育产生了知名而影响较大的儒学之士，甚至出现了岭南少数民族中的儒学佼佼者。西汉末东汉初岭南广信[2]的陈钦、陈元和陈坚卿祖孙三人，就是以经术文章而闻名的，号称"三陈"。有学者认为"三陈"是当今壮族，或至少是出生成长在壮族先民聚居

---

[1] 岭南，历史上也曾包括属于中国王朝统治的越南红河三角洲一带。
[2] 广信，两汉时期的交州首府，位于今广西梧州与广东封开一带。

地区。[1] 陈钦研习《左氏春秋》，与刘歆同时而别自名家，著《陈氏春秋》，王莽从陈钦受《左氏》学。陈钦之子陈元传《费氏易》，其学术成就超过其父，与经学家桓谭、杜林、郑兴，均为当时的儒学宗师。陈元之子陈坚卿，"能承先志，殚精卒业"，有名于当世。当时及后世，岭南士人常以"三陈"为范，慕风向学，兴起文教。后世广西不少书院均祀奉陈元，以激励后进学子读书明经。

汉末三国时期的苍梧人牟子，也可谓岭南少数民族地区儒学传播影响的参与者。牟子世居苍梧，或为少数民族。[2] 牟子原本儒生，精研儒家经传，亦读其他诸子百家书，后来致力于佛教研究，著《理惑论》。《牟子理惑论》采取问答体形式，广引《老子》和儒家经书，以论佛与道、儒不悖。从《理惑论》所引儒家经传看，《论语》《孝经》《左传》《荀子》《礼记》等，无不涉猎。因此，《理惑论》是一部重要的佛学文献，客观上也是儒、道之论著，尤其是该著诞生于东汉末、三国初年的岭南，对于当时岭南地区少数民族思想文化的影响，自然也是佛儒道皆有的。

有唐一代，岭南地区的儒学传播和影响，岭南少数民族所受到的儒学浸润和熏陶，具有进一步扩大和深化的态势。中原许多儒士或到岭南任职，或坐事贬谪岭南，或因其他缘由流寓岭南。他们大多热心发展教育，传播文化。同时也有不少岭南人到中原求学或供职，接受以儒学为代表的中原文化。唐王朝在岭南与全国其他地区一样开科取士，使岭南地区私学官学得到发展。当时，岭南形成了士人崇奉周孔之教、诵《诗》《书》、兴礼乐的风尚，出现了许多精通儒家经典的文人学者；儒家的思想观念、伦理道德渗透到社会各阶层，输入进千百万百姓中。张九龄就是出自岭南韶州曲江（今广东曲江）的一位儒者，被称为开元贤相。评价其贤显然是以儒家思想为价值标准的。

1　见何成轩《儒学南传史》，北京大学出版社，2000，第105页。
2　见何成轩《儒学南传史》，北京大学出版社，2000，第123页。

张九龄饱读经书，登进士第，以文才名世，曾任桂州刺史兼岭南道按察使。他遵行周孔之道，受汉儒特别是今文经学派影响甚深，哲学上承袭董仲舒天人感应论思想；政治上以儒家思想理论为指导，议论时政，以道事上，针砭时弊，以道匡弼。张九龄的儒家风范和以儒家思想为指导执政岭南，对岭南地区少数民族的思想意识和哲学观念，都产生了重要影响。中唐时期的韩愈、柳宗元均曾贬官岭南，对儒学在岭南地区及其少数民族中的传播做出了重要贡献。韩愈倡导古文运动，辟佛老兴儒学，提出儒学道统论，其最强烈的思想意识和勠力而为者，就是复兴儒学。他在中原为官时如此，贬谪岭南时依然如此。韩愈一生三入岭南，写下了在岭南传播儒学影响岭南少数民族哲学和思想文化的历史篇章。贞元十九年（803），韩愈拜监察御史，因上疏条陈宫市之弊和《御史台上论天旱人饥状》，遭贬连州阳山（今广东西北部）令。当今广东阳山的少数民族主要是瑶族。韩愈在阳山"有爱在民，民生子多以其姓字之"[1]，说明了韩愈当时的影响之深。韩愈第三次入岭南是因谏迎佛骨而被贬潮州刺史，所谓"一封朝奏九重天，夕贬潮阳路八千。欲为圣明除弊事，肯将衰朽惜残年！"[2] 当今潮州有几十个少数民族，其中畲族居多，唐时文化相对落后。韩愈在潮州刺史任上，一个最重要的工作就是兴学校，办教育，传播儒学。明万历年间进士黄琮评价说："潮故粤之东底，风气未辟。自昌黎请置乡校，延赵德为之师，而文学彬彬，遂称海滨邹鲁。"[3] 可见，韩愈在岭南及其少数民族地区对于促进儒学的传播影响作用之大。柳宗元的政治生涯或许还不如韩愈，但其因参与"永贞革新"而遭一贬再贬的命运，不减于韩愈。柳宗元初贬为邵州刺史，再贬为永州司马，复贬为柳州刺史，故有

1　《新唐书·韩愈传》。
2　(唐)韩愈：《左迁至蓝关示侄孙湘》，钱仲联集释：《韩昌黎诗系年集释》（下），上海古籍出版社，1984，第1097页。
3　(明)黄琮：《重修潮州府儒学记》，引自何成轩《儒学南传史》，北京大学出版社，2000，第196页。

柳柳州之称。柳宗元为岭南少数民族地区的儒学传播，同样做出了重要的贡献。与韩愈不同的是，柳宗元"自幼好佛"，欲"统合儒释"，但其以儒学为主体，守圣人之道、传仁义之教，复兴儒学的志向与韩愈同。柳宗元在被贬永州期间，就保持与韩愈、刘禹锡互通声气，标揭"文以明道"之帜，表明其"本之《书》""本之《诗》""本之《礼》""本之《春秋》""本之《易》"的"取道之原"[1]。他出任刺史的柳州，同样属于少数民族聚居地区，政治经济文化落后，礼仪教化低下。柳宗元并不鄙夷其民，而是施以礼法，坚信努力弘扬孔子之教，定可改善当地人们的思想状态和精神面貌，"皇风不异于遐迩，圣泽无间于华夷"[2]。柳宗元刺柳期间，重修孔庙，恢复府学，积极弘扬传播儒学，重视对当地少数民族的礼仪教化，以致形成了当地人士向学问道、热心经术、崇奉儒学、敦尚礼义蔚然成风的局面，并且"江、岭间为进士者，不远数千里皆随宗元师法；凡经其门，必为名士"[3]。

宋元明时期，儒被岭南并深刻影响岭南少数民族哲学和文化的发展，达到了盛况空前的程度。岭南地区文人学者儒学之士相继涌现，其中不乏少数民族，他们是该地区的文化精英和儒学推进者。皇朝委任岭南的各级地方官吏，包括内地的和岭南本土的，多有崇儒重道、重教兴学、重视教化者，其执政岭南促进了社会风习的转变、各民族文明水准的提高。流放贬谪至岭南及其少数民族地区的儒官，对于这里的儒学传播、圣学倡明、经术推进，更是发挥了突出的作用。宋明时期的岭南及其少数民族地区，出现了"衣冠礼度，并同中州"、儒学广被、庠序兴盛的局面，甚至产生了影响古今的儒学流派和重要代表人物。

广西这一少数民族聚居地区，宋时起儒学传播影响之风愈益深广。据记

---

[1] 《柳宗元集·答韦中立论师道书》，中华书局，1979，第873页。
[2] 《柳宗元集·谢除柳州刺史表》，中华书局，1979，第1001页。
[3] 《旧唐书·柳宗元传》。

载，广西两宋应常科考试中进士者有二三百人，有明一代也在二百人以上，其中不少是少数民族的壮族子弟，如宋有区革、韦安、韦经、韦民望、韦雅安、区文焕、韦文虎、韦弥高、覃良机等，明有韦昭、韦广、李璧、李文凤等，他们均史乘留名，可称之为广西壮乡的显儒。另尚有众多博学多才、读书颇富，甚至被目为"书笥"但不求礼闱的壮族隐儒。[1] 与科考和崇儒重道相联系，广西壮乡儒学传播影响之盛的另一标志是兴学重教、庠序日增，府学、州学、县学、社学，层层设置，至明代府州县学有近70所、社学200多所，私学书院也从始建到为数可观。南宋时广西书院即有9所，仅全州、静江府（今桂林）就有清湘书院、太极书院、明经书院和宣城书院。私塾和书院，发挥的同样是教授儒经、弘扬道学的重要作用。明成化年间，桂西壮族山区思恩府（治所在今马山县，后治今南宁市武鸣区）的壮族知府岑瑛，崇尚师儒，于其郡请建学立师，以服行孔子之教，得到明英宗嘉许，于明正统十二年（1447）建思恩府学，设儒学，置教授1人，训导4人。北宋时进士柳开曾知广西全州、桂州，以六经为范，兴教弘文，筑堂讲读，教化溪峒之民。北宋五子之首的周敦颐，皇祐元年（1049）应龚州（今广西平南）当时知州程珦之请，来到龚州为程颢程颐兄弟教读，并率二程到浔州（今广西桂平）讲学读书，当地一些士人亦从游受业，至今平南县尚有清人在石岩上所刻的"天南理窟"四字。黄庭坚为"苏门四学士"之首，宋徽宗时遭贬被编管广西宜州一年有余，卒于该地。黄庭坚在宜州以"德义经术"作为人生追求的目标，并以此教人勉人，与宜山壮族进士区革交谊甚厚，象征着与壮族这一少数民族间架起了儒学传播和各民族间相互影响的文化桥梁。被称为"东南三贤"之一的南宋儒学家张栻，曾为静江（今桂林）知府兼广南西路经略安抚使，他在帅桂期间，重视培养人才，倡导办学兴教，明伦纪，崇先

---

[1] 何成轩：《儒学南传史》，北京大学出版社，2000，第226—227、229—230页。

贤，起旧典，毁淫窟，正礼俗，[1] 在桂州这一"僻处岭外"的少数民族地区，为弘扬传播儒学做出了重要的贡献。王阳明在晚年奉命到广西征讨，其政治生涯与心路历程交错复杂，但就其实际作为而言，王阳明秉持"用夏变夷""敷文来远"，使"边徼之地"化为"邹鲁之乡"的指导思想是很清楚的。于是他初到广西，就积极支持兴学，在南宁亲创敷文书院，并日与诸生讲学其中，宣扬至仁，诞敷文德，以使人人恢复本心，发现良知，从而达到消弭祸乱于未然的目的。良知说为王学的重要理论面貌和根本特色，而其身体力行地创办学校，传授经典，昌明理学，弘扬圣道，则不失为其致良知之佳途。王阳明之后，广西重教兴学之风大盛，相继建立了广西思恩府阳明书院、武缘县修文书院和阳明书院、宾州敷文书院等。广西这一少数民族聚居区，历史上所受到的儒学浸润和影响，是我国其他少数民族地区所不可相比的。

北宋鸿儒苏轼与岭南尤其海南少数民族具有很不寻常的关系。苏轼因贬官谪居海南儋州（治所在今海南儋州市）三年，在这被当时视为蛮貊瘴疠的"非人所居，药饵皆无有"[2] 的"天涯海角"之地，播撒下了儒学文化的种子，与海南黎族乡亲结下了深情厚谊，谱写了名垂后世的民族团结平等的历史篇章。苏轼在儋与士民交游，收徒讲学，传授诗书礼乐，提倡道德教化，影响极其深远。他招收黎家弟子，传播儒学，意义尤其重大。他与儋州黎族弟子黎子云兄弟成了好友，受其影响，苏轼表示要学黎族语、化为黎母民，他所讲学的讲堂，后来发展成为东坡书院。在岭南或者说海南期间，苏轼倾心儒学，阐释儒家经典，著有《易传》《书传》《论语说》等，并命其三子苏过作《孔子弟子别传》。苏轼虽然以贬谪身份寓居岭南，其在这里讲学著书的实践，却真正地推动了儒学在岭南的传播，增进了儒学在岭南少数民族哲

---

1 何成轩：《儒学南传史》，北京大学出版社，2000，第285页。
2 《宋史·苏轼传》。

学和文化中的影响，同时也使苏轼的儒学血脉里，融入了黎族等岭南少数民族文化的观念之流。

从唐代的柳宗元到北宋的苏东坡，其儒学都与佛学具有深刻的不解之缘，对于岭南少数民族思想观念、哲学文化的影响，也不免会带有"释儒"的特色。

儒学广被岭南的另一重要之点，是在岭南形成了具有重要影响的儒学流派——江门学派。据悉当今江门有51个少数民族，为名副其实的多民族地区，其中壮族占江门少数民族的六成。江门心学的创立者陈献章，生于广东新会，居于广东江门，收徒讲学，弘扬儒学，从游甚众；弟子湛若水传其衣钵，发扬光大，创新发展。陈献章哲学的主旨是"天地我立，万化我出，而宇宙在我"[1]。湛若水则主张"万事万物莫非心也"[2]，"圣学功夫，……不过只是随处体认天理"[3]。"随处体认"，一定程度上显现的是陈献章"自然""养端倪"的心学特色；而随处体认的"天理"，潜蓄着的则是朱熹之学的实质。陈献章、湛若水创立和承传的江门学派，在明代儒学中独树一帜，影响遍及大江南北，提升了岭南文化的地位，岭南地区广大少数民族的哲学和文化当然也同时要受到濡染。

在我国云南少数民族哲学和思想文化的形成发展中，儒学文化呈现逐渐增强的传播影响趋势，以致云南历史上少数民族的哲学和思想文化渗透着深厚的儒学文化基因。约在两汉时期，儒学即在云南少数民族地区进行传播并产生了积极的影响。唐宋以后，儒学便深深地渗透到云南诸少数民族哲学和文化的土壤里，使得云南少数民族哲学和文化中的儒学构成越来越重。明清时期，

---

[1] 《陈献章集》，中华书局，1987，第217页。
[2] 湛若水：《湛甘泉先生文集》卷20《泗州两学讲章》，四库全书存目丛书编纂委员会编：《四库全书存目丛书·集部》第57册，齐鲁书社，1997，第57页。
[3] 湛若水：《湛甘泉先生文集》卷21《四勿总箴》，四库全书存目丛书编纂委员会编：《四库全书存目丛书·集部》第57册，齐鲁书社，1997，第73页。

甚至成就了一些颇有影响的少数民族儒学代表人物。具有云南纳西族古代社会"百科全书"之称的东巴经，是由纳西族的语言文字东巴文或格巴文[1]书写而成的。在东巴经中所体现或包含的哲学和宗教观念内，具有非常突出而显要地位的是阴阳五行观念。阴阳观念在东巴经中汉文音译为"卢""色"，"卢"表示"阳"的思想观念，"色"表示"阴"的思想观念，"卢色"即阳阴，或者按照汉语习惯称为阴阳。纳西族具有浓厚的原始崇拜和自然崇拜风气，东巴经中的阴阳观念，可能主要是通过直观地观察人类社会中的男女和自然界中的雌雄两性生活习性、生理作用及各自的特殊地位而获得的。在东巴经中，称男女、雄雌交合而生后代为"奔巴别"，从而引申出自然界中的一切事物皆是雄雌、阳阴交合而生，这是东巴经所表现出来的一种朴素的宇宙观。东巴经中这种阴阳和合的思想观念，大约至我国明代前后，在纳西族创造的"格巴文"的使用中，出现了采用汉文儒典《周易》的阴阳符号"--"和"—"来代替东巴文的情况，即用"—"代表东巴文的"卢"（阳），用"--"代表东巴文的"色"（阴），并将"卢、色"的读音和含义都移植到"—""--"这两个符号之上。[2] 因此可以判定，古代纳西族的阴阳观念明显地受到了儒学《周易》文化阴阳观念的影响。即使是东巴经中的"卢、色"即阳阴观念，以东巴文的文字形式表现出来，已是唐宋之际，而《周易》阴阳交感而生变化的观念也早已产生形成于千载之前了；从云南纳西族等诸少数民族的形成演变及与汉族融

---

[1] 东巴文是一种原始的图画象形文字，主要为东巴教徒授受使用，书写东巴经文，故称东巴文。纳西语为"思究鲁究"，意"木迹石迹"，见木画木，见石画石。东巴文创始于唐代，已有一千多年的历史，大约有1400个单字，至今仍为东巴（祭司）、研究者和艺术家所使用，被当今学者认为比巴比伦楔形文字、古埃及圣书文字、中美洲玛雅文字和中国甲骨文字显得更为原始古朴，是目前世界上唯一仍然活着的象形文字，被视为全人类的珍贵文化遗产。格巴文，亦译为"哥巴文"，是在明末清初，从东巴象形文字演变发展而来的一种表音文字。"哥巴"即弟子，"哥巴文"即东巴什罗后代弟子创造的文字，是对东巴文的改造和发展。东巴教徒也用它书写东巴经书。这种文字笔画简单，一字一音，比象形东巴文进了一步。哥巴文虽有2400多个符号，但重复较多，常用的只有500多字，标音不标调，同音和近音很多，致使运用不广。纳西族创造了东巴文和格巴文两种古文字，而且至今还在使用，这在世界文字发展史上是个奇迹。（详见百度百科"东巴文"条）

[2] 萧万源、伍雄武、阿不都秀库尔主编：《中国少数民族哲学史》，安徽人民出版社，1992，第252—253页。

合的历史状况分析,也能够曲折地反映出纳西族先民受到汉族文化影响的迹象。

在云南历史上的少数民族中,儒学与佛教密切结合而形成了"儒释"或"释儒"。唐宋以后,云南大理地区的白族举族信佛,苍山洱海间有"佛国""妙香国"[1]之称。据文献记载,元代以前的南诏大理国时期,云南白族所传佛教主要是密宗阿吒力教,其在南诏大理一度具有国教地位。至元代,代之而起的是从中土传入的禅宗。南诏大理国时期的白族僧侣被称为"师僧"或"儒释",是因为这些僧人往往饱读儒书,在佛寺中又教儿童念佛经、读儒书。佛寺不仅是宗教活动场所,也是传授弘扬儒学之地。元郭松年《大理行记》载:"师僧有妻子,然往往读儒书,段氏而上有国家者设科选士,皆出此辈。"[2] 师僧即儒释。南诏、大理国时期的僧侣虽身为僧却用俗姓,崇释习儒,有"其流则释,其学则儒"的特点,故称之为"儒释"或"释儒"。例如,现存于昆明的大理国经幢《造幢记》,就是大理国佛弟子议事布燮(相当于宰相)袁豆光敬造佛顶尊胜宝幢记。其记曰:"皇都大佛顶寺都知天下四部众洞明儒释慈济大师段进全述。"石幢是大理国"议事布燮"袁豆光所建造,袁豆光是一位官居犹唐宰相之职的"释儒"僧侣,段进全则明确被称为"儒释"。可见儒学在当时云南白族这一少数民族中的影响。

生活在明代中后期且半生"僻居西陲"的白族哲人李元阳,在阳明心学已全面破解朱学而成为理学舞台主要角色的背景下,处于云南大理地区白族举族信佛的宗教环境中,以明嘉靖五年(1526)进士被授予翰林院庶吉士,后来辞官返乡究心性命、参研佛理,其儒学成就不仅渗透着王学精蕴、佛道思想,而且体现出独特的理论品格,代表了我国一个少数民族之白族学者对

---

1 (元)郭松年《大理行记》云:"然而此邦之人,西去天竺为近,其俗多尚浮屠法,家无贫富皆有佛堂,人不以老壮,手不释数珠;一岁之间斋戒几半,绝不茹荤、饮酒,至斋毕乃已。"(王叔武校注:《大理行记校注》,云南民族出版社,1986,第22—23页)(明)谢肇淛《滇略》卷四载:"世传苍洱之间在天竺为妙香国,观音大士数居其地。……教人捐配刀,读儒书,讲明忠孝五常之性,故其老人皆手念珠,家无贫富,皆有佛堂,一岁之中,斋戒居半。"

2 (元)郭松年撰,王叔武校注:《大理行记校注》,云南民族出版社,1986,第23页。

儒学的卓越贡献。李元阳的哲学是儒释道相综合的哲学，其儒学是融合了佛道的儒学，如果说佛教标志着我国白族这一少数民族在明代的主体性文化，李元阳综合儒道，实现儒释道相融会，实质上体现着中华各民族文化互相交融吸收的民族和谐关系，以及民族之间团结融合、多元一体的深刻精神内涵。

清初云南姚安土同知高奣映，白族或彝族，他经史百家、先儒论说、佛教典籍、辞文诗赋，皆窥其底蕴而各有心得，尤擅治宋明儒学和佛学。他的儒学成就和影响，几与顾炎武、黄宗羲、王夫之、颜元等并列。[1] 高奣映受祖、父辈之深刻影响，有笃定的佛教信仰，陈垣先生把其归于"士大夫之禅悦"[2] 群体。"禅悦"者，明代末期士大夫之风气也。作为明季清初的白族（或彝族）"释儒"，高奣映又与李元阳不同，他并不用佛教的理论去诠释儒家，也不拿儒家的思路来观照佛教，采取的是一种随破随立的进路，不断从儒释文本中汲取概念或命题，而后进行各自独立的分析阐论，即佛与儒在高奣映的生活中是统一的，而在其学术理论中却彼此分开。作为一位白族或彝族士人学者，高奣映的这种特点体现了我国少数民族中"释儒"和融的多样性。

贵州是我国少数民族的聚居区之一，少数民族人口占三成以上。从历史上看，儒学在贵州少数民族地区的传播影响，基本上也是始于两汉，先后出现了舍人、盛览、尹珍等儒家学者，史称汉代贵州"三贤"，他们基本上都是直承中原儒学，尔后在贵州乡里少数民族地区，著书注经或讲学，传播儒学，为贵州少数民族地区的儒学传播做出了贡献。宋元时期，在唐以来所置庠序的基础上，贵州又增新学书院。书院之学，是传播儒学的重要渠道。《遵义府志》卷二十二载："宋初，但有书院，仁宗始诏藩镇之学，继而诏天下

---

1 《姚安县志》载："清季北平名流有谓清初诸儒应以顾、黄、王、颜、高五氏并列。"（霍士廉修，由云龙纂：《姚安县志》卷42《学术志·学术概论》，第五册，无页码）
2 陈垣：《明季滇黔佛教考》，河北教育出版社，2000，第333页。

郡县皆立学。杨氏时，宋有遵义，文教盖蔑如也。"安抚使杨文治播州（今遵义），重教兴学，对儒学传播具有积极的推进作用。南宋绍兴年间，在今贵州沿河县增建銮塘书院。元时，仁宗皇庆二年（1313），贵阳地区又建文明书院。明代，是贵州受儒学传播影响最大的时期。明儒王阳明因政治斗争贬谪龙场驿（今贵州修文县），当地居住着当今的布依族、苗族和彝族等少数民族。阳明学对贵州各民族文化产生的影响是显而易见的。王阳明贬谪龙场驿后，即在龙岗书院（今修文阳明洞内）讲学，并写出了《五经臆说》《龙场诸生问答》《示龙场诸生教条》等，儒家精要贯穿其中。尔后，又受贵州提学副使席书邀请，担任贵州书院主讲。阳明学对贵州各民族文化产生的影响是深刻的。从王阳明学术思想而言，贵州时期为其提出和标举知行合一之说的阶段，或者按照湛若水所判定，"阳明公初主格物之说，后主良知之说"[1]。王阳明的"格物"之说，实际上涵括心即理、格物即正心、知行合一三说。也就是说，王阳明从"理也者，心之条理也。是理也，发之于亲则为孝，发之于君则为忠，发之于朋友则为信。千变万化，至不可穷竭，而莫非发于吾之一心"[2]的"心即理"出发，认为"此心无私欲之蔽，即是天理"[3]，"意之所在便是物"[4]，这样，"格物"也就是格心，即"去其心之不正"[5]，同时这种格物正心的工夫，"元来只是一个工夫"，即"知之真切笃实处，便是行，行之明觉精察处，便是知"[6]的"知行合一"。王阳明的"知行合一"说，对于激发提升人的主体精神、激励促进人的客观践行，显然具有积极的重要作用。阳明学对贵州各民族文化产生的影响是久远的。他在贵

1　湛若水：《湛甘泉先生文集》卷31《阳明先生王公墓志铭》，四库全书存目丛书编纂委员会编《四库全书存目丛书·集部》第57册，齐鲁书社，1997，第231页。
2　《王阳明全集》（上）《书诸阳伯卷》，上海古籍出版社，2011，第308页。
3　《王阳明全集》（上）《传习录》上，上海古籍出版社，2011，第3页。
4　《王阳明全集》（上）《传习录》上，上海古籍出版社，2011，第6页。
5　《王阳明全集》（上）《传习录》上，上海古籍出版社，2011，第7页。
6　《王阳明全集》（上）《答友人问》，上海古籍出版社，2011，第234页。

州讲学期间，学生众多，有汉族，也有少数民族。王阳明在龙场，与贵州宣慰司宣慰使安贵荣（彝族）情谊深厚，万历十七年（1589），安贵荣之裔安国亨在阳明洞的崖壁上镌刻"阳明先生遗爱处"。"遗爱"二字寄有深情，表达了王阳明对彝族的友好、关爱，也表达了彝族对王阳明的真挚感情。王阳明《与安宣慰》的三封书信是他与少数民族之间情真意深、永志难忘的记录。王阳明贬谪贵州三年，受其影响，贵州各地纷纷建立书院。当时贵州有阳明书院、程番府中峰书院、正学书院，修文有龙岗书院、阳明书院，福泉有石壁书院，施秉有南山书院，石阡有明德书院，贵定有魁山书院，镇远有紫阳书院，毕节有青螺书院，铜仁有铜江书院，思南有斗坤书院，黄平有月潭书院，都匀有鹤楼书院和南皋书院。书院大部分设置在少数民族地区，这对当地少数民族习染儒学，发展民族文化提供了有利条件。不仅如此，彝族文化的构成及发展，也受到佛、道文化影响，吸收了佛、道的一些文化因素，体现出与佛、道文化深刻的渊源关系，也是彝族文化和思想观念的一个鲜明特点。如彝族毕摩文化中有崇佛、敬祖和信仙等观念内容，即是如此。从当今云、贵、川三地少数民族中的彝族来看，其思想文化、哲学观念，可以说是彝族本体文化与儒佛道观念交融结合的结果。

第二节 儒学西渐对中国西部西北少数民族哲学的影响和"伊儒"之学

中国西部西北地区的少数民族以藏族、维吾尔族、回族等为众。儒学西渐传播影响也常见于该地区这些少数民族的思想观念之中。从时间之维说，同样是肇始于汉代，如当时的新疆地区，有的"贵族子弟经常到长安学习汉文化"[1]，其中

---

[1] 范文澜：《中国通史》第2册，人民出版社，1978，第114页。

儒学文化应该是其学习的主要内容。唐以后影响更加深广。儒学西渐对我国西部少数民族哲学和文化传播影响的途径和形式，大致有和亲，文化交流，培养和任用既谙熟本民族文化又通晓汉族文化尤其是儒学文化，或者谙熟汉族文化主要是儒学典籍史册又通晓某种少数民族文化的士人学者及官员。据《资治通鉴》卷一九五《唐纪》十一"太宗贞观十四年"条载："是时上大征天下名儒为学官，数幸国子监，使之讲论，学生能明一大经已上皆得补官。增筑学舍千二百间，增学生满三千二百六十员，自屯营飞骑，亦给博士，使授以经，有能通经者，听得贡举。于是四方学者云集京师，乃至高丽、百济、新罗、高昌、吐蕃诸酋长亦遣弟子请入国学，升讲筵者至八千余人。"这是唐贞观年间的儒学影响和传播。

和亲是中国古代宗法文化在中原王朝与周边少数民族政权间的突出体现。和亲对于沟通民族感情、增进民族团结、促进民族文化交流、实现民族交融，发挥了重要的积极作用。伴随和亲而来的一个重要内容就是儒学文化在少数民族中的传播影响。这种现象在中原王朝与我国北方和西部地区的少数民族政权间更为突出，其中又以唐代与西部地区的少数民族政权间为最，如汉藏之间的文成公主与松赞干布、金城公主与吐蕃赞普和亲。文成公主出嫁吐蕃后，松赞干布即"遣诸豪子弟入国学，习《诗》、《书》。又请儒者典书疏"[1]，"请儒者典书疏"，大概就是请唐儒按照吐蕃人易于理解的方式对儒家经典进行注释、疏义或者讲解。金城公主出嫁吐蕃后，曾派吐蕃使臣到唐朝请儒家经典，《旧唐书·吐蕃传》载："时吐蕃使奏云：'公主请《毛诗》、《礼记》、《左传》、《文选》各一部。'制令秘书省写与之。"[2] "命有司写《毛诗》、《礼记》、《左传》、《文选》各一部。以赐金城

---

[1] 《新唐书·吐蕃传上》。
[2] 《旧唐书·吐蕃传上》。

公主。从其请也。"[1] 唐王朝与回纥的和亲更多且为双向。回纥乃今维吾尔族的先祖。和亲进一步促进了回纥与唐王朝之间的政治经济文化交流，以及汉民族与回纥民族间的和谐友好关系，其中当然包括了儒学文化对于回纥民族的传播影响。《唐会要》载："吐蕃王及可汗子孙，欲习学经业，宜附国子学读书。"[2] 当时的吐蕃与可汗子弟由于开始没有汉文基础，所以宜先入国子学附学，然后再进阶入国子学，而国子学的教学是以儒学经典为主要内容的。

与西部地区少数民族的文化交流，是儒学传播影响的重要方面。史载唐朝时吐蕃大臣仲琮，少游太学，颇知书；吐蕃重臣名悉猎"颇晓书记"，多次入使唐朝，有才辩，甚受礼待。[3] 据悉这些学有所成的吐蕃子弟，有的被唐朝留下委以官职，称"吐蕃舍人"；有的返回吐蕃成为吐蕃重臣，并带回了一些儒学文化典籍，进而将其译成藏文，如《易经》即有藏文译本，流传至今。敦煌文献是破解儒学传播影响吐蕃等我国西域少数民族的又一重要资源。敦煌是藏民族与其他民族杂居区，唐时吐蕃曾占领并统治该地区半个多世纪。20世纪初在敦煌莫高窟藏经洞发现的数万卷古代历史文献中，有儒家十三经以及浸透着儒家文化和思想的正史类著作如《史记》《汉书》《三国志》《晋书》等，在五千多卷的藏文文献中，发现有《尚书》《春秋后国语》《汉地儒教智慧格言集》等藏文本，以及汉藏对译的汉文文献如《孝经》《千字文》等。[4] 在吐蕃占领敦煌时期，儒学文化在汉藏之间深入的文化交流中占有重要的地位。在我国西域少数民族地区的教育史上，儒学教育自汉至清就一直没有间断过。

如前已述，史载唐时吐蕃"请儒者典书疏"，《旧唐书》也载有"又请中

---

1 （宋）王溥撰：《唐会要》卷36《蕃夷请经史》，中华书局，1955，第667页。
2 （宋）王溥撰：《唐会要》卷36《附学读书》，中华书局，1955，第667页。
3 《旧唐书·吐蕃传上》。
4 余仕麟等：《儒家伦理思想与藏族传统社会》，民族出版社，2007，第321—329页。

国识文之人典其表疏"[1]。这既表明当时吐蕃已有或者已可以接触到儒家典籍，也表明吐蕃重视传扬中原输入的儒家文化，还表明吐蕃所请的这些"儒者""中国识文之人"不仅为儒，而且通晓藏文。资料显示，吐蕃从唐朝请的这些"中国识文之人"到吐蕃后，都被委以"知汉书舍人"一类官职，进行"典其表疏"。"每得华人……有文艺者，则涅其臂，以候赞普之命。得华人补为吏者，则呼为舍人。可则以晓文字，将以为知汉书舍人。……凡在蕃六年……视其臂，一字尚存，译云：'天子家臣。'"[2] 这些自唐入蕃的"儒者"或"识文之人"，在吐蕃对于进一步密切唐蕃关系，传播儒家文化，提高吐蕃少数民族的文化素质，发挥了比较积极的作用。[3] 北宋熙宁时，对于地处我国西北一隅的唃厮啰吐蕃，王安石曾提出"渐以文法调驭，非久遂成汉人"[4] 的主张。"以文法调驭"即用"中国法教驭之"，也即以汉法治蕃部，其办法是既用佛教，又用儒家的《诗》《书》《礼》《乐》经典进行教化，设学校，赐书籍，立解额，传播中原儒学文化。宋王朝熙宁年间即在我国西域的熙州（今甘肃临洮县）、岷州（今甘肃岷县）、河州（今甘肃临夏）等汉藏民族杂居之地置蕃学，赐国子监书，教授儒家文化于蕃酋子弟，遂使吐蕃渐习汉法，渐变风俗，渐有华风。

中国的回族主要聚居于宁夏回族自治区，在甘肃、新疆、青海、河北、河南、云南、山东也有不少聚居区。回族主要是以13世纪初叶开始东来的中亚各族人以及波斯人、阿拉伯人为主，吸收了汉族、蒙古族、维吾尔族等民族成分，和唐宋时来华定居的土生番客，经长期融合发展而形成的一个统一民族，具有"大分散、小聚居"的空间格局和地理特点。回族以伊斯兰教为普遍信仰。儒学与回族的哲学和思想文化之间，具有与我国其他少数民族间

---

[1] 《旧唐书·吐蕃传上》。
[2] （唐）赵璘：《因话录》，中华书局，1985，第26—27页。
[3] 余仕麟等：《儒家伦理思想与藏族传统社会》，民族出版社，2007，第311页。
[4] （宋）李焘：《续资治通鉴长编》第17册，中华书局，1986，第5655页。

不同的特殊关系，这就是回族的哲学和思想文化一开始就与代表我国传统社会主流意识形态的儒学文化，具有难以分离的思想观念因缘，并且呈现逐渐深化发展的历史趋势，同时也越来越多地出现了一些深谙儒学思想并深受其影响的回族哲学学者和思想文化代表人物，如明代末年至清中叶的王岱舆、刘智、马注、马德新等。这些回族学者和思想文化代表人物，尽管居住地并非在我国西部的回族聚居地区，但其所做出的理论贡献和哲学思想文化成就，共同特点就是伊斯兰教教义与儒学的密切结合或融合，体现出儒学对我国回族这一少数民族哲学和思想文化的影响和渗透，从而将伊斯兰教义中国化，或者说这些回族学者通过"以儒诠经"的方式实现了伊斯兰教和我国传统文化的主体部分儒学文化的密切结合。在这种结合中，既是伊斯兰教文化的中国化和儒学化，也是儒学文化以与之异质的伊斯兰文化而展示和发展。由于这种伊儒合璧的特点，王岱舆等回族学者也堪称"回儒"，他们关于伊斯兰教义的汉文译著和研究，不仅扩大和深化了儒学文化在我国回族这一少数民族中的传播与影响，同时也用伊斯兰教文化反哺和增益了儒学的思想内容与理论意蕴，从而使儒学获得了所不曾出现过的"伊儒"面貌，体现着回族这一少数民族对于我国传统文化主体之一的儒学文化的认同、吸纳和扩展。从哲学思想看，"伊儒"有以下四点贡献：一是充分吸收宋儒周敦颐、朱熹的太极说等宇宙论观念，以论证伊斯兰教的真一、真宰的本源性；二是将宋儒程朱"格物致知"的修养工夫论，纳入伊斯兰教认主独一的体认论证；三是把儒家三纲五常的伦理道德观念与伊斯兰教的顺主、顺君、顺亲及念、施、拜、戒、聚等"三正""五功"的宗教伦理道德相结合；四是广泛吸纳儒佛道之哲学概念，以丰富伊斯兰教教义哲学。在这样的伊儒融汇中，确有"会通儒书，详明注释"、补充发挥儒学"知而不言"或言而不备的理论贡献。

第三节 儒学北播及与中国北方少数民族政权密切联系的政治化实用儒学

儒学在中国北方少数民族中的传播和影响,与在南方少数民族中的传播和影响具有很大的差异性,表现出迥然有别的突出特点。北方少数民族在汉代以后陆续建立了众多的汗(王)国政权,存续期间为了维护、巩固或稳定该政权,在其所辖区域(本民族聚居区、各民族杂居地区),崇尚并推行儒家文化;或者北方少数民族入主中原,统一全国后,崇尚儒学,推尊儒术,从而形成儒学与所建立的王国政权密切结合的政治化实用取向,以主导意识形态的面貌,在北方诸少数民族以及全国各民族中传播影响。就是说,儒学对于我国历史上北方少数民族的思想观念、哲学文化的影响,首先或主要是在建立了政权的少数民族贵族、王(汗)室中以及在其政权的运作和朝政治理的层面而展开、施行的。在某种意义上,这些社会群体也代表着该民族的思想水准和精神面貌,具有以上率下、以政化民、引领范导的作用与影响,尤其对于该民族的思想观念、文化导向,更是如此。

晋"十六国"南北朝时期,玄学风靡,佛学潮兴。在这样的思想文化背景下,在中国北方建立的诸多兄弟民族政权,常常将儒学作为其主流意识形态。无论是从建立封建秩序的礼制的需要方面,还是从重视传统儒学、尊孔读经、礼待儒生等方面,这些兄弟民族政权或者是儒佛并尊,或者是兴儒抑佛甚至反佛斥佛,儒学在该时期获得了空前的多民族认同。在匈奴族建立的汉(前赵)国,统治者刘渊、渊子刘聪博览汉族文化经籍,尤好儒学,拜汉儒为师,习《诗》《易》《春秋》等儒家经典。羯族建立后赵国的石勒,常让"儒生读史书而听之","朝贤儒士听者莫不归美焉"[1]。前燕后燕的建国者是

---

[1] 《晋书·石勒载记下》。

鲜卑族慕容氏，前燕慕容廆、慕容翰父子，后燕慕容垂、慕容宝父子等，重儒学，爱儒学，敦崇儒学，接纳儒士，委以重任。前秦的氐族苻坚，崇儒之笃，达到了"诸非正道，典学一皆禁之"[1]的程度。羌族姚兴的后秦，儒佛并用，尤重儒学。南北朝时期的北朝，拓跋鲜卑氏建立的北魏始终尊孔崇儒，并且斥佛除佛，北魏献文帝拓跋弘、孝文帝元宏（改拓跋为汉姓元）时达到巅峰。建立北周的鲜卑族贵族，更加雅重儒学，至北周文帝、武帝时，崇儒兴学，成为时尚。北周建立伊始，周文帝宇文泰在政治上奉行以德治教化为主、法治为辅的统治原则，要求各级官吏用儒家学说修身，躬行仁义、孝悌、忠信、礼让、廉平、俭约等，恪守儒家道德规范，同时向民众和社会推行孝悌、仁顺、礼义，用儒家伦理纲常观念教化人们，以心和志静、邪僻之念不生稳定统治秩序。宇文泰雅好儒术，倡扬儒学，并以此去除鲜卑族的一些落后习俗。周武帝宇文邕时期，辨儒释道三教先后，崇儒而抑制佛道，以致灭佛。同时，匈奴族、鲜卑族、羯族、氐族、羌族诸少数民族统治者，崇尚儒学，以儒为重，大都重视设馆立学，推行儒学教育，从而使儒风隆盛，儒术昌明，促进了北方少数民族与汉族间的团结融合，推进了少数民族的封建化过程。在这一过程中，儒学传统得以延续和保存，儒家文化得到弘扬，华夏民族凝聚力进一步增强。

辽、西夏、金、元时期，中国北方的契丹族建立的辽国存续三百多年，党项族建立的西夏和女真族建立的金等少数民族政权也有一二百年之久，元朝蒙古族贵族入主中原，统一了全国。在这些少数民族政权存续和统治时期，儒学无一例外地得到了尊崇，获得了倡扬发展。从建国之初到中后期，辽朝统治者辽太祖耶律阿保机及其各代，越来越重视儒学，儒家政治伦理思想居于统治地位，儒学思想文化渗透到辽朝社会生活的各个领域，对契丹这一少

---

[1] 《晋书·苻坚载记上》。

数民族的心理结构和价值观念产生了重大影响。女真族素有崇尚汉族文化的传统，金继辽后，成为我国北方的另一少数民族政权。此时，在北宋兴起并初步发展的性理儒学，至南宋时被发扬光大，程朱理学的统治地位得到确立。与南宋对峙而立的金朝，随着女真族封建化的加深，儒家思想亦渐行渐盛，尤其是金熙宗完颜亶、金世宗完颜雍、金章宗完颜璟统治时期，兴儒学，修孔庙，行科举，重儒典，《周易》《尚书》《论语》《孟子》等儒家经典皆被译为女真文字并颁行于世，儒家文化浸透至女真民族生活的方方面面。《金史·文艺列传》载："金初未有文字。世祖以来渐立条教。太祖既兴，得辽旧人用之，使介往复，其言已文。太宗继统，乃行选举之法，及伐宋，取汴经籍图，宋士多归之。熙宗款谒先圣，北面如弟子礼。世宗、章宗之世，儒风丕变，庠序日盛，士繇科第位至宰辅者接踵。当时儒者虽无专门名家之学，然而朝廷典策、邻国书命，粲然有可观者矣。金用武得国，无以异于辽，而一代制作能自树立唐、宋之间，有非辽世所及，以文而不以武也。《传》曰：'言之不文，行之不远。'文治有补于人之家国，岂一日之效哉。"[1] 有元一朝，佛儒并举，藏传佛教被奉为国教，同时尊崇儒学。早在太宗窝阔台时，耶律楚材即大力推行汉法，考选儒士，任之以官。元世祖忽必烈主政秦陕时，闻儒家学者许衡之名，就征召委为京兆提学；即帝位后，又召其入京顾问，授国子祭酒、中书左丞。蒙古族贵族建立元朝，统一全国，与其贵儒崇儒，具有密切的关系。元代赵复、姚枢、许衡、姚燧等儒家学者，包括刘秉中等在传播推广儒学，以儒立国，广育人才，使蒙古族统治者施行汉法，蒙古族人和子弟包括当时所称的色目人或西域人接受儒家教育等方面，发挥了重要作用。

建立清朝的满族是从中国北方建立后金政权的女真族演变而来的，当然，

---

[1]《金史·文艺列传上》。其中，对于"取汴经籍图"，校勘记（二）说："取汴经籍图，按文有脱误，或'图'下脱'书'字，或当作'取汴京图籍'。"

女真又以靺鞨乃至勿吉、挹娄、肃慎为族源。清朝历代统治者崇尚儒学。本来作为儒学发展巅峰形态的理学在明清之际已经衰落，但是，由于清代统治者的鼎力提倡，以及理学衰落内蕴着的新的发展契机，理学不仅在整个清朝始终居于统治地位，而且儒学还以其固有的汉学形态复兴演进。由此便形成了儒学在清朝满族统治者上层的再度隆兴，和在包括满族等少数民族在内的全国各族社会中的延续。具体而言，儒学在满族社会中的传播影响，一是清代最高统治者身体力行，率先敦崇儒学，如康熙帝玄烨"夙好程朱，深谈性理"[1]；二是以国家政权之力"表章经学，尊重儒先"[2]，如诏令购求与编纂、诠释儒学典籍，因袭元、明旧制继续以程朱理学为思想理论内容和标准科举取士，优宠理学名士选任为官，等等，致使在满族社会中，出现"今观八旗，各令子弟专习诗书"[3] 的局面。

第四节 中国少数民族哲学对儒学的反哺与促进

中国少数民族哲学和文化在不同程度地接纳、吸收、融摄和改造儒学文化的过程中，不仅扩大了儒学在中国更大范围的传播影响，促进了各少数民族哲学和文化的提升，以及民族进步和发展，同时成就了诸多具有突出儒学思想的少数民族哲学理论代表人物，丰富了儒学传播发展的多样性和多元化，体现出中国各少数民族哲学和文化对儒学发展的增益与贡献，显示了儒学与中国少数民族哲学和文化相互融合、相互促进、互动发展的理论面貌。儒学融入少数民族哲学和文化之中，成为少数民族哲学和文化的思想理论观念和血脉构成。

---

1 引自赵吉惠等主编《中国儒学史》，中州古籍出版社，1991，第789页。
2 引自赵吉惠等主编《中国儒学史》，中州古籍出版社，1991，第790页。
3 《世祖实录》卷98十三年二月丙申，《清实录》第3册，中华书局影印本，1985，第759页。

蒙古族忽必烈取《易经》"大哉乾元"之义，建国号为大元。有元一代，崇佛的同时，重用儒臣，优宠儒士，推尊儒学。儒学在元代得到发展，蒙古族的哲学和文化也推动着儒学的演进。元蒙古族哲学家保巴（一说色目人），有《易源奥义》《周易原旨》等论著，以太极、阴阳为旨归，远承王弼，近取宋儒，对周敦颐、邵雍等哲学思想进行发挥，遂成为一位兼容并蓄的少数民族儒学思想代表人物。元代作为维吾尔族的廉希宪、贯云石等，对于儒学的贡献，主要在于儒学价值观。廉希宪作为西域之纯儒，被元世祖忽必烈称为"廉孟子"，嘉其言，从其说。贯云石作为翰林侍读学士，在元仁宗践祚之时，即"上疏条六事。一曰释边戍以修文德，二曰教太子以正国本，三曰设谏官以辅圣德，四曰表姓氏以旌勋胄，五曰定服色以变风俗，六曰举贤才以恢至道。书凡万余言"[1]。贯云石的儒学价值观溢于字里行间。

明代云南白族学者李元阳的哲学，应该说是直承阳明心学而自有所得。李元阳心仪阳明学之"致良知"，在致阳明弟子王畿信中他曾说："弟晚出，不及游阳明师之门，师独揭'致良知'三字，直继孟子之统，宋儒周、陆不得而先焉，况其他乎。"[2] 李元阳的儒学思想及其特色，概括起来，大致有二。一是改造王学。王阳明的致良知，有良知本体、心本体、性本体、性即理之义，就是说良知、本心、本性、天理是贯通为一的本体。李元阳却将性与心、意、情区别开来，视性为本体，心、意、情皆为性的神识发动，缘物而起。因此，"盖心、意缘物而起，物去而灭。其名为识，虚假之物也。性则物来亦不起，物去亦不灭，了然常知，迎之不见其始，屏之不见其终，其名曰知，真实之物也"[3]。"夫性，心意情识，其地位悬殊，状相迥别，惟彻道之慧目，乃能别之。不然雪里之粉，墨中之煤，毫厘之差，千里之谬。此儒

---

[1] 《元史·小云石海涯传》。
[2] 《李中溪全集》卷10，《丛书集成续编》142，台北：新文丰出版公司，1988，第769—770页。
[3] 《李中溪全集》卷10，《丛书集成续编》142，台北：新文丰出版公司，1988，第766页。

先所未论者。"[1] 李元阳自认为这是他发先儒未发之论,是对儒学的创造性推进。二是兼取佛学。如李元阳诠释"性、道","诚、明"时说:"率性之谓道,顿悟此性也;修道之谓教,渐修此性也。顿悟诚而明,知至也;渐修明而诚,致知也。"[2] 之所以有此以佛诠儒之论,就在于李元阳认为:"道学性命本是一家。故阳之自力,惟以灵知到手即可了事,初不计为孔,为释,为老也。"[3] "老释方外儒,孔孟区中禅。"[4] 儒、老、释是一致和互通的。李元阳确实是云南白族中的一位释儒或儒释。清初云南白族的另一位儒家学者高奣映(或谓彝族),深受宋明理学家周敦颐、朱熹哲学的影响,同时又有所辨惑和进展,从而形成了比较丰富的儒学思想体系,为促进儒学在云南白族中的传播影响,创进和增益理学,进一步扩大和延展理学的学术生命及更加广泛的社会作用,做出了一位少数民族学者所能有的努力与贡献。高奣映儒学思想的基本方面,一是太极本体论。通过研习由周敦颐引出、朱熹深入加以辨析的"无极而太极"这一理论命题,高奣映直接将"无极"消弭,而以"太极"(即理)为本体,体现出在这一问题上对朱熹和周敦颐哲学的深入思考。二是主张静诚和格物致知的修养工夫论。这一理论基本上沿袭的是周敦颐和朱熹。

清代壮族学者刘定逌,以"追踪濂洛关闽之学,直窥《大学》明德新民、止至善之真传"[5] 为矢志,一生大多在广西壮乡潜心性理之学,教授生徒,传播儒学,为儒学在壮族中的发展做出了贡献。刘定逌基本上是学宗程朱,同时不废陆王,表现出兼取程朱陆王的理论特征和儒学教育实践特色。本体论上有"道在心中""人心即道""心虚万物空"的思想倾向,近于陆王

---

1 《李中溪全集》卷10,《丛书集成续编》142,台北:新文丰出版公司,1988,第767页。
2 《李中溪全集》卷10,《丛书集成续编》142,台北:新文丰出版公司,1988,第766页。
3 《李中溪全集》卷10,《丛书集成续编》142,台北:新文丰出版公司,1988,第769页。
4 《李中溪全集》卷2,《丛书集成续编》142,台北:新文丰出版公司,1988,第538页。
5 萧万源、伍雄武、阿不都秀库尔主编:《中国少数民族哲学史》,安徽人民出版社,1992,第555页。

的"心即理""心外无事,心外无物,心外无理"的心学观点。工夫论上强调格物致知、读书穷理,推尊《大学》明德新民、止于至善,格物、致知、诚意、正心、修身、齐家、治国、平天下的三纲领、八条目,颇得程朱理学的"进学则在致知"之旨。刘定逌作为一位壮族儒家学者,其思想深受陆王程朱的影响,并联系自己的儒学教育实践,进行了一些理论的发挥和阐释,对于促进儒学在壮族中的传播影响,起到了言传身教的重要作用。

作为清朝帝王的满族康熙皇帝玄烨,对于儒学文化的精蕴具有独特的理会,其重儒崇理的思想理论和亲政实践,不仅对满族社会产生了重要影响,而且使理学在清朝前期实现全国性的再度隆兴。玄烨儒学思想的主要之点,一是服膺朱熹理学。认为朱熹理学"体道亲切,说理详明,阐发圣贤之精微,可施诸政事。验诸日用,实裨益于身心性情者,惟有朱子之书,驾乎诸家之上"[1]。玄烨坚持朱熹的理本论、理一分殊等基本理论观念。二是提出并强调"真理学",即极力彰显理学中践履笃行的思想观念,质疑"终日讲理学而所行之事全与其言悖谬"的"言行不相符者"的理学,同时表明"若口中虽不讲,而行事皆与道理吻合",这种重视践行其理的理学才是"真理学"。玄烨一方面重视程朱格物致知、读书穷理、循序渐进、积累贯通的"致知"理论,另一方面又发展朱熹以行为重的"重行"观念,把程朱理学进学致知、居敬穷理的修养工夫论,发展成为"明理之后,又须实行。不行,徒空谈耳"[2]的知行并重观。不仅如此,玄烨还注重"亲历乃知""习而后知""身履其地,详察形势"等,具有先行后知、以行验知的思想特征。康熙九年(1670),康熙帝玄烨颁布了贯穿儒学思想的"圣谕十六条",同时又逐条训解,撰成《圣谕广训》,要求满族八旗和直省各级衙门宣讲。从玄烨作为满族贵族代表和清王朝的统治者来说,其对理学儒学的创造性发挥和切实推行,

---

[1] (清)玄烨:《文章体道亲切惟有朱子》,《圣祖仁皇帝御制文集》第4集卷28,文渊阁《四库全书》本。
[2] 萧万源、伍雄武、阿不都秀库尔主编:《中国少数民族哲学史》,安徽人民出版社,1992,第699页。

揭橥的则是作为我国少数民族之一的满族对于儒学文化的承接、培壅和践履。

儒家学说就其本身而言是一个以伦理道德思想为核心,且有多层理论层面的观念体系,自春秋末期孔子确立之后,战国时期就显示出其显学地位并开始获得广泛的社会认同。汉代"独尊儒术"以后,更被历代国家政权自觉地用来作为整合社会人际关系,稳定社会秩序,进行精神灌溉,实现不同范围和程度大一统的基本工具,就是说,儒学实际上是我国历史上具有国家意识形态性质的观念体系。特别是在南宋以后,程朱理学更加强化了儒学的意识形态性质,在国家"教化"政策推动下,通过作为科举考试国家颁布之经义、民间载道之艺文、启蒙之读物等多种渠道,儒学浸润了包括各少数民族在内的中华各个民族社会群体。完全可以说,儒学是中华民族生命之所在,中华各民族的变化发展,都能从不同角度或不同程度上显示出与儒学的犀通。这就是儒学从形成以后能够以宏广的观念形态,历时性与共时性交错地传播影响至我国众多少数民族地区,并在少数民族的哲学和文化中获得自身演进发展的重要原因。

历史上中华各民族的文化发展,在各个民族不同文化的互相接触中,儒学作为中原地区先进的文化,对于我国周边相对落后的各少数民族哲学和文化来说,总是起到了积极的影响,即少数民族的哲学和文化受到中原先进儒学文化的影响而得到了提升、进步和发展;同时儒学文化也因此扩大了传播并得到各少数民族多元文化的反哺和增益。这种现象就像水之趋下,被称为"文化发展的势差"规律。历史上的不少时期,特别是中原王朝繁盛或者全国统一时,周边的一些少数民族政权、羁縻州府或有影响的开明人士,就派生员或使者到中原学习,其中应该说主要是学习儒学文化。董仲舒《春秋繁露》说:"《春秋》之常辞也,不予夷狄而予中国为礼。至邲之战,偏然反之,……今晋变而为夷狄,楚变而为君子。"[1] 反映的即儒学向被称为所谓

---

1 曾振宇、傅永聚注:《春秋繁露新注》,商务印书馆,2010,第32页。

"夷狄"的少数民族传播影响的情况。三国时期的诸葛亮南征带去的儒学文化被少数民族接纳，也是文化发展势差规律的体现。

由儒学文化的内容、性质、特点和社会功能作用等方面所决定，她不仅可以作为中原王朝整合社会人际关系，稳定社会秩序，进行精神灌溉，实现和维护社会统一的基本工具，因而自汉至清的历代国家政权无不把儒学作为国家意识形态，甚或定为一尊，而且周边众多的少数民族政权和社会，与中原王朝无论是在臣属、疏离、相对独立甚或交恶关系下，在儒学文化与各少数民族哲学和文化互动发展势差规律作用的基础上，同样能够积极自觉地认同推尊儒学文化并施诸本民族政权的治理或在社会中传播弘扬，因为儒学文化可以在少数民族地区发挥与在中原王朝同样的社会功能和作用。少数民族在摆脱自身落后，追求文明进步，实现社会安定和人际关系和谐，维护地方治理等方面，认同吸纳先进的儒学文化并加以应用和融汇，本身具有内在的客观性。

中华民族多元一体的格局和民族关系，是儒学与各少数民族哲学和文化交流互动和谐发展的前提和基础。儒学向少数民族地区传播的过程，实际上也是中华民族逐渐实现交融的过程。儒学向少数民族传播影响的过程，也是各少数民族学习吸纳、创进发展儒学的过程。因为儒学向少数民族地区的传播不是原封不动地照搬，而是儒学与少数民族哲学和文化的融合：一方面儒学被少数民族所吸收，改造着少数民族的哲学和文化；另一方面，被少数民族所吸收的儒学也在被少数民族的文化所改造。当然这种相互融合和改造的具体形式和情况，会因具体历史情况和少数民族原有文化的不同而不同。如蒙古族、满族两个民族，由于是从边塞入主中原，所以在把其原有文化带到中原的同时，几乎全部继承了孔孟儒学和宋明理学。但西南各少数民族地区，则大多是被那里的政治家、思想家将儒学与本民族的文化糅合到一起，变成其统治思想，乃至变成乡规民约。而在回族中，则是通过"以儒诠经"，把宋明理学儒学与伊斯兰教哲学相结合。因此，今日所谓的中华民族传统文化，已是中华各民族的共同创造。

从历史的实际看,中国少数民族哲学和文化对于儒学传播发展所给予的促进或反哺,至少具有三个方面的突出特点:一是认同接纳、吸收融汇多于增益创造。作为相对比较低层次的各少数民族哲学和文化,在与儒学文化的接触交汇中,由于其自身不具备相对较高的文化底蕴和观念水准,加之儒学文化对于各少数民族哲学和文化为输入性的,各少数民族既有认识认同儒学文化的需要,又有接收消化儒学文化的任务。在这样的过程中,往往表现出来的是在行为和社会生活层面上的习染落实,思想理论和学术文化层面上对于儒学的传播理解,对于儒学文化典籍或理论观念,更多的是诠解性推介或释义性发挥,只有在个别条件或鲜少情况下才可能实现为增益性丰富和创造性的发展。二是融合异质之学。如果以儒学作为视角,被输入少数民族的哲学和文化中,其自身的文化形态要经历多样性的观念重塑。主要包括:融佛,如唐宋时期的南诏大理白族思想家或学者,兴儒崇儒,同时又笃信佛教,有释儒或儒释之称;融伊,明末清初回族学者王岱舆、刘智等的汉文译著,是汉文伊斯兰教著作,亦可说是伊斯兰教的儒学著作。当然,这样的儒佛、儒伊融合,尚非对儒学内在地吸收融摄,主要的还只是外在的结合杂糅。三是植入本民族的文化基因。纳西族的"卢""色"阳阴或阴阳观念;明代白族学者杨黼的《山花碑》,汉字白音所表达的"敬孝""仁礼"等儒家思想;彝族文化中的《土鲁窦吉》,即图、洛或河图洛书,所传达的"宇宙生化"观念,突出地表示着儒学文化与各少数民族哲学和文化的同构融合,或者说已融通为具有少数民族思想面貌的儒学哲学和文化了。

第五节 儒学与中国少数民族哲学交融互动和谐发展的重要作用和意义

儒学与中国少数民族哲学文化的交融互动和谐发展,具有多重的作用和意义。

首先，是进一步扩大了儒学的传播影响。在中国历史上，随着从原始儒学到清代儒学不同理论形态的变化，儒学的社会地位总体上呈现越来越高的趋势，思想影响从国家政权到作为一种文化结构的诸如制度、器物、风俗、社会心理等各个层面，广泛且深刻。可以说，儒学凝聚成了一种具有独特的有自己的特征和内涵的文化类型，一种生活方式。儒学与我国各少数民族哲学和文化多种形式及特点的接触、融合、渗透，使儒学的传播影响无论是在空间范围上抑或是其他诸方面，都的确增加和增进了，就是说，进一步扩大了儒学传播影响的社会空间，加深了传播影响的主体层面。

其次，是进一步促进了儒学的丰富发展。儒学的思想理论中确有夷夏之防的观念，但在历史的演进中，儒学与我国各少数民族的哲学和思想文化之间，不仅实现着"用夏变夷"，实际上亦实现着"变于夷"，就是说，儒学有了白族、彝族、回族、满族、蒙古族等诸少数民族的哲学和文化形态。儒学吸收我国各少数民族的哲学和文化，不仅有形态上的丰富发展，也有思想理论内容上的增益创进。如在彝族文化里，关于阴阳、五行、图书、八卦、干支等问题，已演绎成为系统的思想观念："清浊二气演化出了哎哺（阴阳），哎哺演化出了天地，天地演化出了四时五行，四时五行可以通过图书、八卦、干支来表达"，也即"清浊二气不断交织变化，形成了哎哺；哎哺交织变化，形成了天地；天地之气交织变化，形成了万物。清浊二气—哎哺—天地—万物，彝族先贤用一条简洁的、自然演化路线，解答了宇宙发生问题"。[1] 这种理论观念，在儒学文献中是阐发在《周易》《尚书》等不同元典之内的。换言之，这些思想理论在彝族文化的某一部文献中其系统明晰性并不逊色于儒学文献。

---

[1] 刘明武：《事关宇宙发生与演化的理论——彝族文化对阴阳五行、图书八卦的解释》，《中州学刊》2009年第3期。

再次，是积极促进了少数民族的文明进步及哲学和文化的提高发展。在中国历史上，当中原地区发展到封建制社会并进一步有了充分进步时，周边各少数民族地区有的尚处于原始社会向奴隶制社会过渡，有的则处于奴隶制社会状态，有的由奴隶制向封建制社会过渡，这种社会进步状态的反差，在主要是作为封建国家意识形态的儒学传播影响至少数民族地区时，能够发挥重要的精神催化作用，促使少数民族向高一级的文明形态进步和跃迁。与此相伴随，儒学同时提高了各少数民族的理论思维水平，丰富发展了各少数民族的文化观念和思维内容，使其积极建树具有民族特色又有较高水准的哲学和文化。

最后，是增强中国各民族文化的交流融合和各民族的团结凝聚。儒学长时期广范围向少数民族地区的传播影响，各少数民族哲学和文化对儒学的反哺与积极作用，以及各少数民族的思想家学者对于儒学的诠解、阐释和发挥，既是儒学与各少数民族哲学和文化之间的交流融汇激荡发展，对于包括各少数民族之间在内的全国各民族之间的哲学与文化和谐互动，相互促进，也具有范导和积极影响的意义及作用。以儒学为主导的思想文化间的这种交汇融通，是中华各民族之间团结凝聚、彼此认同、促进统一的重要精神力量。

总之，从上述诸种作用和意义上说，儒学是包括我国各少数民族在内的中华民族共同的精神创造，儒学使中华民族的文化素质、哲学思想、思维水平普遍得以提高，是中国古代各个民族思想融汇、民族团结、凝聚统一的重要精神观念和思想文化资源。历史上中华各民族之间尤其是汉族与各少数民族之间这样的精神文化思想观念的互鉴及互融，其历史和现实的意义都是极其深刻的。

第二章

人文地理学视野下的儒学与中国少数民族哲学关系

翻开中国地图，仔细品读各地地名，会发现一个极有深意的文化现象：地名中的文化内涵，其中一个特别重要的现象即"儒家文化"在各地的存在并表现在地名中：北京的怀柔、丰台、崇文、昌平、延庆、顺义、大兴；天津的武清、和平、静海、东丽、文庙；河北的永年、文安、武安、保定、无极、望都、永清、乐亭、宁晋、康保、定兴、怀安、宣化、金山、安济桥；山西省的闻喜、保德、宁武、长治、孝义、大宁、静乐、永济、大同、怀仁、寿阳、永和、和顺、万荣、平定、二贤庄；内蒙古的集宁、宁城、丰镇；台湾的嘉义、彰化、桃园、阳明山。这些地名，无论其初始命名的意涵，还是现实存在中所透射出的文化信息，恐怕都与中国"儒家文化"具有一定关系。并且我们看到，这种文化关系地名在中国各省区市都是存在的。这说明：在中国文化体系中，儒家文化应该是一个普同现象。现在我们应思考的是：作为一种具有普同或普适价值的儒家文化（核心精神层面），是传播学上所讲的文化传播呢？还是进步论意义上的各民族文化的自我进步呢？还是既有传播中的互动，又有进步论中的自我发展呢？这就是本章所要阐论的一个基本问题。本章的基本思路是按照人文地理学的视野，分析儒家文化与中国少数民族哲学文化互动的内在关系。

第一节　自然与文化：人之生命的两重性与文化的区域性

人有自然生命，亦有文化生命。尽管人们对"文化"的认识本身即为了区别人的生物遗传性与人工习得性。但不可否认的是，达尔文进化论关于人类进化和"适应性选择"的研究，斯宾塞提出的社会不同于生物机体的"超机体"特征，泰勒于《原始文化》中在持进化论观点时提出的文化定义本身，都说明了一个基本问题：文化问题的提出就是为了破解人的自然生命与文化生命的关系。我们从迄今为止在西方世界比较得到公认的克鲁伯和克鲁柯亨之文化定义即可看出这一点："文化包括各种外显的或内隐的行为模式，它们借符号之使用而被学到或被传授，而且构成人类群体的出色成就，包括体现于人工制品中的成就；文化的基本核心包括传统观念，尤其是价值观念；文化体系虽可被认为是人类活动之产物，但也可被视为限制人类作进一步活动之因素。"[1]

一　生态环境与自然生命的体质差异

中国是一个统一的多元一体的多民族国家，由于特殊的地理环境等因素，不仅各民族之间在自然生命方面有体质差异，而且就是汉民族内部自然生命的体质也有地域差异。这种差异在总体上被概括为以下几个方面。

首先，南矮北高、南瘦北胖。南矮北高是中国人身高的地域变化态势。

---

[1] 此处引自顾晓鸣《多维视野中的"文化"概念——简论"文化"》，《社会科学战线》1987年第4期。该定义强调文化"借符号之使用而被学到或被传授"，但笔者认为，真实的文化关系应该是"借符号之使用而被教学或被授受"，"教"之与"学"，"授"之与"受"，在任何时候都是统一的互动关系，即使是所谓的初创者也与既有的文化创造成果相联系。

20 世纪 80 年代初，中国科学院古脊椎动物和古人类研究所曾在全国 16 个省、市、自治区实测 10997 例，说明南矮北高的差异不只是少数民族与汉族的差异，而且是北方各民族与南方各民族之间的差异，即地域上的南北差异。

表 2-1　　　　　中国分地区汉族身高　　　　　（单位：厘米）[1]

组别	男性	女性
东北组	167.47	157.10
西北华北组	167.25	156.95
华中组	166.20	155.57
华南组	164.77	154.13
西南组	162.93	152.53

表 2-2　　　　　中国分地区少数民族身高　　　　　（单位：厘米）[2]

组别	男性	女性
西北组	168.82	157.30
东北组	164.00	152.60
西南组	159.94	150.48
华南组	159.66	150.13

这种状况说明，在中国历史发展中，特定的地理环境的确影响了人之自然生命的体质状态，这种地理状态通过饮食结构如南米北面，气候状况如北方干燥且日照充足而有利于吸收钙和磷、南方阴湿且日照时数短而不利于营养吸收，加上由来已久的遗传因素（本身应是长期生活在特定地理环境中形

---

[1] 张振标：《现代中国人身高的变异》，《人类学学报》1988 年第 2 期。
[2] 张振标：《现代中国人身高的变异》，《人类学学报》1988 年第 2 期。

成的）等，既影响了人们的身体高度，又形成了相应的南瘦北胖格局——生物学的贝格曼法则指出：寒冷地区动物的个体接近圆形，可以保持身体的温度。由此进一步影响了人们的职业分工，如以辽宁和山东为代表的北方人借助身高体壮，在田径赛上下功夫，涌现出大批"三铁"选手，而在两广则采取"短、小、水、巧"方针发展竞技体育，在短距离赛、小级别项目、水上运动和技巧类项目上下功夫；改革开放以来的模特行业，按照国际标准，女模特身高应在175厘米以上，北方人在这个行业中就占有明显优势等。由此可以说明，地理环境通过影响人的自然生命并进而影响人的文化生命。

其次，中国的地理环境直接影响了中国人自然生命的容貌特征，比如汉民族在容貌和体形上的共性是中等身高，浅黄肤色，黑色直发，宽阔额头，眼睛与眉骨齐，没有凹陷，多深褐色，鼻子中等宽，鼻梁中等高，面部扁平，颧骨突出，嘴唇不厚不薄，体毛稀少。汉民族有铲形门牙、青斑、内眦褶眼三个典型标志，其中内眦褶眼又称蒙古眼，即在眼的内角处上眼睑微向下伸而像小小的皮褶以遮掩泪阜，德国地理学家李特尔认为蒙古眼是适应干旱多风气候的产物，目的是有利于阻挡风沙、保护眼球。而且还应看到，即使在汉民族中，北方人肤色较浅，头型较宽，下颌较宽，多丹凤眼，眼裂开度较窄，鼻梁较直，嘴唇较薄，比较接近蒙古人种；南方人的容貌特征是三大：眼大、鼻大、唇厚（大），比较接近马来人种。没有风沙，眼睛可以睁得大大的；眼裂开度较大，多浓眉大眼；鼻子较宽，鼻梁软骨上翘较多……鼻宽孔大，可以多吸入冷空气调节体温，广东人平均鼻宽40毫米，黑龙江人平均鼻宽37.5毫米；嘴唇厚也有利于体热扩散，南方人唇厚10毫米以上者超过10%；此外，黑龙江人基本上没有波状头发，广东人5.4%有波状头发。[1] 据此，有学者根据中国人的身高、头长等11个指标，对中国不同民族的41个

---

[1] 张振标：《我国人的容貌特征》，《化石》1981年第4期。

男性组的体质作出聚类分析，其结论表明：汉民族内部体质上的区域差异大于汉民族与邻近少数民族体质上的差异，这说明相同地理环境对人的影响更大，因而北方地区汉民族体质与北方朝鲜族、蒙古族等民族比较接近，南方汉族的体质与南方布依族、壮族、彝族等民族比较接近，如蒙古褶眼，山东省汉族占89.2%、黑龙江和吉林省汉族占84%、朝鲜族占87.8%，因而比较接近；广西汉族占65.33%、壮族占62.5%，比较接近。

表2-3　　　　　　　　　中国男性容貌特征观察统计　　　　　　　（单位:%）[1]

地区	蒙古褶	宽眼裂	宽鼻翼	厚嘴唇
吉林	84.0	17.0	8.0	7.7
山东	89.2	18.0	29.9	21.5
湖北	77.6	22.4	30.6	50.0
广东	68.9	34.0	36.9	62.6

最后，中国人的Gm血型也有南北差异。有研究根据40个人群的Gm血型数据得出了三点基本结论：一是包括汉族在内的中华民族是由多种族融合形成的，各地区融合的种族不同，Gm血型有较大差异。二是中国各民族的人种底子都是蒙古人种，但维吾尔族、哈萨克族和回族有Gmfb因子组，有高加索人种成分，Gmafb和Gma因子组的频率相当高，"他们的人种底子还是蒙古人种，只混杂了有限的高加索人种血缘"[2]。其中，维吾尔族和哈萨克族高加索血缘的成分又比回族多些。南方汉族和南方壮族、侗族、白族等少数民族Gmafb因子组频率较高，血缘上更接近；北方汉族和朝鲜族、蒙古族、鄂伦春族等少数民族Gmag因子组频率较高，血缘上更接近些；汉族Gm血型的南

1　参见张振标《现代中国人体质特征及其类型的分析》，《人类学学报》1988年第4期。
2　赵桐茂等：《免疫球蛋白同种异型Gm因子在四十个中国人群中的分布》，《人类学学报》1987年第1期。

北分界线大体在北纬30°附近。三是按Gm血型分析,藏族与北方少数民族、北方汉族更接近些,说明藏族可能是北方人群迁入形成的,或者是以北方人群为主混合形成的。[1] Gm血型分布说明中华民族,包括汉族在内,是由不同种族融合形成的,符合中华民族多元一体的自然生命构成体征。

二 生态环境与文化生命的行动逻辑

在中国传统的文化认知中,一方面强调人的文化生命有"先天"之异,即如《礼记·王制》所论:"中国戎夷,五方之民,皆有性也,不可推移。东方曰夷,南方曰蛮,西方曰戎,北方曰狄。五方之民,言语不通,嗜欲不同。"但另一方面,又强调"后天"之变,据此而以文化为中华各民族凝聚的主要力量,如司马迁在《史记·货殖列传》中说:"夫三河在天下之中,若鼎足,王者所更居也"。三河相当于今山西西南部、河南西北部、陕西关中一带,应即当时的华夏文化区。当时的三河周边地区都是各少数民族分布区,称东夷、西戎、南蛮、北狄。而按《孟子·离娄下》所说:"舜生于诸冯,迁于负夏,卒于鸣条,东夷之人也。"诸冯在冀州、负夏在卫国,相当于今天的河北省南部、河南省北部,鸣条山在山西安邑。"文王生于岐周,卒于毕郢,西夷之人也。"岐周是陕西岐山,毕郢在西安附近的丰镐。说明舜和文王都是当时的少数民族,但是他们认同华夏文化,并成了华夏的先圣先哲,因而在文化生命方面发生了"后天"之变。由此看来,人的自然生命与文化生命既相互区别,又可相互引发。

何以相互引发呢?这就是生态环境影响人之行为逻辑的机制。这是一种什么机制呢?现代行为科学的研究阐明,影响个体行为的基础因素有感知、

---

[1] 赵桐茂等:《免疫球蛋白同种异型Gm因子在四十个中国人群中的分布》,《人类学学报》1987年第1期。

态度（含认知、情感、行为取向）、价值观等因素，而感知又最为基础。

何谓感知？一般将感知定义为人类用心念来诠释自己器官所接收的各种外在信号，而管理学则强调感知是个体通过感官对自己所处的环境进行认识和评价的心理过程，是个体自身的行为选择过程，是个体对外部环境的认识评价过程。从这个意义上说，我们身体上的每一个器官（包括感觉、生殖与内脏的器官等）都是外在世界信号的识别器、接收器，只要是它所管辖范围内的信号，一旦发生某种特定的刺激，器官就能将其识别、接收，并且将其转换成为特定的感觉信号，再经由自身的神经网络传输到我们的心念、思维的中心——"头脑"（西方人讲"用脑"，中国人讲"用心"）中进行格式化的识别处理，之后就带来了我们的感知。人们所感知的东西，都是在自己心念、思维的作用下完成的。人之心念、思维对刺激信号的识别、选择、解读、破译，并且在内心产生各种各样的感觉。这些感觉形式的变化，也就是人之心念、思维对外在事物的一种主观反映（内容是客观的），从而形成所谓的认识成果——认知、情感、价值观、行为取向等，并进一步形成所谓的文化。因此，我们即可将人类文化定义为：文化是人们对自然、社会及人类自身的领悟、创造及其成果。

从人类大历史的层面看，人类的文化，最直接的表现即人类的"民俗"。正是通过对民俗的认知和理解，从而发现了人之自然生命与文化生命在特定的民俗环境中得到了统一，"民俗"遵循着一定的环境认知与实践逻辑。通过切近观察与体验，我们发现了"十里不同风，百里不同俗""一方水土养一方人""一去二三里，各有一乡风"的民俗差异，并注意到无处不在、无所不包的民俗其实是最贴近、最贴入民众生活和心灵并与他们相生相伴的文化现象，从而认识到尊重风俗文化的重要性，进一步有了"入境观俗""采风问俗""入乡随俗"的认知及相应的生活逻辑；再到后来，在"观""问""随"的过程中逐渐发现，民俗和文学一样，也"是一块既生长有益植物，又生长毒草的土地"¹，而进入"辨风正俗""移风易俗"的社会建设与社会实践的建构逻辑阶段，从而使民俗文化在文明建设、国家治理、社会进步、历史发展中起推动作用，并通过"人化""化人"的生命模式而在普通民众中展现其无穷的文化价值和生命魅力，让民众有一种"甘其食，美其服，安其居，乐其俗"² 的美丽生活。

中国民俗文化的内容丰富多样。可以这样说，那些相沿成习、习以为常、大众遵循、长时因袭的文化现象都是民俗，包括物质生活民俗、社会生活民俗、精神生活民俗、民俗人物的影响等方面（这是学界的一般划分，但这种划分是值得分析的，比如多数情况下的物质生活都必然与精神生活不能分开），还包括特定区域、特定群体的民俗文化事象。因此，我们可据此发现的就不只是民俗本身，而是民俗背后的自然与社会，是民俗背后的个人与大众。比如中国的建筑，据《中国建筑史》介绍：建筑的特征特别能体现自然环境和社会条件的深刻影响与巨大支配作用，而作为多民族国家的中国，因地域辽阔且从北到南、从东到西地发生了地质、地貌、气候、水文条件的巨大变化，加上各民族的历史背景、文化传统、生活习惯又多有不同，因而形成了许多独具民族和地域特色并一直保留到近现代的建筑风格，较为突出的如南方气候炎热而潮湿的山区有架空的竹、木建筑——"干阑"（干栏），最典型的如土家族、苗族、侗族的不同吊脚楼之类；北方游牧民族有便于迁徙的轻木骨架覆以毛毡的毡包式居室，如蒙古包一类；新疆维吾尔族居住的干旱少雨地区有土墙平顶或土坯拱顶的房屋，清真寺则用穹隆顶；黄河中上游利用黄土断崖挖出横穴作居室，称之为窑洞；东北与西南大森林中有利用原木垒成墙体的"井干"式建筑；而中国大部分地区则使用木构架承重的建筑，这种建筑广泛分布于汉、满、朝鲜、回、侗、白等民族的居住地区，是中国使

---

1 〔法〕伏尔泰：《风俗论》上册，梁守锵译，商务印书馆，1996，第11页。
2 孙以楷：《老子注释三种》，安徽人民出版社，2003，第269页。

用面最广、数量最多的一种建筑类型，数千年来，帝王的宫殿、坛庙、陵墓以及官署、佛寺、道观、祠庙等都普遍采用，也是中国古代建筑成就的主要代表。[1]

其实，不仅建筑如此，生产、生活民俗也无不如此。为此，《恩施民俗》[2]"序"中说：民俗对于当地居民来说，既是平静生活得以维持的秩序与措施，也是一种灾难应对与预防的措施。[3] 正是因为有民俗，不仅日常生活可以常态化，而且危机生活也可以常态化。正是这些民俗文化在改变着我们、塑造着我们、建构着我们。也正是从这个意义上讲，我们每一个人都不是一个自由人：我们一生下来说的话语、听的声音，我们一生下来吃喝的饮食，我们一生下来穿的衣服，我们一生下来走的路，我们一生下来所看到的一切东西……都对我们潜移默化地起着一种人文化成的巨大作用。因此，民俗文化也就是一种模式，它就是我们的一种生存状态。我们甚至可以说，我们生活在民俗文化中。比如说我们有行业模式，行政有行政的一套模式，教书有教书的一套模式，当学生有当学生的一套模式，技术工作有技术工作的一套模式，我们作为中国人有中国人的一套生活模式，作为中国四川人有中国四川人的一套生活模式。同样，也正是在这个意义上，我们说人面对着的民俗，并不是我们的对象，并不是我们的"外在"，它就是我们的"此在"，就是我们的"定在"，我们就生活在民俗中，就像语言的民俗一样[4]，我们是那样自

1　潘谷西主编：《中国建筑史》（第六版），中国建筑工业出版社，2009，第1页。
2　廖德根、冉红芳编著：《恩施民俗》，湖北人民出版社，2013，第2页。
3　宗教人类学家如米沙·季捷夫（M. Titiev）认为仪式可分为岁时仪式和危机仪式两大类，岁时仪式是为解决社会群体的周期性再现、与生产生活密切相关的重大事件而举行的仪式，在固定的时间内举行；危机仪式是为解决个人生活中的偶发性危机而举行的，没有固定的仪式时间。参见〔俄〕米沙·季捷夫《研究巫术与宗教的一种方法》，转引自史宗主编《20世纪西方宗教人类学文选》第五章，金泽等译，上海三联书店，1995。
4　恩斯特·卡西尔在《人论》中指出："语言的一个最显著的特征：人类最基本的发音并不与物理事物相关，但也不是纯粹任意的记号……它们是人类情感的无意识表露，是感叹，是突进而出的呼叫。这种感叹说由一个自然科学家——希腊思想家中最伟大的科学家提出来，决不是偶然的。德谟克利特第一个提出这个论点：人类言语起源于某些单纯情感性质的音节。"〔德〕恩斯特·卡西尔：《人论》，甘阳译，上海译文出版社，1985，第147页。

然而然地在民俗之河里流淌着、在民俗的空间里耕耘着……我们是无法超越它们的,它就是我们的一种生命形式,不仅规范着我们的生产生活,而且也等待着我们去欣赏它、去领悟它、去体验它、去创造它、去完善它。因此,我们研究民俗、鉴赏民俗,说到底也是在鉴赏我们自己,鉴赏我们人类的过去,鉴赏我们人类的现在,因而同时也是在体验我们的文化生命。因为民俗文化早已进入了老百姓的心灵,是老百姓的心灵天空,承载的是老百姓的灵心、慧性、真情、实意。而问题也正在于,中国的儒家文化,其中特别是儒家精神,已经内化在了中国各民族的基本民俗中,"民间儒学是儒学灵根再植、重返社会人间的文化思想形态。自汉代至民国,儒学本来就是活在民间社会,起着指导、凝聚人心作用的精神价值。历史上儒学的形态既有上层社会的经典注疏传统等研究性的层面,又有把经典中的精神与经验转化为治国平天下的外王制度与管理方略的层面,更有将其中的精神信念与价值体系通过各种方式教化民众,转化成'百姓日用而不知'的行为方式的层面。民间儒学是活生生地在老百姓的生活中起作用的儒学的精神价值"[1]。

事实上,通过民俗文化,我们可以回顾和总结人类过往的生活经验,因为民俗事象本身即具有厚重的历史,比如民间谚语中有一则类似"云向东,一场空"的气象谚语,我们可以在儒家文化经典《周易》中发现其文化的总结,并在对民俗文化的史料和史学研究中作人类社会生活的历史回顾,于是在总结中发现了"密云不雨,自我西郊"(《周易·小畜卦》卦辞)的论说;《论语》中有"德不孤,必有邻"的"里仁"警句(《论语·里仁》),而在民间却有"远亲不如近邻"的俗谚,诸如此类,说明"历史是人类过去的知识","历史是由历史学家的主动性在人类两

---

[1] 郭齐勇:《民间儒学的新开展》,《深圳大学学报》(人文社会科学版)2013年第2期。

个画面——从前的人所生活过的过去和人类为了有利于人与以后的那些人而展开的回复过去的努力的现在——建立的关系、联结"[1]。这种历史观对我们的民俗文化研究也是适用的。对此，美国学者卡尔·贝克尔可以说对作为民众本能的民俗文化有一个更为通俗的说法：每个人的日常生活行为都以他对过去的认识以及这种认识对他的目前行为和将来的计划的应用为根据。他在黑暗中上床就寝时知道太阳一定会像往常一样重新升起，而他自己也将在光明中和它一同起身；他在贮煤箱中装满煤炭或者在油桶里注满油料，是因为他知道随着由来已久的季节推移，在炎夏之后一定会有严冬；他把钱存在银行里，是因为他知道自己要用时随时可以提取，如此等等，举不胜举。人们并没有必要去推究日常经验性的常识和为生活实践一再证明的那些明摆着的道理，对于许多常识也早已司空见惯，熟视无睹，可是，实际上我们所做的和我们计划的一切都是以我们的经验——我们亲身的经验或者我们对人类的经验或自然的观察为转移的。我们所说的"智慧"，就是"用过去经验解决当前问题的能力"[2]。在这个过程中，"人们自己创造自己的历史"[3]。但是，"最终的结果总是从许多单个的意志的相互冲突中产生出来的，而其中每一个意志，又是由于许多特殊的生活条件，才成为它所成为的那样。这样就有无数互相交错的力量，有无数个力的平行四边形，而由此就产生出一个合力，即历史结果，而这个结果又可以看作一个作为整体的、不自觉地和不自主地起着作用的力量的产物"[4]。而且，"一切问题，都由当事人自己解决，在大多数情况下，历来的习俗就把一切调整好了"[5]。正是在这个意义上，我

1　法国学者亨利—伊雷内·马鲁语，见田汝康、金重远选编《现代西方史学流派文选》，复旦大学出版社，1987，第71、76页。
2　张文杰编译：《现代西方历史哲学译文集》，复旦大学出版社，1987，第247页。引自仲富兰《中国民俗文化学导论》（修订本），上海辞书出版社，2007，第72页。
3　《马克思恩格斯选集》第4卷，人民出版社，1995，第732页。
4　《马克思恩格斯选集》第4卷，人民出版社，1995，第697页。
5　《马克思恩格斯选集》第4卷，人民出版社，1995，第95页。

们不得不说,儒家文化已经成了中国人在特定的中国环境里面对生产生活的日常行动逻辑。

三 生态环境与人类创造的文化成果

前面已经提到,文化指人们对自然、社会及人自身万千事象的领悟、创造及其成果。具体来说,这种文化观意义上的文化构成要素包括三个层面。

一是主体文化——人本身就是一种文化,人本身会受到社会文化的影响,人的物质性的身体与精神性的思想、品德等都是一种文化要素。人之主体作为一种文化,从根源上讲即人本身就是一种能够被对象化的存在,"在生活中,我们跟个体打交道,而在科学中,我们是跟类打交道。但是,只有将自己的类、自己的本质性当作对象来对待的生物,才能够把别的事物或实体各按其本质特性作为对象"。"人本身,既是'我',又是'你';他能够将自己假设成别人,这正是因他不仅把自己的个体性当作对象,而且也把自己的类、自己的本质当作对象。"[1] 马克思更强调指出:"一方面为了使人之感觉变成人的感觉,而另方面为了创造与人的本质和自然本质的全部丰富性相适应的人的感觉,无论从理论方面来说还是从实践方面来说,人的本质的对象化都是必要的。"[2] 正是由于人的这种对象化特性,人们也才能把人这一文化主体本身作为一种文化加以认知。《论语·公冶长》等篇的识人用人本身即一种以主体为文化的经典论说,如说"雍也仁而不佞""女,器也"之类。《道德经》第十五章算是一个以人之主体作为对象进行认知的范例:"古之善为士者,微妙玄通,深不可识。夫唯不可识,故强为之容:豫兮若冬涉川,犹兮若畏四邻,俨兮其若客,涣兮其若冰之将释,敦兮其若朴,旷兮其若谷,混

---

[1] 〔德〕费尔巴哈:《基督教的本质》,荣辰华译,商务印书馆,1997,第29、30页。
[2] 〔德〕马克思:《1844年经济学—哲学手稿》,刘丕坤译,人民出版社,1979,第80页。

兮其若浊，澹兮其若海，飂兮若无止。"这类例子，应该说古今中外，比比皆是。《道德经》此章与第八章以水为对象的认知，有相应之处："上善若水。水善利万物而不争，处众人之所恶，故几于道。居善地，心善渊，与善仁，言善信，政善治，事善能，动善时。夫唯不争，故无尤。"自然，我们可以从不同的层面去认识人这一主体，比如当今我国的教育方针，从德、智、体的要求到德、智、体、美、劳的要求，即对主体文化属性认识的不同分析框架；从知识、能力、素质的要求，到"理论武装、世界眼光、战略思维、党性修养、知识素养"的素质要求，同样形成了不同的分析框架；从自然生命方面的体质修养，到文化生命的思想、道德、品质、性格、智慧、意志……同样可以构成不同的分析框架；自然的人、社会的人、异化的人、作为"类"的人……无数的对人的不同认知即形成了不同的分析视野；中国人与西方人，儒家、道家、佛学、伊斯兰教、基督教……无数的学术与宗教视野分异之"人"，都表明人本身就是一种文化主体。而面对儒家文化，中国少数民族则进行了不同的分类——鸿儒、腐儒、酸儒、大儒、朽儒、君子儒、小人儒……应该说，目前的中国少数民族哲学研究，在研究其对人本身的文化属性的认知上还明显用力不足。

二是行为文化——即人的社会行为或活动，包括人认识和改造客观世界（含人自身）的各种物质生产和精神生产活动。之所以以人的行为作为一种文化，本身同样根源于人的活动本性。因为，我们仅把人看成是一种类存在还是不够的，还必须承认人是一种具有"感性的活动"的类存在，即具有现实实践活动的人，一种为了自己的生存而对自然界有意识、有目的地进行能动性改造的人，一种为实现个体而建立社会关系的人，因而是一种作为社会历史产物的人。所以，马克思强调指出："一当人们自己开始生产自己的生活资料的时候，这一步是由他们的肉体组织所决定的，人本身就开始把自己和动物区别开来。"[1] "这里所说的个人不是他们自己或别人想象中的那种个人，而是现实中的个人，也就是说，这些个人是从事活动的，进行物质生产的，因而是在一定的物质的、不受他们任意支配的界限、前提和条件下活动着的……意识在任何时候都只能是被意识到了的存在，而人们的存在就是他们的现实生活过程。"[2] 从现实性上看，人类的这种现实活动，包括人们认识和改造包括人自身在内的客观世界的各种物质生产、类的生产、精神生产、环境生产等多方面活动，其中还包括人类的多方面的日常行为。比如在物质生产活动中可形成按产业划分的不同的部门文化，精神生产活动则可形成按照领域划分的科学技术、文学艺术、哲学智慧、历史视野、宗教信仰等生产活动，类的生产则可形成生育文化、人生礼仪风俗等不同类型的文化，而环境生产则形成所谓的生态文化。人的行为的最基本形式自然是人类的劳动，因为"劳动本身，生命活动本身，生产生活本身对人来说不过成为满足他的一个需要，即维持肉体生存需要的手段。而生产活动也就是类的生活，这是创造生命的生活。生命活动的性质包含着一个物种的全部特性，它的类的特性，而自由自觉的活动恰恰就是人的类的特性"[3]。"劳动对象是人的类生活的对象化，人不仅像在意识中所发生的那样在精神上把自己化分为二，而且在实践中，在现实中把自己化分为二，并且在他所创造的世界中直观自身。"[4] 所以，劳动"实际创造一个对象世界，改造无机的自然界，这是人作为有意识的类的存在物……的自我确证。……动物只是在直接的肉体需要的支配下生产，而人则甚至摆脱肉体的需要生产，并且只有在他摆脱了这种需要时才真正地进行生产。……所以，人也按照美的规律来塑造物体"[5]。自然，除了劳

---

1 《马克思恩格斯选集》第 1 卷，人民出版社，1995，第 67 页。
2 《马克思恩格斯选集》第 1 卷，人民出版社，1995，第 71—72 页。
3 〔德〕马克思：《1844 年经济学—哲学手稿》，刘丕坤译，人民出版社，1979，第 50 页。
4 〔德〕马克思：《1844 年经济学—哲学手稿》，刘丕坤译，人民出版社，1979，第 51 页。
5 〔德〕马克思：《1844 年经济学—哲学手稿》，刘丕坤译，人民出版社，1979，第 50—51 页。

动而外，人类还有其他方面的日常行为，这些行为与劳动，其实也都是文化。事实上，我们把社会活动或社会行为视为文化，比仅仅把社会活动或行为的结果视为文化能更为全面、深刻地理解和把握文化，正像我们在《论语·公冶长》等篇中看到的经典行为认知一样：

> 子贡问曰："孔文子何以谓之'文'也？"子曰："敏而好学，不耻下问，是以谓之'文'也。"
>
> 子谓子产："有君子之道四焉：其行己也恭，其事上也敬，其养民也惠，其使民也义。"
>
> 子曰："晏平仲善与人交，久而敬之。"……
>
> 子张问曰："令尹子文三仕为令尹，无喜色；三已之，无愠色。旧令尹之政，必以告新令尹。何如？"子曰："忠矣。"曰："仁矣乎？"曰："未知，焉得仁？""崔子弑齐君，陈文子有马十乘，弃而违之。至于他邦，则曰：'犹吾大夫崔子也。'违之。之一邦，则又曰：'犹吾大夫崔子也。'违之。何如？"子曰："清矣。"曰："仁矣乎？"曰："未知，焉得仁？"
>
> 季文子三思而后行。子闻之，曰："再，斯可矣。"
>
> 子曰："宁武子，邦有道，则知；邦无道，则愚。其知可及也，其愚不可及也。"

我们应该认识到，传统的文化观把"文化"仅指向人们的创造成果，这自然并不全面。因为，即使我们承认人的行为结果是人的行为的体现，但行为与结果毕竟不是一回事，哲学的因果关系论，法学的实体正义与程序正义论，为了实现现代化而走不同的社会发展道路，为了获得财富和名誉而采取正当或不正当的手段，对待失败或挫折而有主观与客观的行为表现，圣人与普通人的不同的行为方式……我们只有承认行为的"文化"特性，才能对文化有更为深入、全面、准确的理解和把握。在这方面，我们应强调或拓展中国各民族的行为研究，比如土家族的过赶年、锡伯族的西迁节等，都有深厚的儒家文化精神在其中。

三是成果文化——即我们领悟、创造的一切成果，包括物质成果与精神成果，也就是传统精英文化观所强调的物质成果与精神成果。其中的物质成果自然包括各种物质产品，精神成果则如以语言文字或其他符号记录下来的人的精神产品，如规约、法律、风俗、习惯、科学技术、文学艺术、历史哲学、宗教信仰等。不过应该强调的是，这种划分只具有相对的分析方法上的意义，而不是文化的实在属性，因为在实际的文化现象中，很多东西是不能进行物质、精神的绝对区分的。

上述这种划分，"从过程的意义看，文化不仅仅是一种在人本身的自然和身外的自然之基础上不断创造的过程，而且是一种对人本身的自然和身外的自然不断加以改造、使人不断从动物状态提升出来的过程。在这个无限的过程中，作为基础之人本身的自然和身外自然也在不断地得到改造。从人类社会活动所创造的成果的意义上，文化是文，还不是文化。只有考虑到这些成果同时还意味着对人自身的改造，才是文化"[1]。为此，我们强调文化可以从以下四个方面作进一步理解：（1）文化即人化——人是文化的创造者，人在一切对象上打下了自己的烙印，人类在生产生活过程中对自然、社会及自身万千事象进行着领悟与创造，"自然的人化"即文化。或者在更广泛的意义上说，一切对象的"人化"即可称为文化。（2）文化即化人——文化本身对人有指导、建构和改造的作用，不同文化之间也存在着相互影响与交流，人与人之间也存在着相互影响与交流。人的社会化历程实际上是特定的"文化化"的历程，是文化的扩散，是文化对人的塑造。（3）文化即模式——人所

---

[1] 张岱年、程宜山：《中国文化与文化论争》，中国人民大学出版社，1990，第3页。

面对的环境就是一种模式，每个人自觉不自觉地生活在一种文化模式之中，"南米北面"就是一种典型的代表，其实质是饮食文化模式的不同。人们乐于适应一种文化模式，并在其中实现自我满足。现代社会思考的最重要的任务，莫过于思考文化的相对性[1]，其实质是文化模式的多样性。（4）文化创造活动是一种活动艺术——人们对文化的创造应当具有艺术性，这些艺术性的文化活动具有独特的创意或深厚的文化内涵，实际上这是对人们创造、传播文化提出的一种更高的境界要求。如果人的一生没有一定的境界，特别是向高境界诉求，那是很悲哀的事。

第二节　事实与理论：人文地理视野下儒家文化的区域性

在文化研究中，文化的区域性发生，是一个被广泛研究且得到一般认同的问题。自20世纪80年代以来，人文地理学在中国兴起以后更是这样。事实也正像人文地理学研究成果所揭示的，只要我们在世界上走一走，就会发现这种文化的区域性，并形成不同的分析框架。而儒家文化的统一性、区域性、多样性等也在人文地理学的框架下得到彰显，一方面体现出中华各民族对儒家文化的吸收消化及运用，另一方面也体现了中华各民族对儒家文化发展的特殊贡献。

一　文化区域现实中的儒学精神一致性

中国文化的明显区域性，最大的区域划分即以秦岭与淮河为界划分出南方和北方，因为南方和北方不同的地理环境形成了不同的文化内容、文明形

1　〔美〕露丝·本尼迪克：《文化模式》，何锡章、黄欢译，华夏出版社，1987，第215页。

式,其中最直接的表现就是由自然生态环境和农耕文明形式而形成的相对独立的区域单位以及不同品质的文化样式——南米北面、南文北武、南稻作而北麦黍……从而形成了南老北儒的文化格局。对于这种文化差异,唐孔颖达曾有所描述,"南方谓荆扬之南,其地多阳。阳气疏散,人情宽缓和柔";"北方沙漠之地,其地多阴,阴气坚急,故人性刚猛,恒好斗争"[1]。(即文化地理上的"南柔北刚")宋代庄绰也说:"大抵人性类其土风。西北多山,故其人重厚朴鲁;荆扬多水,故其人亦明慧文巧,而患在轻浅。"[2] 清代况周颐也曾认识到"南人得江山之秀,北人以冰霜为清。南或失之绮靡,近于雕文刻镂之技;北或失之荒率,无解深裘大马之讥"[3] 的情形。这些都说明,无论是就事实还是就理论,人们都早已关注到自然生态环境对文化发展的影响,它不但影响人的体质、形貌,而且影响人的气质、情绪、性格、审美、思维习惯。

其实,从理论上对这个问题进行探讨,本来早就有了先论。列宁曾转述马克思主义思想家普列汉诺夫的观点说:"在马克思看来,地理环境是通过在一定地方、在一定生产力的基础上所产生的生产关系来影响人的,而生产力发展的首要条件就是这种地理环境的特性。"[4] 在这里,我们看到了多层次的次第影响关系:地理环境→生产力→生产关系→人。这里对人的影响,自然也包括对人之自然生命、文化生命的双重影响。比如,黑格尔曾说:"水性使人通,山性使人塞;水势使人合,山势使人离。"[5] 中国近代思想家梁启超也说:"海也者,能发人进取之雄心者也,陆居者以怀土之故,而种种之系累生焉。"[6] 应该说,这些说法都是有一定道理的。事实上,你看希腊、罗马、斯

---

[1] (唐)孔颖达:《〈礼记·中庸〉疏》,上海古籍出版社,1992,第1626页。
[2] (宋)庄绰撰:《鸡肋编》,中华书局,1983,第11页。
[3] (清)况周颐:《蕙风词话》卷3,人民出版社,1956,第57页。
[4] 《列宁全集》第55卷,人民出版社,2017,第447页。
[5] 〔德〕黑格尔:《历史哲学》,商务印书馆,1973,第124页。
[6] 梁启超:《地理与文明之关系》,《新民》第1号,1902年2月8日。

堪的纳维亚诸国及英吉利、日本等那些典型的海洋国家人民，因其岛居而享有海运之便利而产生了发达的商业，且因岛居环境的狭窄而形成了明显的开放性、扩张性，所以，"试一观海，忽觉超然万累之表而行为思想，皆得无限自由。彼航海者，其所求固在利也。然求之之始，却不可不先置利害于度外，以性命财产为孤注，冒万险而一掷之。故久于海上者，能使其精神日以勇猛，日以高尚。此古来濒海之民，所以比于陆居者活气较胜，进取较锐"[1]。

从中国文化区域来看，中国东临大海、北临大漠、西为戈壁、西南峻岭的特殊地理环境造成了中国陆地的相对阻隔，使中国内陆在总体上形成了相对封闭的生存状态，造成了中国文化的相对统一性，包括文化式样的类同性、文化精神的一致性，从而使中国文化本身具有了一种"大一统"的总体精神面貌。同时，在这种相对封闭的环境中，又形成了不同的地理单元，造成了不同的地域差异（人文地理学上的所谓地理大区、地理区），比如以地域而论，有钟灵毓秀的浙江人、精明海派的上海人、俭朴尚学的安徽人、辣劲冲天的四川人、古风犹存的西南人、叱咤风云的湖南人、随和机巧的湖北人、敢拼敢赢的福建人、独领风骚的广东人、新潮一族的香港人、血脉一宗的台湾人、冰封雪域的东北人……[2] 不管如何概括，有一点可以肯定，中国文化所培养的中国人具有地域性的性格差异。与此相应，东西方民族在衣食住行诸方面也都存在着具体的文化差异，并呈现着不同的民众情感："在衣着上，东方民族以丝绸、棉布为代表，西方民族却是毛、呢为特色；在食物上，东方民族大抵是米、谷、菜，西方民族却是麦、肉、乳；在建筑上，东方民族是砖、瓦、大屋顶、飞檐，西方民族是石料和高耸的屋顶；在文字上，东方民族是整体的象形文字，西方民族使用的却是个体字母组成的拼音文字……人们常有这样的经验，到任何一个地方去旅游或观光，当地的民居建筑及其

1　梁启超：《地理与文明之关系》，《新民》第1号，1902年2月8日。
2　倪建中、辛向阳主编：《人文中国：中国的南北情貌与人文精神》，中国社会出版社，2008，目录。

人文景观,是最能表现出各民族的差异和特色的。例如,俄罗斯北部和北欧诸民族用圆木盖的木房;蒙古族等游牧民族的帐篷——蒙古包;我国南方一些民族的竹楼;欧洲的哥特式建筑;我国的飞檐大屋顶式建筑;等等,都是民俗的乡缘风土相应地存在差异的表现。"[1]

在多元一体的中国文化格局中,虽然其他的文化类型也曾多次入主中原,作为其文化创造者的民族甚至也曾多次统治中原,但是,其文化在与中原地区精耕细作的农耕文化发生碰撞过程中却逐渐实现了文化融合,而且并未动摇中国文化以农耕文化为主干、以儒家文化为轴心的基本事实。"国民常性,所察在政事日用,所务在工商耕稼,志尽于有生,语绝于无验。"[2] 章太炎的这个文化认知,正可以说明中国文化之主体构成的思想特征。这种特征与中国的主体民族、主体人口从事农业耕作相适应,形成以水为生、以农立国,以家规补充国法、以宗统维护君统、以族权强化王权、以神权巩固政权的权力维护体系(父、尹、君的权力构成层次体系),以传统农业为产业基础,以重农抑商、崇本抑末为基本产业政策,以士、农、工、商为居民等差次序,以邑、里、村、社为社会基层组织,以乡绅贤达为社会治理基础,以家庭为社会基本单位的和谐、宁静的超稳定的社会结构系统。在这样的社会中,家庭是社会的细胞,家族是社会的基层控制单位(只要不触及国家政权,一概任由其便),因而亲属关系的清晰与维持即成了治国理政的基本方式,五服制度就是对此的一个明确界定,并向下延伸到了整个民间社会。所以,古代中国人所追求的是从事周而复始的自产自销、自给自足的农业经济所必需的安宁与稳定,以"耕读传家"为自豪,追求自然经济基础之上的一种安宁平和。它与中亚、西亚游牧民族以军事征服、战争掠夺为荣耀的心理是完全不同的。同时,它与以商品交换和海外殖民为致富手段的欧美民族对外拓展的

---

[1] 仲富兰:《中国民俗文化学导论》(修订本),上海辞书出版社,2007,第124页。
[2] 章太炎:《驳建立孔教议》,《章太炎政论选集》下,上海人民出版社,1974,第689页。

意向也是大相径庭的。世界上一些工商业比较发达的海洋民族，如古代的罗马、中世纪及近代的日本，多次制订过征服全世界的计划，而在中国的经、史、子、集各类文化典籍中，可以发现我们的先民有过"兼爱""非攻""礼运大同""庄生梦蝶""桃花源""归于五神山"之类美好的理想或奇妙的玄想，唯独找不到海外扩张、征服世界的狂想。这大概只能用建立在自然经济基础上的河谷型文化和农业文明生产方式所决定的民族文化心理加以解释。[1]

在民俗上的表现即南歌心曲而北传故事。南方之所以会涌现出大批民间歌手，形成较为普遍的"饭养身，歌养心"的文化格局，与南方山地格局、农作物生长周期较长，人们的劳动时间较长有关。在劳动过程中随口唱山歌、唱情歌、唱各式劳动歌（田歌、茶歌、秧歌、号子等），并影响到娱乐生活中的心曲传唱，正所谓"农人随口唱山歌，北陌南阡应鼓锣。莫认田家多乐事，可怜一锄汗一窝"（土家族民歌）。相比而言，在北方，虽然也唱歌，却远不如南方普遍。不过，这也使北方涌现出了无数的民间故事能手，而这又与北方大部分地区冬季有长达半年之久的农闲时间，人们有充裕的时间踢毽子、玩牌九、唱蹦蹦戏，演唱二人转、两小戏、皮影戏、木偶戏、民间小戏以及说书、讲故事等。应该说，文化的区域性由此而生。其实，我们中国人在日常生活中表现出来的性格，例如：崇尚中庸，少走极端；推崇诚实可靠，注重自然节奏；着眼于现世和人事，不太关心来世和人事以外的自然界……这一切都是农业民族典型的性格和表现，而这又恰好是儒家文化精神的民性表现。因为传统的中国在主体上基本是一个古老的农耕文明社会，围绕这一社会的周边地区尽管文化类型不同，却总是以此为向心力取向的。在这样一个具有一定封闭性的经济体系及相应的文化背景下，九成以上的人口居住在农村而且以家庭为生产单位，农耕而食、女织而衣，自给自足以安身，代代

---

[1] 仲富兰：《中国民俗文化学导论》（修订本），上海辞书出版社，2007，第101页。

相传以承继。在价值形态上崇古尊老、重视经验，修齐治平、内圣外王；在政治上具有求稳惧乱、安土重迁、礼俗相治的长老政治特征；在民俗文化上则有重视权威、倚重经验、崇尚乡贤、聚取乡党等民间权威力量等，因而在总体上表现为规规矩矩做人、老老实实做事，重农轻商、耕读传家，注重人伦、忠君孝亲，上下有别、礼让分等，光宗耀祖、护国爱民……从而形成了体现儒家文化精神的理想社会建构。

二 世界文化版图中的儒家文化统一性

中国儒家文化精神的一致性，似也得到了世界人文地理学的认同。因为，尽管世界范围内的人文地理划分，有不同的分析范式，但其中都有对中国文化的分区，从而确立了世界文化版图中儒家文化的区域性统一地位。

人文地理学强调将文化依据不同的标准进行文化分区，即形成所谓的文化区（culture region），这是一块由某种文化事象或文化现象所系统覆盖的地区。在该地区，因某些特定的文化事象的组合而构成一种文化综合体，进而由若干个具有一定联系的文化综合体组成一个大文化系统，而其所分布的地区就是文化区。自然，这样的文化区的范围有大有小（一个文化区的重要性与它的范围大小无必然联系）、其文化边界亦有实有虚，有时甚至会发生重叠，且不一定与自然地理区重合。如美国地理学家 D. W. 米尼格 1965 年通过对美国摩门教文化区的研究而提出的文化区空间结构模型即把文化区分为四个带：核心区——摩门教徒密度最大、居住时间最长的广大区域；领地——摩门教文化占支配地位，但不如核心区强烈；势力范围——摩门教徒是当地重要的少数民族；边缘地带——摩门教徒散见于少量小聚落中。势力范围、边缘地带即可能出现文化区划叠合的问题。

目前文化区的划分首先是由于缺少客观的标准而有不同的世界文化区划

分。德国地理学家、近代地理学区域学派奠基人 A. 赫特纳于 1927 年出版了《地理学：它的历史、性质和方法》一书，后又出版了其重要著作《区域地理学基础》，并于 1929 年绘制了 1450 年时的世界文化区的地图。此后，许多文化地理学家提出不同的文化区划分方案，分别将世界划分为 8 大文化区、9 大文化区、10 大文化区、11 大文化区、12 大文化区等。8 大文化区域说列中华文明区或东方文明区，范围包括中国、朝鲜、韩国、新加坡、越南，东南亚等地海外华侨华人聚居区有时也被看作中华文明区的一部分，朝鲜半岛和越南被列入中华文明区，是因为这些国家历史上曾受中国中原王朝的直接统治，受到儒家文化的强烈影响。[1] 9 大文化区列中华文明区。[2] 10 大文化区划法列亚洲儒家文化区，范围包括中国、日本、新加坡、韩国等；在美国地理学家 J. E. 斯潘塞和 W. L. Jr. 托马斯的世界 11 大文化区中列有中国区或华夏区。[3] H. J. de. 布利季 1977 年则将世界划分成 12 大文化大区，分别为西南亚—北非、欧洲、印度及附近地区、中国及有关相邻地区、东南亚、非洲、中南美洲、北美洲、澳大利亚—新西兰地区、苏联、日本、太平洋诸岛。斯潘塞和托马斯 1978 年提出文化大区、文化区和文化副区的划分依据，与地域等级系统相对应，其中文化特质在地域上的分布称为文化源地，文化复合体对应于文化副区，文化体系对应于文化区，相关的文化区集合则成为文化大区。与这种世界文化区划分相应的还有世界文化圈的划分，其中的五大文化圈说中有东正文化圈（东欧文化圈）、印度文化圈（南亚文化圈）、伊斯兰文化圈（阿拉伯文化圈）、拉丁文化圈（西方文化圈）、汉字文化圈（东亚文化圈），而汉字文化圈的代表性文化是儒学文化和后来的佛教文化，包括中国、

---

[1] 美国塞缪尔·亨廷顿划分的 8 个主要文明区域为：西方文明区、拉美文明区、东正教文明区、穆斯林文明区、中华文明区、印度教文明区、日本文明区、非洲文明（或撒哈拉以南的非洲文明）区。
[2] 塞缪尔·亨廷顿曾有九分法：中华文明区、印度文明区、伊斯兰教文明区、东正教文明区、日本文明区、西方文明区、佛教文明区、非洲文明区、拉丁美洲文明区等，可见其划分也是随时在修正的。
[3] 华夏区、南亚区、东南亚区、东欧中亚北亚区、西欧区、北美区、拉丁美洲区、西亚—北非区、澳新区、撒哈拉以南非洲区、太平洋区。

日本、朝鲜、韩国、越南等国，以及以华语作为民族语言之一的新加坡；十大文化圈说中列有亚洲儒家文化区，代表国家有中国、日本、新加坡、韩国等。

综观上述诸世界文化区划或文化圈划，我们可以得出的基本结论是：无论何种划分，中国文化都是不可回避的独特文化区域，而在不能回避的中国文化中，儒家文化又会被特别突出出来。也就是说，无论是文化区划还是文化圈划，儒家文化的地位都特别地得到了彰显。因为儒家文化本身就是一种世界文化，并被作为一个统一的文化类型来看待。

三 中国文化地理中的儒家文化多样性

蒙文通先生20世纪30年代根据古文献记载，在其所著《古史甄微》[1]中曾提出，中国古代有三大民族集团，即海岱民族、河洛民族和江汉民族。这是中国的早期人文地理学分析。如果从文化发生学的角度说，海岱民族、河洛民族都应是儒家文化的初始创发民族。徐旭生先生在《中国古史的传说时代》[2]一书中则列有"我国古代部族三集团考"一章（第三章），通过对夏墟的考古提出了与蒙先生相近的三个集团，即东夷集团、华夏集团和苗蛮集团，被考古学界和历史学界所承认。所以说，在中国的历史文化研究中，人文地理研究也早有先例，只是没有被称为"人文地理学"而已。

长期以来，人们习惯于根据地域差别划分出齐鲁文化、三秦文化、三晋文化、燕赵文化、楚文化、两淮文化、吴越文化、徽商文化、江西文化、巴蜀文化、台湾文化等；或者如《人文中国：中国的南北情貌与人文精神》[3]

---

[1] 蒙文通：《古史甄微》，巴蜀书社，1999，第42—62页。
[2] 徐旭生：《中国古史的传说时代》（增订本），文物出版社，1985，第3页。
[3] 倪建中、辛向阳主编：《人文中国：中国的南北情貌与人文精神》，中国社会出版社，2008。

那样大致根据行政区划进行文化分区。不过，自20世纪80年代以来，随着中国改革开放的发展，也伴随着世界文化中国化与中国文化世界化的进程，中国的人文地理区划也在不断进步，代表性的区划（不只是文化区划）即有中国综合农业区划（1982年）、中国自然地理区划（1983年）、中国人口地理区划（1990年）、中国经济区划（1992年）、中国文化区划（1996年）、中国生态区划（2001年）、中国陆地表层系统区划（2002年）、中国聚落景观区划（2010年）、中国气候区划（2013年）、中国行政区划（2014年）、中国新型城镇化综合区划（2015年）等。

在中国地理学研究中，于中国人口地理上起着画龙点睛作用而一直为国内外人口学者和地理学者所承认和引用，并被美国俄亥俄州立大学田心源教授称谓的"胡焕庸线"——"瑷珲—腾冲一线"（或作"爱辉—腾冲一线"），是一条从黑龙江省瑷珲（1956年改称爱辉，1983年改称黑河市）到云南省腾冲，大致为倾斜45°的基本直线。线东南方36%的国土居住着96%的人口（1953—2020年的67年间，"胡焕庸线"西北半壁人口由0.31亿人增至0.92亿人，人口年均微增速度为1.64%，年均增加91万人，相当于每年新建1座中等城市。西北半壁人口占全国人口的比重由1953年的5.2%微增到2010年的6.32%，再微增到2020年的6.52%，人口占比持续微增1.32个百分点，西北半壁人口增长始终快于东南半壁，1981年西北半壁人口平均自然增长率为19.3‰，是当年全国水平14.55‰的1.33倍，同期东南半壁平均值仅为14.31‰。到2020年西北半壁人口自然增长率平均值达到3.85‰，是全国水平1.45‰的2.66倍；而东南半壁平均值只有1.23‰，仍然低于全国水平。[1]），以平原、水网、丘陵、喀斯特和丹霞地貌为主要地理结构，自古以农耕为经济基础；线西北方人口密度极低，是草原、沙漠和雪域高原的

---

[1] 方创琳等：《"胡焕庸线"东西部城乡发展不平衡趋势及沿博台线微突破策略》，《地理学报》2023年第2期。

世界，自古是游牧民族的天下。因而划出两个迥然不同的自然和人文地域。如中国文化区划（1996 年）即根据"胡焕庸线"按地理环境、历史发展与区位条件将全国划分为东南部农业文化与西北部牧业文化两个大区，并有二级区 8 个，三级区 16 个；东南部农业文化大区中，划分出中原文化区（A-Ⅰ）、关东文化区（A-Ⅱ）、扬子文化区（A-Ⅲ）、西南文化区（A-Ⅳ）和东南文化区（A-Ⅴ）五个文化区；西北部牧业文化大区则划分为蒙古文化区（P-Ⅰ）、新疆文化区（P-Ⅱ）和青藏文化区（P-Ⅲ）三个相对独立的游牧文化区。按照这种划分，依据美国地理学家 D. W. 米尼格的核心区、领地、势力范围、边缘地带说，则中原文化区（A-Ⅰ）基本上是儒家文化原生区或核心区域，关东文化区（A-Ⅱ）、扬子文化区（A-Ⅲ）、西南文化区（A-Ⅳ）和东南文化区（A-Ⅴ）四个文化区均属儒家文化的领地；蒙古文化区（P-Ⅰ）、新疆文化区（P-Ⅱ）和青藏文化区（P-Ⅲ）均属儒家文化的势力范围，再向外延伸，则属儒家文化的边缘地区。

仲富兰教授在《中国民俗文化学导论》中将中国的多样地理环境概括为河谷型、草原型、山岳型和海洋型四种特别格局，并据此分析中国文化的多样性、多元性，认为黄河流域、长江流域、珠江流域等大河的各种冲积平原形成河谷型地带文化，这里有利于各种动植物的生存和繁殖，良好的环境有利于在较低层次生产力的基础上依靠群体力量维持生存与发展，而这些大河流域又形成了同类地域的主干，因而其流域文化也成了中国文化的主体，从而形成了中国文化的核心，其强大的内聚力和宏阔的包容性，使其成为极具消化异文化能力的文化区域，其中以中原地区汉族文化为民族文化的典型代表。与河谷型地带相对应，中国同时还有丰富的草原型地带，这些地带由于水资源的缺乏和气候的异常变化，因而不太适合需要稳定的农业生产发展，而逐渐发展了以畜牧业为主要生产方式的草原型文化，构筑了中国文化的重要羽翼，其强大的流动性和充分的外向性，培养了自古以来的一些少数民族如匈奴、突厥、契丹、女真、蒙古等优秀民族，并形成了相应的文化类型。同样，在丘陵和山岳绵延纵横的山岳型地带，虽然不太适合农业和畜牧业的发展，森林和矿产资源在生产力水平比较低的情况下也难以得到开发，于是形成了农、牧和狩猎相结合的混合型发展模式，其环境的封闭性与经济的非排异性，使西部中国山地成了众多少数民族的生活地域，并成了各种文化也包括儒家文化的沉积区。至于中国东南沿海的海洋型地带之海洋文化，虽然因其生活对海洋的依赖性很大而具有开放性和冒险精神，却因受农耕文化的影响而形成了中国式海洋文化，一些中国少数民族如京族等沿海的民族是其代表。

从文化发生学的角度说，儒家文化发生于河谷型地带。据仲富兰分析："中国河谷型的文化在漫长的历史长河中缓慢地发展，总的趋向是不断得到其他地域文化的滋养和交融，同时也在不断得到充实和提高，更加带有同化其他文化的内涵和张力。它以家庭农业为基础，但又包括家庭畜牧业和家庭手工业，是一种复合型文化，而其他类型的文化则大多比较单一。复合型的文化在内在机制上比较能够经得起天灾人祸的冲击。即使在草原民族入主中原的情况下，中原文化仍然具有较强的适应性。其次是河谷型文化有很强的容纳、吸收和同化别的文化的潜在能力，这种潜在能力来源于其文化的多样性和宽容性。其最大特征是安土重迁、固守家园，决不轻易离开生于斯、养于斯的土地，完全处于一种进可以攻、退可以守的地位，可以从容地对待各种外来文化的冲击，能赶走的就赶走，赶不走的就同化，而不使自己的文化传统受到影响。当然，这主要是就对付北方的草原型文化而言，由于山岳型文化和海洋型文化在中国一直未能占据统治地位，在与河谷型文化的冲突中未能取胜，所以以河谷型文化为基础的中原文化，在相当长的历史时期内，既没有受到海洋型文化的巨大冲击，也缺乏应付海洋型文化挑战的能力。"[1] 事

---

[1] 仲富兰：《中国民俗文化学导论》（修订本），上海辞书出版社，2007，第99—100页。

实正是这样，我们说儒家文化在中国少数民族文化中的传播，就是所谓"中华""中国"之"声名""洋溢乎中国，施及蛮貊"（《礼记·中庸》）的结果，而其根基正在于河谷型儒家文化。

方创琳等于 2017 年在《中国人文地理综合区划》[1] 一文中，在吸纳已有各类自然和人文地理区划成果的基础上，按照综合性、主导性、自然环境相对一致性、经济社会发展相对一致性、地域文化景观一致性、空间分布连续性与县级行政区划完整性等原则，以自然、经济、人口、文化、民族、农业、交通、城镇化、聚落景观和行政区划 10 大要素为基础划分依据，构建中国人文地理综合区划指标体系，采用自上而下与自下而上相结合的区划思路和空间聚类分析方法，将中国人文地理划分为东北人文地理大区Ⅰ、华北人文地理大区Ⅱ、华东人文地理大区Ⅲ、华中人文地理大区Ⅳ、华南人文地理大区Ⅴ、西北人文地理大区Ⅵ、西南人文地理大区Ⅶ和青藏人文地理大区Ⅷ共 8 个人文地理大区和 66 个人文地理区。各个人文地理大区和各个人文地理区之间呈现出不同的地形地貌属性、气候属性、生态属性、人口属性、城镇化属性、经济发展属性、聚落景观属性、地域文化属性和民族宗教属性。若按此区划分，则儒家文化应以华北人文地理大区Ⅱ为核心区。但仔细推测则未尽然，这种划分的结果可以说明的是：尽管儒家文化在中国各民族文化中具有普遍性，却具有不同的特征。

在讨论中国少数民族思想文化与儒家文化的关系时，还有几种思路值得关注，一是"文化走廊"说。本来，在中国文化发展中存在三条公认的走廊——河西走廊位于祁连山脉和北山山脉之间，是中国西部甘肃省西北部的一个盆地走廊；辽西走廊位于中国东北部辽宁省西南部，在渤海沿岸有一条狭长的平原；海上走廊即台湾海峡，是连接东海和南海的重要水道，被称为

---

[1] 方创琳等：《中国人文地理综合区划》，《地理学报》2017 年第 2 期。

中国的"海上走廊"。但是，为了深化民族研究，人们提出了"文化走廊"一说，代表性的有藏彝走廊、河西走廊、汉藏民族走廊、藏羌彝文化走廊等，应该说也可以为研究儒家文化与中国少数民族哲学文化关系提供一些启示。二是以自然地理为基础的分区说，如北方与南方、西北与东南等分区说。三是文化圈层说，如萨满教文化圈等。这些说法都可以作为一种研究中国少数民族哲学文化与儒家文化关系的重要契入路径。

第三节 "中域"与"异域"：民族间的文化尺度与文化关系

从人文地理的角度，如何理解中域[1]文化与少数民族哲学文化的关系，目前的民族文化研究中有以下几种尺度：一是统言中国少数民族的，如刘静综述民族地区的儒学传播与研究[2]，萧景阳考析中国少数民族走向儒学认同的历史[3]，黄昀试论儒学在少数民族文化整合中的变迁[4]，何波论中国古代对"夷狄"的教化观[5]，杨翰卿论儒学与中国少数民族哲学和文化的交融互动[6]、论中国少数民族哲学思想文化中的儒学传播影响和发展[7]，王永祥探析儒学向少数民族地区传播的方式[8]，并浅析儒学在少数民族地区传播的原因[9]等；二是分区式的论述，如以自然地理分区为尺度的有杨翰卿、徐初霞论儒学与

---

[1] 清康熙年间所作《卯峒土司志序》将汉文化区域称为"中域"，这应是中国少数民族文人的文化地理概念，本章所用即此义。（见张兴文等注释《卯峒土司志校注》，民族出版社，2001，第2页）
[2] 刘静：《民族地区儒学传播与研究综述》，《兴义民族师范学院学报》2013年第4期。
[3] 萧景阳：《中国少数民族走向儒学认同的历史考析》，《孔子研究》1995年第2期。
[4] 黄昀：《试论儒学在少数民族文化整合中的变迁》，《民族论坛》2008年第2期。
[5] 何波：《论中国古代对"夷狄"的教化观》，《民族教育研究》2000年第3期。
[6] 杨翰卿：《儒学与我国少数民族哲学和文化的交融互动》，《哲学研究》2011年第11期。
[7] 杨翰卿：《论我国少数民族哲学思想文化中的儒学传播影响和发展（之二）》，《儒藏论坛》2015年，第278—330页。
[8] 王永祥：《儒学向少数民族地区传播方式探析》，《燕山大学学报》（哲学社会科学版）2000年第4期。
[9] 王永祥：《浅析儒学在少数民族地区传播的原因》，《社会科学论坛》1996年第2期。

中国北方少数民族哲学和文化的互动发展及其积极意义[1]，杨翰卿简论儒学在中国南方少数民族哲学和文化中的传播影响[2]，邢丽雅、于耀洲略论儒学在东北少数民族中的传播[3]等；三是以人文地理分区为尺度的论述，如张亚宁、韩锋探讨汉代儒学在河西地区传播的原因[4]，高情情论汉代儒学在河西地区的传播与影响[5]，王伟浅析文翁化蜀与巴蜀地区发展及儒学在巴蜀地区传播之间的关系[6]，李健胜试论儒学在青藏地区的传播方式及其影响[7]，苏雪芹、张利涛探讨儒家文化影响下的青藏地区少数民族价值观及特征[8]，赵元山研究唐代敦煌及西州的儒学教育[9]，张伟红探析元代漠南地区的儒学教育情况[10]，张蓉研究明清时期河湟地区的儒学教育[11]，吴雅迪探讨鄂尔泰的《丁祭教》与清初儒学在西南地区的传播[12]，何博论儒家文化与边疆少数民族的"中国认同"[13]等。其他分省、分民族的研究成果则异常丰富，此不列举。

关于儒家文化与中国少数民族哲学文化的关系，我们可以根据不同的标准形成不同的划分尺度并作出相应的探讨。在这些划分中，本章以四种尺度

---

[1] 杨翰卿、徐初霞：《儒学与我国北方少数民族哲学和文化的互动发展及其积极意义》，《实学研究》第一辑。

[2] 杨翰卿：《简论儒学在我国南方少数民族哲学和文化中的传播影响》，《西华大学学报》（哲学社会科学版）2011年第1期。

[3] 邢丽雅、于耀洲：《略论儒学在东北少数民族中的传播》，《黑龙江民族丛刊》2009年第1期。

[4] 张亚宁、韩锋：《汉代儒学在河西地区传播的原因》，《宁夏社会科学》2014年第6期；韩锋、高情情：《汉代儒学在河西地区传播的原因》，《西夏研究》2015年第1期。

[5] 高情情：《汉代儒学在河西地区的传播与影响》，硕士学位论文，曲阜师范大学，2014年。

[6] 王伟：《浅析文翁化蜀与巴蜀地区发展及儒学在巴蜀地区传播之间的关系》，《商》2016年第15期。

[7] 李健胜：《试论儒学在青藏地区的传播方式及其影响》，《青海民族研究》2013年第3期。

[8] 苏雪芹、张利涛：《儒家文化影响下的青藏地区少数民族价值观及特征》，《青海社会科学》2015年第6期。

[9] 赵元山：《唐代敦煌及西州儒学教育研究》，硕士学位论文，青海师范大学，2016年。

[10] 张伟红：《元代漠南地区儒学教育情况探析》，《辽宁工程技术大学学报》（社会科学版）2016年第4期。

[11] 张蓉：《明清时期河湟地区儒学教育研究》，硕士学位论文，兰州大学，2015年。

[12] 吴雅迪：《鄂尔泰〈丁祭教〉与清初儒学在西南地区的传播》，《孔子学刊》第5辑，上海古籍出版社，2014，第136—153页。

[13] 何博：《儒家文化与边疆少数民族的"中国认同"》，《今日民族》2011年第1期。

进行讨论：一种是传统华夷史观视野下的认知尺度，一种是民族宗教信仰视野下的认知尺度，一种是文化主体视野下的认知尺度，一种是民俗文化视野下的认知尺度。以下我们先探讨第一种认知尺度。

从人文地理区域的层面，在传统华夷史观视野下的认知尺度看来，儒家文化与中国少数民族哲学文化的关系有"中域"与"异域"的多重关系，并产生了一些经典论说，虽然不少观点值得讨论，却能给我们以认识上的启示。

一　"弼成五服"的中心延伸模式

在中国古代传统华夷史观视野下的认知尺度下，讨论儒学与儒学影响的关系，首先应关注的或许就是"弼成五服"由中心向四周延伸的文化认知模式。

"服"有服侍天子之意。据《尚书·康诰》等书记载，周代称侯、甸、男、采、卫为五服；或者说指古代王畿的外围，以五百里为一区划单位，由近及远地分别区分为甸服、侯服、绥服（或称为宾服）、要服（或为邀服）、荒服，合计称为五服。《国语·周语》中曾记载，在周穆王时，某祭公谋父曾详细阐明过"五服"的具体内容："先王之制，邦内甸服，邦外侯服，侯卫宾服，蛮夷要服，戎狄荒服。……日祭、月祀、时享、岁贡、终王，先王之训也。"《尚书·益稷》："弼成五服，至于五千。"疏曰："五服，侯、甸、绥、要、荒服也。服，五百里。四方相距为方五千里。"另有说"五服"即为古代官吏的五等服式，如《汉书·地理志》记载："尧遭洪水，怀山襄陵，天下分绝，为十二州，使禹治之。水土既平，更制九州，列五服，任土作贡。"《荀子·正论》篇亦对此有论云："封内甸服，封外侯服，侯卫宾服，蛮夷要服，戎狄荒服。"具体的分析阐明则如《尚书·禹贡》（被称为古代的人文地理学著作)：五百里为甸服是指：百里范围内为赋纳总，一百里至二百里为纳铚，二百里至三百里为纳秸，三百里至四百里为粟，四百里至五百里为米。此上所谓"百里"，均不含本数，下同。五百里为侯服是指：一百里范围内为采，一百里至二百里为男邦，二百里至三百里为诸侯，余类推。五百里为绥服是指：三百里范围内为揆文教，二百里范围内为奋武卫。五百里为要服是指：三百里范围内为夷，二百里范围内为蔡。五百里为荒服是指：三百里范围内为蛮，二百里范围内为流。国家管理是从畿服重地到藩属下国逐层推进的层级管理，且兼举文教武卫全体，由此而声教讫于蛮荒之地。[1]

从儒家文化与中国少数民族哲学文化关系的尺度来看，虽然"五服"制度并不是专门探讨这种文化关系的专论，但却可以帮助我们更加深刻地理解古人（含一般大众）的"天下"观念，这种"天下"观念事实上也一直影响着秦汉以后数千年来中域王朝与周边各民族的文化关系，在相当程度上可以说，秦汉以后整个东亚地区的政治形态都因受中国文化影响而具有很强的扩大化了的五服形态烙印。这里有两点值得特别注意：一是把文化的或统治的区域由中心向四围扩散，形成文化的不同区域；二是有所谓"戎翟"等不同的民族称谓，如言西方曰戎、北方曰狄之类。《诗·鲁颂·閟宫》："戎狄是膺，荆舒是惩。"《国语·周语上》："我先王不窋用失其官，而自窜于戎翟之间。"韦昭注："翟，或作狄。"后泛指西北少数民族。《汉书·匈奴传下》："萧望之曰：'戎狄荒服，言其来服荒忽无常，时至时去。'"宋范仲淹《奏陕西河北攻守等策》："臣等闻三代以还，皆有戎狄之患，以至侵陵中国，被

---

[1] 参见吴飞《五服图与古代中国的亲属制度》，《中国社会科学》2014年第2期）。这段话的大意吴氏译为：王城四周各五百里的区域，叫甸服：其中最靠近王城的一百里地区缴纳带藁秸的谷物，其外一百里的区域缴纳禾穗，再往外一百里的区域缴纳去掉藁芒的禾穗，再往外一百里的区域缴纳带壳的谷子，最远的一百里缴纳无壳的米。甸服以外各五百里的区域叫侯服……侯服以外各五百里的区域是绥服：其中靠近侯服的三百里，斟酌人民的情形来施行文教，其余二百里则振兴武力以显示保卫力量。绥服以外五百里是要服：其中靠近绥服的三百里是夷们住的地方，其余二百里是流放罪人的地方。要服以外各五百里是荒服：其中靠近要服的三百里是蛮荒地带，其余二百里也是流放罪人的地方。

于渭洛。"这种观念体现在儒家文化与中国少数民族哲学文化的关系上即儒家文化优越论。

二 "华夷之辨"的用夏变夷模式

随着华夏民族的形成,"华夷史观"开始作为一种新的历史观出现并得到强化,其核心内容是强调"中国(华夏)"与各周边民族("蛮夷")之间的文化关系是"华夷关系"。这种关系的基本内涵至少应该包括四个方面:一是文化中心与文化边缘的关系;二是发展程度上的先进与落后、文明与野蛮的质量关系;三是文化影响程度上的主流与非主流、正统与非正统的力量关系;四是文化趋势上之华夷之间的相互区别与互变关系。在中国传统文化的历史观中,包括传统华夷之辨在内的"华夷史观"应该是其核心观念,《论语》中即多有这种描述。这种历史观的基本定位与总的价值取向完全可以用"夷狄入中国则中国之""中国入夷狄则夷狄之"等来表述。从当今文化自信理论来说,这种历史观有一种超越地域、种族等外在因素的内在尺度。从中域主流文化核心价值观的层面看,该历史观强调的是:"汉民族自古以来,只以文化之异同辨夷夏,不以血统之差别歧视他族。凡他族之与华夏杂居者,但须习我衣冠,沐我文教,即不复以异族视之,久而其人遂亦不自知其为异族矣。"[1]

在传统"华夷史观"视野下的认知尺度里,儒家文化与中国少数民族哲学文化的关系是一种"中心"与"边缘"的辨、变关系。在这种文化历史观念看来,人的存在,无论是个体的还是整体的存在,都应是一种文化生命的存在,"中心"与"边缘"的关系实质上就是"华夷之辨",事实上也就是文

---

[1] 谭其骧:《长水粹编》,河北教育出版社,2000,第234页。

化质量上的相对高低之辨。"夷狄"从"边缘"到了中域或"中心",学习并运用华夏民族的先进文化风俗,他们也就成了华夏族的人(入文籍于华夏),完成"夷狄入中国(中域地区)则中国之"的蜕变过程;同样,中域华夏族人如果进入边裔或"边缘"地区,学习并运用"夷狄"民族的文化风俗(入文籍于蛮夷),他们也就会蜕变成为夷狄族人,完成"中国入夷狄则夷狄之"的过程。也就是说,个体或整体上的人是"夷"还是"华",从根本上说不是体质上的、种族上的分别,而在于文化上的文质之别。比如《孟子·离娄下》即明确地认定:"舜生于诸冯,迁于负夏,卒于鸣条,东夷之人也。文王生于岐周,卒于毕郢,西夷之人也。地之相去也,千有余里;世之相后也,千有余岁。得志行乎中国,若合符节,先圣后圣,其揆一也。"这种具有动力机制意义的文化历史观,在13世纪的蒙古族贵族入主中原建立元朝、17世纪的满族贵族入主中原建立清朝等全国统一政权后的治国理政过程中都曾得到最为明显的体现,"它对消除人们的民族偏见,提倡民族平等、促进我国各民族之间的经济、文化交流,增进民族团结,共同建构中华民族共同体都具有一定的进步作用"[1]。

在传统华夷史观视野下的认知尺度里,儒家文化与中国少数民族哲学文化的关系还有几点值得特别强调。

首先,不排除各民族都有与儒家文化相类的"类"儒学。汉代风俗学家应劭在《风俗通义》中曾强调:"风者,天气有寒暖,地形有险易,水泉有美恶,草木有刚柔也;俗者,含血之类,像之而生。故言语歌讴异声,鼓舞动作殊形,或直或邪,或善或淫也。"[2]《尔雅·释地》也有特别说明:"大平之人仁,丹穴之人智,大蒙之人信,空峒之人武。"如果以此为尺度,我们也应强调:文化是区域发生的,这种区域发生并不排除大致相同的地理环境会有大致相同的文化创造。儒家文化及其精神也可能在大致相同的地理环境中

---

[1] 萧景阳:《中国少数民族走向儒学认同的历史考析》,《孔子研究》1995年第2期。
[2] (汉)应劭撰,王利器校注:《风俗通义校注》,中华书局,1981,第8页。

存在异源发生的现象。比如，我们在中国少数民族神话、史诗中就会随时发现，其中有强烈的伦理责任、人与自然和谐统一（天人合一）、尊老爱小、勤劳忠勇等方面的"类"儒家文化精神。这一点，只要我们阅读《论语》即可见出其"类"。《论语·卫灵公》中子张问行。子曰："言忠信，行笃敬，虽蛮貊之邦，行矣。言不忠信，行不笃敬，虽州里，行乎哉？立，则见其参于前也，在舆，则见其倚于衡也，夫然后行。"孔子这里实际上肯定了儒家核心思想与少数民族思想行为的相通之处。因此，我们目前的研究也要找这种契合点。根据《论语·子路》言："樊迟问仁。子曰：'居处恭，执事敬，与人忠。虽之夷狄，不可弃也。'"由此可见，至少在《论语》中，"夷狄"或少数民族只是一种文化尺度，孔子之言肯定了各民族各有"类"儒之思，只是需要点拨而已。我们还看到后世儒者对这一点的坚定认知。比如宋代张栻在广西壮乡化民易俗，元人脱脱等之《宋史·列传·道学三》记其"使诸蛮感悦，争以善马至"。张栻在静江学宫明伦堂旁立周敦颐、程颢、程颐三先生祠，并撰《三先生祠记》，目的在于"使学者知夫儒学之真，求之有道，进之有序，以免于异端之归"。其内在的民族文化认知正如其《桂林府学记》所说："君臣、父子、兄弟、夫妇、朋友之际，人事之大者也。以至于视听言动，周旋食息，至纤至悉，何莫非之事者也？一事之不贯，则天性以之陷溺也。然则讲学，其可不汲汲乎？学所以明万事而奉天职也。虽然，事有其理，而具于心。心也者，万事之宗也。惟人放其良心，故事失其统纪。学也者，所以收其放而存其良也。夏葛而冬裘，饥食而渴饮，理之所固存，而事之所当然者。凡吾于万事，皆见其若是也，而后当为。其可学者，求乎此而已。"[1]"事有其理，而具于心"，正在于肯认了"类"儒学的可能性、普遍性。张栻在《宜山县修学记》中还专门针对否认者说："况乎秉彝之心，

---

[1] （宋）张栻：《张栻全集》，长春出版社，1999，第678—679页。

人皆有之；奇才之出，何间远近？远方固曰寡士，然如唐之张公九龄，出于曲江；姜公公辅，出于日南，皆表然著见于后世。宜之士由是而作兴，安知异日不有继二公而出者乎？又安知其所成就，不有过之者乎？然则其可以寡士而忽诸？"[1] 可以看出，这里同样肯定的是民心相通，可"类"儒学。其实，这一思想在孟子的"人皆有四心"[2]、荀子的"干越夷貉之子，生而同声，长而异俗，教使之然也"[3] 那里已有论说。

其次，在文化关系上有"夷狄入中国则中国之""中国入夷狄则夷狄之"的文化之变。《论语·八佾》载孔子曰："夷狄之有君，不如诸夏之亡也。""夷狄入中国则中国之，中国入夷狄则夷狄之"，出于韩愈之笔，是韩愈对《春秋》笔法所作的概括性阐明。《五百家注昌黎文集》卷一《原道》中韩愈强调说："孔子之作《春秋》也，诸侯用夷礼则夷之，夷而进于中国则中国之。"这就是说，《春秋》以"礼"这一文化尺度作为判别夷狄与中国的基本标准，只要人们的言行符合于"礼"，即使是"夷狄"亦可视为中国；反之亦然，即只要人们的言行不符合于"礼"，则中国亦可视为"夷狄"。此一观念早在先秦即已存在，如在《尚书》《国语》《周礼》《周易》《春秋》经传及诸子论著等作品中即有较强的华夷观念，并包含作者对理想社会中华夷关系的设想与勾画，如在《春秋》一书中，有单纯以文化礼仪或政治行为进退诸国的论述，强调"夷狄"可以因一人而进至"华夏"，如吴国因季札"让国"之贤而被称为"子"[4]；"华夏"也可以因一人而退至"夷狄"，如杞国之或为"夷"或为"夏"，实由杞国的国君是否用"夷礼"来决定[5]；又如

---

1 （宋）张栻：《张栻全集》，长春出版社，1999，第691页。
2 《孟子·公孙丑上》。
3 《荀子·劝学》。
4 （晋）范宁集解，（唐）杨士勋疏：《春秋穀梁传注疏》，《十三经注疏》影印本，中华书局，1980，第2432页。
5 （晋）范宁集解，（唐）杨士勋疏：《春秋穀梁传注疏》，《十三经注疏》影印本，中华书局，1980，第2436页。

晋国因伐鲜虞而被称为"狄"之类。书中的这些做法与说明，虽然更多的是经传作者对春秋社会变化过程中"华夏"行为准则、礼仪文化之日益衰微的深沉忧虑，但却体现了自己的文化坚守与文化理想，渴望建立一种新的社会文化秩序。就大历史观或宏观层面而言，天下各族群的身份均可用华夏与夷狄进行区分，但二者又可以互相转化，不过要在具体的历史时期或具体环境下，如春秋战国的某一时期，族群的界限是十分确定的，即使要变也会有一个相当长的过程。如果只重视华夷互变的结果而忽视这个过程，显然会失之偏颇。[1]

再次，以儒家文化主导的德治（"德服"，相对于"力赡"）是对待少数民族的基本文化方式。"德"与"力"的观念在中国文化中，既包括中国少数民族文化又包括中域文化，都有共同的价值诉求。比如儒家文化的仁政德治的治理方式、和谐稳定的大一统环境、"天下为公"的"大同"理想，我们都可以在中国少数民族的神话、史诗中找到其思想基因，因而可以看成是中华历史上各族人民的共同愿望。正因为有了这种愿望，在处理人际关系、族际关系方面，无论是"用夏变夷"还是"用夷变夏"，各民族主要的价值取向强调的都是让人心服口服，即《孟子·公孙丑上》所言："以力服人者，非心服也，力不赡也；以德服人者，中心悦而诚服也。"这一观念的经典实践即诸葛亮开辟西南疆域时"七擒七纵"孟获，而唐朝时"四方朝贡者不绝"的文化景观也正是由于唐太宗的德政实践，故《资治通鉴》卷一九八记载："尝为侍臣曰：'自古帝王，虽平定中夏，不能服戎狄。朕才不逮古人，而成功过之。所以能及此者，自古皆贵中华贱夷狄，朕独爱如一，故其种落皆依朕如父母，"其实，这种以德厚夷观亦早见于《吕氏春秋》的记载，高诱注《吕氏春秋·当染》说："善为君者，蛮夷反舌、殊俗、异习皆服之，德厚

---

[1] 朱圣明：《现实与思想：再论春秋"华夷之辨"》，《学术月刊》2015年第5期。

之。"后来入主中原的清朝统治者康熙皇帝也曾强调:"至治之世,不以法令为亟,而以教化为先。……盖法令禁于一时,而教化维于永久。若徒将法令而教化不先,是舍本而务末也。"[1]

最后,在传统华夷史观视野下的认知尺度里,少数民族自身有一个由"生夷"变为"熟夷"的进步过程。"生夷"与"熟夷"的文化评价更能体现传统华夷史观视野下的认知尺度中儒家文化与中国少数民族哲学文化的关系。比如唐宋时土家族出现了不少儒学素养深厚的文人和官员,"施州蛮"即被称为"徼外熟夷";在台湾,把高山族解构成由"高山"到"平埔",或说由"生番"到"熟番"的进步框架,反映出台湾高山族思想演进的逻辑;在海南,黎族发展过程中"生黎"与"熟黎"的划分等,都可以说明一种文化递进关系。"生""熟"之判,与"天子失官,学在四夷"之说有相同的文化价值取向,即说:天子丧失了自己的职守,原本由天子掌握的文化学术流落到诸侯国乃至东夷、西戎、南蛮、北狄所处之地。鲁昭公十七年(前525),郯国国君郯子访问鲁国,鲁昭公摆宴招待。席间鲁国大夫叔孙昭子向郯子询问有关少昊氏以鸟命名官员职位的事,郯子做了回答。郯子在介绍时如数家珍,很是熟练。孔子听说后,便来拜见郯子,向他请教少昊氏的事。回来之后,孔子感叹道:"我以前听说过'天子失官,学在四夷'的说法,看来的确是这样啊。"直到明末清初,大学者方以智还有"借远西为郯子"之说,此说甚至成为这一时期文人学士的共识。

三 "修其教不易其俗"的多元认同模式

传统"华夷史观"虽然强调"华夷之辨",但在整体的文化关系中"修

---

[1] 引自张惠芬、金忠明编著《中国教育简史》,华东师范大学出版社,1997,第308页。

其教不易其俗"的原则却占据了重要位置。这有以下两个方面：一是强调"教化"的必要性与可能性，即如孔子所谓"居处恭，执事敬，与人忠，虽之夷狄，不可弃也"。于"夷狄""不可弃"者，正是强调教化的必要性。对此，唐太宗李世民即强调："夷狄亦人耳，其情与中夏不殊，人主患德泽不加，不必猜忌异类。盖德泽洽，则四夷可使如一家。"[1] "夷狄亦人耳，其情与中夏不殊"，不仅说明了教化的必要性，而且也说明了教化的可能性。于是，"已而高丽、百济、新罗、高昌、吐蕃诸国酋长，亦遣子弟请入国学，于是，国学之内，八千余人，国学之盛，近古未有"[2]；二是各民族的自我教化，这方面的例子在各少数民族那里都可列举不少，如北魏拓跋鲜卑的汉化改革："其豪门强族为州闾所推者，及有文武才干，临疑能决，或有先贤世胄、德行清美、学优义博，可为人师者，各令诣京师，当随才叙用，以赞庶政。"[3] 在当时，北魏统治者曾大力提倡并推广儒学教育以培养需用人才，以后元政权和清政权的建立基本上也是遵循并发展的这一路线，其基本方式既包括用"汉法"（汉族文化）对汉族群众实施文治教化，也包括用"汉法"对本民族群众进行文治教化，还包括根据"修其教不易其俗"的原则对其他相关少数民族群众实行文治教化等。像清政府设置的理藩院，其职责即充分地体现了这一点："掌内外藩蒙古、回部及诸蕃部，制爵禄，定朝会，正刑罚，控驭抚绥，以固邦翰。"[4] 其实，历史上的羁縻州郡制度、土司制度等形式，都是这一多元文化认同模式的体现，其中通过羁縻州对少数民族予以治理的原则即"虽贡赋版籍，多不上户部，然声教所及，皆边州都督、都护所领，著于令式"[5]；土司制度下中央政府对土官的基本要求则是："边境土官

---

[1] （宋）王溥撰：《唐会要》，中华书局，1957，第633页。
[2] （宋）王溥撰：《唐会要》，中华书局，1957，第633页。
[3] 《魏书·太宗记》。
[4] 《魏书·太宗记》。
[5] 引自江应梁主编《中国民族史》下，民族出版社，1990，第143页。

皆世袭其职、鲜知礼义，治之则激，纵之则玩，不预教之，何由能化？旁云南、四川边境土官皆设儒学，选其子弟、叔侄俊秀者以教之，使其知君臣、父子之义，而无悖理争斗之事，亦安边之道也。"[1] 自然，这里面都包括有"修其教不易其俗"的文化内涵于其中。

这里应强调的是，"修其教"即强调共同体的价值取向，"不易其俗"即承认文化上的多元性，也就是说，"修其教不易其俗"本身即是多元认同模式，而这种模式，在中国传统政治制度中，不论采取何种形式，羁縻制度、土司制度、流官制度等，在多元认同与政治认同方面，都如此。

第四节　神道与人道：儒道宗教化与世界三大宗教中国化

宗教与儒学的关系，在中国形成了"道不远人"中的四教通儒的特有文化景观。目前学界有学者把儒家当成宗教，然而我们并不作如是观（尽管"儒教"概念早在魏晋南北朝时期已经出现，"三教"概念也古已有之）。但说儒家文化汇通各种宗教支配了一般中国人的思想、情感甚至意志，应该是不错的。仅从中国各民族的民俗来看，我们完全可以肯定的是：中国民众在信仰佛教、道教、伊斯兰教、基督教（天主教、东正教）诸教的同时，形成了以儒家思想为基础的民俗信仰。故美国哥伦比亚大学汉学家威廉·D.贝雷曾说："有许多的中国人，自称是道教徒、佛教徒，甚至是基督徒，可是他们之中，很少有人不同时还具有儒家思想的。"[2]

不过应看到的是，在中国文化的构成中，不仅仅有儒、佛、道三教（学界习惯说法），而且也还有不少的民间宗教，有其他异域传来的伊斯兰教、基督教等。尽管就其影响（自然地理空间与文化地理空间）而言，它们所及范

1　引自江应樑主编《中国民族史》下，民族出版社，1990，第143页。
2　〔美〕威廉·D.贝雷：《中国传统之本源》第1卷，美国：哥伦比亚大学出版社，1960，第150页。

围并不相同,但就它们的确属于不同质的思想文化形态,它们之间的关系体现了传统中国范围内的古代异质文明对话而言,又的确值得认真进行比较研究。其中儒教与道教可以分别看成是传统中国南北方文化对话的代表,以儒、道二教为基础的中国本土文化与其他世界三大宗教的对话则属于中国文化与域外文化的对话。在这些不同文明的对话中,有成功的经验与典范(佛教、伊斯兰教),也有失败的教训与痛苦(如"基督教"因与西方侵略中国有文化关联而遭遇的普遍的"反洋教"斗争等)。但不管是成功还是失败,中国传统文化在与异质文化之间的碰撞、对话和融合的过程中,总是以"和而不同"的精神来对待异质文化,只要异质文化没有太过出格——一种传统中国文化所认同的文化接受度、认可度。

应该强调的是,我们这里所强调的儒教、道教、佛教、伊斯兰教、基督教,不能只从宗教的意义上来理解,而应该从文教的层面理解,其基本意涵是文治教化,自然也包括宗教教化。这一点非常重要。五教对话的场域在中国,而中国的文化场域又是一个特别重视化民成俗的文化场域,是一个习惯于从社会教化功能的角度去认识和评价各家学说的场域。在这个范围内形成的中国文化传统,包括各少数民族文化,虽然也看重神道与人道的差异,但最终都是把神道纳入"神道设教"的考察框架内——佛教中国化过程中形成"释儒"(西南)、伊斯兰教中国化过程中形成"回儒"(西北)、基督教初始中国化过程中的"上帝"中国化(满族德沛的论说、太平天国的"拜上帝会"、壮族地区的上帝信仰与黄诚沅的解释,三者均在南方)都充分说明了这一点。

一 聚成"释儒"

一般认为,就思想覆盖面来说,"儒佛道是中国传统思想文化的核心,其中以儒为主干,以佛、道为辅翼,形成有中心、有层次的多元互动的良性机制。三教之间的互动及其内部哲学与宗教的互动，使中国人在哲学与宗教之间、理性与神性之间可以从容选择；在出世与入世之间自由来往，形成中庸、平和的心态"[1]。这应该说是至切之论。

如果把中国的三大系佛教作一初步分析，汉传佛教最初以洛阳为中心，后又以建业为中心，然后逐渐成了各阶层人士的普遍信仰而影响全国，除汉族而外，朝鲜族、白族、仫佬族、壮族、满族、土家族等也各有部分群众信仰。值得强调的是汉传佛教从来就与儒学关系紧密，程朱理学、陆王心学即是明显的证明。

藏传佛教或称藏语系佛教则因缘际会，曾被元朝定为国教，除了对藏族有广泛而深远的影响外，对蒙古族、土族、门巴族、裕固族等少数民族信仰也产生了巨大影响，而且在纳西族、羌族、怒族、锡伯族、普米族、鄂伦春族及达斡尔族等比较接近藏族、蒙古族等民族的少数民族群众中也各有部分人信仰。信仰藏传佛教的民族同样也信仰儒家文化。

巴利语系佛教（南传上座部佛教）流传于中国云南省傣族、布朗族、德昂族、阿昌族、佤族、拉祜族等民族地区，影响及于多个民族，其中傣族曾是全民信仰。巴利语系佛教不仅和北传佛教在教义、学说上有不同的发展而各具特色，而且在传播过程中还产生了"释儒"这一理论形态，这从段晓玲略论佛教与儒学在傣族地区的影响[2]、毕廷村初探明代景东的儒学教育[3]等即可见出。同样，现今仍然在云南地区流行的上座部佛教（巴利语佛教）也可分为润、摆庄、多列、左祇四派，且还可进一步细分为八个支派，同样显示出文化多样性与统一性。

综合上述三系佛教，中国化的佛教自然为全国性的宗教。孙绰的《喻道

---

[1] 牟钟鉴：《儒、佛、道三教的结构与互补》，《南京大学学报》（哲学·人文科学·社会科学）2003年第6期。
[2] 段晓玲：《略论佛教与儒学在傣族地区的影响》，《保山师专学报》2002年第1期。
[3] 毕廷村：《明代景东儒学教育初探》，《思茅师范高等专科学校学报》2003年第4期。

论》曾认为："佛教主内心教化，儒家重救正时弊，两者内外结合，殊相而共质，都是以教化而安国治民。"[1] 事实上，秦汉时期儒学已传至中国南方诸少数民族中，唐宋以后云南大理地区的白族先民已逐渐形成既信仰佛教又崇奉儒学的文化风气，并产生了所谓"儒释""释儒"或"师僧"，即《南诏图传·文字卷》所谓"儒释耆老之辈，通古辨今之流"。至元代，郭松年《大理行记》亦称："师僧有妻子，然往往读儒书，段氏而上有国家者设科选士，皆出此辈。"明朝阮元声的《南诏野史》对此也有明确的记录："段氏有国，亦开科取士，所取悉僧道、读儒书者。"[2] 显然，"儒释"已凝聚成一种特殊的文化风气。

二 化为"伊儒"

相较而言，中国化的伊斯兰教虽然在自然地理空间上因信教民族如回族的全国性分布而具有全国性，但其主体的信教民族只有西北十个民族——回族、哈萨克族、维吾尔族、乌孜别克族、柯尔克孜族、塔吉克族、塔塔尔族、东乡族、撒拉族、保安族，因此在文化地理空间上却不能算是全国性宗教。应当说，中国化的伊斯兰教形成了"伊儒"或"回儒"。如明清之际的著名伊斯兰教学者王岱舆，作为一个会通性学者，在其撰写的《正教真诠》等书中，即明确地把宋明理学与伊斯兰教哲学有机结合，"形成了自己的一套以信天命、重三纲、守忠孝、倡忠恕，以五常诠五功等为内容的哲学体系"[3]。这方面有相当丰富的研究成果。对此，有学者说："儒"在中国文化中是一个有丰富内涵的称谓，在漫长的历史过程中，"儒"成为有着独特品格的群体的代名词，成为一种

---

[1] 张惠芬、金忠明编著：《中国教育简史》，华东师范大学出版社，1997，第323页。
[2] 引自肖万源主编《儒学与中国少数民族思想文化》，当代中国出版社，1996，第20—21页。
[3] 佟德富：《我国北方少数民族哲学的特点》，《中国北方少数民族哲学及社会思想史论集》，1987年。

精神的象征。明末清初的"回儒"是回族的知识分子,他们是伊斯兰教教义的阐释者、弘扬者。他们受中国文化与伊斯兰教双重熏陶,是中国传统文化与伊斯兰教的载体和代言人,他们的精神和品格代表着中国传统的人文精神与宗教信仰精神的结合。[1] 其具体特征因后文有专门论述而于此不赘。

三 会通"上帝"

基督教的中国化问题,如果细分,信仰东正教的主要是俄罗斯族(东正教乃俄罗斯族的传统信仰)以及少部分靠近俄罗斯族的蒙古族、鄂伦春族和达斡尔族等;信仰基督教公教和基督教新教的则以云南怒江地区的怒族和傈僳族为多,尽管传教士曾对20多个民族进行了传教,但信仰者并不是很多。不过从总体上看,基督教在中国化过程中因为近现代的特殊际遇,无论如何都还不能说是中国的全国性宗教。清代著名的理学家和经世官僚德沛(1688—1752)在乾隆朝曾被称为"满洲理学第一人",其所遗理学著作包括《易图解》一卷、《周易解》八卷、《周易补注》十一卷、《实践录》二卷、《鳌峰书院讲学录》一卷等;他曾担任闽浙总督,并因创办过鳌峰书院且亲自讲学而被时人称为"济斋夫子"。[2] 这样一位当时中国的"理学第一人",同时还是一位秘密的天主教徒。一方面,史学家陈垣先生(1880—1971,与陈寅恪并称为"史学二陈";"二陈"又与吕思勉、钱穆合称为"史学四大家")曾通过考证德沛的《实践录》,认为其中一些思想明显与天主教教义多有暗合之处,证明其是耶稣会秘密信徒[3],并获得了多方认可[4];另一方

---

[1] 孙智伟:《"回儒":中国穆斯林学者的人格特征》,《中共济南市委党校学报》2005年第3期。
[2] 王钟翰点校:《清史列传》卷2《宗室王公传》二《和硕简仪亲王传》,中华书局,1987,第68—70页。
[3] 陈乐素、陈智超编校:《陈垣史学论著选》,上海人民出版社,1981,第306—341页。
[4] 辛格非:《调和儒家文化与西方文化的尝试——浅论满族人德沛之哲学思想》,《故宫学刊》2013年第2期。

面，小南怀仁及其同僚也曾明确指认德沛是以他的坚实学问和渊博学识写成了两部书[1]，在书中他向中国士大夫证明上帝的存在与灵魂的永恒，从而契合着中国文化传统。两书正是德沛论述自己的宇宙观和伦理观之重要学术著作，其中多次提及造物学说、人的灵性不灭学说、天主教所特有的反对佛教之避妄说等，有意将西方之天主教或者说基督教的一些哲学观念与中国传统儒学观念，其中特别是理学观念紧紧地糅合起来，把中国传统的格物致知之学和西方的近现代实验、自然科学结合起来，虽然书中只字未提自己是否信仰天主教或者基督教。事实上，这正是一种把西方哲学和信仰中国化的重要尝试。据学界考证，德沛的《实践录》还被传教士献给法国国王，现收藏在巴黎的法国国家图书馆内，书上还盖有法国皇家图书馆的专用徽章[2]。另有考证证实，《实践录》也经过一定渠道传播到了俄罗斯，俄国著名汉学家列昂季耶夫曾经作为俄国东正教第三届驻北京的传教士团学员，于1743年来华学习满文和汉文，他曾把德沛的《实践录》翻译成俄文，在书中还特别介绍说："德沛是信仰灵魂不灭论的伟大理学家。"[3] 由此看来，德沛应被看成是基督教或天主教中国化的重要学者。对此，辛格非先生在《调和儒家文化与西方文化的尝试——浅论满族人德沛之哲学思想》中有具体而全面的阐明，其强调"德沛之天主教信仰对其理学思想之影响"时说：首先，在天主教的思想观念中，万能的"上帝"是万事万物的唯一创造者和运行准则，而德沛却将这一观念与传统理学中用以解释万物产生的"理气"学说相结合，将上帝比作"太极"或"天理"，因而是万事万物的本源；传统的阴阳二气则是万事万物质料。"天地万物皆有之阴阳者，质也。有形有体者，模也。其所司

---

[1] 应该是《实践录》和《鳌峰书院讲学录》。
[2] （清）德沛：《实践录》，载于钟鸣旦等人编《法国国家图书馆明清天主教文献》第12册，台北：利氏学社，2009。是书据法国国家图书馆馆藏《实践录》影印。
[3] 阎国栋：《俄罗斯汉学三百年》，学苑出版社，2007，第30页。

者，为也。造之者，乃造物。其成局腹蒿，在造物之中也，造之者为本，太极也。"[1] 由此可见，德沛主张造物的上帝是先于阴阳二气的，上帝造物以阴阳为质料而生成万物，这种观点类似于朱熹的理先气后、理主气辅的理气生万物之理气理论[2]。自然，德沛的这种观点与天主教的上帝造物学说并不完全一致。因为按照西方神学家的论证，天主教所讲的上帝造物只论上帝造出的有形、无形事物，并未阐明其所具有的阴阳二气属性或质料。事实上，在基督教中国化的早期阶段，德沛以朱熹理气学说为基础的宇宙生成论最多也只是将理学的"天理"的概念转换成"上帝"而已。其次，德沛将中国传统文化中的格物、致知理论与西方近现代自然科学思想进行了一定的结合。"格物致知"重视的是观察或内省方法（不同学者各有侧重），要求通过对天地万物的观察或内省来掌握天地万物，及至达于天理，因而其所省察的对象通常都是大自然中的万千事象。"格物致知，穷尽天理"与促进西方近现代自然科学发展的天主教"通过认识万物来认识上帝"的探索精神和体验方法有相通之处。故此，传教士才能够在传教过程中将西方的近现代自然科学知识一并传入中国。在这个过程中，中国的传统思想家也得以借鉴西方近现代自然科学而拓展自己的格物致知之学。有天主教信仰的德沛正在其列。德沛秉持着对天理与上帝的探究诉求，把格物致知之学和近现代实验科学统一起来，将西方传教士于传教过程中所带来的近现代经验自然科学知识引进其格物致知之学之中，强调格物致知诚心正意为本，是达到修身齐家治国平天下的基本方法和根本途径。因此，修身齐家治国平天下为末，是格物致知诚心正意的最终目标。格致诚正最终是要达到人之五伦均符合神道设教的天伦标准，并进而达到止于至善的崇高境界。"格致诚正为太极，为中、为本、为先、为

---

[1] （清）德沛：《实践录》，清乾隆元年刻本，第124、125页。
[2] "天地之间，有理有气。理也者，形而上之道也，生物之本也；气也者，形而下之器也，生物之具也。未有天地之先，毕竟也只是理。有此理，便有此天地；若无此理，便亦无天地，无人无物，都无该载了。"（宋）黎靖德编：《朱子语类》卷1，中华书局，1986，第2页。

始。修齐治平为和、为末、为后、为终也。天有四时,人有五伦。天之神道,四时不忒,故天地位而万物育。圣人神道设教,五伦中节,则天下服。修齐治平,备于五伦矣。"[1]

总之,"德沛虽然以理学家自居,但实际上是位秘密天主教教徒。他虽以天主教的'上帝'等同于传统理学中的万事万物之本体本源——'天理',将天理所化之人性替换成神所赋予之灵性概念。他也将西方近代科学知识及科学精神纳入到传统的格致反对迷妄之学当中。但其大体小体的心性论(人性论)和格物致知的认识论与修齐治平明德至善的实践论与现世追求及三纲五常的伦理道德思想还是延续继承了程朱理学的思想理论体系和价值观,并没有加入过多天主教的思想元素和天主教的理论体系,因而从整体来说德沛的思想理论体系主要还是程朱理学的,天主教只是其信仰而已。由于当时禁教的环境,德沛在书中只能隐晦地表达自己的宗教思想"[2]。因此,我们从德沛把传统的儒学与西方的天主教思想及近现代自然科学思想相结合的实践过程中也可看出,德沛仅仅是将一些和天主教思想相近的传统理学观念与一些天主教思想元素杂糅而已,这些小小的渗入,根本无法改变整个中国传统儒学严整的思想体系;而且,德沛对天主教及其他西学思想的理解与认知也并不全面,只不过相对于常人及那些不了解西学的士大夫官僚而言较高而已。"因此可以说作为满人的德沛早已受过系统的儒学教育,透彻掌握了理学思想体系,深受汉文化浸染。在此之后才接触到了西方文化,接受了天主教信仰。从汉化的时间和程度上来说都要比受西方文化影响要早和深得多。"[3]

但将基督教或天主教的"上帝"中国化,在当时的中国还不是个案。最

---

[1] (清)德沛:《实践录》,清乾隆元年刻本,第131页。
[2] 辛格非:《调和儒家文化与西方文化的尝试——浅论满族人德沛之哲学思想》,《故宫学刊》2013年第2期。
[3] 辛格非:《调和儒家文化与西方文化的尝试——浅论满族人德沛之哲学思想》,《故宫学刊》2013年第2期。

典型的是19世纪的壮族思想家黄诚沅的崇孔思想和"上帝"观念的结合。黄诚沅（1863—?），字云生，广西武缘（今广西南宁市武鸣区）人。黄诚沅工于杂文，著有《蜗寄庐文撮》1卷，并为其父黄君钜整理编次《丹崖诗钞》《武缘县图经》。在黄诚沅的思想中，"上帝"是作为天地万物的本原存在的，其3200多字的《性道真传》一文提到"上帝"49次，且开宗明义地强调："钦惟上帝，本先天无始神体，肇造天地，见极斯民，为出命之神君，分性之共父，实生人自来之原。""第无形之先，必有一主宰生万物者，为人类之祖焉。此祖为谁？即上帝。是以上帝，既居天地未有之先，出命显功，始立人极。征诸明代会典礼祀上帝乐章，便见大概矣。""皇也者，即指天地万物大主宰，无所不知，无所不能，无所不在，是真活神天父上帝也。"为此，黄诚沅考察了中国古籍中的上帝称谓："然六经中揭载上帝之处，尚有千数百条，为国人所诵习者，因皆未尝研究。故有认天为上帝者，有认理为上帝者，有认气为上帝者，有认非理非气，实实有个上帝在者，异说纷纭。""考六经所言上帝之处，有直言者，有不敢斥言，而以天以彼苍拟称者。直言者，如肆类于上帝、乃命于帝庭、以事上帝、可事上帝等，计凡一百七十余条。不敢斥言者，如天其申、命用休、天生烝民、知我者其天、天命之谓性等，计凡九百五十余条。其称天及呼以彼苍者亦如后世之臣不敢斥言其君上，因称之曰朝廷、陛下耳。"在考证国内文献的基础上，黄诚沅延伸到了国际："依上帝为标准，即征诸四裔各国，虽其对于上帝之名称不同，然均知崇奉一致，罔敢漫视，由此观之，足见上帝实有一定神体。"可见，在黄诚沅的思想深处，各个国家及其宗教信仰中虽然对于"上帝"的称呼不同，但是从宗教崇奉来说则是一致的，都是一定的神体即上帝。其实这就是站在世界民族国家的角度来看上帝，也是一种全球性现代化观。结合此前的广西太平天国起义的"拜上帝会"中的"上帝"，这是否可以说是一个基督教文化或天主教的"上帝"中国化的传统呢？不过要强调的是，黄诚沅的上帝本原说与其孔子是中国大教主的崇儒意识相结合的,为此,他还著有一篇《孔子为中国大教主论》的文章,在短短的4000多字中提到"孔子"达46次之多,此不深论。

这里还可以太平天国的"拜上帝会"为例加以说明。很明显,"拜上帝会"是基督教信仰,但却是中国化的基督教信仰。普天下多男子,尽皆兄弟;普天下多女子,尽皆姐妹;无处不均匀、无处不饱暖,其价值取向是中国的;其机构设置、其君王的分封等,都是传统中国政治文化的内容,也就是说,其"上帝"已适用化为中国传统文化中的"天帝"。

从全国性影响的层面看,在中国文化中,特别是在中国民间,儒、佛、道三教文化被认为是中国传统文化的主干内容,规定并影响着中国传统文化发展的基本方向,现在民间还广泛流传的"三教合一"信仰即可作为脚注。在一定程度上说,如果不了解儒、佛、道"三教"文化及其内在的相互勾连,就根本无法把握中国文化传统的主流思想、观念形态,更无法把握中国哲学社会思想史、中国文学史、中国美学史……因而有论者说:"儒、佛、道三教思想体系博大、发展历史悠久,对中国社会精英阶层的思想品格和民间习俗文化以及各种亚宗教文化和各民族小传统,都有普遍的深刻的影响;因而研究儒、佛、道三教及其相互关系,可以更深切地认识中国人的信仰特征和心理结构,认识中国多民族多宗教文化的多元一体格局。"[1] 但是,我们的眼光还不能仅止于此,还应关注伊斯兰教、基督教的中国化及其广泛影响。

第五节 主体与行为: 儒学与少数民族哲学融汇中的能动作用

在中华民族大家庭中,各民族传统哲学文化的形成过程是一个互动融汇

---

[1] 牟钟鉴:《儒、佛、道三教的结构与互补》,《南京大学学报》(哲学·人文科学·社会科学)2003年第6期。

的过程,其中既有以汉族哲学文化为代表的中域哲学文化不断向四周扩散,又有各少数民族哲学文化不断取学中域。于是与整个中国的文化地理特征相似,形成了儒学与少数民族哲学文化互动中的人文地理特征,其中主体与行为方面的表现,则呈现以下明显特色。

一 北帝南臣:儒学会通中的权力象征特征

在中国古代的人文地理中,在儒家传统形成以后,从秦始皇统一六国以来,中国的首都主要建立在北方,其中唐朝以前的首都主要在西安、五代以后的首都主要在北京。虽然南京和杭州也都是中国的六大古都之一,但其背景往往是南北分裂或南方偏安之局,因而在总体气象上还是无法与北方相比。

与这种人文地理上的格局相应,在儒学与少数民族哲学文化互动中即形成了北帝南臣的主体表现特色。一方面,秦汉以后,北方一些少数民族陆续建立起众多的或长或短的汗(王)国政权,形成了自己的小朝廷,并崇尚中域文化、推行儒家文化,乃至以其作为治国的指导思想;另一方面,北方少数民族中还有一些先后入主中原并统一全国,在建立政权后崇尚儒学并以儒家思想治国理政育民,形成自己民族的新的民族文化格局。其实,任何统治在面对以农耕文明为主体的全国统治时,也都不得不重视并选择儒学作为主流意识形态而在全国各民族中强势推广,比如明朝皇帝朱元璋即说:"诸种苗蛮不知王化,宜设儒学使知诗书之教。"[1] 又说:"当谕诸酋长,凡有子弟皆令入国学受业,使知君臣父子之道,礼乐教化之事。"[2] 到了清朝则更是强

---

[1] 侯绍庄、史继忠、翁家烈:《贵州古代民族关系史》,贵州民族出版社,1991,第333页。
[2] 侯绍庄、史继忠、翁家烈:《贵州古代民族关系史》,贵州民族出版社,1991,第333页。

调:"学校之设,所以明人伦,敦风俗,广教化,育人材也。"[1] 清朝统治者甚至自信地认为:"且自古中国一统之世,幅员不能广远,其中也不向化者,则斥之为夷狄。……在今日则目之夷狄可乎?自我朝入主中土,居临天下,并蒙古极边,诸部落俱归版图,是中国之疆土开拓广远,乃中国臣民之大幸,何得尚有夷狄中华之分也。"[2] 应该说,结合儒家文化的传播背景,这段文字应是站在儒治国家的层面所反映的夷汉一家之社会愿望。

所谓北帝,我们可以看到,古匈奴族曾经建立过汉(前赵)国,统治者中的刘渊、其子刘聪等不仅博览汉族的诸多文化典籍,而且还特别崇尚儒学,拜汉族儒生为师,学习《诗经》《易经》《春秋》等儒家文化经典。曾建立后赵国的羯族人也崇尚儒家文化,《晋书·石勒载记》记载石勒让"儒生读史书而听之",史评"朝贤儒士听者莫不归美焉"。前燕国则有慕容廆、慕容翰父子崇尚儒学,后燕国有慕容垂、慕容宝父子等崇尚儒学,而且还接纳汉族儒士并委以治国重任。《晋书·苻坚载记》记载前秦氐族的苻坚等崇奉儒学达到了"诸非正道典学,一皆禁之"的专断程度。后秦羌族的姚兴虽然曾标明儒佛并用,却特别重视儒学而略有偏向。至于拓跋鲜卑氏所建立的北魏政权,则始终崇奉儒学而尊崇孔子,对南朝儒生多有吸纳。到了北魏孝文帝元宏时代,《魏书·高祖纪》记载其不仅改拓跋为汉姓而使崇儒达到巅峰,而且孝文帝本人就是一个高度的汉化者,他雅好读书、手不释卷,五经之义、览之便讲,学不师受、探其精奥,史传百家,无不该涉,善谈老庄、尤精释义,才藻富瞻、好为文章,诗、赋、铭、颂,任兴而作,有大文笔,马上口授,及其成也,不改一字,自太和二年(478)以后诏册,皆帝之文也;北周的文帝、武帝崇儒兴学且成为时尚。吴广成《西夏书事》卷三一记载党项族建立的西夏强调"经国之模,莫重于儒学"而以儒学为重,为此特创建

---

[1] (清)黄培杰纂修:《贵州永宁州志四·学校志》,成文出版社,1967,第139页。
[2] (清)赵尔巽等撰:《清史稿》,中华书局,1977,第185页。

"蕃学"，以便用西夏文字来大量翻译儒家重要经典，并且专门设立"国学"以教授儒学，强调以儒治国而尊奉孔子为"文宣帝"，乃少数民族政权尊封孔子的铁证。辽朝从开国皇帝辽太祖耶律阿保机起即十分重视儒学，《辽史·耶律倍传》载："时太祖问侍臣曰：受命之君，当事天敬神。有大功德者，朕欲祀之，何先？皆以佛对。太祖曰：佛非中国教。侍曰：孔子大圣，万世所尊，宜先。太祖大悦，即建孔子庙，诏皇太子春秋释奠。"女真族建立金朝后，儒家思想日益兴盛，包括金熙宗完颜亶、金世宗完颜雍及金章宗完颜璟等金朝统治者大兴儒学、修立孔庙、推行科举、重视经典，《尚书》《周易》《论语》《孟子》等还曾被译为女真族文字并颁行于世以便研习实践，《金史·选举志一》还曾记载："辽起唐季，颇用唐进士法取人。"元朝即使尊奉藏传佛教为国教，但也十分尊崇儒学，奉行佛儒并举政策，甚至以儒学来平衡佛道二教；元世祖忽必烈曾因闻儒学家许衡的大名而特别征召并委之为京兆提学之任，在他即帝位后又再次征召入京作顾问且授之以国子祭酒、中书左丞等职权，根据历史记载，有元一代，姚枢、赵复、许衡等儒学名家等在北方地区广育人才、推广儒学、实践汉法等，对蒙古族统治者都发挥过重要影响；在太宗窝阔台时期，《元史·耶律楚材传》有"制器者必用良工，守成者必用儒臣，儒臣之事业，非积数十年，殆未易成也"的记载；在"以科举取士"方面，《元史·耶律楚材传》记载其通过在中原诸路推行以"论""经义""词赋"三科进行的科举考试而"得士凡四千三十人，免为奴者四之一"。不少少数民族皇帝自幼时起即师从名儒学习中原文化，研究儒学经典，通达儒家学术，甚至认为以节译的《大学衍义》"治天下，此一书足矣"[1]……后金政权在接触汉文化后即意识到了儒学的重要性，并接受儒家的"五常"思想，在赫图阿拉设文庙尊崇孔子，效仿明制、重视教育、创制

---

[1] 《元史·仁宗本纪》："时有进《大学衍义》者，命詹事王约等节而译之。帝曰：'治天下，此一书足矣。'因命与《图象孝经》、《列女传》并刊行，赐臣下。"

满族文字，认可儒家天人感应的天命观与"皇天无亲，唯德是辅"的儒家思想，以儒家的"三纲五常"作为政治的指导思想（皇太极）。清朝统治者更是崇尚儒学，不仅身为皇帝的最高统治者自己身体力行尊崇儒学，如康熙帝即"夙好程朱，深谈性理"[1]；而且特别依靠国家政权之力"表彰经学，尊重儒先"[2]，《大清世祖章皇帝实录》卷九八更载"各令子弟专习诗书"。总之，北方少数民族在接受儒学过程中，"北帝"是一个显著的主体特色。

所谓"南臣"，显然是相对于"北帝"而言的。这不是说南方无"帝"，南方有帝如大理段氏、南诏政权诸王等都可视为帝。但从总体上讲，南方以"臣"为普遍。如果仔细区分，"南臣"有三个类型：一是少数民族地区的少数民族成员之官（土官土臣），二是中域王朝派遣之官，三是所谓的贬谪之官。我们这里只分析前二者。就派遣官而言，《汉书》曾称在巴蜀地区，"景帝末，文翁为蜀郡守，见蜀地僻陋，有蛮夷风，欲诱进之。乃选郡县小吏，遣诣京师，受业博士，或学律令，数岁，成就还归，以为右职。又修学宫于成都市中，招下县子弟，以为学宫子弟，蜀人由是大化。学于京师者，比齐、鲁焉"[3]。又有记载，岭南儒学传播可溯及汉初的陆贾，其"行仁义，法先圣"，亦可算与儒学有缘之儒官。据《汉书·西南夷两粤朝鲜传》记载，在两次出使南越国期间，陆贾曾带去汉文帝特赐南越王赵佗的书信，其中说："两帝并立，亡一乘之使以通其道，是争也；争而不让，仁者不为也。愿与王分弃前患，终今以来，通使如故。"大一统、和为贵的儒学价值观使赵佗自责

---

1 赵吉惠等：《中国儒学史》，中州古籍出版社，1991，第789页。
2 赵吉惠等：《中国儒学史》，中州古籍出版社，1991，第790页。
3 此引自柳诒徵《中国文化史》上，吉林人民出版社，2013，第348页。（明）曹学佺撰：《蜀中广记》卷47记载："文翁者，史失其名，庐江舒人也。少好学，通《春秋》，以郡县吏察举，景帝末为蜀郡守。仁爱，好教化，见蜀地僻陋，有蛮夷风，欲诱进之，乃选郡县小吏开敏有才者张叔等十余人，亲自饬励遣诣京师受业博士或学律令，减损少府用度，买刀布蜀物赍计吏以遗博士，数岁，蜀生皆成就，……繇是大化，蜀地学于京师者，比齐鲁焉。至武帝时，乃令天下郡县皆立学校，官盖自文翁为之始。云文翁治蜀数十年，竟终于蜀，吏民为立祠堂，岁时祭祀，不绝至今。巴蜀好文雅皆文翁之化也，子孙亦家于蜀，文氏遂为著姓。"

"居蛮夷中久，殊失礼义"。另早在隋文帝时期的开皇十七年（597），当时的桂州总管令孤熙即专为各州县拨款以建城邑并"开设学校"，借此传播儒学。对理学有奠基之功的宋儒周敦颐曾经担任过南安军司理参军、广南东路刑狱、广南东路转运判官等要职，其父周辅成也曾官至贺州桂岭（即今广西贺州市八步区一带）令；二程（程颐、程颢）之父程珦曾在知广西龚州（今广西平南一带）时，携二程兄弟在龚州城西十余公里处的畅岩读书学习、讲经述学，并在北宋皇祐元年（1049）特邀周敦颐前往龚州畅岩设馆育人，教读二程学术。周敦颐、二程在广西的读书讲学，对壮族地区儒家文化的发展产生了持久而深广的影响，至今尚存的广西平南"天南理窟"崖刻就是其证。此外，南宋理学家张栻，在宋淳熙二年（1175）二月至淳熙五年（1178）闰六月期间任静江知府兼经略安抚使，三年多时间里张栻行儒学之政以化民德，故《宋史·张栻传》中有载："所部荒残多盗，栻至，简州兵，汰冗补阙，籍诸州黥卒伉健者为效用，日习月按，申严保伍法。谕溪峒酋豪弭怨睦邻，毋相杀掠，于是群蛮帖服。朝廷买马横山，岁久弊滋，边氓告病，而马不时至。栻究其利病六十余条，奏革之，诸蛮感悦，争以善马至。"张栻以儒学化民俗，在任上还颁布了《谕俗文》："访闻愚民无知，遇有灾病等事，妄听师巫等人邪说；访闻婚姻之际、亦复僭度以财相徇……婚姻结好，岂为财物。访闻乡落愚民，诱引他人妻室，贩卖他处，谓之卷伴。""曾不知丧葬之礼，务在立于哀敬，随家力量使之者以时归土，便是孝顺，岂在侈靡？无益之者，有害风俗。"张栻还在静江学宫明伦堂旁立周敦颐、程颢、程颐三先生祠，并撰有《三先生祠记》，基本目的即在于"使学者知夫儒学之真，求之有道，进之有序，以免于异端之归"。此类官吏对南方少数民族地区的儒家文化传播均起到了重要作用，其他不再列举。

就土官土臣而言，两汉时期的夜郎地区（今贵州遵义一带）便先后出现了三位有影响的儒家学者舍人、盛览和尹珍，史称他们为贵州的汉代"三贤"。其中舍人被考证为汉武帝时期犍为郡的鳖邑（今贵州遵义一带）人，曾任犍为郡的文学卒史，著有《尔雅注》三卷。清代儒家学者郑珍、莫友芝等合纂的《遵义府志》曾高度评价舍人的《尔雅注》说："注古所未训之经，其通贯百家，学究天人。"盛览被考证为汉武帝时期的牂牁（或说为今贵州省大部及广西、云南部分地区，有说其核心区在今贵州六盘水一带）名士，字长通，曾投师于司马相如门下，《西京杂记》卷二（第四十四条）记载司马相如曾教导他说："合綦组以成文，列锦绣而为质。一经一纬，一宫一商。此赋之迹也。赋家之心，包括宇宙，总览人物，斯乃得之于内，不可得而传。览乃作《合组歌》《列锦赋》而退。"盛览学成后回到贵州致力于传播儒学，著有《列锦赋》《合组歌》等，清人邵远平于《续宏简录》中说："司马相如入西南夷，士人盛览从学，归以授其乡人，文教始开。"尹珍，字道真，据考证为东汉牂牁郡毋敛（今为贵州正安县一带）人，尹珍曾千里跋涉，于公元99年到当时的京师洛阳拜汝南的许慎、应奉等为师，深入研习五经文字，于公元107年回到贵州故里，建立草堂三楹以开馆教学、传播儒家文化，据称西南地区自此始有学校教育。对此，《后汉书·南蛮西南夷列传》记载："桓帝时，郡人尹珍，自以生于荒裔，不知礼义，乃从汝南许慎、应奉受经书图纬，学成，还乡里教授，于是南域始有学焉。"诸如此类人物，不一而足。

二　北官南流：儒学推广中的官吏身份特征

官吏对儒学在中国少数民族地区的广泛传播与深入影响，还有一个重要的人文地理学特征即北官南流（流寓、流放或贬谪），此即儒学推广中的官吏身份表征。这与前面提到的中国北方政治和军事比较活跃、首都主要在北方紧密联系。因为环境关系，这些被贬的大儒，反而方便传播与推广儒学。在这些地方，儒学具有了双重意义，一方面是被贬之官对儒学的坚守，另一方面则是儒学在被贬之地的传播与推广。该部分内容，详见本著第一章绪论中的相应论述，于此不赘。

三 南北齐驱：儒学发展中的民族精英之功

少数民族精英对儒学在少数民族地区的传播、发生影响的一个重要的人文地理特征即南北并驾齐驱，各有贡献。其基本前提是少数民族的知识分子认同儒学，投师儒门，如唐代贞观十五年（641），文成公主联姻入藏之后，吐蕃的第三十二世赞普松赞干布就特别重视吸收和学习汉族文化，其中自然包括儒家文化，他"遣诸豪子弟入国学，习《诗》《书》"[1]；又专门派贵族子弟到长安长期学习国学，所"取得的成绩都很优异"，这样就使当时的西藏地区出现了所谓"儒学之兴，古昔未有"的兴盛气象。

早在西汉末年至东汉初年，广信人陈钦、陈元、陈坚卿一门祖孙三人均以经术文章而享誉乡里，被时人称为"三陈"。谢启昆（1737—1802）在清代嘉庆六年（1801）修成的《广西通志》（该志被梁启超称为"省志楷模"）中说："汉时陈君父子崛起苍梧，传左氏经学。南方州郡经学之盛，未有先于粤西者……陈君以经师抗疏朝右，邹鲁之士，未能或先。""三陈"能与邹鲁之士相抗衡，足见汉时广西经学之盛。有学者认为"三陈"属于当今的壮族。[2] 陈钦研习《左氏春秋》，与刘歆同时而别自名家，均做过国师，陈、刘比肩，可见其经学水平之高。陈钦著有《陈氏春秋》，王莽即从陈钦受左氏学，以至于东汉时期的经学家赵岐也在《三辅决录》中肯定《左氏》学远在苍梧。陈钦的儿子陈元的学术成就被认为超过了其父，故《后汉书·陈元列传》中记载说："元少传父业，为之训诂，锐精覃思，至不与乡里通。

---

1 《新唐书·吐蕃传上》。
2 何成轩：《儒学南传史》，北京大学出版社，2000，第105页。

以父任为郎。建武初,元与桓谭、杜林、郑兴俱为学者所宗。"《后汉书·孙期列传》中也明确地说:"建武中,范升传《孟氏易》,以授杨政。而陈元、郑众皆传《费氏易》,其后马融亦为其传。融授郑玄,玄作《易注》,荀爽又作《易传》。自是费氏兴,而京氏遂衰。"陈元与当时的经学家桓谭、杜林、郑兴均被称为儒学大宗师,亦足见其经学地位之重。陈元的儿子陈坚卿,《广西通志》中记载说:"坚卿能承先志,殚精卒业,工文章,有名当世。"必须说,"三陈"对儒家学术在岭南地区的传播与发展,有开风气之重要作用。

士燮,字威彦,苍梧广信人,汉末三国时期曾任交趾郡太守。士燮年轻时曾游学京师,师从当时的名儒授左氏学,研究《春秋左氏传》,著有《春秋左氏经注》十三卷。在交趾时,他积极办学传播儒学,汉之名士避难往依者以百数,士燮立足于《左传》《尚书》本旨,与他们研讨经学,阐发己见,有每论《左传》疑难都有卓见之誉。

李元阳是明代云南地区的著名白族学者(另有说为汉族者),其哲学思想直接传承王阳明心学,且特别心仪阳明学的"致良知"思想,他在给好友王畿的信(《再答王龙溪》,《李中溪全集》卷10)中曾明确地说:"弟晚出,不及游阳明师之门,师独揭'致良知'三字,直继孟子之统,宋儒周、陆不得而先焉,况其他乎。"[1] 李元阳建立了以"性"为核心,以性、精、心、意为基本范畴的思想体系。从总体上看,李元阳的儒学思想核心及其鲜明特色,一是表现在改造阳明学。王阳明主张"致良知",涵括了良知本体、心本体、性本体、性即理等多重意义,良知良能、本心本性、天理物事是贯通为一的整全本体。李元阳则将性与心、意、情等作出明确区分,只把性视为本体,而把心、意、情等一并视为性的神识发动之结果,是缘物而起的,故《与谢中丞高泉》(《李中溪全集》卷10)中说:"盖心、意缘物而起,物去而灭。

---

[1] 《李中溪全集》卷10,《丛书集成续编》142,台北:新文丰出版公司,1988,第769—770页。

其名为识,虚假之物也。性则物来亦不起,物去亦不灭,了然常知,真实之物也。"在《与罗修撰念庵》(《李中溪全集》卷10)中也说:"夫性、心意情识,其地位悬殊,状相迥别,惟彻道之慧耳,乃能别之。不然雪里之粉,墨中之煤,毫厘之差,千里之谬。此儒先所未论者。"李元阳自认这一思想是他所阐发的先儒未发之论,是他对儒家学说的创造性推进。二是兼取并融汇佛学。李元阳在《与谢中丞高泉》(《李中溪全集》卷10)中诠释其"性""道""诚""明"的关系时,说:"率性之谓道,顿悟此性也;修道之谓教,渐修此性也。顿悟诚而明,知至也;渐修明而诚,致知也。"李元阳之所以要以佛诠儒,是因为他认为,儒学、老学、释学的基本精神是一致而互通的。

高奣映也是清朝初年云南地区之白族的另一位儒家学者,其思想受大儒周敦颐、朱熹哲学思想的影响极大,但同时又对他们的观点有所辨惑和向前发展,核心内容包括了太极本体论、静诚与格物致知的修养工夫论两个主要方面。在本体论层次上,高奣映是通过由周敦颐所引出而由朱熹所深辨的"无极而太极"这一关键命题,直接消弭了"无极"这一概念,坚持以太极(即理)为宇宙本体,体现出了对周敦颐与朱熹哲学的深入思考与生命体验。高奣映的修养工夫论坚持静诚与格物致知的双重功夫,基本上沿袭了周敦颐和朱熹的工夫思想。

从社会影响而论,李元阳和高奣映对儒家思想的传播与发扬做出了积极努力与巨大贡献,对促进儒学在云南地区少数民族中的传播影响巨大,积极推进和增益了儒学的内涵,进一步扩大了儒家学说的社会影响。

刘定逌是清代广西地区的壮族学者,他以"追踪濂洛关闽之学,直窥《大学》明德新民、止至善之真传"[1]为宗旨,终其一生都主要在广西壮族地区潜心研究性理学,广泛教授儒学生徒,传播儒家思想文化,对儒学在广西

---

[1] 肖万源主编:《儒学与中国少数民族思想文化》,当代中国出版社,1996,第555页。

民族地区的发展具有积极贡献。刘定逌的儒学思想以程朱理学为依归，但又不废陆王心学，表现出兼取程朱陆王、融汇理学心学的思想特征。在本体论层次上，刘定逌在一定程度上具有"道在心中""心虚万物空""人心即道"的思想倾向，因而近于陆王心学。他的工夫论则强调读书穷理、格物致知，特别推崇《大学》所谓明德新民、止于至善之旨，强调"格物致知""诚意正心""修身齐家""治国平天下"的"三纲八目"，又深得程朱理学"进学则在致知"之思维路径。作为一位有影响的壮族儒家学者，刘定逌综合融汇程朱陆王的思想，并结合自己的生命体验与儒学教育实践，进行理论上的探索发挥和阐释传播，大大地促进了儒学在壮族地区中的传播。

两汉时期的贵州"三贤"，积极主动、自觉自愿地接纳引入中原地区的儒学思想，并在多民族聚居的贵州本土努力倡扬传播儒家文化，其影响是久远而深刻的。1941年7月置道真县就是为了纪念汉代学者尹珍（字道真），道真县与贵阳所修的道真祠，充分说明儒学在贵州的传播及对贵州地区各民族哲学和文化具有潜移默化的影响。

明代洪武年间（1368—1398），贵州水西土司的彝族首领奢香夫人深受儒学忠君思想、爱国思想、大一统思想的影响，在代夫袭职贵州宣慰使职时，曾七次上金陵（今南京）学习中域民族的先进思想文化及各种生产技术，还专门派子弟赴京入太学学习中域文化、研习儒家学说。《明实录·太祖洪武实录》记载，明太祖朱元璋曾下诏明示："礼教民于朝廷而后风化达于四海，今西南夷官遣子来朝，求入太学，因其慕羡，特允其请。尔等善为训教，俾有成就，庶不负远人慕学之心。"明朝洪武二十五年（1392），奢香的儿子学成回归之时，朱元璋还钦赐"安"姓，取汉名为安的。奢香还从多方面吸引接纳各方文人学士，礼聘汉族儒生，在水西地区设置了贵州宣慰司学，使水西地区的彝族得以不断接受儒学思想文化的熏陶，彝家子女也得以广泛地入学读书，乃至参加各级科举考试。也正是在奢香夫人的影响下，水西彝族地区社会生活的各方面都能颇依儒家礼仪。

清代贵州布依族的莫与俦在独山自筹各种款项，设馆教授儒学，终其一生实践儒家"有教无类"的教学原则。莫与俦特别重视教育人才，力求使家乡子弟都能知书达理，也的确造就了莫友芝、郑珍这样具有崇高学术地位的"西南巨儒"。莫友芝在父亲儒家思想的熏染下，深入研究儒家学术，而且在受儒家重视总结历史经验的思想传统影响下，与郑珍等学者通力合作，编修了《遵义府志》这部具有重要学术价值与历史文献价值的地方史志，因而其与郑珍同被学界誉为"西南巨儒"。莫氏父子应该算是贵州布依族中儒学思想的代表人物。

广东江门学派的兴起与发展，是岭南儒学发展史上的重大事件，对岭南民族的哲学文化发展具有重要的积极影响。江门心学的开创者是著名学者陈献章，陈氏生于广东新会而居于广东江门，在江门时广泛收徒讲学，大力弘扬儒学，从其游学者甚众，最著名者如湛若水深得其真传而传其衣钵，并有发扬光大及创新发展。陈献章儒学思想的宗旨是"天地我立，万化我出，而宇宙在我"[1]。湛若水则强调圣学功夫不过只是"随处体认天理"。湛若水的"随处体认"思想在一定程度上显现出的是陈献章"自然""养端倪"的心学思想特色；而"随处体认"的"天理"所潜蓄着的思想原则则是朱熹理学的精神实质。陈献章、湛若水师徒创立和传承的江门心学学派，曾在明代儒学中独树一帜，其影响遍及大江南北，是中国哲学研究中的必写之章，其学大大地提升了岭南文化的思想水平，使岭南地区的民族哲学文化得以大受其惠。

在北方，蒙古族保巴、回族王岱舆、蒙古族忽必烈及满族玄烨等是具有深厚儒学思想的北方少数民族哲学理论代表人物。忽必烈择取儒典《周易》"大哉乾元"之深义，不仅定国号为"大元"，而且首都建设也一遵《易》学

---

[1] 《陈献章集》，中华书局，1987，第217页。

规则；蒙古族哲学家保巴（或说其色目人），著有《周易原旨》《易源奥义》等《易》学著作，明确地以太极、阴阳思想为旨归，远承王弼之端，近取宋儒之宏，积极发挥并促进了周敦颐、邵雍哲学思想的传播，使其易学哲学本身具有明显的兼容并蓄的思想特质。

康熙皇帝玄烨作为清朝的帝王，能够被称为圣帝明王，一个重要方面即对儒家文化的精蕴有自己的独特体认，并将其重儒崇理的思想理论用于治国理政的实践中，其思想不仅对于满族社会产生了极为重要的影响，而且也使理学在清朝前期的全国范围内的再度隆兴起到了示范作用。玄烨儒学思想的主要内容，其一表现在其服膺朱熹的理学，始终坚持朱熹理学的理本论、理一分殊等基本思想观念，《圣祖仁皇帝御制文集》第四集卷二十八中记载："体道亲切，说理详明，阐发圣贤之精微，可施诸政事，验诸日用，实裨益于身心性情者，惟有朱子之书，驾乎诸家之上，令人寻味无穷。"其二是特别强调并提出"真理学"问题，极力彰显程朱理学中的践履笃行思想，质疑那些"终日讲理学而所行之事全与其言悖谬"的"言行不相符者"的假理学、假道学。同时还明确表明："若口中虽不讲，而行事皆与道理吻合"，这种重视践行其理论观点的理学才是"真理学"。玄烨一方面十分重视程朱理学的读书穷理、格物致知、循序渐进地积累贯通的"致知"理论，另一方面又坚持发展朱熹以行为重的"重行"思想，把程朱理学所强调的居敬穷理、进学致知的修养工夫理论发展为"明理之后，又须实行。不行，徒空谈耳"[1]的知行并重理论。玄烨特别注重"习而后知""亲历乃知""身履其地，详察形势"等体验观，而且还具有强烈的先行后知、以行验知的理论特色。康熙九年（1670），玄烨即颁布了贯穿儒学思想的"圣谕十六条"，并且逐条训解，其中有些内容直到如今都是家谱编纂中的必选条文；玄烨撰成《圣谕广训》，

---

[1] 转引自肖万源主编《儒学与中国少数民族思想文化》，当代中国出版社，1996，第699页。

明确要求满族八旗及直省各级衙门必须宣讲。玄烨作为一名享有皇帝权威的满族贵族及清王朝的最高统治者，能够身体力行地对理学进行创造性发挥并切实推行，不仅反映了满族对于儒家文化的承继与践履，而且也反映了儒学本身的民族化、时代化。

从明朝末年至清代中叶，回族学者王岱舆、刘智、马注、马德新等，努力探索以汉文进行译著并研究伊斯兰教典籍的方式，积极吸纳与融汇儒家文化，以儒诠经，以中释伊，从而将伊斯兰教义中国化，形成伊斯兰教中国化的学术风气。正是通过他们的艰苦努力，通过"以儒诠经"的互通方式才实现了伊斯兰教和儒家文化的深切结合。这种结合不仅是伊斯兰教文化的中国化、儒学化、时代化，而且也是将儒家文化通过与之相异的伊斯兰教文化相比较而得以展示和发展。这种"伊儒合璧"的思想文化特点使王岱舆等一批回族学者被称为"回儒"或"伊儒"。这批学者对伊斯兰教义的大量汉文译著和深入研究，在把儒家文化在中国回族同胞中的传播影响不断加以扩大和日益深化的同时，也具有了用传来的伊斯兰教文化反哺增益中国儒学思想内容及思想内涵的融汇互通性质，从而使中国儒学获得了一种全新的"伊儒"风貌，不仅体现了回族同胞对儒家文化的认同、吸收和拓展，而且也传播了伊斯兰文化本身的内容及影响。从哲学思想层面看，这批学者充分吸收了周敦颐、朱熹的太极说等儒家宇宙论思想，借以论证伊斯兰教之真一、真宰的本源性、本体性；把程朱理学"格物致知"的修养工夫理论，纳入了伊斯兰教"认主独一"的体认论框架；把儒家学说的"三纲五常"伦理道德观念与伊斯兰教的顺主、顺君、顺亲思想以及念、施、拜、戒、聚等观念之"三正""五功"宗教伦理道德相融合；还广泛地吸纳相关儒佛道哲学概念，极大地丰富了伊斯兰教的教义哲学，其中吸纳的儒学概念即有忠、孝、仁、义、礼、智、信等。他们在大规模的伊儒融汇中，常能对儒学及伊斯兰文化互有补充和发挥。

四　民族杂居：普通民众的儒学传播主体作用

中国各民族在同源分流融合的历史进程中，由于多种多样纷繁复杂的历史原因，形成了极具特色的大杂居、小聚居的独特民族分布格局，成就了中华民族多元一体格局的地理基础。大杂居环境在历史上极为有效地促进了各民族间的思想文化传播与情感意志交流，十分有利于消除各民族间的隔阂和加深感情沟通，在彼此的耳濡目染之中起到了强化民族同源同根意识、提升文化认同与民族认同感，以至于在历史上曾出现"胡汉混淆，不可复辨"以及"胡人吹玉笛，一半是秦音""胡人有妇能汉音，汉女亦能解胡琴"的融通状况。正是因为这种文化交融，各民族出现了和谐共处的"一家亲"现象，从而也使得在传统文化中占据主导地位的儒学思想能够在民间获得广泛传播。

历史发展的进程说明，中国少数民族在同汉族杂居的过程中，所受的汉文化影响尤其是儒家文化的影响尤其深广。如曾经与华夏族杂居而处，而在战国末期以后被形势所迫移居塞外的西北各个游牧民族，他们就一直对儒家文化表现出一种强烈的兴趣和追求。如据《晋书》记载：出自匈奴贵族的刘渊，幼时即好学，曾师事上党儒生崔游，学习《京氏易》《毛诗》《马氏尚书》等，其中特别喜好《春秋左氏传》。《晋书·载记》记载出自羯人后裔的"石勒，雅好文学，虽在军旅，常令儒生读史书而听，每以其意论古帝王善恶。朝贤儒士听者，莫不归美焉"；"石虎，虽昏虐无道，而颇慕经学"等也都反映出他们对儒家思想及其他汉族文化的仰慕之情、渴求之心、学习之愿。至于常常发生在平常百姓之间日常生产生活中的互教互学以及儒学在心理及道德层面的深刻影响，那就更是大量而经常的事情，乃民族交融中的常态。

中国各民族交往交流交融过程中的各种"和亲"既是一种"政治"活动，也是一种"文化"活动，对儒家文化的传播作用不可低估。"和亲"作为沟通民族感情、实现民族交融的特殊方式，汉儒董仲舒等人就加以重视，如《汉书》卷九十四下《匈奴传》载董仲舒之言说："如匈奴者，非可以仁义说也，独可说以厚利，结之于天耳。与之厚利，以没其意，与盟于天，以坚其约，质其爱子，以累其心。"《汉书》卷四十三《郦陆朱刘叔孙传》则记载刘敬在说服汉高帝和亲时则更是阐明："陛下诚能以适长公主妻单于，厚奉遗之，彼知汉女送厚，蛮夷必慕，以为阏氏，生子必为太子代单于。何者，贪汉重币。陛下以岁时汉所余彼所鲜数问遗，且使辩士谕以礼节，冒顿在，固为子婿，死则外孙为单于，岂闻外孙敢与大父抗礼哉？"时至唐代，李唐王朝自贞观朝以降，文成公主、金城公主、弘化公主、宁国公主等数位宗室公主先后下嫁吐蕃、吐谷浑、回纥（回鹘）等著名的少数民族首领，每次公主出嫁之时，都会带去许多汉族文化的图书典籍、食物器具、医疗器械，及各种农作物种子等，其中自然也有大批儒学经典随之流入少数民族地区。

伴随和亲产生的一个极为重要的文化现象就是儒家文化在各该少数民族中的传播影响。《新唐书·吐蕃传》记载：在文成公主出嫁到吐蕃后，松赞干布曾"遣诸酋豪子弟入国学，习《诗》《书》。又请儒者典书疏"；《旧唐书·吐蕃传》也记载："时吐蕃使奏云：'公主请《毛诗》《礼记》《左传》《文选》各一部。'制令秘书省写与之。"《唐会要》卷三十六也有记载说："吐蕃王及可汗子孙，欲习学经业，宜附国子学读书。"值得注意的是，这里所说的国子学即以儒家文化经典为主要教学内容。另外，李唐王朝也在与回纥的多次和亲联姻过程中，伴随着相应的儒家文化的传播。20世纪初曾在敦煌莫高窟藏经洞中发现了数万卷古代历史文献中的儒家十三经，以及浸透着儒家思想文化的多家正史类著作，从《史记》到《汉书》，从《三国志》到《晋书》等，这些都充分说明儒家文化对西北民族地区的深刻影响，虽然不是全由和亲而来，但也不宜否认其功。在所发现的五千多卷藏文文献中，也有《春秋后国语》《尚书》《汉地儒教智慧格言集》等藏文文本，其中还有汉藏对译的汉文文献如《孝经》与《千字文》等。[1] 在吐蕃占领敦煌时期，"每得华人……有文艺者，则涅其臂，以候赞普之命。得华人补为吏者，则呼为舍人。可则以晓文字，将以为知汉书舍人。……凡在蕃六年……视其臂，一字尚存，译云：'天子家臣。'"[2] 在北宋熙宁时期，王安石甚至还提出要对地处中国西北一隅的唃厮啰吐蕃民族实施"渐以文法调驭，非久遂成汉人"[3]的文化主张，其办法包括用儒家的《诗》《书》《礼》等文化经典进行教化，设立学校、赐予书籍、立解学额，借以广泛传播儒家思想文化。因此，我们应重视民族杂居造成的儒家文化传播特色。

第六节　制度与俗治：变教化俗与因俗而治

儒学本是生活化的。儒学与中国少数民族哲学文化的关系，一个重要的人文地理学特征即其民俗化特征。

一　民俗中的民间儒学形式

从整个文化的构成来看，民俗文化应该被认定为是一种基础性社会文化，它是特定地区、特定时代的特定民族群众在生产生活的历史实践活动中创造和积累的全部文明成果形式的统称。民俗文化或者表现为多样的物质载体，诸如各式建筑（含民居等）、生产劳动工具、日常生活用品等；或者表现为

---

[1] 见余仕麟等《儒家伦理思想与藏族传统社会》，民族出版社，2007，第321—329页。
[2] （唐）李肇、赵璘：《唐国史补·因话录》，上海古籍出版社，1979，第96页。
[3] （宋）李焘：《续资治通鉴长编》，中华书局，1985，第5655页。

日常语言、雕刻绘画、书籍文字等意义符号；或者表现为抽象的文化性格、生活习惯、民族心理、思维方式、行为意向、价值观念等；或者表现为生产生活知识信息的积累、贮存与传播；或者表现为多种多样的口传文化作品，如神话、史诗、民歌、格言、谚语等；或者表现为各种行为如跳舞、游戏、仪式……民俗文化就是这样在历史时代中产生、在历史发展过程中展开、在生产生活中体现的各民族人民的行为方式、生活模式，因而是一种民族的文化认同方式。"耕者有其田""居者有其屋"，"人尽其才、物尽其用、地尽其利、货畅其流"，"内无怨女、外无旷夫"等社会理想；对人以"仁爱"为中心的三纲五常、四维八德，"内圣修己""外王事功"，孝悌忠信、礼义廉耻等价值信念，无不以各种方式体现在民俗文化中。几千年以来，中国的民俗文化已经深深地融化在中华各民族的思想意识、观念情感和行为规范里，积淀在中华各民族的种种文化样态之中，"物化"在各民族的社会经济结构、政治结构和文化结构及至观念结构、心理结构之中。比如，佛教、道教、伊斯兰教、基督教等宗教对于中国民俗的莫大影响，儒家文化精神在各民族那里，不少都与各宗教融会在一起了，中国文化中的伊儒（回族等）、释儒（傣族等），及至中国化了的基督教形式的拜上帝会等，无不体现出其对中国人思想和人心的影响。

本来，儒家文化即有不少是基于民性之思演变而来的，最典型的例子或应推《诗经》，其中很大部分即在西周时代采风于民间的民俗文化作品，特别是其中的十五国风，或许即由于官方要据此谈论治国理政而经过儒生的编订，从而成了战国时诸侯卿相及士大夫阶层的治政依据，到了汉代更随《诗经》而成为儒学独尊的经典，以至于成了儒生说诗纬经的对象。同类民诗而成为儒学治世、官方雅言的还有西汉时期"街陌谣讴"之乐府民歌发展为魏晋以降的五言诗体、唐代"胡夷里巷"民歌演化成五代两宋的词、唐传奇与宋话本发展而成为明清小说、土家族的竹枝歌演变为盛唐的竹枝词，等等。

儒家经典中也记有民俗，如记载于儒家经典中的嫁给晋文公的怀嬴，就曾先嫁怀公，妻从夫谥，所以称怀嬴；秦又以纳于重耳，可重耳是怀公的叔父，算是叔侄的转房。这种婚俗见于儒家经籍，至今还残存于中国的一些少数民族的"转房"婚制（如兄死妻嫂等）之中。对此，《荀子·儒效》中曾说："习俗移志，安久移质。"后人的解释即强调说："习以为俗，则移其志；安之既久，则移本质。"可见"习俗"或"习惯风俗"对人之文化生命的影响之大。《汉书·贾谊传》在上书陈说政事时即专此而论："择其所乐，必先有习，乃得为之。孔子曰：'少成若天性，习贯（惯）如自然。'"所以，《说文解字》将"俗"直接解释为"习也"，即所谓"习而行之谓之俗"，说明长期的习惯必然会形成一定的性格，这也就是俗语所说的"习惯成自然"。

儒学最重传统，这在中国各民族民间都可见有特殊表现。汉代人刘熙于《释名》中说："传，传也，以传示后人也。"清人王先谦注疏时说："汉儒最重师传。"而所谓"统"，《汉书·贾山传》有"自以为过尧舜统"之说，颜师古注引如淳云："统，继也。"二者合之，所谓传统，即世代相继。从这种意义上说，在佛教那里有衣钵相传的"法统"，在儒家那里有圣贤相传的"道统"，而在民间，则有包含儒家信仰在内的民间"传统"，其中最为明显的是中国民间的神龛上有"天地君亲师位"，由此可证儒学在民间的普遍意义。

民间文化作为整个文化整体的基础构建，虽然来源于特定的历史实践活动与特定的地理关系，但我们透过其各种文化载体诸如民间建筑（广义上的建筑包括民居、坟墓、庙宇及各种各样的建筑辅助设施）、生产工具与生产对象、生活用品与生活样式、饮食物品及实现方式，从其所表现在日常语言与书面语言、图画文字与刻画符号，生产劳动与生活行为，民族性格与社会习惯等民族心理、思维方式、价值尺度，及至人的自然生命本身，知识、信息等积累与贮存传播……都会发现其中的儒学精神。

二　民俗类型中的儒学差异

中国民俗文化的一个重要特征即其乡土的差异性，其中还包含中国人的宗族血缘意识及相应的情感因素，并由此进一步扩大到邻里的差异性，民俗中的"乡党"特性即表现的这种区域差异性。

但是，若仔细分析民俗文化的这种差异性，在中国的特殊情景下，实际上还表现为中国民俗文化的包容性、丰富性、多样性。这里不仅有多民族性、多地域性，而且有各类民俗本身的丰富性及其开放性，从而体现出中国民俗文化的宽容精神，不仅各兄弟民族文化始终和睦相处，相安为一，共同生活在一个国度内；而且对外来文化也持有一种包容精神。如从历史上看，考古学、历史学对中国古代的文化区划研究已经证明从上古时代起，中国就已是一个多民族的国家：黄河流域的夏族、淮河流域的东夷族、长江流域的三苗族及西北的羌族、大漠南北的山戎与猃狁等本就有了文化交融，黄河流域各民族更是在相互影响与同化中形成了具有多民族因素的华夏族；秦代的车同轨、书同文、地同治、人同伦、音同域等文化措施，虽然实现了东夷、百越、诸戎、筰、夜郎等古代民族在政体上的全国统一，但在民俗文化上则在认同与分异的张力中走着自己独特的发展道路，其他的匈奴、乌孙、东胡、肃慎、扶余等民族则在汉代以后加入了中华民族多元民俗文化创造的进程中。继起的魏晋南北朝时期，许多进入中原的少数民族更是在民族大迁徙、大同化过程中得到了共同发展，元代以后更是又加入了契丹、女真、党项、回纥等各民族的文化力量，至明、清时期实际上已形成了现今的多元民族文化及相应的民俗文化格局。因此，中国民俗文化的民族性特点应是中国民俗文化研究必须承认的，这是中国民俗文化异彩纷呈、丰富多样的根基。

在宗教方面，仅佛教即有蒙古族、藏族等信仰的藏传佛教系统，傣族、布朗族、德昂族等信仰的南传佛教系统，汉族、土家族等信仰的汉传佛教系统；更有回族、维吾尔族、哈萨克族、柯尔克孜族、塔塔尔族、乌孜别克族等十个民族信仰的伊斯兰教；而道教作为中国的本土宗教，甚至已深入民俗文化的各个方面；如果加上信仰基督教及民间的祖先崇拜、图腾崇拜、巫教、萨满教等，则中国宗教方面的民俗文化就呈现出极端的丰富性。这种宗教上的差异即形成了不同的儒学差异。此已在前述论及。

从一般的生产生活民俗来看，长期从事畜牧经济的柯尔克孜族、哈萨克族、蒙古族、塔吉克族、裕固族等民族，长期从事渔猎经济的赫哲族、鄂伦春族、鄂温克族等民族，长期从事农业兼渔猎、采集的独龙族、珞巴族、怒族、傈僳族、苗族等民族，在风俗文化方面不仅有经济类型上的差异，而且有民族之间的差异，甚至在各民族内部还有族群之间的差异。如不同的民族就具有各自独特的婚俗习惯，就像凉山彝族在婚礼举行的第一天，男方要派同族的兄弟做迎亲人。迎娶新娘时，女方家族的妇女则准备好冷水、锅灰等一应物事。迎亲之人一进家门，妇女们就会蜂拥而上，向迎亲队伍抹灰、泼水、打闹玩笑，之后再用酒肉招待他们。第二天，迎亲人要把新娘抱在马背上驮着走。结婚的那一天，寨中的男女都要饮酒歌舞，并且还说古唱今；也还是在这一天，新娘则要把姑娘时所留的单辫发型改梳为双辫发型，以此作为已经结婚的标志。可见其婚俗的明显独特性。相应地，在汉族的婚俗中则又有所区别。汉族闹洞房与撒帐相结合的婚俗，在其他民族中虽然有所传播，却形成了各自的特色，并有区域差异。一些地方新郎、新娘在拜天地进入洞房后，三天之内都不分大小，无论是长辈还是小辈都可以参加各种戏谑；在婚礼过程中一般都伴有喜歌，如新娘下轿之前有拦门喜歌，以后依次有挑盖头歌、交杯酒歌、铺床歌、撒帐歌、闹房歌等。其中的撒帐歌和闹房喜歌是紧密结合在一起的。撒帐歌即在结婚之夜与撒帐子同时进行，是为配合"撒帐"习俗而唱的喜歌。"撒帐"即向帐子内外撒铜钱、撒栗子、枣、花生等以求喜彩，故有严格的程序及要求，一般应按东、南、西、北、上、下、前、后各方位依次进行，并伴有相应的方位歌，如"撒帐东，朵朵莲花开得红。今宵牛郎会织女，早生贵子作国公。撒帐南，洞房花烛喜连连。今宵牛郎会织女，早生贵子中状元"，等等；同样，还根据所撒的对象形成了喜歌，如"一把栗子一把枣，小的跟着大的跑。多子多孙多富贵，吉祥如意白头老"之类。可以说，民俗文化的民族差异是民俗文化的重要性征。我们仔细考察这些不同的婚俗，其儒家文化的渗透程度是有极大差别的。

由于各民族都只能生活在特定的地域，因而地域性即成了民俗文化的重要特征。比如《论语》里专门有《里仁》《乡党》二篇，"里仁"强调居住在仁者所居之里而与仁者为邻，并提出了一个"父母在，不远游，游必有方"的择居原则，可见其重视文化的地域性；至于"乡党"，更是强调乡民行为方式的特殊性，甚至直到如今北方人认同乡时还呼为"乡党"。即使在南方，"乡党"之说也是随时宣之于口的，尽管一些当代的年轻人不知"乡党"之义，但也不能否定其历史上的长期影响。[1] 从根基上讲，"乡党"是正式社会组织民间化、民俗化的产物，因为"乡党"原来是一种乡社组织，是以血缘关系为基础和以地缘关系为纽带的编户制度，一般认为实行于西周时代。按照国家"按地域划分国民"的特征，说明"乡党"强调的是乡土的地域性而不是同一家族的血缘性，自然在后来也并不排除地域性与血缘性混存的情况。因此，"乡党"本身说明了民俗文化地域性产生的必然性，民间谚语有如："入境问俗"，"一处乡风一处俗"；"百里不同风，十里不同俗"；"路隔十五里，各地一乡风"；"一去二三里，又是一乡风"；"一乡一俗，一

---

[1] 某友人曾诉苦于笔者：近期他著有一部《乡党礼仪》之书，因有关人员不晓"乡党"之意，故只好改名出版。这本身也说明了"乡党"之词的影响。

湾一礼";"到哪个地头,习哪里风俗";"东西南北,语调各色";"隔山隔音,五里两样声";"前里鸟雀声,低声又细语;后里童壮声,打锣敲鼓音";"到哪个坡,唱哪个歌";"敬什么神打什么卦,靠什么地方讲什么话";"进什么庙,敬什么神,到哪个廊场交哪个人";"一方水土一方人,还是乡音乡人听";等等。在中国民俗文化的地域差异中,最宏观的把握是中国民俗文化的南北差异,而这又是生存需要的民俗投影。比如,中国南方与北方由于水土等自然条件的巨大差异(南水北旱),因而形成了生产生活内容的不同特点(南稻北麦),并进而导致了饮食结构(南米北面)的显著区别,从而还形成了人的自然生命的差异(南矮北高)、人才特征的差异(南文北武)、音乐上的南柔北刚、语言上的南繁北齐,及至哲学上南老北孔等方面的差别。比如,在民间娱乐方面即有"南方好傀儡,北方好秋千"之说,或因为"北方天高地阔,人们生活朴野,在与大自然的严酷斗争中,培养了勇武精神。因此,赛力游戏发达,如摔跤、角力等;南方山环水绕,气候温和,农业精耕细作,人们性格柔和,灵巧,富于想象,长于智能游戏和技巧游戏,如猜谜、弈棋等"[1]。这种差异,使中国北方人和南方人各有所长,故鲁迅先生说:"相书上有一条说,北人南相,南人北相者贵。我看这并不是妄语。北人南相者,是厚重而又机灵,南人北相者,不消说是机灵而又能厚重。昔人这所谓'贵',不过是当时的成功,在现在,那就是做成有益的事业了。"[2] 其实,中国古代用人即有一条原则:"南人用北,北人用南,以别嫌疑。"南方人到北方做官,北方人到南方做官,除了避嫌,还可起到优势互补作用。不过应看到,中国民俗文化除南北两大地域上的巨大差异之外,同时还存在着如山乡和水泽、城市与乡村、高原与平野等多样区别。

---

[1] 仲富兰:《中国民俗文化学导论》(修订本),上海辞书出版社,2007,第162页。
[2] 鲁迅:《北人与南人》,《鲁迅全集》第五卷,人民文学出版社,1981,第442页。

三 儒学教育推动儒学民族化、民间化

一般来说，儒学具有一宇宙、统万类、析事理、谐天人、权变通的哲学智慧，具有敬祖尊亲、仁山智水、好歌乐舞、尚天谐地等审美情趣，具有力主刚强且务求实用、敦厚人伦以重视群体、明晰义理而笃守气节、讲究诚信而诉求和顺、崇尚义勇而贬抑强暴、践行勤俭而严戒淫奢等道德精神，而这又与中国各少数民族在其长期生存和发展过程中所独自形成的独有的民族品格、丰富的文化精神、优良的道德行为和多彩的艺术情趣基本契合。因此，中国各少数民族对传统儒家文化的认同就同时具有了顺理成章的规律性意义。而实现这一目标的重要路径则是结合少数民族地区的特点所进行的儒学教育。

在中国少数民族地区进行儒学教育，各地方志中多有记载，如十六国时期的前赵刘暇（匈奴）与后赵石勒（羯）、前秦苻坚（氐族）与后秦姚苌（羌族）、前燕慕容皝（鲜卑）等人都曾努力从事于"立太学、修学宫""建孔庙""选朝贤、宿儒、明经、笃教"以讲授儒学经典的工作，他们或曾"亲临太学，考学生经义优劣"；或曾"行礼于辟雍，祀先师孔子"。北魏时期出自拓跋氏的魏文帝为加速"华化"，甚至严禁北魏国人"胡服胡语"，"若有违者，免新居官"。《魏书·高帝纪》曾记载他还"于太和十三年（489）七月，立孔子庙于京师。……十六年二月改谥宣尼曰：'文圣尼父'，告谥孔庙。……十九年四月，幸鲁城，亲祠孔子庙"。清人郑珍、莫友芝所撰《遵义府志》卷二二也曾记载："唐武德中，州、县及乡皆置学。""宋初，但有书院，仁宗诏藩镇之学，继而诏天下郡县皆立学。杨氏时，宋有遵义，文教盖蔑如也。"及至宋、元时期，南宋绍兴年间始建于沿河县的銮塘书院、元代仁宗皇庆二年即1313年建于贵阳的文明书院都已成规模，明代仅贵州的书院即有阳明书院、正学书院、中峰书院、南山书院、月潭书院、魁山书院、

龙岗书院、石壁书院、青螺书院、明德书院、铜江书院、南皋书院、紫阳书院、斗坤书院、鹤楼书院，等等。据统计贵州全省共有书院 133 所，书院提倡以"必崇文治而后可以正人心，变风俗"为基本教育方法、以"开其智巧，乐育人才"为基本目的，极大地推动了儒家文化在贵州民族地区的广泛传播。唐代西南地区的"乌蛮"（彝）和"白蛮"（白族）在云南地区建立了南诏国和大理国两个地方政权，也因兴学崇儒而为地方培养了一大批少数民族儒家学者和儒官。据清代道光《广东通志》和光绪《广州府志》记载，宋代在广东、海南地区总共有州县学 63 所，书院计有 41 所，广州、雷州、梅州等地还办起了专收儿童就读的小学。仅据现存的广西地方志所记载，宋代广西已有府州学 20 所，县学 21 所，书院也有 9 所，另外还有多处私塾之学，这些教育机构对儒学的传播发展有巨大的推动作用。至明代，广西已经共有府州县学 69 所，另外有乡村社学几百所，还有不少有识之士所倡修的书院及所看重的讲学崇儒，使儒学在岭南各民族社会中的地位，比以往任何时候都高。

儒学在少数民族地区的推广，一个重要表现即儒家精神的民俗化。比如当今有学者阐明说："儒家道德文化被接纳的程度因民族不同而不同，甚至在同一民族中传承了不同层次的儒家道德文化"[1]，认为各少数民族所具有的原始道德，原本是由许多世代相沿承袭、约定俗成的各种具体禁忌、风俗习惯和各式规范所构成的。这些道德规范并不具有成文样式，也不依靠暴力机构而获得强制执行的效力，它们只能依靠社会舆论、禁忌仪式与宗教信仰等方式来维系并发生作用。但是，随着儒家文化在少数民族地区的广泛传播，儒学思想的影响不断扩大且深入，即在少数民族地区不断地出现成文的乡规民约、家训家规，并且以此作为维持地方社会关系与保障良好社会秩序的基本

---

[1] 杨志玲、盛美真：《儒家道德文化在少数民族地区的传承及特征》，《云南大学学报》（哲学社会科学版）2009 年第 3 期。

行为准则，同时还赋予了这些规则一定的强制执行力。儒家文化与少数民族文化在长期的交流、交融过程中，其内容、形式及至文化精神也在不断发生变化，以便能更加适应各该民族的特定经济文化背景，并进而使两种文化在交融互动中达到一种协调共进的良好状态。自然，儒家文化在民族化过程中也仍然保留了其基本的精神实质，并使这种本质最终内化为民族文化的基本组成要素，成为当地民众倾心接受的文化规范，演进为一种普世的价值准则。到了这时，儒家文化因素、儒家思想特质，也都已成为各该少数民族自己的文化构成要素，该民族对儒家文化的吸收、消化、运用、发展过程即将完成，但永远处于新的发展中。[1] 也就是说，儒家文化使少数民族首先由不成文走向成文，即完成了一个重要的民俗化过程。

---

[1] 参见刘静《民族地区儒学传播与研究综述》，《兴义民族师范学院学报》2013年第4期。

第三章
儒学与壮族哲学

儒学是壮族传统文化的重要组成部分,儒学观念及影响渗透于壮族先民的思想意识和文化载体之中。从我国历史上壮族先民思想观念的脱蛮祛魅、文明升越、文化进步来看,在长期的认同崇尚、褒扬吸纳,甚至转化创造儒学的过程中,其所获得的变化发展,是鲜明而显著的。

第一节　汉魏时期儒学在壮族先民地区的初始传播影响

《尚书·尧典》称,尧"申命羲叔,宅南交,曰明都。平秩南讹,敬致"。尧命羲叔住南交,南交又称明都,在此可清楚地观察到太阳向南运行的秩序,并恭敬地等候太阳的再来。《墨子·节用》载:"古者尧治天下,南抚交趾。"《史记·五帝本纪》说:"(舜)践帝位三十九年,南巡狩,崩于苍梧之野。葬于江南九疑,是为零陵。"《礼记·檀弓上》曰:"舜葬于苍梧之野。"《淮南子·人间训》高诱注:"九疑,山名也,在苍梧,虞舜所葬也。"舜帝南巡苍梧,据考,零陵、苍梧、九疑,都是壮族先民之苍梧、西瓯和骆越部族聚居之地,瓯骆故地的苍梧既是壮族先民地区,也是中原儒学推重的古代圣王尧舜的足迹所到和德化影响所及之地。

自秦纳岭南地区于中央王朝统一版图之后,南来的儒生文士开始初步在壮族先民地区传播儒学。赵佗是开风气之先者。[1] 公元前207年，升任南海尉的赵佗，并桂林、象郡，建立南越国，自称南越武王。赵佗祖籍河北真定，是一位颇受儒学影响的人物。称王后，秉承"和为贵"精神，坚持"和集百越""南北交欢"理念，推广中原地区的生产技术和科学文化，增进了汉、越民族团结，使岭南出现了较长时期的社会安定局面，促进了岭南地区经济文化发展，汉高祖刘邦赞其治理岭南"甚有文理"[2]，即赵佗执政南越国几十年间，推崇儒家诗书礼乐，对儒学在包括壮族先民故地在内的岭南地区的传播和密切壮汉民族关系发挥了重要作用。西汉初两次出使南越国的陆贾，思想观念以儒为主、辅以黄老和法家，出使南越国时力主"行仁义，法先圣"[3]，以儒家观念说服南越政权臣属汉朝，成效显著。陆贾受汉文帝之遣第二次到南越，宣谕文帝赐南越王赵佗书说："两帝并立，亡一乘之使以通其道，是争也；争而不让，仁者不为也。愿与王分弃前患，终今以来，通使如故。"[4] 所论贯穿着儒学价值观及其大一统、和为贵的儒学精神，以此说服了赵佗。同时陆贾还向赵佗晓以儒家忠孝节义之理，陈说臣汉与否的祸福利害，使赵佗自责"居蛮夷中久，殊失礼义"[5]。公元前111年，汉武帝平定南越国后，在岭南设苍梧、郁林、合浦、南海等九郡，并迁徙大批中原人（包括戴罪者）到岭南，客观上促进了南北的文化交流，逐渐改变了百越民族的落后习俗，使岭南文明得到了提高。《后汉书·南蛮西南夷列传》载："凡交趾所统，虽置郡县，而言语各异，重译乃通。人如禽兽，长幼无别。项髻徒跣，以布贯头而著之。后颇徙中国罪人，使杂居其间，乃稍知言语，渐见礼化。"其中对岭南越族生活习惯、伦理风俗的描述或有偏激不妥之语，但当时骆越

---

[1] 何成轩：《儒学南传史》，北京大学出版社，2000，第79页。
[2] 《汉书·高帝纪》。
[3] 《史记·郦生陆贾列传》。
[4] 《汉书·西南夷两粤朝鲜传》。
[5] 《史记·郦生陆贾列传》。

民族文化习俗较为落后，中原诸夏的道德规范、礼仪礼节、语言文字，随着中原人南来而陆续传入今天广东、广西、海南及越南北中部地区，逐渐被当时当地百越人所接受采用，即所谓"渐见礼化"，使岭南地区社会精神面貌为之变化，脱蛮祛魅，进入礼义开化文明的境地，则是符合实际的。另外，鉴于亡秦的教训，汉武帝加强全国思想统一，重视教化、教育，一方面支持建立国家太学即中央官学，另一方面又支持和鼓励建立地方官学，均以儒家五经为基本教材。国家以经术取士，士人以经术为晋身之阶，使经术与仕途紧密结合，因此，当时社会上流行有"遗子黄金满籝，教子一经"[1]之语。同时，汉武帝还支持、奖励郡国举孝廉、荐茂才等。这些措施客观上推动了汉文化的传播，有利于社会文化的发展和各族人民文明的提高。

儒学在东汉的传播影响，更加有所扩大。如前所述，岭南一些郡守开始重视和实施创办学校，推行礼义教化，传播儒家经典，致使岭南华风丕变，同时涌现出知名而较有影响的儒学之士，即岭南少数民族中的儒学佼佼者。对汉文化和儒学传入岭南地区贡献最大者，当推锡光和任延。锡光为汉中人，出任交趾太守；任延为南阳宛人，出任九真太守。《后汉书·循吏列传》云："平帝时，汉中锡光为交址太守，教导民夷，渐以礼义。"《后汉书·南蛮西南夷列传》载："光武中兴，锡光为交址，任延守九真，于是教其耕稼，制为冠履，初设媒娉，始知婚娶，建立学校，导之礼义。"锡光、任延均为硕学鸿儒，任延尤精于《诗》《易》《春秋》，他们在交趾、九真这些包括壮族先民在内的岭南二郡守任上，教民耕稼，传授农业生产技术；制为冠履，改进着装服饰；制定婚娶礼法，改变群婚制残余和夫兄弟婚陋习；正式创办学校，传授经典，培养人才，全面推行礼义教化，使以儒学为主体的汉文化在岭南地区得到广泛深入的传播，并对社会生活产生明显的实际影响，故史称"岭

---

[1] 《汉书·韦贤传》。

南华风,始于二守焉"[1]。两汉时期,汉文化在岭南地区的传播和熏陶,学校逐渐增多,文化教育初步得到发展,促使岭南地区民众文化素质不断提高,培育了不少文士儒生,就连地处偏僻的粤西(今广西)也"代不乏人"。汉代岭南一度出现的研究古今经文的热潮起到了传播儒学的重要作用。"汉武帝时,令郡国皆置学校官。至东京,益重经术。而粤西以孝廉明经称者,代不乏人。"[2] 汉代岭南地区的"三陈"和士燮,就是粤西广信人。历史上的广信一直是壮族先民骆瓯人的聚居地,广信即今之广西梧州市辖地。

"三陈"即两汉时期广信陈钦、陈元、陈坚卿祖孙三人,他们治古文经学,造诣甚高,影响显著。陈钦(字子佚),西汉时古文经学家。据有关文献记载,陈钦幼年受到良好教育,熟读《易》《书》《诗》《春秋》《礼记》。成帝时被察举为茂才(秀才)。建始年间,陈钦到京师长安任经学博士,随古文经学家黎阳(今河南浚县)贾护研习《左氏春秋》,但不墨守成规,敢突破师说,有独立创见,与刘歆同时而各自名家,著《陈氏春秋》。建平元年(前6),西汉发生第一次今古文经大辩论,陈钦力倡古文经学,东汉经学家赵岐在《三辅决录》中称:"《左氏春秋》,远在苍梧。"陈钦以《左氏春秋》授皇家子弟、族戚王莽等,被封为厌难将军。刘歆是西汉著名古文经学家和目录学家,曾担任新莽的国师。陈钦官至王莽之师,与刘歆并提,可见其在当时的名气声望。陈钦之子陈元(字长孙),是壮族先民地区继其父陈钦之后的古文经学家及左氏传博士,学术成就超出其父。《后汉书·陈元列传》载:"元少传父业,为之训诂,锐精覃思,至不与乡里通。以父任为郎。建武初,元与桓谭、杜林、郑兴俱为学者所宗。"陈元致力于古文经学《费氏易》的传播和兴盛,对《春秋左传》的研究尤其精深。《后汉书·陈元列传》载:汉建武初年,时议欲立《左氏传》博士,今文博士范升等阻止反

---

[1] 《后汉书·循吏列传》。
[2] (清)汪森编辑,黄盛陆等校点:《粤西文载校点》4,广西人民出版社,1990,第83页。

对，陈元运用翔实的史料、博学的知识加以反驳，终于说服光武帝，决定设立《左氏》学博士，太常选博士四人，陈元名列第一。《后汉书·陈元列传》称"元以才高著名"，"子坚卿，有文章"。《广西通志》也说："坚卿能承先志，殚精卒业，工文章，有名当世。"陈钦、陈元、陈坚卿祖孙三代，以经术文章名世，号称"三陈"。清嘉庆年间所修《广西通志》说："汉时陈君父子崛起苍梧，传左氏经学。南方州郡经学之盛，未有先于粤西者……陈君以经师抗疏朝右，邹鲁之士，未能或先。"可见汉时广西经学在南方的兴盛，广信这个壮族先民居住地尤称学术中心，"三陈"堪与儒学故乡邹鲁之士抗衡，他们继往开来，推动了儒学在岭南壮族先民地区的传播，使儒家经学在粤西壮族先民地区得以发展。当时及后世，壮族先民有识之士常以"三陈"为楷模，习文向学，大兴教育，开启智慧，促使壮族哲学思想文化不断发展，孕育出了以士燮为代表的"四士"和《牟子理惑论》之知名佛儒论著。

士燮（字威彦），汉时苍梧广信人，其父士赐曾任日南郡太守。士燮少时游学京师，受业于名儒刘陶，研治《左氏春秋》，具有坚实的儒学基础。汉灵帝中平四年（187），任交趾太守，关注民众冷暖，保全一郡安危，深得庶民敬仰。士燮之弟士壹，初为苍梧郡督邮，后迁合浦郡太守。士燮次弟士䵘有，为九真郡太守。士燮三弟士武，英年为南海郡太守。兄弟四人，"并为列郡，雄长一州，偏在万里，威尊无上。出入鸣钟磬，备具威仪，笳箫鼓吹，车骑满道，胡人夹毂焚烧香者常有数十。妻妾乘辎軿，子弟从兵骑，当时贵重，震服百蛮，尉他（佗——引者注）不足逾也"[1]。士燮治交40年，《三国志·吴书·士燮传》云："燮体器宽厚，谦虚下士，中国士人往依避难者以百数。耽玩《春秋》，为之注解。陈国袁徽与尚书令荀彧书曰：'交趾士府君

---

[1] 《三国志·吴书·士燮传》。

既学问优博,又达于从政,处大乱之中,保全一郡,二十余年疆场无事,民不失业,羁旅之徒,皆蒙其庆。……官事小阕,辄玩习书传,《春秋左氏传》尤简练精微。吾数以咨问传中诸疑,皆有师说,意思甚密。又《尚书》兼通古今,大义详备。闻京师古今之学,是非忿争,今欲条《左氏》、《尚书》长义上之。'其见称如此。"唐刘知几《史通》说:"交趾远居南裔,越裳之俗也;敦煌僻处西域,昆戎之乡也。求诸人物,自古阙载。……既而士燮著录,刘昞裁书,则磊落英才,粲然盈瞩者矣。"[1] 当今有评论说:"汉季三国,天下大乱,群雄割据,干戈扰攘无虚日,民之死于锋镝及饥疫者,不可胜数,故我国史上以三国时代人口为最少,生民之苦于斯为极,独交州一区为当时世外桃源,居民富庶,安享太平之福者四十余年,则士燮之赐也。中原士人亦以为乐土,往依避难者以百数……"[2] "士燮不但是一位学识渊博的学者,而且是一位杰出的政治家。当中原大乱之时,他不但能安土守境,民不失业,而且能礼贤下士,开创交州学术风气,使其成为汉末中国学术史上南方的学术奇葩,而博学多识的刘熙,名重一时。刘熙之学,盛行交趾,成绩斐然。"[3]

刘熙(或称刘熹,字成国),北海(今山东昌乐)人,东汉经学家,训诂学家。献帝建安中他曾避地交州,官至南安太守。辟地交州期间,刘熙收徒讲学,著书立说,为发展南疆少数民族地区的文化教育、培养儒学人才做出了贡献。刘熙讲学主要在苍梧,常往来于苍梧、南海之间(今广西、广东一带),讲学内容注重经学名物训诂,不仅义疏且音训,并在此基础上著《释名》。《释名》与《尔雅》《方言》《说文》合称汉代四部重要的训诂著作。在刘熙讲学的门徒中,多数当系土著民族越族子弟,即今壮侗语族及越

---

[1] (唐)刘知几,白云译注:《史通·外篇·别传》,中华书局,2014,第769页。
[2] 张秀民:《士燮传》,《中越关系史论文集》,台北:文史哲出版社,1992,第179页。
[3] 陈玉龙等:《汉文化论纲:兼述中朝中日中越文化交流》,北京大学出版社,1993,第356页。

族（京族）的先民。

虞翻（164—233），字仲翔，会稽余姚（今浙江余姚）人。三国时期吴国学者、官员，被流放交州，著述讲学，对于汉末三国时期岭南少数民族地区的文化教育事业和儒学的传播弘扬，发挥了重要作用。虞翻讲学交州，学生时常数百人；他既注解《老子》《论语》《国语》，同时治今文《孟氏易》，集汉易之大成，著有《周易注》，影响甚巨。

东汉苍梧人牟子，著《理惑论》，广征博引，"与儒家'五经'和道家《老子》相调和，全力排斥道教神仙辟谷之术"[1]，为自己的信仰和行为辩解。从《理惑论》所引儒家经传看，其《论语》《孝经》《左传》《荀子》《礼记》，以及《春秋元命苞》《春秋合诚图》等，无不涉猎。因此，《理惑论》是研究佛儒道的论著，对儒学在壮族先民地区的初传有着重要作用。《理惑论》广引《老子》和儒家经书，以论证佛教和儒、道并非水火不相容，而是观点一致，可以相互为用。从《理惑论》的全部内容看，牟子无疑崇信佛教，但其为宣扬佛教，减少佛教传播的阻力，把佛教中国化，有意以佛教教义迎合儒家经典和道家思想，表现出牟子儒释道三教合一的思想特征。

两汉三国时期儒学崛起岭南，以陈钦、陈元、陈坚卿祖孙三代、士燮、刘熙、虞翻、牟子为代表，以研治儒家经典《左氏春秋》《尚书》《周易》为特色，形成了儒学岭南化和在岭南以越族即当今壮、黎等少数民族先民居多的区域客观传播局面，带来了"岭南华风"的文化影响，对于我国南方少数民族先民初萌一定的哲学文化思想观念，诸如中华民族"大一统"的政治理念、尊礼尚文的伦理道德文明精神等，具有重要启蒙作用。

---

1 杜继文主编：《佛教史》，江苏人民出版社，2006，第89页。

第二节 隋唐时期儒学在壮族先民地区的进一步传播影响

隋唐时期，儒学在岭南的影响不断扩展，深入广西壮族先民地区，于是"圣道大明，儒风复振"[1]，岭南广西地区与中原的文化联系和思想交流进一步加强。中原许多文人学者，或到广西地区任职，或坐事贬谪广西，或因其他缘由流寓广西，他们大多精通儒学，热心教育，注重纲常，传播文化。岭南也有一些人到中原求学、供职，接受以儒学为代表的中原文化。通过这样南来北往的频繁文化交流和思想沟通，儒学在广西地区的传播影响进一步扩大，乃至壮族先民地区主动选择儒学，积极研读儒家经典，士人崇尚孔孟，诵读《诗》《书》，兴学礼乐，涌现出颇通儒家经典的文人学者，儒家思想观念、伦理道德渗透到壮族社会各阶层，进入了寻常百姓家。这里以唐代广西上林县壮族先民地区保存至今的体现儒家哲学文化的两块碑刻《大宅颂》《智城碑》为例，论述儒学传播到偏僻的广西山区，影响当地思想习俗，以及壮族先民主动自觉地接受儒学的精神面貌。

据黄诚沅考订补缀[2]，《大宅颂》《智城碑》两块石碑内容的全文是：

> 澄州无虞县清泰乡都万里六合坚固大宅颂一首，诗一篇，并序岭南大首领澄州都云县令骑都尉四品子韦敬辨制：
>
> 维我宗祧，昔居京兆，流派南邑，上望无阶。列牧诸邦，数封穷日，分绿县宰，不可无□。自余承蘖，获称登次，开场拓境，置州占构。如□□冢埌涯宜于今日也。其近修兹六合坚固大宅，以助世澄居，传文则

---

1 （唐）韩愈：《请复国子监生徒状》，引自何成轩《儒学南传史》，北京大学出版社，2000，第151页。
2 参见欧阳若修等《壮族文学史》，广西人民出版社，1986，第371—374页。

物色益兴，用武则悬岐斩绝。一人所守，即万夫莫当；实开□于数千，是勿劳余一矢。黎庶甚众，粮粒丰储，纵有十载□收，□从人无菜色。洄波所利，不耕□获之（疑阙一字）；才之所多，未乏南山之有。若池之流，岂不保全之祚者与！聊述短辞，用申诚曲云尔。颂曰：皇皇前祖，睦□后昆；上祢京兆，奕叶高门；流派南地，盖众无伦；遍满诸邑，宗庙嘉存。（其一）世世相习，意也不难，乡土首渠，民众益欢。文武全备，是君最安；猛兽渡道，本郡穷残。（其二）庶男志壮，妙女更极，人皆礼义，俱闲秽色。农桑滋耽，耕农尽力，斗争不起，咸统区域。（其三）诗曰（五言）：派溃纵横越，□□去来阑。千岭□□绝，三峡□□□。无□犹求跨，郡□□能观。若固于兹□，永世保无残。永淳元年岁次壬午十二月十五日。聊掇。

廖州大首领左玉钤卫金谷府长上左果毅都尉员外置上骑都尉检校廖州刺史韦敬辨智城碑一首并序

若夫仰观天文，有日月星辰之象；俯察地理，有岳渎山河之镇。赤城玄圃，辟昆阆之仙都；金阙银台，列瀛洲之秘境。皆□□蓄泄元气，崩腾横宇宙之间；苞括群灵，眇邈出尘埃之外。自□□□，羽登霄汉，襟情与造化齐功，志想与幽冥合契者，□所得而跻焉。

然则智城山者，廖州之名山也。直上千万仞，周围数十里，昂昂焉写崇岱之真容，隐隐焉括蓬壶之雅趣。丹崖碧崿，掩朝彩以飞光；玄岫嵌峨，含暮烟而孕影。攒峰竦峭，栖碧云以舒莲；骇壑澄渊，纫黄舆而涌镜。悬岩坠石，蹲羊伏虎之态，落涧翻波，挂鹤生虹之势。幽溪积阻，绝岸峥嵘，灵卉森罗，嘉□□仞。疏藤引吹，声含中散之弦；密篆承风，影破步兵之钵。灵芝挺秀，葛川所以登游；芳桂丛生，王孙以忘返。珍禽瑞兽，接翼连踪；穴宅木栖，晨趣昏啸。歌莺啧响，绵蛮□玉管之声；舞蝶翻空，飘颺乱琼妆之粉。

尔乃郊原秋变，城邑春移，木落而天朗气清，花飞而时和景淑。则有丹丘之侣，玄圃之俦，飞羽盖于天垂，拖霓裳于云路。缤纷鹤驾，影散缑山之尘；仿佛龙舆，□□□□之水。兼乃悬瓢荷筴之士，离群弃代之人，或击壤以自娱，时耦耕而尽性。清琴响亮，韵雅调于菱歌；浊酒沦漪，列芳香于芰席。实乃仙灵之窟宅，贤哲之攸居。复涧连山，真名胜境，重峦掩映，氤氲吐元气之精；叠嶂纠纷，泱轧纳苍黄之色。壮而更壮，实地险之不逾；坚之又坚，俨丘陵之作固矣。

韦使君性该武禁，艺博文枢，睹祸福于未萌，察安危于无象。往以萧墙起衅，庭树暧阴、蓄仞兼年，推锋盈纪。遂乃椐兹险奥，援创州庐，烈位颁曹，砥平绳直；周迥四面，悉愈雕镂，绝壁千寻，皆同刊削。前临沃壤，凤粟与蝉稻芬敷，后迩崇隅，碧雾与翠微兼映；澄江东逝，波开濯锦之花；林麓西屯，篆结成帷之叶。傍连短嵩，往往如鄄，斜对孤岑，行行类阙。表山内水，扼暴客之咽喉；洞户汤池，为奸宄之钤键。重门一阖，无劳击柝之忧；沟洫再施，永绝穿窬之患。故得冤踪退散，俾□□□之□；□□□□，□□外御之志。

重乃恩逾鲁卫，意洽金兰，同气之义实隆，股肱之情弥重，岂不恃名山之景祐，托灵岳之鸿肱威！□危蹋于安扃，静灾涂于美术。至于小池浅渚，犹彰文士之歌；况乎崇岳神基，罕得缄于明颂。聊镌翠巘，勒此徽猷，庶地□□□，□垂不朽。其词曰：天地寥廓，阴阳迥薄，五镇三山，千溪万壑。积涧幽阻，攒峰磊砢，神化攸归，灵祇是托。（其一）崇哉峻岳，上□于天，澄澹韫镜，竦削舒莲。虚窗写月，空岫含烟，藤萝□蔚，林麓芊绵。寻之无极，察之无边，洪荒廓落，咸归自然。（其二）碧嵩□耀，□峰翕晰，玉室玲珑，冰泉澄彻。浮丘玩赏，子侨登谒。众化所都，群灵之宅。（其三）峰岑隐映，岩穴杳冥，崩腾岸响，飐飖风声。□□□□，兰苣驰馨。田家酒浊，涧户琴清；列真登陟，灵仙所经，超超忽忽，元气之精。（其四）灵山作固，中连外绝，断岸成鄄，孤峰补缺。□□韬刃，穿裔罕越，因兹隔碍，咸归忻悦。（其五）同气情申，阋墙讼息，尺□□□，斗粟分食，切切其心，怡怡其色，再洽股肱，□□□□。（其六）川原泱轧，冈峦纷纭，险隘难逾，襟期易守。处之者逸，居之者久，永弃危亡，长归遐寿。作诫后昆，垂芳来胄，□□□□，□□弗朽。（其七）维大周万岁通天贰年，岁次丁酉，肆月丁卯朔，七日癸酉，检校无虞县令韦敬一制。

据两块石碑落款可知，《大宅颂》刻于唐高宗永淳元年（682），《智城碑》刻于大周武后万岁通天二年（697），碑文作者韦敬辨；《智城碑》序作者韦敬一。碑文作者韦敬辨为韦厥后代。《壮族百科辞典》说："韦厥是唐代广西澄州（今上林）人，汉代韦贤[1]之后裔。唐武德七年（624），率当地部族归附于唐，被封为澄州刺史，很有威信。后隐居于智城洞，与诸子皆封侯庙食。"韦敬辨于智城山峒，建"六合坚固""大宅"，并写《大宅颂》《智城碑》。韦敬一是韦敬辨的同宗和下属、廖州属下的无虞县令，他写了《智城碑》序文。这两篇石刻碑文是迄今所见的最早的广西文人作品，具有重要的史料价值和思想内容，见证着壮族哲学文化思想观念所受到的儒学影响，尤其是儒学中的"元气学说"之深刻影响。《管子·内业》说："精者也，气之精者也。"王充《论衡》说："元气未分，混沌为一"，"万物之生，皆禀元气"。唐代壮族韦氏《大宅颂》《智城碑》碑文字里行间蕴含着这种"元气"观念。"若夫仰观乔（天）文，有（日）（月）（星）辰之象；俯察垄（地）理……皆氤氲蓄泄元气，崩腾横宇宙之间。"[2] 元气横溢宇宙之间，天地万物

1　见《汉书·韦贤传》。
2　民族院校公共哲学课教材编写组编：《中国少数民族哲学和社会思想资料选编》，天津教育出版社，1988，第419页。

群灵皆氤氲蓄泄元气。这种"气化"观念为后来的壮族文人、思想家所继承发展，清代壮族哲学家郑献甫[1]《杂述》说："一气化万物，可想洪荒出；开天必盘古，见于前代书……自从大始来，后实皆先虚。"[2] "大始"就是原初的、本始的东西，也就是"气"。在郑献甫看来，在整个宇宙混沌一片的洪荒之初，什么也没有，只有看不见、摸不着的"虚"即气存在。气的漂浮、运动、变化，形成有实体的、看得见的万事万物，即"一气化万物"，气化生生不息，天地万物群灵才得以形成和产生，整个世界才生机勃勃。同时，两碑文字还表现出"精气溢于山川宇宙之间，存在于人体之内，无处不在，漫无边际"的"精气"思想。从"大气""气团""元气"发展到"元气之精"，再凝练为"精气"，而"精气"溢于山川宇宙之间，存在于人体之内，无处不在，漫无边际。这是古代壮族唯物论自然观的升华，这种思想观念由唐代壮族首领韦敬辨及同宗属下韦敬一在《智城碑》及序文中提出，同样为千年后的清代壮族学者及思想家张鹏展所继承和进一步发展。《智城碑》序文指出："复涧连山，真名胜境，重峦掩映，氤氲吐元气之精；叠嶂纠纷，泱轧纳苍黄之色。壮之更壮，实地险之不逾；坚之又坚，俨丘陵之作固矣。"山峦丘陵溪涧都氤氲元气之精，因此它们就更壮实，更坚固，更美观。万事万物以元气为中介相互感应，皆氤氲吐元气之精，由此相互联结构成一个个具体形态的实体，整个世界才能组成统一体。清代壮族学者张鹏展继承并发展了这种观点，其《峤西诗抄序》说："夫山川之精气为人，人之精者为言，言之委婉成文者为诗，其发舒于人伦日用之间，为忠爱、为孝慈、为节义、为廉介、为恬适、胥足炳耀于山川，其精气不可掩也。"[3] 认为"精气"溢于山川宇宙之间，存在于人体之内，"精气"经过漫长的变化发展才逐步成为

---

1 郑献甫生平思想可参见何成轩《壮族哲学家郑献甫思想初探》，《广西社会科学》1986年第2期。
2 转引自刘介《壮族文人文学史》，广西人民出版社，1962，第286页。
3 转引自广西僮族自治区科学工作委员会僮族文学史编辑室编《广西僮族文学资料 故事歌谣及文人作品》，广西僮族自治区科学工作委员会，1960，第265页。

人和人心。清代壮族学者张鹏展初步猜测到，人是由自然界变化发展经过漫长岁月自然进化形成的，不是由上帝创造或别的什么神灵创造的，人心的精气则变成语言，语言之精华则成为诗文，发舒于人伦日用之间，表现为忠爱、孝慈、节义、廉介、恬适等道德规范，炳耀于山川宇宙之中。精气是天地万物群灵、人类及其精神意识的共同物质本原。

"元气"和"元气之精"又具体分为阴阳二气，弥漫于天地宇宙之中，存在于自然界万物之间，超忽飘浮，无处不在，无所不包，无极无边。《智城碑》序文说："天地廖廓，阴阳迥薄，五镇三山，千溪万壑。积涧幽阻，攒峰磊砢，神化攸归，灵祇是托……寻之无极，察之无边，洪荒廓落，咸归自然……峰岑隐映，岩穴杳冥，崩腾岸响……田家酒浊，涧户琴清。列真登陟，灵仙所经，超超忽忽，元气之精。"可以看出，壮族先民代表者已经认识到作为宇宙万物群灵、人类及其精神意识之本原的"元气之精"或"精气"是无限的，"无极无边"，无时不有，无所不包，无处不在。在整个广阔的天地之间，在广袤的宇宙里，只有阴阳之气回旋轻飘，"超超忽忽"，漫无边际。这种观点朦胧地猜测到了世界是无限多样性的统一，除了阴阳之气及其所构成的"五镇三山，千溪万壑"等万物万事之外，整个宇宙中别无他物，否定了上帝和神灵的存在，在社会生产力极端低下，科学技术极不发达的古代，壮族先民代表者能够形成这种气化发展观，难能可贵，既揭示着本民族哲学思想观念的生成发展，也潜蕴着儒学文化在岭南壮族先民地区的传播影响及其互融互鉴、交流促进的积极取向。

第三节　宋元明清时期儒学广被岭表及壮族儒学的规模和特质

有宋一代，"兴文教，抑武事"，重视发展文化教育事业，把"重教"

"兴学"提到培养人才、治国安邦的高度,于是南来任职的朝廷官员和谪居广西地区的官吏都把"重教""兴学"当作"为政首务""化民成俗"来看待。由于持续弘扬儒学,传播文化,发展教育,壮族地区的文化生活发生了明显变化,一些史籍称赞"礼度同中州"[1]。

元朝统治岭南的时间相对较短,但如同宋代一样,于此地积极兴办学校,发展教育,把重教兴学与培养人才、安民治国联系起来。元代胡梦魁《桂学建大成殿记》说:"建国君民,古帝王岂无他道,而独以学校为先,何哉?盖必有学以教天下国家之才,而后有人以治天下国家之事。"[2]

明王朝总结前代历史经验,施行"治国以教化为先,教育以学校为本"的方略,全国上下重教兴学,来广西任职的朝廷官员关心、支持和推动地处边陲的壮族地区主动接受儒学,以儒家经典兴教办学,风气浓厚于往昔,成效也更加显著,从而推动了广西地区文化教育事业的发展。

宋元明三朝于广西壮族先民地区这种推行儒学教化、弘扬发展儒学的状况,使清代结出了丰硕的思想理论文化之果。从康熙年间起,广西的府学、州学、县学陆续普遍建立,到乾隆中期,已"文风渐盛",土官及壮族庶民子弟纷纷入学应试,刻苦学习之风与"邹鲁何遥"!涌现出许多壮族文人儒者,形成了刻苦钻研儒家经典,努力学习吸收、消化儒学精髓的精神传统,体现了儒学从对壮族先民的传播影响到本民族自觉融摄阐扬儒学,从而形成独具民族特质的壮族儒学,产生了刘定逌《三难通解训言述》、张鹏展《峤西诗抄序》、韦天宝《士先器识论》、郑献甫《四书翼注》等壮族学者之代表性作品,同时,壮族伦理道德长诗《传扬歌》亦融摄阐扬儒家文化,它们一起构成了具备基本规模和鲜明思想特质的壮族儒学。

---

[1] (宋)祝穆撰,(宋)祝洙增订:《方舆胜览》卷42《广西路·容州》,中华书局,2003,第754页。
[2] 见于(清)汪森编辑,黄盛陆等校点《粤西文载校点》2,广西人民出版社,1990,第260页。

一　壮族学者刘定逌"追踪濂洛关闽"服膺程朱理学

刘定逌（1721—1806），字叔臣，号灵溪，生于广西武缘县（今南宁市武鸣区）葛阳镇壮族"书香"之家，乾隆十三年（1748）进士，任翰林院编修时不附权贵，遭排挤而愤然离京，载书五车，辞归故里，闭门授徒，设坛讲学，先后被聘为广西壮族地区的秀峰书院（在桂林市）、阳明书院、葛阳书院（均在今南宁市武鸣区）、宾阳书院（在今宾阳）、浔阳书院（在今桂平市）山长，历数十载，传播儒学，培养大批人才，"桃李满南疆"，著《读书六字诀》《刘灵溪诗稿》《四书讲义》，惜已散佚，现仅存散体文《三难通解训言述》《秀峰书院学规》等，从中亦可窥见刘定逌融摄阐扬儒学，赋予民族特色的思想特点。

第一，刘定逌服膺程朱理学，"追踪濂洛关闽"。《武鸣乡土志》载，刘定逌主持秀峰书院期间，"以明复初、改过、迁善为训诲，《读书六字诀》《三难通解训言述》为指引，士习为之一变。省城素多奇士，无不心折，制送锦帐，称为'吾乡第一流人物'"。刘定逌为秀峰书院撰联云："于三纲五常内尽一分力就算一分真事业，向六经四子中尚论千古才识千古大文章。"为学授徒以四子六经为准绳，恪守以三纲五常为核心的儒家伦理道德规范。其《感怀二首》诗云："万仞山头万仞山，悬崖绝壁小心攀。要从万仞山头立，细把工夫问孔颜。"并且提出要"追踪濂洛关闽，直窥《大学》明德亲民止于至善之真传"[1]。刘定逌虽身居岭南壮族穷乡僻壤，然心怀天下，把平凡的教读生活，看作经世济民的宏伟事业。因此能够"时温《论》《孟》两三句，日课童蒙四五人。莫谓山中无事业，等闲教读即经纶"。（刘定逌《隆安江上遇梁生乔楚赋赠》）其崇尚儒家，笃信儒学的思想观念十分坚定，把自己家乡多是壮族子弟的"童蒙"

---

[1]（清）刘定逌：《重修武缘县儒学碑记》，政协武鸣县委员会编：《壮乡鸿儒刘定逌》，广西民族出版社，2015，第208页。

施以儒学教育、培养成才的决心矢志不移。清代壮族学者韦丰华撰《今是山房吟余琐记》评价刘定逌说:"欲知先生之全量,当于理学中求之乃可。"

第二,刘定逌"心""义""立志"的儒学人生理想和奋斗目标。刘定逌《三难通解训言述》[1]发挥其父"读书穷理""学做好人"的训诫,以释解《论语》"三难"为主题,故名"三难通解训言述"。《论语·阳货》:"饱食终日,无所用心,难矣哉!"《卫灵公》:"群居终日,言不及义,好行小慧,难矣哉!"《宪问》:"其言之不怍,则为之也难。"是为"三难"。刘定逌铭记其父常以三难通解训迪子孙,心领神会,加以增益并以之作为后学诸生的警诫训言。他阐发"心""义""立志"的思想,把它作为人生应该追求的崇高理想和奋斗目标。说:"人生世上,不满百年。日子不是糊混过的,饭不是糊混食的,屋不是糊混住的,朋友不是糊混勾搭的,事不是糊混做的,话不是糊混说的。"[2] 人之一生短暂,应好好地过日子,认认真真地生活,堂堂正正地做人。"一日之内,人人各有当尽之职,当循之分。职之所当,然者,义也。义之发于言,则为庸德[3]之言。义之见于行,则为庸德之行。而皆统之于心。"[4] 认为"义者,心之制也。言者,心之声也。行者,心之表也"[5],"小慧者,义之贼而心之害也。怍者,心之羞恶而义之端也"[6]。由心而义而言而行。因此,人之"其要只在立志。志者,心之所、之义、之帅也。须是把平日旧染积习的关头攻破得开,直从自己心头上,立定学做好人,直向上去的主意"[7],人生在世,最重要的是"立志",把平日染上累积的不良习气攻破克服,真正下定决心,学做好人,奋发向上,坚定不移,"此志一立,如

---

[1] 全文见温德溥修,曾唯儒纂《武鸣县志》卷10,1915年铅印本,第84—86页。
[2] 温德溥修,曾唯儒纂:《武鸣县志》卷10,1915年铅印本,第84页。
[3] 庸德:平常的道德。参见《中庸·不远》。
[4] 温德溥修,曾唯儒纂:《武鸣县志》卷10,1915年铅印本,第84页。
[5] 温德溥修,曾唯儒纂:《武鸣县志》卷10,1915年铅印本,第84页。
[6] 温德溥修,曾唯儒纂:《武鸣县志》卷10,1915年铅印本,第84页。
[7] 温德溥修,曾唯儒纂:《武鸣县志》卷10,1915年铅印本,第85页。

白日当天，魍魉潜形。到得日新月异，而岁不同，自有向上之一机。上不愧为天地之肖子，为宇宙间有体有用之完人。次之亦不失为省身寡过、保世保家之子弟，才不辜负父母生下我来，出世一番"[1]。

第三，刘定逌读书穷理，"明志""蹈矩"的修行方法和途径。刘定逌《三难通解训言述》说："读书穷理，以明其志。循规蹈矩，以习其义。一日之内，自旦而昼、而夕、而夜，立定课程，循序渐进。读正经之书，习正经之字，存正经之心，交正经之友，行正经之事，讲正经之话。毋畏难，毋苟安，毋因循，毋姑待，毋旁杂，毋间断，毋妄语，毋多言。"[2] 这就是人生的道德准则和行为规范，按此修养磨砺，"循规蹈矩"，专心致志，"循序渐进"，持之以恒，必定能够成为"宇宙间有体有用之完人"。刘定逌还要求人们学习孔子做到"四毋"，即"毋意""毋必""毋固""毋我"[3]，强调要像颜子那样做到"四勿"即"非礼勿视，非礼勿听，非礼勿言，非礼勿动"[4]。告诫人们要像曾子那样经常做到"三省"，即"为人谋，忠不忠；与友交，信不信；师长传教，习不习。要自省"[5]。刘定逌一生勤奋读书，乐此不疲，"一年复一年，春秋过枕前。人生一百岁，何得枕安眠"[6]；"读书何所乐，乐在读之心。读到忘言后，旷然无古今"[7]。为了训导生徒后学把自己修养成为"完人"，他痛斥与此目标背道而驰的三种人，即"庸材""刻薄鬼""狂奴"："有一种孟浪的庸材，一日之间，自朝至暮，饱饱闷闷，昏昏沉沉。有诗书不读，有师友不亲，有父母兄弟不知，有妻子不问，有身家不顾。把自己生来至虚至灵之本体置于无用之地，如已枯之木，已死之灰，一点真元，

---

[1] 温德溥修，曾唯儒纂：《武鸣县志》卷10，1915年铅印本，第85页。
[2] 温德溥修，曾唯儒纂：《武鸣县志》卷10，1915年铅印本，第85页。
[3] 温德溥修，曾唯儒纂：《武鸣县志》卷10，1915年铅印本，第85页。
[4] 温德溥修，曾唯儒纂：《武鸣县志》卷10，1915年铅印本，第85页。
[5] 温德溥修，曾唯儒纂：《武鸣县志》卷10，1915年铅印本，第85页。
[6] 温德溥修，曾唯儒纂：《武鸣县志》卷10，1915年铅印本，第86页。
[7] 政协武鸣县委员会编：《壮乡鸿儒刘定逌》，广西民族出版社，2015，第173页。

竟成顽石，一日混过一日，一年混过一年。到结果时，只成了人世间一废物。"[1]"本体""真元"，即陆王心学的"天理""良心"之本体。在刘定逌看来，"庸材"就是那些饱食终日，无所事事，庸庸碌碌，懵懵懂懂，糊里糊涂过日子的"废物"。他严厉指出："又有一群后生小子，三三五五，聚集一堂，穷一日之力，讲的刻薄话，行的刻薄事。闻一正言，则鄙为迂阔之谈而不听，见一正行，则鄙为迂阔之人而不亲，相习成风，牢不可破。不知虚度了许多少年子弟的光阴，败坏了许多少年子弟的心术，废弛了许多少年子弟的事业，剥落了许多少年子弟的才华，飘飘荡荡，日甚一日，年甚一年。到结果时，只成了一群的刻薄鬼。"[2]"又有一种大言不惭的狂奴，逞其一时之口舌，习为无根之游谈，讲天讲地，说古说今，全不理会自己身心性命为何物，日用伦常为何事，以菲薄前人为高论，以侮慢圣言为快谈。无知小子，闻言而惊，练达老成，掩耳而过。叩其由来，早把自己生来知羞知恶之天良，根株斩断，不独为学术之害，亦且为人心之忧，到结果时，只成了人世间一蠢物。"[3] 刘定逌对"病症深入膏肓"的这三种人，"痛下针砭"，教育挽救，使其弃恶从善，改过尚良，重新做人。办法是引导他们读书穷理，领会圣人的教诲与训导，以"法语之言激励他不得巽语之言，鼓励他不得只轻轻以一难字"而放弃读书学习，教育引导，劝说启发，"拨动""唤醒"，苦口婆心，循循善诱，耐心等待，使他们"刻骨痛心""猛然有觉"。"拨动他，唤醒他，立下一剂极简便之良方，苦口之良药，待他本人徐徐咽下，滴入心头，猛然有觉，自呻自吟，自怨自艾，陡然发出一身大汗而愈。"[4] "大圣人救世一片婆心，便是万世济人一大国手。自天子以至庶人，未有能出其范围者也。"[5]

---

1 温德溥修，曾唯儒纂：《武鸣县志》卷10，1915年铅印本，第86页。
2 政协武鸣县委员会编：《壮乡鸿儒刘定逌》，广西民族出版社，2015，第194—195页。
3 政协武鸣县委员会编：《壮乡鸿儒刘定逌》，广西民族出版社，2015，第195页。
4 温德溥修，曾唯儒纂：《武鸣县志》卷10，1915年铅印本，第86页。
5 温德溥修，曾唯儒纂：《武鸣县志》卷10，1915年铅印本，第86页。

明确了造就"完人"的修养方法与途径，刘定逌进一步规划学习修养的具体内容："其事貌言视听，其性仁义礼智，其情喜怒哀乐，其伦君臣、父子、夫妇、兄弟、朋友，其文《易》《诗》《书》《礼》《乐》《春秋》，其功格致诚正、修齐治平，其施自身而家而天下。《大学》所谓明德新民、止于至善是也。"[1] 显然，刘定逌以六经作为学习修养的教材，推崇《大学》，继承发挥朱熹提出的三纲八目的政治伦理哲学，以此作为造就"完人"的具体内容。刘定逌笃守程朱理学，建立"心""义"思想体系，从壮族庶众实际出发，念及岭表穷乡僻壤，结合自己多年教学实践，对儒学尤其理学进行阐扬发挥，具有地方和民族特色。他认为人生应该有理想有目标，勤勉奋发，读书穷理，加强修养，弃恶向善，刻苦努力，不断进取，做一个对社会有用的人；反对碌碌无为、胸无志向、游手好闲、浑浑度日、懵懵懂懂、昏昏沉沉、玩世不恭的人。这种人生哲学和价值观念，是积极合理的，今天仍可以借鉴。[2]

二 壮族士人张鹏展、韦天宝吸纳弘扬儒学的实践及其思想理论

张鹏展（1760—1840），字南崧，广西上林县澄泰乡人。乾隆五十四年（1789）进士，领受翰林院武英殿纂修。先后任云南、福建、山东等地考官、学正或监察御史等。在山东为官期间，多方征集，编定《峤西诗抄》，保存了广西历代文人的大量诗歌作品，并撰写了序言。嘉庆二十五年（1820），辞官返乡，受聘秀峰、澄江、宾阳书院山长，从事教育工作，培养少数民族人才。以"修身""养德"为特征，是张鹏展在广西壮区融摄阐扬儒学的主要伦理思想。他在《峤西诗抄序》中表示，创作诗赋离不开对忠爱、孝慈、节义、廉介、恬适等人伦日用道德规范的抒发阐扬，其诗文及从政实践和教

---

1 温德溥修，曾唯儒纂：《武鸣县志》卷 10，1915 年铅印本，第 86 页。
2 何成轩：《儒学南传史》，北京大学出版社，2000，第 398 页。

学活动，皆反映和表现出这样的思想观念。他的故里门联为："静以修身俭以养德，入则笃行出则友爱。"[1] 同时，张鹏展把"忠、浩、廉、节"视为应追求的道德理想，将其书写于自己办学的门楣之上[2]，可见张鹏展的办学宗旨、育人目的、道德理想，就是要生徒弟子能够做到忠厚诚实，礼敬师长，诚谨尽责，浩然正气，志向远大，廉洁奉公，以耻为羞，操守气节，品德高尚，意志刚强。同时，张鹏展把"孝养"和礼敬父母作为家庭伦理道德的观念基础，有评论说他"事父母尽孝养之诚"[3]。《峤西诗抄序》中突出阐明"孝慈"，以至广西的壮族文人学者素以孝养、礼敬父母为美德。张鹏展曾有这样的诗句：难言寸草报春晖，聊效团葵夏清心。几度摩挲来爽籁，家风养志守清箴。并劝诫后辈晚生要牢记并弘扬家族世代养成的良风美俗。

韦天宝（1787—1821），生于武缘县（今广西南宁市武鸣区）韦静村壮族务农之家，清嘉庆二十五年（1820）进士，领受四川某县知县，赴任时因长途跋涉致病，不久辞世，年34岁。在短暂的人生中，壮族士人代表韦天宝留下了吸纳弘扬儒学的《士先器识论》[4] 之作。韦天宝《士先器识论》主要阐明"士"如何认识事物，锤炼自我，修养德行，为人处世，获取真知，代表着清代壮族儒者的思想水平和服膺理学的精神取向。首先，《士先器识论》具有器识心性的主体思想。"士不易为也，亦不可不为。为士者，必有为士之实故。不易为，不为士，则无以自立于天地古今之际，故不可不为。然为士者，非别有所为而为之，亦取其所自有者而为之。诚以其所自有者，故自大而远也。古人云：'士先器识。'"[5] 所谓"器识"，朱熹吸收《周易·系辞上》"形而上者谓之道，形而下者谓之器"的思想，指出："凡有形有象者，

---

[1] 本章作者1996年到上林县社会调研时，县志办负责人提供该联及横联。
[2] 本章作者1996年到上林县社会调研时，县志办负责人提供该联及横联。
[3] 杨盟、李毓杰：《上林县志·张鹏展传》，广西上林县图书馆铅印本，1934。
[4] 温德溥修，曾唯儒纂：《武鸣县志》卷10，1915年铅印本，第89页。
[5] 温德溥修，曾唯儒纂：《武鸣县志》卷10，1915年铅印本，第89页。以下凡引韦天宝《士先器识论》之文，均见此本，不再——注明。

皆器也"[1],"形而下者,有情有状是此器"[2],"器是形迹,事事物物亦皆有个形迹"[3],"就形器而言,则谓之器"[4]。又说:"知,犹识也。推其吾之知识,欲其所知无不尽也。"[5] 韦天宝潜心理学,"器""识"观念承朱子而来,意即获得具体事物之理的知识。《士先器识论》说:"然器与识,亦非分而为二也。自人之受于天者而言,则有器,因有识,由诚而明也;自人之尽人合天者而言,则必有识,乃有器,由明而诚也。"以"诚""明"释"器""识",由《庸》《学》而接程朱。韦天宝说:"器识者何?即大学之所谓明德也。""朱子云:'明德者,人之所得乎天,而虚灵不昧。所以具众理而应万事者也。'""虚灵",可以理解为"心之本体"[6]。在朱熹看来,要彰明的德性是"得乎天"即人人生来俱有的,因而心之本体是清楚而并不糊涂愚昧,具备众理,足以应付万物。如见非义而羞恶,见孺子入井而恻隐,见尊贤而恭敬,见善事而叹慕,都是内在之明德的外在表现。如果这种德性被物欲所蒙蔽,便昏暗不明,好像太阳被乌云遮住,镜子被蒙上灰尘一样。看似昏暗,而本体的光明却未曾消灭,所以人们必须"明德"即重视内心修养,经常做擦拭镜子的工作,使光明的德性永远保持光明和纯洁。韦天宝进一步说:"盖自天生人,即予之以五常之性。性载于心。众理者,性之理也,而心具之。故心者,所受之器也,心之量无所不包。万事者,性之事也。诗所谓有物,有则也,而心应之。故心者,所从知之识也,心之灵无所不通。""五常"之性即仁、义、礼、智、信,五常德性载于心。韦天宝认为,从众理来说,所谓理,都是五常的德性之理,心所具有,故心包有形有状的具体的万事万物

---

1 (宋)朱熹撰:《晦庵先生朱文公文集》卷36,朱杰人、严佐之、刘永翔主编:《朱子全书》第22册,上海古籍出版社、安徽教育出版社,2002,第1573页。
2 (宋)黎靖德编:《朱子语类》卷95,中华书局,1986,第2421页。
3 (宋)黎靖德编:《朱子语类》卷75,中华书局,1986,第1935页。
4 (宋)黎靖德编:《朱子语类》卷75,中华书局,1986,第1936页。
5 (宋)朱熹:《四书章句集注》,中华书局,2011,第5页。
6 见来可泓《大学直解·中庸直解》,《附录一:朱熹〈中庸章句序〉及今译》,复旦大学出版社,1998,第297—298页。

即"器",心是"无所不包"的;从万物来说,所谓具体的万事万物,都是五常德性的万事万物,都是心本来就固有的,所以心本来就具有认识万事万物的知识即道理,心是"无所不通"的。韦天宝关于"心之量无所不包""心之灵无所不通"的释解,又依稀与陆王犀通。韦天宝的器识心性思想,既承继程朱理学,也吸收陆王心学。如他说:"致知在格物。物者,即吾性吾命之理,散殊见于万物者也。格之,则物之理,皆仍化为吾心之理。"要穷尽的事物之理,都仍然化生为自我心中之理。与朱熹"性即理也""一心具万理",王阳明"无心外之理,无心外之物""心物同体"的理论,具有一致性。

以器识心性主体思想为基础,韦天宝进一步阐述了格物致知。他说:"故大学必先正心,正心必自格物致知始。士者,入大学者也。大人之学至于平天下而极。"又说:"欲诚意以正心,必先知其所当,诚之为善为恶。是故致知先之。而致知在格物。"又说:"知之所以至而意可诚,识之所以大也。见其大而心自泰,器之所以宏也。由是而性命之理,得足以絜矩,而通天下之志,类万物之情。斯平天下事,可举而措之。""士"只有格物致知、诚意正心,才能做到"识之大""心自泰""器之宏",并由此"而性命之理,得足以絜矩",通天下之志,类万物之情,"平天下事,可举而措之"。韦天宝把进入大学要教以穷理、正心、修己、治人之道概括为"大人之学至于平天下而极",进入大学须先"正心","正心"须从"格物致知"始。这是《大学》之要义,也是程朱之"格物穷理"。韦天宝在《士先器识论》中,尤其强调了士之"絜矩之道""慎德""慎独"。他说:"平天下之道,归于絜矩。矩者,器也。絜之者,识也。絜矩者,非他,慎德而已。慎德者,非他,明明德而已。以明德为矩,则天地之理,万物之原,皆在吾器中也。以明明德为絜矩,则天德之施,王道之行,皆在吾识中也。"使天下太平的道理,源于"絜矩"之道,即推己度人。推己度人,要求自己独处时更要谨慎小心,时刻注意品德修养，不使邪念欲望潜滋暗长，即要做到"慎独"。"慎独"就是一丝不苟地谨慎自己的行为，修养品德，把人所固有的光明完美之德性彰明起来，使之发扬光大。这样，以彰明美德如方形的规矩，天地间的一切道理，万事万物的一切本原，都在我心中了。以自己光明完美之德性来推己度人，天下光明美德的实施，君王道统仁政的执行，我都能认识并化生为自己原来就固有的知识体系之中。韦天宝的这些思想，深受中国传统哲学"絜矩之道"和慎独思想的影响，吸收了中国传统哲学"絜矩之道""慎独""慎德"的观念，指出："大学以平天下为极，而其实皆自吾心而推之，此之谓絜矩之道，即所谓器识也。絜矩之道，无间于内外，无间于远迩。苟致力于此即穷，而在下则慎独以求自慊。"并提出了他坚持素位持守的处世之道，说："其行己也，不过入孝出弟，素位而行。其应事接物也，不过一介不与，一介不取，持守坚定，而其胸臆之间，已有天下为己任之思。此其器已大，其识已远也。"这就是作"士"应该掌握的"器识之道"，达到这样的要求，就足于修养成为士了。韦天宝还特别强调居敬持志的为学、穷理工夫，"居敬以为主，其工夫之次第，亦如大学所谓格致诚正者而已"。关于居敬、穷理关系，朱熹说："能穷理，则居敬工夫日益进；能居敬，则穷理工夫日益密。"[1] 韦天宝重视居敬工夫，如上所述，强调"慎德""慎独"，同时又把"格物致知""格物穷理"置于重要地位。韦天宝对于"士"所主张的自我修养路径，是对《大学》融会贯通的深刻理解，彰显了朱熹居敬、穷理"如车两轮、鸟两翼"的道德修养工夫理论。

三　壮族儒者郑献甫的儒家经学哲学思想

郑献甫（1801—1872）是晚清广西象州的一位卓有成就的壮族儒家学者。

---

[1] （宋）黎靖德编：《朱子语类》卷9，中华书局，1986，第150页。

原名存纭，别号小谷，晚年自称"识字耕田夫"，清道光十五年（1835）中进士，授刑部主事，因不满清朝官场腐败，未及一年便辞官还乡。还乡后，他潜心教育，凡30年，先后在广西庆远书院、秀峰书院、榕湖书院、象台书院等教授生徒，卓有建树，并著有《四书翼注》等，为壮族哲学文化和人才培养增添了华彩的一页。这里仅就他融摄阐扬儒学的经学思想和哲学思想加以论述。

郑献甫主张论学不宜有汉宋之分。"一切著述，不拘格辙，不分门户，皆断然自为一家之学。"[1] "余平生最不喜立汉学之目，尤不喜立宋学之目。夫学安有汉与宋之别名哉？何平叔、妙善元言虽近汉，何尝非宋？王伯厚、郑渔仲博极群书，虽在宋，何尝非汉？""不意近人阮相国竟以此名序所撰《儒林传》，而江子屏遂以此特撰为《师承记》，严立疆界，故立门户，后来之党伐必由此矣。"他认为分立门户、相互攻击的危害是使学者知识面狭窄，"吾见有宗宋学者交攻汉学，问其曾见汉儒注几家，而不能举也；见有宗汉学者交攻宋学，问其曾读宋儒书几种，而又不能言也"[2]。基于此，他反对乾嘉考据学的烦琐无用："（汉学）盛极于乾嘉，弊亦极于乾嘉，贱空行而贵口耳，弃义理而骛名物，学不切于身用，不关于家与国也。"[3] 也反对宋学只讲义理的空疏："至宋而道学之帜张，专以孔孟为宗，而诸子之书废矣；至明而制艺之文出，专以程朱为宗，而诸儒之说息矣。"因而"矫诞无用之人，空疏不学之辈，则日新月异而岁不同"[4]。"章句流于隘陋，性命蹈于空虚，则亦不能无弊焉。"[5] 所以郑献甫主张治经学必须博览群书，不拘门户之见，各家各派之说都要读，不能只专不博。"读《易》不知有汉《易》、宋《易》；读《书》不知有今文、古文；读《诗》不知有鲁《诗》、韩《诗》；读《礼记》

---

[1] 苏彩和、黄铮主编：《历史文化名人郑献甫论丛》，广西人民出版社，2005，第73页。
[2] （清）郑献甫：《郑献甫集》中册《记家学小引》，广西人民出版社，2013，第1182页。
[3] 苏彩和、黄铮主编：《历史文化名人郑献甫论丛》，广西人民出版社，2005，第73页。
[4] （清）郑献甫：《郑献甫集》中册《补学轩文集》卷一，广西人民出版社，2013，第678页。
[5] 苏彩和、黄铮主编：《历史文化名人郑献甫论丛》，广西人民出版社，2005，第74页。

不知有周制、汉制；读《春秋》不知有鲁历、周历；读《论语》不知有今论、古论；读《大学》不知有古本、今本；读《孟子》不知别有《宣公音义》，以为即伪疏；读《中庸》不知有《梁武讲义》，以为始宋人末。此皆读书人笑柄。"[1] 因此只有博学才能做到举一反三。"十三经即不能全熟，必须全读……《十七史》即不能尽记，必须尽览"[2]，且"必博考注本，旁及说部，于其中疑难错综同异处，尤尽心焉。则证据确而文学日工，训诂明而字学日进，虽三而分，实一以贯矣"[3]。郑献甫经学之基本立场属汉学，但他认为经学与理学并非截然对立，认同顾炎武"舍经学无理学"的观点："道虽发源于天，亦既全体以人，则举首而谈彼穆穆，果何益乎？理既全具于心，必将发挥于事……然博而考之则为经，精而研之即为理。"[4] 所以经学即理学的基础："若经史不能熟，文字不能工，舍实而蹈空，避显而趋隐，正是名场中狡狯之幻术耳。以求仙不能，以学佛不似，又何理学之有哉！"[5] 郑献甫治经学以历史为基础，以史料为前提，旁征博引。他的《愚一录》及《四书翼注》不仅是对经书字句的考据、校勘，还有他凭丰富的历史知识对史事加以评论，不乏独到见解。郑献甫《四书翼注》对"四书"作了逻辑严密、观点公允的评析和精密细致的考据，甚至批评了朱熹《四书章句集注》之失误处，可为学者研读"四书"及朱熹《四书章句集注》提供借鉴。

郑献甫撰有《二教论》《人性物性论》两部哲学论著，与其诗歌、散文一起，构成了其哲学世界观和儒学观念体系。在宇宙观上，郑献甫反对神创

---

[1] （清）郑献甫：《郑献甫集》中册《郑氏家记·记家学·经学》，广西人民出版社，2013，第1183页。

[2] （清）郑献甫：《郑献甫集》中册《郑氏家记·记家学·读书》，广西人民出版社，2013，第1182页。

[3] （清）郑献甫：《郑献甫集》中册《郑氏家记·记家学·经学》，广西人民出版社，2013，第1183—1184页。

[4] （清）郑献甫：《郑献甫集》中册《郑氏家记·记家学·理学》，广西人民出版社，2013，第1184页。

[5] （清）郑献甫：《郑献甫集》中册《郑氏家记·记家学·理学》，广西人民出版社，2013，第1184页。

论和心造说，主张气本原论，力图按照世界的本来面目解释自然界和人类社会。认为由于气的流行变化，才有日月星辰的运行，江河大地的变迁，春夏秋冬的更替，草木的荣枯盛衰，人类的生老病死。这些发展变化，都是自然的规律，正常的现象，并无神灵主宰，亦不以人的意志为转移。还认为，无论物质现象或精神现象，都是不断运动、变化、发展的，没有一成不变的永恒的东西。郑献甫不信佛、道，对鬼神迷信持批判态度。

郑献甫崇奉儒学，但却非疑孟子，批评程朱陆王，对于理学流弊，痛心疾首，直攻其妄。他撰写《女子未嫁而守节殉死不得为礼论》，继承发展了明清以来理学批判思潮的传统。如其诗云："宋创四书注，明创八比艺。……谁知百年后，更增一重弊！……傀儡笑登场，聊持竿木戏"，公开批判理学和科举流弊，可谓惊世骇俗。

郑献甫的人性论思想，集中体现于他的《人性物性论》中。该论认为人性的本质是恶的，且人之性恶于动物之性，表示"愚窃信荀子而疑孟子，故不可不论"[1]。第一，认为动物不能为善也不能为恶，人类却可以为善也可以为恶，说明人性恶于动物之性。"人物之性，可以灵蠢分，而论人物之性，则不可以善恶分。物不能为善，亦不能为恶，蠢故耳。人可以为善，亦可能为恶，灵故耳。不用其灵以为圣为贤，而用其灵以为奸为盗，则大负天地所生。由是水火之，疾疫之，兵燹之，使之贤愚同尽，故物无劫而人有劫。然则人果异于禽兽者几希耶？抑甚于禽兽者数倍耶？"[2] 第二，认为动物没有残杀父母、抢劫强暴之事，而人类则这些坏事样样都有，表明人性恶于动物之性。"夫世所以贵人之性而贱物之性者，谓其无君臣父子之伦也，谓其无上下尊卑之别也，谓其无礼义廉耻之心也。姑勿论蜂蚁知忠，羔羊知孝，《关雎》知别，《鹿鸣》知友。然试问：禽兽诚不知父子，然有行弑者乎？禽兽诚不知

---

[1] （清）郑献甫：《郑献甫集》中册《人性物性论》，广西人民出版社，2013，第703页。
[2] （清）郑献甫：《郑献甫集》中册《人性物性论》，广西人民出版社，2013，第703页。

夫妇，然有行强者乎？禽兽诚不知礼义，然有行劫者乎？物则无有，而人则皆有。由斯以谈孰善孰恶，庸待辩乎哉？"[1] 第三，认为动物不会残害同种同类，而人类却残害同种同类，说明人性恶于动物之性。"物之至狠者，虎狼止矣；物之至毒者，蛇虺止矣。然吾闻鹰隼搏兔，猎獭取鱼，同生而异类；虎豹残鹿，蝍蛆甘带，同类而异种。若生而为同类同种，固不相害也。商臣之徒，使其真为狼或为豺而不为人，则亦不过残其异类，害其异种，安有弑逆之祸哉？"[2] 第四，认为动物不用设官吏来治理，人类则必须设官吏来治理，表明人性恶于动物之性。人类有自相残害的现象，动物则没有这种现象。"先王知其然也，故不设治物之官，而设治人之官。既首出一人以君之，又分设百职以司之，未已也，又为之礼乐以防之，未已也，又为之刑政以禁之，未已也，又为之甲兵斧钺以创之，如驯服牛马，如圈禁虎豹，凛然不敢少懈，而维持偶疏，奸宄百出，卒至于不可救。"[3] "而禽兽之类，川泳云飞，自安天壤，未尝闻某为一治，某为一乱也。"[4]

郑献甫的人性论，具有自己独到的见解和鲜明的特色。在中国思想史上，虽然荀子首开人性恶之论，但他并没有说人性恶于物性数倍。郑献甫在荀子性恶论的基础上，提出人性恶于物性的思想，并系统加以论述，其人性恶于物性的结论，进一步发展了荀子人性恶的观点，甚至具有绝对化的色彩。溯其因，乃是郑献甫对其所处历史时代人性的深入考察。晚清时期，中国社会走向衰败，中国数千年的封建制度由于内部的腐朽而成为社会生产力发展的桎梏，在世界先进的资本主义制度面前中国已经被甩在历史的后面。然而，清朝封建统治者为了维护自己的既得利益而抱残守缺，不思创新，严重阻碍了中华民族的前进步伐。这时的中国，已经大大落伍于西方先进国家，不仅

---

1 （清）郑献甫：《郑献甫集》中册《人性物性论》，广西人民出版社，2013，第703页。
2 （清）郑献甫：《郑献甫集》中册《人性物性论》，广西人民出版社，2013，第703页。
3 （清）郑献甫：《郑献甫集》中册《人性物性论》，广西人民出版社，2013，第703页。
4 （清）郑献甫：《郑献甫集》中册《人性物性论》，广西人民出版社，2013，第703页。

已经不能像汉唐时代那样成为世界先进文明之邦，反而成为西方列强垂涎宰割的一块肉。在国内，清王朝加强对人民的压迫盘剥，地主阶级加紧对农民的经济剥削。在外部，西方列强发动鸦片战争，强迫中国签订不平等条约，迫使中国割地赔款，对中国实行不平等贸易。中国民众在政治上遭受内外双重压迫，在经济上遭受内外双重掠夺，统治阶级和西方列强如虎似狼，疯狂地剥削掠夺中国人民的血汗，中国广大老百姓陷入水深火热之中，中华民族的生存发展面临着严重危机。郑献甫一生看到的就是这样一幅弱肉强食的人间景象。他和当时所有的中华民族先进人物一样，在思索天地人生的道理，探求中华民族的出路。在他的诗文中，表达了他忧国忧民的思想感情和对中华民族出路的探索精神。他的思想锋芒，自然地首先指向了国内外吸食中国广大老百姓血汗的强盗。在郑献甫看来，那些贪得无厌地吮吸中国老百姓血汗的内外强盗，其性之恶甚于虎狼。因此他关于人性恶于动物之性的观点，与其说是对人性的一般探索，不如说是对国内外吮吸中国民脂民膏的虎狼强盗的强烈愤懑和深刻揭露，对粉饰黑暗现实和蒙蔽人民大众的清王朝官方正统哲学的挑战和否定，从其特定的历史时代来看，郑献甫的人性论无疑具有历史进步意义。当然，郑献甫对人性的探讨，也不可避免地有其历史局限性和片面性。实际上，对人性本质的认识，仅仅在人性善恶的层次上探讨是不够的。人的善恶，不过是人的思想的行为表现。人有正确的思想，做出正确的行为，对自己、他人和社会有益，便是善；相反，人有错误的思想，做出错误的行为，对自己、他人和社会有害，便是恶。因此，对人来说，最重要的是要有正确的思想。一个人具有正确的思想，从而有正确的行为，才能做出对自己、他人和社会有益的事业。人类具有正确的思想，从而有正确的行为，才能创造更高级的文明，建设更美好的未来，在物质上和精神上达到人与自然、人与社会、人与自身的高度和谐，实现天人合一的理想境界。

第四节　壮族伦理长诗《传扬歌》与儒家思想的一致性

壮族好歌、善歌，有"歌海"之誉。其伦理道德长诗《传扬歌》（亦称《传扬诗》[1]）即集中反映了壮族先民的伦理道德观念，而这种伦理道德观念的核心与儒学思想具有较多的融合一致性，甚至可以说是儒学伦理道德观念在壮族先民社会生活中的普及性应用和践履。当今壮族学者、中国社会科学院哲学研究所何成轩先生认为，"《传扬诗》也受到了儒家思想的影响"，"提出了公平、平等的社会道德理想，阐扬了勤劳、节俭、正直、诚实、重礼、好客、尊老、爱幼、团结、和睦、友爱、互助等伦理观念、道德规范、生活准则和风俗习尚"[2]。《壮族伦理道德长诗传扬歌译注》的译注者梁庭望、罗宾在该作的"前言"中述引说："苍梧本是壮族祖先一个部落或部落联盟的名称，后遂称其分布地为苍梧。《逸周书·王会》上曾提到'仓吾翡翠'，周代青铜器上有铭文'苍吾'，《史记·五帝本纪》载：'舜帝……南巡狩，崩于苍梧之野，葬于江南九疑，是为零陵。'""《传扬歌》的产生……仔细研读，就会发现儒家思想的影响。在社会道德部分里，可以感受到'民为邦本'的意识。……在阐明各种伦理道德规范时，给人的深刻印象是'温良恭俭让'，……诗中一方面主张通过劳动改变自己的命运，同时也受儒家天命观的一些影响，……全诗对孝道倾注了很大的心血，无论哪一部诗都是浓墨重彩，这除了壮族自己在长期发展中形成的优良传统，也与儒家特重孝道有关。……儒家思想逐步传入乡间，相应的封建婚姻制度开始出现，其意识渗

1　按照壮语音译为《欢传扬》，欢，壮语音译，意为诗歌（何成轩：《儒学南传史》，北京大学出版社，2000，第382、419页）。据壮族学者研究认为，《传扬歌》是壮族先民在历史上长期形成的，其散歌可能在隋唐甚至更早就已产生，宋代初具规模，明时基本定型（见梁庭望、罗宾译注《壮族伦理道德长诗传扬歌译注》，广西民族出版社，2005，第51页）。

2　何成轩：《儒学南传史》，北京大学出版社，2000，第383、387页。

透到《传扬歌》中。"[1] 直接就《传扬歌》的文字来看，只是偶尔言及儒学思想或者儒家历代圣人贤者，因此难以研判为受儒学或儒家思想的直接影响；扩而言之，如果从以《传扬歌》为代表的壮族传统古歌来说，还是能够反映出这种思想端倪的。壮族《苦情歌·征兵歌》有："孔子经书曾被焚；……周公礼仪丢不用，人民百姓都不从"[2] 的诗句。从壮族先民思想观念深刻久远的儒学渊源（如儒学道统中的舜"南巡狩，崩于苍梧之野"）和其形成发展并凝结为《传扬歌》这种鲜明而强烈的伦理道德意识来辨析，其与儒学以伦理道德为核心的观念体系和所建构形成的文化传统、生活方式，确是十分相近。由此将《传扬歌》这一代表、标志着壮族先民基本精神面貌和伦理道德观念的诗歌，与儒学思想联系起来考察，也就获得了一定的内在理据。

其一，《传扬歌》是壮族先民伦理道德生活的真实写照和经验总结，它基本上是儒家伦理道德观念在壮族先民中的生活化应用、践履化表现。如关于"忠孝""和敬"的思想观念，《传扬歌》说："莫忘父母恩，辛苦养成人。如今能自立，当孝敬双亲。……儿长替双亲，木直做扁担。晚辈当孝敬，前辈好家风。……忠孝两全人……夫妻恩爱深。……既然做邻居，相敬如亲友。……壮家或汉家，……和善做睦邻。"关于"天命"："富贵老天定，由命不由人。"关于"修身"："小事各相让，大事好商量。言语当谨慎，和睦把家当。""言语当谨慎，做人要谦让。""人活在世上，要做正直人。"[3] 等等。《传扬歌》作为伦理道德长诗，凸显了壮族先民极其强烈的伦理道德意识，同时又深刻体现着壮族先民对于儒家伦理道德观念深刻而全面的认同、吸纳和融摄，与我国历史上其他以佛教、伊斯兰教等宗教伦理道德观念为主

1　梁庭望、罗宾译注：《壮族伦理道德长诗传扬歌译注》，广西民族出版社，2005，第52、56—57页。
2　梁庭望等搜集整理：《壮族传统古歌集：壮文》，广西民族出版社，2011，第79页。从文字内容看，壮族《苦情歌·征兵歌》的创作，当在晚近的民国时期，因其中有"讲到民国更狠毒，苦情难诉众人听"（《壮族传统古歌集：壮文》，广西民族出版社，2011，第79页）。
3　此处所引，均见梁庭望等搜集整理《壮族传统古歌集：壮文·传扬歌》，广西民族出版社，2011，第3—61页。

体的少数民族在思想文化和社会生活上具有鲜明的差异性。

其二，《传扬歌》是儒家伦理道德观念在壮族先民朴实庸常生活中的潜移默化和生活实践中的观念映射。我国元明清三代的历史事实表明，作为儒学新的发展阶段和更高理论形态的理学成为国家政权的意识形态，理学浸润蒙学、进入文学，是我国封建社会后期儒学融入社会，并在社会生活的各个层面发生影响的主要途径。如果说，理学首先是通过作为科举考试、学校教育、学者著述的义理准绳之国家意识形态在元明清时期被确立、巩固起来的；那么，理学进而通过更普遍的民众教育——童蒙教育，如具有广泛影响的童蒙读物《三字经》《千字文》等，和借助文学艺术载体的传播，实现了对社会生活更深入的渗透和产生了更久远的影响。在广泛的意义上，文学艺术载体可以元明时期成熟起来并达到创作高峰的戏曲为标志，而儒学或理学的伦理道德观念借《传扬歌》这一壮族先民乃至于今的诗歌形式，诠解、表达进而融入壮族社会的生活伦常之中，有着更为特殊的拓展和普及我国少数民族思想观念和社会生活的意义。

其三，当然从思维方式和水准而言，壮族伦理道德长诗《传扬歌》属于经验性思维，或有类比推理，但不能与真正儒学尤其是宋明理学的理论思维或深刻细密的逻辑思辨相提并论，更遑论作为一部壮族民间的伦理道德长诗，《传扬歌》在壮族先民群体中传扬，其民族精神的进步性质、比较意义和大众化特色，已经彰显或者决定了这种民族的文学艺术形式的思维定位和文化基准。

第五节　本章结语

壮族先民的思想观念塑造及其发展演进，与儒学的关系可谓源远流长。渊源甚至可以上溯到如《尚书·尧典》《史记·五帝本纪》等记载的"尧治天下，南抚交趾"和"舜帝南巡，崩于苍梧"，即儒学推崇的古代圣王尧舜时于岭南就有了他们的足迹和德化影响。流长也至少能够说自汉初的陆贾出使南越传播儒学至晚清具有儒学色彩的壮族哲学文化和思想观念的变迁，绵延不绝，其间不仅有历时两千年之久中原儒学的南播浸润，也有壮族先民的庶众化熏染名教伦常、儒学精进醉心六经四子穷理尽性的思想文化轨迹。如唐之《大宅颂》《智城碑》碑刻、清之刘定迪、张鹏展、韦天宝、郑献甫等代表人物及其著述，而伦理道德长诗《传扬歌》更是儒学观念在壮族先民文化意识中影响渗透最集中的表现之一，这样的民族文化资源和样态，如果从我国历史上的壮族先民思想观念的脱蛮祛魅、文明升越、文化发展的视角来看，其对相对于自身更加先进的儒学文化，总是持有一种认同崇尚、褒扬吸纳的立场态度，它不拒斥哪怕是一种异质的思想文化，相反而是积极兼收并蓄，甚至转化创造，这是我国历史上壮族先民在精神文化上能够获得较大发展的重要条件和可资总结弘扬的思想经验。

第四章
儒学与黎族哲学[1]

黎族是我国古老少数民族之一，世居今之美丽富饶的海南岛。由于地理历史原因，黎族深入接触儒家文化相对偏晚近。大体而言，儒家文化在海南以黎族为主体的少数民族地区传播发展及黎族哲学文化思想观念吸收融会儒学思想，经历了夏商周三代至隋朝的孕育，唐代的肇始，宋元的兴隆，明清的繁盛，即可以说是孕于古、起于唐、兴于宋元、盛于明清，黎族传统的哲学文化思想观念也因之体现出由原始思维形态到受到儒学影响而发生明显进步提高、转化升华的精神历程。

先秦至隋代，逐渐将黎族先民生活的海南岛纳入中央政府治下，历朝历代进驻海南的官员、戍边的士卒、避难或经商的民众等中原人的到来，使土著黎庶开始接触诸夏与汉文化，为日后儒学在海南黎族先民地区传播发展奠定了基础。唐代将海南作为罢免官员的流放之地，此等官员开始兴办学校，这是具体传播儒家思想之肇始。宋朝甚为注重对少数民族的儒学教育，随着海南第一所高等学校"琼州府儒学"的诞生，海南各州县纷纷建立的儒学有13所，特别是这些学校皆注重吸收黎族子弟入学，加之当时以贬官苏东坡为代表的一批有识之士也纷纷举办"载酒堂"一类的儒学交流、传授场所，海

---

[1] 本章部分内容发表如下两文：《黎族"太古风致"的哲学思想探析》，《西南民族大学学报》（人文社会科学版）2019年第7期；《儒学"弦歌沧海滨"——论儒学在黎族地区的双向互动和发展》，《四川师范大学学报》（社会科学版）2022年第1期。

南竟出现时人李光描述的"弦歌之声，洋洋盈耳""时人知教子，家习儒风……学者彬彬，不殊闽浙"[1]的局面。明代伊始，朱元璋重视对我国少数民族的儒学教化，且明显改变以往轻慢海南的态度，称其为"南溟奇甸"，儒学在海南的发展因此出现隆盛之况，时琼州人丘濬用"贤才汇兴，无以异夫神州赤县之间"加以描述，清代屈大均称"天下望郡，亦罕有衣冠胜事如琼者"。[2] 明人王佐说："切见古珠崖地乃今琼州府十三州县也，唐虞三代未入《禹贡》职方，汉武帝元鼎五年平南越，明年始与南海等并立九郡为内地。汉不择守者，因鄙夷其民，治之不以道，遂致郡县陷没，复为裔土，终两汉之世以迄六朝五百余年。唐宋鉴汉失选守牧，治以内治，数百年间，遂成雅俗，衣冠文物与中州等。元始以土人为官，分管州县兵民，卒受其弊，九十三年之治，无足观者。我朝圣圣相传，百年以来风移俗易，媲美唐宋，蔑以加焉。伏观太祖玉音，尝称海南为南溟奇甸，又称其习礼教，有华夏之风。玉音昭回，照耀今古，岂容既死之奸邪，欲分事权，乃敢分裂我祖宗之土地人民，轻与土人做人情，用济其私，以贻后患乎？"[3] 表明汉代以前海南岛尚未纳入中原王朝的治下，两汉至六朝虽在海南设郡县以管制，但用人失当，鄙夷少数民族，没有用心加以治理，招致郡县时立时废。唐宋吸取其教训，加强了对海南的管理，经过几百年中原文化的浸润洗礼，原本蛮荒之岛，风物人情渐趋中原。元朝依赖"土官、土舍"施"以黎治黎"之策，劣下"土官、土舍"凭借地位，架空朝廷命官，使得中央的治理政策不能真正落到基层黎峒。他们对上欺瞒、推诿，对下巧取豪夺，民不聊生，黎人的反抗不断，其治理乏善可陈。明太祖始珍视海南，百年来移风易俗，

1　《儋县志》上册，儋县文史办公室、儋县档案馆1982年依据儋县档案馆藏《儋县志》点校重印本，第635页。

2　（清）屈大均：《皇明四朝成仁录》卷10《定安死事传》。

3　（明）王佐：《拟革土舍奏疏》，海南省民族学会编，王献军主编：《黎族藏书·方志部·卷一》，海南出版社，2009，第107页。

华夏之风光耀全岛,所以王佐坚决要求革除"土官"制。王佐的描述不免溢美明王朝,但其简要总结了一两千年来中原王朝对海南岛实施管辖的历程与得失,不失为我们研究黎族及其思想文化与中原王朝及儒学关系的重要参考。

第一节 先秦至隋代儒学南渐与黎族先民的礼义之化

一 由化外到化内

何成轩先生认为,儒学的南向浸润传播,从其产生的初期就已表现出来了。并说:"华夏文化在南方地区的长期、广泛而深入的传播,客观上为秦始皇统一岭南,将岭南正式划入中国的版图奠定了坚实的思想基础。"[1]《道光琼州府志》记载:"(海南岛)唐虞为南交,三代为杨越之南裔,秦为象郡之外徼。"[2] 说明秦之前黎族同胞所居之海南岛已是大陆属地,秦始皇统一中国后,正式将岭南(包括海南岛)纳入国家版图,设南海、桂林、象郡。秦朝派大将赵佗征服岭南百越族,开启了儒家文化进入南越民族的滥觞。《史记·南越列传》载:"秦时已并天下,略定杨越,置桂林、南海、象郡,以谪徙民,与越杂处十三岁。"又据《史记·淮南衡山列传》载:"又使尉佗逾五岭攻百越。尉佗知中国劳极,止王不来,使人上书,求女无夫家三万人,以为士卒衣补。秦皇帝可其万五千人。"表明随着秦国统一进程的加快,版图迅速扩张,长期征战及戍守需要大量的兵员,而繁重的兵役已是怨声载道,呈"中国劳极"之态。当赵佗征服岭南后,所率五六十万大军除少数因伤病返回外,留下的都需要长期镇守该地,军人的婚配就成为问题,于是赵佗借口

---

[1] 何成轩:《儒学南传史》,北京大学出版社,2000,第59页。
[2] 海南省民族学会编,王献军主编:《黎族藏书·方志部·卷一》,海南出版社,2009,第482页。

"士卒衣补"需要单身女性三万人,已作长期戍守打算。当然这只能解决少部分人的燃眉之急,大部分军士还得要与当地人成婚,加上前述秦朝推行"以谪徙民"的移民政策,当时戍边的官兵、贬谪或是避难的官员、发配或是逃亡的罪犯、躲避战乱或是逃荒的民众、牟利商贾各色人等纷至沓来"与越杂处"。秦朝的移民戍边之策使汉族与岭南百越各族民众交流交往,增进了各民族的相互了解,在文化层面形成碰撞,相互借鉴,取长补短。毫无疑问,作为中原文化的儒家思想开始浸润此地。该时期的文化交流,汉高祖刘邦曾描述:"粤人之俗,好相攻击,前时秦徙中县之民南方三郡,使与百粤杂处。会天下诛秦,南海尉它(佗)居南方长治之,甚有文理,中县人以故不耗减,粤人相攻击之俗益止,俱赖其力。今立它为南粤王。"[1] 秦朝"移民戍边"政策虽然改变了百越民族的一些风俗习惯,使统治得以加强,但其占统治地位的意识形态是法家思想,不会用儒家文化来改造、同化各少数民族。当然赵佗由于偏安南方一隅,山高帝远,采取"文理"政策,以"诗礼化其民"[2] 有其可能性,其效果也显而易见,这也正是后来汉代统治者所汲取的。《后汉书·南蛮西南夷列传》描述:"凡交趾所统,虽置郡县,而言语各异,重译乃通。人如禽兽,长幼无别。项髻徒跣,以布贯头而著之。后颇徙中国罪人,使杂居其间,乃稍知言语,渐见礼化。"中央王朝不断将中原的罪犯发配至交趾,使之与百越民族杂处,这大概是对前述"徙中县之民"的补充。值得注意的是,岭南的交趾之民"稍知言语[3],渐见礼化",而据《正德琼台志》卷三的记载:"越处近海,多犀象、玳瑁、珠玑、银、铜、果、布之凑,中国往商贾者多取富焉,则秦有至者矣。"[4] 说明秦朝时往往是商贾至海南与

---

[1] 《汉书·高帝纪第一下》。
[2] 何成轩:《儒学南传史》,北京大学出版社,2000,第77页。
[3] 这里应指汉语,其实各少数民族多有本民族语言,因历史上对少数民族先民以蛮夷视之,多将其语言视为"缺舌",故有此说。
[4] 海南省民族学会编,王献军主编:《黎族藏书·方志部·卷一》,海南出版社,2009,第247页。

黎人打交道。

二 黎族先民在儒学南渐中受到礼义教化

首先是汉代的"独尊儒术"之策推及海南黎族先民地区。据《汉书·地理志》记载，元鼎六年（前111）武帝再遣楼船将军杨仆自合浦、徐闻南入海，得大洲，元封元年（前110）略以为儋耳、珠崖郡。此说汉武帝平定南越后，设置九郡，其中就包括海南岛的珠崖、儋耳两郡。这是中原王朝首次在海南岛设置郡县，海南岛也因此正式隶属于中央王朝治下。其间因黎族人民的反抗，汉王朝曾一度废置珠崖郡。但"废郡"废除的是建制，并不是放弃对其管辖与治理。据《万历琼州府志》："按：《汉纪》贾捐之传班固直书罢弃珠崖，似乎不然。夫武帝置崖、儋二郡，时有十六县，后因十三县屡反，故罢郡，而以三县之未反愿内属者，因以珠崖、颜卢之名并为朱卢，属合浦。虽曰郡罢，实未弃其地也。"[1] 后来的封建王朝也曾有过建制上的废弃，但与汉代一样从未放弃对其管辖，海南岛也从此再未真正脱离过中央的统治。汉朝统治者吸取了秦朝的教训，奉行"独尊儒术"的文教政策，重视儒家学说在维护统治政权上的"德治"作用。已在海南设郡县的汉王朝承袭秦朝"移民戍边"政策，同时，"自汉末至五代，中原避乱者多家于此"[2]，不少汉人登上海南岛。三国时薛综回顾了中原人的到来对岭南文化的影响，"昔帝舜南巡，卒于苍梧。秦置桂林、南海、象郡，然则四国之内属也，有自来矣。赵佗起番禺，怀服百越之君，珠官之南是也。汉武帝诛吕嘉，开九郡，设交趾刺史以镇监之。山川长远，习俗不齐，言语同异，重译乃通，民如禽兽，长幼无别，椎结徒跣，贯头左衽，长吏之设，虽有若无。自斯以来，颇徙中国

---

[1] 海南省民族学会编，王献军主编：《黎族藏书·方志部·卷一》，海南出版社，2009，第277页。
[2] （清）明谊修，张岳崧等纂：《琼州府志》卷44，光绪补刊本。

罪人杂居其间，稍使学书，粗知言语，使驿往来，观见礼化"[1]。"移民戍边""中原避乱者""徙中国罪人杂居其间""使驿往来"等讲的就是中原人到来对当地所起到的"礼化"作用。

其次是包括海南黎族先民地区在内的"岭南华风"之开启。东汉初年，锡光为交趾（今越南河内）太守，任延为九真太守，两位太守对岭南文化发展贡献很大。据《后汉书·循吏列传》记载："九真俗以射猎为业，不知牛耕，民常告籴交址，每致困乏。延乃令铸作田器，教之垦辟。田畴岁岁开广，百姓充给。又骆越之民无嫁娶礼法，各因淫好，无适对匹，不识父子之性，夫妇之道。延乃移书属县，各使男年二十至五十，女年十五至四十，皆以年齿相配。其贫无礼娉，令长吏以下各省奉禄以赈助之，同时相娶者二千余人。是岁风雨顺节，谷稼丰衍。其产子者，始知种姓。""平帝时，汉中锡光为交址太守，教导民夷，渐以礼义，化声侔于延。王莽末，闭境拒守。建武初，遣使贡献，封盐水侯。领南华风，始于二守焉。"[2]《资治通鉴·汉纪·光武帝建武五年》记载："锡光者，汉中人，在交趾，教民夷以礼义。帝复以宛人任延为九真太守，延教民耕种嫁娶。故岭南华风，始于二守焉。"《三国志·张严程阚薛传》记："锡光为交趾，任延为九真太守，乃教其耕犁，使之冠履；为设媒官，始知聘娶；建立学校，导之经义。由此已降，四百余年，颇有似类。"13—14世纪的越南人黎崱，在其所著《安南史略》一书中也说："西汉末，锡光治交趾，任延治九真，建立学校，遵仁依义。"表明东汉初年的锡光、任延二太守，开始教导民夷，教其耕稼，置为冠履；初设媒聘，始知姻聚；建立学校，导之礼仪。运用中原先进文化改造边远少数民族的生产生活习惯的做法后来得以延续。据《琼台志》卷十五《学校》

---

[1] 《三国志·张严程阚薛传》。
[2] 《后汉书·循吏列传·任延传》。

记载:"学校人才风化所关,琼广藩属郡,汉锡光建学,导之礼义。"[1] 这是海南岛本地史志首次提到"锡光建学",可见锡光推行的教育之策对海南有一定影响。

据《雍正广东通志》记载:"永平十七年(74),儋耳慕义来贡,渠帅贵长耳,皆穿而缒之,垂肩三寸,余人则镂其颊为数支,见者诧为异物。是时甘露频降,树枝内附,公卿百姓以为瑞应,征在远人。"时任武始侯张奋将僮尹[2]引见给皇上,僮尹"应对称旨,上奇之,因拜儋耳太守。尹至郡,未几诏擢为交趾刺史。复还朱崖,戒敕官吏毋贪珍赂,劝谕其民毋镂面颊,以自别于峒俚雕题之俗,自是蛮风日变"[3]。这是历史上第一个提出并改变黎人文身习俗的官员,但是黎族这一习俗直到中华人民共和国成立仍有保留。

最后是在黎族先民中颇具影响的冼夫人"敦崇礼教""使民从礼"。三国至隋三百多年间国家处于分裂动荡之中,战火连连,民不聊生,佛学、玄学得到快速传播和发展,儒家文化的发展受到很大制约。但这一时期也出了我国历史上"巾帼第一人"[4]——冼夫人,她对维护国家统一,促进民族团结,特别是对海南文明发展做出了积极贡献,深得黎族人民的爱戴与崇敬。冼夫人(513—602)是南朝高凉郡人,俚族(黎族与之有亲缘关系)。冼夫人天资聪颖、襟怀宽广、胸有谋略,据传出嫁前就能抚循部从,行军用师,镇服诸越。罗州刺史冯融(汉族)闻之,娶与其子冯宝(高凉郡太守)为妻。冼夫人对海南的贡献:一是建立崖州。前述海南在秦朝属"象郡之外徼",只是名义的属地,到汉武帝时设儋耳、珠崖两郡,正式将海南岛纳入治理的版图,标志中央王朝直接对其进行统治。但海南岛黎族百姓并未真正归顺,而是不断发生"黎乱",自设立二郡以来至汉昭帝始元元年(前86)的二十多

---

[1] (明)唐胄纂:《琼台志》卷15,《天一阁藏明代方志选刊》第60册,上海古籍书店,1982。
[2] 僮尹:丹阳人,举孝廉为郎,寓次京师。
[3] 海南省民族学会编,王献军主编:《黎族藏书·方志部·卷一》,海南出版社,2009,第161页。
[4] 周恩来语。参见王献军、蓝达居、史振卿主编《黎族的历史与文化》,暨南大学出版社,2012,第94页。

年间，海南岛先后进行了六次反抗。因而汉昭帝废儋耳郡，将其辖区并入珠崖郡。由于统治阶级的高压盘剥，阶级矛盾、民族矛盾并未因撤郡而有所改变，海南黎人仍不断进行起义反抗，以致到汉元帝初元元年（前48）当珠崖黎人再次起义时，汉元帝不得不召集君臣共谋对策，其中贾捐之主张：海南岛"颛颛独居一海之中，雾露气湿，多毒草虫蛇水土之害……弃之不足惜"[1]。此主张得到元帝认可，于是撤销珠崖郡，改为朱卢县，隶属合浦郡，中央王朝对海南岛又退回到间接统治（遥领）阶段。此后历经三国、晋朝以及南朝的宋、齐几个朝代共580年，海南岛与中央王朝的关系始终若即若离，并未真正被纳入治下。在梁大同年间（535—546），正是冼夫人上奏朝廷在海南岛建立崖州，结束了从汉代以来海南岛建制时废时立的格局，加强了海南人民同大陆的联系与交往。二是平定叛乱，维护国家统一。前述海南经历580年"久乱不统，不能一日相聚以存"[2]，因此崖州建立后的首要任务是结束动荡局面，这就需要采取怀柔政策，打击贪官污吏。冼夫人先从自己做起，并"约束本宗"官员；她还要求各族、各宗平等相待；尊重汉官，处理好少数民族官员与朝廷命官之间的关系。陈朝代替梁朝之际，冼夫人带领包括海南在内的百越各族首领亲自到京城拜见皇帝，表达归顺之意。陈武帝也对各族首领进行了封赐，并任命其九岁的儿子冯仆为阳春太守。隋朝代替陈朝，对冼夫人又是一次考验，她为争取和平环境，避免生灵涂炭，维护国家统一，说服众人并毅然派遣孙子冯魂率众迎接隋军大兵入城，使国家重新获得统一。隋高祖"赐夫人临振县汤沐邑，一千五百户，赠仆为崖州总管、平原郡公"[3]。其后代子孙也一直秉承夫人遗志，始终致力于维护民族团结和国家统一。三是"使从民礼"[4]，"每劝亲族为善，由是信义结于本乡。越人之俗，好

---

[1] 《汉书·严朱吾丘主父徐严终王贾传》。
[2] （明）唐胄纂：《琼台志》卷42，《天一阁藏明代方志选刊》第60册，上海古籍书店，1982。
[3] 《隋书·列传第四十五》。
[4] 《隋书·列传第四十五》。

相攻击，夫人兄南梁州刺史挺，恃其富强，侵掠傍郡，岭表苦之。夫人多所规谏，由是怨隙止息，海南、儋耳归附者千余洞"[1]。冼夫人从自己家人做起，对为恶之兄也不袒护。她用儒家的礼义训导家人，教育百姓，才改变了这一地区陈规陋俗。冼夫人虽为岭南俚族，但纵观其一生之德行可用三个字概括：忠、信、义，表明她完全是以儒家学说为人处世。这与其从小受儒家文化熏陶，与冯宝结婚后更受冯氏家族崇儒的影响有关。据史载其公公冯融"能以礼义威信镇其俗，汲引文华，士相与诗歌，蛮中化之，蕉荔之墟，弦诵日闻。每行部所至，蛮酋焚香具乐，望双旌而拜迎者相望"[2]。至今五指山腹地的琼中县，还流传着"冯公指令读书诗"的歌谣。冼夫人对国家的贡献深得历朝皇帝的赞赏，隋文帝赐书冼夫人"敦崇礼教，尊奉朝化"，"甚有大功"[3]。冼夫人的儒家君子风范更令包括海南岛在内的岭南百姓崇拜她，并在各地建立了不少寺庙纪念她，据初步统计，仅在海南岛就有51座冼夫人庙，且有一项经久不衰的纪念冼夫人的活动——"军坡节"。直到当代，据陈雄《冼夫人在海南》一书中称："据1981年大略统计，在短短几天军坡节期内，到新坡镇闹军坡者不少于15万人次，开来的车辆也有数千辆次，车辆在距新坡冼夫人庙6公里处就无法行驶。"[4] 冼夫人的儒学践履对海南潜移默化的影响是巨大的。

第二节 盛唐时期儒学的传播与黎族先民思想观念的脱蛮祛魅

回顾唐以前近千年的儒学历程，其南向发展的春风渐次吹到了海南，为远离大陆的黎族民众接受儒家文化的熏陶打下了基础。我们认为真正接受儒

---

[1] 《隋书·列传第四十五》。
[2] （明）黄佐纂修：《嘉靖广东通志》卷54。
[3] 《隋书·列传第四十五》。
[4] 陈雄编著：《冼夫人在海南》，中山大学出版社，1992，第9页。

家文化，改变黎人观念的习俗肇始于唐朝。

唐朝高度重视儒学对我国各少数民族先民的传播与教化。《贞观政要》第七卷记载："四方儒生负书而至者，盖以千数。俄而吐蕃，及高昌、高丽、新罗等诸夷酋长，亦遣子弟请入于学。于是国学之内，鼓箧升讲筵者，几至万人，儒学之兴，古昔未有也。"[1]《资治通鉴》卷第一百九十五也记载："贞观十四年，二月，丁丑，上幸国子监。……乃至高丽……诸酋长亦遣子弟请入国学。"[2]《旧唐书·吐蕃传》中说：吐蕃"仍遣酋豪子弟请入国学以习《诗》、《书》。又请中国识文之人典其表疏"。为什么要重视对少数民族先民的儒学教育，唐太宗讲得很清楚："夫人虽禀定性，必须博学以成其道，亦犹蜃性含水，待月光而水垂；木性怀火，待燧动而焰发；人性含灵，待学成而为美。是以苏秦刺股，董生垂帷。不勤道艺，则其名不立。"[3] 在当时的海南岛，来自中原的汉民族带来了先进的农业技术和耕种方法，生产力水平有了较大发展，据《唐大和尚东征传》，天宝七至八年（748—749），鉴真高僧一行来到海南岛时盛赞当地"十月种田，正月收粟，养蚕八度，水稻再度"，也就是每年养蚕八茬，水稻收获两季，一派繁荣景象。但要在孤悬海外的海南岛上实施有效统治，除了"择守者"政治治理和发展经济外，必须对处于原始状态的"黎民"进行教化。

据明朝《万历琼州府志》卷六《学校志》记载："学校人才风化所关，琼自汉置郡，锡光建学，导以礼义，历晋唐宋，人文代出。"[4] 另据《琼台志》转引无名氏记："琼筦古在荒服之表，历汉及唐，至宣宗（唐朝李忱847—859）朝，文化始洽"，"唐岭南州县学仅四五十人"。[5] 据《旧唐书·地

---

[1] （唐）吴兢撰：《贞观政要》，上海古籍出版社，2011，第216页。
[2] （宋）司马光编著，（元）胡三省音注：《资治通鉴》，中华书局，1956，第6152—6153页。
[3] （唐）吴兢撰：《贞观政要》，上海古籍出版社，2011，第221页。
[4] （明）戴熺、欧阳灿总裁，蔡光前等纂修：《万历琼州府志》卷6，明万历刻本。
[5] （明）唐胄纂：《琼台志》卷15，《天一阁藏明代方志选刊》第60册，上海古籍书店，1982。

理志》记载，唐天宝元年（742），海南汉族移民达 15067 户。居住在海南的汉族移民包括官宦、经商市贾、屯边士卒，这些家庭同土著黎人相比，有重视教育的儒家传统，特别是在文化繁荣发展的唐朝，开科取士更刺激了这种社会需求，当时在海南开办县学等官学也就不足为奇，故有《琼台志》提到的"唐岭南州县学"。当时的海南州县建制上隶属岭南道，自唐武德六年（623）隶属高州总管府，属于广州总管府管辖；贞观元年（627）隶属广州中都督，属岭南道；乾元元年（758）隶属安南都护节度使，属岭南五府经略使管辖；咸通三年（862），属岭南西道。而且《琼台志》作为保存下来的最早一部海南岛地方志提及"县学仅四五十人"，而地方志只撰写与本地有关的事项，可以推知唐代海南已有官办州、县学，虽然每校仅四五十人，但意义重大，这是传播儒家文化的根基所在。

有确切记载的学校是唐贞观二十三年（649），王义方被贬为儋州吉安[1]县丞时就开办了讲学堂。据《旧唐书·忠义·王义方传》载："南渡吉安。蛮俗荒梗，义方召诸首领，集生徒，亲为讲经，行释奠之礼，清歌吹龠，登降有序，蛮酋大喜。"《万历琼州府志》也有相同记载："义方召首领，选生徒，为之开陈经书，行释奠礼，清歌吹龠，登降跪立，人人悦顺。"[2] 另据郭承贤著《昌江地方志工作文稿》记载："王义方深入黎峒，'开陈礼乐，敷扬文教，人人悦颜'"[3]，并认为王义方是最早把中原儒家文化带进海南的，有"海南儒学第一人"之称。

除了王义方，《道光琼州府志》卷十三记载：自唐以来，宰相谪琼者，高宗显庆二年（657）八月贬韩瑗振州刺史；武后天授元年（690）春一月贬韦方质儋州司马；延载元年（694）九月贬李昭德陵水令；神龙二年（706）六

1　今昌江黎族自治县境内。
2　海南省民族学会编，王献军主编：《黎族藏书·方志部·卷一》，海南出版社，2009，第 321 页。
3　谢志勇主编，郭承贤著：《昌江地方志工作文稿》第 128 页，见昌江县 2013 年鉴，昌江县 2013 年鉴办公室存。

月贬敬晖，德宗建中二年（781）贬杨炎，俱为崖州司户；顺宗永贞元年（805）贬韦执谊，宪宗元和十五年（820）闰正月贬皇甫镈，宣宗大中元年（847）再贬李德裕，俱为崖州司户；懿宗咸通十四年（873）九月再贬韦保衡澄迈令；昭宗光化三年（900）六月贬王博，天祐二年（905）五月贬独孤损，皆为崖州司户。据统计，唐代流谪海南的官吏共有22人。以唐朝宰相李德裕、翰林学士韦执谊等为代表的被贬官员来到海南，士不得志，一生本事无以施展，便醉心于诗词歌赋以铭其志，舞文弄墨"以训传诸经为事"，有的甚至开办学校以训导处于蛮荒状态的黎族百姓，这对儒家文化在海南的传播起到了积极的作用。

第三节　宋元时期儒被海南对黎族文化进步产生深刻影响

儒家学说是封建统治的精神支柱，尊孔崇儒是自汉代以来封建王朝奉行的教育方针。宋代承唐制实施"兴文教，抑武事"的政策。

一　海南儒学的显著发展

北宋仁宗庆历四年（1044）海南建立了第一所高等学校——琼州府儒学，地址在郡城东南隅，建有殿堂御书阁和尊儒亭。绍兴末年（1162）设学宫，淳熙年间（1174—1189）重修明伦堂，"朱子书匾为记"。与琼州府儒学同时建立的有儋州儒学。此后陆续建立的有昌化县儒学、琼山县儒学、文昌县儒学、澄迈县儒学、临高县儒学、万州（万宁）儒学、乐会县儒学、吉阳（崖州）儒学和陵水县儒学。在当时海南岛的州县中只有宁远一县没有设立地方官学，学校教育的兴盛可见一斑。加之当时海南虽处"天涯海角"，但也得天独厚，正如宋代被贬海南大臣李光在《迁建儋州学记》中所说："海南自古无战场,靖康(1126—1127)以来,中原纷扰,而此郡独不兴兵,里巷之间,晏如承平,时人知教子家习儒风,青衿之士,日以增盛,郡试于有司者至三百余人……今于斯学之设也,士皆激发奋励,求师学古,讲先王之道,考六经之文,焚膏续晷,兀兀穷年,弦歌之声,洋洋盈耳。教化行于上,而风俗美于下……今十余年,学者彬彬,不殊闽浙。异时长材秀民,业精行成,登巍科、膺膴仕者继踵而出……绍兴壬申(1152)冬记。"[1] 就全国范围来看,两宋时期,频繁的战乱冲击着统治者大兴文教的政策,但海南的文教事业不但未受影响,反而如日中天,进入繁荣发展的时期。前述唐朝王义方等人被贬海南,开始传播儒家文化,但这种传播还不是系统的,到了宋代儒学在琼州的普遍建立,儒家文化的传播才变成了有组织、有系统、成规模的。

二 以苏轼为代表的宋代流官对海南儒学的贡献

苏轼(1037—1101),号东坡,四川眉山人,北宋著名的文学家、思想家。单就个人对黎族的儒家文化影响来讲,苏轼无疑是最具代表性的,他给海南人民留下的儒学文化遗产至今被人称道。苏轼由于对宋神宗重视的王安石变法有不同意见,遭人诽谤暗算,罗织罪名,被捕入狱。后虽复出进京担任要职,但由于与司马光的政见不同,仍不得意。到了绍圣元年(1094),新党复起,他又三次被贬,1097年最后被贬海南儋州。三年后获赦北归,次年病逝常州。在东坡先生留下的诗篇中,洋溢着对海南黎老的深情厚谊和对天涯海角的深深眷念。他在《用过韵冬至与诸生饮》中说:"华夷两樽合,醉笑一欢同。"[2] 在《食荔枝二首》中讲:"罗浮山下四时春,卢橘杨梅次第

---

[1] (清)明谊修,张岳崧等纂:《琼州府志》卷44,光绪补刊本。
[2] 《苏轼全集》,上海古籍出版社,2000,第530页。

新。日啖荔支三百颗，不辞长作岭南人。"[1] 他甚至认为："我本海南民，寄生西蜀州。忽然跨海去，譬如事远游"，以致"九死南荒吾不恨，兹游奇绝冠平生"，"他年谁作地舆志，海南万里真吾乡"[2]。苏轼说："咨尔汉黎，均是一民。鄙夷不训，夫岂其真。怨忿劫质，寻戈相因。欺谩莫诉，曲自我人。"[3] 认为黎族与汉族本来平等（一民），指责黎人粗鄙残暴是荒谬的，因"贪夫污吏，鹰挚狼食"[4]，而黎人又无处申冤才有反抗，所以"曲自我人"。其实纵观海南黎族人民从汉代以来的历次反抗，东坡先生可谓一针见血："贪夫"（不法汉商）、"污吏"是主因。

苏轼在谪居海南期间尊重黎族风俗习惯，"着黎衣冠"，饮黎族小酒，自觉融入黎族社会，同当地黎族百姓打成一片，"久安儋耳陋，日与雕题亲"[5]。他初到海南不懂黎语，但他认为"缺舌倘可学"，誓愿"化为黎母民"[6]。苏轼的深情厚谊也得到了黎族同胞的回报，在当地百姓的帮助下，苏轼在城南桄榔林中建了一间草房"桄榔庵"。后来还在黎族同胞的捐助下建起了"载酒堂"，当地百姓还为苏轼送来食物和粗布，供其饱肚御寒，"君来坐树下，饱食携其余。归舍遗儿子，怀抱不可虚"[7]。最后一句"怀抱不可虚"应是隐喻东坡在黎族人民深情厚谊面前，尽管官场失意，但不应失去理想与抱负。事实上，黎族同胞的关爱加上海南独特且秀丽的风景，使苏轼心情愉悦，常怀感恩报答之心。苏轼诗篇中讲："平生学道真实意，岂与穷达俱存亡。天其以我为箕子，要使此意留要荒。"[8] 他以为即便人生不如意，一身真才实学也要让其大放光芒，因此他要效法古代的箕子，通过儒家思想的教化，让蛮荒

---

[1] 《苏轼全集》，上海古籍出版社，2000，第499页。
[2] 《苏轼全集》，上海古籍出版社，2000，第540、541、510页。
[3] 《苏轼全集》，上海古籍出版社，2000，第513页。
[4] 《苏轼全集》，上海古籍出版社，2000，第513页。
[5] 《苏轼全集》，上海古籍出版社，2000，第529页。
[6] 《苏轼全集》，上海古籍出版社，2000，第521页。
[7] 《苏轼全集》，上海古籍出版社，2000，第478页。
[8] 《苏轼全集》，上海古籍出版社，2000，第510页。

之地接受中华文化的洗礼。

苏东坡对儒家的"仁"有独特的理解。"教之使有能,化之使有知,是待人之仁也。"[1]"仁"不是抽象的爱人,而是要以爱人之心行教化之实,使受教之人"有知""有能"。为了培养黎族百姓的知识与能力,苏轼做了大量工作。苏轼写道:"海南多荒田,俗以贸香为业,所产粳稌,不足于食,乃以薯芋杂米作粥糜以取饱。予既哀之,乃和渊明《劝农》诗,以告其有知者。"[2] 他看到老百姓只知"贸香为业",不识种麦种稷,田土大多荒芜,于是写下六首劝农诗,进行宣传教育,鼓励他们发展农业生产,改变生产方式。他了解到当时的海南无医无药,治病方式是杀牛祭神,结果常常是"人牛皆死"。他亲自上山采集荨麻、苍耳等,并研制验证药物功效,教导百姓服药治病。他还带领百姓开凿水井,改变饮水习俗,等等。

苏轼对海南儒家文化的影响,一是在海南期间著书立说。《宋史》记载:苏轼"独与幼子过处,著书以为乐",他还要求一直跟在身边的小儿子苏过"作孔子弟子别传"[3]。这一时期他撰写了大量的文章,其中有《易传》九卷、《论语说》五卷、《书传》十三卷以及未完成的《志林》书稿。其实苏轼初贬黄州时已有此志向,他在《与滕达道书》中说:"某闲废无所用心,专治经书,一二年间,恐了得《论语》、《书》、《易》。……虽拙学,然自谓颇正古今之误,粗有益于世,瞑目无憾也。"[4] 后来他在《与李端叔书》中说:"所喜者,海南了得《易》、《书》、《论语传》数十卷,似有益于骨朽后人耳目也。"[5] 也就是说经过数十年努力,他一生最看重的三书成就于海南。苏辙曾追述道:"先君(洵)晚岁读《易》,玩其爻象,得其刚柔、远近、喜怒、逆

---

[1]《苏轼全集》,上海古籍出版社,2000,第722页。
[2]《苏轼全集》,上海古籍出版社,2000,第513页。
[3]《宋史·列传第九十七》。
[4]《苏轼全集》,上海古籍出版社,2000,第1696页。
[5]《苏轼全集》,上海古籍出版社,2000,第1740页。

顺之情,以观其词,皆迎刃而解。作《易传》未完,疾革,命公(轼)述其志。公泣受命,卒以成书,然后千载之微言,涣然可知也。复作《论语说》,时发孔氏之秘。最后居海南,作《书传》,推明上古之绝学,多先儒所未达。既成三书,抚之叹曰:'今世要未能信,后有君子,当知我矣。'"[1] 苏轼的上述著作不仅推动海南及后世儒学的发展,即便在宋元两代都引起了很大反响,朱熹、吕祖谦、魏了翁、林之奇、蔡沈、吴澄、陈栎等著名学者都对其著作给予了高度评价并加以引用,其中《书传》甚至被朱熹称为"最好"的《书》作。

二是体现在教育上。他一到海南便去考察学校,"闻有古学舍,窃怀渊明欣。摄衣造两塾,窥户无一人。邦风方杞夷,庙貌犹殷因。先生馔已缺,弟子散莫臻。忍饥坐谈道,嗟我亦晚闻。永言百世祀,未补平生勤。今此复何国,岂与陈蔡邻。永愧虞仲翔,弦歌沧海滨"[2]。当他偶闻在蛮荒之地尚有学舍,就像发现新大陆一样兴奋,赶紧整饬衣装前去查看,不料却空无一人,查问缘由是老师没饭食。通过与饿着肚子的先生促膝论教,感叹直到现在我才知晓实情。并以三国时的虞仲翔"虽处罪放,而讲学不倦,门徒常数百人"[3] 来勉励自己,一定要让儒家的礼乐教化放歌沧海之滨。有了这种崇高的志向和强烈的责任感,苏轼虽然在海南只有短短三年,但其对海南传统文化的影响,时至今日无人能与之相比。他在众乡亲的支持下办起了学堂,招黎家子弟入学,亲自讲授儒家经典和文化知识。当他傍晚听到孩童们琅琅的读书声,很是欣慰,提笔挥毫写下了:"九龄起韶石,姜子家日南。吾道无南北,安知不生今"[4] 的著名诗篇。这也道出了他一贯秉持的民族平等思想,不因少数民族的落后而否认其人性中的良知良能,只要教化沐浴,成仁成圣

---

[1] (宋)苏辙:《亡兄子瞻端明墓志铭》,载苏辙《栾城后集》第22卷,中华书局,1990,第1127页。
[2] 《苏轼全集》,上海古籍出版社,2000,第512—513页。
[3] 《三国志·虞翻传》。
[4] 《苏轼全集》,上海古籍出版社,2000,第527页。

就是可以期待的。事实也证明,正是以他为代表的一代又一代有识之士的辛勤耕耘,海南才出现了人才辈出的局面。在前来向苏轼求学的士子当中,姜唐佐备受东坡期待。姜唐佐是琼山人,为向苏轼请教,住儋州半年多。苏轼以他有中州士人之风,"甚重其才",赠诗道:"沧海何曾断地脉,白袍端合破天荒。"苏东坡鼓励姜唐佐进京应试,相约"子异日登科,当为子成此篇"[1]。姜唐佐后游学广州,1103年,在苏东坡去世两年之后,终于成为海南历史上第一位举人。从此以后,海南代有人出,宋代进士共14人,到了明代,在人口不足30万人的海南,竟有64位进士及第,举人近600人,达到历史上最多人数,出现了"海外衣冠盛事"的景象。

关于苏轼在海南文教上的贡献,在苏轼离世后不久,李光在《迁建儋州学记》中写道:"绍圣间苏公端明,谪居此郡……今十余年,学者彬彬,不殊闽浙,异时长材秀民,业精行成,登巍科,膺脂仕者,继踵而出。"[2] 继后元朝的徐智在《载酒堂记》中也说:"当是时,人皆化之文学,至今而盛。"[3] 王国宪的《重修儋县志叙》作了总结:"儋耳为汉武帝元鼎六年置郡,阅汉魏六朝到唐及五代,文化未开。北宋苏文忠来琼,居儋四年,以诗书礼乐之教风俗,变化其人心,听书声之琅琅,弦歌四起","文忠公之教泽,流传千古矣"[4]。

另外,其他宋代流官也对海南地区的儒学传播产生了积极影响。宋仁宗时,宰相丁谓(966—1037),字谓之,后更字公言,苏州人。1023年,丁谓被贬崖州司户,但笔耕不辍,司马光《续诗话》云,丁谓"善为诗,在珠崖犹有诗近百篇,号《知命集》"[5]。他还"教人读书为文,营造屋宇",他所

---

[1] 《苏辙集》,中华书局,1990,第909页。
[2] 《儋县志》上册,儋县文史办公室、儋县档案馆1982年依据儋县档案馆藏《儋县志》点校重印本,第635页。
[3] 原中国科学院民族研究所广东少数民族社会历史调查组、原中国科学院广东民族研究所编:《黎族古代历史资料》下册,海南出版社,2015,第394页。
[4] 《儋县志》上册,儋县文史办公室、儋县档案馆1982年依据儋县档案馆藏《儋县志》点校重印本,第635页。
[5] (宋)司马光:《温公续诗话》,中华书局,1981,第276页。

著的《天香传》更成为描写海南沉香木的经典著作。古革（字逢时），在北宋绍圣（1094—1097）年间，"居梅州，擢哲宗绍圣元年（1094）进士。调琼州教授，训迪有方，蛮峒亦遣子弟受教……擢守潮州，有惠政，民思之，官至五品"[1]。黄子善，福建泉州人，绍兴年间（1131—1162）"流寓于儋州，儋州陈氏延为塾师，教四子皆知名，尝题陈氏诵月亭"[2]。参知政事李光（1078—1159），先是被贬琼州八年，后又复贬昌化军（今儋州市），在其《庄简集》中，经常提到该地的"书馆""书会所""会友堂"之类，可见当时琼州境内应有不少类似"载酒堂"的教学场所，甚至李光也曾去考课诸生作诗赋，"琼士黄与善会友堂课诸生作移竹诗，为赋一首"[3]。宰相李纲（1083—1140），因反对投降坚决抗金，于建炎二年（1128），被贬万安军。其所作《谪居海南五首》诗中回顾过往被贬海南的苏轼等人，表示要向他们学习，不因失意而灰心，要用心研究《周易》，弘扬儒家文化。南宋枢秘院编修官胡铨（1102—1180），号邦衡，江西庐陵人，曾被贬吉阳军八年，绍兴十八年（1148）他曾往聚徒授课的临高"茉莉轩"授徒传教，"在崖日以训传经书为事，黎酋闻之，遣子入学"[4]。宋代洪迈在《容斋随笔》中还记叙了胡铨曾以"君臣上下之名分"，说服黎酋主动放弃擅自处死贪官张生的故事。从黎人主动送子上学，到接受礼仪劝告从而放弃杀人两件事，《对黎自语》评价说："可见黎人并非不可教者，是在乎善教之耳。……临机立断，胡公之善教固难能，而黎酋之受教尤不可及。"[5] 对长期以来认为少数民族冥顽不化的偏见，"尤不可及"是最有力的回击，当然从另一侧面也说明了胡铨的教化之功。

---

1 （明）黄佐纂修：《嘉靖广东通志》卷54《列传》。
2 （清）明谊修，张岳崧等纂：《琼州府志》卷四十四，光绪补刊本。
3 《钦定四库全书》《庄简集》卷3。
4 （清）萧应植修，陈景埙纂：《乾隆琼州府志》，参见海南省民族学会编，王献军主编《黎族藏书·方志部·卷一》，海南出版社，2009，第436页。
5 原中国科学院民族研究所广东少数民族社会历史调查组、原中国科学院广东民族研究所编：《黎族古代历史资料》下册，海南出版社，2015，第645页。

三 地方长官及乡绅致力海南儒学发展

除了谪贬官员,海南的许多地方官员与乡绅也开办学校,加强对黎族的礼仪教化。如宋守之,据《琼台志》记述,宋庆历(1041—1048)年间任琼州知府,"教诸生读五经,于先圣庙建尊儒阁,暇日亲为讲授。置学田以资膏火。由是州人始知好学"[1]。韩璧,长乐人,淳熙(1174—1189)年间作琼管帅,其"出入阡陌,劳来不倦。期年化成,黎人感慕,愿供田税。尝重修郡学及建知乐亭,朱文公皆为作记"[2]。朱熹在《知乐亭记》中说他"始以经略使廉察表行州事,而天子许之。至则为之正田亩籍,薄盐米之征,教之以耕耨灌溉之法,而绌其官吏之无状者。民业既有经矣,然后日为陈说礼义廉耻之意以开晓之,既又表其从化之民以厉其不率教者。出入阡陌,劳来不怠,行之期年,民吏浃和,俗以一变。化外黎人闻风感慕,……庶乎民生日厚,民德日新,而王化之纯无远迩矣,世岂有绝不可教之民哉!"[3] 刘汉,潮阳人,庆元初(1195)任琼州通判,他"捐帑崇郡学,黎人向化"[4]。当时的琼州知事庄方在《琼州通守刘公创小学记》中记叙了他在教育上的贡献:"庆元改元,潮阳刘公通守过是邦摄府事……又为鬻民田,募工垦耕,官有闲地,辟为旁廊,悉收其租,侪小学廪,岁入亦数百斛。迄今垂髫之童,执策争奋……诸郡皆闻风来游,虽黎獠犷悍,亦知遣子就学,衣裳其介鳞,踵至者十余人。人叹曰:前未有也。"[5] 程秉钊在《琼州杂事诗》中也赞道:"抚字

---

[1] (明)唐胄纂:《琼台志》卷 23,《天一阁藏明代方志选刊》第 60 册,上海古籍书店,1982。
[2] (明)戴璟修,张岳等纂:《嘉靖广东通志初稿》卷 11《循吏·琼州府》。参见海南省民族学会编,王献军主编《黎族藏书·方志部·卷一》,海南出版社,2009,第 44 页。
[3] 转引自曾庆江《韩璧:力倡文教结缘朱熹》,《海南日报》2017 年 9 月 25 日第 27 版。
[4] 原中国科学院民族研究所广东少数民族社会历史调查组、原中国科学院广东民族研究所编:《黎族古代历史资料》下册,海南出版社,2015,第 401 页。亦见《明府志》卷 23《职官志·琼州·通判》。
[5] (明)唐胄纂:《琼台志》卷 17,《天一阁藏明代方志选刊》第 60 册,上海古籍书店,1982。

还须吏奉公，谁将礼乐化颛蒙，至今尚感刘通守，能易侏俪慕古风。"[1] 吉阳军判慕容居中致仕后，南宋绍兴（1131—1162）年间"归为书舍，训乡人习学"[2]。海南韩氏渡琼始祖韩显卿，庆元三年（1197）在文昌锦山创办"书锦堂"，教化民及子弟。[3] 北宋末年，海南本土进士符确在昌化县赤坎村建兴贤堂，供各州弟子就学；潮州人蔡遂孙于万安军"隐居授徒"[4]，如此等等。

四　宋朝为少数民族定制的"蕃学"

"蕃学"一词最早出现在宋朝，其目的是解决汉族之外异族学生的教育问题。宋代之所以要建立专收少数民族子弟入学的"民族学校"（蕃学），宋徽宗在《黔南兴学御笔》中说得很清楚："黔南新造之邦，人始从化。虽未知学，然溯其鄙心，非学无以善之。委转运判官李仲将以渐兴学，举其孝悌忠和，使之劝问。"[5] 以达到"蕃族子弟能通书文，诵习儒典，向方慕义，俗由化革"[6]。这说明宋办蕃学，是为了向少数民族灌输儒家伦理道德以及忠于皇帝的观念。在儒家核心价值观"孝悌忠"之后特别提出个"和"字，表明徽宗对蕃学的特殊需求，即要求加强民族团结教育，以维护其统治。

宋初太学以"五经"为教学内容，诸生各习一经，每经以博士二人教授；熙宁（1068—1077）时，统习《三经新义》；崇宁（1102—1106）时，将黄老之学列入教学内容；南宋时，恢复"五经"课程，后又将"四书"列入教学内容，兼学诗、赋、辞。宋朝的地方官学以儒家经典为主要课程，同时宋代已编出《三字经》《百家姓》等综合性教材。至于蕃学的教学内容主要按

---

[1] （清）程秉钊：《琼州杂事诗》，光绪十三年（1887）刻本。
[2] 王俞春：《历代过琼公传》，中国国际广播出版社，1993，第226页。
[3] （明）戴熹、欧阳灿总裁，蔡光前等纂修：《万历琼州府志》卷12，明万历刻本。
[4] 见"海南史志网"—地方志书—地情志书—海南古代教育发展史。
[5] （宋）章如愚：《群书考索》，文渊阁四库全书本，台北：台湾商务印书馆，2008，第412页。
[6] （宋）慕容彦逢撰：《摛文堂集》，文渊阁四库全书本，台北：台湾商务印书馆，2008，第340页。

照州学的课程进行安排。据《摛文堂集》卷四记载：进士黄庭瞻在西宁州兴办蕃学，担任教授，取得了丰硕成果。"蕃族子弟，甚有能书汉字，通诵《孝经》，渐习《论语》，皆知向方慕义，化革犷俗。"[1] 表明西宁州蕃学设有专职教师，既教汉语文又教儒学经典，少数民族学生在打好汉语文的基础上，已能读诵和理解《孝经》《论语》，增长了知识，改变了思想、习俗，显示了教育的效果。由于黄庭瞻办学成绩显著，原拟将他晋升为假将仕郎，宋徽宗特地批准他为将仕郎，"以为训诱不倦之劝"[2]。

五　元朝对黎族的儒学教育

元朝统治者也高度重视教育，其官学分为中央官学、地方官学和社学。由"大司农司"掌管。中央官学分为国子学、蒙古国子学和回回国子学。国子学创立于元世祖至元六年（1269）。学生不分种族，汉人、蒙古人、色目人均可入学。入学资格限于宿卫大臣子孙、卫士世家子弟及七品以上朝官子孙。平民中之俊秀生，经随朝三品以上官员保举，可做陪堂生。试行升斋等办法，考试及格，并不犯规者，领奖升斋。考试时对蒙古人从宽，色目人稍严，汉人最严。蒙古国子学创建于元世祖至元八年（1271），蒙古人、汉人百官及护卫军官子弟均可入学，后来增加了色目人。亦招庶民子弟为陪堂生。学生名额后规定为150人，计蒙古学生70人、色目学生20人、汉族学生60人。学官及考试制度与国子学相同。回回国子学创建于至元二十六年（1289），主习波斯文，收官宦及富家子弟为学生，设监官，授学士之职。学业既成后，多充任各官政的译史。

元朝在海南保留了宋朝儒学建制，新建有会同县儒学和定安县儒学。至

1　（宋）慕容彦逢撰：《摛文堂集》，文渊阁四库全书本，台北：台湾商务印书馆，2008，第340页。
2　见程民生《宋代少数民族学校述略》，《中央民族学院学报》1989年第3期。

此，琼州府及所属各州、县都建立了儒学，形成了三级的儒学格局，儒学教育走上了正规化轨道。关于元朝在黎区的儒学教育，时人罗伯龙在《南宁军儒学田记》中说："秦灭学而亡，汉崇学而兴，唐宋以来，文风益炽。迨我皇元，教养之方，勉励之术，虑周且悉也，至于遐荒远裔，莫不有学。盖地有华彝，性无华彝，教而养之，则顽梗皆化而循良矣。不但责之郡守，而复委之宪台，自古未如焉。"[1] 他谈到为防止豪强吏胥侵夺学田，"令各处州郡以学田刻之石，计至远也。（然而）儋州值寇攘，侄偬不暇"，时奎章阁艺文监局副吴伯寅提到其先父东园吴公桂发曾"舍己帑置新榕田一庄，计种二十六石有奇，人本军儒学瞻士，招黎人子弟入学，教之以诗书，率之以孝弟，而民俗于变，可与中州比"[2]。这一儒学田记，反映了元代统治者对远在天涯海角的黎人教育的重视。另有范梈（1272—1330），字亨父，一字德机，人称文白先生，清江（今江西樟树）人，元代官员、诗人，与虞集、杨载、揭傒斯被誉为"元诗四大家"。"延祐间（1314—1320）录囚至县，慨然以黉宫（孔庙）未建为忧，捐俸委黎兵千夫长王有益督建文庙，学校之兴自此始。"[3]

第四节　明清海南儒学的进一步发展与黎族思想文化受到的濡染

一　海南儒学本土化发展的鼎盛时期

首先，转变对海南岛的地理社会观念，重视民族教化。明朝尤其重视海南，太祖朱元璋在《劳海南卫指挥使敕》中称："南溟之浩瀚，中有奇甸数千里"，一改过去历代对海南"天涯海角""鬼门关"的认识。他反对将海南

---

[1] 海南省民族学会编，王献军主编：《黎族藏书·方志部·卷一》，海南出版社，2009，第468页。
[2] 海南省民族学会编，王献军主编：《黎族藏书·方志部·卷一》，海南出版社，2009，第468页。
[3] 海南省民族学会编，赵红主编：《黎族藏书·方志部·卷三》，海南出版社，2009，第107页。

视之贬官流放场所，强调要选择贤良官员加强教化。他说："前代谓儋崖为化外，以处罪人，朕今天下一家，何用如此？若其风俗未淳，更择良吏以化导之，岂宜以有罪人居耶？"[1] 在这一思想指导下，明朝海南地方官吏莫不秉持朱元璋"文德以怀远人"及"重教化"的旨意，"推重儒术，修学宫，建书院"，弘传儒家文化。[2]

回顾海南历史，汉代置珠崖、儋耳二郡，但因黎人反抗不断，不久撤销两郡建制，降为一县，隶属合浦郡管辖。以后各代时置时废，直到梁朝"复就儋耳地置崖州"[3] 才稳定下来。汉代废郡的原因，贾捐之依据"蠢尔蛮荆，大邦为雠"的民族观念，认为："骆越之人，父子同川而浴，相习以鼻饮，与禽兽无异，本不足郡县置也，……弃之不足惜，不击不损威。其民譬犹鱼鳖，何足贪也！"[4] 此后各代虽视为治下，但偏见犹存。所以在对黎政策上，始终以"平黎"为主，"抚黎""化黎"为辅。一遇黎人暴动，总是派兵血洗黎峒了事，不重视"抚黎""化黎"。而生性耿直的黎族民众不惧压制，遇见不平即反抗，从而陷入恶性循环。宋代开始对此进行反思，苏轼明确指出黎人的反抗"曲自我人"，"贪夫"（不法汉商）、"污吏"是主要原因。其子苏过承袭父亲的观点，将前人治黎之策归结为三种："或欲覆其巢穴而夷其地，或欲羁役其人而改其俗，或欲绝其通市以困其力，然皆不得其要"[5]，即都没有找到黎人为乱的根源——"我曲而彼直"。具体讲就是："'黎人之性，敦愿朴讷，无文书符契之用，刻木结绳而已。故华人欺其愚而夺其财，彼不敢诉之于吏'，何则？吏不通其语言，而胥吏责其贿赂，忿而无告，惟有质人而取偿耳。"[6] 而过去治黎之策老想着怎么"治他（黎）"，其实问题的根源出

---

1 《明太祖实录》卷48，《明实录》，"中研院"历史语言研究所校印，第955页。
2 （明）唐胄纂：《琼台志》卷42，《天一阁藏明代方志选刊》第60册，上海古籍书店，1982。
3 （明）戴熺、欧阳灿总裁，蔡光前等纂修：《万历琼州府志》卷12，明万历刻本。
4 （明）黄佐纂修：《广东通志初稿》卷40《事纪》，明嘉靖刻本。
5 （宋）苏过原著，舒大刚等校注：《斜川集校注》，巴蜀书社，1996，第492页。
6 （宋）苏过原著，舒大刚等校注：《斜川集校注》，巴蜀书社，1996，第494页。

在我们自己,因此"上策莫如自治",也就是首先管理好自己。即针对奸商"当饬有司严约束,市黎人物而不与其直者,岁倍偿之,且籍其家而刑其人";对"吏敢取略者,不以常制论;而守令不举者,部使者按之以闻。又为之赏典以待能吏。如此……贪胥猾商不敢肆其奸,边自宁矣"[1]。

如果还要进一步深究"曲自我人",那就是民族不平等,轻视少数民族和民族地区。即使像苏过这样能坦荡自省、较客观理性的士人,亦在文章中将黎人称为"贼",并认为"夷狄之性如犬豕然,其服可变而性不可改也"[2],将黎人完全另类视之。

可见,明太祖朱元璋称"今天下一家",将天涯海角的海南岛称为"奇甸",系民族观念之一进步,这对推动包括黎族在内的少数民族地区的经济文化发展有重要意义。

其次,重视对少数民族的儒学教育。明朝统治者高度重视教育,践行明太祖"治国以教化为先,教育以学校为本"的宗旨,承继宋元经验在海南大兴学校教育,"儒学俱遍于州县,学设讲堂,以会文养士"[3]。第一,明朝在边疆和民族地区置卫学,当时全国有卫493个,设卫学近200所。弘治(1488—1505)初年,琼州设卫学一所,为副使陈英所设,另在清澜、万州、昌化、儋州、崖州还设所学7间。第二,明朝大兴社学,"今之社学,即古者闾巷之小学也,……于州县学之外,乡都之间"[4]。这种由地方官募筹开办的学校,洪武七年(1374)在黎族聚居区就有24所,其中崖州16所、感恩3所、昌化3所、陵水2所。特别值得一提的是,在人迹罕至的琼山县黎母山腹地,建立了专门针对黎童的水会社学,此为"万历二十八年,抚黎通判吴

---

1 (宋)苏过原著,舒大刚等校注:《斜川集校注》,巴蜀书社,1996,第494页。
2 (宋)苏过原著,舒大刚等校注:《斜川集校注》,巴蜀书社,1996,第493页。
3 (明)唐胄纂:《琼台志》卷16,《天一阁藏明代方志选刊》第60册,上海古籍书店,1982。
4 (明)唐胄纂:《琼台志》卷17,《天一阁藏明代方志选刊》第60册,上海古籍书店,1982。

俸建,延师专训黎童,并置学田"[1]。第三,明朝时海南私人创办的学校即书院也有了大发展,据《道光琼州府志》记载从明正统至万历年间就创办了书院24所。综观明朝官员、学者在平黎、抚黎对策中,莫不重视对黎人的教化。因此,有明一代,海南各地开办了大量各级各类学校,在这些学校中注重吸收黎族子弟入学,施以儒学教育。教育内容和课程设置,"以孔子所定经书诲诸生",即儒家经典、史鉴、律令等。德"以孝悌、礼义、忠信、廉耻为之本",文"以六经诸史为业"。[2]

最后,仁人志士对海南黎族的教化史迹。择如下8人略述之。桑昭,无为州人。《道光琼州府志》卷之三十述:"洪武十七年(1384)掌海南卫印十年……尊崇学校,有司请易东西营地为学宫,慨然予之。"桑昭作为地方的军事长官,能"慨然"把军营易为学校是令人敬佩的。郑济,福建闽县人。永乐(1403—1424)年间任儋州学正。"日与诸生讲论不倦,尤重品诣。曰:'士先道德而后文艺,使品诣不立,虽下笔万言无取之也。'故谆谆以修齐为多士勖。著有《四书书经讲说秋蓬集》,诸生刊之传于世。"[3] 涂棐(字伯辅),江西丰城进士,任广东按察副使。据邢宥《琼州射圃记》说:"成化辛卯(1471)奉玺书来按于琼","自棐始修学舍,崇儒术,举坠兴废,民黎怀其德,至今峒黎称涂公"。[4] 涂棐到琼后整顿兵备,重新加固城墙,并将原有东南西三城门改名为"体仁""归义""定海"。其意是要践行儒家思想,用儒家思想教化黎人,用"仁、义"一统意识形态,实现海南的长治久安。当时琼州府学同城墙一样破败不堪,他便着手购地扩建学圃,还亲自编写教材《射礼一通》,大量添置祭礼,"以用于崇儒重道之祀,其盖有得圣人微意于

---

[1] 海南省民族学会编,王献军主编:《黎族藏书·方志部·卷一》,海南出版社,2009,第526页。
[2] (明)黄佐:《南雍志》卷1,台北:伟文图书出版社,1976,第157页。
[3] 见杨劲生《儒家思想在琼州的传播》,《海南师范学院学报》2001年第3期。
[4] 原中国科学院民族研究所广东少数民族社会历史调查组、原中国科学院广东民族研究所编:《黎族古代历史资料》下册,海南出版社,2015,第417页。

千载之下也哉"[1]。除了亲自重建琼州府学，涂棐还传令各州县官员重建、扩建了万州、崖州、琼山、文昌、乐会等府、州、县学，督促海南境内名仕、缙绅兴建社学，为儒学普被海南做出了重要贡献，黎族人民缅怀他的业绩，尊其为"涂公"。徐琦（字廷振），正统（1436—1449）年间举人，授崖州知州。"崖民多黎，戴竹笠子，垂髻，来见。琦喻以服色当从中国，为易方巾直领之制；简率俊秀，使趋于学，教以婚丧礼。在崖九年，俗为之变"。"改建学校……选民间子弟俊秀者教之读书，俾知礼义。"[2] 周坦，福建莆田人。正统年间任定安县儒学训导，讲解经义寒暑不辍，诸生有贫乏者周之。"邑人吴汝逊遣诸子从学"[3]，既而孟矩、孟衷、孟傅、孟继相继登科。罗杰，南昌人，成化癸巳（1473）知儋州。据载罗杰"廉正勤敏，兴学校，振士风，黜淫祠，正风俗，疏导水利，抚循黎人，公廨桥梁，百废俱兴，儋之风俗文物，为之一变。居四年，以忧去，百姓号泣随之"[4]。萧宏鲁，庐陵（今江西吉安）人，明嘉靖（1522—1566）初知儋州。任中建儋州儒学之启圣祠、敬一亭，修社学，招生黎附籍。在任七载，以廉能著声，有惠政，刑清讼简，民皆思之。张峻，吉水人，乡荐，嘉靖中守琼州。"尝刊《四礼节要》，令民间习行，建崇文书院以课多士。"[5] 如此等等。

明代黎族地区的儒学承接宋朝的良好发展势头，又有了重大进展，只从海南在宋明两代所出举人、进士之对比就足以说明问题。宋代进士14人、举人23人，明代进士64人，举人594人，中武举15人。[6] 不仅数量增长很快，

---

[1] 蒙乐生：《明代石㽛、府城往事》，《海南日报》2015年11月2日第14版。
[2] （清）明谊修，张岳崧等纂：《琼州府志》卷44，光绪补刊本。
[3] 《广东通志》卷41，四库本。
[4] 原中国科学院民族研究所广东少数民族社会历史调查组、原中国科学院广东民族研究所编：《黎族古代历史资料》下册，海南出版社，2015，第418页。
[5] 原中国科学院民族研究所广东少数民族社会历史调查组、原中国科学院广东民族研究所编：《黎族古代历史资料》下册，海南出版社，2015，第428页。
[6] 符和积、符颖：《海南古代教育发展史》，海南出版社，2009，第76页。

其人才的影响力也非宋可比,"人文之盛,贡选之多,为海外所罕见"[1]。仅成化二年(1466)一月之内,海南籍人士进入封建统治高层的就达3人:"薛公远进户部尚书,邢公宥进都御史,而文庄进翰林学士",以其"天下望郡,亦罕有衣冠胜事如琼者"。[2] 丘濬也指出,"北仕于中国而与四方髦士相后先矣。策名天府,列迹缙绅,其表表者盖已冠冕佩玉,立于天子殿陛之间,行道以济时,而尧舜其君民矣","贤才汇兴,无以异夫神州赤县之间"。[3] 清末海南先贤王国宪总结道:"海南风雅,盛于有明。其时人文蔚起,出而驰誉中原,垂声海内。自丘文庄、王桐乡、唐西洲、钟筠溪、海忠介、王忠铭而后,有专集者数十家。海外风雅之盛,莫盛于是时。不仅理学经济,文章气节,震动一世也。"[4]

二 从儒化海南到海南化儒

经过唐宋数百年儒家文化洗礼的海南,到明朝出现了历史性的转折,从儒学的单向输入发展为双向互动,不仅输出了前述薛公远、邢公宥、丘文庄等大批治国栋梁之材,造就了一批声名远播的本土大儒,更为可贵的是对儒学思想的创新发展做出了其应有的贡献。

首先,从"当代通儒"到"理学名臣"的丘濬。丘濬(1421—1495),字仲深,琼山人。弘治八年(1495)去世,追赠太傅,谥号"文庄"。据《道光琼州府志》载:"其先世家泉州晋江,元季有官于琼者,遭乱不能归,

---

[1] (清)韩佑:《康熙儋州志·选举志·序》,康熙四十三年刻本。
[2] (清)屈大均:《皇明四朝成仁录》卷10《定安死事传》,载于《广东丛书》第二集,商务印书馆,1948。
[3] 原中国科学院民族研究所广东少数民族社会历史调查组、原中国科学院广东民族研究所编:《黎族古代历史资料》下册,海南出版社,2015,第689、687页。
[4] 蔡葩:《故居前的忧思》,《海南日报》电子版2008年7月21日第15版(电子版)。

遂占籍琼山。祖普，性仁爱，专事济人利物。"[1] 说他有良好的家风家教传统。"濬生有异质，读书过目成诵，日记数千言。六岁信口为诗歌，语皆警拔，如咏五指山诗，识者知其必为国器。稍长，博观群籍，虽释老伎术亦所不废。家贫无书，尝走数百里借，必得乃已。"[2] 丘濬于景泰五年（1454）获进士，一生历事景泰、天顺、成化、弘治四朝，先后出任翰林院编修、侍讲学士、翰林院学士、国子监祭酒、礼部尚书、文渊阁大学士等职，弘治七年（1494）升户部尚书兼武英殿大学士。在中国古代历史上海南人官至"宰相"者，唯明之丘濬矣。丘濬是明代实学开创者之一，他的《大学衍义补》一百六十卷和《朱子学的》是儒家经典著作，他还撰有《家礼仪节》八卷。由于丘濬对明代理学的非凡建树，被明孝宗御赐为"理学名臣"。《广东通志》称，丘濬"以发明慎独内省之旨，有先儒所未及者，盖独得之见也"[3]。其对儒学的创新性发挥主要体现在下列著作中：其一，《朱子学的》两卷，上卷分下学、持敬、穷理、精蕴、须看、鞭策、进德、道在、天德、韦斋十篇；下卷分上达、古者、此学、仁礼、为治、纪纲、圣人、前辈、斯文、道统十篇。蔡衍鎤序曰：上编自下学以至天德，由事而达理，而终之以韦斋，所以纪朱子之生平言行，犹《论语》之有《乡党》也。下编自上达以至斯文，由理而散事，而终之以道统，所以纪濂、洛、关、闽之学之所由来，犹《论语》之有《尧曰》也。[4] 其二，《大学衍义补》，宋代儒学家真德秀著有《大学衍义》，丘濬认为其书只阐发了"格致""诚正""修齐"，而缺少"治平"，于是作补，取名《大学衍义补》。其书开卷即补述"诚意正心之要"，正文共分一百六十卷，包括：正朝廷、正百官、固邦本、制国用、明礼乐、

---

[1] 海南省民族学会编，王献军主编：《黎族藏书·方志部·卷一》，海南出版社，2009，第609页。
[2] 海南省民族学会编，王献军主编：《黎族藏书·方志部·卷一》，海南出版社，2009，第609页。
[3] （清）金光祖纂修：《广东通志》卷16，（清）康熙十四年（1675）修，三十年（1691）刻本。
[4] 邱濬编辑：《朱子学的》，载于王云五主编《丛书集成》初编，商务印书馆，1936。亦见（清）永瑢等撰《四库全书总目》，中华书局，1965，第808页。

秩祭祀、崇教化、备规制、慎刑宪、严武备、驭夷狄、成功化十二章。其同《大学衍义》互成体用，如果说《大学衍义》"主于理"，则该书"主于事"。如该书《御制序》中评价："揭治国平天下新民之要，以收明德之功；采古今嘉言善行之遗，以发经传之指。而后体用具备，成真氏之完书，为孔曾之羽翼，有功于《大学》不浅。是以孝庙嘉其考据精详，论述赅博，有补政治。"[1]《大学衍义补》体现了丘濬儒学的特征及实学取向。此外丘濬还有《伍伦全备忠孝记》《琼台集》等著作，系统地、创造性地阐发了儒家学说，对儒学的发展做出了海南士人的贡献。丘濬虽居官在外但非常关心海南文教的发展，曾上书朝廷主张兴办儒学，加强对少数民族的教化。他亲自在海南郡城西北隅创建奇甸书院，1472 年在府学堂后建有藏书石室一间，以供后学阅览。先后写下了《琼州府学祭器记》《琼山县学记》《重修文昌县明伦堂记》《万州学记》《崖州学记》等反映海南教育的文章。

其次，从养"浩然之气"到"身体力行"的海瑞。海瑞，字汝贤，琼山人，明正德九年（1514）生，万历十五年（1587）病逝于南京。"公生而顾秀挺拔，风神迥异，稍知识，直欲学做圣贤。"[2] 海瑞童年丧父，母亲对其严格要求，一心要将其培养成人。海瑞自幼即阅读儒家经典，当时正值王守仁"心学"昌行，海瑞深受心学影响。嘉靖二十八年（1549），海瑞凭"开道立县"的《治黎策》一文中举。海瑞一生刚直不阿，特别注重名节，始终践行君子人格。中举后，初任南平教谕，"瑞教诸生以古圣贤道"，教导学生道德文章不可分割，并躬身垂范。海瑞受孟子思想影响较大，推崇心学，"尝谓圣贤之教，欲人得其真心。率真心，卓立俗表，圣贤也；昧真心，自馁浩气，乡原也"[3]。他说："维天之命，其在人则为性而具于心，古今共之，圣愚同

---

[1] （明）邱濬：《大学衍义补》，京华出版社，1999，第 1 页。
[2] 《海瑞集》，中华书局，1962，第 534 页。
[3] 原中国科学院民族研究所广东少数民族社会历史调查组、原中国科学院广东民族研究所编：《黎族古代历史资料》下册，海南出版社，2015，第 444 页。

之。得此而先,尧、舜、禹有'危微精一,允执厥中'之传;得此而后,孟子有'求放心先立乎其大'之论。未有舍去本心,别求之外,而曰圣人之道者。轲之死不得其传,而人心之天则在也。"[1] 海瑞的儒学基本上是遵循《礼记·大学》给出的路子:"欲修其身者,先正其心;欲正其心者,先诚其意;欲诚其意者,先致其知;致知在格物。"也就是"正心诚意"与"格物致知"。

"正心"。海瑞认为:"维天之命,其在人则为性而具于心,古今共之,圣愚同之。"[2] "盖天之生此人也,赋之仁德具于心,既生之后蔽于物欲"[3]。他依据孟子"先立乎其大者"的观点,认为圣人之道就是要发明本心。据此,他指责朱熹舍本逐末:"朱子平生误在认格物为入门,而不知大学之道,诚正乃其实地。"[4] "是以终身只做得大学先之之功,不尽得大学后之之益,无得于心,所知反限。"[5] 因此他的一生就是要"集义以生浩然之气,为贤为圣,异日为国家建伟业无难矣"[6]。

"诚意"。海瑞依据孟子"至诚而不动者,未之有也"[7] 观点,在《赠养斋蔡侯抚黎序》一文中,认为长期以来治黎无效,皆因失之于"诚"。他认为:"(黎族)自有天地至今,尚存太古风致,然诺信义,死而不移,天性之真,独有存焉者乎?动以刀弓相向,自昔记之。盖以弓刃为雪仇之具,不能自至守令之庭曲曲直直,势使之然,无他意也。苟有以开导其心,剖其不平,彼无不听。……而又赋役繁难,官吏刻削,彼自为诚,我自为诈,有以灰其心而格其志。至诚之为,难乎其为动矣。"[8] 认为黎人天性中同我们所有人一

---

1 《海瑞集》,中华书局,1962,第322—323页。
2 《海瑞集》,中华书局,1962,第322—323页。
3 《海瑞集》,中华书局,1962,第502页。
4 《海瑞集》,中华书局,1962,第325页。
5 《海瑞集》,中华书局,1962,第323页。
6 《海瑞集》,中华书局,1962,第14页。
7 《孟子·离娄上》。
8 《海瑞集》,中华书局,1962,第365—366页。

样具有"真心",打打杀杀并非出自本心,而是因为"贪夫污吏,鹰鸷狼食",无处申冤,只好用这种方式表达不满,并"无他意"。由此看来"彼自为诚,我自为诈",而他人往往分析黎人为何难治时,"不曰己之无诚也,诚不足为动也,而曰犷悍之不可为驯,古昔则然,可信也哉!"他感叹道:"予尝以为黎人之不我向也,乃我之无以致其向",说到底黎人的反抗是因我们没有用"诚意"去打动其"真心"。他赞扬蔡侯"变诈之世而得有如侯者,黎人得以舒发本真,民土宁适",并认为"苟朝廷之上,薄赋轻徭,承宣之吏,还淳返朴,举蔡侯而为之,无不可矣"。[1]

"格物致知"。海瑞说:"大学'致知在格物',借之为'诚意'、'正心'之用也。……是以孟子有'学问之道,求其放心'之说。"[2] "学问人心,合一之道,……学也者,学吾之心也。先圣人得心所同然于古,是以有古之学。学非外也。……维彼视学问为辞章,视为爵禄阶级,甚至假之以快其遂私纵欲之心,扇之以炽其伤善败类之焰,失圣人问学之意矣。"[3] 认为格物致知不是在心外下功夫,而是发掘开扩本心,做到"知行合一"、道德文章一体。据此海瑞批评了朱熹心外求理,故弄玄虚,不过是图名而已,实不达也。他说朱熹"舍去本心,日从事于古本册子,章章句句,好胜之私心,好名之为累。据此发念之初,已不可以入尧舜之道矣"[4]。

可见,海瑞对儒学一般不空发议论,而是用儒家思想之精华分析世事,指导实践,是一个儒家思想的坚定践履者。他虽日理万机仍不忘关心家乡黎人的教化问题,在《平黎图说》中讲:"仍急立寨学,延师训导,各营及各处村峒皆立社学训诲。"[5] 其对海南儒学的贡献,历史学家黄仁宇评价说:"这位孔孟的

---

[1] 《海瑞集》,中华书局,1962,第366页。
[2] 《海瑞集》,中华书局,1962,第323页。
[3] 《海瑞集》,中华书局,1962,第502—503页。
[4] 《海瑞集》,中华书局,1962,第323页。
[5] 原中国科学院民族研究所广东少数民族社会历史调查组、原中国科学院广东民族研究所编:《黎族古代历史资料》上册,海南出版社,2015,第230页。

真实信徒,在今天却以身体力行的榜样,把儒家的伟大显扬于这南海的尽头。"[1]

最后,海前丘后的"岭海巨儒"钟芳。钟芳(1475—1544),字仲实,号筠溪,明朝崖州(今三亚市)人,二甲进士及第,曾任兵部侍郎、户部侍郎,都察院右副都御史。当地人称其为"海前丘后论人才",视他为上承丘濬,下启海瑞的"岭海巨儒"。其儒学思想集中表现在《学易疑义》《春秋集要》两本著作中。一般将其思想归入程朱理学("宗理学"),但他又同朱熹在理气关系、知行观上均有分歧。

当代学人周济夫研究发现,钟芳与同代的大儒多有交集,其中与王阳明过从甚密,除了嘉靖四年(1525)在广西一起共事外,此前的正德五年至十一年(1510—1516),两人在江西、南京也有过交往。王阳明去世后,钟芳曾为之撰写了《祭王阳明文》,文中钟芳自述:"某岭海末学,忝在交游,宦辙所经,每亲绪论。"[2] 因此陆王心学对钟芳的理学思想有一定启发。不过针对陆象山批评当时士子受程朱理学影响而向外驰骛,戕害本心,流于支离的时弊,钟芳同陆王的心学路径不同。王阳明认为"一念发动处,便即是行了","圣人之道,吾性自足",[3] 主张返本归心"致良知"。钟芳则批评阳明的"致良知"——致其良知于事事物物则事事物物皆得其正:"……而阳明之意不如此,乃曰致吾之良知,以见之于事,则致字已属行,而所谓良知者,人人皆可即其所见而推致之,此其不可晓者。彼证父攘羊以为直,尾生抱梁柱而死以为信,岂不自信其良知,以为直且信也。惟于理有蔽,则各据以为是,至死而不悟也。"[4] "证父攘羊""尾生抱梁"的例证,说明阳明的"良知"有烛理洞彻不明之嫌。虽不赞同阳明的观点,但为了避免同朱熹"知先行后"直接对抗,钟芳委婉借用阳明"知行合一"来阐发其独特的"以行为

---

[1] 黄仁宇:《万历十五年》,中华书局,2007,第145页。
[2] (明)钟芳:《钟筠溪集》,海南出版社,2006,第334页。
[3] 《王阳明全集》,上海古籍出版社,2018,第109—110、1354页。
[4] (明)钟芳:《钟筠溪集》,海南出版社,2006,第287—288页。

本"知行观。他说:"前奉拙稿,论知行合一,实借王阳明之说,稍宛转以发,明圣人立教本意。"[1] "取其意而不袭其辞,借其言以发明圣学之准的"[2]。

依据"诚者,天之道;诚之者,人之道也。诚者,不勉而中,不思而得,从容中道,圣人也;诚之者,择善而固执之者也"[3],钟芳指出:"《中庸》知为达德,而诚以行之,皆有明训。故君子之学,未尝不博,而其博也,乃在于人伦日用之实,而益致夫精择固守之功。盖存诚者,大本之所以立,精义者,达道之所以行也。"[4] 他认为,作为践行天道的"诚之者",择善(知)与固执(行)是统一的,因而博文与约礼也是统一的。"知为达德","博"在人伦日用之"实",且更致于"精择固守之功",所以最终要落脚到日用工夫上。他进一步指出:"曰存诚者,大本之所以立,犹所谓涵养须用敬。曰精义者,达道之所以行,犹所谓进学则在致知。虽有圣贤生熟之不同,而忠信二字彻首彻尾,不可须臾离也。末云言诚则知在其中,此诚字只是忠信字耳,未便为圣人之诚。夫子云'主忠信',乃学者大根本。程子释之曰'人道唯在忠信,不诚则无物',正谓知与行皆此二字贯之。择善虽属知,而将之者忠信也,忠信本也,故曰言诚则知在其中,以此说知行合一,庶乎可也。"[5] 也就是说"诚者"就是忠信,是"大根本";"存诚者"必择"忠信"之善而固执之。"忠信"是本,进学"忠信"工夫就是致知。因此知行虽合一,但"一"在"行"上,以行统知。他是以这样的逻辑来说"知行合一",故"学无大小,以行为本,而以穷理诚身为要"[6]。因此针对时弊,钟芳与王阳明都强调要回归"大本(体)",但阳明回归的是"(良)知",他却认为:"在

---

[1] (明)钟芳:《钟筠溪集》,海南出版社,2006,第287页。
[2] (明)钟芳:《钟筠溪集》,海南出版社,2006,第281页。
[3] 王国轩编著:《大学·中庸》,中华书局,2016,第111页。
[4] (明)钟芳:《钟筠溪集》,海南出版社,2006,第149页。
[5] (明)钟芳:《钟筠溪集》,海南出版社,2006,第287页。
[6] (明)钟芳:《钟筠溪集》,海南出版社,2006,第212页。

今世，书籍议论满天下，不患不知，患不能行"[1]。

上述观点不仅表明钟芳的实学取向，而且也表明了其唯物倾向，这同他在《理气》篇上的观点是一致的。"夫子曰'易有太极。'易者何？阴阳也，气也，而有至极之理存焉。则理之与气，固未尝离而为二，亦未尝混而无。说曰：其理者阴阳之理，非别有所谓理。朱子非，则夫子亦非矣。"[2]

钟芳还以儒家特有的"仁爱"之心阐释他的治黎之策。他认为黎人之陋俗是源自未开化的原始状态，"然其重契箭，谨信约，毫发不爽，虽士人不过也。怒或叛其父，而于母至死不悖焉。……其敦朴浑庞之风固在也。其太古之民乎？……使得沾圣人之化以渐之，则不日变矣"[3]。他推崇"建社学，择师训蒙，易巾服，习书仪"[4]的"教化"方针，反对一味杀戮，始终秉持"仁民爱物"的思想治理国家与社会。钟芳强调治理民众要施行仁政，"非仁民无以伸事上之义"。施仁政的要义在于"夫政以顺民欲恶为要"，"夫仁者不负其民"，"而以惠泽及物为贵"，"大抵此时民穷财尽，宽一分则民受一分之赐"。强调减轻徭役，精兵简政，谨慎用刑，"政以敷治，刑以辅政，政所不及，不得已而后刑"[5]。

三　打破藩篱儒家思想深入黎峒

清代推行"文教为先"的政策，重视对少数民族的儒学教育，出台了专门针对少数民族的教育政策。"雍正十三年（1735）议准：粤东凡有黎瑶之州县，悉照连州，一体多设官学，饬令管理厅员督同州县，于内地生员内，

1　（明）钟芳：《钟筼溪集》，海南出版社，2006，第463、472页。
2　（明）钟芳：《钟筼溪集》，海南出版社，2006，第208页。
3　（明）钟芳：《钟筼溪集》，海南出版社，2006，第506页。
4　（明）钟芳：《钟筼溪集》，海南出版社，2006，第188页。
5　（明）钟芳：《钟筼溪集》，海南出版社，2006，第117页。

选择品行端方、通晓言语者为师,给以廪饩,听黎瑶子弟之俊秀者入学读书,训以官音,教以礼义,学为文字。"[1] 乾隆四年(1739)潘思榘上疏,"疏言:'惟黎僻处海南,崖、儋、万、陵水、昌化、感恩、定安七州县为最多。生黎居深山,熟黎错居民间相往来,语言相习,请于此七州县视瑶童例设义学,择师教诲,能通文义者许应试。'部议从之。"[2] 要求依照瑶族地区的做法,在黎区设"义学",即设立主要招收黎族的少数民族学校,实施特殊的教育政策。乾隆五年(1740)两广总督庆复疏言:"琼州四面环海,中有五指山,黎人所居。请设义学,俾子弟就学应试,别编'黎'字,州县额取一名,……均从之。"[3] 虽有乾隆皇帝支持,但在黎区开办的学校还是难以为继。时两广总督硕色、广东巡抚岳濬联合上奏:"广东连、韶、琼等处,先后经设瑶黎各学,每年动支公费,给馆师修脯。今查各处因无瑶童从学,久废,惟韶郡之乳源一处尚存,就学者亦无瑶人子弟。黎学虽有馆师,黎童甚属寥寥,且语音各别,教无所施,应概裁。额支馆师修脯银,仍原款充公。"[4] 看来,设立专门的少数民族学校并非那么简单,由于少数民族求学意愿不强,语言不通,以致有名无实。但封建官员不检讨政策本身如何加以改进,而是以"概裁"了事。

综观海南儒学的发展历程,可概括为"孕于古、起于唐、兴于宋、盛于明",但直到清朝,儒学的光芒并未照遍整个黎区,生黎、熟黎泾渭分明。对于那些长期居住在深山腹地的生黎来说,其思想观念、风俗习惯仍未受到多少儒学的影响。清代蓝鼎元(1680—1733)的《琼州记》描述了当时黎人的情状:"大抵十三州县民黎杂居,峒窠房屋,无处无之。居近地者为熟黎,供赋役,极忠顺;居深山者为生黎,又深者为生岐,皆不服王化,旧常出为民

---

[1] (清)王杰等纂:《钦定学政全书》卷64。
[2] 《清史稿·列传卷95·潘思榘传》,中华书局,1977,第10588页。
[3] 《清史稿·列传卷84·庆复传》,中华书局,1977,第10396页。
[4] 原中国科学院民族研究所广东少数民族社会历史调查组、原中国科学院广东民族研究所编:《黎族古代历史资料》下册,海南出版社,2015,第646页。

患。五指山谓之黎母，竟若蛮獠私家，汉人不得过问，一隅之地，如分秦越，非国家之体也。""普天之下，莫非王土，岂有十三州县衣冠文物之王民，反为蛮鬼藩卫，仅居边陲之一线，独虚其中以让黎岐为声教不及之地？腹心不治，四体虽安，欲保百年无病，断不可得。稽古志乘，黎獠叛服不常，是以昔人建议纷纷，欲开通中间十字大路，非无见也。"[1] 但最终打通"十字大道"，消除隔离状态，实现民族融合，让全体黎族同胞接受儒学教育是在晚清，此过程中张之洞、冯子材二人厥功至伟。

张之洞（1837—1909），直隶天津府南皮县人，曾任两广总督。他高度重视儒学教育。认为："仁厚守家法，忠良报国恩，通经为世用，明道守儒珍。"[2] 其主政两广期间，在海南"设岭门、南丰、闵安三抚黎局，责以抚率黎民，开设学校，修治军路大政，而以雷琼道监督之，开辟琼州数千年未有之政绩。又虑琼之科第无多，奏请遵台湾例，隔科定额举人四名，有十人以上赴会试，取进士一名，部议定隔科二名为额，此皆大有造于琼州者也。创建广雅书院，定琼州五名课额，拔取琼山四名。……大开海南风气，琼士之知实学自此始"[3]。

冯子材（1818—1903），生于广东钦州沙尾村。《钦县·民卅五年志》说他"俱尽厥职，尤以在琼开五指山十字大路，开各县小路三千余里，为后来山脚开县得所凭借。又设塾以四书教黎人子弟。制衣裳作样，使变易黎人裸处，尤为开化黎峒之先河"[4]。民国许崇灏在《琼崖志略》中认为："黎人之正式接受中国文化，恐仍以冯子材时为始。"[5] 此观点虽值得商榷，但若仅指以五指山为中心的生黎所居住的区域或许是准确的。因为这是许崇灏组团深

---

[1] 原中国科学院民族研究所广东少数民族社会历史调查组、原中国科学院广东民族研究所编：《黎族古代历史资料》上册，海南出版社，2015，第148、149页。
[2] 许同莘编：《张文襄公年谱》卷1，商务印书馆，1946，第6页。
[3] 海南省民族学会编，赵红主编：《黎族藏书·方志部·卷二》，海南出版社，2009，第266页。
[4] 原中国科学院民族研究所广东少数民族社会历史调查组、原中国科学院广东民族研究所编：《黎族古代历史资料》下册，海南出版社，2015，第470页。
[5] 海南省民族学会编，王献军主编：《黎族藏书·方志部·卷一》，海南出版社，2009，第717页。

入黎区心腹地带实地调查访问得出的结论。也就是说，此前历朝历代均重视化黎，海南在明朝也出现了如丘濬所说"贤才汇兴，无以异夫神州赤县之间"[1] 的盛况，但大概不包括生黎所居的核心区域。生黎基本没有受到中原儒家文化的熏化，仍处于"野人"状态。据《清史稿·兵志八》"边防"记载："光绪十三年，张之洞剿平琼州黎匪，山路开通，收抚黎众十万人。"[2] 这里所说的张之洞时为两广总督，实际执行人是冯子材。据许崇灏到五指山实地调研得知，说起冯子材黎人无不知晓，今天的保亭县即当年冯宫保停辕之处，几乎每个当地黎人都能说出它的渊源。十字大道的开通意义特别重大，从此黎汉交流加强，货物贸易畅通，对黎人接受先进文化、改变生产生活方式等都起到了积极的推动作用，也为后来民国政府新设专门治理生黎聚居区的三县打下了基础。时任两广总督的张之洞深知曾任广西提督冯子材骁勇善战，当中法战争爆发之际，奏请调冯子材等援桂，驻守镇南关。七十岁的老将冯子材率军大败法军，取得"镇南关大捷"，从而扭转了整个战局。此后1886年，张之洞又调冯子材赴海南平黎乱。在海南平黎抚黎中，二人合作对生黎地区的开化发展之贡献，可以总结为如下三个方面。

（1）开通十字大道。作为治黎之策，尽管前朝海瑞等人多次上疏呼吁在海南开通十字大道，使国家权力直达生黎居住的五指山区，但三百多年无人真正施行。由于道路不通，黎人仍生活在一个个相对封闭的区域，儒学的润泽难以到达。张之洞上疏："查抚黎以开路为先，开凿险隘，芟焚林莽，令其四通八达，阳光照临，人气日盛，则山岚自消，水毒自除，前代虽有开通十字路之议，迄未举行……兹拟开大路十二道。"[3] 同时提出由冯子材统领督办，所开大路也由十字形变成了井字形，其余各州县团夫分开小路，以合于大路。

---

[1] 原中国科学院民族研究所广东少数民族社会历史调查组、原中国科学院广东民族研究所编：《黎族古代历史资料》下册，海南出版社，2015，第687页。

[2] 赵尔巽等撰：《清史稿·志一一二·兵八》，中华书局，1977，第4074页。

[3] （清）王延熙、王树敏辑：《皇朝道咸同光奏议》卷52上，上海久敬斋石印，1902。

(2) 设官安营。纵观整个海南岛，自从汉代设郡开始，历代帝王的基本统治方法是以军事力量为后盾，稳步推进州（郡）、县、屯、所的设置，步步为营，逐渐将海南大部分地区置于自己的实际管辖之下。黎人也被分为生黎、熟黎，"去省地远，不供赋役者名生黎；耕作省地供赋役者，名熟黎"[1]。直到乾隆时期萧应植撰《琼州府志》仍称"生黎居深山，性犷悍，不服王化，不供赋役，足迹不履民地"，也就是说直到清代仍有大片区域并未纳入政府的实际管理。明人顾山介在《海槎余录》中道出原委："其地孤悬海岛，平旷可耕之地，多在周遭，深入则山愈广厚，黎婺岭居其中，以为镇。自汉武迄今几千年，外华内夷，卒不可变者，以创置州、卫、县、所，必因平原广陌，故周遭近治之民，渐被日深，风移俗易，然其中则高山大岭，千层万叠，可耕之土少，黎人散则不多，聚则不少，且水土极恶，外人轻入，便染瘴疠，即其地险恶之势，以长黎人奔窜逃匿之习，兵吏乌能制之，此外华内夷之判隔，非人自为之，地势使之也。"[2] 我们认为生熟之分虽"非人自为之"，却也是封建政府长期不作为造成的。究其因，一是历代统治者对海南的轻视和对黎人的蔑视，汉代设郡后又罢郡，唐宋还将其视为惩罚罪臣的流放之地，世人也视之为"天涯海角""鬼门关"。二是如顾氏所言，生黎居住在高山密林之中，其间有瘴气，"人欲穷其高，往往迷不知津，而虎豹守险，无路可攀"。所以历代统治者只用"平黎"而少"抚黎"，试图通过镇压，震慑生黎不敢为乱，而不愿深入黎区建立政权，进行"抚黎""治黎"，至多元代勒石山脚"大元兵马至此"而已，均未实现对生黎的有效管理与控制，近两千年来，反抗、镇压、再反抗、再镇压……不断重复。要将其纳入实际管治，必须重视黎人，开通道路，设立各级政权机构。但这需要大量人力、物力、财力，还必须做通

---

[1] 原中国科学院民族研究所广东少数民族社会历史调查组、原中国科学院广东民族研究所编：《黎族古代历史资料》下册，海南出版社，2015，等569页。亦见（宋）范成大撰《桂海虞衡志》，生黎熟黎条。

[2] 原中国科学院民族研究所广东少数民族社会历史调查组、原中国科学院广东民族研究所编：《黎族古代历史资料》上册，海南出版社，2015，第8页。

黎人的思想工作。因此在张之洞、冯子材之前，明代韩俊虽曾指出："为今之计，莫若革去土舍峒首，立以州县屯所，量拨在外军民杂处其中，方引辟开五指山十字道路，均通四处往来，遍立地方更甲，严为法制禁约。"[1] 提出在生黎核心地区设州县屯所加强管理，但终未见行。在张之洞发给冯子材的《致冯督办》的电报中明确指示："将来开通十字路后，择要设官安营，各村黎长，编立土目，就中酌设总土目数人，散目给顶带，总目授土职，自为约束"[2]；同时"路通地辟之后，应于内山要隘广饶处所，建置城寨，设官安营，以资化导控制，举办一切，俾此奥区永为乐土"[3]。在张、冯二人建设的基础上，民国时期陈汉光在生黎区域设立三县，实现了将生黎纳入政府实际管控的历史夙愿。

（3）设义学。1886年张之洞上疏提出："每数屯仿内地设一义学，延请塾师习学汉语、汉文，宣讲圣谕广训，所需经费，就地筹办。令在籍绅士总兵林宜华、副将符鸿升等分遣通晓黎语团绅，经历各峒，剀切宣谕。其霞黎、苗黎、哞黎、干脚岐（黎）各种，类多裸处，酌给衣裤，令其渐被冠裳之化，训其顽固之俗。"[4] 在给冯子材《致冯督办》的电报中指示："每数村须设一义学，习汉文，讲圣谕，经费就地筹办。"[5] 冯子材也忠实执行了这些计划，据说保亭县内一小学即为当年冯氏所建，保亭黎人能读书写字，皆从此小学始。《琼崖志略》称："故此小学校，可以说是五指山腹地黎人文化的发源地。"[6] 清人罗汝南《中国近世舆地图说》记载："张之洞督粤，遣人开设义学，教以汉文汉语，并宣讲《圣谕广训》，于是黎民知所向化。且开大路十二道，东三路，西三路，北路，南路，东北路，东南路，西北路，西南路，

---

[1] 原中国科学院民族研究所广东少数民族社会历史调查组、原中国科学院广东民族研究所编：《黎族古代历史资料》上册，海南出版社，2015，第173页。
[2] 原中国科学院民族研究所广东少数民族社会历史调查组、原中国科学院广东民族研究所编：《黎族古代历史资料》下册，海南出版社，2015，第313页。
[3] （清）张之洞：《张文襄公全集》第3册，中国书店，1990，第254页。
[4] （清）王延熙、王树敏辑：《皇朝道咸同光奏议》卷52上，上海久敬斋石印，1902。
[5] （清）张之洞：《张文襄公全集》第3册，中国书店，1990，第254页。
[6] 海南省民族学会编，王献军主编：《黎族藏书·方志部·卷一》，海南出版社，2009，第709页。

各一，其路横纵相交如井字，宽者一丈六尺，狭者亦有八尺，均以五指山为中心，盖千百年未辟之地，至是始化为坦途矣。"[1]

第五节 "太古风致"：黎族哲学思想观念的生成转变与儒学浸润

明代钟芳在《悯群黎文》中说："其敦朴浑庞之风固在也，其太古之民乎？"[2] 明代海瑞也讲，黎族"自有天地至今，尚存太古风致，然诺，死而不移，天性之真，独有存焉者乎？"[3] 民国时期许崇灏亦认为："黎人天性纯朴，有太古之遗风，极易共事。较之常人，有过之无不及也。"[4] 众多学人谈到黎族，皆异口同声用"太古"一词刻画其风土人情，是说黎族所居之海南岛，孤悬海外以"天涯海角"著称，其开化迟缓，风俗文化停留在原始"太古"时代，但"人之初，性本善"的本色犹存，只要有圣人教化，是可移风易俗的。黎族作为海南最早、最大的土著民族，在漫长的历史发展过程中形成了质朴、简约、平等、守信、协作、大同的核心价值观，有着自己原始而独特的生存哲学、处世哲学和社会历史观。同时亦可窥见由于长期受到儒学思想文化浸润所构成的一定程度上的观念犀通。

一 质朴俭约的生存哲学

黎族"俗尚淳朴俭约，妇人不曳罗绮、不施粉黛"[5]。明代丘濬在《南溟

---

[1] 原中国科学院民族研究所广东少数民族社会历史调查组、原中国科学院广东民族研究所编：《黎族古代历史资料》下册，海南出版社，2015，第603—604页。
[2] （明）钟芳：《钟筠溪集》，海南出版社，2006，第506页。
[3] 《海瑞集》，中华书局，1962，第365—366页。
[4] （民国）许崇灏编著：《琼崖志略》，正中书局，1947。参见海南省民族学会编，王献军主编《黎族藏书·方志部·卷一》，海南出版社，2009，第696页。
[5] 原中国科学院民族研究所广东少数民族社会历史调查组、原中国科学院广东民族研究所编：《黎族古代历史资料》下册，海南出版社，2015，第574页。

奇甸赋》中描述海南"民生存古朴之风,物产有瑰奇之状"[1]。民国时期许崇灏《琼崖志略》认为:"黎人生性朴直,绝少机械心。"[2] 翻开《道光广东通志》中的《风俗》篇,对海南各地黎人风俗描述最多的关键词是:俗淳民朴、民性颇淳、民俗朴野、民性耿直、淳朴俭约、民性朴直、民性朴野,等等。[3] 黎人之质性在其对待父母遗产及祖宗规矩中得以展现:"父母死,敛所遗财帛,会黎长与众瘗之,以为父母恩深,我无以报,不敢享其遗赀,而旁人亦不敢窃取,惧其鬼能祟人云。每扛负诸物,惟以一肩,登高涉险不更移,曰:祖宗相沿如是,不敢更也。其愚孝又有如此。"[4] 关于黎人奉行自然简朴的生活方式,清代聂缉庆、张延所撰《临高县志》描述黎岐"性极悍,其土地亦极膏腴,耕作惟顺其地力,不事人工,一岁所收,以其七酿酒,余三为赡口计,食尽则群赴他村食之,又尽,则又赴他村,皆无彼此之别"[5]。更有清代诗人李聘对其自然简朴的生活加以诗化:"岁晚不知年,但视月圆缺。家家养黎鬼,遇事咸取决。婚嫁无媒妁,踏歌以相媒。生计猎与渔,茹毛还饮血。"[6] 正是这种崇尚自然的生活方式深深感染着大诗人苏东坡,"借我三亩地,结茅为子邻。鴃舌倘可学,化为黎母民"[7]。希望融入这种自由自在的生活。但理性的诗人又看到"海南多荒田……所产粳稌,不足于食","不麦不稷,民无用物",于是又作《劝农诗》:"利尔锄耜,好

1　原中国科学院民族研究所广东少数民族社会历史调查组、原中国科学院广东民族研究所编:《黎族古代历史资料》下册,海南出版社,2015,第687页。

2　(民国)许崇灏著:《琼崖志略》,正中书局,民国三十六四月出版。参见海南省民族学会编,王献军主编《黎族藏书·方志部·卷一》,海南出版社,2009,第696页。

3　(清)阮元总裁,陈昌齐总纂:《道光广东通志》卷93,参见海南省民族学会编,王献军主编《黎族藏书·方志部·卷一》,海南出版社,2009,第181—182页。

4　原中国科学院民族研究所广东少数民族社会历史调查组、原中国科学院广东民族研究所编:《黎族古代历史资料》下册,海南出版社,2015,第587页。

5　原中国科学院民族研究所广东少数民族社会历史调查组、原中国科学院广东民族研究所编:《黎族古代历史资料》下册,海南出版社,2015,第600页。

6　原中国科学院民族研究所广东少数民族社会历史调查组、原中国科学院广东民族研究所编:《黎族古代历史资料》下册,海南出版社,2015,第658页。

7　《苏轼全集》,上海古籍出版社,2000,第521页。

尔邻偶。斩艾蓬藋，南东其亩。父兄揩梃，以抶游手"，以期"春无遗勤，秋有厚冀"。[1]

二 诚信为王的处世哲学

早在《隋书》中就记载了黎人"诚信"这一特点："其俚人则质直尚信，诸蛮则勇敢自立，皆重贿轻死，惟富为雄。巢居崖处，尽力农事。刻木以为符契，言誓则至死不改。"[2] 明代黄佐的《嘉靖广东通志》转引《南裔异物志》谓："'俚在广州之南，俗呼俚为黎，义取山岭'，则生黎，自古居琼崖之中者是也。质性朴悍，善弓矢，据险好杀，然而慎许可，重契约。……其犹有太古淳庞之遗质乎？"[3] 可以看出，诚信是黎族同胞立身之本，是其第一价值观。同他们打交道让人放心，不必担心欺诈。其诚信的处世态度表现在：处理氏族内部与外部关系、待人接物、商品交换等方方面面。在处理内部关系时，黎民以"刻箭结藤为信，斩牛歃血为盟"[4]。"一弓有难，则传矢他弓，附者自刻一符号痕迹于其上，则又传他弓，订期并举，同赴为首之弓，宰牛剧饮。既食其杯酒片肉，即有必死之决心。其有不赴者，则于事后群起而攻之。"[5] 他们一旦作出承诺，必以死赴约，绝不后悔，反之则为群体所不容。"若寻常黎俗，藏置酒米干肉衣布之属，不于其家，必择一高坡之地，离家百步内外，以草树略加缭绕回护，辇置其中，名曰'殷'，虽村家丛杂，亦不相混。"[6]《诸

1　《苏轼全集》，上海古籍出版社，2000，第513—514页。
2　《隋书·地理志下》。
3　参见海南省民族学会编，王献军主编《黎族藏书·方志部·卷一》，海南出版社，2009，第65页。
4　原中国科学院民族研究所广东少数民族社会历史调查组、原中国科学院广东民族研究所编：《黎族古代历史资料》下册，海南出版社，2015，第588页。
5　（民国）许崇灏编著：《琼崖志略》，正中书局，1947。参见海南省民族学会编，王献军主编《黎族藏书·方志部·卷一》，海南出版社，2009，第696页；亦可参见（清）聂缉庆、张延《临高县志》卷15《黎岐类》。
6　原中国科学院民族研究所广东少数民族社会历史调查组、原中国科学院广东民族研究所编：《黎族古代历史资料》下册，海南出版社，2015，第580页。

蕃志》也说:"牛羊被野,不敢冒认。"[1] 体现出黎民彼此的高度信任,《万历广东通志》认为:"人重廉耻,虽死不乐为盗。"[2] 恐怕这里的核心不是重廉耻而是重信誉。

"婚姻折箭为定",黎女及笄"父母即村外造寮舍。外村黎童知之,夜抵寮吹箫,女即赴寮与之宿。既有身,结婚之,男复备牛酒、吉贝至女家,颁绣面之式。女既经绣,则见者乃不敢犯"[3]。又据《黎岐纪闻》:"黎女多外出野合,其父母亦不禁;至刺面为妇,则终身无二。尝问之黎人,其俗以既婚即不容有私,有则群黎立杀之,故无敢犯者。"[4] 如果说在信仰层面女子绣面文身是怕"祖宗不认",在现实层面则是表达有归属,不得乱"相适"。因此,据清代屈大均考证:"先受聘则绣手,临嫁先一夕乃绣面,其花样皆男家所与,以为记号,使之不得再嫁,古所谓雕题者此也。……而世以为黎女以绣面为绝色,又以多绣为贵,良家之女方绣,婢媵不得绣,皆非也。"[5] 因此,女子绣面也就有了信约的内涵,生为夫家人,死为夫家鬼,也就不难理解"兄死弟得妻其嫂"[6] 之俗了。

黎人把"信任"作为结识朋友的标准。宋范成大《桂海虞衡志》:"客来未相识,主人先于隙处窥之,客俨然矜庄,始遣奴布席于地,客即坐。又移时,主人乃出对坐,不交一谈。少焉置酒,先以恶臭秽味尝客,客食不疑则

---

[1] 原中国科学院民族研究所广东少数民族社会历史调查组、原中国科学院广东民族研究所编:《黎族古代历史资料》下册,海南出版社,2015,第576页。

[2] (明)郭棐纂修:《万历广东通志》,参见海南省民族学会编,王献军主编《黎族藏书·方志部·卷一》,海南出版社,2009,第92页,

[3] 佚名:《琼州志》,参见海南省民族学会编,王献军主编《黎族藏书·方志部·卷一》,海南出版社,2009,第687页。

[4] 原中国科学院民族研究所广东少数民族社会历史调查组、原中国科学院广东民族研究所编:《黎族古代历史资料》下册,海南出版社,2015,第631页。

[5] 原中国科学院民族研究所广东少数民族社会历史调查组、原中国科学院广东民族研究所编:《黎族古代历史资料》下册,海南出版社,2015,第585页。

[6] 原中国科学院民族研究所广东少数民族社会历史调查组、原中国科学院广东民族研究所编:《黎族古代历史资料》下册,海南出版社,2015,第597页。

喜。继设中酒，遂相亲。否则遣客，不复与交会。"[1] 因此，黎人喜欢心底敞亮，不喜猜忌，只同信任自己的人打交道。

黎人之本性，欠债还钱毫厘不爽，一旦负债，"虽百十年，子若孙，皆可执绳结而问之，负者子孙莫敢诿；力能偿，偿之，否则为之服役"[2]。甚至冒"出劫"之风险来履行债务，可见为维护个人的信用，黎人已到了无所不用其极的地步。

"与人贸易，不欺，亦不受人欺。相信则视如至亲，借贷不吝，或负约，见其村人，即擒为质，架以横木，负者来偿始释。"[3] "与省地商人博易，甚有信，而不受欺绐，商人有信，则相与如至亲，借贷有所不吝。岁望其一来，不来则数数念之。或负约不至，自一钱以上，虽数十年后，其同郡人擒之以为质，枷其项，关以横木，俟前负者来偿，乃释；负者或远或死，无辜被系，累岁月，至死乃已，复伺其同郡人来，亦枷系之；被系家人，往负债之家，痛诉责偿，或乡党率敛为偿，始解。"[4] 上述记载表明：黎族视诚信比生命更可贵，不仅自己特别讲信用，对讲信用的人也友爱相加，对不讲信用之人则痛恨不已，即便对方已付出了生命代价，仍未了结，直至践约为止。更有甚者，为讨债甚至不惜牺牲自己的生命。据三国时期万震所写《南州异物志》载："有负其家债不时还者，其子弟中愚者谓其兄曰：我为汝取钱，汝但当善殡葬我耳。"然后持野葛（毒草）到债家门下，"谓曰：汝负我钱，不肯还我，今当自杀。因食野葛而死债家门下，其家便称冤，宗族人众往债家曰：汝不还我钱而杀我子弟，今当击汝。债家惭惧，因以牛犊财物谢之数十倍，

---

[1] 参见海南省民族学会编，王献军主编《黎族藏书·方志部·卷一》，海南出版社，2009，第695页。
[2] 原中国科学院民族研究所广东少数民族社会历史调查组、原中国科学院广东民族研究所编：《黎族古代历史资料》下册，海南出版社，2015，第586—587页。
[3] 原中国科学院民族研究所广东少数民族社会历史调查组、原中国科学院广东民族研究所编：《黎族古代历史资料》下册，南海出版社，2015，第596页。
[4] 原中国科学院民族研究所广东少数民族社会历史调查组、原中国科学院广东民族研究所编：《黎族古代历史资料》下册，海南出版社，2015，第570页。

死家乃自收死者,罢去,不以为恨。"[1] 这虽然是极端的个案,但从其潜意识中我们读出了黎人对诚信的坚守,哪是一个"愚"字可以概括。儒家讲诚信,如《论语》中子贡问政,孔子曰:"足食,足兵,民信之矣。"子贡曰:"必不得已而去,于斯三者何先?"曰:"去兵。"子贡曰:"必不得已而去。于斯二者何先?"曰:"去食。自古皆有死,民无信不立。"[2] 孟子认为:"是故诚者,天之道也;思诚者,人之道也。"[3] "信"作为"仁"学的五端之一,在儒家看来是人安身立命之本。诚信对黎人既要"讲",更是"践行",是生活本身。

三 天下为公的大同思想

《礼记·礼运》说:"大道之行也,天下为公。选贤与能,讲信修睦,故人不独亲其亲,不独子其子,使老有所终,壮有所用,幼有所长,鳏寡孤独废疾者,皆有所养。男有分,女有归。货恶其弃于地也,不必藏于己;力恶其不出于身也,不必为己。是故谋闭而不兴,盗窃乱贼而不作,故外户而不闭,是谓大同。"[4] 其实《礼记》所描述的大同世界正是人类经历的原始社会,它的特征是:没有私有制,所以天下为公;人人平等,社会的管理与服务能选贤任能;没有私心,对所有人能一视同仁;人人各得其所,男女老少皆能安于本分施展各自的才能;同情弱者,弱势群体能得到整个社会的救济;从大同社会着眼,物尽其用,人尽其力;把人的心智用在正道上,不谋取不正当利益。这样夜不闭户、道不拾遗、安宁祥和的幸福社会即大同。这样的社会在中原大地早已"大道既隐",然而在"天涯海角"的海南岛却一直为

---

[1] 原中国科学院民族研究所广东少数民族社会历史调查组、原中国科学院广东民族研究所编:《黎族古代历史资料》下册,海南出版社,2015,第564页。
[2] 《论语·颜渊》。
[3] 《孟子·离娄上》。
[4] (清)阮元校刻:《十三经注疏》,中华书局,1980,第1414页。

黎人所坚守。民国时期的许崇灏在其编著的《琼崖志略》中讲道:"对于同村同弓同峒之人,出入相友,守望相助,一家有事,全部尽力以援。事成之后,不取报酬。食尽,则群赴他村食之;又尽,则又赴他村,皆无彼此之别。黎头之于黎众亦极平等,劳动、生活与众共之,众亦因其德望,愿听指挥。无专制之形迹,有共和之精神。"[1] 这与孟子讲的"死徙无出乡,乡田同井,出入相友,守望相助,疾病相扶持,则百姓亲睦"[2] 何其相似。当人类从原始社会进入私有、专制社会后,即使是西方现代国家权力共有、共享、共治的"共和精神"也因其离开了经济基础而与此相去甚远,只有马克思、恩格斯所主张的共产主义才是在更高意义上的回归。在研究黎族原始大同思想上不懂得这一点的还有清代的萧应植,他在《对黎自语》一书中说:"共耕分收,此种理想,黎人久已见诸实行,而朱初平等熟视无睹,不思研求其利弊,为百尺竿头再进一步之计,以致阅千余年,仍无进步,至可惜也。"[3] 萧应植显然不知此种理想岂能在封建王朝下为"再进一步之计"。

黎人的大同社会首先表现在其生产资料所有制——"合亩制"上。"合亩"一词在黎语中意为"大伙一起做工"。合亩的规模小则两三户,多则几十多户。其主要生产资料——耕地、山林、河流等的占有方式不尽相同:有公有、几户伙有,也有一户占有,其他工具类生产资料一般为每户分别占有。注意"占有"不等于私有,因不论是哪种占有方式,生产资料均归合亩的峒、弓、村统一使用,且不计报酬。这种生产资料所有制形式在宋代朱初平给皇帝的奏言中也曾提及:"自来黎峒田土,各峒通同占据,共耕分收。初无文记。"[4] 黎人这

---

[1] (民国)许崇灏编著:《琼崖志略》,正中书局,1947。参见海南省民族学会编,王献军主编《黎族藏书·方志部·卷一》,海南出版社,2009,第696页。

[2] 《孟子·滕文公上》。

[3] 原中国科学院民族研究所广东少数民族社会历史调查组、原中国科学院广东民族研究所编:《黎族古代历史资料》下册,海南出版社,2015,第538页。

[4] 原中国科学院民族研究所广东少数民族社会历史调查组、原中国科学院广东民族研究所编:《黎族古代历史资料》上册,海南出版社,2015,第256页。

种"共耕分收"的原始公社制,以"合亩"为最基本的生产单位。合亩内成员有互相帮助的传统,一家缺粮,各户相助;猎得野兽者,将兽肉平均分给各户;遇亩内成员建屋或办婚丧大事,合亩成员都来帮忙,不取报酬。正如宋代赵汝适《诸蕃志》所讲:"虽无富民,而俗尚俭约,故无悖独,凶年不见丐者。"[1] 可见,儒家大同理想在一定程度上就是对黎人生活的现实写照。清代宝州牧诗言:"士风犹是传邹鲁,民俗依然似越瓯。"[2] 由于黎人重信诺、讲义气、讲平等、讲大同,有太古之风的儒化潜质,因此当儒学来到海南便受到黎人的追捧,儒学也在海南大放光芒。明代王赞襄实录道:"姜唐佐以白袍昌运,肇破天荒;郑真辅以少年探花,而歆艳时辈;符确、陈孚等士连袂接佩,入榜联辉;吴泽之、王霄诸人文学首魁,德望廷荐。故秋鹗十二之咏,宿学老儒之称,海南大儒之羡,解元行省之英,传播四方,脍炙人口。"[3] 明代王佐《南溟奇甸歌》称:"南溟为甸方恰才,未及十纪,而人物增品之盛,邈与隆古相追陪,衣冠礼乐之美,邈与中州相追陪,诗书弦诵之兴,邈与邹鲁相追陪。"[4]

第六节 本章结语

对海南黎族而言,儒家文化的传播与发展,大致经历了孕于古、起于唐、兴于宋、盛于明清的四个阶段,发展趋势由前期单纯的"儒化海南",转变为"儒化海南"与"海南化儒"并行,三代至隋为孕育期,这一时期

---

[1] 原中国科学院民族研究所广东少数民族社会历史调查组、原中国科学院广东民族研究所编:《黎族古代历史资料》下册,海南出版社,2015,第574页。

[2] 原中国科学院民族研究所广东少数民族社会历史调查组、原中国科学院广东民族研究所编:《黎族古代历史资料》下册,海南出版社,2015,第676—677页。

[3] (明)王赞襄:《琼南人物风俗对》,参见海南省民族学会编,王献军主编《黎族藏书·方志部·卷一》,海南出版社,2009,第464页。

[4] (明)王佐:《南溟奇甸歌》,参见海南省民族学会编,王献军主编《黎族藏书·方志部·卷一》,海南出版社,2009,第333页。

逐渐将黎人生活的海南岛纳入中央政府治下，历朝历代进驻海南的官员、戍边的士卒、避难或经商的民众等中原人的到来，使土著黎人开始接触汉人与汉文化，加之儒学本身的"南向发展"，为日后在海南传播与发展打下了基础。唐代将海南作为罢免官员的流放场所，这些官员到来后开始兴办学校，这是系统传播儒家思想之肇始。宋朝特别注重对少数民族的儒学教育，随着海南第一所高等学校"琼州府儒学"的诞生，各州县纷纷建立的儒学达13所之多，特别是这些学校皆注重吸收黎族子弟入学，加之当时以贬官苏东坡为代表的一批有识之士也纷纷举办"载酒堂"一类的儒学交流与传授场所，海南竟出现了时人李光描述的"弦歌之声，洋洋盈耳"[1]，"学者彬彬，不殊闽浙"的局面。明代开国重视对少数民族的儒化教育，称海南岛为"南溟奇甸"，得益于明代中央政权的高度重视，儒学在海南的发展可谓盛况空前。经过唐宋数百年儒家文化洗礼的海南，到明朝出现了历史性的转折，造就了一批声名远播的本土巨儒，儒学也从单向输入（"儒化海南"）转变为双向互动发展（"儒化海南"与"海南化儒"），以丘濬《大学衍义补》（一百六十卷）为代表的鸿篇巨制，对儒学思想本身的创新与发展，做出了包括黎族民众在内的海南人特有的贡献，黎族传统的哲学思想文化，具有禀"太古风致"的儒化潜质和受儒学影响而得到提高转化的精神特质。

---

1 （清）明谊修，张岳崧等纂：《琼州府志》卷41，光绪补刊本。

第五章
儒学与土家族哲学

"儒家文化"与"土家族文化"作为两个文化概念，按照普通逻辑学，应是一种交叉关系。普通逻辑学上的交叉关系，在内涵上表现为部分重合或相同、部分不同或相异。文化发生学的研究即要在辨明二者关系性质的基础上探讨二者之间的生成关系，是同源异流还是异源同流？是单向影响还是交融互慧？本章根据对儒家文化与土家族文化关系的梳理，彰显二者的异源同流而又水乳交融的哲学文化互慧关系，即土家族文化中吸纳了儒家文化的系统性思想影响，而儒家文化同样也接受了土家族文化的深刻影响，是一种哲学文化上的相互交流的互慧（不只是"互惠"）关系。自然，来自经典的儒家文化与来自民间的和"儒"思相通的思想观念相比，在后期的影响越来越显著。在哲学上研究土家族哲学文化与儒家文化的关系，即应坚持这一文化哲学观。

第一节 原生初始：土家族神话史诗中的"儒心"文化

儒家文化曾长期成为中域封建王朝与不少边域少数民族政权的官方意识形态，它所诉求的以"三纲五常"为核心的哲学文化，不仅以其伦理道德特点为官方所接受，而且因其根源于民间而成为民众的日常准则为大众接受并获得普及。从本质上说，儒家文化即人们对正常社会生活的可持续性所作的文化选择,这一点在《论语》中即有明确的表现——选择性建构。在《论语·雍也》[1]中,"子谓子夏曰:'女为君子儒!无为小人儒!'"显然是区分了两种不同层次的"儒"。《论语》中多君子与小人对举,一方面说明了人作为一种主体的文化意义,另一方面也说明了人的文化选择性。在《论语·八佾》中,孔子说:"周监于二代,郁郁乎文哉!吾从周。"当子贡欲去告朔之饩羊时,孔子说:"赐也!尔爱其羊,我爱其礼。"在《论语·里仁》中,孔子说:"朝闻道,夕死可矣。""里仁为美。择不处仁,焉得知?""富与贵,是人之所欲也;不以其道得之,不处也。贫与贱,是人之所恶也;不以其道得之,不去也。君子去仁,恶乎成名?君子无终食之间违仁,造次必于是,颠沛必于是。"而在《论语·公冶长》中孔子则说:"巧言、令色、足恭,左丘明耻之,丘亦耻之。匿怨而友其人,左丘明耻之,丘亦耻之。"而孔子在《论语·泰伯》中对历史人物的评价,则更说明了其文化选择及对文化本身的界定:"巍巍乎,舜禹之有天下也,而不与焉!""大哉,尧之为君也!巍巍乎!唯天为大,唯尧则之。荡荡乎!民无能名焉。巍巍乎其有成功也!焕乎其有文章!""舜有臣五人而天下治。武王曰:'予有乱臣十人。'孔子曰:'才难,不其然乎?唐虞之际,于斯为盛。有妇人焉,九人而已。三分天下有其二,以服事殷。周之德,其可谓至德也,已矣。'""禹,吾无间然矣。菲饮食而致孝乎鬼神,恶衣服而致美乎黻冕,卑宫室而尽力乎沟洫。禹,吾无间然矣。"应该说,这些都是文化选择与文化建构的论述。还应当看到,儒家文化本身也是逐渐并在不断地被人们进行文化选择的,如《论语·里仁》有"君子怀德,小人怀土;君子怀刑,小人怀惠"之说,为什么把怀念乡土称为小人?这也算是民众对儒家文化的选择吧!因为怀念乡土现已成为一种普遍的文化情怀,大家并未认同孔子的此种说法。

---

1 本章所引《论语》一并据《中国古典文学荟萃·论语》本重新标点,北京燕山出版社,2009,个别错字有修改。

也正是基于这种对儒家文化的看法，我们强调：在大致相同的自然、社会环境下，人们可能形成大致相同的文化观念，同于道家的可谓为"道心"，同于儒家的可谓为"儒心"，同于佛教的可谓为"佛心"……据此，我们来看一下土家族文化发生过程中的所谓"儒心"，从而揭示人类发展过程中"人同此心，心同此理"的情形。在土家族这里，这种与儒家文化观念相通之心——"儒心"即有一条从神话、史诗而至传说延续至今的文化线索，其中传说中虽然不免有后世对中域儒家文化的吸纳，神话、史诗中也不免有后世的丰富增色，但就其基本精神而言，却是远在中域儒家文化传入之前即具备了的，并且也是一直以口承文化的形式存在于民众的日常生产生活中的。如果不是20世纪80年代以来的发掘整理，或许现在都还在民间，也或许早已消逝。在此，我们即以已整理出版的《梯玛歌》《摆手歌》及一些见诸出版物的神话、传说为中心加以阐明。

一 《梯玛歌》与"儒"相通的"儒心"

土家族的《梯玛歌》是以土家族神职人员"梯玛"为媒介，以法水、桂竹大卦及其他法具为沟通工具，以颂神跳神为信息沟通形式，以求取人们和平安乐、招财进宝、长寿康宁、家发人旺为沟通目的而和谐人神关系之人与神的对话录。在这个过程中，梯玛的讲述，既是人的需求的表达，又是神的意志的转述，但是从最终意义上说，都是人们自己意志的表达，因为梯玛本身是人而不是神，他向人们宣示的不过是用巫术的操作性、技术性表现的人们的希望、观念以及人们对未知世界的解释、理论。因此，"哲学研究者应该探索构成巫师活动的思维状况，从一团乱麻中拨出几条线索来，从具体运用中分析出抽象原理来"[1]。正是本着对《梯玛歌》性质的这种认定，我们在其中发现了其与"儒家"文化相通的文化观念，可以称之为"儒心"的文化精神。

第一，根据《梯玛歌》的湖南本，[2] 作为祭祀之歌，祭祀的对象涉及家族祖先、民族始祖和民族英雄、动物图腾、创世神、自然植物神、祖师、生殖神，等等，祭祀的目的则各有不同。[3] 敬爱自然神灵、祖先神灵等，在本质上与儒家的祭祀、祭礼文化是相同的。因为"儒家文化是自然祛魅之前的文化，它对于自然保留着神性或神意的看法，承认自然之'魅'。其所谓自然之神意或魅是自然的知其然而不知其所以然的神妙莫测的运行机制和力量。儒家文化通过祭祀表达对于自然的敬畏和报答，这叫做'报本反始'和'仁至义尽'。祭祀之礼的生态意义在于它把人从属于自然，从属于天道，使人和天地万物联系在一起，促使人们对于自然保持敬畏的情感。这是一种在宗教掩盖之下的生态循环观念，是天人合一的一种表现"[4]。

第二，土家族《梯玛歌》强调人们的能力，正同于儒家文化的"立己达人"诉求。在土家先民看来，没有能力，光有决心和信心是没什么作用的，它要人们"快跑顺直道，如牛奔，似鹿跳，好啊，飞龙一条"[5]；"猎人本领高，无肉不兴打"；"天地之间，你最勇敢"；"赞美你勇猛如初"；"你生在阳间是个能人啊，死去阴间是个能神啊"；"龙山捉龙，虎山捉虎，见头抽头，见脚抽筋"。有了能力，就有了实现自己目标的决心和信心的基础。有了决心和信心，也就有了目标；有了能力做基础，也就有了实现目标的可能。但是，要真实地实现目标，还必须有一往无前的追求。"不是歌场莫忙歇，不是坐场

---

1 〔英〕J. G. 弗雷泽:《金枝》, 徐育新、张泽石、汪培基译, 新世界出版社, 2006, 第56页。
2 彭荣德、王承尧整理译释:《梯玛歌》, 岳麓书社, 1989。
3 朱祥贵:《梯玛巫术文化探究》,《湖北民族学院学报》（社会科学版）1996年第4期。
4 乔清举:《论儒家的祭祀文化及其生态意义》,《现代哲学》2012年第4期。
5 彭荣德、王承尧整理译释:《梯玛歌》, 岳麓书社, 1989, 第29—30页。以下《梯玛歌》引文, 皆引自彭荣德、王承尧整理译释《梯玛歌》, 岳麓书社, 1989, 恕不一一标注了。

莫忙坐。人要一直走,马要一直跑。""人要往前行,马要往前奔。"正是由于有了这种一直向前的追求,才铸造了土家族人民的民族精神,以至于唐代哲人刘禹锡能领略土家人"沉舟侧畔千帆过,病树前头万木春"的哲学境界,能"今日听君歌一曲,暂凭杯酒长精神"。

第三,在《梯玛歌》中,特别强调了人们的团结和睦,同样具有儒家的和谐思想与中和境界。"你跟紧,他跟牢,我们相依靠。"正是这种"相依靠",使他们能战胜在前进道路上所遇到的各种困难。"盘子盘子盘对盘,……人和人来抱成团。"表明了团结应是人的社会本性。这样,从思维的角度,将人类生存的自然需要上升为特定的思维观念,从而赋予了团结和睦的思维合理性。更进一步,从《梯玛歌》中可以看到,团结和睦的实现是以社会公平为前提条件的。为此,《梯玛歌》特别强调了社会公平。穷人追求富裕,如"美酒像水一样流淌";"住的是高楼大厦,无比奢豪";"住高楼坐大轿"等,无非是为追求一种与已经实现富裕的人的平等。还特别强调平均分配,如"分账不均,雷打死人";"我一码钱财都交与你们啊,有钱共用哩,有马共骑哩;大的么,莫讲多,小的么,莫嫌少。有钱分钱哩,有帐平分哩"。应该说,《梯玛歌》中多次出现的这类呼唤平均的思想观念,是同他们对理想社会的构建分不开的,是实现社会和睦的前提条件。再进一步,《梯玛歌》强调要实现社会和平、满意平均分配,还应加强个体修养。例如:"说人是喜鹊,专把好事做。""事情没做成,莫靠嘴巴乖。""你宽宏大量啊,胸怀九州。""能穿朋友衣,不挨朋友妻;能吃朋友饭,不挨朋友伴啊。"所有这些,实质上都是强调做人的品德,吻合于儒学修身、齐家、治国、平天下的道理,反映了《梯玛歌》的社会构成思维模式。《梯玛歌》强调了社会的和谐性,在"和事堂"一节中反映最为明显,其中既体现了人与自然的和谐、与社会与自然界的和谐;又体现了人与人之间的和谐,是人们协作的场所;还体现了人与神的和谐。在那里,真正的是"和事和事合适了啊"。从哲学思维的高度说，这既有一种社会的理想构成模型，又有一种哲理之度的规范，即强调"合适"之度。

费尔巴哈曾说："人的绝对本质，上帝，其实就是他自己的本质。"[1] 人们的理想追求要靠人自身来实现。在这里，神又在人们的视野之外了。正是从这个角度来说，宗教神学之神，其中也包括《梯玛歌》之神，仅仅是作为一种人的心灵渴望，他的功用在于在人们失望时给人们带来希望；在人们难以自拔时激起勇气。也正是从这个意义上说，《梯玛歌》的神作为象征对象，具有严肃的象征意义和认识意义，他的目的不是麻醉自己而是激励自己，或许这也是历史上的许多农民战争得以在宗教神学的旗帜下发动的原因吧。事实上，当人们的勇气燃烧起来后，当人们的希望明确以后，神就被请到后台，成了仅供供奉的对象，剩下的只是人们自身的努力，这几乎是一切宗教的共性，《梯玛歌》自不例外。如"养马不用扁叶草，寻马不用深潭找，银白丝丝雨，黄金烂泥道。庄稼要靠心血浇啊，莫怕辛劳"。"好啊，做啊。做事要认认真真，说话要讲通讲明。""金子贵重的土家人啊，放心落肠把阳春搞。""我们放心落肠，做阳春啊，盘庄稼，我们家发业也发。"正是由于有了人自身的努力，我们才能"出榜安民，万众乐陶陶。打起土话啊，唱起快活调"。

二 《摆手歌》与"儒"相通的"儒心"

《摆手歌》的产生同样有一个历史过程，从制天制地、民族迁徙、英雄故事等内容看，总体上反映的是土家族先民由野蛮时代进入文明时代之漫长历史过程中的哲学文化创造，其中的哲学精神是其时代精神的核心。《摆手歌》的开篇有一段总纲性的话，经翻译内容为："正月的日子到了哇，土家村寨好

---

[1]〔德〕费尔巴哈：《基督教的本质》，荣震华译，商务印书馆，1997，第34页。

热闹……大家同跳摆手舞,大家同唱摆手歌,穿了新衣新花鞋,帕子新的戴起来,四面八方人涌来……吃肉先要喂好猪,吃饭定要种好禾,毕兹卡摆手祈丰收,迎来丰年好安乐。祖宗留下的话,后代要牢记;祖宗传下的规矩,后代不能忘。跳好摆手舞唱好摆手歌,神也高兴人欢畅。"[1] 由此可见,这里实际上涉及了五种哲学关系:力命关系——"吃肉先要喂好猪,吃饭定要种好禾";神人关系——"跳好摆手舞唱好摆手歌,神也高兴人欢畅";天人关系——"毕兹卡摆手祈丰收,迎来丰年好安乐";古今关系——"祖宗留下的话,后代要牢记;祖宗传下的规矩,后代不能忘";群己关系——"大家同跳摆手舞,大家同唱摆手歌,穿了新衣新花鞋,帕子新的戴起来,四面八方人涌来。"可以说,对这些关系的认知不仅是那一时代土家族先民的哲学意识,而且也是基于自身生产生活需要形成的与"儒"相通之思,即所谓"儒心"。

《摆手歌》中有:"吃肉先要喂好猪,吃饭定要种好禾,毕兹卡摆手祈丰收,迎来丰年好安乐。祖宗留下的话,后代要牢记;祖宗传下的规矩,后代不能忘。""大山小岭有发脉,大河小河有源头,毕兹卡怎么来的?追根溯源有来由。"在这里,重农取向与祖先崇拜十分明显,契合了儒家文化。"有晚夜已深,月光从窗进,夜鸟树上啼,娘在床上哼。鸟儿不叫了,娘还哼不停,几个儿子进房门,围在床前问娘亲:'娘吔、娘吔,你这样哼不住,儿子们也痛心。你想吃点什么?你想喝点什么?只要你开口,上天入地也找寻。'"孝为人之本,此即"儒家"文化,却也是土家语表述的古歌内涵。"两手相捏,两眼相见;乌龟做媒,巧结姻缘。天理人性,莫再推延。"显示出伦理责任与人类大局的冲突,不得已而做出的兼权熟计的文化选择。"背上墨龙坡,高坡上去甩。好个墨龙坡,插在白云里。山上雾茫茫,花开在雾里。山里雀

---

[1] 彭勃、彭继宽整理译释:《摆手歌》,岳麓书社,1989,第6页。下引《摆手歌》皆出自此书,不再注明。

鸟叫,清风习习吹。补所背人种,雍尼跟在后,拌上三斗三升沙,肉和沙,拌一起,连沙带肉甩出去,成了客家人(汉族)。和上三斗三升泥,肉和泥,合一起,连泥带肉甩出去,成了土家人。合上三斗三升树苗,肉和苗,合一起,连苗带肉甩出去,成了苗家人。客家哩、土家哩、苗家哩,都是娘身上的肉哩。甩哩,甩哩,甩到哪里,哪里有人。炊烟缭绕,歌声清脆。人类从此繁衍,人间充满生机。客家哩,象河里的鱼群;土家哩,象雨后的新笋;苗家哩,象树上的密叶。""公公、婆婆,男的、女的、大的、小的、老的、少的,站在船上,看到岸上,岸上是些什么人哩?嘴巴象水瓢,鼻孔象灶孔,脚杆柱头粗,眼睛象灯笼。满脸都是毛,叽叽卡卡笑。身上捆的芭蕉叶,头上戴的芭茅草;舞脚舞手,喊喊叫叫,怪模怪样的人过来了。社巴公公走上前,笑眯眯,开言道:'天长路远这里来,翻山过水这里来,今天宝山借路过,借条大路请让开。'公公言语实在好,他们叽叽咕咕笑,哩哩喇喇吹起来,叮叮咚咚响起来,缩脚缩手让开,闪出一条大路来。"虽然没有华夷之见与夷夏之防,却是十足的天下一家、天下大同。……《摆手歌》是"摆手"时用土家语唱的歌,是祭祀土王的礼仪歌,是土家族古歌。虽然杂入了后来的内容,但其主体部分却是远古流传下来的。从中不难发现其中与"儒家"文化相通的思想观念,这也就是我们所说的"儒心"。

三 神话传说与"儒"相通的"儒心"

民间神话传说故事是土家族口承文化的主要部分之一,其中隐含有土家族人民对生产生活之美的追求与寄托。通过口承文化的传播,使他们能从美丑对立中辨识出形象、正义、善等多种多样的自然美、社会美来;他们通过对"勇敢与奋斗""重义与重情""团结与互助""勤劳与节俭""诚实与正直"等的认肯塑造出美的理性形象;通过对"崇高的道德责任""强烈的爱国热忱""正义的牺牲精神""和谐的民众情感""不懈的奋斗精神"的赞美以表达美的升华愿望。这些思想均可看成是土家族人民的与"儒"相通之思。[1]

从土家族思想情感的寄托来看，与儒相通之思表现在以下方面：一是勇敢奋斗。历史上，土家族人民曾以勇敢著称于世，例如《华阳国志·巴志》记载："周武王伐纣，实得巴蜀之师，著乎《尚书》。巴师勇锐，歌舞以凌殷人，前徒倒戈，故世称之曰：'武王伐纣，前歌后舞'也。"巴人是土家族的重要族源，巴人的勇武当然在土家族人民中有所反映。在《酉水河的传说》中，黑巴勇敢地走向东海，智斗黄龙和孽龙，请得小白龙，为土家族人民造出了酉水河，正所谓勇敢向前，奋斗不息，死而后已。《澧水的来历》中，李水勇敢而机智地驯服洪水，使老百姓过上了美好的日子。《跳社粑粑的传说》《挑秧水》等，反映了土家族人民展劲做好阳春，不分昼夜，打起火把挖山造田，直到大年三十还要挑秧水，以便不误农时的奋斗精神。《杀年猪的习俗》反映了土家族人民团结起来智斗土司王的斗争精神。《晒龙袍》中的覃土王英勇异常，壮烈殉难，不怕牺牲的精神；《金挖锄》中的利布不畏艰险，爬上连猴子也难爬上的大悬崖黑龙背，搏杀蜈蚣精、老恶蛇和恶老虎，取回金挖锄，救活老百姓等，都充分显示了土家族人民那种不畏艰险、勇敢抗争、为民为善的奋斗精神。

二是重义重情。土家族人民是十分重视民众情感的。男女恋情，则对爱情忠贞不渝；与朋友交，则耻恶背信弃义。所以，人们对土家族人民的这种情感特别赞扬，诸如"过客不裹粮，投宿寻饭无不应者"[2] 等即可证。关于这种美好的情感，我们可以土家族的民间故事集来说明。首先是反对背信弃

---

[1] 参见萧洪恩《土家族民间故事中的美学思想》，载《美学与艺术研究》，湖北人民出版社，2011，第454—456页。
[2] 清·同治《来凤县志》，来凤县志办公室1981年重印版（内部资料），第247页。

义。《师傅留一手》反映了人们对恩将仇报、忘恩负义的老虎的憎恨;《狗为什么不长角》中的羊子忘恩负义,同样被憎恨;《棕树》中的棕树被千刀万剐,也是因为其背信弃义所致。其次是重大义。如《太阳和月亮》中的兄妹俩,为了繁衍人类,重大义而做出了自我牺牲。[1]《罗神公公与罗神娘娘》中的罗子罗妹,重大义,兄妹成亲,繁衍人类。[2]《佘氏婆婆》中在天飞与芝兰兄妹成亲等都是重大义的行为,人们对此都是非常推崇的。《合欢树》中的彭阿春重大义被杀,赢得三个山寨的团结,正所谓舍生取义;《二酉藏书》中徐正等人为保存文化,冒杀头的危险,最终被杀,人们现在还传为佳话;《滚龙坝》中讲的母子情深;《望郎峰》中讲的夫妻情深;《茨果花和灯笼果》中讲对爱情的忠贞、对无情无义的舅父的抗议;《不见哥哥,只见斧头》中讲的对爱情的忠贞;《严家为什么六月六过年》中讲对彭家的无情无义的抗议;《瞎眼县官》中的县官忘恩负义、《鹦雀》中的鹦雀的无情无义、《螃蟹同岗狗赛跑》中的岗狗的无情无义等,都被人们耻骂。相反,《乌杨过江》《公婆树》[3] 中的夫妻情深等则又被高度赞扬。可以看出,美在土家族人民心目中,其重要的理性形式是重情重义。

三是团结互助。土家族人民是十分重视团结互助的。如薅草锣鼓中讲的"四五月耘草,数家共趋一家,多至三四十人。一家耘毕,复趋一家"[4]。就正是一种团结互助的薅草场面。至清代同治版《咸丰县志·艺文》所言"山中更见民风厚,瓦缶携来馈我尝"的待客情感,都可证明。《秦覃两姓是一家》中讲冉氏三兄弟遇难,覃家母女奋力相助,扶危济困,使冉氏三兄弟渡过难关;《迎凤庄》中讲"洞主是虎头,百姓是虎腰",只要讲团结,最后战

---

[1] 恩施市文化馆等编:《恩施市民族民间故事传说集》,内部资料,1988,第1、152、156、167页。
[2] 韩致中主编:《土家族民间故事集·女儿寨传说》,长江文艺出版社,1985,第1页。
[3] 归秀文编:《土家族民间故事选》,上海文艺出版社,1989,第80、121、113、116、133、141、154、285、354、359、213、229页。
[4] 清·同治《来凤县志》,来凤县志办公室1981年重印版(内部资料),第248页。

胜了敌方;《瞎眼县官》中讲的老石匠和老妈妈,本是两家人,为了养活孤儿,团结互助,使孤儿勤奋学习而中举;《冉广盘的故事》中说冉广盘"搭救胡顺"[1]等,都是团结互助的典型表现。

四是勤劳节俭。在《恩施市民族民间故事传说集》中有《猪的传说》,对猪为了懒惰而愿下凡表示了愤慨;在《蕨粉》中对农妇的浪费而不节俭表示了愤怒,使玉皇大帝叫蕨粉入地三尺[2];在《故事选》中有《慌张足背奇》的故事,说明嘎多懒而为人憎恨,格拉勤快而被人们赞扬。《毛故事的传说》中对好吃懒做者表示愤慨,并编成哑剧演出,以教育后代勤快;《打莲湘是怎么回事》中,赞扬莲湘勤劳、美丽;《吐喇叭的来历》中赞扬巴尔勤快善良;《五老庚种菜》中对五老庚懒惰表示憎恨等[3],表明人们对勤劳的爱,对懒惰的恨;对贪的恨,对俭的爱。

五是诚实正直。史志多言土家族人民"悍而直""戆朴"[4]。清代同治版《咸丰县志·艺文》所录诗曰,当时"型方训俗悉推诚","不薄今人见至情","邑小如卷俗尚清","俗较京华味更长"等。可以看出,土家族人民的诚实、正直是史志中多见的。从《恩施市民族民间故事传说集》可以看出,《盐的传说》中,巡检吏侯廷曾论施州人"淳朴忠厚",故能很好地得到治理。[5]《故事选》中有《跳社粑粑的传说》,其重要的内容和作用就是叫人正直,不去做坏事,不给土家人丢脸。《金瓜种》中的弟弟忠诚老实,哥哥心术不正,褒贬意明。此类传说,在土家族的民间故事传说中表现得十分明显。

从土家族思想情感的升华来看,与儒相通之思表现在以下方面:一是崇高的道德责任。从前面的论述中可以看到,美是为善为民,这就是一种道德

---

[1] 归秀文编:《土家族民间故事选》,上海文艺出版社,1989,第93、221、284、343页。
[2] 恩施市文化馆等编:《恩施市民族民间故事传说集》,内部资料,1988,第153、163页。
[3] 归秀文编:《土家族民间故事选》,上海文艺出版社,1989,第138、152、192、195页。
[4] 清·同治《来凤县志》,来凤县志办公室1981年重印版(内部资料),第246、245页。
[5] 恩施市文化馆等编:《恩施市民族民间故事传说集》,内部资料,1988,第188页。

责任。如《太阳和月亮》中，兄妹俩打破兄妹不能成婚的陈例，毅然成婚，肩负的是繁衍人类的责任，最后还要变成太阳与月亮照耀人间，这种崇高的道德责任感已达到了无私奉献的程度。《白虎神架桥》中，为了方便百姓，白虎神背着青龙，往来奔波；《赵巧造屋》《赵巧送灯台》中的赵巧，由于没有这种道德责任，没有人心向善的品质，最后死于东海。这种崇高的道德追求和道德责任感，如果被引入现代化建设的轨道，对于我们的现代化建设是会有所帮助的，特别是对于现今和谐社会的建设，将会起到积极作用。

二是强烈的爱国热忱。对祖国的强烈的爱是对美的一种强烈的追求。因此，在土家族的美学思想中，对美的爱是不可低估的。《巴蛮子》中的巴蛮子为了平息国内之乱，奔波万里至楚，借得楚兵平乱，后自刎谢楚，感动楚王，楚王以上卿之礼葬其头；《陈连升》中讲陈连升大战英军，为国殉难，至今仍广为传颂；《向燮堂》中的向燮堂反洋教，救生民，为国赴死。这种强烈的爱国热忱，甚至表现在草木动植之类上。陈连升的马倾心向北，至死不屈于英国侵略者；《土家族的桅杆》中，利川谋道的水杉树，作为"土家族的桅杆"，外国人想砍走，神杉却岿然不动，有一对男女被外国人打死后变成了一对凤凰去保护神杉。这是一种至诚的爱国情感，是一种对祖国和人民的神圣的爱。如果加以升华，当然可以用来培养土家族人民对祖国的强烈的爱国主义情感。

三是正义的牺牲精神。毛泽东曾说，人固有一死，但死的意义有所不同，或重于泰山，或轻于鸿毛。对死做了两个方面的评价。土家族人民对死的看法也是很值得体会的。有个《少二文》的传说故事，说一个爱钱如命的财主，掉到河里去了，当人们叫他出钱，别人好去救他时，他还同别人讲价，最后被淹死了，这当然是死不足惜的。但如果是为正义而死的，人们则会凭吊千古。《清江》里面的"捡儿"，《巴蛮子》中的"巴蛮子"，《陈连升》中的"陈连升"及其黄骝马，《向燮堂》中的"向燮堂"，《澧水的来历》中的"李水"，《酉水是怎样得来的》中的"黑蛮"，以及其他如"利布"等，都是为了正义的事业而英勇献身的。这样的牺牲，培养的是一种正义的牺牲精神。土家族历史上之所以英雄辈出，与那种长期形成的、根植于土家族民众意识中的牺牲精神是分不开的。

四是和谐的民众情感。一则土家族谚语说："天地和而万物生，两国相和不动兵，千斤黄酒和为贵，一堂和气值千金。"这种以"和为贵"为处理民众关系的原则是深深地根植于土家族民众意识中的。他们不仅劝友兄弟，劝睦宗族，而且和睦乡党。《秦覃二姓是一家》中的冉氏三兄弟与覃家和睦相处，《公平交易》中的公平与交易的和睦相处等，都可以看成是和谐的民众感情的典型。《地龙灯》中的"龙生凤养虎喂奶"或"龙生虎养凤遮阴"，都说明以蛇、虎、鹰为图腾的三种族群人民的友好相处基于一种和谐的民众情感。《佘氏婆婆》中讲的鹰公佘婆相处，实际上是讲以蛇和鹰为图腾崇拜的两支部落的和谐相处。凡此等等，都说明土家人崇尚的是和谐的民众情感。至于像《八河溪》中八伙计的团结合作之类的传说故事还有很多。这种和谐的民众情感，就是在今天的和谐社会建设中也是值得赞扬的。

五是不懈的奋斗精神。坚韧不拔的奋斗精神，在土家族人民心目中是不乏事例的，如在学习上，有一个考生考至老才考中，以至于学院大人就以此为题考他，即"下勾为考，上勾为老，考老童生，童生考到老"[1]。为了去学习，他们"路过十峰，劳爬涉者千般；水经三峡，越风波者万状"，经历过千辛万苦。《龙洞水是怎样得来的》中的大龙、二龙，远赴东海，千般劳累，万般辛苦，最后从东海穿地而回，为土家族人民带来了东海之水。至于其他如李水、黑蛮、利布等，都是历经千辛万苦，不懈地奋斗与追求，最后才取得了胜利。这种精神，事实上也是值得我们加以发扬光大的。应该说，上述都是与儒家相通的，其中应有不少内容综合了中原儒家文化的内容。

---

1 参见萧洪恩1988年湖北利川凉雾池谷村采集之《牟承武训及门徒格言》，讲述人吕先生。

第二节　世所公认：史籍对土家族"儒"意文化的认肯

在从先秦到汉晋的漫长历史发展中，作为族群的土家族开始形成并逐渐定型。从先秦到汉晋是土家族处于民族形成的过渡时期，这一时期，由于它没有更多的刊印文字流传下来，因而我们只能从得见的其他文献对土家族哲学的核心价值观的描述中来确认土家族文化与儒家文化的关系。从《华阳国志》《后汉书》等史籍对土家族先民的记载来看，这一时期的土家族先民还处于从部族到民族发展的过渡时期。这一时期，在大众层面，即使有了一些对儒家文化的了解，也十分有限，文翁化蜀、扬雄尚儒、尹珍以经术选用……这些都只在土家先民社会的上层有较广泛的影响。至于一般大众，更多的则是在生活实践中形成的实践体验之思。及至隋唐时期，"随着文化疆界的日益明确，土家族先民反而是在相对封闭的环境中坚守了自己的民族特点"[1]。因此，历史文献中对一般大众思想的阐明，应看成是土家族先民的原生思想。汉晋时期，《华阳国志》的论述可以说是一种世所公认的文献，其中对土家族哲学核心价值观的描述，无一不表现出与儒家文化相通的哲学认知，这就是我们所说的"儒"意，即表现为与"儒"相通之思想认识。如在群己关系上的"质直好义"，在天人关系上的"俗好鬼巫"，在古今关系上"我思古人"，在族群关系上的"务在救时"；还包括"抱才而隐，乘机见用"的哲学家蜀才，其哲学的核心价值观表现为以社会实践需要释易，重视实效、适用，并以分析卦爻象启示社会，凸显自己的政治情怀。

从先秦至汉晋时期是土家先民从方国"巴国"到羁縻制度的转变时期。据《史记·司马相如传》《汉书·萧望之传》等的记载，土家族地区实行的

---

[1] 萧洪恩：《先秦至汉晋时期土家族哲学的核心价值观研究》，《湖北民族学院学报》（哲学社会科学版）2007年第6期。

羁縻制度，包括两种衡定尺度：一种是与中央或中域政权关系的尺度，一种是土家族内部关系的尺度。对于前者，"有周之世，限以秦、巴，虽奉王职，不得与春秋盟会，君长莫同书轨"[1]。南朝宋范晔《后汉书·南蛮西南夷列传》即载秦统一后也仍"以巴氏为蛮夷君长，世尚秦女，其民爵比不更"，且"刻石为盟""夷人安之"[2]；此后，汉代高祖"复因之"[3]；三国"魏武以巴夷王杜濩、朴胡、袁约为三巴太守"[4]；直到土司制度时期，元人脱脱等的《宋史·蛮传》还载其治理方式仍是"恃文教而略武卫""以控驭之"的羁縻政策，"树其酋长，使自镇抚，始终蛮夷遇之，斯计之得也"。对于后者，多数论者都语焉不详，我们根据《华阳国志·李特雄期寿势志》等史籍提供的信息可以发现，这一时期土家族先民社会的权力产生过程具有"民主"性[5]，居民社会地位具有"平等"或模糊性[6]，结合《后汉书·南蛮西南夷列传》关于廪君的材料，可以证明当时土家族的两支主要先民——廪君蛮和板楯蛮都处于

---

1 （晋）常璩撰，刘琳校注：《华阳国志校注》，巴蜀书社，1984，第181页。
2 （晋）常璩撰，刘琳校注：《华阳国志校注》，巴蜀书社，1984，第35页。
3 （晋）常璩撰，刘琳校注：《华阳国志校注》，巴蜀书社，1984，第35页。
4 （晋）常璩撰，刘琳校注：《华阳国志校注》，巴蜀书社，1984，第120页。
5 关于权力的产生，《华阳国志》提供的信息是："雄遣信奉迎范贤，欲推戴之，贤不许，更劝雄自立。永兴元年（304）冬十月，杨褒、杨珪共劝雄称王，雄遂称成都王。"（《华阳国志校注》，巴蜀书社，1984，第663页）"雄妻任无子，养琀弟班为子，雄自有庶子十五人。……永昌元年（322）冬，立班为太子。"（《华阳国志校注》，巴蜀书社，1984，第671页）这两则史料告诉我们，权力的来源不是世袭，也不必然是宗族，而是"推"的，这表明这一时期权力产生制度还不定型，似与汉武帝前后的情况有相似之处。至于后来的族内争夺，更可作为这一时期权力产生制度不定型化的证明。这一状态在《后汉书·南蛮西南夷列传》中则表现为："巴郡南郡蛮……未有君长，俱事鬼神，乃共掷剑于石穴，约能中者，奉以为君。巴氏子务相乃独中之，众皆叹。又令各乘土船，约能浮者，当以为君。余姓悉沉，唯务相独浮。因共立之，是为廪君。"这肯定可以说明：权力产生方式处于军事民主制向世袭制过渡的阶段。
6 关于土家族先民内部的社会状况，《华阳国志》强调："雄乃虚己受人，宽和政役，远至迩安，年丰谷登。乃兴文教，立学官。其赋民，男丁一岁谷三斛，女丁一斛五斗，疾病半之。户调绢不过数丈，绵不过数两。事少役稀，民多富实，至乃闾门不闭，路无拾遗，狱无滞囚，刑不滥及。但为国威仪无则，官无秩禄，职署委积，班序无别，君子小人服章不殊；货贿公行，惩劝不明；行军无号令，用兵无部伍；其战，胜不相让，败不相救，攻城破邑，动以虏获为先，故纲纪莫称。"（《华阳国志校注》，巴蜀书社，1984，第668页）这里告诉了我们异常丰富的社会信息：政治、经济、军事、文教、社会等各方面都有反映，但在社会地位方面则显出一定的原始平等性来，即"纲纪莫称"。结合《后汉书·南蛮西南夷列传》的记载，似也刚摆脱"未有君长"的原始状态不久，这表明李氏集团应是处于军事民主制向宗法封建制过渡的社会集团，并有相应的社会史影呈现在人们面前。

一种由部族时代的军事民主制向宗法封建制过渡的时代。[1]

东晋史学家常璩所撰《华阳国志》是一部专记晋代以前西南地区少数民族历史生活的地方史通志,其中论述了土家先民巴人地域的生存背景、社会历史与历史人物等诸方面,反映了巴人强悍、勇武、质朴、尚义的固有民族精神和思想传统,并强调汉晋以后的土家先民巴人已达到了相当高的文明程度:"自时厥后,五教雍和,秀茂挺逸,英伟既多,而风谣旁作。故朝廷有忠贞尽节之臣,乡党有主文歌咏之音。"[2] 并且,我们从中看到,从先秦至汉晋时期土家族的哲学文化中,有的直接契合了"儒"家思想。

"质直好义。""质直""好义"是两个处理人际关系、族际关系、群己关系的准则,实质上是历史上土家人民哲学的核心价值取向。《华阳国志》说巴域"其民质直好义"[3],"本为义民"[4],在具体人物身上的表现有巴蔓子将军忠勇爱国的民族大义[5],"巴郡陈纪山为汉司隶校尉,严明正直。西虏献眩王庭,试之,分公卿以为嬉,纪山独不视"[6];"巴郡严王思为扬州刺史,惠爱在民。每当迁官,吏民塞路攀辕,诏遂留之。居官十八年卒,百姓若丧考妣"[7],等等,都足可说明巴人这种"质直好义"的品质。其他复有事人、事国的"从一而忠"者,如"巴郡谯君黄仕成、哀之世,为谏(议)大夫,数进忠言。后违避王莽,又不事公孙述。述怒,遣使赍药酒以惧之。君黄笑曰:'吾不省药乎?'其子瑛纳钱八百万得免。国人作诗曰:'肃肃清节士,执德实固贞。违恶以授命,没世遗令声。'"[8] 这里突出的是"国人"对谯君黄的

---

[1] 萧洪恩:《先秦至汉晋时期土家族哲学的核心价值观研究》,《湖北民族学院学报》(哲学社会科学版) 2007 年第 6 期。
[2] (晋)常璩撰,刘琳校注:《华阳国志校注》,巴蜀书社,1984,第 39 页。
[3] (晋)常璩撰,刘琳校注:《华阳国志校注》,巴蜀书社,1984,第 28 页。
[4] (晋)常璩撰,刘琳校注:《华阳国志校注》,巴蜀书社,1984,第 52 页。
[5] (晋)常璩撰,刘琳校注:《华阳国志校注》,巴蜀书社,1984,第 32 页。
[6] (晋)常璩撰,刘琳校注:《华阳国志校注》,巴蜀书社,1984,第 40 页。
[7] (晋)常璩撰,刘琳校注:《华阳国志校注》,巴蜀书社,1984,第 40 页。
[8] (晋)常璩撰,刘琳校注:《华阳国志校注》,巴蜀书社,1984,第 39—40 页。

肯定，可见"质直好义"已不只是个人品格问题，而是整个民族的核心价值观问题。这一精神，我们从反对王莽篡汉的田强那里也得到了证实：王莽篡汉以后，曾遣五威将军王奇等人"驰传天下，班行符命"。"外及匈奴、西域、徼外蛮夷"，"皆即授新室印绶，因收故汉印绶"。然而，"五威至五溪蛮，授莽所铸铜印。蛮酋田强有子十人，雄勇过人，皆曰：'吾辈汉臣，誓不事莽。'遂于沅东筑三城，居三子，屯五万人，以拒莽，烽火相应。长子居上城，次子居中城，三子居下城"。[1] 对此，当地方志如清代同治版《沅陵县志》卷三十八《人物志》也有记载：田强者，"五溪酋长，威信素著。王莽欲招徕之，赐以铜印，义不肯受。曰：'吾汉臣，誓不二姓。'"《酉阳杂俎》卷一也记载："武溪夷田强，遣长子鲁居上城，次子玉居中城，小子仓居下城。三垒相次（一曰望），以拒王莽。"由此不难看出，土家族的"质直好义"为世所公认。

"俗好鬼巫。"土家族地区的"俗好鬼巫"观念，同样是世所公认的。《后汉书·南蛮西南夷列传》讲巴人"俱事鬼神"。《华阳国志》讲巴人"俗好鬼巫"[2]，并列举"鱼复县……又有泽水神，天旱鸣鼓于旁即雨也"[3]；"賨民，种党劲勇，俗好鬼巫"[4]；甚至指明这种"俗好鬼巫"之风所铸造的巴人的军魂——"号为神兵"[5]。"俗好鬼巫"还与"乐道"相联系，如"汉末，张鲁居汉中，以鬼道教百姓，賨人敬信"[6]，"巴、汉夷民多便之，其供道限出五斗米，故世谓之'米道'"[7]。故《华阳国志》录有巴人"乐道之诗"："日月明明，亦惟其（名）[夕]。谁能长生，不朽难获。"[8] 事实上，土家先

---

[1]《资治通鉴·汉纪·汉纪二十九》。
[2]（晋）常璩撰，刘琳校注：《华阳国志校注》，巴蜀书社，1984，第661页。
[3]（晋）常璩撰，刘琳校注：《华阳国志校注》，巴蜀书社，1984，第77页。
[4]（晋）常璩撰，刘琳校注：《华阳国志校注》，巴蜀书社，1984，第661页。
[5]（晋）常璩撰，刘琳校注：《华阳国志校注》，巴蜀书社，1984，第52页。
[6]（晋）常璩撰，刘琳校注：《华阳国志校注》，巴蜀书社，1984，第661页。
[7]（晋）常璩撰，刘琳校注：《华阳国志校注》，巴蜀书社，1984，第114页。
[8]（晋）常璩撰，刘琳校注：《华阳国志校注》，巴蜀书社，1984，第28页。

民的"乐道"情形也多有史籍记载:《夔城图经》言"巴氏祭其祖,击鼓为祭,白虎之后也";又云"夷事道,蛮事鬼,初丧鼙鼓以为道哀,其歌必号,其众必跳,此乃盘瓠白虎之勇也"。《湖北通志》引《晏公类要》也载:"荆楚之风,夷夏相半,有巴人焉,有白虎人焉,有蛮蜒人焉。"《归州旧志》引《大明一统志》云:"巴人好踏蹄,歌白虎,伐鼓以祭祀,叫啸以兴哀。故人好巴歌,名叫踏啼。"《北史》卷六十六也记载:"巴俗事道,尤重老子之术。"凡此等等,不一而足。由于巫舞不分,故土家先民巴人又"锐气喜舞"。《华阳国志》强调巴人"锐气喜舞"并举二例明之:一则是:"周武王伐纣,实得巴、蜀之师,著乎《尚书》。巴师勇锐,歌舞以凌殷人,前徒倒戈,故世称之曰'武王伐纣,前歌后舞'也。"[1] 一则是刘邦因巴人"锐气喜舞。帝善之,曰:'此武王伐纣之歌也。'乃令乐人习学之。今所谓'巴渝舞'也"[2]。于此,《太平御览》有记载,《通典》卷一百四十五也有记载。[3] 问题的核心还在于,由巴人"锐气喜舞"而至"天性劲勇":"阆中有渝水,賨民多居水左右。天性劲勇,初为汉前锋,陷阵。"[4] "其人勇敢能战。昔羌数入汉中,郡县破坏,不绝若线。后得板楯,来虏(弥)[殄]尽。"[5] "郡与楚接,人多劲勇。"[6] "种党劲勇。"[7] 正是这种核心精神,使常璩大赞之曰:"若蔓子之忠烈,范目之果毅,风淳俗厚,世挺名将,斯乃江、汉之含灵,山岳之精爽乎?观其俗,足以知其敦壹矣。"[8] 这种"天性劲勇"的坚韧、顽强的民族精神,不仅发展了"土植五谷,牲具六畜"[9]的农耕文明,

---

1 (晋)常璩撰,刘琳校注:《华阳国志校注》,巴蜀书社,1984,第21页。
2 (晋)常璩撰,刘琳校注:《华阳国志校注》,巴蜀书社,1984,第37页。
3 (唐)杜佑《通典》卷一百四十五记曰:巴渝舞"舞曲有矛渝、安台、弩渝、行辞,本歌曲有四篇,其辞既古,莫能晓其句度"。
4 (晋)常璩撰,刘琳校注:《华阳国志校注》,巴蜀书社,1984,第37页。
5 (晋)常璩撰,刘琳校注:《华阳国志校注》,巴蜀书社,1984,第52页。
6 (晋)常璩撰,刘琳校注:《华阳国志校注》,巴蜀书社,1984,第83页。
7 (晋)常璩撰,刘琳校注:《华阳国志校注》,巴蜀书社,1984,第661页。
8 (晋)常璩撰,刘琳校注:《华阳国志校注》,巴蜀书社,1984,第101页。
9 (晋)常璩撰,刘琳校注:《华阳国志校注》,巴蜀书社,1984,第25页。

而且契合着具有农耕文明品性的儒家文化精神。

"我思古人。"农耕文明的经验取向,使重视经验、重视传统有了必然性,也必定会形成"我思古人"的历史观,从而使土家先民文化与儒家文化有高度的相通性。"我思古人"的"好古",在本质上是一种对本民族思想文化传统的持守。故诗曰:"惟德实宝,富贵何常。我思古人,令问令望。"[1] 这一思想特别地表现为对先辈的孝、养及追思上。"故其诗曰:'川崖惟平,其稼多黍。旨酒嘉谷,可以养父。野惟阜丘,彼稷多有。嘉谷旨酒,可以养母。'其祭祀之诗曰:'惟月孟春,獭祭彼崖。永言孝思,享祀孔嘉。彼黍既洁,彼牺惟泽。蒸命良辰,祖考来格。'"[2] 从历史上看,土家族文化的主源是巴文化,《山海经》等史籍的记载及考古学上的"早期巴文化"的基本特征是劲勇尚武、锐气喜舞、崇虎敬虎、信鬼事道、行船棺葬、构木为居、制盐善酿等。[3]《华阳国志》则强调说:"土风敦厚,有先民之流。……而其失在于重迟鲁钝,俗素朴,无造次辨丽之气。"[4] 这说明土家先民坚持的是自己的文化传统,如"涪陵郡……土地山险水滩。人多戆勇,多獽、蜑之民。县邑阿党,斗讼必死。无蚕桑,少文学。……其人性质直,虽徙他所,风俗不变,故迄今在蜀、汉、关中、涪陵;有为军在南方者犹存"[5]。根据《华阳国志·巴志》的记载,唐尧、鲧、禹时代的巴人已"盖时雍之化东被西渐矣"[6],其间"禹娶于涂山,……生子启,呱呱啼,不及视,三过其门而不入室,务在救时——今江州涂山是也"[7],于是巴为支持大禹治水而作为"执玉帛者万国"之一进行物质支持[8];"武王既克殷,以其宗姬封于巴,爵之以

---

[1] (晋)常璩撰,刘琳校注:《华阳国志校注》,巴蜀书社,1984,第28页。
[2] (晋)常璩撰,刘琳校注:《华阳国志校注》,巴蜀书社,1984,第28页。
[3] 段超:《土家族文化史》,民族出版社,2000,第16—29页。
[4] (晋)常璩撰,刘琳校注:《华阳国志校注》,巴蜀书社,1984,第28页。
[5] (晋)常璩撰,刘琳校注:《华阳国志校注》,巴蜀书社,1984,第83—84页。
[6] (晋)常璩撰,刘琳校注:《华阳国志校注》,巴蜀书社,1984,第15页。
[7] (晋)常璩撰,刘琳校注:《华阳国志校注》,巴蜀书社,1984,第20—21页。
[8] (晋)常璩撰,刘琳校注:《华阳国志校注》,巴蜀书社,1984,第21页。

子，——古者远国虽大，爵不过子，故吴、楚及巴皆曰子"[1]。正是在这一时期，"巴师勇锐""歌舞以凌殷人"而至殷人"前徒倒戈"[2]，说明了土家族先民自身的精神传统在与周文化的互较中得以彰显。正像儒家文化有华夷史观一样，土家先民的"我思古人"则形成了自己的族群认同：巴蔓子将军的故事、《华阳国志》论述的秦与巴人"刻石为盟"汉"复因之"[3]，"巴、楚数相攻伐，故置扞关、阳关及沔关"[4] 等均可说明这一点。具体例子如"阆中人范目有恩信方略，知帝（汉高帝）必定天下，说帝，为募发賨民，要与共定秦。秦地既定，封目为长安建章乡侯。帝将讨关东，賨民皆思归。帝嘉其功而难伤其意，遂听还巴。谓目曰：'富贵不归故乡，如衣绣夜行耳。'徙封阆中慈、［凫］乡侯（应即因范目居住在阆中慈凫乡）。目固辞，……（目）复除民罗、朴、昝、鄂、度、夕、龚七姓不供租赋。"[5] "江州以东，滨江山险，其人半楚，姿态敦重；垫江以西，土地平敞，精敏轻疾。上下殊俗，情性不同"[6] 等，其中反映的思乡、思利，都是民族自我意识的表现。

"务在救时。"土家先民巴人的"务在救时"，也契合着儒家文化的实用理性。从《华阳国志》的记载看，巴人的"务在救时"可以通过开放纳新来体现：一方面是各族群之间开放融通："其属有濮、賨、苴、共、奴、獽、夷蜑之蛮"[7]，而蜀王杜宇"教民务农"以至"巴亦化其教而力务农，迄今巴、蜀民农时先祀杜主君"[8]，从而使古代乌蛮的文化融进了巴人文化中，如乌蛮的贱白虎与土家族的赶白虎、乌蛮的语言与土家族语言等都有亲缘关系；越、

---

1 （晋）常璩撰，刘琳校注：《华阳国志校注》，巴蜀书社，1984，第21页。
2 （晋）常璩撰，刘琳校注：《华阳国志校注》，巴蜀书社，1984，第21页。
3 （晋）常璩撰，刘琳校注：《华阳国志校注》，巴蜀书社，1984，第35页。
4 （晋）常璩撰，刘琳校注：《华阳国志校注》，巴蜀书社，1984，第58页。
5 （晋）常璩撰，刘琳校注：《华阳国志校注》，巴蜀书社，1984，第37页。
6 （晋）常璩撰，刘琳校注：《华阳国志校注》，巴蜀书社，1984，第49页。
7 （晋）常璩撰，刘琳校注：《华阳国志校注》，巴蜀书社，1984，第28页。
8 （晋）常璩撰，刘琳校注：《华阳国志校注》，巴蜀书社，1984，第182页。

濮文化也融进了巴人文化中，并从婚俗、丧葬、椎髻、居住等方面影响了后来的土家族文化；楚文化也从信仰、图腾、节庆等方面影响了后来的土家人。[1] 另一方面则是对异域文化的纳新，如数见于史的巴文化与夏商周文化的关系，如汉代司马迁在《史记·商君列传》中记载，秦代"发教封内，而巴人致贡。施德诸侯，而八戎来服"。到汉晋之际，巴文化发生了从"巴有将"向有"文学"转变。[2]《华阳国志·巴志》记此前巴人"少文学""人多戆勇""有将才""少文学，有将帅材"[3]。此后则有了"文学"："故曰'巴有将，蜀有相'也。及晋，谯侯修文于前，陈君焕炳于后，并迁双固，倬群颖世，甄在传记，缙绅之徒不胜次载焉。"[4] "其德操仁义、文学政干若洛下闳、任文公、冯鸿卿、庞宣孟、玄文和、赵温柔、龚叔侯、杨文义等，播名立事，言行表世者，不胜次载也。"[5] 孝安帝时已有"名儒陈髦"[6] 传世。在《李特雄期寿势志》中还特别讲賨人李雄"乃虚己受人，宽和政役，远至迩安，年丰谷登。乃兴文教，立学官"[7]；李班则"好学爱士。每观书传，谓其师友天水文夔、陇西董融等曰：'吾见……魏太子丕、吴太子孙登，文章鉴识，超然卓绝，未尝不有惭色，何古人之难及乎！'"[8]《华阳国志》的这些记载还可以得到其他史料的印证，如汉"文景之治"以后，汉武帝诏令全国推行蜀郡守文翁设立官学的措施，各地方官吏，或稍有建树；东汉光武帝建武年间，宋均为辰阳（今湖南辰溪县）长，见"其俗少学者而信巫鬼"，即"为立学校"[9]；又汉

---

[1] 段超：《土家族文化史》第一章，民族出版社，2000。
[2] （晋）常璩撰，刘琳校注：《华阳国志校注》，巴蜀书社，1984，第83页。
[3] （晋）常璩撰，刘琳校注：《华阳国志校注》，巴蜀书社，1984，第83页。
[4] （晋）常璩撰，刘琳校注：《华阳国志校注》，巴蜀书社，1984，第90页。
[5] （晋）常璩撰，刘琳校注：《华阳国志校注》，巴蜀书社，1984，第44页。
[6] （晋）常璩撰，刘琳校注：《华阳国志校注》，巴蜀书社，1984，第44页。
[7] （晋）常璩撰，刘琳校注：《华阳国志校注》，巴蜀书社，1984，第668页。
[8] （晋）常璩撰，刘琳校注：《华阳国志校注》，巴蜀书社，1984，第677页。
[9] 《后汉书·钟离宋寒列传附宋均传》："宋均字叔庠，南阳安众人也。父伯，建武初为五官中郎将。均以父任为郎，时年十五，好经书，每休沐日，辄受业博士，通《诗》《礼》，善论难。至二十余，调补辰阳长。其俗少学者而信巫鬼，均为立学校，禁绝淫祀，人皆安之。"

人刘珍等的《东观汉记》卷十六记载：和帝永兴年间，应奉为武陵太守，"兴学校，举侧陋"，也同样说明这一问题。所以，徐中舒在叙说巴人始祖廪君五姓中的樊姓时强调："樊敏之先，必出了巴郡蛮之樊氏"[1]，且"《后汉书·冉駹夷传》说：冉駹夷[2]'王侯颇知文书'，像樊敏这样的王侯，不但颇知文书，而是深知文书的"[3]。土家先民的这种思想，被作为"可比汉人"的依据，宋人乐史在《太平寰宇记》江南西道十八中记载："永和初，武陵太守上书以蛮夷率服，可比汉人，增其租赋。议者皆以为可。尚书令虞诩独奏曰：自古圣王不臣异俗，非德不能及，威不能加，知其兽心贪婪，难率以礼，是故羁縻而抚绥之。附则受而不逆，叛则弃而不追。先帝旧典，贡赋多少，所由来久矣。"现代史学家翦伯赞在《中国史纲要》中即说，汉末时，"巴人与汉人关系很密切，两者在经济生活上的差异大概已消失。"[4] 向达（土家族）、潘光旦也认为："从东汉到南北朝在此地带以外的，基本上都与汉人无别，只有四省边区的巴人后裔，则迟到隋唐以来，由于中原政权与文化不断深入，才陆续失去他们原有的民族特征与民族意识。"[5]

"抱才而隐，乘机见用"的蜀才《易》学。蜀才是汉晋时期的一位信奉道教的著名易学家，根据《李蜀书》（一名《汉之书》）、《华阳国志》等记载，其姓范，名长生，又名延久、重九、支、贤，字元寿，涪陵丹兴（今重庆黔江区）人，自称蜀才，曾隐居青城山，官至李雄成汉政权的丞相。据记载，晋惠帝永兴元年（304），李雄称王于成都，国号大成，拜范长生为丞

1　徐中舒：《论巴蜀文化》，四川人民出版社，1982，第102页。
2　《后汉书》卷86："冉駹夷者，武帝所开。""其王侯颇知文书，而法严重。"
3　徐中舒：《论巴蜀文化》，四川人民出版社，1982，第106页。
4　翦伯赞：《中国史纲要》第二册，人民出版社，1965，第31—32页。其中说："东汉时今鄂西、川东的廪君蛮与板楯蛮，到西晋时已逐渐融合，称为巴人或賨人。汉末一部分巴人北上，归附汉中的张鲁；以后宕渠的巴人也北入汉中。曹操把巴人迁到略阳，与氐人杂居，所以他们又被称为巴氐。巴人与汉人关系很密切，两者在经济生活上的差异大致已消失了。"
5　转引自彭继宽《湖南土家族社会历史调查资料精选》，岳麓书社，2002，第255页。

相，尊称范贤，"尊为［四时八节］天地太师，封西山侯"[1]。李雄曾欲拥戴蜀才为君主，自甘居臣位。北魏崔鸿《十六国春秋》载蜀才"推步大元，五行大会甲子，祚钟于李"。《晋书·周抚传》记载："贤为李雄国师，以左道惑百姓，人多事之。"据传蜀才已得长生久视之术，宋代祝穆《方舆胜览》曾记"先主（刘备）征之不起，就封为逍遥公"，"刘禅易其宅为长生观"。《列仙传》说蜀才"年百余岁，蜀人奉为仙，称曰长生"。《资治通鉴》卷九十更云："长生博学多艺能，年近百岁，蜀人奉之如神。"蜀才《易》学的文献资料主要体现在《周易蜀才注》中。《唐书·艺文志》、陆德明《经典释文·序录》均谓其书有十卷，惜已佚。张澍从《经典释文》和李鼎祚《周易集解》中辑出一卷载入《蜀典》，清马国翰《玉函山房辑佚书》依《蜀典》加以补充，从中可见其易学哲学之一斑。关于蜀才《易》学的特征，孙堂《汉魏二十一家易注》谓："蜀才善天文，有术数，其所注《易》，大抵主荀爽乾坤升降之义。"张惠言《易义别录序》云："自商瞿受《易》，三百年而至田何。田何之传，四百年而仅得虞翻。虞翻之后，三百年而亡。其略可见者，姚信而已耳，翟子元、蜀才而已耳。""蜀才之易，大约用郑（玄）虞（翻）之义为多，卦变全取虞氏。"[2] 清马国翰则评论说："观诸书所载，知其人盖功名之士，抱才而隐，乘机见用，遂相伪朝。观其以蜀才自命，宜不甘岩穴以终老也。其说《易》明上下升降，盖本荀氏学。"[3] 可见，蜀才《易》学哲学是在玄学甚嚣尘上之时继承汉代象数《易》学，以《易》经世，并有所发展，特别是以社会实践需要释《易》，重视实效、适用；以分析卦爻象启示社会，凸显自己的政治情怀等。所以，唐明邦先生曾强调说：蜀才《易》学同汉代象数《易》学有所不同，他不因象数而湮没易理；反之，力

---

[1] （晋）常璩撰，刘琳校注：《华阳国志校注》，巴蜀书社，1984，第663页。
[2] （清）张惠言：《茗柯文编》，上海古籍出版社，1984，第45、47页。
[3] （清）马国翰：《玉函山房辑佚书·周易蜀才注》，广陵书社，2005。

图通过卦爻象分析，阐明《易传》之人文思想；甚至不假卦象，独就《周易》辞语直接阐述自己的独到心得，而且尽可能使义理结合现实，对经世致用有所启迪。这一解《易》思路，反映了晋代象数《易》学的特点，既不同于玄学脱离现实的空谈，亦不同于汉代象数《易》学淡化义理的学风。[1]

第三节 异源同流：土家族对儒家文化的现实选择

从整个羁縻制度到土司制度时期，土家族的思想文化差不多都走着相对独立的发展道路，其间不断发生着土家人的汉化与汉人的土家化过程，实现了传统的土家文化与儒家文化的异源同流。在这个过程中，最明显的文化转型发生在15—17世纪。在这一时期，土家族上层人士开始在遵循自己文化传统的基础上，以自觉的形态选择儒家文化，促成了土家族的哲学文化转型，其根本点是树立了儒学的核心价值观，并在这一过程中凸显了自己的民族自信与国家认同。[2]

15—17世纪是土家族地区土司制度盛行期，土家族上层形成了明确的"中域"[3]时空观以揭明中央政权与土家族地区政权的文化关系。其明显标志是对发生在本区域的一些重要事件进行历史文化表达，特别是当时贵州、四川、湖广等不同区域的土家族土司在处理内乱事件时，基本上一致地以"中域"儒家文化教育作为防止类似事件的根本方法，并呈现出地域差异："一是自主请求，中央王朝认可型；二是自主决定型；三是中央王朝决定，土司推广型；四是由中央王朝进行改土归流，从而推广儒家文化价值。这四种类型分别体现在酉阳冉氏土司、容美田氏土司、湘西彭氏土司、贵州田氏土司

---

[1] 唐明邦、汪学群：《易学与长江文化》第三章，湖北教育出版社，2004。
[2] 萧洪恩：《入世与超越：15—17世纪土家族的文化选择与哲学转型》，《湖北民族学院学报》（哲学社会科学版）2008年第6期。
[3] 张兴文等校注：《卯峒土司志校注》，民族出版社，2001，第2页。

等土司中,不同的类型体现了不同的文化选择形式。"[1] 在贵州,据《明史·贵州土司》记载,原"令军士于诸洞分屯立栅,与蛮人杂耕,使不复疑",但在明永乐八年(1410)田宗鼎袭司主之位后,先后与其副使黄禧、思州宣慰田琛结怨或构兵:"琛、宗鼎分治思州、思南,皆为民害。琛不道,已正其辜。宗鼎灭伦,罪不可宥。其思州、思南三十九长官地,可更郡县,设贵州布政使司总辖之。"永乐十二年(1414)遂"改土归流",流官在原土司地区强化儒学教育。至明正统(1436—1449)年间已改变"土司循袭旧俗"的情况,强令"悉依朝廷礼法,违者罪之"。

在酉阳,据《明史·四川土司传》记载,洪武二十七年(1394)发生的平茶洞署长官杨再胜谋杀兄长正贤及洞长杨通保等谋反事件,而同年"酉阳宣抚冉兴邦以袭职来朝,命改隶渝州"。据《冉氏家谱·世家传》记载:"兴邦,于永乐三年(1405),以不次边功,请立学校,教授一员,并颁学印一颗,以教子弟,同汉州府科举并岁贡,登仕朝廷。"[2] 冉氏奏请立学校并以儒学为重点得到中央王朝的同意,故《明史·四川土司传》记载:"(永乐)五年(1407),兴邦遣部长龚俊等贡方物,并谢立儒学恩。"《明太宗实录》卷七十八又记载:"永乐六年(1408)夏四月,甲辰,设四川重庆府卫酉阳宣抚司儒学。"《明太宗实录》卷九十三记载,设立儒学的第二年冉兴邦又再次申谢:"永乐七年(1409)六月,四川酉阳宣抚同宣抚冉兴邦遣头目龚俊等贡方物,谢立儒学恩。"15世纪酉阳的请立还影响了土家族土司地区,如邻近的石柱土司,道光《补辑石柱厅志·土司志》记载:"(马)宗大承袭,值我朝偃武修文之时,乃建学校,延师儒,教子姓及民间俊秀,文风日起。子光裕、犹子光裁、孙孔昭皆善书能诗,兼工图章琴棋,秉家训也。"《明熹宗

---

1 萧洪恩:《入世与超越:15—17世纪土家族的文化选择与哲学转型》,《湖北民族学院学报》(哲学社会科学版)2008年第6期。
2 四川黔江地区民族事务委员会编:《川东南少数民族史料辑》,四川民族出版社,1996,第271页。

实录》卷八十七则说:"天启七年(1627)八月,湖广五寨蛮夷长官司伍里洞民田应升等奏:……因于天启三年,具状告赴通政司,蒙准送礼部看详,行令抚按,会议妥确,窃见酉阳、马喇俱皆土司,建学事例相同,况不费公帑,不扰民间、官吏,师生无容另议。惟乞速颁印信,庶文教兴,而夷风美矣。章下礼部。"又如明万历三十六年(1608)袭职的卯洞安抚司司主向同廷,即多次强调"余素有志缘例请设"学校、"缘酉阳之例,请设学额",等等。

在容美,据严守升《容美宣抚使田世爵世家》记载,弘治十八年(1505)发生了家庭内弑父并屠诸弟的内乱,田世爵是宣抚使田秀的第七子且尚在襁褓,其乳母覃氏以己子代死而负世爵出奔桑植,得以独存。正德二年(1507),田世爵得以袭职,并于正德九年(1514)回司任事。[1] "……公痛惩乱贼之祸,始于大义不明,故以诗书严课诸男,有不嗜学者,叱犬同系同食,以激辱之。以故诸子皆淹贯练达,并为成材。……卒能世德重光,赫然称中兴。""论曰:当龙溪公之初,一发千钧之际也,乃能大征前事,以诗书为义方。"[2] 此后,儒家文化在容美绵延不绝。田舜年《紫芝亭诗集》小叙中称祖上对后辈"咸聘名儒以教之",其次子田旻如甚至还就读于京师国子监,并在《五峰安抚司列传》中肯定"八峰诸子彬彬儒雅",严守升在《田氏一家言》又叙中则谓"盖自子寿名家,嘉隆太初列传儒行",姚淳焘在《宣慰土司田九峰二十一史纂序》中更肯定其具有"通儒之所用心",土家族诗人田太斗在《读九峰公〈田氏一家言〉感赋》中则直接肯定"横绝英雄笔,风声绕不休。一家私典策,半部小春秋。宣慰邦之彦,将军儒者流。摩崖碑在否,洞口水悠悠"。

---

[1] 此事《明史·湖广土司传》中记为:"十一年(1516),容美宣抚田秀爱其幼子,将逐其兄白俚俾,而以幼子袭。白俚俾恨之,贼杀其父及其弟。事闻,下镇巡官验治,磔死。土官唐胜富、张世英等为白俚俾奏辨,罪亦当坐。诏以蛮僚异类,难尽绳以法,免其并坐,戒饬之。"所记归因不同。

[2] 鹤峰县委统战部等编:《容美土司史料汇编》,内部资料,1983,第87—88页。

在湘西，据《明史·湖广土司》记载："弘治初，彭胜祖以年老，世英无官，恐仕珑夺其地，援例求世袭，奏行核实，仕珑辄沮之，以是仇恨益甚，两家所辖土人亦各分党仇杀。永顺宣慰使彭世麒取胜祖女，复左右之，以是互相攻击，奏诉无宁岁。弘治十年，巡抚沈晖奏言，令世英入粟嗣父职，将以平之，而仕珑奏讦不止。是时，敕调世英从征贵州，而兵部移文有'两江口长官司'字，仕珑疑世英得设官署，将不听约束，复奏言之，弘治十六年（1503）六月，巡抚阎仲宇、巡按王约等请以前后章奏下兵部、都察院，议：'……以后土官应袭子弟，悉令入学，渐染风化，以格顽冥。如不入学者，不准承袭。……'"由此可见，湘西彭氏土司的内争，促动了中域中央政权对土司地区政治统治方式的再思考，这就是立儒学，并推广于其他诸土司。

上述诸司的文化选择，总的价值原则即宗于儒的责任。如清代撰修的《冉氏家谱》卷首《家规》中对此点表现得特别明显，除通篇阐明的儒家价值观以外，还贬斥"僧道"，言："若夫舍正业不务，而为僧道、为优伶、为隶卒，与为贼窝盗者，告于族长祠首，谱削其名，鸣鼓而攻之，可也。"卯洞《向氏族谱·皇清敕授卯峒军民宣抚使舜公传赞》记载向舜"生子四：长正乐，乾隆十九年承袭；次正梁，二十五年入孝感县学；三正荣，学未成，熟于岐黄；四正榮，习儒业。"卯洞《向氏谱序》谓"（向）正彬，业儒有年"，其向氏之《家规》则要求培养出"雍雍有儒者之气，循循有学士之风"的儒家人才，故其族众中"儒学庠生"一类人才辈出。石柱《马氏族谱·马宗大传》则记载："雍正间，（马宗大）承袭宣慰司职，……乃建学校，延师儒，教子侄及民间俊秀。建文庙，兴学校，……每月鸠集课文，膳以膏火，奖以纸笔以示鼓励。由是，文教蒸蒸日起，原每科取一二名，多则六七名，廪增得补府学之半。辛酉科诸生冉天拱府学选拔，皆公之功也。"马斗慧于《石柱八景诗并序》中言："从来山水之奇特，必资文人之品题，而前贤遗踪亦不容湮没而不传，使者采风无以对，儒者之耻也。"说明其自认为儒生,且愿意承担儒生的责任。至于容美田氏土司身上,这种儒家责任感更是明显:田舜年在《紫芝亭诗集》小叙中说:"龙溪公(田世爵)自以幼遭家难失学,及生五世祖辈八人,咸聘名儒以教之。"教的结果是:追求"即看度越诸儒礼,谁并风流六代名","一事而不知,足为儒者耻","吾问空王觅觉处,儒生自把顶门开";其遇国仇家恨,则"山中儒生苦难时,放眼欲歌挥泪雨"。值得指出的是,这种儒家的宗旨教育也逐渐影响到民间,如彭秋潭《竹枝词》除肯定儒生的存在及态度,如"家礼亲丧儒士称,僧巫法不到书生。谁家开路添新鬼,一夜丧歌唱到明"外,还肯定了儒家文化的民间化,即"莫追都镇地方村,总是嚣嚣市井尘。若把人物较儒雅,近来似有读书人"。

之所以形成上述情形,与儒家文化的传入有不可分割的关系。据学界研究,土家族先民在秦统一中国以前已与中原地区多有交往。秦汉统一中国以后,土家族地区因被纳入统一的政治版图而加强了与汉族的文化交流,儒学的相继传入是其重要内容之一。从历史上看,土家族接受儒家文化的渠道大致有五种:一是国家官办学校。秦汉以后,为改变土家族地区"自相君长"的状况而设郡县、派官吏,并相应传入了儒化私学,如早在东汉光武建武年间,宋均即为改变土家族区域"俗少学者而信巫鬼"的社会现状而"为立学校";东汉和帝永兴年间,应奉在武陵"兴学校,举侧陋";明代洪武二十八年(1395)朱元璋下令"诸土司皆立县学";到明孝宗弘治十年(1497)已开始规定"土官应袭子弟悉令入学,渐染风化,不入学者,不准承袭"[1];《明史·湖广土司传》也载,弘治十六年(1503)朝廷下令"以后土官应袭子弟,悉令入学,渐染风化,以格顽冥。如不入学者,不准承袭"。凡此均说明学校教育有利于儒家文化的传入。

---

[1] 《土家族简史》编写组、《土家族简史》修订本编写组:《土家族简史》(修订本),民族出版社,2009,第122页。

二是民间交往通道。春秋战国时期,《文选·对楚王问》已说明土家族文化与汉族文化交流很不平凡:"客有歌于郢中者,其始曰下里巴人,国中属和者数千人","其为阳春白雪,国中属而和者数十人"。秦汉以后的军事关系、商务关系等,亦有利于儒家文化的传播,使许多地方"与诸华无别"[1],如唐代对"巴酉长子弟,量才授仕",出现了黔州刺史田世康、习染儒学造诣很高的田英被任命为溪州刺史并晋爵"上柱国"、谭伯亮好聚书并手抄儒学经典千余卷这样的人才。宋真宗天禧二年(1018)有富州刺史向通汉作《五溪地理图》献给朝廷;施州都亭里的詹邈于宋哲宗元祐三年(1088)考中进士第一。

三是外派留学和结交儒学名士。至迟在明代,派"留学生"即成了一种见诸史籍的接受儒家文化的新通道。如永顺土司彭明辅就学于辰州,彭元锦自幼就学于酉阳且"儒学有才名",施州土司子弟就学于荆州。同时,土家族人士也大量结交汉族地区的儒学名士,如容美土司的第一代诗人田九龄赠答诗所涉及的人物多达40余人。

四是土官自办学校。如卯洞安抚使向同廷在该司署地及新江等处设学校,就地召集土官子弟"延师课读";容美土司司主田世爵也曾定下"以诗书严课诸男"的决心;酉阳冉氏土司于明永乐五年(1407)入朝"谢立儒学恩",以至于顾炎武《天下郡国利病书·四川》称酉阳于"永乐中改隶重庆府,建立学校,俾渐华习,三年入觐,十年大造,略比诸县"。

五是兴办书院。书院的兴建,是土家族接受儒学文化的后起形式。万历十五年(1587)彭元锦在老司城司址建立"若云书院",此后在土家族地区兴起的书院有辰州崇正书院、让山书院、施州龙洞书院等等。儒化教育的发展使土家族地区产生了大批进士、举人、贡生等,其中不少被派往四川、浙江、广东等地担任知府、知州、知县、训谕、教授等官职;产生了一大批土家族文人

---

[1] 《隋书·地理志(中)》载:清江等地区"多杂蛮左,其与夏人杂居者,则与诸华不别,其僻处山谷者,则言语不通,嗜好居处全异,颇与巴渝同俗。"

著述,永顺土司彭世麒著《永顺宣慰司志》成为研究湖广土司制度的重要著作之一;容美土司田舜年诗词歌赋皆能旁及,特别是对中国历史上的人物事件"互有商榷",并且还形成了像容美田氏一门九代十六大诗人的辞赋世家。[1]

第四节　异源一统:　土家族儒家文化观念的民俗化

"改土归流"以后,儒家文化在土家族地区的传播进入一个新的阶段。其主要标志是:一是由土官专学而至于民亦应学。由于"改土归流"打破了土司时代不准土民读书习字、"违者罪至族"的禁令,普遍兴办学校,府设府学、县立县学,书院、学宫大兴,私办义学、义塾随立,如恩施凤山义学、宣恩城中义学、利川忠路义学等。从此而后,土家族地区"文治日兴,人知向学","寒俭之家亦以子弟诵读为重"[2]。清政府还在各府、县设立考点,开科取士,以"土三客一",多取"土童",少取"客童"为原则,鼓励"土童"入学,于是"土童"踊跃应试。乾隆年间,永顺县前往应试者"不下千余名","永顺虽新辟之地,而汉、土子弟读书应试无殊内地"。二是从知识传播而进入制度儒化。儒学教育之初起,以知识教育为主,教材如《三字经》《百家姓》《千家诗》《千字文》《幼学琼林》等都肩负这方面的功能。另外就是学儒家经典《诗》《书》《礼》《乐》为科考准备。儒化的结果如《宣恩县志》所载的"苗疆风气渐即销除,质美可适之材亦所多有"。并且,"改土归流"以后,制度推广成了重要内容。除安排"流官"统治,以使"新辟苗疆"的制度变革"可收实效"而外,就是儒化制度推广。乾隆版《鹤峰州志》曾载鹤峰第一任知州毛峻德发布义馆示令要求"尔等既为圣世

---

[1]　萧洪恩:《20世纪上半叶土家族对儒家文化的反思与重构》,《武汉科技大学学报》(社会科学版)2008年第3期;丁世忠:《土家族教育与儒家文化》,《重庆社会科学》2005年第6期。
[2]　《土家族简史》编写组、《土家族简史》修订本编写组:《土家族简史》(修订本),民族出版社,2009,第126页。

黎民,即当渐圣人至教;延引馆师,教之以纲常礼节,人伦五常"。仅《鹤峰州志》所记毛峻德文告可知有婚姻礼节事、丧事礼节事、禁肃内外、条约等方面的制度规定。同治版《来凤县志》也载,卯洞宣抚使向同廷鼓励习儒:"凡为父兄者,固当加意教督;而为子弟者,尤宜潜心肄业,则日变月化,孝弟礼让之心,油然而生,凡司内人等务须踊跃从事,无负本司之意。"其他如军政设置,更是进入了纯化的汉区设置。当然,有的地区制度推广更早,如《咸丰县志·建置》载,清顺治九年(1652)的学规即已完全儒化,如有"题准刊立卧碑,置于明伦堂之左,晓示生员。朝廷建立学校,选取生员,负其丁粮,厚以廪膳。设院学官以教之,各衙门官以礼相待,全要养成贤才,以供朝廷之用。诸主皆当上报国恩,下立人品,所有教条,开列于后"。以下还有具体条陈,如孝父母、当忠臣清官、利国爱民、居心忠厚正直、心善德全等。同治《咸丰县志》记其已"一切设备视彼上游州县,大略无殊"。三是新的传播工具不断出现。在土司时期,土家族地区已演出了《桃花扇》。《桃花扇》成于1699年,时隔4年,已在土家族地区上演,而且"女优皆十七八好女郎,声色俱佳,初学吴腔,略带楚调。男优皆秦腔,反可听"[1]。自此而后,不断有新的传播工具进入,包括西方传教士的"格义"化了的儒学,至于现代报刊产生以后,则更是如此。[2]

经过"改土归流"后百余年的努力,无论是从儒家文化视野还是从土家族自身的民族认知方面看,土家族传统的文化观念与儒家文化的有机结合,形成了民俗化的土家族儒家化了的民族风俗。于此不着眼于风俗文化的层面,而只就土家族的文人之自我认知与外来官员的看法加以说明。[3]

---

1 (清)顾彩:《容美纪游》,湖北人民出版社,1998,第306页。
2 萧洪恩:《20世纪上半叶土家族对儒家文化的反思与重构》,《武汉科技大学学报》(社会科学版)2008年第3期。
3 萧洪恩:《脱蛮入儒:19世纪土家族的文化认同与社会转型》,《中南民族大学学报》(人文社会科学版)2006年第5期。

首先看儒家文化视野下19世纪的土家族。"改土归流"以后，流官有针对性地进行了儒家文化的普及工作，包括在土家族地区确立儒家的制度文化，强制输入儒家的精神文化，明令禁止和强行终止部分土家族精神文化，大量输入儒家文化价值观，其中还实行了包括土家族教育优先发展在内的一系列政策，加上大量汉区人口的迁入及土家族地区经济、教育的发展，到鸦片战争前后，特别是到19世纪60年代以后，经过一百余年的文化认同努力，在儒家文化视野下，土家族作为一个民族已实现普及化的儒学消化过程，并得到了"流官"——儒家文化推广者的普遍认同。[1] 一方面，土家族已成为与"客民"相对应的"土民"，或者说成为与"客家"相对应的"土家"，在儒文化视野下，实现了"脱蛮"过程，取得了"民"的资格，故有学者比较了乾隆、道光、光绪三种版本的《凤凰厅志》的阐述后强调说："儒学已完成了自己关于少数民族的认识，摆脱了传统儒学把少数民族视为异族的思想。土家族与苗族在这些流官眼里都成了政府中平等的'民'。他们从此不再有等级差别。这可以说是儒学关于少数民族思想的一次革命性转换。"[2] 这个过程，在同治版《恩施县志》中称为"有分土无分民"，并据此专门对恩施不宜被视为"蛮疆"作了辩护："原属内地，因与诸夷接壤，人多目为蛮疆，故方域不可以不辨。""邑民有本户客户之分。本户皆前代土著，客户则乾隆设府后贸迁而来者。大抵本户之民多质直，客户之民尚圆通。"[3] 在同治版《宣恩县志》那里则将"民"称为"土民""客民"或"土著""流寓"，且因"服百蛮"工作，"负固者心渐回，狡强者迹胥敛，已不复昔年之犷悍矣"。而且"士讲礼乐而习诗书，其民知廉耻而守法度，家弦户诵，日进醇

---

1 萧洪恩：《脱蛮入儒：19世纪土家族的文化认同与社会转型》，《中南民族大学学报》（人文社会科学版）2006年第5期。

2 谭必友：《流官群体与19世纪民族地方志描述视角的变迁——以乾隆、道光、光绪本〈凤凰厅志〉比较研究为例》，《清史研究》2005年第4期。

3 清·同治《恩施县志》，恩施县志办公室1982年重印本（内部资料），第11、17、287页。

良"[1]。在清同治版《咸丰县志》那里则完全是"风俗醇良"之"民",且"人才朴茂,风醇俗美,蒸蒸日上",因而被直接称为"人民"者,且只作"两无猜忌"的"土著"与"客籍"之区分。[2]

另一方面则是流官肯定土家族地区儒家化的民风民德。[3]"改土归流"的流官在土家族地区禁止"男女相聚而歌"等所谓"恶俗"及"有不可名言之事",如清代乾隆版《永顺府志·檄示》卷十一记载,要求"严禁以正风化","一应陋俗俱宜禁绝"。又如清代乾隆版《鹤峰州志·义馆示》卷首记载:"凡巫师假降邪神,佯修善事,煽惑人民,为首者绞;为从者各杖一百,流三千里;早长知而不告者,各笞四十。"其他如:"土人,宜俱令剃头。"清代乾隆版《永顺府志·檄示》卷十一记载其"服色一项,更属鄙陋",应当"分别服制","服饰宜分男女";又载其传统的居住方式因"男女不分,挨肩擦背,以致伦理俱废,风化难堪",因而均要革除。经过百余年的实践,儒家文化已经民俗化为土家族民众的生产生活样式,如同治版《恩施县志》说该地之民"志昭忠则大纲以举,劝忠之道以明;志节孝则正气常存,教效之情以笃"[4],而人物中更是多有"乡贤、行宜、忠义、孝友、列女","人多质朴,俗颇敦庞,士习尤端其趋向,民力不惮其艰辛。缙绅之辈,名义相高"。"文治日新,人心向学。微独世家巨室,礼士宾贤,各有家塾;寒俭之家,亦以子弟诵读为重。"清同治版《建始县志》更指出:"故人俗古朴,不染纷奢淫巧之习,爱土物而重本业也。"这些成就完全是"改土归流"后"百余年涵濡圣人之德化,又一变至道焉"的结果。清同治版《宣恩县志》对于此地民风,也特别强调"迩来涵濡圣德,盖百十年于兹矣。纨者多驯,

---

1 清·同治《宣恩县志》,宣恩县志办公室1982年重印本(内部资料),第78、1—2页。
2 清·同治《咸丰县志》,咸丰县志办公室1983年重印本(内部资料),第9—10、258、286页。
3 萧洪恩:《脱蛮入儒:19世纪土家族的文化认同与社会转型》,《中南民族大学学报》(人文社会科学版)2006年第5期。
4 清·同治《恩施县志》,恩施县志办公室1982年重印本(内部资料),第11、17、287页。

骁者近厚,文学渐彰,节义渐著"。在清同治版《咸丰县志》中则明确指出"改土当流"则"忠孝节烈,礼义廉耻,亦无不由是以感激成风",甚至"改土归流,涵濡圣泽,百有余年,同文之化比于内地"。来凤则是"迨及我朝,改土归流,沐俗雅化,以骎骎乎风会日开,人文蔚起矣"。总之,经过这一百多年的努力,土家族地区也的确实现了儒家化:中原化的价值观、家庭结构、婚姻模式、饮食服饰、生产技术等,都在此地得以实践。[1]

从流官的角度看是如此,从土家族自身的角度看也是如此。一方面是儒家文化价值得到了确认。这是由于土家族与汉族长期杂居相处,儒家文化已全面渗入学校、书院等机构及至信仰等精神生活内部,如在建筑中,书院、文庙等的建立使儒家文化有了明确的载体,像"咸丰三年(1853)始颁祭祀音乐,设六佾之舞,并祭关云长子孙三代"[2]。"宗祠内供祖先牌位,春秋两季由族长主持合族男丁祭祀。"同时,开科取士诉求使儒学教育得到较大发展,形成了风涌的局面,像贵州思南县人冉中涵揭"求仁"二字于书院斋舍;长阳土家族诗人彭秋潭在1800年立春日表达"衮衮材贤气象新,吾皇原是为斯民"的欣喜之情。儒家文化价值观在民间口承文化中也得到了明显反映,如运用儒家的婚姻家庭伦理对土家族传统神话进行改造,使原始的兄妹成婚以"天意"的形式来减轻其伦理冲突;重义、行善、中和等思想倾向在民间传说故事中、在民间谚语中都得到了反映;在改造过的人类起源神话中还有"孝的伦理"与原有生活伦理冲突的实证。对土家族地区和土家族人民来说,19世纪可以被认为是儒家文化深刻熏染的世纪。[3]

1　萧洪恩:《脱蛮入儒:19世纪土家族的文化认同与社会转型》,《中南民族大学学报》(人文社会科学版)2006年第5期。
2　萧洪恩:《脱蛮入儒:19世纪土家族的文化认同与社会转型》,《中南民族大学学报》(人文社会科学版)2006年第5期。
3　萧洪恩:《脱蛮入儒:19世纪土家族的文化认同与社会转型》,《中南民族大学学报》(人文社会科学版)2006年第5期。

第五节　本章结语

儒家文化与土家族传统文化的融会，使土家人实现了从"蛮夷"变成"熟夷"、从"编头儿女"到"华夏衣冠"、从土家族自我中心到中华民族认同的巨大转变。然而，到了19世纪末20世纪初，一批土家族先进分子则以新的世界史观观察传统与现代、乡村与城市、土家文化与儒家文化、中国文化与西方文化，从而开启了省思儒家文化的新思潮，反映出在新的历史条件下，土家族思想文化观念的转变及其与儒家文化关系的新面貌。

五四时期，土家族精英知识分子如赵世炎、向警予等是五四运动的直接参与者、新文化运动的积极信奉者和倡导者，其中包括了他们对儒家文化新的思考。赵世炎是土家族知识分子中最初接触马克思主义并有一定信仰的先进分子。他1914年到北京后即开始接受新思想，1917年结识了李大钊后形成了自己的爱国主义和民主主义思想；1919年投入五四爱国运动时亮出了"我们为了救国，必须起来反对"的口号；1919年7月参加少年中国学会并组办了少年学会、出版《少年》半月刊以研究中国社会问题。在五四运动期间，赵世炎形成了反思儒学的两个基本价值取向：要解决中国问题就必须首先了解中国，要了解中国就必须首先明了中国历史和社会状况的思路，从而必须了解中国文化："求'解放'——对旧社会的解放，脱离种种恶习"[1]，如从儒家家庭伦理文化要求子弟兴家立业，步步高升，光宗耀祖，抱子添孙思想，"四班八房，典史差役无所不备，造册子、出训令，一层一级，森威谨严"的"衙门"制度等中解放出来等。[2] 同时，他仍认肯儒家自强不息的主

---

[1] 《赵世炎选集》，四川人民出版社，1984，第6页。
[2] 《赵世炎选集》，四川人民出版社，1984，第9—12页。

体精神，如积极提倡半工半读，强调"吾辈能入学读书，便是幸福"[1]。"人生不能仅知读书，读书以外，应当工作。"[2] "读书是劳心，工作是劳力"，"劳心劳力，应相间而行"[3]，并强调指出：民"生今之世，处此万恶社会，不奋斗，何以为人也。天下事托诸空言，不能见诸事实，是亦病也"[4]。正是由于这种以新的世界观所进行的思考，赵世炎对于五四运动也有所反思："'五四'的潮流太蹈空，不走实际。""我们过去的事，都有些蹈空，所以积极便会发现弱点。"[5] 其最后结论是："无论有怎样古老的历史与文化"，中国人都要考虑"现在被踏在'资本主义文明武装'的铁蹄之下"的现实[6]，从而把"遍于现世界的一切经济的、政治的、社会的与文化的现象"都纳入"列宁主义的基础"来重构。[7]

同样作为土家族先进分子的向警予，"'五四'运动，她在乡村号召广大的群众运动，终日演讲，宣传'爱国主义'，她的感情热烈得很，她为国家大事，常常号啕大哭，她相信所谓'教育救国'，她抱'独身主义'，要终身从事于教育来改造中国"[8]。向警予认为湖南新文化运动"久沁心脾，异日者又恶知夫湖南之果不为中国之普鲁士也"[9]。为此，她强调解决问题需要有"新思潮奔涌而前"，需要有"文化运动推助之赐"。其中"沟通中法之文化，即不啻沟通人类社会之文化，卓识伟抱"[10]，为此而要开办男女合校的中学班以求男女教育平等、要打破家庭社会的陈腐观念[11]，强调教育的目的是为国

---

1 《赵世炎选集》，四川人民出版社，1984，第2页。
2 《赵世炎选集》，四川人民出版社，1984，第37页。
3 《赵世炎选集》，四川人民出版社，1984，第3页。
4 《赵世炎选集》，四川人民出版社，1984，第3页。
5 《赵世炎选集》，四川人民出版社，1984，第59页。
6 《赵世炎选集》，四川人民出版社，1984，第367页。
7 《赵世炎选集》，四川人民出版社，1984，第397页。
8 《向警予文集》，湖南人民出版社，1985，第2—3页。
9 《向警予文集》，湖南人民出版社，1985，第242页。
10 《向警予文集》，湖南人民出版社，1985，第29、40页。
11 《向警予文集》，湖南人民出版社，1985，第10页。

家造就一班改造社会演进文化的人才,而不是造就官僚军阀议员的高等玲珑的玩物;不是为了保留数千年来妾妇之道的奴隶教育,而是为了比拟20世纪的新潮流。[1] 为此,她特别强调要有"积极的根本的彻底的文化运动"[2],要"注重根本的文化运动"[3]。在向警予的文献中,总是把旧礼教与近现代思潮与近代科学对立起来分析问题,在两种文化形态中显示出选择性;总是把封建文化与近现代国家责任和现代文明对立起来分析问题,凸显对两种文化形态的价值认定。但是,她却没有否定儒家文化强调的知行统一思想,重视主体能动性思想,努力自爱、眼光要远、胸襟要阔的自我修养思想、民本思想、爱国思想等。后来,向警予关注的重点好像是由原来的文化问题转到了"妇女问题,社会问题,国家问题",从而关注"科学的空气,世界的思潮,社会的问题,国家的存亡"。其实这也是对传统儒家文化的不适宜部分进行了清理,如儒家文化对于女子的界定,就是五四时期所批判的问题。

总而言之,儒学在土家族地区的导入,经历了一段成长以后,发生了与土家族文化的交争。但总的来说,由于历史观的转变,两种文化是在互赢中成长的。直到19世纪末、20世纪初,由于世界历史的形成而催生了新的历史观,土家族先进分子开始以全球性思维思考文化的不同形态问题,开启了他们探索20世纪前半期儒家文化的反思与重构的历程。

---

1 《向警予文集》,湖南人民出版社,1985,第197页。
2 《向警予文集》,湖南人民出版社,1985,第25页。
3 《向警予文集》,湖南人民出版社,1985,第28页。

第六章
儒学与瑶族哲学

瑶族可以说是一个以"槃瓠""盘古"为文化符号的我国南方少数民族。由于历史上不断地长时期地迁徙，瑶族更形成了吻合于这种民族特征的思想观念和精神结晶。瑶族既在族源关系上与伏羲、九黎（蚩尤）具有不解之缘，也在历史变迁中与中原、山岭等空间内容难舍难分，而在哲学文化方面却彰显着以神话传说、创世史诗、歌谣故事等为特色的"童年"性质，与儒学文化的关系当然也不能不主要局限于这样的领域。

第一节 瑶族创世史诗《密洛陀》受儒学文化影响觅踪

瑶族是一个富有想象力、理论思维丰富的民族，其创世史诗《密洛陀》所蕴含着的物我合一天人观，既是这种特质的标志性体现，也扑朔迷离地映射出受到儒学文化一定程度的影响。《密洛陀》[1]作为布努瑶一部古老而又宏伟的创世史诗，其产生年代由于瑶族有语言而无文字的民族特征，已难以考察确证，但从其内容看，其反映的史实明显带有母系社会的踪迹。它以古歌的形式流传在民间，"密洛陀"意即"老祖母"，以之来作史诗的题目，表示瑶族对其祖先的敬仰与怀念。它以奇特的想象和浪漫的手法生动地叙述瑶族

---

[1]《密洛陀》，中国民间文艺出版社，1988。

始祖母密洛陀和她的"大神"们开天辟地、创造万物的曲折过程，热情讴歌瑶族先民世代迁徙、战胜野兽，以求自身生存与发展的英雄气概和聪明才智，内容包罗万象，恢宏壮美，气势磅礴，思想深致，反映了人类远祖在顺应自然、改变自然、利用自然规律服务于自身生存的过程中，所展示出来的不屈不挠精神，字里行间渗透着布努瑶古代思想观念、社会风俗及其与大自然的关联。与《密洛陀》创世史诗同时流传的，还有《密洛陀古歌》[1]。《密洛陀古歌》为自由体诗，集布努瑶的历史、风俗、信仰、道德、伦理、民约于一体，熔布努瑶神话、歌谣、俚谚、寓言及传说故事于一炉，同样篇幅浩瀚、气势恢宏，堪称一部反映布努瑶历史发展的百科全书。马克思说："就某些艺术形式，例如史诗来说，甚至谁都承认：当艺术生产一旦作为艺术生产出现，它们就再不能以那种在世界史上划时代的、古典的形式创造出来；因此，在艺术本身的领域内，某些有重大意义的艺术形式只有在艺术发展的不发达阶段上才是可能的。"[2]《密洛陀》主要反映了人与天即人与自然的矛盾，表现了瑶族先民顺应自然、改变自然、向自然索取物质生活资料的要求和愿望，流露出母权统治和群婚制度的某些迹象。其中"物我合一"的哲学观念，既代表了古代瑶族社会的思想倾向和思维水平，也依稀透射出与中原儒学某种观念上的联系。

在《密洛陀》创世史诗中，密洛陀作为一个人格化的神，拥有无限的神力和威力，能够支配自然，比自然的一切都"大得多，强得多"。"东海深一千三百丈，淹不过她的一双脚板。罗力山高三千三百尺，高不到她的膝盖缘。九州平地三千里，放不满她那双大手掌。大江大河千里长，比不过她的头发截成三。"[3] 密洛陀如此高大的形象，源于瑶人对密洛陀的崇拜，瑶人崇拜密

---

[1] 张声震主编：《密洛陀古歌》，广西民族出版社，2002。
[2] 《马克思恩格斯全集》30卷，人民出版社，1995，第51页。
[3] 张声震主编：《密洛陀古歌》，广西民族出版社，2002，第285页。

洛陀则源于瑶族人民对未来生活的美好向往以及对战胜自然、改造自然的美好愿望。密洛陀不仅亲自开天辟地，创造万物，创造人类，还带领儿女们改造山河，铲除兽怪，不畏艰险，战胜重重困难，她给瑶人带来了憧憬与希望。在密洛陀的带领下，瑶族人以主人翁的精神和大无畏气概，战天斗地，努力建设自己的美好家园，谱写出一曲曲"天人合一"的壮丽凯歌。如诗中说："卡亨一路走，对山舞拳头，大山翻筋斗，卡亨扬起脚，土岭飞到天崖角。千万架大山被打翻了，千万座土岭被踢飞了。卡亨拿起扁担，搬山造平原。卡亨听了密的话，用脚趾做犁，把硬土翻起，用手指做耙，把土耙细细，造成陇陇田，造成块块地，留给后人种豆稷！"[1] 卡亨不是抽象的山神，而是人类力量的化身。在生产力十分落后的原始时代，人们虽没有能力与大自然相抗衡，但他们并不甘心匍匐于大自然的压力之下。他们以自己在长期的劳动、生活实践中积累起来的经验为根据，以幻想的形式，极力对那些难于把握的自然现象进行改造、驾驭。史诗所揭示的是，人类才是大自然的主人，在人类面前，大自然是那样的顺从，那样的渺小，人类能创造一切和改造一切，也一定能开创美好幸福的生活。当然，古代瑶族先民在开天辟地与天斗争的同时，没有忘记要与大自然保持一种融洽关系。《密洛陀古歌》说："移岭造田地，给人种庄稼；搬山围成峷，栽树又种花。种座尖山挂白云，开个山坳挽彩霞。"[2] 这种桃花源式的美妙蓝图，既表达了瑶族先民建设美好家园的意愿，又蕴含着人与自然的和谐与适应观念，体现出古代瑶族先民与大自然和谐相处的思想。"移岭造田地，给人种庄稼"是为生存；"搬山围成峷，栽树又种花"，更多是点缀自然，美化人之生存环境；"种座尖山挂白云，开个山坳挽彩霞"，则把这种人与自然和谐的美感及"天人合一"的精神世界提升到了更高层次。它以大自然为人类古老的家园，孕育人类，又养活、承载、

---

[1] 张声震主编：《密洛陀古歌》，广西民族出版社，2002，第298页。
[2] 张声震主编：《密洛陀古歌》，广西民族出版社，2002，第303页。

保全人类，人类更应该珍惜、爱护自然，美化自然。这是古代瑶族先民极其朴素的生态环境、生态文明观。就是古代瑶族先民这样的"既要金山银山，又要绿水青山"的"物我一体""天人合一"观念和朦胧意识，才保持了他们的永续生存与发展。

古代瑶族先民在解释自然界的成因之后，于社会实践中初步把自我与周围世界（自然环境）区别开来，渐渐产生了自我意识，看到了自我的力量以及在周围自然环境中的能动作用，逐渐认识到了解、认识自然的目的就在于通过自己的劳动顺应自然，掌握自然规律进而改造自然，使自然服务于人类。唯如此，才能从自然界获取人类所必需的物质生活资料而得到生存与发展。生活在崇山峻岭中的古代瑶族人，面对恶劣的自然环境，通过不屈不挠的斗争，形成了利用自然为自身谋福祉的思想观念。反映这种思想且广泛流传的、多种多样的瑶族神话故事，同样集中体现出"物我合一"的哲学观念。其一是战胜酷旱。广西南丹的《格怀射日月》、广西巴马的《太阳与月亮的故事》、广西田东的《勒光射太阳》等传说，就赞颂了瑶族先民在与大自然斗争中坚韧不拔、顽强战斗的高尚精神。《格怀射日月》叙述古代瑶族英雄青年格怀历尽艰难险阻，克服重重困难，终于射落了其余的太阳和月亮，顺应和改变了自然环境，使自然造福于人类。《太阳与月亮的故事》说，原来天上有十二个太阳和十二个月亮，那十二个太阳把海河烤干，把花草树木变成炭，飞禽走兽没水喝。于是乜姥密洛陀叫她的两个儿子昌郎也和昌郎仪把太阳射杀。两个儿子第一次用铁箭射杀未成功，第二次用毒箭（用芭蕉树汁、密精树、金竹、蛇毒、苎麻、狗血等配制而成）才把其他太阳和月亮射杀。为了大地的光明，最后分别留下一个太阳和月亮。射日神话是世界性的神话。其母题是多日并出，天下大旱，英雄射日，旱灾消弭，既反映了远古酷旱的历史记忆，也反映了由狩猎社会向农耕社会的过渡。射日神都是男性神。射日神话的产生，反映了由创世神向英雄神的过渡，由母系氏族社会向父系氏族社会的转变。我国的射日英雄，汉族有后羿，壮族有侯野、郎正、特康，南方各少数民族各有其英雄，毛南族有格，瑶族则有格怀、勒光等。这些射日神话充分反映和体现了人们不畏酷旱，敢于与酷旱进行斗争并战胜之，其中所包含的物我合一思想是显而易见的。

其二是战胜洪涝。远古时代，洪涝水灾经常发生，威胁着人类的生命安全。在瑶族民间传诵旷久的《伏羲兄弟》《姜发果》《张乐园》《巴孔与雷公》《张天师与雷公》《达兰和几来（雷公）》《淹天底》《洪水的故事》等神话传说，与西方圣经中的洪水记载，古希腊神话的大洪水传说，印度、巴比伦、美洲一百三十多个印第安民族中以大洪水为主题的神话相类似，高尔基说："神话乃是自然现象、与自然的斗争以及社会生活在广大的艺术概括中的反映。"[1] 瑶族先民战胜洪涝的神话，除反映人们对自然的认识和斗争外，还反映其他社会生活，说明在古代，瑶族先民对认识自然、适应自然、掌握自然规律进而改变自然的信心和决心，表现了他们正在随着社会的进步而逐步觉醒。

其三是战胜猛兽。远古时期，除旱涝等自然灾害之外，常常出没的凶禽猛兽，也威胁着人们的生命财产安全。因此，人类必须组织起来，充分利用自身的智慧与才干，与凶禽猛兽作坚强的斗争，力求战胜它们，顺服他们，才能生存。《赛本领》和《人和老虎打猎》等神话故事，就反映了瑶族古人战胜猛兽的"制天命而用之"的思想。《赛本领》说：老虎、黄猄、野猪、马熊，本是伤害人或是践踏农作物的野兽，与人有着利害的冲突，但它们却假仁假义和老汉（人的代表）"打老同"（交朋友）。老汉将计就计，在比本领高低时用大火驱赶老虎等野兽，战胜了它们，表现了人的勇敢、智慧和机敏，说明人是可以改变恶劣自然环境的。

---

[1] 〔苏〕高尔基：《苏联的文学》，曹葆华译，上海文艺出版社，1959，第2页。

瑶族先民通过战胜酷旱、洪涝、猛兽等神话故事，在反映对于自然的认知和顺应，并掌握自然规律进而改变自然的思想的同时，也表明瑶族先民"物我合一"的天人观念，与先秦中原儒学中荀子"制天命而用之"的思想吻合。荀子"天行有常，不为尧存，不为桀亡"，"制天命而用之"[1]的思想，瑶族先民在长期的生产实践中，在同自然界不断打交道的漫长过程中，也逐步认识到"天"就是自然，或者是自然的化身，其"战胜酷旱""战胜洪涝""战胜猛兽"的神话故事，所体现出来的即"制天命而用之"思想，不过瑶族先民是以神话传说形式曲折而朴素地表达了这样的思想，没有像荀子那样，诉诸明确的哲学命题和理论文字，一方面显示着瑶族先民这种思想观念的可贵，另一方面也传递了与中原儒学在古代的明显差距。但是，如果再行追溯，如前所述，由于布努瑶与历史上的"九黎""三苗""南蛮"的渊源关系，是这些部落的一部分，与炎黄两个部落联盟并立而三的"九黎"族，发源地在中原，即黄河中下游一带，《密洛陀古歌》中密洛陀创造世界和人类的地方，瑶族社会称为"罗力山"，据悉"罗力"是在今河南省洛阳一带，所以《密洛陀古歌》将天地万物及人类的源头名为"罗力"，显示出在观念上与中原即黄河中下游一带的联系和纠葛。这样来看，瑶族先民流传而成的《密洛陀》创世史诗，其中所反映出的"物我合一""天人一体"，驾驭又顺应自然等观念诉求，与中原儒学具有某种曲折联系的踪影，也就不难理解了。

第二节 瑶族"盘瓠开天"宇宙观与儒学的渊源关系

从秦汉经隋唐宋明以至清初到鸦片战争之前，瑶族古代哲学思想处于逐步形成并在不断得到援入性观念资源（如儒道观念）的情况下而获得发展的

---

[1]《荀子·天论》。

时期。这个时期，瑶族进入盘瓠蛮社会从而产生了"盘瓠开天"的神话传说，形成了体现本民族特色的宇宙论哲学思想文化。同时，瑶族社会这种"盘瓠开天"的神话传说，也紧密地显示着与中国传统哲学尤其是儒学深厚的渊源关系。

在中国传统文化中，"盘古开天地"的神话传说，流传甚广而且久远，如今越发变得关系复杂。各种文献记载，一般多是见诸如下典籍：（1）三国吴人徐整《三五历记》载："天地混沌如鸡子，盘古生其中。万八千岁，天地开辟，阳清为天，阴浊为地。盘古在其中，一日九变，神于天，圣于地。天日高一丈，地日厚一丈，盘古日长一丈。如此万八千岁，天数极高，地数极深，盘古极长。后乃有三皇。数起于一，立于三，成于五，盛于七，处于九，故天去地九万里。"[1]（2）又《五运历年记》云："元气蒙鸿，萌芽兹始，遂分天地，肇立乾坤，启阴感阳，分布元气，乃孕中和，是为人也。首生盘古，垂死化身，气成风云，声为雷霆，左眼为日，右眼为月，四肢五体为四极五岳，血液为江河，筋脉为地理，肌肉为田土，发髭为星辰，皮毛为草木，齿骨为金石，精髓为珠玉，汗流为雨泽，身之诸虫因风所感，化为黎甿。"[2]（3）南朝梁人任昉《述异记》说："盘古氏，天地万物之祖也。然则生物始于盘古。昔盘古氏之死也，头为四岳，目为日月，脂膏为江海，毛发为草木。秦汉间俗说，盘古氏头为东岳，腹为中岳，左臂为南岳，右臂为北岳，足为西岳。先儒说，泣为江河，气为风，声为雷，目瞳为电。古说，喜为晴，怒为阴。吴楚间说，盘古氏夫妻，阴阳之始也。今南海有盘古氏墓，亘三百余里。俗云后人追葬盘古之魂也。"[3]（4）另有唐宋明清历代儒道释诸文献典籍关于盘古之记载。

---

[1] 见（清）马骕《绎史》卷一。
[2] 见（清）马骕《绎史》卷一。
[3] 见（清）马骕《绎史》卷一。《述异记》中有记任昉死后之事，因而诸多学者以为此书托名而作，亦有学者认为任昉原作，后人有增补。此处盘古条文，有学者谓抄袭增改唐人撰《灌畦暇语》。是非后辨。

在当今中国哲学史的研究中，有关盘古的神话传说，不仅意见各异，甚至新论迭出。综合起来看，大致观点有四：第一，"盘古开天地"的创世神话晚出，最迟必产生于东汉或"不应早于东汉末年"。第二，"盘古"与"盘瓠"虽音近相通，但前者为"开天辟地"的创世之神，后者只是"高辛氏"之帝犬或南蛮之始祖，二者相差悬殊，绝不相蒙。第三，从盘古神话在汉魏以后"传之甚广"，被广泛吸收并加以多种演绎看，在我国西南少数民族中有把"盘瓠"祖先演变为"盘古"者，将其传唱为"开天辟地生乾坤，生得乾坤生万物，生得万物人最灵"的创世之神。[1] 第四，坚持认为盘古是中国神话中开天辟地首出创世之神，是远古最古老的祖先神，在汉代《六韬》"大明"篇，已记载"盘古之宗"是不可动摇的，"盘古之宗"不只是一个神名问题，而且关系到"天道清净、地德生成、人事安宁"等天地人和谐统一的问题，其思想是正宗的中国传统观念。[2]

就盘古创世神话所体现的宇宙论哲学观念，基于包括瑶族在内的我国西南少数民族哲学文化与儒学之关系的视角来看，从相关文献记载和民俗学、民族学、人类学等的理论与方法分析，我们认为，第一，我国苗、瑶、侗、黎等西南少数民族古有盘古传说，这一传说即南朝梁任昉《述异记》中的"吴楚间说"，当今学术界对此大多是肯认的。第二，盘古神话源于我国中原河南地区，也当作为一说，可从民俗学等的理论与方法加以考察。第三，瑶族的盘古神话源于其"盘瓠"传说，是在"一音之转"基础上对于"盘古"的升华性增益和创世地位的擢拔，当然，其因也可能是流传中回应和受到儒释道等关于盘古创世传说综合影响的结果。第四，瑶族的"盘瓠"神话又渊源于儒学道统中的伏羲和儒学及瑶族文献的记载。即从音韵学上"伏羲""盘瓠"音近相通，"盘瓠""盘古"又是一音之转。同时，瑶族"盘瓠"神

---

[1] 此三点见李存山《盘古传说不能作为中国哲学的萌芽》，《中国哲学史》2013 年第 4 期。
[2] 段宝林：《盘古新考论》，《北京日报》2013 年 1 月 14 日。

话从文献资源上看，《后汉书·南蛮西南夷列传》和瑶族《评皇券牒》(《过山榜》)的记载，是其印证。

《后汉书·南蛮西南夷列传》载："昔高辛氏有犬戎之寇，帝患其侵暴，而征伐不克。乃访募天下，有能得犬戎之将吴将军头者，购黄金千镒，邑万家，又妻以少女。时帝有畜狗，其毛五采，名曰槃瓠。下令之后，槃瓠遂衔人头造阙下，群臣怪而诊之，乃吴将军首也。帝大喜，而计槃瓠不可妻之以女，又无封爵之道，议欲有报而未知所宜。女闻之，以为帝皇下令，不可违信，因请行。帝不得已，乃以女配槃瓠。槃瓠得女，负而走入南山，止石室中。所处险绝，人迹不至。于是女解去衣裳，为仆鉴之结，着独力之衣。帝悲思之，遣使寻求，辄遇风雨震晦，使者不得进。经三年，生子一十二人，六男六女。槃瓠死后，因自相夫妻。织绩木皮，染以草实，好五色衣服。制裁皆有尾形。其母后归，以状白帝，于是使迎致诸子。衣裳斑兰，语言侏离，好入山壑，不乐平旷。帝顺其意，赐以名山广泽。其后滋蔓，号曰蛮夷。外痴内黠，安土重旧。以先父有功，母帝之女，田作贾贩，无关梁符传、租税之赋。有邑君长，皆赐印绶，冠用獭皮。名渠帅曰精夫，相呼为姎徒。今长沙武陵蛮是也。"武陵蛮或武夷蛮即是盘瓠之后裔，盘瓠为瑶族之始祖。瑶族《评皇券牒》(《过山榜》)所说"瑶人根骨系龙犬出身"与该记载一致或相同。

瑶族《评皇券牒》，俗称《过山榜》，为瑶族广泛流传的民间历史文献，又称《盘古皇圣牒》《南京平王敕下古榜文》《白策敕帖》《盘古圣皇榜文券牒》，在流传的多种版本中，以东汉初平年号为最早，继有隋、唐、宋、元、明、清及民国，这里摘其中部分内容：

> 夫受国王之禄，纳官女之姻，其福德感非常也。奈何终日嗜食山猎之味，终朝巡野，逐日奔山。自后不觉外出游猎数日，不复归家。大男小女寻遍山林，启口而无应声，寻觅而无踪影。后寻至溪流石岩之处，

见父身架落于梓木树杈之上，被羚羊角撞而死。男女哀声不绝。备丧游奏评皇。奏闻我主痛惜前勋，请恩敕旨存殁均沾。评皇准奏，传下敕旨，大限无存，儿女莫违孝道，含哀祭奠，衣木封棺，择山随葬，为送殡之大事也。又敕旨榜文条例，定列于后：

一敕赐龙犬盘瓠为始祖，子孙发达流传后代，准令施行。盘王日后终身去世，有鬼神之德，许令男女描绘成人貌之容，画出鬼神之像，张挂十二姓王瑶子孙之家，永受祭祀，永当敕赐之高盟。自今以后，许各三年一庆，五年一乐。养猪成财不卖，婚姻喜庆不宰，聚集一脉男女，生熟表散，摇动长鼓，吹唱笙歌，祭祀歌乐盛会，务使人欢鬼乐，物皂财兴。如有不遵，自招其罪，如不检点，阴魂作怪生非，不得轻恕。令具敕牒条律开具如后：

一准令十二姓王瑶子孙，初发会稽山旷野无计之处营生，正是刀耕火种黍、粟、麦、豆、麻，活命安生。日后居住久远，人众山穷，开支分派。许各出山另择去处。途中遇人不作揖，过渡不用钱，见官不下跪。如采择取所属乡山水源地，离田三尺三锹，水戽不上之地，俱是瑶人所管。其余以下田产，尽系民家所属，完纳国税。如有乡民横蛮霸阻，不容瑶人耕种者，仰呈倦牒，投所在地方州府县衙，所事安抚瑶人。为瑶人营生之计，劝谕百姓豪民，不得行横欺凌霸占。凭券牒许瑶安生营计。如违者，决不轻恕。

一准令王瑶子孙，如择山移林，搬动家眷，大男小女，行动成群。沿途路宿，不许关津隘口渡头盘诘阻挡和勒索钱。如有此等行为，许令王瑶子孙，任从棍锁扭绑至所属地方乡老甲约解赴司衙。以抢夺罪论，不得轻恕。

……[1]

---

[1] 引自李本高《瑶族〈评皇券牒〉研究》，岳麓书社，1995。

瑶族的盘瓠神话是讲述瑶族族源的,内容大意是:古时代有个皇帝叫评皇,养有一只宠爱的龙犬。海外高王入侵。评皇出告示许愿:谁能灭高王,金银任取用,公主任选娶。无人敢来应招,评皇心忧。一日,龙犬口衔告示上殿,评皇惊问龙犬为何阻拦招募贤能,龙犬摇尾三下;又问龙犬难道有本领报效国家,龙犬点头三下。评皇领悟龙犬的好意,大喜。龙犬在海中游了七天七夜后到了高王宫殿。高王见后疑问,为何不在评皇身边,龙犬摇尾三下;又问是否评皇的国家快完了,龙犬点头三下。高王大喜,愿收养龙犬,并设宴洗尘。当晚,高王醉后大睡。龙犬入室想咬死高王,因有卫兵很难得逞。第二天高王起身上厕所,龙犬紧跟其后,趁无人在旁就咬下高王的睾丸,高王昏倒在地,龙犬又咬断其颈子,并立即口衔高王的头回国。从此,高王与评皇相争就以失败告终了。评皇为龙犬庆功,设宴龙犬不吃,赏赐不要,只想当驸马。评皇为难,大公主和二公主都反对,人怎能和犬相配!只有三公主说,许愿要兑现,失信必失天下。评皇无法,最后龙犬选上三公主结成良缘。婚后,三公主说龙犬是个美男子,白天是犬,晚上是人,身上毛是龙袍,变人就要当王,当王难免要争天下。评皇说不要紧,封他为南京十保殿当王就行了。龙犬叫三公主蒸他七天七夜就成人,三公主怕把他蒸死只蒸六天六夜就开盖,头和小腿尚未脱尽毛,只好用布包缠头和小腿。龙犬变人作王,名叫盘瓠王,得六男六女,又教其男耕女织。后来,评皇送来一份免役券牒(《评皇券牒》),赐十二姓。从此,有了盘瓠子孙。

瑶族这则神话糅进了后世许多生活内容,加工成了比较完整的故事。瑶族称自己是盘瓠子孙,敬盘瓠为始祖,树立了瑶族始祖的高大形象。他不畏艰险,为民除害;不贪财物,勤劳得福;变人为王,子孙满堂。这是一则新颖、朴素、浪漫的奇妙神话幻想,流传过程中演绎成喜闻乐见的传说,产生了较大的艺术魅力。瑶族的这个传说与《后汉书·南蛮西南夷列传》所载内容基本相同。虽然盘瓠神话在其他民族中也有流传,但瑶族的盘瓠神话有其独特的风格。

从《后汉书·南蛮西南夷列传》的记载看,"高辛氏"即传为"五帝"之一的帝喾,是黄帝的曾孙,在少昊、颛顼之后,尧、舜之前。"犬戎之寇"发生在西周时期,故而关于"槃瓠"的传说当是西周以后所形成。夏曾佑在《中国历史教科书》中说:"今按盘古之名,古籍不见,疑非汉族旧有之说,或盘古、槃瓠音近,槃瓠为南蛮之祖……故南海独有盘古墓,桂林又有盘古祠。不然,吾族古皇并在北方,何盘古独居南荒哉?"童书业认为,夏氏的这个说法是对的,但也有疑问:"为什么南蛮民族的祖先会得变为开天辟地的人物?"吕思勉在《盘古考》中说,对夏氏的说法"予昔亦信之,今乃知其非也","凡神话传说,虽今古不同,必有沿袭转移之迹,未有若盘古、槃瓠之说,绝不蒙者"。确实,"盘古"与"槃瓠"虽然音近相通,但是前者为"开天辟地"的创世之神,后者只是"高辛氏"之帝犬或南蛮之始祖,二者相差悬殊,绝不相蒙。[1] 这里我们认为,夏曾佑《中国历史教科书》所论,指出了槃瓠为南蛮之祖,盘古、槃瓠音近。至于"为什么南蛮民族的祖先会得变为开天辟地的人物"之疑问,很有可能是包括瑶族在内的我国西南少数民族关于槃瓠神话的传说在流传中,进一步受到中原儒释道等关于盘古创世传说综合影响的结果,就是说瑶族的盘瓠始祖神话为了提升和改变其历史地位与作用,将盘瓠变为盘古和盘王,这样就可以把盘瓠始祖神话与儒释道关于盘古的神话汇合起来、与中原地区的盘古传说一致起来。至于"依吕思勉、饶宗颐等学者之说,《三五历记》和《述异记》中的'盘古开天地'创世神话……是在佛教东传之后'杂彼外道之说而成'"[2] 的问题,则可另当别论。

从盘瓠神话中我们至少了解了盘瓠之来历,了解了瑶族人民将盘王奉为民族的祖先神和伟大的民族英雄,从而产生了赞颂和褒扬盘瓠的《盘王歌》。

---

1 转引自李存山《盘古传说不能作为中国哲学的萌芽》,《中国哲学史》2013年第4期。
2 李存山:《盘古传说不能作为中国哲学的萌芽》,《中国哲学史》2013年第4期。

《盘王歌》是盘瑶人民缅怀祖先、铭记历史的口头文献经典。从盘瓠神话的汉文典籍记载，到瑶族民间历史文献《评皇券牒》关于龙犬盘瓠为瑶族始祖，再到瑶族盘瓠神话，这样的文化观念变迁，除上述关于瑶族哲学宇宙论和社会历史论的观念与儒学文化之关联外，还体现了儒学和谐平等思想对瑶族的深刻影响。

如前所述，"天人合一""物我一体"是中国哲学的重要思想，它强调人与自然的协调统一。如《易》谓"天地之大德曰生，则以生物为本者"[1]，孟子"亲亲而仁民，仁民而爱物"[2]，张载"民吾同胞，物吾与也"[3]，二程"人与天地一物也""仁者以天地万物为一体""仁者浑然与物同体"[4] 等，儒学中这种以"天人合一"为核心的平等"共生"思想，深深地影响着瑶族的平等观念。

瑶族在历史上作为一个弱势民族，他们在与统治者的抗争中，也认识到自己与王朝同时是处于同一社会当中而具有"共生"关系，他们以顽强的斗争精神不断争取自由平等的权益，获得朝廷的承认，相安共生。瑶族往往把中央王朝比作"天"，而把自己看作"人"。在瑶族人看来，"先有瑶，后有朝"，《评皇券牒》就是他们争取平等权益的反映和体现。《评皇券牒》和盘瓠神话，有力地证明了龙犬盘瓠并非犬类，他有人性之灵，在国难当头之时，群臣不敢站出来挽救祖国的危亡，唯有龙犬盘瓠勇敢地挺身而出为国分忧，体现了龙犬盘瓠之"大勇"；当他得到评皇的允许以后，漂洋过海假装投奔高王，并用计谋咬（杀）了高王，表明龙犬盘瓠之"大智"；龙犬盘瓠为国立功后，评皇要赐官爵食邑，龙犬盘瓠"婉言"谢绝，只要求评皇兑现诺言，将三公主许配他为妻，这是龙犬盘瓠之"大忠"；当龙犬盘瓠纳评皇三

---

[1] 张载：《横渠易说·复》，《张载集》，中华书局，1978，第 113 页。
[2] 《孟子·尽心上》。
[3] （宋）张载：《正蒙·乾称篇》，中华书局，1985。
[4] （宋）程颢、程颐：《二程集》，中华书局，1981，第 120、15、16 页。

公主之后，舍弃宫廷舒适生活，自愿到白云生处安居乐业，则是表现了龙犬盘瓠不贪婪富贵、不居功自傲、自食其力的高尚品德。事实证明瑶族始祖龙犬盘瓠，只能是瑶族在古代的一种图腾崇拜，即龙犬盘瓠是其族出类拔萃的人。《评皇券牒》就是龙犬盘瓠神话的文字表达形式，其中有许多尊重瑶族习惯的"准令"，如"准令王瑶子孙……告天祷庙，祈求雨泽，润田湿土，催长苗稼，利国利民"，"准令十二姓子孙自行婚嫁"等，这无疑表明了中央朝廷对瑶族的认可，"准令"的颁布有利于瑶族保持自己民族的纯洁性，从而继承和发扬本民族的传统文化。《评皇券牒》和盘瓠神话作为瑶族世代相传用以争取民族平等和民族权益的凭证和保证自身利益的"护身符"，暗合着契约文书的内在品质和文体格式。"榜文""敕书""券牒""文录""敕牒"等，实是一种官方公文，一种权力（集体生存权和发展权）凭证和政治契据。从发现的许多《过山榜》（《评皇券牒》）内容看，其与"租佃契约也有许多相似之处"，其中绝大部分内容都是详细记录当时"评皇"的敕令，既有对瑶人的授权和赋予责任，也有对中央官府的权力限制和职责安排，从本质上看，这已是一份完全具备了现代契约的雏形和意蕴的原始文本了，其中所彰明的显然就是一个民族追求平等的精神，姑且将其看作儒学"天人合一""物我一体"的瑶族观念形式。如果说苗、瑶民族就是蚩尤后裔，蚩尤部落由东夷而中原，而又退居南方山林，《过山榜》（《评皇券牒》）就携带了"蚩尤精神"的文化基因。瑶族自古偏居山林，"所处险绝人迹不至，不与民杂居"，"蛮瑶者，居山谷间，……不事赋役，谓之瑶人"。这样的生存环境，也因此形成了瑶族社会突出的家园意识。瑶族民众多深居高山陡岭，在很长的历史时期内，主要从事的是刀耕火种的原始农业生产，是一种"食尽一山则他徙"的"游耕"生产方式，一种特殊的生存状态，其与自然、环境的关系显然就非常之密切。

第三节 深受儒学文化影响的瑶族伦理思想

瑶族是我国具有突出迁徙特点的少数民族之一，特别是宋元时期，更是迁徙频繁。因此，瑶族并没有系统而全面地吸收中国传统伦理道德观念，只是部分地接触并接受了不同程度的影响。同时，这种吸收和影响主要体现在瑶族社会一般民众层面，而且基本上是直接以瑶族社会所见长的歌谣形式反映出来。也就是说，在频繁迁徙过程中，瑶族民众在社会实践基础上同时也是在潜移默化地受儒学伦理观念影响的条件下，形成了讲究信用、邻里和睦、忠厚真诚、尊老爱幼等伦理道德观念和社会风尚。

一 讲信用、重承诺是瑶族受儒学伦理思想影响的个人修养内容

"瑶人讲信用、重承诺"，史籍对瑶族人这种美德常加以赞扬并有明确记载。宋代《岭外代答》云："瑶人无文字，其要约以木契。合二板而刻之，人执其一，守之甚信。"[1]《阳山县志》载，瑶族"其人精弓弩，惯捕猎，重承诺"。中华人民共和国成立前夕，在广东连南瑶山，解放军北江支队飞虎队得到了瑶族人民的帮助，成功躲避了敌兵的追杀。瑶族人凡作承诺，必坚守信约，从不欺瞒敲诈。瑶人若是远途跋涉不能回家就餐，只要附近有村庄，均可入内搭伙做饭，食物则设法来日奉还，从不食言。"瑶人不会说假话"，在瑶族人看来，男女之间，老少之间，主客之间，都应彼此尊重，彼此信任。要说老实话，办老实事，当老实人，坚决反对弄虚作假。这实际上就是对"诚实守信"的中

---

[1] （宋）周去非著，杨武泉校注：《岭外代答校注》，中华书局，1999，第426页。

华传统美德的坚持和传承。儒学认为，天道至诚、真实，人道也应如此，人性真诚善良。"信"为人言，人要言必信，行必果。"诚"且"信"，是做人的基本要求。瑶族人正是吸收中国传统文化的这些伦理道德观念，结合本民族实际，用瑶族的言行加以表达，被记载于方志典籍之中并得到了充分肯定与赞扬。

二 忠厚、真诚是瑶族受儒学伦理思想影响的个人修养原则

忠厚、真诚是做人的根本原则，也是瑶族个人修养的根本原则。《左传·庄公十年》记载的曹刿和鲁庄公论战时，曹刿问庄公凭什么条件去和强齐作战，庄公云："小大之狱，虽不能察，必以情。"曹刿曰："忠之属也，可以一战。"这里的"忠"，很显然指的是忠于职守。《论语》中的"居处恭，执事敬，与人忠"，"居之无倦，行之以忠"[1] 和《孟子》"教人以善谓之忠"[2]，则指的是为人忠厚，待人接物，尽心竭力，忠诚老实。《左传》云："失忠与敬，何以使君？"[3]《论语》也说："君事臣以礼，臣事君以忠。"[4] 此忠君之义也。瑶族通过许多歌谣来表达"忠厚""真诚"的道理。如"对人要忠诚相待，说话不恶语伤人"。"心怀恶意杀龙人家也吃不饱，开诚相见苦菜别人也吃得香……帮助别人比做自己的要努力，爱护人家要胜过爱护自己。"显而易见，瑶族是一个古朴诚实的民族，忠厚善良的民族，讲究道德修养的民族。

三 和睦友善是瑶族受儒学伦理思想影响的社会美德

瑶族民间长诗歌谣《萨当琅》[5] 说："要与山下的'布荡'（壮族人）和

---

1 《论语·子路》《论语·颜渊》。
2 《孟子·滕文公上》。
3 《左传·僖公五年》。
4 《论语·八佾》。
5 广西民间文学研究会《瑶族文学史》编写组：《萨当琅》，瑶族民间文学资料（一），内部参考资料，1981 年编印，第 235 页。

好，要与山外的同年友爱，空闲时要互相交往，节日到要互相探望。客人到要递烟，朋友到要请茶。外公到要敬酒，舅爷到要摆茶，人家喝你一口茶，会留给你一颗真心，人家抽你一口烟，会留给你一片感情；人家得你一句好话，一生不忘你的深情，人家得你一臂之助，一世也把你当恩人。"[1] 在处理和对待人与人的关系上，鲜明地表现出"和睦友善"的瑶族道德规范。"友"是友好，表现友好，这是行为要求；"善"是善良，心怀善意，这是心理要求，是内心态度。如果只强调友好而不顾内心真情实感，容易沦为伪善；只强调内部的善心而不谈如何外化于行，就容易产生隔阂误解。所以，"出于善意的友好"，才是"友善"对于人际关系的完整诠释。"与人为友，心从善念。""与己为友，首存善心。"《孟子》说："君子莫大乎与人为善。"[2] 与人为善是君子最高的德行。善中友外，方为友善。友善，不仅是对他人、对外部世界的一种态度，同时也是对自己、对内部心灵的一种精神。

这种传统美德在邻里关系上得到充分体现："与亲邻和睦相处，别人对我们就尊敬；和亲友断绝交往，我们就变成一盘散沙。"[3] 如今，瑶族地区人们之间这种友善共处、和睦相处、相敬如宾的传统美德更加发扬光大。

四 尊老爱幼是瑶族受儒学伦理思想影响的家庭道德准则

儒家孝道观念深深地影响着瑶族的哲学文化。在家庭关系中，以孝道为核心，是瑶族歌谣反复颂咏的一个主题。为了阐明孝道"经夫妇，成孝敬，厚人伦，美教化，移风俗"[4] 的思想观念，瑶族歌谣擅长比兴手法，作厚实

---

[1] 广西民间文学研究会《瑶族文学史》编写组：《萨当琅》，瑶族民间文学资料（一），内部参考资料，1981年编印，第256页。

[2] 《孟子·公孙丑》。

[3] 广西民间文学研究会《瑶族文学史》编写组：《萨当琅》，瑶族民间文学资料（一），内部参考资料，1981年编印，第275页。

[4] 《毛诗大序》。

铺垫,反复咏叹父母养育子女历尽艰辛,万般苦难。"天上的星星再多也数得清,河里的鱼再大也能称,瑶山的路再长也能量,布乜(父母)的恩情说不尽。"[1] 父母生养儿女,艰苦操劳,做子女的要铭记父母的养育之恩,孝顺父母,尊敬双亲,赡养老人。自称白裤瑶的瑶族姑娘,在结婚出嫁时,对父母所唱诵的《父母情》歌道:"白马离不开青草坪,画眉离不开金竹林,鲤鱼离不开龙潭水,阿雅(女妹仔)离开布乜(父母)难生存。……为什么苦李酸又苦,是因为我妈生我在苦李林,娘吃苦李养苦女,养儿育女好酸辛,布乜的酸辛说不尽。"[2] 这种儿女情、父母恩,在婚礼之夜唱诵出来,感人至深,淋漓尽致地反映了瑶族的孝道思想。"五月初一大雨淋淋,布乜开荒在白虎岭,挖了七七四十九个坡,收得小米七七四十九担,一颗小米一分布乜情。十月初一露水冰冰,布乜牵纱在寨门,织得白布七七四十九百九十寸,根根纱线都连着布乜的心。"[3] 天下有哪个父母不爱自己的儿女?又有哪个儿女不爱自己的父母?婚礼之夜,女儿就要远离父母,回想父母的养育之恩,怎能不动情呢?"竹笋出土连娘根,蚕丝出口连娘心,阿雅出嫁想布乜,根断丝断难断阿雅思念布乜情。"[4] 这种儿女思念父母恩情的道德情感,世世代代流传下来,颂扬下去。流传于广西全州、灌阳一带的瑶族民间歌谣《十月怀胎歌》也充分反映了瑶族的孝道思想:"父母恩情深似海,好比山高路途长;养儿要知父母苦,养子要报父母恩;父母恩情若不报,枉费人生一世人。"[5] 关于反映儿媳对公婆的孝敬,《瑶族风情歌》唱道:"吃饭要给家中老人端

---

[1] 广西民间文学研究会《瑶族文学史》编写组:《萨当琅》,瑶族民间文学资料(一),内部参考资料,1981年编印,第283页。

[2] 广西民间文学研究会《瑶族文学史》编写组:《萨当琅》,瑶族民间文学资料(一),内部参考资料,1981年编印,第285页。

[3] 广西民间文学研究会《瑶族文学史》编写组:《萨当琅》,瑶族民间文学资料(一),内部参考资料,1981年编印,第289页。

[4] 广西民间文学研究会《瑶族文学史》编写组:《萨当琅》,瑶族民间文学资料(一),内部参考资料,1981年编印,第294页。

[5] 广西民间文学研究会《瑶族文学史》编写组:《萨当琅》,瑶族民间文学资料(一),内部参考资料,1981年编印,第295页。

碗，休息要给家中老人拿茶。早上要端水给家公洗脸，晚上要烧水给家婆洗脚。"[1] 儿媳孝敬公婆，也是瑶族孝道的重要内容。瑶族把孝敬父母、报答父母养育恩情作为人伦大义，认为儿子结婚以后还要孝敬父母双亲，这种孝敬的事务又主要由儿媳来承担。如果儿子结婚后抛弃双亲，不顾父母，就会遭到瑶族乡里亲邻的唾弃。反映瑶族孝道思想的种种伦理道德观念，既是瑶族的民族文化精神，也是儒学的核心价值观之一，体现着瑶族哲学伦理文化与儒学思想观念的契合及统一，折射着儒学对于瑶族社会长期的深刻影响。

第四节　本章结语

瑶族作为一个主要居于我国南方的少数民族，从族源关系上说，与伏羲、九黎（蚩尤）等部落联盟以及中原地区的种种传说和后世的文献记载密切相连，其既非孤立的民族，而且在观念渊源上也存在着与中原儒学及释道文化分割不开的葛藤。瑶族又是一个富有想象力的民族，从其创世史诗《密洛陀》中能够曲折地寻觅到儒学天命观不同程度地影响了瑶族物我合一的天人观念。瑶族"盘瓠开天"神话传说以及《评皇券牒》，与包括儒学在内的中国古代哲学关于"盘古开天辟地"传说所包含的宇宙论哲学思想文化有着深厚的渊源关系。根据吕思勉先生的研究，认为南朝梁任昉《述异记》中的"吴楚间说"，"明言盘古氏有夫妻二人，且南海有其墓，南海中有其国，其人犹以盘古为姓，则人而非神矣"，此当源于"南方民族"的传说。[2]《述异记》把"吴楚间说"与"先儒说""古说"甚至"秦汉间俗说"并提，表明"南方民族""吴楚间说"的盘古传说，古已有之。吕思勉先生又说："会稽南海，皆尊盘古，固其宜矣。是其年代，必远在高辛之前，安得与槃瓠之说

---

[1] 蒙冠雄等编：《瑶族风情歌》，广西人民出版社，1983，第 269 页。
[2] 吕思勉：《先秦史》，上海古籍出版社，1982，第 44—45 页。

并为一谈邪?"[1] "夏氏谓吾族古帝,踪迹多在北方,独盘古祠在桂林,墓在南海,疑本苗族神话,而吾族误袭为己有。"[2] 夏曾佑所说"本苗族神话",实可谓"苗瑶神话"。于此,我们认为,瑶族盘古、盘瓠神话,与"先儒""古说"盘古之词,实为同一文化内容,明显具有彼此渗透、相互影响吸收的关系。瑶族盘古、盘瓠有渊源于先儒、受儒学影响的踪影,又可能会"反哺"于后者,再影响于瑶族社会的情况发生。就是说,由于这种"彼此渗透、相互影响"的互渗关系,使得瑶族等少数民族在哲学观念上,与包括儒学在内的中国古代哲学具有了许多共同的话语、相近的特质、交融的构成。讲信用、忠厚真诚、和睦友善、尊老爱幼等,既是瑶族在社会历史实践中的观念生成,也是瑶族社会潜移默化受儒学伦理思想影响而形成的个人修养内容与原则、处理人际关系的社会美德和家庭道德。

---

[1] 吕思勉:《盘古考》,见吕思勉、童书业编著《古史辨》第七册(中),上海古籍出版社,1981,第20页。

[2] 吕思勉:《盘古考》,见吕思勉、童书业编著《古史辨》第七册(中),上海古籍出版社,1981,第17页。

第七章
儒学与白族哲学

在我国西南地区的少数民族先民中，以白蛮为主体发展而成的白族，其哲学思想文化观念具有非常独特且典型的面貌和特色，因而可以代表我国一定少数民族先民群体在哲学思想文化形成发展中的观念形态，这种观念形态姑且可以称之为"释儒和融"。它于唐代南诏国时期肇其端，两宋大理国阶段成其型，元明清时代进一步彰显和发展，以碑刻、幢记以及历史上本民族士人学者等代表人物的哲学创造为主要体现，演绎出了释儒结合为核心精神的白族传统文化。

第一节 汉唐时期儒学传播影响与白族哲学
思想文化对儒学的接受吸纳

秦汉及之前的僰人被称为"夷中最仁，有人道"。汉武帝征"西南夷"后，在"西南夷"置郡县，汉移民增加，使这里受到包括儒学在内的中原文化传播影响的机会增多、范围扩大。从现有资料看，于云南昭通、曲靖发现的《孟孝琚碑》和《二爨碑》是具有见证意义的碑刻文献。

《孟孝琚碑》位于云南昭通市境内，清光绪二十七年（1901）五月，出土于昭通白泥井，碑首残断，下端完整。由于碑文残缺，建碑时间难以考证，据碑文中"丙申""十月癸卯于茔西起攒，十一月乙卯平下怀抱之恩心"等文字及官刻、字体、文风等推断，大致为东汉桓帝永寿二年（岁次丙申，156）所立。孟孝琚是云南昭通的"南中大姓"孟氏后代，昭通在东汉时称朱提。尽管《孟孝琚碑》为残碑，但碑文反映出的内容仍可概括为：其一，孟孝琚生平，即孟孝琚名孟广宗，后改名孟琁，字孝琚，12岁时其父任武阳县令，随父迁于任，"闵其敦仁"，聘"蜀郡何彦珍女"为妻，未娶而亡于武阳，其父及其属官刻此碑送孝琚归葬；其二，孟孝琚在父任武阳令时随官受《韩诗》《孝经》，即"十二随官受韩诗，兼通孝经二卷，博览（群书）"。就是说，孟孝琚作为"南中大姓"的孟氏后代，早年便受到儒家文化的熏陶；其三，碑文中的"孔子大圣，抱道不施，尚困于世"，体现了该碑刻鲜明的儒家文化价值观，即以孔颜为圣贤，喻孟孝琚取向于此。

《二爨碑》即云南曲靖境内的《爨龙颜碑》《爨宝子碑》。《爨龙颜碑》全称"宋故龙骧将军护镇蛮校尉宁州刺史邓都县侯爨使君之碑"，为宁州刺史爨龙颜的墓碑，建于南朝刘宋孝武帝大明二年（458），比《爨宝子碑》碑体大、文字多，故被称为"大爨"碑；《爨宝子碑》全称"晋故振威将军建宁太守爨府君墓碑"，立于东晋安帝乙巳年（405），被称为"小爨碑"。爨龙颜为当时云南东北部爨氏首领，世袭本地官职。爨宝子世袭建宁郡太守，卒年23岁。《爨龙颜碑》记载，爨龙颜"本州礼命主簿不就，三辟别驾从事史，正式当朝，靖拱端右"，"君素怀慷慨，志存远御，万国归阙，除散骑侍郎。进无忺容，退无愠色，忠诚简于帝心，芳风宣于天邑"；《爨宝子碑》载，爨宝子"淳粹之德，戎晋归仁"，"弱冠称仁，咏歌朝乡"，"矫翮凌霄，将宾乎王……庶民子来，挚维同响"。碑文内容对于二爨的溢美称誉是不言而喻的，但就其价值观取向来说，具有突出的儒家文化之维，却是比较明确的。

孟、爨三碑系汉魏六朝时期西南夷"南中大姓"中孟、爨二氏的功德事迹，但其所折射或反映出来的，应该说是包括当时白族先民在内的南中地区人民的精神面貌、文化特质以及思想观念，是两汉至南北朝时期华夏与南方民族融合以及中原文化对南方民族影响的例证，揭示了白族先民地区社会上层普遍接受、学习儒家思想文化，尊崇孔子，以儒家经典为主要修行内容，以忠君爱民等儒家思想教化民众，甚至在白族先民的生活方式和实践中，也随处可见中原文化的渗透影响，白族先民对包括儒家文化在内的中原文化的接受已转被动为主动，其对于儒学文化的价值认同也达到了较为深刻的程度。

唐朝初期在云南洱海地区居住着许多互不统属的白蛮部落，在离洱海稍远的地方，散居着乌蛮部落。从7世纪初叶到中叶，乌蛮部落不断向洱海地区迁移，并征服当地白蛮，建立了有较强实力的蒙嶲、越析、浪穹、邆赕、施浪、蒙舍六诏，蒙舍因地处南面而被称为"南诏"。唐开元元年（713），唐玄宗封南诏皮逻阁为台登郡王，蒙舍诏于738年在唐支持下，先后征服其他诸部，统一六诏，建立南诏政权，"乌蛮"（彝族先民）和"白蛮"（白族先民）为王室及统治集团和贵族的主要成员，因而南诏主要是由彝族、白族先民联合建立的政权，而其治下的人民则大体包括了现今云南各族的先民。[1]由于南诏与唐王朝总体上的密切关系，儒学向南诏包括大多白族先民在内的思想文化观念的输入、儒学大一统思想在南诏的深刻影响得到了进一步的加强。表现在：从中原的唐王朝而言，其一，明确"以夏变夷"的指导思想。"以夏变夷"实质即"以儒变夷"。初唐高祖李渊在《遣使安抚益州诏》中就说："然而王道未洽，民瘼犹存，静言思之，夙夜轸念，澄源正本，义在更张。……宣扬朝典，进擢廉平；贬黜苛暴，申理冤滞。孝弟贞节，表其门闾；鳏寡孤独，量加赡恤。"[2] "澄源正本，义在更张"中所"正"之"本"、所"更"之"化"（张），显然是儒家思想。其二，赐儒学典籍，行儒家礼仪，推进儒学文化传播。唐西川节度使牛丛《报坦绰书》表达了这种情状："我大唐德宗皇帝，……悯其倾诚向化，率属来王，遂总诸蛮，令归君长，仍名

1　伍雄武：《中华民族精神纽带之丰碑——南诏德化碑》，《孔子研究》1993年第4期。
2　（唐）高祖：《遣使安抚益州诏》，载（清）董诰等纂修《全唐文》卷2。

诏国，永顺唐仪；赐孔子之诗书，颁周公之礼乐，数年之后，霭有华风，变腥膻蛮貊之邦为馨香礼乐之域。岂期后嗣罔效忠诚，累肆猖狂，频为妖孽。"[1] 其三，派遣儒家弟子，向南诏进行儒家文化传授。唐贞元十五年（799），南诏王异牟寻请以大臣子弟质于皋，皋辞，固请；乃尽舍成都，咸遣就学。如此，直接向南诏子弟传授中原文化、儒家思想。从白、彝两族先民为代表的南诏方面来说，南诏明确施行"三教并立，儒学为先"的政治文化策略，促进了儒学在南诏的深入传播。应该说，南诏在政治伦理方面主要是吸收儒家思想，在文化教育方面则儒、道、佛兼取。皮罗阁慕唐之礼仪威严，君臣有序，便派遣蒙氏族子弟、诸官子弟、王子六十人，入学长安三年。而后每三年入学一批，每批二十人，请长安学师授课，并习礼乐。南诏曾先后派数千人到成都学习《诗》《书》。

唐西泸（今四川西昌）县令郑回，为南诏所俘，因回通儒学，为南诏王赏识而得重任为王室之师，教授儒学，后更委以清平官（相当于宰相），参与政事。郑回在南诏为推行儒学做出了贡献。具体表现在：第一，建文庙，崇孔子。844年南诏"建二文庙，一在峨崀，一在玉局山，为儒家典籍驯化士庶，以明三纲五常"。"开元十四年，效唐建孔子庙。"[2] 清释同撰《洱海丛谈》载："农罗死，伪谥高相，孙晟罗皮立，建孔子庙于国中。"[3] 第二，用儒家典籍教化民众。诏主细奴罗"劝民间读汉儒书，行孝悌忠信礼义廉耻之事"，倡导学习儒家典籍，汲取儒家思想。第三，立教官，倡儒学。劝丰佑"立教官二人，张永让，益州人，赵永，本国人"。"所谓立教官，可能就是倡导儒学，因为那时汉学在南诏已普遍，而且本地人也能有

---

[1] 转引自夏绍先《论文化传播的动因——以唐宋时期中原文化在云南的传播为例》，《思想战线》2001年第3期。

[2] 见尤中《僰古通记浅述校注》，云南人民出版社，2002，第68页。

[3] 转引自夏绍先《论文化传播的动因——以唐宋时期中原文化在云南的传播为例》，《思想战线》2001年第3期。

教官了。"可以看出，南诏统治者积极推行儒家文化教育，形成了普遍学习儒家文化的风气。[1] 第四，"人知礼乐，本唐风化"。晚唐孙樵《序西南夷》说：新罗、南诏"其素风也，唐宅有天下，二国之民，率以儒教为先，彬彬然与诸夏肖矣"[2]。《新唐书》谓南诏"人知礼乐，本唐风化"[3]。

南诏的贵族阶层，比较集中地反映出"人知礼乐，本唐风化"的情况。《南诏德化碑》载阁逻凤"不读非圣之书"。异牟寻时期，剑南节度使韦皋奉准招收南诏上层子弟到成都读书学习，孙樵在《书田将军边事》中说："择群蛮子弟聚于锦城，使习书算，业就辄去，复以他继。如此垂五十年，不绝其来。则其学于蜀者，不啻千百。"[4] 如此则极大地推动了儒家思想在南诏的传播。如南诏清平官杨奇鲲、段义宗（均为白族）作有诗文《岩嵌绿玉》《途中》《思乡》等，其后则收录于《全唐文》《全唐诗》中；南诏国王隆舜曾向唐王朝派来的使臣询问《春秋》大义。南诏第五代王为阁逻凤，在唐代宗大历元年（766）修建的《志功颂德碑》（《南诏德化碑》）中记载他说："修文习武，官设百司，列尊叙卑，位分九等。阐三教，宾四门，阴阳序而日月不僭，赏罚明而奸邪屏迹。通三才而制礼，用六府以经邦。"这里所谓的"三教"，应该是指儒学的施教内容，即汉代徐干《中论·治学》中所说："先王立教官，掌教国子。被以六德，曰：智、仁、圣、义、中、和。教以六行，曰：孝、友、睦、姻、任、恤。教以六艺，曰：礼、乐、射、御、书、数；三教备而人道毕矣。""四门"系指唐朝中央设立的儒学。隋唐时，中央国子监有国子学、太学、四门学及律、算、书馆六学。可知儒学所教授内容已传播到云南，并付诸实施。[5] 可以说，《南诏德化碑》非常突出地反映了南

---

[1] 见田夏彪《南诏大理国时期白族文化认同教育的特征探析》，《乐山师范学院学报》2014年第1期。
[2] （唐）孙樵撰：《序西南夷》，载（清）董诰等纂修《全唐文》卷794。
[3] 《新唐书·南诏传》。
[4] （唐）孙樵撰：《书田将军边事》，载（清）董诰等纂修《全唐文》卷795。
[5] 高登智：《儒学远播云南》，载云南孔子学术研究会编《孔学研究》（第二辑），1995年，第11页。

诏时期以南诏贵族阶层为代表的白族先民所受儒学思想影响的深刻程度。

一是其强烈的政治宗法伦理观念。如碑文载:"时清平官段忠国、段寻佺等咸曰:有国而致理,君主之美也。有美而无扬,臣子之过也。夫德以立功,功以建业,业成不纪,后嗣何观。可以刊石勒碑,志功颂德,用传不朽,俾达将来。"[1] 今之学者方国瑜先生认为:"(德化)碑文称颂阁逻凤之功业以垂后世,当有深意。"[2] 赞誉阁逻凤功德,称其"道隆三善",即阁逻凤深谙儒家"亲亲""尊尊""长长"的伦理之道。碑文还记载:"川岳既列,树元首而定八方,故知悬象著明,莫大于日月;崇高辨位,莫大于君臣。"强调君臣之间不可僭越的政治伦理原则。"抚军屡闻成绩,监国每著家声。"认为他身为臣属,曾多次奉唐朝之命成功平定边乱,正是"解君父之忧,静边隅之梗"。"既御厚眷,思竭忠诚,子弟朝不绝书,进献府无余月,将谓君臣一德,内外无欺。"按月向朝廷进献珍奇,对唐朝皇帝感恩戴德。天宝战争中,南诏被迫与唐朝交战。阁逻凤曾多次向唐朝上书言明南诏委屈,希望唐朝停止战争,并坦言:"我自古及今,为汉不侵不叛之臣。今节度背好贪功,欲致无上无君之讨。敢昭告于皇天后土。史祝尽词,东北稽首。"甚至在开战前,阁逻凤仍不忘君臣之礼,率领文武官员,郑重地向唐都长安方向稽首行拜。宣扬君主的功绩以及臣子对君王之崇敬,虔诚地秉承着儒家君臣之礼的基本理念。

二是其儒家文化的价值判断标准。碑文说:"不读非圣贤之书,不做不忠不孝之人。"赞扬阁逻凤研学儒家圣贤经典,掌握治人之道;对其"忠""孝"的评价,分明也是儒家文化的基本价值理念。

三是明确的儒家"中""和"思想与伦理道德观念。碑文中有:"我王气受中和,德含覆育,才出人右,辩称世雄";"事协神衷,有如天启。故能攻

---

[1] 见刘光曙《大理文物考古》,云南民族出版社,2006,第82—83页。
[2] 方国瑜:《云南史料目录概说》,中华书局,1984,第866页。

城挫敌，取胜如神。以危易安，转祸为福。绍开祖业，宏覃王猷"。认为南诏王秉受的是"中和之气"。皮逻阁曾被唐赐名"蒙归义"。碑文记载南诏中途反唐是迫于不得已，即便反唐，其实仍存"归化"之意，希望"册汉帝而继好"。天宝战争后，阁逻凤曾说："生虽祸之始，死乃怨之终。岂顾前非而忘大礼"，下令埋葬唐军将士尸骸，"以存恩旧"。碑文中并载有"惟孝惟忠，乃明乃哲……巡幸东爨，怀德归仁……人无常主，为贤是亲"，等等，"孝""忠""德""仁""贤"的儒家观念，溢于碑文言辞。

四是以儒家"仁""礼"思想为核心的制度文化观念。南诏大理国时期的制度文化不论从形式上还是从内容上，都是取法乎中原王朝。南诏统治者可以说是"仁""礼"结合，"仁"安民众，进行思想教化；"礼"维等级，严格等级制度，促进南诏结束了"数十百部""不相役属"的散乱局面，确定了统治秩序，基本形成了多民族集合体的政治形态，对强化王权、调整人际关系起到了重要作用。如碑文中说："川岳既列，树元首而定八方。故知悬象著明，莫大于日月；崇高辨位，莫大于君臣"，"列尊叙卑，位分九等"，"通三才而制礼，用六府以经邦"。碑阴部分列有南诏官职官阶名称，均接近唐制。

汉唐时期的白族先民，以精英士人、贵族统治者为代表、为先进，其哲学文化思想观念的演进变化、发展提高，从其与儒学文化的关系上，可以看出，呈现出由儒学的传播影响、感受熏染，发展到传承授受、认同吸纳的过程。儒学的传播影响、感受熏染，表现在汉魏六朝时期，具有突出的单向性特征，或者说儒学在滇僰、南中地区的传播影响是积极自觉的，具有儒家文化"用夏变夷"的理念，而所施及的包括白族先民在内的少数民族先民在思想观念上可能还只是处于自发甚至消极被染的阶段，范围和受众相对具有很大的局限性，对其所感受到的儒家文化并不能进行自觉而有意识的过滤、选择，并与本民族带有朴素性质的诸如宗教文化观念相比较和甄别，因而也就形成本氏族、部族中一些原生态宗教、所信仰的诸如佛教、道教，与儒学文化并存不悖、相安无事的面貌。《二爨碑》所表现和透射出来的文化信息具有过渡、承启或者转折的意义，也就是说，从南北朝至唐五代，在白族先民的思想文化观念中，以南诏的制度文明、教育礼俗等为主角，发展为对于儒学的传承授受、认同吸纳关系，其性质具有双向度的特征或特点。所谓传承授受、认同吸纳，表明已是改观了汉代以降单向度的传播影响，逐渐增强了本民族认同接纳中原儒家"礼治"文化的自觉主体性，并且实际地借以建设构成社会政治秩序之基础的伦理秩序。这种进展或转进，到了两宋大理国白族哲学文化思想观念之构建时期，则又有了新的突破性变化，甚至说在宋元明清的历史之维下，出现了以"释儒和融"为主要标志的白族传统的哲学观念形态。

第二节 释儒和融：宋元明清时期白族哲学思想文化的主要观念形态（一）

以南诏布燮之后的汉裔白蛮段氏为皇室帝族所建立的民族政权大理国，基本与中原王朝的两宋同一时维，其社会主体显然是白族先民，尽管南诏、大理有以所崇信的佛教为标志的"妙香国"之称，但在其政治、文化、教育乃至整个社会生活中，却极其充分地显示着中原儒学"礼治"文化的氛围，"释儒"阶层的出现更是形成和代表了这个政权之下的思想观念、精神文化的主流意识形态，以致延续发展成为可以视为白族传统文化观念形态的"释儒和融"。

一 两宋大理国时期白族先民中的"释儒"文化

大理国是宋朝时期我国西南地区以白族先民为主体的民族政权，其疆域与南诏基本一致,政治、经济、文化也是在南诏基础上继承发展而来,体现出既有突出的民族性特色,又有在成熟辉煌的唐宋文化影响下使其社会形态实际地渗入许多儒家"礼治"文化因素的特点。

首先,在国家典章制度方面,大理国实行"开科取士"的科举制度。前清仕滇学者倪蜕在《滇云历年传》卷五中说:"太宗雍熙三年,段素英立,改元广明,又改明应、明圣、明德、明治。真宗景德元年,段素英敕述《传灯录》,开科取士,定制以僧道读儒书者应举。"[1]《南诏野史》亦云:"段氏有国,亦开科取士,所取悉僧道读儒书者。"[2]"以僧道读儒书者应举",即让熟读儒家经典的佛僧参与科考,"开科取士"的标准则是"通释习儒",既懂得佛教义理又熟悉儒家典籍理念的佛教僧人,成为大理国科考录用的对象。这种规制,推动了大理国白族先民社会更加崇尚儒学,对儒学的习染渐成风气。

其次,儒家文化在大理国白族先民中得以广泛传播。大理国时期形成了上自国主及贵族,下至普通百姓,常常通过官方及各种民间渠道来学习内地汉文化的风气。一方面,大理国王室通过各种途径从中原购入经史医药等文献典籍,为儒家文化在大理国的传播提供了条件;另一方面,大理国常派人到内地进行文化交往,直接接受儒家文化的熏陶;另外,一些入滇的中原儒士在大理国传扬儒家文化。通过多种途径,儒学思想理论、文化观念对大理社会产生了深刻影响,使以儒学为代表的汉文化在白族先民社会中得到了比较普遍的认可和推崇。元初郭松年《大理行记》说:"其宫室、楼观、言语、书数,以至冠昏丧祭之礼,干戈战陈之法,虽不能尽善尽美,其规模、服色、动作、云为,略本于汉。自今观之,犹有故国之遗风焉。"[3]

---

[1] (清)倪蜕辑:《滇云历年传》,云南大学出版社,1992,第164—165页。
[2] 转引自田夏彪《南诏大理国时期白族文化认同教育的特征探析》,《乐山师范学院学报》2014年第1期。
[3] 云南省民族研究所编,(元)郭松年撰,王叔武校注:《大理行记校注》,云南民族出版社,1986,第20页。

再次,"释儒"治国与"释儒"文化。"释儒"是指那些既明佛教义理,又谙儒家典籍与理念的"读儒书,行孝悌忠信之事"的僧人儒者。大理国时期,佛教文化的发展达到巅峰,举国信佛,帝王尤其推崇,形成上下呼应。大理国22位国主,有10位逊位为僧。大理境内佛寺广布,佛塔林立,民众礼佛,政治和社会生活的佛教化可谓空前之盛。元代李京《云南志略》说:"佛教甚盛,有家室者名师僧,教童子,多读佛书,少知六经者;段氏而上,选官置吏皆出此。"[1] 然而,那些从南诏以来就深刻渗入和融进这前后两个民族政权社会的儒家思想观念和"礼治"文化,也有与佛教观念异曲同工之妙的历史境遇。姑且不论佛儒二教在思想观念和理论品格上的差异,它们均在这两个政权尤其是大理国时期的社会中传播融合,并获得了一种非常特殊的"身份"——"释儒"或"儒释""师僧",并且从制度上以"开科取士"的方式将其地位固定下来。佛儒合一,诸多饱读儒书的佛教僧徒入仕为官,这是大理国社会生活最重要的特征,也因此形成了白族先民社会中具有典型意义的"释儒"文化现象。其显著特点表现在:其一,"释儒"代表了一定的地位和身份。以现存云南境内的《兴宝寺德化铭》《地藏寺经幢铭》《渊公塔碑铭》撰著者为例。三篇碑铭撰作者的署名分别是:"皇都崇圣寺粉团侍郎赏米黄绣手披释儒才照,僧录阇黎杨才照奉命撰","皇都大佛顶寺都知天下四部众洞明儒释慈济大师段进全述"和"(命臣佑辄书其大略)楚州赵佑撰"。杨才照为大理国主段智兴时的"粉团侍郎"("侍郎"即"试郎",文职官员的职位),同时他还是"僧录阇黎"(宗教职务)。段进全是"都知天下四部众"的"洞明儒释慈济大师"。杨才照、段进全是大理国时期享有较高宗教荣誉、统领国内佛教四众弟子的领袖人物。赵佑在大理国朝内称臣,且直接受大理国王之命撰写碑铭,显然任有一定职务。其二,"释儒"文化

---

[1] 云南省民族研究所编,(元)李京撰,王叔武校注:《云南志略辑校》,云南民族出版社,1986,第87页。

反映了佛教文化和儒家文化的紧密结合。大理国时期，儒生普遍奉佛，佛僧常诵儒典，儒释之间在社会基础上集于一体，思想理论、文化观念的界限也变得模糊，社会治理呈现出政教相容、相融乃至合一的历史情景，在政治和社会生活中形成了一种兼容儒释道又体现大理白族先民典型特征的释儒文化。这种相互融通的取向和特点，所蕴含和拥有的价值和意义，所探索和开拓的文化互鉴融摄异质精神营养的途径，值得认真总结。其三，"释儒"文化对于当时大理国社会治理及社会生活产生了重要的影响和作用。崇儒礼佛、注重教化是儒释的重要社会功能。由于上层社会和柄政者大多是坚定的佛教信奉者，同时又饱读儒家经典著作，他们在社会治理、文化传播、社会影响方面占据重要地位，因此就会将佛教和儒家的思想应用到治国理政中来，使佛、儒思想能够有效渗透到政治、文化、社会生活各个方面。普通民众笃信佛教文化，许多僧人都不是严格意义上不问尘世生活的出家人，他们既出世又入世，笃信佛教，同时积极参与社会。因此，在大理国的整个社会生活中，"释儒"文化成为一种社会治理的思想文化基础，在对民众的教育和治理上，特色鲜明的"释儒"结合的佛寺教育形式，使白族地区既尊崇儒家先哲，注重人与人之间的人伦关系，用儒家文化来"修身齐家治国"，又能用佛学来陶冶"心性"。

最后，大理国时期碑文、幢记中的儒学观念。大理国的碑铭、幢记基本都是记载佛寺、贵族和高僧的文字，其往往是佛儒道观念融合的产物，甚至往往以儒学观念或成分为主体和主导。《兴宝寺德化铭》主要记载大理国兴宝寺兴修经过及"上公"高逾城光的事迹和功德。姚安高氏是大理国仅次于段氏王族的贵族，代出相国。碑主高逾城光，曾祖父是大理国相高泰明，祖父是定远将军高明清。碑铭记载高逾城光的忠勇和"退以居谦"的美德，说："大义不可无方，至忠不可无主。惟其平国大宰，定远将军，君臣之义最高，叔侄之分尤重。不异霍光辅汉，姬旦匡周，盛衰惟终，安危同力，在我子孙后嗣。"高逾城光在封邑姚安，励精图治，"煦以秋阳，威以夏日，做甘棠而听讼，设庭燎以思贤，振平惠而字小人，弘义让以勖君子"，使姚安成为"民识廉耻，咸习管子之风；家足农桑，旁尽孟轲之制"。碑文内容基本是秉持的儒家价值观念和评判标准。但碑额刻佛像，为唐代风行的祥和圆融造型。《地藏寺经幢铭》为大理国时期建造，经幢刻有汉字的《造幢记》《佛说般若波罗蜜多心经》等，以及梵文的《佛顶尊胜陀罗尼经》。南诏大理国的国师被称为"阿叱力"，是阿叱力教僧侣，他们通晓佛教义理，又深谙儒家学说，被称为"释儒"，这是佛教密宗和中原儒家文化在西南民族地区得以传播，并与本土文化交融，创成的体现民族特征的文化现象。《造幢记》载："圣人约法，君子用之，……大义孔圣，宣于追远慎终，敬向玄义释尊，劝于酬恩报德。妙中得妙，玄理知玄。"内容既有孔圣大义，又有释教玄机，作者段进全就是一位对儒释经典和汉文化均有高深造诣的释儒。释儒集本土文化传统、儒学文化修养和密宗修行于一身，修习梵文、梵咒和梵语，其活动广泛深入上层社会和普通民众中，社会基础坚实、地位稳固，被世代承袭，延至元、明而不衰。

二 释儒和融：元明时期白族哲学思想的发展演进[1]

1274 年，元代云南行省的建立，标志着南诏大理以来云南五百多年分裂割据局面的结束。元初派回回人赛典赤·赡思丁为云南平章政事，赛典赤·赡思丁以儒治滇的治政实践，进一步增强了南诏大理以来形成的"释儒"结合的社会格局和观念文化特征，促进了一种"释儒和融"的哲学观念形态的

---

[1] 本部分基本内容以《论我国少数民族哲学思想文化中的儒学传播影响和发展（之二）》为题刊于舒大刚主编《儒藏论坛》第九辑，四川大学出版社，2015。

探索与建构。《元史》载,赛典赤·赡思丁治滇期间,"创建孔子庙、明伦堂,购经史,授学田,由是文风稍兴"[1]。赡思丁崇儒尊孔之政对云南包括白族先民在内的少数民族地区产生了深刻影响。赡思丁儿子忽辛任云南行省右丞时,继续赡思丁的治政理路,遍立庙学,选文学之士为之教官,收回被佛寺占去的庙田,于是文风大兴。赡思丁、忽辛父子的作为,显示的是在云南少数民族地区推崇传播儒学的价值取向和治政实践,只是二人尚无学术建树。元明两朝实行的土司制度,则助推了儒学在白族先民地区的深入传播、融合转化,甚至进一步创新发展。一是明王朝在云南实行土司制度的基础上,积极推行儒学教育,重修大理府学,推动府州县学和书院的大力兴办,为儒学在白族地区的推行创造了重要条件。二是"改土归流"对儒学在云南的进一步发展起到了重要作用。云南从明正统(1436—1449)年间始改土归流,使以白族先民为主的该地区包括原土司子弟和普通民众都有读书的机会。资料显示,明洪武十七年(1384),诏命云南增设学校,县改书院,乡设乡塾,此后科举出身的白族士人学者日见增多,南诏大理国以来在白族先民思想文化观念中逐渐形成的"释儒和融"形态越发凸显。下面我们着重以明清时期白族先民士人学者的主要代表李元阳对这一观念形态在思想理论上的建树和探索进行论述与考察。

生活在明代中后期且半生"僻居西陲"的白族哲人李元阳,在阳明心学已全面破解朱学而成为理学舞台主要角色的观念背景下,处于云南大理地区白族举族信佛的宗教环境中,明嘉靖五年(1526)中进士并被授予翰林院庶吉士,后来他辞官返乡究心性命、参研佛理,其儒学成就渗透着王学精蕴、佛道思想,可谓是一种参禅儒学,体现出独特的理论品格,代表了一个白族学者对儒学的卓越贡献,具有深刻的文化交融意义。

---

[1] 《元史·赛典赤赡思丁传》。

1. 辨性情

《心性图说》是李元阳的主要哲学论著和他与友人的一些通信，其思想内容构成了李元阳以性情为理论核心的基本儒学面貌，其最高的、核心的哲学范畴是"性"。他在《与罗修撰念庵》的信中这样表达："夫性，心意情识，其地位悬殊，状相迥别，惟彻道之慧目，乃能辨之。不然，雪里之粉，墨中之煤，毫厘之差，千里之谬。此儒先所未论者。"[1] 李元阳认为将"性"与心、意、情加以界分，并把"性"置于本体的地位，这是他"儒先所未论"的创见性自得。"夫天命之谓性，命字，有长存不灭之义。言性者，不死之物也。性即命也，命即性也，心意非其伦也。""盖人生而静，天之性也。此性在人为甚真，即本觉也，即道体也，即未发之中得一之一也。"[2] "性"即"命"，即"本觉"，即"道体"，即"未发之中"，是超然而然、不死不灭、永恒的实在性存在。李元阳这一本体之"性"，与天地万物的关系是："人具此性，本自圆明（明是良知，圆是知至），周匝遍覆，虚灵豁彻，无体象可拟，非思议可及，惟中惟一而已。"[3] "天地世界，可谓广大，而吾人之性，又包乎天地世界之外，此圣人所以教人复性也。""性复，则天地世界，如观掌中物耳。"[4] 李元阳之"性""周匝遍覆""包乎天地世界"，表明了这一"性"之本体的总体性内涵，与北宋二程的"在天为命，在人为性，论其所主为心，其实只是一个道"[5] 的"道（理）"之本体总体性，具有某种意义的犀通，而其"虚灵豁彻，无体象可拟，非思议可及，惟中惟一"的性质，又体现出其"性"的形上性和某种精神性的虚灵绝对性。不过，李元阳的这种精神性、总体性的形上本体"性"，"虚灵"却不空无，而是具有伦理内涵

---

1 《李中溪全集》卷10，《丛书集成续编》142，台北：新文丰出版公司，1988，第767页。
2 《李中溪全集》卷6，《丛书集成续编》142，台北：新文丰出版公司，1988，第766、767页。
3 《李中溪全集》卷6，《丛书集成续编》142，台北：新文丰出版公司，1988，第767页。
4 《李中溪全集》卷6，《丛书集成续编》142，台北：新文丰出版公司，1988，第672、671页。
5 （宋）程颢、程颐：《河南程氏遗书》卷18，《二程集》第1册，中华书局，1981，第204页。

的形上存在，这种伦理内涵在李元阳看来就是"仁"。"夫人依性生，性以仁立。"[1] "今夫寂然不动之中，即道之体也，是即所谓仁也；所谓人生而静，天之性也；所谓虚灵不昧之本体也；所谓本然固有之知也；所谓无极之真也。此圣凡贤不肖智愚之所同具者也。"[2] 这样，李元阳的"性"即"仁"，与"性体""仁体""本体""道体""本然""无极"等，处于同一个本体层面，它使李元阳在这个理论层面时而表现出来的佛道观念，终又归入儒家的理论观念中来。

与本体、总体、形而上的"性"相对立的，是人之"心""意""情"。"心""意""情"按其为"物"所"感"、所"惑"、所"蔽"的程度不同，而渐次有所加重，至"情"是最"为物所蔽"的思想意识，可以说代表着与人的形上之"性"根本对立的形下物"象"之极。李元阳分别给予了"心""意""情"明确的"图说"，这里试作列表并与李元阳所论之"性"加以比较（见表7-1）。

表7-1　　　　　　　　　　性心意情比较一览表

性	心	意	情
人具此性，本自圆明（明是良知，圆是知至），周匝遍覆，虚灵豁彻，无体象可拟，非思议可及，惟中惟一而已。夫天命之谓性，命字，有长存不灭之义。言性者，不死之物也。性即命也，命即性也，心意非其伦也	性之神识动而为心。心者，感物而动之谓也。半明半蔽，半通半塞，其象如此[3]	心识发而为意。意者，为物所感之谓也。明少蔽多，通少塞多，其象如此[4]	意识流而为情。情者，为物所蔽之谓也。忘己循物，背觉合尘，昏蔽太甚，塞而不通，其象如此[5]

1　《李中溪全集》卷5，《丛书集成续编》142，台北：新文丰出版公司，1988，第642页。
2　《李中溪全集》卷10，《丛书集成续编》142，台北：新文丰出版公司，1988，第768页。
3　《李中溪全集》卷6，《丛书集成续编》142，台北：新文丰出版公司，1988，第767页。
4　《李中溪全集》卷6，《丛书集成续编》142，台北：新文丰出版公司，1988，第768页。
5　《李中溪全集》卷6，《丛书集成续编》142，台北：新文丰出版公司，1988，第768页。

就其思想继承性而言，李元阳"本自圆明"的本体之"性"，显然与王阳明"良知"本体相联系。王阳明说："天地万物，俱在我良知的发用流行中，何尝又有一物超于良知之外？"[1] 但是，王阳明的良知之"性"，与"心"、与"理"、与"天"，完全是合一的。"心之体，性也。性即理也。""心也，性也，天也，一也。"[2] 与王阳明"心性不二"不同，李元阳析"性"与"心"为二，并且把"心"与"意""情"归为"缘物而起，物去而灭"的"识"，显示出对阳明心学心本论的破解和改造。李元阳的本体之"性"，当然也与禅宗佛教"无生灭，无去来"的空寂清净"本性"相犀通，或者说就是佛教的真如"佛性"，只是与把阳明学的"心性为一"加以分离一样，李元阳也从佛教的"识心见性，自成佛道"的"心性一体"中将"心"剥离出来。由此，李元阳之"性"即成为一纯粹的、没有"物"染的、"虚灵豁彻"的绝对本体，与之相对立的是为物所"感"、所"惑"、所"蔽"的心、意、情识。就其理论的迁变来说，李元阳心、意、情的观念，又明显地表现出在阳明心学基础上的改造和进展。王阳明认为，"身之主宰便是心；心之所发便是意；意之本体便是知；意之所在便是物"[3]。"意是心之运用"，"情亦是发处"，"情是性之发，情是发出恁地，意是主张要恁地"。心、知、意、情、物，在阳明心学中都统摄于心，所谓"心外无物，心外无事，心外无理，心外无义，心外无善"，就是说，事、物、意、情都由心、性所发，物、事、意、情都与心相联系。李元阳也把心、意、情、物联系在一起，将心、意、情判定为均是由物所感、所惑、所蔽的"虚假"不实之"物"。至此，李元阳也就把阳明学的"心"从本体层面降至"感物而动"的感性之"物"，具有了"半明半蔽，半通半塞"之"象"。李元阳的这种性、

---

[1] 《王阳明全集》，上海古籍出版社，1992，第106页。
[2] 《王阳明全集》，上海古籍出版社，1992，第86页。
[3] 《王阳明全集》，上海古籍出版社，1992，第6页。

心、意、情之辨,其标准显然是"灵明"。他说:"性也者,灵明独照,与天常存。"[1] "灵明"原本是佛、道的观念,宋明理学程朱陆王均有所融摄。佛教喻慧如日,智如月,智慧常明。明悟自心,彻见本性。道教元初李道纯《中和集》中说:"夫性者,先天至神,一灵之谓也。"又说:"人之极也,中天地而立命,禀虚灵以成性。"[2] 李元阳以"虚灵"或"灵明"来辨分性与心、意、情,显现出其佛、道兼宗的观念特征。

2. 分"知""识"

依照宋明理学的理论主题来说,李元阳在其性本体论观念的融摄下,另一个重要的主题性理论内容,就是他的以界分"知""识"为主要特征的道德修养方法即"工夫论"。

李元阳不能认同或者说要明确修正阳明学以心之知觉功能界定良知所导致的"知""识""混为一"而"不分",认为必须将二者区别开来才能获得"真我"之"知",达致"复性"或"性复"。李元阳在给阳明后学王畿的信中说:"承示《致知辩议》一书,反复披吟,暂悟复蔽,不能了了。盖缘知识二字混为一下而不分,所以愈辩愈晦耳。……夫天性之灵明为知,心意之晓了为识。知从性生,识从意起;知是德,识是病;知之德曰智,识之病曰惑。此知,此识,毫厘之差,千里之谬。"[3] 在解释佛教《楞伽经》的《刻八识规矩序》中,李元阳认为:"大道之要,灵知是已。灵知者,真我也。……夫神识者,灵知之贼也。认贼为子,悲夫!"[4] 李元阳把"知""识"截然分属于本体"灵知"之"性"和心、意、情"晓了"的感性物象之"识",显然既是其"性"本体论观念的逻辑结论,也是建构其修养工夫论的理论前提,

---

1 《李中溪全集》卷5,《丛书集成续编》142,台北:新文丰出版公司,1988,第632页。
2 (元)李道纯撰:《中和集》,《道藏》第4册,文物出版社、上海书店、天津古籍出版社,1988,第484页。
3 《李中溪全集》卷10,《丛书集成续编》142,台北:新文丰出版公司,1988,第769页。
4 《李中溪全集》卷5,《丛书集成续编》142,台北:新文丰出版公司,1988,第635页。

其目的在于弃"识"背尘、"合觉""复性"而得"知",从而达到超凡入圣的"至善"精神境界。

李元阳所论获得"至善"精神境界的道德修养方法,概而言之有三种:一是格物致知。李元阳认为,"复性即是致知,性复即是知至",要从"格物"而达到"复性"和"致知"的境界。对于格物,李元阳兼取宋明司马光和王阳明"格物"之论而又有所扬弃,认为:"盖格字,如手格猛兽,格去非心,扞格之格,格杀之格。……格物者,非格去外物,乃格去我交物之识也,使此识不我蔽,不我惑,不我动也。故正心诚意即是格物,意诚心正即是格物。……诚正之外,非别有格,心意情识之外非别有物,天性之外,非别有知也。"[1] 李元阳"扞格"之论是对司马光"格,犹扞也、御也。能扞御外物,然后能知至道矣"[2] 诠解之说的采摄;格物非为格去外物,乃格去我之物"识",也即正心诚意,因为"心意情识之外非别有物,天性之外,非别有知",这些思想基本上是对王阳明"意所在之事谓之物。格者,正也,正其不正以归于正之谓也。……夫是之谓格"[3],格物即格心、正心,"格物是诚意的工夫"[4] 等学说的援用。当然,王阳明还有"诚意工夫,实下手处在格物也"[5],即"诚意"通过"下手处"之"践行"而达到知行合一、为善去恶,这是李元阳所未论及的。二是"顿悟"和"渐修"。李元阳通过训释《中庸》章句,提出"复性"之"顿悟"和"渐修"的途径。认为:"率性之谓道,顿悟此性也;修道之谓教,渐修此性也。顿悟诚而明,知至也;渐修明而诚,致知也。知性则知天,天道也;修身以立命,人道也。"[6] "顿悟"可以由"诚而明"达到"知至","渐修"则是一个修道、教化的过程。

---

[1] 《李中溪全集》卷10,《丛书集成续编》142,台北:新文丰出版公司,1988,第766页。
[2] 《司马温公文集》卷13,《丛书集成初编》第1920册,商务印书馆,1936,第299页。
[3] 《王阳明全集》,上海古籍出版社,1992,第972页。
[4] 《王阳明全集》,上海古籍出版社,1992,第10页。
[5] 《王阳明全集》,上海古籍出版社,1992,第120页。
[6] 《李中溪全集》卷10,《丛书集成续编》142,台北:新文丰出版公司,1988,第766页。

"中人以上，可以言顿格；中人以下，须渐格也。"无论"顿悟""渐修"或"顿格""渐格"，要旨都在于"忘之又忘，以至无可忘，惟有大觉矣"[1]。三是"安其心"与"收放心"。李元阳认为："道之全体具于人之一心，圣不加多，愚不加少。然而……圣人以其心役耳目鼻舌身意，众人以眼耳鼻舌身意役其心。"[2] 即对于普通人来说，由于常受"六根"（耳目鼻舌身意）之役，并且"六根"又是心出入之门户，因此就要控制住"六根"的欲念，才能"安其心"。如果"六根"不制，则为"心患"以及放心未收。所以，"制六根"也就是"收放心"，"制六根""收放心"才可"安其心"。"收放心"，"至于真积力久，则昏散二病湛然自除，兹则了然顿悟，豁然贯通之时矣"[3]。实际即为要达到"复性"成圣，就要摒弃一切思虑、情为、意念、欲求，去体验那种"无体象可拟，非思议可及"的神秘本体之"性"。李元阳曾批评时人说："近世从事讲学者又皆以识神为觉，而实非本觉也；以见解为悟，而实非真悟也。此无他，性心意情识未及犁然，是以觉路不开，见惑为病。"[4]在李元阳看来，远离或无染于心、意、情等各种思虑、意识和观念之"识"的"真我""本觉"，才是唯一可以达到至善和"仁"的精神境界的入圣域之途。

3. 融佛儒

李元阳堪称明代的云南白族释儒。他的性本论儒学较多地渗透着佛学的精蕴；其参禅崇佛的人生历程也始终牵绊着儒学的观念。在宋明理学深刻援引佛道哲学和云南白、彝少数民族具有佛儒并尊传统的观念背景下，李元阳的儒学建构也深深地嵌入了这样的特色。

不同于宋明任何其他的儒家学者在理论上往往援佛而又非佛，李元阳明

---

[1] 《李中溪全集》卷10，《丛书集成续编》142，台北：新文丰出版公司，1988，第766页。
[2] 《李中溪全集》卷10，《丛书集成续编》142，台北：新文丰出版公司，1988，第765页。
[3] 《李中溪全集》卷10，《丛书集成续编》142，台北：新文丰出版公司，1988，第765页。
[4] 《李中溪全集》卷10，《丛书集成续编》142，台北：新文丰出版公司，1988，第767页。

确表示自己对待儒佛及道的态度："阳愚以为，道学性命本是一家。故阳之自力，惟以灵知到手即可了事，初不计为孔，为释，为老也。"[1] 并且坚信自己这种儒佛道等量齐观的理路，"今虽未见圣人之奥，而自信路头断然不差。作圣之功，信非内典不能明也。无怪宋儒蚤年非佛，晚年逃禅，盖禅非圣事，而非禅无以作圣耳"[2]。这是站在儒学立场对佛禅可以崇信的宣示，并举"近代能白此道者，惟白沙、阳明、定山、念庵四先生，可继明道、濂溪、象山之统，余皆支离，不可取法"[3] 的儒学更近佛道的事实以证之。

在李元阳看来，儒、佛、道思想在根本上是相通的。"老释方外儒，孔孟区中禅。""人性本天命，率圣修乃贤。释文谈顿渐，仙籍垂重玄。三圣本一初，至理无中边。"[4] 从儒佛自身来说，李元阳认为，儒学中本有禅学的旨意、方法，佛禅中也有儒学的意蕴、精髓。如在复性的修养工夫上，佛谚云："若要佛渡人，先须我渡我"，这实际上也就是孔子儒学的"为仁由己，而由人乎哉？"[5] 即二者都强调人之自觉的、内在的、主动的自我修为，而不是被动不自觉的外在制约。又如，李元阳曾以自己的亲身感受表示："余始从事格致之学，久而不得其门。里居暇日，得《楞严》读之，始掩卷而叹曰：格致之学，其精蕴具于此矣！……佛说《楞严》，专为破惑。惑破则知至。"[6] 儒学中格物致知之学的精蕴，为佛教《楞严经》所蕴含；佛教《楞严经》的"破惑"之说，就是讲的儒学格物致知之学。在儒佛两种理论的社会功能上，李元阳认为它们都具有治国安民作用，如宋代儒臣"韩魏公、范文正公、富郑公、司马温公立朝有此力量，皆从佛学中来"[7]。

1　《李中溪全集》卷10，《丛书集成续编》142，台北：新文丰出版公司，1988，第769页。
2　《李中溪全集》卷10，《丛书集成续编》142，台北：新文丰出版公司，1988，第770—771页。
3　《李中溪全集》卷10，《丛书集成续编》142，台北：新文丰出版公司，1988，第760页。
4　《李中溪全集》卷2，《丛书集成续编》142，台北：新文丰出版公司，1988，第538页。
5　《论语·颜渊》。
6　《李中溪全集》卷5，《丛书集成续编》142，台北：新文丰出版公司，1988，第637页。
7　《李中溪全集》卷10，《丛书集成续编》142，台北：新文丰出版公司，1988，第760页。

李元阳融合佛儒是循着两个相互参照的理路进行的。一是参禅入儒。如他说："《圆觉》、《楞严》、《维摩诘所说经》，直指此心，即道精微玄妙，读此然后知子思子之《中庸》，为孔子之嫡传。"[1] 以佛教经典中"直指此心"的宗旨，诠解以子思为代表的《中庸》学是孔子儒学的真正方向。李元阳儒学在本体论层面对于佛学的融摄是多而显的，表现在其"性"的本体地位，其"性"的性质、状态，以及与其本体之"性"相对立的"心""意""情"识为外物所"感"、所"惑"、所"蔽"之情状等。佛教《坛经》中关于"性""心"及人的眼耳鼻舌身意之间关系有一形象比喻，即"心地性王"说。"世人自色身是城，眼耳鼻舌是门。外有五门，内有意门。心是地，性是王。王居心地上，性在王在，性去王无。性在身心存，性去身心坏。佛向性中作，莫向身外求。自性迷即是众生，自性觉即是佛。"[2] 慧能把人的色身比为城邑，眼耳鼻舌身为外面的五座城门，意根为里面的城门，心如城中之地，性则如统治此城之王。《坛经》的这个"心地性王"之喻揭示了"性"的统摄、主宰、主导、根本地位和作用，诠释了"心""意"以及眼耳鼻舌身之"情"与"性"的依存关系。人之身心的坏灭与否，决定于人"性"的"觉悟"与否。"性"自本觉、灵明，"物来亦不起，物去亦不灭，了然常知，迎之不见其始，屏之不见其终"[3]。《坛经》又曰："汝之本性，犹如虚空，……但见本源清净，觉体圆明，即名见性成佛，亦名如来知见。"[4] 李元阳把这些禅佛的观念，融入了他的"性"本论之中，禅宗慧能所说"心量广大，犹如虚空……日月星宿，山河大地，泉源溪涧，草木丛林……总在空中。世人性空，亦复如是"[5] 的心包万法观念，也被李元阳用来说明"性"与天地世界

---

[1] 《李中溪全集》卷10，《丛书集成续编》142，台北：新文丰出版公司，1988，第760页。
[2] 尚荣译注：《坛经》，中华书局，2010，第68页。
[3] 《李中溪全集》卷10，《丛书集成续编》142，台北：新文丰出版公司，1988，第766页。
[4] 尚荣译注：《坛经》，中华书局，2010，第121页。
[5] 尚荣译注：《坛经》，中华书局，2010，第40页。

的关系。李元阳在修养工夫论的层面参佛入儒更为显著。这里仅举一例以说明之。佛教禅宗参究心性有"顿悟"和"渐修"两种方法。据《五灯会元》载:"慧能,受衣法,居岭南为六祖,……神秀,在北扬化。其后神秀门人普寂者,立秀为第六祖,而自称七祖。其所得法虽一,而开导发悟有顿渐之异,故曰南顿北渐。"[1] 藏传佛教同样有"顿渐之辨",一派主张成佛之道应通过个人顿悟,此顿悟源于摒除包括善恶在内的一切思考;一派坚持只有经过渐修,才能修成正果。李元阳援引佛教的"顿悟""渐修"之说,用以疏解儒学经典《中庸》,说:"率性之谓道,顿悟此性也;修道之谓教,渐修此性也。顿悟诚而明,知至也;渐修明而诚,致知也。"[2] 二是以儒融佛。李元阳参佛入儒实际上已经具有以儒融佛的内蕴。参佛入儒是从佛教视角来看李元阳的儒学思想;以儒融佛是就儒学视角来看李元阳的观念建构。从李元阳对阳明心学的改造性继承来说,"良知""致良知"的王学观念,在李元阳的理论构成中,融合了更多的佛道观念。如佛教表明"心""性"本质状态的"圆明""本觉"观念,被李元阳借以阐述儒家之性,他说:"人具此性,本自圆明(明是良知,圆是知至)"[3],以"圆明"疏解人之本性"良知"和"致良知"。李元阳有时还直接把本体之"性"称为"圆明之体",称为"本觉"。他说:"意识流而为情,则圆明之体全背,其违禽兽不远矣。""盖人生而静,天之性也。此性在人为甚真,即本觉也,即道体也,即未发之中得一之一也。"[4] 用佛教基本的、重要的或核心的观念,来阐释疏解儒学或儒典的要旨精义,是李元阳儒学的鲜明特色。

4. 文化综合

从文化综合的意义上,李元阳是非常具有融汇精神的一位少数民族哲人。

---

1 (宋)释普济:《五灯会元》(上册)卷4,中华书局,1984,第225页。
2 《李中溪全集》卷10,《丛书集成续编》142,台北:新文丰出版公司,1988,第766页。
3 《李中溪全集》卷10,《丛书集成续编》142,台北:新文丰出版公司,1988,第767页。
4 《李中溪全集》卷10,《丛书集成续编》142,台北:新文丰出版公司,1988,第767页。

在儒、释、道三大传统构成的中华主流文化中，李元阳既融佛儒，同时也合儒道。李元阳对道教的吸收融摄，主要表现在"性体""虚灵"和"渐修"三种观念上。全真道认为"性"与天道是相贯通的，真性与道体合一。"性者，天地之先，至静至虚之道也。三才万物莫不因之以出生，乃真阳之祖，真命之原，真神之根，众妙之本也。"[1]"性"即"道"，即"众妙之本"，"性"与"道"一样具有本源的地位。"性体虚空，方于正念。"[2] 当然，道教中还有"识性"或"血气之性"的观念。李元阳吸纳了道教的"性体"、本性或本然之性，为其创立"性"本体论获得了一定的思想资源。《真仙直指语录》载："若性到虚空，豁达灵明，乃是大道。此处好下手，决要端的工夫。"[3] 李元阳以"虚灵"或"灵明"来辨分性与心、意、情，呈现出佛、道兼综的特征。全真道不倡"顿悟"，而主"渐修"，认为证道成仙不是一时一事之事，凡得道之人都是因为累世积功修行，顿悟不过是累世修行的结果。李元阳既主张顿悟，也主张渐修。他说，"率性之谓道，顿悟此性也；修道之谓教，渐修此性也。顿悟诚而明，知至也；渐修明而诚，致知也"，这一论述集中反映出李元阳综合儒释道而又自成一家言的理论特色，也明确显示出李元阳消化吸收、综合融汇佛道思想，却并未沉溺归本于佛道思想的性质，李元阳曾说："志于明道者，不主儒，不主释，但主理。"[4] 执着于性理观念，应该是李元阳根本的思想基点。

因此可以判定，李元阳的哲学思想不属于佛教。李元阳的后半生可以说十分崇信佛教，认为："作圣之功，信非内典不能明也。无怪宋儒蚤年非佛，

---

1 （金）牧常晁撰：《玄宗直指万法同归》，《道藏》第23册，文物出版社、上海书店、天津古籍出版社，1988，第930页。
2 （元）玄全子编：《真仙直指语录》，《道藏》第32册，文物出版社、上海书店、天津古籍出版社，1988，第436页。
3 （元）玄全子编：《真仙直指语录》，《道藏》第32册，文物出版社、上海书店、天津古籍出版社，1988，第437页。
4 《李中溪全集》卷5，《丛书集成续编》142，台北：新文丰出版公司，1988，第637页。

晚年逃禅，盖禅非圣事，而非禅无以作圣耳。"[1] 甚至说："三界之内功德极大者莫如佛，佛身充满法界，无处无佛，机感相叩，其应如响。但作一佛事，天神地祇极力护持。"[2] 进而相信："禅家建火场炼魔却睡，其法专用力于眼视，或三日或七日，不坐不睡，……至于真积力久，则昏散二病湛然自除，兹则了然顿悟，豁然贯通之时矣。"[3] 显见，不仅李元阳思想的出发点在于儒家的圣人之德或精神境界，其归宿处或其追求的精神目标也同样在于通过吸纳融摄佛道的顿悟、渐修等途径，最后实现"真积力久""昏散二病湛然自除，兹则了然顿悟，豁然贯通"，而致其"良知"之"本性"。这里与程朱道德修养工夫论的"进学致知""积累贯通"之说显然有相犀通性。

李元阳的哲学思想也不属于道教。相比较而言，李元阳对道教一些重要观念的融合吸收，不及佛教之繁之显，因而道教思想在李元阳哲学结构中处于次佛地位。融合佛道而不归于佛道，李元阳是反复表述了的。他在《与林尚书退斋二书》中曾就"为圣贤"而感慨道："阳今七十二，尚在凡夫之地，然此心耿耿，十二时中惟睡眠不能尽却，除睡眠之外，所存所为无非此事。……窃谓近代能白此道者，惟白沙、阳明、定山、念庵四先生，可继明道、濂溪、象山之统，余皆支离，不可取法。"[4] 表明李元阳自认其是属于宋明儒学中陆王心学一系的，甚至可以往前追溯到子思、孟轲之统。

因此细细深究来看，李元阳哲学在根本上应属于儒学，但是也不能简单地归属于宋明儒学的阳明心学，它与阳明心学本质上相通而不尽相同。尽管李元阳曾经在给王畿的信中说："弟晚出，不及游阳明师之门，师独揭'致良知'三字，直继孟子之统，宋儒周陆不得而先焉，况其他乎。"[5] 但如前所

---

[1]《李中溪全集》卷10，《丛书集成续编》142，台北：新文丰出版公司，1988，第771页。
[2]《李中溪全集》卷8，《丛书集成续编》142，台北：新文丰出版公司，1988，第718页。
[3]《李中溪全集》卷10，《丛书集成续编》142，台北：新文丰出版公司，1988，第765页。
[4]《李中溪全集》卷10，《丛书集成续编》142，台北：新文丰出版公司，1988，第760页。
[5]《李中溪全集》卷10，《丛书集成续编》142，台北：新文丰出版公司，1988，第769—770页。

述，与阳明心学的"心性不二"、以心为本的根本性区别在于，李元阳坚持"性""心"对立、以性为本，也就是说，李元阳之学是以"良知""本觉"之"性"为本体，以"格物致知""顿悟""渐修"和"收放心"为道德修养工夫的"性"本体论哲学。

应该说，李元阳哲学在"志于明道"，在志于探究"性体"之道，在于深察"良知""本觉"及其"灵明"和"致知"。基于此，李元阳才表达出"不主儒，不主释，但主理"[1]的思想告白，其内蕴之意似在说明，不仅仅主于儒，也不仅仅主于释，即不仅仅坚持以儒为主或以释为主。这样一来，其在方法论上就获得了比较灵活的原则，在思想观念上易于收到兼收并蓄、广泛融合之效。从文化角度看，李元阳的哲学是儒释道相综合的哲学文化，李元阳的儒学是融合了佛道的儒学文化。李元阳作为我国明代的白族学人，在当时白族普遍信奉佛教的文化背景下，其所坚持的儒佛道三大传统主流文化的融合取向，直接揭示的是文化的综合创新意义。如果说佛教标志着我国白族这一少数民族在明代当时的主体性文化，李元阳综合儒道，实现儒释道相融会，实质上体现了中华各民族文化交融映射下的民族和谐关系，民族之间团结融合、多元一体的深刻精神内涵。

约在明代前期还有一位或为今之白族的"教读儒士"杨黼[2]。据《明史》载："杨黼，云南太和人也。好学，读《五经》皆百遍。工篆籀，好释典。或劝其应举，笑曰：'不理性命，理外物耶？'……注《孝经》数万言，证群书，根性命……入鸡足，栖罗汉壁石窟山十余年，寿至八十。"即杨黼显然是一位释儒，据悉他与无极等高僧交情颇深，所著《孝经释义》（《孝经注》），

---

[1] 《李中溪全集》卷5，《丛书集成续编》142，台北：新文丰出版公司，1988，第637页。
[2] 明代李元阳撰有《存诚道人杨黼传》，《明史》列传卷186《隐逸传》有杨黼传。据今上海师范大学哲学学院教授侯冲和当时署名博士研究生的张贤明在《杨黼家世及生平新证》（《云南民族大学学报》2013年第4期）中考证，杨黼为明代永乐至成化年间（1403—1487）白族《词记山花·咏苍洱境》即《山花碑》诗文的作者，著有《孝经注》。

体现了他释儒的思想面貌。杨黼释"孝",一是认为"孝"通贯儒释道三教;二是坚持"知""行"合一。"每出游,遇林泉会意,辄留连不能去,然父母在堂,不欲远离。"[1] "善事父母,隐居不仕,博学多闻,甘贫志道。"[2] 终生侍奉父母,唯求亲阅,甘贫志道,奉亲如佛,这是杨黼对待"孝"的特点。杨黼还是汉字白音《山花碑》诗文的撰著者,《山花碑》是白族历史上长期流传的"大本曲"弹唱的"山花体"诗歌形式,又名《词记(或调寄)山花·咏苍洱境》。诗文既包含佛教思想,又富有儒学观念,充分体现了释儒和融的观念形态。一是杨黼明确教导子孙成为"释儒",诗中说要"恪恭敬父母天地,孝养教子孙释儒"。二是讲"行仁义礼上不轻,逞凶恶逆上不重",对儒家的基本伦理准则仁、义、礼、孝极力推崇遵从。三是强调"尽日勤谨持节操,连夜内省修不足",通过勤勉、谨慎、节持、内省提升道德境界,这主要是儒家的修养方法。杨黼"以颜回道许浮生,得尧天法度",体现了他在行为标准和思想境界上的追求。四是坚信遵奉儒家伦理教化思想,要像自然界中的重峦叠嶂历经风化而千古万代挺立一样的传承。说:"游息于危崖绝巘,漫步在葳蕤茅草;风化经千古万代,传千古万代。"从《山花碑》的诗文可以看出,杨黼保持着佛教观念和礼佛态度,而更重要的则是坚守儒家的伦理道德思想。

《二艾遗书》是明代云南太和(今大理)白人(或谓汉族)艾自新(号云苍)、艾自修(号雪苍)兄弟关于儒家伦理道德修养的语录合集。《遗书》强调儒家的忠君爱民思想,倡仁义,重孝悌,讲礼节,奉"俭""惜""勤""谨"等德行,弘扬儒家传统。出生于明代大理府邓川(今洱源县)于明孝宗弘治十二年(1499)登进士第、为官自我约束"刁诈胁不动,财利惑不动,权豪撼不动",具有"三不动"美称的白族杨南金,著有《居家四箴》,

---

[1] 《李中溪全集》卷10,《杨黼先生传》,《丛书集成续编》142,台北:新文丰出版公司,1988。
[2] 清·康熙《大理府志》卷25《隐逸》。

完全用儒家的伦理道德规范训诫子孙，同样体现着一位白族学者所受儒家思想的深刻影响。如此等等，白族先民自南诏大理以降所逐渐形成的释儒和融观念，到了明代呈现出愈加强化的趋势和鲜明特征。

第三节　释儒和融：宋元明清时期白族哲学思想文化的主要观念形态（二）

一　文化边缘的儒学创获：白族（或彝族）学者高奣映的儒学成就[1]

明清之际，在以白族先民为主的云南边陲这一文化边缘地带，有一位造诣甚高、儒学创获显著的少数民族学者高奣映。

作为清初云南姚安府的土同知、儒家学者高奣映，[2] 是白族或彝族人。《云南经济日报》载李国庆文称，高奣映"是我国明末清初的一位著名彝族学者和文学家"[3]。然当今学界多认为高奣映为白族。如萧万源、伍雄武、阿不都秀库尔等著《中国少数民族哲学史》、龚友德著《白族哲学思想史》皆以高为白族。各自均无考证性文字，但无论白、彝，高奣映为明末清初一位知名的少数民族学者当属无疑。[4] 从高奣映大量的学术撰著、后人评断以及

---

[1] 本部分内容以《文化边缘中的高深造诣：清初少数民族学者高奣映的儒学创获》为题，刊于《四川大学学报》（哲学社会科学版）2014年第5期。

[2] 《姚安县志》称高奣映："平生著书共八十一种，为邑中先政著述之冠。盖大而经史政教，精而儒释性命，老庄哲理以及医占杂艺，皆能扫前人支离，自辟精义，并于先儒偏驳处，时加救正。"（霍士廉修，由云龙纂：《姚安县志》，《学术志·学术概论》卷42，中华民国三十七年铅印本，第五册，1984年重印，无页码）

[3] 李国庆：《勇于创新的彝族学者高奣映》，《云南经济日报》2012年5月18日。

[4] 《中国哲学大辞典》（方克立主编，中国社会科学出版社，1994，第592页）释"高奣映"词条为：高奣映（1647—1707），白族（或谓彝族、汉族）思想家，学者。字雪君，小字遐龄。别号问米居士，又号结璘山叟。曾袭任云南姚安府土司知世职。中年退居结璘山。平生著书八十一种，在经史政教、儒释性命、老庄哲理以及医占杂艺等方面皆能扫前人支离，自开精义。

他在著述中的自我定位来看，应该说其对于儒学倾心最多，成就最显，且个性特征也最鲜明。《太极明辨》《增订来氏易注》《四书注》《春秋时义》《理学粹》等是他主要的儒学论著。

1. 再辨"太极""无极"

周敦颐《太极图说》首句"无极而太极"的学术命题，宋代朱熹与陆九渊曾有过深入辩论。高奣映在他的重要哲学著作之一《太极明辨》中，确立了以"太极"为本体的哲学思想观念，其他各方面思想都围绕着"太极"（或"理"）之核心观念而展开。他曾就周敦颐的《太极图》议论说："详玩先生之图，首以〇，此圈象混沌中太极之体"，"天地之所以混沌而必有开辟者，太极主宰一元归复之理也"，"明天之所以为天，尽夫太极之理矣！以此证周子先画白圈，示混沌中间太极之本原，乃先天而天不违之理"。[1]

具体而言，高奣映是针对朱熹所厘定并训解的周敦颐《太极图说》首句"无极而太极"这一重要命题而展开的。高奣映明确否弃、消弭"无极"这一范畴，或者说不能肯认"无极而太极"之说，当然也非常抵触朱熹关于"无极而太极"的训释。高奣映所阐明的理据大致有三：其一，周敦颐的《太极图》上"并未著明'无极而太极也！'"其图"始画一白圈，即指太极之本体，不是画无极"[2]。高奣映认为，从汉代以降，儒家学者"莫不明太极之秘，未有以无极言者。言无极盖多见于老氏之说，……后儒更未之说"[3]，就是说，周敦颐的太极图与先儒的"太极"观念是一致的。其二，朱子拘泥于周敦颐《太极图说》有"无极而太极"这句话，于是就"执为千古不易之论"，实际上朱熹在阐释发明一切理义中，皆言太极，并未精言无极。即使是朱熹所称道的"无极二字，乃周子灼见道体，迥出常情，说出人不敢说之道

---

[1] （清）高奣映：《高奣映集》，云南大学出版社，2011，第7、9、21页。
[2] （清）高奣映：《高奣映集》，云南大学出版社，2011，第7、10页。
[3] （清）高奣映：《高奣映集》，云南大学出版社，2011，第6页。

理，令后学晓然见得太极之妙，不属有无，不落方体"，高奣映也辩称："灼见之道体，即是太极，如人睡着了，是混沌，不可叫做无极。……不许他说无极。将孔子所重之太极转被于混沌上又弄出一个无极，又与太极争功抗微，如此岂不是开后学以务高远异端之病？……惟务得太极足矣。不落有无，不落方体，便是禅学。"[1] 把周敦颐的"道体""太极"之妙，完全地作本体"太极"诠解，直接消弭、否弃掉"无极"，并说"倘于混沌中另安一个无极，人人都向空处理会。孔子言太极是说实理，决不肯叫人从空处作旷旷荡荡、浩浩落落之想"，"昔周子也只是观太极，并未观到无极"。[2] 实质上高奣映认为，朱熹也只是在形式上保留了周敦颐的"无极"概念，其精义仍是讲"太极"，"无极"之说，却有蹈"空"之病。其三，"总是一太极而已，……而两仪、动静、四象、五行、八卦、男女、万化，莫不包于此一之中"[3]。高奣映认为："万事既以言乎其事矣，万化亦既以言乎其化矣，即是太极发明所谓之事、之化也，即有极微妙之理悉备于太极中，不可以无形无象又泥一个无极，此太极亦正是无形无象，又安得以太极作块然一物着想哉！太极具方源之一致，人法之即以中正仁义为其理。要之，事事、化化、理理、气气即须于此太极里面理会，此中正仁义实学。"[4] 无形无象的本体太极，是世界万事万化、各种仪象的本宗，它存在于天地开辟之先，混沌是其初始的存在状态，"是混沌之初，据有此理而流行，其混沌者即为太极，是太极之理潜于混沌之初，又乌得有一无极复为造生混沌以前之太极哉！"[5] 这就是高奣映太极本体论的基本思想观念。

尽管高奣映明确而犀利地反对朱熹对于周敦颐"无极而太极"命题的阐

1　(清)高奣映：《高奣映集》，云南大学出版社，2011，第22页。
2　(清)高奣映：《高奣映集》，云南大学出版社，2011，第22页。
3　(清)高奣映：《高奣映集》，云南大学出版社，2011，第28页。
4　(清)高奣映：《高奣映集》，云南大学出版社，2011，第22页。
5　(清)高奣映：《高奣映集》，云南大学出版社，2011，第9—10页。

释，坚持太极本体论的观念，然而从实质上看，高裔映与朱熹应该说是"百虑而一致，殊途而同归"，即均归本于"太极"之理，所坚持的都是"太极"（理）本体论，惟其不同者在于思维的理路相异也。朱熹是将"无极"与"太极"二范畴打通，说明"无极"即"太极"。高裔映是直接消弭、否弃"无极"，只留下"太极"。因为，在朱熹看来，周敦颐"无极而太极"命题之"无极"所表述和内蕴的是"道体"（"太极"）的基本特质——无形状方所，却又存在于万物之中，"无极"是一个内涵深刻丰富的哲学范畴；"无极"与"太极"是从不同方面对"道体"（"理"）的诠解。让我们来看朱熹的有关论述："'无极'二字，乃是周子灼见道体，迥出常情，……说出人不敢说底道理，……语道体之至极，则谓之太极；语太极之流行，则谓之道。虽有二名，初无两体。周子所以谓之'无极'，正以其无方所、无形状，以为在无物之前，而未尝不立于有物之后；以为在阴阳之外，而未尝不行乎阴阳之中；以为通贯全体，无乎不在，则又初无声臭影响之可言也。……《老子》'复归于无极'，'无极'乃无穷之义。如庄生'入无穷之门，以游无极之野'云尔，非若周子所言之意也。"[1] 又说："无极者无形，太极者有理也。""'无极而太极'，只是说无形而有理。所谓太极者，只二气五行之理，非别有物为太极也。"[2] 还说："不言无极，则太极同于一物，不足为万化根；不言太极，则无极沦于空寂，而不能为万化根本。"[3] 应该说，朱熹的论断是在本体论的层面对"太极"之理的丰富深化、延展增益，也是在儒学内的纯化，并与佛道相区别，或者说避免、阻断流于佛老的通道。如前所述，高裔映主要是从周敦颐太极图的宇宙生成论维度，说明太极乃天地万物、万事万

1　（宋）朱熹：《晦庵先生朱文公文集》卷36《答陆子静》，朱杰人、严佐之、刘永翔主编：《新订朱子全书》（附外编）第22册，上海古籍出版社，2022，第1568—1569页。
2　（宋）黎靖德：《朱子语类》（第六册）卷94，中华书局，1986，第2366、2365页。
3　（宋）朱熹：《晦庵先生朱文公文集》卷36《答陆子美》，朱杰人、严佐之、刘永翔主编：《新订朱子全书》（附外编）第22册，上海古籍出版社，2022，第1560页。

化最后的本源，沿此理路，就不可以在太极之上、之前"又弄出一个无极"，如果"另安一个无极，人人都向空处理会"，就会"开后学以务高远异端之病"，流为老氏之"出无入有"、佛禅之"澄空寂灭"。因此"惟务得太极足矣"[1]。孔子言有太极，周敦颐以观太极，高奣映以此证论其太极本体之论并非己之臆度、臆创，而是先儒之见。不过，虽然在思维理路上高奣映不同于朱熹，但二者在太极本体论上，在运思过程中都不近释老、不入佛道上，又是相同的。

2. 理气先后动静

理气问题或者说理气先后动静问题，是中国哲学特别是宋明理学本体论中的重要问题。由于高奣映的太极本体论观念往往是从宇宙生成论的角度阐发，并且受到理学家周敦颐、朱熹、来知德等的重要影响，因此其理气观既密切联系着他的太极（理）本体论，又显示出周、朱、来的观念延伸，同时也彰显着高的创造性见解。首先，高奣映坚持理气有先后，且是理先气后。他说："来氏曰中间一圈为太极之本体者，非也，盖中间即奣映所谓含于混沌而精白之，浑噩处是理在气先者。此时物虽未开，务尚未成，而冒天下之道，《易》始已存乎其中矣。"又说："朱子说：'未有天地之先，毕竟先有此理。'此句说得极是。……盖理先于气化，斯所以运气者，理也，即朱子之义。"[2] 高奣映显然是认同朱熹的理先气后说的。不过，高奣映的相关论述，似又表现出理气无所谓先后、理气相融的观念。当然"理气无先后"也是朱熹所坚持的。高奣映说："夫气一与理合是太极，……尤见气合理完而性赋，总属太极。""道体莫全于太极，太极是浑然一致者也。惟浑然合理于混沌之中，及至理归气极，而太极一致之义始具万有而总天地。《易》曰：'一致而百虑。'万有莫不全于一致之中，……故太极包得先后天理、气之全体，故不得将太

---

[1] （清）高奣映：《高奣映集》，云南大学出版社，2011，第22页。
[2] （清）高奣映：《高奣映集》，云南大学出版社，2011，第29页。

极功施分归于无极"。¹ 表面看，高奣映与朱熹同持"理先气后"和"理气无先后"之论。细析之，或者如果根据朱熹的理气观念，在本体论的角度上观察，宇宙是一在本体涵盖、充盈下的自满自洽的整体，无所谓先后、始终、离合，本体（"理"或"太极"）"通贯全体"，从理气说即无先后。理气先后、离合只能是本体落在宇宙论层面上才产生的问题，是在宇宙论角度上方能显现出来的问题。因此，朱熹、高奣映又都坚持理气有先后且理先气后。这种观念已如上述，即在宇宙论的层面，从万物生成过程的角度是理先气后；但如果从万物的存在状态上说，"理"与"气"似又"二物浑沦，不可分开各在一处，然不害二物各为一物也"²，"自见在事物而观之，则阴阳函太极；推其本，则太极生阴阳"³。不难看出，在理先气后和理气无先后的理论观念上，高奣映的观点完全是受到朱熹影响的结果。

不仅如此，高奣映还具有"理宰而气行"的观念。他认为："有理为之主宰，而后气流行，流行分清浊而又对待者，数生焉。……是理宰而气行，其数从方生万化中通吉凶焉。……盖气则流行，而理本凝重，实理无穷，而气亦与之无穷。天地之所以为天地，独此理宰之，而后气随到复，遂致流畅而亨通"。⁴ "理宰而气行"表明二者在宇宙生成论中的作用是不同的，"理"为主，是主宰；"气"受"理"的支配而有动静，然后有天地开辟。这种"理宰气"的关系实际上还内蕴着"理"的恒久不变、未有灭息，"气"有盛衰、流行变化的意涵。"天地之所以混沌而必有开辟者，太极主宰一元归复之理也。气有盛而必衰，故辟久必混；理无时而灭息，故混久必辟。譬如人之形骸，气也；人之心灵，理也。形骸有坏，而心灵未尝灭

1　（清）高奣映：《高奣映集》，云南大学出版社，2011，第9、21页。
2　（宋）朱熹：《晦庵先生朱文公文集》卷46《答刘叔文》，朱杰人、严佐之、刘永翔主编：《朱子全书》第22册，上海古籍出版社、安徽教育出版社，2002，第2146页。
3　（宋）黎靖德编：《朱子语类》（第五册）卷75，中华书局，1986，第1929页。
4　（清）高奣映：《高奣映集》，云南大学出版社，2011，第25页。

也。天地、阴阳、五行之气混沌□，而太极之理未尝泯灭，为之主宰以造成之复开二仪，于是，天地既立，万物渐生，皆自然之妙，不假安排者也。"[1] 高奣映"理宰而气行"、理无灭息而气有盛衰流变的思想，又进而派生出理气动静的问题。

理气动静在宋明理学尤其是朱熹的观念体系中，是十分复杂且又非常重要的问题，动静被朱熹视为宇宙间一切存在所具有的最基本性质。在这样的思想观念背景下，高奣映自然也以动静论理气。其基本的主导倾向是：理无灭息，气有动静。他在读过周敦颐《通书》后明确阐述道："奣映又敬读先生《通书》，始明太极而生阳，阳动极而静，静极而生阴。既乃曰：'无极之真，二五之精，妙合而凝。'"又说："物之初生也，气之至也"，"夫太极含理运气"。还说："静极复动，动极复静，循环无端，流转不穷，最要在天地息机归根复命中看出此混沌两字，盖是时势气候到此田地，不得不成这等境界，只是个机颓气死、矗矗腾腾耳。然矗矗中之腾腾，即是终不可干混沌之生意。此生意即是大一含元而能立极之理也。"[2] 从高奣映的论述来看，太极之"理"与阴阳五行之"气"的关系是比较复杂的。简单地说，在高奣映看来，阴阳五行之气有动静，这是不成问题的。而太极之理有无动静？高奣映只是说"理无时而灭息"，"天地、阴阳、五行之气混沌□，而太极之理未尝泯灭，为之主宰以造成之复开二仪"，并未明确表示理有无动静。如果无动静，阴阳五行之气又是怎样动静的呢？这里我们从朱熹的有关论述，来理解高奣映的蕴含之意，或可得到一个解答。朱熹在致友人的一封信中说："盖谓太极含动静则可（朱熹自注：以本体而言也），谓太极有动静则可（朱熹自注：以流行而言也），若谓太极便是动静，则是形而上下者不分。"[3] 在朱熹

---

[1] （清）高奣映：《高奣映集》，云南大学出版社，2011，第9页。
[2] （清）高奣映：《高奣映集》，云南大学出版社，2011，第7、65、24页。
[3] （宋）朱熹：《晦庵先生朱文公文集》卷45《答杨子直》，朱杰人、严佐之、刘永翔主编：《朱子全书》第22册，上海古籍出版社、安徽教育出版社，2002，第2072页。

理学中，"太极"即"理"，他曾界定说："太极只是天地万物之理。"[1] 所以无疑地，朱熹这里从不同角度确定的"太极"与动静的三种关系，也就是"理"与动静的全部关系，即"太极（理）含动静"、"太极（理）有动静"和太极（理）不是动静。并且很显然，这三种关系是在"本体"（本体论）与"流行"（宇宙论）两个不同的理论层面上分别发生的。从本体层面说，"理"含"动静"、"理"不是"动静"；从"流行"即宇宙生成层面看，"理"有"动静"，即其意蕴是动静之"理"，能在"天道流行"过程中得到具体的表现、实现。因为万物生成过程也就是"气行"（气的运动过程）；理气不可分离，既有形下的气的运动，则又有形上的动静之理。这样，动静之理终由气的运动而显现出来，就此而言，可以说"太极有动静"或"理有动静"。但是，运动的实体是气，而非太极或理，故又不能说"太极动静"或"理动静"，而只能说"理搭在阴阳上"或"理搭于气"而行，即理凭借阴阳或气实现动静之理。[2] 由此我们来看高奣映的"理宰而气行"，实际上也就与朱熹的这些论述非常吻合了。在高奣映这里，"太极"本体之"理"，要落到"阴阳五行"之"气"上，才显现出或实现为"四时之序，寒暑推迁，万物蕃生，生死代谢"，即"物之生"的阴阳五行之气的流行变化或动静。"阴阳五行"之"气"的"流行"动静或天地万物的生成变化，必有其"动静""流行"之理即太极本体"为之主宰"。如他说："是混沌之初，据有此理而流行，其混沌者即为太极，是太极之理潜于混沌之初，又乌得有一无极复为造生混沌以前之太极哉！"[3] 这就是高奣映明显受到朱熹影响的太极（理）与阴阳五行（气）之动静关系的基本思想观念。

1　（宋）黎靖德编：《朱子语类》（第一册）卷1，中华书局，1986，第1页。
2　崔大华：《儒学引论》，人民出版社，2001，第515—516页。
3　（清）高奣映：《高奣映集》，云南大学出版社，2011，第9—10页。

3. "静""诚"以"复性"的修养工夫论

高奣映在心性修养、儒家的终极追求或最高的圣人精神境界之域，更加明显地紧密联系着周敦颐以及程朱的思想观念，并且有所取舍发挥而表现出个性的面貌来。他有三个逻辑上完整统一的理论观点，即以"止至善"为道德修养目标的"复性"说、"闲邪存诚"以为圣的涵养方法论和"主静"无欲的修养主张。

第一，"复性""止至善"的修养目标。在高奣映太极本体观念的涵摄之下，阴阳五行、天地和人、事事物物，都源于太极本体，即"气合理完而性赋"。高奣映引朱熹语录说："太极，只是天地万物之理。在天地为天地之太极，在万物为万物之太极，只是极好至善之道理。""人人有太极，物物有太极。太极是性，化生万物。"[1] 人与天地万物本于太极（理、性），"太极"或本体之理至善，人之本性无疑至善。所以，"夫学问之道，以心之所历而各以所得而岐焉，惟止至善，以求仁为端，以作圣为旨，以天下为己任"[2]。"复性"，也即恢复人的至善本性。因为高奣映认为："究极而言之，太极至清，而一落阴阳五行则有清有浊；太极至善，而一落阴阳五行则有善有恶；太极至醇，一落阴阳五行则有醇有驳；太极常真，而一落阴阳五行则有成有坏。""故虽愚不肖，具微体而等圣人，及求其至，即圣人复有所不能。"[3] 由于人之性本于太极至善，而一落阴阳五行就有善有恶，即使是圣人亦有所不能，基于此，"复性"既完全可能且非常必要。

第二，"闲邪存诚"的涵养方法。高奣映说："吾儒闲邪存诚，日谨其几，刻慎其独，当格物以致知，贵知言以养气，此心臆间，太极本体悉从静存动察中归复，未可以无极务高远于诞幽杳寂之境耳。心至空其所空，此一

---

[1] （清）高奣映：《高奣映集》，云南大学出版社，2011，第8、9页。
[2] （清）高奣映：《高奣映集》，云南大学出版社，2011，第275页。
[3] （清）高奣映：《高奣映集》，云南大学出版社，2011，第9页。

点灵彻之明光，毕竟不空。此无所空中之明彻灵光，即是吾人之亲体太极。要须时时与此点灵光契合，使不为物欲混，不为理事障，使之无欠无余，养到气达浩然、心通默识，则此本有之太极，归复而明备于我。……夫道心之微，即微此也；人心之危，即防闲恐侵乎此也。"[1] "闲邪存诚"的修养方法，明显映现出高崙映受《易传》尤其是北宋二程思想观念的影响。《易·乾·文言》说："闲邪存其诚。"[2] 即防止外界各种不善的侵入以保持自我的诚明或曰"存诚"。二程据此经常将"主敬"的工夫称为"闲邪"。二程说："闲邪更著甚工夫？但惟是动容貌、整思虑，则自然生敬。""如何是闲邪？非礼而勿视听言动，邪斯闲矣。"[3] 可见，二程所谓"主敬"或"闲邪"的工夫，实际上就是主动自觉地以"礼"的标准来规范、约束自己的心虑与行为，直至达到与"礼"完全一致，所谓"敬即便是礼，无己可克"[4]。高崙映则是从人人具有的诚明灵光，使人时时与此契合，就是说常常保持着"诚"的状态，使之"不为物欲混，不为理事障，使之无欠无余"，涵养到"气达浩然、心通默识"，"亲体太极"，以使本有的太极，归复而明备于我。二程要人"主敬"，高崙映坚持"诚明"，都转释为"闲邪"，其实一也。

第三，"主静"无欲的修养主张。"主静"原是周敦颐《太极图说》中提出的修养方法，即"圣人定之以中正仁义而主静，立人极焉"，并自注曰："无欲故静。"周敦颐的基本思路是：本然的、"诚"的人心，就是"圣人之境"，即所谓"寂然不动者，诚也"，"圣，诚而已矣。诚，五常之本，百行之源也"，所以排除欲念，直至"无欲"，保持心的清净而又具有伦理自觉状态，就是致圣的最根本的修养方法。[5] 高崙映既主张"存诚""立诚"的"闲

1　（清）高崙映：《高崙映集》，云南大学出版社，2011，第10页。
2　高亨：《周易大传今注》，齐鲁书社，1998，第49页。
3　（宋）程颢、程颐：《二程集》第1册，中华书局，1981，第149、26页。
4　（宋）程颢、程颐：《二程集》第1册，中华书局，1981，第143页。
5　崔大华：《儒学引论》，人民出版社，2001，第491—492页。

邪"之道，同时也肯认"主静"无欲的养心之方。所谓"主静"无欲，就是通过内视收敛、自我反省而将心境中"不善"的欲望排除，即排欲，最终达到圣人的境界。高奣映说："人既一动一静，莫不全乎太极之道然后行之也中，处之也正，发之也仁，裁之也义，……况静即诚之复性之真也。苟非寂然无欲，其静不凝；苟非畅豫亨嘉，其动必燥，乌能合天地而行鬼神也！此合天地、行鬼神，是太极，不是无极！"[1] "寂然无欲"之"静"，与"闲邪存诚"之道，一个是因人生而受到"不善"影响而排除掉物欲，一个是在思想根柢处立起一道防线保持住人的本然之"诚"而不受物欲侵扰，这种双向的精神运动和看似差异的心理状态，同样都以本然之心是"中正"或太极本体之"善"为立论的出发点，最终都以"诚明"或"理明"的圣人境界为要达到的"养心"目标，二者在这样的根本问题上是相同的。这里也同时彰显高奣映对于周子、二程兼收并蓄并有所改造的儒学修养工夫论特征。

4. 高奣映儒学思想简评

从中原儒学发展看，在宋明理学的观念系统中，明代理学的气本、理本、心本三种本体论，存养省察明道体道与本体工夫合一的两种工夫论，以及两种导致这种理论格局之形成的、发生在不同理论层面间的观念运动，既展现了也耗尽了理学理论发展的全部可能性。"在这种背景下，十分自然地，承袭宋明理学固有主题、论题的清代理学，呈现出的就是一幅如同强弩之末、夕阳晚照的、没有创造力的衰微没落的学术景象了。但就整个清代儒学来说，一种新的学术局面却也在这种历史契机中孕育着"[2]，这就是以清代乾嘉考据为特征的新经学和以"六经责我开生面"为目标导引的、批评并试图突破、超越理学的那种新的儒学理论思潮。这一思潮中的主要代表如黄宗羲、顾炎武、王夫之、颜元等，都努力在理学主题、论题之外发掘和创新儒学智慧。

1　（清）高奣映：《高奣映集》，云南大学出版社，2011，第25页。
2　崔大华：《儒学引论》，人民出版社，2001，第547页。

而高奣映则可说是以一位处于地理上之云南边陲的儒者，不期而然地旁列于明末清初的理学批判思潮之中。然而他对于周朱一个重要理论命题"无极而太极"的"明辨"，更加明显地显示出一种"原儒"的理论立场。对此民国《姚安县志》的评论颇为确当："清季北平名流有谓清初诸儒应以顾、黄、王、颜、高五氏并列，非过论也。"[1] 顾炎武、黄宗羲、王夫之、颜元是明末清初理学批评思潮中的重要代表人物，他们援依原始儒家经典，对其做出新诠释并以此来审视理学的弊端，驳论理学的理论观点，形成了明末清初的理学批判思潮，在一定意义上可以说是儒学历史上跨越理学的一次新的理论发展。高奣映确有与顾、黄、王、颜等的理学批判精神相同或共同的"原儒"理论立场和观念特点，而其作为一位少数民族儒家学者，在中原儒学思想难以渗透的边远地区，则更具有非同一般理学批判思潮所蕴含的增益儒学演进和融入民族地区社会生活的特殊意义。

从儒学在云南少数民族中的发展看，纳西族、白族、彝族、回族与儒学的关系最为密切，唐宋以降尤其明清时期是云南少数民族儒学创进之巅，如果说白族的"儒释""释儒"或"师僧"还处于习染浸润、融摄传播儒学的阶段，明清时期白、彝、回诸民族以李元阳、高奣映、王崧、马注等为代表，则是从不同方面或理论立场创新推进了儒学在云南少数民族中的重要发展。高奣映以其太极本体、理气先后动静、理宰气行、"静"、"诚"、"复性"、"止至善"的丰厚观念体系，既成就了其作为云南边陲一位少数民族儒学家的声望，也对云南少数民族儒学贡献了他深刻的思想理论智慧，使得云南少数民族儒学不仅独树一帜地矗立于我国少数民族哲学和儒学之林，也进一步扩大拓展了我国传统儒学在少数民族哲学和文化中的融汇创新，甚至作为我国少数民族哲学和文化特有的理论思维成果，深化了宋明理学固有的主题和论题。

1　霍士廉修，由云龙纂：《姚安县志》卷42《学术志·学术概论》，第五册，无页码。

二 白族学者王崧儒学的思想特质

清代的另一位白族学者王崧儒学的思想特质，显示了与李元阳参禅儒学、高奣映佛儒分立的不同和差异。

王崧是清代乾嘉年间云南浪穹（今大理白族自治州洱源县）的一位白族学者，号乐山，以进士授山西武乡县知县，讲学于山西鞞山书院、主讲晋阳书院，长于经史，撰著并刊行于世者有《乐山集》《说纬》《乐山制义》等。其儒学思想不杂佛老，却又能"兼综群籍，成一家言"[1]。王崧儒学思想的独特贡献或突出成就，是以人之本性为核心观念，辨人物之别、析性善之本、论如何葆有德性，这形成了他儒学思想的基本特色或特质。其思想理路是接引两宋理学关于心性问题天地（命）、气质之性之辨，循着先秦、汉唐儒学的观念变迁，回应孔孟儒学"性相近"和从人的心理特征提出的"性善"论，从而消弭理学儒学的气质之性，并以人性善之"有等"、有对或善之迁变释"恶"，以此为理论基础，提出资农桑而养人之形体、兴学重教葆淑人之德性，体现着明清儒学经世致用的实学取向。王崧儒学是继白族先民在南诏之后儒佛道共存并进、大理时期"释儒"，到清代白族哲学思想文化中儒学演进融摄的一个重要标志或环节，体现着白族哲学思想文化完全融合儒学思想理论的观念传统，对于白族作为我国一个少数民族在哲学和思想文化上的发展，具有和谐融洽民族关系、促进民族团结文明进步的重要社会现实意义。

1. 接引理学的天地（命）之性

心性问题为宋代儒学的理论主题，人性的天命、气质之辨，在张载、二程和朱陆之间展开，但他们有一个根本性的共识，即基本上继承了《易·系

---

1 （清）王崧：《乐山集》，《丛书集成续编》192，台北：新文丰出版公司，1988，第390页。

辞》的"一阴一阳谓之道,继之者善,成之者性"和思孟"天命之谓性,率性之谓道,修道之谓教"及人之"四端""四德"为人固有的思维理路,而发展、维护和深化着"性善"的儒学传统结论。张载由气本论提出"天地之性""气质之性",认为:"性于人无不善,系其善反不善反而已。"¹朱熹承接程子,从理本论的理路一方面在宇宙论层面以气质论性,解释了"善"与"恶"的发生;另一方面在更高的本体论的"理"的层面坚持了人性之本体的善性,即"论天地之性,则专指理言;论气质之性,则以理与气杂而言之"²。朱子后学黄震只承认人有气质之性,而批评"天地之性";陆九渊以心学立论,只讲天命之性,不讲气质之性。

王崧作为一位僻处云南边陲的清代中期白族儒学之士,其学术旨趣应该说是以人之为人即人的本质或本性的训释为起点的,其思想观念接引宋儒的天地(命)之性以回应传统孔孟儒学的"性相近"和从人的心理特征提出的"性善"结论。

首先,王崧认为人之为人或人与物的根本区别不在其形体,而是以其实质。"别乎物而为人,不以其形,以其实,如以形而已矣。……为人之形者亦一物也,混而不可分矣。以其实,则鸟不同于人,兽不同于人,鳞介、草木亦不同于人,分而不混矣。故人物之别,以其实,不以其形。"³这种根本区别于物的人之实,是人独有而物无有的"仁义礼智"之德,是"善"的"灵"性。"物之生同于人,物之善异于人,灵蠢之别也。人具仁义礼智之德,而物无之。犬之性,牛之性,人之性,其分在善与不善。"⁴ 王崧说:"至宋代儒者,笃信孟子,其言性也始密。程子曰:'孔子言气质之性非言性之本也,若言其本,则性即是理,理无不善。孟子之言性善是也。'何相近之

---

1 (宋)张载:《正蒙·诚明》,《张载集》,中华书局,1978,第22页。
2 (宋)黎靖德编:《朱子语类》(第一册)卷4,中华书局,1986,第67页。
3 (清)王崧:《乐山集》,《丛书集成续编》192,台北:新文丰出版公司,1988,第394页。
4 (清)王崧:《乐山集》,《丛书集成续编》192,台北:新文丰出版公司,1988,第402页。

有？张子曰：'形而后有气质之性，善反之，则天地之性存焉。'二子以善者为天地之性，相近者为气质之性……人之性即天地之性也，性如有二，将谓孟之水非渊之水乎？"[1] 在辨析张载、二程天地之性、气质之性的基础上，王崧肯定了天地之性的观念，并认为表现为仁义礼智之德的天地之性，是人之为人即人与物的根本区别。否则，如果从人之形质而言，为人之形者亦一物也，人与物皆物也，是混而不分的。这里以形实论人，将人之肉身归于形体、道德观念归于实质，并注重人的道德观念的精神层面，是王崧的理论创造。

其次，综合张载、二程、朱熹、陆九渊，把规定和体现人之实即人之善的本性的天地之性进一步进行演绎论证。从观念形式来看，王崧似受陆九渊只讲天命之性，不讲气质之性的影响，而不苟同张载、程朱析人性为二。就思想内容来说，王崧对于人之天地（命）之性，则有独具特色的训解诠释。一是以孔子、子思、《周易》、《中庸》之论为据，围绕"天命之谓性"和"继善成性"的命题，推绎人之天地（命）之性。王崧说："夫天命之谓性，子思之言也。夫子之言性与天道不可得闻，可闻者惟此一语，曰性相近，可知即天命之性矣。""一阴一阳之谓道，天也；继之者善，命也。成之者性，人也。子思综其理而为言，《易》以道属天，《中庸》以道属人。人之道出于天，故尽人可以合天。"[2] 如果按照宋代朱熹的训解，这个"继之"者的天、道、善、命，应该是指本体，是天道，是理，其性质是善。王崧在本体论的层面，即天道之善的内涵上与朱熹有一致性。"成之者性"，在朱熹看来，"成之"者，应该是理之本体通过气质成为人或具体事物，此方是性，它兼有气质。王崧在此处与朱熹不同，却与程颐所论比较切近。程颐曾说："心即性也。在天为命，在人为性，论其所主为心，其实只是一个道。""在天为

---

[1] （清）王崧：《乐山集》，《丛书集成续编》192，台北：新文丰出版公司，1988，第401、402页。
[2] （清）王崧：《乐山集》，《丛书集成续编》192，台北：新文丰出版公司，1988，第401、402页。

命，在义为理，在人为性，主于身为心，其实一也。"[1] "'天命之谓性'，此言性之理也。……若性之理也则无不善，曰天者，自然之理也。"[2] 二是以水和盂的关系论说天地之性，即人之道、人之性出于天，落实到人仍为天地之性，就像盂中之水虽注之于盂，仍为渊之水。人之性就是继天之道而成的天地之性。王崧说："性自性，气质自气质。性譬夫水，气质譬夫盂。水挹于渊而注之盂，性赋予天而托于气质。盂之水即渊之水，则人之性即天地之性也。性如有二，将谓盂之水非渊之水乎？"[3] 与上述方面一起，王崧的思想观念牢牢地驻扎在本体论的层面，而不发生任何动摇和改变，他甚至吸收汉儒如董仲舒的哲学观念，进一步肯认《易传》"一阴一阳之谓道，继之者善也，成之者性也"的"继善成性"和《中庸》"天命之谓性，率性之谓道，修道之谓教"两个命题，并认为孔孟之旨于斯可会。"立天之道曰阴与阳，立地之道曰柔与刚。乾为天，阳物也；坤为地，阴物也。乾刚坤柔，皆《易传》之言也。阴阳刚柔之于天地，有分有合，天生而地成，言天可以该地。……善属阳而恶属阴，阳主生而阴主杀。人，天之所生，即善之所生。"[4] 因此，人之性即天地之性，天生地成，性无不善。只是这里也明显暴露出王崧的哲学观念在本体论方面极其薄弱，以及还隐约熏染着汉儒人格之天的影响，比较宋儒此论，在思想观念的深刻性上，就显得黯然失色了。

2. 消弭理学的气质之性

王崧否认人有气质之性，且观念态度非常明确。其在理论上对气质之性的消弭，是循着两个理路进行的。其一是在本体论的层面，即人之性即天地之性，无不善。王崧说："愚窃以为，言贵绎理，名当副实。天也，命也，性也，气质也，析之为四，而其类有二：曰天，曰人。既曰性，又曰气质之性，

---

[1] （宋）程颢、程颐：《二程集》第 1 册，中华书局，1981，第 204 页。
[2] （宋）程颢、程颐：《二程集》第 1 册，中华书局，1981，第 313 页。
[3] （清）王崧：《乐山集》，《丛书集成续编》192，台北：新文丰出版公司，1988，第 402 页。
[4] （清）王崧：《乐山集》，《丛书集成续编》192，台北：新文丰出版公司，1988，第 402 页。

气质之实缀以性之名，而理因言晦矣。""天之命有生有杀。生为善命，性所以无不善也。"[1] 天、命、性均在本体的层面，换言之，既言性，它与天命本体合而为一，与气质是不相杂的。这一思想观念宋儒程颐已有明确论述："在天为命，在义为理，在人为性，主于身为心，其实一也。"[2] 严格说，程颐只承认形而上的天地之性或天命之性，并不承认有气质之性。因为，在程颐看来："性无不善，而有不善者才也。性即是理，理则自尧、舜至于涂人，一也。才禀于气，气有清浊。禀其清者为贤，禀其浊者为愚。"[3] 气质之性的根源在于气禀。只是天命之性必须通过"气禀"，才能成为现实的人性。"'天命之谓性'，此言性之理也。……若性之理也则无不善，曰天者，自然之理也。"[4] 程颐是从宇宙本体出发，经过先天禀受，转化为道德本体，成为价值论上的至善。宇宙本体原本就是善的，因此，逻辑的结论应当是"继善"而后"成性"。王崧对程颐的这一思想是有所承接的。其二是在宇宙论的层面。人的本善之性降至宇宙论层面，其善存在着程度上的差异，犹如水之冷有差等一样。"且夫人性之善，犹水性之冷；善之有等，犹冷之有等。不曰善相近，而曰性相近，言性不必言善，犹言水不必言冷。"[5] 应该说，王崧在这里主要是基于经验性的或者类比推理的维度，阐明人性之善犹如现实生活中水有不同温度一样也是有差等的。王崧以比较具体的量化观念描述了这样的差别："善者性之德也，相近者得善多寡之等也。耳之德曰聪，目之德曰明，性之德曰善。聪以师旷为极，明以离娄为极，善以尧舜为极。常人之聪明，有逊于师旷离娄什之一二以至什之八九者；常人之善其逊尧舜也亦若是已。暗昧者聪明之反，善者恶之反。聪明各有分量，善亦各有分量。聪明之德什八

---

[1] （清）王崧：《乐山集》，《丛书集成续编》192，台北：新文丰出版公司，1988，第402页。
[2] （宋）程颢、程颐：《二程集》第1册，中华书局，1981，第204页。
[3] （宋）程颢、程颐：《二程集》第1册，中华书局，1981，第204页。
[4] （宋）程颢、程颐：《二程集》第1册，中华书局，1981，第313页。
[5] （清）王崧：《乐山集》，《丛书集成续编》192，台北：新文丰出版公司，1988，第403页。

九，暗昧即什二三；善之德什八九，恶即什二三。上推而近善，下推而近恶，性所为相近也。"[1] 据此，王崧分人为五等，即圣人、贤人、中人、不肖、凶顽。说："圣人者，天人之转关也；亚乎圣者，其贤乎，其于圣也亦若圣之于天也已。介乎贤不肖之间者，其中人乎。中人而下，则不肖。不肖而纵情性恣睢，则凶顽相去不甚远。……凶顽之人，人兽之转关也。"[2] 显然，王崧不是从人性的善与不善，而是从善之差等来区分人的类型，也就是说，性从质上看，在本体论层面，无不善；善从量上分降至宇宙论层面，则有差等。这样，人之性即天地（命）之性，天地（命）之性无不善，宋儒所言气质之性以此而消弭。从善之"分量"分析诠释人性的差异，是王崧作为清代一位少数民族儒者的独特理论创造。

3. 以人性善之"有等""有对"或善之迁变释"恶"

根据王崧对于人性的理论诠解，人之性即无不善的天地（命）之性，而人性善又有等、各有分量。作为"天人之转关的""圣人"，应该是全善的；而贤者亚乎圣；中人介乎贤不肖之间。就是说，不同类型的人所具有的善性"分量"是不等的，那么除全善者外，不同类型的人具有的非善"分量"不同，甚至降至"近乎兽"的"凶顽之人"，这在宋儒张载、程颐、朱熹那里基本上围绕着"气质之性"或曰以气质论性，即"不善"是由于气质或"气禀"。王崧于此显然不同于张子程朱，而与陆九渊只讲天命之性有某种相近，甚至回归于孟子"若夫为不善，非才之罪也……其所以放其良心者，亦犹斧斤之于木也，旦旦而伐之，可以为美乎？"[3] 的观念上来。也就是说，这并不是性本身资质的问题，而是因为没有好好养护，致使良心善性遗失了。孟子所回答的实际上是何以由"善"之性会出现"不善"之行为的问题。王崧对

---

[1] （清）王崧：《乐山集》，《丛书集成续编》192，台北：新文丰出版公司，1988，第402—403页。
[2] （清）王崧：《乐山集》，《丛书集成续编》192，台北：新文丰出版公司，1988，第394页。
[3] 《孟子·告子上》。

此问题的解释，似乎在孟子的基础上，又牵绊着汉儒的某些思想理论，从而作出了体现其一定特色的结论。

王崧仍然是援引《易传》"一阴一阳之谓道，继之者善也，成之者性也"，"立天之道曰阴与阳，立地之道曰柔与刚"的理论命题，来阐明何以有"不善"或"恶"的问题。也就是说，"不善"或"恶"是作为"善"的对立面而存在的，有"善"不能无"恶"或"不善"，它们在本体论层面分别属于天之道的"阴"与"阳"，在宇宙论层面分别属于"生"和"杀"。王崧说："立天之道曰阴与阳，立地之道曰柔与刚，……阴阳刚柔之于天地，有分有合，天生而地成，言天可以该地。……善属阳而恶属阴，阳主生而阴主杀。天之所生，即善之所生。一阴一阳之谓道，天也。继之者善，命也；成之者性，人也。子思综其理而为言，《易》以道属天，《中庸》以道属人。人之道出于天，故尽人可以合天。""天之命有生有杀。生为善命，性所以无不善也。然而孔子曰相近何也？命属天而性属人，善自天而之人。天之道有阳不能无阴，于是人之性有善不能无恶。"[1] 王崧还援引汉儒董仲舒的论述说："董子曰：'天两有阴阳之施，身亦两有贪仁之性是已。'善者，性之德也。相近者，得善多寡之等也。"[2] 表面看，王崧似乎亦承认人性中有恶。其实，在王崧的观念中，人虽有不善或恶的表现，但是这不善或恶是不属于人性中的内容，而是应该近于物或者"近乎兽"的。他说："形人而实亦人，为贤为知；形人而实鸟兽，为不肖；形人而实鳞介草木，为愚。""凶顽之人近乎兽，仁慈之兽近乎人。凶顽之人，人兽之转关也。"[3] 这样，王崧在理论上不仅消弭了"气质之性"，并且将"不善"或"恶"划出了人性之外。

王崧认为，人与物的根本区别就在于善与不善。然而，"人之性或有恶，

---

[1] （清）王崧：《乐山集》，《丛书集成续编》192，台北：新文丰出版公司，1988，第402页。
[2] （清）王崧：《乐山集》，《丛书集成续编》192，台北：新文丰出版公司，1988，第402页。
[3] （清）王崧：《乐山集》，《丛书集成续编》192，台北：新文丰出版公司，1988，第394页。

犹水之性或有温"。"人性善水性冷，常也；人生而恶，水生而温，变也。"
"性善常，性恶变也。"[1] 此处王崧论人性之恶，是建立在感性经验的基础上。以人性的本体、本质而论，性本善而无不善；而在后天的生长中，人之善性或许会发生改变，犹如水之性冷会发生升温的变化。王崧又引入传统儒学中的性善情恶论加以诠解。说："愚以为，不善其性何以能至于命？人之性发而为情，有和有戾；天之性发而为情，有醇有驳。和戾之等不一，醇驳之等亦不一。"[2] 性静情动的观念似还内蕴于其间。性静是性善无不善之本；情动"有和有戾"，"和戾"显然是善恶分途。

4. 通过兴学施教葆淑人之德性

在王崧的思想观念中，本体论上的天、命、性（善），都是暗含着对立面而存在的，即天地之道曰阴阳刚柔，天地（命）之性曰善，但"善者，恶之反"[3]。"善属阳，而恶属阴。""天之道有阳不能无阴，于是人之性有善不能无恶。"[4] 降至宇宙论的层面，这种情况就表现为"善之有等""各有分量"，表现为从圣人而贤人而中人而不肖而凶顽之人的递降。那么，问题即如何反向提升，或者说如何葆淑人之善性或德性？从另一角度即人类社会的治乱来观察，王崧认为："曷谓治？人心正，风俗美，物各得其所也。""治也者，治人也。人有形体焉，有德性焉。治之者，养其形体葆其德性也。""人之形体德性并全而治，并亏而不治，有全有亏而亦不治。"[5] 王崧并重养人之形体和葆其德性，体现出王崧既重视人的物质生活，同时重视人的道德修养的精神生活的物质精神统一论的思想观念。达到或实现这样的修养和治世目标，王崧给出的途径有二：农桑和学校。他说："农桑学校，治之纲也。有资于农

---

1 （清）王崧：《乐山集》，《丛书集成续编》192，台北：新文丰出版公司，1988，第403、404页。
2 （清）王崧：《乐山集》，《丛书集成续编》192，台北：新文丰出版公司，1988，第403页。
3 （清）王崧：《乐山集》，《丛书集成续编》192，台北：新文丰出版公司，1988，第403页。
4 （清）王崧：《乐山集》，《丛书集成续编》192，台北：新文丰出版公司，1988，第402页。
5 （清）王崧：《乐山集》，《丛书集成续编》192，台北：新文丰出版公司，1988，第408页。

桑学校者，兴之；有害于农桑学校者，除之。是以有兵刑礼乐焉。农桑学校备而不乱，未备则犹乱，既备而复败坏则又乱。""夫惟养形体葆德性而后能有礼义，有农桑学校而后能养且葆，然则治乱之故，可以晓然矣。"[1] 由农桑而养人之形体，由学校而葆淑人之德性。也就是说，发展农业生产以满足人们的物质生活需要，为此王崧甚至进一步提出"抑商贾，贱货财，使游惰之人悉归田里"[2] 的论断；而兴学重教则能够"陶淑其性情，使不放溢于五典之外，而尚德绌恶，辩论官材之政寓焉。唐虞三代，上有敷教之典，下无不学之人，人伦明于上，小民亲于下"[3]。重农抑商，谨庠序之教，尚伦理道德礼义教化，是儒学的传统思想观念，并建构和演进为一种具有儒家思想观念特质的生活形态或方式。王崧明显地承继了这种儒学传统，只是在清代中叶的历史条件下，王崧并未能与时俱进地扬弃这样的儒学传统，进而吸收西学东渐所带来的能够弥补或矫正儒学思想观念中缺弱的方面和成分，其理论观念的局限性和狭窄性于此处也突出地显现出来。而换一种角度来观察，在云南边陲少数民族的集聚区，就其社会发展的现状和情势，王崧注重农桑葆淑德性的儒学论见，具有促进该地区的文明进步和民族素质提高的积极意义，也是毋庸置疑的。

5. 王崧儒学的思想特质

王崧以人性思想为核心的儒家哲学，通过接引宋儒张载、程朱之天地（命）之性，比较多地以对孔、孟、《易传》、《中庸》等先秦儒学和董仲舒、扬雄、韩愈等汉唐儒学的理论训解，在本体论和宇宙论两个理论层面阐发、推绎天地（命）之性的本善性质，表明人与物的根本区别及其在宇宙中的地位以及"天人之际，合而为一"（董仲舒语）的思想特色，从而在观念形式

---

[1] （清）王崧：《乐山集》，《丛书集成续编》192，台北：新文丰出版公司，1988，第408页。
[2] （清）王崧：《乐山集》，《丛书集成续编》192，台北：新文丰出版公司，1988，第410页。
[3] 引自萧万源、伍雄武、阿不都秀库尔主编《中国少数民族哲学史》，安徽人民出版社，1992，第656页。

和理论内容上消弭宋儒的气质之性，并在理论上揭示人之性善又何以在行为中有"不善"或恶的问题，进而通过兴学施教实现葆淑德性的目标。王崧儒学的这种理论构成和思想特色，明显具有醇而不杂的性质。尤其王崧作为一位白族儒家学者，在曾具有"佛国""妙香国"之称的苍山洱海间深厚和浓郁的佛教传统中，以及在唐宋以来就以"释儒""儒释"或"师僧"面貌出现过的历史文化背景中，王崧儒学却没有涉入佛老，而是涵泳于从先秦至汉唐再到宋明理学的儒学内部，并由宋明理学的接引而回归孔孟原始儒学或汉唐儒学之中，作为一位白族学者，王崧儒学确有其独特的个性。

但是，如果就王崧所处的历史时代来看，儒学已从宋明理学演进到清代的乾嘉汉学，王崧儒学受到这样的学术影响，应该说又是十分自然的。不过从理论思维的水平和哲学形态的演进观察，王崧儒学既反映着理学的余脉，也体现着理学衰落之下儒学发展的一种曲折。回归原始儒学或返承汉唐儒学，不仅掩饰不住王崧儒学的理论逆转之嫌，若与宋儒的性命义理之学比较，王崧儒学无论在本体或工夫两大理论主题上都是十分单薄而大大逊色的。至于在理学形成和发展中，儒学之于佛老所获得的一个重要历史经验：不拒绝或沉溺于异己思想却能够积极地消化和吸收异己思想，王崧作为一位白族儒学学者，在具有白族曾经举族信佛的民族和历史传统中，本来可以收获却未能得益或发挥这样的思想文化和民族传统条件。

对于形成于清代中后期我国偏远边陲少数民族地区的王崧儒学来说，不能似乎也没有必要进行这样的苛责。王崧儒学是继白族先民在南诏之后儒佛道共存并进、大理时期的"释儒"、明代李元阳参禅儒学，到清代白族哲学思想文化中儒学演进融摄的一个重要标志或环节。王崧不仅以天地（命）之性的人性论观念，在儒学的理论发展中具有"兼综群籍，成一家言"的思想成就，而且体现着白族哲学思想文化完全融合儒学思想理论的观念传统，对于白族作为我国一个少数民族在哲学和思想文化上的发展，并进而对于和谐融洽民族关系、促进民族团结文明进步，都具有重要的意义。

第四节 本章结语

综上所述，白族历史上具有典型特色的"释儒和融"哲学思想文化观念，在其形成发展的逻辑轨迹上，本主崇拜原本是这一民族先民的原生态宗教观念，而密宗、禅宗等佛教思想文化传入后，一度占据了主导和主流，使南诏、大理这两个民族政权时代演化成了"佛香国""妙香国"。然而，儒学文化的传播、渗入和影响，与佛学思想和文化更多的不是激荡碰撞、对立冲突，而是以其独特的"释儒""儒释"或"师僧"形式，使两种异质思想形成联姻，结成了一体，并渐渐发育成长，以至明清时期的李元阳、高𡵓映、王崧等白族先民的士人学者代表，创造性地把佛学思想与儒学观念相融会、相结合，并进一步创新转化，把"释儒和融"的哲学思想文化观念推向高峰，甚至可以说使其足以成为体现该民族先民的哲学思想文化标志和符号。这是白族先民在思想理论上的探索和建构、贡献和成就，它使得中国传统的哲学和文化、中国少数民族儒学园地中增添了一枝奇葩般的思想生命形态。其中李元阳"不主儒，不主释，但主理"[1]的理论立场和思想文化生命发育成长的经验和逻辑创新，是极其宝贵的。如果说，不拒绝或沉溺于异己思想却能够积极地消化和吸收异己思想，是一种理论经验和创造，而这样不分彼此志于追求真理和智慧的"释儒和融"，同样值得认真肯定和吸取借鉴。当然，其中也明显存在着一定的理论局限、缺点和不足，甚至思维教训而需要记取，或者说其理论思维水平难以与同时代的较高儒、释学说相比肩，也是毋庸置疑的。只是如果从消极和负面的视角对这种"释儒和融"的观念和会加以诟病，恐怕并不是所应有的文化态度。

---

[1] 《李中溪全集》卷5，《丛书集成续编》142，台北：新文丰出版公司，1988，第637页。

第八章
儒学与彝族哲学

彝族是我国一个古老的民族，经过2000多年的历史发展，形成了丰富、独特、相对成熟的哲学思想[1]，它们是彝族社会长期生活与生产实践智慧的理论化和抽象化，也是民族文化交流交融的结晶。其内容相当广泛，主要包括：关于宇宙的起源、人类的起源、宇宙发生论、人类起源论和天命论、血统论的社会观[2]等内容。这些哲学思想具有质朴的唯物主义思想色彩、浓厚的伦理道德意识、强调人定胜天的能动精神、充分肯定劳动在价值创造中的作用等方面的显著特点。彝族哲学思想的载体繁复，表达形式灵活多样，不仅体现在以《西南彝志》《玛姆特伊》《查姆》《尼书夺节》《阿细的先基》《勒俄特依》《物始记略》等为代表的彝族史诗里，还集中贯穿于《彝族诗文论》、《宇宙人文论》、《宇宙源流》、《土鲁窦吉》（宇宙生化）等具有很高思想史价值的文献典籍之中。深入研究不难发现，彝族哲学思想的形成与发展不仅与其民族精神、思维方式、文化观念等有密切关系，更与儒学的影响、彝族对儒学的自觉选择有密切联系，从而呈现出儒学与彝族哲学思想双向性互动发展关系的多重面向。

---

[1] 对彝族哲学思想的相关研究，详见苏克明等《凉山彝族哲学与社会思想》（四川人民出版社，1999），刘俊哲《云南贵州彝族哲学思想研究》（四川民族出版社，1999），伍雄武、普同金《彝族哲学思想史》（民族出版社，1998），赵明《凉山彝族哲学研究》（云南民族出版社，2016），杨勇、龙倮贵《彝族传统哲学思想研究》（民族出版社，2014）。

[2] 杨勇、龙倮贵：《彝族传统哲学思想研究》，民族出版社，2014，第13—16页。

第一节　儒学在彝族地区的传播[1]

儒学在彝族中的传播、影响历史久远，从西汉开始，儒学便与彝族哲学思想交融激荡，彝族对儒学的文化价值认同及民族间哲学和思想文化的输入交融，促进了彝族哲学和思想文化的进步与发展。根据现有材料进行梳理，儒学与彝族哲学思想文化的关系具有阶段性演进的特点，呈现出儒学与彝族哲学思想关系的历史发展脉络，并通过具有标志性、典型性的文化思想事项表现出来。因此，我们在对儒学与彝族哲学思想关系的研究中，重点对值得注意的几个问题进行具体、深入的分析。如此设计安排，是基于：其一，在彝族历史形成过程中，很长一个历史时期内彝族与苗族、白族、纳西族、拉祜族等诸少数民族混居杂处，还处在分化、融合与形成之中，根据有关学者的研究，"大体来说，到南诏末期，现代意义的、独立的彝族、白族才逐渐形成"[2]。不少思想文化事项与历史事件，难以明确区分；其二，作为彝族哲学思想载体的史诗、文献典籍在唐宋以前大多是在民间口耳相传，到唐宋以后才逐渐以文本形式流传，并且由于流传区域的不同，同一文献的版本差异甚大，难以确定其文本形成的具体时期。因此，不便仅依历史发展阶段分析儒学与彝族哲学思想和文化的关系。

基于现有材料，我们把儒学在彝族地区的传播情况划分为两汉魏晋时期儒学与彝族哲学思想、隋唐宋时期儒学与彝族哲学思想、元明清时期儒学与彝族哲学思想三个阶段进行分析。

---

[1] 本节曾以《儒学与彝族哲学文化关系的历史发展》为题，发表于《民族学刊》2022 年第 2 期。
[2] 伍雄武、普同金：《彝族哲学思想史》，民族出版社，1998，第 66 页。

一 两汉魏晋时期儒学在彝族地区的传播

1. 汉武帝对云南的经营与儒学在彝族地区的传播

早在战国时期，在广袤的西南地区生活着包括彝族先民在内的"西南夷"。他们以夜郎、滇、邛都为主要活动区域，并且形成了"椎髻""耕田""邑聚"和"编发""随畜迁徙""毋常处"等具有区域性的生活方式和习俗。[1] 当时云南因其境内有滇池，战国时昆明一带属滇国，故称为"滇"。生活在这里的彝族被称为夷人、僰人、滇人或滇僰。之所以称为僰人，据许慎《说文解字》："南方蛮闽从虫，北方狄从犬，东方貉从豸，西方羌从羊。……西南僰人、僬侥，从人；盖在坤地，颇有顺理之性。"所谓"顺理之性"，应该说是具有符合中原文化的"儒理"之性。[2] 郦道元《水经注》之江水注说："东南过僰道县北，……县本僰人居之。《地理风俗记》曰：夷中最仁，有人道，故字从人。"[3] 滇中是僰人的主要聚居区，故彝族又有"滇僰"之称。[4] 战国末期，滇僰便开始与汉文化接触、交流与逐渐融合。据《史记》载，楚将庄蹻率数千楚兵入滇，并将其纳入楚国的属地，后因道阻而留在了云南，并以其众而成为滇池地区部落联盟的酋长。"庄蹻者，故楚庄王苗裔也。蹻至滇池，方三百里，旁平地，肥饶数千里，以兵威定属楚。欲归报，会秦击夺楚巴、黔中郡，道塞不通，因还，以其众王滇，变服，从其俗，以长之。""秦时常頞略通五尺道，诸此国颇置吏焉。"[5] 据此可知，秦始皇时期已开始由中央王朝派官吏到云南驻守。到汉代，西南夷地区被正式纳

---

[1] 《史记·西南夷列传》。
[2] 杨翰卿：《儒学与我国少数民族哲学互动发展研究》，打印稿，第29页。
[3] 僰道：今四川宜宾市区。
[4] 杨翰卿：《儒学与我国少数民族哲学互动发展研究》，打印稿，第29页。
[5] 《史记·西南夷列传》。

入中央王朝的统治与管辖。汉武帝建元（前140—前135）年间为了经营"西南夷"，一是派人修筑了通往"西南夷"的道路：一条由大渡河往南，通往孙水（今安宁河）一带的"邛都"，叫作西夷道；一条以宜宾往南通往牂柯江上游的建宁（今云南曲靖），叫作南夷道。《史记·平准书》载："汉通西南夷道，作者数万人，千里负担馈粮，率十余钟致一石，……悉巴蜀租赋不足以更之。乃募豪民田南夷，入粟县官，而内受钱于都内。"这里所说的"南夷"，就是指今曲靖以北的滇东北以及黔西北一带。二是在云南置郡县。汉武帝"以其地为益州郡，割牂柯、越嶲各数县配之。后数年，复并昆明地，皆以属之此郡"[1]。益州郡的中心在滇池周围。

随着汉武帝对"西南夷"的经营，儒学在这一时期传入彝族先民生活的地区，并逐渐在彝族先民中产生影响。其主要方式如下：第一是兴办学校，传授儒家思想，实施儒家的礼乐教化。据《后汉书·西南夷列传》载："桓帝时，郡人尹珍自以生于荒裔，不知礼义，乃从汝南许慎、应奉受经书图纬，学成，还乡里教授。于是南域始有学焉。珍官至荆州刺史。"尹珍和舍人、盛览是两汉时期夜郎（今贵州）儒学"三贤"。公元99年，尹珍千里跋涉，来到京师洛阳，拜汝南许慎、应奉为师，研习五经文字。107年回故里，建草堂三楹，开馆教学，西南地区自此始有学校教育。东晋常璩《华阳国志·南中志》亦载："明、章之世，毋敛人尹珍，字道真，以生遐裔，未渐庠序，乃远从汝南许叔重受五经，又师事应世叔学图纬，通三材；还以教授，于是南域始有学焉。"[2] 又据《后汉书·南蛮西南夷列传》载："肃宗元和（84—87）中，蜀郡王追（应为'阜'）为（益州）太守，政化尤异，有神马四匹出滇池河中，甘露降，白乌见，始兴起学校，渐迁其俗。"[3] 据《东观汉记》，

---

[1]《后汉书·南蛮西南夷列传》。
[2]（晋）常璩撰，刘琳校注：《〈华阳国志〉新校注》，四川大学出版社，2015，第207页。
[3]《后汉书·南蛮西南夷列传》。

王阜"少好经学",十一岁时曾赴犍为学经,受韩诗。《华阳国志》卷十说他致仕的途径是察举孝廉。由此可知王阜在益州郡建学校,教授的就是儒家文化。《后汉书》说王阜建立学校后,"渐迁其俗",益州郡的风俗习性都发生了变化。因为,据汉晋时期史书记载,滇人"人俗豪悍","俗多游荡,而喜讴歌……豪帅放纵,难得制御"[1],"轻为祸变"[2]。这种变化与儒家"礼乐教化"有直接的关联。

第二是推行察举制度。两汉时期,学校的设立既是为了教化,同时也包含了为察举服务的目的。如文翁在蜀郡设学后,就"用次察举,官有至郡守刺史者"[3]。再比如光武帝时,任延为武威太守,"造立校官,自掾史子孙,皆令诸学受业,复其徭役。章句既通,悉显拔荣进之"[4]。自益州太守王阜设学以后,随着文教的传授和濡染,儒学在滇人地区逐渐传播开来,涌现出一些"儒雅之士",成为察举的对象。虽然两汉时期云南的察举情况不见于记载,但是,宋洪适《隶释》中记载了一块东汉桓帝永寿元年(155)所立的《益州太守碑》透露了一些这方面的信息。据洪适《隶释》记载:《益州太守无名碑》"碑之左有功曹掾,故吏题名四十八人,皆属邑建伶、牧靡、弄栋、滇池、谷昌、俞元之人也。仅有王、李数姓可辨,名字皆不具矣"[5]。我们现在虽已无从得知这块碑的具体内容,但它告诉我们这样一个基本的历史事实,即这块碑是永寿元年时益州太守的故吏为他立的。"故吏"按字面解释就是属吏,但有学者分析,在东汉时"故吏"有着比"属吏"更深一层的内涵。东汉实行察举制,负责察举的官吏为了自身的利益,"率取年少能报恩者"[6],被举者遂成为察举官的门生、故吏。门生、故吏则以君臣、父子之礼对待举

---

[1] 《后汉书·南蛮西南夷列传》。
[2] (晋)常璩撰,刘琳校注:《〈华阳国志〉新校注》,四川大学出版社,2014,第199页。
[3] 《汉书·循吏传》。
[4] 《后汉书·循吏列传》。
[5] (宋)洪适:《隶释·隶续》,中华书局,1985,第175页。
[6] 《后汉书·樊悠列传》。

主，形成了不同的利益集团。如果门生、故吏对举主不忠，那就是忘恩负义，将为士类所不齿。所以，举主去世之后，门生、故吏都要为举主树碑立传，尽忠孝之义。由此我们可以推断为益州太守立碑的四十八名故吏，不是一般意义上的属吏，他们与益州太守的关系应当是门生与举主的关系。如果这一推断无误，那么，我们便可以确切地说，东汉时期益州郡也实行过察举，而负责察举工作的就是益州太守。[1] 晋代时，云南实行察举制则有明确的记载。据《华阳国志·南中志》载："太康（三）[五]年，罢宁州，置南夷，以天水李毅为校尉，持节，统兵镇南中，统五十八部夷族都监行事。……自四姓子弟仕进，必先经都监。"[2] 晋代的宁州包括建宁、云南、兴古、永昌南中四郡。这里所说"四姓子弟"即指"南中大姓"的子弟，东汉以迄南北朝时常称"南中大姓"为四姓[3]。南夷校尉掌握大姓子弟的仕进，就是通过察举。《华阳国志·大同志》中说得更加明白，南夷校尉除了负责南中的军事外，还要负责"举秀才贤良"。如晋怀帝永嘉年间（307—312），南夷校尉王逊就曾举建宁（今云南曲靖）人董敏为秀才。[4] 除南夷校尉外，南中各郡太守也负有察举的职责。《华阳国志·南中志》记载："朱提大姓、太中大夫李猛有才干，弟为功曹，分当察举；而（俊）约受都尉雷逢赂，举逢子炤孝廉，不礼猛。"[5] 可知晋代时云南曾普遍实行过察举制。察举制肇自西汉初，武帝时察举就有了贤良、孝、廉、秀才诸科目。武帝以后，孝、廉逐渐合为一科。按时察举，成为士大夫仕进的主要途径，东汉时，随着经学繁荣，又增设明经一科，于是共有贤良方正、孝廉、茂（秀）才、明经四科。从所能见到的资料看，南中人士仕进的途径主要是通过前三科，尤其是秀才科，而没有见

1　刘小兵：《从夷汉文化交融看"南中大姓"的形成》，《思想战线》1991年第5期。
2　（晋）常璩撰，刘琳校注：《〈华阳国志〉新校注》，四川大学出版社，2015，第198页。
3　（晋）陆机：《吴趋行》，《影钞宋本陆士衡文集》，国家图书馆出版社，2018，第84页。
4　（晋）常璩撰，刘琳校注：《〈华阳国志〉新校注》，四川大学出版社，2015，第204页。
5　（晋）常璩撰，刘琳校注：《〈华阳国志〉新校注》，四川大学出版社，2015，第201页。

到由明经科仕进者。这也说明，相比于其他地区，云南经学尚处在发展比较缓慢的程度。

受上述两方面影响，彝族先民生活的滇人地区呈现出"其民好学"的显著特色。其中比较具有代表性的是滇东北的朱提郡（今昭通）。朱提郡"其居民多为夷人，时称为'朱提夷'，是为彝族先民，而其上层则是'诸大姓'，如霍、李、佣、孟等豪族"[1]。比较能真实、直接反映朱提郡彝族先民好学及其学习成效的，是1901年出土于云南昭通的《孟孝琚碑》[2]。有学者认为："此碑为永寿二年或永寿三年（公元156年或157年）所立的可能性比较大。"[3] 孟孝琚是其时孟氏大姓中的后代，青年早夭，此碑是家人为其所立之墓碑。碑文称孟孝琚从小就开始学习儒家经典，"十二随官受《韩诗》，兼通《孝经》二卷"，碑文中称孔子为"大圣"，并用孔子和颜回的事迹来为孟孝琚的早丧作诠释，"痛哉仁人，积德若滋。孔子大圣，抱道不施，尚困于世，……（颜）渊，亦遭此灾。守善不报，自古有之。非独孝琚，遭逢百离"。该简短的碑文，体现出浓厚的儒家观念，以大圣孔子的经历、言行为典范，突出体现了碑文作者对儒学的崇信和深刻理解。又据《华阳国志·南中志》记载：朱提郡"其民好学，滨犍为，号多（士人）[人士]，为宁州冠冕"[4]。可见朱提郡的文化程度很高，还远在滇池益州之上。探寻其原因，我们认为，不仅在于上述所说兴办学校、实施察举制度产生的影响，而且可能还与朱提郡地接犍为有密切关系。依据史料的记载，犍为在当时已是具有很高儒学水平的地方，汉晋时期犍为人士以儒学致用者极多，并有位列三公者，

---

[1] 伍雄武、普同金：《彝族哲学思想史》，民族出版社，1998，第71页。
[2] 由于历史上民族形成的过程中，各部族、部落（甚或氏族）之间的融合、分化及演变，在汉籍文献中对于我国西南地区的诸少数民族先民，在汉晋时期均称为"西南夷"，并涉及"南中大姓"，因此本章与前章考察探寻儒学与彝族、白族先民的思想文化关系及状况，分别会对发掘出土的《孟孝琚碑》《二爨碑》等碑刻文献加以检视和研判。故而在材料的运用上难免重复。
[3] 伍雄武、普同金：《彝族哲学思想史》，民族出版社，1998，第71页。
[4] （晋）常璩撰，刘琳校注：《〈华阳国志〉新校注》，四川大学出版社，2015，第225页。

如犍为武阳人张浩，善治《春秋》，汉顺帝时就官至司空。并且连王阜这个蜀郡人都是到犍为求学的，有好几位朱提太守也是犍为人士。

2. "南中大姓"对儒学在彝族地区传播的推动

南中大姓是指汉、晋时期（前1—4世纪）在南中地区（今云南、贵州、四川南部、广西西部）落户定居的汉人豪族。关于"南中大姓"的最早记载见于《后汉书·南蛮西南夷列传》，其中有云："公孙述时，大姓龙、傅、尹、董氏，与（牂牁）郡功曹谢暹保境为汉，乃遣使从番禺江奉贡。"即今贵州一带的几个大姓在天下大乱时维持自治，后来归顺刘秀。南中大姓的主要来源是汉武帝平定西南夷、在南中地区设置郡县以来，从中原移民实边而来的汉人后裔。南中地区土著民族众多，地理环境险恶，这些汉族移民不得不以血缘为纽带，聚集在一起生活，从而形成"大姓"。到东汉后期，这些"大姓"已经成为南中地区举足轻重的力量，代表性的"大姓"有爨、孟、李、董、雍、毛、朱、吕等。他们拥有私人武装和地盘，与土著"夷帅"进行联姻，称为"遑耶"，他们一道与本郡太守构成微妙的三角关系。蜀汉昭烈帝刘备去世后，南中大姓雍闿、朱褒等即与夷帅高定、孟获一起造反，后被诸葛亮平定。随后蜀汉政权带走了南中的精兵，剩下的兵力则配给大姓为部曲，大姓同时也收买刚狠的少数民族加入部曲，设五部都尉，于是南中地区形成"四姓五子"的格局。

诸葛亮南征以后，采取笼络大姓的策略，因此南中大姓与朝廷命官间的关系较为稳定，其势力也不断发展。西晋初年，南中都督霍弋动员爨、孟、董、李、毛等大姓与吴国争夺交州八年之久，最终折兵损将，无功而返，南中大姓的实力受到削弱，也加剧了他们与中央的矛盾。晋惠帝太安元年（302），建宁郡大姓李睿、毛铣，朱提郡大姓李猛各率部曲数万，起兵造反，被宁州刺史兼南夷校尉李毅镇压后，李睿的"遑耶"夷帅于陵承又反叛，最终攻陷州府，造成南中大乱。晋怀帝永嘉四年（310）王逊任宁州刺史，负责收拾残局,他虽然一度稳定局势,但为政苛酷,引起南中大姓的不满,许多人通款成汉李雄,李雄则利用南中的纷争,加紧对南中用兵,于咸和八年(333)攻占南中,所有大姓皆投降李雄。李雄封李寿为"建宁王",统治南中,继续以大姓为属官。

自李毅为南夷校尉以来,南中大姓之间争斗不休,造成社会动荡,人口锐减。各大姓的势力也在兼并残杀中不断削弱。到李寿为建宁王时,只有霍、爨二姓的势力较强。咸和九年(334),李雄"分宁州置交州,以霍彪为宁州、爨琛为交州刺史"。霍、爨两大姓分治宁州、交州,显示出他们在南中旗鼓相当。咸康五年(339),建宁太守孟彦率州人缚宁州刺史霍彪于东晋,东晋以孟彦为丹川守将。次年李寿攻陷丹川,孟彦等守将皆死。南中霍、孟两家大姓同归于尽,南中大姓只有爨氏一家称强了。永和元年(345)十二月,身为成汉将领的爨颁投奔东晋,但东晋无法直接统治南中,南中遂进入爨氏自治的时代,而南中大姓则大多夷化,融入西南地区的少数民族之中。

大姓割据南中时期,其地的西南夷各部虽隶属于郡县,但其基层仍为本民族传统的部落、氏族组织。在思想意识方面,自有其传统观念,并用本民族文字著写"夷经",且"议论好譬喻物"。由于汉彝民族长期共同生活,文化思想的沟通与交流越来越密切,一方面是受彝族文化的影响,"今南人言论,虽学者亦半引'夷经'"[1];另一方面是彝族先民对儒学的自觉学习和吸引。"南中大姓"对儒学在彝族地区的传播起到了积极的推动作用。于此试从"二爨碑"来作分疏。

"二爨碑"即《爨宝子碑》《爨龙颜碑》。两碑刻年代相近,所记叙人物是南中同宗大姓,碑文内容有一定承接关系。《爨宝子碑》全称为《晋故振威将军建宁太守爨府君墓碑》,立于东晋安帝乙巳年(405),碑文400余字,

---

[1] (晋)常璩撰,刘琳校注:《〈华阳国志〉新校注》,四川大学出版社,2015,第199页。

清乾隆年间出土于云南曲靖。《爨龙颜碑》全称为《宋故龙骧将军护镇蛮校尉宁州刺史邛都县侯爨使君之碑》，立于南朝宋孝武帝大明二年（458），碑文904字，此碑最早见于元李京《云南志略》中。清道光七年（1827）著名学者、金石学家、云贵总督阮元在贞元堡荒丘之上发现此碑，即令知州张浩建亭保护。爨氏作为南中大姓、豪族，历史较久，且是与彝、白等少数民族先民融合而成的夷化汉族豪门。[1] 因此，"二爨碑"是爨氏集团所立，碑文代表着东晋、南北朝时期彝族先民统治集团的部分思想。

　　三国时期，诸葛亮为平定南中大姓和夷帅反蜀而亲征云南，南中平定后，收南中大姓之俊杰为地方官吏，其中便有"建宁爨习"，"其官至领军"。东晋以降，中原地区战乱频仍，南中地区的豪族大姓势力得到极大发展，主要集中在建宁（今曲靖）、晋宁等郡。此期，封建王朝已无暇顾及南中，各大姓间相互攻伐吞并，霍、爨、孟成为南中最有势力的三大姓。东晋咸康五年（339），霍、孟两姓势力在兼并火拼中同归于尽后，爨姓成了南中最强大的势力。自此，"乡望标于四姓，邈冠显于上京"，至唐天宝七年（748），爨氏称雄南中达400余年之久，而儒家思想则成为其统一、鳌居南中的思想基础。

　　从"二爨"碑文中，可大致窥见当时的爨氏之况：其一，爨氏世系久远，系颛顼、祝融之后。《爨龙颜碑》载："其先世则少昊颛顼之玄胄，才子祝融之渺胤也。清源流而不滞，深根固而不倾。夏后之盛，敷陈五教，勋隆九土。纯化洽于千古，仁功播于万祀。故乃耀辉西岳，霸王郢楚，子文铭德于春秋，斑朗绍纵于季叶。"其二，爨氏先祖为中原流播南中的汉人，至汉末，因"采邑于爨"而"氏族焉"。"阳九运否，蝉蜕河东，逍遥中原。班彪删定汉记，班固述修道训。爰暨汉末，采邑于爨，因氏族焉。姻娅媾于公族，振缨蕃乎王室。"其三，爨氏与内地中央封建王朝的关系。爨氏表面对晋宋中央王

---

[1] 伍雄武、普同金：《彝族哲学思想史》，民族出版社，1998，第72页。

朝称臣纳贡，实则坐地自立为大；而内地统治者正处于内忧外患之中，对西南夷爨氏地方政权只能采取"遥领"。其四，爨氏统治地区相对安定繁荣。西晋统治者在宁州的不仁统治造成的战乱状况，到爨氏独雄南中后逐渐得到改善。《爨宝子碑》碑文之"宁抚氓庶，物物得所"，比较真实地反映了当时南中地区的社会经济状况。进入南北朝时期，中原地区群雄纷争，战乱不断，而爨氏统治的南中地区仍然保持着基本稳定的局面。不少内地人户在爨氏称霸南中之后，为逃避战乱纷纷迁入。这既带来汉族移民与滇少数民族的文化融合，同时也促进了南中社会经济的发展。其五，爨氏曾配合刘宋王朝参与镇压滇东地区农民起义。《爨龙颜碑》称："岁在壬申，百六遘衅，州土扰乱，东西二境，凶竖狼暴，缅成寇场。君收合精锐五千之众，身伉矢石，扑碎千计，肃清边。"刘宋王朝外有连年战争之患，内有皇权争夺之忧，横征暴敛，阶级矛盾深化，中原地区常有农民起义发生，波及滇东，这是对爨龙颜元嘉初年镇压滇东农民起义的具体记载。

爨氏统治始于东晋时期，虽然在这一时期已是玄学盛行风炽的时期，但从"二爨碑"的整体思想倾向来看，爨氏统治的西南彝族地区，主要还是深受自汉武帝时期以来居于主导地位的儒家思想影响。这种影响较为集中地体现在：一是对正统儒家思想与学术的自觉传承。据爨碑碑文记载，爨宝子与爨龙颜都曾"举秀才"，而"爨则重文"，盛赞爨宝子与爨龙颜深通儒家治国之策及儒家经典，受其影响，整个爨氏家族可谓人才辈出。碑文用"敷陈五教"形容爨氏祖上功德，用"回圣姿"来描绘爨宝子。"五教"即仁、义、礼、智、信，"回圣"即指颜回。又以"绸缪七经"称颂爨龙颜的学问。"七经"即《诗》《书》《礼》《易》《春秋》《论语》《孝经》。碑文更用仁、德、道、行、质、操等儒家道德范畴来进行人物评价，说爨宝子"淳粹之德，戎晋归仁"。以"贞操""温良""仁""德"来称颂爨龙颜，甚至用子产来比拟爨龙颜。上述事例充分说明爨氏家族儒学底蕴深厚，是儒家思想在爨氏家族以及南中地区的传承及其所产生影响的直接体现。二是对儒家先贤和儒家经典大量而广泛的引用。"幽潜玄穸，携手颜张"，颜张即颜回、子张；"凤翔京邑，曾闵比踪"，曾闵即曾参、闵子骞。诸如此类将碑主与儒家先贤进行类比，这既说明碑文的作者儒学涵养十分深厚，同时也充分体现了爨氏家族对儒家先贤的尊崇与敬仰。不仅如此，碑文还大量引用《周易》《诗经》《论语》《孟子》，说明碑文的作者对儒学经典烂熟于心，为文表意信手拈来。比如《爨宝子碑》碑文"九皋唱于名响"引自《诗经·小雅·鹤鸣》"鹤鸣于九皋，声闻于野"；"人百其躬"引自《诗经·秦风·黄鸟》"彼苍者天，歼我良人！如可赎兮，人百其躬"；"鸿渐羽仪"引自《周易·渐》"鸿渐于陆，其羽可用为仪"；"濯缨沧浪"引自《孟子·离娄上》"沧浪之水清兮，可以濯我缨"；"庶民子来"引自《孟子·梁惠王上》；"经始勿亟，庶民子来"；"於穆不已，肃雍显相"分别引自《诗经·周颂·维天之命》"维天之命，於穆不已"和《诗经·周颂·清庙》"於穆清庙，肃雍显相"；《爨龙颜碑》碑文"在家必闻"引自《论语·颜渊》"子曰：'何哉，尔所谓达者？'子张对曰：'在邦必闻，在家必闻'"；"自非恺悌君子"引自《诗经·小雅·青蝇》"恺悌君子，无信谗言"；"或跃在渊"引自《周易·乾》"九四：或跃在渊，无咎"；"胜残去杀"引自《论语·子路》"'善人为邦百年，亦可以胜残去杀矣。'诚哉是言也"；"蹇蹇匪躬"引自《周易·蹇》"六二：王臣蹇蹇，匪躬之故"；等等。上述两方面充分体现了儒家思想对包括彝族先民在内的西南夷的深刻影响，可以看到他们对儒家文化思想接受的态度与被陶染的深度。这说明同属西南夷的各民族在汉晋时期就已经开始自觉学习儒家经典。从中也能大致窥见西南夷地区学习与接受儒家文化思想的状况及其传承脉络。

又据《华阳国志·南中志》记载：诸葛亮平定南中大姓和"夷"人的反蜀活动后，"乃为夷作图谱，先画天地、日月、君长、城府。次画神龙，龙生夷，及牛、马、羊。后画部主吏乘马幡盖，巡行安抚。又画夷牵牛负酒、赍金宝诣之之象,以赐夷,夷甚重之……今皆存,每刺史、校尉至,赍以呈诣,动亦如之"[1]。这幅图谱所反映的内容,既包含了中原地区流行的宇宙生成论,又融合了南中地区彝族先民的思想。众所周知,《淮南子》一书是中国宇宙生成说的第一次完整阐述。关于天、地、日、月的生成,《淮南子》指出:天地未形成之前,混混沌沌,称为太始,太始生宇宙,宇宙生元气,元气"清阳薄靡而为天,重浊者凝滞而为地"。有了天地之后,"积阳之热气久者生火,火气之精者为日;积阴之寒气生水,水气之精为月"。这样,又生出了日月。《淮南子》的宇宙生成论到了董仲舒那里,又将儒家注重人伦的思想加入了这个体系,并把人置于天地所生的万物之上,董仲舒说:"天地之精,所以生物者,莫贵于人,人受命于天也。"[2] 董仲舒把人与天地列为同类,使天、地、人同为"万物之本"。从而构成了"天人合一"观念的基础。诸葛亮为"夷"作的图谱上,天地日月之后就是作为王者的君长,天地日月是由道(太始)生成的。但是,道(太始)是混沌,是无,而这却难以用图画来表现,所以,图谱上虽然开始是天地,但从图谱所表现的完整序列来看,我们却不能不说在天地之前还有一个无法表现的道(太始)。有了作为"万物之本"的天地、日月、君长以后,道(太始)进一步又生成了一个君臣配合、等级有差,有条不紊的社会。在诸葛亮的图谱中,很直观地表现为城府、人民、牲畜,以及"夷"人牵牛负酒,赍金宝诣官吏的图像。不过,在这样一个整饬有序的宇宙体系中,有一个环节在中原地区宇宙生成论中是找不到的,那就是神生"夷"。可以设想,这一环节与南中地区流行的"夷"文化有着十分密切的联系。在彝族史诗与典籍中,无论是《阿细的先基》,还是《宇宙人文论》,都有关于神造彝族先祖的内容。这就是说,中原汉文化的宇

---

[1] (晋)常璩撰,刘琳校注:《〈华阳国志〉新校注》,四川大学出版社,2015,第199页。
[2] (清)苏舆撰:《春秋繁露义证》,《新编诸子集成》(第一辑),中华书局,1992,第354页。

宙生成论传到南中后，与南中"夷"文化中普遍流行的龙始祖起源说相融合，[1]从而形成了"南中"地区具有自身特点的宇宙生成论。

二 隋唐宋时期儒学在彝族地区的传播

1. 南诏时期儒学在彝族思想文化中的传播[2]

自汉武帝开发云南以来，经过八九百年的发展，彝族先民生活的地区得到了发展，经济社会文化水平有了较大的提高。北周宁州总管梁睿曾两次上疏说："南宁州，汉世牂柯之地，近代以来，分置兴古、云南、建宁、朱提四郡。户口殷众，金宝富饶，二河有骏马、明珠，益宁出盐井、犀角。"[3]"其地沃壤，多是汉人，既饶宝物，又出名马。"[4] 7—8世纪，在彝族先民生活的云南哀牢山北部和洱海地区出现了六个地方政权，史称"六诏"（六王）。其中"蒙舍诏"（因位于六诏之南，又称南诏）的首领皮罗阁在738年统一"六诏"，建立了包括彝、白、纳西、哈尼、拉祜、傈僳、普米、土家等族在内的"南诏"政权，统治中心在今云南西部大理一带，统治范围达到今云南东部、贵州西部与四川南部，基本上涵盖了彝族先民的主要分布地区。南诏继爨氏而起，其王室蒙氏为乌蛮，其显贵者、大臣多为白蛮。乌蛮的主体为彝族先民，白蛮的主体是白族先民。因此，南诏可以说是彝族先民和白族先

1　刘小兵：《从"夷"汉文化交融看"南中大姓"的形成》，《思想战线》1991年第5期。

2　本重大课题项目在《儒学与白族哲学文化》章中曾论述说："从公元7世纪初叶到中叶，乌蛮部落不断向洱海地区迁移，并征服当地白蛮，建立了显示较强实力的……六诏，蒙舍因地处南面而被称为'南诏'。……蒙舍诏于738年在唐支持下，先后征服其他诸部，统一六诏，而建立的南诏政权，'乌蛮'（彝族先民）和'白蛮'（白族先民）为王室及统治集团和贵族的主要成员，因而南诏主要是由彝族、白族先民联合建立的政权，而其治下的人民则大体包括了现今云南各族的先民。"因此，本章考察研究"儒学与彝族哲学"的内容，与前章"儒学与白族哲学"在这一时期仍然处于交集，关于南诏政权下的思想文化状况，包括《南诏德化碑》等，均为这前后两章的基本史料，故而分别都有论述和阐释。

3　《隋书·梁睿传》。

4　《隋书·梁睿传》。

民共同建立的地方割据政权，南诏文化是彝族先民和白族先民共同建立的文化。[1]

南诏从建诏之初就与唐王朝保持着密切的关系，历代南诏王都积极学习汉文化，唐王朝册封皮罗阁为"云南王"，屡次将《诗》《书》《礼》《乐》等儒家经典赐给南诏。据史志称南诏王异牟寻"颇知书"[2]，唐天宝间的儒官郑回，流寓南诏后，被其礼聘为师，任清平官，并积极派遣大批贵族子弟赴成都、长安学习儒家典籍，儒学因而在西南彝族地区广泛传播。《旧唐书·南诏传》云："阁罗凤以回有儒学，更名蛮利，甚受重之。命教凤迦异。及异牟寻立，又命教其子寻梦凑。"又云："回久为蛮师，凡授学虽牟寻、梦凑，回也棰挞，故牟寻以下皆严惮之。"《新唐书·南诏传》也说："郑回者，唐官也，……阁罗凤重其淳儒，……俾教子弟。"[3] 唐懿宗咸通十四年（873），牛丛在《报南诏坦绰书中》中说：唐德宗"悯其倾城向化，率属来王，遂总诸蛮，令归君长，仍名诏国，永顺唐仪。赐孔子之诗书，颁周公之礼乐，数年之后，蔼有华风，变腥膻蛮貊之邦，为馨香礼乐之域"[4]。在唐昭宗光化元年（898）完成的《南诏图传·文字卷》中抄录了南诏王舜化贞于中兴二年发布的一份敕令："大封民国圣教兴行，其来有上，或从胡梵而至，或于蕃、汉而来，弈代相传，敬仰无异。因以兵马强盛，王业克昌，万姓无妖扎之灾，五谷有丰盈之端。然而，朕以童幼，未博古今，虽典教而入邦，未知何圣为始。誓欲加以供养，图像流行，今世身后，除灾至福。因问儒释耆老之辈、通古辨今之流，莫隐知闻，速宜进奏。"[5] 足见此时彝族地区儒学昌隆的境况及其所产生的影响。

1　伍雄武、普同金：《彝族哲学思想史》，民族出版社，1998，第76页。
2　（宋）司马光：《资治通鉴》，中华书局，1976，第7489页。
3　转引自杨翰卿《儒学与我国少数民族哲学互动发展研究》，打印稿，第35页。
4　（清）董诰等编：《全唐文》，中华书局，1983，第8713页。
5　伍雄武、普同金：《彝族哲学思想史》，民族出版社，1998，第79页。

南诏时期儒学在彝族地区的传播，其方式主要有：第一，南诏王及其子孙大多习汉文，养成了读儒家之书的家风。据《南诏德化碑》载："王姓蒙，字阁罗凤，大唐特进云南王越国公开府仪同三司之长子也。应灵杰秀，含章挺生。日角标奇，龙文表贵。始乎王之在储府，道隆三善，位即重离。不读非圣贤之书，尝学字人之术。抚军屡闻成绩，监国每著家声。"[1] 这段话描述阁罗凤自幼"不读非圣贤之书，尝学字人之术"，"尝读儒书"钻研圣贤经典，学习儒家的治人之道。言其"道隆三善"，表明阁罗凤深谙"亲亲""尊尊""长长"的儒家伦理之道。又言其"抚军屡闻成绩，监国每著家声"。在阁罗凤为南诏王期间，南诏"既御厚眷，思竭忠诚，子弟朝不绝书，进献府无余月，将谓君臣一德，内外无欺"[2]。不仅如此，阁罗凤还重用汉儒充当贵族子弟的老师，传授儒家思想。《旧唐书》载："郑回者，本相州人，天宝中举明经，授嶲州西泸县令，嶲州陷，为所虏。阁罗凤以回有儒学，更名曰蛮利，甚爱重之，命教凤迦异。及异牟寻立，又令教其子寻梦凑。"[3] 郑回本为唐朝官员，阁罗凤攻陷嶲州时将其俘虏。阁罗凤不但没有杀郑回反而委以清平官的要职，并赐蛮利之名，特派其担任儿子凤迦异的老师，后来又担任寻梦凑的老师。在郑回的教育影响下，"异牟寻颇知书，有才智"，"人知礼乐，本唐风化"。史载："唐代宗广德元年，主思武既盛，所乏者文。于是命郑回训教僰子弟汉儒书籍。事体礼貌风俗，较昔尤盛。"[4] 可见，郑回教育彝族、白族子弟学习儒家典籍，有力地推动了儒学在南诏的传播。

第二，专门设立"崇文馆"教育子弟学习儒家经典。据元代《故杨公孝先墓志铭》载杨孝先的祖先杨蛮佑"累迁崇文馆大学士，兼太傅、清平官"[5]。由杨

---

[1] 《南诏德化碑》，载张锡禄《南诏大理建国碑刻铭文整理研究》，云南人民出版社，2023，第48页。
[2] 《南诏德化碑》，载张锡禄《南诏大理建国碑刻铭文整理研究》，云南人民出版社，2023，第49页。
[3] 《旧唐书·南蛮西南蛮传》。
[4] 尤中校注：《僰古通纪浅述校注》，云南人民出版社，1988，第50页。
[5] 《故杨公孝先墓志铭》，载杨世钰主编《大理丛书·金石篇》（10）第一册，中国社会科学出版社，2010，第189页。

蛮佑曾任"崇文馆大学士"可知，阁罗凤时期专设"崇文馆"的机构。"崇文馆"，据《新唐书·选举制》载："东宫有崇文馆，生二十人。以皇缌麻以上亲，皇太后、皇后大功以上亲，宰相及散官一品、功臣身食实封者、京官职事从三品、中书黄门侍郎之子为之。"在唐朝，崇文馆即皇室和皇后、皇太后的近亲，宰相、功臣及三品以上官员的子女入学之地。"崇文馆也属大学性质、应进士、明经等科试。"[1] 由此推知，南诏仿唐制，"崇文馆"极可能是南诏专门为皇亲国戚以及官僚上层子弟接受儒家文化思想的教育机构。

第三，遣送枘政者子弟及贵族大臣到成都就学。从贞元十年（794）开始，前后延续了50年，据悉学者达上千人。孙樵在《书田将军边事》中称："自南康公凿青溪道以和群蛮，俾由蜀而贡，又择群蛮子弟聚于锦城，使习书算，业就辄去，复以他继。如此垂五十年，不绝其来，则其学于蜀者，不啻千百，故其国人皆能习知巴蜀土风、山川要害。"[2] 以至于因为来成都学习的南诏子弟人数太多，出现了"军府颇厌于禀给"[3] 的情况。大批南诏子弟在成都，唐朝"许赐书习读，遽降使交欢，礼待情深，招延意厚，传周公之礼乐，习孔子之诗书"[4]。郑洪业为唐咸通八年（867）状元，有《诏放云南子弟还国》诗云："德被陪臣子，仁垂圣主恩。雕题辞凤阙，丹服出金门。有泽沾殊俗，无征及犷军。铜梁分汉土，玉垒驾鸾轩。瘴岭蚕丛盛，巴江越巂垠。万方同感化，岂独自南蕃。"诗中描绘了南诏子弟辞别唐都长安，学成归国的情形。这里的"雕题"即代称南诏。金门是指金马门，汉代征召来的人，都待诏公车（官署名），其中才能优异的令待诏金马门。可见当时才能优异的南诏子弟曾被选送到长安就学。就学于长安和成都的子弟将汉文化带回了南诏，使南诏的文化教育水平得到了很大提高，大大丰富了南诏彝族地

1　傅璇琮：《唐代科举与文学》，陕西人民出版社，2003，第468页。
2　转引自马卫东《二十五史导读辞典》，华龄出版社，1991，第223页。
3　（明）宋濂等撰：《元史》，中华书局，1957，第3910页。
4　赵尔巽等撰：《清史稿》，中华书局，1957，第491页。

区的思想和文学艺术，涌现出许多诗人和文人，南诏不少的诗文流传到唐朝内地，有的还被收录到《全唐诗》《全唐文》中。

第四，建孔庙。南诏将儒学作为立国之本。杨慎《滇载记》称："晟罗皮之立，当玄宗先天元年（712），立孔庙于国中。"《滇云历年传》谓：开元元年（713），立孔子庙。《爨古通纪浅述》载："以张俭成为国老，以杨法律和尚为国师。开元十四年，效唐建孔子庙。"张俭成，亦作张建成，《南诏野史》载："开元二年（714），遣张建成入朝于唐。立土主庙。开元九年，皮叛唐。开元十四年，立庙祀晋右将军王羲之为圣人。"杨法律和尚俗名杨道清，后受封为显密圆通大义法师。虽然关于南诏最早建立孔庙的说法不一，但最迟在开元十四年（726）时，南诏已效法唐朝，确立儒、道、释三教并立的文教政策。孔庙既是祭祀孔子的场所，也是传授儒家文化的地方。唐代庙学合一，孔庙也称学庙，既是供奉孔子的庙堂，又是学生肄业之所，一称庙学。南诏时期，西南地区的儒学教育有了很大的发展。唐人孙樵在《序西南夷》中称："道齐之东，偏泛巨海，其不知其几千里，其岛夷之大者，曰新罗；由蜀而南，逾昆明，涉不毛，驰七八千里，其群蛮之雄者，曰南诏。……唐宅有天下，二国之民，率以儒为教先，彬彬然与诸夏肖也。其新罗大姓，士有观艺上国，科举射策，与国士偕鸣者。载籍之传，蔑然前闻。夫其生穷海之中，托瘴野之外，徒知便弓马、校战猎而已，乌识所谓文儒者哉？今抉兽心而知礼节，褫左衽而同衣服，非皇风远洽耶？尝闻化之所被，虽草木顽石，飞走异汇，咸知怀德，于是乎有殊能诡形之效祉者，二国之为其瑞与？夫天瑞之出不孤，将必有类者，则庚朔之隅，不怀之伦，其向风仰流，归吾化哉！世之言唐瑞者，徒曰肉角格、六穗稼、天酒泫庭、苑巢神禽。樵则曰：二国文学也。"[1] 文中对新罗和南诏的文化教育成就作了充分的肯

---

[1] （唐）孙樵：《序西南夷》，载方国瑜主编《云南史料丛刊》第2卷，云南大学出版社，1998，第151页。

定，认为二国"率以儒为教先，彬彬然与诸夏肖也"。

第五，兴办学校。经过初唐和南诏二百多年的经营，到唐朝末期，南诏已是"礼乐具修，车书必会"[1]，在政治经济文化各方面全面向唐朝靠拢。崔致远《桂苑笔耕集》称："睹雕题之章奏，书轨既同；息猾夏之猜嫌，梯航相接。"南诏境内出现了许多擅长诗赋的文人，特别是到南诏晚期，君臣上下吟诗作赋成为一时风尚。这与南诏仿效唐朝建立了官办的学校，进行儒家经典的普及教育有着十分紧密的联系。《僰古通纪浅述》载，劝丰佑天启五年设立学校，是年，唐武宗改元会昌。建二文学，一在峨崀，一在玉局山，为儒教典籍驯化士庶，以明三纲五常。其教主为杨波远、杜光迁、杨蛮佑、郑回等。唐武宗会昌元年即841年，南诏天启约当唐武宗会昌和唐宣宗大中年间。玉局山即苍山玉局峰，在大理古城西南五里，峨崀今名峨崀哨，在大理古城北约20公里，苍山沧浪峰正对该村。据《大理府志》载：清代为传递公文信件，在此设过哨房。所谓教主当为祀奉、崇拜的已故著名学者，相当于中原的先圣先贤，因其时杨波远、杜光迁、郑回等人已经去世。从被奉为教主的情况来看，说明四人对南诏文化教育的发展贡献很大。这里的"文学"不是通常意义上的文学艺术，而是与"太学""国子学""四门学"一样，指承担文化教育功能的学校。

2.《南诏德化碑》与儒学"德化"思想

"南诏德化碑"立于云南省大理市城南7公里处，撰文者一说为南诏清平官郑回，一说为王蛮利，学界多从前者。此碑何时所立？元人郭松年《大理行记》云："蒙国大诏立德化碑……其碑今在，即唐代宗大历元年也。"[2] 大历元年即766年。《南诏德化碑》代表着当时彝族、白族上层统治集团的思

---

[1] （唐）封敖：《与南诏清平官书》，载袁任远、赵鸿昌主编《唐文云南史料辑抄》，云南人民出版社，1989，第162页。

[2] （元）郭松年：《大理行记》，《丛书集成初编》，上海商务印书馆，1936，第2页。

想。[1] 历经沧桑，今碑文可辨者仅700余字。所幸的是，自明以后，历代典籍皆录其文。如明万历《云南通志》、清康熙《云南志》、师范《滇系》、阮福《滇南古金石录》等。《南诏德化碑》正文计有3600余字，主要内容包括：其一是说明南诏连年同唐朝战争，是不得已而为之，从此以后愿意与唐交好，"世世事唐"；其二是为当时的国王阁罗凤歌功颂德。碑文用词典雅，叙事井然，不止于事实的罗列，而是力求阐释其基础和根源。碑文内容丰富，既有朴素唯物主义的宇宙发生论，也有奠定在"自然（道）"基础上的历史观。如其所云："恭闻清浊初分，运阴阳而生万物，川岳即列，树元首而定八方"；"崇高辨位，莫大于君臣。道治则中外宁，政乖必风雅变"。根据伍雄武、普同金二位先生的分析，《南诏德化碑》所体现出来的宇宙发生论、历史观，与两汉、魏晋、隋唐日益发展起来的"元气论"有密切关联。并且推测，强调社会秩序的客观必然性并将其建立在"自然（道）"的基础上这一历史观与嵇康、阮籍的思想是相通的。[2] 当然，碑文的核心思想是对儒家"德化"思想的彰显与阐发。

南诏作为与唐王朝几乎相始终的西南少数民族政权，将儒家的德政理念确立为治国思想的核心，提出"德化"治世，倡导为君正己，推行道德教化。有学者认为，南诏的"德化"治世既是彝族对传统儒家道德文化的边地阐释，又为传统儒学注入了新的生机与活力，对彝族及云南少数民族文化的进步产生了不可磨灭的影响。[3]

《南诏德化碑》的核心内容，概言之有二：第一，为君正己。为君正己是儒家思想的核心内容。《论语·颜渊》："政者，正也，子帅以正，孰敢不正？"《论语·子路》："其身正，不令而行；其身不正，虽令不从。"南诏时，

---

[1] 伍雄武、普同金：《彝族哲学思想史》，民族出版社，1998，第89页。
[2] 伍雄武、普同金：《彝族哲学思想史》，民族出版社，1998，第90—91页。
[3] 朱安女：《南诏"德化"治世与儒学在云南的传播》，《民族文学研究》2013年第2期。

随着儒家思想影响的日趋深入，儒家对人自身存在价值和意义的认识也深刻影响了南诏王。南诏开国之君阁罗凤谨遵儒家"正己"的修养要求，身先垂范，将儒家道德修养视作为君的重要条件。如碑载："王姓蒙，字阁罗凤，大唐特进云南王越国公开府仪同三司之长子也。应灵杰秀，含章挺生。日角标奇，龙文表贵。始乎王之在储府，道隆三善，位即重离。不读非圣贤之书，尝学字人之术。抚军屡闻成绩，监国每著家声。"[1] 作为唐的臣属，他还曾多次奉唐朝之命成功平定边乱，"解君父之忧，静边隅之祲"[2]。在阁罗凤为南诏王期间，南诏"既御厚眷，思竭忠诚，子弟朝不绝书，进献府无余月，将谓君臣一德，内外无欺"。天宝战争中，南诏被迫与唐朝交战。阁罗凤曾多次向唐朝上书言明南诏冤屈，希望停止战争，并坦言"我自古及今，为汉不侵不叛之臣。今节度背好贪功，欲致无上无君之讨。敢昭告于皇天后土。史祝尽词，东北稽首"[3]。甚至在开战前，阁罗凤仍不忘君臣之礼，率领文武官员，郑重地向唐都长安的方向稽首行拜。南诏立国后，阁罗凤进一步通过教化途径将儒家道德修养从个体层面向社会推广，扩大了儒家道德伦理文化的社会影响力，对南诏社会的发展产生了极为深远的影响。[4]

第二，忠恕之道。南诏立国后，在与唐朝的邦交关系中，儒家忠恕之道是南诏一以贯之的准则。"忠君"是南诏"忠恕之道"的第一重内涵。天宝战争以前，南诏尊唐朝为"君"，视己为"臣"，以"忠君"为立身行事的出发点。如碑载："洎先诏与御史严正诲谋静边寇，先王统军打石桥城，差诏与御史严正诲攻石和子。父子分师，两殄凶丑，加左领军卫大将军。无何，又与中使王承训同破剑川，忠绩载扬，赏延于嗣，迁左金吾卫大将军。"[5] 可

---

[1]《南诏德化碑》，载张锡禄《南诏大理建国碑刻铭文整理研究》，云南人民出版社，2023，第48页。
[2]《南诏德化碑》，载张锡禄《南诏大理建国碑刻铭文整理研究》，云南人民出版社，2023，第49页。
[3]《南诏德化碑》，载张锡禄《南诏大理建国碑刻铭文整理研究》，云南人民出版社，2023，第50页。
[4] 朱安女：《南诏"德化"治世与儒学在云南的传播》，《民族文学研究》2013年第2期。
[5]《南诏德化碑》，载张锡禄《南诏大理建国碑刻铭文整理研究》，云南人民出版社，2023，第48页。

知，在阁罗凤的父亲皮逻阁与唐朝御史严正诲联合扫平边寇的行动中，阁罗凤曾受命与严正诲一起攻打石和子并得胜归来。不久，阁罗凤又与中使王承训共破剑川。作为南诏王储，阁罗凤不遗余力为"君国"唐朝扫平边乱，解除忧患，体现了臣属对君上尽忠职守。再如，南诏亦多次接受唐朝的敕封，表明对唐诏君臣关系的极度尊崇。《旧唐书·南蛮西南蛮传》载："子皮逻阁立。二十六年诏授特进封越国公，赐名曰归义。其后破洱河蛮，以功策授云南王。"可见，皮逻阁曾多次受唐朝奉敕。阁罗凤亦被唐朝封为"右领军卫大将军兼阳瓜州刺史"，后"持节册袭云南王"。阁罗凤的长男凤伽异10岁入朝觐见唐明皇，并"授鸿胪少卿，因册袭次，又加授上卿兼阳瓜州刺史都知兵马大将"。这也印证了《南诏德化碑》所言的"我世世事唐，受其封爵"之语。皮逻阁去世时，《南诏德化碑》载："天宝七载，先王即世。皇上念功旌孝"。[1] 这里，"皇上"即为南诏对唐明皇的敬称，南诏则自属为"臣"，甘居下位。南诏王子入质唐朝成为传统。自南诏一世王细奴罗派其子罗盛入质唐朝后，盛罗皮、阁罗凤及其子凤伽异均入质唐朝，亦表明南诏对唐王朝的忠诚与臣属关系。南诏与唐朝的邦交关系，天宝战争是导致南诏对忠君思想的体认发生变化的转折点。之前，南诏尊崇唐朝作为君国权力的合法性，谨遵君尊臣卑的观念立身行事。天宝战争爆发，唐朝力图灭南诏。为了避免战争，南诏先是再三上书唐朝，对战争的利弊进行分析并陈诉冤屈。《南诏德化碑》载："吐蕃是汉积仇，遂与阴谋拟共灭我，一也。诚节，王之庶弟，以其不忠不孝，贬在长沙，而彼奏归，拟令间我，二也。崇道蔑盟构逆，罪合诛夷，而却收录与宿，欲令仇我，三也。应与我恶者，并授官荣，与我好者，咸遭抑屈，务在下我，四也。筑城收质，缮甲练兵，密欲袭我，五也。重科白直，倍税军粮，征求无度，务欲敝我，六也。"[2] 南诏据实向唐朝上书言明

---

[1] 《南诏德化碑》，载张锡禄《南诏大理建国碑刻铭文整理研究》，云南人民出版社，2023，第49页。
[2] 《南诏德化碑》，载张锡禄《南诏大理建国碑刻铭文整理研究》，云南人民出版社，2023，第49页。

了唐朝、吐蕃与南诏之间的微妙关系，剖白了南诏蒙受的六方面冤屈，希望唐朝审时度势，收兵停战。并言"竖臣无政，事以贿成，一信虔陀，共掩天听，恶奏我将叛"[1]。《南诏德化碑》言："白日晦景，红尘翳天，流血成川，积尸壅水，三军溃衄，元帅沉江。"[2] 面对无辜阵亡的唐军将士，南诏抛弃与唐朝的敌对观念，专门修筑"万人冢"，并行追悼祭祀之礼。在儒家看来，"祭者，志意思慕之情也，忠信爱敬之至矣，礼节文貌之盛矣，苟非圣人，莫之能知也。圣人明知之，士君子安行之，官人以为守，百姓以成俗。其在君子，以为人道也；其在百姓，以为事鬼也"[3]。《南诏德化碑》言："生虽祸之始，死乃怨之终。岂顾前非而亡大礼？遂收亡将等尸，祭而葬之，以存旧恩。"[4] 南诏祭祀唐军阵亡将士之礼寄托了高尚人道之情，已经非孟子的"恻隐之心"所能涵盖，体现出对生命的充分尊重。《论语·里仁》载："夫子之道，忠恕而已矣。"[5] 可知孔子将忠恕之道视为立身行事的重要准则。《论语·公冶长》载："子贡曰：'我不欲人之加诸我也，吾亦欲无加诸人。'"[6] 则明言忠恕之道就是要推己及人。可以看出，儒家忠恕之道的中心指向便是强调个体在应对与外在环境的关系时，要从自我出发，加强自我的道德修养。与此同时，则要充分重视他人的感受，通过自我的道德完善而实现与他人之和谐。亦如有学者所言，南诏"德化"治世的理念，是其作为地处西南边疆的少数民族政权自觉将儒家文化加以贯彻实施的实践。一方面，南诏"德化"治世从多维立体角度发挥了儒家道德文化的积极作用，为南诏上层政治的运作与基层社会的治理提供了行之有效的道德准则；另一方面，南诏"德化"治世对儒学的边地阐释又是在其政权演变发展的动态过程中逐步实现和

1　《南诏德化碑》，载张锡禄《南诏大理建国碑刻铭文整理研究》，云南人民出版社，2023，第49页。
2　《南诏德化碑》，载张锡禄《南诏大理建国碑刻铭文整理研究》，云南人民出版社，2023，第50页。
3　（清）王先谦：《荀子集解》，中华书局，1988，第376页。
4　《南诏德化碑》，载张锡禄《南诏大理建国碑刻铭文整理研究》，云南人民出版社，2023，第50页。
5　（宋）朱熹：《四书章句集注》，中华书局，1983，第72页。
6　（宋）朱熹：《四书章句集注》，中华书局，1983，第78页。

完善的。儒家道德精神成为南诏政权不断获取道德实践的原则和方式的资源，为云南少数民族提供了共同的价值规范。[1]

3. 大理政权时期儒学在彝族地区的传播影响

大理国是继南诏之后的又一个地方少数民族政权，统治区域包括今云南全境和四川、贵州的部分地区，存续时间为937—1254年，大略与宋王朝相始终。南诏晚期，权臣篡政，社会动荡。自897年起至927年，经"大长和国"（南诏就此灭亡）、"大天兴国"、"大义宁国"，30年中政权频更，导致生灵涂炭，田园荒芜，社会生产力遭到很大破坏。段思平出身洱海区域的白蛮大姓，是南诏清平官段俭魏的六世孙，利用民众"宽徭役""减赋税"之愿，以"减尔税粮半，宽尔徭役三载"为号召，联络滇37部乌蛮，灭了"大义宁国"，建立了以白蛮为主体的多民族联合体——大理国，定都羊苴咩城（今大理城）。洱海区域在南诏、大理国时期是云南政治、经济和文化的中心，住在这一区域的白蛮、河蛮等部落、部族，经过长期的融合，逐渐形成一个具有共同语言和文化、经济水平比较接近、居住比较固定的共同体——白族。在大理国时期，白族以洱海为中心，遍布澜沧江上游、红河以北的广大平坝地区。白族的贵族被分封各地，成为当地的世袭封建领主。乌蛮（彝族）就散居在上述区域的山区和半山区。

宋王朝尽管武力不竞，使其没有精力像唐王朝那样对云南实行较为直接的控制，但无论在国家体制上还是在思想文化上都维持了对云南的管辖和统治。"宋太祖建隆三年，王全斌克蜀，欲因取云南。太祖止之曰：'德化所及，蛮夷自服，何在用兵。'"[2] 承接赵匡胤"德化"云南少数民族的指导思想，宋王朝未曾对云南用兵，但在云南设置了众多的羁縻州，在行政建置上归于一统。宋王朝还先后册封大理国王为"云南八国都王""云南大理国王"

1　朱安女：《南诏"德化"治世与儒学在云南的传播》，《民族文学研究》2013年第2期。
2　（元）李京撰，王叔武校注：《云南志略辑校》，云南民族出版社，1986，第78页。

"云南节度使金紫光禄大夫检校司空上柱国大理王"等。宋王朝的敕文说："彼外蕃居南服，能向风而慕义，宣孚号以示恩。"据《续资治通鉴长编》卷二六七载："太平兴国初，首领有百万者，我太宗册为云南八国都王。"又据辛怡显《至道云南录》载："淳化末，赐诺驱诏云：'敕云南国主，统辖大渡河南姚雟州界山前山后百蛮三十六鬼主兼怀化大将军，依旧忠顺王。'诺驱谢恩表用元和册南诏印。"大理政权也十分主动地求归宋王朝。在赵匡胤统一中原之初，大理国王段思聪便使其臣属建昌城演爽习送了一封贺信到黎州（今四川清溪县），主动与刚刚平定后蜀的宋王朝取得联系。据李攸《宋朝事实》载，段氏大理政权曾连年派其所属的邓部、两林川首领，由西川向宋朝廷进贡。为此，宋王朝于太平兴国七年（982）特意在大渡河上造大船，"以济西南蛮之朝贡者"。可见大理国对宋王朝的献贡是很多的。所以，倪蜕《滇云历年传》卷五说，大理政权"向慕中国，志不少衰"。郭松年《大理行记》也说："宋兴，北有大敌，不暇远略，相与使传往来，通于中国。"[1] 后来到淳祐六年（1246）蒙古族贵族的军队攻入云南以绕道谋取四川威胁宋廷，大理国的白族将领高禾率部于今丽江九河一带进行抵抗，在战场牺牲，南宋朝廷派专使吊祭，表彰他的忠勇。可以看出，宋王朝与大理国在政治上的君臣关系是相当明显的。宋王朝与大理政权长期保持君臣关系，自然有其深刻的政治、经济背景，但思想文化上的因素是不可低估的，尤其是儒学在这一地区长久的传播以及儒学成为一种普遍观念起到了极大的作用。

大理国时期儒学的传播和影响，我们先看如下两则材料。其一，在今楚雄城西约20公里的微溪山崖上，有一块摩崖石刻。碑文未标明书刻年代。嘉庆《楚雄县志》将它称为"戊寅护法明公德运碑"，"戊寅"当为南宋绍兴二十八年（1158），此时大理国的最高统治者是段正兴。碑文作者未署名，自

---

[1] （元）郭松年撰，王叔武校注：《大理行记校注》，云南民族出版社，1986，第20页。

称"大宋国建武军进士,两战场屋,画虎无成,□□南国,十有六年",后来"蒙公(即护法明公高量成,彝族)清照,如族辈人"。推测作者应是内地一个科场落第的失意文人,后流寓南中,得到高氏的重用。虽然碑文的主要内容是颂高量成功德,但是具体内容确是出经入典,洋溢着"仁、义、礼、智"的儒学观念。碑文云:"齐有仲父,郑有子产,竹帛称之为民之父母,孔子……有德,……《诗》曰济济有众,……《语》云生而知之者上也。……日月同明,温良五德,六艺三端……随而有之,……公以礼义为衣服,以忠信为甲胄,以智通为心肝,远之来者割地而封之,不归化者兴兵而讨之,自是天下大化。……仲尼有云,仁智者也。……恺悌君子,民之父母。伍员者,古之智勇忠孝之士也,……聪明俊杰,克己复礼,……道贯古今,功比周公,外掌部域,内浥真流,……仁哉智哉。云云。"这说明大理国的彝族贵族儒学修养已达到相当高的程度。其二,今姚安县文化馆有一块古碑,名《兴宝寺碑》。兴宝寺建于南诏,大理国时重建。寺院早已毁灭,唯留一碑。此碑刻有三篇碑文,正面两篇,背面一篇,人称"一碑三刻"。正面的第一篇碑文名《兴宝寺德化铭》,第二篇碑文名《褒州阳派县稽肃灵峰明帝记》。这两篇都刻于大理国王段智兴元亨二年,即宋淳熙十三年(1186),撰作者同为释儒杨才照,其自称"皇都崇圣寺粉团侍郎赏米黄绣手披释儒才照僧录阇梨"。他应是来自大理国皇都羊苴咩城崇圣寺阿叱力(阿阇梨)教派的一个僧儒,"粉团侍郎""赏米黄绣手披"当为大理国封给出入佛寺的儒生的功名。这两篇碑文词句雅正,用典甚多,无论儒理还是佛理,立意都很深刻,文字精练优美,佳句连连。尤其是第一篇称扬大理国"上公"高逾城光,受儒家思想的影响是很深的。其开篇云:"盖闻率性之谓道,妙物之谓神。混成天地之先,独化陶均之上。"这基本上是汉文古籍上的套语。儒家讲"率性",《礼记·中庸》曰:"天命之谓性,率性之谓道",意思是说要按照天赋的本性行事。儒家称事理玄妙为神,《易·系辞上》谓:"阴阳不测之谓神。"韩康伯注曰："神也者，变化之极，妙万物而为言，不可以形诘者也。"碑文说高逾城光天生不凡，"天质自殊，龙章特异"，说他"夙蕴风云之气，早实仁义之怀。和恒内凝，英华外发……敬义无失，忠节更坚"，及长，又能尽忠尽孝，"输至诚于君兄，循肌肤于伯父"，"奉旨则仁声已洽，下车则清风载兴"，他管辖的地方，"振平惠而字小人，弘义让以歇子，民识廉耻，咸习管子之风，家足农桑，旁尽孟轲之制。绢理之暇，澡德玄源"。说明儒家的纲常名教、仁治德化等观念，已给大理国上层的文化生活打上了深深的烙印。从大理国时期儒学传播影响的途径看，主要有如下几个方面。

第一，大理国统治者对儒学的自觉倡导，最典型地体现在用国号的命名来宣示儒家观念。937年，白蛮贵族段思平灭"大义宁国"，建"大理国"，国名与皇都均以"大理"命名。据分析，"大理"之名实来自"大礼"。早在唐咸通元年（860）南诏第12代王蒙世隆继位时，"鳃宗以其名近玄宗嫌讳，绝朝贡"。因为"世隆"之名犯了唐太宗"世民"和唐玄宗"隆基"之讳，故唐王朝非但将世隆改称"酋龙"，还停止了对南诏王的册封。于是，世隆"膺称皇帝，建元建极，自号'大礼国'"[1]。段思平定国名为"大理"。对"大理"的解释，著名历史学家方国瑜称："段氏称大理国，当以大礼旧名而改字……《通鉴》：'大中十三年，酋龙乃自称皇帝，国号大礼。'注：'至今云南国号大理'，以为大理沿用大礼之名，是也。"[2] "礼"是儒学的重要观念之一。"礼，经国家，定社稷，序民人，利后嗣者也。"[3] "夫礼，所以整民也。"[4] 孔子主张克己复礼为仁，提出对"民"要"齐之以礼"。荀子认为：

---

[1]《新唐书·南诏传下》。

[2] 方国瑜：《云南民族史讲义》，云南人民出版社，2013。引自龚友德《儒学与大理国文化》，《孔子研究》1991年第1期。

[3]《左传·隐公十一年》。

[4]《左传·庄公二十三年》。

"礼者，治辨之极也，强国之本也。"[1] 作为儒学重要思想的"理"，《易·说卦》云："和顺于道德而理于义。"《礼记·丧服四制》曰："理者，义也。"孟子说："心之所同然者何也？谓理也，义也。"[2] 南诏王世隆改国名为"大礼"，在效法中原，奉行礼治。段思平得国，在沿用"大礼"旧称的基础上，改"礼"为"理"，将国号和皇城都定名为"大理"，其用意也在要重礼乐，贵理义，把所统治的地区治理得和中土一样。[3] 有学者认为："其着眼点在于政治改革，有积极推行'礼治'，大治大理，达到强国安民目的之含义。"[4] "段思平建立政权之后，'更易制度，损除苛令'，可见他改国号曰'大理'，就是要大大调理各方面的关系，以适应生产力的发展，'理'与'治'同义，'大理'就是'大治'的意思。"[5]

第二，大理国统治者通过国王名字和年号倡导儒学观念。大理政权的统治者受到儒家思想的影响，效法中原，以纲常名教作为治理之要。因此，大理国的统治者在国王的名字和年号上颇用心思，通过命名来表达他们效学儒家，以礼教治国的心愿。如"段思平"，有"修身、齐家、治国、平天下"之意；"段思良"，有"温良恭俭让"之意；"段素顺"，有"顺以从君"，"名正言顺"之意；"段素廉""段思廉""段智廉"，有清廉正直、廉远堂高之意；"段素隆"，有尊贵之意；"段连义"，有"君子义以为上""义以为质"之意；"段正淳"，有正心诚意、敦厚教之意。在年号上，则更体现出他们效法中原，奉行"礼治"的思想。如段思平号"文德"，有文治德化之意；段思英号"文经"，有以文教礼乐经世治国之意；段思良号"至治"，有完美

1　《荀子·议兵》。
2　《孟子·告子上》。
3　龚友德：《儒学与大理国文化》，《孔子研究》1991年第1期。本节内容主要参考借鉴该文，谨此致谢。
4　王树五：《大理名号由来考释》，《云南省历史研究所研究集刊》1983年第1期。引自龚友德《儒学与大理国文化》，《孔子研究》1991年第1期。
5　施立卓：《"大理"的由来》，《大理文化》1979年第2期。引自龚友德《儒学与大理国文化》，《孔子研究》1991年第1期。

地治理国事之意；段思聪号"明德""广德"，有"明明德"，弘扬德政之意；段素英号"明圣"、段素兴号"圣明"，有昌明圣教之意；段思廉号"正德"，有"正德以率下"之意；段祥兴号"道隆"，有尊重道德、道统之意，如此等等。[1]

第三，大理国的统治者派人到内地进行文化交流，购买图书经籍。据《南诏野史》记载：宋崇宁二年（1103），大理国王段正淳"使高泰连入宋，进经书六十九家，药书六十二本"。据范成大《桂海虞衡志》记载：1173年，大理国的几十个商人来到广西采购各种书籍，"乾道癸巳冬，忽有大理人李观音得、董六斤黑、张般若师等，率以三字为名，凡二十三人至横山议市马。出一文书，字画略有法。大略所须《文选五臣注》《五经广注》《春秋后语》《三史加注》《都大本草广注》《五藏论》《大般若十六会序》及《初学记》《张孟押韵》《切韵》《玉篇》《集圣历》《百家书》之类"[2]。大理国从中原引进包括儒学在内的大量书籍，供境内士子阅读，有力地促进了儒学在云南少数民族中的传播，当地人民的文化素养有了显著提高。一封大理国商人致南宋邕州官吏的信中说："古文有云：察实者不留声，观行者不识词，知己之人，幸逢相谒，言音未同，情虑相契。吾闻夫子云：君子和而不同，小人同而不和。今两国之人，不期而合者，岂不习夫子之言哉！"在这一文书后还附诗一句："言音未会意相和，远隔江山万里多。"[3] 大理国的白族商人还言必称"夫子"，口不离"君子""小人"，足见大理国人受儒学教育之深。另据云南地方文献《永昌府志》卷六二《杂记志轶事》载：苏子瞻（东坡）尝于清井监得西南夷人所卖蛮布弓衣，其纹织成梅圣俞《春雪》诗……子瞻以欧阳公尤知圣俞者，因以遗之。欧阳家蓄琴一张，乃宝历三年（827）雷会所

---

[1] 龚友德：《儒学与大理国文化》，《孔子研究》1991年第1期。
[2] （元）马端临：《四裔六·南诏》，《文献通考》，中华书局，1986，第2586页。
[3] 邵献书：《南诏和大理国》，吉林教育出版社，1990，第196页。

研,其声清越如击金石,遂以此布为琴囊。二物欧公谓真余家宝玩云。这则故事至少说明两点,其一,足见圣俞诗名之大已及于边远,云南少数民族受中原文化影响很深;其二,梅圣俞《春雪》诗,又名《十二月十三日春雪》,诗中有云"宫中才人承圣颜,捧筋称寿呼南山",具有明显的忠君尊王思想,而大理国的哀牢夷人把它织入布中,从一个侧面反映了人们忠顺宋王朝,维护祖国统一的意愿。

第四,大理国统治者效法中原开科取士,提倡读儒书。据明阮元声《南诏野史》记载:"段氏有国,亦开科取士,所取悉僧道读儒书者。"又倪蜕《滇云历年传》载:"真宗景德元年,段素英敕述《传灯录》,开科取士,定制以悉僧道读儒书者应举。"由于开科取士的这一特点,就形成了该时期比较独特的儒释融合现象,"儒释"与"释儒"就是这种融合的标志。大理国官吏,从相国到一般官员,大都从"儒释"或"释儒"中选拔,称为"儒官"。一般而言,"儒释"当以释为主,参读儒书,即为懂得儒理的佛教徒。李京《云南志略·诸夷风俗》记载:"有家室者名师僧,教童子,多读佛书,少知六经者。"这些"多读佛书,少知六经"的"师僧",就是以"释"为主,以"儒"为辅的"儒释"。而"释儒"则以"儒"主,以"释"为辅,即出身佛寺的儒生。"儒释"又称"师僧",他们是一些饱读儒书的僧侣,他们在佛寺中教儿童念佛经、读儒书,佛寺不仅是宗教场所,同时也是传授儒学的地方。另外,大理国的文人雅士又大多出入佛寺,甚至当过和尚,是一些深知佛理的儒生,他们被称为"释儒"。"儒释"与"释儒"在杂读佛经与儒书之后,通过大理国政权的"开科取士",走上政治舞台。元朝初年,郭松年游历大理,记述了大理国时期遗留下来的一些情况:"师僧有妻子,然往往读儒书。段氏而上有国家者,设科选士,皆出此辈。"[1] 这里的"师僧"也就是

---

[1] (元)郭松年撰,王叔武校注:《大理行记校注》,云南民族出版社,1986,第23页。

"儒释"。"儒释"或"释儒"们既修身出世又修学从政,脑子里既有寄托天国的出世观念,又有忠孝仁义的入世思想,集儒、佛于一身。

大理国时期,包括彝族内在的各族人民在这里创造了灿烂的文化,"大理国经幢"便是其最卓著的代表。这座古幢为方锥状七层石雕,系用整块砂石雕刻而成。因幢上刻有佛像、佛号、经咒以及"大理国"等浮雕和字样,故人们称之为"大理国宝幢""大理国古幢"或"大理国经幢"。经幢虽说是座佛教造型艺术的建筑,但由于大理国既信佛又崇儒,佛教与儒学往往融为一体,《造幢记》中就倾注了浓厚的儒家思想意识。《造幢记》说:"原夫一气始弃,二仪初分,三光丽于穹窿,五岳镇于磅礴。爰有挺秀愚智,辨立君臣,掩顿于八区,牢笼于四海,随机而设理,运义而齐风。"龚友德认为,这里套用了《易·系辞上》"易有太极,是生两仪"的说法。所谓"挺秀愚智,辨立君臣",是儒家的惯用词语。孔子区分愚与智,说"上智与下愚不移"。辨正君臣大义,是儒家强调的教条。至于"设理""运义",其"理"其"义",应是儒家所宣扬的"天理""心理"之"理"和"礼义""仁义"之"义"。《造幢记》说袁豆光"常读八索之书,非学六邪之典"。"八索"为上古的典册,《左传·昭公十二年》有云:"是能读三坟、五典、八索、九丘",孔颖达疏引孔安国《尚书序》:"八卦之说,谓之八索,求其义也。"《造幢记》的意思是说袁豆光饱读《周易》一类经籍和佛书,凡含有饮食男女等七情六欲的书是不看的。《造幢记》称:在袁豆光的扶助下,高明生统治的滇池区域"尊卑相承,上下相继。协和四海,媲同亲而相知,道握九州,讶连枝而得意。……钟鼓义而明明,玉帛理而穆穆"。把大理国内的滇池区域描绘成一派歌舞升平的景象。其中"尊卑""上下""协和""义而明明""理而穆穆"之类,显然是受到儒家思想的影响。《造幢记》说:"至忠不可以无主,至孝不可以无亲,求救术于宋王蛮王,果成功于务本得本。"按照一般的理解,儒家主张入世,讲忠孝节义;佛家倡导出世,讲修行成果。这本来是相互矛盾的,然而,这矛盾的两方在《造幢记》中达到了高度的统一。滇池地区统治者一方面以忠孝节义为旗帜,维持与"宋王"(宋王朝)、"蛮王"(大理国段氏)的君臣关系。另一方面,按儒家"君子务本,本立而道生"的理论来制约学佛修行而把儒学与佛学糅合在一起。《造幢记》还说:"寻思大义孔圣,宣于追远慎终,敬向玄义释尊,劝于酬恩拜德。妙中得妙,玄理知玄。善住受七返轮回,如来说一部胜教。……复利于重义轻生,尽济于亡身报主。大义事事以怀此,敬节日日以惟新。"明显把"孔圣"与"如来"相提并论,将"重义轻生"与"七返轮回"糅合在一起。大理国虽然以"国"自称,但实际上是宋王朝的一个地方少数民族政权。大理国的统治者们"向慕中国,志不少衰",一次次派人到内地购置儒家经籍,在其辖境内积极效学汉儒,注重礼义教化,其结果如郭松年《大理行记》所描绘:"宫室、楼观、言语、书数,以至冠昏丧祭之礼,干戈战阵之法,虽不能尽善尽美,其规模、服色、动作、云为,略本于汉。自今观之,犹有故国之遗风焉。"[1]

通过考察大理国时期儒学在彝族先民地区的传播和影响,有分析认为:"儒学文化在云南少数民族哲学和思想文化中逐渐广泛深入地传播和影响,还在于二者之间多向度的思想文化交融激荡,产生和发挥着重要作用。在这种多向度的思想文化交融激荡中,包括经济的、贸易的、政治的、社会的、宗教的等等,其中政治文化之间的密疏关系始终是具有决定性和主导性的方面。政治亲密,臣属羁縻,或置郡县治理,在云南少数民族进步中,往往儒学亦兴盛,文化亦发展。反之,二者政治疏远甚至交恶抗衡,儒学传播和少数民族的文化进步则极其不利。"[2] 从大理国时期来看,云南与宋王朝官方间政治文化的交流大为减少,而民间经济贸易关系不断增加。大理国曾主动热切地

---

[1] (元)郭松年:《大理行记》,《丛书集成初编》,上海:商务印书馆,1936,第2页。
[2] 杨翰卿:《儒学与我国少数民族哲学互动发展研究》,打印稿,第37页。

希望发展与宋朝的政治、经济、文化的全面关系，然而宋朝则以自身安全为由，拒之千里之外，多次阻绝大理国的友好通使，致使云南与中原内地的文化交往缺乏宋朝官方的大力支持。官方政治文化交往的通道被阻绝后，势必造成中原汉文化传输云南的衰减，云南难以及时地得到和吸收中原文化的最新发展成果。然而，两宋王朝为了得到大理国的战马，曾经通过广西大量购买大理马，大理国商人也利用卖马的机会，到广西采购中原文化用品和典籍，以此补充通过官方渠道传入中原文化的不足。如"乾道癸巳冬，忽有大理人李观音得、董六斤黑、张般若师等，率以三字为名，凡二十三人至横山议市马。出一文书，字画略有法。大略所须《文选五臣注》《五经广注》《春秋后语》《三史加注》《都大本草广注》《五藏论》《大般若十六会序》及《初学记》《张孟押韵》《切韵》《玉篇》《集圣历》《百家书》之类"[1]。不难发现，大理国人求购的书籍主要有两类：一是汉晋时期儒家经解和史注之书，如《五经广注》《春秋后语》《三史加注》等，它们都是唐代以前中原儒家学说研究的代表作品，即汉学论著；二是学习汉语所需的文字声韵工具之书，如《初学记》《张孟押韵》《切韵》等。在我国儒学发展史上，汉晋至隋唐时期，主要以训诂和考订儒家经典的章句文字音韵为主，这一时期的儒学也被称为汉学；两宋时期，儒学的研究则发展为解说儒家经典中的义理为主，被称为理学。在唐代以前，云南与中原的文化交流受到王朝官方的支持和保护，交流频繁，文化传输不仅量大，而且迅速，中原文化发展的最新成就和变化都能很快地传入云南民族地区，而大理国时期中原儒学发展到以儒家义理为宗旨的理学阶段，理学之书却难以在云南的大理文化中找到踪迹，以至于大理国商人专程到广西求购中原文化书籍的这份书单，也还仍然停留在唐代以前儒学研究的"汉学"阶段，这不能不让人结合两宋王朝对大理国的方针政

---

[1] （元）马端临：《四裔六·南诏》，《文献通考》，中华书局，1986，第2586页。

策,考虑到这一时期官方政治关系断绝,给文化交流造成了极其不良的影响,形成了历史上中原文化传输云南的一个衰减期,以至于赛典赤治滇,初入云南时强烈地感受到"云南子弟不读书""不知尊孔孟"。其实云南子弟非不读书也,是没有读当时盛行的理学之书;非不知尊孔孟也,是没有像这一时期中原内地那样,在理学强烈影响下,竭力抬高孟子学说的地位和研学程朱之学。[1]

三 元明清时期儒学在彝族地区的传播

自元以来,中原王朝从行政制度上确立了对西南彝族地区的管理,把西南彝族地区纳入中央政权的有效统治范围。但是,这些仅是一种外在的带有强制性的规范措施。如何才能使长期存在割据思想的世官及子孙们,自觉地接受中原之政治制度及礼教文化,以汉文化之"礼义"教化其属从,最终实现由单纯的政治统治向政治、经济、文化等多方面一体化有效统合的转变,是元明清王朝统治者需要解决的问题。儒学自汉代成为封建国家的意识形态,特别是宋朝以后,由于它逐步系统化、世俗化、平民化,成为官民之间、汉族和少数民族之间强大的整合力量。纵观这一时期儒学在彝族地区的传播,无论是从深度还是从广度而言,都较之前的时代有了很大的变化,除了兴办学校、建孔庙、赐书、购书、讲学等方式,相较于此前的历史时期,元明清时期儒学在彝族地区的传播,比较具有特色的有如下几个方面。

第一,以主动在彝族地区推行儒学教化,作为维护"大一统"统治格局的主要策略。元代世祖时,赛典赤·赡思丁任云南平章政事,治滇期间以儒家"德政教化"为宗旨,为使云南各族能遵声教、习礼仪、服从中央,乃行

---

[1] 杨翰卿:《儒学与我国少数民族哲学互动发展研究》,打印稿,第37—39页。

"宽仁之政"，于 1276 年在昆明建成云南第一座孔庙——昆明文庙，设立学庠，以《论语》《孟子》《大学》《中庸》等儒家经典为教本，提倡尊孔读经，推崇儒术。并于元至元二十二年（1285）七月，由云南行省参政郝天挺创立大理府学宫，开云南庙学风气之先。继之在中庆、大理、临安、永昌、乌蒙等地方建孔庙、置学舍，教这些地方的少数民族子弟读儒家经典而"正三纲，明五伦，教跪拜"。当地少数民族"虽爨僰亦遣子入学"，使儒学在彝族地区得到进一步的倡扬。[1] 当明军刚平定云南不久，朱元璋便于 1382 年下令："府、州、县学校，宜加兴举，本处司选保民间儒士堪为师范者，举充学官，教养子弟，使知礼义，以美风俗。"[2]《滇略·俗略》说："明圣祖继作移风易俗，顿使黔黔狂狞之习不百年而比及中华争衡。"[3] 在明代洪武年间，贵州水西的彝族首领奢香夫人，就是深受儒学爱国、一统思想影响并积极地接纳引入儒学文化的一个典型代表。奢香代夫袭贵州宣慰使职期间，七上金陵，学习汉民族先进思想文化与生产技术，造福于贵州各族人民，具有志在改变贵州边陲贫困落后之貌的气概。并且不顾沦为人质之虞，毅然派子赴京入太学，学习汉文化，学习儒学。明太祖朱元璋曾下诏："礼教明于朝廷而后风化达于四海，今西南夷官遣子来朝，求入太学，因其慕羡，特允其请。尔等善为训教，俾有成就，庶不负远人慕学之心。"[4] 洪武二十五年（1392），奢香之子学成而归，朱元璋钦赐"安"姓，汉名称安的。奢香还多方面接纳文人学士，聘用汉儒，在水西设置贵州宣慰司学，使水西彝族不断接受儒学文化的熏陶。彝家子女广泛入学读书，参加科举考试。在奢香夫人影响下，水西彝族社会生活各方面，颇依华夏之礼。[5] 清顺治时期，清廷批准了云南土司

---

1 杨翰卿：《儒学与我国少数民族哲学互动发展研究》，打印稿，第 36 页。
2 张泓：《云南机务钞黄》，中华书局，1985，第 14—15 页。
3 （明）谢肇淛：《滇略·俗略》，文渊阁四库全书本。
4 《明太祖实录》，国立北平图书馆红格钞本影印本，第 3025 页。
5 杨翰卿：《儒学与我国少数民族哲学互动发展研究》，打印稿，第 42—43 页。

世袭的办法，但土司世袭的一个条件便是世袭位者要入学接受儒家经典礼义的教育。其主要途径是办学校，传播儒家文化。因此，由于中央王朝大力推行儒学，重视教育，彝族地区的教育得到了长足发展，据《云南教育史》统计，到清时云南的每一县（或府、州）都建有学宫，1—2所书院，全省共有92座学宫、296所书院，义学则达683所[1]，读书者不仅有汉族子弟，彝、白、纳西、回等少数民族子弟也日渐增多。一些靠近内地的汉、彝、白、纳西、回等族杂居的各府州县的城镇及其附近地区文化的发展，已经日渐接近于汉族聚居的内地各省了。据由云龙纂民国《姚安县志》载："逮至明季，邑中先哲，袭宋明理学，阳儒阴释，力事提倡。"姚安位于滇中偏北，是彝、白等少数民族与汉族杂居的地区。

第二，通过促进民族融合传播儒学。汉夷相杂是中国多民族之间文化传播的一种非常重要的渠道。这种民族间不同价值观念与多元文化的碰撞与磨合，不仅加强了民族的融合，而且也有利于生产力和社会经济的发展。明代以前，尽管历代均有一些汉民族移入云南，却数量偏少，零星分散，在少数民族区域内生活，语言、习俗上多已"夷化"。自明以来，大批汉人以镇戍军队、统治官吏和商旅流民的身份进入彝族生活地区，他们政治地位高，有政治力量保护，再加上此时彝族地区实行了与内地基本一致的政治制度，因此，进入彝族地区的汉人不再被"夷化"，而是走上与彝族、白族等少数民族共同发展的道路。这在云南表现得相当突出。《明太祖实录》卷185"辛巳条"载："洪武二十年九月辛巳，命西平侯沐英籍都督朱铭麾下军士无妻孥者，置营以处之，令谪徙指挥、千、百户镇抚管领，自楚雄至景东，每一百里置一营屯种，以备蛮寇。""洪武二十四年秋七月辛丑，调云南白崖军士屯守景东。上以景东为云南要害，且多腴田，故有是命。"据统计，明代云南都

---

[1] 蔡寿福：《云南教育史》，云南教育出版社，2001，第279页。

司领20卫、3御、18所，共133个千户所。¹ 据计算，如果每个千户所的官兵都足额，则云南卫所军队共148960人。明代军士，必须结婚，为世籍军户，妻室同行，到指定地点屯田戍守。因此，实际上是14万多户，若以每户4人计，可达约60万人。再有大批建筑造纸的工匠、民户以及充军者在云南落籍，汉族人数要远多于60万人。² 这些移民进入云南后，遍布于各府州县。经过几代繁衍，到明末云南的汉族人口已经超过当地土著达数百万之多，成为云南民族构成中最主要的民族群体。移民的到来，不仅给云南带来了中原先进的营造技术和农耕技术，有效地促进了社会经济的快速发展。同时，他们也将儒学、儒家观念带到云南民族地区，从而使儒学为促进各民族之间相互认同创造了契机，进而也为增进各民族之间的融合奠定了坚实的思想基础。据载，明清时期汉人的足迹已遍及云南彝乡傣寨之各个角落，他们与云南各族人民混居杂处，除了文人开坛讲学，传授儒家思想，还通过民间交往，主要是通婚和亲，言传身教循循诱导，使儒家之道潜移默化，家喻户晓，人人皆知。连没有文化知识的各族人民群众也耳濡目染，熟悉孔孟儒学之精要，特别是伦理纲常方面的内容，儒家思想逐渐成为彝族等少数民族思想的一个重要组成部分。

第三，办义学、倡私学、开书院、广教化。元明以来儒学在彝族地区的传播影响，还有一个值得注意的特色是中央王朝随着统一大业向边疆地区的推进，更加重视边疆民族地区的发展，乃在边地行教化，重视文教，倡导"以儒术治民"。"朕念边地穷民，皆吾赤子，欲令永除困苦，咸乐安全。"³ "有司各设义学，教其子弟，各以朔望讲约，阐扬圣谕，以感动其天良。各选年高有德之人，给以月廪，风示乡里。"⁴ 因此，兴办义学，鼓励设私塾，广

---

1 《明史·兵志》。
2 赵旭峰：《儒学的传入与云南少数民族国家认同感的形成》，《怀化学院学报》（社会科学版）2006年第9期。
3 《大清世宗宪（雍正）皇帝实录二》，台北：华文书局，1964，第1010—1011页。
4 （清）蔡毓荣：《筹滇十疏》，载方国瑜主编《云南史料丛刊》，云南大学出版社，2001，第437页。

开书院，云南和凉山等彝族地区涌现出众多义学、书院、私塾。义学又称乡学或义塾，多由中央或地方政府、富有之家、热心教育人士筹办。校址多借用庙宇、祠堂，经费或来自庙产地租，或由私人捐输。学童不纳束脩，贫家子弟亦可入学就读。在义学之外，就是私家专馆，或者私人设馆，教师束脩全由私人提供，故称私塾。

康熙二十四年（1685），云贵总督蔡毓荣为了巩固清政府在云南的统治，推行儒家思想，开始提倡兴办义学。当年即在昆明、宜良、昆阳等地办起了第一批义学。随后，云南各地纷纷仿效。历经清康熙、雍正，云南义学已发展到高潮。乾隆二年（1737）云南布政使陈宏谋上奏说："云南府属之昆明等，共四十九属，册报城乡设立义学共281所，……其云南文化教育属之呈贡等11属，所设义学52所"，并调拨"本司养廉内捐银一千二百五十二两，令各属买田收租，永供修脯"。[1] 为推行义学，他先后下发《查设义学檄》（之一、二、三）三道檄文，力陈兴办义学的迫切性，"滇省义学视中土为尤急"，欲使"成人、小子、汉人、夷人，不以家贫而废学，不以地僻而无师"。[2] 他还亲自制定《义学规条议》，建立了一套行之有效、持久长远的运作管理制度。乾隆九年（1744）云南总督张见随又上奏道："滇省蛮夷之性，虽云犷野，而朴直无欺，结以恩信，威知感格，时时勉励各属，躬行倡导。现在夷方倮族，亦解好施，爨女蛮媛，渐知守志；并增建义学三百七十余所，捐置田亩以充馆谷，选择师儒以师训课。"[3] 至道光年间（1821—1850）云南义学已发展到县县有义学的地步。据道光《云南通志稿》记载，全省义学的总数已超过680所。[4] 义学的教学内容包括《孝经》《纲鉴》《大学衍义》《朱子治家格言》《小学纂注》《孝经注解》《圣谕广训》《大学衍义补辑要》等。

---

[1] （清）鄂尔泰修，靖道谟纂：《云南通志》，清乾隆元年刻本。
[2] （清）鄂尔泰修，靖道谟纂：《云南通志》，清乾隆元年刻本。
[3] 云南省历史研究所编：《清实录有关云南史料汇编》，云南人民出版社，1984，第22页。
[4] 李可：《清代云南"义学"初探》，《昆明师专学报》1992年第1期。

义学之外，就是开书院。据载，早在明代，云南已开始开设书院，明景泰年间由浪穹县知县蔡宾杰捐建的龙华书院，据说是云南省境内最早建立的书院。据统计，明代云南府州县共计出现过 65 所书院，其中大理地区共建立 23 所书院。发展最快的是明世宗嘉靖年间，共创建 8 所，其中以明嘉靖年间进士李元阳捐建的桂香书院最为著名。到清代，书院的发展进入云南古代书院发展的鼎盛时期，据统计云南府州县共有 193 所书院，其中以昆明、大理为最多。书院的发展同时也促进了书院藏书的发展，云南古代书院的藏书来源主要有：御赠、购置、捐赠、刊刻。如，万历《云南通志·学校》载："嘉靖十年世宗御制《敬一箴亭》及《注释视听言动心五箴碑》"；《康熙鹤庆府志·学校》载："御制《古文渊鉴》一部"，五华书院有御赐图书《古今图书集成》一部等。购置图书则是古代书院的主要藏书形式之一。民国《昆明县志》记五华书院曰："嘉靖间巡抚王启建，久废，国朝雍正九年，总督鄂尔泰始迁今地，……购置经史子集万卷。"藏书主要包括《周易折中》《礼记义疏》《诗经传说汇纂》《书经传说汇纂》《皇清注解》等十三经约千册，木刻版大字印刷的《二十四史》约千册；《说文句读》《说文通训定声》《资治通鉴》《御批通览辑览》《佩文韵府》《唐宋八大家文》《滇系》，其他还有《数理精蕴》《王明政艺丛编》《增广海国图志》等书。据《西昌县志·教育志》（1942 年本）载："西昌自乾隆十三年（1748）王公恺伯守宁远，加意人材，特开书院，聘教谕黄坦为师，是为西昌有书院之始。后安守洪德建修泸峰书院（1753）。他如礼州之亮善，德昌之凤池、圣功，各有成就，见重儒林。"西昌的香城书院始建于清乾隆二十年（1755），初为盐源县"古香义学"，乾隆三十五年（1770）改为"香城书院"。书院内现存从清道光十五年（1835）起的碑刻六通。碑刻内容真实反映了香城书院创办的原因、经过及百余年经历的沧桑。据史料记载，最初入学的多为地方士绅子弟，其间又设立了"县试"考棚，是清代科考制度的有力见证。德昌义塾可考者有三所：

明善义学、务本义学和宽元鼎义学。德昌书院设于清代中叶，山长由邑令遴选名儒或贡举中人充任。主授"四书""五经"，间及诗律、策问、时政，尤重八股文。生源多来自秀才、贡生、监生，也有经考试合格之私塾生员。德昌有书院二所：凤池书院和圣功书院。

元明清时期，彝族地区私学也得到了发展，主要进行读书，习字及作文三方面的教学，如读书，首先进行集中识字，待儿童熟记千余字后，再读《三字经》《百家姓》《千字文》《幼学琼林》《古文释文》《古文观止》以及"四书""五经""八股文"等。

元明清的封建统治者，通过兴办教育，传播儒学文化，有效地推动了彝族地区儒学的发展，同时也促进了彝族哲学思想的繁荣进步。数百年来，儒学及其思想文化，日益渗透到彝族人民的思维方式和行为方式中，成为彝族人民的主流意识和精神支柱。历经元明清三代的潜移默化，《春秋》大一统之义和"礼教"被广泛接受，仁义礼智信、三纲五常成为思想意识主流。彝族对儒家文化的认同，成为其铸牢中华民族共同体意识的重要精神纽带。

第二节　儒学与彝族哲学关系中的几个问题

一　彝族典籍《宇宙人文论》《宇宙源流》《西南彝志》《土鲁窦吉》等对儒学发展的贡献和作用

彝族哲学和文化可谓悠久丰厚，哲学观念和思想理论显现出与中原文化具有十分密切的交流融合关系，是中华民族文化重要的有机组成部分。由于历史的原因，从理论形态较高的层面来看，《宇宙人文论》、《宇宙源流》、《西南彝志》、《土鲁窦吉》（宇宙生化）等典籍，代表着彝族传统哲学和文化发展的理论思维水平，记载了彝族先贤对宇宙起源、天地万物生成变化、宇宙结构等宇宙图景的理论观察或自然哲学的观念论述，以元气、阴阳（哎哺）、五行、八卦、干支、河图（付托、联姻）、洛书（鲁素）等观念元素或范畴所构成的思想体系，我们尽管还未能寻觅到直接的资料来判定其形成发展的理论渊源，它们至少与先秦至两汉间中原儒学有某种程度的契合与互应，却是令人为之惊羡的。

1. 彝族哲学丰富的元气、阴阳观念与《易传》和汉代天人儒学的契合

把彝族典籍《宇宙人文论》记载的内容与汉文古书中相应的记载内容作比较，有认为该著中"没有涉及宋代的理学，至少是宋以前写成的"[1]。我们从包括《宇宙人文论》在内的这几部彝族典籍（其成书年代可能还有很大差异）的哲学思想观念分析，其丰富的元气、阴阳观念与《易传》和汉代天人儒学确有较多的契合。

彝典《宇宙人文论》载："在天地产生之前，是大大的、空空的'无极'景象，先是一门起了变化，熏熏的清气、沉沉的浊气产生了。清浊二气相互接触……天地同时出现了。"且对"无极"注释说："'无极'，指天地形成以前广阔无边的混沌景象，古汉文记载宇宙的形成由'无极'生'太极'，太极生'两仪'，两仪生'四象'，四象生'八卦'，与彝文记载……的概念相同。"[2] 显然，彝族先贤是以"无极"为宇宙本源，而"无极"在中原先秦哲学中本是道家的思想观念，宋儒吸收并加以改造，有"无极而太极""太极本无极"（周敦颐）之说，即把"无极""太极"视为"虽有二名，初无两体"（朱熹）。我们再返回到汉儒的观念中来看，《易传·系辞》中的"太极"和《春秋》中的"元"等儒家经典中具有"最后根源"内涵的范畴，汉代时在道家思想影响下，曾被经学家作实体性的解释。如郑玄训释

---

[1] 罗国义、陈英翻译：《宇宙人文论》前言，民族出版社，1984，第2页。
[2] 罗国义、陈英翻译：《宇宙人文论》，民族出版社，1984，第15—16页。

"太极"为"淳和未分之气也"[1]，何休训释"元"曰："变一为元，元者，气也。无形以起，有形以分，造起天地，天地之始也。"[2] 但经典本身是看不出这种含义的。[3] 也就是说，汉代经学家或汉儒均以"气"训释儒家经典中之"太极"（宋儒又有"无极而太极"）和"元"的概念。而在彝典《土鲁窦吉》"十生五成"篇也说："清浊元气足，充满天地间，布满了大地，在那个时期，宇宙大地间，生宇宙九宫，独一在中央，确实真的啊。""还不止这些，这青赤元气，春夏秋冬易，四季由天定，就是这些了。"[4] 彝族先贤以"清浊二气"演化"无极"，即原始"无极"（混沌）之剖判，分别为清浊二气，也以"元气"论宇宙之始。这些观念与汉代儒学的"元气""太极"观念是颇为契合的。

彝典《西南彝志》的彝文名为《哎哺啥额》。在彝文中"啥""额"意即"清气""浊气"。"哎""哺"有"阳阴""天地""影形""乾坤"等多意。《西南彝志》说："啥与额一对，他俩相结合。啥变为哎，额变为哺。""最初的哎哺，是由阴啥，阳额形成的。阴阳交合变化，天地有天象时代，天地形成了。"[5] 在彝族哲学的宇宙演化系统中，"无极""元气"演化为清浊（啥额）二气，继而有哎哺天地，其中贯穿着一个核心观念：阴阳。换言之，阴阳观念在彝族哲学中尽管还主要是一种实体性存在，但已显示出一定的抽象化程度。如《西南彝志》中反复出现的"阴阳交合变化""阴阳两结合""阳升阴降""哎阳与哺阴"等，这样的阴阳对立统一观念，在极其朴素直观和经验性认识的思维形式里，却孕育着向更高观念形态演变发展的理论种子。在与中原儒学比较的意义上，《易传》从道家的阴阳二气生

1　王应麟：《周易郑注》卷7。
2　（东汉）何休：《公羊解诂·隐公元年》。
3　崔大华：《儒学引论》，人民出版社，2001，第270页。
4　王子国整理翻译：《土鲁窦吉》，贵州民族出版社，1998，第69、75、76页。
5　王运权、王仕举编译：《西南彝志》（第1—2卷）修订本，贵州民族出版社，2004，第141、24页。

万物的思想观念中，上升为具有抽象意义的，但主要还是表示自然界两类对立事物或性质的思想范畴——阴阳，所谓"乾，阳物也；坤，阴物也。阴阳合德而刚柔有体"[1]；其表现出理论上的升华、抽象为泛指任何两种对立的现象，如"一阴一阳之谓道"[2]，"立天之道曰阴与阳"[3]。在汉代儒学中，阴阳的这些观念内涵被保留、承袭了下来，同时又增添了新的具体的内涵。阴阳作为两种气，在汉代儒学获得了属于空间结构的方位的规定性。"阳气始出东北而南行，就其位也，西转而北行，藏其休也；阴气始出东南而北行，亦就其位也，西转而南入，屏其伏也。是故阳以南方为位，以北方为休；阴以北方为位，以南方为伏。"[4] 阴阳作为两种对立现象的表征，汉代儒学还赋予了尊与卑、德与刑等具有政治伦理性质的具体内涵。如董仲舒认为，"阳贵而阴贱"，"故曰：阳，天之德；阴，天之刑也。阳气暖而阴气寒，阳气予而阴气夺，阳气仁而阴气戾，阳气宽而阴气急，阳气爱而阴气恶，阳气生而阴气杀"。[5] 在先秦已形成的阴阳观念中增益进方位的空间观念内涵和政治、伦理含义，正是汉代儒学的一种理论创造。彝族哲学中的阴阳观念，首先是表示清浊二气，具有升降、结合的特征和规律，亦具有成为天与地、位于上和下的空间方位内涵，这些思想观念基本上完全契合于《易传》和汉代儒学，具有大致相同的理论水平和性质。而在阴阳观念的政治、伦理性内涵方面，彝族哲学的阴阳观念，其哎（阳）君哺（阴）臣、阳男阴女的政治、伦理性意识，则是远远逊色于汉代儒学而显得较为简单疏浅。

1　《易传·系辞下》。
2　《易传·系辞下》。
3　《易传·说卦》。
4　曾振宇、傅永聚注：《春秋繁露新注》，商务印书馆，2010，第245页。
5　曾振宇、傅永聚注：《春秋繁露新注》，商务印书馆，2010，第233页。

2. 彝族哲学五行论的宇宙图景对汉代天人儒学五行论宇宙系统的回应

五行观念是彝族哲学宇宙生成论中的一个重要环节，[1] 无极之元气，在"天地未产时，混混沌沌的，空空旷旷的；阴与阳二者，二者相结合，产生了清气，产生了浊气"[2]。清浊二气接触变化，产生天地；天地形成后，"清浊二气起变化，从四方漫到中央，金、木、水、火、土门门产生"[3]，"'五行'包括了天地间的各种物体元素；'五行'自身变化成各种事物"[4]。简言之，彝族哲学宇宙生成论的自然演化轨迹是清浊二气—天地（哎哺）—五行—万物。其中，在五行观念的这个思维环节，彝族哲学发散性地展开为多个方面。

第一，世界图景的五行—五方观念。即在世界图景中属于空间结构的五方，其性质和特色以五行来体现，并分别由五行来主管。"东方木行青，南方火行赤，西方金行白，北方水行黑，中央土行黄"[5]，"五行中的木，它主管东方，掌握东方权；五行中的金，它主管西方，掌握西方权；五行中的火，它主管南方，掌握南方权；五行中的水，它主管北方，掌握北方权；五行中的土，生产宇宙中，它主管中央，掌握中央权"[6]。彝族哲学的这种五行—五方观念，完全对应于汉代儒学。或者说，汉代儒学具有空间结构的五行观念基本被彝族哲学所备份下来。如董仲舒说："是故木居东方而主春气，火居南方而主夏气，金居西方而主秋气，水居北方而主冬气。是故木主生而金主杀，火主暑而水主寒，使人必以其序，官人必以其能，天之数也。土居中央，为之天润。土者，天之股肱也"[7]。只是董仲舒具有空间结构的五行观念中，所

---

[1] 彝族哲学中有时甚至直接将"五行"视为万物的本原或构成宇宙的基本元素。如说："这宇宙八方，统属于五行。土地的产生，生命的来源，都出自五行。"（《西南彝志·论宇宙八方变生五行》）
[2] 贵州省民族研究所、毕节地区彝文翻译组：《西南彝志选》，贵州人民出版社，1982，第165页。
[3] 罗国义、陈英翻译：《宇宙人文论》，民族出版社，1984，第33页。
[4] 罗国义、陈英翻译：《宇宙人文论》，民族出版社，1984，第46页。
[5] 王子国整理翻译：《土鲁窦吉》，贵州民族出版社，1998，第240页。
[6] 毕节地区彝文翻译组译，毕节地区民族事务委员会编：《西南彝志》（第3—4卷），贵州民族出版社，1991，第346—347页。
[7] 曾振宇、傅永聚注：《春秋繁露新注》，商务印书馆，2010，第228—229页。

突出的生杀寒暑润等道德属性，在彝族哲学中并没有得到复制。

第二，人体的结构、生长发育及福禄威荣受五行支配。"当清、浊二气充溢，由'五行'而形成天地之后，随着'五行'的变化，形成人体的根本。'五行'中的水，就是人的血，金就是人的骨，火是人的心，木是人的筋，土是人的肉。在'五行'成为人体雏形之后，就开始有生命会动，仿着天体去发展变化，成为完整的人。"[1] "在天地之间，天气与地气，金、木、水、火、土'五行'，门门都在变化呢。先从左边变化，又转向右边变化，左右交替往来变化，福禄就花蓬蓬地繁荣起来了。"[2] 彝族哲学中这种以"五行"比人体结构等具有感性经验特色的现象，显示了突出的类比推理的感性经验特征，这是彝族哲学现有典籍所显示的非常普遍的一种认识方法。汉代儒学也同样如此。不过，汉代儒学运思中的类比推理，表面上看来，具有十分明显的甚至比先秦原始儒学还要粗浅的感性经验的性质，但实际上，这是汉代儒学哲学理性的一种特殊反映，它同时还具有一种理性的觉悟和很高的理性追求，即"天"或"天道"，并且认识到达到这一哲学认识目标是很艰难的，它要以易见难地推知"天道""天意"。汉代儒学所凸显的人格之天的神秘性和很高的理性追求与觉悟，基本上为彝族哲学所无，而汉代儒学建立在感性经验事实上的类比推理，难免其认识上的狭隘性和思辨能力的贫弱，却是彝族哲学与汉代儒学所共有的。

第三，五行相生相克。五行之间的相生相克关系是彝族哲学和汉代儒学共同拥有的重要内容。彝族哲学中的五行相生关系，表现为《河图》之变，即"五生十成"。具体说，即天一变化生水，地二变化生火，天三变化生木，地四变化生金，天五变化生土，并且是"天一生水地六成，地二生火天七成，天三生木地八成，地四生金天九成，天五生土地十成。一样主管一门，这

---

[1] 罗国义、陈英翻译：《宇宙人文论》，民族出版社，1984，第95—96页。
[2] 罗国义、陈英翻译：《宇宙人文论》，民族出版社，1984，第52页。

'五生十成'，是天地间事物产生和发展的图形"[1]。简言之，五行有相生的关系，《河图》中五行相生的顺序为土生金，金生水，水生木，木生火，火生土。这种五行相生的关系，可以视为就是把汉代儒学中董仲舒将五行按木火土金水次序提出"五行比相生"的观点，与宋易《河图》相结合并加以改造而成的。董仲舒说："五行者，五官也，比相生而间相胜也。"[2]"天有五行，木火土金水是也，木生火，火生土，土生金，金生水"[3]。彝族哲学中的五行相克关系，表现为《洛书》之变，即"十生五成"。具体说："《洛书》图：'一变生水，六化成之'（左变右化），'二化生火，七变成之'（右化左变），'三变生木，八化成之'（左变右化），'四化生金，九变成之'（右化左变），'五变生土，虚十四应'，这样左变右化。"[4] "《洛书》的'五行'顺序是'相克'，即土克水，水克火，火克金，金克木，木克土。"[5] 这种五行相克的关系在汉代儒学中，董仲舒以社会政治生活中的春官司农（木）、夏官司马（火）、季夏君官司营（土）、秋官司徒（金）、冬官司寇（水）五官（五行[6]）失职，为解释对象，阐明五官失职则间相制约、诛克，比如"司马为谗……执法诛之，执法者水也，故曰水胜火"[7]，而在《白虎通》中还援用人的社会生活经验来说明"五行相胜"之义，例如"众胜寡，故水胜火也；精胜坚，故火胜金；刚胜柔，故金克木；专胜散，故木胜土；实胜虚，故土胜水也"[8]。在五行框架内填充进伦理道德和社会政治的内容，是汉代儒学五行相生相胜思想的特色。彝族哲学的五行相生相克思想则多属有机自然观的范

---

[1] 罗国义、陈英翻译：《宇宙人文论》，民族出版社，1984，第60页。
[2] 曾振宇、傅永聚注：《春秋繁露新注》，商务印书馆，2010，第272页。
[3] 曾振宇、傅永聚注：《春秋繁露新注》，商务印书馆，2010，第221页。
[4] 罗国义、陈英翻译：《宇宙人文论》，民族出版社，1984，第54页。
[5] 罗国义、陈英翻译：《宇宙人文论》，民族出版社，1984，第53页。
[6] 董仲舒说："天地之气，合而为一，分为阴阳，判为四时，列为五行。行者，行也，其行不同，故谓之五行。五行者，五官也，比相生而间相胜也。"（董仲舒：《春秋繁露·五行相生》）
[7] 曾振宇、傅永聚注：《春秋繁露新注》，商务印书馆，2010，第277页。
[8] 《白虎通》卷二《五行》。

围,即使论及人的生命由五行主管,如"金、木、水、火、土,抚养着人的生命,五行相生就顺,就有福禄"。"五行的根底厚实,(人的身体就好)。若是寒暑时刻差错,饥饱不正常……五行相克,人体就会生病。"[1] 也仍然没有越出有机自然观的哲学范围。

3. 彝族哲学龙书、河图所表达的八卦宇宙图式,以独具特色的民族智慧丰富着《易传》及汉代天人儒学的八卦宇宙系统论

彝典《宇宙人文论》中有两种关于宇宙万物的世界图景。一种是上述的由清浊二气产生天地(哎哺),天地(哎哺)产生五行,五行生成万物;另一种则是由清浊二气而哎哺,继而产生四方八角(四正四维),又由四方八角产生四时八节,宇宙八方又变化出五行,五行生成万物。这种宇宙演化生成的过程,比前一种更为细致周详,增进了"四方八角""四时八节"这一时空环节和宇宙的时空结构内容。"四方八角"的"四方",即南北东西;"八角",即"八方",也即哎、哺、且、舍、哼、哈、鲁、朵,这是彝族八卦。"四时八节"的"四时",应是春夏秋冬;"八节"即立春到春分,立夏到夏至,立秋到秋分,立冬到冬至,八个节气相连。彝族哲学的八卦宇宙系统,彝典《土鲁窦吉》中的"彝族八卦综合简表"(见表8-1)和"后天八卦综合简表(见表8-2)",全面地表达了这一内容。

表8-1　　　　　　　　　　　　彝族八卦综合简表[2]

卦名	方位	自然数	自然物	人	体	季节	日数
哎	乾	南	9	金	父	首	孟夏仲夏	72
哺	坤	北	1	水	母	腹	孟冬仲冬	72
采(且)	离	东	3	木	中男	目	孟春仲春	72

---

[1] 《训书·人生论》(《训书》亦译为《宇宙源流》),马学良主编:《爨文丛刻(增订)》上,四川民族出版社,1986,第23、24页。

[2] 王子国整理翻译:《土鲁窦吉》,贵州民族出版社,1998,第68页。

续表

卦名		方位	自然数	自然物	人	体	季节	日数
舍	坎	西	7	火	中女	耳	孟秋仲秋	72
木确	宫	中	5	土			季夏	
鲁	震	东北	8	山木	长男	足	季冬季春间	18
朵	巽	西南	2	土火	长女	股	季夏季秋间	18
哼	艮	西北	6	石水	少男	手	季秋季冬间	18
哈	兑	东南	4	禾金	少女	口	季春季夏间	18

《土鲁窦吉》中此表下的"说明"为:"东南西北四隅的二、四、六、八偶数,与四方的一、三、七、九奇数并列,四时变通,中央的五生十成,相逢相克……"[1]《土鲁窦吉》在该表前面还有一幅"鲁素"(洛书)之图,下亦附有"说明":"'鲁素'彝图名,意为'龙书',又称'十生五成'图,相当于先天八卦。是以老阴老阳为主体,图示南与北相应,乾与坤,壬与甲,九与一是金生水;东与西相应,离与坎,丙与庚,三与七是木生火;东北隅与西南隅相应,震与巽,辛与乙,八与二是木生火;东南隅与西北隅相应,兑与艮,丁与己,四与六是金生水;五居中央,戊与癸生土,土生万物。阴居于四隅,阳居于四方,阴与阴相生,阳与阳相生,阴阳分明相生相合,是十个月为一年的历法推理依据。"[2]

表8-2　　　　　　　　　　后天八卦综合简表[3]

卦名		方位	自然数	自然物	人	体	季节	日数
哎	乾	西北	2—5	天	父	首	季冬间	
哺	坤	西南	2—5	地	母	腹	夏秋间	
鲁	震	东	8—3	雷	长男	足	春	90

---

[1] 王子国整理翻译:《土鲁窦吉》,贵州民族出版社,1998,第68页。
[2] 王子国整理翻译:《土鲁窦吉》,贵州民族出版社,1998,第67页。
[3] 王子国整理翻译:《土鲁窦吉》,贵州民族出版社,1998,第227页。

续表

卦名		方位	自然数	自然物	人	体	季节	日数
朵	巽	东南	2—5	风	长女	股	春夏间	
舍	坎	北	6—1	水	中男	耳	冬	90
木确	宫	中	5	土				
采（且）	离	南	7—2	火	中女	目	夏	90
哼	艮	东北	2—5	山	少男	手	冬春间	
哈	兑	西	9—4	泽	少女	口	秋	90

《土鲁窦吉》中此表下的"说明"内容同上表："东南西北四隅的二、四、六、八偶数，与四方的一、三、七、九奇数并列，四时变通，中央的五生十成，相逢相克……"[1]《土鲁窦吉》在该表后面还有一幅"付托"（河图）之图，下亦附有"说明"：" '付托'彝图名，意为'联姻'，又称'五生十成'图，相当于后天八卦。是以少阴少阳为主体，图示北为坎，一与六生水，甲与己合；南为离，二与七生火，乙与庚合；东为震，三与八生木，丙与辛合；西为兑，四与九生金，丁与壬合；中央为宫，五与十生土，戊与癸合。阴阳并列，故用甲乙逢木，木居于东，木旺于春；丙丁逢火，火居于南，火旺于夏；庚辛逢金，金居于西，金旺于秋；壬癸逢水，水居于北，水旺于冬；戊己逢土，土居中央，土旺中央的理论规律论定四象。西南调位后，南与北，东与西不相应，相逢相克，是十二个月为一年的历法推理依据。"[2]

彝族哲学有机自然观中这种以八卦为框架的宇宙系统，八卦所表示的空间结构（方位）是主要的，尽管"鲁素"（龙书、洛书）、"付托"（联姻、河图）所代表的两种世界图式中，八卦各自所显示的空间方位有所区别，但每卦一方的空间观念特征是共同的。"鲁素"（龙书、洛书）所表示的是以哎哺且舍（乾坤离坎）为南北东西"四正"，以鲁朵哼哈（震巽艮兑）为东北、

---

[1] 王子国整理翻译：《土鲁窦吉》，贵州民族出版社，1998，第227页。
[2] 王子国整理翻译：《土鲁窦吉》，贵州民族出版社，1998，第228页。

西南、西北、东南"四隅"的空间结构。"付托"（联姻、河图）所表示的是以鲁且哈舍（震离兑坎）为东南西北"四正"，以哎哺朵哼（乾坤巽艮）为西北、西南、东南、东北"四隅"的空间结构。在此基础上，八卦又表示人体结构（首腹目耳足股手口）、自然万物（天地金水木火土山石禾泽雷风）及其发生发展，以及时令节气，等等。

彝族哲学有机自然观中这种以八卦为框架的宇宙系统，与《易传》和汉代天人儒学亦基本相似，或者说大体沿袭了汉代天人儒学主要是在《易传》所确定的八卦空间结构（方位）内，填入时令等内容，并给予万物发生过程一个十分细致的描述。为了进行简易的比较，从而观察到彝族哲学的八卦宇宙图景与汉代儒学的八卦宇宙系统的同异关系，以及二者所共同包容的完整世界，这里也将汉代儒学八卦的宇宙系统列为表8-3：

表8-3　　　　　　　　　　汉代儒学八卦简表 1

对应项 八卦			八 节	八 风	八 音	
					乐器	乐音
坎	水	北	冬 至	广莫风	管	竹
艮	山	东北	立 春	条 风	埙	土
震	雷	东	春 分	明庶风	鼓	革
巽	风	东南	立 夏	清明风	笙	匏
离	火	南	夏 至	景 风	弦	丝
坤	地	西南	立 秋	凉 风	磬	石
兑	泽	西	秋 分	阊阖风	钟	金
乾	天	西北	立 冬	不周风	祝圉	木
〔注〕所出自之汉代儒学文献			《乐纬·叶图征》	《春秋纬·考异邮》	《乐纬·叶图征》 《白虎通·五声八音》	

1　崔大华：《儒学引论》，人民出版社，2001，第278页。

《周易·说卦》以八卦配四时,分一年为八个季节,每卦配一个季节,占四十五日。如《震》卦为正春四十五日之季节,其余可以类推。《说卦》又以八卦配八方。如《震》卦配东方,余则由东转南而类推。因此,《说卦》曰:"万物出乎震,震,东方也。齐乎巽,巽,东南也;齐也者,言万物之絜齐也。离也者,明也,万物皆相见,南方之卦也;圣人南面而听天下,向明而治,盖取诸此也。坤也者,地也,万物皆致养焉,故曰致役乎坤。兑,正秋也,万物之所说也,故曰说言乎兑。战乎乾,乾,西北之卦也,言阴阳相薄也。坎者,水也,正北方之卦也,劳卦也,万物之所归也,故曰劳乎坎。艮东北之卦也,万物之所成终而所成始也,故曰成言乎艮。"不难看出,彝族哲学"付托"(联姻、河图)之八卦的宇宙系统所表示的空间结构(方位)与《易传·说卦》完全相同。

汉代天人儒学的八卦宇宙系统中,还有一个对万物发生过程或阶段的细致的描述。《易纬·乾凿度》说:"有太易,有太初,有太始,有太素。太易者未见气,太初者气之始,太始者形之始,太素者质之始。气形质具而未相离,故曰浑沦……形变之始,清轻上为天,浊重下为地。"又说:"易始于太极,太极分而为二,故生天地;天地有春秋冬夏之节,故生四时;四时各有阴阳刚柔之分,故生八卦。八卦成列,天地之道立,雷风水火山泽之象定矣。"彝族哲学的宇宙生成演化过程,由清浊二气而哎哺(天地),变化产生四方八角,四方八角产生四时八节,宇宙八方又变化出五行,五行生成万物,与汉代儒学的八卦宇宙系统对万物发生或发展阶段的细致描述,也基本吻合。所不同者是富有着鲜明的民族特色。

4. 彝族哲学"人仿天成"的天人关系论与汉代"人副天数"儒学的同异

在彝族哲学中,人与天地万物始终是彼此关联、密不可分,处于同体结构之中的,人与天的关系极其切近于汉代天人儒学的"人副天数"之说。彝典《宇宙人文论》的"人生天为本""人类天地同"章,《西南彝志》的

"论人体和天体""论人的气血"章等均饱含有"人仿天成"的思想观念。"天上有日月,人就有一对眼睛;天上有风,人就有气;天会雷鸣,人会说话;天有晴明,人有喜乐;天有阴霾,人有心怒;天有云彩,人有衣裳;天有星辰八万四千颗,人有头发八万四千根;天的周围三百六十度,人的骨头三百六十节。这样看来,人本是天生的,是仿天体形成的。"[1] 汉儒董仲舒说:"人之人本于天……人之形体,化天数而成;人之血气,化天志而仁;人之德行,化天理而义;人之好恶,化天之暖清;人之喜怒,化天之寒暑;人之受命,化天之四时。人生有喜怒哀乐之答,春秋冬夏之类也。"[2] "是故人之身,首妢而员,象天容也;发,象星辰也;耳目戾戾,象日月也;鼻口呼吸,象风气也;胸中达知,象神明也;腹胞实虚,象百物也。……颈以上者,精神尊严,明天类之状也;颈而下者,丰厚卑辱,土壤之比也。足布而方,地形之象也。""天以终岁之数,成人之身,故小节三百六十六,副日数也;大节十二分,副月数也;内有五脏,副五行数也;外有四肢,副四时数也;乍视乍瞑,副昼夜也;乍刚乍柔,副冬夏也;乍哀乍乐,副阴阳也。心有计虑,副度数也;行有伦理,副天地也……于其可数也,副数;不可数者,副类,皆当同而副天一也。"[3] 以天比人、以人类天,天以阴阳五行、天地风云、日月星辰等自然现象发展变化,相应地就形成人在生理、心理和生活的类天结构;人的生理、心理和生活结构与已认识到的自然现象间存在着一一对应的关系。这是彝族哲学和汉代天人儒学共同具有的有机自然观特质或特色。但是,汉代天人儒学中那种周密的天人感应观念和人格、意志、目的之天的理论内容,基本上是彝族哲学中的观念盲区。循着这一思维理路进行延伸,我们甚至还可以寻绎出彝族

---

[1] 罗国义、陈英翻译:《宇宙人文论》,民族出版社,1984,第96页。
[2] 曾振宇、傅永聚注:《春秋繁露新注》,商务印书馆,2010,第223页。
[3] 曾振宇、傅永聚注:《春秋繁露新注》,商务印书馆,2010,第266、267页。

哲学与汉代天人儒学更多、更为深刻的同与不同来，从而以见彝族哲学与汉代天人儒学间在思想观念上非常亲密的对接关系。

经过上述简要的考察我们观察到，彝族哲学和汉代天人儒学在两个显著问题上具有共同的观念特质或思维特色：一是基本哲学观念上的有机自然观；二是思维方式方法上的类比推理。彝族哲学和汉代天人儒学的有机自然观，包括两个分别以阴阳五行和八卦为框架而建构的，既有联系亦有区别的宇宙系统。只是细辨之，彝族哲学的阴阳五行和八卦宇宙系统，基本上是按照有机自然观进行建构的，而汉代天人儒学在先秦已形成的阴阳观念中不仅增益了方位的空间观念内涵，亦同时填充进政治的和伦理的含义，在五行框架内填充进伦理道德和社会政治的内容，是汉代儒学五行相生相胜思想的特色，在八卦框架内增益进伦理道德和社会政治的内容，与八卦有对应结构关系的还有八节、八风、八音等，对于各种物候、物性与八卦的对应性及万物的发生过程，汉代儒学描述得更加细微和广泛。这可以说又是彝族哲学与汉代天人儒学有机自然观的同中之异。思维方式运思方法上的类比推理在彝族哲学和汉代天人儒学中都是凸显的，这种类比推理建立在感性经验事实基础上来认识和把握自然现象、社会现象，体现出思辨能力上的很大短板。但汉代天人儒学在这样的有机自然观背景下又表现出对"天道""天意"很高的理性追求，彝族哲学相对于此却又显得十分淡漠，或者说只是局限于感性经验的思维层面而疏于更进一步向"天之道"的理论内涵升进。

建立在有机自然观和类比推理基础上的彝族哲学和汉代天人儒学，还存在两个最明显的思想观念区别：天人感应和自然现象的社会伦理性质属性。汉代儒学在有机自然观基础上凝成的一个最主要的思想观念就是天人感应，这是汉代最发达、最活跃的思想观念。这一思想基本的含义是天人相通，人的善与恶的不同行为，会得到来自天的祥瑞和灾异的不同反应；

天的某种兆象，预示着、对应着人世的某种事态的发生与结局。与此相联系，也就相应地引申出汉代儒学"天有意志"的目的论观念，形成具有人格特质的"天"的观念，所描述的许多天人感应现象，现在看来似乎都是很荒诞的。而同样是建立在有机自然观基础上的彝族哲学，却基本没有天人感应的思想观念，天地万物和人类及其社会生活，无不是基于清浊二气基础上的哎哺（天地、阴阳）、五行、四时、八节、日月星辰、风霜雨雪，包括人的福禄威荣等，都是自然变化的结果，目的意志、人格之天的观念在彝族哲学中几乎是不存在的，这是彝族哲学与汉代天人感应儒学的一个重大差别。赋予自然现象以社会伦理道德性质属性，也是汉代儒学的鲜明特质，而在彝族哲学只有在八卦宇宙系统中论述哎哺且舍鲁朵哼哈之间具有父母子女的伦理特色，一般说来是不与社会伦理道德、政治制度牵扯联系起来的，彝族哲学的有机自然观显现出非常的单纯性，也因此较汉代天人儒学变得单薄了。

二 彝族八卦哲学与彝族图籍的五行观念[1]

阿城先生在其影响甚大的《洛书河图：文明的造型探源》一书中，提供了一个值得关注的说法，即朱子在《周易本义》卷首所载河图、洛书，从其来源上讲，"应该是从彝族那里抄来的图"[2]。阿城先生在书中证成此说的材料，概括起来主要有如下几个方面：（1）朱子《周易本义》卷首所载之图[3]与彝族的"地数""天数"图在图形上是"一致的"，"只不过称为天数的图对应着《周易本义》的河图，称为地数的图对应着《周易本义》的洛书"[4]。

---

[1] 本节曾以《彝族八卦哲学与彝族图籍的五行观念》为题，发表于《中州学刊》2016年第3期。
[2] 阿城：《洛书河图：文明的造型探源》，中华书局，2014，第5页。
[3] 不仅是《周易本义》，在《易学启蒙》中也载有此图。
[4] 阿城：《洛书河图：文明的造型探源》，中华书局，2014，第5页。

（2）其用来说明这种"一致"的依据，首先是《宋史》和王应麟《困学纪闻》。《宋史》载："郭曩氏者，世家南平，始祖在汉为严君平之师，世传《易》学，盖象数之学也。"阿城进而据王应麟《困学纪闻》所提供材料"谯天授之学，得于蜀曩氏夷（彝）族"认为，这个郭曩氏"正是彝族人"[1]。他还进一步得出结论说："彝族早在西汉以前就有着高度发达的易学。"[2]（3）他用来解释这种"一致"的依据，其中第二个是，朱子"这两个图的得来很有意思，是有名的公案"[3]。与朱熹的弟子蔡季通（蔡元定）有关。据阿城介绍："蔡季通的特长是对图册很了解，于是朱熹让他将河图、洛书寻找出来。蔡季通顺长江三峡入蜀，还真的将河图、洛书找到了，千里迢迢拿回来给朱熹。朱熹就把它们放在《周易本义》的篇首。"[4]（4）事情还没有完，据阿城说，当年蔡季通去四川搞到的图实际上不是两张，而是三张，回来见到朱熹的时候，只给了两张，自己秘藏了一张。蔡季通秘藏的这张图当时没有人知道，直到元朝的袁桷在《易三图序》中才揭露出蔡季通将此图藏在孙子蔡抗家里。元末明初的赵㧑谦在《六书本义》中提供了一个名为"天地自然河图"的图，说是蔡元定（季通）的，是蔡元定从蜀地一个隐者那里得到，之后秘而不传。赵㧑谦从陈伯敷那里得到此图，"图有太极含阴阳、阴阳含八卦之妙"[5]。阿城先生这个说法，从其所提供的材料来看，主要来源于冯时先生所著《中国天文考古学》。冯时先生在该书的第八章"天数发微"中根据元清容居士袁桷的追述，梳理了朱子《周易本义》中河图、洛书系由蔡季通于蜀得来的事实，并重点依据民族学和考古学资料对河图、洛书的渊源和原始真义提出了自己独到的解释。[6] 在揭破河图、洛书"本来面目"的过程中，

1　阿城：《洛书河图：文明的造型探源》，中华书局，2014，第3页。
2　阿城：《洛书河图：文明的造型探源》，中华书局，2014，第5页。
3　阿城：《洛书河图：文明的造型探源》，中华书局，2014，第3页。
4　阿城：《洛书河图：文明的造型探源》，中华书局，2014，第3页。
5　阿城：《洛书河图：文明的造型探源》，中华书局，2014，第5页。
6　冯时：《中国天文考古学》，中国社会科学出版社，2010，第481—520页。

冯时先生向我们证实了传说中的河图、洛书与彝族古代文献所载图像的关联。阿城先生在此基础上补充材料，予以推进，得出了朱子河图、洛书"应该是从彝族那里抄来的"的结论。这个结论，由于阿城在读书界的特定影响，引起了媒体的高度关注，争相报道，传播甚广，影响很大，为新近的一些研究径直征引。

阿城先生的这个结论，着实值得引起我们的重视，它不仅有助于澄清中国文化史上的一系列谜团，如河图洛书到底是什么、河图洛书与《易经》的关系、河图洛书的来源等问题；更有助于我们从一个实证的方面探讨我国少数民族哲学思想在中国哲学文化传统中的地位及其与儒家易学的互动关系。但是，出于应有的谨慎，我们认为，要接受阿城先生的说法，需要进一步明确如下相关问题：（1）彝族与易学八卦的关系，即"彝族早在西汉以前就有着高度发达的易学"这个结论是否可靠？因为阿城先生用以支撑其说的主要材料，即王应麟《困学纪闻》卷十五所说的"谯天授之学，得于蜀囊氏夷（彝）族"只是孤证，并没有足够的材料予以支撑。其他《宋史》材料包括谯定（字天授）本传所提到"郭囊氏"只称其为"蜀之隐君子"，且其地望"南平"即今重庆之綦江。（2）彝族的"天数""地数"图（又称"五生十成图""十生五成图"，为行文方便，本著统称之为彝族图籍）的来源、时代、内涵及其与易学的关系。之所以提出这个问题，源于集中保存彝族八卦观念的古彝文经典《宇宙人文论》和《西南彝志》，在产生年代上是不明确的。《宇宙人文论》据学者推断成书于唐中叶至北宋末年。[1]《西南彝志》的成书更晚，大概是在清康熙三年（1664）吴三桂平定水西之后，至雍正七年（1729）改土归流之前这六十余年间形成的。[2]（3）《周易本义》卷首所载河

---

[1] 田光辉：《彝族著作〈宇宙人文论〉的哲学四初探》，引自冯利、覃光广《八卦哲学与彝族》，《西南民族学院学报》（社会科学版）1986年第4期。

[2] 《西南彝志选》前言（贵州人民出版社，1982），引自冯利、覃光广《八卦哲学与彝族》，《西南民族学院学报》（社会科学版）1986年第4期。

图洛书与彝族图籍的异同,及相关史料真伪。即朱熹《周易本义》《易学启蒙》等著作中所列河图洛书是否如其所说,是来源于彝族图籍?就目前所掌握的资料来看,无论是蔡季通、朱熹,还是其他与二人交好的宋代学者、宋代易学家,都没有提供这方面的信息,直到元代的袁桷《易三图序》才首倡此说。且考蔡季通一生行迹,似无赴三峡入蜀寻书的记载。在《朱子全集》中所保留的近四十通朱蔡通信,也没有提供这方面的信息。

我们这里主要探讨前两个问题。

1. 彝族传世典籍与《易经》八卦

阿城据所提供的相关史料推论,彝族早在西汉以前就有着高度发达的易学。这个结论是否成立?需要做更进一步的考察。"古者伏羲氏之王天下也,仰则观象于天,俯则观法于地,观鸟兽之文,与地之宜,近取诸身,远取诸物,于是始作八卦,以通神明之德,以类万物之情。"[1] 在这里,八卦与易的关系表述得十分清楚。《易经》八卦及其哲学思想在中国古代文化体系中具有十分重要的地位,它体现了中国古代天人关系的核心看法,成为中国哲学的基本问题。由于中国文化多民族构成的特征,八卦哲学并非仅存于汉族文化之中。[2] 在西南拥有数百万人口的彝族的古代文化中,八卦哲学思想不仅内容丰富而且特色鲜明。关于这方面,我们通过刘尧汉、王天玺、李国文、王红旗、冯利、覃光广等学者的研究,可以看到,彝族古代文化中包含着十分丰富的八卦思想,"彝族古传文化中有原始八方观念,被学者们考察发现的古典'向天坟'中有原始八方符号和八方神灵标志;民间毕摩经师为死者做道场时有八方祭场,要请八方神灵;原始占卜中有八方星占;原始历法中有八方年,山区居民女性服饰和其他用物上有四方八虎图"[3]。甚至刘尧汉在

---

[1] 《周易·系辞下》。
[2] 冯利、覃光广:《八卦哲学与彝族》,《西南民族学院学报》(社会科学版)1986年第4期。
[3] 王天玺、李国文:《先民的智慧——彝族古代哲学》,云南教育出版社,2000,第109页。

《中国文明源头新探——道家与彝族虎宇宙观》中更明确地提出，八卦起源于彝族先民的羌戎文化，并与彝族先民原始道教有渊源。[1] 彝族至今仍有八卦九宫占盘，彝族八卦与天文学的关系也相当密切。[2] 由于八卦与河图洛书的关系，《汉书·五行志上》："禹治洪水，赐雒书，法而陈之，《洪范》是也。"《广博物志》十四引《尸子》云："禹理鸿水，观于河，见白面长人鱼身。出曰：'吾河精也。'授禹河图而还于渊中。"所以，更有学者推论，生于蜀地的禹，很有可能是一个彝族人。这样，夏文化的建造者是彝族，其文明的核心地带也不在中原，而是在巴蜀。

集中保存彝族八卦观念的古彝文经典主要有《宇宙人文论》《西南彝志》。它们都从天地未形之前的元初开始，叙述宇宙的产生、万物的生成、人类的起源等整个大千世界的形成与发展。所不同的是，《宇宙人文论》侧重于天道，主要讲述自然之理；《西南彝志》则偏重人道，主要讲解人类社会尤其是彝族历史的变迁过程。据学者们的一致看法，《宇宙人文论》和《西南彝志》虽然讲述内容有一定的差别，但是，贯穿在它们不同讲述之中的是八卦哲学，亦即它们从哲学的高度，以八卦哲学理论为指导来讲述历史，是以讲述历史的形式来表达古代彝族的八卦哲学思想。如《宇宙人文论》说："却说天地产生之前，清气熏熏的，浊气沉沉的。清浊相接处，形成青幽幽、红彤彤的一片，青的上升为天，浊的下降为地。有了天地，哎和哺同时出现，且与啥一并产生。天地之间，日月运行，高天亮堂堂，大地分为南、北、东、西四方。"[3] "天生地成，日月运行，哎、哺产生又继续繁衍。这时宇宙的四方起了变化，八方又随着形成。宇宙一变化，哎、哺先产生，为万象根本，宇宙陆续起变化就形成八方，即哎、哺、且、舍、

---

[1] 王天玺、李国文：《先民的智慧——彝族古代哲学》，云南教育出版社，2000，第109—110页。
[2] 王天玺、李国文：《先民的智慧——彝族古代哲学》，云南教育出版社，2000，第109—110页。
[3] 罗国义、陈英翻译：《宇宙人文论》，民族出版社，1984，第11页。

哼、哈、鲁、朵，这是天生福禄的根本。哎为父，主管南方；哺为母，主管北方；且为子，管东方；舍为女管西方。宇宙四角起了变化。变到东北方，由鲁子来管；变到西南方，由朵女来管；变到东南方，由哼子来管；变到西北方，由哈女来管。"¹

《西南彝志选》也说："先产生的清气，先产生的浊气，它俩相结合，在气熏熏中，在浊沉沉中，有一股气体，产生一股风。又在相结合，产青青的气，产红红的气，就形成了天，就形成了地。产生了哎哺，产生了且舍。"² "宇宙起变化，先产生了哎哺根……宇宙的四方，变成了八面，就是八卦呢。哎父与哺母，乃乾父坤母。到了是勺世，又产生六门，且舍与哼哈，即离坎兑艮。鲁朵乃震巽，八卦产生了。""宇宙的南方，哎父来主管；宇宙的北方，哺母来主管；宇宙的东方，且子来主管；宇宙的西方，舍子来主管；东与北之间，即是东北角，鲁子来主管；西与南之间，即是西南角，朵子来主管；东与南之间，即是东南角，哼子来主管；西与北之间，即是西北角，哈子来主管。宇宙的四方，变成了八面。"³

在运用八卦理论完成对整个宇宙的宏观描绘的同时，彝族八卦哲学还运用"阴阳""五行"来解决世界运动、变化的原则和规律，即彝族八卦哲学根据阴阳对立观点去揭示宇宙万物的变化原因在于"五行"内部自身的相生相克，去揭示世界运动的一般规律。因此，冯利与覃光广认为，八卦哲学是《西南彝志》和《宇宙人文论》共同的核心理论。⁴ 其具体内容包括天道、地道和人道的关于自然和社会的普遍规律，是一个比较完整的哲学思想体系。

《宇宙人文论》《西南彝志》这两部书所包含的八卦观念，经过王天玺、李国文两位先生的整理，呈现出十分清晰明了的结构：

---

1 罗国义、陈英翻译：《宇宙人文论》，民族出版社，1984，第38页。
2 贵州省民族研究所、毕节地区彝文翻译组：《西南彝志选》，贵州人民出版社，1982，第417页。
3 贵州省民族研究所、毕节地区彝文翻译组：《西南彝志选》，贵州人民出版社，1982，第422—423页。
4 冯利、覃光广：《八卦哲学与彝族》，《西南民族学院学报》（社会科学版）1986年第4期。

表 8-4　　　　　　　　　《宇宙人文论》八卦结构[1]

彝文	ꉬ	ꁍ	ꄀ	ꌠ	ꇊ	ꄮ	ꉼ	ꁧ
读音	ɣe³³	bu³³	tɕhe³³	sɯ³³	lv³³	to³³	h̃a³³	h̃i³³
卦名	哎	哺	且	舍	鲁	朵	哈	亨
卦位	南	北	东	西	东北	西南	西北	东南
卦序	父	母	中男	中女	长男	长女	少女	少男
卦象	火	水	木	金	山	地	金	木

表 8-5　　　　　　　　　《西南彝志》八卦结构[2]

彝文	ꉬ	ꁍ	ꄀ	ꌠ	ꇊ	ꄮ	ꉼ	ꁧ
读音	ɣe³³	bu³³	tɕhe³³	sɯ³³	lv³³	to³³	h̃a³³	h̃i³³
卦名	哎	哺	且	舍	鲁	朵	哈	亨
卦位	南	北	东	西	东北	西南	西北	东南
卦序	父	母	次子	次女	长子	长女	幼子	幼女
卦象	火	水	木	金	山	土	禾	石

从表 8-4 和表 8-5 可以看出，对于八卦，彝族典籍中有其独特的卦名、卦位、卦序、卦象。尽管《宇宙人文论》与《西南彝志》在卦序、卦象上略有差异，但是它们的基本思想与《周易》八卦是相同的，即在看待天道、地道、人道以及天地人类和万物发生、发展规律上，它们"用宇宙原始客观自在物质'气'或'元气'的演化发展去建构八卦"[3]，"用自然物、自然现象作为构成宇宙的根本，将自然界万物联贯成一个整体，从而去解释整个宇宙天地万物的来源和发展"[4]。我们将《宇宙人文论》《西南彝志》与《周易》八卦相对照，这种基本思想的一致性，就十分豁然：

1　王天玺、李国文：《先民的智慧——彝族古代哲学》，云南教育出版社，2000，第 111 页。
2　王天玺、李国文：《先民的智慧——彝族古代哲学》，云南教育出版社，2000，第 113 页。
3　王天玺、李国文：《先民的智慧——彝族古代哲学》，云南教育出版社，2000，第 116 页。
4　王天玺、李国文：《先民的智慧——彝族古代哲学》，云南教育出版社，2000，第 113 页。

表 8-6　　《周易》《宇宙人文论》《西南彝志》八卦概念对照表[1]

《周易》	卦画	☰	☷	☳	☴	☵	☲	☶	☱
	卦名	乾	坤	震	巽	坎	离	艮	兑
	卦象	天	地	雷	风	水	火	山	泽
《宇宙人文化》	彝文	玊	ろ	囚	乙	艸	屮	飞	飞
	卦名	哎	哺	且	舍	鲁	朵	哈	亨
	卦象	火	水	木	金	山	地	金	木
《西南彝志》	卦象	火	水	木	金	山	土	禾	石

不过，进一步分析，我们也能看到，由于各自所处的发展环境、使用环境以及用于解释自然事物的客观环境和所处语言环境、语言表达等方面的不同，彝族八卦与《周易》八卦之间，也存在着一定的区别。主要表现为以下几点。

第一，用八卦象征亲族关系，并以之描绘宇宙天地演化的总体过程和阶段。它们把宇宙天地看作一个血肉相连的统一体，将八卦之间的关系喻为父母子女的关系，以人类生化、繁衍来解释、比喻宇宙天地万物演化。这种观念的形成与彝族的家支观念有密切的联系。但是，在卦序上，它的称谓与《易经》八卦存在着一定的区别。《易·说卦下》："震一索而为男，故谓之长男。巽一索而为女，故谓之长女。坎再索而为男，故谓之中男。离再索而为女，故谓之中女。艮三索谓之男，故谓之少男。兑三索而得女，故谓之少女。"而彝族八卦则是哎、哺先生中男中女，后生长男长女。且哎哺所生六子与《易经》八卦所生六子的卦序和卦位也不同。

第二，彝族八卦哲学十分注重阴阳对立在"元气"中的地位和作用，把阴阳对立看作万事万物的总原则，把世界原始固有的矛盾对立运动而生变化看作万事万物发展的普遍规律。在《西南彝志》和《宇宙人文论》中，天

---

[1] 王天玺、李国文：《先民的智慧——彝族古代哲学》，云南教育出版社，2000，第113页。

地、日月、四时、百谷草木，以及雷、雨、水、火、山、川等凡当时人们所能够了解的自然界，无一不被排列成对来描述，而无单独提及的，以此说明自然界的各种事物，并不是孤立存在的，而是通过本身所具有的阴阳属性两两相对，彼此联系在一起的。[1]《宇宙人文论》由此提出了"五生十成""十生五成"的观点。"五生十成"指的是五行相生的过程，"十生五成"指的是五行相克的过程，二者相结合，即"五行相生又相克"引起宇宙天地万物的变化。

第三，彝族八卦以卦象独特而无卦画。在彝族八卦中，以火水木金山土禾地金石为卦象，而缺少天、风、雷、泽。学者由此归纳它是以五行为卦象[2]，由于五行的方位排列十分明确，加之彝族八卦的卦序是与时间、方位相联系的，所以，知道其中某卦的卦象或卦序，容易推知其他卦的卦象和卦序来，而无须像汉族八卦那样，要通过卦画才能看出卦序。因此，可以不用卦画来表示卦象。也有学者据此而认为，这说明彝族八卦停留在八经卦的初级阶段，而不能进一步重卦，演化出六十四卦。

经由上面的分析，我们看到，在彝族古代文化思想中，形成了比较完整的八卦哲学思想体系，这个思想体系直接以宇宙万物为对象，把大千世界视为一个整体而从总的方面来观察，并探讨天地万物生成、发展的规律，从世界的不断运动着眼，把世界看成是物质的、不断变化的整体，其中充满了辩证思维的内容[3]，充分反映了彝族哲学思维所达到的高度。通过与《易经》八卦的比较，彝族八卦思想呈现出自己鲜明的特点。

虽然有一些学者，如刘尧汉、王天玺等，通过族源分析，认为彝族八卦形成的时代很早，"伏羲八卦与彝族八卦同源"，"伏羲八卦为彝族先民

---

[1] 冯利、覃光广：《八卦哲学与彝族》，《西南民族学院学报》（社会科学版）1986年第4期。
[2] 丁润生：《伏羲虎文化与彝族八卦初探——兼谈伏羲文化是全球最古老的文化》，《周易研究》2003年第6期。
[3] 冯利、覃光广：《八卦哲学与彝族》，《西南民族学院学报》（社会科学版）1986年第4期。

所继承，成为彝族八卦"[1]。并断定："早在南诏时代，彝族已有了成熟的八卦。"[2] 但是，由于集中保存彝族八卦哲学思想的古代文献是在长期口头传播基础上整理出来的，其成书时间比较晚；而且经过冯利、覃光广等学者"广泛地了解、查阅，尚未发现必要的材料"证明在《宇宙人文论》和《西南彝志》两部经典成书之前彝族意识形态"已形成了一个口头的八卦思想系统"[3]。因此，阿城先生认为"彝族早在西汉以前就有着高度发达的易学"，由于未能提供充分的文献依据，因此也就显得证据不足。相反，据冯利、覃光广的研究，"无论从发生学还是从结构学的意义上来考察"，彝族八卦"是在彝、汉之间长期的历史文化交流过程中的一个结果"[4]，是经过千百年的文化交流，彝族"在本民族思维传统的基础上，吸收了汉文化中的八卦哲学，并对之加以民族化的再创造"[5]，从而形成的新的思想体系。《彝族哲学思想史》的作者伍雄武、普同金等也认为："《西南彝志》、《宇宙人文论》中的五行、八卦说，仍可能是宋代之后由内地传入彝族的，但是彝族对之做了改造和变更。"[6]

2. 彝族图籍的含义及其思想来源分析

在《洛书河图：文明的造型探源》中，阿城先生认为，河图、洛书即彝族的天数图、地数图。这种看法，在彝族哲学思想研究领域也是普遍存在的。[7] 然而，此说能否成立？同样需要认真分析。

考河图、洛书之名，其出现很早，先秦典籍中有不少的记录。

1　王天玺：《宇宙源流论——彝族古代哲学》，云南人民出版社，1999，第110页。
2　王天玺：《宇宙源流论——彝族古代哲学》，云南人民出版社，1999，第108页。
3　冯利、覃光广：《八卦哲学与彝族》，《西南民族学院学报》（社会科学版）1986年第4期。
4　冯利、覃光广：《八卦哲学与彝族》，《西南民族学院学报》（社会科学版）1986年第4期。
5　冯利、覃光广：《八卦哲学与彝族》，《西南民族学院学报》（社会科学版）1986年第4期。
6　伍雄武、普同金：《彝族哲学思想史》，民族出版社，1998，第193页。
7　伍雄武、普同金：《彝族哲学思想史》，民族出版社，1998；王天玺：《宇宙源流论——彝族古代哲学》，云南人民出版社，1999；王天玺、李国文：《先民的智慧——彝族古代哲学》，云南教育出版社，2000；刘俊哲：《云南贵州彝族哲学思想研究》，四川民族出版社，1993；《宇宙人文论》和《西南彝志》的汉译注释等著作。

《尚书·顾命》："大玉，夷玉，天球，河图在东序。"蔡邕《文选注》："《尚书》曰：颛顼河图、雒书在东序。"

《管子·小臣》："昔人之受命者，龙龟假，河出图，洛出书，地出乘黄，今三祥未见有者。"

《论语·子罕》："子曰：'凤鸟不至，河不出图，吾已矣夫！'"《史记·孔子世家》引为："河不出土，雒不出书，吾已矣夫！"

《周易·系辞上》："河出图，洛出书，圣人则之。"

在汉代，对河图、洛书的记载，由于与谶纬之学联系十分紧密，就显得比较普遍，如《礼记》《汉书·艺文志》《春秋说题辞》《河图挺佐辅》等。但是，对于河图、洛书到底是什么？因为有名无实，人们为了弄清究竟，也就产生了种种奇思异想。到宋代，人们对河图、洛书真相的探寻，表现出了极高的热情，并认为找到了其真相。普遍接受它就是朱熹《周易本义》和《易学启蒙》所刊之图。这两个图与彝族图籍基本相同。

在彝族传世典籍《宇宙人文论》中，保留了如下两幅图：

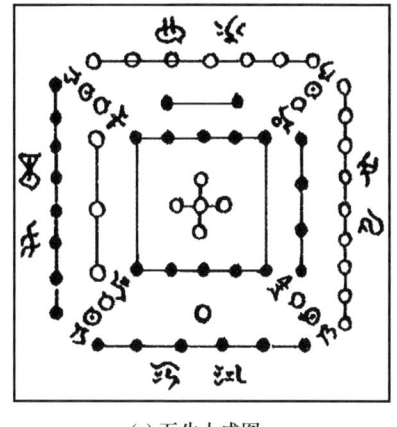

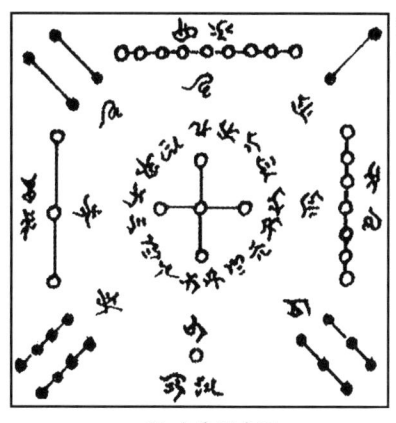

(a) 五生十成图　　(b) 十生五成图

图 8-1　彝族宇宙生成图 1

1　罗国义、陈英翻译：《宇宙人文论》，民族出版社，1982，第 63 页、第 69 页。

阿城现在也从《黔西北彝族美术——那史·彝文古籍插图》中发现了如下两幅图：

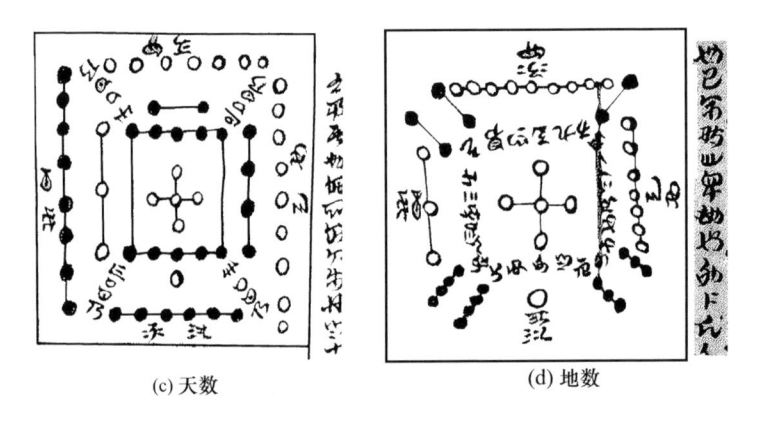

(c) 天数　　　(d) 地数

图 8-2　彝族天数地数图 1

这两组图片，大同小异。可以视为在彝族地区流传过程中所出现的不同版本。但在具体的称谓上，并不统一。图 8-1（a），有"河图""五生十成图""天数图"等不同称谓。图 8-1（b），有"洛书""十生五成图""地数图"等不同称谓。这些不同称谓，依照我们的理解，以"五生十成图""十生五成图"为最准确，"天数图""地数图"次之，"河图""洛书"属于比附。理由在于，《宇宙人文论》中载有与之密切相关的三章内容，即《总论两门的根生》《五生十成》《十生五成》，《西南彝志》中也有类似的记载。分析《五生十成》《十生五成》的具体内容，我们可以看到，它们与这两幅图的内在联系。《总论两门的根生》中说："天地产生于清气熏熏、浊气沉沉的变化结果。清、浊二气形成明朗朗的高天和亮堂堂的大地，天地的根本聚集起来，就有'五生十成'和'十生五成'。""在'五生十成'中，一、三、

1　陈长友主编：《黔西北彝族美术——那史·彝文古籍插图》，贵州人民出版社，1993，第 84 页。

五、七、九是天数,二、四、六、八、十是地数,天地之气弥漫,天、地由五相成,这就是天地的根。""在'十生五成'的图形里,天一、地九二门合为十数,主管南北二方;天三地七合为十,管东西二方;天四地六合为十,管东北、西南二角;天二、地八合为十,管西北、东南二方。天五居中央,从此产生宇宙。"《五生十成》中说:"在'五生十成'和'十生五成'的图形里,白圈象征着天,主管东、南、西、北四方,黑点象征着地,居东北、西南、东南、西北四角,天地间的清、浊二气,哎、哺二门,金、木、水、火、土五行不断运转变化,就产生了万事万物的根本。""那天气与地气喷喷熏熏地潮着的时候,天地间出现了一个圆形,这个圆形,标志着金、木、水、火、土各自主管的方位。天数一变而生水,地数六就成水;……地数二化而生火,天数七相应成火;……天数三变而生木,地数八相应成木;……地数四化而生金,天数九相应成金;……五变而生土,地数十相应成土;……归纳起来,就是:天一生水地六成,地二生火天七成,天三生木地八成,地四生金天九成,天五生土地十成。……各门各行的事物,……像河流那样运行不止啊。"在《西南彝志》中也有类似的思想:"这五生十成,一三五七九属阳以象天,天气产生了。十生五成呢,二四六八十属阴以象地,地气产生了,大地的兴起,就是这样的。""天一地六水,地二天七火,天三地八木,地四天九金,天五地十土,立天地之根。"从以上文献可以看出:

第一,彝族传统思想中蕴含着丰富、成熟的五行思想,它是对宇宙间万事万物形成发展规律的把握。天地有数,奇数是天、偶数是地。五行数和天地数相结合构成生成数。五行奇偶、天数地数是天地之间的清、浊二气的结合。清、浊二气是天地事物形成与发展的根源,人们懂得了气是天地事物之总根源,也就明白了"五生十成""十生五成"的道理。

第二,"天地的根本聚集起来",就形成了"五生十成""十生五成"的基本原理。"五生十成"就是以清浊二气为总根子来解释宇宙间各种事物的形成和发展。在"五生十成"中，天数二十五用来象征天，地数三十用来象征地，合计五十五数，以五十五个圆点来表示。其中，白圈象征着天，黑点象征着地。"五生十成"侧重的是五行相生的过程，即清浊、天数地数相互依存、相互促进而演成生化。"在天地之间，天气与地气，金、木、水、火、土五行，门门都在变化呢。先从左边变化，又转向右边变化，左右交替往来变化，福禄就花蓬蓬地繁盛起来了。"所谓"天一生水地六成，地二生火天七成，天三生木地八成，地四生金天九成，天五生土地十成"。依据这个原理，"各门各行的事物""像河流那样运行不止"。而"十生五成"是关于天、地、人发展变化的原理，重在揭示人类的产生和发展[1]：'十生五成'是推移的过程，人类在推移中萌生。'十生五成'不断推移，出现了最早的'尼能'族群。天一天九成十数，形成'尼老'分管南北方；天三天七成十数，形成'尼少'分管东北方；地二地八成十数，形成'能老'分管东北、西南方；地四地六成十数，形成'能少'分管东南、西北方。四方八面有主管，福禄威荣根源长。""天数二十五属尼，地数二十属能，天地尼能四十五。清浊之气有规律，尼能老少有区别，天地和人有秩序。"[2] 接着又讲"清浊之气相分相合，五行元素相生相克"。相克即既相互统一又相互对立、斗争和排斥。"土克木，水克火，火克金，金克木，木克土。"

综上，笔者认为，上述被宋代学者指称为河图、洛书的两幅图，应该以"五生十成图""十生五成图"命名。它是彝族传统思想根据世界原是物质"气"的演化发展以及阴阳对立统一和五行相生相克去揭示宇宙自然万物产生、发展、变化的规律和原理的形象表达。其中，贯穿着一条明显的认识路线，即用高度概括了的自然物质"气"的演化发展以及阴阳五行、八卦的发

---

[1] 刘俊哲：《云南贵州彝族哲学思想研究》，四川民族出版社，1993，第107页。
[2] 王天玺：《宇宙源流论——彝族古代哲学》，云南人民出版社，1999，第149—150页。

展去解释天地自然万物的来源和发展。[1]

上述"五生十成图""十生五成图"所体现的彝族传统五行思想，与中国古代用《周易》象数结合"元气"和阴阳五行以解释宇宙发生的理论和宇宙结构模式相比较，具有极强的一致性。如以奇数一、三、五、七、九代表阳数，以偶数二、四、六、八、十代表阴数；奇数为阳为天，偶数为阴为地；奇偶、阳阴、天地之数配五行以成生成关系，产生了生数、成数，"天一生水，地六成之；地二生火，天七成之；……天五生土，地十成之"。奇偶数与五行分配则为"三、八为木，四九为金，二七为火，一六为水，五五为土"。对于二者的这种一致性，如何解释？在彝族文化研究领域中，长期以来存在着很大的分歧。一些学者主张，它是彝族自身产生形成的思想传统，甚至从族源关系而论，它是中国古代易学的源头。[2] 另一些学者则认为，《宇宙人文论》图说"采纳宋儒象数学的观点，以'象'和'数'来解释宇宙万物演化、发展"[3]。"彝族哲学和汉族哲学在长期的历史发展中形成了相互影响、相互渗透的亲密关系。"[4]

对此明显存在差异的观点，我们认为，可以换一个角度看问题，其一，从中国文化的同源性、族源和思想的形态来看问题。许倬云先生在《说中国——一个不断变化的复杂共同体》中，为我们提供了一个理解的视角。他指出："从夏后氏比较笼统的霸权，经过商人同心圆布局的统治机制，最后到西周的封建网络，这三个阶段的发展促使'中原'成为中央政权的基础，而又以同心圆的方式扩散其势力于各处。整个中国是一个'天下'，'天下'没有边，也没有界线，只有向远处扩散而逐渐淡化的影响力。而且，这种影响

---

[1] 王天玺、李国文：《先民的智慧——彝族古代哲学》，云南教育出版社，2000，第129页。
[2] 刘尧汉、卢央：《文明中国的彝族十月历》，云南人民出版社，1986。
[3] 伍雄武、普同金：《彝族哲学思想史》，民族出版社，1998，第154页。
[4] 王天玺、李国文：《先民的智慧——彝族古代哲学》，云南教育出版社，2000，第129页。

力不一定是统治的权力,而是通过文化交融而构成的一个新文化。"[1] 这种"新文化"使"天下"的文化多元而渐变,共存而不排他。"'中国'并不是没有边界,只是边界不在地理,而在文化。"[2] 由此而建构起来的共同体,在文化上不仅有一个基本的价值系统,而且共享一些思想、观念,从而形成各个族群/民族的思想基础。无论是前面的八卦观念,还是这里的"五生十成""十生五成"图说所蕴含的思想,它们都是在中国古代文化的早期阶段所形成的。这已为中国古代思想史研究所证明。[3] 因此,从中国古代文化这个母胎所滋生繁衍出的各民族文化,在其基本观念里包含或分有这些古代文化的思想要素,这是情理之中的事情。也就是说,八卦、五行等观念和思想,实际构成了我国各民族思想产生形成的背景。在彝族形成繁衍过程中,各种文化因素"聚合"在一起,建构、塑造了彝族文化思想及其特色。因此,对彝族思想中存在八卦、五行这样的观念和思想,我们不必狭隘地一定要弄清归宿、强为判定谁影响谁。如果一定要这样做,会生出不少无谓的争论。在几千年的文化发展过程中,思想史的情形是十分复杂的。由于种种条件的限制,很容易陷入剪不断、理还乱的情形。这是我们想要表达的第一个观点。

其二,从其呈现的思想形态看。正如冯利、覃光广两学者所指出:"从论证的严密、逻辑的连贯上说,汉族八卦哲学显然高出一筹,而彝族八卦哲学则还带着许多古朴、自然、形象化等色彩。"[4] 这种现象在"五生十成""十生五成"图说上也是存在的。由于反映彝族上述观念的文献长期地在彝族民间口头传递,整理成书的时间比较晚。因此,其中所反映的思想,笔者认为,体现着一种"层累构造"的原理。[5] 在这个"层累构造"的过程中,受其他

---

1 许倬云:《说中国——一个不断变化的复杂共同体》,广西师范大学出版社,2015,第47页。
2 许倬云:《说中国——一个不断变化的复杂共同体》,广西师范大学出版社,2015,第54页。
3 葛兆光:《中国思想史》第一卷,复旦大学出版社,2001,第150—160页。
4 冯利、覃光广:《八卦哲学与彝族》,《西南民族学院学报》(社会科学版)1986年第4期。
5 此原理系笔者化用顾颉刚先生"层累地造成中国古史理论"。

民族文化的影响，是可以想见的。正是在这种"层累构造"的过程中，彝汉文化相互影响、塑造，使彝族文化思想不断丰富、完善、系统化，这从理论上是能够解释得通的。从实际来看，在两千多年里，彝汉文化接触面大、文化交流渠道多，文化流量也大。早在公元前 2 世纪的西汉初年，王朝就在西南彝族地区设置了郡县（越嶲郡和益州郡），彝汉文化就开始了经常、主动、自觉的交流。几与唐朝相始终的西南藩屏南诏国地方政权自成立起，就与唐王朝发生了联系，并不遗余力地接受汉文化，如鼓励其子弟去汉地学习汉族文化，学成后返回南诏，一批批轮换，相沿长达 50 余年，学成者有数千人之多。到了南诏末的隆舜和舜化贞，中原文化以及儒家意识已深深扎根彝族王室的思想中。877 年唐朝使节到南诏，隆舜不耻下问，主动请教《春秋》大义，[1] 其子舜化贞则为自己取名"法尧"。到宋代，由于中央王朝政权南移，中原文化与南方少数民族的交流更加深入。1173 年冬，大理人李某、董某等二十三人，到横山马市，请求官府交换《文选五臣注》《五经广注》《春秋后语》《初学记》《集圣历》《百家书》等。[2] 到明代成化二十一年（1485），贵州大方县铸造了刻有彝汉两种文字的铜钟。明嘉靖丙午年（1546）安氏土司刻有彝汉对照的《千岁衢碑记》。由这些彝汉文化交流的历史事实可以看出，彝族八卦、五行观念的系统化，用彝汉文化交融的"层累构造"形成来解释，是有依据的。

其三，至于这两个图的来源，我们认为，虽然其图说所反映的思想是彝族在与汉民族文化交融过程中完善、成熟的，但是作为对这种思想的形象表达应该与彝族密切相关。做出这个结论的依据在于：第一，尽管宋人所传河图、洛书在具体问题上还有争议，如刘牧的图与朱熹、蔡季通的图的区别，但是，不管是刘牧、朱熹还是蔡季通，他们所传之图都是比较晚的。而如前

---

[1] 《新唐书·南蛮传中》。
[2] （元）马端临：《四裔六·南诏》，《文献通考》，中华书局，1986，第 2586 页。

所揭，《宇宙人文论》据学者推断成书于唐中叶至北宋末年，"五生十成""十生五成"图应该在成书之前即已在彝族地区流行。第二，从《宇宙人文论》的图说内容来看，我们认为它的核心思想是阴阳五行观念，众所周知，阴阳五行观念在宋代之前已发展成熟。这从孔颖达《礼记正义》所引郑玄注即可证明。彝族结合自身民族的理解创制出"五生十成图""十生五成图"，这是有可能的。

至于阿城先生以"五生十成图"为河图，以"十生五成图"为洛书。这种看法，依据冯时先生的观点，传说中的河图，实际就是"太极图"，"人们探寻已久的'太极图'与'河图'实际就是同一幅图像，它们都以绘有卷曲的龙形而可同称为'龙图'"[1]。这样传统"对于'河图'、'洛书'的区分并没有什么理论依据。因为从本质上讲，'河图'、'洛书'其实只体现了两个不同的布数过程"[2]。在冯时先生看来，我们现在看到的被称为"河图""洛书"的两幅图，即"五生十成""十生五成"图说实际上只是"洛书"的不同，"本属同一种图的两种附图"[3]，"宋人指定的河图、洛书其实表现的只是两个不同的布数过程"[4]。而河图实际就是"太极图"。冯时先生这个看法，对照前面"五生十成""十生五成"的图说，我们认为是合理的，能够成立的。"五生十成""十生五成"这些名称与易数原理十分吻合，较河、洛之名更接近这类图数的本质，它们不仅显示了两幅图实际是互异的两个布数结果，而且有共同的渊源。"五生十成"其实只是体现生成数体系的五位图，"十生五成"则是体现天地数体系的九宫图，其实质则是反映古人不同天数观的"五十图数"。

1　冯时：《中国天文考古学》，中国社会科学出版社，2010，第492页。
2　冯时：《中国天文考古学》，中国社会科学出版社，2010，第502页。
3　冯时：《中国天文考古学》，中国社会科学出版社，2010，第516页。
4　冯时：《中国天文考古学》，中国社会科学出版社，2010，第516页。

第三节　本章结语

综上所论，虽然彝族的界定和形成时间比较晚，元朝灭大理国之后，统称金沙江南北的彝族各部为"罗罗"，并设置"罗罗斯宣慰使司"，被认为是其明显标志[1]；但是，作为我国历史上经过多民族长期交汇融合而形成的、逐渐拥有自身独特文化传统的民族，彝族先民在古代建构起了精密和丰富的哲学思想体系，这一哲学思想体系涵盖天、地、人"三界"，包括了以"气"为基础的"元气论"，用发展变化的观点来看待天、地、人和万物产生和演变的"变"哲学，以及古天文历算、八卦哲理、人体科学、社会学、心理学、伦理学等内容。[2] 尤其是其系统的宇宙论、天人论思想富有高度的抽象性和哲理性，显现出彝族哲学思想在古代达到了较高的理论水平。通过深入分析，我们认为，彝族哲学思想一方面是彝族先民基于自身社会生产力水平、知识结构、实践经验积极探索的结晶，因而深深烙下了彝族鲜明的印记；但另一方面我们又明显看到，在彝族哲学思想形成和发展过程中，儒学与彝族哲学思想交融激荡，彝族对儒学的文化价值的认同及民族间哲学和思想文化的输入交融，彝族哲学思想在宇宙论、天人论等方面所体现出来的特色，无疑是这种交流融合的结果。这充分体现了在整个中华民族文化交流大背景下，彝族先民通过吸取儒学与其他民族文化，进行自我创新的开放品格。

---

[1] 武雄伍、普同金：《彝族哲学思想史》，民族出版社，1998，第9页。
[2] 陈英：《论彝族先民天、地、人"三界"哲学科学体系》，《贵州民族学院学报》（社会科学版）1994年第1期。

第九章
儒学与苗族、布依族哲学

苗族、布依族哲学文化与儒学的接触、碰撞自两汉始,随着历史的演进而渐进增强,并呈现出苗族、布依族哲学文化吸纳、融汇儒学文化多于增益创造的特征。秦汉中央王朝对西南夷的开发、经略,培植了苗族、布依族哲学思想观念中的儒学因子生长的历史文化土壤,并孕育出主动习儒传儒、教化民众的"汉三贤"。宋明以降,中央王朝推进对边远少数民族地区的治理,大力兴教,推广儒学,更因被贬儒官王阳明创办书院,吸收少数民族子弟入学,促进了儒学在苗族、布依族地区的深入传播影响,贵州罗甸布依族土司的《黄氏宗谱》凸显出深刻的受儒家伦理思想影响的特征。清朝时期,儒学与苗族、布依族哲学文化的相互交往交流交融更趋全面、深入,以伦理为本的儒学文化逐渐被苗族、布依族普遍认同、吸收、融汇,实现了本民族哲学文化的充盈、提升。

第一节 两汉时期苗族、布依族先民哲学思想文化形成发展的历史背景和儒学环境

秦始皇统一中国后,秦汉中央王朝加强了对西南夷的开发、经营,不仅加强了中央集权,也推动了中原地区与少数民族地区的经济交往,文化交流,在这一过程中,儒学观念和文化逐渐影响、渗透或者演变为苗族、布依族的

哲学思想文化观念。由此构成了苗族、布依族先民哲学思想文化观念形成发展的历史背景和儒学环境。

一 历史背景

苗族、布依族先民聚居的贵州，由于区位和自然地貌等原因导致历史上处于闭塞落后的状况，但秦始皇修建自四川宜宾，经黔西北抵达滇东的"五尺道"，西汉武帝施行一系列开发西南夷的措施以后，开启了汉文化在贵州苗族、布依族等少数民族地区的传播交流。

1. "西南夷"的早期开发

两汉时期将居住在今川西南、贵州、云南乃至广西西北一些地方的众多氏族、部落、民族统称为"西南夷"。具体可分为"西夷"和"南夷"。西夷指蜀西、西南的邛、昆明等地居住的民族；南夷指巴蜀南方的夜郎、且兰等地居住的民族。[1]

秦以前，"西南夷"除滇国少数地区外，大多数地区基本处于封闭状态，苗族、布依族先民分布的贵州属于南夷，更是远离华夏文明，地处蛮荒，几乎对外隔绝，各民族先民保持着自己独特的文化生态，后期民间交往虽有所扩大，"西南夷"政治上却始终保持独立。

公元前221年，秦始皇统一中国后，加大对西南夷的开发，下令修建从四川宜宾北起、南至曲靖附近的道路，道广五尺，故称"五尺道"。道虽五尺，却意义重大。五尺道是第一条通往西南夷的通道，它打通了秦都咸阳经川、黔与滇东的联系，为秦始皇在西南地区推行郡县制提供了条件。《史记·西南夷列传》载："秦时常頞略通五尺道，诸此国颇置吏焉。"秦时，全国分

---

[1] 《汉书·西南夷传》。

为36郡，在苗族地区设南郡、黔中郡、长沙郡，黔中郡基本为五陵五溪地区，是当时苗族的主要聚居区。秦始皇三十三年（前214），"发诸尝逋亡人、赘婿、贾人，略取陆梁地，为桂林、象郡、南海，以适遣戍"[1]。布依族先民聚居的古毋敛属象郡，此时，已有部分苗族先民迁徙至桂林郡、象郡辖地。原夜郎等古国的地域可能分属蜀郡、巴郡和象郡。由此，布依族、苗族地区逐渐纳入秦王朝的统一版图，归属中央政权的统一管理。五尺道修通增进了西南地区与中原的商贸往来。虽然汉代初年，为休养生息，曾采取"关蜀故徼"的措施，然民间交往并未中断，"巴蜀民或窃出商贾，取其笮马、僰僮、髦牛，以此巴蜀殷富"[2]。五尺道亦促进了中原文化在西南地区的传播和民族间的相互交往。且经五尺道及延伸的线路，从成都出发东可抵越南，南能至缅甸，甚至远达今印度、阿富汗，形成陆上"南方丝绸之路"，作为一条重要的交通通道，增进了古代中国与印、缅等国经济、文化的交流互鉴。

2. 汉代对西南夷的经略

设置郡县。经过汉初的"与民休息"和"文景之治"的发展，国力大增，汉武帝开疆拓土，积极经略西南夷地区就成为必然。汉建元六年（前135），汉武帝任唐蒙为中郎将"从巴蜀笮关入"[3] 夜郎，厚赐夜郎侯多同以缯帛，并"喻以威德，约为置吏，使其子为令"，招降夜郎侯，夜郎周边的其他小邑"皆贪汉缯帛……乃且听蒙约"。[4] 西汉于建元六年在夜郎地区设置了犍为郡，治鳖县（今遵义市西），领"南夷"之夜郎地两县，开始了西汉王朝对西南夷的大规模经略。元光五年（前130），汉武帝派司马相如为郎中将，出使邛、笮、冉駹地区，"为置一都尉，十余县，属蜀"[5]。至元封二年

---

[1] 《史记·秦始皇本纪》。
[2] 《史记·西南夷列传》。
[3] 巴蜀笮关，《汉书·西南夷传》作"巴符关"，学者多认为指今合江县。然以笮关言，当位于今汉源界。
[4] 《史记·西南夷列传》。
[5] 《史记·西南夷列传》。

（前109），西南夷地区基本上纳入西汉中央统治范围，实现大一统局面，布依族先民及部分苗族先民归属牂牁郡管辖。西汉的郡县设置以"散币于邛以集之"的使节招降为主，军事威慑为辅，非战而和更有利于少数民族对中央政权和中原文化的认同。

修筑官道。大规模官道的开凿和修建始于汉代。西南夷地区山高坡陡，交通不便，西汉王朝极为重视道路的修建，每在一地设郡县后，就着力打通此地区的道路交通。唐蒙扩建五尺道，将其延伸到夜郎牂牁江（北盘江）流域和滇中地区，称"南夷道"。经略西夷的司马相如则打通了从成都经临邛到达邛、筰地区的"西夷道"。《汉书·食货志》曰："唐蒙、司马相如始开西南夷，凿山通道千余里，以广巴蜀。"[1] 官道修建，促进了政令畅通和信息互通，增强了中央政府与西南夷的政治联系，为更好地经略西南夷提供了保障。

行"故俗治，毋赋税"。西南夷地区族群众多，社会政治、经济、语言、文化、习俗等方面与中原差别较大，西汉王朝遂实行尊重当地少数民族习俗的"以其故俗治，毋赋税"[2] 的宽松政策。政治上表现为由朝廷派汉族官吏任太守、县令，当地各部族的头领进行具体管理的联合统治制度。经济上汉武帝对初郡地区采取"毋赋税"或象征性征收的薄赋政策，如对廪君蛮其君长象征收取"岁出赋二千一十六钱，三岁一出义赋千八百钱"[3]。对板楯蛮"复其渠帅罗、朴、督、鄂、度、夕、龚七姓，不输租赋"[4] 等"故俗治，毋赋税"的实施，政治上既有利于加强中央集权，又有利于维护西南夷地区的相对稳定，促进民族关系和谐发展；经济上减轻了当地少数民族的负担，有利于推动当地生产力的发展。

---

[1] 金少英集释：《汉书食货志集释》，中华书局，1986，第170页。
[2] 《史记·平准书》。
[3] 《后汉书·南蛮西南夷列传》。
[4] 《后汉书·南蛮西南夷列传》。

移民屯垦。汉武帝修筑"西南夷道",各郡县费用增大无所出,而薄赋税的实施,又造成"巴蜀租赋不足以更之","乃募豪民田南夷,入粟县官,而内受钱于都内"。[1] 招募地主、大商人带人移民"南夷"地垦殖,收获粮食交给当地郡县,而从汉王朝内府领取报酬。这些汉族豪强及依附于他们的农民是进入"南夷"地区垦殖的最初移民。他们的移入,使当地形成了一些大姓。据《华阳国志·南中志》记载,主要有从"三蜀"(蜀郡、广汉、犍为)迁来的龙、傅、尹、董等姓。大姓不仅经济势力大,而且文化实力强,如毋敛大姓尹氏,在光武时就参与"保境为汉","明、章之世,毋敛人尹珍……以经术选用,历任尚书丞郎,荆州刺史"[2]。又有从内地募来的贫民、罪犯,以及在郡县、据点定居的戍卒、官吏,附近农民迁入。西汉晚期至东汉后,中央王朝对西南夷地区的政治控制进一步加强,在继续西汉中期以前对西南夷实施羁縻策略的同时,采取了较严厉的武力镇压措施。随着大量的军队、官吏和移民的进入,不仅充实了"南夷"的劳动力,还带去了较为先进的生产工具和技术。郡县官吏也重视推广内地的先进生产技术,如文齐在犍为郡大力发展经济,溉稻田,兴水利,后益州郡太守内又造陂池,通灌溉,促进了当地生产力的发展。"椎髻之民"开始用移民带来的铁农具取代传统的石制农具,并逐渐接受中原先进的耕作技术。共同的经济活动促进了民族间的相互交往与沟通,增进了民族间的情感和互信,促进了中原文化与当地文化的交流融合,也培壅了苗族、布依族哲学思想文化观念中儒学因子生长滋养的历史环境。舍人、盛览、尹珍"汉三贤",正是在中央王朝经营开发西南夷,汉族与南夷各民族商贸交往、文化交融、情感交流增强这一背景下崛起的。大量的汉墓发掘,也表明中原儒学文化的南渐浸润确是不争的事实。其中尤以今贵州北部或西北部最先得儒学之熏染,与中原文化的接触相对更频繁。

---

[1] 《史记·平准书》。
[2] (晋)常璩撰,刘琳校注:《华阳国志校注》,巴蜀书社,1984,第380页。

二 儒学环境

两汉时期，儒学文化便逐渐润泽"南夷"，孕育出舍人、盛览、尹珍三位著名儒家学者。他们自觉习儒，重视教育，教化民众，传扬儒学，或著书，或讲学，为儒学在贵州苗、布依、仡佬等多民族中的传播、发展和文明的开化做出了显著贡献，史称贵州"汉三贤"[1]。

1. 以"经学"为核心的汉代儒学背景

经学即对儒家经典的诠释学。从汉武帝立五经博士[2]起，"六经"的经典地位已获官方确认。儒家经典确立后，历代儒者围绕着经典从不同角度、不同层次诠释经典的思想内涵和意义，或偏重于文字训诂，或见长于义理疏解，著述近于汗牛充栋，即构成"经学"。儒家经典产生以后，对经典的阐释和发挥又一直是儒学的存在形态，是儒学者表达思想、见解的基本方式。汉代以后，经学仍处于不断的演变和发展中，清代还出现了经学复兴的局面，甚至重新上演今文、古文之争的剧目。[3] 两汉时，治经尊经蔚然成风，是经学发展的典型时期。西汉经学繁盛后，内部又演化出今文经学、古文经学。今文经受汉代谶纬思想影响，多以"微言大义"阐发孔子思想，其主流为"春秋公羊学"；古文经学派则注重文字训诂。东汉后期，今文经与古文经逐渐走向合流，郑玄乃重要代表人物，兼采今古文字，援古今文义，今文经学与古文经学的界线渐不分明，从而终结了汉代经学的发展。在两汉以经学为"时

1　清道光二十一年（1841），遵义府学教授莫与俦于府学内立汉三贤祠，奉祀舍人、盛览、尹珍，郑珍撰《汉三贤祠记》。"汉三贤"之称始于此。
2　《汉书·儒林传》的赞中记："武帝立五经博士……《书》唯有欧阳，《礼》后，《易》杨，《春秋》公羊而已。"宋王应麟在《困学纪闻》卷八中考证曰："立五经而独举其四，盖《诗》已立于文帝时，今并《诗》为五也。"
3　张涛：《经学与汉代社会》，河北人民出版社，2001，第44页。

代思潮"[1]的儒学理论环境下，夜郎的舍人、盛览、尹珍，怀着对儒学的挚爱，师从当时著名的经学家习经受学，其理论成果也多是倾心于注经释经所得。

2. "汉三贤"之儒学建树

舍人（生卒不详），汉武帝时犍为郡敝邑（今贵州遵义）人，曾任犍为郡文学卒史，著有《尔雅注》三卷。[2]《尔雅》是中国古代第一部训解词义的著作，是儒家学者为解释古代经典中古僻的同义词和各种名物，分别归类，逐一解释、编辑而成的一部辞书，在训诂学史上占有重要地位，具有较高的学术价值。唐以后将《尔雅》列入"经部"，成为儒家经典之一。尽管如此，作为工具书的《尔雅》对于一般人来说阅读起来仍感晦涩深奥，不易理解。因此舍人特为该书作注。《尔雅注》为当时人们阅读《尔雅》及其他儒学经典提供了方便，对儒学进一步的传播起了积极作用。同时，《尔雅注》包含了舍人对儒学的独到见解，它本身就是对儒学的发展，清儒郑珍、莫友芝合撰的《遵义府志》中评价说："注古所未训之经，其通贯百家，学究无人。"在西汉，对于多民族地区贵州的少数民族哲学思想文化来说，《尔雅注》的儒学传播与影响意义，就更加不同凡响。舍人作为历史上第一个为《尔雅》作注的学者，其研究成果，后世儒学著作如东晋郭璞《尔雅注》、唐陆德明《经典释文》累有引用。

盛览（生卒不详），字长通，汉武帝时的牂牁郡（今贵州省大部及广西、云南部分地区）名士。曾向著名儒学者、辞赋家司马相如学习作赋。汉武帝尊崇经学，引发了包括辞赋在内的文学创作风格的重大变化，许多士人主动向儒家经学靠拢，力求"文章尔雅，训辞深厚"[3]，其中一个突出表现就是文

1　梁启超：《清代学术概论》，东方出版社，1996，第1页。
2　据《隋书·经籍志》记载："梁有汉犍为文学《尔雅》三卷，亡。"
3　《史记·儒林列传》。

辞必博采经义。以"润色鸿业"、歌功颂德为特征的大赋就得到提倡和鼓励。汉代设有献赋和考赋取士制度,"诸生竞利,作者鼎沸"[1],许多士人通过此途为官升迁,其中包括司马相如等。汉赋几乎已沦为经学附庸和工具。在思想内容方面,汉赋多得经学特别是《诗》学之沾溉,而在作赋过程中将儒家经义奉为理论依据的现象更是相当普遍。这时的文学与经学齐头并进,同为大一统政治服务。在司马相如等辞赋家身上就表现出文学与经学紧密联系甚至合一的特点。司马相如奉命通西南夷时,盛览遂慕名上门求学,向司马相如学到了儒家重视教育、培育人才的思想,并求教作赋心得。《西京杂记》卷二载,司马相如曾与盛览谈自己作赋的心得:"合纂组以成文,列锦绣而为质,一经一纬,一宫一商,此赋之迹也。赋家之心,包(苞)括宇宙,总览人物,斯乃得之于内,不可得而传。"盛览听罢,眼界大开,著《合组歌》《列锦赋》等作品。学成后回乡,教化民众,传播儒学。邵远平《续宏简录》中称赞曰:"司马相如入西南夷,士人盛览从学,归以授其乡人,文教始开。"盛览的作品虽未能流传下来,但其无疑是贵州有记载的第一位辞赋作家,也是夜郎汉文化的启蒙者。

尹珍(79—166),字道真,东汉牂牁郡毋敛县(今独山县)人,是贵州最早走出大山、叩问中原文化之士。尹珍"以生遐裔,未渐庠序,乃远从汝南许叔重受五经"[2],经刻苦治学,尹珍终成东汉著名的儒学者、教育家、书法家。尹珍得名儒、经学家许慎薪传,精习"五经",研习书法,才识宏通,学成后返乡,建草堂三楹,开馆教学,启蒙教化。"于是南域始有学焉"[3],开西南地区文教先河。后奉任武陵太守,又不畏高龄,向今文经学大师应奉习图纬之学,而"通三材"。[4] 声誉渐著,官至荆州刺史,与老师应奉并显一

---

1 《后汉书·蔡邕列传下》。
2 (晋)常璩撰,刘琳校注:《华阳国志校注》,巴蜀书社,1984,第380页。
3 (晋)常璩撰,刘琳校注:《华阳国志校注》,巴蜀书社,1984,第380页。
4 (晋)常璩撰,刘琳校注:《华阳国志校注》,巴蜀书社,1984,第380页。

时。晚年，尹珍辞官还乡，将原学馆命名为"务本堂"，取《论语》"君子务本，本立而道生，孝弟也者，其为人之本欤"[1] 之意，矢志教书育人，传播中原文化。作为汉代经师大儒，尹珍讲学授徒活动遍及牂牁郡北及今川南。今正安、绥阳一带是尹珍讲学的中心地带，影响甚大，"凡属牂牁旧县，无地不称先师"[2]。今正安县新州镇尚存遗迹毋敛坝，唐代于今绥阳县旺草场立尹珍讲学之碑碣，明代犹存无毁。其余各地，抑或有尹珍祠。

3. "汉三贤"对苗族、布依族先民哲学思想文化的影响

尹珍回乡创建学堂启蒙教化，秉承许慎之学，深谙汉学要义，向生徒传授文字学和儒学，赴各地讲学，导之礼仪，传扬儒学，使蛮荒之地的南夷边民得儒学文化启蒙，受儒学熏染，深刻地改变着以往此地多不知耕种、长幼无别、"不通礼义"的状态，至唐宋时，尹珍南域讲学的中心地带正安县的汉学已由私学发展为官学，唐都坝（今道真旧城）正安州古儒学，是贵州最早的官学。尹珍生于南蛮，而不甘荒裔，北学中原，其精神瑞泽故里乃至川、黔广大地区，致使当地人才辈出。宋嘉熙二年（1238），珍州（今正安）籍"冉家蛮"后裔冉从周，成为贵州史上首位进士，世称"破荒冉家"，后出任珍州守。明清两代贵州的教育发展突飞猛进，经过科考录取的举人有六千多人，进士七百多人。清代遵义杨兆麟，曾任正安鸣凤书院山长。他白天讲学，夜间刻苦攻读，于光绪二十九年（1903）中探花，与清末状元赵以炯（贵阳人）、夏同和（麻江人）被称为"贵州的三鼎甲"。此后在尹珍故里正安州先后诞生翰林郑文遇、王作孚、刘福田等16位进士、24位举人和56位贡生，成为"登科"最多的州县之一。

尹珍的儒学精神渗透到故里一代代人的血液中，世代延承。其一是学术

---

[1] 《论语·学而》。
[2] （清）郑珍、莫友芝纂，遵义市志编纂委员会办公室点校：《遵义府志》卷33，遵义市志编纂委员会办公室整理出版，1986，第1043页。

薪传。尹珍精神在贵州的影响绵延流传，沾溉深远。至清嘉道之际，独山莫与俦接尹氏汉学薪火，在黔北遵义传授汉学，并赋予"毋敛学"之名，自视"毋敛学"传承人，在遵义府学建"汉三贤祠"，门生郑珍写《汉三贤祠记》。莫与俦的门生郑珍"东学长沙"，拜著名汉学家、诗人程恩泽为师。程恩泽重训诂，在其指导下，郑珍对汉字的形、声、义进行研究，撰写出专著《说文新附考》。程恩泽特赐郑珍字"子尹"，激励其以尹珍为楷模。郑珍不负师望，成为造诣很深的经学大师，于"三礼"之学最为擅长，著述颇丰，其中《仪礼私笺》，可谓清代礼学方面最有代表的力作。程恩泽另一门生莫友芝亦竭心尽力继承和弘扬毋敛学。莫与俦之子莫庭芝曾任思南、安顺府学教授，晚年长期在贵阳学古书院任山长。他们声教所至，均尊奉先贤尹珍，传扬其学。以郑珍、莫友芝等学识渊博的学者为代表，将尹珍刻苦治学、献身教育的精神传承弘扬，著书讲学，孜孜不倦，创造和丰富了灿烂的"沙滩文化"[1]，使"毋敛学"薪传不辍。其二是后世榜样。明代贵州建省以后，中央王朝主张通过儒学教育，使西南各少数民族从思想文化上归顺朝廷。为大力推进儒学传播，朝廷派驻各地方的官员，竭力尊奉尹珍为典范，以榜样力量激励士人，树立儒风。从明万历四十一年（1613）第一次重修"务本堂"，至清代又数次修缮，其目的就在于弘扬以"孝悌"为要义的儒学文化。贵州各地还相继建孔庙，立尹珍专祠，宣扬尹珍。从这一角度可以说，尹珍为儒学在贵州各民族中的深入传播发挥了榜样的作用。

第二节　宋明时期儒学与苗族、布依族哲学的良性互动

宋明时，儒学在苗族、布依族地区和苗族、布依族哲学思想文化观念中

---

[1] 沙滩位于遵义县新舟禹门，孕育了以郑珍、莫友芝、黎庶昌为代表的一批文化名人，其学术成就影响深远。抗战时，浙大学者称其为"沙滩文化"。

的传播影响进一步增强，在苗族、布依族的上层或儒学者的思想观念中也显见出对儒家文化的吸收、融摄。

一　宋明以降儒学在苗族、布依族地区的传播影响

1. 宋元之文教始兴

宋元时期儒学始通过官学、书院教育辐射周边。北宋，鉴于北方边患不绝，朝廷把战略重心放在北方，元初郭松年《大理行记》说："宋兴，北有大敌，不暇远略"，对西南少数民族地区多实行安抚政策，更注重文治教化，推广儒学思想。宋代新增书院作为传播儒学的重要场所，南宋绍兴年间，在今贵州沿河县增建銮塘书院。较为突出的是播州（今贵州遵义）[1] 土司杨氏，重教兴学，对贵州儒学传播起到了积极的推进作用。唐僖宗乾符年间山西太原人杨端入播作战并占据播州，逐渐形成雄踞西南地区的世袭土司政权。至南宋初，杨选任土司时，中原儒学已发展到宋代理学的阶段，并成为中国主流文化，杨选"性嗜读书"，始重视文教，其子杨轼"留意艺文"，后人杨粲、杨价、杨文等均十分重视文化教育，他们"结庐养士"、崇尚儒学，同时对佛教、道教文化兼收并蓄。杨粲"文武兼资"，笃信儒典，大修先庙，开启"建学养士"之风，《杨文神道碑》赞杨粲"士类羽流，皆称其喜儒而好礼，乐善而种德"。杨粲晚年以"三字经"形式立《家训十条》刻石碑以示子孙，"尽臣节，隆孝道，守箕裘，保疆土，从俭约，辨贤佞，务平恕，公好恶，去奢华，谨刑罚"[2]。其子杨价向南宋朝廷"请于朝，而岁贡士三人"，

---

[1] 播州之称始于唐贞观十三年（639）。西汉元光五年（前130），置犍为郡，郡治鳖县，为今遵义市中心城区附近。元鼎六年（前111），在夜郎地设牂柯郡。南北朝时相继属平夷郡、平蛮郡。唐建立羁縻州，贞观九年（635），以隋牂柯郡的北部地置郎州，辖六县，十一年（637），废郎州建置，十三年（639），复置郎州及六县，更名为播州。

[2] （清）郑珍、莫友芝纂，遵义市志编纂委员会办公室点校：《遵义府志》卷31，遵义市志编纂委员会办公室整理出版，1986，第956页。

此前，设科取士未及播州。后来冉从周成为贵州历史上第一个进士，冉氏被称为"破荒冉家"。杨文"留心文治"，于南宋淳祐四年（1244）建贵州第一所孔庙，"以励国民，民从其化"[1]。杨氏土司重文教，尚儒学，促进了儒学文化与思想观念在播州为中心的黔北地区的传播影响，而所属地的苗族、布依族、仡佬族的土著民，也受儒文化陶冶，土俗大变。《遵义府志》载，播州"世转为华俗渐于礼，男女多朴质，人士悦诗书，宦、儒户与汉俗同……凡宾客会聚，酋长乃以汉服为贵"[2]。此外，在苗族分布的湖南、川东南苗族地区，宋熙宁末，诚、徽州（今湖南城步、靖州自治县和绥宁县地）土官杨光僭父子"请于其侧建校舍，求名士教子孙"，朝廷获准，"诏潭州长史朴成为诚、徽等州教授"[3]，开办学校。熙宁后至南宋，在今湘西和川东南等苗族地区部分府、州、县相继创建辰州府学、沅州府学、靖州府学、麻阳县学、黔江县学，及泸溪东州书院等。

元仁宗皇庆二年（1313），贵阳地区创办了第一所书院"文明书院"，招收黔中弟子入学，其中有部分少数民族大户子弟。仁宗延祐四年（1317），普定路军民总管府判官赵将仁，在普定府（今普定县）"立学校，明礼仪"。因贵州未统一建省，又属"蛮夷之地"，所设学馆、书院是为数不多的。元皇庆二年，湖南城步赤水峒苗族儒士杨再成捐资，在城步寨创建"儒林书院"，"延师讲学"启发民智。儒林书院为我国少数民族聚居地区建的第一所书院，至明朝被毁前，书院为城步苗族培养了众多优秀人才，其中不少苗族子弟考取功名，进入仕途。至正年间，达鲁花赤盖忙古歹创办泸溪县学。

1　（清）郑珍、莫友芝纂，遵义市志编纂委员会办公室点校：《遵义府志》卷40，遵义市志编纂委员会办公室整理出版，1986，第1230页。

2　（清）郑珍、莫友芝纂，遵义市志编纂委员会办公室点校：《遵义府志》卷20，遵义市志编纂委员会办公室整理出版，1986，第553页。

3　《宋史·西南溪洞诸蛮》。

宋元时期贵州及苗族分布的湘西、川东等地儒学教育始兴，儒学文化与思想观念始通过学校教育向布依族、苗族地区辐射、传播。[1] 只是所建学馆、书院数量有限，苗族、布依族子弟能进入学校、书院接受儒学教育者也屈指可数。明代郭子章在《黔记》中载曰："元以前，黔故夷区，人亡文字，俗本椎鲁，未有学也。"至明代，这一状况有了很大改观。

2. 明代儒学之深入传播影响

明代是儒学在苗族、布依族地区及苗族、布依族哲学文化中影响非常显著的一个时期，清代渐至辉煌。明以降，中原王朝除政治、军事手段外，积极辅以文化教育，明永乐十一年（1413）贵州建省，教育遂兴，加之贬官、学者创办书院，聚众讲学，接收少数民族子弟入学等，明显促进了儒学在贵州苗族、布依族地区的传播，其影响也是持久深远的。

重教兴学作为治边的一个重要方面，至明代特别强化起来，"兴礼乐教化"，倡儒学之风，在少数民族地区的府、州、县兴办官学，传播儒学及佛、道文化，这是中原王朝向少数民族地区传播儒学的重要方式。明初，太祖朱元璋即提出了"治国以教化为先，教化以学校为本"的政策，在全国兴教育、广儒学，在西南民族地区，敕令官员"善为训教，俾有成就，庶不负远人慕学之心"[2]。洪武十五年（1382），谕辞归的贵州普定军民府知府者额："凡有子弟皆令入国学受业，使知君、臣、父、子之道，礼乐教化之事，他日学成而归，可以变其土俗同于中国，岂不美哉！"[3] 不久，监察御史裴承祖奏议西南夷土司地区设儒学说："四川贵、播二州，湖广思南、思州宣慰司及所属安抚司、州、县，贵州都指挥使司平越、龙里、新添、都匀等卫，平浪等长官司诸种苗蛮，不知王化，宜设儒学使知诗书之教。"[4] 朱元璋御允，遂在

---

[1] 伍新福：《苗族文化史》，四川民族出版社，2000，第 268 页。
[2] 《明太祖实录》卷 202，国立北平图书馆红格钞本影印本，第 3025 页。
[3] 贵州民族研究所编：《明实录·贵州资料辑录》，贵州人民出版社，1983，第 36 页。
[4] 贵州民族研究所编：《明实录·贵州资料辑录》，贵州人民出版社，1983，第 96 页。

贵州各土司地区设立儒学，并根据土司设置情况，分宣慰司学、安抚司学、长官司学等。正统九年（1444）"命各处土官衙门应继儿男俱照军生例遣送官学读书、乡试，其相离地远者，有司计议或二卫、三卫设学一所"[1]。不久又提出土司子弟"未经儒学教化者不准承袭土司"[2]。尽管司学主要吸纳土司子女入学接受儒学教育，甚至成为有明一代定制，此举对于本地整个少数民族的文明进步、文化提升、儒学传播，客观上无疑具有较好的积极带动和影响作用。有鉴于此，明代在苗族、布依族主要分布的贵州、湖广、云南等地，学校教育得到迅速发展。如贵州当时所辖十一府、四十州县，均先后建起学校，至明末已设3所宣慰司学，12所府学，4所州学，19所卫学，以及23所里学。[3] 明中叶的儒臣王阳明贬谪贵州，办书院讲学，促进了贵州书院的发展，到明末贵州有书院16个。同时官学兴起推动了义学、私塾等民间教育的发展。明代贵州教育逐渐形成了以各种官学、社学、书院、私塾多种形式结合的局面。贵州苗族、布依族地区创办的官学如贵阳府学、安顺府学、都匀府学、平越府学、普安府学、镇宁州学、普定卫学、平越卫学、平坝卫学、都匀卫学、龙里卫学、新添卫学、荔波县学、贵定县学等，湖广苗族地区的城步县学、绥宁县学、会同县学，以及辰州崇正书院、虎溪书院、让山书院、龙山书院、沅州明山书院、耀文书院、靖州紫阳书院、绥宁南山书院等，今川东南苗族地区的彭水县学、酉阳州学[4]，几乎星罗棋布。明代的统治者以推广儒学为"安边"要务，要求土司子女入学读书，对于儒学在苗族、布依族地区的传播影响，不失为一种深化和扩大。

王阳明被贬谪贵州龙场，对儒学在苗族、布依族地区起到的传播影响作用尤其显著。龙场（今贵州修文县）所处之地多居住着苗族、布依族、彝族

---

[1] 贵州民族研究所编：《明实录·贵州资料辑录》，贵州人民出版社，1983，第298页。
[2] 贵州历史文献研究会编：《明实录·贵州资料辑录》，贵州民族出版社，2001，第298页。
[3] 韦启光：《儒学与贵州少数民族文化的融合》，《贵州民族研究》2004年第2期。
[4] 伍新福、龙伯亚：《苗族史》，四川民族出版社，1992，第318页。

等少数民族。王阳明在当地少数民族乡民的帮助下创建龙岗书院，招收包括苗、布依等少数民族在内的黔中子弟入学，其间他写出贯穿儒学精要的《五经臆说》，作《龙场诸生问答》，在《示龙场诸生教条》中提出诫勉弟子"立志""勤学""改过""责善"的学规，后又受贵州提学副使席书邀请任贵阳文明书院主讲，于此提出"知行合一"说。王阳明心系龙岗、文明书院，将其所标举的心学与贵州龙场以及当地包括苗、布依等各族民众紧密地联系了起来。阳明心学包括"心即理""致良知""知行合一"，从"理也者，心之条理也。是理也，发之于亲则为孝，发之于君则为忠，发之于朋友则为信。千变万化，至不可穷竭，而莫非发于吾之一心"的"心即理"出发，提出"此心无私欲之蔽，即是天理"，"意之本体便是知，意之所在便是物"[1]，完全消解了宋代理学中理和物的客观性。"格物"也就被逻辑地解释为格心，"去其心之不正"，因此格物正心"元来只是一个工夫"，也就是"行之明觉精察处，便是知；知之真切笃实处，便是行"[2]。"知行如何分得开？此便是知行的本体，不曾有私意隔断的。""知是行之始，行是知之成。圣学只是一个功夫，知行不可分作两件事。"[3] 王阳明的"知行合一"说，充分强调人的主体性，倡导个性独立、思想解放，突出人的主体性存在、人的尊严和价值，对于提升人的主体意识、激发人的践履实践精神，具有积极意义。并且王阳明坚持孔子"有教无类"原则，批评"居夷鄙陋""蛮夷不可化"之论，不因龙场苗彝诸土民"结题鸟言，山栖羝服"而有所嫌弃，反而认为他们"淳庞质素"，恰如"未琢之璞，未绳之木"，虽"粗砺顽梗"，却有待工匠去雕琢，"安可以陋之"！虽夷人的风俗，"崇巫而事鬼，渎礼而任情"，不合礼节，"然此无损于其质也"。如对他们施以"教化"，则"其化之也盖易"。[4]

---

1 《王阳明全集》（壹），中国书店出版社，2014，第229、2、6页。
2 《王阳明全集》（壹），中国书店出版社，2014，第6、175页。
3 《王阳明全集》（壹），中国书店出版社，2014，第4、12页。
4 《王阳明全集》（叁），中国书店出版社，2014，第157页。

基于此，王阳明吸收了许多苗、布依、彝族子弟入学，一视同仁，谆谆教诲。清代学者田雯《黔书·阳明书院碑记》载："黔之闻风来学者，卉衣鴃舌之徒，雍雍济济，周旋门庭。"《贵州通志》说："居职之暇，训诲诸夷。士类感慕者，云集听讲，居民环聚而观如堵焉。"[1] 受阳明儒风的沐浴熏教，学有所成者有苗族人吴鹤，据《乾州厅志·人物》载，明正德年间，在辰州卫学就读的吴鹤，闻王阳明在辰州虎溪书院讲学，遂"远从之学"，且负笈从阳明游学江西，得阳明学薪传，"所学既正且专"，不乐仕途，归居乡里，设馆授徒，成为唐宋以来苗族第一代儒学者、教育家。

当地的苗、布依、彝等少数民族对王阳明心学思想的形成也有一定的影响和启示作用。初到龙场驿，所经历的险境及龙场驿恶劣的自然环境，使王阳明痛感"天理澌灭，人心或几乎熄矣"[2]，在濒临绝望中，淳朴善良的苗夷乡民给予他无私援助，帮助他伐木结庐，现今贵州阳明洞所遗下的"何陋轩""君子亭""寅宾堂""玩易窝"等均是当地的少数民族群众帮助王阳明所建。和当地夷民的相处及之前的困厄经历，使王阳明观察、感受到官场生活藩篱之外更广大民众的生活状况和思想情感，也拓展了其精神世界，尤其是当地少数民族质朴真诚的民风，诚实守信、团结互助、豪爽耿直的品性，让王阳明体味到世间"真情"，更感到"良知"可贵，启迪了其思想，对阳明学的形成产生了积极影响。在龙场，王阳明和当地少数民族和谐相处，友情深厚。他与贵州宣慰司宣慰使安贵荣（彝族）情谊深厚，修文阳明洞的崖壁上镌刻有安贵荣之裔安国亨"阳明先生遗爱处"的题字，"遗爱"二字蕴意了王阳明与彝民的深沉友情，王阳明的《与安宣慰书》是他与少数民族之间深厚情谊的见证。王阳明被贬谪贵州三年，对儒学在贵州多民族地区及各民族思想文化观念产生的影响是广泛而深刻的。他与当地苗、彝、布依、仡

---

[1] 贵州省文史研究馆点校：《贵州通志·学校选举志》，贵州人民出版社，2008，第67页。
[2] 唐炯：《重修王阳明先生祠堂记》（篆刻），碑刻今存于贵阳阳明祠。

佬等族群众友善相处，对诸民族子弟进行启蒙教育，努力传扬阳明心学，使当地少数民族得以受儒学之风的沐浴，昔日闭塞、贫穷的地区变得书声琅琅。

受王阳明影响，贵州各地相继办起书院，如贵阳的文明书院、正学书院，修文的龙岗书院、阳明书院，贵定的魁山书院、中峰书院，都匀的鹤楼书院、南皋书院等。这些书院为贵州少数民族习染儒学、接受教化、发展民族文化提供了有利条件，《贵州通志》载，"书院之复兴，士习风教之所是赖，岂细故哉！"[1] 文明书院建立后，贵州省"教化大行，风俗丕变，人才为之倍出，人文为之宣朗"[2]。王阳明在贵州少数民族地区开创了新的学风。据载，在王阳明离开贵州二十多年后的嘉靖十三年（1534），巡按监察御史王杏按巡贵州，"每行都闻歌声，蔼蔼如越音。予问之士民，对曰：'龙场王夫子遗化也。'且谓夫子教化深入人心"[3]。

二 苗族儒士满朝荐对儒学的践行阐释

明代以来，随着儒学教育在贵州、湖广等苗族、布依族地区的有力推进，涌现出一批深受儒学文化熏陶教育的苗族、布依族儒士、仕官，如绥宁杨正恒、龙贵、龙起雷，城步杨逢时，麻阳满朝荐等皆为进士出身。杨正恒"文学博赡，安贫乐志，乡人皆范其行"；龙贵曾任贵池知县，颇有政绩；杨逢时先后出任广西提学副使和四川布政使。苗族中还有不少中举者，如绥宁的杨通逊、龙表俊、杨圭、龙延表、龙起春、龙起渊，城步县的高冈凤、杨永泰等。[4] 苗族进士出身的湖南麻阳县儒者满朝荐（1561—1629），历任陕西西安府咸宁知县、南京刑部郎中、尚宝司正卿、太仆寺正卿等职。满朝荐深受儒

---

[1] 贵州省文史研究馆点校：《贵州通志·学校选举志》，贵州人民出版社，2008，第65页。
[2] 贵州省文史研究馆点校：《贵州通志·学校选举志》，贵州人民出版社，2008，第65页。
[3] 贵州省文史研究馆点校：《贵州通志·学校选举志》，贵州人民出版社，2008，第67页。
[4] 伍新福、龙伯亚：《苗族史》，四川民族出版社，1992，第318—319页。

学滋养，积极践行儒学理念，为民着想，廉洁勤政，傲视权贵，在多舛的仕宦生涯中，他把儒学思想贯彻于治政实践，并融入明季理学批判思潮、推动儒学实学化，代表着苗族精英吸纳融会儒学观念、培雍民族文化的潮流。

第一，满朝荐对儒学仁爱观的吸收践行。孔子反复强调"仁"，"能行五者于天下为仁矣……恭、宽、信、敏、惠"[1]，"仁者……居处恭，执事敬，与人忠"[2]。"仁"的最本质内涵，即"爱人"[3]，包括"爱亲"和"爱众"两个方面，其具体的道德规定是"亲亲尊尊"的伦理原则和"博施济众"的功利原则。[4] 孟子在孔子的基础上提出"仁政"，"君行仁政，斯民亲其上，死其长矣"[5]，"国君好仁，天下无敌"[6]。满朝荐继承原始儒学的这些思想，提出："国家之根本在小民，畿甸穷于商徒，省直穷于权党，草泽揭竿，关市聚啸，在眉睫矣！奈何忘覆舟之鉴也。"[7] 针对当时老百姓的赋税之重，指出："国之钱糈，民之膏血也。膏血止此数耳，一殚于维正，继殚于榷税，再殚于辽役之加派。师行而饷愈烦，输重吏弥刻，民疲而棰益毒，里多虚舍，沟遍弃骸。"清醒地认识到会官逼民反，"危乱不在边隅而在民穷"[8]，显示了受孟子"仁政"思想的深刻影响，主张统治者应施"仁政"，"以民为贵"，否则其统治地位就会危殆，如孟子所云"民为贵，社稷次之，君为轻"[9]，"诸侯危社稷，则变置。牺牲既成，粢盛既洁，祭祀以时，然而旱干水溢，则变置社稷"[10]。满朝荐积极践履"仁爱"理念，爱护百姓，勤政为民。他任陕西咸宁知县时，值该县遭严重旱灾，饿殍遍野，便采取一系列利民措施：开

1　《论语·阳货》。
2　《论语·子路》。
3　《论语·颜渊》。
4　崔大华：《儒学引论》，人民出版社，2001，第37页。
5　《论语·梁惠王下》。
6　《孟子·离娄上》。
7　谭善祥编著：《怪臣满朝荐》，贵州民族出版社，1993，第221页。
8　转引自谭善祥编著《怪臣满朝荐》，贵州民族出版社，1993，第227页。
9　《孟子·尽心下》。
10　《孟子·尽心下》。

仓放粮，赈救灾民；治理兴渠，鼓励农桑；重教兴学，开启民智；惩治豪贼，安民兴业。清嘉庆《咸宁县志》称满朝荐"扶弱抑强，均赋役，裁羡余……讼牒纷沓，一讯立决"。任内"县治改观，吏畏其威，民安其业，召父杜母，口碑斯在"。《明史》誉满朝荐"有廉能声"，陕西一位税监纵容下属为非作歹，鱼肉百姓，满朝荐捕捉奸党，为民除害，爱民如子，舍身为民，谱写了儒家"仁爱"思想的实政篇章。

第二，服膺儒学之"实学"精神。明代中后期，针对阳明心学的禅化、理学的日趋衰落、学术空疏之风的泛起，以丘濬、吕坤、谢肇淛等为代表，致力"治平"之术，强调恢复儒学"有体有用"的真精神，形成影响深远的实学思潮，反对空谈心性，倡导"思以济世""学必实用"。满朝荐受到熏染，反对脱离实际的空疏学风，重践行，讲实效，上奏《十大可忧七大可怪事本》指出，大臣小臣只要"果秉实心""果课实效"，"则上济下行，何以治不臻？""闻其言百，不如稽其迹一。"[1] 针对宦官结党营私，专权跋扈，朝纲不振，倭患严重之状，以《十大可忧七大可怪事本》《颠倒本》等奏议，义正词严抨击宦官篡权、政令不通、虚内让外、残害忠良、结党营私、官逼民反、贪污受贿等时弊，指出其根源就在"官邪"，在"纪纲"破坏，吏治腐败。满朝荐在当时昏乱无道的政治环境中不畏权贵，冒死进谏，置个人生死于度外，其《复杨守勤寄诗》说："拚命锄奸泯国患，亡身定乱解民愁。高风久系苍生望，隐抱常怀丹陛忧。"纵然"五毒皆受，寸肤皆裂。然予为国为民之念既笃，而断首断指之加亦不顾"[2]。体现出满朝荐心怀天下，忧国忧民，关心百姓疾苦，反对吏治腐败，力求学用一致，经世济民的儒家实学情怀。

第三，"未之思世夫何远之有"：从阳明之"心"到"虚灵"之"思"。

1　转引自谭善祥编著《怪臣满朝荐》，贵州民族出版社，1993，第225、229页。
2　转引自谭善祥编著《怪臣满朝荐》，贵州民族出版社，1993，第153、276页。

受阳明"心外无物,心外无理"心学思想影响,《满朝荐遗稿》[1] 中《未之思世夫何远之有》一文,提出了"虚明""虚灵"为本的思想,同时强调"思"的重要作用。"虚明之中,万物涵焉,特未尝一揆度耳,诚举其虚明者以揆度乎天下,即宇宙之精微,且可以潜而通焉,何远也?虚灵之内,万有具焉,特未尝一探索耳,诚举其虚灵者以探索于心,即古今之奥妙,且可以神而悟焉,何远也?""天下事未有不思以通之者,顾思所当致也,而亦非难于致也。""虚明""虚灵",即指"心";"虚明之中,万物涵焉","虚灵之内,万有具焉",显然与阳明心学同调。"思"即认识、思考、探索,"天下有囿于形者远,而思则以神用而不以形用也,神之所贯,何所弗通,虽远莫能至者……天下有拘于迹者则远,而思则以精用而不以迹用也,精之所凝,何所不贯,虽远莫能届者,亦随思而必至也,何所废思而远也哉!""思"方能突破"形用""迹用"的局限,能够"至远","此亦知思知未加,则我知心于天下为二……思之既加,则我之心于天下为一",勤思才能实现"心"与"天下"为一。"夫子望天下之意切矣哉",人们思考问题一定要切合实际。满朝荐的哲学意识既属阳明心学,又强调"思"及思之切合实际,更契合经世致用、实事求是的思想观念。

三 布依族《黄氏宗谱》对儒学思想的认同吸纳

儒学观念和文化在布依族中的传播影响和布依族对儒学文化的吸纳融摄,同样是显著的。特别是明代以后,布依族的土司、头目、大姓等普遍修订族谱,把忠义孝悌的儒学道德规范援入族谱作为祖训,系统接受儒学伦理思想观念,典型的是贵州罗甸县布依族土司于明成化年间修订而成的

---

[1] 《满朝荐遗稿》为麻阳县档案馆珍藏,为满氏后人根据满朝荐手稿抄录珍藏,后由其子孙捐赠给麻阳县档案馆保存。

《黄氏宗谱》。[1]

其一，《黄氏宗谱》凸显着忠义内聚的儒家政治观念。儒家伦理观念贯注于社会生活的诸方面，表现于社会的政治生活，即以仁忠为核心的政治伦理观念和行为。孔子说："君使臣以礼，臣事君以忠。"[2]《左传》说："无私，忠也"[3]，"临患不忘国，忠也"[4]，"将死不忘社稷，可不谓忠乎？"[5] 布依族《黄氏宗谱》吸纳儒学"仁忠"观念特别是忠君思想，作为布依族黄氏族人首要的道德规范和行为准则。其曰："首以忠爱展其端"，"忠始能敬尔在公；忠始能慎乃有位；忠始能惨惨畏咎；忠始能蹇蹇匪躬；忠始能致其身而不顾其身；忠始能敬其事而鲜败其事"；"受恩不报，非忠也；执事不敬，非忠也"。"忠"也就是报君恩、敬执事，指出"青蛇有献珠之日""黄雀有衔环之时"，人若不知忠君、报恩，那就"人不如虫""人不如鸟"，这实际上是王阳明"发之事父便是孝，发之事君便是忠"[6] 的儒学观念的体现。《黄氏宗谱》要求子孙切实践行"忠"，为官任职"当念惟清，如履薄冰"，"务民事于宵旰"；当守土护疆，使"祖宗赖以长享，子孙赖以常保"[7]，并且提出"致君与泽民并重"，"民者君之子，以爱子之心爱民。君者民之天，即敬天之诚敬君……无时忘忠君爱子之心，不愧朕之股肱，可以为民之父母，人臣之职庶尽矣"。"孟子曰：'不以舜之所以事尧事，不敬其君者也；不以尧君所以治民，民贼其民也。'尔子孙其父母，视为具文焉。"[8] 布依族黄氏家族

1　罗甸黄氏，原籍荆楚，远祖为中原汉人。北宋仁宗皇祐年间，其先祖黄慧在名将狄青率领下，平定广西广源州（今龙州）首领大姓侬智高的反叛，得胜后，奉命向红水河以北地区发展。黄姓势力逐渐控制了北盘江下游上段的贞丰、罗甸布依族一带，其子孙们成为镇守布依族地区的首领，与当地布依族通婚等，逐渐被同化，成为布依族的一员。《黄氏宗谱》修订于明成化二年（1466）。

2　《论语・八佾》。

3　《左传・成公九年》。

4　《左传・昭公元年》。

5　《左传・襄公十四年》。

6　《王阳明全集》（壹），中国书店出版社，2014，第2页。

7　《贵州民族研究参考资料》第19集，贵州民族研究所编印，1983，第11—12页。

8　《贵州民族研究参考资料》第19集，贵州民族研究所编印，1983，第11—12页。

对儒学"忠"的思想观念的认同吸纳,既包含在其《族谱》中,同时体现在行为生活里。宋明以来,黄氏诸辈多有谨遵朝廷调遣,征战疆场,或"跨海南征",鞠躬尽瘁者。定居贵州的布依族黄氏历代土司忠君爱国,守土尽责,遵纪守纲,朝贡纳赋,为国排忧,自觉地维护国家、民族的和谐统一,表现出较强的内聚力。

其二,《黄氏宗谱》饱含孝悌和俭等儒学伦理道德。《黄氏宗谱》有祖训五条,充分反映出儒学的伦理道德观念。一是孝敬。明确要求"敦孝悌以尽人伦",指出父母含辛茹苦抚育子女成长,"方其未离怀抱,饥不能自食,寒不能自衣,为父母者审声音察行色,笑则为之喜,啼则为之忧,行动跬步不难,疾疼寝食俱废,以养以教至于成人,复为之据家室,谋生理,百计经营,心力俱瘁,父母之恩德实同昊天罔极"。父母恩德同昊天,做子女的没有理由不孝敬父母。"人子欲报父母于万一,外竭其力,冬温夏清,昏定晨省,无论贫与富,止求绳以诚。孝惟在乎色难,孝不在乎能养。爱之喜而不忘,恶之劳而不怨。卧冰岂能酬就湿之恩,哭笋稍可极移乾之惠……致若父有家子称之家督,弟有伯兄尊为家长。凡日用出入,事无大小,尔弟子当咨禀焉。执尔颜坐必安,正尔客听必荣,有赐不敢辞,有对则必让,于豆觞则受其恶,于衽席则坐于隅,行宜后而莫先,居宜下而莫上。"还要求子孙"在朝为忠义之臣,在行间为忠勇之士","宜体其意,务使出于心诚",尽心竭力孝敬父母,"身体力行",并提出"尧舜之道,孝悌而已"。在儒家学说中,孔子曰:"孝子之事亲也,居则致其敬,养则致其乐,病则致其忧,丧则致其哀,祭则致其严,五者备矣,然后能事亲。"[1] 布依族《黄氏宗谱》"敦孝悌以尽人伦"完全吸收儒学孝悌观,并进行了深入细致的阐释发挥,并要求子弟身体力行。二是融摄儒家"男女有别,长幼有序"的伦理观念,强调:"若男

---

[1] 《孝经·纪孝行》。

不男，女不女，不畏父母诸兄……实为家法所难容，而国法所不恕也。"三是吸纳儒学"贵和"思想。"和为贵。""君子和而不同，小人同而不和。""和也者，天下之达道也。致中和，天地位焉，万物育焉。"《黄氏宗谱》把"笃宗族以昭亲睦"作为祖训八条之一，提出"明人道，必从睦族为重也"，"夫家有宗族，犹水之有分派，木之有分枝，虽远近深浅不同，其势巨细陈密各异，其形要其本源则一。故人之待家族宗族者，必如一身之有四肢、百骸，务使血脉为之相通，疴痒为之相关，悲欢为之相应，则宗族亲睦，则祖宗默慰，俾尔炊而昌矣"。对家庭和睦、宗族亲睦直接引接的是儒学"贵和"的伦理观念。四是把儒学的"重农桑""尚节俭"凝练为"勤农桑以足衣食"的训条，提出"养生之本在于农桑，此乃衣食之所由出也"，强调勤农桑、尚节俭是"衣食之源"："故勤则男有余粟，女有余布；不勤仰不足以事父母，俯不足畜妻子，其理然也。"告诫子孙"尽力农桑，勿好逸恶劳，勿始勤而终怠，勿呼卢而唱雉而轻弃田园，勿走射业而荒故业，勿雕文刻镂以旷农事，勿衣朱佩紫尚华饰以害女红……务使野无旷土，家无游人，男则胼足胝肩不共农耕，女知荷锄提筐无废蚕织，即山泽园圃之利，鸡豚狗彘之畜，亦皆养之有道，取之有时，以佐农桑，又逮而衣食之源博矣"。五是吸收"重教育谨庠序"的儒学思想。告诫族人遵德训，"设家塾，延明师，务使子弟贤者、智者、愚不肖者周旋亟文，北面而受业"。进一步阐释教育的重要，"今日之官僚，无非昔日之子弟；今日之子弟，岂非异日之官僚……然孜孜苦读，业精于勤，或入个学，出个贡，补个廪，云胡不美……学诗自然能言，学礼自然能立。纵家徒壁而笔舌耕伐，亦可为家人终岁"。强调通过教育"明人伦，知礼奔，喻法律，耻非为，入能孝以事亲，出则能悌以事长"。

第三节 清朝时期苗族、布依族哲学与儒学的融汇发展

清代是汉族与各民族文化之间相互交流、影响、融汇最全面、最深入的

时期，苗族、布依族在政治、经济、文化诸方面的实践和创造，也在更大程度上实现了对儒学文化的吸纳和融摄，实现了苗族、布依族哲学文化与儒学的融汇发展。

一 儒学教育之盛与苗族、布依族的崇儒向学之风

清代雍、乾时期贵州少数民族地区改土归流后，书院、义学的繁盛，使教育呈现平民化趋势，儒学思想文化观念在苗族、布依族地区和苗族、布依族思想文化中已有了明显的地缘性扩大，人群数量也显著增加，凸显崇儒向学之风。

1. 苗族、布依族地区儒学教育之兴盛

随着清康熙后期和雍正年间"改土归流"在苗族、布依族地区的实施，统治者更为重视对布依族、苗族群众的思想教化，如贵州巡抚田雯上《请建学疏》："臣忝任抚黔，以敦崇学校为先。盖学校之关系，乃风俗人心之根本。"[1] 即所谓"正人心，变风俗"，其疏获准。由此表现出在苗族、布依族主要分布的贵州，文化教育有了较好发展和改观。至清末改行新学前，贵州全省共有官学69所。[2] 清朝官学的教育内容显然是以儒学文化为主，儒家经典占主导，光绪《永宁州志》载："学校之设，所以明人伦、敦风俗、广教化、育人才也。"通过对儒家思想文化的教育学习，达到文治教化的目标。贵州的书院也在清代达到鼎盛，不仅数量显增影响渐大，且进一步向少数民族地区延伸，苗、布依、侗、水等少数民族聚居的黎平府、思南府、铜仁府、都匀府、大定府、古州厅、丹江厅、八寨厅、郎岱厅、长寨厅等皆设书院，教育逐渐平民化，为苗族、布依族平民子弟接受儒学教育提供了更多机会。

---

[1] 贵州省文史研究馆点校：《贵州通志·学校选举志》，贵州人民出版社，2008，第48页。
[2] 何仁仲总编：《贵州通史》第3卷，当代中国出版社，2002，第708页。

如苗族聚居的黎平府古州厅，道光年间，郑珍任榕城书院山长，奉行儒家"有教无类"原则，对生员不分贵贱、民族，皆平等对待，悉心教授，一时书院人才辈出。书院以传授理学和儒家经典为主，《兴义府志》载，对于书院弟子"酌仿朱子《白鹿洞条规》，立之仪节，以检束其身心。仿分年读书之法，予之程课，使贯通乎经史"，"应令院长，将经学、史学、治术诸书讲贯，余功兼及对偶声律之学"[1]。可见，书院的儒学教育色彩浓郁，分布于少数民族聚居区的书院，对于儒家文化在苗族、布依族哲学思想文化中的传播影响，无疑发挥了重要作用。贵州布依族名儒莫与俦主讲遵义湘川书院，其弟子莫友芝、郑珍、萧光远、莫庭芝各有专精，随后郑珍、莫友芝又主讲湘川、启秀书院，代有所传，形成了被誉为"沙滩文化"的现象，构成了以布依族为主的该地区坚实的儒学教育底蕴，甚至逐渐生根结果。义学是清代主要针对少数民族地区设立的基础教育，康熙四十四年（1705）贵州巡抚于准上《请开苗民上进之途疏》："请于各府州县设立义学，将土司子弟及其族属苗民俊秀子弟有愿入学者，令入义学，由府州县训导督教，负责义学教育。"[2] 此后，贵阳、安顺、兴义、毕节、都匀、思南、石阡、铜仁、遵义等地相继设义学，以期用文教政策"化导"苗、侗、布依、水等少数民族。同时湘、鄂、滇、桂的苗族、布依族地区，改土归流后也均创办义学。张经田著《广兴义学文》载："黔省地处远隅，民苗杂处……夷俗不事诗书，罔知礼义。亟当诱掖奖劝，俾其向学亲师，以化其鄙野强悍之习。是义学之设，文教所关，风化所系。"[3] 义学教育的主要课程是对少数民族子弟进行儒学伦理规范的教导，以敦化民风。这种书院、义学教育的昌盛，教育的平民化，

1　（清）张锳修，邹汉勋、朱逢甲纂：《咸丰兴义府志》一，《中国地方志集成·贵州府县志辑》28，巴蜀书社，2006，第250页。
2　（清）周作楫辑，（清）朱德璲刊，贵阳市地方志编纂委员会办公室校：《贵阳府志》，贵州人民出版社，2005，第1183页。
3　贵州省文史研究馆点校：《贵州通志·学校选举志》，贵州人民出版社，2008，第121页。

既推动了儒学在苗族、布依族等民族地区的传播影响，形成崇儒向学之风，同时也促进了不同民族文化间的交流交融。

2. 苗族、布依族逐渐彰显尚儒的价值观念

清代改土归流后，苗族、布依族民众多以诵读诗书、科举应试为尚。都匀府"苗民于务农纺织之外，亦间有读书应试者"[1]；贵阳、黔西的宋家苗（布依族）"知礼畏法，通汉语，多读书八府县学者"[2]；安顺、普定、清镇等地的侬家苗（布依族）"有读书入学者"[3]；开泰县花衣苗"近习汉俗，悉以耕凿诵读为事"[4]；平越、瓮安的紫姜苗"通汉语，亦有读书者"[5]；黔南、黔西南的"仲家苗"（布依族）"男子俱汉装，近更有读书应试者"，"渐习华风，有呼为苗者必动色，反唇以为诟厉"[6]；等等。昔日文风疏陋的苗族、布依族民众，渐渐表现出积极向学、崇尚儒术的价值观念，以至"耕凿自安，渐知礼法"[7]，"一切礼数，动合古训"，"男无游手，妇勤女工，士知读书"[8]，"其俗勤俭，尚儒重信。务本信行，渐洗蛮陋"。可谓"无异邹鲁，崇儒尚礼，渐明法度，礼乐不减中华"[9]。儒学价值观念越来越在苗、布依民族中居于主要的地位。特别是贵州独山布依族莫与俦、莫友芝、莫庭

---

[1] （清）爱必达撰：《黔南识略》卷8，杜文铎等点校：《黔南识略·黔南职方纪略》，贵州人民出版社，1992，第87页。

[2] （清）罗绕典辑：《黔南职方纪略》卷9，杜文铎等点校：《黔南识略·黔南职方纪略》，贵州人民出版社，1992，第382页。

[3] （清）罗绕典辑：《黔南职方纪略》卷9，杜文铎等点校：《黔南识略·黔南职方纪略》，贵州人民出版社，1992，第382页。

[4] （清）爱必达撰：《黔南识略》卷23，杜文铎等点校：《黔南识略·黔南职方纪略》，贵州人民出版社，1992，第192页。

[5] （清）罗绕典辑：《黔南职方纪略》卷9，杜文铎等点校：《黔南识略·黔南职方纪略》，贵州人民出版社，1992，第385页。

[6] （清）爱必达撰：《黔南识略》卷1，杜文铎等点校：《黔南识略·黔南职方纪略》，贵州人民出版社，1992，第28页。

[7] （清）爱必达撰：《黔南识略》卷10，杜文铎等点校：《黔南识略·黔南职方纪略》，贵州人民出版社，1992，第99页。

[8] （清）刘岱修清，（清）艾茂、谢庭薰纂：《独山州志》卷3，清乾隆三十四年刻本，第83页。

[9] 转引自覃娜娜、李伟《略论清代清水江流域的义学教育》，《教育文化论坛》2012年第2期。

芝父子，他们深得中原儒学之教，刻苦钻研，潜心执教，对贵州民族文化教育事业和传扬儒学做出了积极贡献，影响深远，成为知名儒者，备受赞誉。

二　布依族先贤莫氏父子的儒学成就

莫氏父子即生活在晚清时代的布依族莫与俦、莫友芝、莫庭芝三人。莫氏父子的儒学思想生长、孕育于清代乾嘉时期所兴盛的重考据的经学文化环境中。崔大华先生论述清代经学，认为其表现在对儒家经典作训释时具有区别于汉学、宋学的新学术内涵或特色：一是经疏中博引广征，务求实据。清初顾炎武针对宋明空疏的学风，提倡以经世致用为宗旨，采纳朴实归纳的考据方法，如《四库提要》总括《日知录》说："炎武学有本原，博赡而能贯通，每一事必详其始末，参以证佐，而后笔之于书，故引据浩繁，而抵牾者少。"[1] 这一学术风格，开启朴实学风的先路，并蔚然成风。二是经疏中以文字学，特别是音韵学为基础。其特点是以音求义，在音韵的基础上进行名物训诂。戴震、王念孙等明确主张这一方法。[2] 清代经学因说经皆主实证，不空谈义理，而被称作"朴学"或考据学。它在乾隆、嘉庆时期达到鼎盛，因此又被称为乾嘉汉学或乾嘉学派，成为清代学术主流。乾嘉重考据的经学学风陶冶了地处偏远贵州的布依族莫与俦父子，同时他们又得到了知名经学家的思想熏陶，为其儒学思想的形成奠定了理论基础。

莫与俦（1763—1841），字犹人，一字杰夫，又字寿民。他的汉学根基，奠于洪亮吉，完成于翰林院。乾隆五十八年（1793），时任贵州学政的知名学者洪亮吉赴都匀府按试，莫与俦前往应试，据莫友芝《莫公行状》载，莫

---

[1] 据崔大华《儒学引论》引自《四库全书总目》卷119。
[2] 崔大华：《儒学引论》，人民出版社，2001，第138—140页。

与侔侃侃辩答，深得洪亮吉器重，称赞其"理足气壮，必以名节著"。莫与侔嘉庆四年（1799）中进士，入翰林院任庶吉士，与朱圭、阮元等朴学家相互学习交流，更得到纪晓岚、洪亮吉的耳濡目染，经学水平显著提高。莫与侔承袭了纪昀学宗汉儒，长于考据；而其倡"以实心励实行""以实学求实用"的学术宗旨，以及重实践、重考察的朴实学风，直接师承经学家洪亮吉。洪亮吉任贵州提督学政三年，重视教育，在任内亲自执教书院授诗文，"士行蒸蒸日上，文学科名亦愈盛，贵阳人士遂冠于西南"[1]，弟子中人才济济，莫与侔即其中之一。洪亮吉治经学，尚惠栋、戴震等汉学名家，精于史地、声韵、训诂，撰《春秋左传诂》，其著纳惠栋治学方法、采惠栋之说，以古为宗，博稽载籍，从文字训诂、音韵、地理考释、名物制度等诸方面对《左传》作补充注释，力图恢复《春秋左传》汉学的本来面目，建立了一种以辑存旧注释经的新注释体系。莫与侔受名师熏教，得汉学精义，成为西南地区著名的汉学者，在地理人物考证方面成就颇著，撰《贵州置省以来建学记》《都匀府自南齐以上地理考》《毋敛先贤考》等，皆秉承求实际重考证的治学精神，考证详博，后人赞其"义据详明，足以证史传，订方志，皆有用之文也"[2]。而莫与侔广博的汉学知识和笃实的治学思想又成为其子莫友芝学术思想的重要渊源。莫与侔继翰林院庶吉士后，改任四川盐源知县，勤政爱民，政绩卓著，深得民心。以父忧离任返乡，深感家乡文化教育落后，遂专注教育，自筹款项，于八寨厅（今丹寨县）设馆教学，次年又在家乡兔场建草堂设馆教育乡里子弟，后其子莫友芝提议命名"影山草堂"，从而在贵州形成了以莫氏父子为代表的"影山文化"。随后，莫与侔相继受聘独山紫泉书院主讲、遵义府学教授、湘川书院主讲等，以许慎、郑玄为宗、兼及南宋理学，培养出莫友芝、郑珍等"西南巨儒"。莫与侔"平生教人以切近笃实为主，

---

[1] （清）周作楫辑：《贵阳府志》，贵州人民出版社，2005，第1234页。
[2] 张舜徽：《清人文集别录》，中华书局，1963，第322页。

言治经则归于训诂文字"[1]，在其教育实践中传扬践行儒学思想观念的贡献表现在：一是倡导汉儒笃实学风，注重知行合一。反对科举场追逐功名利禄及华而不实的学风，崇尚实事求是，不空谈义理，所撰《示诸生教》中提出"正趋向""安于贫""求实用"[2]等原则，强调"读书当求实用，非徒诵章句为词章已也"，以及学习六经子史时要"使之自求诸身，心而切按之行事"[3]。读书要讲实用，勤思考，反对脱离实际，倡导务实学风。二是宗奉儒学"修身齐家治国平天下"思想，注重学生人格培养。他说："学之为道，莫先于正趋向，趋向不正，虽胸贯古今，望绝于世，亦小人耳。"[4] 读书人应正确处理义利关系，"悉心于义利间，而知经艺取士，非专为科名设也"[5]。三是坚持和践行孔子"有教无类"、因材施教的教育原则。以不同教学方式对后进生以讲授为主，分昼夜两段施教；高才生以自学为主，重点解决其疑难问题。因此，士人"争请受业，学舍如蜂房，犹不足，僦居半城市"[6]。其子莫友芝及门生郑珍，而后成为知名儒者，名冠西南，时人并称"郑莫"，被后世誉为"西南巨儒"。

莫友芝（1811—1871），字子偲，号郘亭，子继父志，专注于儒学之考据学。《影山草堂本末》载："周三岁，能识字，先君授之《毛诗》《尚书》《仪礼》《戴记》。"[7] 经其父莫与俦亲自指导，倾心许郑经学，一生在音韵训诂、版本目录、地方文献诸方面取得了卓越成就。著《韵学源流》《唐写本说文木部笺异》《声韵考略》《宋元旧本书经眼录》《郘亭知见传本目》《持静斋

---

[1] （清）莫友芝著，张剑、陶文鹏、梁光华编辑点校：《莫友芝诗文集》，人民文学出版社，2009，第768页。
[2] 见于曹源、曹润林《论莫与俦〈示诸生教〉对中学语文教育的启示》，《黔南民族师范学院学报》2022年第4期。
[3] 转引自曹源《贵州著名教育家莫与俦研究》，《黔南民族师范学院学报》2018年第2期。
[4] 转引自曹源《贵州著名教育家莫与俦研究》，《黔南民族师范学院学报》2018年第2期。
[5] 转引自黎铎《莫与俦对遵义沙滩文化的影响》，《教育文化论坛》2011年第6期。
[6] 《清史稿》列传卷273《莫与俦传》。
[7] （清）莫友芝著，张剑、陶文鹏、梁光华编辑点校：《莫友芝诗文集》，人民文学出版社，2009，第634页。

藏书纪要》等。《唐写本说文木部笺异》辨源流，校是非，为后世学者从事文献校勘提供了很好的借鉴和启发，在文学史上具有重要地位。其《韵学源流》，现代学人陈振寰《韵学源流评注》称："它是第一部'理明事简'的汉语音韵学史"；从结构上"最先明确地分古韵研究、今韵研究、反切研究"，"以提炼旧说和综合评点的方式，提出了自己较有价值的见解"[1]。与郑珍通力合作编修的《遵义府志》，"溯古究今，必著厥原；毋敢身质，以欺世贤"[2]。梁启超《中国近三百年学术史》赞誉为"府志中第一"，黎庶昌评价："博采汉唐以来图书地志，荒经野史，披榛剔陋，援证精确，体例矜严。"[3]《清史稿》誉其为"西南大师"。莫友芝诗文，折射出儒学"仁爱"理念，如"何当手挽昆仑水，遍洒中原作岁康"[4] 等，关注民生，心忧百姓之情溢于言表。

莫庭芝（1817—1889）为莫与俦第六子，自幼受到良好家风的熏陶，得其父兄及郑珍训教，毕生践行儒家教育思想，倾注儒学教育，并受清儒朴学思想影响，倡朴实无华学风。"及谈经史，议论证据，清辩滔滔，譬若江河下注万里，大川小巷，脉络分明，委折赴会，了然畅然。后生小子虽盲钝，无不开悟。"[5]

贵州布依族莫与俦、莫友芝、莫庭芝父子深受儒学文化浸润，学养深厚，成就斐然，堪为布依族中的儒学代表人物。

三　苗族、布依族族谱、乡规碑约对儒学伦理道德思想的融汇

清代嘉庆以降，贵州黔西南布依族苗族自治州陆续出现"安民碑""晓

---

[1]　陈振寰：《韵学源流评注》，贵州人民出版社，1988，第5页。
[2]　（清）郑珍、莫友芝撰，遵义市志编纂办整理点校：《遵义府志·总目》，遵义市志编纂委，1986，第26页。
[3]　（清）黎庶昌：《莫征君别传》，（清）莫友芝原著，梁光华注评：《唐写本说文解字木部笺异注评》，贵州人民出版社，1998，第353页。
[4]　张剑、陶文鹏、梁光华点校：《影山草堂学吟稿·亭邱外集》，人民文学出版社，2009，第99页。
[5]　转引自周国炎编著《中国布依族》，宁夏人民出版社，2012，第265页。

谕碑""垂芳千古碑""禁革碑"等各种石碑,苗族村寨除族谱外普遍出现椰规、理词等规约。苗族椰规、理词多表现为盘歌形式,语言通俗生动,朗朗上口,家谱、碑文具有理论色彩。布依族、苗族谱牒、乡规民约所蕴含的文化精神,无不显现出对儒学文化尤其是儒家伦理道德观念的深刻吸纳与融汇的特点。

首先,彰显儒学"列君臣父子之礼,序夫妇长幼之别"的伦理思想。儒学注重亲亲、尊尊、长长,维护"礼治"。"礼"即待人处世之道。《论语》曰:"不知礼,无以立。"儒家把人与人之间的尊卑、贵贱、长幼等,加以严格规范,提出"五伦",即"父子有亲,君臣有义,夫妇有别,长幼有序,朋友有信"[1],以维护社会各阶层的秩序,规范每个成员,使他们以礼相待,各守本分,各安其业,也使家庭、社会安定和谐。苗族、布依族的族谱、碑谱、椰规、理词等融摄了儒学的这些道德观念,具体表现在:一是以儒家的这些伦理思想观念为标准进行道德评价。贵州锦屏县亮司苗寨龙氏家谱《龙氏迪光录》[2],以"德行""节孝""忠义"等分类,表彰族人仁德、忠义、功名、节孝等事迹。二是根据"尊卑长幼各有次序"的观念叙写家谱、碑谱、理词和椰规。苗寨龙氏家谱《龙氏迪光录》明确要求"明伦理。宗族人丁虽众,尊卑长幼各有次序……"苗族理词说:"公公是公公,婆婆是婆婆,父亲是父亲,母亲是母亲,丈夫是丈夫……要有区分,才成体统;要有区分,才各得其所……区分了,地方才亲切和睦;划分了,寨子才平安无事,才成稳定的地方,才成安静的寨子。"[3] 这些谱牒、理词内容,显然十分文吻合于儒学"尊尊""亲亲""长长"的伦理道德观念。关于父子关系,苗族椰规又

---

[1] 《孟子·滕文公上》。
[2] 《龙氏迪光录》发现于贵州省锦屏县亮司苗寨,龙氏为锦屏大姓,由族人龙绍讷(晚清举人)主持编修成《龙氏迪光录》八卷,原本保存于锦屏县亮寨司龙家。1990年12月,由黔东南州锦屏县方志办借出,县档案馆复印。《龙氏迪光录》除家谱系外,更有大量诸如朝廷文书、地方风物、文学等珍贵文献。
[3] 《民间文学资料》第14集,中国作家协会贵阳分会筹委会编印,1959,第164—165页。

进一步阐述说:"规定儿子跟父亲,日后儿子佩父刀,他去发他财,繁荣子和孙。谁不记父亲的刀,谁不顺老人的剑,就像竹断根,就像树断尖,葫芦不长大,果子不成熟。"对于夫妻关系,又规定:"不让女人反男人,太阳反悔就吞太阳,月亮反悔就吞月亮。"[1] 可见苗族也一定程度上受"男尊女卑"思想的影响,也强调儿子长大后要独立去创业,且不能忘记父亲。因此可以说是对儒学伦理思想的吸纳、转化而形成的具有民族特色的封建伦理道德。三是布依族受儒学"礼"的观念影响也很深。布依族册亨者冲地方《乡规碑》中写道:"君臣、父子、夫妇、朋友、昆弟,各守五伦,各尽人道。君尽道、臣尽忠、子尽孝、妇敬夫、弟敬兄,各尽其诚。人家有规,敬老慈幼,勿忘宾礼。"[2] 很显然,乡规碑完全吸纳了儒学处理人际关系的道德规范,甚至将儒学中的"五伦""忠""孝""敬""诚"等概念直接移入,保留了儒学伦理道德的原生态形态。法国社会学、人类学家爱弥尔·涂尔干、马塞尔·莫斯在其《原始分类》一书中说:"分类不仅仅是进行归类,而且还意味着依据特定的关系对这些类别加以安排……每一种分类都包含着一套等级秩序。"[3] 苗族、布依族的榔规、乡规碑之所以要严格规定各成员的相互关系,正是为了维护封建等级秩序,协调社会结构,维护家庭和谐和社会安定。

其次,接纳儒学"出入相友,守望相助"的和谐之道。儒学追求和谐有序的人际关系,孔子主张以"仁"待人,孟子讲"天时不如地利,地利不如人和"[4]。提倡父慈子孝,兄友弟恭,夫妇和顺,邻里相助。苗族、布依族吸收这种亲仁善邻、家庭雍睦、宗族和睦、民族和亲的儒学伦理思想,与本民族尊宗敬祖的朴素伦理观念相融合,逐渐养成了他们注重团结互助、和谐友善的观念文化和伦理规范。这种文化观念的传承在苗族、布依族的乡规民约

---

[1] 《民间文学资料》第61集,中国作家协会贵阳分会筹委会编印,1959,第119、222页。
[2] 《黔西南布依族清代乡规民约碑文选》,黔西南布依族苗族自治州史志办公室编印,1986,第48页。
[3] 〔法〕爱弥尔·涂尔干、马塞尔·莫斯:《原始分类》,汲喆译,上海人民出版社,2005,第7页。
[4] 《孟子·公孙丑下》。

中表现得十分丰富，其中尤为强调族内的团结和谐。苗族理词中说，"穿衣同匹布，做活同一处。地方才繁荣，人口才兴旺"[1]，"我们团拢才成寨子，团结才成地方。合作做活路，互教砍柴烧"[2]，"人多力量大，柴多火焰清……天宫能降服，龙王也低头"[3]。榔规要求族内成员发生矛盾纠纷须以宽容互谅的态度解决，"温暖像温泉，和好像姨老"[4]。"亏负就道个歉，错了事就赔礼；大错大赔，小错小赔"，"不但不要埋怨"，而且应做到"隔远相见，就笑脸相迎。路途碰面，要相喊相问……"[5] 这些无不展现出儒学亲仁善邻、宗族和睦的思想观念。布依族的乡规碑倡导村民："务要出入相友，守望相助，勿以相仇之心"[6] 相待；这是《孟子·滕文公上》"出入相友，守望相助，疾病相扶持，则百姓亲睦"观念的直接援入。者冲地方的《乡规碑》说："须要众人而合一心，休藏戈矛刀剑。人丁兴旺，求宽以待人……扶老助幼，邻里相帮，一境和悦。世有刚烈者，因小事而威逼大事，则各方劝化，以戒奢华。"[7] 这些都深刻融摄了这样的儒学伦理观。

最后，传承儒学尚勤俭，戒偷、赌的仁礼精神。勤俭的品质是儒家传统孕育出来的具有积极意义的精神因素。儒家崇尚俭德，倡导以俭养人，以俭养勤，以俭养德，以俭养廉。《尚书·商书·太甲上》曰："慎乃俭德，惟怀永图。"周朝成王多次告诫属下："戒尔卿士……禄不期侈，恭俭惟德。"[8] 孔子提出："礼，与其奢也，宁俭。"[9] 把"俭"提到近"仁"的高度，"俭近仁"[10]。这

---

1 《民间文学资料》第14集，中国作家协会贵阳分会筹委会编印，1959，第174页。
2 《民间文学资料》第14集，中国作家协会贵阳分会筹委会编印，1959，第176页。
3 《民间文学资料》第61集，贵州省民族事务委员会、中国民间文艺研究会贵州分会编印，1983，第248页。
4 《民间文学资料》第6集，中国作家协会贵阳分会筹委会编印，1959，第52页。
5 《民间文学资料》第14集，中国作家协会贵阳分会筹委会编印，1959，第201页。
6 《黔西南布依族清代乡规民约碑文选》，黔西南布依族苗族自治州史志办公室编印，1986，第48页。
7 《黔西南布依族清代乡规民约碑文选》，黔西南布依族苗族自治州史志办公室编印，1986，第32—33页。
8 《尚书·周书·周官》。
9 《论语·八佾》。
10 《礼记·表记》。

种思想观念在苗族、布依族地区影响很大，他们崇尚勤劳节俭，反对偷盗、赌博等不良观念及行为。苗族理词说："我们懒惰就挨饿，我们不灵活就没穿"，"个个去开山，人人去挖地，个个就得吃，个个就得穿，地方有吃，寨子有喝"，"勤种庄稼谷满仓，勤谨拾柴柴满楼"[1]。榔词和理词反复提到："要靠双手生活才安康"[2]，"灵巧的妻子有了三柜衣，勤劳的丈夫有了三仓粮。母亲会织儿女穿得青，父亲勤劳儿子吃得饱"[3]。苗族榔规、理词中规定，不能偷盗他人财物，不许起盗心，如拆了别人河里的鱼圈，毁了他人的捕雀山，"罚他银三十两"，如果过山砍柴，"罚元六块"，"罚银十二两"[4]。布依族乡规碑中把勤农耕、俭持家，禁偷、赌等作为人们必须遵守的规则。册亨八达《乡规碑》写道："尝闻吾乡……勤俭各为家风，朝出耕以资仰侍父母，暮入息聚议场圃桑林。要以后相劝，绿野月明到处犬无声，堪称仁厚之俗。"[5] 坝江布依族的《乡规碑》说："尝闻，强盗出于赌博，命案出于奸情。故绝盗源，须除赌博；欲混民命，须除奸情。除赌博而乡中之男善，除奸情而邑内之女贞节。凡于寨中，虽属壤地褊小，亦皆莫非皇土。"[6] 如此等等，充溢着浓郁的儒学伦理道德思想，期望拥有勤俭家风、"到处犬无声""仁厚之俗"的理想社会，对偷盗、赌博、奸情等不道德行为既明确反对，又有理性分析，甚至以强制的形式规定，"不许赌钱；不许偷笋盗瓜；不许掳抢孤单；不许调戏人家妇女；不许游手好闲；不许窝藏匪类；不许偷鸡盗狗；不许作贼反告"[7]。以至出现了如《咸丰兴义府志》所描述的，当时布依族、苗族聚居

---

[1] 《民间文学资料》第23集，中国作家协会贵阳分会筹委会编印，1959，第98页。
[2] 《民间文学资料》第61集，贵州省民族事务委员会、中国民间文艺研究会贵州分会编印，1983，第225页。
[3] 《民间文学资料》第6集，中国作家协会贵阳分会筹委会编印，1959，第12页。
[4] 《民间文学资料》第14集，中国作家协会贵阳分会筹委会编印，1959，第165页。
[5] 《黔西南布依族清代乡规民约碑文选》，黔西南布依族苗族自治州史志办公室编印，1986，第81页。
[6] 《黔西南布依族清代乡规民约碑文选》，黔西南布依族苗族自治州史志办公室编印，1986，第71—72页。
[7] 《黔西南布依族清代乡规民约碑文选》，黔西南布依族苗族自治州史志办公室编印，1986，第49—50页。

的兴义府全境"士安弦诵，农乐耕锄，俗尚节俭，苗渐驯谨；士举业，俗尚俭约"，苗族、布依族崇尚儒学文化及儒学伦理道德观念已形成风尚。

可见，以伦理为本的儒学文化与苗族、布依族哲学思想文化经过长期的接触、交流、交融，逐渐被苗族、布依族普遍认同、吸收、融会，并逐渐整合转化为本民族哲学思想文化的有机组成部分。

第四节　本章结语

在儒学与苗族、布依族哲学文化的互动关系中，苗族、布依族哲学文化对儒学文化的认同吸纳融汇要多于增益创造。在不同民族哲学文化的相互碰撞、渗透过程中，通常的规律是处于较低级形态的文化吸收更高形态的先进文化。苗族、布依族哲学文化在吸收儒学文化前，基本属于早期形态的具有原始思维和哲学萌芽状态的文化范畴，抗变性、排他性都较弱，在文化交往中则更容易认同和吸收外来哲学文化以充实、发展本民族的哲学文化。而儒学文化则属于更高层次的思想观念和意识形态，自然更容易被苗族、布依族等少数民族认同、选择、吸收。且在受儒学文化影响之前，苗族、布依族文化之间早已发生了接触、交流，使得苗族、布依族哲学文化在传承和变革之间形成了较为适度的张力，对于外来文化自然已有一定的包容性。[1] 由于我国西南民族地区较早得到中原王朝的开发，以儒学为代表的中原文化也随之更加广泛地传播影响，在汉代于苗族、布依族等多民族聚居的贵州地区就形成了以舍人、盛览、尹珍为代表的"三贤"儒学高峰，进而形成了包括苗族、布依族在内的我国西南民族地区的两汉儒学传统。宋明以降，这里开办文教、兴盛书院，更有被贬儒官王阳明"龙场悟道""知行合一"的儒学浸润，延伸所及，产生了湖南麻阳苗族儒

1　韦启光：《儒家文化对贵州少数民族文化的影响》，《贵州社会科学》1996 年第 3 期。

者满朝荐，充满儒学伦理道德色彩的贵州罗甸布依族《黄氏宗谱》，至于晚清的莫与俦、莫友芝父子拥有"西南巨儒"之称，则更加标志着布依族以及苗族哲学文化和儒学融合发展的思想理论之巅。因此，苗族、布依族哲学文化更多地吸收融汇了儒学文化，在哲学思想观念、伦理道德乃至婚姻、服饰、语言、风俗等方面越来越多地受到儒学的影响。另外，由于儒学本身具有很强的包容性、开放性和应变性，能够主动参与民族文化的蜕变与再创造进程，也有利于苗族、布依族哲学文化吸收儒学以实现自身文化的丰富发展。

以伦理道德为特征的儒学文化对苗族、布依族哲学文化的影响，也主要体现在这些方面。尤其是随着经济社会的发展和文化的进步提高，苗族、布依族哲学文化有明显的受儒学文化深刻影响的特点。布依族以《黄氏宗谱》为代表的宗谱族谱、乡规碑，苗族的议榔词、理词等，将儒学的忠义、孝悌、诚信、节俭等伦理道德观念积极吸收、植入其中，表现出明显的儒学伦理形态的特征。同时，苗族、布依族哲学文化也是在立足本民族自身传统伦理文化的基础上，对以儒学伦理文化为主的外来文化进行吸收融汇，而最终形成的，具有兼收并蓄的特点。在苗族、布依族哲学文化与儒学文化的相互接触、交流过程中，苗族、布依族在长期历史发展中形成了尊宗敬祖、重义轻利、团结互助、勤劳节俭、尊老爱幼、淳朴善良等朴素的传统道德观念，它们与儒学伦理观具有很强的相似性、契合性，彼此相得益彰，相映成趣，它们本身也是对儒学伦理文化的有益补充。苗族、布依族对儒学伦理观念的吸纳，是与本民族历史上形成的这些朴素观念的有机结合，从而形成具有本民族特点的伦理道德思想，通过本民族的乡规、碑约、榔规、理词等表现出来，成为约束村民行为规范、维护当地社会秩序以及协调村民社会关系的基本准则。以儒学为主导的这种民族间哲学文化的碰撞、交融，使得苗族、布依族哲学文化由于儒学的传播影响而得到充足的滋养和浸润，而儒学也因苗族、布依族等民族哲学文化的基因合成而愈加多姿多彩，这些伦理文化也成为中华民族精神文化宝库的一部分。

第十章
儒学与纳西族哲学

具有显著民族特色的纳西族东巴文化，在民族交融和文化交汇过程中，受到藏族苯教和藏传佛教的深刻影响，而其核心的哲学意识和文化观念，包括朴素原始和基于感性经验或神话特征的阴阳（卢色、铺咩）、五行（精威五行）、八卦（青蛙八卦及图）等理论认识，却突出体现着与中国传统儒学文化的思想关联，透射着先秦汉唐儒学的深刻影响。元明以降，纳西木氏"好礼守义"的儒学观念传承，更有所加焉。

第一节 纳西族的独特文化和渊源

据记载，纳西族在历史上曾是"土多牛羊……男女皆披羊皮，俗好饮酒歌舞"[1]，善于冶铁铸造，所制"铎鞘"宝刀，"状如刀戟残刃""夷人尤宝，月以血祭之"[2] 的民族。纳西族具有本民族的语言，属汉藏语系藏缅语族（亦称藏彝语族）的纳西语，有象形文字和"格巴"（东巴）文字。象形文字以纳西语读音，为民间宗教祭司东巴独通，故又称东巴文或东巴象形文字。东巴象形文字和"格巴"字记载和传承了纳西族的文化和思想观念。在纳西族主要的宗教信仰——原始宗教东巴教的宗教实践中产生形成的东巴经，几

1　（唐）樊绰撰，向达校注：《蛮书校注》，中华书局，1962，第96页。
2　（唐）樊绰撰，向达校注：《蛮书校注》，中华书局，1962，第204页。

乎可以视为纳西族在传统社会中的基本精神文化载体,有纳西族"百科全书"之称,其传统的哲学意识、文化观念当然也蕴含其中。

东巴教与以藏民族为主体的原始苯教具有较深的渊源关系[1],但在其发展中,亦受到以儒学为主体的中国传统文化的深刻影响,并表现出认同,彼此交融发展。于是,在一定意义上,儒学在其自身的发展中也拥有了东巴文化这种纳西族的民族宗教文化之形式,东巴文化也呈现出与儒学一定时期的内容同构性特征。从纳西族社会历史发展的时代性质和文化水准,以及纳西族古代哲学思想文化观念与儒学在内容上的某种观念联系或一致性特征来看,我们判定,纳西族传统哲学思想文化受到儒学思想的重要影响。《后汉书·南蛮西南夷列传》载:"永平中,益州刺史梁国朱辅,好立功名,慷慨有大略,在州数岁,宣示汉德,威怀远夷,自汶山以西,前世所不至,正朔所未加,白狼、槃木、唐菆等百余国,户百三十余万,口六百万以上,举种奉贡,称为臣仆。辅上疏曰:……今白狼王唐菆等慕化归义,作诗三章。路经邛来大山零高坂,峭危峻险,百倍岐道,襁负老幼,若归慈母,远夷之语,辞意难正。……有犍为郡掾田恭与之习狎,颇晓其言,臣辄令讯其风俗,译其辞语,……帝嘉之,事下史官,录其歌焉。"史官记录之歌,即学者所称的《白兰(狼)歌》。《东观汉记》载,《白兰(狼)歌》"诗三章",分别是《远夷乐德歌》《远夷慕德歌》《远夷怀德歌》,有白兰(狼)语记音和汉语意译,据方国瑜等考释,白兰语即今藏彝语族的纳西古语。[2] 根据史籍记载和研究,"白狼为牦牛羌的一支,摩沙夷亦为牦牛羌的一支,二者同种","白狼人为纳西族唯一来源的看法虽然值得商榷,但史籍记载和大量传说等材

---

[1] 参见赵心愚《纳西族与藏族关系史》第三章第四节"藏族宗教文化在纳西族地区的传播及影响",四川人民出版社,2004,第207—215页。

[2] 参见萧万源、伍雄武、阿不都秀库尔主编《中国少数民族哲学史》,安徽人民出版社,1992,第232页。

料说明白狼人与纳西族族源确实存在联系,为其族源之一"[1]。由此看来,在东汉时期,中原儒家文化就对至少说是纳西族族源之一的白狼人产生了重要影响,"白狼""唐蕞"等对"汉德"有"慕义向化"的价值取向,文化意识中对以伦理道德为核心的中原儒学文化持认同仰慕态度,并有初步的吸收习染。

第二节 纳西族原始阴阳观念对儒学思想的融摄

纳西族先民具有根深蒂固的阴阳思想观念,并与中原文化、传统儒学的阴阳观念具有相似或相同的观念性质、抽象过程甚至思想发展变化的内容。二者之间的交流融合、纳西族精神文化对于中原儒学的接纳吸收、融摄改造,中原儒学传播影响于纳西族的思想文化观念,是比较显见的。

纳西族及其先民的阴阳观念大体经历由具体观念到抽象观念,再到与中原儒学阴阳观念融合的过程和阶段。纳西族表示阴阳观念的概念为"卢""色"或"铺""咩",表现为具象的"卢""色"(阳、阴),抽象的"卢""色"(阳、阴),融摄了中原儒学阴阳观念之后的"卢""色"。这一观念历程发展的阶段性标志,应该在明代前后。[2] 也就是说,汉唐之间,由于纳西族文化尚处于有语言无文字阶段,传统儒学的阴阳哲学观念对纳西族的传播影响,只可以从汉文典籍的记载中寻绎发现,而难以从纳西族文化方面找出印迹。宋明以降,纳西族有了本民族的象形文字和"格巴"文字,以自己的特色文化、民族原始宗教——东巴教的东巴经形式,承传了纳西族的哲学思想观念萌芽之生长和思维之进步,反映出其与中原儒学文化的交流融合或对儒学的吸收改造、扬弃转化。

---

[1] 赵心愚:《纳西族与藏族关系史》,四川人民出版社,2004,第105页。
[2] 参见萧万源、伍雄武、阿不都秀库尔主编《中国少数民族哲学史》,安徽人民出版社,1992,第234页;李国文《东巴文化与纳西哲学》,云南人民出版社,1991,第63页。

纳西族具象的阴阳观念"卢""色"或"铺""咩",主要代表着人类社会的男人和女人、丈夫和妻子、父亲和母亲、兄长和妹妹,动物世界的雄性和雌性,天地万物形成过程或自然界中的清浊之气,神话传说中的卢神、色神或石神、木神等。这里且以一类事物举证并探讨其与中原文化或儒学的观念联系。纳西族东巴经《创世纪》[1]说:"很古的时候,天地混沌未分,东神(按即'卢神'、男神或阳神)、色神(即'阴神'或'女神')在布置万物。"[2] "东神""阳神"与"色神""女神"就是纳西族先民认为的天地之初混沌世界所包含和分化出的阴阳、清浊之气。混沌指太古之时阴阳未分,"阴神""阳神"表明混沌之气已经阴阳分别。"阳神""阴神""在布置万物",表达了纳西族先民关于阴阳、清浊二气相混杂而演化出天地万物的观念。纳西族先民的这种观念,在儒学或中原文化先秦、汉魏典籍中具有丰富的思想内容。《易·系辞下》说:"子曰:'乾坤其易之门邪?乾阳物也,坤阴物也。'"乾坤代表阳阴两类事物,仍体现出阴阳为具体事物的观念。《淮南子·精神训》载:"古未有天地之时,……有二神混生,经天营地,孔乎莫知其所终极,滔乎莫知其所止息。于是乃别为阴阳,离为八极,刚柔相成,万物乃形。"[3]《淮南子》不是专一的或精粹的儒学文献,而是杂糅阴阳、墨、法、道、儒为一体,因此《汉书·艺文志》将其列为杂家类。现代古史及考古学家徐旭生先生认为,"这混生的二神同泰古的二皇","有同条共贯的关系",只不过"二神表现为'刚柔',为'阴阳'。阴阳在人就成了男女。二皇同它相应,……只可能为伏羲和女娲"。[4] 由此看来,纳西族所谓最初世界

---

[1] 纳西族东巴经《创世纪》,纳西语称《崇搬图》,"崇"即人类,兼有种族含义;"搬"即迁徙,兼有分支之义;"图"即出世、由来。因该文本多为反映开天辟地、创世造物的内容,故汉语多译为《创世纪》。
[2] 参见萧万源、伍雄武、阿不都秀库尔主编《中国少数民族哲学史》,安徽人民出版社,1992,第242页。
[3] 刘文典撰:《淮南鸿烈集解》(上),中华书局,2013,第262—263页。
[4] 徐旭生:《中国古史的传说时代》第三章,广西师范大学出版社,2003,第278页。

由阴阳二神"布置万物",实在与《淮南子》所谓"阴阳""二神""经天营地",使"万物乃形"相似。由此可以推想,《淮南子》所说的"二神""经天营地",最初一定与某种神话传说有关。纳西族基本上属于古羌人遗裔,纳西族先民所谓"阳神、阴神""混杂"形成天地之语,最初是否根本就与《淮南子》的神话同出一源?这是值得进一步研究的。[1] 我们根据纳西族先民与中原文化发展演进的时代性差异,也可以进一步推测,纳西族先民的阴阳"二神"观念,或许是受到中原文化如《淮南子》"二神"观念的影响,融会"二神"概念,与其本有的卢色(铺哗、阴阳)观念相结合,而形成了"卢神""阳神""东神""男神"和"色神""阴神""女神"等,用以表达其天地万物形成的哲学意识和宇宙论观念;并且其"神"的概念,也如儒学《易传》以及汉代天人儒学的"太极"那样,只是一种"气"而已,即"清气""浊气""声气""佳气"等,其彼此结合变化而产生形成了天地万物。

纳西族抽象的阴阳观念即"卢""色",或者说其抽象的阴阳观念仍然以"卢""色"两概念来表达,但二者已具有了一定的抽象性质。应该说,纳西族先民的"卢""色"(阳、阴)观念,其抽象化程度并不很高,其基本的思维特点和性质是建立在经验思维、直观认识基础上的。然而,随着实践的发展深化,以及对世界及人类自身事物认识的增多和认识能力的增强,与其他少数民族先贤的认识特点相近,纳西族先民亦是以经验类比的认识方法,将男女、公母或雄雌等进行推展,并从中概括出"阳""阴"范畴,这样,其"卢""色"观念在纳西族先民的思维中也就发生了潜移默化的抽绎,而且其表达顺序也由纳西古语的多为女男、妻夫、色卢等,演变为"卢""色"或"卢—色"(阳阴)。这种变化,不仅"可能还有一个外在原因,那就是受到

---

[1] 参见萧万源、伍雄武、阿不都秀库尔主编《中国少数民族哲学史》,安徽人民出版社,1992,第243页。

儒家'阳尊阴卑'思想的影响"[1]，而且反映着纳西族抽象思维和认识能力的提高。纳西族这种抽象思维和阴阳观念的阶段性特征或许不够鲜明，然而其受到中原先进文化阴阳观念影响的迹象却尤为显著。在《易传》中或者说在易学思想中，阴阳观念在起点处就显示出颇高的抽象性特征，"一阴一阳之谓道"[2]、"观变于阴阳而立卦"[3]、"是以立天之道，曰阴与阳"[4] 等，就已经从"道"的层面来概括事物，认识世界了。"阴""阳"是《周易》文化的基本范畴和观念，代表着宇宙中包括自然界和人类社会生活领域里一切对立统一的事物和现象。不仅如此，阴阳关系也在先秦、两汉及其后，被深入广泛的发展，提出了如"阳伏阴迫""阳主阴辅""阴阳合德""阳尊阴卑""阳德阴刑""阳实阴虚"等观念。从这种情况判断，结合前述《后汉书·南蛮西南夷列传》载白狼、唐菆等"远夷"所受"汉德"影响，纳西族先民之"卢色"（阳阴）观念的抽象提升，向哲学思想的理论化趋近，也应该渗透着中原儒学的熏染与播化，或者说，在中原儒学丰富深广的阴阳观念传播影响下，纳西族先民在宋明之前，亦形成了具有一定抽象化程度的基于宇宙论思维层面的卢、色（阳、阴）观念。特别是古代纳西族人关于"天（男、阳）"和"地（女、阴）"、有生命世界之两性（雄、阳和雌、阴）、自然界中相对立的两种事物（阳物、阴物），二者之间的"奔巴别"，即相互交合、结合，而产生和形成了新的生命与事物，这是对于卢、色（阳、阴）对立统一关系的观念表达和以经验形式的朴素直观性的理论概括和把握。

纳西族卢、色（阳、阴）观念的进一步发展是与儒学阴阳思想理论观念

---

[1] 龚友德：《儒学与云南少数民族文化》，云南人民出版社，1993，第90页。
[2] 《易传·系辞上》。
[3] 《易传·说卦》。
[4] 《易传·说卦》。

的融合，包括概念形式的统一和观念内容的增益。大致在宋明之间，[1] 纳西族在本民族语言的基础上，创造出东巴象形文字和"格巴"文字[2]，以此书写的纳西族经书，即东巴经。在"格巴"文字书写的东巴经中，表示"卢、色"（阳、阴）观念，便由"卢、色"（阳、阴）象形文字转换成"—""--"，即儒家易学中的阳爻"—"和阴爻"--"两种观念符号。"方国瑜、和志武谓以'—''--'代表'阳阴'，是纳西族后起的'独创的标音字'，即音缀文字，亦即'格巴'字。……它是对《易》八卦符号的直接借用，然后附之于原有阳阴观念的'卢、色'读音。"[3] "从代表'阳、阴'象形文字的创造，到'—''--'符号的援用，不仅反映出纳西族阳阴观念最后达到与祖国古代阴阳观念的交融合流，而且反映出纳西族是一个既善于思维、创造，又善于吸收、改造和利用汉文化的民族。"[4]

包括"卢、色"（阳、阴）观念在内的纳西族精神思维和文化意识，在其演变发展中，与藏族苯教有密切的渊源关系，表现为所尊祖师及许多信仰、礼仪、法事基本相同。但东巴教和东巴经，在与苯教分派后，其文化走向有了明显的改变。如纳西族的"卢、色"（阳、阴）观念与中原儒学在演进中融汇，表现出趋近、趋同，深受儒学和中原先进文化的影响熏染，在集中反映纳西族思想观念和文化意识的东巴经中，却又难以寻觅到其对于儒学、"汉德"和中原文化比较直接地在语言文字上的援用或接引，也就是说，有实际的观念融摄、文化内容的吸纳借鉴，而基本无语言文字上的认同表达，这就是纳西族思想观念和文化意识的独特性，及其与儒学若即若离、扑朔迷离的关系。

1　见李国文《东巴文化与纳西哲学》，云南人民出版社，1991，第4、63页。
2　"格巴"文字，"格巴"意为"弟子"，该种文字由人名而来，故称"格巴"字或"哥巴"字，字迹与彝族老彝文（爨字）相类似，一字一音，每字有固定读音，属表音文字。
3　见李国文《东巴文化与纳西哲学》，云南人民出版社，1991，第63页。
4　李国文：《东巴文化与纳西哲学》，云南人民出版社，1991，第64页。

第三节　纳西族原始五行观念及其对儒学思想的吸纳

纳西族原始而朴素的五行观念亦表现出既有对中原儒学和文化五行观念的吸纳融摄，又无任何直接援引承接在本民族语言文字中的记载。然而透过对这两种异质中又有同构的五行观念内容的考察，即能发现纳西族与中原儒学和文化五行学说有一定的相同、相近或相似的观念成分。这样奇特的哲学文化现象，该作何释解，仍然值得深究。

第一，纳西族与中原儒学和文化有基本一致的五行观念内容。纳西族东巴经中指称"五行"的四个象形文字，汉语转译有"绩韦五样""精吾五种""精威五行""阴阳五行"等多种表述，有学者研究，认为汉译名称统一为"精威五行"，似为妥帖。[1] 纳西族"精威五行"的内容，即五种基本的物质材料，东巴经大多指称的是木、火、土、铁、水（个别也有指风、木、火、金、土的），纳西族"精威五行"观念的内容及其顺序，"与汉代董仲舒所谓五行相生的顺序相同"[2]。董仲舒《春秋繁露·五行之义》载："天有五行：一曰木，二曰火，三曰土，四曰金，五曰水。木，五行之始也；水，五行之终也；土，五行之中也，止其天次之序也。"[3] 和志武《东巴经典选译》认为："五样'精威'（即木、火、铁、水、土五行）。"[4] 东巴经记载："很古的时候，……天和地来做变化，产生了绿树般精威五行的木，产生了青青火

---

[1]　参见萧万源、伍雄武、阿不都秀库尔主编《中国少数民族哲学史》，安徽人民出版社，1992，第272页；李国文《东巴文化与纳西哲学》，云南人民出版社，1991，第155—157页。

[2]　关于五行，在先秦儒学文献和汉代经学儒学中分别以三种不同的理论观念排列顺序，一是五行相生顺序：木火土金水（见董仲舒《春秋繁露·五行之义》）；二是五行相胜顺序：水火金木土（见《白虎通·五行篇》）；三是五行生成顺序：水火木金土，此是《尚书·洪范》中的排列顺序，郑玄将此顺序与《易传》"天地之数"结合，提出五行生数与成数的观念。萧万源、伍雄武、阿不都秀库尔主编《中国少数民族哲学史》（第272页）说："纳西族的精威五行，……在排列顺序上也与汉代董仲舒所谓五行相生的顺序相同。"

[3]　曾振宇、傅永聚注：《春秋繁露新注》，商务印书馆，2010，第227页。

[4]　和志武译：《东巴经典选译》，云南人民出版社，1994，第1页。

星般精威五行的火,产生了绿黑蚂蚁般精威五行的金(按:原意即'铁'),产生了蛋黄般精威五行的水,产生了花镜子般精威五行的土。"[1] 此种记载,与中原先秦儒学文献《尚书·洪范》中"五行:一曰水,二曰火,三曰木,四曰金,五曰土",内容一致,顺序有别。汉代郑玄根据《尚书·洪范》水火木金土的五行顺序,将其与《易传》"天地之数"结合,提出五行生数与成数的观念。"纳西族象形文字和东巴经最初描述的木、火、土、铁、水,虽不如《洪范》深刻,但所说火生于雷、电、铁、石,铁生于泥土之类,都是对自然物质性能、功用、变化的观察,是对自然界实践经验的总结。……精威五行和汉族五行的原始形态,最初都是具体的自然物质,抽象、概括的五行和精威五行观念,最初摄自民间对自然物质的实践和认识。"[2] 纳西族精威五行的观念,木、火、土、铁、水,就一般而言或者按照中国文化传统的认识,其中"铁"的观念,即属"金"的范畴,《说文》曰:"铁,黑金也。"或许在纳西族的语言概念中,是否"铁"与"金"可以混用?或者"金"的概念也可以用"铁"来表述?假如这样,那么,纳西族与中原儒学和文化的五行观念,有基本一致的内容,其中很可能承载和蕴含着彼此间一定关系的未知信息。

第二,纳西族与中原儒学和文化的五行观念或"同出一源"。纳西族先民精威五行观念的产生和形成,有多种阐释和诠解。[3] 其中源于金黄神蛙之说,与《尚书·洪范》的汉唐诠注及《易·系辞传》所记载,确有某种意义上的同源或同构关系。纳西族原始精威五行源于金黄神蛙之"叫声",东巴经记载的内容,透露出纳西族先民获得精威五行观念的某种史影。东巴经《白蝙

---

1 转引自李国文《东巴文化与纳西哲学》,云南人民出版社,1991,第169页。
2 李国文:《东巴文化与纳西哲学》,云南人民出版社,1991,第176—177页。
3 关于纳西族精威五行的观念渊源,一说源于金黄神蛙将死时发出五种"蛙声",即产生了木、火、土、铁、水五行五种;一说源于金黄神蛙死时其毛、血、骨、肉等变化而生木、火、土、铁、水,此金黄大蛙据悉是纳西族东巴经中所记载的居住于美楞达吉神海曾吞食了占卜经书的一只神蛙;一说源于世界天地之初上下方所发出的"佳音""佳气"相结合变化而产生了精威五行等。

蝠求取祭祀占卜经》载："金黄色的神蛙，在将要断气的时候，从口里说出了五个字，'木、火、铁、水、土。'五行就由此而出。因此，在居那若罗山上出现了一口白色的泡沫。神蛙死的时候，蛙头朝南方，蛙尾朝北方。神蛙死之后，神蛙的气作变化，产生了东方的木巴格；神蛙的血作变化，产生了南方的火巴格；神蛙的骨作变化，产生了西方的铁巴格；神蛙的胆作变化，产生了北方的水巴格；神蛙的肉作变化，产生了天和地中间的土巴格。"[1] 这个居那若罗山，据学者研究，认为就是与古羌戎有关的昆仑山。纳西族为远古羌戎后裔，古羌戎原始居住地域与神话昆仑山有关，"居那若罗山实即纳西族先民西北甘、青远古羌戎活动中心的昆仑山"[2]。另据东巴经记载，这个连叫五声而变精威五行的"神蛙"，背上生有纹理，住美利达吉神湖。纳西族东巴经所记载的这两方面信息，与中原儒学或历史文献所载内容或具有某种曲折的联系，或具有某种内容上的相似性。《易·系辞传》说："成天下之亹亹者，莫大于蓍龟。是故天生神物，圣人则之。天地变化，圣人效之。天垂象，见吉凶，圣人象之。河出图，洛出书，圣人则之。"[3] 据此，汉唐儒学多认为，黄河、洛水有龙马负图、神龟负书，伏羲、夏禹等古圣则画八卦。"神龟负文而出，列于背，有数至于九。禹遂因而等之，以成九类，常道所以次叙"，也即"天乃锡禹洪范九畴"，[4] 其中第一畴即"五行"。《汉书·五行志》曰："伏羲氏继天而王，受《河图》，则而画之，八卦是也；禹治洪水，赐《洛书》，法而陈之，《洪范》是也。"[5] 神龟负书，龙马负图而有五行、八卦，或曰《洪范》五行由禹依"神龟负文"而得。远古羌戎属裔纳西族的原始精威五行是由湖中负纹理而出的金黄神蛙所派生，这样的观念与中原儒学

1　和万宝、和家修主编：《纳西东巴古籍译注全集》第24卷，云南人民出版社，1999，第242—243页。
2　见李国文《东巴文化与纳西哲学》，云南人民出版社，1992，第165页。
3　高亨：《周易大传今注》，齐鲁书社，1998，第404—405页。
4　（清）王先谦撰：《尚书孔传参正》，中华书局，2011，第545页。
5　《汉书·五行志上》。

对《尚书·洪范》所诠释的五行观念，尤其是与汉代儒学对《尚书·洪范》"天乃锡禹洪范九畴"的疏解，具有很大的相似性。另外，《史记·六国年表》称"禹兴于西羌"（"西羌"即"羌戎"），《史记集解》称："皇甫谧曰：'孟子称禹生石纽，西夷人也。'传曰：'禹生自西羌'是也。"（"西夷"或即西羌）《史记正义》云："禹生于茂州汶川县，本冉駹国，皆西羌。"[1]《史记·夏本纪》之《索引》称："西汉扬雄《蜀王本纪》云：'禹本汶山郡广柔县人也，生于石纽。'《括地志》云：'茂州汶川县石纽山在县西七十三里。'"[2] 学界对"禹兴西羌""禹生石纽"看法不一，多有认同，也有质疑者。[3] 但假如我们从历史文献记载和学界认同"禹兴西羌""禹生石纽"的意义上来探讨，"依此寻根究底，抑或纳西族精威五行产生于金黄大蛙与'禹'依'神龟负文'而悟得五行的神话传说同出一源"[4]。

第三，纳西族与中原儒学和文化五行配五方、五色的观念完全相同。在纳西族丰富的原始五行观念中，五行与空间方位的五方、事物色彩属性的五色常常紧密联系在一起。这种观念与中原儒学和文化的五行、五方、五色观念内容上的同构性特征，更应为我们考察儒学与少数民族哲学文化关系时所关注。

---

1 《史记·六国年表》。

2 《史记·夏本纪》。

3 当代学界根据历史文献记载，认为"禹兴（生）西羌"说可信。如徐中舒先生认为羌人是夏民族的后裔，夏王朝的主要部族也为羌人，根据汉至晋 500 年间流传的羌族传说，没有理由否认夏即羌。（徐中舒：《中国古代的父系家庭及其亲属称谓》，《四川大学学报》1980 年第 1 期）冉光荣、李绍明等著《羌族史》，引徐中舒先生言，认定大禹为羌人后裔。（冉光荣、李绍明、周锡银：《羌族史》，四川人民出版社，1984，第 7 页）李绍明根据传世文献中大禹生于"石纽""出于西羌"等记载，以及相关地区的考古发现和羌地流传的一些颂扬大禹治水的民间歌谣、石崇拜等人类学材料，认为"禹兴于西羌"是有根据的。（李绍明：《从石崇拜看禹羌关系》，载四川联合大学历史系编《徐中舒先生百年诞辰纪念文集》，巴蜀书社，1998；李绍明：《"禹兴西羌"说新证》，《阿坝师范高等专科学校学报》2006 年第 3 期），等等。认为"禹兴（生）西羌"说不可信者，如顾颉刚先生有翔实论辩（顾颉刚：《古代巴蜀与中原的关系说及其批判》，《顾颉刚全集》第 5 册《顾颉刚古史论文集》卷 5，中华书局，2010，第 291—352 页）。李健胜认为，今四川、重庆一带为蜀国、巴国领地，大禹无论如何不可能远徙至巴蜀一带治水，更遑论其出生、兴起之地为川西羌地；大禹出生、兴起之地不仅不在巴蜀一带，其治水活动亦当与巴蜀无关。（李健胜：《"大禹出于西羌"辨》，《中原文化研究》2014 年第 3 期）

4 李国文：《东巴文化与纳西哲学》，云南人民出版社，1991，第 166 页。

根据纳西族东巴经中记载的那只金黄神蛙的所置方位与纳西族象形文字所标示的内容，射穿蛙体之箭的柄镞、箭尾朝向（蛙腹左右）方位，还有蛙的毛、血、骨、肉、胆变化生成等，转译过来大致为：尼美突—森—东方—木，依赤蒙—咪—南方—火，尼美古—署—西方—铁，火古洛—几—北方—水，美能堆滤箍—知—中央—土。另外，射死青蛙之神箭，箭杆为木，木色青；箭镞铁，铁色白；蛙尾洒出的尿水，水色黑；蛙嘴吐出的火，火色红；蛙腹变土，土色黄。这样，纳西族五方精威五行又对应着五色，具体是：东方—箭杆—木—青；西方—箭镞—铁—白；南方—蛙嘴—火—红；北方—蛙尾—尿水（水）—黑；中央—蛙腹—土—黄。综合言之，纳西族东巴经记载金黄神蛙象征和其代表的方位、精威五行、五色的配属，如表10-1所示。

表10-1　　　　　金黄神蛙与五方、五色配属表[1]

蛙体分解	蛙腹右箭杆	蛙头	蛙腹	蛙腹左箭镞	蛙尾
象形文字方位标示	🜨	🜨	🜨	🜨	🜨
纳西语读音	尼美突	依赤蒙	美能堆滤箍	尼美古	火古洛
意译方位	东	南	中	西	北
精威五行读音	森	咪	知	署	几
意译精威五行	木	火	土	铁	水
颜色分配	青	红	黄	白	黑

先秦两汉中原文化和儒学的五行、五方、五色观念具有更丰富广博的内容。五行联系五方，各住一方；五行配属五色。五行、五方、五色的宇宙论结构，体现着先秦两汉乃至唐代中原文化和儒学的重要哲学观念。不仅如此，五行五方五色甚至还联系着五音、五味等。《礼记·月令》的论述如此，董

---

[1] 萧万源、伍雄武、阿不都秀库尔主编：《中国少数民族哲学史》，安徽人民出版社，1992，第277页。

仲舒之论、《淮南子》之文皆然。董仲舒说："五行之随，各如其序；五行之官，各致其能。是故木居东方而主春气，火居南方而主夏气，金居西方而主秋气，水居北方而主冬气，……土居中央为之天润。"[1]《淮南子·天文训》说，东方曰苍天，北方曰玄天，西方曰颢天，南方曰炎天；东方木也，其兽苍龙；南方火也，其兽朱鸟；中央土也，其兽黄龙；西方金也，其兽白虎；北方水也，其兽玄武。[2] 从西汉文翁在蜀，扬雄尚儒，到《后汉书·南蛮西南夷列传》记载的"宣示汉德，威怀远夷"，以及包括纳西族先民在内的少数民族"慕化归义"等综合观之，在历史上我国西南多民族的少数民族地区，儒学的传播发展意识是与日俱增、与时俱进的，纳西族先民的五行五方五色观念同样受到中原文化和儒学的深刻影响，其可能性依然很大。或者说，纳西族先民的五行五方五色观念与中原文化和儒学的这些思想内容如此一致，但并不关联五音、五味、五性以及人的社会性质的"五德"等许多方面，而更主要的是将这种有机自然观用来说明人类社会的政治伦理秩序，形成一种天人合一甚至天人感应的思想理论，表明了纳西族先民五行五方五色的宇宙论观念，体现着既深受中原文化和儒学的重要影响，又显示出其后生性、单薄性的观念特征。当然，纳西族先民的上述五行五方五色观念，与其阴阳等观念一样，仍然具有看似自行演绎及本民族语言等个性化的民族特色。

第四，纳西族与中原儒学和文化的五行干支纪时学说十分相近。纳西族精威五行宇宙论观念的增益在其历法中具有天干的意义，且与十二生肖属相结合构成类似华夏族文化中的干支纪法。东巴经载纳西族精威五行又各分为一公一母，结合前述表示阳阴雄雌的"铺""咩"，形成森（木）：森铺、森咩（公木、母木），咪（火）：咪铺、咪咩（公火、母火），知（土）：知铺、知咩（公土、母土），署（铁）：署铺、署咩（公铁、母铁），几（水）：几

---

[1] 曾振宇、傅永聚注：《春秋繁露新注》，商务印书馆，2010，第228—229页。
[2] 刘文典撰：《淮南鸿烈集解》（上），中华书局，2013，第104、105、106页。

铺、几咩（公水、母水），汉译分别与甲乙丙丁戊己庚辛壬癸十天干相对应。纳西族东巴经的青蛙八卦图中这种精威五行分公母已有十天干之义，其又与十二生肖属相相配，或以虎为首或以鼠为始。在以鼠始配的情况下，构成公木鼠、母木牛、公火虎、母火兔、公土龙、母土蛇、公铁马、母铁羊、公水猴、母水鸡、公木狗、母木猪、公火鼠、母火牛……直到公水狗、母水猪，六十个公母精威五行十二生肖属相序数周期，用以表示纪年时序。[1] 纳西族这样的公母（阳阴）精威五行十二生肖属相纪年亦称为布托纪年或花甲纪年[2]，与干支纪年法具有同样的功能作用，或者说其实质内容基本一致。

有学者认为："以鼠为首的十二兽配精威五行的纪时结构，则可能是学自汉族。"[3] 我们分析，在以东巴（或格巴）文字记载的东巴经为标志的纳西族原始宗教文化问世之前，儒家为主体的典籍文化从先秦至唐宋经历竹简、帛书和纸质文献载体形式就已存续一两千年之久，纳西族公母（阳阴）精威五行十二生肖属相纪年之法与华夏族（汉族）干支纪法基本内容实质一致，二者之间一定有文化交融、认同吸纳的可能。例如中原儒学的《周易》象数派在战国两汉至宋代的理论发展中，就具有引进或注入五行思想观念和儒家经典之外的当时的天文、历律等科学知识等的鲜明特色。在汉易中有以卦象解说一年节候变化的"卦气说"和将干支历法、十二律法引入卦体的"纳甲""爻辰"说。西汉时期的京房易说，以十干和十二支配八宫卦各爻形成了"纳甲纳支"理论，以五行配八宫卦及卦中各爻形成"五行爻位"说；东汉时期的郑玄将十二支（十二辰）纳入乾坤两卦之十二爻，成乾坤爻辰的"爻辰"说，《易纬》更是将十二支（十二辰）纳入每对立两卦之十二爻，代表十二个月，为一年的"爻辰"说，等等。按儒家典籍《礼记·月令》的说

---

[1] 见李国文《东巴文化与纳西哲学》，云南人民出版社，1991，第215、221页。
[2] 喻遂生：《〈纳西东巴古籍译注全集〉中的花甲纪年经典》，《纳西东巴文研究丛稿》第二辑，巴蜀书社，2008，第303页。
[3] 李国文：《东巴文化与纳西哲学》，云南人民出版社，1991，第222页。

法，一年四季的春季之德在木，夏德在火，秋德在金，冬德在水，土属夏秋之间，故为中央土，其德分布于四季之中。一季有三个月（孟、仲、季），土德则散布于季月之中，又分别配以十二支则如下：

$$
春\begin{cases}正月，寅，木\\二月，卯，木\\三月，辰，土\end{cases}\quad 秋\begin{cases}七月，申，金\\八月，酉，金\\九月，戌，土\end{cases}
$$

$$
夏\begin{cases}四月，巳，火\\五月，午，火\\六月，未，土\end{cases}\quad 冬\begin{cases}十月，亥，水\\十一月，子，水\\十二月，丑，土\end{cases}
$$

京房的五行爻位就是按此季节顺序和纳支顺序，将五行分别配入八宫卦各爻。五行爻位说把先秦思想观念中的两个最重要的自然哲学观念系统——八卦与五行，在儒家思想体系中融会贯通在一起了。不仅如此，京房的"纳甲纳支"说以十干之甲乙壬癸配乾坤父母卦之内外卦，六子卦以少男少女至长男长女次序配丙丁戊己庚辛，此即"纳甲"；以十二支之子寅辰午申戌六奇位支（阳支）分配入阳卦六爻，未巳卯丑亥酉偶位支（阴支）配阴卦六爻，此即"纳支"。如此，京房的五行爻位和纳甲纳支易说，把阴阳、四时、五行、八卦、十天干、十二地支（十二辰）等均融贯了起来，其解释宇宙自然、世界事物、人事天道的功能越来越庞大。纳西族青蛙八卦图所含原始公母精威五行与干支纪法的十天干相一致，公母精威五行配以鼠为首的十二兽所形成的六十花甲（布托）时序结构，也与干支纪年的六十甲子相吻合。这样，纳西族的原始精威五行、公母（阳阴）精威五行、公母（阳阴）精威五行配十二生肖属相时序结构，与中原文化和儒学的阴阳五行、天干地支、汉代易学的五行爻位、纳甲纳支等文化内容，就具有了彼此相关相似、相近相同的观念联系，甚至潜蕴着更为深刻的思想关系和文化姻缘。

第四节　纳西族原始八卦宇宙论及其与儒学《周易》思想的关联

简要地说，纳西族囊括于东巴经内的传统哲学文化思想观念中，有原始的富有民族特色之阴阳五行理论，亦有其殊异的以卜算为主要功用的"八卦"学说，根据大多研究者的转译，一般称作"青蛙八卦"及"青蛙八卦图"，甚至在当今有的纳西族东巴经师的文化观念和所掌握的这一文化内容中，已经紧密地结合着或者说与儒学《周易》八卦渗透交融地联系在一起，演变成为兼有纳西族象形文字和汉语文字及卦象符号"混搭"表达的八卦图。[1]

萧万源、伍雄武、阿不都秀库尔主编的《中国少数民族哲学史》，对于纳西族青蛙八卦图及其所包含的卦位、卦序、卦象和类似卦名，与儒学经典《周易》八卦的对应卦名，如表10-2所示。

表10-2　　　　　　　　纳西族青蛙八卦与《周易》八卦对比表[2]

蛙体	蛙右脚	蛙右手	蛙头	蛙尾	蛙左手	蛙左脚	蛙腹右	蛙腹左
卦画								
卦位	肯子登（西北）	余子登（西南）	依赤蒙（南）	火古洛（北）	鲁子登（东南）	嗯子登（东北）	尼咩突（东）	尼咩古（西）
与汉族八卦对应卦名	肯—（狗）（乾）	余—（羊）（坤）	依赤蒙—（离）	火古洛—北（坎）	鲁—东南（巽）	嗯—东北（艮）	尼咩突—东（震）	尼咩古—西（兑）
卦序	厄史（父）	阿咩（母）	若等（长男）	命等（长女）	若滤（中男）	命滤（中女）	若纪（少男）	命纪（少女）
卦象	美枯天（门）	堆枯地（门）	咪（火）	几（水）			森（木）	署（铁）

1　见李国文《东巴文化与纳西哲学》，云南人民出版社，1991，第203页。
2　萧万源、伍雄武、阿不都秀库尔主编：《中国少数民族哲学史》，安徽人民出版社，1992，第278页。

此书阐述："青蛙八卦图作为古代纳西族用于推演自然、预择吉凶的占卜图，就其结构本身而言，它是一个既包含有八卦卦序、卦位等内容，同时又包含有公母（阴阳）、精威五行及十二生肖等内容的复杂体系。纳西族东巴经师就应用这一复杂体系来进行卜算。其推算可用于天文、历法的观象和测定，其占卜则用于生死、疾病、婚丧嫁娶、起房盖屋、远行出游等等。"青蛙八卦图"具有象征宇宙事物结构的意义，……就是早期纳西族的八卦，或叫作原始青蛙八卦"。[1]

纳西族青蛙八卦（图）在其观念源头处及丰富发展中，应该有属于它自身的文化资源和独立演进的观念序列，但存在着与之有诸种联系的特别是来自中原儒学的文化融会，也是十分明显的。青蛙八卦（图）与易学八卦在内容结构、功能作用上具有基本的初阶相似、趋同一致性，其对于宇宙自然、人事天道的解释，构成各自的思维取向，但二者亦有关联。只是纳西族青蛙八卦（图）的原始朴素特色、观念内容不够完备系统（如尽管吸收融摄了中原儒学和易学的阳"—"、阴"--"两种观念符号，却没有将其纳入青蛙八卦学说之中，以致缺少卦画的组成结构）、对于宇宙自然人事天道的解释功能比较有限，等等，这种与中原儒学和易学无法断开又明显差别的关系，恰恰构成了中华传统文化的多元丰富性与和谐共生性，以及在和而不同的促动中不断走向辉煌的精神生命力。

第五节 纳西木氏"好礼守义"的儒学观念传承

《明史·云南土司传》载："云南诸土官，知诗书好礼守义，以丽江木氏为首云。"丽江木氏是明代初御赐的汉姓纳西族世袭土官知府（至清代雍正

---

[1] 萧万源、伍雄武、阿不都秀库尔主编：《中国少数民族哲学史》，安徽人民出版社，1992，第278—280页。

年改土通判),基本上代表着元明以降丽江纳西族政治文化阶层的精神面貌。《徐霞客游记·滇游日记》载:"国初汉人之戍此者,今皆从其俗矣。盖国初亦为军民府,而今则不复知有军也。止分官、民二姓,官姓木,民姓和,无它姓者。"[1] 丽江木氏作为纳西族土官,享有政治、经济、文化等对外交流的优越条件,正因如此,他们加速了本民族的社会历史进程。从元、明至清代雍正改土归流,丽江纳西族社会在近500年的木氏土官统摄下,其政治、经济、文化诸方面的实践和创造,既与中原社会已相差无多,也在更大程度上实现了融合性发展,其中儒学观念和文化的传播影响和以木氏为土官的丽江纳西族人吸纳融摄儒学文化,是非常突出的。或者说,丽江木氏在文化观念上的最大特点是兼容并包,不仅彰显了本民族的东巴文化,而且儒、佛(包括汉、藏)、道三教并尊,概不拒斥。从历代木氏的文化修为看,呈现出儒学文化观念越来越居于主要地位的精神情形和价值取向,透射着其所处社会历史条件和主体取向紧密结合的特征。

首先,纳西木氏表现出崇儒尚学的文化价值观念。方国瑜先生《纳西学论集》"丽江府儒学"篇说:"惟土官家族,雅好儒学。"引证并论述道:"按《土官底簿》,丽江军民府知府自洪武年木得受职,六传至木公,嘉靖六年继袭,所作《木氏勋祠记》曰:'我祖太父本安(木泰)读书史,木氏之盛未有加于此者。'以知书为盛事。木公以后,五传至木增。冯时可作《丽江木氏六公传》,盛称六代读儒书,习礼义,……木增邀徐霞客至丽江,求批点其著作,又命其子从学,谓:'此中无名师,未窥中原文脉。'得一日之师以为荣,则非负隅自封,而与中原相通也。"[2] 明代冯时可撰《明丽江知府木氏雪山、端峰、文岩、玉龙、松鹤、生白六公传》述介文岩(木公孙木东,号文

---

[1] (明)徐霞客:《徐霞客游记·滇游日记七》,中华书局,2010,第515页。
[2] 《方国瑜论学集》,民族出版社,2008,第205页。

岩）云："好读书，招延邻郡学生与研穷理性，昕夕无倦。"[1] 丽江木氏"读儒书、习礼义"的一个集中见证，是明万历年间的土司木增"好读书，多与文士往还"，纂辑《云薖淡墨》一书，"是书盖其随笔摘抄之本"[2]，凡1211页[3]，足见其内容之厚。其中卷一"三教嘉言"，为首者即"儒"学，仅其注明出处的儒学文献、经典和人物，就有《论语》、《孟子》、《荀子》、《春秋》、《春秋后语》、《诗经》、《朱子语录》、《尚书注》、《礼记》、《孝经》、《大戴礼》、《五经通论》、《易经》、《学记》、《尔雅》、《白虎通》、《东莱博议》、《诗经注》、扬雄及各代史书，等等，反映出儒、释、道三教在木增思想中的实际地位。"传统的儒家学说，更是渗透到木增的灵魂深处，成为他思想的主导方面。崇尚礼制，尊天重祖，笃于忠孝。他忠于君王，以国事为重，数十年如一日；……为传播儒学，他曾捐资于鹤庆建文庙学宫。崇儒学经，'求其精一执中之旨'。"[4] 同时，丽江木氏不仅读书史，且收藏包括儒学在内的大量图书文献。明嘉靖间土司木公（号雪山）"闲来独看历朝史"，还斥巨资购置图书，建藏书楼，名曰"万卷楼"，清光绪《丽江府志稿》称："楼中凡宋明各善本以数万计，群书锓版，大要俱备。"据载，木增"藏儒书，甚为敬重"[5]。概言之，从元明至清代的丽江木氏历代土司及其后裔，形成了一种儒家思想、佛学观念、道家道教、东巴文化等多元文化兼容并包的精神传统，且在思想根底处以儒学观念为主导，见证于其历代的文化修为、事迹表现的历史变迁之中，具有传承弘扬的发展趋向，以至于到了清代康乾之世，书院庠序兴盛，丽江纳西族社会已较多地受到了以儒家文化为主的中华文化的熏染。康熙四十九年（1710）末任丽江府通判的余文耀撰《玉河书院记》

---

[1] 见余嘉华等《木氏土司与丽江》，云南人民出版社、云南大学出版社，2014，第244页。
[2] 《四库全书总目提要·子部·杂家类存目》。
[3] 见余嘉华等《木氏土司与丽江》，云南人民出版社、云南大学出版社，2014，第249页。
[4] 余嘉华等：《木氏土司与丽江》，云南人民出版社、云南大学出版社，2014，第264页。
[5] 余嘉华等：《木氏土司与丽江》，云南人民出版社、云南大学出版社，2014，第149—150页。

曰："丽自设学以来，不数年间，丽人士争自濯磨，群相淬励，骎骎乎化鄙陋之习而闻弦诵之声矣。"[1] 乾隆元年（1736）任丽江知府的进士管学宣《丽江学记》曰："丙辰（乾隆元年）与土著诸生十数人言论丰采，且喜且惧，昔为王化所及，今则泮宫俎豆俨然中土。"[2]

其次，纳西木氏容纳了"列君臣父子之礼，序夫妇长幼之别"[3] 的儒家伦理观念。儒学作为一种以伦理道德为思想特质的观念体系及其所建构的生活形态、生活方式，其基本的伦理原则是"父子有亲，君臣有义，夫妇有别，长幼有序，朋友有信"[4]，即"五伦"关系，汉儒称之为"王道三纲"[5]。丽江木氏对于儒学的这种观念特质和伦理精神采用了一种独特的或者易于在少数民族中产生影响的接纳方式和行为实践，即重视宗谱编纂、树碑立祠与镌立《木氏历代宗谱碑》，这种文化行为也是中原历史悠久的宗谱、碑谱、碑祠文化影响的结果。丽江木氏从明正德年间木公编纂《木氏宦谱》、后撰《木氏勋祠记》，此后又相继有《木公碑》《木高碑》《木东碑》《木青碑》《木氏宦谱·图谱》《木氏历代宗谱碑》等。尽管这些谱牒、碑记、祠记为木氏家族或碑主后嗣所撰，多为功德称颂之辞，但所透射出的文化信息却无不充满着儒家思想及其伦理道德观念。

一是功德评价的儒家仁礼思想标准。如明嘉靖三十三年（1554）丽江土知府木高为其父木公（号雪山）撰立的《木公碑》称："雪山，……我严君……仁而黎庶熙和，义而作事得宜，礼而进退中节，智而决胜千里，信而九夷归化。……温良恭俭让自守，智仁信勇严自持。忠孝廉节为心，文武刚

---

[1] 转引自《方国瑜论学集》，民族出版社，2008，第206—207页。
[2] 转引自《方国瑜论学集》，民族出版社，2008，第207页。
[3] 《史记·太史公自序》。
[4] 《孟子·滕文公上》。
[5] 如董仲舒说："君臣、父子、夫妇之义，皆取诸阴阳之道……王道之三纲，可求于天。"（《春秋繁露·基义》）

柔为表，诗书礼乐为志，……所谓君子不器，得圣人誉也。"[1] 以仁义礼智信、温良恭俭让、忠孝诗书礼乐等儒家仁礼观念表彰家严先考。其后丽江木氏诸碑记，内容文字亦多如是，如《木东（号文岩）碑》称"严君一儒者""忠孝文武"；《木青（号松鹤）碑》曰"生而忠孝""文雅忠义"等。值得指出的是，明嘉靖间木公土司修造木氏勋祠，并作《建木氏勋祠记》，记中称颂其祖父木泰（字本安）"读书史"，告诫子孙"惟立身行己，克恭克敬"，"学书学礼，忠君至恳，孝亲至勤"；勋祠大门匾额"诚心报国"，中门匾曰"崇德"。勋祠为木氏家庙，庙内立历代木氏祖先牌位。据悉此与纳西族东巴教是相抵牾的，纳西族人殁，魂被送归祖源地，祈愿在祖源地过生前一般生活，祖先不能留供在家中。故土司木公建木氏勋祠显然是受中原儒家文化影响，而与纳西东巴文化相悖逆，表明丽江木氏作为纳西族土官，至木公时代基本上已是中原儒家文化的完全崇奉者了。

二是碑谱行文内容中的儒家孝敬观念。《木公碑》云："呜呼，父母天地大德，洪荒一寸之心，何由补报？孝男木高泣血立石于木氏勋祠右，子子孙孙于万代诚心奉祀焉。……孝男知府木高谨记。"《木高碑》云："呜乎！我翁深恩，昊天罔极！我翁之厚德，造化咸参！东诚惶诚恐，稽首顿首，……于我木氏子子孙孙，亿万斯年，永膺奉祀。……孝男嗣世袭土官知府木东熏沐百拜勒石于右。"《木青碑》文末署"孝男木增熏沐顿首立"[2]。这些文句主要反映出丽江木氏晚辈对碑主"孝"的观念。在儒家学说中，对"孝"的道德实践有许多解说，其中比较周延的是《礼记·祭统》之说："孝子之事亲也有三道焉：生则养，没则丧，丧毕则祭。养则观其顺也，丧则观其哀也，祭则观其敬而时也。尽此三道者，孝子之行也。"丽江木氏诸碑记中所显示的应是"祭则观其敬而时"的"孝"观念。《木氏历代宗谱碑》文中，自廿一

---

1 见余嘉华等《木氏土司与丽江》，云南人民出版社、云南大学出版社，2014，第284—285页。
2 见余嘉华等《木氏土司与丽江》，云南人民出版社、云南大学出版社，2014，第285—290页。

世祖阿甲阿得即木得获赐拥有了汉姓木后,凡述及其汉姓名时,均用"讳木谋",这同样是承袭中原儒学名讳文化的礼数。《春秋公羊传·闵公元年》曰:"春秋为尊者讳,为亲者讳,为贤者讳。"为尊者、亲者、贤者之名讳,体现了对于尊、亲、贤者的虔敬之礼,丽江《木氏历代宗谱碑》同样为亲者讳,彰显的是敬亲思想。敬亲孝亲,在丽江木氏历代家族成员中不乏其人其事,冯时可《木氏六公传》称:木公"君所自砥砺,惟忠孝修持";木高父病"割股吁天";木东"父寝疾,君经月不解衣带";木增"慈孝性成,奉亲丧,哀毁几绝,情礼并至"。[1]

三是夫妇长幼之序的儒家伦理观念。《木氏历代宗谱碑》为木氏四十代孙木载阳等立、四十一代孙木斐等千秋奉祀,立碑时间在清道光二十二年(1842),此时的丽江木氏家族,从碑文中体现出的文化观念、思想意识看,具有了更加浓厚的儒家伦理精神。"如从一世祖秋阳开始,在祖名之后,都要明确写出正妻为何人。据碑文记载,一世祖正妻为弥均习鼠,二世祖正妻名阿室阿挥,三世祖正妻名阿室阿尧……各代正妻,一一写明。但在秋阳之前,各代只记娶某某,并无正妻一说。这种变化,实际上是汉文化影响下婚姻观念的变化。当然,汉文化的这种影响可肯定不是秋阳在世时就已存在,而是木氏后人写族谱时已受到汉文化的相当程度影响,所以从一世祖开始就为祖先一一明确了正妻。"[2] 这样,《木氏历代宗谱碑》即从一世祖秋阳始,至立碑时的第四十代,对丽江木氏各代男祖、先考、正妻(郡夫人、淑人、恭人、夫人)、继妻、次妻、子辈的记载,清晰地显示出"序夫妇长幼之别"的儒家伦理观念,且在绍述各代男祖时,无不突出其官职或所袭继父职,所以该碑谱实际上也是"列君臣父子之礼"。"《木氏历代宗谱碑》的性质肯定是家谱,刻碑目的也是刻之于石,以垂永久,告之族人。这种汉文化特点非常突

---

[1] 见余嘉华等《木氏土司与丽江》,云南人民出版社、云南大学出版社,2014,第67页。
[2] 赵心愚:《纳西族历史文化研究》,民族出版社,2008,第242页。

出的家谱为木氏家族所刻，其反映出的受汉文化影响是十分深刻的。"[1] 它是儒家伦理观念在丽江木氏这一纳西族特殊家族中的接引和表现，作为一种我国西南少数民族之一的历史文化现象，所蕴含的"和而不同"的思想观念、民族文化交融意义，确是十分深刻的。

最后，纳西木氏凸显着忠义内聚、惟奉正朔的儒家政治观念。在儒家以周延的伦理关系建构的传统社会生活中，孝、忠、信（诚信）应是最重要的德行，分别践履个人与家庭、个人与国家、个人与其他一切人之间的伦理原则，显现着社会生活的主要方面。其中儒家伦理观念表现于社会的政治生活，就是以仁忠为核心观念的政治伦理、政治行为、政治道德。孔子说："君使臣以礼，臣事君以忠。"[2]《左传》评价为国家而捐躯的人物每说"将死不忘社稷，可不谓忠乎？"[3] "临患不忘国，忠也。"[4] 将忠基本诠定为为高于个人和家庭的某种伦理共同体（国家、君主）尽心尽力，直至献出生命的道德行为。忠的实践隆起了儒家生活中的壮烈和崇高。丽江木氏深刻地融摄这些儒学观念，进而变成了其家族历代政治生活的忠实践履。如木公说："忠君至恳。"总的来看，丽江纳西木氏为忠君，多谨遵朝命，拓边守域，不遗天子忧；遵守朝纲朝纪，从不离叛；按期朝贡、朝贺和纳赋；为中原王朝出木、出银；国家有事，出兵捐银助饷。帝王诰命曾褒扬：木初"能用夏以变夷，摅诚报国"；木森"夙志怀忠，远而麓川烽警，募兵勤旅"；木嵌"恭事中廷，输忠效诚"；木公"效力输忠，辑宁边境"；木东"诚心报国，克移孝以摅忠"；木增"世安臣节，恪守官常"，"丕著忠勤"；等等。几代丽江木氏土司的诗作中即使是山水田园之咏，亦往往寄意报国的政治情怀。木增《输饷喜感新命》诗谓："每爱潜夫论，其如东事何？主忧臣与辱，师众饷尤多。

---

[1] 赵心愚：《纳西族历史文化研究》，民族出版社，2008，第244页。
[2] 《论语·八佾》。
[3] 《左传·襄公十四年》。
[4] 《左传·昭公元年》。

薄贡惭毛滴，天恩旷海波。狼烟旦夕扫，泉石葆天和。"另有"塞北经年罹虏尘，远臣忧瘁日眉颦"，"驽钝愧当屏翰寄，忠贞惟训子孙遵"等诗句，爱国忠君之情溢于言表，自觉地将其作为中华民族大家庭中的一员，表现了很强的内聚力。《木氏历代宗谱碑》碑文纪年自一世祖秋阳始，或者说从唐武德年以降，每世祖纪年均用中原王朝年号，包括唐武德、天宝、贞元、太和、咸通、天复，宋至和、政和、宝祐，元至元，明洪武、永乐、正统、景泰、成化、正德、嘉靖、隆庆、万历、天启、崇祯，清顺治、康熙、乾隆、道光等。"一世祖之后，各代时间均用中原王朝年号，立碑时间更是如此，这是奉中原王朝为正朔的做法，更是受汉文化影响的反映。当然，这种汉文化影响下的政治观念的变化并不是始于唐代，同样是木氏后人写家谱时已受汉文化巨大影响，所以在记祖先们的事迹时也一一加上中原王朝年号。"[1] 正朔，本即历法，《史记·太史公自序》说："汉兴五世，隆在建元，……改正朔，易服色。"[2] 但在中国历史上早已越出历法之义而衍变为朝代更替、标识王权的政治观念范畴，是国家权威、天下一统的象征，董仲舒说："王者必改正朔，易服色，制礼乐，一统于天下。"[3] 丽江纳西木氏，作为纳西族的一个家族群体，这种奉中原王朝之正朔所显示的文化观念，明显是坚持国家统一、中华文化认同、民族和谐凝聚的精神意涵，它已成为一种家族文化传统，弘扬的是我国传统社会民族团结统一的正能量，造成的积极影响同样是深刻旷远的。

第六节　本章结语

综上所述，阳阴（卢色、铺咩）、五行（精威五行）、八卦（青蛙八卦），

---

[1] 赵心愚：《纳西族历史文化研究》，民族出版社，2008，第242页。
[2] 《史记·太史公自序》。
[3] 曾振宇、傅永聚注：《春秋繁露新注》，商务印书馆，2010，第134页。

是纳西族古代哲学思想文化中的核心观念，这种核心观念尽管还比较原始朴素或充满神话色彩，但是在孕育生成和发展中，由于纳西族先民所处滞后于广大中原地区的社会历史发展阶段，这种错位的历史进程在中华大一统的政治格局中，恰恰提供了纳西族先民哲学意识和文化观念习染接纳中原儒学和文化思想的契机，其接受儒学文化传播影响的途径在明代以前的历史文献中甚至颇少记载，但其能够孕育形成非常近同于先秦汉唐儒学中的某些观念内容，或者从同地域的诸如云南白族释儒先贤中得到播化也完全有可能。因此可以说，古代纳西族东巴文化兼容并蓄涵摄儒学思想观念，促进了古代纳西族原始哲学意识和文化观念的发展变化，使得其哲学文化的民族性特征愈益彰显，原始的哲学意识和思维水平得到改变，中华传统文化的多民族成员队伍活力增强，尤其是丽江纳西木氏历代土司于元明以降所形成的"知诗书好礼守义"和儒释道东巴多元文化兼容并蓄的传统，更加增亮了纳西族这一西南地区少数民族的哲学文化光彩。当然，中原儒学和文化也同时得到进一步传播影响。结果是既丰富了中华传统文化的民族多样性，也在百花齐放的斑斓演进中深刻地培壅了和谐同一性。史伯曰："夫和实生物，同则不继。以他平他谓之和，故能丰长而物归之；若以同裨同，尽乃弃矣。故先王以土与金木水火杂，以成百物。"[1] 纳西族东巴经所孕育的哲学文化思想观念，自觉不自觉搭建起来的这种与中原儒学和文化的交融关系，以及丽江纳西木氏至少半个千年的文化积累，应该成为当今我们建设中华民族共有精神家园的一种重要精神财富和宝贵资源。不过，纳西族传统以其富有民族特色的阴阳五行、青蛙八卦等原始哲学意识和思想观念，其朴素的感性经验、直观或神话般的观念建构，缺乏深刻的思想理论抽绎，囿于民族原始宗教的文化氛围等，确实也构成了其哲学思维的突出短板或精神局限性。

---

[1] 《国语·郑语》。

第十一章
儒学与藏族哲学

从当今的现实面貌来看,藏族传统社会的文化符号几乎可以毋庸置疑地说是藏传佛教。但以历史的眼光而观,古代藏族社会的思想意识和精神文化血脉里,流淌着的则至少是苯、佛、儒几种主要的观念成分。就彼此间的相互关系而言,既有苯佛之争,事实上也存在佛儒之辨,苯儒之间的聚合似乎可能没那么密切,但仍能透过一定的文化现象依稀发现其联系或儒学对于苯教文化的影响。这样的观念历程和精神蜕变,不仅构成了藏民族传统文化富有特色的深层结构,其互动发展融汇演变更具有重要的积极意义和历史进步作用。以下我们从苯教文化与儒学、藏族世俗社会思想观念与儒学、藏传佛教哲学与儒学三个方面作简要考察。

第一节 苯教文化与儒学

据藏文文献记载,苯教是约在公元前5世纪产生并形成于青藏高原古象雄部落的一种原始宗教,以自然崇拜、万物有灵的观念为思想基础,以于"下方作镇压鬼怪、上方作供祀天神、中间作兴旺人家的法事"[1]为基本特征,经辛饶米沃且在此基础上进行系统而深化的改革,创立发展成为雍仲苯

---

[1] 土观·罗桑却吉尼玛:《土观宗派源流》,刘立千译,西藏人民出版社,2000,第194页。

教而在吐蕃"藏地流传",而从聂赤赞普开始以此"治理(吐蕃)王政"。就是说,苯教在发展中一般认为经历了笃苯、伽苯和局(觉)苯三个阶段。大致至少应在松赞干布时期及其后,苯教与儒学、佛教两种文化之间,出现了彼此碰撞激荡、交融发展的精神面貌。

一 苯教发展中与儒学文化的交集

中央民族大学王尧先生《西藏文史探微集》之《古代哲学思想的交流——〈河图、洛书〉〈阴阳五行〉〈八卦〉在西藏》论述说:"藏族接受阴阳五行学说甚早,远者可以上推到周初,姬、姜两大部落的流动和转徙时,姜姓一支曾在西北从事放牧的事业,被称为羌人,就是藏族先民某支的祖先。羌人部落有100多种,其中最为偏远的叫'发羌''唐旄',大概是藏族的直接祖先。他们既然与姬姓的华夏部落有过广泛的接触,当然具有天然的姻娅渊源。故以五行学说的思想和方法在藏族中流传也是很久的事。""但藏文是公元7世纪中叶才创造推行的。远古的传说,于史无征,难以确认,只好从有文字以后的文献中寻求。""我们还知道,在藏族苯教古典经籍《钥匙》一书中,有孔子与恰·亢孜兰梅的对话记述,是旅法藏族学者桑木旦·噶尔迈先生介绍出来的。此外,我们还不能忘掉孔子在苯教众神殿中也有他的座位,被奉为神变之王。"[1] 因此可以认为,古代藏族苯教在儒学文化传播至藏族先民社会之后就与其有了接触交集。藏族苯教典籍如《钥匙》记述孔子事迹、苯教神殿奉祀孔子神位,以及长期受苯教影响的藏族社会民众在思想观念、宗教意识支配下所表现出来的社会习俗和精神文化现象等,是其突出例证。

---

[1] 王尧:《西藏文史探微集》,中国藏学出版社,2005,第233、234、187页。

二 苯教文献中的孔子形象及其对于儒学的态度

在藏汉交界地区，由于受中原文化影响相对较深，这里的藏族同胞较易理解中原儒家文化，对孔子颇熟悉，认孔子为德之圣。作为儒家的创始者，孔子被后世称为世俗间富有智慧和崇高德性的圣人，而不是超人间的神人，且孔子本就"不语怪力乱神"。但在西藏腹地的古代藏民族那里，孔子的圣人形象被提升超拔为披上神圣光环的神人，因为他被视为神秘的占卜、禳灾、咒语、仪式以及历算、工巧等文化的创造者。古代的藏民族，往往把超然脱俗、有大智慧、有创造性和对文化做出贡献者奉为神灵，同时他们又具有圣王的文化特征，即把孔子视为神、圣、王三位一体的贡则楚吉杰布。神的色彩、超凡的能力、帝王化的特色，三者统一。孔子的这种角色转换，表明藏民族既崇敬孔子，又充分认同其所创立的儒家文化，是藏民族的宗教崇拜、思维方式和文化需要的必然产物。在藏文文献中，不称孔子或子而称"贡则"或"贡策"。据敦煌藏文写卷《汉地儒教智慧格言集》第987、988号文献，"贡则"多为"贡则楚吉杰布"，简称"贡则楚布"，有时也指与孔子或孔子学说相关者。"楚"在吐蕃原始信仰中，被予以"神圣"性，本指赞普所拥有的上天所赋予的神秘的力量和智慧。近代藏族学者工珠·云丹嘉措所著《知识宝库》，明确指出藏文化中的"贡则楚吉杰布"即孔子，并认为他是"无数算学与消灾仪式文献创造者"。这一创造性转化表明，藏民族既认同孔子，同时认同儒学，孔子是儒家文化的符号，而且与藏民族的文化内涵相对接，实现有机融合，成为藏文化中的重要内容。

苯教在发展中既吸取藏传佛教义理，也精心改造、建构了一个具有苯教化特色的孔子。据苯教文献载，"贡则楚吉杰布"之前，是一国王塞秋当巴，由于累积功德之故，来世转生为王子。"贡则楚吉杰布"有汉王室血统，出生时双手掌上有30个环状的"贡则幻变字母",以此预测未来,擅长念诵咒语。"贡则楚吉杰布"为宣扬苯教教法,云游各地,建造苯教寺庙,在苯教教主辛饶米沃且帮助下,保存该寺庙不被鬼怪破坏,他成了辛饶米沃且之弟子。后来辛饶米沃且娶"贡则楚吉杰布"之女为妻,生有一子名楚布琼,辛饶米沃且将360余种占卜法传授楚布琼。苯教把"贡则楚吉杰布"扮成苯教大师,又是苯教教主辛饶米沃且的化身,还是苯教仪式文献的创造者。[1] 不难看出,苯教中的"贡则楚吉杰布"之原型即孔子。之所以认孔子为苯教仪式文献的创造者,在于唐时输入汉文化到唐蕃过程中,与占卜、历算、风水及禳灾相关的神秘文化最容易为藏民族所认同接受。这些神秘文化的源头与《周易》及其他儒家文化典籍相关联,孔子整理删定六经,故而孔子就被改造成神秘文化的创造者或象征人物。而"贡则楚吉杰布"演化为辛饶米沃且的岳丈,大致是唐太宗李世民与松赞干布的翁婿关系之苯教宗教化反映,这样的演绎极易得到藏族百姓的认同。苯教也同样改造和利用孔子。苯教既吸取藏传佛教义理,也精心改造、建构了一个具有苯教化特色的孔子。

藏族苯教古典经籍《钥匙》一书中有关孔子对话的记述,旅欧藏族学者桑木旦·噶尔迈先生有专文介绍。[2] 首先叙述了《钥匙》第八章经过作者改写过的故事梗概,说:"孔子想要为自己准备去世之后的所需冥粮。由于他天生两只手的手心上就有奇异魔力的文字,所以,他有可能去请教这些文字,看看是否可能建造一座与常人所造不同的庙。他在这些具有奇异魔力的字中看出,要想完成这座工程,他需要来自非人的帮助。因此,他借助于法力,迫使鬼的头子黑哈塔答应帮他在海上建一座庙宇。这个鬼答应派一百名小鬼立即同他一起开始工作,到这时为止,他还没有把这项工程告诉他的双亲,

---

1 见魏冬、益西群培《藏族传统文化中的孔子形象》,《西藏研究》2009年第1期。
2 〔英〕噶尔迈著,王青山译:《〈钥匙〉中有关孔子对话的记述》,《国外藏学研究译文集》(第四辑),西藏人民出版社,1988,第276页。

这是他与小鬼们发誓要保守的机密，但是他牵挂他的父母，于是便把这个计划告诉了他们（以免他们担心），可是没把这事告诉他的妻子。其妻便威胁（父母）说，要是不告诉她孔子的行踪，她就要自杀。孔子的父母被迫将这事告诉了她。于是她领着孩子动身前去看望孔子。小鬼们看见他们过来，为孔子违反誓约而替他害臊。所有的小鬼都放弃了这项工作。孔子只好领回家人，然后，重又离家出外去东北流浪，心里感到异常痛苦与失望。"[1] 作者对《钥匙》中第八章的节录部分有关孔子对话的记述进行了汉译，其中假借对话中的少年说："啊，圣王，汉族人孔子！你的提问非常好。你的信念和从事善业的勇气究竟怎样，我已考验过了。在这方面，你的信念很坚定，而且你的耐心也未耗尽。你由于苦恼失望而外出流浪，由于积累了功德而遇到了我。现在你的愿望就要实现了。……我们三人之中……穿着破旧的毛织斗篷、拿着水晶念珠的少年就是我，叫做'恰更孜岚麦'。前两者正用金骰子进行较量，一个是为了神，一个是为了魔鬼，我则做谁胜谁负见证人。恰好碰上了你，你来的太好了！"[2] 根据噶尔迈的叙述，由于孔子的帮助，神胜利了。在《钥匙》第八章里，作者把一个汉族的世俗故事，改编成了一则有头有尾的苯教神话，作者所接触到的究竟是这个故事的什么文本，只有靠《钥匙》成书的准确年代来确定。《钥匙》可能存在于11世纪初年。[3]

藏族苯教典籍《钥匙》和噶尔迈的研究，所传达出的重要信息，显然是苯教把孔子视为一个具有奇异魔力的神，一个具有很高功德和坚定信念的圣王，在神话孔子的基础上，苯教对于孔子是崇拜的，并充分肯定孔子的智慧及其学说。王尧先生认为："所以后来我们发现苯教徒把孔子作为神灵就不足

---

[1] 〔英〕噶尔迈著，王青山译：《〈钥匙〉中有关孔子对话的记述》，《国外藏学研究译文集》（第四辑），西藏人民出版社，1988，第277页。
[2] 〔英〕噶尔迈著，王青山译：《〈钥匙〉中有关孔子对话的记述》，《国外藏学研究译文集》（第四辑），西藏人民出版社，1988，第285页。
[3] 〔英〕噶尔迈著，王青山译：《〈钥匙〉中有关孔子对话的记述》，《国外藏学研究译文集》（第四辑），西藏人民出版社，1988，第287页。

为怪了。"[1] 就是说，苯教典籍《钥匙》中关于孔子对话的记述，以及苯教奉孔子为神灵和圣王，与在藏区流传的《孔子项橐相问书》有某种联系。由于苯教典籍《钥匙》和孔子在苯教众神殿中神变之王的地位，"《孔子项橐相问书》的故事能在藏区流传，也就非常自然而合乎情理了"[2]。《孔子项橐相问书》系英国伦敦大英博物馆、图书馆和法国巴黎国家图书馆藏汉藏文写卷，内地学者对藏文进行了改译，并在内地流传开来。王尧先生论述说："我们不妨从《孔子项橐相问书》汉藏两种文字相比较和从民族文化交流的角度，来……作一次检讨：这一卷子主要是表彰项托的聪明、智慧和敏捷的才思、雄辩的口才。对孔夫子的不敬和揶揄倒不会引起读者（或听者）的反感和沮丧。惟其如此，藏文本才会在众多内地民间故事中被选中并翻译，从而得到了广泛的流传。"[3]

三 苯教影响下藏族先民思想意识中的儒学内容

我们于此选取藏族同胞经常佩戴于腰间起护身符作用的铜镜图案的文化内容试加分析。藏族同胞佩戴的护身铜镜图内圆中9个藏式数字1—9，排成一个三三幻方，即上、下、左、右、斜、直，其总和均为15，藏族称之为pho-brang-dgu-gling，即九宫。中圆为五行、五方、上南、下北、左东、右西，中间的藏文5，既是数目字码，代表5，又与藏文"土"sa写法一致，一举双用，即五行、五方相配，东木、西金、南火、北水、中土。方格内是八卦，与儒学《周易》的卦象和后天八卦顺序相同。外圆是十二生肖（均为圆像，这里改成了藏文字，取其意而已）。

西藏苯教与佛教在传播各自教义的过程中发挥了特殊的创造力，以对孔

---

[1] 王尧：《西藏文史探微集》，中国藏学出版社，2005，第33页。
[2] 王尧：《西藏文史探微集》，中国藏学出版社，2005，第188页。
[3] 王尧：《西藏文史探微集》，中国藏学出版社，2005，第189页。

子的印象为基础,塑造出一位属于自己系统的神秘人物。……这位神秘人物被公认为西藏禳解仪式及西藏命理学的创始人。在西藏命理学中,五行、十二生肖、八卦、九宫是其理论基础,据此发展出多种算法来占卜吉凶。[1] 藏族护身符是民间宗教信仰的一种表现形式,其来源及内容乃是借鉴吸收佛教密宗文化、藏族民间巫术与苯教、中原儒学文化等多种文化元素的融合。有研究认为,藏族这种护身铜牌的文化内容和观念结构,一是受到印度佛教密宗的影响。因为在藏族民间制作护身符的过程中运用大量的密宗咒语,发挥咒语具有的特殊效能,认为咒语能根除人间的一切灾难,增加幸福,具有较大的威力。二是藏族民间巫术和苯教也是其重要的文化载体,尽管现在的嘎乌(护身符)归入藏传佛教文化的范畴,其实嘎乌的最早形态并不属于佛教而属于原始的灵物崇拜。最早的嘎乌有可能是戴在脖子上的一种草、一种树枝或者一种野兽的皮子、骨器等,那时候的人类也相信戴上这些东西可以消灾免难、大吉大利。作为藏族本土宗教的苯教,主要以下降鬼怪、上敬神灵、中调家事为内容,其中包括诸多巫术、占卜等方面的仪式,也不乏护身符或符咒。辛饶所传授的教义可分为两大主要教法,其中一个为《四门一库》,分5部,即白水、黑水、盆域、指南、顶点。白水是神秘教义之意,主要是符咒。可见苯教中也有大量护身符或符咒。三是蕴含了诸多中原儒学文化的元素。据传作者为孔子的护身符有"众生心想事成轮""风马威慑大众轮""保护乾卦雷电轮"等,以孔子直接命名的护身符有"孔子所制文殊像护轮增福寿、增文化知识"。藏族护身符在制作过程中,吸收了阴阳、五行、八卦、九宫等中原传统文化元素。另外,藏族的历算、占卜、祭祀等文献中也会经常出现这些文化元素。[2] 说明藏族传统社会的精神文化生活,常常是集

---

[1] 参见拉毛吉《苯教文献中的"九宫"纪年法探究》,《北方民族大学学报》(哲学社会科学版)2017年第6期。

[2] 参见看本加、林开强《信仰、符号与疾病治疗——丝路文化视野中的藏族护身符》,《西南民族大学学报》(人文社会科学版)2017年第11期。

苯教、藏传佛教和儒学观念为一体，彼此交集互相密切地联系着、渗透着。在激荡交融、演变发展中，苯佛对立统一的历史所包括的苯佛之争是极其显著的，甚至是残酷的。苯儒之间却显示出苯对于儒的吸纳、融摄和汇入，儒对于苯的影响、浸染和改造，苯教与儒学、佛教和藏传佛教与儒家思想，始终都是以融洽关系为主流的。

第二节　藏族世俗社会思想观念与儒学

藏族传统社会的思想观念受儒学影响，是广泛而深刻的。包括从松赞干布时期开始派遣豪酋子弟到长安学习中原王朝的礼仪和典章制度，把汉文尤其是儒学典籍译为藏文，如《尚书》《战国策》等，请赐儒家经典如《毛诗》《左传》《礼记》《周易》等，"请儒者典书疏"。从广泛的意义上说，藏族苯教和藏传佛教等宗教观念在受到儒学影响之下再传播于普遍的藏族民众，均可视为儒学浸润藏族传统世俗社会的泛化表现。于此以《礼仪问答写卷》为例，试述儒学观念对于藏族传统社会世俗思想意识影响的广泛深远性及其普遍性。

《礼仪问答写卷》是敦煌藏经洞发现的编号为 P.T.1283 和 P.T.2111，前有序言、后有小结、中为文献主体的问答体原无标题的藏文写卷，大致形成于 8—9 世纪，译为汉文并将其定名为《礼仪问答写卷》。该写卷标志着藏族世俗道德准则和规范的创立以及对儒家思想的吸取与开拓。王尧先生说："这篇文章中几乎看不到宗教的影子，看不见宗教（不管是苯教还是佛教）的影响。这是否可以说明，在吐蕃时代，宗教（特别是佛教，因为苯教本来就没有什么理论）还没有能统治人们的意识形态；或者说，这一类卷子所反映的思想是远离佛教教义的，是佛教还未占统治地位时的作品。"[1]

藏族《礼仪问答写卷》主要反映的是伦理道德和思想观念，涉及各种社会问题、人际关系等诸多方面，是研究吐蕃社会的珍贵资料，也反映了中国传统文化特别是儒家文化对吐蕃社会的全面深远的影响。[2] 关于《礼仪问答写卷》是否改造吸取儒家伦理而形成的藏族世俗伦理道德文献，需要加以甄别。首先，在唐代时，敦煌被唐蕃占领，而且唐蕃在该地区统治达半个多世纪。这里居住着藏民族和其他民族，且处于杂居状态。十六国时期[3]，敦煌地区就开始有正规的学校教育，特别是前凉统治者非常重视敦煌的学校教育，并以儒学教育为主。唐代时，该地区苯教有官学、私学，还可能有寺学，在这些教育机构中，儒家文化是传授的主要内容。同时，儒家经典在该地区也就得到了广泛学习流传，相应地儒家伦理道德在该地区即得以广泛传播。从更广的地域视野来看，早在7世纪，文成公主就已将一些儒家经典带到西藏，从而使儒家思想，包括儒家伦理道德在藏区逐渐传播开来。特别需要指出的是孔子伦理思想对《礼仪问答写卷》的影响。从历史资料看，至少在7世纪后期开始，孔子就为藏民族所了解，使《礼仪问答写卷》吸取儒家伦理道德观念有了现实的根据。敦煌藏经洞出土的吐蕃历史文献，产生于8—9世纪，几乎和藏文的创建同时，直到9世纪吐蕃势力退出敦煌止。这批资料无疑是西藏最早的文字记录，记载了西藏从有文字以来的早期历史即吐蕃历史。敦煌古藏文文献研究，对于全面了解西藏历史，诠释藏族文化，认知藏汉文化双向交流，具有决定性意义。从撰作形式看，《礼仪问答写卷》颇似参照《论语》孔子与其弟子的对话问答，其内容，多有儒家伦理道德思想和道德

---

[1] 王尧：《西藏文史探微集》，中国藏学出版社，2005，第41页。
[2] 参见韩锋《吐蕃佛教文化中的儒家文化——以敦煌文献为中心》，《中国藏学》2010年第1期。
[3] 十六国："五胡十六国"的简称，304—439年，这一时期是西晋末年到北魏统一中原时期，又北方内迁的匈奴、鲜卑、氐、羌、羯五个民族在中国北部及蜀地建立政权，其中封邦命氏有16国，即前凉、后凉、南凉、西凉、北凉、前赵、后赵、前秦、后秦、西秦、前燕、后燕、南燕、北燕、胡夏、成汉。

规范等观念,说明该"写卷"是藏民族吸取儒家伦理道德的产物。如孔子提出了仁、义、礼、智、信、忠、恕、孝、悌、恭、宽、敏、惠、勇等道德准则,《礼仪问答写卷》也提出应当遵循公正、孝敬、和蔼、温顺、怜悯、报恩、不怒、知耻、谨慎、勤奋等"做人之道","非做人之道"则是偏袒、暴厉、轻浮、无耻、忘恩、无同情心、易怒、骄傲、懒惰等。其次,8世纪,唐蕃不仅有原始的苯教,而且有印度佛教在藏区传播,《礼仪问答写卷》几无宗教伦理道德的观念成分,或较少宗教色彩,彰显的是世俗为人处世、待人接物、父子、夫妇、师生、长幼、朋友、主奴、君臣之间的伦理道德关系,即为人、为友、为政、为学之道等。不难看出,儒学伦理道德在藏族《礼仪问答写卷》中几乎全有涉及或论述。故而《礼仪问答写卷》是关于藏族世俗伦理道德的文献,"受儒家伦理思想的影响的痕迹亦非常明显"[1]。最后,《礼仪问答写卷》是对儒家伦理道德的吸纳运用。若仅是因袭儒家伦理道德思想观念,其就不成为是藏族的。只有经过吸收并进行创造性转化,才是藏民族的,才能标志为藏民族的伦理道德观念并真正地加以践行。因此,《礼仪问答写卷》是在吸纳和创造性转化儒家伦理道德观念的基础上形成的藏民族的伦理道德文献,这是我们基本的学术判定。简要分疏如下。

一 藏族《礼仪问答写卷》的贤愚教化说与儒学的人性论思想

众所周知,儒家孟子的性善论,荀子的性恶论,董韩等圣人之性、中民之性、斗筲之性(或上、中、下)的"性三品"说,都有通过后天教化培养,使先天善性进一步扩充而不致放逸,恶性去除并转化为善,以及荀子

---

[1] 余仕麟等:《儒家伦理思想与藏族传统社会》,民族出版社,2007,第335页。

"化性起伪"、董仲舒"性待渐于教训，而后能为善"[1] 的教化与为善思想。藏族《礼仪问答写卷》未明确提出人性是善还是恶，但提出人的禀性有贤愚，如第 30 问说"贤愚不同之辈"。应该说贤即善，愚即恶，贤愚就是对儒家先天善恶之性的吸纳和创造性转化。《礼仪问答写卷》认为，贤愚是先天的，有至贤至圣者但却很罕见。"弟问：如何役使性情野犷之奴及愚奴？兄云：无论何时，缙绅以恩养之，劣者以严法役使之。但对贤愚不同之辈，恩与罚皆不可废。对桀野之奴仆，严以驯之……使其归于正道。对愚骏者应尽力设法劝说、诱导。"[2]《礼仪问答写卷》结合唐蕃奴隶制社会的实际，把人性的教化方式具体化，对于被当成会说话工具的奴隶采取严刑酷法，如同动物加以驯服；对于一般"愚骏"者循循善诱地劝说、诱导。就是说，对奴隶和"愚骏"的教化采取双重标准和方法加以教化。尽管这是对于奴隶的严重歧视和迫害，但也表明《礼仪问答写卷》，吸取整合了儒家的心性教化思想，并加以结合实际的运用。

二 融通儒学的道德规范与准则

如上所述，藏族《礼仪问答写卷》参照儒学仁、义、礼、智、信、忠、恕、孝、悌、恭、宽、敏、惠、勇等道德规范，创造性融合发挥，提出了十个做人的道德准则，即公正、孝敬、和蔼、温顺、怜悯、报恩、不怒、知耻、谨慎、勤奋。这些内容显然既有藏民族哲学文化中自身的道德观念元素，又在较大程度上受儒学影响。如"孝敬"是对儒家"孝敬"观念的直接运用，"'和蔼'来自于'恭'；'温顺'来自于'宽'；'怜悯'来自于'惠'；'不怒'来自于'恕'；'报恩'来自于'忠孝'；'知耻'来自于'智'；'谨慎而

---

[1] 曾振宇、傅永聚注：《春秋繁露新注》，商务印书馆，2010，第 218 页。
[2] 《礼仪问答写卷》第 30 问，载《王尧藏学文集》卷 4，中国藏学出版社，2012，第 220—221 页。

勤奋'来自于'敏'"¹。"来自"并非"等同",二者的观念差异还是存在的。儒学伦理道德观念偏于理论的理性思考,抽象而蕴含颇深;藏族道德准则通俗易懂,喜闻乐见,易习易行。《礼仪问答写卷》明确提出了"公正"的道德规范,可谓对儒学公正伦理观的进一步彰显。概而言之,《礼仪问答写卷》一系列藏民族的道德准则,既继承了本民族哲学文化中优秀的道德内容,又吸取了儒家的道德观念和规范,并经过消化吸收、转化应用,甚至独特的创造而形成。

儒家提出的君臣、父子、夫妇、长幼、朋友五伦之序的伦理思想及仁、义、忠、孝等道德规范,能充分满足以家庭为单位的农业社会和君主专制政治制度的社会生活需要,即以"列君臣父子之礼,序夫妇长幼之别"²为思想核心,这是儒学的基本理论主题和所具有的道德功能。其中"孝"的观念在这一伦理序列中占有十分突出的地位,具有非常丰富的精神内涵。藏族《礼仪问答写卷》可以说进行了充分的吸收转化和具体发挥。如提出:"对子来说,父权为大,必须顺从父意。"(《礼仪问答写卷》第60问,以下只略为"第某问")"儿辈能使父母、师长不感遗憾抱恨,即为最上之孝敬。……儿子敬爱父母之情应如珍爱自己的眼睛。父母年老,定要保护、报恩。养育之恩,应尽力报答为是……应听从父母之言,不违其心愿,善为服侍为是。……不孝敬父母、上师,即如同畜牲,徒有'人'名而已。"(第32问)而且《礼仪问答写卷》还以佛教的因果报应论对不孝行为加以鞭挞、惩罚,认为如果子女不孝,就会遭到来自冥冥世界的惩罚和报应。

三 借鉴儒学的"君臣"之义,阐明君臣上下伦理关系

孔子说:"君使臣以礼,臣事君以忠。"³ 孟子说:"君之视臣如手足,则

1　余仕麟等:《儒家伦理思想与藏族传统社会》,民族出版社,2007,第338页。
2　司马谈《六家要旨》对儒学理论功能之概括语,见《史记·太史公自序》。
3　《论语·八佾》。

臣视君如腹心；君之视臣如犬马，则臣视君如国人；君之视臣如土芥，则臣视君如寇仇。"[1] 君臣之间是一种相互爱敬的伦理关系，也各有其不同的道德责任。否则就是"君不君，臣不臣"，背离了君臣正当的伦理关系。后来，为了封建统治的需要，发展为"君为臣纲"的单向性关系，甚至把臣忠于君绝对化，变成"君要臣死，臣不得不死"的愚忠，则有违人性而偏至于极其不合理。藏族《礼仪问答写卷》把儒家合理的"君臣"之义及伦理公正原则，纳入本民族的伦理道德思想体系中来，不无增益地提出，"居高位"者应"行为正直"，"高尚而爱惜下人"，要"有礼度"，"不欺凌、役使下人"（第27问）。根据当时藏族社会处于奴隶制的历史实际，把君臣关系改变成"居高位者"与"下人"、"主"与"仆"的关系。同时把"居高位者"的"教诲"，解释为给"下人"以智慧、给"下人"以奖赏，"乃是树立全心全意赤忱办事之榜样"，"主""指责过失时，应恰如其分"等（第31问）；此外，对于"主人""官长"仁慈给予较高的推许，认为"主人仁慈，比授予政权还好"（第35问），"若主人、官长仁慈，无论何处，不会没有温暖"（第33问），"下人亦能瞻前顾后，为未来永久之平安，能不断地做出成绩"，并能使"居高位者"与"下人"之间"和睦相处"（第27问）。《礼仪问答写卷》对"下人""奴仆"同样提出了明确的伦理要求，即要对"居高位者"和"主人""忠心耿耿"（第29问），"奴仆能使主人、长官不指责斥骂，即为最上之侍奉"（第32问）。经过这样结合藏民族实际的创新性转化借鉴，使儒家的君臣伦理观念推展为藏族奴隶制社会君臣、官民、主仆之间的道德规范，既体现出一种君对臣、主人对奴仆、官长对百姓的人文主义道德要求，又包含着臣下、奴仆、百姓不能犯上作乱，要绝对服从统治的奴隶制伦理思想。

---

[1] 《孟子·离娄下》。

四 吸收儒学的"夫妇"纲常伦理思想，规定藏民族复杂的夫妻伦理关系

藏族《礼仪问答写卷》对于儒学的"夫妇之序"伦理观念，没能吸取，却在本民族奴隶制社会实际的历史条件下，比较明显地受到儒学发展中形成的"夫为妻纲"之纲伦思想影响。如说："妻子无论怎样美貌都可以买来、找到"，以极其轻蔑的口吻贬低妻子，而抬高丈夫地位。在当时藏民族的婚姻关系中，存在着买卖关系，妻子的地位很低下。同时非常看重财富，在选妻时"要选有财富与智慧者，若二者不兼备，应选有财富者"（第 57 问）。而且重视和要求妻德，"若为人不厚道，无论多么美貌，也不要结合"（第 62 问）。这里需指出的是，《礼仪问答写卷》是以当时藏民族的实际立言的，藏民族夫妻关系不像中原封建社会夫妻关系那样紧张，妻子在家庭中的地位甚至要高些，这也是藏民族夫妻关系的传统。《礼仪问答写卷》对这种传统有着一定的反映。如对丈夫的权利进行了有限限制，提出丈夫"于家庭之中，勿过于专横"（第 27 问），并提出丈夫对妻子要给予爱的伦理要求，妻子"善好妩媚，应该相爱"，"她无过错，顾虑别人讥笑而弃她，这怎么行？"（第 62 问）非但如此，《礼仪问答写卷》还提出丈夫要听取妻子的正确意见，"妻子若无不妥之处，是好话，立即将其所言之正确部分与其他分开来"（第 58 问）。这无疑在一定程度上有着尊重妇权的观念因素。

五 吸取儒学长幼之序的伦理观念，赋予藏族同胞长幼伦理更为广泛具体的内容

儒家孔子提出："弟子入则孝，出则弟。"[1] 孟子倡导："老吾老，以及人

---

[1] 《论语·学而》。

之老；幼吾幼，以及人之幼。"¹《礼记》主张："年长以倍则父事之，十年以长则兄事之，五年以长则肩随之。群居五人，则长者必异席。"²《左传》则有"兄爱而友，弟敬而顺"³，即"兄友弟恭"的道德训诫。长幼关系是儒学五伦观念的重要内容。藏族《礼仪问答写卷》对于这一基本伦理思想的吸取，表现在明确提出"应有长幼之序"（第27问）的道德训诫，且进行了多种具体的疏解。如根据藏区特别尊敬师长或上师的现状，强调对师长或上师的尊敬，认为只有这样才能"师长不感遗憾抱恨"，否则"徒有人之名而已"（第32问）。"媳妇也应将公婆当作父母看待。相争、乱说均不妥，应尊敬而有（等级）长幼，善为侍奉为是。"（第61问）婆媳关系在一定条件下是相互转化的，"任何人，年轻时为媳，年老时为婆。人生要经历两个阶段，要看到自己也会衰老为是"（第61问）。媳妇敬公婆，尔后自己作了婆婆也会得到儿媳的尊敬。"兄弟如何丑陋，不能另外找寻。"（第32问）从自然的血缘关系角度阐释处理弟兄间的关系，《礼仪问答写卷》认为，弟兄之间的伦理关系同样是双向的，兄对弟以爱、帮助和教育培养，弟对兄要予以尊敬，听从兄长的教诲，《礼仪问答写卷》开篇叙述："兄年二十九，弟年十八……临别时，请兄垂训、教诲弟云：……弟友之中，于我仁慈，疼爱如君者罕矣。""训练他们忠心耿耿更为紧要者。"（第53问）兄长对弟弟和晚辈进行训教，是其不可推卸的道德责任。另有"弟与兄同心"（第26问），即心心相印，齐心协力，真心相待的教诲。与儒学的"序长幼之别"基本无异，由此可见，藏族《礼仪问答写卷》也在倡导长幼之礼。

---

1 《孟子·梁惠王上》。
2 《礼记·曲礼上》。
3 《左传·昭公二十六年》。

六 在儒家思想影响下，把真心和忠诚
作为藏民族的交友之道

《中庸》说："天下之达道五……曰：君臣也，父子也，夫妇也，昆弟也，朋友也，五者，天下之达道也。"儒家认为，忠信原则更要贯彻于朋友之道。孔子说："言忠信，行笃敬，虽蛮貊之邦行矣；言不忠信，行不笃敬，虽州里行乎哉？"[1] 如果"匿怨而友其人……耻之"[2]。曾子言："君子以文会友，以友辅仁。"[3] 《礼仪问答写卷》说："与友同心，不能损人。"（第19问）朋友之间要相互帮助，若有不对，"忠直规劝"（第37问）。特别提出交友要有原则，"无论何时，结交朋友要有分寸"（第48问）。"任何时候，能为知友抛弃财宝，是为好友；如不能与友有益，待别人陷入罪恶，再以财物相助是为恶友。"（第43问）宣示了好友、恶友的道德标准，实质是不以看重钱财而要以义或谊为标准，只有有义、有谊才能愿意舍弃钱财助友，如果朋友间都是如此，社会道德就是高尚的。那种不把义或谊置于优先，平时不对友以有益的帮助，或者不进行道德规劝，等到别人已经陷入了罪恶，才去仅仅以物质相助则是恶友，绝不能与这样不可依靠的人交友。可以说，强调以真心和忠诚相待朋友，是儒学与藏族《礼仪问答写卷》共同的观念特征。

七 将儒家爱民惠民、正道正民的为政伦理
原则融汇于藏民族的伦理观念

藏族《礼仪问答写卷》把孔子"为政以德"[4]、孟子"仁政""王道"的

---

1 《论语·卫灵公》。
2 《论语·公冶长》。
3 《论语·颜渊》。
4 《论语·为政》。

思想充分地融入藏族的伦理观念中，认为："世上并无既需要而可抛弃者，其至上者，生命和社稷不能抛弃。"（第3问）视生命和社稷为至上原则。"无论何时，国王之律令，应使百姓生命与国家社稷二者安稳，事事皆以法度为是。若与此相违，以友为敌，以王做靠山（王言代替律令），则无人不骄横，而争辩不休，无公理……岂能稳固。"（第2问）。提出"安稳"百姓之生命，百姓生命至上，为政者就要保护百姓的生命财产，保证其衣食住行的满足，不能使之饿死、冻死，不能滥杀无辜，鱼肉百姓，这就是为政以德，就是施以仁政。水可以载舟，也可以覆舟，只有为民施仁政，社稷的稳固才有根本保障。百姓和社稷安稳的前提条件是要有法度，依法行事，若无法或有法不依，社会就会动乱、暴力四起，百姓就不能安居乐业，甚至生命不保，社稷也就会倾覆。这些思想体现了藏族《礼仪问答写卷》对于儒学仁政思想的创新性特点。《礼仪问答写卷》明确提出仁政的公正原则。认为公正才能做到真正的仁政，它能使百姓在政治、法律等方面享受平等待遇，从而使他们的利益不受侵犯反而得到维护。"王之国法"，必须推行"均等的"（第5问）公正原则，施政者"若能不偏不倚，则谁能对之不钦佩折服"（第6问），"若为长官，应如虚空普照天下，应如称戥一样公平，则无人不喜，无人不钦"（第5问）。这种公正原则，主要是对于统治者提出的伦理要求，反映和代表了藏族百姓的愿望与心声。

八　推展和增益儒学重视道德教育、道德修养的伦理理念

孔子说："道之以德，齐之以礼，有耻且格。"[1] 藏族《礼仪问答写卷》也非常重视民众乃至官员的道德教育和道德修养。有学者指出，《礼仪问答写

---

[1]《论语·为政》。

卷》本身就是一部"施以真言，更为德行"的进行道德教育和提倡道德修养的极好读本。[1] 进行道德教育和道德修养是为了更好地行善，前提是要提高智慧。孔孟无不重视智慧的提高，因为"智者不惑"[2]。孟子认为："是非之心，智也。"[3] 根本的是知仁和知义，次而是有丰富的知识，儒典《大学》有格物致知之说。《礼仪问答写卷》吸取这些思想，反复说明："若无智慧，不能行善。"（第18问）"如无智慧及无教育之可能，一切教诲与讲说均不会接受，而空废。"（第54问）"无论何时，决无不讲（宣讲）而有识，不修学（教诲）而有领悟之事，聪明人凡事皆知，但教诲后则更勤奋，宣讲后则更听话。"（第53问）"对长远有利，虽困难也要修学。"（第53问）"正确无误之理，无论出自何人之口，均我大师。"（第19问）"有时，可能未懂他人之言"，也"勿存羞意应再请教"（第19问）。《礼仪问答写卷》要求主人、官员进行仁德修养，将仁慈与息嗔怒（怨恨恼怒）相结合，且认为息嗔怒不等于事事无原则地迎合。如讲："仅行仁政亦不可，一味嗔怒必有错失，一味嗔怒不可行，专施仁政有错失。有人虽不是从心里嗔怒，但如一味迎合其心意行之亦为不善，亦为过失。"（第36问）这些论述与孔子"以直报怨，以德报德"[4] 的行为宗旨显现出了差异，或者说有所改造和变化。

《礼仪问答写卷》吸取儒家取财有道、节俭、廉洁，反对贪欲的思想观念，明确提出为政者要廉洁奉公，绝不能贪欲。"身为人之长官，欲望如此之多，就会贪婪无边。贪得无厌，歪门邪道即由此产生。"（第65问）主张生活俭朴、知足而乐的思想。"肚不饥，背不寒，柴火不缺不断，即可足矣！这些目的达到，富裕而安逸；超过以上财物，不会安宁富裕。财宝役使自己，

---

[1] 王尧、陈践编：《敦煌古藏文〈礼仪问答写卷〉译解》，载中央民族学院藏族研究所编《藏族研究文集》第2集，内部资料，1984，第113页。
[2] 《论语·子罕》。
[3] 《孟子·告子上》。
[4] 《论语·宪问》。

财宝即成仇敌。"（第64问）非常朴实地说明了"小富即安"和贪财必为财所害的深刻道理。不过，《礼仪问答写卷》将儒学取财有道、节俭、廉洁，反对贪欲的普遍性伦理规范，转化为对官员的伦理要求，具有灵活运用和发挥的特色，而对于孔子所谓"君子去仁，恶乎成名？君子无终食之间违仁，造次必于是，颠沛必于是"[1] 的仁之原则，则为藏族《礼仪问答写卷》所未及。

应当指出，儒学强调修身养性的目的，是"修己以敬""修己以安人""修己以安百姓"[2]，在于提升自己的道德境界和使民安乐。藏族《礼仪问答写卷》提倡加强道德教育和道德修养，一方面是为了提高藏民族的善性之德，使官员施行德政，"主人仁慈，比授予政权还好"，这一精神方向与儒学相通相融；另一方面，又有"对不甚好者，勿过分仁爱"，即对于造起事端的百姓，尤其奴隶就可以不施以仁，而是要进行强力压制，甚至施以严刑酷法予以震慑。《礼仪问答写卷》主张对臣民的奴使应"恰如其分"，目的是保全施政者，得到臣民的亲近，这种观念表明，《礼仪问答写卷》既反映要求统治者要满足藏族百姓的愿望，又反映如何才能更好地维护奴隶主统治的根本思想，这是《礼仪问答写卷》与原始儒学的一个重大区别。按照《礼仪问答写卷》所阐述的道德结构层面，从人性观、人伦观、忠孝观和人生观几个政治角度来分析，吐蕃伦理文化对中原儒家文化兼收并蓄的同时又赋予了藏民族鲜明的文化特征，又从分析比较中可以看出吐蕃伦理文化和儒家伦理文化具有的不对称关系。[3] 实际上，《礼仪问答写卷》对于儒家伦理观念是在精心抉择的基础上，结合本民族、本地区实际加以吸收改造和运用，并从经济生活、人际交往、家庭关系、亲友关系、道德教育、道德修养等方面全方位地展现了藏民族的伦理思想、伦理准则和伦理规范。

---

1 《论语·里仁》。
2 《论语·宪问》。
3 参见周云水《从〈礼仪问答写卷〉看唐蕃伦理文化与儒家伦理的关系》，《阿坝师范高等专科学校学报》2007年第4期。

第三节　藏传佛教哲学与儒学

9世纪中叶以后，朗达玛灭佛，吐蕃王朝瓦解，西藏社会进入分裂时期。文化尤其宗教文化中的苯教尽管也积极地谋求发展，如大量翻译佛经以寻求与佛教的弥合而确保其在藏族社会的根基，但由于本身的原始落后性和缺乏强有力的上层贵族的支撑，最终未能形成像先前那样的兴盛气候。相反，佛教却迎合了藏族社会民众逃避现实苦难、祈求神灵保护、祈福求善的精神需求，逐渐形成了藏传佛教这一显著的文化成果。藏传佛教派系众多、理论繁密，之后在政教合一的政治历史条件下，不断得到巩固发展。这样一来，藏族哲学文化中长期形成的苯、佛、儒互动融合发展的关系，也因此发生了格局上的巨大改变，导致了由藏传佛教文化和藏传佛教哲学主导下的佛苯儒彼此相互影响、吸收融摄关系。本节主要以藏传佛教萨迦派的《萨迦格言》和格鲁派重要学者土观·罗桑却吉尼玛著《土观宗派源流》为文本，阐述藏传佛教哲学文化与儒学间的相互影响和彼此激荡融合的性质及状况。

一　政治观、人生观的构建：《萨迦格言》对儒家思想的吸取和创进

《萨迦格言》是藏族学者和宗教政治活动家萨迦班智达·贡嘎坚赞撰著，广泛流传于藏区的一部哲理格言诗集。萨迦班智达·贡嘎坚赞（1182—1251），简称萨班，藏传佛教萨迦派第四代祖师，藏历第三绕迥水虎年出生在后藏，自幼从至尊扎巴坚赞学习并掌握了显密二宗精要，23岁留学印度，拜师卡却班禅，刻苦学习，精大小五明，获得班智达[1]学位，成为西藏第一位

---

[1] 班智达之称源于印度，意为学识渊博的大学者，故班智达在印度并非佛教概念，而是泛指不受宗教局限的博学者。

班智达。藏历第四绕迥木龙年（约1244），应元世祖忽必烈之孙阔端邀请，萨班携侄子卓贡帕巴（八思巴）和恰那去凉州（今甘肃武威）会见阔端，商定将西藏置于元朝管辖。萨班是藏族历史上一位热爱祖国、维护祖国统一的先行者。

《萨迦格言》，亦称《格言大宝藏》《善说宝藏》等，该著是独具藏族风格以四句七音步为基本格律的格言诗，全书9章457首，每首4句，既有很高的文献价值，亦包含丰富深刻的哲学、宗教、心理学和史学等方面的内容。《萨迦格言》的具体撰著时间已无法知晓，但萨班为12世纪后期至13世纪中期藏传佛教高僧，从641年吐蕃赞普松赞干布迎娶文成公主入藏时起，到13世纪中期，汉藏两民族间具有一定规模的政治、经济和文化交流已有600余年历史。其间，儒家思想文化在藏区广泛传播并业已向纵深发展。作为一位藏区上层僧人、具有广博知识和政治智慧的萨班，既谙熟藏区政治文化和宗教实际，又比较熟悉汉地政治状况和儒家文化，这是萨班能够将藏族政治宗教与汉地儒学会通融合并创作出声名远播、影响深远的《萨迦格言》的独特优势。萨班顺应时代潮流和藏族人民愿望，以强烈的政治敏锐性和发展眼光，探索作为藏民族世俗伦理道德，特别是作为神学的藏传佛教和作为世俗精神文化的儒学的有机结合，以此达到藏区社会稳定和政教合一制度的巩固，于是创作了《萨迦格言》。该格言诗脍炙人口、通俗易懂，学理上是世俗伦理和藏传佛教义理与儒学的融会贯通，实质上由于藏传佛教带有消极入世（当然，也有一些积极的入世思想）的精神特质，儒学具有积极的入世精神，故而《萨迦格言》可说是熔出世和入世双重文化精神于一炉。藏族世俗伦理、藏传佛教没有儒学那种丰富的关于社会纲常礼教、处理人际关系和待人接物的思想规范；儒学也无藏传佛教大乘菩提心、空性光明的如来藏、因果关系正理等精义教言。在萨班看来，吸取儒学精髓与藏传佛教精义教言加以会通融合才是藏民族最需要的，因而他以博大胸怀、兼容并包精神，努力吸取藏族世俗伦理、藏传佛教义理和汉地儒学思想于《萨迦格言》中，实现了佛教义理和儒学思想的有机融合。《萨迦格言》所要解决的是社会发展需求与藏族社会政治、文化、伦理道德等之间的矛盾，以及解决上层统治者与平民百姓、入世和出世等方面的对立。

《萨迦格言》并非对儒家典籍某些字句的移植，而是基本概念的吸纳；也非形式上的借用，而是精神实质的采摄。从对其的研究看，无论是汉族学者，还是藏族学者，大多认同《萨迦格言》吸取了儒学思想，直接或间接地受到儒学影响。有学者认为："《萨迦格言》……主张的仁政、处世为人、勤学求知以及修身养性等等，明显受到儒家伦理思想的深刻影响。"[1] "就拿《萨迦格言》的产生来说，也同样受到了外民族优秀文化的影响。它除了受到印度文化的影响外，也受到了汉族儒家文化的影响。"[2] 然而，《萨迦格言》对儒学的融摄是经过抉择选取的，具有隐含性特征。因此，《萨迦格言》中所体现的儒学思想，彰显出对儒学改造和创造性发挥，把儒学融入藏民族思想文化血脉之中，丰富发展了藏族思想文化。《萨迦格言》是藏民族思想文化深刻融合儒学思想精华而发生转型的一次生动体现。《萨迦格言》吸取或所受影响主要是儒家的伦理道德思想，重视的是社会伦理道德和治国理念等儒家思想的核心思想观念，表明其当时主要为求解决治政和提高藏民族社会的伦理道德水平，《左传》说："德，国家之基也。"[3] 提高藏族社会的伦理道德水平也是为了更好地治理国家，使藏族社会政通人和、稳定有序。

其一，仁政和忠君思想。孔子提出："为政以德，譬如北辰，居其所，而众星共之。"[4] 孟子继承和发展孔子德政思想，倡导"以德服人"[5]。为政不

---

[1] 余仕麟：《〈萨迦格言〉与儒家伦理思想》，《西南民族大学学报》（人文社科版）2008年第4期。
[2] 李钟霖：《〈论语〉和〈萨迦格言〉》，《西藏研究》1994年第2期。
[3] 《左传·襄公二十四年》。
[4] 《论语·为政》。
[5] 《孟子·公孙丑上》。

仁，就要亡国。"天子不仁，不保四海；诸侯不仁，不保社稷。"[1] 孔子又提出：为政者要有慈爱之心，"爱民如子"，并主张富民、惠民、教民，"因民之所利而利之，斯不亦惠而不费乎？"[2] "曰：'既富矣，又何加焉？曰：'教之'。"[3] "行仁政而王，莫之能御也。"[4] 在藏民族地区，作为一位开明的萨迦派领袖和积极促进西藏政治统一的萨班，吸取藏族历史上统治者失败的教训，深受儒家仁政思想影响，极力倡导仁政和以德治国的思想。

在藏区历史上封建农奴主分裂割据时期，穷兵黩武，强取豪夺，横征暴敛，不顾广大藏族百姓的安危和疾苦。《萨迦格言》说："天下的国王虽然多，奉法爱民的却很少。"[5]（下引《萨迦格言》，只在文后括号内注明该著页码）藏区广大奴隶和农民处于水深火热之中，被迫揭竿，以武装斗争形式同农奴主和统治者顽强抗争，严重危及统治者的统治和根本利益。萨班把救治良方付诸德治、施仁政，要求："国王切莫欺凌百姓，只能合理征收税赋；娑罗树里蕴藏香脂，流得太多就要枯死。"（第124页）"少征一点积满仓；蚁垤、蜂蜜、上弦月，都是积少而成多。"（第124页）为了"治国安民，何必吝惜财物"（第136页）。国王对百姓要慈善和蔼，"国王要特别和蔼，不可因小事发狠"（第125页）。《萨迦格言》坚信佛教因果报应论，"因果循环不相欺，这是佛法真精神"（第166页）。统治者对百姓施以慈爱，百姓就会给予相应善的回报，"经常仁慈的主人，很容易找到仆从；在莲花盛开的湖里，水鸭自然会来聚集"（第89页）。萨班提出了"仁"的观念。藏民族早期信奉的苯教，有善、恶神之分，信奉善神，鞭笞恶神，企求善神发善，施舍善行恩赐于人。藏传佛教义理，有佛性之善的观念，大力宣说大慈大悲的菩提

---

1 《孟子·离娄上》。
2 《论语·尧曰》。
3 《论语·子路》。
4 《孟子·公孙丑上》。
5 萨迦班智达：《萨迦格言》，王尧译，当代中国出版社，2012，第78页。

心。但苯教、藏传佛教都没有仁的观念，仁是儒学的核心范畴和思想。《萨迦格言》仁的观念，显然受到了儒家思想的深刻影响，提出统治者、农奴主对民予以仁爱，爱护和保护他们，就会得到民众的拥护和支持，统治者的统治就会稳固。相反，如果统治者对百姓横征暴敛，残酷欺压，就会遭到相应惩罚，百姓会奋起反抗。这尽管体现着善恶因果报应的伦理原则，善有善报，恶有恶报，但亦融入了儒学的仁政原则而要求对百姓施以仁政。不仅如此，《萨迦格言》奉劝国王要依法行政，不要弄权和专权而胡作非为。"国王要依法治理国政，否则他就会走向衰败。"（第64页）仁和礼是儒家的重要思想，仁是内在的，礼是外在的，所谓"内仁外礼"。内在的仁解决的是道德修养问题，外在的礼是以规范典章来协调和处理人与人、人与社会之间的关系和行为。儒学渗透于法律，就使仁、礼转化为法，即以仁、礼入法。故而仁治即礼治，礼法结合或并举。法靠权支持，权由人掌握行使，最高权力者即帝王，所以法治也就演绎为人治，王法即国法。藏族社会有所不同，藏族社会早期，就有法律施行，即藏族早期的刑法和审判法，重要特征是褒奖善者，惩治恶者。吐蕃时期，松赞干布制定《六类大法》。藏族法律受到原始宗教、佛教戒律等的深刻影响，佛教戒律融入藏族法律中主要是五戒十善。此后，藏民族社会的各个时期几乎都有法律制定和颁布。经过长期积淀，藏民族形成了强烈的法律意识。《萨迦格言》反映了这一藏民族特色，认为不仅不依法行政要走向衰败，而且，"国王过分炫耀权势，会导致最后的毁灭；将鸡蛋扔向高空，只能是摔得粉碎"（第81页）。"如果常常欺凌下属，长官就会身败名裂。"（第65页）《萨迦格言》表示，统治者要对百姓施以仁德，以德治国，但在现实政治领域中，"天下的国王虽然多，奉法爱民的却很少"（第78页）。可见，萨班提倡仁政，一方面反映了藏族百姓的愿望和利益，另一方面是为了维护封建农奴主的统治秩序。因此，《萨迦格言》又提出要掌握好施仁政的尺度，对百姓仁爱而又不能过度；过分的仁慈亲近，是造成怨恨的根源。对于所谓"品质恶劣的小人"，更是要予以及时严惩，绝不姑息养奸。"想让桀骜者发善心，只有用暴力来制伏。要想对身体有裨益，用放血疗法把病除。"（第129页）《萨迦格言》没有具体提出区分好人与坏人、品质高尚和品质恶劣的人的标准，也没有具体指出哪些人或哪类人是好人、坏人、品质高尚者和品质恶劣者，这是其明显的局限和不足。

在君臣关系上，《萨迦格言》受到儒家君爱臣、臣忠君，以及视忠君为臣的道德品质和责任思想的影响，极力维护君的尊严和至高无上地位，提出忠君思想，并根据藏族社会政教合一的政权实际，认为忠君既是忠于世俗社会首领，又是忠于宗教首领。"尽管地方首领生气，对他还得和悦亲近；正如在地上滑倒，还得把大地依靠。"（第122页）作为臣子要仅仅偎在首领的身边，对其感恩戴德，忠心不二；作为首领之属民，也要规规矩矩服从首领的统治，做俯首听命的顺民，这带有对臣子特别是百姓奴化教育的思想特征。当然，《萨迦格言》亦对首领提出道德要求，即对百姓慈爱，否则即"暴君"。暴君就会被百姓疏远，更凄惨者，他使百姓难以安身。"坏妻、恶友和暴君，这三者谁敢亲近？在猛兽横行的林中，懂事的人谁敢安身？！"（第65页）《萨迦格言》奉劝国王信奉佛教教法，"做奴仆的骄傲自大，修苦行的讲究衣着，做国王的不行教法，三者都是不合情理"（第100页）。国王修行佛法，就是为了对百姓发慈悲之心而做善事。"如果愿意做善事，无论如何听佛言；任何时候都坚持，舍命也要护佛法。"（第169页）萨班作为一个藏传佛教派别——萨迦派首领希望统治者以佛法修行对百姓发善心，施仁政，把宗教和政治相结合，表明《萨迦格言》仁政思想与儒家的政治异趣和观念差别。

其二，与人为善，不作恶。孔子强调要"死守善道"[1]，主张："子欲善，而民善矣。"[2] 孟子提出人性本善，赋予善以深刻内涵。认为"可欲之谓善"[3]，"可欲"即人之本性，人之本性即善性，善性的本质即仁、义、礼、智。换言之，仁、义、礼、智就是人之可欲的或先天的善性，这样的"欲"就是善性之"欲"。"可欲"绝非不仁、不义、不礼、不智。不仁、不义、不礼、不智即恶，是人所不可欲的。"无恻隐之心，非人也；无羞恶之心，非人也；无辞让之心，非人也；无是非之心，非人也。恻隐之心，仁之端也；羞恶之心，义之端也；辞让之心，礼之端也；是非之心，智之端也。"[4] 因此应"尽其心者，知其性也。知其性，则知天矣。存其心，养其性，所以事天也"[5]。告诫为人要知善、持善、养善、行善。藏族高僧萨迦班智达《萨迦格言》也将善与恶根本对立起来，告诫人们要识破恶的伪装："恶人有时变得善良，那是他的伪装；玻璃涂上宝石的彩釉，遇见水就会露出本相。"（第26页）《萨迦格言》所讲之善又有本民族特有的思想内涵，如对人以爱、以和气、以友好等。反之即恶，如对人以恨、以仇、以损害、以愤怒等。"要想消除敌人的危害，只有克服自己的嗔恨；嗔恨自有轮回以来，苦害人们无穷无尽。"（第160页）"本领高强而狂暴的人，嗔怒特别有害自身，高尚而和气的人，哪有事情使他嗔恨？！"（第160页）故而人要有善心，行善事，防止为恶。儒家所提倡之善，《萨迦格言》中也有体现，即提出对人仁慈、求知识、知耻及不为自己打算而给人以利等，切近于儒学仁、义、礼、智的思想观念。

其三，做爱人利人的君子，不做贪婪害人的小人。仁爱思想是儒学最核

---

1 《论语·泰伯》。
2 《论语·颜渊》。
3 《孟子·尽心下》。
4 《孟子·公孙丑上》。
5 《孟子·尽心上》。

心的观念,从儒学创始人孔子始,即赋予了仁爱广泛深刻的精神内涵,含有"爱亲"与"爱众"两方面内容。"爱亲"或"亲亲"的内涵是建立在血缘关系上的道德观念,是儒家道德规范中的伦理原则的基础。《中庸》说:"仁者人也,亲亲为大",《礼记》说:"亲亲尊尊长长,……人道之大者也"[1]。"爱众"的内涵是建立在群类的关系上的道德观念,是儒家道德规范中的功利原则的基础。在孔子看来,为民众谋取功利,也是实现"仁"的重要标志,也是"仁"的重要内容,所谓"博施于民而能济众,可谓仁乎!"在儒家的道德实践中,"爱亲"能够产生道德义务,"爱众"可以产生道德责任。从一方面说,这种仁爱的道德底线至少是不损人、害人而利己,"仁爱"是区分君子、小人的根本性内涵。

藏族《萨迦格言》或受儒学君子小人和仁爱等思想观念的影响,亦有君子小人、高士恶人,以及仁爱利人进而施舍的突出观念。"要想使自己上进,就得专门利人;修饰容貌的人,首要擦拭铜镜。"(第143页)"君子温顺护己又护人,小人蛮横害己又害人;果树结果利己又利人,朽木干枯毁人又自焚。"(第44页)"学习利己利人的知识,那是学者的标志;有些知识像射手,一旦学会就毁灭家族。"(第142页)护己利己与护人利人相对而言,要为他人就不是损人利己的自私自利。在藏传佛教自利利他的教义中,自利就是通过对佛学的修学而获得解脱,利他就是帮助他人(众生)获得解脱,而自己的解脱是为了更好地帮助他人(众生)解脱,实质上就是利他。《萨迦格言》把为人的品质或品格描述为:"高尚之士经常检查自己的错误,邪恶之徒老是挑剔别人的缺点;孔雀剔洗自己的羽毛,猫头鹰却给人以恶兆。"(第44页)这些藏族萨迦格言,对应于《论语》中所说"吾日三省吾身:为人谋而不忠乎?与朋友交而不信乎?传不习乎?"[2]"小

---

[1] 《礼记·丧服小记》。
[2] 《论语·学而》。

人之过也必文"[1] 等论述，可以说虽言殊而义近，二者的观念是相通的。《萨迦格言》说："愚人自己富有了心舒坦，高士使人家受益才心安；癞子抓痒时浑身痛快，智者见癞病心惊胆战。"（第45页）愚人或小人一心求己富，富了便兴高心舒，隐含着不富便心生痛苦，甚至做出损人利己之事来；高士或君子内心深处想的不是己富，而是为了使他人富有或使他人受益，即使自己贫穷也心安，"卑劣的人富有便骄傲，高尚的人富有更和好；狐狸吃饱了到处嚎叫，狮子吃饱了安静睡觉"（第54页）。这契合于儒学中"富而无骄"[2]、"君子固穷，小人穷斯滥矣"[3] 的思想观念。

《萨迦格言》爱人利人的思想既受到儒家思想影响，同时也融入了藏传佛教大慈大悲、无私奉献的思想元素。佛教不求回报的施舍，包括财施、法施、无畏施等观念，《萨迦格言》以财施观念为多。"佛说收取的钱财，必要时就得施舍；积的钱财如蜂蜜，总有一天被人用。"（第153页）"进入轮回流转的众生，拼掉性命为钱财狂奔；知足的人得到钱财，心安理得地施舍予人。"（第156页）《萨迦格言》提出了要辩证地对待施财与聚财的关系，"吝啬鬼不会成富翁，施舍者不会成穷人"（第153页）。这就阐释了有舍才有得，吝啬即无得的深刻思想。"想积攒钱财的人们，施舍是最好的办法；想把河水引进池塘，先退水是养池良方。"（第97页）萨班提出施舍财物而变富，主要是劝导人们对于贫穷者要尽施舍的道德义务，救济贫穷者，提高道德水平，体现出萨班利用佛教六度之一的布施之理讲利他，彰显出有异于儒学善德思想的特色。

与爱人利人的高尚品格和君子人格相对立的就是贪欲之心或者行为。贪欲就是一己之私，就会损人利己。贪欲或私欲历来为儒家所鄙弃。"欲仁而得

---

[1] 《论语·子张》。
[2] 《论语·学而》。
[3] 《论语·卫灵公》。

仁，又焉贪？"[1] "苟为后义而先利，不夺不餍。"[2] "养心莫善于寡欲。"[3] 儒学甚至把"义"与"利"、"天理"与"人欲"绝对对立起来。藏族萨班的《萨迦格言》对贪欲的反对和抨击同样是强烈的。"骄傲使人变得无知，贪欲使人寡廉鲜耻。"（第65页）针对有人把贪欲当作舒适和幸福，萨班认为："以为贪欲就是舒坦，其实是痛苦的根源；以为喝酒就是舒服，那是把疯狂当幸福。"（第102页）对物质的贪求之欲是无止境的，永远没有满足，所以要克服贪欲，就是要有知足之感。"一个人能够知足，财富就享用不完；追求财富不知足，痛苦像雨水连绵。"（第152页）把不知足视为痛苦的渊薮，因此要想不陷入无穷无尽的痛苦之中，就要知足而克制贪欲。要有爱人利人之心，在藏传佛教就是要有大慈大悲之心。发大愿之心，以拯救众生于苦海之中，为大慈；发大愿心，让众生幸福快乐，为大悲。萨班作为萨迦派的教主当然竭力提倡大慈大悲之心。但他又指出慈悲是有限度的，"倘若慈悲过了头，会变成仇恨根由；世上一般的纠纷，都因有关联产生"（第85页）。慈悲有限度且有原则，对坏人、恶人、狡猾者不能发慈悲，"对老实者要仁慈，对狡猾者要抛弃"（第138页）。要警惕恶人、坏人，"和坏人交往虽久，还是断绝关系为好；摇动的牙齿虽美，还是把它拔掉为妙"（第136页）。"虽说自己没有坏心，也不轻信所有的人；食草小兽虽然心善，猛兽却把它当食品。"（第139页）若对坏人发慈悲，就会反成仇，到头来不仅伤害自己，还会危及他人。这里萨班与儒家"泛爱众"思想有区别，儒学爱有差等，由近及远，由人及物，倡导推爱；藏传佛教慈悲是对在生死轮回之苦海中的芸芸众生之慈悲，且把众生视为自己的母亲，无亲疏之别、差等之分。同时，萨班提出慈悲不能过以及对坏人、恶人不讲慈爱的观念，既多了一层含义又富有佛的

---

[1] 《论语·尧曰》。
[2] 《孟子·梁惠王上》。
[3] 《孟子·尽心下》。

宗教特色。

其四，做人美德。"儒家思想中的道德观念系统是一个德目或道德概念众多的较为复杂的系统，且因缺乏明确的界定，相互间存在着一定程度的混乱、歧义。然而深入辨析则可以发现，它们原来可区分为归属于德性、德行、道德行为的底线原则和最高标准等不同层面，乃是一个有内在结构的、有序的道德观念系统。"[1] 在这个"有内在结构的、有序的道德观念系统"里，诸如仁、义、礼、智、诚、信、孝、悌、忠、恕、谦恭、礼让、居敬、闲邪、慎独、刚勇、廉洁、知耻、尊德性、道问学、敏言、笃行、格物致知、知行合一、民胞物与，等等，每一种德性或德行，都具有相应的理论地位和实践取向。藏族萨班立足于藏族文化根基和藏传佛教思想观念，对于儒学系统的道德观念又有充分而广泛的吸收融合、变异创生，且充分地表现于其《萨迦格言》的全面精神体系之中。其具体表现为以下六个方面。

一是诚信观念。《萨迦格言》指出："想用谎言欺骗人，实际是欺骗自身；说一次谎话的人，再说真话也不信。"（第113页）说真话而不骗人就是讲诚信，就是信而无欺。"只要知耻而又真诚，就是敌人也可信任；因拯救了真诚的敌人，他会拼上命保护恩人。"（第139页）只要对人真诚，就能以此换得真心，以及换得别人的信任和帮助。

二是恕道、廉耻思想。"自己不爱的事情，绝不要强加于人！试想自己受害时，那会是什么感情？"（第132页）"让人从事他所会的，不会做的不能强迫；马车不能在水上走动，船舶怎么在陆上航行？！"（第138页）将心比心，设身处地为他人着想。"学者对待敌人，要像亲友待承，虽然不能和解，却是解怨良药。"（第144页）"智者对敌人宽厚，敌人最后被制服；愚人对敌人报复，困难就会不断头。"（第52页）萨班的这些格言警句，简直就是

---

[1] 崔大华：《儒学的现代命运——儒家传统的现代阐释》，人民出版社，2012，第5页。

对于儒学孔子"其恕乎！己所不欲，勿施于人"[1]，"夫仁者，己欲立而立人，己欲达而达人"[2] 等思想的某种浅近阐释。关于廉耻，《萨迦格言》说："寡廉鲜耻之辈，以别人财物装门面；拿朋友衣服当坐垫，以表示对客人尊重。"（第61页）"骄傲使人变得无知，贪欲使人寡廉鲜耻。"（第65页）甚至以佛法劝诫人们不要有贪欲："应得的财物可取，贪得的欲望要除；树梢的果子可摘，超过树梢要摔跤。"（第121页）"不顾惭愧和羞耻，不懂尊敬和蔑视；专图吃喝与钱财，这种地方不该待。"（第126页）萨班真诚地告诫世人一定不要贪图钱财，只有廉洁而知耻，才能得到人们的信任和受人保护。"只要知耻而又真诚，就是敌人也可信任；因拯救了真诚的敌人，他会拼上命保护恩人。"（第139页）"你有多大的羞耻，就有多大的功德；如果不顾羞耻，功德远离，臭名昭著。"（第49页）唾弃"寡廉鲜耻"是萨班强烈的思想观念，将廉诚知耻与功德相联系，明廉知耻方能获得功德和好的名声。萨班所企望的是一个清廉无贪，充满施舍、博爱和诚信的人间世道。

三是谦虚谨慎之论。《萨迦格言》从正反两方面劝诫人们要像圣哲、学者、君子那样谦虚而不高傲："圣者虽然把学问腹中藏，他的声望却到处传扬；豆蔻花虽然被严密裹藏，它的香气却飘溢四方。"（第17页）"谨慎小心的人们，说话担心出差误；懂得这点不多言，就会受到人尊敬。"（第134页）"知识浅薄的人很骄傲，学者却谦虚而有礼貌；溪水经常哗哗响，大海从来不喧嚣。"（第42页）"假若过分狂妄自大，痛苦就会接踵而来；因为狮子傲慢太甚，就做了狐狸的脚夫。"（第66页）

四是勤奋好学的主张。"要经常从长远着眼，谨慎小心，任劳任怨；勤奋学习，稳重机灵，即使奴仆也能做官。"（第16页）朴素地诠解着儒学"仕

---

[1] 《论语·卫灵公》。
[2] 《论语·雍也》。

而优则学,学而优则仕"[1] 的思想,甚至认为:"靠勤奋成就事业,如同灯光还得依靠外力。"(第 90 页)"既聪明又勤奋的人,什么事情不能完成?!"(第 93 页)儒家学而不厌、多学厚积的精神,反映在《萨迦格言》中,表述为:"即使十分衰老,也要广学博闻;知识有益于来世,布施对来世有何益?!"(第 118 页)"即使明早要死,也要学习知识;即使今生不成名,来世如同取储存。"(第 4 页)"当学者就在身旁时,却不肯向他学知识,此人不是魔鬼缠了身,就是受着命运的折腾。"(第 103 页)"如果自己没有才智,就应该去向学者请教;如果空手不能杀敌,难道不会拿起武器?!"(第 120 页)"愚人以学习为耻,学者以不学为耻;学者虽然年高迈,还为来生学知识。"(第 165 页)"不肯勤奋图安逸,今生来世无成就;不下功夫去耕耘,土地再肥也无收。"(第 114 页)"愚人以无天才为理由,作为不学知识的借口;其实正因为没有天才,愚人更应该努力加油。"(第 165 页)萨班对于博学、勤问、求知的反复规劝,可谓苦口婆心、不遗余力。

五是学以致用、知行合一的见解。儒学丰厚的践履笃行、学以致用、知而必行、知行统一思想,于藏族哲学文化中的传播影响,在《萨迦格言》里的表现是突出的。如说:"能讲各种道理的,这种学者特别多;但能身体力行的,世界上却很稀少"(第 105 页)。"懂得教义而不奉行,这种教义又有何用?!庄稼尽管长得茁壮,野兽对它哪会高兴?!"(第 104 页)"学者对一切格言,当作真理来领悟;懂道理而不奉行,学会经典有何用?!"(第 168 页)萨班撰著《萨迦格言》,目的就是要人们经常研读、很好践行,从而成为高尚的人、有知识和有智慧的人。"假若世间有一人,自己想达到标准,就要研究这本书,对症下药勤修行。"(第 171 页)当然,萨班对于儒家知行先后问题的辩诘或争论似乎未遑关注,故而无这方面的论说。

---

[1] 《论语·子张》。

六是崇尚智者、藐视愚人的文化态度。"学者具备一切优点，愚人尽是一些缺点；宝贝使人如愿以偿；毒蛇只能产生孽障。"（第43页）萨班以优缺点表达肯定和崇尚智者、否定和藐视愚人。"学者在学者中受到尊敬，愚人哪懂得学者的重要?！旃檀虽然比黄金贵重，愚夫却拿它去当炭烧！"（第46页）"学者以学识闻名，英雄以英勇出众。"（第91页）"学者和黄金，骏马和英雄，名医和饰品，到处受欢迎。"（第93页）以比较手法，高度赞美智者，轻蔑鄙弃愚者。"没有分辨善恶的智慧，在学者面前躲躲闪闪，一味谈论吃喝钱财，那只能算是两条腿的畜生。"（第34页）如此等等，概而言之，不学知识，就缺乏智慧，分不清是非善恶，只探求物质享受，受着物的奴役，甚至妒忌智者，就是愚者。萨班崇尚并鼓励多学习知识拥有智慧，殷切劝人不要做愚者。

当然，《萨迦格言》区别于儒学思想的一个根本之点，在于其把入世和出世紧密联系并归属于神学意义的出世，儒学却以积极的入世精神和伟大明智，一直努力于完善人性，完美人生，从不企望超越人性，超越生命。皈依佛法僧，虔信地修行佛法，是《萨迦格言》的最高理念。"要知一切世间事，他要把正法修行；修身炼性行佛法，乃是菩萨解脱行。"（第171页）修行佛法的目的是为脱离轮回之苦，或者成为大慈大悲的佛菩萨。"好好领悟佛法，禅定印入心中；抛弃一切过失，就会立地成佛。"（第167页）此充分体现出《萨迦格言》浓郁的出世观念，同时反映了萨班的一种矛盾心理，即由于社会问题错综复杂，尽管有办法解决，但国难治、民难富、苦难除，最终只有诉诸信奉佛法僧，遁入空门，超脱现世，以求究竟大乐——涅槃的精神境界。

二 价值认同与理论阐释：《土观宗派源流》对儒学在藏区传播影响发挥了重要作用

儒学对藏族哲学文化产生影响的一个根本前提是藏民族对儒家文化的价

值认同，但这种认同又绝不是毫无所知的盲目性。藏民族对儒学的认知水平决定着儒学对藏民族的影响及其被吸纳的程度，在此基础上的价值评价又关系到对儒学吸纳借鉴的状况。藏民族第一次大规模地了解学习儒学是从7世纪松赞干布迎娶文成公主开始的。随着时间的推移，藏民族对儒学的了解和认知日益深入全面，对儒学的吸纳借鉴也更为理性化。到了清朝时期，藏族政要和学者到内地任职学习、研究儒学也更加深入，对儒学的认知达到了相当高的水平，而其中的一个代表人物就是土观·罗桑却吉尼玛。

藏传佛教长期在内地的传播，不可避免地对儒学产生了一定的影响，形成儒学与藏传佛教互动融合的关系。形成这种互动融合关系的外在要素是多方面的，有二者能够互动融合的历史条件，相互接触、彼此了解的机缘，藏传佛教僧人、信仰者与儒家学者、儒学信奉者之间彼此了解、吸纳对方思想的意愿，以及封建统治者的政治需要等。因此，宋元明清诸封建统治者都将藏传佛教和儒学加以双重利用，竭力使二者共同发挥维护其政治统治的意识形态复合功能。这是儒学与藏传佛教互动融合关系的政治基础。

从内在之因看，儒学和藏传佛教彼此间有相似或契合的思想以及互相补充、不致扞格的理论，如心性思想、善恶观念、修养论、中庸或中道思想等。善恶观念、修养之论也都源于心性论。儒家心性论由孔子开其端，孟子集其成，宋明理学推其极致。孟子提出恻隐之心、不忍人之心，有了不忍人之心才有不忍人之政，即仁政。而怵惕恻隐之心、不忍人之心本质上即仁爱之心。孟子心性论是在孔子仁爱思想基础上创成的。孟子提出四端，即"恻隐之心，仁之端也；羞恶之心，义之端也；辞让之心，礼之端也；是非之心，智之端也"[1]。从道德层面对心性进行呈现，就是仁义礼智四德。四德是心性之德，是内在于人心的，所以"仁义礼智，非由外铄我也，我固有之也，弗思耳

---

[1]《孟子·公孙丑上》。

矣"[1]。"恻隐之心，人皆有之；羞恶之心，人皆有之；恭敬之心，人皆有之；是非之心，人皆有之。"[2] 人的这种本有的道德良心就是善心，就是区别于动物的人的本性，因此人性本善。人虽有先天善心、本有善端，还需要将其进一步开放、扩充，而在后天的社会环境中，人之善心可能被放逸、丢失。为此，孟子提出尽心知性、求放心，即加强心性修养。

宋明理学继承发展传统儒学善之心性理论，做了进一步超拔向上的提升，提出新观点并进行了系统化的分析论证，将传统儒学伦理领域的道德之心性进行本体论的超越，使之成为良知本体。理学中把心性论提升到本体论，提出"心即理"的形而上哲学命题，由此把心性提升为世界万物的本原、本体。陆九渊提出："宇宙便是吾心，吾心即是宇宙。"王阳明说，"无心外之理，无心外之物"，并认为作为世界本原之心是"无善无恶"的，即"无善无恶心之体"。"无善无恶者，理之静，有善有恶者，气之动。不动于气，即无善无恶，是谓至善。"[3] 此至善之心对于人来说，先天固有，由此将本体论的本心伦理道德化。王阳明的本体论和道德论是一体的、本体与工夫是统一的，所谓即本体即工夫，至善之心就是道德良心或良知，由于后天的习染，人们有了私欲，便将善之本心遮蔽或污染了，所以要进行道德修养，以此收回丢失的本心，且将本心紧紧守住，即所谓致良知。

藏传佛教诸派都有自己的心性论，有的派别心性理论思想十分丰富。宁玛、噶举、萨迦、觉囊四派所论的心性就是佛性、佛心、如来藏、菩提心、心真如等，几者在本质上是相同的。这是对印度佛教心性论思想的吸取。不过觉囊派主张他空见，因而认为如来藏是他空而非自空，如来藏是实有而不空，被称为不空如来藏。在佛心、佛性、如来藏的解释上，藏传佛教四派与

---

[1] 《孟子·告子上》。
[2] 《孟子·告子上》。
[3] （明）施邦曜辑评，王晓整理：《阳明先生集要》上册，中华书局，2008，第77页。

儒学心性论十分契合，因其是从心性儒学化的内地禅宗吸取了儒学心性论的内容，如认为众生的心是清净空寂的，心具有光明之性，且是众生本有，心性之不净是被污染的结果，不是本来不净，与儒家孟子所说的人先天就有恻隐之心、不忍人之心，人之心性本善是一致的。藏传佛教格鲁派持有不同的观点，它否定佛性本有说，认为众生之佛性、佛心是通过后天的修行而形成的，并且不讲如来藏。然而格鲁派又大讲菩提心，且把菩提心视为宝，被称为菩提宝心，此又与宁玛派、噶举派、萨迦派、觉囊派一致。藏传佛教诸派的心性论虽罕言心性之善，但实际上佛心、佛性、菩提心、如来藏就具有伦理道德上的善性，且是最纯粹的善性。宗喀巴指出："发菩提心大乘道根本，诸大乘行基础与主体。完成二资粮之点金术，万般善缘汇集福宝藏。"[1] "万般善缘汇集福宝藏"即指菩提心是各种具体善之大汇集，又是各种具体之善即众善之根。宗喀巴认为菩提心就是大慈大悲利益一切有情众生之心，或者说"菩提心是为了普度一切众生而当愿成佛的宏愿"[2]。因此菩提心就是悲心和慈心相结合的纯善之心。儒家和藏传佛教都主张对本原之心性进行认知体验，目的是持守住自己这个清净或纯善无染的心性。儒家与藏传佛教均主张心性修养论，儒家通过道德修养以持守本善之心或收回被丢失的本心，藏传佛教以修行尤其以密教的修行去亲证体悟佛心、佛性或如来藏，这样就可以觉悟成佛，不仅自己觉悟，而且使众生觉悟，即自觉觉他菩提心。只不过在修养方法上不同而已。藏传佛教继承印度佛教十善观念，弘扬十善之德，即十善业道。此是声闻、缘觉、菩萨三乘共修之根本，即永离杀生、偷盗、邪行、妄语、两舌、恶口、绮语、贪欲、嗔恚、邪见。藏传佛教心性论之善是抽象的、大慈大悲的、本质意义上的善，与原始儒学、理学儒学心性本善、

---

[1] 宗喀巴:《菩提道次修行原理集要》,载多识《宗喀巴大师佛学名著译解》,甘肃民族出版社,2002,第210页。

[2] 宗喀巴:《菩提道次第广论》上卷,华锐·罗桑嘉措译,内部流通本,第6页。

至善之论，具有相通相契的精神。宋明理学中湖湘学派的胡宏尽管每每批评释氏，但认为性是超越善恶的本然，将性定位在本体的层面上，朱熹曾评论胡宏性论说："胡氏兄弟既辟释氏，却说性无善恶，便似说得空了，却近释氏。"[1] 王阳明《答陆原静书》更是明确地说：佛氏"'本来面目'即吾圣门所谓'良知'。"[2] 在答其弟子萧惠问时说："所谓汝心，却是那视听言动的，这个便是性，便是天理。"[3] 此是以知觉，即以人之心理功能为内涵来界定人性。胡宏、王阳明的两种人性论，都共同显示出某种具有佛禅色彩的观念内蕴。所以说，藏传佛教论佛心、佛性、菩提心、如来藏的清净空寂，而少言性善但本质实善，特别是在继承印度佛教十善业道时就是具体而实际的身语意之善了。儒学中无论原始儒学还是宋儒程朱皆持性善之论，胡宏的超越善恶之性、王阳明"无善无恶心之体"的"至善"，却是要么"近释氏"，要么"公然不讳之禅说"了，儒学与藏传佛教二者有本质不同，但都有善心之基本理论和善行的道德训诫，又存在着相通之理论观念。

不仅如此，藏传佛教的中道思想与儒学的中庸思想亦相犀通，共为解决人生之事，均是进行人本关怀。藏传佛教中道观述论如何使个人脱离人生之苦，阐明只有觉悟了万事万物都是现象之"假有"和本质之"真无"的非有非无中道之理，才能摆脱无明烦恼，破除人法二执，以此脱离生死轮回之苦。这是一种宗教意义上的人本理论。儒学中庸观训解如何提升人生境界，树立道德理想。孔子说："中庸之为德也，其至矣乎！民鲜久矣。"[4] 强调"适中""适度"的原则和方法，"允执其中"[5]，反对"过"与"不及"。"中和""中道""中庸"体现着儒家的道德原则和人格理想。"君

---

[1] （宋）黎靖德编：《朱子语类》卷101，中华书局，1986，第2590页。
[2] 《王阳明全集》（上），上海古籍出版社，2011，第75页。
[3] 《王阳明全集》（上），上海古籍出版社，2011，第41页。
[4] 《论语·雍也》。
[5] 《论语·尧曰》。

子之中庸也，君子而时中；小人之中庸也，小人而无忌惮也。"[1] "君子中庸；小人反中庸。"[2] 能否做到中庸是君子和小人的分野。儒学"中庸"是一种道德人格，其人生是一种道德人生。儒学的中庸观念与藏传佛教的中道理论，在共为人生寻绎途径同取其"中"的思想基点上奠立了二者能够融通的基础。当然，儒学中庸思想与藏传佛教中道观的区别是明显的，二者在人生目标的取向上，具有根本的不同。

总体而言，儒学和藏传佛教的入世与出世、道德与解脱等全面的思想观念中，存在着二者相互吸取、彼此借鉴从而各自得到丰富发展的精神资源。另外，藏传佛教在内地的传播过程中与儒学在思想观念上既有对立冲突，也有互相犀通融摄、借鉴吸收，同时又有政治文化基础和理论根底。这里略举两例。保存至今的明代永乐大钟铸满经文、咒文，以《大明神咒回向》形式将帝王施政纲领铸在经文环绕的显著位置，其《大明神咒回向》之"回向"，梵文 parinama，为转向、施向之意，就是说，将自己所做的一切功德善根趋向菩提，或施向众生，或往生净土；"回向"也蕴含着佛教的因果观念，即虔信佛法，精进修养，行种种善事，就能有好的果报，甚至能够进入西方极乐世界。此好的果报既可以施予众生，也可以使修行者自己享用。佛教以"回向"理论教化民众，引导人们皈依佛法，累积善德，修成正果，往生西方极乐世界。明朝统治者利用佛教的这一功能和儒学政治化的功能，把吸取儒学和藏传佛教思想有助于治国理政的精神文化铸在了永乐大钟上。明成祖"御制"《诸佛世尊如来菩萨尊者神僧名经》序说："凡善心称赞诸佛世尊如来菩萨尊者神僧名号者，即得种种善报，轻薄辱慢不敬不信者即得种种恶报……所谓为善者，忠于君上，孝于父母，敬天地，奉祖宗，尊三宝，敬神明，遵王法，谨言行，爱惜物命……如说则生享富贵，殁升天堂，受诸快乐。

---

1 《中庸》。
2 《中庸》。

所谓恶者，不忠于君，不孝于父，不敬天地，不奉祖宗，不尊三宝，不敬神明，不遵王法，不谨言行，残害物命……如是则升遭重遭，死堕地狱，受诸苦宝。"此"序"中的忠君上、孝父母、奉祖宗、遵王法、敬天地均为儒家思想，尊三宝、敬神明、因果报应等是藏传佛教之论。善恶观念是儒学和藏传佛教所共有。"序"中贯穿因果报应理论，其要旨是忠君、孝父、敬奉佛法、善言善行，目的在于维护三纲五常的纲常伦理和封建统治秩序。

清代乾嘉时期的格鲁派活佛、藏族学者土观·罗桑却吉尼玛所著《土观宗派源流》，对藏传佛教各派形成和发展的历史进行了详细论述；就藏传佛教各派的思想理论进行了深入的揭示，提出了自己的看法。尤其是他作为格鲁派学者，对格鲁派的主要思想理论及其特征进行了深入的探索和高度评价；还对印度佛教、藏区苯教及汉区儒道二家的形成和发展历史进行了研究，不乏独到之见，其中对儒学思想提出了许多真知灼见，在藏民族中产生了重大的影响。《土观宗派源流》对儒学的研究，体现出藏族学者特别是作为藏传佛教学者对儒学深入的解读、精到的分析和思想理论上的认同和吸取，从一个侧面体现了儒学对藏民族的深刻影响，对藏民族进一步认识和吸纳借鉴儒学发挥了重要的积极作用。有研究认为："土观对儒家文化的观点对此后藏传佛教乃至藏民族认识和理解儒家文化有重大的影响。《土观宗派源流》成书后，即受到藏族学者的推崇和重视，不仅为研究藏传佛教的法脉源流和教义学说等提供资鉴，而且其中关于儒家文化的论述，已成为此后藏民族了解和认知儒家文化的主要根据。"[1] 该著用藏文撰写而成，成书后在藏区广泛传播，以此，其对于儒学广泛深入地传播影响于藏区，实际上起到了积极推动的作用。

1. 土观对儒家文化的价值认同

土观对儒家文化进行了高度评价和充分肯定。他将儒、佛、道以日月星

---

[1] 杨胜利、段刚辉：《藏传佛教文化视域中的儒家文化——以土观·罗桑却吉尼玛为例的初步探讨》，《西藏民族学院学报》（哲学社会科学版）2011年第5期。

辰为喻，明确指出："汉族正史中有如是语：'此地在学术上出了各种零散小派，然大多近于偏颇，真正能明确揭示真理成为大宗的，则只有儒、道、释三教。初儒教如星，次道教如月，最后佛则如日。'云云。"[1] 尽管这里有着浓厚的宗教情结，但他把儒学喻为星辰，认为它具有真理性，表明其对儒学价值的充分肯定。这种肯定性评价和认同是土观对儒学进行较深入研究后所得出的理性结论。《土观宗派源流》涉及了儒学的一些典籍和许多内容，其对儒学内容的引用基本上是可信的，理解也基本准确。特别是《周易》及其所蕴含的深奥之理非常难以理解，但土观对先天八卦与后天八卦的形成，太极、两仪、四象、八卦、六十四卦、天地人之形成等都有较深的探索和理解，充分显示出作为一个藏传佛教高僧的深厚学养。

2. 土观对儒学起源和本质内涵的深刻揭示

土观认为儒学的起源，可追溯到最古的伏羲皇帝。伏羲将其通达的诸多学问和能辩一切取舍之理传授于其臣下仓颉，仓颉创造了文字，此后便有文字书写和各种书籍问世。儒家经籍的起源是伏羲造出连山八卦，又造《内经》（具体不知指的何书），此后又出现了最为流行的《易经》《诗经》《书经》《礼记》《春秋》五经，这是儒学之根本。值得指出的是，土观把儒学起源上溯至伏羲，是其深入研究所得。中原儒学一般认为，儒学道统思想在孔子即初露端倪，孔子盛赞尧、舜、禹之至德，褒扬周公制礼作乐的业绩，自己又以"祖述尧舜，宪章文武"为任。孟子对儒家道统也有自觉，主张孔子的学说上有尧、舜、汤、周文王，并以承继孔子正统而自认。韩愈儒家道统之说，在《原道》中尽述尧、舜、禹、汤、文武、周公、孔子、孟子，此后中断，而韩愈自己得以承续。朱熹排韩愈于儒学道统之外，视二程为儒学道统的传承者。现代新儒家学者牟宗三阐释儒学道统说："此尧舜禹汤文王周公

---

[1] 土观·罗桑却吉尼玛：《土观宗派源流》，刘立千译注，民族出版社，2000，第200页。

孔子孟子一线相承之道，其本质内容为仁义，其经典之文为《诗》《书》《易》《春秋》，其表现于客观政治社会之制度为礼乐刑政。此道通过此一线之相承而不断，以见其为中华民族文化之命脉，即名曰'道统'。"[1] 以上所论均没有将伏羲纳入儒学道统之中。汉地学界偶有将儒学道统追溯至伏羲者，与藏族高僧土观颇有一致处。土观等的儒学道统"伏羲说"，可见于《易·系辞下》："古者包牺氏之王天下也，仰则观象于天，俯则观法于地，观鸟兽之文，与地之宜，近取诸身，远取诸物，于是始作八卦，以通神明之德，以类万物之情……包牺氏没，神农氏作……神农氏没，黄帝、尧、舜氏作，通其变，使民不倦；神而化之，使民宜之。"[2] 并且相传周文王据伏羲八卦演为六十四卦。这样，纳伏羲于尧、舜和周文王之谱系，这是土观的独见。

土观认为，孔子的学说被其弟子和再传弟子详细阐发，发展为曾子所著《大学》、子思所作《中庸》、子路子夏等编纂的《论语》、孟子所作《孟子》四书。土观从儒学原点及先秦时期儒学的主要经典来理解和把握儒学，并以其深刻的睿智发现："五经诸大典籍，其主要讲的是，仁义礼智信五件事，汉语名为五常，即五种教义或五种纲常之道。"[3] 这就把儒学理解为是关于社会伦理道德或纲常礼教之学。土观认为，儒家还有关于天地人的三才之学。土观以儒家《周易》阐释天地人的来源。《易·系辞上》曰："是故《易》有太极，是生两仪，两仪生四象，四象生八卦，八卦定吉凶，吉凶生大业。"[4] 根据土观的理解，认为未有天地之始，名为混沌，"混沌后有太极，是最终极的意思，为本性与本相之意，或法性与实相之义"[5]。把太极理解为在混沌之后，而非太极就是混沌，与通常视太极为混沌不同。但是土观又认为太极在

---

1 牟宗三：《心体与性体》上册，上海古籍出版社，1999，第163页。
2 黄寿祺、张善文：《周易译注》，上海古籍出版社，2004，第533页。
3 土观·罗桑却吉尼玛：《土观宗派源流》，刘立千译注，民族出版社，2000，第206页。
4 黄寿祺、张善文：《周易译注》，上海古籍出版社，2004，第519页。
5 土观·罗桑却吉尼玛：《土观宗派源流》，刘立千译注，民族出版社，2000，第206页。

天地之先，并运用佛教观念阐释太极，即以佛教的法性、本质实相诠解儒家之太极观念。所谓本质实相或法性就是终极的、真实之本性。太极在天地之先，《周易》持太极生阴阳两仪，土观认为两仪不由太极生出，而由天生。"天的自然动摇，则生两仪，即二相或二性。"[1] 此两仪"一为阳象，一为阴象，是播种者与受种者，喻如父母二者的功能"。再由"阴阳两方和合，一动一静，则生四象，即太阳、太阴、少阳、少阴。又由其中二象各各交配则生八卦，即藏语谓之八喀和九共，即汉语之九宫等。此后由于两种功能，即清明，轻动，灵活而上浮者则名之为天，意即虚空。此时则谓为天避之时。浑浊、坚重、钝笨而下沉者则名之为地，意指大地。斯时则谓为地禽之时。于是天地成形之后，天之精英下降，地之精英上升，二者相遇则生人类。此时则为人类生成之时"[2]。简言之，土观将天地人的最终极来源不归于太极，而是天，"天指其有造化功能或大道之义"[3]。正因为天有这种功能，所以生出阴阳（阴气与阳气），再由阴阳（阴阳之气）的上升和下降生出天地，即清气上升为天，重气下降为地，天地形成之后再由天地之精英的下降上升过程中相遇而生出人类。土观实际上是以儒家《周易》的八卦论和儒学元气论相结合来阐释天地人的形成，改造了儒学"易有太极，是生两仪，两仪生四象，四象生八卦"的宇宙生成论秩序。

3. 土观以佛教的立场和情感评价和阐释儒家学说

土观作为藏地活佛，一方面肯认儒道，同时也囿于他的佛教立场和情感而把佛道儒分别誉为日月星。在人们的价值理念中，日月星的地位显然不同而以太阳为最高。有学者指出："土观选择以释为日、以道为月、以儒为星的观点，进而论述三教地位，表明了对佛教文化特有的宗教情感，尽量拔高佛

---

[1] 土观·罗桑却吉尼玛：《土观宗派源流》，刘立千译注，民族出版社，2000，第206页。
[2] 土观·罗桑却吉尼玛：《土观宗派源流》，刘立千译注，民族出版社，2000，第207页。
[3] 土观·罗桑却吉尼玛：《土观宗派源流》，刘立千译注，民族出版社，2000，第207页。

教在主流文化中的地位。……这正是土观对汉地儒释道三教文化进行'判教'时所具有特别立场的内在根由。"[1] 东晋净土初祖慧远针对儒者批评佛教摒弃忠孝、废弃礼敬，沙门（僧侣）应礼敬王者的观念，撰有《沙门不敬王者论》，认为在家佛教徒尊君奉亲，出家修行的沙门则不以世法为基准，不礼敬王侯，目的是破除世俗之愚暗，超脱世俗的贪执或妄欲。当然儒学对于佛教的"沙门不敬王者论"更是尖锐批评。土观·罗桑却吉尼玛的反批评或辩驳，认为儒者不晓佛教的教法不仅是为了今生的国君和父母，而且是为了普遍救度一切在轮回之中受苦的众生，以度其进入那无穷无尽的究竟安乐之位，儒家的"报恩之理，若与佛法相较，实不啻如同虚空与针孔之大小的差别。如上举辟佛的言论，亦多散见于各书之中，但尽是全无能立其理的因明论断，惟由执著邪见，信口雌黄而已"[2]。这充分表明土观坚执的佛教立场和浓郁的佛教情结，及佛儒之间明确的观念分歧。

4. 土观澄清藏地对儒学理论的谬解或误读，合理对待儒学

如何正确理解儒家文化，不使儒家文化被误读，这是藏民族有选择地吸取儒学合理成分的一个重要问题。若不能正确理解儒学的真正含义，不能把握其精髓甚至歪曲，对于藏民族合理地吸取儒学精华是有伤害的。于此，土观积极地澄清儒学在藏区的各种误解谬读，恢复其真实精神，对儒学在藏区的良性传播和藏民族较好地融摄儒学思想文化，具有重要意义。一是土观批评有人神话孔子，恢复孔子的圣人形象。"藏人言公子神灵王，认为是灵异之王。又有些汉传历数禳解法中，制造了《公子现证修法》的仪轨。又有一类书中称工巧公子，认为他是一位善于工巧的能人。"土观明确说："这些全是暗中摸索之语。"[3] 藏人不能如汉语发音，将孔子讹为"公子"。实际上，孔

---

[1] 杨胜利、段刚辉：《藏传佛教文化视域中的儒家文化——以土观·罗桑却吉尼玛为例的初步探讨》，《西藏民族学院学报》（哲学社会科学版）2011年第5期。
[2] 土观·罗桑却吉尼玛：《土观宗派源流》，刘立千译注，民族出版社，2000，第209页。
[3] 土观·罗桑却吉尼玛：《土观宗派源流》，刘立千译注，民族出版社，2000，第202页。

子不是"神灵王"或"灵异之王",也不是善于工巧者和公子,而是儒家导师,"其生平事迹,汉地普遍传说他是一位最大的圣人。现今汉地的法制和贵、贱、中三等的人伦道德之实践,莫不奉他的现论著作为圭臬。从那时起直到现代,朝代虽然有所改移,然仍以孔子之学为宗,尊为各朝的至圣先师"[1]。土观对孔子的这种认识是确当的,以此纠正了有的藏族同胞对孔子的误解,恢复了孔子是世俗伦理道德和礼乐制度的创立或制定者,以及汉地尊孔子为圣人甚或至圣先师的真实情况,从而对藏民族重新认识孔子学说及实际的孔子形象有着重要作用。二是土观批评藏地有人认为灵龟创造一切自然事物的谬说。指出:"依于此龟背之纹理而造历算,至于此灵龟便是一切之创造者,在汉书及纯正之史传中,皆无此说,而是藏地的汉历家根据这史实便附会制造摩诃金龟是永恒自然的创造者之说,此实为臆造的无稽之言。"[2] 汉地相传伏羲根据灵龟纹理造出八卦之说,周文王在伏羲八卦(先天八卦)基础上推演出后天八卦。土观认为,先天八卦和后天八卦间是体与用的关系,先天八卦是体,后天八卦为用。土观所说"依于此龟背之纹理而造历算",可能是指后天八卦是以物候及社会活动特征所表达的气象人文历法。在后天八卦中,坎离震兑分别表示北南东西四方,节令为冬至、夏至、春分和秋分。后天八卦所表达的历法,是基于自然界的春夏秋冬四季变化而确立的。无论是先天八卦还是后天八卦都没有神龟创造宇宙或自然之说。土观的疏解合于《易传》及儒学解易之说,对于藏地的某些不当之论有着"纠偏"的积极作用。三是土观纠正了藏地对神农、文王、周公、孔子的某些不正确读写。汉地尊伏羲、文王、周公、孔子为四圣,藏人中有人将其命名为四位集大成者,但有的却把孔子读写为公子,周公读写为姬公,神农读写为吉农,文王读写

---

[1] 土观·罗桑却吉尼玛:《土观宗派源流》,刘立千译注,民族出版社,2000,第202页。
[2] 土观·罗桑却吉尼玛:《土观宗派源流》,刘立千译注,民族出版社,2000,第204页。

为王太。土观分析其因"可能是由于字有错讹，或语言不通所致"[1]。四是土观纠正对汉历来源的不准确说法。指出藏地老辈们认为汉历最初是由文殊菩萨在汉地五台山讲学所说，或由尊胜天女头顶生出来的，抑或由莲华生阿阇梨宣说的。土观批评认为，实际上这是造作出来的"妄语"。

5. 土观对儒学与藏传佛教之间的相通性与异同的揭示

土观运用比较学原理和方法，揭示儒学和藏传佛教的相通性或相近性，以此说明儒学很容易被藏民族所理解和接受，这样的分析和结论，具有一定的深刻性。从名词概念看，土观认为《周易》中的太极与藏传佛教中的本性、本相和法性含义相同；两仪与二项或二性，阴阳二象与受种者、播种者内涵相同，等等。从义理看，儒家学说"外示人以治国平天下，内示以趋入圣道之次第，与如来所说，全不相悖"[2]。就是说，它们之间有契合一致处。《周易》中阴阳和合而动，形成天地人三才。藏传佛教禳解中"呼大力父天极顶，呼大力母地广博，彼二相会来受食"，以此对天地的功用加以讴歌和赞扬，不仅与《周易》阴阳互动理论相同，而且它直接本于《周易》阴阳互动观念。藏民族还直接引进和吸纳了儒家的一些学说或思想，如儒家《易经》所讲之数理，后来得到不断丰富发展，唐朝时藏地便译有儒家有关数理或历数星算法之书，藏语称之为博唐。就医学而论，"藏土所传的医明《四续经》，其最初来源，亦出自汉土。经内五行，不是按天竺所说的地、水、火、风、空，而说的是木、火、土、金、水"[3]。就修学与规制而言，儒学与藏传佛教有一些相同或相似之处。儒典《大学》首章为："大学之道在明明德，在亲民，在止于至善。知止而后有定，定而后能静，静而后能安，安而后能虑，虑而后能得。物有本末，事有终始。知所先后，则近道矣。"土观的诠解

1　土观·罗桑却吉尼玛：《土观宗派源流》，刘立千译注，民族出版社，2000，第204页。
2　土观·罗桑却吉尼玛：《土观宗派源流》，刘立千译注，民族出版社，2000，第206页。
3　土观·罗桑却吉尼玛：《土观宗派源流》，刘立千译注，民族出版社，2000，第205页。

认为，大学之道是为人处世之道，在于"求明此明德"。他以佛教的语言解释"在亲民"，说"在亲民"是指引导众生趋于善道之义，若欲引导他人，应当自身首先要达到至善之境，自身达至至善，方能去摄授他人。对于被摄授的对象，如果已得到安乐的，就使其安乐坚固起来，未得安乐者则令得安乐。只有得到了安乐，方才明示以取舍之教训，使其知晓生死涅槃之理（佛教所谓生死涅槃就是指达到无忧无虑、无生无死、无善无恶之究竟大乐的境界）。如果圆满地了解万物从最初的混沌中产生到最后的坏灭之边际的话，就近于《大学》之道。土观指出，《大学》所蕴含的意蕴与佛教相比，"可能是指先成熟本身相续，其次才成熟他身相续，这些言词内似已包含了大乘道法。虽未有佛的一名字，然说至于至善一语，难道不是指佛位而说的吗？"[1] 土观以大乘佛法为参照，弘扬自利利他的义理，所谓自利非自私自利，而是指先通过修行佛法自身成佛而获得解脱，成熟之后不进入涅槃享受究竟大乐，而是普度未有获得解脱的受苦众生，帮助他们修行佛法，使其懂得佛法之理，克服贪嗔痴等根本烦恼，脱离生死轮回，这就是成熟他身之相续。土观认为这些佛理相似于《大学》"在明明德，在亲民，在止于至善"。不过，土观自认"这仅是我的臆度而已"[2]。其"臆度"尽管近于牵强，毕竟有其道理在，这种以佛释儒其实也具有融合儒释的意义，客观上是对儒释的双重播扬。

土观既从义理或教义上探讨儒学与藏传佛教的相通性或相似性，亦考究学习得名授位、处世中避退方面的相通性或相似性。指出汉地学者如若学习掌握了儒家经典之理，就会被授予相应的称号或学位。如研习儒家四书且通达者被称为先生，继续学习儒家五经，就会获得秀才、状元之名位。如果谙熟四书、五经便成为博士，继而可以出仕为官，辅佐朝廷，治理万民。在藏区也有如同五经之著作，这就是佛教的五部大论，而且藏传佛教有浩如烟海的典籍，

---

[1] 土观·罗桑却吉尼玛：《土观宗派源流》，刘立千译注，民族出版社，2000，第208页。
[2] 土观·罗桑却吉尼玛：《土观宗派源流》，刘立千译注，民族出版社，2000，第208页。

犹如儒家的一切典籍。如若博学和精通佛典就能获得格西、甘迦居巴、然降巴等学位，对应博通儒家典籍就能获得先生、秀才、状元等名位。藏地学法诵经优秀者，则委派为大小僧院的讲座，对应汉地儒者可以授以教化万民的官职。汉地有学富五车、精通儒家经典的儒生，专事授徒讲学者，藏地出家为僧，隐居山林，精修佛法，抛弃世俗事务以终其一生者与之十分相似。

藏族文化与儒家文化虽然具有某种学理的或家族的相通性、相似性，但二者毕竟是在不同地域、不同社会历史条件下产生和发展的两种文化系统，有着各自不同的文化特质和内涵。土观以比较学方法考研其差异，认为儒学是关于人类世俗社会的学说，没有佛法的踪影。佛教关于六道众生、生死轮回、因果报应、佛性、涅槃等概念、义理在儒学典籍中"完全没有"，即使在至圣先师孔子那里也一点没有提及因果报应之理，有人问及人死后如何，孔子以"那是非属显见之事，应说现世之理"而答，"大多说人是重于现实生活"，儒家经典四书、五经中"主要惟说对当前有益的处世为人的道理"。[1] 土观以儒学和佛教之间各种不同特质对举，确有见地，只是有些阐释也不免牵强附会之论。

第四节　本章结语

在藏族社会传统的思想文化观念及其发展历程中，构成为主体内容的苯、佛、儒三种资源或精神资粮，既没有一种是作为封闭自洽、特立独行的学脉流传和演进，也没有能够完全相互取代任一观念构成而影响到其思想格局的根本改变。当然也无可否认藏传佛教及其思想观念越来越成为藏族社会的文化符号，儒学文化可能也不曾占据主流地位。可是，苯教中对孔子的神化，

---

[1] 土观·罗桑却吉尼玛：《土观宗派源流》，刘立千译注，民族出版社，2000，第205页。

《孔子项橐相问书》故事在藏地的流传,苯教经籍《钥匙》等对于孔子的记载和演绎,以及藏族民间社会例如体现九宫八卦、五行观念的护身符,《礼仪问答写卷》所反映的伦理道德意识等,都透射出儒学观念和儒家思想文化在藏民族精神生活里的播种、浸染和深刻影响。而佛教和藏传佛教与儒道思想,虽有土观·罗桑却吉尼玛比喻为日星月的地位关系,但那只是土观作为藏传佛教高僧基于其宗教情感和佛教立场所导致的。其实,以13世纪的《萨迦格言》和18世纪的《土观宗派源流》为代表,凸显出或蕴含性地,或明确地融摄、会通儒学思想的精神特质。《萨迦格言》汲取藏族世俗伦理观念、藏传佛教义理思想和中原儒学文化精神,融会贯通而成为藏族社会和民众的"格言";《土观宗派源流》则是从学理层面研究苯、佛、儒、道各种文化的理论著述,其在对于儒家文化起源、发展和义理的理论分析和对于佛儒犀通和相似的论述,在藏族学者和社会中形成了重要影响,进一步为藏族社会了解和认知儒家文化奠定了基础,因而是一部藏传佛教思想和儒家文化在清代的融会之作。

第十二章
儒学与羌族哲学

羌族与汉族的关系甚为密切,两族的哲学文化交流历程也颇为漫长。儒学对羌族哲学文化的影响历程,使得汉羌民族拥有了共同的哲学文化心理,儒学教育在羌族聚居区的传播则为羌族哲学价值体系承纳中原文明奠定了基础。儒学对羌族哲学思想体系的影响,表现在基于《白狼歌》、"大禹出于西羌"等历史记忆而形成的独特的民族观及族源理念,党项羌族对儒学的融摄则反映了羌汉两族基于儒学的民族文化融通的历史进程,儒学对川西羌族哲学思想的影响也反映了汉羌民族宇宙观、世界观及价值观方面的同质性。

第一节 《白狼歌》与儒家政治哲理

一 《白狼歌》的政治哲学意蕴

据《后汉书·南蛮西南夷列传》,益州刺史朱辅"好立功名,慷慨有大略。在州数岁,宣示汉德,威怀远夷",其怀柔之策对居于川西的羌人影响颇大。朱辅上书汉廷,奏明西南有"白狼、槃木、唐菆"[1] 等羌族部落,为向中央朝廷表示归顺之意,向朝廷敬献《白狼歌》三章,以表达倾慕归顺之意。

---

1 《后汉书·南蛮西南夷列传》。

《远夷乐德歌》曰:"大汉是治,与天合意。吏译平端,不从我来。闻风向化,所见奇异。多赐(缯)布,甘美酒食。昌乐肉飞,屈申悉备。蛮夷贫薄,无所报嗣。愿主长寿,子孙昌炽。"[1]

《远夷慕德歌》曰:"蛮夷所处,日入之部。慕义向化,归日出主。圣德深恩,与人富厚。冬多霜雪,夏多和雨。寒温时适,部人多有。涉危历险,不远万里。去俗归德,心归慈母。"[2]

《远夷怀德歌》曰:"荒服之外,土地墝埆。食肉衣皮,不见盐谷。吏译传风,大汉安乐。携负归仁,触冒险陕。高山岐峻,缘崖磻石。木薄发家,百宿到洛。"

"父子同赐,怀抱匹帛。传告种人,长愿臣仆。"[3]

《白狼歌》三章为地方长吏以羌族酋豪名义呈献朝廷,且以汉文写成,无论是其作者出处,还是内容旨要,多有争议,不过,它"虽不一定是白狼王所作,但反映了羌族人民对中央王朝及汉文化的向慕和友好之情,也意味着接受汉文化程度的加深"[4]。其中"闻风向化""慕义向化""去俗归德"等诗句集中反映了早期儒家的政治哲学理念。

在处理夷夏关系问题上,华夏族经历了从经验感受到理念凝聚的一个过程。事实上,华夏族的形成、发展过程即民族交融的结果。早在遥远的先夏时代,华夏、东夷、南蛮、巴蜀、西羌等族群的竞争、融汇是中华大地走向文明时代的重要方式,[5] 即使进入早期国家阶段,各民族之间的争战、融合也是促进国家发展进程的动力源泉。傅斯年先生称,一部夏史实质上就是一部"夷夏交胜"[6]史,商、周以来的中国,何尝不是多民族交融的历史写照

---

1 《后汉书·南蛮西南夷列传》。
2 《后汉书·南蛮西南夷列传》。
3 《后汉书·南蛮西南夷列传》。
4 冉光荣、李绍明、周锡银:《羌族史》,四川民族出版社,1985,第109页。
5 李健胜:《夷夏羌东中西说》,《青藏高原论坛》2014年第4期。
6 傅斯年:《夷夏东西说》,见傅斯年《民族与古代中国史》,河北教育出版社,2002,第31—39页。

呢？因此，促成中华民族多元一体格局，赋予中华民族兼容并蓄哲学理念的历史基础便是多民族的融通史。

起初的华夏文化圈集中在冀中南至关中一带，其核心区为晋南、豫西。大约距今4000年，仰韶文化庙底沟类型吸纳了山东龙山文化因素，成为构成华夏文化的主体，且在较漫长的时期处于相对平稳的发展过程中。后来，多元民族文化在这一区域汇聚，如何处理民族关系的经验感受逐步丰富起来，至春秋时，已转化成基本的哲学命题，为之后诸子时代升华为政治哲理奠定了基础。

总的来说，华夏民族对周边四夷的认知具有截然相反的两种观念。一方面，华夏居于中原，文明发展程度高，文化观念上颇有优越之感，因此形成了华夏统治四夷、四夷臣服华夏的政治观。《诗·大雅·民劳》云："惠此中国，以绥四方"，表达的就是这种观念。值得一提的是，这种观念形成的前提是华夏与四夷和平相处，中原政治相对稳定，在这种政治环境下，华夏族并不排斥四夷，且认为文化上认同中原者即可视为华夏。另一方面，当华夏族与周边四夷关系紧张，尤其是大量四夷内侵中原的春秋时代，因夷夏关系处于对立状态，华夏族对周边四夷的评价与之前的感观完全相反，《左传·闵公元年》载，"戎狄豺狼，不可厌也"[1]，《左传·僖公二十五年》载，"德以柔中国，刑以威四夷"[2]，《左传·成公四年》载，"非我族类，其心必异"[3]，当夷夏冲突的激烈程度达到巅峰之时，贬斥异族、标榜华夏成为消解内部矛盾一致对外的心理动因。

在上述不同夷夏关系反映的观念影响下，先秦儒家在处理该问题上形成了内容复杂、理念多元的政治哲学理念。孔子反对夷人内侵中原，对实施"攘夷"的管仲评价颇高，提出"裔不谋夏，夷不乱华"[4] 的主张，明确反对

---

[1] 《左传·定公十年》，杨伯峻编著：《春秋左传注》，中华书局，2009，第256页。
[2] 《左传·定公十年》，杨伯峻编著：《春秋左传注》，中华书局，2009，第434页。
[3] 《左传·定公十年》，杨伯峻编著：《春秋左传注》，中华书局，2009，第818页。
[4] 《左传·定公十年》，杨伯峻编著：《春秋左传注》，中华书局，2009，第1578页。

诸夷侵扰华夏。但是，从孔子的一些言论看，他并不排斥夷狄，《论语·卫灵公》载，"言忠信，行笃敬，虽蛮貊之邦，行矣"[1]；《论语·子路》载，"居处恭，执事敬，与人忠。虽之夷狄，不可弃也"[2]；《论语·子罕》亦载，"子欲居九夷。或曰：'陋，如之何？'子曰：'君子居之，何陋之有？'"[3] 从这些言论看，孔子主张文化的普适性，他不从种族角度区别夷夏，只要接受了华夏文化，夷夏是可以融为一体的；与之对应的是，若四夷接受了华夏文明，华夏之人亦可入四夷。《论语·季氏》说："远人不服，则修文德以来之。既来之，则安之。"[4] 以"文德"教化"远人"可视为孔子在处理夷夏关系问题上的哲学主张。和孔子的主张不同，可能是受当时紧张的夷夏关系的刺激，孟子对于诸夷对华夏的攻伐及危害反应强烈，提出"吾闻用夏变夷者，未闻变于夷者也"[5]，因而主张"用夏变夷"，反对"变于夷"，这是在夷夏关系紧张时的经验观念基础上提出来的。

春秋至两汉，随着华夏族处理夷夏关系经验的增多，以及诸子观念的进一步哲理化，至东汉时期，以孔孟思想为主体的政治哲学理念逐步成为华夏族处理夷夏关系的主要理论基石。受这种观念影响，东汉政权对向慕中原的归义羌人给予优待，且多以文化上的浸润、政治上的自治及物质上的馈赠等使羌人主动融入华夏文化圈，以促成和平稳定的政治局面。

从《远夷乐德歌》的具体内容看，白狼王及其部族感受到中原王朝处理夷夏关系问题上的智慧与诚意，"大汉是治，与天合意"，意谓中原王朝在文化、政治及经济上保持着先进性，且汉王朝对归义羌人多有赏赐，这令白狼诸族倾慕不已，"蛮夷贫薄，无所报嗣"，所以惟"愿主长寿，子孙昌炽"。

---

1 杨伯峻译注：《论语译注》，中华书局，1980，第162页。
2 杨伯峻译注：《论语译注》，中华书局，1980，第140页。
3 杨伯峻译注：《论语译注》，中华书局，1980，第91页。
4 杨伯峻译注：《论语译注》，中华书局，1980，第173页。
5 《孟子·滕文公上》。

应当说，这些诗句中渗入了地方酋豪对中原王朝的攀附心理，也未必完全出于真心。但是，从东汉政府角度看，对于那些归顺的羌人，不以种族为界限，多从文化感染着手，达到四夷边疆的稳定、巩固，显然是一种高超的处理夷夏关系问题的方式。

《远夷慕德歌》的主旨是"去俗归德"，即白狼羌主动放弃本族群的一些习俗，承续华夏服制、语言，进而融入华夏。从中原王朝角度看，即以"变俗"之法在边远地区扩大华夏文化的承载群体。如前所述，儒家的政治哲学理念与紧张的夷夏关系实际有一定联系，其心理动因是华夏民族在政治、文化上的优越感。这种优越感在地理空间上也有表现，那就是华夏居中的地理优势，且把四夷所居之处描述为地多偏远、物产不丰、民风粗鄙。在这篇诗歌中，白狼王极力渲染其部族所居之地的荒蛮偏僻，以及部民们在"冬多霜雪，夏多和雨"的艰苦环境下生活多艰的状况。由此可见，《白狼歌》是按照儒家哲学理念的经验感受写作而成的，这说明当时儒家在处理夷夏关系方面的政治哲理已然传播至边远疆域，且得到一些戎夷精英群体的认同。

《远夷怀德歌》的写作动因与《远夷慕德歌》颇为相似，"荒服之外，土地墝埆"，"食肉衣皮，不见盐谷"等诗句未必是西南夷所在地区的实情，但可以解读为华夏族在地理上的优越感对戎夷地理观感的作用与影响，突出反映了儒家政治哲理对边远戎夷的影响。这首诗的主题是白狼王向东汉朝廷表达臣服意愿，具体的写作方式即盛赞中原华夏在政治、文化及地理环境上的优势地位，以及这种优越性对羌人酋豪的感化作用。

据学者研究，《白狼歌》反映了古代羌人的天象与历法，白狼王崇敬汉明帝为帝星，[1] 居于天下之中，而众星拱卫的天象印证的是中华大地上中原王

---

[1] 陈宗祥：《〈白狼歌〉反映的古代天象与历法》，《西南民族学院学报》（社会科学版）1986年第2期。

朝的独尊地位。在各民族早期历史上，以天象比拟人事是普遍存在的朴素思维方式，这种观物取象的理念与儒家政治哲理相融合，十分形象地体现出《白狼歌》的政治哲学意蕴。《白狼歌》政治哲学意蕴的主体即孔孟关于处理夷夏关系方面的哲学主张，这也反映出东汉时期儒家化夷夏关系理念已然传播至四夷所居之处，也已然成为处理夷夏关系问题的重要法则。当然，也须看到，《白狼歌》进献朝廷过程中地方流官的作用，这些汉人官员是否对《白狼歌》的形成及其哲理意蕴的凝练也起过一定作用呢？此外，以白狼王为代表的羌人精英的主张是否有更为广阔的社会政治基础，也是一个值得思考的问题。

从《白狼歌》的政治哲学意蕴看，归义羌人追求的是中原华夏与戎夷和谐共荣的理想境界，这既是他们在华夏政治圈中谋求安稳政治地位诉求的体现，也是孔子夷夏文化观的重要方面。从中原王朝角度看，他们首先追求的是四夷的臣服与边疆稳定，为达到这一目的，不惜动用武力，甚至是强徙百姓、威震四野的暴力手段。进而言之，包括东汉政权在内的历代专制皇权并非主动地接受儒家在这一问题上的哲思，如若说，儒家哲思对处理夷夏关系起到了实质性作用，那么，这与四夷的政治诉求也有很大关系。《白狼歌》显然不是白狼王一味讨好东汉朝廷的诗句，诗歌对汉廷的崇敬有一个大的前提，那就是白狼羌与中原华夏的和谐共荣，白狼王希望他的忠诚能够换得东汉王朝用和平手段处理边疆问题，所以更多强调的是对中原文化的崇敬，从而有了向慕归化的动力，而这与孔子的文化观可谓殊途同归。由此可见，《白狼歌》体现出的是儒家在夷夏关系问题上所持的理想型的政治哲学观，并不是一味屈从、讨好中原王朝的权变思想，白狼羌的这一政治观念既突出了孔子相关理念的实际作用，也表达了夷族群体的政治诉求，进而对华夏族处理夷夏关系的政治哲理的进步与发展做出了贡献。

二 《白狼歌》所见儒家政治哲理对羌族先民的影响

魏晋隋唐时期是羌族发展演变的重要时期，除大量羌人融入汉、藏等外，居于川西北地区的羌人逐步形成了独特的民族文化，为之后羌族文化发展奠定了基本格局，《白狼歌》所见儒家政治哲理也进一步对羌人产生影响。

对于内附中原且逐步融入汉族的羌人来说，《白狼歌》所体现出的文化互融，以及对中原文化的向慕并由此形成的归化意识，不仅仅是一种停留在观念层面上的政治哲理，而是指导现实生活的切切实实的生存法则。当时，"羌人中的官僚、地主已热衷于参与政治活动，以获取封建官爵为最大荣耀，不少羌人豪酋还充当了朝廷高级官吏，并逐渐脱离了与羌民的关系而与汉人无异"[1]。在历史上多民族融会的背景下，大量羌人的内迁为汉羌政治、文化乃至经济诸层面的融合创造了条件，进入中原的羌民多依附于豪强大族以求生存，一些羌人酋豪率部众进入中原后，或建立政权，或攀附于其他政权以求自保，在政治局势相对混乱的魏晋时期，中原文化总体上仍保持着它的先进性，儒学尽管没有稳定的官方意识形态的地位，但对民族文化的形塑作用，对民间习俗的规范作用反而在强化，因此，《白狼歌》所体现出的戎夷主动接纳中原文化的儒家哲思仍有其存续的巨大空间。正是在这样的时代背景下，羌人主动接受中原文明，主动融入汉民族，成为当时的一大社会现象和文化景观。

《白狼歌》所见儒家政治哲理的风俗化，具体体现在羌人姓氏名号的中原化上。羌人冠用汉姓始于何时，目前暂难确定，但从史籍记载分析可能始于汉代。[2] 当时，"北方羌人中已普遍采用汉姓，如姚、董、邓、梁、彭、舍、

---

[1] 何永斌：《西川羌族特殊载体档案史料研究》，巴蜀书社，2009，第46页。
[2] 耿少将：《羌人的氏族名称和姓名》，见董光富主编《羌族历史文化文集》，内部刊物，1990，第129页。

雷等"[1]。到魏晋南北朝时，"羌族地区出现了更多的汉式单姓，如建立后秦的姚氏、枹罕的彭氏、宕昌王族梁氏以及雷氏、董氏、邓氏、舍氏等。同时，随着羌人进入统治阶层的人数增多，这时期大量的羌式多音节复姓出现在汉文文书中，如彡姐、弥姐、罕开、同蹄、荔非、屈男、昨和、钳耳、不蒙等。这些羌式多音节姓到了唐代，随着羌人与汉族之间经济交往、婚姻相通等，大多逐步简化为汉式单姓，如屈男改为屈姓，昨和改为和氏，不蒙改为蒙氏，同蹄改为同氏等"[2]。到后来，"屈""和""蒙""同"等姓氏成为汉族吸收羌族文化元素的成果，民族间文化的交融程度日趋深化。至明清时期，"羌汉两民族交流与融合更为广泛深入，不仅'变异番姓'为汉姓，就是取名也渐渐采用了汉族的按时辰、宗支谱系取名的习惯"[3]。此外，羌人部落名号以服饰为别，也集中反映了儒家文化对其的影响及程度上的区别，"如青羌、黑羌、白羌、紫羌、黑白水羌，如此等等。说明羌人分布广泛之后，或以地域，或以汉化程度的高低，或以服饰不同作为名称的根据，而且普遍性意义愈来愈明显"[4]。姓氏既是家族渊源的象征，也是血缘家族成员相互联系的纽带，因而是形成儒家伦理哲学观念的基石。

总体上，我国境内的少数民族多不著姓氏，或者有族号而无家姓，因此，姓氏文化可以看作汉民族文化的一大特色。历史上，内迁至中原且后来融入汉族的诸多少数民族都是从著汉姓开始他们的融入之路的。《白狼歌》中有羌人因追慕汉文化而产生归化意识的内容，从中原王朝角度看，这是"用夏变夷"的具体体现。魏晋时期，我国处于分裂状态，没有形成势力强大且统治时间较长的中央王朝，而恰恰是这一时期，羌人等主动接受汉姓，进而授

---

[1] 何永斌：《西川羌族特殊载体档案史料研究》，巴蜀书社，2009，第46页。
[2] 耿少将：《羌人的氏族名称和姓名》，见董光富主编《羌族历史文化文集》，内部刊物，1990，第130页。
[3] 周锡银、刘志荣：《羌族》，民族出版社，1993，第123页。
[4] 冉光荣、李绍明、周锡银：《羌族史》，四川民族出版社，1985，第146—147页。

受汉族伦理观念，融入汉族文化之中，这不能不说是一种文化转进。细究之，这与儒家文化的风俗化有关，如若说汉代是儒家经学大兴，社会精英多接受儒家政治、伦理等哲学观念影响的时代，那么魏晋时期是儒家文化走向民间，对当时社会风俗进行儒家化整合、改造的时期。在这样的时代背景下，包括羌人在内的诸多少数民族先民也接受了民风上的儒家化，《白狼歌》所见的羌人风俗浸润于儒家哲思的理想也在这一时期变为现实。

隋唐时期，《白狼歌》所见儒家政治哲理已然成为处理四夷边疆事务的重要理念。当时，"西羌微弱，或臣中国，或窜山野"[1]，中原王朝对那些归顺的羌人往往施以羁縻之策，一些羌人豪酋也被封以官爵。唐贞观三年（629），西北羌人细封步赖率领部落族众归附唐朝，唐太宗"列其地为轨州，拜步赖为刺史，仍请率所部讨吐谷浑。其后诸姓酋长相次率部落皆来内属，请同编户，太宗厚加抚慰，列其地为崌、奉、岩、远四州，各拜其首领为刺史"[2]。唐朝，往往基于羌人部落设置羁縻府州，"即其部落列置州县。其大者为都督府，以其首领为都督、刺史，皆得世袭。虽贡赋版籍，多不上户部，然声教所暨，皆边州都督、都护所领，著于令式"[3]。通过广封众建，唐王朝统治势力深入羌地，这为中原文化在羌地的影响奠定了坚实的政治基础。川西羌人部落中的"西山八国"[4] 跟随东女国王归附唐王朝的事件更能说明汉羌之间的哲学文化交融关系。唐贞元九年（793），"西山八国"首领跟随东女国王上书朝廷请求归附唐朝，"其王汤立悉与哥邻国王董卧庭、白狗国王罗陀忽、逋租国王弟邓吉知、南水国王侄薛尚悉囊、弱水国王董辟和、悉董国王汤息赞、清远国王苏唐磨、咄霸国王董藐蓬，各率其种落诣剑南西川内

1　《旧唐书·西戎·党项羌》。
2　《旧唐书·西戎·党项羌》。
3　《新唐书·地理志·羁縻州》。
4　西山八国：今天地处川、滇、藏之间的康藏高原，隋唐时称"西山"，这里有众多大小不等的羌人部落，习惯上称西山诸羌，其中"西山八国"出现较早，所谓"八国"即哥邻国、南水国、逋租国、弱水国、悉董国、清远国、咄霸国、白狗国。

附……自中原多故,皆为吐蕃所役属。其部落,大者不过三二千户,各置县令十数人理之。土有丝絮,岁输于吐蕃。至是悉与之同盟,相率献款,兼赍天宝中国家所赐官诰共三十九通以进。西川节度使韦皋处其众于维、霸、保等州,给以种粮耕牛,咸乐生业"[1]。八国首领和东女国王带领部众向心归附唐朝后,都被授予高官显爵,羌人部落首领受中原王朝这一优抚之举的感召,"其年,西山松州生羌等二万余户,相继内附"[2]。

中原王朝的羁縻之策,实际上就是《白狼歌》所见羌人酋豪渴望得到朝廷封赏,但也要求地方自治理念的具体体现,这说明《白狼歌》包含着的政治哲理进一步影响着我国历史上的民族关系进程。在国家统一的前提下,这种理想型的政治哲理有了实践的机会,当时,大量羌人部众归顺中原王朝,中原王朝优待归义羌人的举措,既是这一政治哲学理念得以落实的体现,也为儒学为代表的中原文化在羌人聚居区广泛传播奠定了基础。安史之乱后,唐王朝在西部地区的统治力量下降,羌人多依附于新兴的吐蕃政权,大量羌人转而信奉藏传佛教,其语言、习俗也逐渐吐蕃化,吐蕃文化的强势介入,不仅改变了众多羌族部落自然发展的历史进程,也在地理空间上改变了这一古老族群生息发展的格局。由此反观,中原王朝在政治上保持统一,文化上居于先进地位,是《白狼歌》政治哲理得以实践的前提。

总之,《白狼歌》所蕴含的意义,不仅有儒家处理夷夏关系问题的哲学思考,也包含了"远夷"在这一问题上的看法。这一政治哲学理念不仅仅是单方面顺从中原王朝为其终极目的,而是在文化上相融合的过程中,追求既向慕归化又能和谐共荣的局面。由此可见,《白狼歌》所包含着的政治哲理与儒家观念是一种相交融的关系。综观中国历史,不得不说,这种理念不仅是中原王朝处理夷夏关系的主调,也是边地四夷普遍认可的一个哲学理念,因

---

[1] 《旧唐书·南蛮·西南蛮·东女国》。
[2] 《旧唐书·南蛮·西南蛮·东女国》。

而具有深远的历史意义和现实价值。

第二节 "大禹出于西羌"的历史记忆及其禹文化观的现代阐释[1]

作为一个拥有悠久历史和深厚文化传统的民族,历史上的羌族曾与多个民族发生联系且在地域空间上呈现出多元分布的态势,这就决定了这一民族族源的复杂性。据学者研究,今日之羌族主要由世居川西北岷山山区的古蜀人后裔冉䮾氏人与西汉时期由西北南下的河湟羌人后裔部落、唐宋时期由川西北草原及邛崃山区东迁的众多羌人部落、历史上尤其是明清至民国时期以及中华人民共和国成立后从内地迁入岷山地区的大量汉人融合形成,是一个多元复合型民族。[2] 因此之故,羌族关于其族源的历史记忆也应当是多元的,这一点在历史人类学研究中得以印证。[3] 不过,与其他有关族源的记忆相比,大禹为羌族祖先的历史传说与文献建构显得更具有影响力。羌族学者耿少将认为,大禹"既是夏王朝的开创者,也是古代羌族人的一个非常有名的大巫师"[4]。至今,一般都认为大禹是羌人祖先,大禹治水之地在今四川羌族世居之地。[5] 羌族为什么会认同华夏文化体系中的圣人大禹?这种族源建构理念背后的哲学基础又是什么?这些问题值得深入思考。

一 "大禹出于西羌"的文献与学术建构

关于大禹与羌族的关系问题,传世文献多有述及。陆贾《新语·术事》

---

[1] 本节内容曾以《"大禹出于西羌"辨》为题,发表于《中原文化研究》2014年第3期。这里内容稍有改动。
[2] 徐学书、喇明英:《羌族族源及其文化多样性成因研究》,《西南民族大学学报》(人文社会科学版) 2009年第12期。
[3] 王明珂:《羌在汉藏之间——川西羌族的历史人类学研究》,中华书局,2008,第209—250页。
[4] 耿少将:《羌族通史》,上海人民出版社,2010,第27页。
[5] 王明珂:《羌在汉藏之间——川西羌族的历史人类学研究》,中华书局,2008,第231—236页。

云:"大禹出于西羌。"《史记·六国年表》云:"禹兴于西羌。"《史记索隐》称:"皇甫谧曰:'孟子称禹生石纽,西夷人也。'传曰:'禹生自西羌'是也。"《史记正义》云:"禹生于茂州汶川县,本冉駹国,皆西羌。"扬雄《蜀王本纪》云:"禹本汶山郡广柔县人,生于石纽,其地名痢儿畔。禹母吞珠孕禹,坼副而生于县。"《吴越春秋·越王无余外传》云:"鲧娶有莘氏之女……产高密,家于西羌,地曰石纽,石纽在蜀西川也。"《盐铁论·国疾》亦云:"禹出西羌。"其中,"大禹出于西羌"一说,颇为典型,后世学者多从陈说,认为川西羌地即为禹出生、兴起或导江之地。北魏郦道元《水经注》卷三六《沫水》广柔县条云:"县有石纽乡,禹所生也。"南宋人王象之《舆地纪胜》卷三十云:"《禹贡》岷山在西北,俗谓之铁豹岭。禹之导江,发迹于此。"民国人祝世德所编《汶川县志》载有清人李锡所书《石纽山圣母祠碑记》,称石纽山岭上平行处为"刳儿坪",系"圣母生禹处"。

"当禹之时,天下万国"[1],今四川、重庆一带为蜀国、巴国领地。理性地讲,大禹无论如何不可能远徙至巴蜀一带治水,更遑论其出生、兴起之地为川西羌地。然而,近现代史家中不乏认为"大禹出于西羌"一说可信者。著名史学家徐中舒先生就认为羌人是夏民族的后裔,夏王朝的主要部族也为羌人,根据汉至晋五百年间流传的羌族传说,没有理由否认夏即羌。[2] 冉光荣等学者所著《羌族史》,引徐中舒先生之言,认定大禹为羌人后裔。[3] 李绍明先生还根据传世文献中大禹生于"石纽""出于西羌"等记载,以及相关地区的考古发现和羌地流传的一些颂扬大禹治水的民间歌谣、石崇拜等人类学材料,认为"禹兴于西羌"是有根据的。[4] 王纯五先生认为大禹治水一事

---

[1] 《吕氏春秋·用民》,见许维遹撰,梁运华整理《吕氏春秋集释》,中华书局,2009,第523页。
[2] 徐中舒:《中国古代的父系家庭及其亲属称谓》,《四川大学学报》(哲学社会科学版)1980年第1期。
[3] 冉光荣、李绍明、周锡银:《羌族史》,四川民族出版社,1984,第7页。
[4] 李绍明:《"禹兴西羌"说新证》,《阿坝师范高等专科学校学报》2006年第3期。

多与四川盆地的考古遗迹相合，大禹在四川治水的事实也有相关文献的支持，进而认为四川盆地的开发史就是一部治水史，大禹治水之地当在四川。[1] 段渝先生认为大禹生于岷江上游地区的事实有历史文献、民族学、民俗学和考古学资料为证，大禹治水也是从江水上源岷江开始的，"可谓信而有征"[2]。

二 "大禹出于西羌"一说源起的真实缘由

有关"禹生西羌"的记载中，陆贾《新语·术事》中的具体记述是："文王生于东夷，大禹出于西羌，世殊而地绝，法合而度同。"

陆贾为楚人，当不会有汉晋巴蜀之地汉族精英的地方意识，但他却说"大禹出于西羌"，这一点值得深思。从上述引文看，陆贾是把"文王生于东夷"和"大禹出于西羌"并列起来看待的。文王是岐周之人，当不会"生于东夷"，王晖先生结合《诗·大雅·大明》"挚仲氏任，自彼殷商。来嫁于周，曰嫔于京。乃及王季，维德之行。大任有身，生此文王"的记载，认为"文王生于东夷"是从母系之说，即文王母亲乃东夷女子，此处所指是文王的母系血缘，王晖先生还进一步说："这种情况大概和文王、大禹之母婚后一段时间'不落夫家'有关。"[3]

《吴越春秋·越国无余外传》中有"鲧娶于有莘氏之女"的记载，《华阳国志·蜀志》亦云："石纽，古汶山郡也。崇伯得有莘氏女，治水一行天下，而生禹于石纽之刳儿坪。"有莘氏为夏族同姓氏族，其地望一说为今陕西合阳，一说为今山东曹县，夏族自古有同姓不婚之俗，故上述记载当不可信。相传，与夏后氏有姻亲关系的氏族有有仍氏、有虞氏及涂山氏，皆为东夷部族，

---

1 王纯五：《大禹治水的地域、〈禹贡〉江沱及成都古城址》，《四川文物》1999年第1期。
2 段渝：《酋邦与国家起源：长江流域文明起源比较研究》，中华书局，2007，第457页。
3 王晖：《古文字与商周史新证》，中华书局，2003，第28页。

无法与"大禹出于西羌"一说相链接。不过,除东夷族外,夏族与其接近的西部民族间也有通婚的可能,可能是夏与羌人联姻传统使然,自称夏人的周族也与羌人保持着通婚关系,这至少从一个侧面说明夏人与羌人有通婚的可能。《荀子·大略》云:"禹学于西王国",刘向《新序·杂事》将"禹学于西王国"一事记为孔子弟子子夏之言,可见大禹与西部之"国"或"族"有关联之说起源尚早。当时的夏族聚居之地在伊洛嵩高及古济、河一带,渭水中游及晋中、豫西一带是古羌人活动的区域,夏族与他们保持通婚关系,大禹母亲也当为东羌女性,而非远在甘青或川西北地区的羌人,和"文王生于东夷"一样,"大禹出于西羌"一说可能也是针对"从母居"之俗而言。从"禹学于西王国"一说来看,大禹母亲可能居于渭水中下游,在地望上属于夏人之"西"。春秋战国至两汉魏晋时期,华夏族关于"西方"的指涉自渭水流域向西北、西南方向扩展,"禹学于西王国"一说逐步西渐,汉晋时已到达岷江地区,因这一地区为西羌人所居,故人们把西方之"国"或"族"确定为"冉駹"或"西羌","禹兴于西羌""大禹生于西羌""禹生石纽"等说法纷然兴起,其中一些言论并非出自巴蜀地区汉族精英之口。时至今日,"大禹生于西羌"一说中"西"的地域指涉已到达黄河上游。[1] 因之,四川、青海、河南三省为开发旅游业,都想借大禹"扮靓"当地山川、古迹,纷纷兴建"大禹故里",四川汶川县和北川县为此还聚讼不已。[2]

此外,从秦、汉帝国在我国古代少数民族地区实行的政治制度及法制律令中,也可找到华夏族与羌人血缘联系的证据。秦在被征服或归顺的少数民族居住地设置边郡,边郡之下设属邦、道。在法律地位上边郡与内地郡无异,是在统一郡县制前提下实行特殊制度的边区[3],但在政治上是臣服于秦的属

---

[1] 鲍义志:《喇家遗址与大禹治水》,《中国土族》2006 年第 3 期。
[2] 武越:《川青豫三省多地大禹故里之争一浪高一浪》,《中国地名》2012 年第 5 期。
[3] 杜晓宇:《试论秦汉"边郡"的概念、范围与特征》,《中国边疆史地研究》2012 年第 4 期。

邦，道则是边郡下设立的一级行政机构，类似于秦国统治核心区的县。义渠羌国被灭后，设北地、陇西、上郡三郡。这三郡在法律上是属邦，羌人上层及一般平民都被编入秦的爵级秩序中。按秦律，属邦内（今所谓）少数民族父母生之子称为"真"，"真"即"客"，法律地位仍为少数民族，只有生于秦母，即其父娶秦国之女所生之子称为"夏子"，"夏子"即为法律身份上完整的秦人。[1] 两汉将秦时的属邦称为属国，以避刘邦之讳，在征服之地及内迁少数民族地区设立属国，并派属国都尉统治。虽不清楚两汉时如何区分属国百姓的法律身份，但汉承秦制，其所采取的法制律令当与秦类似。不过，从考古资料看，两汉时期，汉政权势力进入青海河湟地区，汉政权也在这一地区设置金城属国、护羌校尉等管辖归义羌众，同时中原流族迁徙至此，与归义羌人杂居而处。汉族移民与当地羌人杂居的状况在当今考古发现中已有初步展现[2]，而从长沙走马楼三国吴简中有关"真吏"的记载，说明当时有一些出自土著族群的基层行政人员亦称为"真"，其意义与睡虎地秦简中"城邦真戎君长"之"真"在身份指涉上是一致的。当时，因这些人身份特殊，享有不缴口算，复除徭役等特权。[3] 由此可知，秦以来在属邦实施的律法制度，至三国时仍有效，而两者之间的汉代也当有这种律法制度。具体到早期羌人，秦时，原义渠羌人与秦人通婚，使后代获得"夏子"身份；两汉时，大批羌人被迫内迁，其中的一些人，特别是羌人豪酋也与中原汉人通婚，使子孙拥有汉人血统。"夏子"之称，已明显具有华夏特质，而夏族首领大禹自然是这种身份特质的起源，于是乎，成为"夏子"的羌人顺理成章地归宗于大禹。

---

[1] 日本学者工藤元男利用睡虎地秦简《法律答问》等材料系统研究了秦、汉帝国在少数民族地区实行的政治制度及法制律令，借此探讨秦、汉扩充领土的方式及其国际秩序。参见〔日〕工藤元男《睡虎地秦简所见秦代国家与社会》，〔日〕广濑薰雄、曹峰译，上海古籍出版社，2010，第73—99页。

[2] 青海省文物考古研究所：《上孙家寨汉晋墓》，文物出版社，1993，第219页。

[3] 罗新：《"真吏"新解》，《中华文史论丛》2009年第1期。

汉武帝元鼎六年（前111），汉政权入侵岷江地区的冉駹羌国，《史记·西南夷列传》云："南越破后，及汉诛且兰、邛君，并杀笮侯，冉駹皆振恐，请臣置吏。乃以邛都为越巂郡，笮都为沈犁郡，冉駹为汶山郡，广汉西白马为武都郡。"汉宣帝地节三年（前67），因"立郡赋重"[1]，汶山郡又归蜀郡北部都尉管辖。如前所述，秦汉时，在征服或归顺的少数民族地区设立属邦或属国，秦曾以区别"真"与"夏子"的不同法律身份试图将少数民族纳入秦的法律体系中，汉承秦制，当在冉駹羌地实行过类似的政策，其结果是将大禹信仰与华夏认同传播至羌地。汉政权在羌地实施的民族怀柔政策在羌人上层效果明显，史书称北部（冉駹）都尉属国，"其王侯颇知文书，而法严重"[2]，一般羌人百姓被迫遵从汉政权法令，进而在同化政策下成为新的汉人，一些违背汉法者，则逃入深山。《水经注》卷三"沫水"云："有罪逃野，捕之者不逼，能藏三年，不为人得，则共原之，言'大禹之神所祐也'。"先秦时期，华夏地区流传着大禹行神信仰，[3] 汉政权统治羌人过程中，又以法治律令推行汉化政策，同时又认为那些没入荒野的羌人受大禹护佑，上述种种因素综合起来，就在羌人中自觉或不自觉地形成大禹为祖先、大禹为保护神等观念，并一直流传至今。

三 羌族禹文化观中的儒家哲理

我们认为，羌族禹文化观中的儒家哲思，即以文化而不以地域、血统划分族系的观念，是形成上述文献及学术建构的前提，也是"大禹出于西羌"一说真实缘由背后的哲学基础。先秦时期，基于"周礼"兼容夷狄的思想观

1　《后汉书·南蛮西南夷列传》。
2　《后汉书·南蛮西南夷列传》。
3　〔日〕工藤元男：《睡虎地秦简所见秦代国家与社会》，〔日〕广濑薫雄、曹峰译，上海古籍出版社，2010，第189—230页。

念成为儒家处理夷夏关系的重要哲学理念，这一理念强调不同族际间在文化上的互融，不以地域、种族来辨析族系。最终形成"诸夏之国若为夷狄之行则退而贬之为夷狄""夷狄之国若行诸夏之礼则进而褒之为华夏"的哲学理念。[1]

正是在上述儒家哲思的影响下，汉晋时期，蜀地精英对本土历史记忆进行改造，通过间接攀附黄帝后裔——禹，来构建巴蜀历史的华夏本源。[2] 扬雄《蜀王本纪》称："禹本汶山郡广柔县人，生于石纽。"常璩《华阳国志·蜀志》云："郡西百里有石纽乡，禹所生也。"《三国志·蜀书·秦宓传》记载广汉太守夏侯纂为中原人士，秦宓称"禹生石纽，今之汶山郡是也"，攀附大禹来强调华夏认同。由此可见，大禹出生、兴起、治水于巴蜀的传说，是华夏文化西向传播的结果，是华夏及后来的汉族以文本建构的方式改造当地历史记忆，来强化巴蜀与中原认同关系的结果。

羌族对大禹的认同及对华夏文化的攀附心理也与儒家基于文化意义上的夷夏之辨理念有关。秦汉以来，华夏精英视羌人为西方夷狄，称其为"三苗之裔"或无弋爰剑之后。王明珂先生将无弋爰剑没入西羌的所谓"英雄徙边记"，视为华夏族"英雄祖先历史心性"规导而成的有关边疆史的模式化情节之一。[3] 然而，远离华夏政治势力范围的西羌，其祖先认同遵从游牧社会的"移动"法则，[4] 并不为历史记忆与族群认同所困，也没有攀附华夏的必要。内附中原的羌人则甚少认同华夏精英强加己身的身份标签，多自称为黄帝后裔，或是夏后氏之后。明清时期，中原统治势力延及的羌地，当地百姓不得已认同大禹，以汉人身份求得安全，他们的祖先记忆与身份认同多带有被动色彩。直到今日，高山深谷地区的山寨羌人都自称"尔玛"，视上游村

1　秦平：《〈春秋穀梁传〉华夷思想初探》，《齐鲁学刊》2010年第1期。
2　王明珂：《英雄祖先与弟兄民族：根基历史的文本与情境》，中华书局，2009，第70页。
3　王明珂：《英雄祖先与弟兄民族：根基历史的文本与情境》，中华书局，2009，第77—83页。
4　王明珂：《游牧者的抉择：面对汉帝国的北亚游牧部族》，广西师范大学出版社，2008，第104页。

寨人群为"赤部"（蛮子），称下游村寨人群为"而"（汉人），他们的历史记忆与祖先认同中也无大禹的印记。深受汉文化影响的羌族则视大禹为羌人，一些历史上羌人知识分子通过著书立说，试图将大禹为羌人一事确实化。羌人聚集的汶川县城受汉文化影响较重，羌地一带所谓"禹迹"也大都分布在该县城周围，这说明大禹是当地羌族汉化的历史与空间符号。[1] 汉化程度颇深的羌人及其周边民族，仍在通过延展祖先故事，来强化他们与汉人文化的认同关系。王明珂先生在川西丹巴县巴底乡参加的一场嘉绒藏族婚礼上，听到一场别样的"祖先故事"，"我惊然发觉那位舅爷将本族之历史远溯自元谋猿人，且大汶口文化、仰韶文化等都被纳入这历史之中"，"他们所述说的历史，已不再是被20世纪上半叶民族学者归纳为'民族传说神话'的那些叙事；他们从各种外来新知中汲取材料，结合本土知识，重新透过历史来说明、宣称'我们是谁'"。[2]

总之，"大禹出于西羌"等的记载，并不能说明蜀地为大禹出生、治水之地。汉族精英的文本建构及羌人对华夏文化的攀附与认同，是"大禹出于西羌"的历史"表征"。羌夏二族悠久的通婚史，秦至三国时期中央政权对属邦、属国少数民族的同化政策及相关律法制度等，则是"大禹出于西羌"的历史本相。[3]《帝王世纪》《华阳国志》及近古的地方志等文献建构，鲜明地表达了中原政权及其代言者以儒学及其文化传统改造、儒化边地少数民族的迫切愿望。在儒家民族观及其背后的哲学思想影响下，羌族接续了这一以话语形式来传达和强化儒学及其文化传统的任务，这显然能够证明儒学对羌族及其文化传统曾有深刻影响。[4]"大禹出于西羌"一说证明儒家民族观念背后的哲学理念对羌

---

[1] 王明珂：《英雄祖先与弟兄民族：根基历史的文本与情境》，中华书局，2009，第218—219页；李祥林：《民间叙事和身份表达——羌区大禹传说的文学人类学探视》，《西南民族大学学报》（人文社会科学版）2010年第10期。

[2] 王明珂：《序一》，见耿少将《羌族通史》，上海人民出版社，2010。

[3] 李健胜：《"大禹出于西羌"辨》，《中原文化研究》2014年第3期。

[4] 李健胜、赵菱贞、俄琼卓玛：《儒学在青藏地区的传播与影响》，人民出版社，2012，第155页。

族禹文化观的确产生了重要影响，羌族认同大禹实质上就是认同中原汉族文明，这又充分显示出儒家哲学理念在民族互融进程中的确起到了沟通与桥梁作用。羌族认同大禹的事实反过来丰富了儒家民族观，使其背后的哲学理念拥有了基于历史事实与现实依据的合理性，同时也使得儒家哲学思想体系在发展、变化过程中逐步呈现出遵从理性思维、包容历史经验的文化特性。

春秋战国时期，面对戎夷蛮狄入侵华夏政治、文化圈的社会现状，当时的儒家哲人形成了不同意义上的族际观念，孔子虽有"披发左衽"的感慨，但在如何处理具体夷夏关系时，也有"居九夷""君子居之，何陋之有"[1] 等兼容夷狄的思想，这些哲学思考即中国传统文化中不以种族而以文化区分夷夏的观念源头。战国时期，夷夏关系日趋紧张，民族融合也成为历史潮流，当时的儒家结合紧张的夷夏关系事实，形成了华夷之辨、用夏变夷等的哲学观念。孟子虽也主张不以种族区分族群，但他所主张的"用夏变夷"及这一思想背后的夷夏相分的观念，显然不利于民族融合。历史上，儒家华夷之辨思想在解决华夏族如何居于政治及文化上的优势地位等问题上虽起到过比较重要的作用，但也由此形成更多的甚难解决的夷夏关系问题。从羌族认同大禹的族源观念来看，无论是承载这一观念的羌族民众，还是建构这一思想体系的汉族精英，都秉持着儒家兼容夷狄的民族观念，而汉羌良好族际关系的建构，也使得儒家在选择民族关系资以形成的历史资源时，更注重民族文化相互兼容的孔子思想，而非狭隘的华夷之辨理念，这是羌族族源理念对儒家哲学思想理性发展所起到的重要作用。

第三节　西夏对儒学的吸纳及其儒释关系

党项羌是历史上羌族的一支，曾游牧于今四川松潘以西和青海积石山以

---

[1] 杨伯峻译注：《论语译注》，中华书局，1980，第91页。

东地区，因受吐蕃侵扰，酋长拓跋赤辞率众归附唐朝，唐太宗赐李姓，其族众内迁至庆州（今甘肃合水）和横山一带。唐末，拓跋部酋长思恭因镇压黄巢起义有功，拜为夏州节度使。1038 年，李元昊建"大夏"国，史称"西夏"。

西夏与宋的关系甚为复杂，两国间既有冲突和矛盾，也有广泛的政治、经济及文化交流，而两国之间的深刻接触为儒学与党项羌的文化交流提供了更为广阔的社会文化空间。西夏党项羌在文化方面虚心向汉地学习，"他们鉴于固有文化远较汉族落后，特别是雄心勃勃的元昊为要争取与宋朝保持对等地位，便对内地的文物制度大加模仿，这自然就不能不采用流行于汉族社会的儒家文化"[1]。

一　西夏承纳儒学教育的历程及其有限性

总体而言，西夏在官僚体制、政治文化、教育发展等方面积极地融入儒家文化和思想观念，有重儒、崇儒的文化特点，西夏儒学也代表着我国历史上党项羌少数民族的文化水准和所达到的精神高度，然而，蕃表儒里的西夏党项羌族在蕃汉文化逐渐地密切融合中，其儒学发展水平滞后于同时期的中原儒学，儒学文化精神未能走向更加深入[2]，如若仅从西夏推行的儒学教育看，也能体察到上述西夏吸纳儒学过程中表现出的一些文化特征。

西夏建国伊始，与中原王朝形成尖锐的对立关系，加之西夏攻城略地之处多为儒化之地，而其同时又受到吐蕃文化的影响，因此，"元昊立国之初，大力兴办学校，但仅设蕃学而无汉学"[3]，史称，"自曩霄创建蕃学，国中由

---

[1] 吴天墀：《西夏史稿》，商务印书馆，2010，第 210 页。
[2] 杨翰卿：《儒学在西夏党项羌族文化中的地位、特征和局限》，《西南民族大学学报》（人文社会科学版）2016 年第 1 期。
[3] 刘再聪：《西夏时期河西走廊的教育——以儒学和"蕃书"为中心的探讨》，《宁夏社会科学》2005 年第 5 期。

蕃学进者诸州多至数百人,而汉学日坏"[1]。这说明,西夏建国初期,党项羌政治上层不仅不主动接受儒学,相反,对儒学采取了拒斥态度,这从一个侧面折射出西夏与北宋的对立关系。不过,蕃学的推行并没有真正促进西夏国文化事业的进步,由于蕃学受众群体有限,无法满足其对外交往、交流的需要,加之出于蕃学的官员"皆尚气矜,鲜廉耻"[2],甚难堪任重务。为此,西夏政权不得不开设汉学,教授儒经,培养精通汉学知识的人才,并效法中原开科取士。

党项羌接受儒学的过程也颇为曲折。最初,因未设立汉学,将《孝经》《尔雅》《四言杂字》等译为蕃语,选蕃汉子弟俊秀者入学教之。可见,当时儒学是借助蕃学在党项羌中进行传播的,这也是儒学在党项羌集居区传播的一大特色。由于藏传佛教对党项人影响甚深,[3] 从元昊始,西夏政权还致力于翻译佛经,推行佛学。一些汉族儒生趁势以援儒入佛的形式,来推行儒学,从而丰富了儒学的传播方式。

元昊虽力倡本族传统,试图以"胡礼蕃书"与北宋抗衡,但也懂得"务收豪杰",一些在中原不得志的儒生,遂奔异域,投靠西夏。《续资治通鉴长编》卷一五〇〇(宋仁宗庆历四年条)载,当时宋人曾感叹:"自得灵、夏以西,其间所生豪英,皆为其用,得中国土地,役中国人力,称中国位号,仿中国官属,任中国贤才,读中国书籍,用中国车服,行中国法令。"另据《续资治通鉴长编》卷一二〇〇(宋仁宗景祐四年条)记载:"赵元昊既悉有夏、银、绥、静、宥、灵、盐、会、胜、甘、凉、瓜、沙、肃,而洪、定、威、怀、龙皆即旧堡镇伪号州,仍居兴州,阻河,依贺兰山为固。始大补伪官,以嵬名守全、张陟、杨廓、徐敏宗、张文显辈主谋议,以钟鼎臣典文书,

---

[1] (清)吴广成撰,龚世俊等校证:《西夏书事校证》,甘肃文化出版社,1995,第359页。
[2] (清)吴广成撰,龚世俊等校证:《西夏书事校证》,甘肃文化出版社,1995,第359页。
[3] 杜建录:《试论西夏与周边民族的文化交流》,《固原师专学报》1995年第4期。

以成逋、克成赏、都卧、都如定、多多马窦惟吉辈主兵马，野利仁荣主蕃学。"由此可见，尽管西夏政权在表面上拒斥儒学，但在实际上仍试图以儒生治国，借以引进、吸收中原先进的典章制度。

1144年，西夏仁宗李仁孝令"州县各立学校"[1]，1146年，他又下令"尊孔子为文宣帝"，"令州郡悉立庙祀，殿庭宏敞，并如帝制"[2]。值得注意的是，河西地区的儒学对西夏国接受儒学、建立儒学教育体系等产生过重要影响。刻于1176年的西夏黑河建桥敕碑落款云：

（九）大夏乾祐七年岁次丙申九月二十五日　立石

（十）主案郭那正成　司吏骆永安

（十一）笔手张世恭书　泻作使安善惠刊

（十二）小监王延庆

（十三）都大勾当镇夷郡正兼郡学教授王德昌[3]

落款中，除指明王延庆为镇夷郡人士外，未指明何方人士的汉族当为地方土著。河西土著儒生也有官至高位者，如西夏仁宗时期，位至吏部尚书的权鼎雄为"凉州人，天庆中举进士，以文学名授翰林学士"[4]。据汤开建先生《元代西夏人物表》一文，出仕元政权且有文献可征的西夏人物共有370余人，其中为河西土著汉人者64人，约占1/6。[5] 河西儒生任职于西夏异族之国，既在一定程度上缓和了民族矛盾，同时也成为汉文化和党项文化相联结的重要纽带。

1　（清）吴广成撰，龚世俊等校证：《西夏书事校证》，甘肃文化出版社，1995，第412页。
2　（清）吴广成撰，龚世俊等校证：《西夏书事校证》，甘肃文化出版社，1995，第416—417页。
3　王尧：《西夏黑水桥藏文碑考补》，见王尧《西藏文史考信集》，中国藏学出版社，1994，第102页。
4　（清）吴广成撰，龚世俊等校证：《西夏书事校证》，甘肃文化出版社，1995，第485页。
5　关于这个问题汤开建先生有过详论，他利用正史材料，对元代西夏人物进行了统计。参见汤开建《元代西夏人物表》，《甘肃民族研究》1986年第1期。

儒学的推行，使党项羌的旧有风俗也因此发生了一些改变。受儒化风习影响，党项羌"男女长大，遣将媒人，诸处为婚，索与妻眷"[1]。他们放弃了原有"靡有媒妁，暗有期会"的做法而崇信父母之命，媒妁之言，这在一定程度上反映了河西儒学对其风俗习惯的影响和作用。此外，党项羌尚武风气也因受儒学濡化而发生了一些改变，甚至导致"一些西夏人确实逐渐滋生出一种'安分畏法'、小心谨慎的生活态度来"[2]。

西夏国接受儒学，一方面是为了吸收和学习汉地的先进文化，另一方面也与其自身试图建立起统一的文化教育政策，以配合统治有关。[3] 得益于党项羌上层培养、吸引人才之需，西夏推行的儒学教育也取得了较大成就。《重建高文忠公祠记》云："西夏盛强之时，宋人莫之能御也。学校列于都邑，设进士科以取人，尊信仲尼以'素王'之名号，为未极于褒崇，则文风亦赫然昭著矣哉！"[4] 然而，西夏政权仅重视推行儒学的实际效果，在宗教、民俗等领域内仍刻意保持本民族特色或推行藏传佛教，对当地汉人也多采取疏离之策，加之河西儒士也仅是借用西夏的文化教育政策图谋自身发展，由此导致了实用、功利的文风。西夏末年，蒙古大军压境，河西士人见党项人大势已去，开始或明或暗地投奔新主，"是时军旅未息，西北之儒多在俘虏中，公请于朝，皆遣为良民，或先以钱得之者，官出钱以赎，遣使检阅，得儒者数千人"[5]。蒙古攻灭西夏后，曾大规模屠杀西夏都城居民及其主体民族，使得西夏国运断绝，党项文化也毁于一旦，而河西汉族儒生任职于元朝政权者却为数不少，这也说明，功利、实用的文风既是河西儒学的一大特质，同时也

---

[1] （西夏）骨勒茂才著，黄振华聂鸿音史金波整理：《番汉合时掌中珠》，宁夏人民出版社，1989，第69页。
[2] 李辉：《西夏伦理思想探源》，《社科纵横》2000年第4期。
[3] 刘再聪：《西夏时期河西走廊的教育——以儒学和"番书"为中心的探讨》，《宁夏社会科学》2005年第5期。
[4] 韩荫晟编：《党项与西夏资料汇编》（上卷）第1册，宁夏人民出版社，1983，第323页。
[5] 韩荫晟编：《党项与西夏资料汇编》（上卷）第1册，宁夏人民出版社，1983，第324页。

是值得深究的一种扭曲和变形的生存技术。[1] 由此可见，西夏推行儒学教育的有限性，既受其与宋朝关系的影响，也有保持本民族文化特色且力倡藏传佛教的因素，还与其功利、实用化的儒学风气相关。

二 儒家伦理观对西夏律法的影响

西夏国李仁孝在位时期，颁布《天盛改旧新定律令》。这是一部深受儒家伦理思想影响的法典，其中大量刑法准则的制定标准取自儒家"三纲五常""亲亲相隐""慎刑德政"等哲学伦理观念，故有学者明言："从这部法典可以知道，唐宋法律制度是其借鉴和学习的主要依据。唐宋法律的立法准则与法律精神——儒家思想，对西夏法典的编纂影响显著。"[2]

首先，儒家"三纲五常"为该律令的主要立法准则。《天盛改旧新定律令》开篇仿效中原法令设"十恶"之法："计十门：一谋逆；二失孝德礼；三背叛；四恶毒；五为不道；六大不恭；七不孝顺；八不睦；九失义；十内乱。"[3] 凡是触犯"十恶"法令的一律视为"不赦"之罪，科以重刑，以示对不忠、不敬、不孝的严惩。具体来说，《天盛改旧新定律令》中的"大不恭门"规定："一除在帝前劝谏以外，任意宣说诽谤者，重则将说者以剑斩，家门勿连坐。其次公开传语者，依时节当视言状轻重，奏告实行。"[4] "谋逆门"规定："一欲谋逆官家，触毁王座者，有同谋以及无同谋，肇始分明，行为已显明者，不论主从一律皆以剑斩。"[5] "一谋逆人中，或以语言摇动众心未得，以威力摄人导引未能等者，造意、同谋皆以剑斩，父母、妻子、子

---

[1] 李健胜、赵娓贞、俄琼卓玛：《儒学在青藏地区的传播与影响》，人民出版社，2012，第33—34页。
[2] 邵方：《西夏法制研究》，人民出版社，2009，第30页。
[3] 史金波、聂鸿音、白滨译注：《天盛改旧新定律令》，法律出版社，2000，第110页。
[4] 史金波、聂鸿音、白滨译注：《天盛改旧新定律令·大不恭门》，法律出版社，2000，第126页。
[5] 史金波、聂鸿音、白滨译注：《天盛改旧新定律令·谋逆门》，法律出版社，2000，第111页。

女等当连坐，应易地而居，送边地守城，终身在军中，畜、谷、宝物勿没。"[1] "失孝德礼门"规定，对于失孝之人须从严从重给予惩罚，惩治标准与"谋逆门"同。"一庶民自身有因，有过错，不念不服，因欲思行抱怨，生恶心，在宗庙、地墓、碑表、堂殿等上动手及损坏官鬘金抄等，一律与向官家谋逆者已行为之罪状相同。"[2]

《天盛改旧新定律令》还将中原汉地五服之制纳入律令，该律令卷二"亲节[3]门"规定："一族、姻二种亲节，依上下服五种丧服法不同而使区分，其中妇人丧服法应与丈夫相同。"[4] 根据服丧对象的亲疏关系，规定了三年之丧至三月之丧，如"子对父母，妻子对丈夫，父死长孙对祖父、祖母，养子对养父母，子对庶母，未出嫁在家之亲女及养女"[5]，应服丧三年；"对祖父、祖母、兄弟、伯叔姨、亲侄，父母对子女，在家之姑、姐妹，在家之亲侄女，丈夫对妻子，父死对改嫁母，祖父长子死对长孙，父母对养子，养子对原来处父母，父死改嫁庶母对往随子，改嫁母对原家主处所遗子，亲女及养女等出嫁后对父母"[6]，应服丧一年等。《天盛改旧新定律令》运用国家法令制定的五等服制与中原王朝的斩衰、齐衰、大功、小功、缌麻服制基本一致，遵守的是历代儒家倡导的孝亲"礼"制，这突出反映了西夏律法的儒家化特点。

其次，儒家"父为子隐，子为父隐"[7]的"亲亲相隐"观念为《天盛改旧新定律令》所承纳。"亲亲相隐"是我国古代法律制度的重要原则，一般被视为法律儒家化的一个典型，究其质，它是先秦旧制中国家权力与贵族自

---

[1] 史金波、聂鸿音、白滨译注：《天盛改旧新定律令·谋逆门》，法律出版社，2000，第113页。
[2] 史金波、聂鸿音、白滨译注：《天盛改旧新定律令·失孝德礼门》，法律出版社，2000，第114页。
[3] "节"是党项人亲属称谓的基本修饰词，相当于划分亲属称谓的坐标用来表示辈分，以己为中心，与己同辈为"同节"，"节上"为长辈，"节下"为晚辈。又用"节"表示第几旁系，如"一节"近似汉语"堂、从"，"二节"即"再从"，"一节""二节""三节"分别对应"第二旁系""第三旁系""第四旁系"等。
[4] 史金波、聂鸿音、白滨译注：《天盛改旧新定律令·亲节门》，法律出版社，2000，第134页。
[5] 史金波、聂鸿音、白滨译注：《天盛改旧新定律令·亲节门》，法律出版社，2000，第135页。
[6] 史金波、聂鸿音、白滨译注：《天盛改旧新定律令·亲节门》，法律出版社，2000，第135页。
[7] 《论语·子路》，杨伯峻译注：《论语译注》，中华书局，1980，第139页。

治权角力的一个产物，是两种体制在司法领域对峙的集中凸显。[1] 主张亲属间隐罪的"亲亲相隐"并不是单方面的包容私权的法律制度，它与"告奸""连坐"之制是相辅相成的，是相互配套的司法原则。[2] 这一点首先为《天盛改旧新定律令》所吸纳。"许举不许举门"规定，"谋逆，失孝德礼，叛逃，亲祖父母、父母、庶母等为子、孙、媳所杀"，"谋逆、失孝德礼，叛逃，内宫淫乱，对帝随意口出恶言，杀及主谋杀亲祖父母、父母、庶母等，诋毁国家，撒放毒药，咒人死，盗中杀人，有意杀人，对亲母、岳母、庶母、姑、姐妹、女、媳等行不轨"[3] 者不适用"亲亲相隐"。《天盛改旧新定律令》"不孝顺门"也规定："一除谋逆、失孝德礼、背叛等三种语允许举告，此外不许举告，若举告时绞杀。有接子孙状者则徒十二年，不许审问父母等之罪。其中父母与他人同谋犯罪，举告者自他人处闻知以外，亦说与犯罪者之子孙口中听到原话，则应审问，他人当依法承罪。父母等之罪因已有子孙讲说当解脱，举告人未从他人处闻觉，说直接从子孙中一人口中听到，则不许接状审问。"[4] 可见，《唐律》中已然定型的谋逆、失孝等大罪不可隐罪的规定为西夏律法所承纳。

除谋逆、不孝等重罪外，我国传统法律实施"亲亲相隐"的目的即维护家庭内部的长幼秩序，体现为亲者讳、为尊者隐的孝悌美德，这既是儒家化的法律思想的一个典型，也是儒家伦理观念渗入国家律法体系的一个重要方面。而西夏律法承纳容隐之制，即为其伦理观念深受儒家伦理哲学影响的一个实证。

最后，儒家哲学体系中，以德治国、慎用刑罚等理念，也为《天盛改旧新定律令》所承纳。《天盛改旧新定律令》"老幼重病减罪门"规定："诸人

---

[1] 王晨光：《楚国北扩地缘政制问题与"亲亲相隐"公案新解》，《中国历史地理论丛》2016年第2期。
[2] 张松：《睡虎地秦简与张家山汉简反映的秦汉亲亲相隐制度》，《南都学坛》2005年第6期。
[3] 史金波、聂鸿音、白滨译注：《天盛改旧新定律令·许举不许举门》，法律出版社，2000，第445页。
[4] 史金波、聂鸿音、白滨译注：《天盛改旧新定律令·不孝顺门》，法律出版社，2000，第128页。

老年至九十以上，年幼七岁以下者，有一种谋逆，当依时节奏告实行。其他犯各种罪，一律勿治。"[1] "行狱扙门"规定："知有罪人中公事明确而不说实话，则可三番拷之。一番拷可行三种，笞三十，□为，悬木上。彼三番已拷而不实，则当奏报。彼问扙者，当言于大人处并置司写，当求问扙数。若谕文□□上置，自专拷打□为等时，有官罚马一，庶人十三扙。"[2] 明文规定不能对囚犯随意滥施刑罚。由此可知，儒家力倡的"慎刑""明德"等立法原则也为《天盛改旧新定律令》所吸取，并成为这一律令的重要立法原则。

综上，儒家力倡的"三纲五常""为亲者讳，为尊者隐""慎刑""明德"等儒家伦理观念在西夏以律法的形式确定下来，使其具有浓厚的国家强制色彩，这集中体现了儒家伦理哲学对西夏党项羌族伦理观念的影响。法律是国家重要的管理与控制手段，也是制度文明与文化传统的结晶，而西夏律法如此深刻地受到儒学影响，足以说明，在制度文化层面，西夏对中原文化的吸纳绝不是停留于表面，而是十分深入的。

三 西夏的儒释关系及其文化意义

总体上，西夏既吸纳儒学以提升教育水平、完善典章制度，同时又大力弘扬藏传佛教，推行"蕃学"，从而使党项羌人的文化体系具有儒释结合的文化特点。

从出土文献看，西夏推行儒学可谓不遗余力。1908—1909年，沙俄军官柯兹洛夫在黑水城盗走的大量西夏文物中，公布出来的部分文献目录统计，

---

[1] 史金波、聂鸿音、白滨译注：《天盛改旧新定律令·老幼重病减罪门》，法律出版社，2000，第150页。
[2] 史金波、聂鸿音、白滨译注：《天盛改旧新定律令·行扙狱门》，法律出版社，2000，第326—327页。

"计佛经 345 种,政治、法律、军事、语言文字、文学、医卜、历法等 60 种,合计 405 种。其中有译自汉文古籍或依据汉籍编译成书的《论语》《孟子》《孝经》"[1]。西夏王朝还招抚大量汉族儒士参政议政,"汉族士人的统治经验比较丰富、文化素养又比较高,以汉族为主的农业生产在社会经济生活中起着越来越重要的作用,因而西夏统治者对汉族的作用也有充分的认识。西夏历代统治者没有因为与以汉族为主体的宋朝对峙而完全排斥汉人,而是多能从大局着眼,以实际需要出发,吸收、利用汉族人才"[2]。汉族儒生在西夏的政治活动和生产活动中都发挥了重要作用,"在汉文文献中所能见到的汉族人名多为上层统治者,主要汉姓有赵、李、梁、王、任、曹、刘、韩、张、杨、苏、罗、贺、高、薛、潘、米、白、宋、吴、焦、田、邹、马、郝、索、陈等"[3]。另外,西夏所在的河西、河朔地区原为吐蕃领地,吐蕃亡国后,吐蕃、党项、回鹘等民族杂处于此,文化上形成"蕃化"之貌,党项羌族也深受吐蕃文化影响,自元昊始,西夏政权致力于翻译佛经,以推行佛学。西夏还兴建寺院,礼佛活动也甚为频繁。由此,"西夏文化的发展呈现出两条并行的路径,即在官僚体制及政治文化上鲜明地打着儒家的烙印,而在思想意识、宗教信仰上几乎是佛教的一统天下"[4]。

　　这种被学者视为蕃表儒里或儒表蕃里的文化现象,往往被解读成党项羌吸纳儒学不够彻底,或视为"羌在汉藏之间"的古代版本。实际上,西夏文化所表现出的这种儒释关系具有深刻的文化意味。保存于甘肃省武威市西夏博物馆中的"西夏碑"(全名《重修护国寺感应塔碑》),是现存最早的西夏

---

[1] 黄振华:《评苏联近三十年的西夏学研究》,《社会科学战线》1978 年第 2 期。
[2] 史金波:《西夏的汉族和党项民族的汉化》,《中南民族大学学报》(人文社会科学版)2013 年第 1 期。
[3] 史金波:《西夏的汉族和党项民族的汉化》,《中南民族大学学报》(人文社会科学版)2013 年第 1 期。
[4] 李华瑞:《论儒学与佛教在西夏文化中的地位》,见杜建录主编《西夏学》(第一辑),宁夏人民出版社,2006,第 26 页。

文碑刻之一。该碑碑文分汉文和西夏文两种字体分别刻于碑的阴阳两面,"碑身高2.5、宽0.90米。两面撰文。一面刻西夏文,以西夏文篆字题名,意为'敕感应塔之碑文'。正文为西夏文楷字,计二十八行,每行六十五字,第一行意为'大白上国境凉州感应塔之碑文'。另一面刻汉文,碑头有汉文小篆题名'凉州重修护国寺感应塔碑铭'。正文为汉文楷字,计二十六行,每行七十字"[1]。碑文内容记述的是西夏天祐民安三年(1092)凉州地震,城中护国寺佛塔受到地震破坏,西夏皇太后和皇帝诏命重修的事迹。"西夏碑碑头正面飞天图案是两个完全不同风格的人物造型,左侧风格与敦煌壁画、唐晚期人物画风相近,显然是吸收了唐代的画风:柳叶眉,大眼睛,樱桃嘴,双重下巴,显得体态丰满婀娜多姿。而右侧人物具有明显的西域人物特征:高鼻梁,脸部骨骼隆起,体态健壮,动感强。单从两个人物形象,就反映出中原文化和西域文化的交流和融合。"[2] 除了图案画风上受汉文化影响外,在思想内涵明显具有儒释互渗的文化特征,"西夏碑原碑背面(汉文)正文有15处空格,均在'佛''二圣'前,从碑面整体所处位置看,在碑面的三分之一以上。正面(西夏文)情况基本相同。这主要表示对佛和美好事物的敬仰,讲究忌讳,明显是受汉民族传统礼教文化影响的结果"[3]。

保存于甘肃省张掖市甘州区博物馆中的《西夏黑水桥碑》,"又叫做'黑河建桥敕碑',也叫做'黑水河桥敕碑'或'西夏告黑水河诸神敕'等等",是西夏第六位皇帝李仁孝下令修建黑水桥的敕谕文书,"碑两侧都有文字,碑阳:汉文,正书,径寸,十三行,行三十字,共计二百九十三字(包括题名、年月日行款五行在内),字迹元熟秀丽,行文、抬头格式也符合一般习惯。碑

---

[1] 陈炳应:《重修护国寺感应塔碑(西夏碑)》,《文物》1979年第12期。
[2] 吴峰天:《"凉州重修护国寺感通塔碑铭"再认识》,见杜建录主编《西夏学》第八辑,上海古籍出版社,2011,第212页。
[3] 吴峰天:《"凉州重修护国寺感通塔碑铭"再认识》,见杜建录主编《西夏学》第八辑,上海古籍出版社,2011,第213页。

阴：藏文，正楷（即 dbu can，有头字），二十一列，已经漫漶过半"[1]。西夏皇帝李仁孝的敕谕文书使用藏汉两种文字，其背后的文化意义即儒释结合。

值得一提的是，党项羌人骨勒茂才编纂的《番汉合时掌中珠》，是一部沟通番汉语言文字的常用工具书，在这本工具书的序言中，骨勒茂才曾说："今时兼番汉文字者，论末则殊，考本则同，何则先圣后圣，其揆未尝不一，故也。然则今时人者，番汉语言可以俱备，不学番言，则岂和番人之众？不会汉语，则岂入汉人之数？番有智者，汉人不敬；汉有贤士，番人不崇，若此者，由语言不通，故也！"[2] 骨勒茂才编纂此书希望在党项羌族和汉族之间架起一座便于沟通的桥梁，"由此不难看到当时西夏社会上对番、汉关系和番、汉语言的基本态度，也反映了当时社会主流提倡民族友好、注重民族交流的深刻认识"[3]。就西夏文字而言，它也可视为儒学与羌族哲学理念相交融的一个例证。西夏文是借用汉字的形制创造出的党项羌本民族文字，是党项族首领企图在民族语言和书写工具方面独立于华夏的产物。"在创制西夏文时好像要特意突出特点，尽量标新立异，所有六千多西夏字，无一字与汉字雷同。但翻看西夏文文献，第一眼就感到他们特别像汉字，因为西夏字不仅是和汉字一样性质的方块字，而且使用了汉字点、横、竖、撇、捺、拐等笔画，构字方法也与汉字相近。因此，尽管造西夏字者力图摆脱汉字的影响，但结果终未能跳出汉族系统的圈圈，从西夏字中可以透视到汉字的影子。"[4]

总之，无论是碑铭文献中的蕃、汉并行的书写习惯，还是《番汉合时掌中珠》中西夏文字和汉字的互证，这种双语现象和带有教科书的双语教育，

---

[1] 王尧：《西夏黑水桥碑考补》，《中央民族学院学报》1978年第1期。

[2] （西夏）骨勒茂才著，黄振华、聂鸿音、史金波整理：《番汉合时掌中珠》，宁夏人民出版社，1989，第5—6页。

[3] 史金波：《西夏的汉族和党项民族的汉化》，《中南民族大学学报》（人文社会科学版）2013年第1期。

[4] 史金波：《西夏的汉族和党项民族的汉化》，《中南民族大学学报》（人文社会科学版）2013年第1期。

促进了汉羌民族更为密切的文化交往。因此，西夏文化中的儒释关系实际上是党项羌族吸纳周边各民族优秀文化，努力保持自身文化特色过程中形成的一种文化特色，它既体现了党项羌族灵活多变的文化适应力，也能反映出儒家文化与其他文化体系能够共存共荣的文化特点，同时也体现了多民族文化体系中不同文化现象汇聚融合过程对中华民族共同文化成长、进步的积极作用。

第四节 儒学与川西羌族的哲学观念[1]

明清时期，河西、河朔及河湟一带的羌族已完全融入汉、藏等族，羌族的地理分布范围进一步缩小，最终集聚于今川西北的茂汶等地，这一带的羌人即为现代羌族，又称为川西羌族。

川西羌族的神话、传说、故事、谚语、歌谣等一般都通过口耳相传的形式进行传承，这些内容也囊括了羌族对宇宙形成、人类起源等问题的认识，蕴含着羌民族的哲学思考。因此借助川西羌族自身丰富的神话、传说、故事等材料，即可帮助我们探究羌族哲学观念。随着儒学教育在川西北地区的推广，儒家哲学思想也逐步渗入川西羌族的哲学世界，使得川西羌族的哲学思想体系发生了重大变化，而这一变化则是羌族文化发展的一个缩影。

一 川西羌族宇宙观的演进及其与儒家哲学的同质性

在川西羌族成长的"童年"时期，关于宇宙、天地起源的认知往往包裹着"神创说"的外衣，"神格化"的立场总是先在地占据着他们对宇宙、人

---

[1] 本节部分内容曾以《浅析儒学对羌族哲学观念的影响》为题，发表于《四川民族学院学报》2016年第1期。这里内容有改动。

生、自然的观察与思考。与此同时，敬天、畏天的文化心理也成为川西羌族的思维基点。

宇宙外界的神秘与不可知决定了羌族对于宇宙、人类起源等抽象命题的哲学思考往往借助现实生活中的物化具象而进行考察，如将天地形状喻为蛋形[1]；将人的身体部位分别喻为不同的事物，头发像森林，眼睛像太阳，耳朵像木耳，鼻子像山梁，牙齿像白石，心脏像桃子，腿像磨刀石……[2]这都说明川西羌族对于宇宙的观察认知是形象、具体的。

川西羌族神话故事《阿补曲格创世》中直观地反映出羌族民众的宇宙观。在川西羌族民众的意识中，天地形成之前，天是一个白鹅蛋，地是一个黑鸡蛋，天地宇宙的形成是天神阿补曲格[3]和红满西[4]共同创造出来的。阿补曲格说："要造天喃，要造地喃，有天有地才能有万物哩。"[5] 两位天神还为先造天还是先造地争论了好久，最后决定阿补曲格造天、红满西造地，两位天神一起动手创造了宇宙天地。红满西搭好的大地原本是平坦光滑的，但此时红满西的女儿来送饭，女儿是由癞疙宝[6]变的，红满西看到天地已造成，就把女儿的癞疙宝皮拿来烧了，鳖鱼闻到烧焦的香味动了起来，发生了地震，母女俩慌了，就用棒槌砸鳖鱼，用哈迷[7]砍鳖鱼，把大地砸得高低不平，现出一条条深沟，就形成了大地上的高山河流。[8] 从此以后，平滑的天和布满高山大川河流低谷的地才真正形成。《羊角花的来历》[9] 神话故事中，关于天地的起源虽然没有《阿补曲格创世》中刻画得那样翔实，但更具体系性。该故

1　孟燕、归秀文、林忠亮编：《羌族民间故事选》，上海文艺出版社，1994，第1页。
2　孟燕、归秀文、林忠亮编：《羌族民间故事选》，上海文艺出版社，1994，第7页。
3　阿补曲格：羌语，天爷，又名阿巴木比塔。
4　红满西：羌语，王母娘娘。
5　孟燕、归秀文、林忠亮编：《羌族民间故事选》，上海文艺出版社，1994，第1页。
6　癞疙宝：俗语，即癞蛤蟆。
7　哈迷：羌语，织布用的木板。
8　孟燕、归秀文、林忠亮编：《羌族民间故事选》，上海文艺出版社，1994，第1—2页。
9　又名《羊角姻缘》。

事中讲述天地的形成是天神阿巴木比塔命令神公木巴西造天，命令神母如补西造地的成果，天地造好之后，又接着造出了太阳、月亮、星星等宇宙万物。[1]

从上述神话故事看，川西羌族哲学认识中宇宙完全是由天神创造的，神格化的天神无所不能，超然于一切物体之上，创造了宇宙万物，这说明"神话传说和史诗中形形色色神创宇宙万物的故事和灵魂观念是人类关于形神关系问题的最初思考和最原始的解释"[2]。

宇宙天地的形成为人类的诞生提供了广阔的空间背景。在川西羌族神话、传说故事中，有着大量关于人类起源的故事。《阿补曲格创世》《羊角花的来历》《人是咋个来的》《猴变人》等神话故事都从不同角度阐释了人类的起源，其故事情节的朴拙昭示出羌族先民对宇宙世界、人类万物起源的朴素认知。

在《阿补曲格创世》中，阿补曲格掰了九节羊角花枝条放入地洞中，每天呵呼仙气培育，十天以后成人，开始在大地上繁衍，[3] 人类社会也因此诞生。《羊角花的来历》中，是天神木比塔仿照自身模样刻画出9对小人，放在地洞里用仙气哺育，3个戊日之后成人形，自此世上就有了人烟。[4] 在《人是咋个来的》故事中，人类起源说很具有一定的进化色彩，人类的成形是天神索依迪朗，经过三次试验、拣选、协调而最终定型的，并非一次成形，这反映出羌族哲学思维的某种变化与进步之端倪。《猴变人》的故事明确提出猴是人类的祖先，人类由猴类进化而来，但又认为猴人是天神木比塔造的。猴人被野兽捉住正要撕吃时，天神木比塔劝诫野兽，猴人是人种，不可食其肉，

1　四川阿坝州文化局主编，郑文泽编：《羌族民间故事集》，中国民间文艺出版社，1988，第4页。
2　佟德富、宝贵贞：《中国少数民族哲学专题研究》，中央民族大学出版社，2006，第11页。
3　孟燕、归秀文、林忠亮编：《羌族民间故事选》，上海文艺出版社，1994，第2—3页。
4　四川阿坝州文化局主编，郑文泽编：《羌族民间故事集》，中国民间文艺出版社，1988，第4页。

只可拔其毛，自此猴人变成了人，在大地上繁衍开来。[1]

在川西羌族神话故事中，除反映宇宙、人类起源的"神创说"之外，还有一种别样的形式尤为独特，即"人创说"。据《伏羲兄妹治人烟》这一故事，当大地遭遇洪水之后，除伏羲兄妹俩躲在坛子里得以幸存保命以外，其余生灵都惨遭厄运，为了在大地上创造出人烟，天神木巴规劝伏羲兄妹俩成亲，从此人类又繁衍兴盛起来。[2] 此外，《大火以后的人类》《姐弟成亲》《遗民造人烟》等讲述的都是相似的神话内容。如《大火以后的人类》讲的是大地上的人类在遭遇了一场大火后，万物生灵都遭到灭绝，而唯有姐弟俩或躲在牛肚中，或攀爬在神树上求得幸存，为了让人烟再次兴旺，姐弟俩领受神灵旨意而成亲繁衍后代，自此世间才又炊烟升起，有了人烟。[3]

川西羌族关于宇宙、人类起源的"神创说"到"人创说"的转变说明，羌族民众试图用抽象思维消除原始思想中的蒙昧与混沌，使认识世界成为可能，而川西羌族对宇宙世界、人类万物的哲学认识由"神格"渐趋"人格"转型，则说明川西羌族的哲学理念中人的主体因素逐渐取代了神灵佐佑的神秘色彩，加入人类自身的能动元素，从而使得川西羌族关于宇宙天地、人类万物、自然世界的认识渐趋理性，并认识到人类自身的价值。上述反映"人创说"的故事素材及内容也反映出儒家哲学思想对川西羌族宇宙观的初步影响，《伏羲兄妹治人烟》的故事显然是羌汉文化融会的产物，渗透其中的哲学意识与儒家哲学的基本特质有关。一般来说，儒家哲学是人类理性精神的一种重要形态，这一理性精神的核心即提倡人类在宇宙、社会及人生诸问题上的主动性。和川西羌族一样，汉族早期的创世说也属于"神格"意识的范畴，是充满朴素哲理的原始意识，这与川西羌族宇宙观包含着的原始意识具

1　孟燕、归秀文、林忠亮编：《羌族民间故事选》，上海文艺出版社，1994，第9—10页。
2　孟燕、归秀文、林忠亮编：《羌族民间故事选》，上海文艺出版社，1994，第52—53页。
3　孟燕、归秀文、林忠亮编：《羌族民间故事选》，上海文艺出版社，1994，第54—57页。

有同质性。随着时代的演进，华夏文化中的理性意识逐步增强，宇宙观念中的"神格"因素也逐步让位于"人格"因素，至春秋时，儒家为代表的华夏哲学文化已然具有重视人生现实、注重理性精神的哲学特质，孔子曾说："未能事人，焉能事鬼？""未知生，焉知死？"[1] 即这种理性精神的代表性表达。从上述分析看，川西羌族在宇宙观、创世说等方面逐步"人格"化的认知过程，亦有人类理性精神蕴含其中，说明他们的原始观念及其演进过程皆与儒学有一定的同质性，也说明汉羌两族有着相同的哲学文化心理。

二 川西羌族白石崇拜、阴阳五行等观念的初步儒家化

川西羌族的白石崇拜及阴阳、五行观念起始于本民族的哲学文化传统，大致经历了具体观念的形成到抽象理念的凝聚，再到吸收儒学相关哲学理念的过程。不过，川西羌族的这些哲学命题的儒家化程度相对浅显，这一方面与川西羌族民族文化受中原文化影响的具体历史过程有关，另一方面也与不同文化之间的姻缘关系的自然过程于清末发生巨大变化有一定关联。

如前所述，白石崇拜是羌族文化的一大特色，也是羌族与其他少数民族之间形成文化区格的一个标志。从川西羌族史诗《羌戈大战》看，川西羌族祖先在艰难南下的过程中，跋山涉水、历经艰辛，在与魔兵的战争中得到了传说中的先祖——"木姐"的护佑："白衣女神立云间，三块白石抛下山；三方魔兵面前倒，白石变成大雪山。三座大雪山，矗立云中间；挡着魔兵前进路，羌人脱险得安全。"[2] 可见，川西羌族亦有白石崇拜的文化特征。

川西羌族在祭祀、随葬等活动中所使用的白石，其外形及颜色与白玉十分接近，实际上，川西羌族的白石崇拜即玉石崇拜。川西羌族的玉石崇拜及

---

[1] 杨伯峻译注：《论语译注》，中华书局，1980，第113页。
[2] 罗世泽、时逢春搜集整理：《木姐珠与斗安珠》，四川民族出版社，1983，第94页。

玉文化传统，可上推至齐家文化时代，距今 4000 年左右，随着我国东部地区的红山文化、大汶口文化、良渚文化及龙山文化等玉石文化西向发展，催生出以齐家文化为代表的西部地区的用玉传统，西羌原有的白石崇拜结合了东部的玉文化，形成齐家文化的独具魅力的玉文化。玉乃石之美者，羌族早期的白石崇拜仅是一种十分具象的审美意识，或是将逝者灵魂附着于白石的鬼魂观念，而齐家文化阶段的玉石崇拜则更多地表达着这一民族抽象化了的哲学观念。从考古发掘看，玉器往往随葬于大型墓葬中，玉器的主人往往是部落首领或是年长者，这些人或因具有与上天沟通的神奇力量配享玉器，或因拥有世俗权力才有玉器随葬，由此表达出的玉文化观与中原玉文化十分接近。[1] 后来，儒家的君子观念与玉文化相结合，赋予玉文化新的意涵，川西羌族的白石崇拜观念也融入了儒家的玉文化观，成为东方玉文化圈的重要的组成部分。

川西羌族的哲学观念也有阴阳相配、阴阳互生的认知理念。川西羌族神话故事《太阳和月亮》讲述了太阳和月亮是洪水灾难中有幸存活的兄妹俩，天神木比塔劝二人结合成亲繁衍人类，自此大地上才又有了人类。两兄妹不仅分别代表阳、阴，而且体现出阴阳和合以生万物的理念。[2]《阿补曲格创世》中则是天神阿补曲格和神母红满西共同创造了天地。《羊角花的来历》是神公木巴西和神母如补西创造天地。除此之外，羌族的祖先神木姐珠和斗安珠、掌管火种的火神蒙格西和掌管羌人婚姻大事的鹅巴巴西、掌管五谷的五谷神和掌仓储的仓神也都是夫妻。这些神话故事多以男女代表阴阳，说明川西羌族阴阳观念经历了一个具象化的历史过程，蕴含其中的阴阳观念则与儒家文化中阴阳和合的哲理是相契合的。

川西羌族的阴阳观念有着从具体观念向抽象理念演进的一个过程。在抽

---

[1] 叶舒宪：《丝绸之路还是玉石之路——河西走廊与华夏文明传统的重构》，《探索与争鸣》2013 年第 7 期。

[2] 四川阿坝州文化局主编，郑文泽编：《羌族民间故事集》，中国民间文艺出版社，1988，第 1—3 页。

象化了的阴阳观念中，阴、阳不再是具体的男、女或日、月，而是以阴阳指涉天地，天地则指涉万物生成的内在法则。在川西羌族巫师的坛经唱词中，上坛经《日补》中唱到"释比作法不离鼓，鼓有鼓公和鼓母"[1]，上坛经《索》唱到"释比遇事总爱分，分天分地分公母"。这些唱词可视为川西羌族阴阳观念抽象化的典型体现。[2] 川西羌族释比[3]文化中，以阴阳观念解释宇宙万物的生成是巫师利用阴阳观念的基本理路，尽管表面上仍以"公母""男女"来指涉阴阳，但是其哲学内涵不再是单纯的阴阳相配，而是以阴阳组合解释宇宙的生成法则。显然，这是一种抽象化了的阴阳观念。《周易》所反映的儒家阴阳观念既是一种具体的认知世界的理念，也是抽象化了的宇宙万物生成法则，尽管川西羌族的神话故事及巫师唱词中并不明言阴阳哲学，但是，其哲学文化内涵显然与儒家阴阳观有相通之处。

川西羌族还接纳了中原五行学说，也认为金、木、水、火、土是构成宇宙万物的基本要素。在羌族社会群体中，掌握和运用这一哲学理念的人是释比。巫师上坛经《苦涅巴》就唱道："人生五行不可少，天地五行不可忘。天地五行叙完了，柏树神灵叙一番。"[4] 羌族巫师的唱经中，还依据法事的性质不同，将唱经"或区分为上中下三坛，或分为上坛和中下坛，或分为上下坛。据说上坛法事为神事，即向神灵许愿还愿……中坛法事为人事……下坛法事为鬼事"[5]。法事中的神事、人事、鬼事三级层次，结合五行思想，建构出羌族民众心中对整体宇宙认识的空间观。由此可见，中原五行学说的确作用于羌族的哲学理念，不过，这种影响基本局限于巫教，"巫师以此学说指导

---

[1] 中国人民政治协商会议茂县委员会编：《羌族释比（许）文化研究》，内部刊物，1995，第48页。
[2] 中国人民政治协商会议茂县委员会编：《羌族释比（许）文化研究》，内部刊物，1995，第49页。
[3] 释比：汉族称为端公、巫师等，西羌族不同地方的称呼又有好几种，有"许""比""释古""释比""厮""诗卓"等。
[4] 中国人民政治协商会议茂县委员会编：《羌族释比（许）文化研究》，内部刊物，1995，第51页。
[5] 钱安靖编辑：《羌族卷》，见吕大吉、何耀华总主编，和志武等主编《中国各民族原始宗教资料集成：纳西族卷·羌族卷·独龙族卷·傈僳族卷·怒族卷》，中国社会科学出版社，2000，第518页。

其求神祭祖、驱邪赶鬼、预示凶吉等种种巫术活动"[1]。从相关资料看，川西羌族的五行观虽受中原五行观念的影响，但他们的这一观念无论是文化上的影响层面，还是文化内涵的深度，皆不及中原五行观念对汉民族文化的影响程度。在川西羌族的释比文化中，五行观除了配合释比关于万物生成的认知外，多用于祭祀、驱鬼等宗教活动，而在中原文化体系中，以五行配五方、五色，以及五行干支纪时等文化现象，渗透着儒家化了的宇宙观念，从而可以称作汉文化哲学观念基本架构的重要组成。因此，可以说川西羌族的五行观虽然有初步儒家化的趋向，但未整体上承接中原的五行观念，这反映出川西羌族吸纳儒家哲学文化的有限性和局限性。

川西羌族的白石崇拜、阴阳五行观念在融摄儒家文化上的有限性、局限性，与这一民族受汉文化影响的具体历史过程有关。明清以来，中央政府的移风化俗，一定程度上对川西羌族民族文化发展的自然进程产生影响，这在客观上为中原玉文化观、阴阳五行观念的渗入创造了条件。不过，值得注意的是，川西羌族的文化发展过程有其自身的规律，其发展变化的过程虽受外界力量的影响，但其发展历程本身则遵循着本民族文化自身的发展逻辑。因此，尽管这些观念有初步儒家化的趋向，但是进一步融摄儒家文化的自然进程于近代出现断裂，加之川西羌族的宗教文化深受藏传佛教影响，也有深厚的本民族传统，因此，儒家哲理在其哲学文化体系中产生影响的空间也不可能无限放大。总之，受上述各种原因影响，川西羌族上述哲学命题承纳儒家影响颇为有限，应当也是在情理之中。

三　川西羌族伦理观念的儒家化

明清时期，随着儒学教育在川西北地区的推行，"改土归流"的实施，以

---

[1] 张曦、黄成龙编著：《中国羌族》，宁夏人民出版社，2012，第189页。

及移民屯田之制的推广，[1] 为川西羌族伦理观念的儒家化奠定了一定基础。

据《明司寇罗绮德政碑》记载，景泰年间，松潘一带番虏肆虐，司寇罗绮任职松潘兵备道，剪灭番乱，取得成功，"于是设学校，用夏变夷；储盐粮，充实边备。给衣鞋而济贫寒，资药饵以抚疾患"[2]。《张元佐德惠碑》记载，清雍正年间张元佐在担任松潘总镇官时，"重修簧宫，设立义学，尊贤而礼士，惠众以恤下，俾儒者笃于文□，贫者安以室家，善政多端，难以罄述独是"[3]。张元佐倡儒学、兴教化，保境安民、打击作乱番蛮，向羌族宣讲圣谕，传播儒家孝悌伦理，移风化俗，受到羌族等各少数民族的拥戴。除兴建文教机构普及儒学外，张元佐还身体力行，"每遇朔望宣读上谕，挥文行兼优之士，逐条疏讲，务期人人共晓，公必拱立于旁，无惰容，其敬君尽礼如此"[4]。张元佐任职总镇官，但却每逢朔望以身示范宣讲上谕，其目的即"欲使兵民归于孝悌而已矣"[5]。《茂县水磨坪治安管理碑铭》立于清道光七年（1827）[6]，刊载的是茂县治羌管理条例，除有惩戒性的明法条文外，以儒家仁爱、孝悌观念教化羌众的文字在此碑铭中占有重要地位，其内容也能反映出当地官员执政理念的价值取向和当地民众行为立世的哲学观念："一、前奉总督都堂戴，劝设乡学，除地方官劝捐设立外，该保甲中如有倡议□□□□□□□□子弟皆得就读，该正长务作绥为经理以期行之，永远为要。游□□□□□□□□□旌奖，□前奉刊刻圣训六谕，敬衍养蒙诗及劝孝歌，皆有益于身心，该保甲户内各有□□□□□□□□□蒙以养正之功，并令其背诵纯熟，讲解透彻，其有造于各□□□□□□□□□明显，

1　李健胜、赵茇贞、俄琼卓玛：《儒学在青藏地区的传播与影响》，人民出版社，2012，第104—127页。
2　张典主修：《松潘县志·文苑》，见张羽新主编《中国西藏及甘青川滇藏区方志汇编》第38册，学苑出版社，2003，第306页。
3　《张元佐德惠碑》，见何永斌《西川羌族特殊载体档案史料研究》，巴蜀书社，2009，第262页。
4　《张元佐德惠碑》，见何永斌《西川羌族特殊载体档案史料研究》，巴蜀书社，2009，第262页。
5　《张元佐德惠碑》，见何永斌《西川羌族特殊载体档案史料研究》，巴蜀书社，2009，第262页。
6　《茂县水磨坪治安管理碑铭》，见何永斌《西川羌族特殊载体档案史料研究》，巴蜀书社，2009，第299页。

即妇女□亦解领略，父母夫男皆可令其通解其视诵□□□□□□□□□□□□纪切要之言，大有裨益也，保正家长等均直□意。"[1] 碑文以儒家伦理观念为核心，鼓励羌民捐设乡学，督促民众"敬衍养蒙诗及劝孝歌"，还要求妇女遵从"三从四德"。

与上述碑刻性质类似的还有《永远章程条规□于石□光》[2]，此碑"刻于光绪廿二年（1896），共8条，762字，笔记模糊或脱落处39字，记载了当地当时羌民经常使用的行为规范"[3]。碑文规定："一议村中有□不孝之徒，不思父母养，反与父母抗敌，倘有此等，定要投鸣村中知竟，照男丁童等五□□众□□□□文存功，若不依章程，集众绳缚送官惩。"[4]《理番府严禁转房以正人伦事碑铭》则规定理番县严令羌民禁止"转房"[5]，试图用儒家"三纲五常"伦理观教化羌民，碑铭中一再强调"转房"等旧有风俗"□□□□殊不知大乖伦理，重犯典刑"[6]，强调其不符合儒家倡导的伦常道德观念，"遇有兄弟亡故，其寡嫂弟妇不肯再醮者，自应听从守节，以成其美……以肃伦纪。本府训民以忠孝节义为先，甚不忍愚民天理乱伦，自蹈刑辟，并犯天理"[7]。以此来教化羌族民众恪守"忠孝""伦纪""守节"等圣人明训。由此可见，治羌官员以碑刻文字宣教儒家伦理纲常，试图改易旧俗，推行儒家

---

1 《茂县水磨坪治安管理碑铭》，见何永斌《西川羌族特殊载体档案史料研究》，巴蜀书社，2009，第300页。
2 该碑是1994年龙大轩先生随同"西南政法学院《羌族习惯法》调查队"在羌族地区进行田野调查发现的成果之一，碑文内容不见于史册，全文内容附录于龙大轩先生发表的《十九世纪末地方法律实践状况考——一块碑文透出的历史信息》（刊载于《现代法学》2002年第3期）全文内容属首次披露。
3 龙大轩：《十九世纪末地方法律实践状况考——一块碑文透出的历史信息》，《现代法学》2002年第3期。
4 龙大轩：《十九世纪末地方法律实践状况考——一块碑文透出的历史信息》，《现代法学》2002年第3期。
5 转房：羌族世俗伦理观中，兄亡收嫂，弟亡收弟妇为事，名为转房。
6 《理番府严禁转房以正人伦事碑铭》，见何永斌《西川羌族特殊载体档案史料研究》，巴蜀书社，2009，第306页。
7 《理番府严禁转房以正人伦事碑铭》，见何永斌《西川羌族特殊载体档案史料研究》，巴蜀书社，2009，第306页。

伦理观念，这是儒学作用于川西羌族伦理世界的主要方式。

儒家伦理观作用于川西羌族的具体内容，可分为以下几个方面：

首先，儒家孝道思想影响了羌族的丧葬习俗。据何永斌先生对川西羌族丧葬墓室形制及墓冢碑铭的调查，流行火葬的羌族地区，"羌族在丧葬习俗上至清代以至今日，仍然具有较为浓烈的民族色彩"[1]，但从羌族火葬墓室的形制、布局和规格及碑铭等看，"羌人墓冢已与内地汉人墓冢无异"[2]。晚清以来，随着汉文化中的"孝悌"观念在羌族民众中的推行，土葬在一些羌族聚居区盛行起来，成为主要葬式。[3] 一些人开始对原有火葬习俗持批评态度，如茂县飞虹乡水草坪苏氏巡检祖茔"禁火兴发"墓碑碑铭记载："盖闻孝弟（悌）、忠信、礼仪、廉耻，世道之根本。舜之道，孝弟而已矣。夫孝弟也，□□人之本兴（性），总之离孝弟之道。"[4] 火葬方式除既不符合儒家孝道伦理外，在心理层面也令人难以接受，"抬□□即（拿）斧乱坎（砍）有的举火，有的举柴，烧得你污焦巴躬，那（拿）火杆抄得你心胆五□□，抄灰抛尸露骨"[5]。这一碑铭将火葬视为野蛮的丧葬方式，认为其与儒家孝道伦理背道而驰，因而主张"宗□一族商□谈论，从今禁享火葬，且选血（穴）墓"[6]。这一墓碑铭文说明，一些羌族"已将火葬与孝悌思想高度联系起来"[7]，也说明儒家孝道思想的确对川西羌族产生了重要影响。

其次，从劝谕羌族敬老、行善等文献看，儒家伦理观念较全面地影响着

1　何永斌：《西川羌族特殊载体档案史料研究》，巴蜀书社，2009，第223页。
2　何永斌：《西川羌族特殊载体档案史料研究》，巴蜀书社，2009，第223页。
3　陈学志：《试论岷江上游地区历史上的民族融合关系》，见董光富主编《羌族历史文化文集》，内部刊物，1990，第61页。
4　《水草坪苏氏巡检司祖茔墓碑》，引自陈学志《试论岷江上游地区历史上的民族融合关系》，见董光富主编《羌族历史文化文集》，内部刊物，1990，第61页。
5　《水草坪苏氏巡检司祖茔墓碑》，引自陈学志《试论岷江上游地区历史上的民族融合关系》，见董光富主编《羌族历史文化文集》，内部刊物，1990，第61—62页。
6　《水草坪苏氏巡检司祖茔墓碑》，引自陈学志《试论岷江上游地区历史上的民族融合关系》，见董光富主编《羌族历史文化文集》，内部刊物，1990，第62页。
7　何永斌：《西川羌族特殊载体档案史料研究》，巴蜀书社，2009，第223页。

川西羌族的伦理观及其行为方式。敬老观念在羌族《葬歌》中有所体现："树老了就要干枯，岩石久了，就要化形；人老了就要死，但是后继有子孙。父母养育了子女，子女就应该孝敬双亲。吉祥这一天安葬父母，九泉之下让他们安心。"[1] 敬老观念也反映在羌族的日常生活中。羌族"敬老的传统，见老人必须让座、让路、敬食、敬酒。坐火塘边时，男女有别，不准跷腿而坐，客人不能随意进侧房或上楼"[2]。在日常饮食礼仪中，"开饭有主炊妇女盛饭，先送长辈，次为丈夫和男性成员，最后是女性成员。吃饭座次也有规定：长者与贵宾坐上位，背对后山墙，左侧是男人位，右侧是女人位，小孩靠门坐。长者的地位很高，即使是一寨之长未经长者允许，也不能坐上位"[3]。以现代价值观念反观，上述行为规范因含有男尊女卑的旧习陋俗，不值得提倡，但包含其中的敬老传统的确与儒家伦理观念具有同质性。

有些人认为，川西羌族释比只是一种民间巫师的泛称，与舞神弄鬼的汉族端公无异。然而在羌族内部，释比更是一种文化代称，是羌族文化的核心传承力量[4]，它同时也有教化功能，劝勉羌人要多多行善积德、勤勉劳动、与人为善等。如《别》说："邪公勒苏笔，邪母勒咄兔，专门作邪搬是非，说人坏话害自己，是非说后不吉利，捆柴篾绳会折断，搬弄是非家财损，上山打猎无收获，洗锅刷碗不吉利。"[5] 据《茂州志》卷七《风俗》，经过历代的移风化俗，原来"好弓马以勇悍相尚"的羌民，开始变得"其人诚朴，其俗勤俭，其士颇知自爱"。其中，靠近成都平原一带的羌人已被逐步汉化，"所谓'汉化'，并非简单地指'成为汉人'，而是指一个接受、展演或强调汉人习俗，最后终宣称祖先为汉人的过程……'汉化'是由东往西渐进的一

1　冯骥才主编：《羌族口头遗产集成·民间歌谣卷》，中国文联出版社，2009，第47页。
2　冉光荣、李绍明、周锡银：《羌族史》，四川民族出版社，1985，第338页。
3　张曦、黄成龙编著：《中国羌族》，宁夏人民出版社，2012，第255页。
4　何永斌：《西川羌族特殊载体档案史料研究》，巴蜀书社，2009，第122页。
5　何永斌：《西川羌族特殊载体档案史料研究》，巴蜀书社，2009，第146页。

种文化现象"[1]。到晚清时，靠近成都平原一带的羌人，其衣冠、文物俨如中原人士，儒学及其文化传统已被当地羌人视为正统文化，他们的习俗风尚和文化心理也和中原人士相趋同。

最后，从川西羌族接受汉族姓氏文化角度看，其伦理观念的儒家化程度颇深。明清时期，汉族姓氏文化及其哲学理念对羌族的影响更加深入、广泛。汶川县三江乡照壁岗所存《刘氏宗谱碑》，集中反映了羌族姓氏由"始祖适木志氏马格姐别木志合恩太。高祖么□氏也"[2]，逐渐演化为"刘"姓的历史过程。该碑立于清嘉庆八年（1803），高1.86米、宽0.93米，楷书竖排，共22行，记载了羌族刘氏远祖自明隆庆四年（1570）以来的姓氏变化，以示子孙不忘本源，企求百代兴隆。[3]

立于今四川省阿坝藏族羌族自治州茂县三龙乡勒依村的《世代宗枝碑》，清嘉庆十三年（1808）刻。碑铭中叙述了羌民改为汉姓的具体状况："从来自古王道治天下，以姓为名，××浴美无不感化，凡我本族，身居山地，未有定姓名。从来水有源头、木有根枝，天下×各有宗支，其姓不同，遵依五伦，我等会×同一处，商议言定，派行尊卑上下，勿得紊乱，依字取名。自定之后，今我纳儿、勿勒、亦之、竹多、木利寸等，系是同宗，恐后人不知启祖之名，开列于碑万世不朽。"[4] 从上述碑文看，羌族改用汉姓，是为"遵依五伦"，使家族"万世不朽"，这种慎终追远的价值观和渗入其中的伦理观念，显然深受儒家伦理哲学的影响。

此外，川西伦理观的儒家化还表现在他们对关羽、岳飞的崇拜上。如果说文庙书院是羌族精英、士绅阶层接受儒家文化、笃信儒家哲理的表现方式，

---

[1] 王明珂：《羌在汉藏之间——川西羌族的历史人类学研究》，中华书局，2008，第154页。
[2] 《刘氏宗谱碑》，见何永斌《西川羌族特殊载体档案史料研究》，巴蜀书社，2009，第318页。
[3] 四川省阿坝藏族羌族自治州汶川县地方志编纂委员会编：《汶川县志·文化·名胜古迹·石碑》，民族出版社，1992，第726页。
[4] 《世代宗枝碑》，见中国科学院民族研究所四川少数民族社会历史调查组编《羌族地区土司资料汇辑》，内部刊物，1963，第37页。

那么,"武庙"作为民众的信仰载体,则体现了羌族民众向化慕义的思想追求。羌族百姓十分崇拜关羽、岳飞,"其勇雄义风、精忠大节真堪以骑,箕驭无类日月之星辰。庙食普天,神灵百代。凡有血气,莫不钦崇……盖申公之忠义,历万古而不磨,故公之英灵,自亘万古而不朽,益信乾坤正气无往不同"[1]。这说明关羽、岳飞形象所传达的忠义理念与羌民族讲求义气、忠诚的民族禀赋具有很强的互渗性,也集中反映川西羌族融摄儒家伦理观念的事实。

受儒家伦理观念影响,一些川西羌族的生活习惯、道德礼仪逐步中原化。据《茂州志》卷七《风俗》,原来"好弓马以勇悍相尚"的川西羌族,开始变得"其人诚朴,其俗勤俭,其士颇知自爱"。当然也须看到,川西羌族伦理世界中的敬老爱幼等的传统,并非都是受儒家伦理观影响的结果,这也是川西羌族优良民族传统的组成部分,儒家伦理观的渗入,进一步强化了这一观念,这又从一个侧面说明汉羌两族有着深厚的文化因缘。

第五节 本章结语

综上所述,儒学与羌族哲学关系的历史进程可谓悠久、漫长。《白狼歌》所反映出的政治哲理显然受到了孔子关于处理中原与四夷关系理念的影响,其中既有儒家怀柔远人的夷夏观,也有白狼羌族等向慕归化的政治观,共同构成了解决中原王朝与周边各少数民族先民关系的政治哲学。"大禹出于西羌"的文本与观念建构十分典型地反映出羌族对中原文化的认同感,以及基于禹文化观与中原汉族相融通的民族文化心理。西夏党项羌族推行的儒学教育,西夏律法的儒家化以及党项羌族文化中独特的儒释关系,皆为羌族融摄儒家文化的典型事例。此外,川西羌族宇宙观与儒家哲理的同质性,白石崇

---

[1] 《重修关帝庙记》,见何永斌《西川羌族特殊载体档案史料研究》,巴蜀书社,2009,第242—243页。

拜、阴阳五行观念的初步儒家化，以及伦理观念的儒家化等，都能反映出川西北地区的羌族受到儒家文化影响的历史事实，以及其哲学观念融摄儒学的具体情况。

羌汉两族悠久的交往史，为两族的文化交流奠定了历史基础，在文化心理上的相通与互融，为儒学影响羌族哲学理念提供了契机，羌族在哲学理念建构上的滞后性，则为儒学影响羌族哲学世界提供了可能。反之，羌族的禹文化观念等反哺儒学的文化现象也得益于上述两族深厚的历史文化关系。总之，羌汉两族哲学文化的交流以及由此形成一些哲学命题，如白石崇拜、禹文化观念等皆已成为中华民族共同精神家园中不可或缺的精神支柱。

当然，无论是古代多元部族时代的羌族文化，还是现代羌族的文化体系，都有着鲜明的本民族特色，加之藏族文化在羌族文化体系中的特殊地位，以及羌族的一些哲学理念生成、发展的进程与中原地区存在一定错位，所以，无论是考察儒学与羌族哲学关系的历史进程，还是判断儒学为代表的中原文化对羌族的影响程度，都要保持客观、持正的立场。

第十三章
儒学与维吾尔族哲学

当今人口总数已达千万之上的我国维吾尔族，主要集中在新疆维吾尔自治区。从历史上维吾尔族先民哲学文化观念与儒学的互动发展看，不仅汉唐间儒学在西域有广泛的传播影响，宋元时期从喀喇汗王朝到元代的畏吾儿[1]，其哲学文化的建树和观念演进，以《福乐智慧》与儒学的内在联系和元代几位畏吾儿大儒，可资代表矣。

第一节 唐代以前中原文化对回鹘文化的影响

维吾尔，中国古代汉译为回纥、回鹘。发祥于鄂尔浑河和叶尼塞河之间宽阔草原地带的维吾尔族人，在尚处于游牧状态的漫长时期里，以贝加尔湖为依托，在漠北大草原上逐水草而流徙不断。辽阔宽广的活动地域，使维吾尔族人有机会接触到各种文明。各种文化的沐染，使维吾尔族在成长过程中获益匪浅，并对形成自身宽容通达的实用主义民族特性产生了重大影响。正是因为这个缘故，维吾尔族人在其民族发展的过程中，以极为轻灵开放的处

---

[1] 史学家陈垣先生《元西域人华化考》论元西域人时说："元人著述中所谓西域，其范围亦极广漠，自唐兀、畏吾儿，历西北三藩所封地，以达于东欧，皆属焉。""惟畏吾儿、突厥、波斯、大食、叙利亚等国，本有文字，本有宗教，畏吾儿外，西亚诸国云中国尤远……""西域人纯为儒者有廉希宪。希宪，畏吾儿氏，史称其笃好经史，手不释卷。一日方读《孟子》，……世祖嘉之，目曰廉孟子。""希宪系出畏吾儿"，"阿里海涯者，畏吾人。"（陈垣：《元西域人华化考》，上海古籍出版社，2008，第1、2、9、10、32页）皆称作畏吾儿，这里从其称。其他人、其他文献，或有称作畏兀儿、委兀儿、伟兀尔等者，于此不论。

世态度，在各种文明之中穿针引线，不仅开始了漠北时期维吾尔族文化的更新改造，而且最终在此基础上成就了后来并立西域的喀喇汗王朝和高昌回鹘王国时期民族文化的辉煌。

早期维吾尔族人对各种文化兼容并蓄的态度尚是自发或自然性质的。因为在游牧状态中，对整体文化的渴望尚不能与对整体生存的渴望相匹配。游牧的自由主义特征，使文化的严整和规范变得仿佛无关紧要。游牧民族的散乱社会结构和随时因自然变化而迁徙流转的生存方式，使其不可能对民族文化有一整体概念。同时建立一体化民族文化体系似乎也尚未被放到十分突出的重要位置。游牧民族喜欢生活于蓝天之下，广袤无垠的大草原使他们神清气爽，性格奔放豪迈。强壮的体魄和无后顾之忧的经济结构，又使游牧民族敢于以武力犯农耕之境。最初，游牧民族对农耕地区稳定的政治结构和文化体系并不感兴趣，而是喜欢游动，喜欢漂泊，喜欢攻伐，喜欢在激动中寻找新的灵感。游牧民族对农耕民族那种墨守成规、温文尔雅的文化是漠视的，认为太过死板，缺少激情，不能使人的天性得到充分施展，不能使人的不安分得到充分宣泄。游牧民族的生活是简单的，但同时又是丰富的。简单是因为游牧民族经济生活的单一性，丰富是因为较少礼法的限制，而可以在一种自由的状态下寻找生活的乐趣。这种乐趣不仅体现在游牧民族必须依靠集体的力量以克服简单的个体所无法克服和战胜的残酷自然现实，以保证生命的延续；也体现在游牧民族可以天马行空，不受约束地寻找适合生存的机会和办法，以保证生存的质量。因而游牧民族常常聚集在一起，用各种娱乐的方式加强彼此之间的感情，形成了充满大家庭气氛的社会生活。同时，在与自然的抗争中，总是能够摆脱自然的强力造成的压力，而轻灵流便地找到新的感觉，在一种自然天成的性情中，感受自然的博大和生命的伟大。尽管如此，变化无常的自然和混乱无序的社会结构，总是时时粉碎游牧民族的梦想，使游牧民族总是在一种盲目的状态下，品尝各种灾难强加在他们头上的苦果。

然而，漠北时期的维吾尔族人，通过建立国家政权的实践，逐渐地体会到文化改革的必要性。特别是与中原唐王朝保持的密切关系，使维吾尔族人得以直接和频繁地接触到汉族文化的博大精深。尤其是中原地区稳定的生活和严谨规范的社会制度，漠北草原漂泊的生活和自由无序的社会制度虽然与之存在着巨大反差，这种反差在文化心理上表现出两种不同文化取向的冲突，并由此产生了极端的对立情绪；但毫无疑问地在另一方面，即稳定的生活方式和严谨规范的社会制度造就了中原舒适的生活和安定的社会环境，这种在当时勃有生机的现实是任何民族都渴望的，其诱惑性也是维吾尔族人无法拒斥的。的确，维吾尔族人由流徙不断的属臣一跃而成为君临漠北的统治者，身份的和社会的巨大变化在文化上产生的断层，使原有的游牧文化不可能不发生危机。以部落联盟为其社会基本结构的回纥汗国初期，尚无法培育出严格规范的君臣等级观念，其文化的基本精神还停留在依附整体以求生存的层面，个体文化需求居于极为次要的地位。在这种文化背景下，由联盟推举的可汗，由于缺乏至高无上的权力，尚难真正统辖国家政权。游牧文化所保持的自由主义性质，使所谓的军事民主变得各施所欲而杂乱无章。尤其是被一时的辉煌冲昏了头脑的各部落首领，都仰望可汗之位，随时准备僭越篡权，可汗不得不时刻准备为弹压反叛而疲于奔命。稳固国家政权，确立可汗至尊地位，已经成为民族生存的重大课题。因此，营造一种与游牧自由主义文化完全不同的新的文化氛围以适应新的统治需要，被作为首要的任务摆在了维吾尔族人面前。

相对稳定的中原文化，以其祥和的伦理美质，早为维吾尔族人所关注。只是在长期的游牧状态下，以人为本的中原文化未能引起维吾尔族人的特殊重视。游牧文化总的特征是敬天、敬地、敬自然万物，唯独不敬人。人在游牧文化中是渺小的、无力的、被动的。各种不以人的意志为转移的自然力量，迫使游牧民族无奈面对沧桑，总是被动地承受每一次自然力量强加于头上的重大打击。因此，敬畏自然，敬畏支配自然的神灵，成为维吾尔族人牢不可破的精神理念。而中原文化所建立的是一种以礼为规范、以仁为目的的人伦结构文化，游牧为特征的维吾尔族文化以神谕为规范、以敬神而求生存的天伦结构所形成的鲜明反差，从 8 世纪在维吾尔族人取得漠北统治权之后，中原文化那种将君王置于最高层位的等级文化所体现的整体民族文化精神，使人处于某种被强制约束的文化环境之中的严格民族文化规范，以人为单元而设计的各种责任、义务与荣誉等的伦理原则，使维吾尔族人感到具有极为实用的借鉴价值。如何减弱维吾尔族文化与中原文化的反差效应，将中原文化的人伦结构纳入维吾尔族文化的天伦结构，将自由状态下的游牧文化改造成规范稳定的封建文化，确实不是一件轻而易举的事情。我们从后来在回纥（鹘）汗国的故地鄂尔浑流域发掘出的《回纥英武威远毗伽可汗碑》和《九姓回鹘可汗碑》等碑铭中获得的印象是，维吾尔族人寻找到的突破口首先是破除多神的萨满宗教对人的漠视，确立可汗的神谕色彩，强化可汗对国家治理的绝对权力。这也许是将中原的人伦文化结构纳入维吾尔族的天伦文化结构的最恰当的选择。

可汗被神谕为民族的缔造者，成为民族的象征，几乎成了神的代言人。虽然可汗被神谕仍带有浓烈的萨满色彩，但其被作为神的化身，已经具有了新的文化要素，而实际的萨满精神已无形中受到削弱。在这种文化定式中，每一位可汗都开始急于为自己树碑立传，并在自己头上营造神圣的光环。民族的存亡被系于可汗的身上，民族征战的业绩被归于可汗的英明和勇武。神化了的可汗甚至被融入有关族源的传说之中，乌古斯可汗的传说便极有可能是在此种文化氛围之中开始萌发的。规范民族文化究竟应从何处入手，可能在维吾尔族统治阶层产生过激烈的争论。对当时的维吾尔族人来说，确立等级文化，规范神的精神是一项巨大的文化革新。因为从萨满的基本精神来看，神具有幽冥的性质，非实在具体的伦常所能比拟。受萨满教影响深远的维吾尔族人,对神灵的概念是,神灵无所不在,任何事物都显现着神灵的意志,任何行为都是在神灵的支配下发生的,甚至征战杀戮也是秉承神的旨意。被战争和流徙不断的游荡生活推崇至极的萨满精神,充满了叛逆与桀骜不驯,缺乏伦理色彩,不区分善与恶。急于被神化的可汗,深知自身被神化的同时,亦需要建构某种支持这种神化的文化体系,而泛神的萨满精神,对此显然是不适合的。因此,确立一种新的宗教精神,以使敬神与敬可汗统一起来,便成为新文化诞生的转折点。

这个任务似乎历史地落在了牟羽可汗的身上,他统率大军助唐平定安史之乱后,在洛阳遇到了摩尼教徒。"在回鹘汗国的历史上,最有影响的文化事件是公元762年,回纥汗国第三任可汗统治期间,回鹘统治者对摩尼教的皈依。这一事件见于哈喇巴喇哈逊三体合璧碑记载。三体合璧碑是用汉文、粟特文、突厥文三种文字刻写的,但能令人满意地保留下来的只有汉文铭文。"[1] 此"三体合璧碑"即《九姓回鹘可汗碑》。被称为"明教"的摩尼教中关于世界明与暗和人性善与恶关系的玄妙教理,非常切合维吾尔族人的思维定式。因为维吾尔族在长期的自然敬畏之中,对东方之明,对天空之明,对万物之明,有着强烈的向往。而草原险恶的环境总是伴随着黑暗,黑暗被喻为恐怖与灾难。牟羽可汗似乎从摩尼教的明暗、善恶二元学说中寻找到了新的精神支点,他把摩尼教引入维吾尔族的文化之中,欲使摩尼精神取代萨满精神,让维吾尔族在一种新的信仰中,更加团结,更加强大。

摩尼教的核心内容是"二宗三际"。"二宗"即光明和黑暗,亦即善和恶;三际为初际、中际、后际,即过去、现在和将来。明暗系指世界的两个本源,三际是说世界在发展过程中的三个阶段。该教把黑暗和光明看作两种对立的存在或王国。光明王国里充满爱、信、忠实、崇高、贤明、温顺、智

---

[1] 〔英〕加文·汉布里主编:《中亚史纲要》,吴玉贵译,商务印书馆,1994,第86页。

慧、和睦等一切美好的东西，而黑暗王国里则相反。根据摩尼的教说，自有天地以来，也就是"初际"阶段，黑暗就侵入了光明的世界，彼此混杂在一起。光明必须发动一切力量把黑暗势力驱逐出去，以保持光明王国的纯洁。然而，黑暗为了阻止光明的努力，就极力唤起人类享受物质的欲望，企图瓦解光明因子对人类的影响。因此，若要战胜黑暗，光明的力量首先要苦行修炼，做到清心寡欲，积聚更多的光明因子，抵抗黑暗因子的侵蚀，最后战胜黑暗。为了通俗地表达摩尼教的教理，摩尼将光明（善）和黑暗（恶）比喻为不同性质的生命树和死亡树。生命树永远充满生机，硕果满枝；死亡树则永远凋零枯萎，死气沉沉。人们应该真心呵护和辛勤浇灌生命树，这样，生命树就会源源不断地向你提供所需要的一切。而如果你亲近死亡树，其结果是你不仅什么东西也得不到，而且会累及你，使你走向罪恶和死亡。摩尼教在维吾尔族人中获得了国家宗教的地位。加文·汉布里在评价这一历史事件时说："第三任回鹘可汗（牟羽）皈依摩尼教之后，接受了波斯称号'Zahag-iMani'（摩尼之子）。摩尼教曾经一度是少数派的宗教，随着回鹘可汗的皈依，摩尼教第一次成为一个强大的帝国的国教。这样，摩尼教得以相应地扩大了影响，逐步繁荣起来。对于回鹘部落来说，皈依摩尼教之前，他们信仰有几分残忍的萨满教，通过改信这种新的宗教，使回鹘部落得到了一种接近较为文明的河中地区和伊朗文化的途径。"[1] 牟羽可汗的努力由保义可汗（802—821 年在位）光大，《九姓回鹘可汗碑》就是保义可汗当政时期所立的汗国可汗纪功碑，碑文中对信仰摩尼教后汗国精神面貌发生的变化赞赏性地说："熏血异俗，化为蔬饭之乡，宰杀邦家，变为劝善之国。"

在鄂尔浑河的上游，距今日之蒙古国首都乌兰巴托以西不足 400 公里，现在称为喀拉巴拉哈逊的城市附近，有一座古城遗址静静地隐没在荒原之中，

---

[1]〔英〕加文·汉布里主编：《中亚史纲要》，吴玉贵译，商务印书馆，1994，第 88 页。

它是迄今在漠北发现的一座最大的古城遗址。这就是回鹘汗国时期维吾尔族人在漠北建造的都城斡尔都八里。都城分内城和外城，内城周围环绕着高大的城墙，是人烟稠密的居住区。在城内的街区中，规划合理的民宅，家家都有庭院，栽种各种树木花草；各种手工作坊沿街而设，制作加工城市居民生活所需的物品；官署衙门处于街道的显著位置，其规模也较民宅大；同时还开辟有贸易市场，以供商品的交换和流通……这一切充分显示了城市居民祥和乐观的生活态度、繁荣富足的生活景象和安稳有序的社会秩序。宫殿以带有美丽塑像的瓦当精心装饰着，富丽而堂皇。居住在里面的主人知道如何享受生活，他们修造了暖房设备，涂抹灰泥用以装饰墙壁，铺设了陶制的排水管，安装了镶嵌着精致青铜装饰的大门，建筑风格与唐朝宫殿的风格极为相似。维吾尔族人先后在漠北修建了 20 多座规模不等的城市，其中，鄂尔浑河流域的喀拉巴拉哈逊都城规模最大。这座古城，在 744—840 年曾经是统治整个蒙古草原、南西伯利亚、准噶尔盆地甚至西至七河流域的庞大帝国的首都。同时又是这广大地域内政治、经济和文化的中心。这里有四通八达的道路，通向中原、中亚、西伯利亚和大兴安岭以东。沿路有大大小小的城镇和驿站。各方商队、使者、僧侣、游客络绎不绝地来到这座城市。[1] 以中原为邻，并且以中原文化为重要的参照，漠北回鹘汗国获得了巨大的变化，这种变化在精神层面上将维吾尔族社会带入了更加文明的阶段，并在以后的维吾尔族历史发展过程中一直产生着巨大的影响作用。

第二节 维吾尔族喀喇汗王朝时期的《福乐智慧》与宋代儒学的观念联系

喀喇汗王朝（Qara Khanid）又称"黑汗"，是约 9—13 世纪我国西北地

---

[1] 参见〔苏联〕伊西耶夫《鄂尔浑回鹘汗国》，执夏提·努拉赫迈德译，《民族译丛》1987 年第 3 期。

区操突厥语的民族在今新疆、中亚建立的封建政权,大致在中原王朝的唐末到终两宋之世的近 400 年之久。《宋史·回鹘传》载:"先是,唐朝继以公主下嫁,故回鹘世称中朝为舅,中朝每赐答诏,亦曰外甥。五代之后皆因之。"喀喇汗王朝可汗称宋朝皇帝为"汉家阿舅大官家"[1]。就是说,回纥汗国时与中原唐王朝长期交好,频有和亲。回纥汗国的第四代可汗顿莫贺于 788 年(唐贞元四年)上书唐朝,自请将回纥改为回鹘,取"回旋轻捷如鹘"之意。840 年(唐开成五年),回鹘汗国被黠戛斯所亡,始有喀喇汗王朝。尽管喀喇汗王朝没有西夏、辽、金等少数民族政权与中原宋王朝的距离近,文化背景也处于萨满、祆、摩尼、景、佛、伊斯兰等多元宗教的交错复杂衍变之下,但与中原王朝及儒学文化并非隔绝,而是依样具有朝贡答诏、商贸文化等的交往交流,因而仍然会不同程度受到以儒学为主流的中原文化影响,则是完全可能。换言之,喀喇汗王朝因与中原的贸易交往而对中原文化保持着密切的接触,对中原文化的精髓仍能了然于胸。喀喇汗王朝时期的优素甫·哈斯·哈吉甫所著《福乐智慧》序言曾明确地说:"此书十分珍贵,它以秦国贤者的箴言写成,以马秦国智者的诗歌装饰而成。""马秦的学者和所有人,都把此类书赞不绝口。"[2] 秦和马秦,是指中国或宋朝。优素甫·哈斯·哈吉甫是喀喇汗朝时期著名的维吾尔族诗人,本名阿吉·玉素甫,出生于回鹘人名门世家,为求学来到王朝首都喀什噶尔(今新疆喀什),就读于皇家伊斯兰经文学院,后成为诗人、学者、思想家,1069—1070 年完成著名长诗《福乐智慧》,献给博格拉汗哈桑·本·苏来曼,被赐予"哈斯·哈吉甫"(可靠的侍臣)称号。《福乐智慧》是一部劝诫性长诗,共 1.3 万多行,内容涉及政治、经济、军事、法律等重大社会问题。鉴于这样的分析研判,因此我们就主要以《福乐智慧》为代表,考察喀喇汗王朝时期维吾尔族思想文化与中

---

[1] 《宋史·于阗传》。
[2] 优素甫·哈斯·哈吉甫:《福乐智慧》,新疆人民出版社,1979,第 1、5 页。

原儒学尤其是宋明理学之间的观念联系。

一 维吾尔族的四德与儒家的五德

儒学是行为哲学，其哲学精神的一个重要方面是建立在"五行"基础上的。北宋以后，理学中仍然包含有从金、木、水、火、土"五行"中寻求社会的变动规律和人喜怒哀乐的性情特征的思想，认为木性仁，金性义，火性礼，水性智，土性信，从五行中对应出仁、义、礼、智、信"五德"。儒家这种将自然物质状态映射到精神层面并生发出伦理品性的哲学思维，影响到维吾尔族的哲学文化。维吾尔族人从火、水、气、土"四素"中发现了自然的变动规律，并从中窥见社会的和谐一体法则，总结出诚、济、谦、俭"四德"。虽然"五德"与"四德"的具体内涵有差异，但其精神的指向性却不谋而合。

为了寻求社会体系的合理性，解释社会伦理规范的合目的性，北宋儒学试图从天道宇宙秩序中寻找人道社会伦理的依凭，以探讨"道体"为核心，解释自然和社会的生息规律，从逻辑上证明"天人合一"政治伦理的客观合理性。认为凡自然现象、社会现象都有其存在的必然原因或根源，也就是自然、社会现象的背后或之上，有一个支配这些现象所以是这种现象的"理"。"理也者，形而上之道也。"[1] 而"道者，万物莫不由之者也"[2]。探讨"道体"，究辨"天理"而回答自然和社会现象的同一性问题，是北宋儒学最主要的特征之一。将自然之理与社会之理联系在一起，不过是为了强调社会之理的"道体"，只有符合自然之理的"道体"，才是合理的。因此，寻求社会

---

[1] （宋）朱熹：《答黄道夫》，朱杰人、严佐之、刘永翔主编：《朱子全书》第20册，上海古籍出版社、安徽教育出版社，2002，第2755页。

[2] 《王安石全集·洪范传》，上海古籍出版社，1999，第208页。

的和谐，必须首先搞清楚自然和谐的道理，并将其中的道理融会到社会和谐的努力之中。

北宋儒学的这一学术追求，最早由周敦颐（1017—1073）倡导。宋代结束了晚唐以至五代以来的混乱割据局面，建立了统一的中央集权国家，客观上需要有一个统一的思想来为集权国家服务。但是宋初儒学未振，佛老继续张扬。周敦颐不能坐视儒学的衰微，也不会任佛、老等"异端"大行其道。为了找到一个能够弘扬儒学，同时又能制胜佛、老的途径，周敦颐以儒学为核心，吸收佛学、道家的宇宙生成模式和哲学思辨方法以究"天理"，试图辟出蹊径，为统一的中央集权构筑与之相适应的意识形态。因此，周敦颐首先从被儒、道都尊为经典的《易经》入手，利用"无极""太极""道""阴阳""五行""动静""性命""中和"等概念，以"究天理"的原点出发，以达到"存天理"进而复兴儒学的目的。求"理"成为周敦颐的首发，因而他成为"理学"的开山。

周敦颐在《太极图说》中说："无极而太极。太极动而生阳，动极而静；静而生阴，阴极复动。一动一静，互为其根。分阴分阳，两仪立焉。阳变阴合，而生水、火、木、金、土。五气顺布，四时行焉……故圣人与天地合其德，日月合其明，四时合其序，鬼神合其凶。君子修之吉，小人悖之凶。故曰：立天之道，曰阴与阳；立地之道，曰柔与刚；立人之道，曰仁与义。"[1]

"五气顺布，四时行焉"，这是中国文化中固有的关于宇宙运行模式的认识，即"五行"说。五行的渊源和流变，是一个久远而复杂的问题。五行的

---

[1] 《周敦颐集》，中华书局，1990，第3—7页。周敦颐《太极图说》，在刊刻流传中，据朱熹《周子太极通书后序》中说，有舂陵、零陵、九江等不同版本。尤其《太极图说》中的首句内容差别甚显。同时，朱熹在《记濂溪传》一文中又说："淳熙戊申六月，在玉山邂逅洪景卢内翰，借得所修国史，中有濂溪、程、张等传，尽载《太极图说》。盖濂溪于是始得立传，作史者于此为有功矣。然此《说》本语首句也云'无极而太极'，今传所载乃云'自无极而为太极'，不知其何所据，而增出'自'、'为'二字也。若增此字，其为前贤之累，启后学之疑，益其甚矣。谓当请而改之，而或者以为不可……此乃百世道术渊源之所系耶，无不可改之理矣。"（《朱文公文集》卷七十一，此处参见崔大华《儒学引论》，人民出版社，2001，第505页注）。

起源可能很早，卜辞中就有东、南、西、北、中"五方"的概念，《尚书·洪范·九畴》中又有水、火、金、木、土"五材"的规定。到春秋时有酸、苦、甘、辛、咸"五味"，青、赤、黄、白、黑"五色"，角、徵、宫、商、羽"五音"以及天、地、民、时、神"五则"。中国汉族文化以五为"和"，将种种人间所能接触到的、观察到、经验到以及不能接触、观察、经验到的对象，统统纳入一个齐整的"五"位图式中。及至总结人们的道德行为的时候，也是以仁、义、礼、智、信"五常"而与天地万物的种种"五行"特征相对应。

周敦颐通过对宇宙图式即"天道"的分析，最后也回归到社会即"人道"之上。他认为，人非草木、禽兽而为万物之灵，是因为人得"五行"之"秀"。所谓得"五行"之"秀"，是指人具有感知"五行"运行和思考"五行"规律的能力。有了这样的能力，人就可以建立一套与宇宙"天道"并行不悖的"人道"标准，使自己的行为与"天道"的运行保持和谐。周敦颐把"人道"定名为"圣人之道"，而"圣人之道，仁、义、中、正而已矣"，"圣人之道，至公而已矣"，即"仁、义、中、正、公""五常"。[1] "五常"与"仁、义、礼、智、信""五德"字异而意同。"仁"是"爱心"，"义"是"行仁"，"中"是"和谐"，"正"是"去邪"，"公"是"无私"。我们特别要说的是周敦颐的"公"。周敦颐说："天地至公而已矣。"[2] 什么意思呢？就是说，天地之道，是公平无私地赋予万物生灵生存与发展的"至公"之道，不会念及孰优孰劣，不会偏及孰强孰弱，而是一视同仁。联系到社会人生，周敦颐说："公于己者公于人，未有不公于己而能公于人也。"[3] 就是说，对自己"公"，才能对别人"公"；没有不"公"于己而能"公"于人的。换

---

1 （宋）周敦颐：《太极图书》，《周敦颐集》，中华书局，1990，第6页。
2 （宋）周敦颐：《道书·公第三十七》，《周敦颐集》，中华书局，1990，第41页。
3 （宋）周敦颐：《公明章第二十一》，《周敦颐集》，中华书局，1990，第31页。

句话说，人只有自己"无私"，才能做"无私"的榜样；只有自己"善"，才能责人"不善"。没有自己"有私"而"不善"，能率人"无私"而"善"的。因此，"圣人之道"就是通过修养仁爱、践行仁爱而达到和谐互动、归正去邪的境界，而这一境界的外在表现就是以公心实现无私奉献。圣人如此，则榜样天下；天下楷模之，则其乐融融。

除了周敦颐，北宋儒学的变化还有另一个推动者张载（1020—1078）。因为他常在郿县横渠镇讲学，所以被称为"横渠先生"。张载虽然与周敦颐的学术思想有分歧，但是"遵天道"的旨趣是相通的。张载以"气"论宇宙万物。他认为道家是以无为道，以我为真；佛家是以心为法，以空为真，都是本末倒置的。他从自然之气"无孔不入""无缝不塞"，充天地万物之间而聚散离合的现象中受到启发，认为"气"为万物生灭的原动力。他说："太虚不能无气，气不能不聚而为万物，万物不能不散而为太虚。"[1] 所以认识"气"的运动规律就是认识宇宙万物的根本。因为这一点，在中国哲学史上，把张载列入唯物主义的行列。但是张载以"气"为本的哲学运用到伦理道德上时，却自相矛盾起来。他认为人有"天地之性"与"气质之性"两重人性，"天地之性"即本性，是善的；"气质之性"是自然之性，即人的饮食男女的生理之性，是有可能善，亦有可能恶的。因为"气质之性"中，虽"气"合阴阳而成人的机会是人人均等的，但"质"却有刚柔、壮弱、聪笨、敏钝、智愚等差异，这种因人而异的"质"，导致了人有差等，"富贵贫贱者皆命也。今有人均为勤劳，有富贵者，有终身穷饿者，其富贵者既是幸会也"[2]。由于人生来就具有"天地之性"和"气质之性"，因此，人们只要善于反省自己，遵"天地之性"，就能够保存其善的"气质之性"。而欲成君子，则是需要彻底地根除"气质之性"。当然，根除"气质之性"是不可能

---

[1] （宋）张载：《太和篇》，《张载集》，中华书局，1978，第7页。
[2] （宋）张载：《张子语录上》，《张载集》，中华书局，1978，第311页。

立竿见影的,而是一个循序渐进的过程。这个过程,就是遵"天地之性"而养德修身的过程。尽管富贵是"天命",但是张载坚持应该让每个人都有机会接受命运的裁判。这就是他主张恢复"周初三代"时期"井田制"的初衷。他认为,虽然人的能力有大小、智愚有差等,但获得土地的权利应该平等。他认为"井田制"可以解决土地不均带来的利益不均问题,所谓:"治天下不由井地,终无由得平。"[1] 如果实行了"井田"而出现勤者日富、惰者日贫,那是他的"气质之性"不争气,怨不得体现君主"仁爱"之心的"井田制"。作为君王,最大的"仁爱"之心就是用"天地之性"调和"气质之性"的偏差,以保证"趋时尽利,顺性命之理"[2]。

北宋儒学所以被称为"理学",与程颢(1032—1085)、程颐(1033—1107)兄弟关系密切。程颢曾说:"吾学虽有所受,天理二字却是自家体贴出来的。"[3] "理"即"道","天理"即"天道"。虽然"理"的概念不是二程发明的,但把"理"提升到宇宙万物生发变化的原动力这一哲学逻辑的最高范畴,却是二程"体贴"即思考出来的。所以,二程被作为"理学"奠基者当之无愧。程颐说:"有理而后有象,有象而后有数。"[4] "理"是"天理",是一切所以发生、所以变化的原因,但它本身没有形,永恒不变。"象"是具体的"阴阳和合",是一切所以发生、所以变化的过程。"数"是"阴阳和合"发生变化的结果,即具体的万物。其中,"理"是主宰,是根源,万物以"理"而发生、存在和变化。"理"是独一的,"天下之理,一也,途虽殊而其归则同,虑虽百而其致则一。虽物有万殊,事有万变,统之以一,则无能违也"[5]。当今有学者在解释这句话的时候说:"(理)由其独一

---

1 (宋)张载:《经学理窟·周礼》,《张载集》,中华书局,1978,第248页。
2 (宋)张载:《大易篇》,《张载集》,中华书局,1978,第54页。
3 (宋)程颢、程颐:《二程集》,中华书局,1981,第424页。
4 (宋)程颢、程颐:《二程集》,中华书局,1981,第615页。
5 (宋)程颢、程颐:《二程集》,中华书局,1981,第858页。

无二，故完全自足，而无丝毫欠缺"，"'理'不生不灭，不增不减，永恒存在"[1]。二程"穷天理"的最终目的也是回到社会伦理之中，为"君君、臣臣、父父、子子"的伦理等级寻找"理"的支撑。所谓"人伦者，天理也"[2]，就是把"君君、臣臣、父父、子子"伦理等级观念合理化、永恒化、绝对化。

与周敦颐、张载、程颢、程颐同时代的维吾尔族哲学家优素甫·哈斯·哈吉甫（约1018—1086）的学术逻辑，与他们十分相近，他创作的长篇哲理诗《福乐智慧》描绘的理想国，正是依照真主的意志，在宇宙万物的图式中，寻求合理的社会模式。真主的意志就是"天理"，参悟真主的意志就是"穷天理"，而参悟真主意志的目的，就是保证和谐社会的健康发展。

伊斯兰教将世界的创造归于真主的爱心和其无所不能的能力。"安拉创造天地，从云中降下了雨水，藉雨产生了供养你们的果实，使你们掌管了船舶，以便它们奉他的意旨航行在海中，并使河流受了你们的支配。他使日月运行不断为你们服务。他也使日夜变换不停为你们服务。凡是你们向他所要求的，他都赐予给你们了。"[3] 因此，礼赞真主，信仰真主，服从真主，并从真主那里获得启示，是穆斯林必须有的觉悟。伊斯兰教哲学各种命题的生发，也是以这样的觉悟为基础，将敬畏宇宙变为敬畏真主；将参悟宇宙变化，变为参悟真主意志。于是，认识天地万物，就是认识真主的全能；认识世界和谐发展，就是体认真主的仁德爱心。维吾尔族人在表达对天地万物的认识方式上，与汉族颇多相似，也是将种种人间所能接触到的、观察到、经验到以及不能接触、观察、经验到的对象，统统纳入一个齐整的图式中。只是维吾尔族对宇宙万物存在模式的理解，与汉族存在一些差异。维吾尔族人是将宇宙四时

---

1 张立文：《宋明理学研究》，中国人民大学出版社，1985，第289页。
2 （宋）程颢、程颐：《二程集》，中华书局，1981，第394页。
3 周仲羲译：《古兰经》，伊斯兰国际出版公司，1990，第537页。

变化作为认知的起点,把春、夏、秋、冬往复更迭,作为万物生生不息的表征。春日融融则万物复苏,夏日炎炎则万物竞长,秋日爽爽则万物聚果,冬日寒寒则万物休眠。休眠不是死亡,而是生命历经春夏秋的运行,需要一个喘息的间歇,为再一次的复苏做准备。在早期维吾尔族人的意识之中,春、夏、秋、冬所以变化,是因为"日"的冷暖,因此"日"是主宰这一变化的原动力。"日"不仅主宰四时变化,更主宰白天与黑夜。日升日落,自然便有了白天与黑夜。而如日当空的时候,世界是明亮的、欢快的;日落西山的时候,世界是黑暗的、沉寂的。故"日"崇拜曾长期主导着维吾尔族人对宇宙图式的认识。所以,当波斯人创造的以"光明"和"黑暗"预示世界善良与罪恶的摩尼教传入维吾尔族的时候,维吾尔族人很容易体味其中的奥义,并很自然地将摩尼教提升为回纥汗国的国家宗教。

维吾尔族也是从四时变化的自然规律中,寻求社会的变动规律和人喜怒无常的性情特征,在春、夏、秋、冬"四时"的制约下,物有火、水、气、土"四素",人有喜、怒、哀、乐"四情",善有诚、济、谦、俭"四德"。进而推演出,四时、四素、四情、四德合则天清地爽、物阜民丰,逆则天昏地暗、物敝民穷的"天人合一"政治伦理观念。甚至《福乐智慧》还虚构了日出、月圆、贤明、觉醒四个人物以更加形象地揭示这种"应四时"对治理国家与社会的内在必然联系。这四个人物分别代表公正、幸运、智慧与知足。"公正"是理想社会的基石,如太阳一般普照大地而磊落无私;幸运是人生梦想的追求,如月亮一般阴晴圆缺而变幻不定;智慧是幸福人生的导向,如北斗之星恪尽职守而矢志不渝;知足是生活目标的渴望,如摩羯座孤寂独守而无怨无悔。他们四个人构成了社会政治的基本形态,也寓意着人生的基本价值。将社会的和谐、国家的昌盛、人生的追求和人性的优劣与自然的规律和变化联系在一起,为"智学"的阐释找到了一个很好的逻辑参照体系。

北宋从周敦颐开始,重新开启了"参天地"以"察人伦","遵天理"以

"定人伦"的学术追求,期望通过对宇宙模式的探讨,突出儒学与天道的和谐关系,重树儒家的崇高地位。张载、二程继其踵,在更加细致的思辨中,为这一学术追求奠定了坚实的基础。他们的努力,使得儒学从先秦的箴言体式发展而成为逻辑体式。而优素甫·哈斯·哈吉甫虽然远在西域的喀喇汗王朝,但是他的学术追求也在异地与北宋儒学同声唱和。因此有人说,这正证明了优素甫·哈斯·哈吉甫的学术思想,是受到了儒家思想的深刻濡染。

二 维吾尔族的和合之道与儒家的中庸之道

维吾尔族哲学文化的和合之道与儒家文化的中庸之道,具有很强的趋同性,这与两个民族在文化上息息相通不无关系,这种趋同性使维吾尔族与汉族在长期的交往过程中,始终以和睦相处为历史主流。

中庸是儒家乃至整个中国传统文化的核心思想。"中庸"的"中",是恪守中道,不偏不倚的意思;"庸",就是常。"中庸"即常守中道。中庸思想主要有"过犹不及""执两用中""权变"乃至"和"的意思,其中"过犹不及"是中庸思想的理论核心,而"和"是中庸思想追求的理想境界。在儒家经典《中庸》看来,"中庸"不是儒家凭空杜撰出来的,而是世间万物的生息规律,是依据自然之道的原理抽象出来的法则。《中庸》原本是《礼记》中的一篇。北宋时期经程颢、程颐的推崇而上升为儒家经典。二程认为它是"孔门传授心法",是"子思恐其久而差也,故笔之于书,以授孟子"[1]。《中庸》是儒家的行为准则,创作目的是处理社会中人与人之间的关系,防止和化解人与人之间的矛盾冲突,调和人与人之间的利害关系,以保证社会的和谐。中国文化下的"和",追求的是人与己、人与人、人与环境之间的和谐。

---

1 (宋)朱熹:《四书章句集注》,中华书局,2011,第19页。

与己的和谐就是个体保持一种稳定平和的心理状态,这是个体修养问题。为此,个体需要具备控制情绪的能力。与人的和谐就是个体要具备良好的人际关系,这是社会和谐的问题。为此,社会需要具备规范人的行为准则。与环境的和谐,就是人依据自然之道利用环境、适应环境,这是个体乃至社会和自然生存的问题。为此,个体、社会都要加强对自然之道的认识和把握。所以,"中庸"强调的一是慎独自修,二是忠恕宽容,三是至诚尽性。慎独自修就是要求人们在自我修养的过程中,坚持自我教育、自我监督、自我约束;忠恕宽容就是要求人们将心比心、互相谅解、互相关心、互不损害、体仁而行,做到"己所不欲,勿施于人";至诚尽性就是以诚挚之心,持之以恒地感悟、探索、认识和实践"中庸之道"。心诚则"能尽人之性,则能尽物之性;能尽物之性,则可以赞天地之化育"[1]。

维吾尔族哲学文化的经典《福乐智慧》则将善德的基本内涵表述为"公正""正义"和"正直"。优素甫·哈斯·哈吉甫认为,人类社会欲求和合之美,首要的条件便是"公正"。没有"公正",正义得不到伸张,邪恶得不到惩罚;善良得不到滋养,丑恶得不到鞭挞;贪欲得不到控制,慷慨得不到奖掖;正邪不分,善恶不辨,这样的社会必然是混乱丑恶的。所以,他在《福乐智慧》中将"公正"置于善的首位,以"日出"冠其名,并赋予其社会中国王的象征身份。希望国王能够善恶分明,公正宽宏;仁爱为怀,体恤民情,就像太阳一样不偏不倚地将光辉普照到世间的每一个角落,每一个人身上。国王是国家的治理者,国王不能以私废公,也不能以公废私,而是要"不偏不倚"地履行"公正"的职责,做"公正"的楷模。只有谦和温良地对待人民,人民才会以国王为榜样,努力地培育自己的向善之心,努力地检讨规范自己的行为,使整个社会福乐安康。

---

[1] (宋)朱熹:《四书章句集注》,中华书局,2011,第34页。

公正、正义、正直，都有一个"正"字。"正"就是"不偏不倚"，就是"不歪不斜"，就是"不卑不亢"，就是万物和合。人与社会、社会与自然都是依据这样的"和合之道"生息发展，也只有依据这样的"和合之道"才能绵延不绝。而这个"和合之道"，与儒家强调的"天地人合"的"中庸之道"可谓殊途而同归。

但是，践行中庸之道并不是一件容易的事情，所谓"知者过之，愚者不及"；"贤者过之，不肖者不及也"[1]。聪明人做事往往过头，而愚笨者又力所不及。贤明者好高骛远，而卑贱者目光短浅。所以，做任何事情如果过了头，就像做不到一样，都不符合"中庸之道"，都是不可取的。这就叫"过犹不及"。

"过犹不及"是"中庸"思想最经典的注脚。"过"不好，"不及"也不好，"不过"而又能"及"才是好的。这个"不过而及"就是"中"，能够经常地自觉地实践就是"庸"，既能明白"不过而及"的道理，又能坚持不懈地去实践，才是"中庸之道"。

话虽如此简单，但真正明白这个道理，并不是一件容易的事情。人生的目标是追寻幸福，幸福的含义却人人有别。有人以荣誉为幸福的目标，有人以财富为幸福的目标，有人既要荣誉也要财富。但问题的关键不在这里，而在于人们对这些目标的"度"的把握。追求荣誉过度，则变成"沽名钓誉"；追求财富过度，则变成"贪得无厌"；既要荣誉也要财富有时又是一个两难的选择，选择不好，同样"两败俱伤"。

在中国儒家"中庸"哲学体系中，"过犹不及"是对"中庸"的注解，是认识论。而"执两用中"则是实践"中庸"的方法论。任何事物都有两端，因此，对事物的认识也就存在两种看法。任何事物的两端之间，必然还

---

[1] （宋）朱熹：《四书章句集注》，中华书局，2011，第21页。

有一个过度,也就是"中",发现这个"中",就是君子一生的努力方向。《中庸》有一段很精彩,就是论"强"。子路好强,所以问孔子什么是"强"。孔子说,强有南方"以柔克刚"的"强",有北方"兵强勇悍"的"强",但这两种"强"都不是真正的"强"。南方的所谓"强",因为柔弱气质而"不及";北方的所谓"强",因为凶悍霸气而"太过"。真正的"强"是介于两者之间的,既敢于斗争又不盛气凌人,这样的"强"才是卓尔不群的。这也就是"执两用中"。

"执两用中"不仅是个人的行为诉求,更是管理国家事务必须遵循的原则。具体说来就是对待不同的群体和阶层,依据其具体特性和对社会的作用,使用不同的管理措施,不能采取"一刀切"的极端做法。《中庸》指出,管理国家是一件很复杂的工作。第一,君王首先要修身自好,端正自己的行为,不做不合规矩的事情。这是养身之道。第二,要远离谄媚小人,杜绝色欲,重德而轻利,这样才能鼓励别人去做贤达之人。这是养君之道。第三,对于贤者,要不断提拔他们,丰厚他们的俸禄,使他们居于高位而又没有后顾之忧。这是养贤之道。第四,要设置足够的官位以处理国家不同的事务,使"学而优则仕"者有"仕"可图。这是养臣之道。第五,要真心实意地对待士人,以厚禄安抚其心,使其心生感激而为国效力。这是养士之道。第六,对于百姓,分派徭役不能影响他们正常的劳作,并且减少税赋,以减轻他们的负担。这是养民之道。第七,对于工匠,要不断考核他们的业绩,把报酬与业绩结合起来,激发他们的工作热情。这是养工之道。第八,对于远方的客人要热情送往迎来,奖励能干者,同情弱者,使他们欣悦而归顺。这是养客之道。第九,对于诸侯,要帮助巩固他们的地位,帮助复兴衰落的国家、帮助平定其国内的祸乱。要求他们按时朝见,适度上贡,而回赠的礼品却要丰厚,使诸侯沐浴君恩而不思反叛。这是养蕃之道。这九道,就是《中庸》提出的"九经"。"九经"就是九种经世之略。这九种经世之略,以不同的方法对待不同的利益群体，集中体现了"执两用中"的管理理念。

在维吾尔族"和合"哲学体系中，"执两用中"的实践方法是用"适度"这个概念来表述的。《福乐智慧》指出："凡事不可超越过界限，超过了限度会适得其反。凡事均有相应的尺度，只有适度，百事才会圆满。"[1] "界限"就是"两端"，"适度"就是"中"，只有认识并掌握好事物的"界限"即"两端"，采用"适度"即"中"的处理办法，百事才会圆满。优素甫·哈斯·哈吉甫举了一个维吾尔族社会现象的例子，希望用这个例子来说明这个道理。他说：庶民分三等，豪绅巨富、小康之户和贫困者。豪绅巨富和贫困者是庶民的"两端"，小康之户是庶民的"中"。豪绅巨富贪得无厌，所以要严加制约，不能让他们为所欲为。贫困者懒惰散漫，所以要激励关怀，使他们免遭严酷的盘剥而又有信心追逐富裕。但最好的办法是养息和约束小康之户，使其上不至于被豪绅巨富欺诈而家道凋敝，下不至于盘剥过重使贫困者饥寒交迫。小康之户是社会公平财富的基本欲求和衡量标准，所以要努力制约豪绅巨富，积极养护小康之户，并促使贫困者能够逐步变成小康之户。

"适度"也是维吾尔族人追求的一种理想人格境界。太过高傲，会疏远朋友；太过谦卑，又会丧失尊严。信口开河，容易因言获罪；缄默不语，又会默默无闻。对于一个有理想有抱负的人，只有明白任何事物都有限度，而超过了限度就会适得其反的道理，才能独标高格，因为"适度"是保证事物"和合"的最基本条件。

"适度"既然是一种普遍的行为准则，当然也适用于国家的管理。在《福乐智慧》中，"恰到好处"地处理各种事务，"恰到好处"地区别对待不同阶层，被看成是国家管理成熟性的标志，也是发挥不同才能、调动不同阶层积极性的有效措施。所以，优素甫·哈斯·哈吉甫对如何以不同方式、不

---

[1] 优素甫·哈斯·哈吉甫：《福乐智慧》，民族出版社，1986，第649页。

同标准"恰到好处"地对待和管理不同阶层,给予了高度关注,并分门别类地详加界定。第一,君王治理国家要公正严明,推行良法,杜绝暴政;要奖掖贤良,惩治奸佞,慈惠人民。世界好比一块大田,你种什么种子,收什么食粮。种瓜得瓜,种豆得豆,谁种了善因,就把善果品尝。此谓养君之道。第二,大臣为国君分挑重担,是巩固社稷根基的栋梁。如果他是勇士,你应赐以银子,令其挥舞战刀,为你夺取城池。如果是多才多智的贤达之士,要敬重他,给他权力和财富。倘若是暴虐之徒,切莫擢升,莫授之以权柄,贻害自己。此谓养臣之道。第三,学者、哲人是另一个阶层,他们用知识为世人将道路指明。他们好比羊群里的梢羊,梢羊会把羊群带到正道之上。所以要用物质资助,用良言抚慰,为他们供奉饮食,为他们效力。此谓养士之道。第四,诗人们写诗采撷语言,既将人詈诟,也将人颂扬。他们若赞美你,你会名传四方,他们若责骂你,你会恶名远扬。善待他们切不可忘,免得变为他们抨击的对象。此谓养文之道。第五,还有一种人是农民,借助他们你才能解决吃饭问题。应该和他们多多结交,态度要和蔼,语言要美好。此谓养农之道。第六,除了他们之外还有商人,买进卖出而追求利润。他们从东方周游到西方,会助你实现美好的愿望。倘若契丹商队的路上绝了尘埃,无数的绫罗绸缎又从何而来?倘无商人在世间东奔西走,谁能看到成串的宝石珍珠?对待他们应该慷慨大方,尽力满足他们的愿望。但商人精于利害算计,与之交往需特别小心。他们多为异乡路人,照顾不周,会使他们四处传播你的坏话。此谓养商之道。第七,在此之后还应谈到牧人,肉食、乳酪、奶酒、毛毡、皮衣、战马和牲畜全来自他们。他们可靠、诚实、心地纯正,不会把自己的负担转嫁给别人。满足其所求,取你之所需,公平交易,他们便心满意足。但他们任性自由,不受羁束,莽撞而粗鄙,与之交往要恩威并施,而不可放纵。此谓养牧之道。第八,还有另一等人乃系工匠,他们谋生度日全凭技艺。铁匠、靴匠、皮匠、漆匠、弓矢匠,还有画师,人世全凭他们缀饰妆点。为你干了活应及时把工价付与,为他们提供饮食要宽宽裕裕。此谓养工之道。优素甫·哈斯·哈吉甫依据人们的社会分工和在社会上扮演的不同角色,相对应地开出不同的管理"药方",集中体现了维吾尔族的"和合之道"。

保持社会稳定,增进人与人之间的和谐关系,是人类一直孜孜以求的理想社会状态。所以,阐释社会发展的必然规律,分析人与人之间不同的利益需求,总结人类社会避免矛盾、化解矛盾的有效方法,一直是人类共同关注的重要课题。儒家的"中庸之道"与维吾尔族的"和合之道",都是希望建构一个"天地人合"的和谐社会,其中"过犹不及"与"不偏不倚"的中庸理念,"执两用中"与"适度"的实践方法也都颇多共同点。这一方面体现了两个民族对理想的社会状态和如何达到理想的社会状态有许多共通的理解与认识;另一方面也体现了两个民族之间在文化上相互交流而取得的共通的文化成果。而从《福乐智慧》序言所说"它以秦国贤者的箴言写成,以马秦国智者的诗歌装饰而成"的观念信息来看,以《福乐智慧》为代表的维吾尔族"和合之道",受到儒学"中庸之道""执两用中"思想的影响,也是明显而深刻的。

三 维吾尔族的劝善与儒家的修身

《大学》在儒家经典中具有基础性地位,以至于被宋儒置于《四书》的首要地位。其原因在于,《大学》从认识论的角度对儒家思想的立论和命题从本源上和方法上给予了透彻的分析与合逻辑的解答,是理解儒家思想真谛和掌握儒家实践方法的入门导论。程颢、程颐就说"大学"者,"初学入德之门也"[1]。朱熹则说,古今为学有先后次第,"学者必由是而学焉"[2]。

---

[1] (宋)朱熹:《四书章句集注》,中华书局,2011,第4页。
[2] (宋)朱熹:《四书章句集注》,中华书局,2011,第4页。

《大学》说:"大学之道,在明明德,在亲民,在止于至善。"[1] 这是"儒家"所欲追求的完美境界,概括了儒学对道德修养终极目标的认识,所以被称为"三纲要",是儒生毕其一生的努力方向。

如何才能达到这种"至善"的目标呢?《大学》说:"古之欲明明德于天下者,先治其国。欲治其国者,先齐其家。欲齐其家者,先修其身。欲修其身者,先正其心。欲正其心者,先诚其意。欲诚其意者,先致其知。致知在格物。物格而后知至,知至而后意诚。意诚而后心正。心正而后身修。身修而后家齐。家齐而后国治。国治而后天下平。"[2] 在这里,将"格物、致知、诚意、正心、修身、齐家、治国、平天下"作为德道修养具体实践和深化过程中八个不同阶段或步骤,指明了实现"三纲要"的具体方向,故被后世学者称为"八条目"。"八条目"的中心环节,就是修身养性。身,在此不完全指生命,更重要的是指向行为,而行为的表征体现了一个人的德性,所以"修身"实际上是"修德"。"八条目"的终极目标是"平天下",希望实现和谐有序、仁义礼乐、其乐融融、天下一统的美满社会景象,这就是"止于至善"。

"明明德"被置于"大学之道"的首位,表明"明明德"是"大学"的基础。那么,什么是"明明德"呢?从字面上来解释,"明明德"就是明辨发扬光明德性,也就是体察和实践善德。明辨光明德性或体察实践善德,所以是"大学之道"的基础,是因为如果不能明辨和体察什么样的德性有益于人生和社会,就无法认识发扬这样的德性对人生和社会的实践意义。

儒家原本很少讲"道"与"德",这两个概念是道家的主述范畴。在道家学说中,"道"是一种自然而然的宇宙规律,是万物所以化育和生息的本源。而"德"则是人对"道"的真实把握和顺从遵循。在道家的观念中,所

---

[1] (宋)朱熹:《四书章句集注》,中华书局,2011,第4页。
[2] (宋)朱熹:《四书章句集注》,中华书局,2011,第5页。

谓"道德"就是人依照自然规律和人生规律无为而为。所以，老子的《道德经》成为道家的圭臬。但是，《大学》很巧妙地将道家的学说经过一番变化，把"道"与"德"的概念引入儒家学说中，并赋予"道"与"德"新的概念。在儒家看来，所谓"道"不仅是宇宙万物自然而然的自在规律，也是人类社会依据这种自然而然的自在规律调整其发展轨迹的自为规律。所谓"德"，就是发现并运用宇宙自然而然的规律，约束自己的人生过程，自为地促使社会向理想的目标发展。善于治理天下的贤者和明君，都是以天下太平为己任的。在《大学》看来，达到或实现这样的理想目标，不是可以一蹴而就的，而是有一个循序渐进的过程。前引《大学》之言，意思是说，要平天下的人，先要治理好自己的国家；要治理好国家，先要安定好自己的家；要安定好家，先要修养好自己的品行；要修养品行，先要端正自己的心志；要端正心志，先要真诚自己的意念；要真诚意念，先要丰富自己的知识；要丰富知识，先要穷究事物的道理。所以，要平天下的人，应该先从基础做起。因为只有穷究事物的道理后，才能丰富自己的知识；丰富知识后，才能真诚自己的意念；真诚意念后，才能端正自己的心志；端正心志后，才能修养好自己的品行；修养品行后，才能安定好自己的家；安定好家后，才能治理好自己的国家；治理好国家后，才能使天下太平。

在《大学》看来，国家治理和平天下，最为关键的问题在于君王和贤者的治理素质，"所谓平天下在治其国者"。治国者仁，则国人相爱；治国人廉，则国人不贪；治国者信，则国人守诚。治国者反其道而行，则国人亦反其道而从。为什么呢？因为"君子有絜矩之道也"，治国者的行为具有为国民示范的作用。治国者，尤其是国君，应该明白这样的道理：只有先修养好自己的德行，才能成为民众的楷模；只有成为民众的楷模，才能得到民众的爱戴和拥护；只有得到民众的爱戴和拥护，才能使国家的统治长治久安；只有国家统治长治久安了，才能使国家物阜民丰。可见，德行是治理国家的根本，而财富是末节，是由这个根本导出的结果。如果统治者不能认识到这一点，反而视末节的财富为根本，就会导致百官百姓趋利而远德，争利而忘义。想想看，统治者聚敛财富，必然使民众因受到盘剥而流离失所。而如果统治者思虑民众的生存，将财富分散给百姓，财富虽然减少，但赢得了民心，人民必然会聚居在他的身边。这就是"财聚则民散，财散则民聚"[1]的道理，也是慎德则得国，失德则丧国的道理。

儒家的《大学》，充分论述了修身的重要性，使"修身"成为儒家实践"平天下"远大抱负的第一功课。儒家的这一思想，对维吾尔族哲学文化同样产生了深远的影响。

在代表维吾尔族哲学文化最高水平的哲理诗《福乐智慧》中，优素甫·哈斯·哈吉甫虚构了一个福乐王国，国王和大臣为了国家和人民的福祉而鞠躬尽瘁。"福乐王国"，颇类《大学》的"止于至善"，在这个理想的幸福国家中，国王像太阳一样公正无私，将光辉播撒到社会的每一个角落。而大臣则无私无欲，如月亮般反射太阳的光芒，使人民在黑暗中也可以看到幸福的希望。有了这样公正的国王和无私的大臣，国家的人民就可以安居乐业，社会也就会协调一致地健康发展。优素甫·哈斯·哈吉甫也为这种美好愿望的实现设置了一个很重要的先决条件，那就是人的道德首先应该完满。道德完满的标志是人性的善化，而对善的认识基础是知识，获得知识的优劣和多寡则取决于人的智慧的优劣与多寡。所以，智者的人生目标是如何发现善，如何自知自己的行为是符合善的要求，如何在发现了善，也自知自己的行为是符合善的要求之后，怎样坚定地实践善，并劝诫他人尚善而相爱。维吾尔族人从10世纪信仰伊斯兰教后，真主成为至高无上的神。真主不仅主宰个体的人，更主宰世间万物。敬畏真主，依照真主的意志践行善，成为维吾尔族人

---

[1] （宋）朱熹：《四书章句集注》，中华书局，2011，第12页。

的信仰目标。所以，在优素甫·哈斯·哈吉甫看来，大悟归真的正途只有一条，那就是理念真主，尚善劝善。他确信，人生的目的是获得今生与来世两个世界的幸福，为了达到这个目的，人的一生都应不停地寻找通向福乐天园的天梯。天园以其无法抗拒的魅力召唤着信教者，果园温泉，丰衣足食，美女相伴，歌舞升平，非现实世界所能比拟。但这等华艳的美景，只有德性完美无缺的人才能登临享受。因为福乐天园的天梯仿佛处于冥冥之中，只有通过智慧的感悟才能窥见其存在。而智慧的感悟不是穷思冥想的功夫，而是身体力行的实践。这个实践就是依托智慧的指引而辨识世间万物的生息规律，通过辨识世间万物生息的规律而辨识人类善恶共生的天性，再通过辨识人性善恶共生的天性而辨识除恶趋善的修炼正途。福乐天园的天梯只有在人修炼功德圆满的时候才会为他搭起。

智者要知善，智者要实践善，智者还要劝导普通民众以善为自己的行为准则。智者知善并实践善的目的是什么呢，就是劝导国君和民众尚善相善，以治理好国家到达福乐的天园。这是《福乐智慧》的主线，也是优素甫·哈斯·哈吉甫倡导的"福乐之道"，其与《大学》的"大学之道"可谓异曲而同工。

《福乐智慧》的基本经义在于劝导人们弃恶趋善，并为人们修筑了一条"福乐之道"。那么，这条"福乐之道"的起点在哪里呢？优素甫·哈斯·哈吉甫认为在"识善恶"，这一点颇类似《大学》的"明明德"。

在优素甫·哈斯·哈吉甫看来，寻求幸福，是人类生活最基本的欲求，也是最终极的欲求。从脱离动物的那一刻起，人类一直坚定地追寻着幸福的足迹，渴望并且不遗余力地朝理想中的幸福目标奔跑。但是，人类对幸福的渴望与追寻，往往伴随着盲目与偏执，这种盲目与偏执甚至造成不等到达幸福的彼岸就或前功尽弃，或误入歧途，或遭致毁灭，结果，幸福仿佛成了遥不可及的海市蜃楼。

这是什么原因呢？优素甫·哈斯·哈吉甫认为是因为人类错误地把物质

生活的享受作为"福乐之道"的起点。人类往往被现实幸福的假象所迷惑，以为有了口福之乐，有了身心之乐，有了妻室儿女之乐，有了富庶财富之乐，便是幸福的了。殊不知，这种幸福的假象其实暗藏杀机，随时都可能因福得祸，随时都可能被幸福抛弃而饮恨黄泉。因而，现实的幸福是靠不住的："今世的财富好比是盐水，你越喝越渴，滋润不了舌根。壮士啊，世界好比一个阴影，你追它逃，你逃它却把你紧追。你瞧，世事好比是海市蜃楼，你伸手去抓，它却杳无踪影。"[1] 既然现实的幸福靠不住，追求和迷恋现实幸福也就成了无用功。因此，"人若要企求生活的欢乐，行为正直，才能够如愿；人若要企求发财致富，持身以正，方可获得福缘；人若要企求高官厚禄，正道直行，才能够实现；人若是品行端正温善，两世的日子会光辉灿烂"[2]。所以，欲求幸福首先是欲求善，要使欲求幸福的行为合乎善的要求。要合乎其要求，首先要辨识什么是善、什么是恶。

优素甫·哈斯·哈吉甫阐述了一个道理，他认为获得幸运的惠顾，不是凭主观欲求所能奏效的。不仅如此，主观欲求由于往往偏执，往往过于追求物质的享乐，往往会因一时的快乐而忘乎所以，故往往将人类引入歧途，从而背离了幸福的宗旨。维吾尔族人普遍坚持着这样一种信念：善良的人活得好，而邪恶的人活得糟。正所谓"善有善报，恶有恶报"。这一代表着人类经验的信念在无数的谚语中都得到了表现，也是民间故事中最常见、最广泛的主题。在维吾尔族中，流行且版本众多的有关"三兄弟"的故事较为典型。这个故事中的三兄弟，一个憨厚善良，一个贪得无厌，一个狡诈凶残。他们为了一个共同目的，即摆脱生活窘境寻求幸福而走上一条艰难的道路。在这个寻求幸福的过程中，憨厚善良者总是受到另外两个兄弟的欺骗、敲诈、捉弄和暗算，但他忍辱负重，坚持以宽厚的心态对待所受到的侮辱。故事的结局是不言自明的，憨厚

---

[1] 优素甫·哈斯·哈吉甫：《福乐智慧》，民族出版社，1986，第189—190页。
[2] 优素甫·哈斯·哈吉甫：《福乐智慧》，民族出版社，1986，第175—176页。

善良者以他的行为或得到神的帮助，或得到美丽公主的帮助，最终实现了寻求幸福的凤愿；而另外两个灵魂肮脏、行为龌龊的人，则或被魔鬼杀害而跌落深渊毙命，或染上不愈的重病一生遭受痛苦的煎熬。总之，所有这类故事的主题都极为鲜明地标示出，善良的人终有好报，邪恶的人终会遭到报应。因此，获得幸运惠顾的最好办法，就是培养善德，用善德控制个体欲求，用善德规范个体欲求，用善德净化个体欲求。在维吾尔族人的文化中，善才是幸福的理想目标，善才是幸福的最高境界，善才是幸福得以实现的根本保证。

维吾尔族人具有很强的社会归属意识，每个人都是社会的一分子，并从聚合的团体力量中感受到个体的快乐和生存的安全感。这种集体意识，使维吾尔族长期保持着欢乐的麦西莱普和大型的歌舞十二木卡姆。维吾尔族人认为，人生活在社会之中，社会性决定了人不是孤立的，决定了人必须融合在群体之中。因此，人的行为不仅仅关乎自己的命运，同样关乎社会群体中其他成员的命运。既然人的行为不是孤立的，那么人的行为只有在不侵害他人利益的基础上才是善的，只有在照顾到其他人的利益基础上才是善的。无私慷慨、正直守信和崇尚荣誉，正体现了善德的基本秉性，而其核心内容是："它专为所有人行善，却从不居功，要别人感恩。它不求利己，只为他人造福，造福于他人，而不求回赠。"[1] 正因为这样，所以"秉性善良，人人喜爱，行为正直，受人尊敬。廉耻阻止人去干坏事，寡廉鲜耻是人之大病。正直、知耻和善良秉性，三者兼有则福乐无穷"[2]。

然而，因为普通人不是基于理性生活，而是基于自然的欲望生活，欲望得不到满足，则不可能不去追求。今世的物质生活本身对人的诱惑性，容易诱发人丑恶的天性：或贪得无厌，或巧取豪夺，或尔虞我诈，甚至可能杀人越货，从而引发一系列的社会问题。"你看这世界多么可悲，终日聚敛钱财，

---

[1] 优素甫·哈斯·哈吉甫：《福乐智慧》，民族出版社，1986，第117页。
[2] 优素甫·哈斯·哈吉甫：《福乐智慧》，民族出版社，1986，第223页。

不得享用。有的人不停地四方奔波，有的人豁上命跳进海中。有的人在山中挖掘山岩，有的人趴在地上赤足而行。有的人翻山岭蹚过长河，有的人挖地心开掘水井。有的人在军中吃了刀斧，有的人守城堡消磨一生。有的人当盗贼杀人越货，有的人当土匪图财害命。"[1] 为了短暂的享受而豁出性命，在优素甫·哈斯·哈吉甫看来，是因为这样的人没有廉耻之心，没有敬畏之情。廉耻之心需要不断提高道德修养而获得并固守，敬畏之心需要不断感念真主的造物威力而获得并强化。

所以，真正对社会有责任感的善士，不会放弃对社会改造的信心，"独善其身者算不了善士，慈善者把他人引上正路"[2]。优素甫·哈斯·哈吉甫希望人们通过对真主意志的参悟，恪尽职守地遵循善道，"以生命为本钱，以善行为利润"[3]，不断达到理想的人格要求。但是，优素甫·哈斯·哈吉甫自己也知道，要求社会上的人都泯灭物欲，静心修炼是不切实际的。所以他才反复从一般的道德意义上告诫人们："今生行善，你不会有损失，来世必有好处，请信我言。恶行在今生看似有利，来世会吃亏，请牢记心间。须知善德为右，恶行为左，你左边是地狱，右边是天国乐园。你在今生作恶而享乐，来世将受罪，后悔难言。行善之人在今生卑贱，来世他无憾，会百事如愿。"[4]

如此看来，《福乐智慧》的"识善恶""践行善""去恶行"，与儒学的《大学》之道"明明德""亲民""止至善"，就有了相同的思维和理论逻辑。

四 维吾尔族的智者气度与儒家的君子风范

儒家追求人格的完美，提出修身、齐家、治国、平天下的理想抱负，并

---

[1] 优素甫·哈斯·哈吉甫：《福乐智慧》，民族出版社，1986，第232页。
[2] 优素甫·哈斯·哈吉甫：《福乐智慧》，民族出版社，1986，第507页。
[3] 优素甫·哈斯·哈吉甫：《福乐智慧》，民族出版社，1986，第34页。
[4] 优素甫·哈斯·哈吉甫：《福乐智慧》，民族出版社，1986，第125页。

把这一理想抱负作为君子的人生目标。以北宋范仲淹为例。他是一个疾恶如仇的人，对于当时北宋的政治环境和各种吏治措施十分不满。他在著名的《上执政书》中，就曾指出当时天下的形势，"朝廷久无忧矣，天下久太平矣，兵久弗用矣，士曾未教矣，中外方奢侈矣，百姓反困穷矣"。然后说："朝廷无忧则苦言难入，天下久平则倚伏可畏，兵久弗用则武备不坚，士曾未教则贤才不充，中外奢侈则国用无度，百姓困穷则天下无恩。苦言难入则国听不聪矣，倚伏可畏则奸雄或伺其时矣，武备不坚则戎狄或乘其隙矣，贤才不充则名器或假于人矣，国用无度则民力已竭矣，天下无恩则邦本不固矣。"[1] 范仲淹耿直豪爽，不畏权贵，积极主张革除旧弊，却时遭劫难。由于开罪了宰相吕夷简，范仲淹先是被谪饶州等地，随后又被调到陕西前线抗击西夏。几经浮沉的宦海生涯，使范仲淹颇感心力交瘁。他在努力效仿古人"乐以天下，忧以天下"的同时，愈益厌倦纷扰不息的官场争斗，也曾企望恬静隐居的自在生活。唐宋文人向以事渔为隐，范仲淹在七律垂钓诗《莎衣》结尾句"直饶紫绶金章贵，未肯轻轻博换伊"，便表达出不恋权势名利而恋清静垂钓的志趣。他的另一首垂钓诗《依韵酬章推管见赠》的"姑苏从古好繁华，却恋岩边与水涯。重入白云寻钓濑，更随明月宿诗家"，也反映出寄心于空旷、逍遥于山林的生活情趣。而在他的咏史诗《钓台诗》中，更是进一步表达了自己厌倦名利虚荣、神往归隐生活的感慨。其诗云："汉包六合罔英豪，一个冥鸿惜羽毛。世祖功臣三十六，云台争似钓台高。"充满争斗与凶险的封建政治舞台，特别是多劫多难的生活际遇，孕育了范仲淹淡泊名利、出世归隐的思想。

但是，范仲淹对于社会政治的积弊总是不能熟视无睹，他从年轻时候就立下的"乐以天下，忧以天下"的志向，使他不能以淡淡的愁绪来敷衍搪塞

---

[1] （宋）范仲淹：《上执政书》，《范文正公集》卷8，《四部丛刊·集部》民国二十五年（1936）。

自己对社会的责任。因此，虽然被发送到陕西前线，却更加激发了他的报国热情。当时西夏国在李元昊的领导下正处于国力上升时期，西夏军人数较少，但兵精马劲，战斗力强。而宋军虽人数较多，但缺乏强将精兵，战斗力差，无力深入敌境大举进攻。范仲淹针对当时敌我态势的分析提出了放弃主动进攻，实行坚壁清野、修固边城、扼险坚守的防御方针，希望通过经济封锁的扼杀政策，逐步削弱西夏国的国力。但是，他的主张被认为是消极抗战而未被采纳，结果宋军在好水川和定川砦两次战役中惨败而归。这两次惨败，迫使宋仁宗放弃了进攻方针，改而采取范仲淹的战略防御，并与西夏国签订了停战条约。战略防御虽然符合当时北宋与西夏的军事态势，但毕竟是北宋朝廷式微的表现。北宋因为无为政治和效率低下的官吏体系，以及军队缺乏斗志和战斗力，只能以这种方式确保社稷的暂时安全。

庆历三年（1043）四月，宋夏局势刚刚和缓，宋仁宗便将范仲淹调回东京，升任参知政事（副宰相），与枢密副使富弼、韩琦等人一道主持朝政。当时，北宋的官僚机构越来越臃肿，行政效率则越来越低，军队数量不断增加，但战斗力却越来越弱。内忧外患造成百姓课税繁重，可国家财政却入不敷出。一到京城，范仲淹针对皇帝临朝静默无为，冗官上朝不议国事，法纪不明，朝纲不振的颓废政治，向宋仁宗上《条陈十事》，提出"法制有立，纲纪再振"的变革主张，倡议推行新政变法。所谓《条陈十事》，就是《答手诏条陈十事》，也称《十事疏》，是范仲淹应宋仁宗的要求拟写的十项革新措施。主要内容是改吏治、革冗员以选拔合格的人才充任政府职官；厚农桑、减徭役以养民生息；推恩信、重法令以树立朝廷恩威；修武备以增强国防力量。庆历新政是一次以吏治为中心的改革，政治方面就有八项措施，其中五项是整顿吏治的，另外三项是整顿军队、加强皇帝的权威和重法规命令的改革措施。范仲淹希望通过官僚政治体制的改革，挽救宋朝的危机。宋仁宗对范仲淹等提出的主张起初颇为赞赏，在内忧外患的压力下曾诏令推行。虽然这些改革的范围今天看来是非常有限的，但新法出台后，因损害了部分官僚的利益而引起了强烈反对，因此推行不及一年，范仲淹就自请罢参知政事。至庆历五年（1045）新政便宣告停止，北宋积贫积弱的局面依旧。

失意的范仲淹又被贬谪到邓州。庆历六年（1046），范仲淹应黜在岳州的朋友滕宗谅之邀，挥毫撰写了千古传诵的《岳阳楼记》，其中的名句"先天下之忧而忧，后天下之乐而乐"充分体现了范仲淹以天下为己任、以公心为天下的高尚情操。正像欧阳修在《范公神道碑铭》中的评价："公少有大节，于富贵贫贱、毁誉欢戚，不一动其心，而慨然有志于天下。"[1] 范仲淹的政治改良虽然失败了，他主持的庆历新政却开创了北宋士大夫议政的风气，传播了改革思想，成为王安石熙宁变法的前奏。

王安石是一个慷慨果敢以天下为己任的儒家君子，对自己非常自信，立志要改造这个世俗的世界。这种志向，可能形成于他的青少年时期。资料显示，王安石虽然少有才名，但由于父亲一生只是一个中下级官吏，需要供养全家10口人的生活，因此，家庭财务状况相当困窘。甚至在王安石已经成年之后，十八九岁的时候，还时常需要到山上采集野菜为食。这种孤独无援的生活境遇，对他后来特立独行的性格具有很大的影响。而清贫的生活也养成了他艰苦朴素的生活习惯。他一生为官，最后官居宰相，曾经一度权势熏天，几乎可以主宰百官的荣辱予夺。但是，王安石从未用此权力为自己及其亲族谋过私利；他对金钱也从不计较，据说，其宰相俸禄几乎变成公费，任凭亲友甚至同事花费。而且，他一生少见私敌，所结仇怨者，大多是为了变法的缘故。因此，就连后世相当厌恶他的批评者，都承认自己面对的是一个真诚、虔敬的洁身自好之士。

有人说王安石是个怪人，思想、人品都异乎寻常。他衣裳不洁，须发纷

---

[1] （宋）欧阳修撰，李之亮笺注：《欧阳修集编年笺注》（二），巴蜀书社，2007，第169页。

乱,仪表邋遢,除去与他自己,与天下人无可相处,所以最被苏氏父子诟病。苏洵在《辩奸论》里将王安石列入奸臣之列,不无揶揄之词。之所以如此,一方面是因为王安石的孤高,另一方面就是他的政治变革主张。他的孤高,从他长期拒绝入京为官上就可看出一二。他 22 岁考中进士到他 40 岁期间,一直谢绝任命,宁愿在一个偏远的省份当一小吏。有人攻击他这是沽名钓誉,因为他越是谢绝朝廷授予高位,他的声誉便越高,朝廷上的官员皆急欲一睹此人的真面目。直到仁宗嘉祐五年(1060),朝廷任命他为三司度支判官,他才来到京师。王安石接任三司判官不久,就企图试探一下自己的政治基础,写了长达万言的《上仁宗皇帝言事书》(简称《万言书》),以表达自己的政治哲学思想。在此《万言书》中,他陈明了自己对现实政治的看法。他认为当时"顾内则不能无以社稷为忧,外则不能无惧于夷狄。天下之财力日以困穷,而风俗日以衰坏。四方有志之士,然常恐天下之久不安"。他认为导致宋朝各种内忧外患的根源在于"不知法度"。王安石所言的"不知法度",不是指刑名立法,而是指大政方针。他说:"今朝廷法严令具,无所不有。而臣以谓无法度者,何哉?方今之法度,多不合乎先王之政故也。"[1] 王安石所说的"先王"不是指宋仁宗之前的宋朝皇帝,而是指尧、舜、禹"三王"。此"三王"是儒家推崇的圣君,是以后帝王的楷模。他们因为被赋予了"天下为公"的仁者风范,被后来的儒家拿来作为当时君王的榜样。王安石提出要效法"先王",实际上矛头所指是朝廷。宋仁宗曾发出"黄老亦何负于天下哉"的议论,他是极力主张师法黄老,无为而治的。这样的无为而治,在王安石看来就是"不知法度",就是离开了王道、王政。所以,所谓"不知法度",实际上是指不知先王订立的王道、王政。另外还有一层意思就有些露骨,"师法先王"就是明确地将宋仁宗的"皇帝之言"放在了次要位置,如果皇帝的

---

[1]《王安石全集》,复旦大学出版社,2016,第 749—750 页。

政治措施不符合"先王"的政治理念，那么，皇帝的话就失去了意义。王安石的政治哲学思想在以下的口号中概括出来，即"天命不足畏，祖宗不足法，流俗不足恤"[1]，这个"三不足"颇有些不破不立的胆识。这是对"无为"政治的公然反叛，也是对因循守旧思想的反叛，更是对自命不凡的当朝学界的挑战。

因为有这样的政治理念，所以王安石提出的变法主张也颇为激进。宋仁宗把他的《万言书》看完后，不置可否就置之高阁了。在随后英宗皇帝短短的四年当政之中，王安石又蒙恩召，但是他仍然辞谢不就。直到熙宁元年（1068）宋神宗即位，再次调请王安石进京，他才奉召入朝。神宗是一个雄心勃勃的皇帝，他急于改变北宋的政治局面，便提拔王安石做了参知政事，开始实行政治改革。

王安石上任后，坚决主张要进行一场大规模的改革，一定要先明国是，辨是非，造舆论，选拔改革人才，变风俗，立法度，然后才能推行改革。所以，当神宗急切地咨询改革方案的轻重缓急时，他说："变风俗，立法度，方今之所急也。""臣所以来事陛下，故愿助陛下有所为，然天下风俗，法度一切颓坏，在廷之臣，庸人则安常习故而无所知，奸人则恶直丑正而有所忌，有所忌者唱之于前，而无所知者和之于后，虽有昭然独见，恐未及效功，早为异论所胜。陛下诚欲用臣，恐不宜遽，谓宜先讲学，使于臣所学本末不疑，然后用之，庶几能粗有所成。"[2] 王安石认为自宋开国以来，朝廷即感财力不足，都是因为缺乏一个良好的财政经济政策。这样的政策之所以没有为人所想到，是因为没有精通财经政策的策划者和执行者。言外之意自然是他具有这样的才能，因此不仅可以策划新的财经政策，而且有能力贯彻新的财经政策。他认为宋朝若要改变积贫的严重状况，便需理财；要改变积弱的状况，

---

[1] 《宋史·王安石传》。
[2] （清）黄以周等辑注：《续资治通鉴长编拾补》，中华书局，2004，第153页。

就要强兵。但强兵的前提条件，依然还是财政，故而财政问题实在是宋朝所面临的当务之急，是改革的头等大事。

王安石开始勾画理想中道德、政治与社会的秩序，认为只有用崇高的道德统一天下人的思想，天下才能得到治理。既然师法黄老是离经叛道，于是，王安石便要给予纠正。纠正的办法就是强化儒家思想，强化由儒家思想作支撑的集权统治，通过限制民间自由，以强有力的国家政权统御社会的政治与经济，让社会以无条件服从的形式受控于国家。

王安石推行的新政被称为熙宁变法，可以概括为三个方面。第一方面是关于确立国家专营体制的，如均输法、市易法和免行法；第二方面是促进生产发展的，如青苗法、募役法、方田均税法和农田水利法；第三方面是巩固封建统治秩序和整顿加强军队的措施，有将兵法、保甲法、保马法等，这些方案近乎现代的国家垄断的经济政策，都是强调国家的利益。所以，列宁曾对王安石大加赞赏，认为他是中国11世纪的改革家。

变法开始后不久，国家对经济的垄断和专权虽然在短时间内为国家获得了巨额的财政收入，却使遍布全国的地方官吏变成真正的虎豹豺狼。他们强迫征缴高额的税收和贷款利息，使得很多农户倾家荡产。为了取得计划中的财政收入指标，富裕之家成为官吏们锁定的对象，迫使他们或破财免灾，或破产出逃，由此引发的后果演变成十足的灾难。而均输法与市易法推行以后，则形成了对城市居民特别是工商业者的打击。原本立足于平抑物价，抑制大商人重利盘剥的新政策，蜕变成国家垄断市场、货源和价格，甚至批发与零售也被各级官吏所操纵，哪怕想做不大的生意，也要先过各级官吏多道关口。于是，大中小商人都步履维艰，致使城市工商业开始凋零。全国城市商业与市场一时间相当萎缩而萧条，社会开始出现动荡不安的局面。

熙宁变法断断续续施行了15年，王安石不仅未能实现自己富国强兵的理想抱负，反而成为朝野上下攻击的对象。对其反对最为激烈的是当时的历史学大家、编著《资治通鉴》的司马光。几乎孤军奋战的王安石败下阵来，熙宁九年（1076）十月，56岁的王安石携家回到江宁。他需要精神寄托，因而皈依了佛门，以寻求一种超脱现实的精神境界来寄托来世的因缘。

而同时代的维吾尔族诗人优素甫·哈斯·哈吉甫，不仅同样意识到"天将降大任于斯人"的使命感，而且也将国家兴亡与政治成败作为务求解答的课题，创作了长篇劝谕诗《福乐智慧》，系统阐述了自己对治理国家的基本主张。

优素甫·哈斯·哈吉甫本来是个理想主义者，他一直幻想喀喇汗王朝能够走一条富国强民的道路，他甚至把这样的理想寄予了诗一般的境界："光秃秃的树木穿上了绿衣，红黄蓝紫，枝头五彩缤纷。褐色大地披上了绿色丝绸，契丹商队又将桃花石锦缎铺陈。平原、山峦铺满了锦绣，谷地、丘陵一片柳绿花红。五彩缤纷的花朵绽开了笑脸，大地上弥漫着兰麝的芳馨。习习晨风送来了丁香花的清香，茫茫大地散发出麝香的清芬。"[1] 这简直就像穆罕默德在《古兰经》中为穆斯林描绘的天园仙境，是那么充满激情，那么令人向往。但这样和平宁静安详的生活，却像海市蜃楼一样虚无缥缈。现实呈现给优素甫·哈斯·哈吉甫的是另外一番支离破碎、满目疮痍的悲惨景象。

无序的现实与有序的理想之间存在着巨大的反差，这种反差动摇了他孤芳自赏的信念，认识到"做礼拜封斋只对个人有益，祈求私利即是薄情寡义"[2]，"好人会放弃个人的利益，吃苦也想着使他人得利"[3]。"能使黎民获益才是好人，好人能给黎民带来欢欣。"[4] 于是他中断了浪迹天涯、孤芳自赏的流浪生活，毅然决然地来到喀什噶尔，希望能够接近君王，向君王提出一个系统而理智的治国方略，以实践自己的治国理想。

1　优素甫·哈斯·哈吉甫：《福乐智慧》，民族出版社，1986，第13页。
2　优素甫·哈斯·哈吉甫：《福乐智慧》，民族出版社，1986，第419页。
3　优素甫·哈斯·哈吉甫：《福乐智慧》，民族出版社，1986，第420页。
4　优素甫·哈斯·哈吉甫：《福乐智慧》，民族出版社，1986，第423页。

乱世中的文人情怀，总是表现为"天生我材必有用"的自信。优素甫·哈斯·哈吉甫对当时现实社会的混乱状况十分担忧，他不能坐而论道。他从游侠转而成为积极谋求入世的实践者，就是为了贯彻他的主张。他认为，社会由不同行业组成，但除了智者，其他人只能为衣食住行之类的物质需求奔忙。反过来说，社会也不要求他们承担其他更大的社会责任。而智者就不同了，他不应该只去谋求一己或一家的温饱荣利，而要致力于弘扬道义，也就是对国家、民众和全社会承担更大的责任。而智者欲实现这种社会责任，就应该出仕为官。出仕为官，上可以辅佐君王，治理国家，下可以教化百姓，端正风俗，才有机会兴利除弊。

优素甫·哈斯·哈吉甫不拘于喀喇汗王朝的现实政治制度，他向执政者上书《福乐智慧》，提出了自己对理想国家的构思和全新的治理模式。强调君王的道德完善和公正无私的政治素养是国家走向健康清明道路的基本保证；提出了完善官吏制度，优化政治体制，训练政府官员政治技能，以及培养官吏忧国忧民意识和洁身自好品德的政治改良方针。同时，他还通过分析社会行业的具体职能，强调尊重不同行业的发展规律，以轻赋养民的爱民思想，鼓励生产，发展经济，巩固国家的物质基础。

然而，君王似乎并不像他想象的那样求贤若渴。尽管他一直坚持颂扬君王，并不断美化他们，但一旦牵扯到要求君王节制欲望、鞠躬尽瘁的时候，就会让君王们不太舒服。在那样一种专制的社会里，假如国家的治理措施，首先拿国君开刀的话，那计划和设想就很难实现。

优素甫·哈斯·哈吉甫理想化的政治主张，对于僵硬的喀喇汗王朝的政治制度来说，是一种颠覆性的批判。他具有石破天惊的改良目标，自然会引起一片惊愕，因此被束之高阁的命运也就难免了。

文人济世，广阔而狭窄。说其广阔，天下之大，任其驰骋；万民之众，由其化育；可以天下为己任，立千秋之功业；历史悠悠，总有文人的足迹；

人海茫茫，何处不见文人的身影。说其狭窄，或老死于穷乡僻壤，终身不为世用；或入君主手掌，如伴虎狼，战战兢兢，如履薄冰；或安贫乐道，只求精神上的主宰，却忍受饥饿困苦的折磨。好像上苍有意折磨他们似的，赋予他们知识与智慧，却不给他们政治与经济的独立权，从而弄得他们既心存希望而又如人生过客，不免生出"世界好比逆旅，世人都是过客"[1] 的叹息，使人感受到他们内心深处无可奈何的摇落之悲。这种摇落之悲，似乎使优素甫重新回忆起曾经经历过的远离闹市的山野情趣："我将以草根充饥，雨水解渴，以黄沙为被褥，以麻片为衣裙。我将像野兽般在荒野里奔跑，远离人群，在世界上消失踪影。"[2] 优素甫·哈斯·哈吉甫在人生追求的路上，走了一个圆圈。从最初的幻想通过苦行达到精神的净化，到积极谋求入世以兼济天下，最后又希望复归山林独善其身，充分表现了优素甫矛盾的人生。他一生苦苦追寻拔济苍生，匡扶国政，希望维吾尔族不再重蹈漠北回纥汗国失败的覆辙，从而在险恶的中亚政治环境和激烈争锋的文化较量中独标高格。但他生在一个充满动乱与血腥的时代，现实君王的政治腐败，民众麻木的文化心态，注定他不可能实现他的理想，不由他不心灰意冷。

纵观优素甫·哈斯·哈吉甫与范仲淹、王安石的坎坷人生和理想抱负，不难看出，他们都是当时伟大的文学家、思想家，他们都对现实社会的政治弊端疾恶如仇，都认为改变社会的颓废之气，必须经过文化上的彻底革新和政治上的清明改良，都拥有以天下为己任的社会责任感。他们虽然对政治清明与政治改良的看法偶有不同，设计的理想国家和合理的政治模式偶有不同，提出的富民强国的政治措施偶有不同，但是他们都希望社会能够维持在一种相对公正的法的体系之上，都认为睿智的国君必须得到以公心为尺的优秀大臣的辅佐才能恩荫天下，都认为廉洁有效的官吏制度是保证朝廷与民间和谐

1　优素甫·哈斯·哈吉甫：《福乐智慧》，民族出版社，1986，第163页。
2　优素甫·哈斯·哈吉甫：《福乐智慧》，民族出版社，1986，第854页。

的基本前提，都认为发展生产是富国强兵的唯一出路。在他们那个时代，他们的以天下为己任，以社稷为根本，不图虚名、不避奸佞，大胆上书进言的果敢与坚定，实属难得。虽然他们最后的努力都以失败而告终，但是他们的思想无疑以不可磨灭的灵光被深深刻印在历史的长河之中。

第三节　儒学在元代维吾尔族文化中的光大

有元一代，维吾尔族儒学发达，涌现出像安藏、阿鲁浑萨里、合剌普华、廉希宪、贯云石等一批著名的儒学名士，促进了维吾尔族儒学文化和元代儒学的发展。

元代是儒学发展的一个特殊阶段。早在成吉思汗时期，高昌回鹘王国因归顺成吉思汗，其亦都护被成吉思汗收为第五子。由于高昌回鹘王国处于中西文化交流的重要地带，其文化亦呈现出多元的特征，儒学与摩尼教、佛教、基督教交融相处，共同成为社会的文化元素。许多维吾尔族文化人，对于儒学不仅熟悉，而且认知程度很高。比如宋末元初的维吾尔族人家铉翁，其先居于北庭，后进入内地中进士并为官。家铉翁"幼颖悟，自命不凡，脱去纨绔习，修孔氏之业，读文公之书。应江浙进士举及格，闽宪闻其才而辞之"[1]。家铉翁先任常州（今江苏常州市武进区）知州，继任浙东提点刑狱，进入朝廷后任大理寺少卿。临安陷落，南宋灭亡，家铉翁因拒绝投降被羁押河间，成为元初在中国北方传播理学思想的重要人物。家铉翁著有《说易》《春秋序例》《孝经解义》等书，惜已散佚。还著有《则堂文集》16卷，至今只留下残本。现存《春秋集解详说》10卷和部分诗词文，分别收入《宋诗纪事》《全宋词》《宋代蜀文辑存》。

---

[1] 陆文圭:《送家铉翁序》，《墙东类稿》卷6，引自尚衍斌《元代内迁畏兀儿人的分布及其对汉文化的吸收》，《民族文化研究》1997年第1期。

成吉思汗对高昌维吾尔族人的文化很欣赏，不仅任命维吾尔族人塔塔统阿为国师教授王亲贵族文化，而且命其用回鹘字母创制了蒙古文。元朝建立后，大批维吾尔族精英进入中原，在他们的推动下，儒学为蒙古族统治者所接受。元朝初年，如何治理国家成为忽必烈重要的政治考量。维吾尔族人安藏劝其以儒学之道治理天下，还将儒家政书《尚书·无逸篇》《贞观政要·申鉴篇》《资治通鉴》等译成用回鹘字母拼写的蒙古文进献给忽必烈。安藏"世居别失八里，幼习浮屠法，兼通儒学"[1]。他劝诫忽必烈："有言逆于汝志，必求诸道，有言逊于汝志，必求诸非道，任贤忽贰，去邪勿疑。"[2] 安藏的建议为元初的政治清廉起到了不容忽视的作用。

维吾尔族人阿鲁浑萨理以广博的学识和语言天才受到重用。史说："阿鲁浑萨理，畏兀人。祖阿台萨理，当太祖定西域还时，因从至燕。会畏兀国王亦都护请于朝，尽归其民，诏许之，遂复西还。精佛氏学。生乞台萨理，袭先业，通经、律、论。"[3] 阿鲁浑萨理也向忽必烈建议集贤纳士，儒学治国。忽必烈不仅采纳了阿鲁浑萨理设置集贤馆的建议，此后又在阿鲁浑萨理的奏请下，设立了国子学，即后来国子监的前身，开始有计划、有步骤地培养人才。陈垣先生说："为阿鲁浑萨理之学，先释而后儒。元时隆礼国师（指巴思八——引者注），过于孔子……国师之送阿鲁浑萨理曰：'以汝之学，非为我佛弟子者，我敢受汝拜耶！'国师盖深知阿鲁浑萨理之不能为佛教张目，而将为儒教效其劳者也。故阿鲁浑萨理初见用于世祖，即劝以治天下必用儒术，'天下'云者，中国耳。治中国非用儒术不可，阿鲁浑萨理由中国历史观察，熟审当时情形，以为惟此于元有利。"[4]

合剌普华是元代至嘉议大夫、广东道都转运盐使的维吾尔族官吏学者，

---

[1] 《新元史·安藏传》。
[2] 《新元史·安藏传》。
[3] 《元史·阿鲁浑萨理传》。
[4] 陈垣：《元西域人华化考》，上海古籍出版社，2008，第26页。

岳璘帖穆尔之子。其父岳璘帖穆尔曾被成吉思汗聘请为教授诸王王子的国师。因岳璘帖穆尔通晓儒家经史，而且品性正直公正，后被任命为主管中原诉讼的大断事官。合剌普华不仅从父亲身上学到了正直不阿的品性，而且接受了父亲很好的维吾尔族文化和儒家经史的教育。他很年轻的时候便成为商山铁冶都提举，后忽必烈攻南宋，又被选为行都漕运使。江南平定后，他上疏给忽必烈："亲肺腑，礼大臣，以存国家之体。兴学校，奖名节，以励天下之士。正名分，严考课，以定百官之法。通泉币，却贡献，以厚生民之本。"[1] 希望用儒学治国。

受合剌普华的影响，其后代更是熟读经史，以儒业兴家。合剌普华长子偰文质以不忘祖出漠北偰辇河而取偰为姓，幼年时随父母居住粤南，10岁时母亲重疾，遵医嘱而割股救母，时人赞其"忠、贞、孝三节备一身"。其成年后在江南从政，始终反对苛政和贪腐，即便遭遇广西暴乱，也坚持攻心为上。他坚持以民心向背为谋政考量的儒家思想，并身体力行实行养护民生的政策，为他赢得了很好的政绩口碑。偰文质育有五子，在他的培养下皆中进士，以"一门五进士"[2] 称颂江南。偰文质长子偰玉立，延祐五年（1318）进士，至正年间任泉州路达鲁花赤。元代泉州为世界第一大港，贸易发达，市井繁荣，偰玉立任泉州最高长官，在发展经济的同时不忘教育。偰玉立在泉州期间"筑城浚河，为捍卫记。而复兴学校，修桥梁，赈贫乏，举废坠，政绩甚多，郡人立祠祀之"[3]。偰文质三子偰哲笃，延祐二年（1315）进士，官至吏部尚书，曾参与《辽史》的编撰，担任《辽史》编写提调官。鉴于当时贪腐成风的官场恶习和钞币混乱的货币政策，偰哲笃曾提出"变钞法"，

---

1 《元史·合剌普华传》。
2 陈垣先生谓："合剌普华……其孙偰玉立，偰哲笃等六人，皆登进士第，其曾孙之登进士第者三人，一门两代，凡九进士，时论荣之。"（陈垣：《元西域人华化考》，上海古籍出版社，2008，第30、31页）
3 黄仲昭：《八闽通志》卷37，引自胡家其、李玉昆《偰玉立在泉州的史迹与偰氏家族在高丽、朝鲜》，《海交史研究》2007年第1期。

希望不要与民争利。这是儒家思想的集中体现。他本希望通过革除旧钞之弊恢复元朝经济，稳定社会不安，但由于国库空虚而使"变钞"归于失败，并受到政治迫害。偰哲笃长子偰逊受父亲牵连而远避高丽，因与高丽恭愍王曾在元廷侍太子于端本堂，故受到优待，被封高昌伯，改富原侯。后李成桂灭高丽建立朝鲜王朝，推行崇儒抑佛政策，偰逊长子偰长寿因精通儒学而受到重视。偰长寿帮助李成桂在朝鲜推行儒家教育，编纂儒学启蒙《直解小学》。《李朝实录·太祖康宪大王实录》称："……判三司事偰长寿乃以华语解释《小学》，名曰《直解》，以传诸后。今学者无他师范，唯以《直解》一部为习。"[1] 而偰长寿儿子偰循则奉旨组织编纂了《三纲行实图》，从朝鲜和中国的忠臣、孝子、烈女中甄选110人事迹，图文并茂，以弘扬儒家倡导的忠孝节义。

元代维吾尔族人鲁明善，以父字鲁为姓。其父迦鲁纳答思学识渊博，很受器重，曾任皇太子的辅导教师，是通习多种语言的著名翻译家。鲁明善自幼受其熏陶，儒学素养很深。他认为："农桑衣食之本，务农桑则衣食足，衣食足则民可教以礼义，民可教以礼义则家国天下可久安长治也。"[2] 为了指导农民生产，他编纂《农桑衣食撮要》，"凡天时地利之宜，种植敛藏之法，纤悉无遗，具在是书"[3]。后人将此书与官颁的《农桑辑要》、王祯的《农书》并列为元代三大农书。

在元代，被称为"廉孟子"的廉希宪影响很大。廉希宪，维吾尔族人，1231年出生于燕京，他出生的时候正巧父亲布鲁海牙被任命为燕南诸路廉访使，父亲便以官职为姓，为他取名廉希宪，从此，他的子孙后代便以廉为姓。廉希宪是元代名臣，官至宰相，一生刚正清廉，有人常将其与宋代的范仲淹

---

[1] 《李朝实录·太祖康宪大王实录》，引自董明《明代朝鲜人的汉语学习》，《北京师范大学学报》（社会科学版）1999年第6期。
[2] （元）鲁明善：《农桑衣食撮要·自序》，商务印书馆，1936。
[3] （元）鲁明善：《农桑衣食撮要》，商务印书馆，1936。

相提并论。范仲淹的名句"先天下之忧而忧，后天下之乐而乐"，也正是廉希宪的一生写照。廉希宪好读儒家著作，手不释卷。忽必烈还未做皇帝时，听说了廉希宪的才华和品德，在他19岁时将其招到身边做侍奉。廉希宪渊博的学识和优雅的举止，让忽必烈十分赏识。一天，廉希宪正在阅读《孟子》，忽必烈突然要见他，他急忙揣着书进宫应召。忽必烈见他拿着《孟子》，就问他书里讲些什么，他便将孟子的人性本善、重义轻利、仁政爱民等思想讲给忽必烈听。忽必烈听后赞不绝口，并称赞廉希宪："好一个廉孟子啊！"从此，廉希宪便以"廉孟子"著称。"廉孟子"自己爱读书，对读书人也非常爱护。《廉希宪事略》中讲，廉希宪任平章政事时，中书右丞刘整登门求见。廉希宪正在读书，并不理会。刘整再三求见，廉希宪才让刘整进门，既不让座，也不和刘整说话。刘整站了一会儿，觉得没趣，请求退去。廉希宪才说：这里是我的私人宅院，有什么话，明天到我的政事厅。刘整刚走，一群儒生前来求见。廉希宪急忙跑出大门热情迎接，亲自引入客厅，相视而坐，并命人拿出酒菜与这些书生对酌。他不仅认真倾听儒生们诉说所遇的困境，而且记下他们居住的地址。元朝初年，宋朝遗落下来的汉族儒生因为不受重视，不仅所学得不到施展，而且穷困潦倒。廉希宪曾向忽必烈进言，请求改善儒生的地位和生活保障，并自掏腰包给那些想回南方的儒生做盘缠。廉希宪的兄弟们对他的做法不理解，问他：皇上非常倚重刘整，你为什么那么怠慢他，而江南那些穷秀才，你却恭恭敬敬以礼相待？廉希宪说：我是国家大臣，一言一行都关系到天下的轻重。刘整虽然地位高，但他刚刚归顺朝廷，不能让他趾高气扬，所以要挫挫他的锐气。而那些不得志的读书人，都深通儒家经义，希望能够被朝廷重用，为国家效力。当今国家起于北方，礼法微薄，我要是再不尊崇读书人，那么儒家经义将被扫地出门了。[1] 元军进驻江陵后，

---

[1] 见（元）陶宗仪《南村辍耕录》，上海古籍出版社，2012，第20页。

廉希宪做行省长官,下令严禁抢劫百姓,严禁杀害俘虏。他还对归附的南宋官员量才授官,安抚商人照常营业以保持市井繁荣。同时组织开渠挖井,恢复农业,发放粮食,救济饥民。地方秩序稳定后,廉希宪又大力兴办学校,赠书一万四千卷,并亲自授课,训导激励学生学以致用。南宋灭亡后,许多南宋旧臣带着金银去巴结元朝官吏,廉希宪对此深恶痛绝。他向送礼的人说:"你们送的东西,如果是自己的,我收了便是不义;如果是公家的,你们拿来送礼,就是盗窃国财,我收了便是贪赃;如果是从百姓那里搜刮来的,就更要罪加一等了。"[1] 廉希宪是一位尊崇儒术的政治家,他恪守儒家仁政的思想。他曾说:"统治天下在用人,用君子则治,用小人则乱。"他还说:"奸人专政,群小阿附,误国害民。"[2] 当时的人说他"非诗书不陈于上前,非仁义不行于天下"[3],成为后来文人的榜样。

元代著名诗人贯云石的母亲是廉希宪的侄女,幼年的贯云石随母亲常在廉家走动,廉家的好儒之风对贯云石影响很大。贯云石的祖父阿里海牙是元代开朝的重要将军,作为猛将之后,贯云石曾"袭父官为两淮万户府达鲁花赤。镇永州,御军极严猛,行伍肃然"[4]。贯云石深知自己不能胜任地方长官,于是将官位让给弟弟忽都海牙。仁宗尚未即位前,闻其以爵位让弟,感叹曰:"将相家子弟其有如是贤者邪!"仁宗登基后,27岁的贯云石就被任命为翰林侍读学士、中奉大夫、知制诰同修国史,这是一个能直接向皇帝提供政治见解、参与制订国家政令的要职。贯云石以仁政之法上疏条六事:一曰释边戍以修文德,二曰教太子以正国本,三曰设谏官以辅圣德,四曰表姓氏以旌勋胄,五曰定服色以变风俗,六曰举贤才以恢至道,希望仁宗能够积极推动清明政治以治理国家。元代因为担心汉人和南人通过科举而超越蒙人和

---

1 《元史·廉希宪传》。
2 《元史·廉希宪传》。
3 (元)苏天爵:《平章廉希宪赠谥制》,《元文类》卷12,上海古籍出版社,1993,第150页。
4 《元史·小云石海涯传》。

色目人，所以废止了科举制度。为了广罗人才，贯云石积极谏言恢复科举考试，并与翰林承旨程文海一起起草科举考试规章与科目。贯云石认为儒家思想同样适用于元朝的政治治理，因此提出将《大学》《论语》《中庸》和《孟子》四书作为考试方向，并呼吁汉人、南人同样可以通过科举考试而被国家遴选提携。为了积极普及儒家文化，贯云石还作《直解孝经》，以当时的白话方式通俗易懂地解说儒家经典《孝经》，开创了古文白话翻译的先河。举例来说。《孝经》原文："曾子侍。子曰：'先王有至德要道，以顺天下，民用和睦，上下无怨，汝知之乎？'曾子避席曰：'参不敏，何足以知之。'子曰：'夫孝德之本也，教之所由生也。'"而贯云石的《直解孝经》用白话翻译为："孔子徒弟，姓曾名参，跟前奉侍来。孔子说：'在先的圣人有至好的德，紧要的道理。以这个勾当顺治天下有（蒙古语助词，相当于'啊'——引者注），百姓每（们）自然和顺有，上下人无怨心有。你省得（懂得）么？'曾子起来说道是：'我不省得，怎知道着（呢）？'孔子说：'孝道的勾当是德行的根有。教人的勾当先以这孝道里生出来。'"贯云石充分掌握了带有蒙古语尾音的元大都的市井俗语，将生涩的古汉语用普通人能够理解的语言解释出来，并请人做了15幅插图，辑成《新刊全相成斋（孝经）直解》刊布。他在"序言"中说："移风易俗，莫善于乐；安上治民，莫善于礼；人之行莫大于孝"，"是故《孝经》一书，实圣门大训"。贯云石希望通过普及《孝经》而使国家上下和顺，尊卑有序。《直解孝经》对普及儒家思想起到了重要的促进作用。

元代维吾尔族人进入中原和江南后，对元代儒家思想的阐发起到了重要作用。在汉人和南人儒士受到不平等对待的情况下，维吾尔族人不仅积极呼吁并劝诫蒙古族统治者"以儒治国"，而且身体力行，倡导并推行儒家思想的传播，为元代的社会、文化发展做出了积极贡献。

第四节　本章结语

可以说，维吾尔族先民在其民族发展过程中，经历了由以"逐水草而居"为特征的游牧民族，到逐渐相对稳定的诸汗国政权建立，继而与中原王朝一统，文化上以极为轻灵开放的精神，在萨满教、祆教、摩尼教、佛教、景教、伊斯兰教等各种宗教文明之间徜徉抉择，既有漠北时期维吾尔族文化的更新改造，更有后来并立西域的喀喇汗王朝和高昌回鹘王国时期思想观念的巨大变迁。元代以降，还涌现出廉希宪、伯颜师圣、阿鲁浑萨理、合刺普华、贯云石、家铉翁等维吾尔族名儒，其中，合刺普华后代子孙偰文质等则有"一门九进士"之誉。儒学文化以潜移默化，继而大儒迭出的转变形态渗透影响着我国这个西域民族的精神面貌和哲学思维。

漠北时期的维吾尔族人，通过建立国家政权的实践，逐渐体会到文化改革的必要性。特别是与中原唐王朝保持的密切关系，使维吾尔族人得以直接和频繁地接触到汉族文化的博大精深。8世纪在维吾尔族人取得漠北统治权之后，中原文化那种将君王置于最高层位的等级文化所体现的整体民族文化精神，使维吾尔族人处于某种特别有序的文化环境之中，并对其民族文化进行规范；以人为单元而设计的各种责任、义务与荣誉等的伦理原则，使维吾尔族人感到具有极为实用的借鉴价值。如何将中原文化的人伦结构纳入维吾尔族文化的天伦结构，将自由状态下的游牧文化改造成规范稳定的封建文化？从回纥（鹘）汗国时期的《九姓回鹘可汗碑》等碑铭中获得的印象是，维吾尔族人寻找到的突破口首先是破除多神的萨满宗教对人的漠视，确立可汗的神谕色彩，强化可汗对国家治理的绝对权力。这也许是将中原的人伦文化结构纳入维吾尔族的天伦文化结构的最恰当选择。

喀喇汗王朝时期的维吾尔族人优素甫·哈斯·哈吉甫，其所撰著的《福乐智慧》被称为维吾尔族之"智学"。从此书"序言"说"它以秦国贤者的箴言写成,以马秦国智者的诗歌装饰而成"来看,它在形式上彰显的是伊斯兰教参悟真主和先知的神明理念,而在内容和实质上几乎是总结和代表了维吾尔族先民哲学文化智慧的发展进步与中原儒学文化之间的内在关联。维吾尔族人从火、水、气、土"四素"中发现了自然的变动规律,并从中窥见社会的和谐一体法则,总结出诚、济、谦、俭"四德"。维吾尔族此"四德"虽然与中原儒学仁礼等"五德"在具体行为约律之内涵上有很大差异,但其精神的指向性却不谋而合,内涵的本质趋同性也明显一致;维吾尔族哲学文化经典《福乐智慧》所表述的善德之"公正""正义""正直""适度"为基本内涵的"和合之道",同样犀通着儒学"中庸之道""执两用中"的思想影响;其"识善恶""践行善""去恶行"的"劝善",与儒学"明德""亲民""止至善"的"三纲八目",也具有相同的伦理思维和理论逻辑;维吾尔族先民以《福乐智慧》的"智学"为代表所崇尚的智者气度,与儒家的君子风范表现出了某种价值认同。

至于有元以降,维吾尔族儒学以安藏、阿鲁浑萨里、合剌普华、廉希宪、偰哲笃、贯云石等大批儒学名士为代表,促进了维吾尔族儒学文化和元代儒学的发展。他们对于儒学的贡献,可以说主要在于儒学价值观。廉希宪作为西域人之纯儒,被元世祖忽必烈称为"廉孟子",嘉其言,从其说。贯云石作为翰林侍读学士,在元仁宗践祚之时,上疏条六事,饱蕴着儒学价值观。如此等等。

维吾尔族先民的哲学文化从历时性发展和共时性情态面貌而观,都显现出多元的精神特质,其宗教文化特别是后来居上的伊斯兰教文化尤其鲜明,此为众所周知。然而,我国的这一少数民族及其哲学文化精神,同时渗透和受影响于儒学思想,具有与宋代儒学互动交融的性质和特点,甚至彰显出"伊儒"和融之色彩,也是无可置疑的。

第十四章
儒学与回族哲学

我国的回族由于其外源输入和民族共同体形成相对偏晚近，其哲学及社会思想文化的民族特色亦显得异常突出，与以儒学为代表的中国传统思想文化几近无隔膜地零距离接触或融合，形成了我国回族始终既鲜明地具有本民族伊斯兰教的民族宗教信仰和伊斯兰宗教神学哲学思想观念，又有"以儒诠经""伊儒结合"的伊儒思想观念形态。回族在我国"小聚居大分散"的特点更加为其所生发出来的这种哲学社会思想文化观念，提供了有利的社会地理条件。

第一节　元朝时期儒学对于回族哲学思想文化的影响

我国回族作为一个民族共同体形成伊始，在思想观念上基本和主要地继承、保持着唐至宋元以来蕃客、中亚各族、波斯人、阿拉伯人等所带来的伊斯兰教思想观念，但这个民族群体一开始即比较容易地接受了中国传统思想文化尤其是儒家思想文化的影响渗透。

一　忽必烈时期赛典赤·赡思丁以儒治滇

有元一代，随着成吉思汗胜利完成西征，东迁的大批穆斯林族人（元代称为"回回"）入居中国。他们在思想意识形态方面身处其间的是一个从内容到形式都丰富多彩、万象纷呈的中国传统思想文化体系，耳濡目染、"适者生存"地受到影响和自觉非自觉地接受着它的熏陶，于是在回族中相继产生了一批熟悉中国传统思想文化的学者和政治家。他们中有的甚至比较系统地接受了特别是儒家思想文化的世界观、人性论、价值观和伦理道德观念，并在学习、践行和研磨体验中做出了一定成就，元末明初出现了"以回附儒"的初步倾向，他们以伊斯兰教教义附会儒家学说，以扩大伊斯兰教的社会影响。[1]

忽必烈时期的回回赛典赤·赡思丁，在治滇期间，"创建孔子庙、明伦堂，购经史，授学田，由是文风稍兴"[2]。即在云南少数民族地区积极引进儒家思想文化，劝导各族子弟入学进取，改变观念，接受教化，传播儒学，兴起文明之风。赛典赤·赡思丁以儒治滇的治政实践及其影响，可以归纳为三点：一是积极传播推行儒学思想观念和文化，兴文明之风，既移风易俗，又因俗而治。《元史》载："云南俗无礼仪，男女往往自相配偶，亲死则火之，不为丧祭。无粳稻桑麻，子弟不知读书。赛典赤教之拜跪之节，婚姻行媒，死者为之棺椁奠祭，教民播种，为陂池以备水旱，创建孔子庙明伦堂，购经史，授学田，由是文风稍兴。云南民以贝代钱，是时初行钞法，民不便之，赛典赤为闻于朝，许仍其俗。"[3] 二是行仁政之治，亲践儒学仁礼观念。当时有土吏诬告赛典赤在云南"专僭"，赛典赤非但不治罪，反而以宽仁的态度命之以官使其"竭忠自赎"，收效奇显。《元史》载："有土吏数辈，怨赛典赤不已，用至京师诬其专僭数事。帝顾侍臣曰：'赛典赤忧国爱民，朕洞知之，此辈何敢诬告！'即命械送赛典赤处治之。既至，脱其械，且谕之曰：'若曹不知上以便宜命我，故诉我专僭，我今不汝罪，且命汝以官，能竭忠自

---

[1] 见孙俊萍编著《伊儒合璧的回族哲学思想》，宁夏人民出版社，2008，第18页。
[2] 《元史·赛典赤赡思丁传》。
[3] 《元史·赛典赤赡思丁传》。

赎乎？'皆叩头拜谢曰：'某有死罪，平章既生之而又官之，誓以死报。'"[1] 另有，"交趾叛服不常，湖广省发兵屡征不利，赛典赤遣人谕以逆顺祸福，且约为兄弟。交趾王大喜，亲至云南，赛典赤郊迎，待以宾礼，遂乞永为藩臣"。"萝盘甸叛，往征之，有忧色，从者问故，赛典赤曰：'吾非忧出征也，忧汝曹冒锋镝，不幸以无辜而死；又忧汝曹劫掳平民，使不聊生，及民叛，则又从而征之耳。'"[2] 赛典赤拒绝杀戮，以仁以礼，"以理服人"，安抚百姓，表现出典型的儒官形象，"由是西南诸夷翕然款附。夷酋每来见，例有所献纳，赛典赤悉分赐从官，或以给贫民，秋毫无所私；为酒食劳酋长，制衣冠袜履，易其卉服草履。酋皆感悦"[3]。三是深刻的儒政影响。赛典赤治滇六年，元至元十六年（1279）卒，百姓巷哭，葬鄯阐北门。交趾王遣使者十二人，齐经为文致祭，其辞有"生我育我，慈父慈母"[4] 之语。可见赛典赤在我国南部西南的交趾、罗盘等少数民族地区的重要影响。赛典赤以儒治滇的治政实践，表现了突出的儒学思想和以仁为核心的治政观、价值观，与他的回回民族身份联系起来，共同在我国的云南边陲少数民族地区深深扎下了根，接续南诏大理的中原儒学之脉，进一步形成了云南少数民族的儒家文化传统，至今云南地区的回族或可追溯到赛典赤者。然而，赛典赤只是在他的理政领域和社会层面推行儒学教化、儒家文化影响，在学术思想上思考研磨儒学理论，尚缺乏自觉或无甚建树。

二　元代后期回族学者兼政治家赡思的儒学研究

元代后期的回族学者兼政治家赡思（1278—1351），自幼受到儒学熏染，

---

[1]《元史·赛典赤赡思丁传》。
[2]《元史·赛典赤赡思丁传》。
[3]《元史·赛典赤赡思丁传》。
[4]《元史·赛典赤赡思丁传》。

精通经史，著有《四书厥疑》《五经思问》《奇偶阴阳消息图》等儒学著作，具有一定影响，惜其著作已佚，从《四书厥疑》《五经思问》两部著作的名称来看，当属儒学研究之作。就《元史·儒学传》对赡思的记载来看，其儒学造诣或贡献可归结为：其一，赡思"邃于经，而《易》学尤深"[1]。赡思的父亲斡直，就是一位从儒问学、轻财重义、不干仕进者。赡思幼年时能日记古经传至千言，后来曾博极群籍，召为应奉翰林文字，著《帝王心法》，并有《四书阙疑》《五经思问》《奇偶阴阳消息图》及文集 30 卷。赡思家贫，竟至饘粥或不继，其考订经传，常自乐也。其二，突出的儒学价值观和践履笃行的实学观。赡思在拜陕西行台监察御史时，曾上封事十条："法祖宗，揽权纲，敦宗室，礼勋旧，惜名器，开言路，复科举，罢数军，一刑章，宽禁网。"此十事中，充分显示出赡思对于儒家君臣礼义仁恕等思想观念以及儒家诸如科举"礼制"的肯认。同时，《元史》载，赡思研读儒学，往往"见诸践履，皆笃实之学"，"赡思历官台宪，所至以理冤泽物为己任，平反大辟之狱，先后甚众，然未尝故出人罪，以市私恩"[2]。体现了赡思仁民爱物、公正无私的儒者情怀和仁义精神。

以元初的赛典赤·赡思丁和元后期的赡思为代表，标志着元代这个正在初步形成中的回回民族在哲学思想文化上与代表中国传统文化之一的儒学的密切关系。这种关系说明，元代回回民族在精神文化上的伊斯兰宗教信仰、代表中国思想文化传统的儒学，以及介于二者之间的亦伊亦儒等观念取向的选择或徘徊状态，于是常常出现"以回附儒"的文化现象，也就不难理解了。这种情况在元代的一些碑文中较为多见。元代至正年间河北定州的《重建礼拜寺记》说："予惟天下之教，儒教尚矣，下此而曰释与老"，认为佛、道"虚无寂灭不免于妄，且其去人伦，逃租赋，天下之人而入无父无君之域，

---

1 《元史·赛典赤赡思丁传》。
2 《元史·赛典赤赡思丁传》。

则其教又何言哉！"碑文对儒家学说取崇尚肯定的态度，并认为伊斯兰教与儒家思想相同不异，"奉正朔躬庸祖，君臣之义无所异；上而慈下而孝，父子之亲无所异，以至于夫妇之别，长幼之序，朋友之信，举无所异"，同时，伊斯兰教的认主、五功等根本教义，"夫不惟无形无象"与《诗经》"无声无臭"之旨相吻合，抑且五伦全备与《周书》的"五典五义又符契而无所殊焉"[1]。这种"以回附儒"的迹象和趋势表明，在元代回回民族的精神世界中，伊斯兰文化的中国化和中国儒学文化熏染伊斯兰教是丰富多样的，也是难以避免的，预示着元代之后明清时期"伊儒会通"趋势和思想文化走向的到来。

第二节　明代的海瑞奉儒与李贽的"异端"儒学思想

　　明代是理学大放异彩的时期，朱熹理学获得了独尊的学术地位和科考取士所依照之思想标准的政治教科书地位，出现了以罗钦顺、王廷相为代表的气本体论哲学理论形态，更有以王守仁为轴心的心学理论体系对朱熹理学的全面突破，当然也有明末清初回应理学衰落的理学批判思潮对于儒学发展的思考和努力。在这样的思想学术理论背景下，儒学对于有明一代包括回族在内的各少数民族学者、思想家、政治家以及整个少数民族地区和社会的影响覆盖，就是很自然的了。我国回族在明代已逐渐形成一个民族共同体。儒学对于回族哲学思想观念和民族文化的影响，从总体上看，比较普遍的现象是回族群体在社会生活中使伊斯兰教礼制、规范及宗教活动，渗入较多儒家文化的观念因素和文化内容，以致在回族的伊斯兰宗教习俗方面带上一定程度的儒家色彩。从学者、思想家、政治家个体来说，比较显著的儒学影响表现出奉行理学、儒学与从学理上批判理学以推进儒学发展两种方向，这两种方

---

[1] 甘肃省民族研究所编：《伊斯兰教在中国》，宁夏人民出版社，1982，第58—60页。

向以偏于奉践履行理学、儒学的海瑞和激烈反儒的李贽为代表。

一 海瑞以心为本检讨朱陆的儒学思想及其奉行践履

海瑞是生于海南边陲、自幼清贫和受儒学熏陶、后官至右佥都御史、吏部右侍郎、右都御史等职的回族官员,以清廉和刚直不阿而著称于世。从治政来说,海瑞属于清明儒官;从哲学观念和思想理论来看,海瑞受孟子、宋明陆王心学影响,强调"心"的地位和作用,反对离"心"外求,具有心本论的基本哲学立场,坚持"学也者,学吾之心也。先圣人得心所同然于古,是以有古之学,学非外也。问也者,问吾之心也。贤人君子得心所同然于今,是以有今之问,问非外也。学问之功,为求放心而设"[1] 的"学问人心""致知力行"合一之道。

海瑞在本体论、工夫论上都明显受到陆王心学的深刻影响。归结言之,大致有三:其一,王学背景下坚定的心本论观念。《明史》谓:"嘉、隆而后,笃信程、朱,不迁异说者,无复几人矣。""姚江之学,别立宗旨,……门徒遍天下,流传逾百年,其教大行。"[2]（当然也"其弊滋甚"）。即在明代中后期的百年间,阳明心学成为占据理学舞台的主要角色。成长和为官于16世纪明代嘉隆、万历年间的海瑞,自然深受陆王心学的熏陶和影响,并且养成和确立了坚定的心本论哲学观念。他说:"天地间止是此一个天理人心,夷狄盗贼亦止是此天理人心,无二道也。"[3] "维天之命,其在人则为性而具于心,古今共之,圣愚同之。得此而先,尧舜禹有'危微精一,允执厥中'之传;得此而后,孟子有'求放心先立乎其大'之论。未有舍去本心,别求之

---

[1]《海瑞集》,中华书局,1962,第502页。
[2]《明史·儒林列传》。
[3]《海瑞集》,中华书局,1962,第211页。

外，而曰圣人之道者。轲之死不得其传，而人心之天则在也。"[1] "天地万物本同一体，自天子以至途人一也。……故天地万物，举而属之我一人之身，举而任之为我一人日用常行之道。人不我用，然而退而守之。虽退而守之，而万物一体之心则未尝一日息也，从古圣贤，道盖如此。"[2] 海瑞之心论，可以说是远承孟子"万物皆备于我"、近取陆王"先立乎其大""心之本体无所不该"之说。认为陆子"平日拳拳以'求放心，先立乎其大'为教""阳明致良知，……多说在心性上。……犹第一义也"。[3] 然而比及陆王，海瑞犹然指出"陆子不免少溺于俗""阳明鹘突其说诚有之"。[4] 比起陆王来，海瑞甚至认为其心学要更为精纯。

其二，工夫论上的"求复初（良）"和"发明本心"。建立在心本论哲学观念基础上，海瑞阐释修养方法即工夫论思想基本上也是承袭陆王，坚持"先立乎其大""存心养性""求复初"和"求放心"，即"发明本心"。他说："学问人心，合一之道。……学也者，学吾之心也。先圣人得心所同然于古，是以有古之学。学非外也。问也者，问吾之心也。贤人君子得心所同然于今，是以有今之问。问非外也。学问之功，为求放心而设。……下焉者就学复其初，上焉者涵泳从容，得养以正。……维彼视学问为辞章，视为爵禄阶级，甚至假之以快其遂私纵欲之心，扇之以炽其伤善败类之焰，失圣人问学之意矣。"[5] "然学求以复其良而已，……圣贤以识真诲人，其说备在方册，踊跃于讽咏而不能以自已，昂昂然张胆明目，直欲毫发终行之此日新之地也。"[6] 海瑞把修养工夫的主体分为"贤人君子"（"上焉者"）、"贤人而下"（"下焉者"）两种人，认为"贤人君子"的"上焉者"由于不失本心，所

---

[1] 《海瑞集》，中华书局，1962，第323页。
[2] 《海瑞集》，中华书局，1962，第320页。
[3] 《海瑞集》，中华书局，1962，第324、325页。
[4] 《海瑞集》，中华书局，1962，第324、325页。
[5] 《海瑞集》，中华书局，1962，第502—503页。
[6] 《海瑞集》，中华书局，1962，第3页。

以能够"涵泳从容，得养以正"；"贤人而下"的"下焉者"由于本心的放逸，所以需要"求放心""求复其初（良）""学复其初（良）"，即复其本然之心。"求放心""求复初（良）""发明本心"，表明海瑞在修养方法上显然是承接孟子之传、绍继陆王之学，尤其近于陆九渊。陆九渊训"格物致知"为"研究物理"和"减担子"，王阳明主"格心之非""知行合一""存心""不失德性"。在海瑞看来，从知行关系上说："圣门之学在知行。德行属行，讲学属知。慎自修饬者，决无不讲之学。真实读书者，肯弃身于小人之归乎！是故知行非有二道也。""孟子曰：'学问之道无他，求其放心而已矣。'盖言所知所行，无非为存心设法也。"[1] 这里不难看出，海瑞对于"讲学""读书"的"道问学"工夫是肯定的，只是"所知所行，无非为存心设法"而已，即在宋明理学中所辩论的"道问学"与"尊德性"的关系上，海瑞基本是王学的理路。[2]

其三，理论特点上的辨朱陆与是陆王而非朱子。《海瑞集》有"朱陆"篇，是辨析检讨朱陆的集中论述。首先，海瑞说："朱陆之论定久矣。何自而辨之？辨之以吾之心而已。"表明了其鲜明的心本论和陆王心学理论立场，也决定了其必定抱有是陆王而非朱子的思想态度。其次，他对于陆王的肯定，前已述及。认为陆子得乎孟子"精一执中"之旨，"圣人不废学以为涵养。是以《中庸》有'尊德性而道问学'之说。贤人而下，不废学以求复初。是以孟子有'学问之道，求其放心'之说。子思、孟子传自尧舜，陆子识之"。"心知其然。平日拳拳以'求放心，先立其大'为教。闻彼也自闻而已，见彼也自见而已。犹有得之。"[3] "阳明致良知，其忏经不取朱子之说者，多说

---

1 《海瑞集》，中华书局，1962，第14页。
2 王阳明说："道问学即所以尊德性也，晦翁言'子静以尊德性诲人，某教人岂不是道问学处多了些子'，是分尊德性、道问学作两件，且如今讲习讨论，下许多工夫，无非只是存此心，不失其德性而已。"（《王阳明全集·传习录下》）在王阳明这里，"尊德性"与"道问学"，只是一种修养工夫中的目标与过程，或目的与手段的关系。海瑞在修养方法上终归于王学之论。
3 《海瑞集》，中华书局，1962，第323、324页。

在心性上。……不失为本原之养也,犹第一义也。"[1] 海瑞充分嘉许和认同陆王之学,但同时也指出,陆子不免"少溺于俗","不免应举子业,即其语录文集年谱,可见余力学文,尚不如是也。自传心之法视之,犹俗学也";"阳明鹘突其说诚有之"。[2] 最后,对于朱子的检审,认为朱子主要是"舍去本心"和"溺于诵说","读书为先,求心反为后"。[3] 其理据在于,"朱子笃信《大学》,平生欲读尽天下之书,议尽天下之事,'引而伸之,触类而长之,天下之事毕矣'"。朱子以"格物""致知"为《大学》"头一事"。其实是"入门一差,是以终身只做得《大学》先之之功,不尽得《大学》后之之益,无得于心,所知反限"[4]。"舍去本心,日从事于古本册子,章章句句之。好胜之私心,好名之为累,据此发念之初,已不可以入尧舜之道矣。"[5] "朱子平生误在认格物为入门,而不知《大学》之道,诚正乃其实地。以故一意解书,其解书,其论人,心术见焉。谓司马温公只恁行将去无致知一段,朱子日日经史,其不满于实心实事,无私无党,有余力而后学文之君实,无足怪矣。大凡人言语文字,皆心为之。阳明致良知,其什经不取朱子之说者,多说在心性上。朱子什经全说在多学而识上。阳明鹘突其说诚有之,然犹不失为本原之养也。犹第一义也。朱子则落而下之,离而去之矣。道问学之功,为其尊德性而设,正与孟子学问求放心同义。朱子解之曰非存心无以致知,而存心者又不可以不致知。……细玩'尊德性而道问学',曾有此口气乎?"[6] "朱子则先意于此,读书为先,求心反为后。茧丝牛毛,识者以集大成归之。谓择诸家之训什而纂其长,则亦可矣。谓道在是,则周元公或可,而朱不然矣。诸说又谓朱子羽翼六经,嘉惠后学,其功不浅。夫朱子自少至老,无一

---

[1]《海瑞集》,中华书局,1962,第325页。
[2]《海瑞集》,中华书局,1962,第323、325页。
[3]《海瑞集》,中华书局,1962,第323、324页。
[4]《海瑞集》,中华书局,1962,第323页。
[5]《海瑞集》,中华书局,1962,第323页。
[6]《海瑞集》,中华书局,1962,第325页。

日不在经书子史间，平生精力尽于训诂，而其所训又多圣人之经，贤人之传也。夫岂得无功于后。圣真以此破碎，道一由此支离，又不能不为后人之误。功过并之，而使人繁于枝叶，昧厥本原，其过为大。三代而后，学之陷溺如朱者，比比然也。"[1] 海瑞总结朱熹平生把"读书""致知"作为"头一事"，"求心反为后"，是颠倒了"道问学"与"尊德性"、"致知"和"力行"的关系。海瑞认为，其实"道问学"是为"尊德性"而设；朱熹重视《大学》之道，但认为其宗旨为"格物致知"，也是误读了，《大学》之旨在于"正心诚意"而已。这些思想观念基本上可见之于王阳明"格物""致良知"之说。

因此，仅从人之修养方法的工夫论上，海瑞辨别朱陆并是陆王而非朱子，如果转换视域，纵观海瑞一生的论述及其儒学践行，似可得出海瑞是经过朱子但不归结于朱子而归结于陆王；归结于陆王但又不拘泥或固守于陆王，而是上宗孔孟兼取程朱之说。并且，如果再联系到海瑞所处的历史时代，已是明代中后期王学"大行""其弊滋甚"的时期，王学"良知本心""无善无恶"之说的风靡，虽然救正了程朱理学桎梏于章句经学之弊，给理学之道德实践却带来了一种破坏性更大的结局。换言之，"在王学'无善无恶'、从心所欲的剥蚀下，使理学道德实践呈现'荡'的颓状固然是显著的，程朱理学教条带来理学道德'拘'的衰蜕，即使在王学风靡之势下亦不可掩"[2]。这个时期的海瑞在理论观念上尽管表现出明确的心学倾向，但亦体现出徘徊于陆王程朱之间的特点，其奉儒以行的思想实践，更印证了当时在程朱理学权威压抑下，理学道德实践中理性因素的衰减，甚至带来了作伪的弊端，而且有时还有更严重的甚至是残忍的结局。明人姚士麟《见只编》卷上载："海忠介有五岁女，方啖饵，忠介问饵从谁与？女答曰僮某。忠介怒曰：'女子岂容漫受僮饵，非吾女也，能即饿死，方称吾女。'此女即涕泣不饮啖，家人百计

---

1 《海瑞集》，中华书局，1962，第324页。
2 崔大华：《儒学引论》，人民出版社，2001，第664页。

进食，卒拒之，七月而死。余谓非忠介不生此女。"如果确如明人姚氏所述，海瑞家庭生活中发生的这幕惨剧，虽尚不能玷其"忠介"之谥，却是理学弊端在他身上烙下的痕迹。就儒学理论的践行而言，海瑞的这种理学道德践履，对其影响更大的，恐怕不能说是陆王心学，而是程朱理学了。

二 李贽与回族的关系及其在理学批判思潮中的"异端"儒学思想

我们再来考察与海瑞同样具有回族血统和族属以及几乎是同时期的士人学者李贽。他为什么如此鲜明地反对理学，且从另一种意义上促进了儒学的反思？

首先，李贽的家世和族别。应该说，明代李贽的回族族属，无论是从其先祖家世的血缘关系和近回环境，还是从他一生最终归伊、信佛染儒的信念或观念历程来看，都有些扑朔迷离、复杂难辨。但若一言以蔽之，似可谓李贽是一位有回族穆斯林血统且具有一定的伊斯兰教认同的民族学者。其根据有二：一是根据当今学者林海权教授《李贽年谱考略》[1] 附录二"李贽家世考"所说，李贽的家世从其二世祖以下七世祖而上"都信奉回教"。具体是："李贽的二世祖林驽于洪武年间奉命航海到忽鲁谟斯，娶色目人，信奉回教，受戒于清净寺，号为顺天之民。这是林驽一派子孙信奉回教的开端。泉州《李氏族谱》在《二十世祖》条下说：'祖伯讳驽，字景文，长子。航吴泛越为泉巨商。洪武丙辰九年（1376）奉命发舶西洋。娶色目人。遂习其俗，终身不革。今子孙蕃衍，犹不去其异教。'……这是说林间子孙自二世以下七世以上都信奉回教。李贽是林间的第八世孙，但他并不信奉回教。惠安白奇

---

[1] 林海权：《李贽年谱考略》，福建人民出版社，2005。

《郭氏族谱·适回辨》说：'清真寺……非华夏之教也。而自元明之乡贤论之，金讳时舒先生……林讳越先生，林讳奇材先生，李讳贽先生……虽父祖皆回，及诸先生发明圣道，昭贤哲于春秋，报馨香于俎豆，则可知吾儒之所学。'""李贽自幼不信仙释，年四十以后，大病欲衰，又因……这才深信佛道，晚年又因愤于被目为'异端'，遂尔落发为僧，但并'非谓真实应如此也。'"¹ 二是据李贽卒年所写《遗言》。李贽于明万历三十年（1602）被捕入狱前的初春卧病，大致月余病转甚，于二月初五日草《遗言》付僧徒。《遗言》曰："倘一旦死，急择城外高阜，向南开作一坑：长一丈，阔五尺，深至六尺即止。既如是深，如是阔，如是长矣，然复就中复掘二尺五寸深土，长不过六尺有半，阔不过二尺五寸，以安予魄。既掘深了二尺五寸，则用芦席五张填平其下，而安我其上，此岂有一毫不清净者哉！我心安焉，即为乐土，勿太俗气，摇动人言，急于好看，以伤我之本心也。……此是余第一要紧言语。我气已散，即当穿此安魄之坑。未入坑时，且阁我魄于板上，用余在身衣服即止，不可换新衣等，使我体魄不安。但面上加一掩面，头照旧安枕，而加一白布中单总盖上下，用裹脚布廿字交缠其上。以得力四人平平扶出，待五更初开门时寂寂抬出，到于圹所，即可妆置芦席之上，而板复抬回以还主人矣。既安了体魄，上加二三十根椽子横阁其上。阁了，仍用芦席五张铺于椽子之上，即起放下原土，筑实使平，更加浮土，使可望而知其为卓吾子之魄也。周围栽以树木，墓前立一石碑，题曰：'李卓吾先生之墓'。字四尺大，可托焦漪园书之，想彼亦必无吝。……幸勿移易我一字一句！二月初五日，卓吾遗言。"² 李贽《遗言》内容表明，在其卒后完全按照或者符合穆斯林丧葬仪轨，且强调告诫"尔等不可不知重也"，尽管李贽并未明言按穆斯林葬仪，但其实际的交代文字是如此。那么，李贽这样的《遗言》，其

---

1 林海权：《李贽年谱考略》，福建人民出版社，2005，第511、512页。
2 （明）李贽：《焚书 续焚书》，中华书局，2009，《续焚书》第102页。

观念认同除回族的伊斯兰教信仰外,又能作何解读呢!而且,他在临终遗言中所表达的这种对待伊斯兰丧葬习俗上的观念认同,足以说明,李贽的出身血统和身后归宿,都没有脱离回族的族属和群体。这也是我们在考察儒学与我国少数民族哲学关系的历史发展这一课题的回族这一章时,将李贽儒学和其思想观念作为其中内容来考虑的基本缘由。

其次,李贽思想的来源和承继。他是一个理学或宋明道学的反叛者,又是一个以反儒非儒且思想观念中浸透了佛学观念而阐释儒学命题、哲学理论的"异端"儒学家。从其思想观念的学术渊源来说,他主要根源于阳明心学体系。如果按照正常或一般的学术统绪而言,应该说,李贽学无师承。但若从其道友胜己知己和所私淑者角度看,他所处的学术风行的王学时代中阳明学派重要人物或代表人物,对李贽的思想观念的影响,无疑是主要的、重要的和首要的。李贽说:"故宏甫(李贽号——引者注)之学虽无所授,其得之弱侯(焦竑字——引者注)者亦甚有力。……故世之为不朽故以交于侯者,非一宏甫也。然惟宏甫为深知侯,故弱侯亦自以宏甫为知己。"[1] 又说:"心斋之子东崖公,贽之师。"[2] 心斋,即王艮(1483—1541),号心斋;东崖,即王襞(1515—1587),号东崖,王艮次子。李贽无疑又是弘扬王畿(1498—1583,字汝中,号龙溪,学者称龙溪先生,师事王守仁,为浙中王门创始人)之学之得力者。清末学者黄节《李氏焚书跋》谓:"卓吾学术渊源姚江。盖龙溪为姚江高第弟子,龙溪之学一传而为何心隐,再传而为卓吾。……夫卓吾以孔子之是非为不足据,而尊龙溪乃至是。由是言之,亦可以知卓吾学所从来矣。"[3] 李贽的人生道德学问同时受到王门后学罗汝芳(1515—1588,字维德,号近溪,江西人)的重要影响。他曾说:"虽不曾亲

---

[1] (明)李贽:《焚书 续焚书》,中华书局,2009,《续焚书》第55页。
[2] (明)李贽:《焚书 续焚书》,中华书局,2009,《续焚书》第90页。
[3] (明)李贽:《焚书 续焚书》,中华书局,2009,《续焚书》第251页。

受业于先生之门,而愿买田筑室厝骸于先生之旁者,念无时而置也。"[1] 学界一般视李贽为阳明后学泰州学派之中坚,从其与焦竑的深入交往交流,对王襞、罗汝芳的尊崇态度,及其思想观念特质,确可如是说。同时,从他对于王畿包括何心隐之学的服膺而言,李贽"更为看重王畿学"[2],与李贽基本同时代的明儒许孚远(1535—1604)谓:"姚江之派复分为三:吉州(指江右王门)仅守其传;淮南(指心斋)亢而高之;山阴(指龙溪)圆而通之。而亢与圆者,各有其流弊,颜、梁(指山农、何心隐)之徒本于亢而流于肆;盱江(指近溪)之学出于亢而入于圆;其徒姚安(指卓吾)者出,合圆与肆而纵横其间,始于怪僻,卒于悖乱。盖学之大变也。"[3] 统而言之,泰州学派、浙中王门,均属阳明心学。李贽思想学术当然不只源于阳明之学,今有学者论述说,黄宗羲以正统观念批判王艮、王畿使阳明学堕入禅道,尤其是泰州后学(所谓狂禅派),更是直接挑战儒教社会道德底线,成为阳明学之罪人。以往学者顺黄宗羲此说,认为李贽即此泰州后学、狂禅之代表人物。李贽虽受王襞、罗汝芳等泰州学派学者影响,然而,其学三教共进,百家兼许,经史并容,以探究性命下落为旨归,一心向道,殊非泰州一派所能拘囿。还有学者说,李贽"是一位超出当时任何学派的学无常师而又特立独行的思想家。"[4] 我们认为,这些论说均比较符合李贽的实际思想面貌。关于李贽思想受到阳明学派之外如包括佛学等的深刻影响[5],于此恕不再赘述。

再次,李贽自然人性论或童心说的哲学思想。从李贽立于反儒立场的理学批判精神来看,他主要是以自然人性论或"童心"说,揭露理学家虚伪,判定理学欺世。换言之,自然人性论或童心说是李贽思想的主要哲学基础。

1　(明)李贽:《焚书　续焚书》,中华书局,2009,《焚书》第124页。
2　王宝峰:《李贽儒学思想研究》,人民出版社,2012,第112页。
3　见吴震《泰州学派研究》,中国人民大学出版社,2009,第31页。
4　见王宝峰《李贽儒学思想研究》,人民出版社,2012,第113页。
5　如李贽在致友人书中自谓:"弟学佛人也,异端者流,圣门之所深辟。"(李贽:《焚书　续焚书》,中华书局,2009,《焚书》第253页)

如前所述，阳明心学泰州学派的罗汝芳曾有赤子之说。李贽童心说，应是深受罗汝芳思想的影响。李贽说："童心者，真心也。""童心者，绝假纯真，最初一念之本心也。"六经语孟，乃道学之口实，假人之渊薮也，断断乎其不可以语于童心之言明矣。"¹ 童心即真心，真心即本心。本心包括人的私欲之心、势利之心等，即人心之私欲、势利之心也是人的真心、本心。李贽说："私者人之心也。人必有私而后其心乃见；若无私则无心矣。"² "势利之心，亦吾人禀赋之自然。""口谈道德而志在穿窬。"³ "欺天罔人者必讲道学，以道学之足以售其欺罔之谋也。"⁴ 李贽关于童心、真心、本心的论述，应该说蕴含着深刻的思想观念：认为人应秉持必有皆有之童心、真心和本心，而不应或不要欺世盗名、欺天罔人，此其一。如果假圣人、道德、道学之名以济其私售其私，如以《六经》《语》《孟》为口实，则是假圣人、假道德、假道学，其为二。三是李贽所抨击的是那些不能秉持人所必有的童心、真心和本心，包括人心私欲、势利之心，而处处沽名钓誉、虚假不实不真者的假道学、假道德、假圣人，而非痛斥真正的道学和圣人。他曾说："孔尼父亦一讲道学之人耳，岂知其流弊至此乎！"⁵ 就是说，孔尼父所讲的就是道学，但他并没有想到会造成后人假借其道学来达到其真实目的的流弊。我们认为，这就是或者这才是李贽真正的思想观念——李贽实际的儒学思想观念。他甚至把孔颜思孟之后、汉宋以来诸儒之言之行，大都归于非真儒的行列，唯有阳明之良知、近溪赤子之心，或者说"龙溪先生语""阳明先生书"，才是得道真人之论，才是能够和可以肯定的、推许的。不难看出，李贽"童心"之说在本质上是近于阳明良知之论的。他所谓"童心"如果受到外来闻见、道理、名

1　(明)李贽：《焚书　续焚书》，中华书局，2009，《焚书》第98、99页。
2　(明)李贽：《藏书·德业儒臣后论》，中华书局，1959，第544页。
3　(明)李贽：《焚书　续焚书》，中华书局，2009，《焚书》第49页。
4　(明)李贽：《初潭集》，中华书局，1974，第345页。
5　(明)李贽：《初潭集》，中华书局，1974，第345页。

誉等种种刺激引诱以致失去本来面目，即阳明所谓"良知不能不昏蔽于物欲"；李贽所谓"古之圣人曷尝不读书哉，然纵不读书，童心固自在也，纵多读书，亦以护此童心而使之勿失焉耳"¹，也就是王阳明所谓"学以去其昏蔽，然于良知之本体，不能加损于毫末也"²。李贽在其《阳明先生年谱后语》里说："余自幼倔强难化，不信道，不信仙释。故见道人则恶，见僧则恶，见道学先生则尤恶，……不幸年逾四十，为友人李逢阳、徐用检所诱，告我龙溪先生语，示我阳明先生书，乃知得道真人不死，实与真佛、真仙同，虽倔强，不得不信之矣。"³

最后，李贽的儒学与理学批判思潮及释道伊三教。无论是李贽对阳明心学的直接接引，还是孔子儒学对其深刻的模塑，抑或是理学之弊及当时假道学所造成的社会乱象对他的负面震动，都足以表明儒学对李贽这一具有特殊身世和民族身份的士人学者的重要影响。从完整的中国思想史的角度看，明清理学批判思潮中李贽反儒立场上的理学批判是有价值的。"李贽思想是对理学弊端最激烈、狷急的回应形式，多有可深究之处。"⁴ 如李贽在骨子里和观念深处明确表示自己对于儒者身份的认同，即他自谓是儒和"实儒"。他撰《初潭集序》开宗明义即说："夫卓吾子落发也有故，故虽落发为僧，而实儒也。是以首纂儒书焉，首纂儒书而复以德行冠其首。然则善读儒书而善言德行者，实莫过于卓吾子也。"并称："余既自幼习孔氏之学矣，是故亦以其学纂书焉。"⁵ 就是说，李贽所致力追求、追寻的是基于道的真正的儒，是不随俗众甚至父师和儒先的、能够真正理解孔子和儒学思想精义的"实儒"，因此，他完全或丝毫不在乎被目为异端，且索性接过来"异端"之名，不遗余

1　（明）李贽：《焚书 续焚书》，中华书局，2009，《焚书》第98页。
2　（明）王守仁撰，吴光等编校：《王阳明全集》（新编本），浙江古籍出版社，2011，第68页。
3　（明）李贽：《阳明先生年谱后语》，见（明）王守仁撰，吴光等编校《王阳明全集》，上海古籍出版社，1992，第1064页。
4　崔大华：《儒学引论》，人民出版社，2001，第677页。
5　（明）李贽：《初潭集·序》，中华书局，1974，第2页。

力地揭露、批判各色假道学、假道德、假儒学，甚至常常被视为"狂悖乖谬，非圣无法""敢为异论"之人。尤其对待以程朱为代表或假程朱思想以求富贵的士大夫所秉持之理学，他径直痛加挞伐。如他说："孔之疏食，颜之陋巷，非尧心钦！自颜氏没，微言绝，圣学亡，则儒不传矣。故曰：'天丧予。'何也？以诸子虽学，夫尝以闻道为心也。则亦不免仕大夫之家为富贵所移尔矣，况继此而为汉儒之附会，宋儒之穿凿乎？又况继此而以宋儒为标的，穿凿为指归乎？人益鄙而风益下矣！无怪乎其流弊至于今日，阳为道学，阴为富贵，被服儒雅，行若狗彘然也。"[1] 李贽以激烈、狷急的形式反对道学或理学弊端，与当时的许多卓越学者共同汇成明清间的理论批判思想。在当时社会处在具有法权性质的理学观念笼罩之下，理学弊端、颓败给社会生活带来伤害和不利影响的背景下，李贽参与其间的理学批判思潮无疑具有社会救赎和促使理学、儒学反思更新的重大积极作用和意义。当然，由于李贽的激烈和狷急，不仅是理学家，即使同为理学批判思潮中的中坚学者如黄宗羲、顾炎武、王夫之等，也多对李贽持以排斥、攻击的态度。

如前已述，李贽思想渗透了佛学观念，他甚至信佛佞佛，对于道家、墨学等也无不给予肯定性论述。但是，我们认为，李贽在本质上是归于儒的。他说："儒、道、释之学，一也，以其初皆期于闻道也。"[2] 所谓"三教归儒"，即儒释道三教皆期于闻道，期于闻道则求出世以免除人世富贵所带来的痛苦，尧、舜、孔、颜对道本身有着超乎寻常之热情和追求，乃至可以朝闻夕死、疏食陋巷，不改其乐。李贽以此批判当时唯以富贵为念的假道学。李贽对于儒释道三教本质的理解未必完全正确，但其不是真正地要归宗于和完全信仰于佛、道，则是非常明确的。亦如前文所引，李贽自谓"余自幼倔强难化，不信道，不信仙释"，只是后来在熟谙了阳明、龙溪之学，知其与佛禅

---

[1]（明）李贽：《焚书 续焚书》，中华书局，2009，《续焚书》第75—76页。
[2]（明）李贽：《焚书 续焚书》，中华书局，2009，《续焚书》第75页。

有一致性时，方才对于佛道有一定信服而已。至于李贽出身于有穆斯林血统和伊斯兰信仰的世家及临终遗言以穆斯林葬仪为归的这种关系，也显示了李贽在明代时期与我国的回回民族群体保持着若即若离之貌，此也是毋庸置疑的。在这样的视角和学术维度上，把李贽儒学与我国少数民族中的回族哲学文化，置于其关系的历史发展序列中进行考察，其重要意义和价值，同样是不言而喻的。而且李贽的反儒和与他同时期的海瑞奉儒，共同构成并代表了明代中后期我国回回民族在思想观念上推进中华文化发展的贡献和特色。

这里还要说明的是，李贽虽然在思想观念和学术精神上反儒[1]，在其理论研究、意识形态和治政实践中，却是同时包含着和合宽容、多元并包的精神与特色。这方面实有诸多可总结列举、概括落墨之笔，于此仅简略言之。一是从李贽的整个思想面貌而观，因为要坚持求道闻道的理念而欲为真儒、实儒，其唯独苛责于儒家、儒学一脉的诸多附会穿凿和假儒伪学，而对于儒教之外的诸如释、道、伊、耶等所谓异教，一概不曾反对或抨击，有的例如佛教，甚至表现出和达到学佛、信佛及佞佛的程度，余皆或有所取，或有所用，或有所认同。二是李贽这样的思想态度和观念意识，同时构成了李贽生活和治政实践的思想理论基础。且看其所著《论政篇》的观点："盖余尝闻于有道者而深有惑于'因性牖民'之说焉。""夫道者，路也，不止一途；性者，心所生也，亦非止一种已也。……且夫君子之治，本诸身者也；至人之治，因乎人者也。本诸身者取必于己，因乎人者恒顺于民，其治效固已异矣。夫人之与己不相若也。有诸己矣，而望人之间有；无诸己矣，而望人之同无。此其心非不恕也，然此乃一身之有无也，而非通于天下之有无也，而欲为一切有无之法以整齐之，惑也。于是有条教之繁，有刑法之施，而民日以多事

---

[1] 通过我们的考察可知，李贽的"反儒"，其实确切地说应视为反"儒"，即他认为违背了尧、舜、孔、颜闻道、求道真精神和思想精义的所谓"儒"，也就是那种假借孔子、圣人之名义以期求闻达富贵的所谓的儒或曰假儒学、假道学、假理学，由此，李贽不仅抨击揭露汉儒附会、宋儒穿凿，甚至就是孟子，也在李贽诟病批评之列。

矣。其智而贤者，相率而归吾之教，而愚不肖则远矣。于是有旌别淑慝之令，而君子小人从此分矣。岂非别白太甚，而导之使争乎？至人则不然：因其政不易其俗，顺其性不拂其能。闻见熟矣，不欲求知新于耳目，恐其未寤而惊也。动止安矣，不欲重之以桎梏，恐其絷而颠且仆也。""今余之治郡也，取善太恕，而疾恶也过严。夫取善太恕，似矣，而疾人之恶，安知己之无恶乎？其于反身之治且未之能也，况望其能因性以牖民乎？"[1] 李贽认为有"本诸身"的"君子之治"和"因乎人""因性牖民"的"至人之治"。与基于治者主观好恶，使天下顺从自己意愿的"君子之治"不同，"至人之治"，是施政以宽为要，以民俗民性为本，顺百姓之本性而不妨碍其才能的发挥。"因性牖民"可以说是李贽治政实践的重要思想观念基础。如其在云南姚安知府任上因地制宜，治效显著，得到了民众和时贤的嘉许。明代"释儒"李元阳有《姚安太守卓吾先生善政序》，说李贽"自下车以至今日，几三载矣。唯务以德化民，而民随以自化"。三是李贽在云南姚安的善政实践，实际上为在像云南姚安这样多为今日以彝族为主体的少数民族地区，"边方杂夷，法难尽执，……与军与夷共享太平足矣"[2]。他所秉持的是一种在宽政理念指导下的民族和谐、"共享太平"、稳定相安的精神，对于如何治理好民族地区以促进其发展，积累和提供了积极的经验。

总之，李贽的儒学和思想观念本身既"多有可深究之处"，作为学者和儒官来说，他与海瑞则代表了我国回回民族在有明一朝融会践行儒学思想文化，以及深刻思考儒学发展并与释道伊等宗教文化和融并育而不害不悖的努力，这是在历史发展中我国各民族和谐并进、构筑中华民族共同体意识的积极尝试和思想探索。

---

[1]（明）李贽：《焚书 续焚书》，中华书局，2009，《焚书》第87—88页。
[2]（明）李贽：《焚书 续焚书》，中华书局，2009，《焚书》第187页。

第三节　明清回族思想家"以儒诠经"的"伊儒"哲学

明代末期至清中叶，儒学对我国回族哲学思想观念影响渗透最显著的表现，是一批回族学者的汉文译著活动。回族学者的汉文译著，即运用汉语言文字对伊斯兰教和回族的经典教义、哲学思想、历史发展、人物传记、典礼制度、伦理道德等进行译介、著述和研究，包括译注和著述两部分内容，核心是以伊斯兰教哲理为底蕴的回族哲学思想理论，特色是结合、贯彻中国传统思想观念特别是儒学或宋明理学思想文化精蕴，阐释、诠解伊斯兰教经典、教义和哲学思想，即"回回附儒以行"或"以儒诠经"的儒伊形态，有的将其称为明清"回回理学"或"回儒"[1]，主要代表人物是王岱舆、刘智、马注、马德新等。

一　王岱舆的"真一"哲学和儒学思想

王岱舆[2]著有《正教真诠》《清真大学》《希真正答》等，创建了其伊斯兰"真一"哲学体系，包括宇宙论、本体论、认识论、心性论、修养工夫论等。该哲学体系，一方面看，可以说是儒学化了的伊斯兰哲学；另一方面看，又可以说是儒家哲学在王岱舆这里获得了伊斯兰宗教哲学的理论形式。儒学尤其是周敦颐、二程、朱熹理学对王岱舆伊斯兰哲学思想观念的影响渗透，已经深深浸入王岱舆哲学思想观念的骨髓里。所谓明清时期

---

[1]　见孙振玉《王岱舆　刘智评传》，南京大学出版社，2006，第24、25页。
[2]　王岱舆的生卒时间，资料所限，今未能确知，研究者多以约略示之。根据白寿彝先生的考证和推断，王岱舆的生卒约在明万历十年（1582）至清顺治十五年（1658）；《王岱舆　刘智评传》的作者孙振玉教授认为："王岱舆大概是在清顺治十四年（1657）中秋前不久于北京去世的，死后葬在京西三里河富绅李氏坟茔中。"（孙振玉：《王岱舆　刘智评传》，南京大学出版社，2006，第64页）

"回回附儒以行"或"以儒诠经",在王岱舆的理论著述中得到了充分而集中的体现。

王岱舆"真一"哲学的细密辨析和充分论证中,阐发其宇宙本体论和认识论思想观念的有"真一""数一""体一"三范畴。对于这些概念范畴及其相互关系的疏解,王岱舆浸透了宋代理学的基本哲学观念。他界定"真一"说:"真一单独无偶,固为原主……一无所同,谓之真一。"[1]"真一本然非从所生,亦无从生。"[2]"所谓本然者,原有无始,久远无终,不属阴阳,本无对待。独一至尊,别无一物。无岁月,无方所,无形相,无搀染,无阻碍,无远近,无伴侣,无比肩,无如何,能命有无而不落有无;造化万物而不类万物,绝无比似,此真主原有之本然也。"[3] 王岱舆对"数一"的诠释是:"所谓数一者,乃一本万殊,即能有之首端,其称亦不同,曰首仆、曰元勋……曰至圣,名虽各异,其理本一。自能有之中,承命而显,此为万物本原而载万理,斯为无极。"[4] "真一乃单另之一,非数之一也。数之一,非独一也。曰'太极生两仪,两仪生四象',数之一也。曰'一本万殊','万法归一',亦数之一也。曰'无名天地之始,有名万物之母',亦数之一也。以是观之,诸所谓一,乃天地万物之一粒种子,并是数一。真一乃是数一之主也。"[5] "体一"是表示王岱舆对真主、"真一"的认知的思想观念和过程,"以当体之一,方可证数本之一,然后以此数一,始可证单另之一。循次而至,庶无歧误也"[6]。王岱舆将伊斯兰宗教哲学的"真主"观念,与宋儒理学的本体之理、无极太极、理一分殊、数理观念等有机地加以融合,或者说以周敦颐、二程、邵雍、朱熹的理学思想诠释伊斯兰宗教哲学。如果没有对宋代理学的

---

1 (明)王岱舆:《正教真诠 清真大学 希真正答》,宁夏人民出版社,1988,第242页。
2 (明)王岱舆:《正教真诠 清真大学 希真正答》,宁夏人民出版社,1988,第19页。
3 (明)王岱舆:《正教真诠 清真大学 希真正答》,宁夏人民出版社,1988,第233页。
4 (明)王岱舆:《正教真诠 清真大学 希真正答》,宁夏人民出版社,1988,第235—236页。
5 (明)王岱舆:《正教真诠 清真大学 希真正答》,宁夏人民出版社,1988,第19页。
6 (明)王岱舆:《正教真诠 清真大学 希真正答》,宁夏人民出版社,1988,第238页。

深刻了解、契合认同和实际的崇尚推尊，以及对于本民族伊斯兰宗教哲学的坚定信念，就不会形成王岱舆的"真一"哲学。王岱舆伊斯兰宗教哲学的观念信仰是毫不动摇的，其周、程、邵、朱的理学影响融摄也是深刻的。

当然，在王岱舆的"真一"哲学观念中，阿拉伯伊斯兰哲学、佛道哲学观念的成分还是很多的，所吸收宋儒的哲学观念往往也经过了改造和转化。例如，关于"无极""太极"以及"动静"，这些在宋儒已经相当纯化了的重要儒学观念，王岱舆则将其一是重新掺入了道家的观念成分，一是改造成为伊斯兰哲学的思想范畴。王岱舆在诠解"数一"集元勋、代理、代书三大逻辑要素为一体的逻辑结构时说："所谓元勋者，乃至圣之通称，性命之大源，……是为诸有之种子。彼所谓'众妙之门'，'无名天地之始'者即此。斯代真主保养之本然也。"[1] 元勋即真主之第一被创造物数一本身，也即王岱舆认为的伊斯兰教创始人穆罕默德的精神本体，同时是宋儒"无极"的观念。"所谓代书者，乃精粹之余，自然发露于外，名亦不一：曰数一之用、曰万形之纲、曰天地根、曰万物母、曰代书、曰象海，斯为太极。当此之际，气盛而理微，彼所以有名万物之母者即此。……是以经云：'能有之砚池，载其恩威；无极之亲笔，显诸性命。'太极之代书化为阴阳。"[2] "太极（之代书）"乃"数一"之"无极"在逻辑上的显现，"太极"（之理）含"理"与"气"，是理和气的统一体。"无极乃天地万物无形之始；太极乃天地万物有形之始。"[3] 这里与宋儒的理搭在气上有明显区别，且不仅处处用老子道家的观念加以阐释，一定意义上也表现出向汉儒含阴阳之气太极观的复归。至于王岱舆造物主"真一"本然之"动""静"的理论观念，分为"本然之动静""维持之动静"和"静体动用"等，与宋儒朱熹的"太极

---

1 （明）王岱舆：《正教真诠 清真大学 希真正答》，宁夏人民出版社，1988，第236页。
2 （明）王岱舆：《正教真诠 清真大学 希真正答》，宁夏人民出版社，1988，第237页。
3 （明）王岱舆：《正教真诠 清真大学 希真正答》，宁夏人民出版社，1988，第26页。

（理）含动静"、"太极（理）有动静"和太极（理）不是动静之思想，亦显著不同。"无极""太极"及"动静"，于王岱舆，基本上是完全被改造成了服从、服务于其真主、真一、数一的伊斯兰宗教哲学观念了。

二 刘智"阐发天方，光大吾儒"的哲学思想

儒学或理学对于我国清代另一位回族学者刘智[1]的观念影响，更是深入其最根底的层次和结构。刘智经师袁汝琦在《天方性理·序》中称赞刘介廉（刘智字）说："惟于性命操持，一息不间，一学不遗。"[2] 清内阁学士兼礼部侍郎徐元正为刘智《天方性理》作序说："作是书者伊谁，西方圣人创之于前，群贤宿学传之于后，白门刘子汉译以授中国。中国将于是书，复窥见尧舜禹汤文武周孔之道，则是书之作也，虽以阐发天方，实以光大吾儒。"[3] 刘智与王岱舆等明清回族学者的汉文译著基本上具有共同的思想特质和观念建构理路。一方面看，其最高的观念范畴为真主、真一、真宰、真理；另一方面看，一进入阐释、诠解、论证这种最高观念范畴的环节和层面，其实就是伊儒哲学，就是性理儒学了。换言之，刘智等回族学者的性理儒学实则是被冠以了伊斯兰哲学（真一独一）之冕而已。如刘智论"真宰之本然"的性质特征以及与"理气"的关系，曰："无物之初，惟一真宰之本然，至清至静，无方所，无形似，不牵于阴阳，不属于造化，实天地人物之本原也。一切理气，皆从此本然而出。所谓尽人合天者，合于此也。所谓归根复命者，复于此也。是一切理气之所资始，亦一切理气之所归宿。"[4] 刘智认为，"真宰无

---

[1] 刘智的生卒年代，文献记载或研究者各持一说。据《王岱舆 刘智评传》（南京大学出版社，2006）的作者孙振玉教授的考证，约为清康熙八年（1669）前不久至雍正晚年（1735）以前。（孙振玉：《王岱舆 刘智评传》，南京大学出版社，2006，第211页）
[2] 周燮藩主编：《中国宗教历史文献集成·清真大典》第17册，黄山书社，2005，第14、15页。
[3] 周燮藩主编：《中国宗教历史文献集成·清真大典》第17册，黄山书社，2005，第20页。
[4] （清）刘智撰：《天方典礼》，天津古籍出版社，1988，第27页。

称",象数未形,众理已具;有且实有,实有又一无所有;一无所有又无所不有;实有无称。真一、真宰之首品即数一,按伊斯兰造物说,这个数一即第一被创造物,又名之曰"命""理"或"真理",这个"数一"之"理","一实万分,人天理备",然而又"万殊一本"。这些观念把宋代儒学周子、程朱的"一实万分""理一分殊""无极太极"等观念基本完全地融合了进来。清黑鸣凤评述刘智的这一思想说:"一实万分,万殊一本,所谓无极而太极也。色象未形,而理已具,若意识然。"[1] "回回理学所讲的理,除了讲它是'真宰之本然'的化身,即讲理是有出处的外,其他含义与宋儒基本上没有什么太大的区别。"[2] 在宇宙生成论的理论层面,刘智将伊斯兰的火水气土"四行"与儒学中"五行"结合,构成"水、火、气、土、金、木、活类"七行,"这种把伊斯兰(四行)和儒家(五行)加在一起的做法,得出来的结果虽不是一个等式,但却体现了刘智糅合伊儒的深刻用意"[3]。刘智将阴阳二气仍然归属于观念性、精神性的气或事物之变化规律,"水、火、气、土、金、木"等,才属实体性的气的基本形态、构成天地万物的最基本物质元素,这些观念又显现出刘智对于儒学的改造。

三 马注和马德新的伊儒关系融合论及其哲学思想

分别是元代忽必烈时期治滇并传播弘扬儒学的赛典赤·赡思丁之15世孙和21世孙,明清两朝的云南马注[4]、马德新,作为明清间的回族汉文译著学者,其理论建树和受儒学影响之深或者说他们伊儒融合的观念特色,与王岱

---

[1] 周燮藩主编:《中国宗教历史文献集成·清真大典》第17册,黄山书社,2005,第41页。
[2] 孙振玉:《王岱舆 刘智评传》,南京大学出版社,2006,第235页。
[3] 孙振玉:《王岱舆 刘智评传》,南京大学出版社,2006,第239页。
[4] 马注的生卒及年齿,亦有不同判定。萧万源等著《中国少数民族哲学史》持马注生于明崇祯十三年(1640),卒年不详之说;《哲学大辞典·中国哲学史卷》(上海辞书出版社,1985),确定为1640—1711年,孙俊萍编著《伊儒合璧的回族哲学思想》(宁夏人民出版社,2008),认同此说。

舆、刘智共同形成并代表了明清回族理学的学术思潮。马注的主要著作是《清真指南》，马德新深研伊斯兰信仰的理学著作主要有《四典要会》《大化总归》《性命宗旨》《会归要语》等。马注《清真指南》"自序"和其"弟子序"称：鉴于"儒习罔闻"，"正教久湮，异端左道眩惑人心，著为是集，经号《指南》"[1]。马德新弟子马开科在《大化总归》序中称马德新"笃于天方之学，而又深于儒"。"此集一出，而回教中之业儒者，当无不共勉为真回，以进于真儒也。即不业儒者，亦无不共知吾教有真回之即可为真儒也。此回教之可羽翼儒教者此也。"[2] 马注、马德新的观念基础和著述背景，都紧密地联系着儒学的影响与关注、伊斯兰教的信仰和弘扬；他们的哲学思想理论面貌，可以判定为即伊即儒、亦伊亦儒。他们的主要理论表现有以下几个方面。

首先，伊儒关系融合论。马注主张对于伊斯兰经义和儒学义理两者应该兼通，倘"经不通儒，若苗而不秀；儒不通经，若秀而不实"[3]。"经不通儒，不能明修齐治平之大道；儒不通经，不能究原始要终之至理。"[4] 马注这种喻伊斯兰经义与儒学义理如同禾苗与花卉果实的关系，极其明确地表达了其伊儒融汇的思想取向和理论观念。马注认为："故回之与儒，教异而理同也。"[5] 马德新伊儒关系的融合取向与王岱舆、刘智、马注等回族理学家是共同的。他曾说："余幼习吾教经典，不暇学儒，年过四十，方从事儒道，惜已晚矣！"[6] "不暇学儒""从事儒道""惜已晚矣"，透显着马德新对于儒学价值的充分肯定、实际地从事伊斯兰教和"儒道"互融，以及儒学对于伊

---

[1] （清）马注：《清真指南》，宁夏人民出版社，1988，第8、2页。
[2] 周燮藩主编：《中国宗教历史文献集成·清真大典》第17册，黄山书社，2005，第206页。
[3] （清）马注：《清真指南》，宁夏人民出版社，1988，第429页。
[4] （清）马注：《清真指南》，宁夏人民出版社，1988，第435页。
[5] （清）马注：《清真指南》，宁夏人民出版社，1988，第76~77页。
[6] 马安礼译：《天方诗经·颂一》马德新序，转引自孙振玉《王岱舆 刘智评传》，南京大学出版社，2006，第336页。

斯兰教哲学具有深刻而重要作用的认识。马德新把伊儒间的渗透融合关系再一次推向了巅峰。

其次，冠以伊斯兰哲学之下的儒学"无极太极"宇宙论。马注、马德新是坚定的伊斯兰教信仰者，真主"独一""真一"之"一"本原、本体地位的思想观念是首要的，且无可动摇。在此前提下，或者说，一进入论证"真主""真一"为"造化原主"的理论层面，他们均与王岱舆、刘智等回族理学家具有共同的思维理路，无不步入儒学园地，或者说以儒证伊，俨然就是儒学观念、儒家话语、理学逻辑了。宋儒周敦颐"无极而太极"的理论观念，本来经朱熹的辨析、解说，在儒学内已明确地诠释纯化为表述"道体"、界定宇宙本体"太极"之"理"的命题了，而马注等回族理学家却完全本于周敦颐，予以宇宙生成论的训解，且在"自无极而为太极"之先，又安立一"独一""真主"，以此构成了其"大能真主"造化天地万物的宇宙生成论序列。马注说："然则，由无极而成太极者谁欤？……盖无极生太极，太极本无极也。无极为大能，太极乃原种，万物之理，自微而显，反之本身，便是造化天地一个样子。"[1] "然万物不能自立，必赖于两仪，两仪必本于太极，太极必本于无极，无极必本于真一。真一乃造化之原主，无极乃万命之原种，太极乃万性之原果，两仪乃万形之原本。形不离性，性不离命，命不离理，理不离真一。真一有万殊之理，而后无极有万殊之命，太极有万殊之性，两仪有万殊之形。"[2] 真一—无极—太极—两仪—万物，"在宇宙生成问题上，回回理学基本上接受了儒家无极而太极，而阴阳，而五行，以至天地万物的生成理论"[3]。

最后，具有回族理学特色的儒学"格物穷理"工夫论。回族理学与儒学

---

[1] （清）马注：《清真指南》，宁夏人民出版社，1988，第73页。
[2] （清）马注：《清真指南》，宁夏人民出版社，1988，第77页。
[3] 孙振玉：《王岱舆　刘智评传》，南京大学出版社，2006，第404页。

各有其终极的精神追求或最高精神境界。若不作区分，二者这种终极追求或最高的精神境界就是圣人境界。分别来看，理学在本体论上给儒学周延地、准确地揭示和表述圣人精神境界提供了一个最好的理论观念——"理"或"天理"。程颐在诠释孟子"大而化之之谓圣"一语时说："'大而化之'，只是谓理与己一。"[1] 亦曾对其弟子说："圣人与理为一。"[2] 张载也说："儒者则因明致诚，因诚致明，故天人合一，致学而可以成圣。"[3] 回族理学的终极追求或最高的圣人精神境界被诠释为"认主"或与真主本体为一。马德新《大化总归》的"大化流行""复命归真"思想，及其《四典要会》等著述，即把伊斯兰教称为"圣人之教"，穆罕默德作为唯一的至圣，"德无不备，化无不通，……与日月同光，与天地同久"[4]，后人应"体圣人之言行，而循规蹈矩，守圣人之典则，而成己成物，斯为笃信圣人者也"[5]。"格物穷理"是理学的一种重要的偏重于通过认知途径达到圣人精神境界（"尽乎道体"）的修养工夫论。本体（"理""道"）的可认知性是理学本体论在中国传统哲学中显示的最重要特色，而这种可认知性，正是在理学的修养工夫中被实现的。回族理学家马注在阐述认主独一的途径时，同样是主张"穷理""格物"，认为："心能格万物之理，理得而物不染于心。"[6] "盖有一物，必有一物之理。""我不见一物便罢，但见一物，便认得主。"[7] "凡人认得自己，始认得造化之真主。""参己身之动静，足以证真主之全品。先天无色相，证于真主之本然；后天有形神，证于真主之妙用。此清真之至理也。至理不察，则德不能明；德不能明，则身不能修；身不能修。则家不能齐；家不能齐，

1　（宋）程颢、程颐：《二程集》，中华书局，1981，第156页。
2　（宋）程颢、程颐：《二程集》，中华书局，1981，第307页。
3　《张载集》，中华书局，1978，第65页。
4　周燮藩主编：《中国宗教历史文献集成·清真大典》第17册，黄山书社，2005，第239页。
5　周燮藩主编：《中国宗教历史文献集成·清真大典》第17册，黄山书社，2005，第239页。
6　（清）马注：《清真指南》，宁夏人民出版社，1988，第78页。
7　（清）马注：《清真指南》，宁夏人民出版社，1988，第50页。

则国不能治；国不能治，则天下不能平。盖天下同此德也。""故明德之本，莫先于认主。"[1] "格物格理，不可不知。"[2] "致知格物，归真复命。直与东鲁圣学并济，寰宇洪名；与日月俱长圣德，共乾坤永久。"[3] 马注等回族理学家在主张通过"格物穷理""致知格物"的途径与工夫，而达到"察至理""明明德""归真复命"的修养目标之修养工夫论上，与儒学尤其是程朱理学的"穷理尽性以至于命""致知力行"等思想观念，并无二致，不同只是在于"认得真主"与"与理为一"或"与物同体"的目标内涵之别。当然马注等回回理学家"我不见一物则已，第见一物，便认得主"[4] 的"易简"工夫，与理学的由积累而贯通的穷理过程论，以显示出一定的差异来。正因为这样的差异和不同，也才体现出明清间由回族理学家建构起来的"伊儒"哲学的独特性。

第四节 本章结语

在儒学与我国回族哲学文化关系历史发展的学术的和思想理论的考察维度上，元明清三朝即从13—19世纪的六七百年间，儒学对于回族哲学思想文化的融入影响，以及主要是回族学者和思想家融摄改造、转化创新儒学，探索、践行与构建儒学与伊斯兰宗教哲学文化密切结合的思想观念形态的努力及过程，显然是本章的基本视域范围。揭示其中的本质内涵，寻绎其内在联系，总结发掘某些积极的思维经验和思想理论成果，则是与其他各章一样的共同目的。

元代回回色目人的身份及其与元代政权间的关系，奠定了其在中国思想

1　（清）马注：《清真指南》，宁夏人民出版社，1988，第76页。
2　（清）马注：《清真指南》，宁夏人民出版社，1988，第84页。
3　（清）马注：《清真指南》，宁夏人民出版社，1988，第22页。
4　（清）马注：《清真指南》，宁夏人民出版社，1988，第77页。

史上儒学与伊斯兰宗教哲学影响对接的社会政治基础,蒙古族统治者"施行汉法"和对待释道伊等各种宗教的意识形态立场,无疑则是一种重要的有利条件和积极因素。忽必烈时期的回回赛典赤·赡思丁,以儒治滇,建孔庙,明伦堂,购经史,在云南少数民族地区积极引进儒家思想文化,传播儒学,兴起文明之风;政治家赡思以考订儒家经传为乐的儒学研究,研读儒学,"见诸践履,皆笃实之学",践行对于君臣礼义仁恕等儒家思想观念及"礼制"的肯认,以及仁民爱物、公正无私的儒者情怀和仁义精神;元代社会出现的诸多"以回附儒"文化现象,如河北定州的《重建礼拜寺记》认为伊斯兰教与儒家思想相同不异,等等,标志着和表明了元代时期这个正在初步形成中的回回民族在哲学思想文化上对于代表中国传统文化之一的儒学的认同接纳,融摄结合,也预示了元代之后明清时期"伊儒会通"的思想文化走向和未来趋势。

明代从海南边陲走出来的回族儒官海瑞,思想观念上以心为本、发明本心、求复初和辨别朱陆,治政和生活实践中奉儒以行,与回族族属有渊源在思想观念学术理论上被视为"异端"的李贽,这两位作为具有重要影响的历史人物和特立独行的儒者,其儒学意识、理学聚焦、心学取向、为道精神,深刻地揭示和释放着我国回族社会群体在思想文化、哲学观念上进一步走向深入儒学内在精神,思考检讨和真正促进儒学发展的努力,构成回族哲学思想文化将伊斯兰宗教哲学文化中国化、中国传统文化民族多元性发展的一个重要环节。

明代末期至清中叶,回族学者的汉文译著活动,可谓硕果累累。王岱舆、刘智的"真一"哲学,清代学者有"虽以阐发天方,实以光大吾儒"之论;马注、马德新论伊儒融合,阐发"真主""独一""无极""太极""格物穷理",核心思想同样是以伊斯兰教哲理为底蕴,结合、贯彻中国传统思想观念特别是儒学或宋明理学精蕴,阐释诠解伊斯兰教经典、教义和哲学思想。"以儒诠经"的儒伊形态，换言之，则构成了回族哲学文化中的"伊儒"面貌。从元代的"回回附儒以行"，到明朝间的回族儒官学者海瑞、李贽等探讨儒学真谛，辨析理学真伪，践行儒学精神，跻身理学批判思潮，再到清代回族学者的"以儒诠经"、形成"伊儒"理论形态，这就是以儒者和精英思想家为代表的我国回族哲学文化与儒学观念，由交集融会到深入发展的历史进程和理论逻辑。

第十五章
儒学与蒙古族哲学

13世纪下半叶，蒙古族政权入主中原，建立元王朝，结束了自唐朝之后的中国分裂割据局面，再次实现统一，客观上为我国蒙古族与儒学深入接触提供了契机。蒙古族政权能够广揽英才，"隆儒尊孔"，以"祖述变通""遵用汉法"为施政纲领。尽管汉法推行屡有波折，但儒学对蒙古族精神的汉化作用并未因此消弭，儒家教化思想开始逐渐浸润到蒙古族文化中，将自此之后的我国蒙古族裹挟进了儒学意识形态的观念建构之内，并在蒙古族的政治生活、人文日用中时时发用，体用一如了。

第一节 元代儒学与蒙古族文化

13世纪下半叶至14世纪下半叶，随着蒙古族社会历史的巨变，蒙古族哲学思想经历了一次历史的转折，这是蒙古族思想史上的冲突与融合时期。

1206年，成吉思汗完成了统一蒙古高原的历史任务，于斡难河畔建立起蒙古汗国。此后约半个多世纪间，处于与金、西夏、吐蕃、南宋的对峙融合状态。1260年，忽必烈（1215—1294）即汗位于开平，1271年，取《易经》"大哉乾元"之义，建国号为大元。元朝的建立，结束了宋、辽、夏、金以及吐蕃、大理等长期分立的局面，建立起多民族的统一国家，加强了各民族之间多方面的联系，奠定了中国大一统的版图。

有元一代，随着蒙古族问鼎中原实现了中国统一，思想文化领域也发生了新的变化。释、道、儒各自都经历了一个发展变化的过程。在这样的历史和文化潮流中，各种宗教派别，无不在历史的变革之中，传播与发展本宗教的教义或学说，力图对变革中的政权施加影响，借以巩固与扩大自己的势力。道教曾一度发展到极盛时期，随着释道之争和蒙古族统治者扬佛抑道，道教几经周折之后，虽然站稳了脚跟，却由盛渐衰。佛教后来居上，尤其在被奉为国教以后，其居于主流意识形态的地位已稳固下来。儒学的发展则另辟蹊径。忽必烈起用儒士，实行汉法，使儒学在中国北方得以广泛传播，全国大一统后，理学呈南北贯通之势，程朱理学在元朝的文化中成为主导。

一　元朝建立前儒学的发展态势

儒学发轫于孔子、渊源于周代学官的太史寮。太史寮包括太祝、太卜、太史，合称"三左"，与卿事寮的司马、司空、司土（徒）"三右"，合称"六大"。太史寮除了记录文史、主持礼典，更兼有占卜、祭祀之职，这也就不难理解为何后来的儒家奉《易》为六经之首，重名分、尊礼乐、明教化了。周平王东迁，学术下移是造成先秦百家争鸣的直接动因。王畿衰落，学官离散，纷纷依其所习游说诸侯，近则为安身立命，远则为天下谋济世良方。司马谈《论六家要旨》对先秦阴阳、儒、墨、法、名、道诸家之论述是："《易大传》：'天下一致而百虑，同归而殊涂。'夫阴阳、儒、墨、名、法、道德，此务为治者也，直所从言之异路，有省不省耳。尝窃观阴阳之术，大祥而众忌讳，使人拘而多所畏，然其序四时之大顺，不可失也。儒者博而寡要，劳而少功，是以其事难尽从，然其叙君臣父子之礼，列夫妇长幼之别，不可易也。墨者俭而难遵，是以其事不可遍循，然其强本节用，不可废也。法家严而少恩；然其正君臣上下之分，不可改也。名家使人俭而善失真，然其正名实，不可不察也。道家使人精神专一，动合无形，澹足万物，其为术也，因阴阳之大顺，采儒墨之善，撮名法之要，与时迁徙，应物变化，立俗施事，无所不宜，指约而易操，事少而功多。"[1] 儒家，在其产生初期，作为百家中的一家即子学，因其崇礼仪，重名分，又常被世人呼为名教，即其核心之旨是，"序君臣父子之礼，列夫妇长幼之别"，敬天法祖，隆礼仪（包括祭祀）重文史，后学不断在此基础上扩充，兼收各家之长，使其逐渐成为政、教、学三者兼备的主流意识形态，为中国自汉以后的历代王朝政权所追捧，孔子更被世人奉为"千古素王"，王朝虽有更迭，儒学道统却万世一系。孔子承继周公"以德配天"的传统，重"天命"，重视各种宗教祭祀活动，更重人事，崇尚"德治"，强调"为政以德""道之以德，齐之以礼"，与"严而少恩"的法家形成鲜明对比。孔子之后，儒分为八，八家之中只有孟氏之儒、孙氏之儒得以流传发展。而孙氏之儒是以战国时代荀子为领衔，其儒学旨趣已然含涉墨、法二家之论。《荀子·天论》中说："天行有常，不为尧存，不为桀亡。应之以治则吉，应之以乱则凶。强本而节用，则天不能贫；养备而动时，则天不能病；修道而不贰，则天不能祸。""强本节用"在《论六家要旨》中，是墨家之所长，李斯、韩非乃战国时法家代表人物，皆荀子弟子。由此可见，孙氏之儒已然兼收墨法而自成一家了。汉武时期，董仲舒摄取阴阳家学说，以此为中介，将法、墨、道思想融于儒学，建立了"德主刑辅""春秋大一统"的儒家政治学说，得到汉武帝的大力支持，完成了"罢黜百家，独尊儒术"的中国帝制社会政治意识形态的建构。[2] 魏晋南北朝时期，黄老玄学鼎盛，其核心议题为"有无之辨"。隋唐佛学日盛，主以"性情之辨"。及宋，儒学开始融涉佛老思想，即直接对魏晋玄学、隋唐佛学

---

[1] 《汉书·司马迁传》。
[2] 牟钟鉴：《民族宗教学导论》，宗教文化出版社，2009，第156页。

进行批判继承，出入佛老，形成宋代理学[1]，既探讨宇宙的本原，也探讨性情的关系，重修身，长于贯通，尚于体悟，与汉学[2]重稽考的治学旨趣大相径庭。可以说，宋代的儒学，其气象、内容、含涉领域较之以往更加宏阔，成为政事治理、伦理教化与修身、学理探稽三者皆备的儒学，可以概括为儒政、儒教、儒学（狭义儒学）"三位一体"，互为表里。以蒙古族贵族为代表的元代政权入主中原所接触、接受、发扬的儒学正是这样一种政、教、学皆备的儒学，也正由于此，才使其成为元代政权践履"祖述变通""遵用汉法""因俗柔人"施政纲领的不二选择，将其积极接纳为帝国统治的主流意识形态。

二 元朝建立前的蒙古族及其观念转折

古代蒙古族的宗法统治经历了一个较为明显的转变过程。蒙古族的祖先室韦西迁至蒙古草原地区并由"古列延"集体游牧方式转变为"阿寅勒"个体游牧方式后，其社会逐渐从氏族制社会过渡到阶级社会；合不勒汗建立起蒙古部的初期国家政权，蒙古社会进入了游牧民族的宗法奴隶制阶段；成吉思汗建立"大蒙古国"，蒙古社会由游牧宗法奴隶制过渡到宗法封建制，但这一过程直到元朝建立才最终完成，并且实现了大蒙古国家国同构政体形式向家国并行政治形势的转变。

蒙古部的居地在斡难河中上游和不儿罕山（今肯特山）地区，他们是唐代蒙兀室韦的后裔。波斯史学家拉施特把古代蒙古氏族部落分成两大类，一类称为尼鲁温蒙古，一类称为迭列列斤蒙古。据《史集》记载，尼鲁温蒙古

1　包括以程颢、程颐、朱熹为代表的理学，以张载为代表的气学，以陆九渊为代表的心学等。
2　古文经学，与董仲舒为代表的今文经学相对待，提倡稽考的治学之风，不主张深化孔子，而是将其奉为"述而不作，乐而好古"的至圣先师，清代实学便渊源于此。

出自贞洁（即阿阑豁阿，成吉思汗十世祖母）之腰，这一传说在蒙古人中间尽人皆知，广为流传。阿阑豁阿之子孛端察儿的子孙繁衍为日益众多的氏族和部落，组成孛儿只斤部。后来，孛儿只斤诸部落中的乞颜部和泰赤乌部逐渐发展成为两个强大的部落。属于尼鲁温蒙古的还有合答斤、散只兀、札答阑、八邻、忙兀、主儿乞等诸多部落。在迭列列斤蒙古中，有的氏族部落繁衍很快，如从弘吉剌部中分出了亦乞列思、斡勒忽讷惕、火罗剌思、燕只斤等氏族部落。弘吉剌部世居额尔古纳河和呼伦湖一带，在12世纪，已发展成为一个十分强大的部落。尼鲁温蒙古和迭列列斤蒙古合在一起称为合木黑蒙古——全体蒙古人。金代，蒙古各部共同推戴一个汗，建立了一个松散的部落联盟。成吉思汗的三世祖合不勒汗曾统治合木黑蒙古，之后是他的堂兄弟俺巴孩，再后又由合不勒汗的儿子忽图剌当了合木黑蒙古的汗。尼鲁温蒙古和迭列列斤蒙古出自不同的祖先，因而可以互通婚姻。

从11世纪至12世纪初，蒙古部族正处于金国的强势之下，而泰赤兀是蒙古各部反金的中坚部众，并在反战中发展壮大，成为蒙古诸部最强的实体，拥有众多的属民和军队。剌由于这个原因，合布勒汗组建的蒙古部是孛儿只斤乞颜部贵族和孛儿只斤泰赤兀贵族的联合政权。合布勒汗有七子，临终把汗位传给了英勇善战的俺巴孩。自合布勒（成吉思汗曾祖）统一蒙古各部后，泰赤兀部始终与乞颜部在一起。也速该死，泰赤兀首领塔儿忽台乞邻图黑与诃额仑母子结怨。先是率众离去，后执禁铁木真，幸被速勒都思氏锁儿罕失剌暗中相救。继而泰赤兀部联合札答兰等部发动了"十三翼之战"，进攻铁木真。被克烈部、蒙古部联军所败，部众归附乃蛮部。乃蛮部被击灭，该部余众并入蒙古部。

13世纪下半叶至14世纪下半叶，是蒙古族哲学思想史上的冲突与融合时期。这是一次历史的转折。1206年，成吉思汗统一蒙古高原，于斡难河畔建立起蒙古汗国。1271年，元朝建立，结束了宋、辽、夏、金以及吐蕃、大理等长期分立的局面，建立起多民族的统一国家，加强了各民族之间多方面的联系，奠定了中国大一统的版图，文化领域也发生了新的变化。有元一代，在文化上，思想活跃，学术繁荣，各种宗教派别，也无不在历史的变革之中，传播与发展本宗教的教义或学说。释、道、儒各自都有一个兴衰起伏的发展变化。道教曾一度发展到极盛，但蒙古族统治者扬佛抑道，佛教后来居上。忽必烈起用儒士，实行汉法，使儒学不仅在北方得以传播，而且理学贯南通北，遂成为元代社会意识形态的一种主流、主导和主体。

三　元代儒学对蒙古族哲学文化的影响

1. "大哉乾元"隐喻下的正统重建

国号历来是王朝标绪统、明正朔的大事。忽必烈入主中原，广募汉儒，沿用中原汉官仪文制度和辽金遗制，改变蒙古帝国的政权形式、结构和内涵[1]，在儒臣建议下，于1271年（至元八年）11月，建国号曰"大元"，取代旧蒙古国原国号，达到其顺天命、明正统的目的。其诏书曰："诞膺景命，奄四海以宅尊；必有美名，绍百王而纪统。肇从隆古，匪独我家。且唐之为言荡也，尧以之而著称；虞之为言乐也，舜因之而作号。驯至禹兴而汤造，互名夏大以殷中。世降以还，事殊非古。虽乘时而有国，不以义而制称。为秦为汉者，盖因初起之地名；曰隋曰唐者，又即始封之爵邑。是皆徇百姓见闻之狃习，要一时经制之权宜，概以至公，不无少贬。我太祖圣武皇帝，握乾符而起朔土，以神武而膺帝图，肆震天声，大恢土宇，舆图之广，历古所无。顷者耆宿诣庭，奏章申请，谓既成于大业，宜早定于鸿名。在古制以当然，于朕心乎何有？可建国号曰大元，盖取《易》经'乾元'之义。兹大冶

1　李治安：《忽必烈传》，人民出版社，2015，第111页。

流形于庶品，孰名资始之功；予一人底宁于万邦，尤且体仁之要。事从因革，道协天人。於戏！称义而名，固匪为之溢美；孚休惟永，尚不负于投艰。嘉与数天，共隆大号。"[1]

基于元《建国号诏》来看，忽必烈建国号"大元"，可以从两个层面来解读：一是从其与"大蒙古"国的关系层面；二是从其现实隐喻的层面。就第一层来说，忽必烈汗入主中原，顺天应明，承继大统，必立大号，以昭万世。然国号取法，并无定制，"为秦为汉者，盖因初起之地名；曰隋曰唐者，又即始封之爵邑"。"太祖圣武皇帝，握乾符而起朔土，以神武而膺帝图，肆震天声，大恢土宇，舆图之广，历古所无。""可建国号曰大元，盖取《易》经'乾元'之义。"也就是说，蒙古帝国之崛起是应授天命，与蒙古民族的"长生天"信仰关联甚大，故而与秦汉隋唐取法不同，而以"乾元"称之。不但如此，"大元"与"大蒙古"在文义方面也有很大关联。"大蒙古"中"蒙古"一词的蒙语意义为"永恒之火"，与天信仰、太阳信仰相关。而在《易经》乾卦彖辞中也有相似的内容，"《彖》曰：大哉乾元，万物资始，乃统天。云行雨施，品物流形。大明终始，六位时成，时乘六龙以御天。乾道变化，各正性命。保合大合，乃利贞。首出庶物，万国咸宁"[2]。其中"大哉乾元，万物资始，乃统天"以及"大明终始，六位时成"便与太阳相关。所以"大元"国号，取法"大哉乾元"，可以理解为忽必烈政权利用儒家经典，从义译方面对"大蒙古"国号精神的诠释与继承。这样一来，不但能表明其帝中国、开万世之新的气度，又不暗淡其绵延于圣祖成吉思汗所缔造大蒙古国的法统。就第二个层面而论，"大元"国号又有承天应命、为世开新的含义，以彪炳其自隋唐后，重新实现中华一统的历史功绩，伐金，攻宋，平大

---

[1] 陈高华等点校：《诏令·建国号诏》，《元典章》，天津古籍出版社，2011，第7—8页。
[2] （宋）朱熹撰：《周易本义·彖上传》，朱杰人、严佐之、刘永翔主编：《朱子全书》第1册，上海古籍出版社、安徽教育出版社，2002，第90页。

理，灭西夏，纳吐蕃，不但结束了辽宋、金宋的南北割据，更成就了"舆图之广，历古所无"的大中华格局，实现了"中原"从黄河中下游向长城一线的北扩。正如《易经》乾卦象辞所说，"大哉乾元，万物资始"，"大元"国号，意在标明其开启了大中华的新纪元，不但是中国正统的承继者，更是创造者，因为它实现了对中华政统的再塑造。

2. 应天者惟以至诚，拯民者莫如实惠

1271年，忽必烈下诏书曰："应天者惟以至诚，拯民者莫如实惠。朕以菲德，获承庆基，内难未戡，外兵未戢……赖天地之畀矜，暨祖宗之垂裕，凡我同气，会于上都……宜布惟新之令，溥施在宥之仁。"[1] 这里，忽必烈把自己的变通改革，看作应天意而为，是对天的忠诚，它给民众带来了实惠，因而得到天地和列祖列宗的佑护。变通的目的在于存仁爱之念，博施济众。"应天至诚"延续了儒家祖述周公"以德配天"的传统，"拯民实惠"更是继承了《尚书》"民惟邦本，本固邦宁"[2]、君王代天以行"生生之道"、统御万民的思想。从另一方面来说，由"应天者惟以至诚，拯民者莫如实惠"亦可窥见忽必烈政权，假力儒家意识形态，意图确立、巩固自身正统地位的一种尝试。因为儒家所论之正统与血统无关，只看其是否能够"顺天命，行仁政"。《尚书》中说："皇天无亲，惟德是辅。民心无常，惟惠之怀。"[3]《荀子》也称："天行有常，不为尧存，不为桀亡。应之以治则吉，应之以乱则凶。"[4]《孟子》中说："舜生于诸冯，迁于负夏，卒于鸣条，东夷之人也。文王生于岐周，卒于毕郢，西夷之人也。地之相去也，千有余里；世之相后也，千有余岁，得志行乎中国，若合符节。先圣后圣，其揆一也。"[5] 可以看出，

---

1 《元史·世祖二》。
2 《尚书·五子之歌》。
3 《尚书·蔡仲之命》。
4 《荀子·天论》。
5 《孟子·离娄下》。

儒家重道统，轻血统，正所谓"皇天无亲，惟德是辅。民心无常，惟惠之怀"。"得志行乎中国，若合符节。先圣后圣，其揆一也。"宋代理学，亦在本体论层面，对上述儒学思想进行了扩充。如"天地之间，万物之理，无有不同"[1]。"天理云者，这一个道理，更有甚穷已？不为尧存，不为桀亡。人得之者，故大行不加，穷居不损。"[2] "义理之在人心，实天之所与，而不可泯灭焉者也。"[3] "此理在宇宙间，固不以人之明不明、行不行而加损。"[4] "是极是彝，根乎人心，而塞乎天地。"[5] 忽必烈政权与儒学相遇具有历史的必然性，儒学对于忽必烈政权"帝中国"，确立大元政权正统地位具有不可替代的地位和作用，也正是儒学这一功用，构成忽必烈及其继承者大力发展儒学（尤其是理学），隆祀孔子，行儒家礼法制度的直接动因。

元代蒙古族统治者"应天者惟以至诚，拯民者莫如实惠"的观念，亦传递出蒙古族"天人关系"思想的变化，即逐渐从原来的"天人相分"模式向"天人合一"模式过渡。如果说成吉思汗时代提出的"以诚配天"，已经有注重人的因素的合理思想，但仅是初步的。忽必烈不仅提出"至诚""应天"，还以具体内容辅助之、实践之，丰富了传统天命观思想。从"应天者惟以至诚，拯民者莫如实惠"中亦可窥见忽必烈汗将大蒙古国家国同构（家国一体）政体模式向家国并行（家国相分）政体模式的转变，即实现由大蒙古国向大元王朝的转变。"应天"乃中国政权自古以来之原则。正因为中国的内在结构一直保持着"应天"的天下格局，中国也因此成为一个具有神性的存在，成为一个信仰。这种信仰不是人与神的约定模式，而是使人道与天道的相配。从某种角度上来说，中国—天下就是中国人的信仰，就是儒家的信仰，

1　（宋）程颢、程颐：《二程集》，中华书局，2004，第1029页。
2　（宋）程颢、程颐：《二程集》，中华书局，2004，第31页。
3　《陆九渊集》，中华书局，1980，第376页。
4　《陆九渊集》，中华书局，1980，第26页。
5　《陆九渊集》，中华书局，1980，第269页。

由此也能够理解《大学》中将儒者的进阶理想由"格、致、诚、正、修、齐、治、平"组成了。而《尚书·虞夏书·尧典》记载:"曰若稽古帝尧,曰放勋。钦明文思安安,允恭克让,光被四表,格于上下。克明俊德,以亲九族。九族既睦,平章百姓。百姓昭明,协和万邦。黎民于变时雍。"这段话亦完全可以反转来作为《大学》的注脚。凡在中国历史上入主中原的王朝,无不被裹挟到"中国—天下"的政治结构中,在这种模式里,"中国"与王统互为表里,天下与百姓社稷互为表里,儒家就是将中国—天下结构作为神庙,承祭自己的小康梦、大同梦。

3."以儒治国、以佛治心"的内涵诠释

北宋高僧契嵩曾言:"儒、佛者,圣人之教也。其所出虽不同,而同归乎治。儒者圣人之大有为也,佛者圣人之大无为也。有为者以治世,无为者以治心。治心者不接于事,不接于事则善善恶恶之志不可得而用也;治世者宜接于事,宜接于事则赏善罚恶之礼不可不举也。其心既治,谓之情性真正,情性真正则与夫礼义所导而至之者不亦会乎!"[1] 大蒙古国股肱之臣耶律楚材亦持此见解,认为儒释道三教,均有治心安世之功,同归而殊途。佛教"以能仁、不杀、不欺、不盗、不淫、因果之诫化其心,以老氏自俭自然之道化其迹,以吾夫子君君、臣臣、父父、子子之名教化其身。使三圣人之道若权衡然行之于世,则民之归化,将若草之靡风,水之走下矣"[2]。也就是说,"治心"关乎天下治理,民心思淳朴,自然百姓向化,四海咸宁。佛教劝人向善,让人明因果报应,从而规约其心,规范其行,与儒家治国理政的所达之目的颇为契合,与治世大有裨益。佛学治心,启人"忘生死,外身世,毁誉不能动,哀乐不能入"[3],可使得人心安顺;人心安顺,国便不难治理了。

---

1 (宋)释契嵩:《镡津文集·寂子解》,巴蜀书社,2014,第167页。
2 (元)耶律楚材:《西游录》,中华书局,2000,第19页。
3 (元)耶律楚材:《湛然居士文集》,中华书局,1986,第1页。

正如《戴经》所云:"欲治其国,先正其心,未有心正而天下不治者也。"[1] 耶律楚材不但深通佛理,更谙于治道,提倡以儒家理论、观念、制度来治理天下。他倡导"仁政",称"三代之得天下也以仁,其失天下也以不仁。国之所以废兴存亡者亦然"[2]。倡导以儒教立国,在蒙古帝国推行"万世常行之道"[3],称孔子为"万古帝王师"[4]。耶律楚材这一思想在成吉思汗、窝阔台汗、蒙哥汗时期并没有获得推行,但其向蒙古族统治者推行"汉法"的努力并没有因其身殁而断绝,忽必烈汗"祖述变通""尊用汉法""因俗柔人"的施政纲领贯彻的正是耶律楚材"以儒治国,以佛治心"的施政理念,在刘秉忠、李孟等儒臣的辅佐下,完成了蒙古政权组织形式由"家国同构"向"家国并行"的封建帝国政治组织形式的转变。在忽必烈汗时代,"以儒治国,以佛治心",已然衍生为处理政教关系的基本思想,是对成吉思汗与儒家看待和处理政教关系思想遗产的双重继承。

儒学渊源于周代太史寮,神鬼祭祀也在其范畴之中,待到孔子时代,对其加以改造,保留了更多人文教化的成分,重视祭祀仪轨,却不对鬼神予以过多关注,正所谓"六合之外,圣人存而不论"[5]。对此,《论语》中常有相关的论述,如"子不语怪力乱神"[6],"务民之义,敬鬼神而远之,可谓知矣"[7],"祭如在,祭神如神在"[8],"未能事人,焉能事鬼"[9]等。儒家对于鬼神祭祀的态度是想通过祭祀达到人道教化的效果。所谓"合鬼与神,教之至也"[10],"崇

---

1 (元)耶律楚材:《湛然居士文集》,中华书局,1986,第293页。
2 《孟子·离娄上》。
3 《元史·耶律楚材传》。
4 (元)耶律楚材:《邳州重修宣尼庙疏》,《湛然居士文集》,中华书局,1986,第286页。
5 陈鼓应注译:《庄子今译今注》,中华书局,2009,第83页。
6 (宋)朱熹:《四书章句集注》,中华书局,1983,第98页。
7 (宋)朱熹:《四书章句集注》,中华书局,1983,第89页。
8 (宋)朱熹:《四书章句集注》,中华书局,1983,第64页。
9 (宋)朱熹:《四书章句集注》,中华书局,1983,第125页。
10 王文锦译解:《礼记译解》,中华书局,2016,第711页。

事宗庙社稷，则子孙孝顺，尽其道，端其义，而教生焉"[1]，"君子以为文，而百姓以为神"[2]，"其在君子以为人道也，其在百姓以为鬼事也"[3]。《易·观》中也称："观天之神道，而四时不忒。圣人以神道设教，而天下服矣。"管子也说："不明鬼神，则陋民不悟；不祇山川，则威令不闻。"[4]

就处理政教关系的思想遗产来看，儒家对于宗教采取的是兼容并包的态度，只要能够与儒家所倡导的价值理念相协调，便可将其积极地纳入"神道设教""移风易俗"的教化序列中来。我国自汉武帝"罢黜百家，独尊儒术"后，儒家思想体系绝对是中国社会主流意识形态的代名词，但凡有宗教与儒家价值取向相抵触的，要么调整自身与儒教相适应，要么自甘退出中国的社会舞台。例如，东晋时代，著名僧人慧远写了《沙门不敬王者论》，他虽然力图维持佛教在印度"不敬王者"的形式，但是在宗教与政治的关系上，已经首肯了佛教辅助统治的作用。[5] "是故凡在出家，皆遁世以求其志，变俗以达其道……虽不处王侯之位，亦已协契皇极，在宥生民矣。"[6] 而在慧远时代，佛教勉强维持了不拜王者的形式，在他以后，连这个形式也维持不住了。道安大师颇有感慨地说："不依国主，则法事难立。"[7] 但佛教的"生死轮回""因果报应"之说，也很好地发挥了"阴翊王化"的作用。[8] 中国土生土长的宗教道教，从其创教伊始，就没有凌驾于王权之上的想法，与道教相关的汉末黄巾起义、五斗米教，曾因其政治诉求，而饱受攻击，最终不得不在其求生存的阵痛中改造自身，遵循儒家礼教伦常，自觉地将自己放置在助帝王化天下的位置上，道教经典《太平经》就说："君臣者，治其乱，圣人师弟子，

---

[1] 王文锦译解：《礼记译解》，中华书局，2016，第737页。
[2] 梁启雄：《荀子简释》，中华书局，1983，第228页。
[3] 梁启雄：《荀子简释》，中华书局，1983，第275页。
[4] （清）黎翔凤：《管子校注》，梁运华整理，中华书局，2004，第2页。
[5] 牟钟鉴：《民族宗教学导论》，宗教文化出版社，2009，第157页。
[6] （梁）释慧皎：《高僧传》，中华书局，1992，第220页。
[7] （梁）释慧皎：《高僧传》，中华书局，1992，第178页。
[8] 牟钟鉴：《民族宗教学导论》，宗教文化出版社，2009，第158页。

主通天教，助帝王化天下。"¹ 伊斯兰教于唐代始传入中国，并在元、明两朝得到发展，其根本信仰是"认主独一"，但是在明清时代，他们增加了"二元忠诚"的思想。² 王岱舆提倡："人生在世三大正事，乃顺主也，顺君也，顺亲也。"³ 利玛窦是明代西方的天主教传教士，其传教策略是"排佛补儒"，但由于教廷原因，并未得到贯彻，使得天主教在明代难以继续发展。

就成吉思汗处理政教关系的思想遗产来看，其基本旨趣是在缔造大蒙古国初期的通天巫阔阔出事件。成吉思汗意识到，当一种宗教甚至某一派别、集团足够强大时，便会对世俗权力拥有者产生威胁，因此他劝诫其后代"切勿偏重何种宗教，应对各教之人待遇平等"⁴，该方略与西汉贾谊在《治安策》中所说的"众建诸侯而少其力"的旨趣似同，只要各宗教势力均衡，便可使世俗权力处于相对有利的地位，各宗教也可为政权所用，发挥其"阴翊王化"的作用。忽必烈汗作为大蒙古国的继承者、元王朝的创建者，在处理政教关系问题上，实现了对儒家"神道设教"，以及成吉思汗"众建宗教"的经验继承，并且使宗教成为"因俗柔人"的有效工具。1270 年，忽必烈将八思巴升为"帝师"，赐予玉印，并加封"大宝法王"，宣布喇嘛教为"国教"，将西藏地方的政教两权，正式授予萨迦法王管理⁵，稳固西藏的"政教合一"政体，并依此实现了其经略西藏的目的，开启了西藏纳入中国版图的历史。忽必烈的对藏政策，是其利用宗教，实现"因俗柔人"目的的典型；同时也是儒家宣扬的"修其教，不易其俗；齐其政，不易其宜"⁶ 理念的具体运用。"以佛治心，以儒治国"的治世理念，发起于耶律楚材，最终在忽必烈汗时期日臻成熟，反映了在治国理政方面，由成吉思汗时期重"刑名之

---

1 王明编：《太平经合校》，中华书局，1960，第 44 页。
2 牟钟鉴：《民族宗教学导论》，宗教文化出版社，2009，第 158 页。
3 (明) 王岱舆：《正教真诠 清真大学 希真正答》，宁夏人民出版社，1999，第 225 页。
4 〔法〕多桑：《蒙古史》（上册），冯承钧译，上海书店出版社，2001，第 155 页。
5 阿旺贡噶索南：《萨迦世系史》，陈庆英译注，西藏人民出版社，2002，第 141 页。
6 王文锦译解：《礼记译解》，中华书局，2016，第 187 页。

法"(大扎撒令)治理模式向"德主刑辅"治理模式的转变。通过积极引入儒教,补足蒙古族政权在"规训权力"[1]方面的不足。

四 元代儒学的发展与传播

儒学在元朝的发展,在内容层面上主要表现在程朱理学的传播以及陆王心学的发展。理学始于北宋周敦颐,经二程(程颢、程颐),至南宋朱熹始集大成。元代的理学是对宋代理学的继承。由于忽必烈实行汉法,理学成为官学。理学在元代的广泛传播,除了依赖政策导向,也取决于元代对各种文化兼容并蓄的观念基础。当时的朱学与陆学互相"兼取""和会",蔚成风气。在体制层面上,从国家治理、社会教化、人才培养与知识传播三个方面则可反映元代儒学的发展。

1. 内容层面元代儒学的发展

蒙古伐金,金室南迁之后,一大批北方儒士纷纷寻找自己的归宿,或投靠于华北各地汉族世侯,或效忠于蒙古汗庭。灭金之后,随着忽必烈统一全国,大批儒士又群集朝廷。继而忽必烈实行"汉法","帝中国当行中国事"[2],"今日能用士而能行中国之道,则中国之主"[3],对促进儒学的传播与发展,起了很大的作用。金末元初,理学在北方最早的学者,当属赵复、姚枢、杨唯中、窦默,继有许衡、郝经、刘因遵信理学。南方的学者是朱熹(朱学)、陆九渊(陆学)的继承者。其中朱学人物以吴澄、许谦、张翊为代表;陆学人物以陈苑、赵偕、郑玉为典型。这些理学的代表人物,都程度不

---

[1] 费孝通在其所著的《乡土中国》中,将社会权利概括为四种,分别是横暴权力(自然权利)、认同权利(政治权利或契约权利)、长老权利(规训权力)、时势权利。在这四个方面,大蒙古国唯独在规训权力方面有所欠缺,起初只能通过"众建宗教"与大扎撒令相结合的方式,实现世俗权力与政治权力间的平衡,而大元王朝,积极引入儒教"帝中国""行汉法"后,便使得其在规训权力方面得到了补充。

[2] 《元史·徐世隆传》。

[3] (元)郝经:《陵川集·北宋两淮制置使书》,山西古籍出版社,2006,第1344页。

同地为元朝政府效力,对整个元代的文化发展做出了贡献,其中许衡、刘因、吴澄被称为元代"三大学者",许衡、刘因又是"元之所藉以立国者也"[1]。

元朝建立实现大统一之后,南北沟通无阻,理学得以广泛传播。至元大德年间(1297—1307),北方呈现出"(上)而公卿大夫,下而一邑一乡之士,例皆讲读,全谓精诣理极,不可加尚"[2]的局面。理学在南宋时,就有朱陆之争,到了元代,已趋向朱陆"和会",互相兼取。在政治上,一些理学家主张用世。刘因曾对经学提出反求六经和"古无经史之分"的主张,丰富了理学思想的内容。

儒学在元代的发展,特别是元代前期,为忽必烈实行汉法,以儒家学说定朝纲,立法纪,制定各种典章制度,贡献卓著。但是,忽必烈并没有独尊儒术,在人才的选拔上也没有只用儒士,这是和蒙古族统治者的政策分不开的。然而,儒家学说中的理学有助于巩固统治,其文化建设意义不容忽视。后来,元政府采用理学所强调的"小学",对童蒙灌输封建伦理思想的主张,以及恢复科举制度,都说明理学在元代上层建筑及文化发展中的地位及其贡献。

2. 体制层面元代儒学的演进

忽必烈汗时期,朝廷办的学校和地方上路、府、州、县办的学校很多,出现了"学校林立,书院很盛"[3]的局面。朝廷办的学校有蒙古国子学、回回国子学和国子学,地方上有诸路学校,诸路蒙古学和诸路下属各州县学校,此外还有诸路设立的医学和阴阳学等专科学校。各级各类学校培养的国家需要的各种人才,达到空前盛况。《元史·选举志》说:"自京学及州县学以及书院,凡生徒之肄业于是者,守令举荐之,台宪考核之,或用为教官,或取

---

1 (清)黄宗羲原著,(清)全祖望补修:《宋元学案》,中华书局,1986,第3021页。
2 (元)王恽:《秋涧集·义齐先生四书家训题辞》,杨亮、钟彦飞点校:《王恽全集汇校》,中华书局,2013,第2056页。
3 见李则芬《元史新讲》第23章,台北:中华书局,1978。

为吏属，往往人材辈出矣。"国子监及其所属国子学创建于中统二年（1261）。《元史·世祖纪》说：中统二年八月，"以许衡为国子祭酒"，至元八年（1271）"增置司业、博士、助教各一员"。其组织"国子监祭酒一员，司业二员，监丞一员，典簿一员，令史二人，译史一人，知印一人，典吏一人。国子学：博士二员掌教授生徒、考校儒人著述及教育所业文字。助教四员，学正二员，学录二员，典给一员"[1]。国子学生员人数"初只有正录生一百名，蒙古人占半数，余则色目人、汉人各半。另有伴读生二十人。……学生分三斋，即上中下三等程度。每斋又分二斋，故又称六斋或六馆。初等为下二斋，左曰游艺，右曰依仁，以孝经、小学为课本。中二斋，左曰据德，右曰志道，以《论语》、《孟子》、《大学》、《中庸》为课本。上二斋，左曰时习，右曰日新，以《诗》、《书》、《礼记》、《周礼》、《春秋》、《易》为课本。除由博士、助教等教授各课本之句读音训并讲解外，下斋生要属对，中斋生要习诗律，上斋生须习明经义的程度。……六馆诸生依次升斋，毋或躐等"[2]。国子学本身经常考试，生员季考课业及格且未曾犯校者，即升斋一级。"国子学校规很严，凡有不事课业及犯校规者，初犯罚一分，再犯罚二分，三犯除名。除每月例假外，其余告假皆不准。生员每岁实际坐斋日数不及半年者，一律除名。天资愚钝或不勤学者，蒙古、色目人另有规定，未见记录汉人生员三年不能通一经及不肯勤学者，则勒令退学。"[3]

忽必烈汗即位之后，尤其是统一了全国之后，蒙古汗国的政治、经济、文化中心已经从蒙古故地转移到中原地区，这样，中原封建传统文化自然影响忽必烈汗的各个方面，使他在统治活动中全面实行封建礼仪制度。这是忽必烈汗文化思想的又一个重要内容。就典型意义的主要礼仪制度来看：1260

---

[1] 李则芬：《元史新讲》第30章，台北：中华书局，1978。
[2] 李则芬：《元史新讲》第32章，台北：中华书局，1978。
[3] 李则芬：《元史新讲》第32章，台北：中华书局，1978。

年三月，忽必烈汗继蒙哥汗在开平即位，按照中原地区封建礼仪，颁诏书诏告天下。继而是年五月，立年号为"中统"，并诏告天下。又以阿里不哥反，诏赦天下。十二月，"始制祭享太庙祭器、法服"[1]。至元八年（1271）五月，"造内外仪仗"。八月，"初立内外仪仗及云和署乐位"。十一月，"刘秉忠及王磐、徒单公履等言：'元正、朝会、圣节、诏赦及百官宣敕，具公服迎拜行礼。'从之"。"丁酉，享于太庙。""建国号曰'大元'"[2]。至元十一年（1274）二月，"以皇后、皇太子受册宝，遣太常卿合丹告于太庙"。七月，"以修太庙，将迁神主别殿，遣兀鲁忽奴带、张文谦祭告"。八月，"颁诸路立社稷坛壝仪式"[3]。至元十六年（1279）三月，"中书省下太常寺讲究州君社稷伟度，礼官折衷前代，参酌《仪礼》，定拟祭礼仪式及坛籍制度。图至成书，名曰《至元州县社稷通礼》"[4]。等等。

有元一代，行汉法，以儒道治天下，还是按蒙古祖宗旧法治国，始终是元朝上层建筑和意识形态领域内激烈斗争的核心问题。在实行"新政"和"以儒道治天下"的蒙古汗王中，硕德八剌（英宗）和拜住（右丞相），是比较典型的代表人物。爱育黎拔力八达继皇位，是为仁宗。爱育黎拔力八达自幼师从汉儒李孟，即位后，重视儒术，强调"明心见性，佛教为深；修身治国，儒道为切"[5]。皇庆二年（1313）又实行科举，诏书曰："经明行修，庶得真儒之用；风移俗易，盖臻至治之隆"[6]，并将世祖以来的行政条文编修为《风宪宏纲》。1320年仁宗死，其子硕德八剌即位，是为英宗。硕德八剌生于洛阳附近的怀州，这里是宋代理学奠基人二程的故乡，他幼年就深受儒学影响，且能作词赋诗，有很高的文化素养。硕德八剌即位以后，把木华黎的后

1　《元史·世祖本纪》。
2　《元史·世祖本纪》。
3　《元史·世祖本纪》。
4　《元史·世祖本纪》。
5　《元史·仁宗本纪》。
6　《元史·选举志》。

裔拜住立为左丞相，君臣决心"一新政治"。他们大规模起用汉族地主官僚及儒学人士，裁剪臃肿的官僚机构，行"助役法"，制定《大元通制》。遗憾的是，硕德八剌和拜住在"南坡之变"中，被保守势力的代表人物铁失等谋刺而死。元顺帝时期，立脱脱为右丞相，于是，以脱脱为首实行了"更化"改革。由于脱脱当政之前，元朝一度停止科举取士，政府各机构要职主要用蒙古人、色目人，禁止汉人、南人学习蒙古字等，这些措施遭到朝野的怨恨，"更化"势在必行。1340年，脱脱力主实行"更化"，即更改旧政。"更化"思想的主要内容是：恢复科举取士制度，鼓励汉族士大夫读书入仕，改变了伯颜的排汉政策；大兴国子监，遴选儒臣劝功讲授。除招收学生外，还为顺帝劝读圣贤书，讲四书五经等；开马禁、减盐额、蠲负逋，以减轻和缓和社会矛盾；并且修辽、金、宋三史，使三史各为"正统"。元惠帝"三年，诏修辽、金、宋三史，命脱脱为都总裁官"[1]。元朝修"三史"，修史官员曾为体例特别是谁为正统而争论不休。脱脱最后裁定三史都是"正统"，这是尊重历史事实的。之所以特修辽、金、宋三史，使其各为"正统"，却没有专门为西夏、大理撰史的第一层原因是辽、金、宋都曾入主中原，而西夏、大理偏安一隅，故不在列；第二层原因则是以入主中原为标志修史，使辽、金、宋各为正统，不仅能够为元帝国的正统地位背书，更能彰炳其结束中国自隋唐以来的分裂局面，再造中华，幅员远迈汉唐的巨大功绩。

元代是文化冲突与融合的时代。其结果不仅丰富了中华民族文化，使其获得许多新的生长点，更重要的是它推动了中国历史的发展，为中华民族立于世界民族之林，做出了卓越的贡献，中华民族的多元文化和谐共荣前所未有。

---

[1]《元史·列传第二十五》。

五 蒙古族学者保巴易哲学思想的儒学贡献

保巴（？—1311），字公孟，号普庵，元初任侍郎，后任黄州路总管、太中大夫、太子太师或太傅，官至尚书右丞。[1] 我们认为保巴是当今意义上的蒙古族。保巴的族属问题，《四库全书总目提要》称其为色目人，《新元史》称其为蒙古人，目前一般多视保巴为蒙古族，并加括号"（一说色目人）"。这就带来了保巴的族别究竟为何的问题。陈少彤于20世纪80年代初曾两次访问新疆的蒙古族同胞，其研究结论是："'色目人'并非族氏的确指。所谓色目人，系凡指葱岭东西诸少数民族，其中尚包括蒙古族个别部落。《新元史》称'蒙古人'，已具体指明保巴族氏，然未言所据。……据新疆……现北疆蒙古族卫拉特四部中，和硕特部男女人都有以'保巴'取名的。额鲁特部亦有，但稍有音变。此说可作为保巴是为蒙古族的一个重要证据。"[2] 我们这里从其说，因为该研究既有现实的考证，又有对于色目人"包括蒙古族个别部落"的论证。保巴，旧作宝八、宝巴、保八，据保巴作《进太子笺》自书其名为"保巴"，因而今人多称其为保巴。保巴居洛阳，仕途生涯约40年，自幼好学，精于易理，著有《易源奥义》一卷，《周易原旨》六卷，《系辞》二卷，统名为《易体用》。当今中华书局根据《四库全书》所收保巴著作情况，由陈少彤点校，出版有《周易原旨 易源奥义》（2009），其中《周易原旨》即将《系辞》二卷与《周易原旨》六卷合并为《周易原旨》八卷。

保巴作为元代一位蒙古族思想家或哲学家，其易学思想在吸收改造王弼、周敦颐、邵雍、二程、张载、朱熹等诸家思想的基础上，发挥儒家的易学哲学和伦理政治思想，形成一家言。对于推进易学和儒学在元代的发展，保巴

---

[1] 陈少彤：《保巴生平、著作及其哲学思想》，《孔子研究》1988年第1期。
[2] 陈少彤：《保巴生平、著作及其哲学思想》，《孔子研究》1988年第1期。

具有作为少数民族身份这一特殊意义上的理论贡献。

1. 三维结构的宇宙图景以及人在其中的地位

在宋儒的理论面貌和学术规模中，万物生化的天道观或宇宙论是其中的一个重要组成部分，以周敦颐的《太极图》和《太极图说》、张载的《正蒙》和《易说》，以及邵雍的《皇极经世书》所分别描绘的宇宙图式为代表。元承宋说，基本保持了宋儒的理论创造或思想建构。不过，就保巴来说，他在《易源奥义》中所描绘的宇宙图景，却显示了在综合周敦颐、邵雍学说的基础上而又有所创进的特色，这就是保巴所阐述的先天图、中天图、后天图三图及其相互关系的理论。

先天图、中天图、后天图三图及其相互关系，是保巴关于宇宙图景及其生成的完整描绘。先天图即河图，也即"无极而太极"的"乾坤之元"，就是说，以河图所蕴含的阴阳先天之数，囊括了"无极而太极"的"太极"之理，所谓"先天数者，无极而太极。先天数取纯一不杂之意，以九数为则，故起于一。一即三，三即九，九即一，故起于一而极于九为老阳。老阳数老，可致神极。神极必变，故曰易"[1]。"盖河图之数……阴阳点数计五十有五，以其阴阳未分，根干支末混淆之时，所谓先天。"[2] "无极而太极者，乾坤之元也。故先天譬为根。"[3] 中天图即八卦图，谓人道。"故曰'立人之道，曰仁与义。'以其乾道成男，坤道成女，故有父母男女。"大概谓一阴一阳之谓道。乾称父，坤称母。乾坤生六子，然后人伦序。所以君君、臣臣、父父、子子、夫夫、妇妇，人道立。"[4] 这个人道八卦中天图，是先天"太极运化"的结果，其地位如树之干。后天图即洛书图，"谓地道，故曰：'立地之道，曰柔与刚。'以其地道当耦，故洛书点数四十"。"大概谓根干支末之理于五

---

1 （元）保巴：《周易原旨　易源奥义》，陈少彤点校，中华书局，2009，第297页。
2 （元）保巴：《周易原旨　易源奥义》，陈少彤点校，中华书局，2009，第296页。
3 （元）保巴：《周易原旨　易源奥义》，陈少彤点校，中华书局，2009，第297页。
4 （元）保巴：《周易原旨　易源奥义》，陈少彤点校，中华书局，2009，第298—299页。

行内，刚中有柔，柔中有刚，即阴中有阳，阳中有阴，地道立矣。"[1] 这个洛书后天五行之数，是"三极之妙用"，取一动一静互为其根之理，以五行为妙用，五行中又分刚柔，充廓万物，万物各得其宜。"故放之则弥满六合，敛之退藏于密。所谓三极之妙用者，自亨而利贞也。故以后天譬为支"[2]。先天、中天、后天，河图、八卦、洛书，三者犹如根、干、支末，"自根而干，自干而支，三才五行具矣。所谓纵横十五，即此生生无穷之道也。本乎天者亲上，本乎地者亲下，则各从其类。故曰：'物有本末，事有终始，知所先后，则近道矣。'"[3] 就是说，在保巴看来，由先天太极之理，运化演进出人伦社会，而后生长发育五行万物。在时间上，太极、人道、五行万物是先后关系；在顺序上三者是先天、中天、后天的次序关系；在性质上，是理气本末的关系。总之是理先气后、理本而气末。

保巴的这种易哲学思想观念，融汇着宋儒周敦颐、张载、邵雍和二程朱熹理学的基本精神，而又自有所得，力求发挥与发展。其发挥发展的主要之点，明显在于保巴将易之天地人三才的关系，更新创设为天、人、地的三才之道关系。《周易·说卦传》曰："立天之道曰阴与阳，立地之道曰柔与刚，立人之道曰仁与义。兼三才而两之，故《易》六画而成卦，分阴分阳，迭用柔刚，故《易》六位而成章。"周敦颐《太极图说》复述引用了《周易·说卦传》这种天地人的阐释顺序，并有"乾道成男，坤道成女。二气交感，化生万物。万物生生而变化无穷焉。唯人也得其秀而最灵"的论断。保巴是在《易传》和周敦颐《太极图说》的基础上，进一步明确以先天、中天和后天表达了其天道、人道和地道的地位关系，这样的观念既符合《周易》卦位的上与五爻象天、三与四爻象人、二与初爻象地的论述，也实际上表明对于人

---

1 （元）保巴：《周易原旨　易源奥义》，陈少彤点校，中华书局，2009，第301—302页。
2 （元）保巴：《周易原旨　易源奥义》，陈少彤点校，中华书局，2009，第302页。
3 （元）保巴：《周易原旨　易源奥义》，陈少彤点校，中华书局，2009，第304页。

之在宇宙中地位的升越，是对宋儒张载《西铭》中"乾称父，坤称母。予兹藐焉，乃混然中处。故天地之塞，吾其体。天地之帅，吾其性。民吾同胞，物吾与也"，在宇宙论层面上的理论发展。

2. 太极本体论及其动静演化观

在宋代儒学中，宇宙论观念往往总是牵绊着本体论思想，本体论基本都是在其宇宙论中的万物本源观念基础上发展和升越而来。继宋之后元代保巴的易哲学思想同样如此。围绕着他的宇宙太极本源论或太极的根源性，保巴赋予了太极更为广泛的具有本体性质的意义。概括起来有，（1）太极的本体形上性，即太极即理、即道、即心。保巴说："太极，理也，无外，故曰'形而上者谓之道'。"[1] 太极就是理，就是形而上的道，太极、理、道，就是天地万物无所不包的形上根据。这个道，广大悉备，无所不有。并且保巴把"太极"与"易"等同看待，认为："易何心哉？无思也，无为也。未占之先，寂然不动而已。既占之后，感而遂通天下之故。寂者，感之体。感者，寂之用。人心之妙，其动静亦若是也。……洁静精微，心即易矣，易即心矣，神矣哉！"[2] 以心为易，以易为心。也即以太极为心，心为太极。易、心、太极、理、道，是相通而无差别的。《周易·系辞上》有："圣人以此洗心，退藏于密。"东晋韩康伯注曰："言其道深微，万物日用而不能知其原"，义为深奥之本源。北宋程颐援此解释说："'退藏于密'，密是用之源，圣人之妙处。"[3] 程颐此诠解凸显出"密"是"用之源"，故是本体；既是"圣人之妙处"，就不是物的形态。这样，程颐所理解和界定的作为"用之源"的本体（"密"），是非物态的深奥本源，具有鲜明的形上性特质。保巴的易即心、心为太极的观念，完全承继了程颐解易的这种思想。如他说："故放之则弥满

---

[1] （元）保巴：《周易原旨 易源奥义》，陈少彤点校，中华书局，2009，第240页。
[2] （元）保巴：《周易原旨 易源奥义》，陈少彤点校，中华书局，2009，第231—232页。
[3] （宋）程颢、程颐：《二程集》，中华书局，2004，第157页。

六合，敛之退藏于密。"¹（2）太极的本体总体性，即太极即一、即神、即性。保巴说："一者何也？太极也。太极动而生阳生阴，阳变阴合而五气顺布，四时行焉。"² "故物物各有太极，一本而万殊也；万物体统于太极，万殊而一本也。此易之所以为神也。"³ "凡天下之道，大之为天地日月，微之为走飞草木，皆要归根复命，贞下起元。物物各具一太极，万物统体一太极，所谓贞夫一者也。"⁴ 保巴的这些论述，明显融合了宋儒邵雍"太极一也"的象数学、周敦颐"一实万分"的理学思想和程朱"理一分殊"的重要论题。万物一太极，一太极分存于万物之中，或者说万物一理、万物一体，就像朱熹所言，太极、理与万物，犹如月散江湖、雨落草木一样。保巴对于太极本体的总体性质，还通过易的神妙作用、即性即理的"性命之源"等观念，进行了诠解阐释。"易吾知其为易也，神果何物耶？易即神也，神即易也，非于神之外，他有所谓易；亦非于易之外，他有所谓神。不言神，则易几于一物，……神也者，妙万物而为言者也。易其神也乎！易者，天地之匡廓；易者，万物之陶冶；易者，昼夜之明鉴。谓易为神耶？神则无方也。谓神为易耶？易则无体也。"⁵ "易之为道，其妙可以穷理尽性，其微可以开物成务。既不堕于形器，亦不流于虚无。"⁶ "性即理，天理流行，赋予万物，是之谓命。人所禀受，莫匪至善，是之谓性。易穷天理，使人尽性，以至于命耳。大哉易也，性命之源乎！"⁷ 太极、易心之神，就在于其既神无方易无体，而又赋予万物，流行广布，成为天地万物的性命之源，其本体的总体性质也是非常明确的。

---

1 （元）保巴：《周易原旨　易源奥义》，陈少彤点校，中华书局，2009，第302页。
2 （元）保巴：《周易原旨　易源奥义》，陈少彤点校，中华书局，2009，第243页。
3 （元）保巴：《周易原旨　易源奥义》，陈少彤点校，中华书局，2009，第1页。
4 （元）保巴：《周易原旨　易源奥义》，陈少彤点校，中华书局，2009，第244页。
5 （元）保巴：《周易原旨　易源奥义》，陈少彤点校，中华书局，2009，第219页。
6 （元）保巴：《周易原旨　易源奥义》，陈少彤点校，中华书局，2009，第240页。
7 （元）保巴：《周易原旨　易源奥义》，陈少彤点校，中华书局，2009，第264—265页。

关于太极本体到宇宙万物的生长化育过程，保巴基本上也是沿用了宋儒的动静观念而进行阐释的。保巴认为："太极动而生阳生阴，阳变阴合而五气顺布，四时行焉。"然而，太极为理，理是形而上者；阴阳为气，气变则有形质，故气是形而下者。作为形上之理的太极，其动是"动而无动，神也"，就是说，太极有动静，但太极不是动静，而是所含的动静之理，即"动极复静，静极复动，理之常也"[1]。动静之理是神而不动的，故又是静。而物才是"动而无静"，其"得其精义而入于神，则可由体以致诸用。用既利矣，复归于体，……主静如此，寂则能感，定则能应，心法之妙也"[2]。"后天数取一动一静互为其根之理"[3]，保巴的这种"心法之妙"，所取者，显然是宋儒周敦颐《太极图说》"太极动而生阳，动极而静，静而生阴，静极复动，一动一静，互为其根"的观念，以及朱熹"阳动阴静，非太极动静，只是理有动静。理不可见，因阴阳而后知，理搭在阴阳上，如人跨马相似"[4]的论断。不过，周敦颐、朱熹于此都存在着"动静"关于太极与阴阳或理与气两种不同含义的矛盾：一是指形上的、实在性的动静之理；一是指形下的、实体性的动静运动形态。太极或理的动静，与实体性的阴阳或气的动静不是同一的"动静"。这个矛盾在周敦颐、朱熹那里，看来是容易引起混乱的，当然也是元代的保巴于此未曾发现或论及的。

3."主静""无私"的心性论及其修养工夫

如前已述，保巴认为，易即心、心即易。易、太极，作为宇宙本源和万物本体，是无思无为、洁静精微、寂然不动的，即以寂静为本，是"密"。而天地万物，又是太极和理的体现，所谓"一物各有一太极"，"物物各具一太极，万物统体一太极"。对于人来说："盖谓一物各有一太极。人身以心为

---

1 （元）保巴：《周易原旨　易源奥义》，陈少彤点校，中华书局，2009，第213页。
2 （元）保巴：《周易原旨　易源奥义》，陈少彤点校，中华书局，2009，第250页。
3 （元）保巴：《周易原旨　易源奥义》，陈少彤点校，中华书局，2009，第302页。
4 （宋）黎靖德编：《朱子语类》第6册，卷94，中华书局，1986，第2374页。

极，心以静为主。周子故云：'寂然不动者，诚也。感而遂通者，神也。动而未形，有无之间者，几也。'所以几动于此，感应之道深切著明矣。万事在几，未有感害之先，当以存心养神，物来即应耳。"[1] "寂"静，心亦静。"寂"静为本，心亦主静为本。"凡受于人者，当以虚其中而受之，则能入矣。虚中者，无我也。无我者，无心也。无心感物者，咸感也。咸感者，中无私主，所感无不应矣。"[2] 可以看出，保巴"主静""无私"的心性之论和修养主张，就是周敦颐"圣人定之以中正仁义而主静，立人极"修养主张的再版。周敦颐在《太极图说》中曾自注曰："无欲故静"，即排除欲念，直至"无欲"，保持心的清净而又具有伦理自觉状态，就是致圣的最根本的修养方法。保巴的"虚其中""无我""中无私""无心"等，也就是"先静其心，使致鉴空衡平，物各附物，不以纤毫障蔽。……虽物有万殊，事有万变，统之以一，一即心诚贞正而已。感道如此，无物不应矣"[3]。否则，如果以私心相感，感应之道狭矣。保巴以其太极本体说为基础，以周敦颐的主静无欲、为善去恶为底本，以程朱"性即理"的观念为滋养，融摄着人禀受天理（太极）而为性，天理纯粹至善，故人性无不善的儒学思想，认为："性即理，天理流行，赋予万物，是之谓命。人所禀受，莫匪至善，是之谓性。易穷天理，使人尽性，以至于命耳。"[4] 以至在对待《周易》的根本观念上，保巴最终归结于《易》之"义理无穷，言语有限。书不能尽言也，言不能尽意也。然则圣人之意，其终不可得而见乎？……曰：书不尽言求之卦，言不尽意求之象，卦象不尽求之变，变又不尽求之心。以心会心，余皆筌蹄耳"[5]。"以心会心"、存心养性、"心诚贞正"、至善成圣，则是保巴最后的价值取向和

---

[1] （元）保巴：《周易原旨 易源奥义》，陈少彤点校，中华书局，2009，第96页。
[2] （元）保巴：《周易原旨 易源奥义》，陈少彤点校，中华书局，2009，第95页。
[3] （元）保巴：《周易原旨 易源奥义》，陈少彤点校，中华书局，2009，第97页。
[4] （元）保巴：《周易原旨 易源奥义》，陈少彤点校，中华书局，2009，第264—265页。
[5] （元）保巴：《周易原旨 易源奥义》，陈少彤点校，华书局，2009，第239页。

精神目标。

4. 保巴易哲学思想的儒学贡献

就整体来说，在中国思想史的画卷里，元代思想是色彩较为浅淡的一页，元代儒学也没有太大的创造性发展。但是，保巴却不同，他是集儒者、思想家、官员等各种角色于一身的较为特殊的人物，具有比较殊异的政治、社会和思想学术地位。保巴儒学以注释诠解《周易》经传为主要形式，思想内容实质是两宋理学的融摄和承进，以不同于一般的学术考察为视角，保巴的易哲学思想对于元代理学的发展，应当说确有其特殊意义的儒学贡献。

第一，保巴的易哲学思想融合了宋儒周敦颐、邵雍、二程、朱熹等的理学观念。融合也意味着创造，创造离不开融合。保巴易学是元代义理易学的代表之一，集中了元代义理易学的主要特色。他远承王弼，近取周敦颐《太极图说》及《通书》等的思想观念，以程朱解易和理学思想为基础，从而形成其注解诠释《周易》经传的基本理路，同时，也常常显现出受到邵雍先天易学思想的重要影响。扩展地说，保巴解易，注重义理，同时不废象数，是以二者兼收并蓄、融合统摄为特色的。在思想上，周敦颐"无极而太极""主静无欲"的重要命题，王弼"有起于无""动起于静"的有无动静观，程朱"太极之理""理一分殊"的理学理论，邵雍"心为太极""太极一也"的数学推演，甚至张载"乾坤父母""民胞物与"的儒家情怀，等等，都被保巴融合统摄到一个体系中来了。保巴易哲学思想的融合特色是十分突出而鲜明的。所以如此，根本原因无外乎保巴易学是以他的"以心会心，余皆筌蹄"核心观念为指导的。

第二，保巴的易哲学思想承继和传扬了宋代理学的基本精神。《四库全书总目提要》引黄虞稷《千顷堂书目》，称保巴易学"本程子之说，即卦体以阐卦用"，并评价保巴易学说："根柢宋儒。阐发易理无一字涉京、焦谶纬之说。"保巴易学"根柢宋儒"，其基本精神就是围绕太极（理）本体论和"穷理尽性"的修养工夫论所进行的阐发。就易学说，保巴受宋代理学家周敦颐、邵雍、程颐、朱熹易学思想影响，摒弃汉代京房、焦赣等人的《周易》象数学，承袭《周易》义理学派思想。这在元代作为一个以蒙古族贵族建立的少数民族政权主宰的社会环境里，在思想理论上是对宋代理学儒学的承继和传扬，实际地发挥着以儒家德治仁政的政治理念来影响、改造元代政权的积极作用。从这样的观察角度和意义来说，保巴义理易学功不可没。

第三，保巴的易哲学思想推进了理学在元代的发展。保巴在《周易》思想哺育下，形成了自己颇具特色的易学思想体系，对古代易学思想的发展，有其独特的贡献。他发展《周易》太极学说，沿袭宋代理学家思路，探讨宇宙本体和世界图景，建构和创立的先天（河图，实指太极）、中天（八卦）、后天（洛书）宇宙图式，比之于一株大树，自根而干而枝末，认为宇宙万物生化发展由太极演化而来，表述了太极演化天地万物的逻辑程序。这一图式尽管在今天看来，不具科学价值，但在七百多年前的元代社会，从理论上来说，这是保巴的一个创造，它无疑丰富了易哲学发展的思想内容。作为一位少数民族易学家，承继先哲传统，探讨宇宙演化的奥秘，不仅是一种理论尝试，而且其中蕴含着水有源，木有本，万物发展无不有其本源且存在由简到繁的不断发展。这一思想对古代哲学本体论的探讨与发展，是有其理论价值和思想学术意义的。

第四，从保巴作为一位蒙古族少数民族学者的观察视角来看其易哲学思想的儒学贡献。元代政权是蒙古族贵族建立的以武力征服和经济抢攘为特征的、具有草原文化特色的国家机器。生活在元代这种情势下的开明儒家宰臣，曾试图积极以儒家德治仁政的政治理念来影响、改造这个尚武嗜利精神突出的政权。影响较大者如儒家学者许衡向元王朝谏言"行汉法"，即施行以儒家官僚政治为主的中原政治制度。保巴作为一位受元朝皇族尊敬的学者和儒臣，深研易学，秉持儒学的经世致用之风，注重《周易》的政治、伦理、教育等思想，力求引导人们尤其是蒙古族贵族统治者从中汲取修身、齐家、治国、平天下的精神营养。这与许衡提出的"行汉法"政治主张,具有政治理念上彼此呼应的现实意义和积极作用。同时,保巴作为具有蒙古族民族身份的儒者,代表着蒙古族少数民族的族别,不仅如上所述,其承继倡扬理学儒学太极(理)本体论和"穷理尽性"修养方法论等哲学观念,还主张"事天之道,济民为先"[1],安邦治国"法不可甚,用不可侈,赋不可苛"[2],发挥《易传》提倡的"节以制度,不伤财,不害民"等儒学"博施于民而能济众"的原则,提出"上以风化下"[3]、教化和刑罚并重、以礼乐教化为主、导民为善等儒家政治伦理思想。从民族关系而言,保巴的这些理论观念,显示了建立了统一中央政权的蒙古族对于中原儒学的理论认同和价值褒扬,包含着在儒学共同价值理念统摄下的民族和谐、团结进步的深刻意义。

当然,保巴易哲学思想比之于他所承继的理学家们的学术体系之宏阔是远不能及的,对于理学易学所涉及的一些重要理论命题,也未遑深入辨析(如周敦颐的"主静"与二程的"主敬"),表现出其融摄多于创造、发展不及继承的特点,显示了保巴所标志的元代理学薄弱性的一面。这也是毋庸讳言的。

第二节　清代儒学与蒙古族哲学

清朝近 300 年,积极扶持藏传佛教发展,同时尊崇儒学。为了宣传儒学史籍典章,与行政文书互译,由此编纂之业勃兴,刊刻多种大型合璧辞书,蒙古族世俗文人也跻身其中,甚至不惜穷年参与编纂辞书,皓首不悉世事,

---

[1] (元)保巴:《周易原旨　易源奥义》,陈少彤点校,中华书局,2009,第69页。
[2] (元)保巴:《周易原旨　易源奥义》,陈少彤点校,中华书局,2009,第194页。
[3] (元)保巴:《周易原旨　易源奥义》,陈少彤点校,中华书局,2009,第62页。

构成清朝训诂考据学风的组成部分。围绕辞书编纂这一中心展开的语言文字翻译事业，客观上为民族文化交流奠定了相应基础。鸦片战争前，由蒙古氏族所处的原始畜牧经济、封建世袭政治制度、藏传佛教文化，以及边疆地理等特殊的社会条件所决定，蒙古民族思想发展必将体现自身的历史与逻辑特色。鸦片战争后，一方面，西方资本主义文化迅猛冲击着以儒学为核心的中国传统文化；另一方面，在高势能外部文化的冲击下，传统的中国封建文化结构与格局发生了连锁性嬗变，形式上表现为不同文化的冲突，实质根源于帝国主义入侵，贯穿着共同的思想主题：爱国救亡。所以不同文化的冲突融合，始终是围绕着反帝、反封建这一社会矛盾轴心而承启转合。

随着民族地区之间的文化封闭状况被日益增强的各民族文化交流与依存所代替，各民族精神文化逐渐成为公共财富，多元文化局面为蒙古族近代思想发展奠定了基础。当时，尹湛纳希把蒙古地区多元文化局面形容为"在一个庙里，供奉着三教圣人，众僧者原把释迦佛尊供在正中。后来，道士们见了，将太上老君移在中央。儒者见了之后，又将孔夫子迁于正中。和尚们之后，依旧将佛尊请到中间。如此迁来移去，以致泥像将毁"[1]。在多元文化的冲突融合中，各民族文化的"精神精华"，被一些蒙古族思想家所吸取和兼收并蓄。因此，时值近代，蒙古民族把藏传佛教、儒学，以及草原文化相混融，使其哲学思想紧随社会紧迫问题展开，在先进与落后、革命与保守的对立斗争中不断演进，开辟了自身历史与逻辑的发展进路。

一　儒学北渐与思想启蒙

启蒙作为一种社会思潮，是随着人类对自然、社会、人类自身演变规律

---

[1]（清）尹湛纳希：《一层楼》，《尹湛纳希全集》，内蒙古人民出版社，2009，第255页。

的深入认知，尤其是对人类精神进步的历程认识不断深化而逐渐积聚起来的一种力量。这种力量是时代精英以他们渊博的知识、超前的思想意识、敏锐的洞察力和理性的思维，在追求真理自由以及整个人类解放的真诚信仰中诞生的。只要有追求真理的勇气与决心，那么，在任何时代都需要思想启蒙。

西方启蒙运动发生的年代可以追溯到1680年，几乎涵盖了18世纪的整个欧洲。但"启蒙"一词并非这场运动的专名，思想层面的启发和澄清在西方历史发展的各个特定时期都在进行。作为一种西方近现代思想范式和文化命题，"启蒙"自19世纪中叶至20世纪末在中国经历了一个从引入、兴盛到出现危机的过程。一些研究者将五四启蒙的源头，上溯16—17世纪，这正是阶级矛盾、民族矛盾激化和资本主义萌芽时期，独特的时代环境造就了一批有识之士。以顾炎武、黄宗羲、王夫之、戴震等为代表的早期启蒙思想家，在封建社会内部树起了早期思想启蒙的大旗。他们震惊于当时的政治时局，对封建专制制度和封建蒙昧主义进行了批判，并试图在社会矛盾运动中寻找历史发展的轨迹和民族文化复兴的未来，中国早期的启蒙思潮就是在这样的背景下掀起的。

后来的严复和梁启超等一批先进人物积极传播西方思想文化，特别是"天赋人权""自由平等"等口号在当时中国的思想界和学术界引起了震动。五四新文化运动高举"民主""科学"的大旗，反对封建特权，要求政治民主；反对旧道德，提倡新道德；反对旧文学，提倡新文学，是辛亥革命在文化思想领域中的延续，是资产阶级新文化和封建阶级旧文化的一次激烈交锋，促使人们更迫切地追求救国救民的真理，为马克思主义在中国的传播创造了条件。新思潮由"价值重估"到"社会改造"的政治化转向，预示了现代中国启蒙与革命嬗替的历史趋向。

与此相应，蒙古族地区也从晚清时期开始，在儒学北渐的背景下掀起了启蒙思潮。近代以来，日益深重的社会危机和民族危机，社会矛盾的激化和统治阶级的重组，在蒙古族思想领域产生了很强的冲击；同时，随着儒学思想在蒙古社会的传播，人们对佛之信仰产生疑问，形成一股疑佛思潮，一些蒙古族知识分子掀起了反对封建僧侣上层腐朽颓败，反对封建世袭制度的启蒙思潮，拉开了近代宗教批判、思想启蒙的序幕。主题是批判宗教蒙昧主义和封建世袭制度。其中既有对民族劣根性的无情鞭挞，也有对民族优良传统的颂扬，既有民族历史的痛苦反思，也有对民族发展前景的美好期待。

1. 崇儒重道的教育政策

儒学在蒙元时期传入蒙古地区，随着契丹族和汉族知识分子如耶律楚材、许衡等人在朝廷中的地位和影响日显，儒学思想开始发挥越来越重要的作用。1271年，大蒙古国改国号"大元"即源自儒典《易经》。元世祖忽必烈广纳儒臣建议，大力推行"汉法"，设立蒙古国子学和国子监，讲授"四书五经"蒙译本，同时也用汉语向皇亲国戚、随朝官员等传授儒学思想以培养人才。"设官分职，征用儒雅，崇学校为育材之地，议科举为取士之方"[1]，开科取士，任用儒士，以忽必烈为代表的蒙古社会上层对儒家思想采取了接纳崇奉的态度。北元时期，虽然蒙古地区相对封闭，但儒家思想仍有传播。有的蒙古王公贵族还学习《忠经》《孝经》，蒙译本《五伦规范》《五伦图说》等儒学书籍在蒙古人中流传，只是影响有限而已，支持此论的史料目前尚不多见。真正对蒙古族文化结构形成激荡的是近代儒学北渐。

晚清时期，尤其是1840年的鸦片战争之后，一方面，西方文化猛烈冲击着以儒学为核心的中国传统文化；另一方面，儒学文化向长期封禁的蒙古地区的扩散却逐渐呈现增强态势。蒙古社会特别是漠南蒙古地区出现了学习研究中原儒学文化的现象，这是蒙古文化继接受佛教文化后又一次规模较大的与其他文化的交流，无疑也是蒙古族文化发展的新契机。与佛教倡导的出世理论相反，儒学尊重人生、关注社会现实的精神，契合了要求摆脱宗教桎梏、

---

[1]《元史·选举志》。

向往追求现实社会和人生价值的蒙古族人的心灵。它给佛教文化笼罩的草原带来了一股清新的文化和生活气息，也使人们被禁锢的思想从佛陀转向现实。

北京是当时儒学教育和传播的中心，也是儒学向蒙古地区传播的大本营。因为儒家思想自汉代独尊儒术之后，成为历代封建王朝的统治思想，作为满族政权的清王朝，为了适应和联络各民族感情，巩固其在全国的统治也极力推崇儒学，奉为治国安邦的指导思想。为了向蒙古族人有选择地宣扬儒家文化，清朝采取了一系列措施：（1）在北京和蒙古地区以及蒙古八旗驻防将军、都统所在地区设立蒙古义学、八旗学堂、八旗蒙古官学、绥远城蒙古官学等学堂，还在京城蒙古人和口外七厅举行科举考试，尽管科考的范围还很有限。（2）《理藩院则例》和《蒙古律例》中，加进了汉儒礼法的条款，如内札萨克蒙古因偷盗四项牲畜拟死罪及发遣人犯，符合条件，"俱准留养"。"存留养亲"及"凡孝义忠节者，察实以题而旌焉"等规定，表现了儒家孝亲原则，明显地带有儒家文化特色。（3）出版许多普及性读物，如蒙译《三字经》《满蒙合璧三字经注解》及《御制劝善要言》《三圣训言》《四子集注》等。同时，一些古典名著如《三国演义》《水浒传》及《红楼梦》等文学作品也被译成蒙古文，在蒙古南部地区得到了广泛传播。[1] 通过这些方式，促进了近代蒙古社会由宗教文化向多元文化的过渡。

儒家思想主要是在蒙古族社会上层和知识分子中传播，一些开明的蒙古王公贵族具有良好的儒学文化修养。在清代用汉文写作的蒙古族学者中，其作品大部分是接受中原文化后，在子、史、经、集等领域的研究成果。一些熟知汉语文并有较高水平的学者还致力于汉译蒙的工作，除了把《水浒传》《三国演义》《红楼梦》等古典名著翻译为蒙古文，甚至有人还用蒙古文以仿写名著的形式进行了再创作，丰富了民族文化的内容，同时也出现了一批新

---

[1] 由于蒙古地区地域广大，晚清以后接触儒学及汉文化的地区主要集中在蒙古南部与汉地接壤的一些地方，如察哈尔、土默特、喀喇沁、科尔沁等，而在其他蒙古地区汉文化则少有波及。

的知识阶层，这使蒙古族知识阶层的构成由佛僧为主向多种结构变化。《清代科举家族研究》记述了蒙古族著名科举家族，他们是正白旗蒙古巴羽·尚贤家族，正黄旗蒙古来秀家族，正红旗蒙古衡瑞家族。这些家族被称为科举家族，充分说明他们是熟读儒家经典，一举成名而成为蒙古族文人的代表人物，继而成为儒家文化的宣传者和推崇者。衡瑞之祖父倭仁[1]就是晚清著名儒家学者。

首先，由于清朝统治者把儒学推崇为国学，而清王朝的统一，又使中原文化向蒙古地区的传播由可能变为现实。在这种情况下，蒙古地区作为清王朝的一部分不能不接受国学，蒙古文化不能不受中原文化的影响，特别是对于一些要在非蒙古地区出任职务的蒙古官员来说，学习汉文，熟知儒学，已经成了首要的不可缺少的条件。其次，由于在18世纪时，蒙古的漠南地区、喀喇沁、科尔沁等草原从周边向深处逐渐形成了一个农业区，使农业最终成为独立于畜牧业的经济部门，而众所周知，儒学是建立在农业经济基础上的文化，其传播一般来讲需要相应的农业经济社会环境。蒙古地区经济结构的变化，也为接受中原农业文化奠定了物质前提。最后，在上一历史时期人们把理想追求完全寄托于佛陀，然而几百年的历史变迁表明，佛陀未能指引蒙古民族走上兴旺之路，于是人们开始对理想追求进行反思，渐渐开始质疑佛作为世间生存的精神支柱的作用，希望寻找一个新的精神家园。

从一定意义上说，儒家文化的浸润，多元文化的冲突融合为蒙古族近代宗教信仰的转折奠定了基础，在一定程度上改变了蒙古社会唯佛教文化独尊的局面。如果说儒学在中原地区的社会作用主要在政治方面，那么，它在蒙古社会的影响则主要在思想领域，在于它的人文精神。儒学在蒙古

---

[1] 倭仁（1804—1871），蒙古正红旗人，蒙古族，乌齐格里氏，道光朝进士，曾任工部尚书。"命授皇帝读"，是同治皇帝师，授文渊阁大学士，1871年授文华阁大学士。部分著述被编辑成《倭仁端公遗书》13卷。倭仁推崇程朱理学，强调"格君心、行仁政、正风俗、重教育"的思想，以理学名臣而载入史册。

草原的传播，其文化结果是喜人的，它给草原文化带来一股清新的文化空气，对佛教文化笼罩的草原增加了人世的气息，把人们的思路由虚空引向了世间。

2. 蒙古族人反佛观念中的儒学传播

18世纪的法国启蒙思想家孔多塞说，理性、宽容、人道就是启蒙思想家们战斗的口号。西方中世纪的启蒙思想家提倡用理性作为衡量、判断一切的尺度，把封建制度比作漫漫长夜，呼唤用理性的阳光驱逐黑暗的现实，消灭专制王权和贵族特权。在一个世纪之后的东方，在广阔的蒙古草原上，一些有着远见卓识的蒙古族思想家，也同样挑起了民族启蒙的旗帜，他们力图用理性解释现实世界，贡桑诺尔布[1]即其中的代表人物。另有哈斯宝[2]以"天生人、人性善"开蒙古族启蒙思想之先河，而后的尹湛纳希[3]、罗布桑却丹[4]则通过对宗教有神论的批判，开创了思想启蒙的新阶段。哈斯宝、尹湛纳希、罗布桑却丹等人的人文主义社会观以及民族存亡的思想观点，使蒙古族近代启蒙思潮具有了较强的理论色彩；贡桑诺尔布在进化论思想的基础上，以资产阶级改良主义的新思路，重新审视蒙古民族危机的社会根源，提出救亡图存的社会实践方案，在蒙古族近代思想史上具有划时代的意义。尹湛纳希、罗布桑却丹等一批有识之士深刻分析了蒙古社会贫穷落后的社会根源，认识

1　贡桑诺尔布（1872—1931），字乐亭，号夔盦，蒙古族，内蒙古卓索图盟喀喇沁右旗世袭札萨克亲王，兼卓索图盟盟长。通晓蒙、满、汉、藏等各种文字，喜吟咏，著有《竹友斋诗集》流传于世，好诗文、工书法，并擅长绘画，诗词歌赋无不精通。他是蒙古民族近代史上重要的开拓者。1912年开始，任北洋政府蒙藏院（后改为蒙藏委员会）总裁16年之久。

2　哈斯宝（笔名），自称施乐斋主人，蒙古族，内蒙古卓索图盟人，生活于嘉庆至道光年间，精通蒙古文、汉文，熟悉儒释道典籍，尤以翻译见长。

3　尹湛纳希（1837—1892），汉名宝瑛，字润亭，号衡山，蒙古族，原卓索图盟土默特右旗（今辽宁北票市）人。近代蒙古族文学家、思想家。尹湛纳希秉承家学遗风，终生以笔墨为生，深谙蒙古族、汉族的历史文化，精通蒙古、汉、满、藏四种文字，潜心研究中国历史尤其是蒙古族社会历史，著作有《青史演义》等，翻译有《中庸》等汉文典籍。

4　罗布桑却丹（1874—？），蒙古族，卓索图盟喀喇沁左旗（今辽宁省喀喇沁左翼蒙古族自治县）人。生活于清末民初，是继尹湛纳希之后，批判佛教开启民智的又一典型代表。在《蒙古风俗鉴》中深刻揭露了佛教在清代对蒙古民族所造成的危害。

到藏传佛教对蒙古社会的消极作用是蒙古民族由盛转衰的主要原因。《清朝理藩院档》记载："蒙古之弱,纪纲不立,惟佛教是崇。于是,喇嘛日多,人丁日减,召庙日盛,种类日衰。"甚至部分蒙古王公贵族都意识到要开启民智必须限制藏传佛教。发出了蒙古"贫弱之根,实积于此。急欲图强,非取缔宗教不可"的呼声。尹湛纳希所生活的时代,正是清王朝日益衰落,蒙古民族沉湎于宗教的时代,尹湛纳希、罗布桑却丹等人在批判佛教的过程中阐明了他们的启蒙思想。在《青史演义》首页,尹湛纳希加了一篇反佛序言,堪称一篇反佛檄文。他从历史事实出发,认为:"辽国在它太平时沉迷于玄术,佛教盛行,国政废弛,世道禁锢,社稷倾覆,所以才说辽国毁于释教。"[1] 而蒙古人不顾自己的能力,凡事所求甚高,势必心从释氏,妨碍世道,贪图安逸,顾望玄术。这是蒙古人宠信佛教的心理原因。他说:"我们的蒙古国不正是因为贪图安逸,溺于玄术而濒于灭亡的吗?然而人们至今仍不知道,一心想当佛祖,到头来成了马猴,难道那佛祖是人人都能当成的吗?这正如一个婴孩连走路都不会,竟想一步登天,结果便窒息而死。不仅如此,当别人给他讲明道理时,他却听不进去,反而说别人的议论是邪教异端。"[2] 尹湛纳希还专门写了三篇反佛杂文,即《石枕之评论》《释者的虚伪》和《佛经和儒书》。在《佛经和儒书》中,尹湛纳希写道:"佛经如太阳,儒书似黑夜里的蜡烛。太阳不能握于手中,左右翻动细察其状,但蜡烛可以亲手制作,还可以任意调其光线之高低强弱。世界上的一切书籍都是真实事物的记录而已。"[3] 在谈到佛教与儒学的关系时,尹湛纳希也同时承认:"敝人虽不精通各教,但并不认为哪个教门绝对错误。""喇嘛教宣扬人应该追求无忧无虑的

---

[1] (清)尹湛纳希:《青史演义·初序》,黑勒、丁师浩译,《尹湛纳希全集》,内蒙古人民出版社,2009,第1页。
[2] (清)尹湛纳希:《青史演义·初序》,黑勒、丁师浩译,《尹湛纳希全集》,内蒙古人民出版社,2009,第20页。
[3] (清)尹湛纳希:《韵文杂文及中篇小说》,赵永铁译,《尹湛纳希全集》,内蒙古人民出版社,2009,第59页。

极乐幸福,这是人人向往的;儒教提倡生儿育女显示功名,这是有利于民族生存的。"[1] 肯定儒学有利于社会和民族进步的思想因素。

17世纪,《甘珠尔经》(108函)全部译成蒙古文,受佛教和藏族编修史书体例的影响,蒙古地区出现了一批新型的编年史著作,这些史书——《黄金史纲》《蒙古源流》的作者,从宗教历史观出发,不满足传统的单一的古代蒙古历史的记叙,而是发展了印度—西藏—蒙古王族一脉相承的谱系,使蒙古族同佛教联系在一起,成为佛教世界史的一个组成部分,提出"蒙、印、藏同源论"。"蒙、印、藏同源论"在蒙古社会意识形态领域产生了重要影响。这种"他生论"的族源观,反映了蒙古汗权衰落,汗权的精神支柱——天命论逐渐被佛教历史观取代。清代以来漠南蒙古封建主丧失独立领地,失意的蒙古人为维护自身权益,只好求助于宗教(藏传佛教),以此证明成吉思汗黄金家族汗权不可侵犯的神圣性。为了让"所有的蒙古人都能知道自己的历史","知道本民族的历史和宗姓",尹湛纳希驳斥了这一"神圣起源论"。他说:"佛祖本来是印度人的佛祖,到了今天他又成了我们蒙古人的佛祖。""蒙古人想让孩子成佛而让他们当喇嘛",这是"根绝后代"[2]。在尹湛纳希看来,清朝统治者提倡佛教的文化政策导致的结果是:其一,部分蒙古族知识分子"不问祖宗根底","不知自己的根基"却否定本民族文化。其二,百姓"谋求阴德而不务时事",为子孙成佛而去做喇嘛,使蒙古人快灭绝了。"有的人崇信喇嘛佛爷为自己的来世祷告积善,从而贻误今生者仍然不少。"[3] 其三,由于民族不平等政策和封建世袭制度,关闭了蒙古族科举考试之门,使世俗贵族不思进取而日益堕落。为了唤醒民族意识,尹湛纳希废

---

[1] (清)尹湛纳希:《青史演义·初序》,黑勒、丁师浩译,《尹湛纳希全集》,内蒙古人民出版社,2009,第40页。

[2] (清)尹湛纳希:《青史演义·初序》,黑勒、丁师浩译,《尹湛纳希全集》,内蒙古人民出版社,2009,第22页。

[3] (清)尹湛纳希:《青史演义·初序》,黑勒、丁师浩译,《尹湛纳希全集》,内蒙古人民出版社,2009,第22页。

寝忘食、夜以继日地创作了大量具有浓郁民族气息的作品，向人们展现丰富多彩的民族文化。在《青史演义》中，尹湛纳希认为蒙古民族的衰败也与成吉思汗的不肖子孙有直接关系。这些仰仗成吉思汗福荫作威作福的贵族，甚至"不知自己的根基"。在尹湛纳希看来，蒙古民族的衰退现象是长时期不能奉行较好的民族政策的结果。尹湛纳希对那些自称活佛的上层喇嘛提出批评：奉劝人们不要以佛爷的名义来抬高自己，有人自称是佛门弟子，然而却又贪图皇帝之奖赏，如此欺侮无声的佛爷，是多么令人痛恨。在《青史演义》中，他记述了成吉思汗统一蒙古各部的历史功绩，告诉人们：我们的祖先曾经多么辉煌，如今却落魄到如此地步，为唤醒民众，尹湛纳希高呼"勿忘祖先"！

在《蒙古风俗鉴》中，针对佛教"三世说"的世界观，罗布桑却丹指出："喇嘛教的教义并非如此，而是认为世界之事皆为空，并不永生的身体并没有用处，反受其苦而作。"[1] 而人们相信了这类说教，"明明活着却老想死后的事"[2]。由于佛教"因果报应""解脱轮回"等教义的影响，现实中许多不公得到了"命中注定"的合理解释。"蒙古民族被迷惑得分不出是怀疑和信仰，都是怎么回事。见到喇嘛庙就迷信叩头，还疑惑这种信仰不产生益处，就象醉人做梦，能睡的人正在困乏似的信仰着喇嘛教。"[3] 蒙古人逐渐沉醉在"天堂"的虚幻之中，希望通过"活佛"的"引渡"而得救。对此，罗布桑却丹无不痛心地指出："蒙古的民族性已经变易。"佛教把"非永生，皆虚幻"之类说教在老弱妇孺间说来道去，日久天长，使人们的习性变得特别懒散，意志变得特别懦弱。[4] 罗布桑却丹借用当时智者的话说："用英雄的宝剑换来了无柄之权。让勇者敬佛，本来有生命的人变成了给图像叩头的时候了。

---

[1] （清）罗布桑却丹：《蒙古风俗鉴》，赵景阳译，辽宁民族出版社，1988，第82页。
[2] （清）罗布桑却丹：《蒙古风俗鉴》，赵景阳译，辽宁民族出版社，1988，第82页。
[3] （清）罗布桑却丹：《蒙古风俗鉴》，赵景阳译，辽宁民族出版社，1988，第81页。
[4] （清）罗布桑却丹：《蒙古风俗鉴》，赵景阳译，辽宁民族出版社，1988，第82页。

人人手拿串珠，口念玛尼，家家有了喇嘛念经，走向死亡而回不了头了。"[1] 罗布桑却丹认为众多蒙古人信仰佛教，出家当喇嘛，与清王朝的治政有直接关系。如咸丰四年（1854），皇帝下令"蒙古人学习汉文汉语"[2]。清朝政府明令禁止蒙古人学习汉文，所有公文都不得使用汉字，因而使蒙古人失去了参加科举考试的机会；而学习蒙古文，又不能参加科举考试，所以，只好出家当喇嘛学经文。"为了得到清皇的青睐，在自己管的旗大建甘珠尔庙，为皇上举办祝其万寿无疆的经会，各旗一个学一个也都建了寺庙。"[3] 对于佛教在蒙古地区盛行的社会根源，罗布桑却丹一针见血地指出："清朝康熙、乾隆两个黄帝参照元朝的做法，结合蒙古族的愚蠢信仰，与西藏达赖喇嘛建立了友好关系，在北京、五台、热河、多伦、奉天、长安等地建了喇嘛庙……蒙古各旗都修建了寺庙，为黄帝、为国家的安宁而规定了念甘珠尔经的制度。清朝还为了使喇嘛安心，不派喇嘛们任何差役，而且尊重喇嘛。"[4] 在罗布桑却丹看来，推行佛教的结果严重影响了蒙古族人口的增长，出现不断下降的趋势。由于佛教所宣扬的禁欲主义，要求人们修善积德，憧憬来世所谓美好生活，使"人们相信'非永生，皆虚幻'的说教，便不考虑如何生存繁衍，传宗接代，却更多的思虑身后死亡之事而不注重如何过好今生"。蒙古人"不管兄弟几个，只留一个守家继业，其余兄弟们都当喇嘛住进庙里"[5]。清朝时期，蒙古族不仅经济文化落后，人口也出现了严重下降，昔日强悍的蒙古民族变得软弱衰落，罗布桑却丹疾呼："眼下蒙古民族委实岌岌可危了！"

3. 民间疑佛反佛的启蒙意识

由于受到儒家积极入世思想的影响，近代蒙古社会民间出现了疑佛、反

---

[1] （清）罗布桑却丹：《蒙古风俗鉴》，赵景阳译，辽宁民族出版社，1988，第155页。
[2] 黄鸿寿：《清史纪事本末》，上海书店出版社，1986，第301页。
[3] （清）罗布桑却丹：《蒙古风俗鉴》，赵景阳译，辽宁民族出版社，1988，第80—81页。
[4] （清）罗布桑却丹：《蒙古风俗鉴》，赵景阳译，辽宁民族出版社，1988，第79页。
[5] （清）罗布桑却丹：《蒙古风俗鉴》，赵景阳译，辽宁民族出版社，1988，第79页。

佛意识。早在清朝前期，蒙古各部抗金斗争的失败、蒙古汗权政治衰落，就使人们的崇佛思想发生了初步的动摇。佛教宣称能将"血潮汹涌之大江，代为溢乳清澈之澄海"，佛光普照大地如同白昼，给人们带来健康幸福，给社会带来安宁兴旺，给汗权带来太平永久。这"无情世界的感情"使饱受割据混战之苦的人民似乎看到了一线希望。然而，现实无情地告诉人们，佛祖并不能保佑他们的福和爱，诵经并不能判明是与非，只有依靠人民自己的力量。反佛思潮的初期表现是怀疑意识，即对佛之权威及佛教经典提出疑义。诗人朝克图台吉也曾虔诚信仰佛教，建立佛寺，翻译经文，招僧诵经，以保安康幸福。可事实并非如此，佛祖的承诺与现实出现分离。他在诗文中写道：至上的天神，人间的帝王，虽有上下之别，福与爱的本质无两样；仙洞的菩萨，人间的善者，虽有处所之异，仁与慈的本质无两样。表达了作者对信仰的反思，虽然诗中没有直接责难佛祖，但崇佛的立场开始动摇，对佛祖的权威性产生了怀疑。在另一首诗《诺敏古鲁之歌》中，朝克图台吉反佛倾向更加明显。诗中写道：大千世界万物长存，难道遵循命运安排？幸福与痛苦这两者啊，莫非真的彼此轮回？极乐世界仁慈佛祖，请问有谁亲临亲见？在蒙古族思想史上，怀疑和否定宗教神权的无神论思想倾向最早出现在文人的作品中，而广大民众疑佛反佛的无神论思想到了近代才反映出来。主要体现在民间文学及民歌、谚语中，反佛思想的表达也更加直白。许多民间文学揭露喇嘛给人们带来恶果，认为人的福禄命运与佛陀无关，揭露喇嘛及其行为的虚伪性。如讽刺故事集《巴拉根仓的故事》[1] 就表达了蒙古族民众的疑佛反佛意识，巴拉根仓以其特有的讽刺、批判、嘲弄等反对形式，对僧俗统治者王公、诺颜、活佛、喇嘛进行揭露，对苦难的民众寄予深切的同情，在百姓中广为流传，引导人们追求人间的幸福，佛爷、喇嘛的神圣地位被动摇。民间流传着

---

[1] 巴拉根仓，是蒙古族地区根据自己的愿望虚构出来的一形象生动的理想人物，是真理和正义的捍卫者。

许多类似的故事，表现了民众否定神权、面对现实的无神论思想，反映了强烈的战斗精神。蒙古族民间流传很广、影响深远、深受欢迎的《沙格德尔的故事》中也有许多反佛的故事。《沙格德尔的故事》作为广泛流传于我国内蒙古东部的讽刺故事集，书中主人公沙格德尔从小在召庙当喇嘛，对于某些上层喇嘛的作为有深入了解和洞察，故事中甚至对一些上层喇嘛的"积德行善"迷障进行了揭露和讽刺："满身一股臭屎味，偏愿意坐高楼；连藏经都念不通，却喜欢戴高顶帽；连一本藏经都背不熟，却硬巴着要当达赖喇嘛；连个藏经都看不懂，却披上法衣硬装神；好在召庙是用岩石砌成，才勉强保留至今；如果它是面捏的，早被这些'佛爷'们吞尽！"[1] 沙格德尔不敬菩萨偶像神灵，公开亵渎菩萨，对王公和上层喇嘛的无情揭露，使沙格德尔受到残酷迫害。然而，面对社会的黑暗，王公僧侣对其的迫害，他发檄文说："我要和老天爷打官司，我和黄金大地有恨，我对千眼佛有冤，我与管家和诺颜有仇！你们要问这是为什么？是因为：老天爷它失去了博爱，大地它失去了仁慈，千眼佛丧失了神灵，掌权的诺颜们已经无法无天！"[2] 不难看出，主人公沙格德尔敢于公开亵渎神灵，诅咒佛祖，抨击某些上层喇嘛，揭露王公贵族，不仅表现了沙格德尔民主思想的闪光，同时也表现了他强烈的无神论思想。

在思想界疑佛反佛的同时，以贡桑诺尔布为代表的蒙古族有识之士开始了近代教育、实业兴邦的探索。他开创了漠南蒙古近代教育之先河，先后创办了崇正学堂、毓正女学堂、守正武学堂，培养了大批先进人才。第一个在内蒙古创办报纸《婴报》，第一个在内蒙古办邮电、收发有线电报等，毅然赞成共和革命维护祖国统一，反对民族分裂，表现出高度的爱国情操和民族气节。辛亥革命后，贡桑诺尔布还建立了内蒙古第一个图书馆，促成第一批派遣数十

---

[1] 中国人民政治协商会议赤峰市委员会编：《沙格德尔的故事》，《赤峰风情》，1987，第411—412页。
[2] 中国人民政治协商会议赤峰市委员会编：《沙格德尔的故事》，《赤峰风情》，1987，第412页。

人留学日本，加强文化交流。他顺应历史潮流的发展，接受民主启蒙思想，大力推行旗政新举措，对振兴蒙古族经济和文化大胆地进行了有益的尝试。

二 清代蒙古族儒学者及其思想

倭仁及其理学思想。倭仁（1804—1871）字艮峰，蒙古正红旗人，蒙古族，乌齐格里氏，清道光进士，1832年（道光十二年）授编修，1844年（道光二十四年）升至大理寺卿，1855年（咸丰五年）擢侍讲学士，1862年（同治元年）擢工部尚书，命授皇帝读，旋授文渊阁大学士，1871年（同治十年）授文华殿大学士。倭仁性情耿直仁厚，治学严谨求实，为政清廉，不妄荐拔。他自幼熟读孔孟经书，后从学唐鉴，熟稔程朱理学，兼取思孟学派及陆王心学的某些观点，形成自己的思想体系。倭仁理学思想的意义在于在中国濒临危亡之际，他以儒家卫道者的心态，提出格君心、行仁政、正风俗、重教育的自强思想路线，与洋务思潮形成抵牾。其中论争的基本问题深触近代中国思想脉络，产生了深刻历史影响。其部分著述辑成《倭文端公遗书》。

第二次鸦片战争后，清朝政府与外国侵略者妥协，屈辱换来了侵略战争的暂时平息，中外反动派进一步联手镇压了各地规模较大的农民起义，由此出现了所谓的"同治中兴"。然而，回光返照的相对稳定的统治局面，并没有缓解封建社会基础日益解体的严重危机，相反，西方资本主义经济与文化的浸透，逐步深入地侵蚀着腐败的封建社会肌体，进而刺激着封建意识形态进行深刻的自我反省。洋务思潮滥觞于魏源思想，继他提出"师夷之长技以制夷"的具有向导性的改良观念之后，冯桂芬进一步提出"以伦常名教为本，辅以诸国富强之术"的纲领性思想。随之清朝兴办了种种模仿西法的事业。1862年（同治元年），由奕䜣等奏设同文馆，培养西学人才，至此，以同文馆的出现为契机，倭仁等理学家从捍卫传统纲常名教的理论立场，与洋务思潮形成对峙。

就实质而言，无论是洋务思潮，还是儒学主张，无不围绕封建民族国家何以自强这一中心问题而激荡和展开，争论过程中产生的矛盾与对立，则反映了不同的自强观念与方法。在如下代表性对立观点中，体现着倭仁以儒学、理学为根本精神的国家民族自强观念。(1)"富在民生"与"富在人心"。洋务派主张："臣维古今国势，必先富而后能强，尤必富在民生而国本乃益可固。"[1] "富在民生"，从思想脉络来看，可视作儒家"利用""厚生"传统思想的承继，在具体做法上则效仿西法，兴办矿业、工厂、铁路与邮电等事业，借以达到民富国强的目的。然而，儒家传统思想首重"正德"，次以"利用""厚生"，而恰恰在"正德"方面，洋务派缺乏讲究，并且其"富民"方式有所谓"用夷变夏"之嫌。倭仁则主张："根本之图在人心不在技术……议和以来，耶稣之教盛行，无识愚民半为煽惑，所恃读书之士讲明义礼，或可维持人心。今复举聪明隽秀，国家所培养而储以有用者，变而从夷，正气为之不伸，邪气因而弥积，数年以后，不尽驱中国之众咸归于夷不止。"[2] 人心丧尽，何俟自强？所以，"根本之图"还是在于人心。从思想脉络来看，"富在人心"坚持了儒家传统思想首重"正德"的原则，认为只要礼义廉耻维系人心，便能奋发自强。倭仁负有教育皇帝的职责，所以他将格君心作为己任，精心编纂了《帝王盛轨》与《辅弼嘉谟》二卷以及有关讲义，希望通过严甫经筵制度来格君心、树君德，并以此振奋一代精神。

(2)"洋务治国"与"礼义治国"。洋务派主张："查治国之道，在乎自强，而审时度势则自强以练兵为要，练兵又以制器为先。"[3] 而洋人制造机械火器，无不根据数理化史地等西学，所以，搞洋务必须在学习西学这一根本

---

1 （清）李鸿章：《试办织布局折》，顾廷龙、戴逸主编：《李鸿章全集》第10册《奏议》（十），安徽教育出版社，2008，第63页。
2 王之春：《国朝柔远记1—2》卷16，台北：华文书局，1968，第740—741页。
3 中华书局编辑部、李书源整理：《筹办夷务始末·同治朝》卷25，中华书局，2008，第1081页。

上下功夫。当然，热衷洋务并非意味着要放弃封建政治传统，所以在招收洋务人才时强调："议定考试必须正途人员，诚以读书明理之士，存心正大，而今日之局，又学士大夫所痛心疾首者，必能卧薪尝胆，共深刻励，以求自强实际，与泛泛悠悠漠不相关者不同。"[1] 但西学与中学毕竟异质，尤其是在民族矛盾日益尖锐的条件下，二者处于一种难以协调的紧张状态。倭仁揭露批判洋务运动之腐败现象，同时重申"内圣外王""正心、诚意、修身、齐家、治国、平天下"的儒家传统政治主张。倭仁提出："立国之道，尚礼义不尚权谋；根本之图，在人心不在技艺。今求一艺之末，而又奉夷人为师，无论夷人诡谲，未必传其精巧；即使教者诚教，学者诚学，所成就者不过术数之士，古今未有恃术数而能起衰振弱者也。"[2] 针对倭仁的"礼义治国"说，奕䜣谈道："如果实有妙策，可以制外国而不为外国所制，臣等自当追随该大学士后……如别无良策，仅以忠信为甲胄、礼义为干橹等词，谓可折衡樽俎，足以制敌之命，臣等实未敢信。"[3] 倭仁反驳："夫欲求制胜，必求之忠信之人；欲谋自强，必谋之礼义之士，固不待智者而后知矣。"[4] 鸦片战争带来的奇耻大辱，根本原因在于纲纪败坏、社会沦丧、士风颓落，今以诵习诗书者而奉夷为师，其志行已可概见，无论所学必不能精，即使能精，又安望其存心正大，尽力报国乎？所以，"天下治乱，决不能舍道而别有手援之法"[5]，为解决民族燃眉危机，就必须端正学术，倡导教育，用儒家礼义廉耻来规范人心，以起衰振弱，重扬国威。

（3）华夷之辨。近代之前，"用夏变夷"是华夷之辨的主导方面。然鸦片战争后，尽管洋务派大多具有保国保种的民族使命感，悲惨的战争结局使

---

[1] 中华书局编辑部、李书源整理：《筹办夷务始末·同治朝》卷48，中华书局，2008，第2020页。
[2] 中华书局编辑部、李书源整理：《筹办夷务始末·同治朝》卷47，中华书局，2008，第2009页。
[3] 中华书局编辑部、李书源整理：《筹办夷务始末·同治朝》卷48，中华书局，2008，第2021页。
[4] 中华书局编辑部、李书源整理：《筹办夷务始末·同治朝》卷48，中华书局，2008，第2027页。
[5] （清）黄宗羲：《明儒学案》，中华书局，2008，第1511页。

他们感觉到中国面临着"数千年来未有之变局""未有之强敌",以"不问何症,概投以古方"的传统观念来应对这种"变局"与"强敌"是难以保国保种的(李鸿章语)。在冷静的检讨与反省基础上,洋务派提出"师夷之长以制夷"。所谓"夷之长",主要是指"技艺""机巧""术数",这一切均属于"道器""本末"的器末之类,无妨道器,况且历史上有胡服骑射等事例可以为证。在这一时期,洋务派虽然没有明确提出"中体西用"的观点,但毕竟突破了"华夷大防"的传统思想藩篱。以倭仁为代表坚决反对"师夷"之论、之举。所持理由,一是中国固有科技胜过西方,"何必师事夷人"?二是学习西法,沉迷夷务,伤害自尊。"夷人吾仇也……变而从夷,正气为之不伸,邪气因而弥积。"[1] 三是正途出身师夷,将变而从夷。"议和以来,邪苏之教横行,无识愚民,半为煽惑,所恃读书之士讲明礼义,或可维持人心。"[2] 如今同文馆招生,录取满汉举人等正途出身,如此"数年之后,不尽驱中国之从咸归于夷不止"[3]。这种仇夷、排夷的观念,由于痛恨洋人侵略的社会心理以及洋务运动的挫折,一时赢得了社会的广泛回应。在反对洋务路线的论争中,倭仁认定,纲纪败坏,礼义沦丧,士风颓落是国势衰弱的根本原因,自强的根本问题是笃守诚正修齐治平的儒家传统立场,"政治本于人才,人才本于学校,学校本于君德","用人行政有关圣贤体要者,既已切实讲求,自强之道,何以逾比?"[4] 则必然能够达到"正学术,养人材,求直言,化畛域,裁冗食,警游惰,重本黜末,崇实默华"的自强目的。

就其哲学观念而言,倭仁思想不像洋务派那样对西方物质文化采取欲拒还迎的矛盾思想态度,而是彻底地拒绝西方物质文化,坚信儒家思想道德是社会前进的精神动力。倭仁的思想方法具有典型的形而上学性,他不像洋务

---

1 王之春:《国朝柔远记 1—2》卷 16,台北:华文书局,1968,第 741 页。
2 王之春:《国朝柔远记 1—2》卷 16,台北:华文书局,1968,第 741 页。
3 王之春:《国朝柔远记 1—2》卷 16,台北:华文书局,1968,第 741 页。
4 中华书局编辑部、李书源整理:《筹办夷务始末·同治朝》卷 48,中华书局,2008,第 2028 页。

派那样讲究因时制宜,而是坚持"天下变道亦不变",固执"忠信笃敬"的儒学观念,且由于民族义愤而得到不断巩固强化。某种意义上说,倭仁批判洋务派"弃本逐末"倾向的思想论争,在西学东渐的近代社会条件下,为维护封建中国生存之"道"与"本"——传统纲常名教,提出了偏于固守的原则观点,对其后的思想发展产生了重要影响。

尹湛纳希及其启蒙哲学。尹湛纳希(1837—1892),汉文名宝瑛,字润亭,号衡山,内蒙古卓索图盟土默特右旗人,蒙古族,博尔济忒氏。尹湛纳希出生于蒙古封建贵族家庭,父辈的爱国观念、尚学精神以及"处事求真率,疾恶确如仇"的良好家教,对尹湛纳希兄弟几人影响颇深,其在社会思想及文学创作领域均多有建树。青少年时代的尹湛纳希经常深入民间,体察民情,不满封建世袭制度、喇嘛教宗教专制与上层社会腐败造成的种种社会弊端,对蒙古民族的衰落命运尤为关切。而立之后,他"家运颓败,妇亡子死,凡事均不顺利",这使尹湛纳希更清醒冷静地观察与思考现实社会问题,民族、民主意识逐渐增强,转入以揭露批判黑暗的现实社会、弘扬优秀民族传统文化的著述生涯。尹湛纳希著述甚多,但生前未能刊刻,多有散佚。现存主要著作有《青史演义》《一层楼》《泣红亭》等。尹湛纳希思想具有以民族复兴为中心内容的基本色调,在哲学、宗教、史学和文学等领域,全面地反省与检讨民族衰亡的社会根源,将思想锋芒指向喇嘛教的宗教负面影响、腐败的封建世袭制度与民族压迫。他从人与自然、人与社会的关系角度出发,论证人类与民族平等的天然合理性,认为喇嘛教具有宗教腐蚀作用,结合儒学北渐的文化趋势,挖掘与强调本民族优秀文化传统。同时,在外来文化与传统文化的关系上,表现出兼容并蓄、批判继承的特征,以此形成了尹湛纳希要求社会改良的启蒙思想体系,从中可以窥见其对于儒学思想积极成分的有益融摄。在这种意义上,尹湛纳希被认为是近代蒙古族具有一定儒学精神的文化学者。

第一,"世界实有"本体论思想中的儒学成分。尹湛纳希认为,有与空何为世界之本,是不同学说之间对立的根本性问题。如佛教与儒教之间,"喇嘛教主张万物皆空,引导人们以空为本,儒教主张万物皆有,引导人们以有为本"[1]。他认为,治国之道在于善于操纵释儒学说,就如同元世祖忽必烈所说,"释教治人心,儒说正人身,二者皆为可取,然而不善变通者,往往取此弃彼,招致祸端,搅乱世道"[2]。蒙古民族衰退的根源,在于执迷"以空为本"的喇嘛教,"谋求阴德而不务时事","为了让子孙成佛而都送去当喇嘛,使蒙古人快灭绝了"。为了纠正人们的思想"偏执"[3],尹湛纳希着力阐述了有与空的辩证道理。首先,他认为"有"与"空"是存在着严格界定的,"具体的事物,在其有形体的时候便是有,在其形体毁灭之后便是空"。例如,"他们这个朝代,他们本身,现在虽然都是有,但不可避免地要成为空。不能将灭亡了的朝代与人称之为有,亦不能将存在的朝代与人称之为空",有与空的相互关系则是"有则皆有,空则皆空,有空相衡,紧密无间",如同"人与动物的生死,有生则有死,活着的时候称之为有,死去以后称之为空"[4]。尹湛纳希进而提出,有与空的发展变化基于宇宙的根本法则。"此宇宙者,从天地日月至万物,皆起源于阴阳二气,因缘于五行法则,故充满世界,繁衍万物"[5],"万物无不具有规律也","春晨一时冷风怎能使万物冻结,夏夜一阵北风怎能使万物成熟,秋午一时热浪怎能使万物返青,冬日一阵温暖怎能使万物复苏"[6],这规律是"上天""圣人""神仙"都不能改变的。同样,万物的差别是由地理条件与不同气候造成的,"世世气候和地理条件不同,日照远近与地形高低不同,春秋迟早与冬夏冷热不同,使万物具有了不

---

[1] 尹湛纳希:《蒙古青史演义》蒙古文,内蒙古人民出版社,1957,第66页。
[2] 尹湛纳希:《蒙古青史演义》蒙古文,内蒙古人民出版社,1957,第81页。
[3] 尹湛纳希:《蒙古青史演义》蒙古文,内蒙古人民出版社,1957,第4页。
[4] 尹湛纳希:《蒙古青史演义》蒙古文,内蒙古人民出版社,1957,第66页。
[5] 尹湛纳希:《蒙古青史演义》蒙古文,内蒙古人民出版社,1957,第72页。
[6] 尹湛纳希:《蒙古青史演义》蒙古文,内蒙古人民出版社,1957,第695页。

同的特点"¹。为了深入探究自然的奥秘，尹湛纳希绘制了各种地图，还自制了观察日食的望远镜，这一切都显示了身居偏乡僻壤的蒙古族思想家尹湛纳希追求科学的进取精神。

第二，"承天启运"历史观中的儒学因素。从元朝八思巴到清朝萨囊彻辰，以"蒙、印、藏同源论"为中心的宗教历史理论甚为彰显，其理论架构是业果—三大—宇宙生成—人类起源—印、藏、蒙王统。这种宗教历史观麻痹和削弱着民族社会感情，政教合一的封建政治统治观念与精密深繁的佛教意识形态相结合，构成腐败的世袭政治制度的思想支柱。尹湛纳希的《青史演义》是近代第一部冲破神学藩篱的蒙古史著作。在族源问题上，他彻底突破了"蒙藏印同源论"的思想羁绊，以"承天启运"的民族自生论的英雄史观，重新评说蒙古族的历史。尹湛纳希说："虔信佛祖的蒙古人当然知道佛祖的历史。原来，佛祖是印度的，如今都变成我们蒙古的了。"向往成佛，蒙古人潮涌般地皈依喇嘛教，以致民族濒于毁灭。为了"正本清源"，"让蒙古人知道自己的历史，记着自己祖宗的根基"，尹湛纳希在《青史演义》序中阐述了"承天启运"的民族自生论英雄史观。"氤氲着诚的山川湖泊之气，因淤塞而凝结的如铁如石，致以无可复加的程度，突然爆发而起，大气弥漫天地，承天启运的成吉思汗应运而生。他从十三岁起兵，以迅雷不及掩耳之势，讨还父仇，征战四方，经历千难万险而百折不挠，降服四色五夷，创建一统天下之蒙古基业。"² 显然，尹湛纳希承继了蒙古族早期"天裔之族，以诚配天"的思想观念，将蒙古族族源问题从神学思想体系中抽离出来。不仅如此，尹湛纳希的历史观"趋向于直接的现实，趋向于尘世的享乐和尘世的利益，趋向于尘世的世界"³，表现出变革现实社会政治的强烈愿望。如在描述成吉

1　尹湛纳希：《蒙古青史演义》蒙古文，内蒙古人民出版社，1957，第57页。
2　尹湛纳希：《蒙古青史演义》蒙古文，内蒙古人民出版社，1957，第49页。
3　《马克思恩格斯全集》第2卷，人民出版社，1957，第161页。

思汗创业史的过程中，突出成吉思汗"上与圣天同尊，下与乞丐共坐"，不像"历代天子，以尧舜为面，以秦吴为心"，而是言必信，行必果；成吉思汗誓言："天无二日，地无二主"，是因为"无法无天的汗太多了，他们为所欲为，连年纷争，使得民不聊生，正像深秋的黄叶一样死去。为此，我一定要征讨他们，统一蒙古"[1]。尹湛纳希利用辉煌的英雄史诗与悲惨的民族现状之间的反差对比，刺激被宗教麻痹了的民族精神。在论述民族与国家兴衰规律时，尹湛纳希针对某种"正统"论观念，提出反正统论的"天道"论。认为支配社会历史发展的"天道"是"无私无蔽"的至上法则，顺之则昌，逆之则亡。如宋朝可谓华夏正统，但是"南宋之高宗，其宗族父兄均被金人所掠，在吴国城被周身系满铃铍，光着脚在烧红的铁板上乱蹦乱跳，在一旁摇宴的金人闻声作乐。对此，高宗无动衷，反而在杭州喜庆登极"[2]，偏安偶域，荒淫无耻，为天道难容。所以，尽管宋朝继华夏正统，最终难免覆灭的命运。相反，成吉思汗替天行道，便征服四色五夷，一统天下。所谓"天道"，在尹湛纳希看来是无论社会或者自然都同样遵循的至上法则，具有不可违背的客观必然性，国家统治集团争财夺色、恣情纵骄、制度弛废，就像秋去冬来一样，是覆灭的无可挽救的象征，对此，神仙、佛爷、圣人也无可奈何。这里，尹湛纳希混淆了社会与自然的本质区别，以致社会发展变成与自然季节相差无几的循环过程。所以，尽管尹湛纳希认识到社会发展如同自然发展一样，具有客观必然性，认识到腐败的清朝经济社会已经是革命风暴的前夕，但对这种社会危机的本质缺乏正确的认识，而是将希望寄托在产生成吉思汗式的民族英雄"承天启运"，以求改变社会局面。

第三，"勿忘祖先"民族观中的儒学观念。尹湛纳希思想中最富特色的是以民族复兴为中心的思想。歌舞升平的民族上层与血泪成河的民族大众，确

1　尹湛纳希:《蒙古青史演义》蒙古文，内蒙古人民出版社，1957，第107页。
2　尹湛纳希:《蒙古青史演义》蒙古文，内蒙古人民出版社，1957，第118页。

保现世高爵厚禄的封建王公贵族世袭制度与向民众许诺未来幸福的神圣教阶制度，清朝对蒙古民族的特殊不平等政策，民族传统文化与佛教、儒道北渐，光辉的民族兴盛史与沦落的民族现状，等等，经尹湛纳希鞭辟入里的抽绎评判，给人以振聋发聩的思想启蒙。元代之后，蒙古民族社会的辉煌不再，不是因为蒙古人生活繁衍的地理环境荒芜恶劣，"大凡阳光能照到的地方，都有圣贤出世"，并且，蒙古高原自有蒙古高原的地利；不是因为蒙古人生性粗鲁，不尚礼义，"所有人类都有同样的悲伤之心，即使是吃自己父母尸体的那种国家也有一种公理和美德，……只不过各地的风俗不同，信仰不同，但其心意不是一样吗？"[1] 也不是因为"北方人没有百年之运"，姑且不论蒙古王朝统治历史的年份，"这大清朝也应算作北方人，他们至今已经做了二百二十八年的皇帝"，这是难以否认的。尹湛纳希认为，清王朝阻断了蒙古民众的科举之路，却敞开了喇嘛教寺院的大门，使蒙古人大都"谋求阴德，不务时事"，"为了让子孙成佛而都送去当喇嘛，使蒙古人快灭绝了"。"蒙古人崇信喇嘛教，精通了佛教五典，对于漫无边际，缜密玄妙的经典争论不休"，以至于忘了自己的祖宗。清王朝强化推行腐败的蒙古王公贵族世袭制度，使民族上层荒淫堕落。"这些东西不习文练武，……头戴珠宝桂冠，帽插彩色花翎，身穿黄袍马褂，……出则前簇后拥，宝辇快车招摇过市，入则美妾佳婢相迎，居则天堂般的宫殿，睡则十恶不赦之罪过，……看起来尊贵无比，闻起来死猫般的恶臭。""尽管他们对大清朝一点用处也没有"，但清王朝仍然通过世袭制度将其奉养起来。对于这些腐败的民族上层，尹湛纳希愤怒地说："与其白白地养活他们，不如贬为平民，摊差征税，岂不对国家更为有益！"[2] 尹湛纳希对封建世袭制度的揭露批判，洞开时代先风。尹湛纳希还认为："人类不懂得自己的宗族起源，不知道自己祖宗的事迹、姓名，那么就算他通晓天文

---

[1] 尹湛纳希：《蒙古青史演义》蒙古文，内蒙古人民出版社，1957，第57页。
[2] 尹湛纳希：《蒙古青史演义》蒙古文，内蒙古人民出版社，1957，第28页。

地理，稔熟世道人情，那只是楼巅之草木，虽比楼高却没有根基。"[1] 为了"让蒙古族人知道自己的历史，记着自己祖宗的根基"，尹湛纳希殚精竭虑地撰写《青史演义》，劝诫人们"花费几日时间，将这《大元盛世青史演义》细读一遍，其后成佛也罢，成圣也罢，也算是个知根知底的佛爷和圣人"[2]。其实，成佛成圣是逃避文字狱的遁词，托古改制、民族振兴才是其思想真谛。

第四，"权变其间"思想方法的儒学影响。以"权变其间"为特征的思想方法，是尹湛纳希思想体系的重要组成部分。表现在，在阶级矛盾日趋激化的社会条件下，尹湛纳希敢于揭露、批判由激化的阶级矛盾导致的种种社会矛盾。然而，他并不主张否定封建制度，而是提出了"惩贪官、铲污吏、节俭用度、爱抚民众"的改良希望；在各种文化冲突激荡的社会条件下，他以批判继承、兼收并蓄的思想态度，表明"敝人虽不精通各教，但并不认为哪个教门绝对错误"。喇嘛教宣扬追求无忧无虑的精神境界，这是人所向往的；儒教提倡生儿育女、建功立业，这是有利民族生存发展的。尹湛纳希以一切有利于民族生存与发展为取舍标准，为求传统民族文化在不同文化的冲突融合中发展起来。这种"权变其间"的思想方法体现的是一种进取精神，一种文化上的兼收并蓄和批判继承，对后来的蒙古族思想发展起到了积极推动作用。其整个思想对于激发蒙古民族追求进取、合理吸取包括儒学在内的中华各民族优秀传统文化精髓、构建具有民族特色的精神文明，具有重要理论意义。

随着佛教思想的禁锢被冲破，近代蒙古族人民的价值观和人生观发生了巨大变化，思想解放和社会重构的精神需求应运而生。蒙古族启蒙思想家以儒学的人本观念对佛教神本观念的批判，当然具有难以逾越的时代局限，尽管近代启蒙思潮在促进蒙古民族挣脱佛教桎梏、加速蒙古社会近代化的过程中发挥了

1　尹湛纳希：《蒙古青史演义》蒙古文，内蒙古人民出版社，1957，第62页。
2　尹湛纳希：《蒙古青史演义》蒙古文，内蒙古人民出版社，1957，第46页。

巨大的推动作用，但也仅仅是完成了启蒙前奏而已，启蒙之路仍然任重而道远！

第三节 本章结语

元代蒙古族入主中原，为蒙古族的思想文化与儒学逢遇提供了契机。在时间维度上，蒙古族思想文化在与儒学的互动关系中，总体上呈现为由政权主导逐渐向社会主导过渡。互动初期，"帝中国当行中国事"[1]，"今日能用士而能行中国之道，则中国之主"[2]。一方面意欲以儒治国，另一方面则是致力于通过儒家观念建构蒙古政权的正统地位，再造中华。在这一过程中，忽必烈汗所领导的蒙古政权转变为了大元政权，并在充分吸收运用儒学经邦济世思想的同时，也现实地参与到了对儒学的丰富发展之中。结果是，一方面儒学思想文化的影响逐渐从蒙古族的贵族社会向蒙古族民众社会沉淀，渐渐融入蒙古民族的精神文化的塑造过程中；另一方面，蒙古民族也开始自觉地参与到对儒学的传承发展中，尤其儒家伦理思想开始在蒙古族的社会生活根底处生发沉积下来。

中国地理旋涡中心的北移，就广义的儒学而论，其内容涵盖政治理论与国家治理、社会教化与伦理修身、儒学教育与学术发展传播等，儒学作为经世致用之学，天下结构、地理旋涡中心的变化，自然也可归结到这一儒学的范畴之中。元代政权一统中国，结束了自唐王朝灭亡以来的分裂割据局面，地理旋涡中心由黄河中下游地区向长城一线的扩展迁移，扩大了"中原"的地理幅员，直接影响了明清以降的中国的地理旋涡中心格局。虽然严格意义上讲，辽、金对地理旋涡中心的北移也具有相当大的贡献，却不能作为地理旋涡中心北移的标志，因为在辽金时代，中国仍然处于南北政权割据状态，

1　《元史·徐世隆传》。
2　（元）郝经：《北宋两准制置使书》，《陵川集》卷37，山西古籍出版社，2006，第1344页。

长城也并没有如元朝成为中国的"内城",故此才有在元代修前朝史时,究竟以哪一个政权作为正统的争论,前后延迟近 80 年,最终在元惠帝、脱脱的主持下,修辽、金、宋三史,使三史各为"正统",方使得修史一事尘埃落定。长城边界意义的淡化是在元王朝首次实现的,长城作为中国"内城"更多的是作为一种地理季候带而存在。正是这一变化,使得元朝在政治上首次结束了中国南北力量的对抗格局。这种政治局面的变化,反映在意识形态和学术思想上,是理学儒学的朱陆"和会"与朱注《四书》成为科举指定范本。元朝建立实现大一统之后,南北沟通无阻,理学得以广泛传播。元代理学是对宋代理学的继承。理学始于北宋周敦颐,经二程(程颢、程颐),至南宋朱熹集大成。在元代,由于忽必烈"行汉法",理学成为官学。理学在元代的广泛传播,除了依赖政策导向,也取决于元代对各种文化的兼容并蓄,当时的朱学与陆学互相"兼取""和会",蔚成风气。至元大德年间(1297—1307),北方呈现出"上而公卿大夫,下而一邑一乡之士,例皆讲读,全谓'精诣理极,不可加尚'"[1] 的局面。在政治上,一些理学家主张用世,刘因曾对经学提出反求六经和"古无经史之分"的主张,丰富了理学思想的内容。元统治者对理学"小学"极其重视,强调童蒙养正,宣扬传播儒家伦理纲常。在宋代,朱熹逝世后,其所编订注释的《四书》虽审定为官书,但正式作为科举指定范本却始于元代的延祐年间(1314—1320),此间恢复科举考试,正式把出题范围限制在朱注《四书》之内,明清沿袭而衍出"八股文"考试制度,题目也都是在朱注《四书》里。而外,尊孔子为"大成至圣文宣王",并办"国子监"。孔子"大成至圣先师"尊号,实脱胎于元大德十一年(1307),为孔子所授"大成至圣文宣王"封号。"大成"者,"集大成"之意。明清两代,因皇权至上,遂隐去"文宣王"三字,而附以"先

---

[1] (元)王恽:《秋涧集·义齐先生四书家训题辞》,杨亮、钟彦飞点校:《王恽全集汇校》,中华书局,2013,第 2056 页。

师"二字,"大成至圣先师"尊号方得以流行,如今各地文庙无不以此尊称孔子。忽必烈时期,朝廷办的学校和地方上路、府、州、县办的学校很多,出现了"学校林立,书院很盛"[1]的局面。朝廷办的学校有蒙古国子学、回回国子学和国子学,地方上有诸路学校,诸路蒙古学和诸路下属各州县学校,此之外还有诸路设立的医学和阴阳学等专科学校。各级各类学校培养的国家需要的各种人才,达到空前盛况。《元史·选举志》说:"自京学及州县学以及书院,凡生徒之肄业于是者,守令举荐之,台宪考核之,或用于教官,或取于吏属,往往人才辈出矣。"不仅如此,元代还首创了国子监机构,该机构始建于元代至元二十四年(1287),是国家最高学府和教育行政管理机构,并为明、清两朝所沿袭。文学艺术上的"元曲"(散曲与戏剧)是继"唐诗""宋词"之后,建立起的又一个伟大的艺术丰碑,丰富了中国儒家思想文化的传播形式,《西厢记》《窦娥冤》等故事,直至今日都深入民心,《三国演义》《水浒传》的成书时间,也都是元末明初。可见,元代是一个文化大融合、大发展的时代,中华民族的多元文化和谐共荣、渗透交融,丰富了中华民族文化,使其获得许多新的生长点,推动了中国思想史的发展。

有元一代,儒学对蒙古民族精神的涵化作用是显著的,儒学与蒙古族精神文化相融合,成为蒙古民族精神财富不可分割的组成部分,影响着蒙古民族的政治旨趣与道德抉择。在蒙古民族哲学思想、文化与儒学交融的历程中,产生了保巴、倭仁等蒙古族儒学家,哈斯宝、尹湛纳希、罗布桑却丹等深受儒家文化影响的诸多学者。尹湛纳希的《一层楼》是受《红楼梦》启发所撰写的大著,至于现代新儒家学者蒙古族的梁漱溟,系出元室梁王之后,因而入籍河南开封,其儒学造诣和成就,于此就不赘述了。

有清一代,清王朝积极扶持藏传佛教发展同时尊崇儒学。由于清朝统治

---

[1] 李则芬:《元史新讲》第23章,台北:中华书局,1978。

者奉儒学为国学，而清王朝的统一，仍然有利于中原文化向蒙古地区的传播。为了宣传儒学史籍典章，与行政文书互译，由此编纂之业勃兴，刊刻多种辞书，蒙古族世俗文人也跻身其中，成为清朝训诂考据学风的一支力量。借助辞书编纂这一中心展开的语言文字翻译事业，客观上促进了民族文化交流。鸦片战争后，西方文化迅猛冲击着以儒学为核心的中国传统文化，传统的中国封建文化结构与格局发生了连锁性嬗变，不同文化的冲突融合，始终是围绕着反帝、反封建这一社会矛盾轴心而承启转合，贯穿着一个共同的思想主题：爱国救亡。随着各民族文化的交流交融，多元文化交往交融的局面为蒙古族近代思想发展奠定了基础。

儒家思想在蒙古族社会上层和知识分子中的传播，使一些开明的蒙古王公贵族具有良好的儒学文化修养，涌现出尹湛纳希等熟悉儒学文化的学者。儒家文化的浸润，多元文化的激荡融合改变了蒙古社会偏于崇奉佛教文化的局面。儒学在蒙古草原的传播，给草原文化带来一股浓郁的伦理道德文化空气，使近代蒙古族人民的价值观和人生观发生了新的变化，推动了蒙古社会近代文化的过程，进一步的思想解放和社会重构的精神需求应运而生。

第十六章
儒学与满族哲学

满族作为中华民族的重要组成部分，有着悠久的历史和灿烂的文化。在其漫长的历史发展进程中，对促进中华民族各方面的发展都起到了重要的作用。在统一的多民族国家形成中，满族人民的开放胸怀及勤劳进取精神，为中华民族的发展做出了重要贡献。儒学与满族哲学的关系十分密切，儒学的传播影响促进了满族哲学的形成、发展。本章简要考察靺鞨、女真族与儒学之关系，在此基础上，着重论述清代儒学与满族哲学的良性互动和交融。

第一节 儒学传播及靺鞨、女真、满族对儒学的接纳

一 儒学传播及靺鞨人对儒学的接纳

早在汉代，汉文化已传播到吉林东部，粟末靺鞨的先人已经受到汉文化的熏陶。唐代靺鞨首领大祚荣建立渤海国，全力吸收汉文化。渤海不断派学生到长安入太学，以汉文抄录典籍，在上京龙泉府设有文籍院，收藏从中原所得书籍。渤海国设有国学，研习儒学，其国学生也称儒生。他们自诩儒生多于东观（太学），即多于汉人的最高学府。[1] 文化上，渤海全面推行儒学文

---

[1] 宋德宣：《满族哲学思想研究》，辽宁大学出版社，1994，第42页。

化，各级学校都选用四书五经为教材，学制也多与唐帝国相同，并教化出了众多杰出文学家与汉学诗词名士。渤海国接纳了儒家的社会思想、国家观与礼制，并据此组织国家。渤海国的中央政府机构设有三省、六部。六部分别以忠、仁、义、礼、智、信命名。仁、义、礼、智、信与忠绝不是各部的标签，而是各部的指导理论、行动纲领。粟末靺鞨在渤海之际，因其举国上下都以儒家诗书为学习教本，思想意识和中原汉人趋于一致。唐朝著名诗人温庭筠有《送渤海王子归国》诗："疆理虽重海，车书本一家。盛勋归旧国，佳句在中华。"这首诗反映了汉文化对靺鞨的影响。

二　女真统治下的金代儒学简要

多民族国家必须找到使每个民族各安其位的政治结构，由此必须树立让各民族各安其位的思想。在金代，只采用女真传统游猎文化治理社会，就无法安定以农耕为主、信奉儒家文化的原辽、宋百姓。儒家文化主导下宋朝富裕、安定有序的社会，是女真贵族所向往的。金代在保留民族传统文化的同时，在思想观念上逐步儒化。

私学和官学教育是近代儒学的主要传播路径。私学教育的教师来源是把扣留宋出使金的使臣以及俘获的官吏和士人充作家庭教师。出使金国的洪皓被扣留十多年，金相完颜希尹"使教其八子"。洪皓还将《论语》《孟子》《大学》《中庸》默写在晒干的桦树皮上，教授当地的女真子弟，被称为"桦皮四书"。[1] 居辽临潢府的汉人张用直，"少以学行称"。陷金后，被宗干招致于家，做了海陵王亮及其兄充的老师。金代官学教育始于金太祖、太宗天会年间在京师设立的女真字学。金世宗大定四年（1164）至大定九年（1169），

---

[1] 王钟翰主编：《中国民族史》（增订本），中国社会科学出版社，1994，第487页。

女真字学学生数大幅增加："后择猛安谋克内良家子弟为学生，诸路至三千人。"[1] 官学教育以儒家典籍为主，兼学历朝正史。所用书籍有《易》《书》《论语》《孟子》《老子》《新唐书》等。[2] 使用这些书籍，目的是"正欲女直人知仁义道德所在耳"[3]。科举考试是儒学传播的重要路径。金代的科举考试始于太宗天会元年（1123），主要是招收归降的辽、宋两国士人。金世宗大定十三年（1173），选拔女真族儒生的女真进士科举考试正式举行。考试分策、论、诗三场，在儒家经典、诸子、正史范围内出题。在答卷中，还要注其引经据典的根据。女真进士科录取的第一批进士，被授职到各级女真官学，讲授儒学。此后，女真进士逐渐进入官僚机构。女真进士科的设立大大推动了女真人对儒学经典的学习。

金代也注意加强对贵族子弟的儒学教育。大定二十三年（1183），世宗曾以女真文《孝经》一千部赐给护卫亲军。二十六年（1186），亲军完颜乞奴建议，猛安谋克子弟必须先读女真文经史书籍，然后才能承袭，对此世宗深表赞同："但令稍通古今，则不肯为非，尔一亲军粗人，乃能言此，审其有益，何惮而不从。"章宗泰和四年（1204），又诏令亲军年35岁以下者学习《论语》等典籍。促成了儒学在贵族子弟中的传播。女真在与汉族混居后，更全面更深入地受到儒家文化影响。金灭北宋以后，大量女真人与汉人混居。尽管猛安谋克的官兵与汉人村民是有区隔的，但朝廷并没有禁止通婚。金章宗时期，允许汉族纳赋的农民与女真军户相互通婚。民族混居促成了儒家文化在女真的传播。

金代以女真贵族统治者为代表，倡导"崇儒重道"，即崇尚以孔子为代表的儒教。金熙宗加封孔子第49代孙孔王番为承奉郎，袭封衍圣公"超迁中仪

---

1 《金史·选举一》。
2 《金史·选举一》。
3 《金史·世宗下》。

大夫，永若为令"。有金一代，崇儒重道的政策不断推出，使女真在文化上不断向中原靠拢。《宋史·陈亮传》载，大金帝国"城郭宫室，政教号令，一切不异于中国"。

金统治者同时重用学习儒学的官员。金代曾多次发生争权夺位的血腥争斗，在熙宗和海陵王时期就发生过臣弑君的现象。进士出身的官员，接受了忠孝思想和一系列调节君臣、宗族和家庭关系准则的观念。重用他们，有利于政权的稳定。儒学入仕的官员比习吏出身的官吏操守更高，金世宗认为"儒者操行清洁，非礼不行"，"起身刀笔者，虽才力可用，其廉介之节，终不及进士"[1]。科举考试，是金代选拔官吏的主要途径。

当然，金代女真是在力求保持本族传统文化的同时努力接纳儒学的。女真坚持采用女真大字和小字书写，科举考试中一度有骑射的内容。不同帝王接纳儒学的政策差距很大。完颜亶自幼酷爱汉文化，主张崇儒重道，金章宗完颜璟则完全接纳了儒学思想。相反，完颜亮的思想中则包含相当的反儒家思想的内容。但总体来看，到金朝末年，儒家思想已经在女真人中产生了深刻的影响。何炳棣先生论述说，"金政权及其统治贵族似乎形成了他们自视为正统的强烈观念。他们认为自己就是唐和北宋'真正'汉族传统的捍卫者"，即使受到南宋和蒙古的夹击，许多金国将士宁死不降，支撑他们的是不断增强的儒家正统意识。[2]

三 清代儒学在满族地区的传播和影响

儒学在满族地区的传播过程，是儒学与满族哲学思想文化相互融合的过

---

[1] 《金史·世宗下》。
[2] 〔美〕何炳棣：《捍卫汉化——驳罗友枝之〈再观清代〉》，见刘凤云主编《清朝的国家认同——新清史研究与争鸣》，中国人民大学出版社，2010，第23—24页。

程。满族也逐渐认识到儒学作为一种思想武器，在国家治理与社会稳定方面具有的重要作用。在入关前后的满族社会中，其哲学思想文化和伦理道德尚处于奴隶社会末期的水平，这种落后的思想文化和伦理道德难以适应统治的需要，这也决定了满族统治者需要用儒学来建构适合自己统治的哲学体系，以此来巩固自己的统治。恩格斯指出："由比较野蛮的民族进行的每一次征服，不言而喻，都阻碍了经济的发展，摧毁了大批的生产力。但是在长时期的征服中，比较野蛮的征服者，在绝大多数情况下，都不得不适应由于征服而面临的比较高的'经济情况'；他们为被征服者所同化，而且多半甚至不得不采用被征服者的语言。"[1] 马克思说："野蛮的征服者总是被那些他们所征服的民族的较高文明所征服，这是一条永恒的历史规律。"[2] 马恩揭示了社会历史发展的一个基本规律：较先进的文明与较落后的文明交锋时，最后总是较先进的文明取得胜利。这是历史发展的必然趋势，也是社会进步的保证。先进的文明意味着更充裕的物质财富和更高品质的文化生活，因而对落后民族具有无法抵御的吸引力，促使他们主动或被动地向文明程度较高的民族学习，最终影响和改变自身的生产生活方式，直至发生民族融合。[3] 满族哲学与儒学的顺利接轨正是符合了这样的发展规律，说明满族要想成功征服并统治有着较高文明的民族并使其自觉地接受其统治，首先必须主动地接受和适应先进的哲学思想文化。在人类文明史上，文化和思想总是通过一定的传播媒介来实现的，正是通过一定的传播途径与传播方式，实现了儒学与满族哲学的相互交融，彼此借鉴并彼此影响。满族根据自己的需要，逐渐接受了儒学，从而促进了满族哲学的发展与进步。根据历史发展的客观事实，满族对儒学的接受，主要是通过以下几个方面实现的。

---

[1] 《马克思恩格斯选集》第3卷，人民出版社，1995，第526—527页。
[2] 《马克思恩格斯全集》第9卷，人民出版社，1961，第247页。
[3] 李玉君：《推进对中国历史上民族融合途径的认识：马克思提出的重要命题的启示》，《史学理论研究》2013年第3期。

一是满族在迁徙与战争中逐渐接受儒学思想。人类社会历史的发展，各民族之间的迁徙活动和战争，是时有发生的客观事实。正是因为这种迁徙和战争，客观上促进了各民族之间的思想文化交流，也在一定意义上促进了各个民族的融合。满族的民族迁徙与战争往往是同步进行的，无论是满族形成之前的女真人南迁，还是满族形成之后所进行的征服其他民族的战争，都加速了民族融合的进程。在这种迁徙与战争中，满族与其他民族特别是汉族的思想文化发生了激烈的碰撞，而满族入主中原、统一中国之后，为了维护自己的统治，就必然选择接纳和吸收儒学，推崇儒术，从而形成以儒学伦理道德为主流意识形态的思想理论，并且将儒学确定为社会道德伦理的基本指导思想，以期达到维护自己统治的目的。

二是兴办学校是满族接受儒学的一个重要途径。满族统治者一向都很重视学校教育，早在努尔哈赤时期就已经开办了官学，在入关前后相继开设八旗官学和宗学，康熙年间又开办了景山官学。这一时期，官学规模较小，招生人数也有一定的限制。至雍正时期，官学的规模和招生人数不断扩大。为了加强对满洲贵族子弟的教育，重设宗学，规模有所扩大，两翼每个宗学由1名王公总其事，下设1名正教长，8名副教长，清书教习2人，汉书教习1人，骑射教习2人。学生的数量也逐渐增多，凡王公将军和闲散宗室子弟，十八岁以下愿就学读书者和十九岁以上已在蒙读书愿意入学者，都可入宗学。[1] 学生在校学习满汉文字，同时训练骑射，每月由国家供给银米纸笔。宗学的设立，深得一部分宗室的拥护。在开设宗学的同时，为教育其他八旗子弟，又开创了咸安宫官学和八旗觉罗学，重建义学。通过官学的重新设立和扩建，不仅强化了清政府的统治，而且，通过对宗室、觉罗和八旗子弟的控制，也为清王朝培养了大量的人才，对皇权的巩固具有重要的作用。清朝

---

1 万依、王树卿等：《清代宫廷史》，百花文艺出版社，2004，第207页。

中后期，在官学不断巩固的基础上，私塾教育也获得了发展。无论何种形式的办学，儒家教育都被列为必修课程，使儒学在满族社会中迅速传播开来。

三是科举考试促使儒学在满族中快速传播。清政权入关以前，天聪八年（1634）四月，后金礼部正式开科举取士，取通满洲、蒙古、汉书文意者为举人，共取中 16 人。崇德三年（1638）八月，清政权再次开科举取士，取中举人 10 名，另有一、二、三等生员 60 余人。崇德六年（1641）七月，清政权举行第三次科举考试，取中举人 6 人，一、二、三等生员 30 余人。这几次考试的目的，主要是选拔精通满文的汉族知识分子，以加强对满族地区的统治。清政权入关以后，沿袭了明朝的科举制度，但在清朝早期的科举考试中，满族与汉族是分榜进行的，因为在清政权早期，是禁止或限制满族人参加科举考试的，其目的是让汉人通过科举考试学习满文及满族文化，以便于巩固自己的统治地位。直至康熙二十六年（1687），科举考试取消了分榜，满人与汉人一同参加考试。从童试到乡试、会试和殿试，考试的内容主要是儒家的四书五经等。通过科举考试，大大提高了满族地区学习儒学的热潮，促进了儒家伦理道德思想在满族地区的深入传播。

四是以"圣谕"等形式，长期向臣民包括满族民众灌输儒家思想。朝廷把儒家倡导的伦理道德，制定为简明而系统的条规，通过圣谕等形式，不断宣传。康熙九年（1670）颁布了《圣谕十六条》，"通行晓谕八旗，并直隶各省府州县乡村人等，切实遵行"。[1] 雍正帝写成万言的《言谕广训》解释纲常名教，要求八旗和直省的各级衙门每月初一、十五在街头等公共场所宣讲，居民必须往听。

五是在与汉族"相摩相靡"的长期杂居相处中，潜移默化地把汉民族的文化内容迁移融入满族思想文化中。入关的满族处在汉文化的氛围之中，习

1　《清实录·圣祖实录》康熙九年九月至十二月。

俗、价值观念逐渐和汉族趋同。清朝后期,大批闯关东的汉族人口进入我国东北,影响了关内外满族的风俗习惯。至康熙末年,盛京地方已经出现了因"旗民杂居,以至满洲不能说满话"的现象。满族逐渐接受汉文化,被视为立国根本的国语骑射遭到废弛。清末民初时,仅有黑龙江齐齐哈尔和瑷珲一带还有满语使用者。

满族学习儒学,吸收了汉文化,从而成功地统治中原两百余年,是清史研究的传统观点。何炳棣先生认为,以清朝来说,汉化的标志就是"儒化",所以也不妨以"儒化"代替之。20世纪90年代兴起的新清史观在理论起点上力图反对汉化说,例如,前全美亚洲学会会长罗友枝(Evelyn Rawsk)出版的《最后的皇朝:清皇家机构的社会史》一书,指出满族并未汉化,而只是利用儒学。美哈佛大学东亚系欧立德(Mark C. Elliott)教授的《满洲之道:清朝的八旗制度与民族认同》,提出"族群宗主权"的概念,认为满族统治者不得不遵奉儒家君主的行为规范,他们的权力还来自不同人种、不同文化、不同层面的少数民族的一致承认,统治思想具有双重性。与以上观点不同,我们认为,清代满族统治者要实现在中原的政治合法性需要两大基本条件,一是表现出对汉人政治文化标准和社会利益的包容性,以遏制由商业化和地方精英带来的去中心化倾向;二是强调爱新觉罗家族统治特权和满洲统治的军事基础。汉文化的传统以儒学作为文化支柱。自汉代以来儒学一直居于主流意识形态地位,接纳儒学符合中原传统。考虑到满族内部有不同群体,有皇帝和贵族,宗室和普通旗民,满八旗、蒙古八旗和汉军八旗的差别,而不同群体的利益是有差别的。儒家皇权天授和三纲五常的思想恰好满足了统治者"服从与和平"的统治要求,民本思想也对缓和社会矛盾有积极意义。对满族统治者来说,接受汉文化,接纳甚至掌控儒家意识形态,彰显统治的合法性,获得士人的效忠,稳固在中原的统治,是关于统治权的根本问题。同时,入关后,满族面临从奴隶制向封建制的变革,利用儒家思想加强君主专制，消解宗室贵族对皇权的制约，也符合柄政者的利益。由此，清朝皇帝对接纳儒学有迫切的要求，宗室次之，并逐次影响到普通旗民。清代满族哲学中，帝王及宗室的哲学思想甚为丰富，与此有关。因而可以说，在满族统治者和贵族层面接受儒学具有体系化地整体推进的特征。具体表现在以下几个方面。

其一，崇尚、倡扬宋明理学并加以改造，使之成为主导的治政思想。贯彻推行程朱理学，是清代儒化政策的核心。明末清初，阳明心学暴露出过于空疏的弊病，被逐渐抛弃。程朱理学认为，"忠"不是只由臣民的良知所决定，而是包含必须对所有统治者绝对服从的义务。它赋予了君主统治所有人和根除异端邪说的权威，更有利于君主集权。顺治初年，即将程朱理学经典作为教育的主要教学内容。国子监规定入监生员所学内容是"两厢及六堂官，讲《四书》、《性理》、《通鉴》。博士讲《五经》"[1]。康熙称赞朱熹讲的是"天地之正气、宇宙之大道"，并且主持编纂《朱子大全》颁布天下。康熙后期，程朱理学被尊为儒学正统。

其二，康雍乾三代帝王努力学习掌握儒家思想，尤其程朱理学，以求集道统与治统于一体。为了掌握文化主导权，清代非常重视对皇子的教育，教学内容上"国语骑射"和儒学并重。康熙称自己"自五龄即知读书，八龄践祚，辄以《学》、《庸》训诂询之左右，求得大意而后愉快。日所读者必使字字成诵，从来不肯自欺"[2]。确立儒学名家日讲和经筵活动。据《康熙起居注》统计，从康熙十年（1671）到康熙二十五年（1686），日讲有896次，所讲书目为《四书》《五经》及《通鉴纲目》，所讲内容多依照朱熹观点。乾隆"自六龄就学，受书于庶吉士福敏"。福敏是以朱子学为宗的。乾隆汉文化素养很高，著有《御制诗》5集共十万余首，是华夏史上诗作最多的诗人

---

[1]《八旗通志·学校志一》。
[2]《康熙起居注》康熙二十三年甲子十一月。

之一。清朝统治者入主中原，面临文化上的巨大张力，亟须从理论上支持其统治上的权威与合法性。在儒家思想中，统治者应是道统（精神权利）与治统（世俗权力）和谐统一的圣王。清代康雍乾三帝王相继精于儒学、理学，并通过祭孔、经筵、学术等儒家经典意识树立自身的道统形象，成为集道统与治统于一身的圣王。进而，利用儒家经典论述构建维护统治的理论体系，达到了控制士人和社会儒学观念的目的。[1]

其三，承继和发展儒家的礼仪制度。在明末，儒家礼仪是具有最高规范的价值体系，全面融入日常生活。儒家通过礼仪使神圣道德和世俗道德接轨同构，其道德影响力和渗透力无处不在、无时不在。自汉代以来，孔子已转化为政治权威合法性的根源，成为统治者极力攀附、垄断的"道统符号"。清政权对儒家礼仪的沿袭，突出表现在祭孔上。早在崇德元年（1636），清太宗就"建庙盛京，遣大学士范文程致祭"[2]。顺治帝则如同改朝换代的汉族封建传统皇帝，一一遵行祭孔的礼仪。"顺治九年（1652），天子临辟雍礼先师孔子，与监臣执经讲问，群下莫不欣然向崇儒尊道之风。"[3] 首开清朝帝王亲诣国子监东邻孔庙祭孔之礼，表现了清初帝王对孔子的尊崇为前代所未及。乾隆帝九次阙里朝圣，在所有封建帝王中是最多的。清统治者甚至打破帝王祭孔常规，向孔子奠帛献爵时下跪叩拜。雍正四年（1726）八月，"上亲释奠于先师孔子，行读祝跪献礼"[4]。表达内心对孔子的真诚服膺和信仰，表明了对儒家思想的认同和对儒学精神内核的理解。清政权借由重大的祭孔仪式，确认其对于道统的承袭，以示其统治正当性。

其四，在儒家思想推动下促使满族社会封建化。满族统治者入关之后，随着统治区域的扩大，需要区分贵贱，确立宗室贵族与平民的上下尊卑关系。

---

1 刘方玲：《清朝前期帝王道统形象的建立》，南开大学博士论文，2010年。
2 《清史稿》卷84《礼三》。
3 《真山人后集·重建翰林院先师祠记》。
4 《皇朝文献通考·学校考》。

努尔哈赤创造的王与八旗固山额真、议政大臣共同议政的形式，是有浓厚的奴隶主贵族军事民主的性质，也成为皇太极、顺治中央集权、乾纲独断的障碍。顺治亲政后，按照儒家思想，加强皇帝集权。一方面削夺大臣的权势，另一方面将满、汉官员品级划一，启用了很多有才能的汉人为官，以相互牵制。满族社会，入关前以狩猎为主要生产方式，顺治时即重视以农为本，通过兴屯道给难民提供耕牛、农具、种子，对于"自首投诚者，悉隶兴屯道，授以无主荒田，听其挈家耕种为业"。一些满族人入关后还保留掳掠的奴隶制习俗，突出表现为侵占百姓土地田产。顺治四年（1647），他下旨"民间田屋不得复行圈拨"。四年后，再次要求户部官员追索满族贵族抢占的土地："尔部作速行文地方官，将前圈地土尽数退还原主，令其乘时耕种。"[1] 雍正帝禁止乡绅动用私刑，保障农民人身地位，他要求："凡不法绅衿，私置板棍，擅责佃户，勘实，乡绅照违制律议处，衿监吏员革去衣顶职衔，照律治罪。"[2]

其五，清朝廷重视思想学术文化建设和发展，大规模印制传播以儒家经典、程朱理学为主体的，包括文学参考书、工具书和选集等在内，汇编为文化巨著《四库全书》。顺治时期，即已开始编纂、颁发儒学典籍，康熙朝开始大规模编纂、颁行儒籍，"御纂""钦定"儒籍出版，一些大型的丛书、类书也相继问世。《清朝文献通考》收录康熙一朝"御纂""钦定"的各种《四书》《五经》讲本、解义共15种（含两种文字学、音韵学书籍）。《五经》讲本多以程朱训解为准。乾隆时，编修的《四库全书》，可谓我国古代最大的文化工程，共3.6万余册，约8亿文字。如此从事儒籍的编纂、颁行，目的是给全社会和士人研修儒家经典确定政治标准，以期更好地控制思想学术和文化，这种文化之策当然是对包括汉族、满族等全社会各族人的全面施行。

---

[1] 《清实录·世祖实录》顺治八年二月。
[2] 《大清会典事例·吏部》。

美国华裔史学家黄仁宇说："一般说来，满清的君主之符合中国传统，更超过于前朝本土出生的帝王。"[1] 当然也必须看到，在以统治者和贵族为代表的满族社会接纳儒学的同时，仍然保留了其民族的文化，对西学也表现出一定的吸收，使满族哲学文化在总体承接儒家之学基础上，展现出了其具有民族特色的一面。

总之，儒学对于满族思想文化的发展产生了深远影响。至少可以考诸自唐宋以来的靺鞨之渤海国、女真之金代，特别是清政权建立后，由治国理政的实际需求而尊信、推崇儒学，儒学在满族地区和社会的传播与满族对儒学的接受，这个双向性的过程也就是儒学与满族思想文化相互交融、相互影响的过程。

第二节　满族哲学思想及其与儒学的渗透融合

从 17 世纪初开始，满族朝野一方面吸收汉文化，同时在一定程度上借鉴西方思想，产生了不少哲学家，其形成的具有民族特色的哲学思想和文化，深刻地融合渗透着儒学观念，尤其是理学思想。

一　满族的宇宙自然观及其儒学构成

满族信仰萨满教，同时又受道教思想、儒家思想、佛家思想甚至西方文明影响。在落后的科学技术条件下，满族人难以科学地看待客观世界，其宇宙观具有一定的神秘性。这首先体现在该民族所信仰的萨满教上。满族的先世这样描述宇宙："最早最早以前，天是没有形体的，它象水一样流溢，象云

---

[1] 〔美〕黄仁宇：《中国大历史》，生活·读书·新知三联书店，1997，第 289—299 页。

一样飘缈。"[1] 以水和云比喻天，展示的是一个混沌未分的世界，反映了他们对宇宙直观而又淳朴的看法。随着社会生活变迁，满族的"天"有了更多的神秘色彩："登天云，九九层，层层都住几铺神"[2]。认为宇宙是一个多层的立体世界，每一层都有神居住。步入封建社会后，萨满教有了上、中、下"三界说"，分别由天神、人类万物、恶魔所居，三界相通、善恶交战。其中，天神由水泡形成："世上最古最古的时候是不分天、不分地的水泡泡，天像水，水像天，天水相连，像水一样流溢不定。水泡渐渐长，水泡渐渐多，水泡里生出阿布卡赫赫。"[3] 此外，萨满教还有三界九天的说法："最上层为天界、火界，又称光明界，可分成三层，为天神阿布卡恩都里和日、星辰、风、雷、雨、雪等神祇所居……中层亦分为三层，是人、禽、动物及弱小精灵繁衍的世界；下层为土界，又称地界、暗界，亦分三层，是伟大的巴那吉额姆（地母）、司夜众女神以及恶魔居住与藏身的地方。"[4]

这种宇宙观的神秘性，也存在于清康熙皇帝玄烨等人的思想中。玄烨指出："圣人仰观浩浩实理实气之中，度乎至当而知人之于天，裁成辅相，而实有智之可殚，能之可竭，此为奉天之道乎。"[5] 玄烨认为，天道之力，是人类穷其智、竭其力都难以达到的。玄烨还提出，宇宙本质上由气构成，"吾思太极者，实理之所在；阴阳者，变化之根源"[6]。气构成了日月星辰，而"星有恒星、五星，五星转太阳而行，恒星随天体而动"。宇宙的运行有其内在规则，即"天运于上，则四时不忒，而岁功成。故自开辟以来，阳变阴合，屈伸往来，无一息之或停，而后气化周流，亭毒万物，高下散殊，俾之各得其

---

[1] 富育光：《萨满教与神话》，辽宁大学出版社，1990，第21页。
[2] 富育光：《萨满教天穹观念与神话探考》，《学术交流》1987年第4期。
[3] 富育光讲述，荆文礼整理：《天宫大战　西林安班玛发》，吉林人民出版社，2009，第9页。
[4] 富育光：《论萨满教的天穹观及其神话》，见《中国神话学百年文论选》，陕西师范大学出版社，2013，第689页。
[5] 《康熙帝御制文集·钦若昊天历象日月星辰敬授人时》。
[6] 《康熙帝御制文集·钦若昊天历象日月星辰敬授人时》。

所，行健故也"[1]。宇宙由气构成，而气分阴阳，运动不已。在气的演化之下，万物生长，世代繁衍。由此可见，玄烨的宇宙观深受易学儒学的影响。同样，多隆阿认为，"宇宙"由"元气"构成，"元者，气之始也。乾之元气，万物之初生皆资之。此一元气为乾之本也。故乾元曰统天，此释乾元也"[2]。而元气又由阴阳二者构成："乾道，一阴阳也。"[3] 此仍然是继承了易学儒学思想。清嘉庆帝颙琰的宇宙思想与多隆阿类似。他在《北郊记》中写道："乾为父，坤为母，大易之微言，古今之通义也。一阴一阳，由太极而分两仪，化育万物，皆沐天地栽培鼓荡之深慈，高明博厚，悠久无疆，诚不可测度。"[4] 清道光帝旻宁则进一步指出天地的轻重属性："一阴一阳谓之道。乾为天，坤为地……天以轻清上浮而为阳，地以重浊下沉而为阴。阴与阳相感而万物化醇，所谓乾元资始，坤元资生也。"[5] 雍正帝胤禛尊崇天，把天看成是万物之源，并以性理代替天："性曰天命，天地万物共之。"[6] 进而又说："天之阴阳，地之刚柔，人之仁义，各以功能而言，故有分著之名，而其实总是一理。"[7] 无论是天的阴阳，地的刚柔，人的仁义，都可归于同一的性理。他给性理下的定义是："性之与理，就上而言，即无极太极；就下而言，即太极阴阳。"[8] 康熙帝玄烨的观念是："天地者生民之本也"，"民非天何以生，非地何以养"。[9] 认为天地在人类出现以前很久就出现了。他这样解释风的形成："风者气也，气无处不流，风亦无处不到。"[10] 风本质上是气，风随气的流动而游走。在分析地震时，玄烨指出："朕临揽六十年，读书阅事，务体验

---

1 《康熙帝御制文集·业广惟勤论》。
2 《易源·彖曰大哉乾元万物资始乃统天》。
3 《易源·乾道变化各正性命保合太和乃利贞》。
4 《清仁宗御制文·北郊记》。
5 《清实录·宣宗实录》道光五年二月。
6 《世宗宪皇帝御制文集·致中和天地位焉万物育焉》。
7 《世宗宪皇帝御制文集·立人之道曰仁与义》。
8 《世宗宪皇帝御制文集·性理论》。
9 《康熙帝御制文集·老安少怀说》。
10 《康熙帝御制文集·水底有风》。

至理。大凡地震，皆由积气所致"[1]，从而将地震认为是一种客观的物理现象，而非上天警示。他曾对群臣说："如荧惑退舍之说，天象垂戒，理则有之。但若果已退舍，后来推历者以何积算乎？"[2] 按照"道理"，荧惑退舍是"天象垂戒"。但荧惑星的隐现可以推算出来，显然有自己运行的规律，而绝不可能是上帝对君主表示褒贬的信号了。康熙还以同样的理由否定了老人星是"天下仁寿之星"的说法。乾隆皇帝弘历指出："物无终始而一归于朽"，物质终究要归于腐朽。无论鸟兽、华木、草木、明灯、金铁、玉石，都并非始终如初，终究要在发展变化中逐渐走向衰亡。

哲学家德沛致力于物理探索。他这样解释下雨成因："云之行也，非能即雨，其所以雨者，乃日曝地中湿热之气，逼迫上冲空际，遇冷域阴寒之气，相薄成雨；适遇湿云之行，遂致大雨滂沱而下也。"[3] 之所以会下雨，是因为地面上湿热空气上升后遇到冷空气凝聚。他对于下雨的解释基本合理。对于月食与日食，他如此分析："日之食也，每在朔日，乃月在日前，月体遮住日光之故。月体不及日十分之一，故日食多不全亏……月之食也，每在望日，乃月与日正对之夕，为山河大地之影所隔，故月食而无光。"[4] 之所以会发生日食，是因为月球挡住了太阳光；之所以发生月食，乃是因为山河大地阻挡了太阳光，使之无法照射到月球上。相比上天警示的解释，德沛的分析近于科学。哲学家阿克敦则认为世间万物都是阴阳聚合之后方有其形体："天地之间万有不齐之物，聚而后有其形。使阴自阴而阳自阳，则阴之精无所依，无所依则散而无以为受；阳之精无所蔽，无所蔽则泄而无以为施。阳无以为施，

---

[1] 《康熙帝御制文集·地震》。
[2] 《康熙起居注》康熙二十八年二月。
[3] （清）德沛：《鳌峰书院讲学录》，引自（清）焦循辑《里堂道听录》（下），广陵书社，2016，第1065页。
[4] （清）德沛：《鳌峰书院讲学录》，引自陈乐素、陈智超编校《陈垣史学论著选》，上海人民出版社，1981，第334—335页。

阴无以为受，而造化之功能或几乎息，又恃以生物成物于不已也。"[1] 而在光绪帝载湉看来，自然是客观存在的物理现象，不因人的意志而转移。"天不能以人之苦雨而辍其夏，亦不能以人之畏寒而辍其冬，事之理也。"[2] 夏天不会因为人类为雨所苦而不存在，同样，冬天也不会因为人类畏惧寒冷而消失。载湉已认识到自然规律的客观存在，具备朴素的唯物主义思想。

二 辩证思想和"格致"之学的儒学影响

玄烨等较多接纳阴阳、动静、聚散、虚实的概念，认为世界万物是不断发展变化的、多种多样的，"天时之不齐，地脉之不一"[3]，"物不能齐"[4]。在承认地震是一种自然现象的同时，论述了地震的产生就是阴阳双方相互作用的结果。"大凡地震皆由积气所致"[5]，即"阴阳迫而动于下"，"动亦定，静亦定"，"动静互宅"而共同具备"定"这一属性。弘历认为："盖微、柔阴也，彰、刚阳也。阳动而阴静，动无不由静，彰无不由微。然而柔能制刚，微能掩彰，静能制动。"[6] 这一论述中包含了微彰、柔刚、阴阳、动静四个对立统一体，在他看来，事物有微才有彰、有柔才有刚、有阴才有阳、有动才有静。在社会发展上，弘历认为："自古有一治必有一乱，有一盛必有一衰。"而治乱盛衰"此天运循环，未始不由人事致之也"[7]。阿克敦则以阴阳说为主干，论证事物的发展规律，认为阴阳之间："动而生阳，静而生阴。动静互根之中，凡本阳而生、本阴而生之物，各有以生生于无穷。"[8]"惟体立

---

1 《德荫堂集·阴阳之精互藏其宅论》。
2 《清德宗御制文集·暑雨祁寒论》。
3 《康熙帝御制文集·刈麦记》。
4 《康熙帝御制文集·同声相应论》。
5 《康熙几暇格物·地震》。
6 《钦定平台湾纪略·御制四知书屋记》。
7 《日知荟说》卷1。
8 《德荫堂集·洪范五行经世四象同异论》。

于对待，故阳主乎生，而阴主乎成，惟用妙乎流行，故阳非阴不能独生，阴非阳则不能独成。"[1] 阴阳对待，相辅相成。多隆阿的思想同样也有一定的辩证性，他在《易原》卷一中说："易者，移也。大传所谓，变动不居，刚柔相易也。"所谓易，本就是变动的意思。《周易》中的大传，本质上就是在讲"变化"。

学问知识何来？努尔哈赤认为，对于不了解的事物，都必须进行询问调查。"凡事未实，则须问。""凡事不可一人独断，如一人独断，必至生乱。"因为"一人纵有知识，终不及众人之谋"[2]。玄烨非常重视学习的重要性，说："自家至于国莫不有学，自天子至于庶人莫不学。"[3] 从家庭到国家，都有学问。无论是帝王，还是百姓都需要认真学习。他不承认孟子的"不学而能"的"良能"，指出尧舜靠"畴咨稽众"，周公则有"继日之思"，他们都能竭其心思而取于众人，所以为圣人。他强调学习是致知的主要途径，"凡事未有不学而能者"。"强勉学问，则闻见博而知益明。"[4] 不学习则任何事情都不能掌握，而努力学习则会增长见识、开阔眼界。白晋曾指出，玄烨对科学具有"强烈的欲望"而又"极度勤奋好学"。弘历认为，"合性与知觉有心之名"[5]，人的认识的功能就是要广泛深入地进行体察。"居蔀屋者不知天之高，登泰岱则知之；泛潢池者不知水之大，望沧海则知之。"[6] 在草屋之中不可能知道天有多高，只有登泰山才可能知道；在水塘里不可能知道水有多大，只有眺望大海才能知晓。"格物穷理而知致矣，返己体察而实践矣。"[7] 德沛研究了人之记忆的原理，指出："人之记含在脑者，如思遗忘之事，或仰顶，或

---

1 《德荫堂集·阴阳之精互藏其宅论》。
2 《清实录·太祖实录》天命六年七月至八年十月。
3 《康熙帝御制文集·学校论》。
4 《清实录·圣祖实录》康熙十四年五月至闰五月。
5 《日知荟说》卷2。
6 《日知荟说》卷1。
7 《日知荟说》卷2。

俯首，或搔头，不期而然，只在脑之左右也。"[1] 在他看来，人之所以可以记忆，在于大脑。他将人以脑记事比作蜡印图章，人幼年时不擅长记事，随记随忘。青、中年时期记忆达到顶峰，像软硬干湿适度的蜡，易于打上印记。年老记忆衰退，似时间过长蜡已干硬，不便打上烙印。这一比喻形象深刻，说明了人的记忆力的兴衰过程。载湉认为："夫天时不能预知者，至于地势，人力则可经营相度于未然者也。"[2] 雨阳旱涝不可预知，不能预测，而地形山水走势便可以预测，可防患于未然。

三 以儒学为核心的社会历史观念和伦理道德思想

玄烨认为，"世道之升降，政治之隆污"，必有"其所以然"。在他看来，人世兴衰，政治得失，都有其必然性。"自古帝王治天下之道，因革损益，期于尽善，原无数百年不敝之法。"[3] 由于社会的发展、时代的变迁，原本便不可能有世代沿袭的治国方法。不过，这并不意味着，在客观的历史规律面前，人们无从选择。据《满文老档》载，天命六年（1621）正月，努尔哈赤焚香祝祷："如有残暴之人，不待天诛，遽兴操戈之念，天地岂不知之，若此者亦夺其算。"人必须具备仁心，灭除残暴。皇太极则认为："古来用兵征伐，有道者蒙天佑，无道者被天谴。故自恃其力而恣行杀夺，未有不败者也。克尽其道而力行仁义，未有不兴者也。是以天运循环，但易其君，不易其民。若天意所与者，即其民也。今日者天心所向，岂能预知？朕惟欲仗义而行，制敌养民而已。"[4] 战争胜负的关键在于是否符合道义。符合道义，则兵胜国兴；不合道义，则兵败如山倒。玄烨进一步认为，君主若可以"修德"，行

---

[1] 《实践录》。
[2] 转引自宋德宣《满族哲学思想研究》，辽宁大学出版社，1994，第360页。
[3] 《清实录·圣祖实录》康熙十八年八月。
[4] 《八旗通志·艺文志一》。

"仁政",则可因势利导,治平天下。"治民之道,全在修养也。"[1] "累民之事,虽纤毫亦不可行。"[2] 使民众疲累的政事,一点一滴都不可推行。"民为邦本,勤恤为先。"[3] 人民是国家的根本,必须通过休养生息使他们安居。历代天下不治,根本原因在于为政者扰乱民生。"从来与民休息,道在不扰。与其多一事,不如省一事。朕观前代君臣,每多好大喜功,劳民伤财,紊乱旧章,虚耗元气,上下讧嚣,民生日戚,深可为鉴。"[4] 明朝之所以走向衰亡,与其"好大喜功、劳民伤财"有莫大关系。

儒家的伦理道德观念深深地烙在清代贵族统治者的思想中。努尔哈赤认为,伦常关系是否公正、正确,天必明鉴之。天命六年(1621)七月,他谕诸贝勒:"人能立心公诚,则妇亲其夫,下亲其上,仆亲其主,公诚相感,善莫加焉。若存心邪辟,行事悖乱,则妇疏其夫,下疏其上,仆疏其主。中心乖异,何利之有哉。为下者,有怨怼君上之心,上虽未及知,天已知之;为上者宅心污下,天必降之罚,而君不能为主矣。臣民其共钦哉,勿视天鉴甚远,甘暴弃也。"[5] 努尔哈赤强调,人一旦不能正常处理伦理关系,上天会予以惩罚。顺治帝福临特别重视"孝"。顺治十三年(1656)正月,他谕内三院:"自古平治天下,莫大乎孝,孝为五常百行之原。"[6] 他特命大臣,纂辑群书,编撰《孝经衍义》,颁行天下,意在以孝治天下。"自古帝王,禋祀天地,必崇奉祖宗侑飨。所以昭功德,申孝敬,甚钜典也恭惟。"[7] "朕惟帝王,孝治天下,尊养隆备,鸿章显号,因事有加,乃人子之至情,古今之通义也。"[8] 清初大儒阿什坦也以"孝"为伦理的核心,认为"孝"是百善之首。

---

1 《清实录·圣祖实录》康熙三十八年九月至十月。
2 《清实录·圣祖实录》康熙三十八年九月至十月。
3 《清实录·圣祖实录》康熙四十九年十月至十二月。
4 《清实录·圣祖实录》康熙十一年九月至十二月。
5 《清实录·太祖实录》天命六年七月至八年十月。
6 《清实录·世祖实录》顺治十三年正月。
7 《清实录·世祖实录》顺治十四年三月。
8 《清实录·世祖实录》顺治八年八月。

《八旗通志》载，阿什坦"生而明敏，性至孝。母尝误加嗔责，婉容逊受，终不置辩。母侦得其实，谓：'吾向误责汝，汝何不辩？'曰：'母教以正，奚敢辩！'人问其故，答曰：'古人谓天下无不是的父母，稍萌自是之心，则伤父母之怀矣。吾不忍如是。'"[1] 尊养母亲，孝敬至此，故闻名于世。除了孝道，阿什坦尤为注重国人教化。他曾上奏顺治帝："治国莫重于教化，教化莫要于风俗。"[2] 为了治国，必须对臣民进行教化，而教化的关键在于风俗。玄烨理想中的社会是"家给人足，比屋可封"，"风俗纯化，茂登上理"。他极其看重人伦道德，认为人世之伦理经圣人由天理转化而来。为了使人行"中正"之道，圣人"修之明之，推之教之。不齐者齐之，太过者抑之。皆循乎天道而尽己之性"[3]。玄烨将对百姓的道德教化看作治国的根本。"朕惟至治之日，不以法令为亟，而以教化为先。"[4] 颁布《圣谕十六条》，包括孝悌、睦邻、节俭、讲法、明礼等内容，其中"孝"为核心。康熙二十八年（1689），《孝经衍义》编成，康熙亲自作《御定孝经衍义序》，刊刻印行。[5] 在《序》中高度评价了孝道的价值和意义。雍正帝胤禛在雍正元年（1723）四月，曾谕："五伦为百行之本，天地君亲师人所宜重。"[6] 同年五月，又谕大学士："《孝经》一书，与五经并重，盖孝为百行之首。"[7] "家庭之行惟在至诚至敬，善体亲心，不必以惊世骇俗之为，著奇于日用伦常之外也。"[8] 弘历在重视孝道的同时，将温饱作为伦理道德的基础，重视温饱与伦理的相互统一。"盖教养虽为二端，而实则相为表里。衣食足乃可兴礼义，饥寒迫则罔顾廉耻。是不能养民，不可以言教，不能教民，仍不得谓之能养，故教即在

---

1 《八旗通志·儒林传下》。
2 《八旗通志·儒林传下》。
3 《康熙帝御制文集·理学论》。
4 《康熙政要·论政体第二》康熙九年。
5 王建钧编著：《中国帝王孝纪》，河南人民出版社，2018，第588页。
6 《清实录·世宗实录》雍正元年四月。
7 《清实录·世宗实录》雍正元年五月。
8 《清实录·世宗实录》雍正六年三月。

养之中，养即可收教之效。其理其势，固如此也。"[1] 光绪帝载湉认为，孝乃作人之本，多次强调以"孝"治天下。同时，他非常信服"礼"的思想，在他看来，"礼也者，所以定亲尊卑，明上下，别贵贱者也。人君无礼，则不能治国，人臣无礼，则不能事君"。由此可见，清朝的满族贵族统治者受儒家思想影响深远。

四 萨满教为底色的宗教信仰与儒学观念渗透的双重变奏

满族以萨满教为信仰。萨满教认为一切动植物、无机物、自然界都有神，所以有神，因为它们和人一样，都有一个永生而不灭的灵魂。努尔哈赤将"天"看作有知觉的人格神，往往把天地神祇相提并论。天命六年（1621）正月，努尔哈赤与代善等人焚香祝词："蒙天父地母重佑……今祷上下神祇，吾子孙中纵有不善者，天可灭之，勿令戕害以开杀戮之端。如有残暴之人，不待天诛，遽兴操戈之念，天地岂不知之，若此者亦夺其算。"[2] 但努尔哈赤又不相信神鬼之说："秦始皇雄踞西陲，吞并海内，筑长城防御边界，信方士访求神仙。自谓一世二世，以至万世，传之无穷，乃恣意暴虐，二世而亡。"[3] 秦始皇访求神仙，本想要世代传承，却因为暴虐，秦二世即走向衰亡。皇太极认为天地神祇之天既生其君，又为其立国。"我等所居沈阳、辽东之地，原系我属乎？乃天赐与我也。"[4] 并认为，天有无限威灵，助有道而灭无道。"盖闻古来用兵征伐，有道者昌，无道者废。上天应感之理，昭然不爽。"[5] 不过，皇太极不相信人死后灵魂依然存在。"夫人生则资衣食以为养，

---

[1] 赵之恒、牛耕、巴图主编：《大清十朝圣训》，北京燕山出版社，1998，第5296页。
[2] 转引自宋德宣《满族哲学思想研究》，辽宁大学出版社，1994，第110页。
[3] 《清实录·太祖实录》天命十一年正月至八月。
[4] 《满文老档》天聪五年七月至八月。
[5] 《清实录·太宗实录》天聪五年四月至九月。

及其死也,以人间有用之物,为之殉化,死者安所用之乎!"[1] 人在世时,自然可以用衣食赡养。人死,以人世间的物品殉葬,死者怎么可能用得着呢!玄烨每次在年节、出征打仗、胜利归来都要到堂子祭拜。所谓堂子是清朝祭祀社稷诸神的地方。玄烨信仰萨满教,并曾亲自跳过萨满教的萨满舞。然而玄烨却又极力反对谶纬之事。认为:"谶纬之说,本不足据。如唐太宗以疑诛李君羡,既失为政之体,而又无益于事,可为信谶者之戒。"[2] 针对属下神化自己的文字,指出:"朕之生也,并无灵异;及其长也,亦无非常。"[3] 他自称生于平凡,没有灵异事件发生,长大之后,同样没有经历灵异事件。曾说:"朕生来不好仙佛,所以向来尔讲辟异端,崇正学,朕一闻便信,更无摇惑。"[4] 他还把佛道之害等同于淫词小说。"淫词小说,人所乐观,实能败坏风俗,蛊惑人心。朕见乐观小说者,多不成材,是不惟无益,而且有害。至于僧道邪教,素悖礼法,其惑世诬民尤甚……俱宜严行禁止。"[5] 佛道破坏礼法,惑乱世俗,必须采取果断措施予以禁止。雍正帝胤禛、乾隆帝弘历认为天意之所在即天理所在。雍正八年(1730)六月,胤禛指出:"从来天象之灾祥,由于人事之得失,若上天嘉佑而示以休征,盖欲人之知所黾勉,永保令善于勿替也。若上天谴责而示以咎征,盖欲人之知所恐惧,痛加修省于将来也。"[6] 如果上天示吉象,意在褒奖世人,使世人继续努力;若上天示灾象,意在贬责世人,使世人在恐惧之后对自己的行为进行修正。胤禛多次强调,他"敬天祀神,至诚至格"。曾言"凡小而丘陵,大而川岳,莫不有神焉主之"[7]。弘历认为,天之所为,人力难以抗拒。在击败噶尔丹时,他说:"天之所培者,

---

[1] 《清实录·太宗实录》天聪二年正月至十二月。
[2] 《康熙帝御制文集·唐太宗时杀华州刺史李君羡》。
[3] 《清实录·圣祖实录》康熙五十六年十一月。
[4] 《康熙起居注》康熙十二年十月。
[5] 《清实录·圣祖实录》康熙二十六年正月至三月。
[6] 赵之恒、牛耕、巴图主编:《大清十朝圣训》,北京燕山出版社,1998,第857页。
[7] 赵之恒、牛耕、巴图主编:《大清十朝圣训·清世宗圣训》卷8,北京燕山出版社,1998,第851页。

人虽倾之,不可殪也。天之所覆者,人虽栽之,不可殖也。"[1] 上天想要培育的,世人不可能击败他;上天想要覆亡的,世人难以助他兴盛。他曾谕军机大臣:"人事既尽,成功与否,则当听命于天。若天意不欲殄灭丑类,人力何能强违!"[2] 相比玄烨、胤禛,弘历迷妄尤为深重,他几乎每年每月都祭神。从清代诸满族统治者的思想观念来看,他们无不是在本民族所信仰的萨满教基础上,不同程度或在某些方面融入儒学思想,构成以萨满教为底色的宗教信仰与儒学观念渗透的双重变奏,代表着或体现了满族社会在清朝时期的思想水平和观念文化。

第三节 满族哲学思想的基本特征及其与儒学的深度融合

满族的哲学思想随着本民族的形成发展而产生和演进,也在与儒学的逐渐深刻融合中生成和进步提高,呈现出具有鲜明民族特色,又涵摄儒学在内的中华传统文化之特征。

一 神秘思想观念贯穿始终

一般来说,每一个民族当它的神话传说产生之后,往往会在这个基础之上生发出原始的哲学意识,这种原始哲学意识的向前发展,或多或少都会使理性的光芒披上神秘的外衣。虽然哲学和理性以神话或传说作为其发展的童年,但是神话的神秘性和幻想性也可能使哲学和理性受到某种抑制。无疑,满族的哲学思想也与一些神秘的或某种宗教的思想观念不可分割。首先,满族社会普遍信仰萨满教,其上、中、下"三界说",分别由天神、人类万物、

---

[1] 兰晓东:《承德寺庙概览》,中国戏剧出版社,2008,第80页。
[2] 《清实录·高宗实录》乾隆十三年十二月下。

恶魔所居，三界相通、善恶交战。例如，满族人宇宙观的这种神秘性，直到清代，在康熙帝玄烨等统治者的思想中都还比较突出。玄烨说："圣人仰观浩浩实理实气之中，度乎至当而知人之于天，裁成辅相，而实有智之可殚，能之可竭，此所以为奉天之道乎。"[1] 在满族先民肃慎人的神鬼观念中，这种神秘性更甚。《晋书·东夷传》载：肃慎"其国东北有山出石，其利入铁，将取之，必先祈神"[2]。《大明一统志》第八十九卷中说："黑龙江口出，名水花石，坚利入铁，可锉矢簇，土人将取之，必先祈神。"[3] 说明黑龙江下游出土的水花石是满族祖先制造捕猎工具的优质材料。而这些捕猎工具既是生产工具，又是防卫武器，所以满族祖先将其视为神物，赋予其某种神秘的灵性，并对制造狩猎工具的石材有着很大的生存依赖性。因此满族人相信神灵具有超自然神力。于是，这种神秘性传统便一代又一代地传承下来，只是每个时期的具体表现形式稍有变化而已。

其次，在满族社会的日常生活中，满族皇室、贵族和百姓等对一神教都不太虔诚，特别是皇族。皇族一致认为佛教、道教、天主教都无补于清朝的国政民事。因为，对于宗教，清朝的历代皇帝都采取限制政策。但是，他们却不限制满族信仰原始的宗教即不限制以巫术形式出现的萨满教。当然这些清朝的历代统治者也不限制祭祀鬼神。非但不限制，还认为这是满族自身质朴的优良传统。因此，久而久之，这种神道思想在满族老百姓的日常生活中占据了统治地位。满族哲学思想中的神道性在满族人的日常生活中，又以满族人整体社会思想的神秘性体现出来。满族社会中的一般儒者，在广泛研读儒家经典的同时也非常崇信萨满巫术。甚至在他们的思想中有一个神圣的神鬼精灵的精神王国。因此在研读《易经》时，这些儒者推崇带有很强神秘性

---

[1] 《康熙帝御制文集·钦若昊天历象日月星辰敬授人时》。
[2] 《晋书·四夷》。
[3] 《大明一统志·外夷》。

的理学，即在谈到理学时带有很强的神秘色彩。即使是皇族也不缺乏崇尚祭祀萨满之人，有的皇族中人也信天主教或佛教。如乾隆皇帝，他的哲学思想也是典型的儒家哲学思想。在他的思想中不仅有一个神秘的鬼神王国，而且他为了保存和发展满族的这种神道思想，于乾隆十二年（1747）七月下令相关官员要遵守《满洲祭神祭天典礼》："我满洲禀性笃敬立念胝诚，恭祀天佛与神，阙礼均重。"[1] 乾隆皇帝注重满族的神道思想的继承，又以其满族统治者的权威巩固和发扬了满族的神道思想。满族的先民黑水靺鞨坚信：人死后，灵魂还会活着。因此他们是笃定的灵魂不灭论者。《旧唐书·靺鞨传》载："（靺鞨人）死者穿地埋之，以身衬土，无棺敛之具，杀所乘马于尸前设祭。"[2]《新唐书·黑水靺鞨传》曰："（黑水靺鞨人）死者埋之，无棺椁，杀所乘马以祭。"[3]《北史》记：勿吉"其父母春夏死，立埋之，冢上作屋，令不雨湿"[4]。可以看出，靺鞨人或者靺鞨人的先祖（肃慎人）就有人死之后灵魂不灭的观念。他们认为人是肉体和灵魂的二重体，在肉体坏死之后，灵魂并不受肉体的限制，灵魂是可以自由存在的。因此，满族的祖先靺鞨人认为世界也就分为两层，一层是人类居住的世界，另一层是灵魂和鬼神等居住的世界。正因为人死后，灵魂还正常存在，所以要将肉体穿地而埋之后，设坛祭祀，并在死者的坟冢上修盖屋顶，以免雨水淋濡。显见，满族的神道思想贯穿于满族人整个的生活和思想意识之中，构成为其哲学思想文化的一种重要内容。

二 文化交融促进其哲学思想发展

就满族哲学文化自身的发展历程来看，其原始神话、传说中的哲学胚芽

1　赵之恒、牛耕、巴图主编：《大清十朝圣训·清高宗圣训》卷215，北京燕山出版社，1998，第3852页。
2　《旧唐书·北狄》。
3　《新唐书·北狄》。
4　《北史·列传八十二》。

尚未得到充分发展，其哲学思想还处在神话的襁褓中时，就受到外在高势位文化的浸透。满族祖先最开始生活在白山黑水之间，在传说中的二帝时代，就受到中原文化的轴心辐射影响。满族及其先民思想观念获得较大的发展，是在后来大规模的文化交融中得以实现的。满族先民的古文化与汉文化的第一次大碰撞发生在7世纪中叶，大致在隋代，满族先民靺鞨因居住地不同而分为肃慎的黑水靺鞨和辽东的粟末靺鞨。当时，汉文化已经扩展到了辽东，辽河流域也有大量汉人进入。在隋炀帝征伐高丽时，粟末靺鞨酋长率部内迁到朝阳，广泛接受汉文化的熏陶和感染。唐高宗统治时代，粟末靺鞨的另一个部落酋长大祚荣，占据了辽宁东北、吉林东部，在政治上与唐朝形成了对立之势。唐睿宗时，拜大祚荣为左骁卫大将军、渤海君王，因其管辖区域为忽汗州，后任命大祚荣为忽汗州都督，从此，改名渤海国。渤海国不断派遣学生到长安入太学，学习用汉文抄录典籍，并收藏中原书籍等。待其学业有成后，又返遣回国。这样满族文化与汉文化就发生了第一次大碰撞。在这次文化大碰撞中由于汉文化具有很高的势位，而靺鞨文化还处在低级巫术文化时代，所以在两种文化的交锋中，汉文化便以不可阻挡之势冲向了渤海国的每一个角落，大到都城建制和官吏设置，小到地方行政区划和具体典章制度，渤海国都无不仿照唐制。许多到长安来学习的学生和皇子都能以汉文吟诗作赋。唐朝诗人温庭筠就渤海王子归国一事有诗云："疆理虽重海，车书本一家。盛勋归旧国，佳句在中华。"[1] 而靺鞨的伦理思想更是儒家伦理思想在渤海国的推广。靺鞨人以儒家伦理纲常作为其行为规范，以儒家的忠孝治人治国，并尽可能地从多方面吸收儒家哲学思想。虽然，就在儒家文化传到渤海国的同时，中原的佛教文化和道教文化也传到这里。但这时，靺鞨人的哲学思想是以儒家哲学思想为主，并承袭有神道思想。

---

[1] 《温飞卿诗集笺注·送渤海王子归本国》。

第二次开始于 12 世纪初。女真族完颜阿骨打 1115 年建立金国，统一女真部落，占据了东北，并进关占据了大河以北广大地区。此时，女真人的认识论、宇宙观和伦理哲学都发生了很大的发展，主要是女真人和中原文化尤其儒学的第二次文化交融。因为金军带有相对落后的女真部落文化，在进入汉文化区后，一方面使汉文化遭受一定的破坏，另一方面又促使女真文化融入汉文化之中。金国第三个皇帝完颜亶在小的时候就"贯纵经业""宛然一汉户少年子也"[1]，待他长大执掌国家政权后，就诣孔子庙进行祭奠。其终身手不释卷于儒家经典著作。其后的历代王者，尤其是金世宗完颜雍和金章宗完颜璟等，也都推行崇儒重道的治国理念。

第三次发生于 17 世纪中叶以后。满族入主中原，整个清朝时期都是以儒学为其官方意识形态的。

三 哲学思想发展紧密地与政权巩固相结合

从后金的开国之君和清朝的奠基者努尔哈赤的天命哲学来看，天命是社会历史发展的基础。大氏渤海国不断派送王子、贵族子弟到长安学习，金国女真借助政权力量兴修孔庙并积极提倡儒学，金熙宗皇统元年（1141）拜祭孔庙，称："孔子虽无位，以其道可遵，使万世高仰如此。"[2] 努尔哈赤认为，一个国家到底能否做到国泰民安，关键是要看能不能得到"天心眷佑""地灵协应"。而作为拥有最高政权的统治者要想得到"天佑""地应"，就必须"秉志公诚"，因为天和地分别负责无私天覆和无私地载，统治者的心意公而无私，便能顺天心而协地息，才能使天地交相感应，这样天地才能帮助统治者治国理民。因此，努尔哈赤进一步认为，国君是上天之子，每代的最高统

---

[1] 《大金国志校证·熙宗孝成皇帝四》。
[2] 《金史·志十六》。

治者都是顺天所立，所以统治者应该按照天的旨意来治理国家大小事务。而国泰民安的繁荣景象，则是天心与君心相统一的结果。努尔哈赤之所以努力塑造一个全知全能、至高无上的"天"的存在，究其本质还是为了维护他的最高统治地位。努尔哈赤虔诚地信奉着萨满教，而"天"就是萨满教的主神，因此努尔哈赤信奉"上天"是可想而知的。天命论和天人感应是儒家天人观哲学思想的重要组成部分。而努尔哈赤深受儒学文化的熏陶和感染，所以努尔哈赤的天命观吸收了儒学的相关成分。而根本的一点在于，努尔哈赤本人作为国家最高统治者，决定了他必须为自己政权的合法性进行"真理性"辩护，必须有一个能够彻底维护他至上统治地位的外在力量。于是，努尔哈赤便找到了"天"这个至高无上、全知全能的存在。而皇太极与其父努尔哈赤在天命观上具有一脉相承的特点。皇太极认为，国无分大小，君皆为天所生；天具有无限威灵，上天是无所不知、无所不能的神明，天理从来都是助有道而灭无道；天意是判断是非得失的标准；国之兴亡在"天"，而人也是"死生在天"，在康熙三十六年（1697）之后，康熙的宗教思想和宗教政策发生了较大转变，由以前的限制宗教为主转向积极利用为主，并放宽了佛教和道教的活动范围，而对佛教更加优待。康熙帝玄烨此时作为一位富有阅历的政治家，他逐渐发现在实践中佛、道两教的发展，不但对他的统治无害，而且更有助于国家的稳定和社会的和谐，于是他便改为积极倡导和有节制的优待。从统治者的角度来说，对佛教和道教的推行，无疑是"利济之道"。清朝时，从康熙开始，上尊周孔下启程朱。康熙帝阐发儒学，将儒学作为治国的主要指导思想，著书立言近万册。继其之后的雍正、乾隆直至光绪等皇帝，都推崇和讲求儒家的社会哲学。不难发现，满族哲学思想文化的变化发展和提升，基本是以政治权力的建构作为其目的的。

四　注重经世致用

特别是到了清代，满族儒学者更加强调学以致用。他们将儒家哲学思想运用于治国安邦之中。如在理学思想的渊源上，康熙帝玄烨推崇朱子学，认为朱熹对理学的阐释，既恢复了儒家经典本来的含义，又进行了"真理性"的创新，发圣人所未发，言先贤所未言，对理学的阐发超越了先贤诸圣，而且做到了理论与实践的统一，将理学中的哲学思想灌注于现实生活，做到了真正的"经世致用"，正所谓"言真意确，切于实用"。康熙甚至认为，一个人即使从不讲理学，只要办事合于理，能为兴国安邦起到帮助，就应该被称为真理学，而那些空谈理学，为民为国没有做出实际帮助的，都是假道学，代表着满族哲学思想典型的经世致用特征。

五　理学思想对社会底层产生重要影响

《百二老人语录》收录了120位各具阅历的满族老人的毕生所见所闻，较系统全面地反映了满族人民的社会思想。与满族贵族相比较，这些满族老人大多属于下层的社会民众，处在社会的底层。这些普通的民众代表着下层的满族人对理学的了解和熟悉。他们耳濡目染，能够自觉地将理学中的一些思想启迪灵活地运用到平时的生活中。实际上，《百二老人语录》是《性理精义》的应用，通过这些老人之口，从不同角度论述了如何运用《性理精义》的思想，去认识事物、明辨是非、修身立业、兴行教化。例如，一位满族老人说："谓夫天地之生，君亲之成，修其教则惟师，民牧我也，师范君也。……异术争鸣，不如正学。"[1] 即要做到社会风气的淳化、人心返朴、明

---

[1] 《百二老人语录》第2卷，引自宋德宣《满族哲学思想研究》，辽宁大学出版社，1994，第397页。

理知耻和重义轻利，就必须大兴教育，而要掌握为学的要点，须懂得行己立身之道，必须有正确的方法。有一个老人言道："若夫作人之道，要自从读书中来，益亦有法焉。格物致知，穷理尽性，进修之要法也；静时观动，动处思静，养心之要法也……亲贤而取友，择交之要法也……是非不紊，处事之要法也……勿欺而犯，事上之要法也；济猛以宽，使下之要法也……戒奢崇简，治家之要法也……凡此者识者力行、智者谨守。"[1] 所以，满族人一般认为学习静心修身、待人接物、治国安民等，不仅要学习其内容，也要重视其方法的学习和掌握。尤其是清代康、雍、乾三朝大力推行理学对儒学的改造和创新，上自皇帝，下至黎民百姓，都对理学倍加推崇。这种上行下效的理学传播方式，促进了本民族的统一和凝聚，也为儒学的传播发展发挥了积极作用。

综上而观，满族哲学文化与儒学的关系，呈现出一种双向互动的基本趋势。一是儒学在满族哲学文化、思想观念中的广泛传播，对满族的哲学思想及社会伦理道德等方面都产生了深远的影响。清政权建立以后，满族社会上下，视儒学思想为指导思想及行为准则。儒学在渗透进满族社会之后，通过对满族经济、政治、文化等方面全方位的影响，从而促进了满族哲学思想的不断发展与进步。儒学的"忠孝、仁爱、信义、宽恕、修己安人，为政以德、和谐、重人、敬业、廉洁等信条，不仅是人伦的纲纪，道德的准则，也是修身、齐家、治国、平天下的重要手段"[2]。儒学中的这些思想，是符合封建统治者对国家治理及维护社会稳定的利益需求的。无论是满族统治者，还是满族社会的底层民众，都能够自觉把儒学思想，特别是"三纲""五常"等系统化理论化了的伦理道德思想，作为自己的行为准则予以坚守和践行，将"孝"作为最基本的思想基础，强调对长辈、对君主的绝对服从。例如，清

---

1 《百二老人语录》第6卷，引自宋德宣《满族哲学思想研究》，辽宁大学出版社，1994，第399页。
2 邢丽雅：《略论儒学在东北少数民族中的传播》，《黑龙江民族丛刊》2009年第1期。

代顺治皇帝为表示对母亲的孝心，"荷承懿训，推本慈徽，亲制万寿七言律诗三十首，随奉表文进呈，恭申祝颂"[1]。又"仰承皇太后慈训，制为《内则衍义》成书"，宗旨是"欲治其国者，先齐其家"，"家正而天下定"，内容则为"皆闺门之内，起敬起孝，兴仁兴让之事"[2]。在这里，能够体现出顺治帝对"孝"这一最基本的行为准则的理解，表现出其关于治家与治国之间的深刻理解，强调以德治国的基本理念，强调思想教化在国家治理之中的重要作用。儒家伦理道德思想不仅重视个人的自身修养问题，更重视对传统伦理道德的尊崇；不仅对满族封建统治者个人的操守与品格起到了重要的作用，而且也对普通民众产生了道德规制作用；不仅在政治上稳固了满族统治者的封建统治，也促进了满族经济社会的不断发展，从而使为满族经济政治服务的满族哲学思想也得到了很大熔铸。

二是满族哲学思想文化不断接纳、吸收和改造儒学，对儒学的丰富和发展起到了积极的促进作用。体现出满族哲学思想文化对儒学的增益与贡献，显示了儒学与满族哲学思想文化互动交融的发展特征。满族哲学思想文化与儒学的相互融合，极大地促进了满族地区的文化认同和政治认同，增进了汉族与满族人民之间的相互了解和沟通，增强了民族团结和国家的统一。表现在：满族哲学思想家在办学讲经及著书立说中阐发儒家思想，对儒家伦理道德采取言传身教等方式予以传播。如清初大儒阿什坦终身研究和传播儒学，于顺治二年（1645）被授予内院六品他敕哈哈番。由于精通满文和汉文，阿什坦先后将《大学》《中庸》《孝经》《通鉴总论》和《太公家教》等儒家经典翻译成满文。"当时翻译者，咸奉为准则。即止通满文者，亦得籍为考古资。"[3] 满族统治者逐渐认识到儒学对维持社会稳定和规制人们思想的重要作

---

1 《清实录·世祖实录》顺治十三年二月。
2 《清实录·世祖实录》顺治十三年八月至九月。
3 《八旗通志·儒林传下》。

用，如清康熙帝玄烨把对百姓的道德教化视作治国之本，他曾下谕旨给礼部："朕惟至治之日，不以法令为亟，而以教化为先。其时人心醇良，风俗朴厚，刑措不用，比户可封，长治久安，茂登上理。盖法令禁于一时，而教化维于可久，若徒恃法令，而教化不先，是舍本而务末也。近见风俗日敝，人心不古，嚣凌成习，僭滥多端。狙诈之术日工，狱讼之端靡已。或豪富凌轹孤塞，或劣绅武断乡曲，或恶衿出入衙署，或蠹棍诈害良民。萑苻之劫掠时闻，仇忿之杀伤叠见。陷罹法网，刑所必加。诛之则无知可悯，宥之则宪典难宽。念兹刑辟之日繁，良由化导之未善。朕今欲法古帝王尚德缓刑，化民成俗。"[1] 康熙帝认为，与法治相比，道德教育乃为治国之本，极力主张尚德缓刑。他随即颁布了《圣谕十六条》，即敦孝悌以重人伦，笃宗族以昭雍睦，和乡党以息争讼，重农桑以足衣食，尚节俭以惜财用，隆学校以端士习，黜异端以崇正学，讲法律以儆愚顽，明礼让以厚风俗，务本业以定民志，训子弟以禁非为，息诬告以全良善，诫窝逃以免株连，完钱粮以省催科，联保甲以弭盗贼，解仇忿以重生命。[2] 更加明确了"兴行教化，作育人才"的基本要求。儒学所以能够在满族地区传播并对满族社会产生重要影响，与满族的思想家、统治者及百姓对儒学的重视有密切关系。儒学在其传播之中，也能根据满族社会的特点不断调适自己的内容，逐渐地适应了满族社会对意识形态的基本要求。尤其是满族统治者崇尚儒学，尊行儒术，增进了儒学在满族地区的传播，扩大了儒学的社会基础及影响力，强化了儒学的社会价值。

三是丰富和发展了儒学思想的内容。满族哲学家对儒学的接纳和学习，一定意义上对开拓儒学的新境界也做出了贡献。如清政权建立后，清朝统治者在满族传统哲学思想文化基础上不断吸收借鉴儒家学说，为维护自己的政权服务，不仅促进了满族哲学的发展，也相应地促进了儒学的丰富发展。努

---

1 《康熙政要·论政体第二》康熙九年。
2 《康熙政要·论政体第二》康熙九年。

尔哈赤和皇太极的天命观点，包含对儒学思想中天人感应学说的借鉴。顺治帝福临一亲政就倡导教育、主张"孝"道，重视儒学的传播，崇儒是其思想的主流。玄烨的民本思想和理学思想承继儒家学说，服膺程朱理学，坚持理本论、理一分殊等基本理论观念，认为："体道亲切，说理详明，阐发圣贤之精微，可施诸政事，验诸日用，实裨益于身心性情者，惟有朱子之书驾乎诸家之上，令人寻味无穷，久而弥觉其旨。"[1] 玄烨明确提出并强调"真理学"，致力彰显理学中践履笃行的观念，质疑"终日讲理学而所行之事全与其言悖谬"的"言行不相符者"的理学，同时表明"若口中虽不讲，而行事皆与道理吻合"，这种重视践行其理的理学才是"真理学"。玄烨一方面重视程朱格物致知、读书穷理、循序渐进、积累贯通的"致知"论，另一方面发展朱熹以行为重的"重行"观念，把程朱理学进学致知、居敬穷理的修养工夫论，演进为"明理之后，又须实行。不行，徒空谈耳"的知行并重观。玄烨注重"亲历乃知""习而后知""身履其地，详察形势"等，又具有先行后知、以行验知的思想特征。康熙九年（1670），颁布贯穿儒学思想的《圣谕十六条》，并且逐条训解，撰成《圣谕广训》，要求满族八旗和直省各级衙门宣讲。玄烨作为满族贵族代表和清王朝统治者，对理学的创造性发挥和切实推行，反映了满族对于儒学文化的承接、培壅和践履。[2] 儒学在长期、大范围向满族地区传播之时，得到了满族哲学思想文化的反哺与促进，进一步丰富和发展了儒学思想的内容，也使儒学得到了应有的创进。

第四节　本章结语

满族在其发展历程中，不断地吸收儒学思想，逐渐形成了具有民族特色

1　（清）康熙撰：《庭训格言·几暇格物编》，浙江古籍出版社，2013，第193页。
2　杨翰卿：《儒学与我国少数民族哲学和文化的交融互动》，《哲学研究》2011年第11期。

的满族哲学思想和文化，在吸收借鉴儒学思想观念基础上，不仅实现了满族哲学思想的升华，也促进了儒学的丰富与发展。满族哲学思想与儒学的这种双向互动的辩证关系，共同推动了中华文明的进步。通过对儒学的学习和改造，不仅提高了满族的思维能力和理论水平，使满族哲学思想文化得以不断提升，同时促进了满族社会的不断跃进。哲学思想是一个社会进步的先导，满族在形成前后以及清政权建立以后的历史中，一直注重对儒学的学习与借鉴，并根据社会历史的发展变化及政治统治的需要，不断为儒学思想理论体系注入新的经验内容，促进了民族精神的发展，为增强民族团结、维护祖国统一做出了重要的贡献。

总之，满族哲学思想文化的发展演进，是不断吸收借鉴儒学思想的结果，这使满族哲学思想的发展取得了多方面的成就。但是，也应看到满族哲学思想发展中所具有的思维教训，尤其是随着清政权的建立，清朝历代统治者以孔孟之道、程朱理学为科举考试的主要内容，很多人为了进入仕途而学，从而导致教育的轨辙偏离世界潮流，禁锢了人们的思想。当世界历史不断发展，西方国家纷纷进行工业革命，建立起资本主义制度，从而大大提高了社会生产力发展水平的同时，清政府的闭关锁国，试图用先王陈说去解读世界，最终导致中华民族一度落在世界历史的后面。这也是值得深刻记取的。

第十七章
儒学与朝鲜族哲学

作为中华民族大家庭中靓丽一员的我国朝鲜族,其跨界特色、哲学文化观念的儒学传统和底蕴、具有一定厚度的精神文明资源等,都是镶嵌在本民族整体中的显著标识。从儒学与我国朝鲜族哲学文化思想观念关系的历史发展视角考察,显然不能够径直越过朝鲜半岛的儒学,或者肯定地说,朝鲜半岛儒学是朝鲜族传统哲学思想观念中的浓重之笔。鉴于这样的历史文化定位和基本认识,我国朝鲜族的精神文脉里恐怕会永续地葆有朝鲜半岛儒学在历史上长久积淀下来的思想精华。

第一节 中国朝鲜族的儒学传统文化:儒学在朝鲜半岛的传播影响和发展

中国朝鲜族与朝鲜半岛之韩民族和朝鲜民族拥有共同的古代历史和儒学传统文化。为明确起见,其儒学传统文化我们称为朝鲜半岛儒学。总体来看,朝鲜半岛儒学的发生发展和演变,经历了如下四个时期或历史阶段。

一 儒学在朝鲜半岛的肇端和前传播时期

韩国高丽大学尹丝淳教授提出"儒学传统"的概念,并说:"韩国的儒者们几乎都将箕子视为将儒学传统的种子撒播到朝鲜半岛的先驱。……箕子是殷朝大学者,他成功将儒学中的政治、经济、社会、伦理、哲学等思想演绎为洪范九畴。因此,韩国学界普遍认为,韩国儒学其实是发源于孔子以前的箕子。从16世纪朝鲜大儒栗谷李珥(1536—1584年)到20世纪初《朝鲜儒教渊源》的作者张志渊(1864—1921年)都持这样的观点。"[1] 从《尚书·洪范》载箕子向周武王陈"洪范九畴",提出"遵王之义""遵王之道"的"王道荡荡";《论语》中肯定"微子去之,箕子为之奴,比干谏而死。孔子曰:'殷有三仁焉。'"以及"子欲居九夷。或曰:'陋,如之何?'子曰:'君子居之,何陋之有?'""道不行,乘桴浮于海"等论述表明,箕子为孔子所认同、崇敬的贤者和典范,与尧舜禹汤文武周公一起,被纳入儒家统序之内,是无可置疑的。清刘宝楠《论语正义》说:"子'欲居九夷'与'乘桴浮海',皆谓朝鲜。"韩国学者基本上认为,"九夷"就是指古代的朝鲜半岛,也即包括《山海经》《后汉书·东夷列传》等文献记载的"君子之国"。尹丝淳教授认为,其"君子"很有可能指的就是殷朝的贤士箕子,而且韩国儒者大都将箕子视为韩国儒学的先驱。[2] 因此,我们认为,把整个箕子朝鲜时期,称为儒学在古代朝鲜的肇端和前传播时期,其理据也当成立。

二 儒学在朝鲜半岛的初始传播时期

尹丝淳教授认为:"儒学传入韩国的最初时期是秦初。""儒学传入韩国的时期最晚也是在汉四郡设立之前的秦末汉初,即公元前240年左右。"[3] 根

---

[1] 〔韩〕尹丝淳:《韩国儒学史》,邢丽菊、唐艳译,人民出版社,2017,第10页。
[2] 关于《论语·子罕》中"子欲居九夷"之"九夷",有两种意见:其一是《汉书·地理志》、颜师古《汉书注》《后汉书·东夷列传》等,均指朝鲜半岛;其二是今人杨伯峻《论语注译》认为,"九夷"即淮夷,其北境与齐、鲁接壤。(见邢丽菊《韩国儒学思想史》,人民出版社,2015,第44页)
[3] 〔韩〕尹丝淳:《韩国儒学史》,邢丽菊、唐艳译,人民出版社,2017,第12页。

据是:"就目前学界的研究成果来看,汉字大约在公元前5世纪与金石文一起传入了韩国,而文字的解读和普及肯定需要很长的时间,这是毋庸置疑的。以《论语》为首的儒家经典在战国时代末期(约公元前247年)已经基本上形成。中国人大量移居韩国的时期始于秦初(公元前246年—公元前240年)。"[1] 即汉字传入韩国并经过很长时间的解读和普及,以《论语》为代表的儒家经典的传入和中国人大量移居韩国,是儒学传入朝鲜半岛的标志。尹丝淳教授并未指出以《论语》为首的儒家经典传入韩国的具体史实,因此其将"儒学传入韩国的最初时期"确定为"秦初"或"秦末汉初"即公元前240年左右,不免仍带有一定的推断性质。不过,朝鲜半岛的高句丽、百济、新罗三国时期分别设立太学、五经博士,儒学被正式吸收,朝鲜半岛儒学深入传播,显然三国时期的这些社会政治的和国家层面的举措与文化现象,已不能视为儒学的初传。那么,由此来进一步说明儒学在朝鲜半岛的初始传播状态,应该说也姑且能够弥补这一时期的"史料不足"。韩国学者李丙焘认为,中国汉朝在当时的高句丽地区设立汉四郡,可以确立为儒学的传入期,大致在公元前128—313年。据记载,四郡中的乐浪地区居住着很多中国官吏和商人,当时韩国知识人在与他们交流的过程中逐渐移入了儒学。就是说,汉四郡时期的乐浪是儒学在朝鲜半岛的传入之地。

综合韩国学者的两种意见,我们索性把卫满朝鲜和汉四郡的前期,称为儒学在朝鲜半岛的初始传播时期。

三 儒学在朝鲜半岛的深入传播时期

大致在3世纪至14世纪前期(基本包括朝鲜三国、统一新罗和高丽王

---

[1] 〔韩〕尹丝淳:《韩国儒学史》,邢丽菊、唐艳译,人民出版社,2017,第11、12页。

朝),可以视为儒学在朝鲜半岛深入传播的时期。把这样具有千年历史的时期,视为一个阶段,其时间跨度似乎比较长久。但相比之下,该时期既不可看作儒学在朝鲜半岛的初传,又有诸如在不同社会层面与群体传播的广泛性、被深入地接受和吸收、中国儒学不同历史和理论形态的传播等标志,因此,我们认为,将这一大的阶段称为儒学在朝鲜半岛的深入传播期似较适宜。

首先,从影响性质上看,儒学在朝鲜半岛不同的社会层面与群体深入地传播和被吸收,较之此前的初传阶段,具有更为广泛的特征。这种广泛性体现在国家层面、社会生活、政治实践、文化教育等不同领域,贯彻于包括设立太学、国子学、五经博士、私学,实行科举制等各个方面,呈现出全方位立体性地实施儒家文化、推广儒学的趋势和潮流,以至到了高丽王朝中后期,拥有了"三千里'仪礼之江山'"[1]和"小中华"[2]之称,当然这也是古代朝鲜"君子之国"的再度映现。

在国家和政治层面,三国时期的高句丽始祖东明王提出"以道兴治",其"道"的观念,应该是在高句丽太祖高宫传位给其弟高遂成即次大王时曾指出的"天之历数在汝躬",这是《论语·尧曰》中孔子据《尚书·尧典》尧对舜之言所提出的儒家仁义之道。新罗统治者提倡花郎道,据《三国史记》载,新罗真兴王三十七年(576)首次设立花郎道,花郎徒们"相磨以道义",秉承"事君以忠,事亲以孝,交友有信,临战不退,杀生有择"的生活信条和实践伦理,即恪守"世俗五戒",其实践精神涵盖了儒家忠、孝、信、勇、仁的基本理念,后来逐渐发展成为新罗的时代精神。《三国史记·金庾信传》载:"唐将苏定方灭百济而归,谓高宗曰:'新罗其君仁而爱民,其臣忠以事国,下之人事其上如父兄,虽小,不可谋也。'"反映了当时新罗举国上下的思想观念和精神面貌。史载,中国唐朝玄宗时曾向新罗派遣使臣

---

[1] 〔韩〕尹丝淳:《韩国儒学史》,邢丽菊、唐艳译,人民出版社,2017,第71页。
[2] 见黄修志《高丽使臣的"小中华馆"与朝鲜"小中华"意识的起源》,《古代文明》2012年第4期。

邢璹并让其带去一首诗云："使去传风教，人来习典谟。衣冠知奉礼，忠信识尊儒。"[1]《旧唐书》卷一百九十九《新罗列传》亦谓：唐太宗嘱邢璹云："新罗号为君子之国，颇知书记，有类中华。以卿学术，善与讲论，故选使充此。到彼宜阐扬经典，使知大国儒教之盛。"[2] 统一新罗时期，在制度的安排上对其教育制度中规定设立的国学，又进行了大规模的扩充，不仅以儒家经典教育为主，而且还多渠道地选送留学生赴唐学习。

朝鲜半岛的高丽王朝时期，历时近500年，虽然立佛教为国教，其实是儒、佛、道三教并用，儒家思想具有实质上的支配指导作用。太祖王建在执政期间颁布《训要十条》，其中有4条内容（包括第3、4、7、10条）即显示了"慕唐风"、彰儒教、宗儒典、施仁政的思想精神。如《训要十条》第10条说："有国有家，儆戒无虞。博观经史，鉴古戒今。周公大圣《无逸》一篇，进戒成王，宜当图揭，出入观者。"相继供职于高丽朝太祖、惠宗、定宗、光宗、景宗、成宗六朝的崔承老，在成宗时期（981—996），任正匡、行选官、御事等职，受勋位为"上柱国"，曾向成宗上疏条陈时务，即《时务二十八条》，其中有多条更是直接引用儒家经典以陈时事。如第11条："华夏之制，不可不遵。然四方俗习，各随土性，似难尽变。其礼乐诗书之教，君臣父子之道，宜法中华，以革卑陋"；第14条："《易》曰：'圣人感人心，而天下和平。'《语》曰：'无为而治者，其舜也，夫何为哉？恭己正南面而已。'圣人所以感动天人者，以其有纯一之德，无私之心也。若圣上执心撝谦，常存敬畏，礼遇臣下，则孰不罄竭心力，进告谟猷，退思匡赞乎？此所谓'君使臣以礼，臣侍君以忠'者也。"[3] 如此等等。

文化教育和社会生活中，儒学在朝鲜半岛广泛地传播和更加深入地被吸

---

[1] 引自邢丽菊《韩国儒学思想史》，人民出版社，2015，第71页。
[2] 《旧唐书·东夷新罗列传》。
[3] 引自邢丽菊《韩国儒学思想史》，人民出版社，2015，第100页。

收,尤其凸显。三国时期相继设立太学是重要标志之一。据悉,高句丽于372年设立太学,百济设立太学似乎要早于高句丽,但没有确切的历史记载,新罗是在682年设立太学。[1] 各国设立太学,传播教授儒学,表明儒学在朝鲜半岛已远远不是初始传播,而是确立了一种深入传播的稳定载体和形式。高丽大学尹丝淳教授认为:"以太学的设立为契机,儒学在韩国确实发展到了比较高的阶段,……所以太学在韩国的设立要远于儒学最初传入韩国的时间,……因此我们应该抛弃将太学设立定位为吸收儒学的起点这样一种思维。"[2] 如新罗于神文王二年(682)设立太学,完善了教育体制,当时太学中教授的主要内容是儒家经典,教授方法为三分科制。《三国史记·职官(上)·国学》载:"教授之法以《周易》《尚书》《毛诗》《礼记》《春秋左氏传》《文选》,分而为之业,博士若助教一人。或以《礼记》《周易》《论语》《孝经》,或以《春秋左传》《毛诗》《论语》《孝经》,或以《尚书》《论语》《孝经》《文选》,教授之。"当然这种情况在其后的统一新罗,尤其是高丽王朝时期,有了更进一步的发展。此外,在三国时期的百济,一个富有寓意和深意的事件,即285年前后百济的博士王仁等携《论语》等儒学典籍渡海到日本。据日本文献记载,王仁到日本后被聘为日本太子师,传播教授儒学。此举说明中国儒学通过朝鲜半岛又东渡传播到了日本,体现出在三国时期的百济,儒学已经有了相当深入的社会基础。

往中国的唐宋及其后诸朝派送留学生,是朝鲜半岛从中国输入儒学的一个重要途径。从三国至统一新罗到高丽王朝,这一途径呈逐步扩大之势。三国新罗的善德女王时期所派留学生金春秋,曾到唐朝的国学参观释奠大祭并学习儒家经典讲习课程。统一新罗选送更多的留学生入唐,形成了一种风潮。据统计,仅在821年,就有58名学生通过了唐朝的宾贡科考试。高丽时期,

---

[1] 见邢丽菊《韩国儒学思想史》,人民出版社,2015,第53页。
[2] 〔韩〕尹丝淳:《韩国儒学史》,邢丽菊、唐艳译,人民出版社,2017,第24—25页。

又有了新的演进,当时将被选为进士的学者送到宋朝留学。如在1176年,高丽睿宗将当时的进士金端、甄惟氐、权适、赵奭、康就正送进宋朝的太学学习。不仅如此,高丽经常派遣学者使臣前来中国,收集中国书籍,进行文化交流等活动。如《礼记正义》《毛诗正义》《册府元龟》《资治通鉴》等儒家经典或贯穿着儒学思想和精神内涵的文献史册,就多是依靠来宋朝的使臣带回的。同时,使臣们还利用机会与中国学者进行学术讨论。如高丽文宗二十七年(1073),曾任太仆卿的金良监和中书舍人卢旦以使臣身份前来宋朝,考察了宋朝的国子监,接触到了北宋苏轼、二程等。[1]

朝鲜半岛高丽时期私学的兴盛进一步拓宽和发展了儒学的传播渠道及社会深广程度。高丽文宗时期曾官至门下侍中的崔冲,退隐之后开设了私学"九斋学堂",所设立的九个学班分别命名为乐圣、大中、诚明、敬业、造道、率性、进德、大和、待聘。"九斋学堂"的教育主要以儒学九经和三史(《史记》《汉书》《后汉书》)以及诗赋为主,每个斋室教授一部完整的经典。私学以准备科举考试为教学目的。据悉崔冲奉职已久,平时重视中国宋朝性理学者的理论动态(如对"四书学"的重视),隐退后设立学堂,反映出他受到早期性理学风影响的可能性很大。

高丽仁宗一年(1123),和中国使臣路允迪一起入高丽的徐兢在自己的著书《高丽图经》中如此描述了当时高丽的儒学风潮:"大致崇尚诗文,没有深入学习经学。"尹丝淳教授认为:"即使推算得晚一点,高丽也应该是在11世纪后半期就对性理学发展比较熟悉了。只是在初期,高丽不只是一味地模仿或者追随中国的性理学罢了。"[2] 至于朱熹理学,大约在13世纪末,才传入高丽。也就是说,"在高丽末年儒佛交替时期,学界对程朱性理学的研究并不十分活跃,虽然也有像郑梦周这样的学者存在。但记录显示当时的学者只

---

[1] 见〔韩〕尹丝淳《韩国儒学史》,邢丽菊、唐艳译,人民出版社,2017,第24—25页。
[2] 见〔韩〕尹丝淳《韩国儒学史》,邢丽菊、唐艳译,人民出版社,2017,第50、54—55页。

讨论了《四书集注》，从这点来看，那时期的学者应该不可能已经完全掌握了朱熹性理学。因此可以推测，当时学者们对朱熹性理学的理解也只是停留在'大致理解'这个阶段"[1]。

其次，从内容和理论形态上看，朝鲜半岛深入地传播和吸收儒学，包括先秦儒学、汉唐儒学和性理儒学，随着时代推移而渐次跟进。这种情况揭橥的是朝鲜半岛总体上一直在追随中国儒学的演变发展，并于这一观念变迁中以"拿来"为策略，以习染接受、消化吸收为先务，还未能实现其创造性转化创新性发展或者说民族化本土化儒学的过程。当然，紧追中国儒学不同历史理论形态之后的思想潮流和文化取向本身，也体现着朝鲜儒学的深化发展。结合朝鲜半岛高丽王朝及之前不同历史时期所呈现出的主要文化现象、涌现出的重要儒学代表人物及其学术贡献和理论建树，大致可获得如此研判。

一般认为，儒学输入朝鲜半岛，前期是以经典书籍为主。"三国时期开始传入的儒家典籍到了后期呈现出增多的趋势。但在初期传入最多的主要是以下几种：《诗经》、《尚书》、《周易》、《礼记》、《春秋》这些五经类书籍以及作为三史的《史记》、《汉书》、《后汉书》，其他的历史书籍如《三国志》《晋春秋》以及诗文集《文选》，……此外，对于《论语》和《孝经》等儒家重要经典，当时的人们主要是去私立学院'扃堂'和国立学堂'太学'去学习。虽然三国时期的各国对儒学的吸收时期有所不同，但儒学发展的基本面貌还是一致的。"[2] 这种一致性表现在，朝鲜半岛三国时期以传入先秦两汉的儒家典籍为主，传播范围包括各国国君、统治者以及通过太学和民间"扃堂"传授而达至的较为广泛的半岛社会，同时已有百济博士王仁那样进一步向日本传播的人才及其能力水平。

统一新罗时期出现了像强首、薛聪、崔致远等有代表性的儒者。据悉，

1　〔韩〕尹丝淳：《韩国儒学史》，邢丽菊、唐艳译，人民出版社，2017，第91页。
2　邢丽菊：《韩国儒学思想史》，人民出版社，2015，第52页。

强首（？—692）一生志于儒学，深谙儒家典籍《孝经》《尔雅》《曲礼》《文选》等，于儒家的孝与礼深有造诣。薛聪（生卒年不详，谥弘儒侯）在朝鲜半岛开创了"吏读经典读解法"的先河，这种解读法广泛应用于儒家经典教育中，其代表性成果是向王谏言而作的《花王戒》（又名《讽王书》），以隐喻形式表达了亲君子远小人、戒女色修德行的儒家思想观念，由此劝谏君王施行儒家德治仁政思想，产生了较好的效果。崔致远（857—?）12岁入中国唐朝留学，29岁归国，在唐留学为官16年之久，是中韩两国文化交流史上的一位重要使者，具有以儒为主、综合释道及其他思想的观念特征。其在《鸾郎碑序》中说："国有玄妙之道，曰风流。设教之源，备详仙史，实乃包含三教，接化群生。且如入则孝于家，出则忠于国，鲁司寇之旨也。处无为之事，行不言之教，周柱史之宗也。诸恶莫作，诸善奉行，竺乾太子之化也。"[1] 统一新罗时期的三位儒者均表现出深入传播儒学，且有将儒学与本土思想和实际结合起来的倾向。

如前已述，朝鲜半岛高丽王朝时期，历时近500年，在以佛立国的前提下，其实是兼采儒、佛、道，所成长起来的儒者自然也是空前的，推进儒学的深入传播影响基本上到了应用儒学阶段，并且不仅引入了中国隋唐儒学，宋明性理学亦开始来到这个半岛之域。突出的历史事实是科举制的实行，以传播儒学为主要内容的私学开始兴盛，与中国宋朝文化交流的增强及派遣使臣或学者到宋朝太学学习等举措的实施，宫廷中的"殿阁讲论"，进入12世纪后排斥佛教、非议老庄现象的出现，等等。有代表性儒者的大量出现，诸如从高丽前期的崔承老、崔冲，到高丽中后期的金仁存、金富轼、尹瓘、尹彦颐父子、林椿、李奎报、安珦、白颐正、权溥、禹倬、李齐贤、安轴、李穑、郑梦周，等等。朝鲜半岛三国时期设立太学，高丽时期实施科举（高丽

---

[1] 引自邢丽菊《韩国儒学思想史》，人民出版社，2015，第84页。

光宗九年，即 958 年），崔承老《时务二十八条》中的儒学内容，崔冲设"九斋学堂"对儒学的传播，等等，都很好地说明了儒学在韩国历史上的应用。据朝韩学者的研究，有认为崔冲学堂"九斋"中的"率性""大中""大和"等名称都是从性理学尤其重视的《中庸》和《大学》中摘取的，从名称的特征中可以隐隐察觉出中国北宋早期性理学给高丽带来的影响，崔冲可能是在一定程度上察觉到了重视《中庸》和《大学》的北宋性理学者们的动向。[1] 崔冲（984—1068）在世正值中国北宋时期，表明其对中国宋代理学兴起的密切关注和重视。

值得注意的是，高丽王朝在 12 世纪出现了排斥佛老、认肯或崇尚儒学的思想倾向，这种趋势被认为是受到中国南北朝隋唐儒学特别是唐代韩愈、李翱儒学思想影响的结果。有"江左七贤"之一之称的 12 世纪高丽朝的林椿，认为脱离"夫妇"和"父子"关系的生活是存在问题的，是不知"仁义"的，佛教思想只会让人变得野蛮，要想维护孔子的儒学思想（道）和"道统"就不得不排斥佛教。由此可以看出，林椿积极地响应了中唐韩愈欲通过排斥佛老，重建或提出儒学道统论以复兴儒学的主张。高丽另一学者、经学家李奎报则是追随唐后期李翱的研究方法。他和李翱一样，认为儒学六经的核心内容是为了解决现实问题，六经在解决道德、政教、风俗、兴亡等现实社会问题时非常有用。

中国儒学的发展至唐代的韩愈、李翱开启了宋代理学的先河，韩国历史上的儒学紧步中国唐宋之后，在高丽王朝末期，其排斥佛教、非议老庄的倾向，既是受中国唐代韩愈、李翱儒学思想的影响，同时也是本国丽末鲜初王朝鼎革之际的思想前奏，思想界在重视解决社会现实问题的笃实意识支配下，他们排斥佛老以及在汉唐儒学影响下高丽后期逐渐形成的过分追求华丽的辞

---

[1] 见〔韩〕尹丝淳《韩国儒学史》，邢丽菊、唐艳译，人民出版社，2017，第 48 页。

章学风，其实都预示着朝鲜性理学的出场。这一时期，几位代表性儒者发挥了重要作用，他们是安珦、李穑、郑梦周，等等。安珦于1289年以高丽儒学提举身份出使中国元朝，在大都历时近半年，做了两件不同凡响的事情：一是亲手抄写了《朱子全书》，二是摹画了孔子和朱熹的肖像，于翌年带回。据《晦轩实记》《论国子诸生文》记载，安珦崇尚孔子儒学和朱熹，其排斥佛教就是受到朱熹思想的影响。安珦说："吾尝于中国得见朱晦庵著述，发明圣人之道，攘斥禅佛之学，功足以配仲尼。欲学仲尼之道，莫如先学晦庵，诸生行读《新书》，当勉学无忽。"[1]《新书》即《朱子全书》。安珦既是将朱子学引入高丽的第一人，同时也是在朝鲜半岛传播朱子学的先驱者，其后继者包括安珦弟子及再传弟子如禹倬、白颐正、权溥、李齐贤等，都不遗余力地深入研究和积极传播程朱性理之学，在理学在朝鲜半岛的传播过程中发挥了非常重要的作用。特别是作为白颐正弟子的李齐贤，还是在韩国历史上首称儒学为"实学"者，其排斥佛教推举性理儒学的思想和努力，不在其师白颐正之下。以李齐贤为节点，在高丽对程朱性理学的吸收和应用的趋势愈加增强，标志着儒学在朝鲜半岛深入传播的发展潮流。至于高丽末期的李穑和郑梦周，其对于程朱性理学的研究吸收、应用传播以及理论建树，都明显地超迈了朝鲜半岛的儒学前贤。李穑在韩国历史上，比其他学者率先阐述了性理学道统观，指出自己的性理学统为尧舜文武孔孟韩愈欧阳周程许衡一系；郑梦周则被李穑拥戴为"东方理学之祖"。李穑、郑梦周的儒学成就，一方面体现着朝鲜半岛儒学传播发展的明显深化，另一方面标志着朝鲜儒学融汇发展及其本土化民族化时期到来的肇端。

总之，从12—14世纪，或者说高丽王朝中后期儒学在朝鲜半岛的深入传播发展来看，所呈现出的显著特点是：大多以排斥佛老为推进儒学发展的思

---

[1] 引自〔韩〕尹丝淳《韩国儒学史》，邢丽菊、唐艳译，人民出版社，2017，第48页。

想理论环节和重要方面，从而带动了或伴随着由先秦儒学而汉唐儒学而宋代理学相继援入的思想之脉的发生，同时在朝鲜半岛采取积极地引进中原儒学与在本域不断扩大传播应用、吸收消化相辅而行的文化实践。朝鲜半岛这样的儒学发展历程和表现，在某种程度和意义上，其实是在复制中国儒学演进变化的历史。

四　儒学在朝鲜半岛的融会发展及本土化民族化时期

14世纪末，李氏朝鲜取高丽王朝而代之（1392），开启了朝鲜历史的新时代。而从思想史的维度来看，儒学在朝鲜半岛由深入传播和被吸收应用的发展阶段，转化到融汇发展及本土化民族化时期，大致应该以丽末鲜初为起点，或者把丽末鲜初这个时段视为一个环节，其标志是中国新儒学即宋代理学或程朱理学，再具体说是朱熹哲学（按照当今主要是韩国学者的概念，即朱子性理学）的引进传播和深入研究，从而开启了朝鲜半岛以性理学为中心、以本土化民族化为主轴的儒学发展新纪元。就儒学代表人物来说，承接前述，注目于14—19世纪这一整体时期，真正演变成为朝鲜半岛之民族的性理学思想观念和理论体系，概而言之，可以说是安珦发起端，李穑肇其始，郑梦周开其山。此后，经过郑道传、权近、徐静德、李彦迪等，再往下，朝鲜思想界性理之儒，学者辈出，人才济济，至退溪李滉、栗谷李珥而发展至朝鲜性理学之高峰，完成了其本土化民族化的理论嬗变，真正发展成为朝鲜民族的哲学思想观念。鉴于这一时期朝鲜半岛儒学的深刻性、丰富性和独特理论地位，我们于下面以退溪李滉、栗谷李珥为主要代表，阐述朝鲜半岛儒学的显著成就和基本特质的主体内容，并从中国朝鲜族传统文化的特别视角进行论述。

第二节　朝鲜半岛的儒学成就及其特质

一　朝鲜朱子学

我们从中国朝鲜族传统文化的视角来审视，由于中国朝鲜族独特的历史演进，儒学真正作为该民族传统文化的重要组成部分，集中体现在儒学特别是程朱理学在朝鲜半岛经过本土化民族化思想嬗变和理论发展的洗礼，自觉地贯彻渗透于社会生活的不同方面而成为一种文化传统。这种文化传统则以其所达到的主要思想理论高度和深度为标杆。那么，我们可以由此略过14世纪以后朝鲜半岛其他儒学代表者在儒学本土化民族化过程中的思维探索和理论造诣，直接以其最具影响力和学术贡献的两位哲学家，即退溪李滉和栗谷李珥所取得的理论成就和创新性发展来加以探讨。

其一，朝鲜半岛性理学进一步形成和发展了程朱儒学的观念传统。

中国朝鲜族作为中华民族大家庭中的一个十分具有民族特色的少数民族，其先辈就在朝鲜半岛，在朝鲜朝及其之前生活在朝鲜半岛之民就是该民族的先民。从其民族的思想精英和文化代表来看，13世纪末安珦将中国朱子学引进朝鲜半岛并加以积极传播，14世纪李穑等学者推动后得以深深扎根，以此为基础15世纪初郑道传、权近的研究活动开始显现出性理学的独创性，16世纪前半期徐静德、郑之云的研究又进一步提高了这一独创思想的水平。因此至16世纪中叶，朝鲜性理学研究水平得以高度发展，退溪李滉和栗谷李珥的思维成果代表着这一水平的高度和思想特质。值得指出的是，相对于中国的理学、道学、义理之学、新儒学等，朝鲜时代至当今韩国儒学者更习惯称其为性理学，这也说明了朝鲜性理学的本土化民族化特色。

首先是本体论思想，在程朱理学基础上对于理气关系以及动静、一殊问题的进一步探讨。这些问题在程朱理学中本来就极其复杂，而在二李这里其复杂性不但没有丝毫减弱，且有进一步的深入研究。退溪在坚持程朱"理"的实在性、根源性和形上性基础上，进一步以体用、动静来讨论理气关系。认为："理无为是指理之体，而说理之用时，则理有为。"[1] 这明显继承了程朱"体用一源，显微无间"的体用思想，或者受到其影响。同时，退溪又引用朱子"若理无动静，气何自而有动静乎？"[2] 为论据指出，"盖理动则气随而生，气动则理随而显"[3]，坚持一种"理动"论观点。这就显示出退溪对于理之动静的一种理解或疏解，与朱子的理之动静观并未完全保持一致。栗谷以"理气之妙"和"理通气局"表达理气关系。"理气之妙"表示的是理气不离、理气相即的"妙合"关系。尽管程朱有"'退藏于密'，密是用之源，圣人之妙处。"[4] 以及"精妙""要妙""神妙"之论，但栗谷的这一观念，毕竟是明确地提出了"理气之妙"的命题，不失为栗谷哲学的创新之处，以一"妙"字表示了理气之间的密切关系。"理通气局"是栗谷的"自谓见得"，虽然深受朱子"理一分殊"的影响，却是栗谷"理气之妙"思维最直接的表述。栗谷指出："理无形而气有形，故理通而气局。""理通者，天地万物同一理也。气局者，天地万物各一气也。所谓理一分殊者，理本一矣，而由气之不齐，故随所寓而各为一理。此所以分殊也，非理本不一也。"[5] 栗谷用"理通"和"气局"这一"理一"和"分殊"，进一步具体说明了"理气之妙"的"妙"在何处。"体用""动静""妙合""通局"等范畴，彰显了退溪、栗谷对于理气关系在哲学本体论上的理论思考和努力探索，虽然未

---

[1] 转引自〔韩〕尹丝淳《韩国儒学史》，邢丽菊、唐艳译，人民出版社，2017，第155页。
[2] （宋）朱熹：《晦庵先生朱文公文集》卷56《答郑子上》，朱杰人、严佐之、刘永翔主编：《新订朱子全书》（附外编）第24册，上海古籍出版社，2022，第2687页。
[3] 贾顺先主编：《退溪全书今注今译》（三），四川大学出版社，1993，第867页。
[4] （宋）程颢、程颐：《河南程氏遗书》卷15，《二程集》第一册，中华书局，1981，第157页。
[5] 〔韩〕李珥：《圣学辑要·穷理章》，朱杰人、朱人求、崔英辰主编：《栗谷全书》（中册），华东师范大学出版社，2017，第848页。

能超出程朱，却的确也有创新性自得，退溪更加强调"理"的"能动性"，栗谷更为突出倚重"气"，在儒学本体论问题上，二李共同体现了程朱性理之学在朝鲜半岛的本土化民族化特征。

其次，退溪、栗谷在道德修养工夫论上偏重于主敬或诚敬的思想，共同体现了程朱性理学在朝鲜半岛的本土化民族化特征。程颐所概括的"涵养须用敬，进学则在致知"，是程朱修养方法或工夫论的基本思想，即包括"涵养"和"致知"或"居敬"与"穷理"两方面。退溪、栗谷仍然沿袭了这样的理路和观念，同时，亦显示出区别于程朱而具有某种发展变化的特色来。第一，以"敬"或"诚敬"来贯穿和主导人的整个精神修养过程。退溪提出"主一无适""主敬以存心"之"敬"，认为"只将敬以直内为日用第一义"，"敬者又彻上彻下著工收效，皆当从事而勿失者也。故朱子之说如彼，而今兹十图（指退溪著《圣学十图》——引者注）皆以敬为主焉"[1]。栗谷强调"敬"是"用功之要"，"诚"是"收功之地"，修养要做到"由敬而至于诚"。"《大学》，明道之书也……而其旨则不外乎敬之一字而已。……《中庸》，传道之书也……则其旨岂在于诚之外哉？"[2] 只有持续不断地进行敬的修养，积极而努力地践履笃行，最终才可达到至诚的圣人精神境界。退溪、栗谷的"主敬"和"敬诚"之论，是在程朱"居敬涵养"思想的基础上，进一步地提升和强化了道德修养或工夫论的这个方面。第二，"进学致知"或"格物穷理"是"主敬""敬诚"修养工夫的重要方面或环节，为"持敬""存诚"的必然要求和必要条件。这里，栗谷讲得最明确："如欲格物致知，则或读书而思其义理，或临事而思其是非，或讲论人物而辨其邪正，或历览古史而求其得失，至于一言一动皆当思其合理与否，必使方寸之地虚明洞彻，

---

[1] 贾顺先主编：《退溪全书今注今译》（二），四川大学出版社，1993，第183页。
[2] 〔韩〕李珥：《四子立言不同疑二首》，朱杰人、朱人求、崔英辰主编：《栗谷全书》（下册），华东师范大学出版社，2017，第2073页。

无物不格,以尽其格致之实。如欲诚意,则好善如好好色而必得之,恶恶如恶恶臭而决去之,幽独隐微之中敬畏无怠,不睹不闻之时戒惧不忘,必使念虑之发莫不一出于至诚"。[1] 就是说,栗谷主诚的修养方法或工夫,是以诚来穷理,以诚而致知。只有物格知至后,才能达到豁然贯通的境地,这就是《大学》所谓"明德",虚灵不昧,以众理以应万事,这就是"心之本体",就是诚。所以栗谷指出:"穷理既明,可以穷行,而必有实心,然后乃下实功。"[2] 退溪,尤其是李栗谷,把儒学的实学特征推展到了极致,发展了程朱特别是朱熹"主敬者存心之要,而致知者进学之功。二者交相发焉"[3]、"涵养、穷索二者不可废一,如车两轮,如鸟两翼"。"主敬、穷理虽二端,其实一本。"[4] 的知先行重或者说知行并重思想,更加突出地强调了儒学或性理学的"实理""实心""实行""实功""实效"的实学思想特色。这样的特色与发展,既是朝鲜半岛接榫中国程朱理学而重在实施践行的传承逻辑,也是栗谷看到并欲救治当时朝鲜王朝"臣邻无任事之实……经筵无成就之实……遇灾无应天之实……群策无救民之实……人心无向美之实"[5],空言无实之说,尚浮名不务实行之腐败现状的结果。

最后,四端七情之辨:朝鲜半岛性理学独到而有特色地深化和推进了程朱儒学的思想理论。

如果说在本体宇宙论的理气关系上,退溪与栗谷的思想观念基本一致而未有实质性差别的话,在四端七情之辨中却显示了二李的重要分歧。在朝鲜

---

[1] 〔韩〕李珥:《论当今之时势》,朱杰人、朱人求、崔英辰主编:《栗谷全书》(上册),华东师范大学出版社,2017,第583—584页。

[2] 〔韩〕李珥:《圣学辑要·诚实章》,朱杰人、朱人求、崔英辰主编:《栗谷全书》(中册),华东师范大学出版社,2017,第857页。

[3] (宋)朱熹:《晦庵先生朱文公文集》卷38《答徐元敏》,朱杰人、严佐之、刘永翔主编:《新订朱子全书》(附外编)第22册,上海古籍出版社,2022,第1718—1719页。

[4] (宋)朱熹:《朱子语类》卷九,朱杰人、严佐之、刘永翔主编:《新订朱子全书》(附外编)第15册,上海古籍出版社,2022,第321—322页。

[5] 见〔韩〕李珥《万言封事》,朱杰人、朱人求、崔英辰主编:《栗谷全书》(上册),华东师范大学出版社,2017,第183页。

半岛的性理儒学发展史上,四端七情之辨源于丽末鲜初思想界的朱子学者权近和朝鲜朝前期的柳崇祖。权近在其《入学图说》中区分心性论中的"四端"和"七情",认为"四端"为理之所发,而"七情"却并非如此。权近提出以理气分言四端七情的观点之后,柳崇祖在其所撰《大学十箴》中提出"理动气挟,四端之情,气动理随,七情之萌"的识解,在其编纂的《性理渊源撮要》中更为明确地指出:"理发为四端,气发为七情",或"四端者理之发,七情者气之发"。以"四端"与"七情"对举,并以理气分言"四端"和"七情"。由此,权近和柳崇祖开启了韩国儒学史上四端七情论辩之先河。至退溪和栗谷及其后,掀起了关于这一主题的激烈论辩,形成了朝鲜半岛儒学本土化民族化的重要标志性论题和哲学思想内容,集中显示出韩国传统儒学性理之学的独特面貌和理论成就。其中,退溪发展权近和柳崇祖的思想观念,经过与奇大升的反复论辩,形成其核心而最终的理论观点,即"四端之情,理发而气随之,自纯善无恶,必理发未遂而掩于气,然后流为不善。七情之情,气发而理乘之,亦无有不善,若气发不中而灭其理,则放而恶也"[1]。或简要地说:"四则理发而气随之,七则气发而理乘之。"[2] 退溪这一结论性的观点,学界称之为"理气互有发用说"或"理气互发说"。奇大升直接与退溪辩诘,质疑退溪此论。李栗谷同样不认同退溪以"四端"和"七情"分属理气的观念,只肯定其气发理乘说,提出了"气发理乘一途论"。认为:"大抵发之者,气也;所以发者,理也。非气则不能发,非理则无所发。"[3] 因为理气无先后、无离合,故不能谓之互发,"二者不能相离,既不能相离,则其发用一也,不可谓互有发用也。若曰互有发用,则是理发用时,气或有所不及,气发用时,理或有所不及也。如是,则理气有离合,有先后,动

---

1 贾顺先主编:《退溪全书今注今译》(二),四川大学出版社,1993,第194页。
2 贾顺先主编:《退溪全书今注今译》(三),四川大学出版社,1993,第49页。
3 〔韩〕李珥:《答成浩原》,朱杰人、朱人求、崔英辰主编:《栗谷全书》(上册),华东师范大学出版社,2017,第355页。

静有端，阴阳有始矣。其错不小矣"[1]。这就是退溪与栗谷包括奇大升、成浑等朝鲜朝儒学者对于"四端"与"七情"及其相互关系的基本思想。

我们认为，其实双方论辩的焦点和实质并不在于"四端"与"七情"，而在对于其根源或根据之理与气的性质和相互关系的识解，再进一步说，是关于理是否有能动性问题的理解。在这一根本点上，关于理之动静，梳理和参照朱熹的论述，应该是很清楚的。朱熹说："盖谓太极含动静则可（自注：以本体而言也），谓太极有动静则可（自注：以流行而言也），若谓太极便是动静，则是形而上下者不可分。"[2] 在朱熹理学中，"太极"即"理"。朱熹所观察到的"理"与动静的三种关系，发生在本体论层面的是"理"含"动静"和"理"不是"动静"两种；而"理有动静"，则表述或意蕴的是动静之"理"，能在"天道流行"过程中，即在宇宙生成的层面上得到具体的表现、实现。朱熹关于理之动静的三个命题，由于具有不同的观察角度和不同含义，因此在实际上并不存在矛盾和混乱。韩国儒学史上的"四端七情之辨"，基本上或主要是注目宇宙生成论的层面，因此都坚持理之与气不相离，但亦不相杂，如退溪所说："理与气本不相杂，而亦不相离。不分而言，则混为一物，而不知其不相杂也；不合而言，则判为二物，而不知其不相离也。"[3] 栗谷亦有理气"即非二物，亦非一物"之论。比较而言，退溪着重于理气之"不相杂"，栗谷则强调理气之"不相离"。朱熹在宇宙论层面的观点，是"理有动静"，在对于这一命题的理解上，退溪、栗谷可以说具有重要差异，于是才出现了在"四端"与"七情"问题上分属理气的"理发""气发"即"理气互发说"的"不相杂"，以及"气发理乘一途"论的"不

---

[1] 〔韩〕李珥：《答成浩原》，朱杰人、朱人求、崔英辰主编：《栗谷全书》（上册），华东师范大学出版社，2017，第361页。

[2] （宋）朱熹：《晦庵先生朱文公文集》卷45《答杨子直》，朱杰人、严佐之、刘永翔主编：《新订朱子全书》（附外编）第23册，上海古籍出版社，2022，第2072页。

[3] 贾顺先主编：《退溪全书今注今译》（五），四川人民出版社，1994，第1201页。

相离"。关于朱熹在宇宙论层面上"理有动静"命题的理解,在退溪看来,是"理有动静",坚持了以他的"理动"论为基础的"理发"说;栗谷应该是以"理乘气而动"为根据,所以坚持只有"气发理乘一途"论。就其底蕴和思想倾向看,恐怕是栗谷更为接近朱子之说。因为本体论层面的"理含动静"和"理不是动静",下落在宇宙生成论层面,只能是"理"之"动静"转换为"理搭于气"而"有动静"。这也是包括奇大升、李栗谷以及17世纪的宋浚吉、宋时烈等都基本沿着"主气"一途而思考和论述的缘故。尽管朱熹在论及四端时曾有言:"四端是理之发,七情是气之发。"[1] 但"依朱子的解释,发者是情,而情则属于气,在'理'上不说发。所谓'四端是理之发',可解释为四端是依理而发出的情,但是不能说情是从理上发出来的。李滉据此力主'理气互发',似乎认为理亦能发。其实,依理学之本旨,'理'应为气发时所当遵循的原理,即发之所以然,而实际上的'发者'则是气"[2]。这样一来,退溪所坚持的即是在宇宙论层面的"太极(理)有动静",但由此而认为是"理"动静,肯定和秉承"理动",把"四端"看作"理发而气随之",则不免有朱熹所说的"若谓太极便是动静,则是形而上下不分"之嫌。

二 朝鲜阳明学

中国明代阳明学在朝鲜的传入和影响,是以一种比较特别的方式甚至尴尬的面貌发生的,同时也是以朝鲜后期性理儒学的某种"心学化倾向"为契机的。阳明学传入朝鲜社会伊始,以16世纪李退溪为主的朝鲜性理学名儒对之进行了激烈批判[3],甚至当时的阳明学是作为与佛教禅宗相混同的异端思

---

[1] (宋)黎靖德编:《朱子语类》第四册,中华书局,1986,第1297页。
[2] 洪军:《四端七情之辨:朝鲜朝前期朱子学研究》,人民出版社,2018,第222页。
[3] 如李退溪在《传习录论辨》中逐条对王守仁《传习录》进行批判后指出:"贼仁义,乱天下,未必非此人也。"(〔韩〕李滉:《增补退溪全书》第2册,成均馆大学校·大东文化研究院,1985,第335页)

想被引进的，是在垄断性的主流意识形态的辨斥声中被官方和民间艰难地接受和传布的。但是，16世纪以后直至20世纪，随着朝鲜学界对于朱子学理解的深入，引发了诸如"湖洛论争"中巍岩李柬的"本然之心""心性一致"的观点（这一观点被18世纪的南塘韩元震批判为类似于阳明学的"心即理"），以及19世纪出现的"心说论争"中岭南学派代表人物寒洲李震相直接提出了"心即理"的思想，这种"心即理"至少在理论形式上与阳明学的"心即理"并无二致。能够真正代表朝鲜阳明学思想水平并显示其本土化、民族化特征和理论成就者，则当推17世纪中后期至18世纪前期的霞谷郑齐斗及其后学追随者所形成的"江华阳明学派"。于此姑且以霞谷郑齐斗的阳明学思想为代表来加以分析。

郑齐斗（1649—1736），字士仰，号霞谷，自青年时期至晚年，由仰慕中国阳明学而终生为之耕耘不止，著有《学辨》《尊言》《四书说》《定性书解》《经学集录》《心经集义》《文集》《诗书春秋札录》等，其基本思想可以概括为，格物致知的阳明学之说，心即理说，性与生理、生气思想，良知说与知行合一说等。就学术规模和思想内容来说，韩国历史上以霞谷郑齐斗为主的阳明学与朝鲜朱子学相比，难以相提并论；但在理论价值和观念影响及对于朝鲜半岛儒学的本土化、民族化意义上，却可显示出其应有的甚或重要的历史地位。

其一，霞谷阳明学对于朝鲜朱子学的批评，其性质和作用类似中国王学对朱学的突破，但显得声音微弱而最终未能摆脱、突破朝鲜朱子学的笼罩，开拓更大的心学规模。沿袭王学对于朱学的理论突破，是霞谷心学的首要特色。这一特色既表现在霞谷对于朝鲜朱子学的基本研判，也彰显于其突出的思想观念之中。如霞谷描述当时朝鲜朱子学的局面说："致于今日之说者则不是学朱子，直是假朱子，不是假朱子，直是傅会朱子，以就其意。挟朱子而作之威，济其私。"[1] 王守

---

1 〔韩〕郑齐斗：《霞谷集·存言下》，《韩国文集丛刊》160，首尔：民族文化推进会，1995，第264页。

仁心学"背驰"或者说破解朱学，概括地说，在于对朱学本体"理"或"太极"之客观性的消解和对朱学工夫中内外之分的破除两个方面，坚持或者说标举起"心即理"及"心外无事，心外无物，心外无理"和"良知"本体不离工夫、工夫即是本体的"知行合一""致良知"的心学旗帜，全面地否定了本体论、工夫论上的朱学观点。霞谷郑齐斗完全承继了阳明心学的理论立场和思想观点，"余观阳明集。其道有简要而甚精者。心深欣会而好之"[1]。但是，在当时朝鲜社会极力反对阳明学、以程朱学为主的思想文化氛围之中，如果脱离程朱学就会被冠以"斯文乱贼"，甚至会失去性命，所以郑齐斗也不得不体现出"内王外朱"的特征，同时在某些方面"也受到朱熹的很多影响"[2]。如此则使霞谷心学在当时的朝鲜社会处于一种在夹缝中求生存的境地，不仅声音不宏，最终也未能完全摆脱和突破朝鲜朱子学的笼罩。

其二，霞谷阳明学一袭王守仁心学，其思想架构和理论规模基本未越出王学范畴，但在细微处也显示出对王学的增益以及其弊的救正，而又呈现着出入或游离于王学朱学之间的观念特征。郑霞谷在哲学思想上恪守阳明心学，表现在本体、工夫两个方面的基本理论观点上：一是"心即理"的"生理"说和"良知良能"论。本体论上的"心即理"是陆王心学的基本思想，霞谷在承袭的基础上，进一步以"生理"说加以深化和丰富。霞谷说："理之体，出心之用。而心之用，即理之体也。心无用则理无体矣，理无体则心无用矣。理即心心即理也。"[3] "王氏所谓物者非外于吾心也。乃吾心之日用可见之地，而吾知之所在者也。"[4] 这是陆王心学的"心即理"、王阳明"心外无事、心外无物、心外无理"的观点。关于理，郑齐斗又根据阳明"生理"之说，批

---

[1] 〔韩〕郑齐斗：《霞谷集·存言下》，《韩国文集丛刊》160，首尔：民族文化推进会，1995，第264页。
[2] 见〔韩〕尹丝淳《韩国儒学史》，邢丽菊、唐艳译，人民出版社，2017，第260、272页。
[3] 〔韩〕郑齐斗：《霞谷集·存言上·耳目口鼻说下》，《韩国文集丛刊》160，首尔：民族文化推进会，1995，第245页。
[4] 〔韩〕郑齐斗：《霞谷集·学辨》，《韩国文集丛刊》160，首尔：民族文化推进会，1995，第227页。

评朱子"分心与理为二","夫泛学事理则理者是公空底","茫荡无有实者",认为"人心之神,一个活体生理"[1]。"一团生气之元,一点灵昭之精,其一(或无"一"字)个生理(即精神生气为一身之生理)者,宅窍于方寸,团圆于中极,其植根在肾,开华在面,而其充即满于一身,弥乎天地,其灵通不测,妙用不穷,可以主宰万理,真所谓周流六虚、变动不居也。其为体也,实有粹然本有之衷,莫不各有所则,此即为其生身命根。所谓性也,只以其生理则曰生之谓性。所谓天地之大德曰生,惟以其本有之衷,故曰性善。所谓天命之谓性,谓道者,其实一也。"[2] "生之体即理也,固所谓性也,生气之中理体存焉。"[3] "性者天降之衷,明德也,自有之良也。有是生之德,为物之则者也。故曰明德,故曰降衷,故曰良知良能。"[4] 本体之"心""性""生理""生气之元""良知""降衷"等,霞谷的这些心学本体思想,具有对阳明心学深化的表现。二是格物致知和知行合一论。格物致知即格心、正心之"格正","致其本体之知"的"致良知","知行,一良知也良能也"[5],"所谓知行之为两件者,自是其失本体之人自两件之耳。圣贤循本体之知行则不如是。知自己能之矣,行自是其明耳,体只一云耳"[6]。郑霞谷工夫论的哲学观点,与王阳明也无二致。不过,这些观点也显示出霞谷独特的理论思考,这在其倾慕阳明学之初就已经表示了出来:"余观阳明集,其道有简要而甚精者,心深欣会而好之。辛亥六月,适往东湖宿焉,梦中忽思得王氏致良知之学甚精,抑其弊或有任情纵欲之患。"[7] 这种"任情纵欲"之患,实际上就是

---

[1] 〔韩〕郑齐斗:《霞谷集·存言中》,《韩国文集丛刊》160,首尔:民族文化推进会,1995,第249页。
[2] 〔韩〕郑齐斗:《霞谷集·存言上·一点生理说》,《韩国文集丛刊》160,首尔:民族文化推进会,1995,第234页。
[3] 〔韩〕郑齐斗:《霞谷集·存言上·理一说》,《韩国文集丛刊》160,首尔:民族文化推进会,1995,第236页。
[4] 〔韩〕郑齐斗:《霞谷集·存言下》,《韩国文集丛刊》160,首尔:民族文化推进会,1995,第259页。
[5] 〔韩〕郑齐斗:《霞谷集·存言中》,《韩国文集丛刊》160,首尔:民族文化推进会,1995,第257页。
[6] 〔韩〕郑齐斗:《霞谷集·答闵彦晖书》,《韩国文集丛刊》160,首尔:民族文化推进会,1995,第25页。
[7] 〔韩〕郑齐斗:《霞谷集·存言下》,《韩国文集丛刊》160,首尔:民族文化推进会,1995,第264页。

在王学后学中开启的，达到良知境界所需经历的道德实践过程和修养工夫被削弱，甚至被取消，因而易于导致这一弊端。郑霞谷对此既有明确的觉察，也以"良知"分体、用的思想积极加以救正。认为"仁义礼智"四端是心之性，属"良知之体，心之本然"，即未发之性；"恻隐、羞恶、辞让、是非"和喜怒哀惧爱恶欲"七情"，是心之情，"良知之用，心之发"，即已发之情。"这种思维路数属朱熹理学，而与阳明心学有异。"[1] 这就是朝鲜时代中后期霞谷郑齐斗阳明心学的特征，这种特征当然也显示了其把朝鲜半岛儒学从阳明学的理论立场和角度而民族化、本土化的积极意义。

其三，霞谷阳明学及其后形成的朝鲜阳明学派所具有的自由精神和主体性意识，是朝鲜后期实学思潮兴起并发展的一种理论契机和思想营养，构成朝鲜半岛儒学史上不可或缺的一页，为儒学在朝鲜半岛的本土化、民族化做出了一定贡献。中国与朝鲜半岛的儒学中的实学由来已久。如栗谷李珥就曾说："进德修业，惟在笃敬。不笃于敬，则只是空言。须是表里如一，无少间断。言有教，动有法，昼有为，宵有得，瞬有存，息有养，用功虽久，莫求见效，惟日孜孜，死而后已，是乃实学。"[2] 而朝鲜后期的实学思潮则主要是以"正德利用厚生"为宗旨，承继"实心实学"的传统和理念，以比较开放的学术理论立场和思想态度，提倡实事求是，强调民族主体性意识和儒家的民本意识，研究自然科学和科学技术，积极吸收西学，努力确立能够支撑实现社会改革的理论和方案，具有民族主体性、现实性、实用性、开放性、实证性特征的思想理论思潮。在这一思潮中，随着朝鲜半岛社会的动荡变局，思想理论上朝鲜阳明学派反对朝鲜朱子性理儒学的影响和朝鲜性理儒学自身的衰落之势，一些士人学者受到阳明学自由精神和主体性意识的熏染，在不

---

[1] 李甦平：《阳明心学、石门心学、霞谷心学的比较》，《孔子研究》1999 年第 2 期。
[2] 〔韩〕李珥：《学校模范》，朱杰人、朱人求、崔英辰主编：《栗谷全书》（上册），华东师范大学出版社，2017，第 604 页。

同程度或意义上贯彻、接续了朝鲜阳明学。如18世纪北学派学者洪大容，主张不能固守朱子性理学，其不仅熟悉阳明学，而且比较程朱学与阳明学、检讨阳明学之不足，高度评价并学习利用西方的算术、天文等科学技术，提倡："吾儒实学，……近世道学矩度，诚甚可厌。惟其实心实事，日踏实地。先有此真实本领，然后凡主敬致知修己治人之术，方有所措置而不归于虚影。"[1] 他还提出一种"正界倒界"说，从地球说角度，阐明这个世界无正界、无内外、无华夷，"这就摆脱了以往性理学的世界观，使得朝鲜人的民族自信心大增，形成了一种民族主体性意识。洪大容在此基础上提出了新的华夷观，主张'华夷一也'，认为华与夷不应该有贵贱之分"[2]。19世纪后半期至20世纪初期的朴殷植，通过对阳明学的近代化解释，积极探索开展近代化的主体以及实现近代化的正确方向，强调科学技术与伦理道德的同等重要性。以阳明学为依据，力求推进"儒教求新"。认为在科学技术迅速发展的时期，由于个人知识、精力的有限性，简明易懂的阳明学是最佳的选择；必须改变由于长期推尊朱子学而导致或形成的思维世界的单一性，通过阳明学形成自由开放的氛围，这样会更加有利于西方思想的接受和传播；社会思想的停滞和衰弱使得一般民众迷失了方向，弘扬阳明学可以团结民众、凝聚力量；以至良知说为基础，文明开化论能为现实问题提出一套道德评价体系，以知行合一说为基础，能够保证客观理论得到强有力的实践。朴殷植力倡"国魂"、保存发展国魂，对实现自强自立的民族精神发挥了很大的推动作用。[3]

三 朝鲜实学

朝鲜半岛的实学与朝鲜朱子学、朝鲜阳明学一道，构成为中国朝鲜族传

1　〔韩〕洪大容：《答朱郎斋文藻书》，《湛轩书》外集卷1，《韩国文集丛刊》248，首尔：民族文化推进会，2000，第123页。
2　见邢丽菊《韩国儒学思想史》，人民出版社，2015，第322页。
3　见邢丽菊《韩国儒学思想史》，人民出版社，2015，第398—400页。

统文化的精神内容和核心部分。甚至说,朝鲜半岛的实学思潮,对于中国朝鲜族民众和士人的思想观念和精神文化,可能还具有更深刻而相对直接的重要影响。虽然朝鲜半岛或朝鲜朝后期的实学思潮,在思想理论规模和学术文化影响上或不及朝鲜朱子学,但在时间距离上则更靠近主要从朝鲜半岛移入中国的朝鲜族主体。

朝鲜后期的实学思潮,我们在上文朝鲜阳明学"其三"中作了简要界定。那么这一思潮的主要理论贡献者,就是16—17世纪的李睟光、柳馨远,18世纪的星湖学派和北学派,19世纪则以丁若镛、崔汉绮为代表。这一跨越3个世纪的朝鲜半岛实学思潮,尽管相互间没有比较紧密的学术联系、具体的学问体制,关注领域也有所不同,呈现出多样化的特征,但其以实心行实政,用实功得实效之风,则基本无异。

对于中国朝鲜族的传统文化和优秀思想而言,朝鲜后期的实学思潮中,有几方面的观念尤其值得重视。

第一,北学派学者朴齐家(1750—1805,号楚亭),借用《孟子》中绍述"楚产"之陈良"悦周公、仲尼之道,北学于中国"的"北学"概念,来表示学习中国清朝文物的学问,即指代"清朝学"。因为在当时的朝鲜还没有完全摆脱对清朝形成的情绪和印象,北学派欲打破"夷夏之辨",认为虽然是女真族一统中原,但中国器用精细,有许多先进的器物技术,值得朝鲜学习。另外,中国为女真人统治,但华夏文明依旧,仍实行周公、孔子的圣人之制,所以朝鲜王朝不应固守"夷夏之辨"而不肯学习中国,应积极开放思想,北学中国,发展器用文明。朴齐家著《北学议》阐明向清朝学习的理由,表明在异质文化的融合中,先进文化能够提升、改变落后文化,"苟利民,虽其法之或出夷,圣人将取之"[1]。朝鲜两班贵族不辨夷夏,闭关自守,

---

[1] 转引自邢丽菊《韩国儒学思想史》,人民出版社,2015,第324页。

作茧自缚,是导致朝鲜社会衰退的重要原因。振兴朝鲜王朝,要从"夷夏之辨"中解脱出来,力学中国。北学派另一学者洪大容,也曾发现朝鲜时期的学问仅限于朱子性理学,"不若中国之宽转达观,或不免于泛滥驳杂也。盖气之偏,故识之局。识之局,故守之固。守之固,故并与其不必守者而曲护而强解也"[1]。因此,洪大容所提倡的儒学是要具有实学之性质,摒弃浮夸的学术态度,以实心处理实事,以脚踏实地的态度实践学问之真谛。北学派学者朴趾源(1737—1805,字仲美,号燕岩),当考察了解了中国清朝,写成《热河日记》后,竭力提倡学习清朝之利用厚生,指出:"利用然后可以厚生,厚生然后正其德矣。不能利其用而能厚其生,鲜矣。生既不足以自厚,则亦恶能正其德乎?"[2]

第二,18世纪后半期至19世纪前期的丁若镛(1762—1836,字美镛,号茶山),有集朝鲜后期实学之大成的思想理论贡献和学术成就。丁若镛之学涉及六经四书、修己安人、传统近代、西学耶教、经世实务,乃至政治、田制、历史、地理、语言、风俗、农业技术、机械战船等领域,曾提出实事、实职、实心、实政的事功路线,明确追求建立"有意义的儒学",建立自己独特的儒学观即儒学者称为实际学问的"实学",并说:"真儒之学,本欲治国安民,攘夷狄,裕财用,能文能武,无所不当。"[3] 我们于此仅就茶山丁若镛的经世论实学思想略述一二,以见其大端。丁若镛著有《经世遗表》《牧民心书》《钦钦新书》,自称"一表二书",乃其"修己安人"之学中为天下国家、安人治人属于"末端"方面的思想观念。《经世遗表》以实事、实职、实心、实政为事功路线;《牧民心书》提出"牧为民有"即在官民关系上地

---

[1] 〔韩〕洪大容:《四书问辨》,《湛轩书》内集卷1,《韩国文集丛刊》248,首尔:民族文化推进会,2000,第17页。

[2] 〔韩〕朴趾源:《热河日记》,《燕岩集》卷17,《韩国文集丛刊》252,首尔:民族文化推进会,2000,第151页。

[3] 〔韩〕丁若镛:《俗儒论》,《与犹堂全书》第一集卷12,《韩国文集丛刊》281,首尔:民族文化推进会,2002,第253页。

方官为民所生、是百姓公仆的重要思想。丁若镛的经世论尤其是在器物利用以及科学技术方面，批评后儒以奇技淫巧为贱、清谈虚饰为高雅的风气作派，积极主张发展器物利用、科学技术，力倡北学中原，向中国学习器用科技。丁若镛并未纠结于"夷夏之辨"，而是从器用文明的人文化成和利民、厚生、富民强国的意义上阐述北学之重要。说："今之急务在于北学中原，诚识务之言也。臣谓别设一司，名之曰利用监，专以北学为职。"[1] 具体提出了北学中原的机构设置、职责分工。并明确指出，凡系实用之器，无不传学，归而献之于利用监，然后按法制造。他认为不出十年，必有成绩，而国富兵强，不复见笑于天下。

朝鲜半岛的实学思潮作为中国朝鲜族的一种传统文化，其思想价值和深刻影响在于：一是它直接开启了朝鲜近现代几乎各种思想观念、理论文化的先河，包括近代的斥邪卫正思想、开化思想、东学思想，以及爱国启蒙思想等；二是朝鲜半岛实学思潮"北学中国"的思想，恐怕是中国朝鲜族先辈们于18世纪以来，无论何种原因离开本土、来到中国定居，并逐渐成为中国朝鲜族深刻而内在的观念资源和精神土壤。这一点似乎还蕴含着与中国传统儒学中影响久远的"华夷之辨"意识相反的文化内容，即在思想观念和身份认同上，从朝鲜半岛移民而来的中国朝鲜族祖辈们，在骨子里代表了"华"，而对清朝统治者或有难以抹去的"夷"的阴影，尽管他们可能已不仅不再坚持传统意义上的"华夷之辨"，反而要从这一观念的传统内涵中解脱出来。

第三节　中国朝鲜族葆有着朝鲜半岛儒学的思想传统

如前已述，注目于或者追溯中国朝鲜族传统文化的儒学演变和发展，只

---

[1] 转引自邢丽菊《韩国儒学思想史》，人民出版社，2015，第364页。

能从儒学在朝鲜半岛的传播影响、吸收融会,以及转化创新来审视,其中朝鲜性理学或朝鲜朱子学是主要内容和重要发展阶段,甚至代表了朝鲜半岛儒学的本土化民族化之特征。如果从明代永乐年间起或者说自 14 世纪末以来,朝鲜族开始迁至中国境内,乃至到了 19 世纪及其后陆续有较多朝鲜半岛之民迁入我国东北地区而逐渐定居下来,并休养生息不断发展,而构成了中国朝鲜族的话,那么,这个历史时期基本上对应的是李氏朝鲜演进发展的时代,也是以儒学为其国家意识形态和性理儒学或朱子学转化创新的时代。主要是在这个时期及其后迁入中国而构成并发展成为中国朝鲜族,其哲学思想文化观念所具有的儒学影响尤其是朝鲜朱子学的浸染熏陶,转化为一种精神文化面貌,也是顺理成章之事。当然,就中国朝鲜族在形成时期基本为邻国朝鲜移民而来的历史事实来看,其一般民众为主体而文化精英知识阶层较少,在当初其自身所能够携带的精神文化和思想元素相应会有局限,应该说这种情况亦是不可否认的。[1]

第一,中国朝鲜族的儒学文化传统就是朝鲜半岛儒学,尤其是朝鲜朱子学,前文从思想内容上已作了基本阐述。从一个民族的整体来说,一种思想文化传统的形成非一时而就,同时也不可能或者不会轻易消逝;朝鲜半岛民族的一部分在近现代移民过来,作为基础和主体而构成与发展为中国朝鲜族,一定意义上体现着整个朝鲜半岛民族的哲学思想文化观念和精神风貌,以及民族特色和基本风格,哪怕是这部分群体的整体水准起初还相对不强。中国朝鲜族在近现代以新的身份和民族而融入中华民族大家庭之后,其朝鲜半岛民族的思想文化传统特别是儒学和朝鲜朱子学的精神遗产,也同时从他们的

---

[1] 宝贵贞、朝克、佟德富主编的《中国北方少数民族哲学史》第六章"朝鲜族哲学及社会思想史"开篇说:"中国的朝鲜族是一个跨界民族,从原始社会一直到 19 世纪前半期,与朝鲜半岛经历了共同的历史阶段。在这共同的历史发展进程中,我国朝鲜族人民和朝鲜国人民一起,共同创造与发展了光辉灿烂的民族文化。朝鲜族人民在自己的文化遗产的基础上,从十九世纪后半期开始,创造了反映中国现实和具有自己民族特色的哲学、教育、艺术以及其他社会思想。"(宝贵贞、朝克、佟德富主编:《中国北方少数民族哲学史》,光明日报出版社,2016,第 404 页)

父祖先辈那里接受和传承过来。历史资料中未见中国朝鲜族在思想文化上疏离儒学或儒家文化的记载，相反，资料则显示了朝鲜族如何尽其所能地葆有和弘扬之。以下我们通过一个具体的实例来加以阐明。

中国朝鲜族受到儒学的深刻影响，具有比较强烈的儒学文化归属意识。19世纪末期，出生于韩国庆尚北道安东郡的李相龙（1858—1932，原名李相义，字石洲），于1904年"目见韩国被日本保护之兆，不忍坐受侮辱，携家西渡，漂转于怀通（今辽宁桓仁—吉林通化）之间"[1]，从事抗日独立运动，避居中国27年，就是说其后半生时间都生活在中国，著有《石洲遗稿》。他是韩国李氏朝鲜开国功臣李原第十九代孙，自认其先祖"本中国人，因事东出，爱朝鲜山水而仍居之，子孙遂为韩人焉"[2]。他避居和生活在中国期间，一直努力加入中国国籍且代表移居而来的朝鲜民族申请入籍，正式成为中国之民和中国朝鲜族。他的《石洲遗稿》就是由三篇入籍呈文和一篇"笔话"组成，其中既表现出强烈的对中华文化、血缘、种族的认同意识，更具有浓郁的儒学文化情愫。摘录部分呈文如下：

> 窃身等以东藩遗族，遭值国乱……苟且偷生，逃匿姓名，萍浮蓬转于大国之境者，诚以中华之与朝鲜，疆域虽殊，而粤自箕圣东渡，关系自别，二千万人，同出于黄帝，则中华非吾之宗国乎；四千余年，恪守王正，则中华非吾之母国乎；服习周礼，崇信孔教，制度文章，一仿中华，则中华非吾之师国乎……至宣统三年，始闻合邦之报，则天地黯黑，归望永绝，身等，乃挥泪相告曰，吾辈祖国虽亡，母国尚存，卧薪尝胆，此其地也。[3]

---

[1] 黄有福主编：《中国朝鲜族史研究2008》，民族出版社，2009，第104页。
[2] 黄有福主编：《中国朝鲜族史研究2008》，民族出版社，2009，第104页。
[3] 转引自黄有福主编《中国朝鲜族史研究2008》，民族出版社，2009，第104页。

身萍蓬之踪也，茫茫大陆，何地不足走，而必以中国依归者，诚以中东两国，自来无内外之异，所宗仲者同一圣师也，所讲诵者同一经典也，所服行者同一礼仪也。[1]

　　以历史言，则粤自虞舜之命羲仲，周武之封箕子，中东为一民族，尚矣，汉唐之间，设郡置府，同文同轨，礼仪成俗，"小（中）华"之称，为世公评，故孔圣有"欲居"之叹，明祖有"愿生"之语，至于宋明，衣冠，中国之所绝无于今日者，而朝鲜则尚未变焉，万东庙，大报坛，乃不忘明恩，报祀神宗之所，此则历史之关系也。[2]

　　韩人之于中国，……所求者，不过许入民籍，以脱离人之羁绊；许垦荒甸，以免沟壑之危亡；许行自治，以制同族之挟杂；许设孔教，以伸仰圣之微诚；许习武技，远将来之目的，如斯而已……[3]

　　这就是一个在近现代间移来中国的韩侨的思想心声，代表了中国朝鲜族当初的观念意识和精神情态，其中所葆有的儒家文化传统与深刻影响溢于言表。

　　第二，中国朝鲜族在新中国成立后对于儒学传统文化的创造性转化创新性发展。20世纪初，朝鲜族中的儒林人士为反对日本帝国主义侵略朝鲜和我国东北，在延边开设私塾对青少年讲授《四书》《五经》等儒学经典，宣传反日思想，激发反日斗志。自1912年始，在我国延边地区朝鲜族民众中，相继有诸多孔教会、文庙会成立。至1925年前后，马列主义传入延边，受马克思主义思想的影响，朝鲜族中的孔教会分化成新旧两派。新派主要是青年人，积极参加反日斗争，改革旧书塾，普及新学。但一直到20世纪三四十年代，

---

[1] 转引自黄有福主编《中国朝鲜族史研究2008》，民族出版社，2009，第105页。
[2] 转引自黄有福主编《中国朝鲜族史研究2008》，民族出版社，2009，第106页。
[3] 转引自黄有福主编《中国朝鲜族史研究2008》，民族出版社，2009，第107页。

据悉，儒教在延边地区仍有 5 所文庙，信众 5 万余人。新中国成立后，我国朝鲜族对于本民族所拥有的以儒学为代表的优秀传统文化，与中华各民族一样，在曲折发展中，被整合于中国特色社会主义文化体系，纳入社会主义先进文化发展的方向，已是自不待言了。

第四节　本章结语

从朝鲜半岛来看，因共同的地域、历史、语言和传统文化，今日的中国朝鲜族、韩民族、朝鲜民族，如果略去其一定的差异性，可一言以蔽之称为朝鲜族。源远流长、丰厚且富有鲜明民族特色的朝鲜半岛儒学则是其传统文化的主体核心内容和共有精神财富。

中国朝鲜族与朝鲜半岛之韩民族和朝鲜民族所共同拥有的儒学传统文化，我们称其为朝鲜半岛儒学。朝鲜半岛儒学的发生发展和演变，大体经历了箕子朝鲜的肇端和前传播时期、卫满朝鲜和汉四郡前期的儒学初始传播时期、3—14 世纪前期（基本包括朝鲜三国、统一新罗和高丽王朝）的儒学深入传播时期、14 世纪后期以丽末鲜初为起点及李氏朝鲜融汇发展儒学及其本土化民族化时期四个时期。

朝鲜半岛的儒学成就及其特质，集中体现在儒学特别是程朱理学在朝鲜半岛经过本土化民族化思想嬗变和理论发展的洗礼，自觉地贯彻渗透于社会生活的不同方面而成为一种文化传统。这种文化传统则以其所达到的主要思想理论高度和深度为标杆，产生了像退溪李滉和栗谷李珥这样的东方大儒和思想巨擘，创造性转化创新性发展而成的朝鲜性理学，本体论上关于理气关系以及动静、一殊问题的进一步探讨，道德修养工夫论上偏重于主敬和诚敬的思想，都突出体现了鲜明的民族特色。更显著的是，朝鲜性理学的"四端七情之辨"，既彰显了朝鲜朱子学以心性问题为中心的哲学面貌，又体现了其在东亚儒学中的独特品格和民族化特质。朝鲜阳明学尽管未能最终摆脱、突破朝鲜朱子学的笼罩，但其在继承中国阳明学基础上所表现出的诸如"生理生气"说、良知体用论等，不仅显示出对王守仁心学的独特理论思考和某种流弊的救正，也构成为朝鲜半岛儒学中微弱的一页，其自由精神和主体性意识，对于朝鲜后期的实学思潮和半岛民族或许都产生了深刻影响。朝鲜后期的实学思潮与朝鲜近现代的斥邪卫正思想、开化思想、东学思想，以及爱国启蒙思想等，均可寻觅到某种内在的影响关系，有些理论观念如"北学中国"的实学主张，在不经意间似乎使传统儒学中的"夷夏之辨"发生了一种倒置或反向性破解。

中国朝鲜族的儒学文化传统就是朝鲜半岛儒学，尤其是朝鲜朱子学。中国朝鲜族在近现代以新的身份融入中华民族大家庭之后，由于受到传统儒学的深刻影响，因而具有比较强烈的儒学文化归属意识，由此也形成了中国朝鲜族鲜明的民族文化心理和思想观念特色。

第十八章
儒学与中国少数民族哲学交融互动的原因、途径和特点

在深入考察儒学与中国少数民族哲学交融互动史实的基础上，深刻分析探研其历史动因、方式途径和显著特点，对于开发利用中华民族优秀文化传统，实现其创造性转化和创新性发展，以铸牢中华民族共同体意识，凝心聚力完成中华民族伟大复兴历史使命，建设中国特色社会主义具有重大理论价值和现实意义。

第一节 儒学与中国少数民族哲学交融互动的主要原因

儒学作为中华民族历经数千年之久的封建社会的主流意识形态，是中华各民族关系的文化纽带。儒学与我国少数民族哲学的交融：互动，是中华各民族融合的观念形态。此外，封建国家政权的分裂与统一，是中华各民族间对立统一关系的政治形式；以道德教化、德治仁政为主题的儒学传统，是维系封建政权稳固、社会安定及各民族和睦共存的思想形式。因此，民族融合、国家统一、礼教德治是儒学与少数民族哲学交融：互动的三大主要推动因素。

一　中华各民族交融是儒学与少数民族哲学交融互动的社会历史原因

广义理解的民族概念反映了民族漫长的演进过程，无论是民族的起源，还是民族随社会形态的演进而发展至现代民族，都是不同族体在矛盾冲突中不断交融的结果。族外婚制推动氏族间交往融合，不同族体彼此通婚是民族交融的基本形式。从母系氏族到父系氏族，从胞族到部落，从部落联盟到现代民族，是民族交融的历史发展阶段性特征。费孝通先生曾经说："从生物基础，或所谓'血统'上讲，可以说中华民族这个一体中经常在发生混合、交杂的作用，没有哪一个民族在血统上可说是'纯种'。"[1] 生物学意义上的"混合、交杂"是民族起源的生理条件，最早的人类群落是不同血缘族体相互融合的产物。这种基于不同血缘族体的混合和交杂，既是具有社会意义的民族交融现象发生的自然前提，又显示着民族交融发生的客观必然性。

中华民族本是在漫长的历史过程中多民族逐步融为一体的复合民族。"早在公元前6000年前，中华大地上已存在了分别聚居在不同地区的许多集团。"[2] 它们是中华民族多元一体格局形成的起点，这一推论已被大量考古发现所证实。传说中的阪泉之战和涿鹿之战就是黄帝部落兼并黄河流域及黄淮之间的炎帝、蚩尤、太昊、少昊等部落的战斗。由此形成了以黄帝、炎帝为核心的部落联盟，其势力覆盖黄河中下游，并南向对长江中下游各氏族部落的融合也产生了重大影响。尧舜禹与三苗之战实际上就是以炎黄为核心的部落集团向四周，尤其是向南面扩张兼并战争的延续，是黄河流域以至相邻的江汉、江淮地区的又一次部落大兼并和大融合。史称"上古之书"的《尚

---

[1]　费孝通主编：《中华民族多元一体格局》（修订本），中央民族大学出版社，1999，第23页。
[2]　费孝通主编：《中华民族多元一体格局》（修订本），中央民族大学出版社，1999，第6页。

书》中,就有尧"克明俊德,以亲九族。九族既睦,平章百姓。百姓昭明,协和万邦"[1]的记载。在尧舜禹时代的民族融合基础上,形成了后来被称为"中原"或"中国"的中原部落集团,是夏商周的前阶。夏禹兴于西羌,商源于东夷,周源于西北戎狄,夏商周就是尧舜禹时代民族交融的结果。所以司马迁在《史记》中称黄帝为夏商周三代的始祖,后来王充在《论衡》中也说:"五帝、三王皆祖黄帝。"[2] 由于商周皆因于夏,所以到周初既形成了"华夏"之称,也相对于"华夏"之"中"形成了"四海"和"天下"的观念。在《诗经》中有"溥天之下,莫非王土;率土之滨,莫非王臣"[3]的诗句,在《尔雅·释地》中,"四海"被释为"九夷、八狄、七戎、六蛮",即以中原为中心向四周延伸,以致"四荒,四极"。由此形成华夏与夷、狄、戎、蛮四方的民族关系格局,从此开始了"以夏变夷"或"夷进于夏"的新一轮民族交融过程。春秋战国时期"华夏诸族"与四周夷狄戎蛮的民族差别愈加凸显,"华夷之辨"既显示"华夏诸族"的民族认同意识,又意味着中原民族与周边民族关系形成新的格局,预示着新一轮更大范围内民族交融的兴起。结果是从公元前221年开始,秦逐步统一华夏诸族并将曾属"南蛮"的楚地纳入版图,为随后汉族的产生奠定了基础。本身具有多族源结构的汉族复合体形成以后,左右着此后中华各民族交融的基本格局,开始了以汉族为主体和核心逐步融合周围少数民族的历史进程。从秦汉经隋唐至宋元明清,历次大规模的民族交融,处于中原之北、西、南面的少数民族从局部融合到全部融合,最终都汇入了中华民族。从汉族到中华民族的发展,是生活在中华大地上的所有民族体历时最长、规模最大、范围最宽、关系最为复杂、民族意识最为强烈、共性特征最为显著的民族交融过程,是中华民族在夏商周

---

[1] 《尚书·尧典》。
[2] 《论衡》卷三《奇怪篇》。
[3] 《诗经·小雅·北山》。

萌发"华夏族"基础上最终走向定型的历史过程。

民族交融何以发生？从自然人口的生产上说，是早期人类族体"多源""交杂"的血缘姻亲关系；从地理环境上说，则是不同族体因生活于同一地域而发生方便、频繁地交往所致。中华民族起源于一个特殊的"地理单元"，"西起帕米尔高原，东到太平洋西岸诸岛，北有广漠，东南是海，西南是山"，"四周有自然屏障，内部有结构完整的体系"[1]。这样的地理特点在古代既是生活在这块土地上的族体进行"域外"交往的限制，又是方便"域内"交往及其经济生活互补相依的物质条件。自然生态的多样性使中华各民族的物质生产各具特色，中华大地从西北到东南呈落差显著的"三级阶梯"，与之相适应的传统产业是畜牧业、旱作农业和水作农业，不同产业的互补性及其经济交往，是农业社会民族交融最根本的物质动因，其中逻辑地包含生产力和经济领先的民族的带动作用。秦以前的华夏诸族地处黄河、长江及江淮广阔的农业富庶区，发展至汉代，以汉族为主的成熟的农业生产条件已处于中华各民族领先地位，成为引领民族交融的经济基础。

综上所述，基于合适的地理条件，在远古以姻亲血缘为纽带的族体融合基础上，物质生产条件和经济依存交往关系推动着中华各民族以"华夏诸族"或汉族为核心发生着一轮超过一轮"滚雪球式"的民族大融合。而民族交融又推动着中华各民族的文化交流与融汇。就文化的社会本质而论，民族交融本身就是文化活动，就是文化交融。或者说民族交融既包括各民族生产力的社会化发展和经济上的相互依存和交往关系，也包括政治上政权的分合和思想文化上的相互影响与互动发展。既然民族交融是一个全面复杂的社会系统工程，那么完全可以说各民族在文化上的相互影响和交融互动无非是民族交融的观念形态。同样，民族交融的演进或者中华民族形成和发展的历史

---

[1] 费孝通主编：《中华民族多元一体格局》（修订本），中央民族大学出版社，1999，第4页。

过程，也就是中华各民族文化交融汇聚而多源同流的历史过程。从大约公元前6000年开始，每一次大规模民族交融都推动着中华各民族哲学交融互动。第一次从炎黄部落联盟到尧舜禹时代的族体大融合，其结果产生了以夏商周为标志的"华夏族"和以"周礼"为主流的"中原文化"。第二次从春秋战国时期诸侯纷争到秦汉建立大一统封建王朝，实现了较"华夏族"更大规模的民族交融，奠定了汉族形成的基础，并催生了包括儒学在内的"诸子百家"。在"百家争鸣"的文化融汇中，儒学因其秉承弘扬"周礼"且经世致用而渐成"显学"，进而获得"独尊"地位。第三次从魏晋南北朝各民族政权的分裂到隋唐民族大统一，与之相伴的是儒学在与道教佛教的文化冲突融汇中得到发展并强化着自己主流意识形态的地位。第四次从五代十国到宋元明清的民族交融中，最终构成中华民族多元一体的总体格局，与之相应的儒学完成了从经学到理学的演进，成为近代中华民族哲学文化进一步发展的思想前提。

二 大一统国家观及其实践是儒学与少数民族哲学交融互动的基本政治动因

民族交融是民族实践和民族意识相互作用、彼此推进、逐渐扩充、不断发展的历史过程。从以地缘政治为特征的民族交融到不断扩展的民族认同感，从中华一体的民族认同感到大一统国家观，从大一统国家观再到大一统国家的建立和发展，无疑会进一步强化和扩展民族交融和民族认同感。如此循环往复，最终结果必然是国家统摄的地域愈益加宽、容纳的民族愈益增多。民族交融是大一统国家的社会基础，大一统国家是民族交融的政治形式。与此相应，民族认同感是大一统国家观的心理基础，大一统国家观是民族认同感的理性形式。

自夏商周以来，无论是以华夏族地域为中心，还是以汉族地域为中心的"中国"，在处理中央同周边的民族关系时，都无不是以国家的统一还是分裂的政治形式得以表现的。随着中国历史在国家关系上的无数次形式多样、层次复杂、循环交织、曲折艰辛的分分合合，以中华民族为主体的大一统国家地域愈益扩大、民族愈益多样。回望历史，元朝有最广大的地域，清朝有最多的民族。时至今日，56个民族组成的统一的多民族国家，就是中华民族交融的最终结果。

历史上建设大一统国家的社会实践，是贯穿中华民族交融始终的卓有成效的重大活动，它既强化、扩展和推进中华一体的民族意识，又检验、积淀和汇集大一统国家观的文化资源。民族认同感或民族认同意识虽是主观的，却是反映民族族体客观存在、标志民族之为民族的最为显著的文化特征。无论是小民族还是大民族，无论是个别民族还是多民族集群，多样性统一的文化认同意识都是其实际存在的基本依据。中华民族的认同意识，既表现为"同祖同源"的自然血缘的认同，也表现为政治理念、伦理诉求和社会理想等文化内涵的认同。儒学与少数民族哲学的交融互动，就是中华民族历史认同意识的最高形态，大一统国家观是其核心观念。

民族认同意识有其朴素的来源，那就是基于自然血缘关系所致的"认祖归宗"观念，据此而产生"同祖同源"的认同意识。显然，相对于现实，认祖归宗的目的在于同祖同源的认同，因而同祖同源的认同是民族认同意识的朴素形式和重要表现。春秋时期，中原诸夏都自认为是尧、舜、禹一脉相承下来的华族与夏族的子孙，共同的始祖是黄帝，自称"华夏族"。把位于四周的东夷、南蛮、西戎、北狄统称为"夷"，才有"尊王攘夷"之说和"华夷之辨"。但属戎狄的秦人，仍说自己的祖先来自华族；属荆蛮的楚王在自称"蛮夷"的同时，说自己的先祖是黄帝的后裔颛顼。至战国，秦、楚、吴、越纳入华夏，认炎黄二帝为始祖，也成了"炎黄子孙"。儒学源于华夏，鼻祖孔子的《论语》中许多地方言及尧、舜、禹和夏、商、周，已为世人所熟知。在司马迁的《史记》中，关于远古各族先祖的宗族谱系的记载最为系统翔实，可说是当时汉族认祖归宗及所含各族同祖同源的民族认同意识的记载，为其后各族认祖归宗提供了较为权威的依据，不但本身彰显了儒家同祖同源的认同意识，而且对后世汉族和少数民族的认同意识产生极大影响。一些少数民族流传下来的"记忆"，较为雄辩地印证着它们与汉族同祖同源的认同意识。如彝族创世史诗《查姆》传说天下36族的共同始祖是阿朴独姆兄妹；纳西族创世史诗《崇搬图》说从忍利恩得神女为妻，生三子，成三族，三个民族同祖先，繁衍出更多民族；拉祜族创世史诗《牡帕密帕》说始祖扎笛和娜笛婚配，生下九对儿女，衍生九族。还有布依族、白族、水族、壮族等，都有类似传说，甚至有的始祖名与汉族传说中的伏羲、盘古等先祖名读音相似或相近，如瑶族传说包括瑶人在内的"九州万民"的始祖是伏羲兄妹。上述各族认祖归宗的基本趋势，是把当下共存的各个民族说成是一个祖先，实际意义在于论证当下各族同祖同源。可见，儒学与少数民族哲学的互动交融，具有认祖归宗、同祖同源等认同意识的思想动因，这样的认同意识也是儒学与少数民族哲学互动交融的朴素形式和重要表现，并成为中华各民族大一统国家观的萌芽形态。

同祖同源意识上升为政治理念并转化为政治主张，便作为一个根本性的思想基础形成了大一统国家观及其政治实践。历史上一些少数民族帝王在创建或者兼并政权时常常祭出共同的先祖，其用意在于执政合法性。如南北朝时期，创建大夏国的匈奴人赫连勃勃自称大禹之后；建立代国的鲜卑人拓跋猗卢自称神农氏后裔；还有鲜卑族慕容氏、拓跋氏、宇文氏等执掌国家政权的家族，都宣称是炎黄子孙。当然，相对于大一统国家观的形成，同祖同源意识只是一个心理条件，产生主要作用的还是形成民族认同意识的文化传统。儒学就是这样的文化传统，它的大一统国家观是其政治学说的核心，既是其在西汉获得"独尊"地位成为国家主流意识形态的原因，又是它后来在中华各民族的政权建设中得到普遍认同的重要原因。从秦汉到隋唐以汉族为主的大一统国家的建立和发展，其间一千多年，虽含魏晋南北朝三百多年分裂局面，但已形成了大一统国家的"正统"观念。其后北方出现与汉族"五代十国"相对独立的少数民族政权，经宋、辽对峙到西夏、金等北方民族的局部统一，至元、清两朝北方少数民族入主中原，改变了大一统国家就是汉族国家的狭隘理解，最终形成了以中华民族为主体的具有多元一体民族格局的大一统国家。在传统中国两千多年的漫长岁月中，无论是汉族政权，还是少数民族政权，都秉承或认同儒学大一统国家观念之"正统"，哪怕是那些看似独立的大大小小少数民族政权，弱者常常臣服中央政权以求自保或"归顺"，强者时时觊觎中央政权谋求一统天下。较早的有北魏孝文帝，他本是鲜卑族君王，登基执政后，就以华夏之君自居，推崇儒家文化，声称继承汉、魏、晋的政治文化传统。北朝前秦氐族政权君主苻坚，力主"夷夏可变"，认为东晋虽为汉族政权，但早已丧失"中华正统"的资格和地位，倒是自己的前秦政权，才是华夏文化的真正代表。较后有的元、清少数民族执政者，他们的大一统国家意识更加成熟，都自觉认同儒学道统的历史沿革，以大一统国家"正统"自居，以求执政和统一全国的合法性。如元朝帝王忽必烈，在建元诏书中言其"法《春秋》之正始，体大《易》之乾元。"[1] "肇从隆古"，溯源尧舜禹，上承秦汉隋唐，之所以"建国号曰大元，盖取《易经》'乾元'之义"[2]，既称其正统，又显其尊儒。清朝在入主中原之前也早有一统天下之心，皇太极称帝曾借征讨蒙古察哈尔部获得传国玉玺一事大造舆论，都元帅孔有德上奏认为皇太极称帝是"顺时应天"。在掌握多民族一统政权的优势中，少数民族哲学文化便借助政权的强制力，创造出与儒学全面互动交流、

---

[1]《元史·本纪第四·世祖一》。
[2]《国朝文类（元文类）》卷九。

融会贯通的方式和渠道，以对儒学道统的认同为前提，将自己融入其中，既认同和强化了大一统国家观，又丰富了儒学政治哲学理论。

中华民族建设大一统国家的政治实践当然不是一帆风顺的，而是一个合分交替和相互包含的曲折演进过程。费孝通先生曾大体指出传统中国总体倾向是以合为主，大致占2/3的时间，分的时间只占1/3，这从时间长度上反映了中华民族建设大一统国家的大趋势。之所以如此，那是因为国家统一或分裂的政治态势的实质，无非是中华各民族利益关系的调整。分裂只是调整的手段，统一才是达到各民族共生共存、协调和谐、平等相处的目的，因而统一始终是历史的大趋势。但凡违背民族利益关系的平等和谐，就难以实现并维持统一，分裂只是解决问题的极端形式。如元朝统治者的民族政策反"大汉族"主义走向另一个极端，致使其国祚较为短暂；而清朝统治者汲取历史教训，其民族政策相对合理，其社稷就远远长于元朝统治。可见，分裂是为了统一，而统一是多民族共同发展的条件，是民心所向。传统中国出现的一次次分裂，不过是走向更大范围、更加稳定的统一的阶段和过程，贯彻其中的"道统"，正是得到各民族普遍认同的儒学大一统国家观。

三 各民族德治礼教的共同需要是儒学与少数民族哲学交融互动的重要伦理动因

同大一统国家的政治实践紧密相关的是治国理念。在古代中国的政治实践中，早有"打江山易，守江山难"的说法。在元朝统治集团中，刘秉忠等汉儒文臣不止一次向忽必烈等少数民族当权者上书言及"马上得天下，不可马上治之"的道理。在中国历史上，从天下大乱到天下大治，亦即从国家分裂、社会动乱到国家统一、太平盛世，既有一个"得天下"的问题，也有一个"治天下"的问题。比较而言，后者有更为重大的政治意义。"治天下"

的实践诉求既强化着中华各民族对儒学治国理念的认同意识，也促使中华各民族共同浇灌培育着儒学思想道德建设的艳丽奇葩，从另一个层面推动儒学与少数民族哲学的交融互动。

在中华民族交融的历史过程中，同"国"和"家"不可分割一样，"治国"和"治世"同样不可分割。"治天下"既是建设大一统国家的政治实践，又是促成"天下为公"的道德实践。在儒家思想中，"天下"的观念远远胜过"国家"的观念。正是基于对老子"鸡犬之声相闻，老死不相往来"的"小国寡民"状态的批判和否定，儒学经典提出"大道之行也，天下为公"[1]的"大同"理念。而"大同"理念所蕴含的精髓可以说是"伦理天下"的道德宏愿，也就是中华民族政治理想和道德理想的最高哲学概括，融摄了几乎所有民族认同意识，因而也世世代代为中华各民族所认同。大一统国家显然只是"大同"的政治条件，而"大同"理念则是大一统国家观的道德观和世界观。从"治国"延伸至"治世""治天下"，可行的起点在个人，在具体的、微观的人性。由此形成了儒家始于个人的道德修养和道德教育的一系列思想主张。儒学"格物、致知、诚意、正心、修身、齐家、治国、平天下"的"八条目"及其儒仕文人"内圣外王"的人生追求，不仅把"治国"同"治世"，而且把认知理性同实践理性统一起来，把个人、家国、天下乃至天地自然融为一体。通过个人的道德修养和道德教育，一方面培养治国、治世英才，一方面教化民众。由治国理念建立起"民为邦本"的仁政王道等德治原则，由治世理念建立起"人皆可以为尧舜"[2]的德育观和社会观。

儒学治国治世治天下的政治主张的基本倾向是仁政礼教的德治观和王道观，面对的是统治与被统治的阶级关系，基于王权的一统和稳固，既要求当政者亲政爱民，又强调礼教庶民，更深刻的思想基础是"民为邦本"的理论

---

[1] 《礼记·礼运》。
[2] 《孟子·告子下》。

认识。儒学"民本"思想起源于周公（姬旦）"以德配天""敬德保民""皇天无亲，唯德是辅"[1]等观念，是对商周正反两方面统治经验的概括总结，是在早期中华民族建设大一统国家的政治实践中形成和发展起来的。经孔孟在中原逐渐走向分裂动荡的局势中加以倡导和阐释，韩非荀况在战国纷争的乱世之中兼容礼教法治，到秦汉统一局面下董仲舒提出"德主刑辅""导德齐礼""明德慎罚"的王道主张，具有鲜明德治礼教特征的道德政治、伦理天下的治世之术逐渐成熟，并随着"独尊儒术"的文化专制而成为中华各民族政权建设所普遍认同、世代相传的不二"道统"，几乎被所有统治者视为立国之魂，成了挂在嘴边的座右铭。儒学之所以能够为中华各民族所认同，最主要、最深刻的原因就在这里，以民为邦本的德治礼教无疑是作为治世良方被中华各民族普遍接受的。这种治世良方既屡经实践检验，又不断在民族交融的实践中加以强化和发展，成为促进儒学与少数民族哲学互动发展的重要伦理动因。

以民为邦本为思想根基的德治礼教观念既是指向为政者的政治原则，又是面向庶民百姓的道德教化精神。落实到调节民族关系的政治实践及其社会生活上，则既是保证各民族平等相待、和平共处的国策方略，又是超越民族差异、各民族道德生活的共同追求。秦汉隋唐虽为统一的汉族政权，但大多重视并妥善处理同少数民族的关系，不仅对少数民族采取"羁縻"政策，而且常以"和亲"方式调解民族矛盾。尤其是唐太宗，一改"大汉族""贵中华"的夏夷观念传统，对少数民族也讲"爱之如一"，从而营造了"和同为一家"[2]的太平盛世。同时，儒家的民本思想，除了提倡"富民""养民"，还更强调"以德为教"，化育庶民，让庶民百姓"明人伦"、懂礼仪、行忠孝，成为遵从道德、安分守己的人。显然，儒学的道德修养和道德教育等主

---

[1]《尚书·蔡仲之命》。
[2]《旧唐书·吐蕃列传上》。

张具有育人乃至稳定社会、巩固政权的政治和社会功能，这是任何民族进行政权建设和社会建设都需要的，所以在中国历史上，无论是汉族政权，还是少数民族政权，无论其统御的是统一的大国还是分立的小国，都能普遍认同德治礼教的治国方略。

少数民族政权结合自己的民族特色认同并发展儒学德治礼教传统，在秦汉以降的各个历史时期都有表现。那些较为成熟的少数民族政权，在自己的创建时期大都模仿或沿袭汉族政权模式，尊崇儒学德治礼教传统。诸如辽、西夏、金、元、清等少数民族统治者，虽然他们都主要靠武力征伐而兼并包括汉族在内的异族政权而达成局部统一或全国统一的，但都无一例外地具有沿袭儒学道统的倾向。除了通过认祖归宗彰显政权的合法性，他们在征服汉族或者其他民族的过程中，都不是单纯地靠军事暴力，而是恩威并施，尽量招降纳叛，避免杀戮，努力靠仁德臣服天下。显然，他们对异族的征服绝非"消灭"，其实质是在阶级斗争作用下的民族关系新调整。这无疑表明这些少数民族政权也是认同儒学仁政德治观念的。之所以如此，那是因为儒学德治礼教主张符合他们政权建设之需，因而少数民族统治集团大都不排除异族成员，尤其在政权建立之初，基本上能够唯才是用，特别是对汉族中的儒士文人，甚至依靠这些"能人"制定行政体制、规划大政方针、设计治国方略，直至主持朝政。如由契丹族主政的辽，就曾任用韩延徽、韩知古、康默记等制定各级行政体制、礼仪制度、律法刑典；汉儒韩德让被委以重任，官至大丞相，总领北南枢密院，掌握国家军政大权。后来女真族政权金灭辽后，留用辽国儒仕旧臣创建本朝典章制度，如启用辽国中书令汉人韩企先，此人博通儒学，被任尚书右丞相官职，资历太宗、熙宗两朝，其典章制度，许多都由他亲手制定。元朝开国皇帝忽必烈在称帝前，"思大有为于天下，延藩府旧臣及四方文学之士，问以治道"，招揽大批汉、女真、契丹各族文人儒士形成"金莲川幕府"。其中有许衡者上疏忽必烈，谏言"行汉法"，施仁政，指出如果"专尚威力，劫持卤莽"，政权往往是短命的。[1] 忽必烈称帝后，又"援唐宋之故典，参辽金之遗制"，重用汉"儒"刘秉忠，"颁章服，举朝议，给奉禄，定官制"，朝廷所有典章制度皆由刘秉忠拟订颁行。刘秉忠也因"为一代成宪"的巨大功劳，爵尊太保，官居宰辅，死后被追封为常山王，赐予"文正"这样的最高谥号。[2] 清朝在入主中原前后，都曾为一统天下网络儒士，皇太极和康熙都曾建文馆收纳满、汉文化名人，为政权建设出谋划策。康熙为政一再声称"满汉皆朕之臣子"，强调"满汉一体"，要求在入仕任用和待遇上一视同仁。

为承袭和弘扬儒学德治礼教传统，少数民族政权大都重视治世人才的培养，认同儒学道德修养和道德教育的基本思想和方法。治世人才既包括各级官员，也包括"博学鸿儒"，前者适应德治之需，后者适应礼教所求。如上所述，在政权建立之初，对儒学人才的需求以"外求"为主，甚至不惜重用俘虏或者扣留汉族朝廷使臣，除了用于政权建设，还用于设馆教学。而在政权渐趋稳固之后，对儒学人才的需求逐渐转为"自育"。随着本民族儒学人才的成长，儒学与少数民族哲学得以互动交融。在"自育"活动中，少数民族政权的当权者或者皇权家庭成员常常以身作则，因其政治地位的优势对这种哲学文化的融合发展产生重大影响。史料记载，鲜卑族政权北魏孝文帝在族人中推行"汉化"革新，是历史上由夷变夏的典型。其间孝文帝率先垂范，史料称其"雅好读书，手不释卷。《五经》之义，览之便讲，……史传百家，无不该涉。善谈《庄》《老》，尤精释义。……诗赋铭颂，任兴而作。"[3] 唐代滇黔川彝白族南诏王阁罗凤，任用汉儒郑回为清平官（似宰相），并让其为子孙两代为师。辽太祖阿保机建孔庙，历代辽君尊崇儒学，学习汉

---

1 《许衡集·时务五事》。
2 参见（元）郝经《陵川集·立议政》，文渊阁《四库全书》第1192册，上海古籍出版社，1987，第361页。
3 《魏书·高祖纪第七下》。

文经典，还翻译成契丹文让臣民学习。辽道宗耶律洪基称自己礼教修养不异于中华。圣宗以后，又以儒学开科取士，一批契丹族儒生成长起来，促进了儒学在辽朝的发展。在西夏，《论语》《孟子》《孝经》《贞观政要》等许多汉文典籍都翻译成了西夏文，还依据儒学经典开科取士，它的第八代皇帝夏神宗就曾获桓宗天庆十年（1203）科举状元。在金朝，皇帝金太宗、宗室大臣宗干都曾聘用儒学名人设馆教子。据说儒士韩昉教金太宗之子，使其具备了深厚的儒学造诣，太子（熙宗）即位后，便极力推行汉制。张用直教宗干之子完颜亮兄弟，完颜亮当皇帝（海陵王）后，又让他教自己的儿子，还说："朕父子并受卿学，亦儒者之荣也。"[1] 此外，金朝还设立"译经所"，将《周易》《尚书》《论语》《文中子》《新唐书》等大多为儒学经典译为金文，创办学馆，集儒学名士讲北宋理学和邵雍之学，把《论语》《孝经》作为学生必读课本。同时仿内地以儒学经典开科取士，促使族人读书学经以求入仕做官。元世祖忽必烈对儒学及其始祖孔子颂扬有加，译儒典，建孔庙，封孔子为"大成至圣文宣王"，还在诏书中说："非孔子无以法，所谓祖述尧舜，宪章文武，仪范百王，师表万世者也。"[2] 他在建元之初便支持刘秉忠、姚枢等人引进南宋理学，开展儒学教育，使儒学浸润北方少数民族，成为忽必烈改良政体世风、实施德治礼教的思想基础。还在中原各地举行儒生考试，选取儒生4000多人，择其优者加以重用，许衡、刘因、吴澄等理学家都受到忽必烈的重视和礼遇，被邀请在各民族，特别是蒙古贵族子弟中开展儒学教育，培养出保巴、马祖常、赵世延为代表的一批对儒学造诣较深的民族学者。满族在入主中原之前，还在努尔哈赤时期，就曾建文馆安排满族学者达海等人翻译儒学典籍，到康熙时四书、五经已全部译成满文，并在满族中得到普及。后来满族大兴文教，讲习汉文，推崇儒学经典，蔚然成风。清朝开基

---

[1] 《金史·张用直传》。
[2] 引自伍雄武《中华民族的形成与凝聚新论》，云南人民出版社，2000，第160—161页。

创业皇帝都能以身作则，顺治博览诸子百家"手不释卷"，康熙 6 岁便读儒学经典，成年后对程朱理学尤其青睐，诏令编辑《性理精义》《朱子全书》，广为宣教，作为科考取士命题内容。自此，孔子地位不断提升，最后被加封为"大成至圣先师"。

少数民族统治者认同儒学德治礼教传统，也是基于对"民为邦本"的深刻理解，一是认同"民能载舟，亦能覆舟""民贵君轻"等儒家思想；二是懂得用封建道德礼教化育庶民对稳固政权、社会治理的重要作用。如金朝皇帝金世宗让臣民习汉语，改汉姓，着汉装，下令译介儒学五经，推行儒家仁义道德之学，礼教百姓。清朝康熙奉行"与民休息"的亲民政策，通过颁行《圣谕十六条》倡导孝悌人伦，是重视德治礼教的典型事例。

由于对德治礼教的认同和遵循，汉族和少数民族政权的政治建设、文化建设和社会建设在儒学和少数民族哲学互动交融上具有决定性作用，汉族政权和少数民族政权在其中的作用都不是孤立的或单方面的，因为它们都是在民族交融的基础上以中华民族统一国家的"正统"名义开展德治礼教的。只是因为少数民族的思想道德哲学文化相对落后一些，才有少数民族在民族交融过程中不断向儒学文化看齐的倾向。而即使这种看似"追赶"式的交融中，少数民族对儒学的发展贡献也是不可否认的。一是少数民族遵循儒学德治礼教传统必然赋予其民族特色，即赋予儒学新的哲学文化因素；二是少数民族实实在在地践行德治礼教传统时也必然直接检验和发展着儒学文化。如汉代经学向宋代理学的发展和宋代理学向陆王心学的转化，同元朝儒学强调心性能动作用、推崇宋代理学的普及和践履是分不开的，理学从宋到明，元在其间，儒学没有间断，如无元的"和会朱陆"，就无理学的发展。而清代朝廷对宋学之后的新儒学，尤其是朱子之学的集成和发展，更是不容置疑的。

第二节　儒学与中国少数民族哲学交融互动的基本途径

自古以来，中华各民族思想文化的交流传递和融汇互动是在民族交融的全面社会生活中完成的，各民族全面融合的社会生活既是儒学与少数民族哲学交融互动的实践条件，又是二者交融互动的最为宏大的领域和最为宽广的途径，其中，任何局部领域和具体途径都是在特定历史条件的偶然因素作用下必然形成的。各民族全面融合的社会生活包括经济、政治、文化等领域，而在每一社会生活领域都历史地形成了二者交融互动的若干具体途径。总结本作研究的众多案例，可从以下四个方面归纳抽象二者交融互动颇具共性的基本途径。

一　民族交往交融是各民族文化交流浸润最为普遍的途径

民族交往是以经济交往为基本形式的社会物质生活交往，其结果是导致包括异族通婚在内的民族间从生理、心理到意识、文化的全面交融。

1. 经济交往与儒学的传播交流

民族交融的物质基础是各民族互补互利的经济生活，包括生产、分配、交换、消费等经济活动。无论儒学还是少数民族哲学，都既是在这样的物质基础上形成的，也会直接或间接地影响各民族的物质生产并蕴含于他们的劳动产品之中，而且还会作为具有显著个性特征的民族心理意识左右着他们的交换活动和消费活动。当这些经济活动发生在相邻相混的不同民族之间时，蕴含于其中的意识文化因素当然随之得以传播交流，可以说这是儒学与少数民族哲学文化彼此传播交流最为经常、最为普遍的途径。但由于意识文化是依托于物质文化而得以传播交流的,所以在这一途径中,意识文化本身还得不到刻意彰显,其传播交流从形式上说也只能是肤浅的初级状态。不过它为意识文化的深度传播交流奠定了基础和条件。毫无疑问,诸如文房四宝、儒学典籍抑或宗教设施等其他文化用品的经济交流,直接就是文化传播的物质形式,就是文化深度交流甚或文化互动发展的前阶。

虽然早期儒学并不看好商贾,对市井营利也不屑一顾,在古代少数民族哲学中也难见经商的学问,但是二者却以商品为载体,通过民族间的经济交往发生着细微而且经常的联系。再者,虽然日常市井商贸主要由平头百姓、"下里巴人"充任主角,属于世俗社会文化传播交流的初级形式,但是一旦"官方"政治、文化交流疏远,顿显这些文化交流渠道的客观存在和不可或缺。市井活动并非单纯的经济行为,活动于其中的人们也并非单纯的"经济人",中国古代曾有"儒商"的称谓,就蕴含着"经纬天下、周济四方"而"平天下"的儒学理念,可见儒学向经济生活的渗透。考察"回回"初民包含大量西亚商人、伊斯兰教随着经商的人们一起来到中国并使用汉族语言文字等儒学文化的历史,也足以印证民族间的经济活动对儒学与少数民族哲学传播交流的重要作用。至于古代中国通往西方的"丝绸之路"和郑和下西洋的商贸活动,谁也不能否认这样的通商之路同时也是文化传播交流之路。史载隋唐有"茶马互市"的交流渠道,而两宋时期尽管中原统治者因穷于应对来自北疆的骚扰而冷落疏远了南方大理国等少数民族政权,但在民间,宋对战马的需求和云南大理国对中原文化的需求照样开通了"马儒互市"的物质文化交流渠道,使儒学与南方白族等少数民族的民间联系并未中断。

2. 生活交流与儒学的融入浸染

民族间经济生活的互补和相依,造成了政治、文化乃至整个社会生活的全方位民族交融。互通有无的经济活动不仅密切了民族关系,而且将不同的民族聚集到一起,或相邻而居,或相混而居。各民族日常生活交流随之频繁全面，远远超出经济交流而遍及全部社会生活的方方面面，凡有民族间社会生活交流的发生，就有儒学与少数民族哲学的交融互动，而无论是物质生活的交流还是精神生活的交流，无一例外都是以物质文明和精神文明为载体的思想文化交流。

"大分散、小聚居"是中华民族许多少数民族居住状况的基本特点，整个中国没有一个地方只有一个民族居住，不仅汉族聚居区到处都有少数民族居民，就是像藏族、维吾尔族、回族等少数民族相对比较集中的地方，汉族和其他少数民族居民也不在少数。所谓某一民族的"聚居"，其实只是一个相对概念，既相对于该民族散居他处的居民，又相对于该聚居区所有居民的族源结构，而整个中华民族的居住状况从总体上说都是各民族"混居"或"杂居"的。这种混居的居住状况致使民族间生活交流无时无刻不在发生，通过生活交流而实现的民族文化交融也无时无刻不在发生。混居中的少数民族受儒学文化融入浸染十分明显，对于那些经济文化相对落后的少数民族尤其有效。如宋时源于古代百越族的岭南瑶族，散居于岭南的湘、粤、赣边界一带，其中与平地汉族混居者深受儒学文化浸染，就跟得上当地经济文化发展水平，同当地汉民建立起相依相存的共生关系，而分散于山地的瑶族却远为落后。

当然，混居状况肯定是长期民族交融的结果。由于不同的历史原因，民族交融过程常常伴随着人口的迁徙和流动，而人口的迁徙和流动必然推动民族间文化的交流和融汇。据史载，于秦汉、隋唐、明清时期曾发生三次汉藏之间移民高潮，既有中原汉人向藏族聚居区迁徙，也有藏人向汉族聚居的内地迁移。迁移藏族聚居区的汉人将饱受儒学文化熏染的物质技术、生活习俗、道德礼仪乃至经史典籍带到藏族聚居区，带动身边藏人把儒家文化融入自己传统的物质文化生活之中。迁移内地的藏人在汉地为官、谋生、学习，与汉人混居，入乡随俗，融入儒学文化生活，接受儒学文化浸染。不仅汉藏之间如此，其他地方各民族人口迁徙和流动也经常发生，例如汉唐间北方匈奴、鲜卑、氐、羌、羯、西域回鹘等少数民族内迁汉地，与汉族共处杂居现象时有发生。这样的史实，或有记载，或有传言，但不管怎样，漫长的民族交融之路，不时发生人口的迁徙和流动以及某些民族的消失和新生，进而实现民族间意识文化的相互融入和浸染，是不难想象的。

混居及其文化交流的结果是形成共同的民族意识。不同族源的人们相邻相聚于同一区域，相互依存，共谋发展，在生活交流中必然形成具有许多共同需求的命运共同体，在意识文化的碰撞中必然催生共同的民族意识，这就是融汇承载少数民族哲学优秀思想文化资源的儒学意识形态。作为中华民族封建社会主流意识形态的儒学，就是通过汉族和其他少数民族混居中的社会生活交流，与少数民族哲学文化交融互动、日益增进的思想成果。

3. 通婚和亲与儒学的输入影响

各民族混居的生活交往，对民族交融及其民族意识的融汇提升最具深远影响的莫过于不同民族的通婚和亲；具有儒学文化传统的汉族与少数民族混居而通婚和亲，显然是儒学与少数民族哲学文化交融最有实效、最有深刻影响的方式和途径。它不仅把异族"混居"的概念深入到了异族婚配的家庭，从而把两种文化交融于这样的家庭之中，而且从自然人口生产的途径和以"混血"后代的方式推动着民族交融和儒学的浸润传播。

由混居而通婚和亲具有水到渠成的必然性，只有在混居条件下的异族通婚和亲才是最为普遍和经常发生的事情，这种民间自发的通婚和亲属于世俗社会的日常生活，是民族交融最为强大的社会基础。史载自东汉至魏晋时期，内地大量汉人迁入南中（今云、贵、川交连区域），与当地夷人、叟人通婚，其中豪门大姓则与土著权贵联姻，从而形成了孟氏、高氏、雍氏、爨氏和霍氏等"南中大姓"，成了当地具有显赫地位的权重家族。又有北魏孝文帝493年迁都洛阳后，改革鲜卑旧俗，对族人实行汉化政策，废除拓跋鲜卑同姓通婚陋习，鼓励同汉人通婚。世代通婚和亲使这里的汉人融入本地民族，将其秉承的汉儒文化传统也融入当地社会生活之中。如此通过联姻和亲而推动民族交融和儒学的输入浸润，并非少数。只要人口迁徙和流动不时发生，就会形成异族混居的新的局面，就会有更多民族通过混居中的通婚和亲发生民族交融及其文化交融。混居除了人口的和平迁徙所致，还有因战争原因造成的汉族移民。如被掳掠的汉族妇女和战俘男子、屯边戍守的汉族军民或战后遗留、解体的汉族军队及其失散的士卒等，他们都被迫或主动地居住于少数民族之中，自觉或不自觉地与少数民族婚配和生育后代。这种情况早在战国时期就有发生。在秦统一中原期间，楚将庄蹻用兵至滇，因秦用兵阻其归途，只好滞留滇池，占地为王，其军士则与当地少数民族女子结婚生子，中原文化也随之输入这些异族地区。还有唐时朝廷屡派将士征伐南诏，事后大量官兵遗留洱海区域，与当地白族女子婚配，中原儒学文化也随之浸染着这些地方。

异族混居中的通婚和亲一般是民间自发行为，由此途径发生儒学对少数民族的输入影响具有不自觉性。虽然这种"润物细无声"的影响是持续和普遍的，但并不能保证儒学文化在融合过程中的主导地位。由于这只是对日常生活的世俗影响，往往停留在经验层次上，而不能向儒学深刻的意识文化提升。但是，异族政权在古代宗法文化观念制约下的统治家族之间带有明确政治动机的联姻，则既能够大为提高儒学向少数民族输入的自觉性，又能大为提高儒学影响少数民族文化的档次，并在一定程度上有助于强化儒学作为中国封建社会主流意识形态的精神统治地位。当然，与经常、普遍发生的民间异族通婚及其对文化融合的影响相比，虽然统治家族之间的联姻往往对历史政治会产生非常重大而深远的影响，但毕竟是少量的和偶然的。

在中国古代史中，中原王朝与周边少数民族政权间的家族联姻，从汉朝就有发生，公元前38年西汉宫女王昭君出塞与匈奴单于呼韩邪和亲，此后史载西汉曾有10多名公主、宫女"和蕃"，至唐不绝。其中众所周知的有李唐皇室文成公主和金城公主出嫁吐蕃赞普（君主）。这是两次对汉藏民族关系乃至儒学与少数民族哲学文化交融互动具有非常重大而深远影响的历史事件。这两位公主出嫁吐蕃，不仅带去大量儒学经典和汉传佛教的书籍及其文化用品，一时间带动了吐蕃对这些典籍的译介传播工作，而且通过赞普丈夫的权威，用儒学文化传统和汉传佛教影响吐蕃的风俗习惯、宗教信仰和道德观念，极大地推动了藏族对儒学的学习和研究，使浸润着儒学理念的汉传佛教与藏传佛教发生交融互动。唐王朝与北方少数民族通婚和亲更多且为双向，主要对象是今维吾尔族先祖所建的回纥汗国。唐天宝年间（742—756），回纥消灭突厥汗国而建立回纥汗国，回纥汗国与大唐长期友好，两次派兵助唐平定安史之乱，与唐多次通婚和亲，长期保持密切的政治经济和文化教育的交流互动，儒学的输入和影响甚为明显。皇室异族联姻虽然不及民间异族联姻那么普遍，其影响也不及民间联姻那样常态和细微，但对民间异族联姻却有强大的推力。唐朝皇室与西北藏族回纥的通婚和亲，对民间各个层次的异族通婚和亲无疑具有示范和带动作用，无论官员、戍军、商贾、技工还是农牧民，必会因此而助长异族通婚和亲现象。因而皇室和亲的重大影响，还在于能够增进异族家庭和深化混居程度，巩固和发展儒学文化向少数民族传播影响的社会基础。

二 政治辐射与交流是政权统合民族意识形态最具决定意义的途径

前文分析中国古代民族统治家族间联姻和亲时，实际上已涉及儒学与少数民族哲学交融互动的政治途径。在中国古代宗法观念制约下不同民族统治家族之间的政治联姻，只不过是封建专制政权基于血缘姻亲关系进行政治和思想文化统治的重要手段之一，而用主流意识形态统一和控制大一统封建帝国，则是这种历史现象的实质。由于儒学在中华民族融合的长期历史过程中，基本上都居于较少数民族地方政权更为进步的大一统封建国家的主流意识形态地位，这一至高的地位，加上对儒学治国理政和道德教化的优越而强大的社会功能的认同，几乎所有少数民族政权都服膺儒学而将其作为治国治世的指导思想。一方面，以汉族为主体的中原统治者力图用儒学占领少数民族意识文化阵地，把儒学作为国家意识形态向少数民族地区辐射扩展；另一方面，少数民族政权，特别是那些同中原政权一样处于封建社会发展阶段的少数民族政权也自觉地引进儒学文化，或者采取"拿来主义"全盘照搬，或者将自己的传统文化向儒学依附、靠紧乃至融为一体。两方面作用的共同结果，是儒学与少数民族哲学的交流互动和融合增进，同时也开通了一条条对儒学与少数民族哲学交融互动具有决定意义而且成效特别显著的基本途径和重要渠道。由于中国自汉以来的封建专制制度"独尊儒术"的一元性，儒学在此途径与少数民族哲学交融互动关系中，居于绝对的统治地位。

1. 儒学由中原汉族政权向少数民族地区的政治辐射与扩展

自秦创建中华民族大一统帝国开始，至西汉汉族政权"罢黜百家，独尊儒术"，儒学逐渐从先秦"显学"上升为国家意识形态。其后，无论统分的汉族政权统治者，都随着儒学自身发展的逻辑承袭儒学道统，把作为大一统国家意识形态的儒学经典捧在手中，把儒学鼻祖孔子贡在庙中，自觉坚持和弘扬儒学德治仁政、道德天下的传统理念，并通过行政途径，不仅助推儒学理论前沿发展，而且把发展着的儒学思想文化向四方辐射扩展，近及我国少数民族政权及其地区，并远涉重洋，播撒海外，极大地促进了儒学与少数民族哲学的交融互动。

自汉以后，执政中原中央政权的统治者，在大一统国家观的指导下，无一例外地奉行"独尊儒术"的文化政策，其民族政策、宗教政策和外交政策总是同这样的文化政策连在一起的。实施这样的文化政策形成了与之相应的行政制度，按儒学政治的和道德的要求建立行政体制，把儒学理念纳入法律体系并建设相应的司法制度，通过儒学科考制度选拔和任用政府官员，设置儒学研究、咨询和教育等文化机构等。这些以儒学为核心的政策和制度体系，不仅成为儒学向少数民族地区辐射扩展的重要渠道，而且其本身作为儒学政治文化成果，也成为少数民族地方政权借鉴效仿的政治资源，同样显示出儒学政治文化向少数民族辐射、扩展的积极效果。

政策及其制度体系须由朝廷官员制定和执行，"独尊儒术"总是通过崇儒行儒的执政者实现的。中央政权向少数民族的儒学辐射扩展，也主要是通过朝廷委任委派儒学地方官吏或少数民族地方政权使臣实现的。由于以儒学经典科考取士而任用官员，从而从制度上强调了各级官吏的儒学修养和造诣，朝廷委任委派的官吏，许多都是儒学学者，有的甚至是在儒学史上产生过重要影响的儒学家，他们大多能"独尊儒术"地处理政事，有的即使遭受贬谪或者流放处罚，也仍然不失"内圣外王"的儒家风范，自觉传播和倡导儒学文化精神。这样的儒学官吏被委任、委派抑或贬谪到少数民族地区，往往成为中央政权向少数民族地区及政权强化儒学思想政治统治的中坚力量。儒学向少数民族地区辐射扩展的这一政治途径，在西汉确立"独尊儒术"之初就已经出现，如汉武帝赐"滇王王印"并委派司马迁等官员南巡，将朝廷独尊的儒术远播云南边陲。唐朝张九龄也是一个突出案例，他官至宰相，是经学大家，在主政岭南时，弘扬儒学道统，对岭南少数民族哲学文化产生了重要影响。北宋王安石，也是经学家，一度拜相变法，曾力主"以文法调驭"的儒学思想统治方略解决与西北唃厮啰吐蕃少数民族的关系，用儒佛经典教化蕃酋子弟，以"华风"移风易俗，成效显著。还有南宋儒学家张栻，曾为静江（今桂林）知府，也在桂州这一"僻处岭外"的少数民族地区大力弘扬传播儒学。如此等等，不一而足。如要论及朝廷贬谪的儒家官吏在要塞边陲等少数民族地区弘扬儒学文化，有史记载而为人熟知的就有唐朝韩愈、柳宗元，宋朝苏轼、黄庭坚，明朝王守仁等，这些在儒学学术史上有着重大影响的"鸿儒"，在被贬官少数民族地区时，他们一如既往地弘扬儒学，为儒学向少数民族地区辐射扩展做出了突出贡献。

科考制度不仅有助于儒士为官为政，保证儒学在治国理政中的指导地位，其更大的作用还在于广泛地带动儒学教育。对于那些本属朝廷行政管辖的少数民族地区，由于少数民族也能参加科考取士，势必激励这些少数民族子弟研习儒学经典，从而成为加强儒学在少数民族地区传播的重要方式和渠道。有史料记载，唐时岭南少数民族地区与全国其他地区一样开科取士，带动这里的官学私学迅速发展，研习儒学经典和崇奉孔孟之道的风气日益兴盛。宋明时期的广西，参加科考得中进士者近500人，其中不少是壮族子弟。

曾在中央政权控制少数民族地方政权中发挥了重要作用的羁縻政策和土司制度，为儒学文化向少数民族地区辐射扩展开辟了广阔空间。一方面，羁縻政策和土司制度确定了少数民族地方政权服从中央政权的臣属地位，在这些地区贯彻大一统帝国"独尊儒术"的文化政策便顺理成章；另一方面，中央政权主动向这些地区派遣或派驻儒学使臣，通过使臣直接对少数民族政权及其族民施加儒学政治伦理影响。这是儒学与少数民族哲学交融互动的一条十分重要的政治途径。这一途径同样在汉初就已存在，汉高祖和汉文帝时，先后两次委派陆贾出使岭南南越国，以大一统儒学政治理论为武器，说服南越政权臣服汉朝。陆贾是以汉朝使臣身份开创儒学传播岭南政治途径的第一人。

自西汉以后，汉族中央政权与少数民族及其地方政权政治交往愈益常态和频繁，交往形式愈益增多，牵涉内容愈益丰富。虽然通过动武解决问题时有发生，但主要倾向是坚持"和为贵"的原则。这样的情况，从唐朝处理与西域藏族吐蕃的关系可见一斑。唐蕃关系十分亲密，从政权高层到基层，政治交往频繁不断，形式灵活多样，诸如和亲、修好、会盟、议事、朝贡、慰问、馈赠、吊丧等交往活动不时举行，有的交往活动逐渐成为惯例并形成制度，如羁縻制度、互派使臣、驿站邮路等。羁縻制度下，少数民族地方政府的朝贡和皇朝的赏赐回馈就是在元朝开始规范化和制度化的。羁縻制度延续到清朝，便发展成了可以派驻使臣的土司制度。这样的和平政治交往在唐以后的各个封建朝代持续不断，伴随其中的儒学使臣官员的交流和儒学的政治辐射扩展也持续不断。史载唐蕃间的官员使臣交流，唐朝有皇甫惟明、崔琳、李皓、崔光远、杜鸿渐、崔汉衡、杨济、薛景仙等，吐蕃有仲琮、名悉猎等，他们都是儒学弟子，尤其是仲琮、名悉猎等吐蕃子弟，本身就是儒学熏染少数民族人才的显著成果。此后各朝各代，汉藏政治交往中，藏区派人索取儒家经典、派员到内地学习、藏族僧侣被中央政府委以官职，或者在汉地担任一段官职之后又回到藏区，等等，都是政治交往加强儒学在藏区辐射扩展的有效方式和途径。

2. 少数民族地方政权认同接受采纳奉行儒学政治伦理文化

与汉族中央政权儒学辐射扩展相呼应的当然是少数民族地方政权对儒学大一统国家意识形态地位的自主认同和自觉遵从。如果没有少数民族地方政权的积极呼应和自愿选择，汉族中央政权从政治途径辐射扩展儒学意识形态也只能是"一厢情愿"。通过政治途径以和平的方式解决民族关系，较之军事途径和武力胁迫，更能显示弱势一方的自主性和积极性。所以通过政治途径实现汉族朝廷对少数民族的儒学思想统治，虽然基本上是儒学政治文化向少数民族地区的单向传播并带有行政强制性，但这一途径的授受双方都是自觉的相对独立的文化主体，这条通道是授受双方共同开辟的。同时，少数民族地方政权接受儒学意识形态，虽然也有无所更改而全盘照搬的情况，但把儒学经典及其制度文明本土化，甚至经过创造性转化后而遵从的也不在少数。

西汉确立"罢黜百家，独尊儒术"的大一统帝国文化政策，其决定性影响并非只在汉族区域，势必通过政治途径对周边少数民族区域产生重大影响，前述汉高祖、文帝和武帝等均有遣使少数民族地区宣示儒学精神文明的史例就是明证。这种政治影响在中国古代史上是悠远深长、不断延续、不断强化的，从汉朝至清朝的各朝各代，无论汉族中原政权与少数民族政权是统是分，也无论少数民族地方政权的转换灭生，少数民族政权无一例外地都认同儒学主流意识形态的地位和奉行以儒学精神为核心的政策措施及其政治文化制度，基本未见有弃儒而它立的记载。相反，中原政权的周边，诸如契丹的辽朝、匈奴的前赵、羯族的后赵、鲜卑的前后燕、氐族的前秦、羌族的后秦、鲜卑的北魏和北周、党项的西夏、女真的金朝、藏族的吐蕃、白族的大理、彝族的水西，等等，关于它们认同、效法中原儒学政治文化的记载比比皆是。如宋时李焘所撰《续资治通鉴长编》记述党项族的西夏政权时所言：拓跋氏"称中国位号，仿中国官属，任中国贤才，读中国书籍，用中国车服，行中国法令，……"[1] 显然，这绝非唯一。

中华大地的少数民族普遍选择儒学意识形态的主观因素，应该同其思想文化的劣势地位有关。当其主要与汉族邻居混居而发生全面的社会生活交往时，选择比自己更为优越先进的意识文化是极其必然的。民间的自发选择偏重于生活习俗、道德风尚、宗教信仰等方面的契合因素，而政权的自觉选择则偏重于思想政治和伦理纲常的进步因素。另外，思想文化处于劣势地位的少数民族的意识形态选择，还同其周边的文化大环境有关，除了儒学，还受一些外来宗教文化的影响。如源于南亚的佛教和源于西亚的伊斯兰教等，但这些外来宗教文化不仅始终不能取代儒学意识形态对中国少数民族的指导地位，而且还要通过儒学文化的转化后才能产生作用。从总体上看，外来宗教文化的影响主要在民间，而少数民族地方政权认同并采纳儒学意识形态为立国之本的自觉选择，基本上不受这些外来文化因素的影响。如两宋时期，因

1　（宋）李焘：《续资治通鉴长编》卷一百五十，中华书局，2004，第3641页。

朝廷注意力主要集中于对付北边少数民族，对南边大理国等少数民族政权有一定程度的疏远，大理国与中原政权的政治交往曾一度中断，印度佛教乘隙而至，对大理白族产生重大影响。但即便如此，白族对儒学的渴求并未因此削减，前文所及"马儒互市"就是证明。虽然不能通过政治渠道进行官方政治文化交流，影响大理国的儒学意识形态还滞留于汉儒经学水平，一时不能跟上儒学在宋时向性理之学的嬗变，但其儒学主流意识形态的地位并未改变，还因而获得了儒学与外来佛教相遇而融通的机会，开辟和创造了儒学与少数民族宗教文化交流互动的发展方向和重要途径。

在与汉族中原政权的政治交往中，少数民族地方政权对儒学意识形态的认同和恪守，具有鲜明的政治目的，主要是满足本土社会的政治、道德和思想建设之需，同时，也有其统治者谋求执政的合法性而臣服于中央政权者，或因其在民族之林处于弱势地位而依附于中央或中原政权寻求安定自保者。满足这些政治功利极强的目的和动机，无须从义理上深究理论，也无须从精神实质上把握儒学精髓，加上本身思想文化基础相对薄弱，因而少数民族政权通过政治途径对儒学政治伦理文化的接受，基本上属于模仿和因袭，难以达到对儒学学术的创新增益。当然，那些真正认识、领会和掌握儒学治国理政和德化社稷优越功能的少数民族统治者，注意儒学意识形态向本土文化的转换和融合，相对于简单的模仿和因袭，属于少数民族儒学文化建设的上乘史例。蒙满两族统治者在入主中原以前，已经达到与儒学意识形态有机结合的较高境界，这是其能够入主中原并对儒学有所增进的重要条件。

3. 入主中原的蒙满族政权尊崇儒学道统弘扬儒学治世功能

在中国古代史上，只有蒙满两族统治者代替汉族入主中央政权。这样的结果虽然诱发于那些偶然的历史事件，但从蒙满两族的统治者主观方面来说，也有其必然性，与其长期认同中华民族儒学大一统国家观念、把儒学意识形态作为立国之本有极大关系。

元朝早在太祖成吉思汗（铁木真）的大蒙古国时期就曾任用汉族儒士。为成霸业，成吉思汗重用邱处机和契丹族儒臣耶律楚材，大力推行汉法，以"敬天爱民"的仁政德治等儒家思想立国。耶律楚材在窝阔台即汗位后仍因其善用儒术治国而受重用。忽必烈自幼受儒学熏染，在其青年时代便立下儒士治国平天下的宏大志向，在其兄蒙哥大汗下总领漠南汉地事务时，大量交好汉、女真、契丹等族儒士学者，会聚于"金莲川幕府"，探讨学术政务，应时差遣任用。窦默、许衡、郝经、吴澄等一批汉族名儒，因积极建言献策用儒学仁德治天下而得以重用。可见忽必烈在其统一中国、入主中原前，就已做好了以儒学为立国之本的思想准备和儒学治国人才的储备。1260年继其兄汗位后，随即按中国传统方式建元"中统"。1271年建都大都（今北京），取《易经》"大哉乾元"之义，改国号为大元。

清朝统治者与宋明理学及其政治文化的渊源关系可上溯至契丹主政的辽朝。辽朝任用大量汉儒制定各级行政体制、礼仪制度和律法刑典，甚至让汉儒能人如韩德让担任大丞相，总领枢密院，掌握国家军政大权。女真政权金朝灭辽后，许多汉儒仍得到重用，金朝典章制度，多出汉儒之手。此后，女真族努尔哈赤创建后金政权，为清朝开端。上溯努尔哈赤的家族祖辈，常有被明朝朝廷委封为少数民族地方官员者，世代不绝于与明朝汉族政权的政治交往，与儒学文化有着较为久远的渊源关系。关于努尔哈赤本人，有其自幼习儒、兼通满汉语文、喜读《三国演义》之说，可见其与汉儒文化的融通；努尔哈赤为政效仿明朝官僚体制，于军中按照明军"序列武爵"三等，可见其对汉族制度文明的因袭；在赫图阿拉设文庙祭孔，用儒家经典教育八旗子弟，可见其对儒学的认同和尊崇；曾令族人仿蒙语字母，由女真语创制满文，可见其注意民族文化的融合和建设。1626年皇太极继其父位，革故鼎新，善待汉人降将，改善民族关系，融女真、蒙、汉等族人共名"满洲"。设文馆书院，指派本族学者翻译儒学典籍，倡扬"三纲五常"，大兴文教，任用汉儒文人，政令贝勒大臣子弟凡八岁以上、十五以下必须接受文化教育，等等。正是元朝、清朝统治者自始尊崇吸纳儒学文化，才为其后治理以汉族为主的大一统帝国奠定了基础。

入主中原的少数民族统治者不可避免地都有狭隘民族主义倾向，元朝尤为明显。但在其文化政策上，偏颇的民族政策并不能干扰对儒学主流意识形态的选择和尊崇。其思想根源除了中华民族大一统国家观早已确立，更为深刻的原因还在于他们早已将儒学意识形态视为"自己的"，而不是从外面拿回来的。他们效仿汉族政权的儒学政治文化及制度文化，并非是对意识形态的重新选择，而是对体现儒学治国治世精神并优于自己的体制制度的选择。所以他们入主中原前后在政治统治上的共同做法就是重用懂汉制的儒臣官员或是采信儒士学者的思想政治主张及其理政建制谏言。忽必烈入主中原前就曾采纳儒家学者许衡"行汉法"的谏言，并委之为京兆提学；入主中原后，又聘其为顾问，授之为国子祭酒、中书左丞。汉儒刘秉忠也得到忽必烈重用，建元时曾让他拟订并颁行朝廷所有典章制度，刘秉忠因此爵封太保，官至宰辅。此外，汉族赵复、姚枢等许多儒臣都是忽必烈手下重臣。所以，无论元清，原中央政权的许多政治、教育体制都得以承袭，最为突出的莫过于儒学科考及取士制度和管控少数民族地方政权的羁縻政策或土司制度，一以贯之地坚持这些基本制度，就是一以贯之地坚持"独尊儒术"。开国皇帝如此，其后继位者亦如此。太子王储一般都聘名儒为师，以保证继位者亦继承儒学道统。有元仁宗自幼师从名儒，"通达儒术"，继位后命大臣节译《大学衍义》以"治天下"。还有清朝康熙，自幼接受儒学教育，颇得儒学精髓，继位前后，也曾像皇太极一样建文馆收纳满汉儒学名人参政议政。可见，尊敬重用儒士文人，重视皇族子弟的儒学教育，是元清少数民族统治者遵循儒学道统、弘扬儒学治世功能、把儒学同本族哲学文化深度融合的主要表现和重要途径。

元清少数民族统治者通过中央政权的政治途径坚持儒学主流意识形态的指导地位，其融合儒学与少数民族哲学的作用和效果显然与少数民族地方政权认同尊崇儒学大为不同。一是在于他们不是作为一个少数民族，而是作为整个中华民族的代表者而发生作用；二是相对于汉族中央政权对儒学的政治辐射扩展，他们从相反的方向显示和增强了儒学哲学文化的影响力；三是蒙、满本族哲学文化在与儒学的融合中处于其他少数民族文化不可比拟的优势地位，对儒学的回馈更为明显和充分，其融合也会更加主动和深刻。所以元清两朝能够将蒙满文化有机融入儒学文化之中，还推动儒学发展经历了两个成效明显的特殊阶段，而蒙满文化在其中似无形又有因，似有神又无影，远远超过其他少数民族文化在中华民族的影响力。元朝开国皇帝忽必烈和本族学者儒臣保巴、清朝第二任继位皇帝康熙等，都是在此政治途径上融合民族文化的学术大师，在儒学史上留下了他们的不朽功绩。

三 教育与学术融通是提升中华民族意识形态最具实质意义的途径

孔子以师成学，儒学缘起于教徒，其本性实为育人之学，其经典亦为世代传习的教科书。因此，教育是儒学流传最为基本的途径，也是其与少数民族哲学交融互动的最基本、最主要的渠道。通过儒学教育，播撒儒家礼仪纲常，向各民族灌输国家意志；通过儒学教育，培养各民族文化精英，推动儒学与少数民族哲学学术上的深度交流融汇和思想理论上的创新增益。这一教育通道，由儒学文化精英扮演主角、官设民办相呼应共建而成，较之其他途径，对普及儒学文化及其与少数民族哲学的互动共进、创新提升最具实质意义。

1. 政权主导、官民共兴少数民族儒学教育事业

适应"罢黜百家，独尊儒术"的政治需要，中华民族自汉以来的封建政

权普遍重视用儒学经典办学兴教。一方面通过办学兴教用儒学主流意识形态对各族人民进行思想统治；另一方面通过办学兴教培养行政官员，用儒学精神治国理政。自隋朝创设儒学科考取士制度，与科举制度紧密结合的儒教体制机制历朝沿袭，逐渐成熟。由此建立起贯穿中国封建社会始终的儒学传承传播渠道，也成为儒学与少数民族哲学交流融通的重要途径。

中国历史上无论是统是分的大小汉族政权，大体上都是通过羁縻、怀柔政策或者土官土司制度向周边少数民族地区委任委派官员推行儒教。自汉武帝时起，就开始在少数民族地区以儒学经典为教材设置官学，所形成的基本文教体制世代延续。隋朝文帝在征服少数民族地区后推行儒治儒教，曾令治理桂林的令狐熙"建成邑，开设学校"，[1] 令辛公义在岷州开展儒医儒教以行仁义等。唐朝首创少数民族留学制度，渤海、高丽、百济、新罗、高昌、吐蕃等四面八方的少数民族酋长子弟纷纷赴长安求学，人数近万。唐朝对辖内少数民族地区的儒学教育也很有成效，如西川节度使韦皋治理剑南（今成都地区），五十年间培养教育当地少数民族子弟以千计。[2] 还有韩愈被贬潮州刺史后，在这个以畲族为主、有几十个少数民族杂居的地方大力兴办儒学教育，甚至拨出自己的部分薪俸支持海阳县尉赵德这个儒学进士创办州学，在较短的时间里改变了这里原本落后的文教状况。在瑶区推行以儒学为主的汉文化教育始于宋朝。明朝开国皇帝朱元璋非常重视儒学教育，建国之初就明确提出以学校为本、以教化为先的民族文教政策。因而不仅在少数民族地区广设儒学，而且国子监还以优惠条件开科录取少数民族子弟，科举考试也向少数民族儒生大开绿灯，史载广西不乏壮族子弟登科及第，步入仕途。对于个别抵制兴学的少数民族土司，就地免职，改任流官。[3]

---

[1] 吴明海：《中国少数民族教育史教程》，中央民族大学出版社，2006，第21页。
[2] 吴明海：《中国少数民族教育史教程》，中央民族大学出版社，2006，第23页。
[3] 吴明海：《中国少数民族教育史教程》，中央民族大学出版社，2006，第33—34页。

元、清虽然是蒙、满统治者主政，但它们仍从大一统民族国家的高度，基本上沿袭前朝汉族政权的科举教育教学体制以及相关的少数民族文教政策，成为其统治期间通过文教途径推行儒教的主导因素。元朝忽必烈建元后便开始注意选拔"高业儒生教授"积极办学兴教。后历代继位者和地方官员也重视以儒兴学、培养人才，从中央到地方，逐渐建立起具有多民族特色的州、府、县学官学体制。云南平章政事、回族人赛典赤，于1276年在昆明五华山建文庙，乃云南第一座孔庙，同时招收"爨僰"族学生。元代首开"社学"，社学设于乡村，作为初级教育，招收平民百姓少年子弟，成为官学的基层组织，社学模式在少数民族地区推广并一直延续至明清。清朝奉行"满洲根本""从宜从俗"的民族文教政策，虽然在其前期有防止族人"汉化"的民族文化隔离倾向，但并不限制汉族和其他少数民族间的文化交融。因而从总体上和后来政策的演变上看，其文教政策的主流仍是承袭儒学道统，像前朝一样重视在中央和地方办学兴教，尤其表现于对待藏、苗、黎、瑶、回以及台湾的高山族等少数民族"从宜从俗"的儒学文教政策及其措施上，仍然铺设有儒学与少数民族文化交融互动的通道。而历代相对于中原政权的少数民族地方政权，除了个别还处于文化较低发展阶段的地区大体上都随着中华民族交融的步伐，认同儒学主流意识形态、自觉推行敬孔尊儒的文教政策办学兴教。早在汉唐之际，诸如匈奴、鲜卑、氐、羌、羯等北方少数民族政权，就把兴办儒教同本民族文化教育相结合，开辟了本族文化与儒学融通的渠道。如前赵刘曜主政的匈奴等少数民族政权于320年迁都长安，次年即办学兴教，立太学于长乐宫东，立小学于未央宫西，还招收上千名青少年入学，聘请儒家学者为师。还有后赵石勒、前秦苻坚、后秦姚苌等主政的少数民族政权都有兴学之举。以鲜卑族为主的北魏政权建国之初就设立太学，置五经博士编审儒学教材。此后逐代发展儒学文教事业，除了建设体制完备的太学、国子学（或中书学）和四门小学等中央官学，还首创州郡立学制，建立起学制、设施、师资完备的地方儒学教育体制。[1] 北魏完备的中央和地方官学体制，不仅对南北朝时期各少数民族政权的文教体制具有直接影响，而且对唐宋乃至中华民族的文教体系建构也有重要影响。到两宋时期，北方的辽、金、西夏和入主中原前的蒙元等少数民族地方政权，也基本上如唐宋一样推行儒教文化政策，效仿中原兴办具有本民族特色的学校教育。

除了官方行政的推行，还有民间自发的力量。在国家儒学文教政策的宏观背景下，少数民族地区也同汉族地区一样，存在大量民办、民办官助或公私合办的村学、义学、家学、私塾，以及一些儒士文人以私人名义创办的书院学馆等。但无论官办还是民办，儒家学者都在其中充任师资主角，其中有由官方委任委派的、儒学资质较高的知名学者，也有科举落榜而告别仕途的儒生以儒教为业。此外，还有一些遭朝廷贬谪流放的儒仕官员，他们往往被发配至边远少数民族地区，发挥自己的儒学优势，创设书院学馆，会聚儒生，收徒教学。可见儒学与少数民族文化交融互动的文教途径，是由政权主导、官民并举而建立起来的，其中儒家文人是其主力和标志。

儒学与少数民族哲学交融互动的教育渠道的形成和发展，其主观动因归根结底来自儒学主流意识形态本身的魅力及其少数民族的认同。虽然办学兴教对于儒学主要是一种传播或灌输的途径，但是这一途径却为儒学与少数民族哲学的深度融合和创新增进奠定了基础，创造了机会。一是教育教学不仅需要发挥发展儒学育人理念和育人功能，而且需要推进对儒学经典的学术探研；二是儒学与少数民族文化面对面接触，必然相互浸染而推进两种文化的形式转换；三是只有培养出尖端儒学人才，才谈得上两种文化在同一个主体的头脑里进行精神整合而形成新的意识文化成果。所以，儒学文教途径的实质意义不仅仅在于儒学的传播，它更为重要的意义是指向儒学与少数民族哲

---

[1] 吴明海：《中国少数民族教育史教程》，中央民族大学出版社，2006，第18—19页。

学深度融汇和增益提升。这是儒学与少数民族文化互动的最高层次，其推动中华民族封建社会主流意识形态不断更新发展的作用是前述各种途径不可比拟的。

2. 儒家书院学馆开辟各族文化融汇的学术通道

儒学思想流传的物质条件是文字书简，儒学经典的世代传承靠的是书家收藏。不难想象，民间尤其是儒学世家应是儒学经传典籍最初的收藏之所，而适应国家儒学文教政策发展之需，必然催生官家集中收藏、处理、使用儒学典籍的职能机构。中华民族收集储藏以儒家经典为主的官方机构称为书馆，始建于唐朝中叶德宗李适贞元年间（785—804），即设于京城的丽正书院和集贤殿书院。初为收集整理、校勘修订图书，供皇帝侍读和朝廷询政的"宫廷图书馆"。唐末五代以后，民间有山林清幽藏书之所及儒士文人以书院（或书洞、书堂、书室、精舍）之名授徒讲学，使书院学馆融为一体。自此书院依托藏书成为主要研习儒学典籍的高级文化教育和学术研究机构，逐朝发展，愈益官学化，一直延绵至清朝末年。

书院学馆随着民族交融的发展也遍及少数民族地区。有史料统计，唐末五代书院初建时期，贵州、四川等少数民族较多的地区也有书院出现，宋时广西已有10所，明时云南达到67所之多，贵州已有27所，而且大多设在少数民族地区。至清朝，除新疆、西藏等个别地区外，域内所有地区，包括蒙古、青海、台湾等地书院长期空白的地区，都建了书院，总计达3600所以上。[1] 元代以前少数民族地区书院基本上为汉族所建，从元代开始便有蒙古族、满族等少数民族官员学者加入书院建设之列。如前所述，元朝开国皇帝忽必烈即位前总领漠南汉地事务时，就建"金莲川幕府"召集蒙古族、汉族、藏族、维吾尔族、回族等族的儒、佛、伊学高级人才探讨学术政务，该"幕府"虽无

---

[1] 王炳照：《中国古代书院》，中国国际广播出版社，2009，第160页。

书院培养弟子的育人功能，但却同书院一样是一个顶级的学术研究机关。忽必烈即位后，对书院大加扶持，战时责令军队"凡有书院，亦不得令诸人骚扰"。入主中原后，又下令"将原有学田归还学校"，行文各按察司"体覆山长"，令"各州县设立小学、其他先贤名儒旧迹，与出钱粟赡学者，并立为书院"[1]。曾在金莲川幕府受到敬重和重用的赵复、许衡等名儒，前者曾主讲于元朝京师太极书院，后者曾主教于陕西西安正学书院。在元清两朝，各地许多蒙满族官员学者积极兴办书院，在北方新增的书院中，有一些就是蒙满族人自己的书院，元代有的书院还开设蒙古字学科目。

各族儒士学者通过书院的教学和研究，对儒学与少数民族哲学文化的交融互动发挥了重要作用。宋儒苏轼被贬海南，与本地学者交友论道，招收黎家弟子传道讲学，同黎族弟子黎子云兄弟打成一片，向他们学习黎族语言，声称要将自己也化为黎人。他讲学的讲堂经后世发展，成为享誉海南黎乡的东坡书院。明儒王阳明被贬贵州龙场驿，讲学于今修水阳明洞龙冈书院，地处布依族、苗族和彝族等少数民族居住区，与当地少数民族土官学人亲密交往，史载："龙场万山丛薄，苗、僚杂居。守仁因俗化导，夷人喜，相率伐木为屋，以栖守仁。"[2] 明朝还有陈献章、湛若水等名儒，在岭南少数民族地区兴办书院，"虽远蛮夷，皆知向慕"[3]。又有清初云南姚安土司白族儒仕高奣映曾在结璘山拂雪岩藏书设馆讲学，后半生在育才和学术上都颇有建树。清时儒仕李来章谒选广东连山县，深入瑶穴，访贫问苦，教以开垦，减其赋税，还置约延师，创办连山书院，招收瑶族学生，施以儒教，成效显著。壮族儒学家刘定逌于清乾隆年间先后被聘为广西壮乡秀峰、宾阳、阳明、葛阳等书院的山长，讲学授徒，培养壮族子弟历时数十载，对儒学进行深入研究，颇

---

[1] 白新良：《中国古代书院发展史》，天津大学出版社，1995，第28页。
[2] 《明史·王守仁传》。
[3] 白新良：《中国古代书院发展史》，天津大学出版社，1995，第71页。

有著述。还有壮族儒士张鹏展、郑献甫以及一些不务科举或落榜隐儒主教的书院，不仅对壮族子弟施以儒教，而且在本族文化与儒学的结合上做出了重要贡献。

书院学馆是儒学与少数民族哲学文化交融互动不可替代的基础设施和重要途径，因其首先是儒学精英荟萃的地方，从南宋就已形成"讲会"制度，儒学讲会之风历代延续，所以它成为儒学学术交流、讲习、争鸣之所，是儒学最高级别的研究机构，对儒学思想理论的增益演进具有实质性的作用。其次，由其培养高级儒学人才的功能作用，决定其在民族文化融合中的重大地位，许多少数民族儒学精英都经历过书院学馆的培育。尤其是那些吸收少数民族弟子，或由少数民族儒士所办，以及分布于少数民族地区的书院学馆，由于它们将各族儒学精英及少数民族儒学学生会集在一起，通过在普及基础上触及儒学深刻义理内涵的探研和民族语言文化的转换交融，必然会对儒学与少数民族文化的交流融合、互动发展产生实质性影响。

3. 儒学精英的学术创新是民族文化融合增进的最高环节

儒学与少数民族哲学交融互动的经济、政治和文教途径，是两种文化反作用于民族交融的社会生活时形成的，基本上属于意识文化的方法论转化；而在民族交融的经济、政治和文教实践中萌生的关于两种文化及其交融互动关系的新认识，乃至思想文化在理论逻辑上的融通演进，则非经各民族儒学精英在自己的头脑中进行精神创造活动不可。因而可以把儒学精英这种个人的精神创造活动视为儒学和少数民族哲学交融互动的最高环节或最后途径，尤其对于民族文化融合的发展提高具有实质性意义。另从文化信息运动发展规律上说，经济、政治、文教途径导引的主要是两种文化的传承传播和交流交汇，当两种文化汇流到一起以后，只有经过儒学精英的头脑，才能融通融合、增益增进，因而这是推动民族文化融合增进最高的环节和最后一步。

显然，这一途径构筑于儒学精英的头脑之中，承载于以汉儒思想家为主导，包括少数民族儒学家在内的儒学精英队伍，就是那些既有儒学高深造诣，又谙熟或蕴含少数民族文化，在中华民族思想史上有过重大影响的著名或无名的历史人物及其思想成果。

一方面，在中国历史上各个朝代都出现过就职于少数民族地区的汉族儒家儒士，他们施教施政的实践向少数民族传播了儒学文化，培养了少数民族儒学人才，他们翻译介绍少数民族文献文物及其学术探研对儒学与少数民族哲学文化的交融互动产生了重大影响。史载汉末三国时虞翻被孙权流放到少数民族地区岭南交州，"讲学不倦，门徒常数百人"[1]，讲授《周易》《老子》《论语》《国语》等经典并作注，成为史上著名经学家。汉末还有一位经学家刘熙也曾隐居于交州，往来于苍梧、南海之间，投身于少数民族文教事业，教学注重经学名物训诂，其《释名》是汉语语源学传世之作。唐时韩愈是其时倡导古文、辟佛老兴儒学道统的代表人物，既尊孔孟，又不拘泥于成见而多有新说。曾遭贬谪三入岭南，致力于讲学兴教，与瑶族等当地少数民族建立了深厚情谊，史载"民生子多以其姓字之"[2]。他的《送区册序》一文，就是因南海青年区册远涉水路驾舟拜访、与之探讨儒学经典之事而作。北宋鸿儒苏轼被贬海南，与当地黎族等少数民族建立了不同寻常的关系，尊重并关注当地人文风情，将其融入讲学之中，其著述也蕴含黎族等岭南少数民族文化因素。还有宋儒黄庭坚，明儒陈献章、湛若水师徒等在岭南收徒治学，对壮族、黎族、瑶族等少数民族文化发展产生了重大影响。有言陈献章施教不择对象，凡来求教者"悉倾意接之"，所以被其教化者甚众。陈献章创立"江门学派"，开明代心学之先，故有"岭学儒宗"之誉，成为岭南从祀于孔庙的第一人。明代对岭南壮族、苗族、彝族、布依族等少数民族文化产生重大影响的莫过于鸿儒王守仁。他在广西、贵州多地书院讲学，各

---

[1] 《三国志·吴书·虞翻传》。
[2] 《新唐书·韩愈传》。

族弟子人数众多，在龙冈书院（又称"阳明洞"）讲学，著《五经臆说》《龙场诸生问答》《示龙场诸生教条》等"阳明心学"代表作，史称"龙场悟道"，开启了宋明儒学演进新的历史篇章，其学说学派在海内外产生了广泛影响。

另一方面，在中国历史上那些经济文化较为进步的少数民族，都涌现出许多文化精英，他们或者向本族推荐翻译儒学文献，或者投身于本族儒学教育，或者立足于本族文化深入钻研儒学等其他意识文化著书立说，致力于中华民族意识文化的融合发展，做出了突出贡献。早在两汉之交，岭南壮乡有号称"三陈"的经学世家——陈钦、陈元和陈坚卿祖孙三人。陈钦通晓《易》《书》《诗》《春秋》《礼记》等儒学经典，因传授《左氏春秋》而著《陈氏春秋》。其子陈元传《费氏易》，著《左氏异同》《司徒椽陈元集》等，为当朝儒学宗师。陈元之子陈坚卿也以承袭经学闻名其时。岭南文人常以三陈为范，后世广西不少书院均祀奉陈元。两汉时云贵等地有犍为郡文学卒史舍人、牂牁名士盛览和尹珍，史称"汉三贤"，均系西南夷本土成长起来的儒家学者。舍人讲授儒典《尔雅》，作《尔雅注》，被认为是"汉儒释经之始"。盛览确知为白族人，于今西昌故地师从司马相如，学成还乡办学，著《赋心》四卷。尹珍师从许慎，得《说文解字》真传，还乡授徒，研传儒学，为古代贵州文教拓荒之人。西夏党项籍重臣斡道冲，自幼精习《尚书》等五经儒典，为当朝蕃汉教授，用西夏文译《论语注》，其《论语小义》《周易卜筮断》等名著在儒学与党项族文化的融合上多有贡献。另一党项籍学者骨勒茂才编双语词典《蕃汉合时掌中珠》，通过西夏文和汉文九大类词汇的音义对译，显示了两种文化的融通。又有蒙古族保巴，元初文臣，在其代表作《易源奥义》《周易原旨》中构筑的"易哲学"理论体系，远承王弼，近取宋儒，融合周敦颐、张载、邵雍、二程、朱熹多家学说，使两宋理学在蒙元政治背景下得以承进。明代云南白族学者李元阳，虽直承阳明心学，但其《心性图说》以"性本论"改造了"心性不二"的阳明学，在学术上多有著述和创进，被誉为"史上白族第一文人"。清朝康熙帝玄烨基于满蒙血缘文化，自幼习儒。继皇位后尊崇程朱理学，着眼于自己的政务实践，发挥朱熹"知先行重"说而强调科学认知和经世致用的"真理学"，以一个少数民族帝王的身份对理学儒学有所创进，实属难得。康熙年间云南白族（或彝族）儒学家高奣映，遍涉经史百家，著述甚丰，其《太极明辨》《心经发微》《四书注》《理学粹》等著作，承继宋明理学并加以改进，铸成自己特色鲜明的"太极本体论"，既让云南少数民族儒学独树一帜，又深化了宋明理学固有的主题和论题。清代白族儒家王崧，离开官场返回家乡云南浪穹（今大理洱源）后潜心教学治学，著述颇丰，《说纬》一书是其代表作，该书分析诸儒异同，补其短缺，综合博采各家"天地（命）之性"的人性论观念，自成一家之言。及至清代中晚期，广西壮族有刘定逌、张鹏展、郑献甫，贵州布依族有莫与俦、莫友芝、郑珍等儒学名人，对其故土文教事业及其学术探研多有建树。刘定逌兼承程朱陆王学理，曾任京城翰林院编修，返还广西壮乡后，受聘多家书院山长，治教讲学，潜心性理"真事业"，致力于儒学与壮族哲学文化的融合演进，促进了壮族文化学术的提升增益。

另外，还有一些在少数民族中世代流传的哲学文化著作，其中多有与儒学契合的思想因素，从一定程度上显示出其无名作者融摄儒学或将本族文化与儒学融通的思想轨迹。如有《宇宙人文论》、《宇宙源流》、《西南彝志》、《土鲁窦吉》（宇宙生化）等彝族典籍，许多思想元素或范畴与先秦至两汉间中原儒学多有契合与互应。敦煌藏经洞藏文文献《礼仪问答写卷》，大约成书于8世纪，文体体裁似《论语》，其内容虽为吐蕃社会伦理思想观念，却多显孔孟儒家学说的影响。这些文献不仅反映了儒学与少数民族哲学交融互动历史之悠久，而且可见作者兼容儒学的学术创建。

四 儒学与宗教相容互渗是儒学与少数民族哲学交融互动的重要途径

在民族交融演进过程中总是伴随着宗教，相对于特定民族，总是同特定宗教相联系，宗教或自生，或传入。我国几乎所有少数民族都曾有自己的原生宗教，大多数原生宗教都只具有原始宗教或"准宗教"的发展程度。宗教的信仰特质决定其在民族哲学文化中占有极其重要的甚至核心的地位，致使民族问题和宗教问题混同交织、错综复杂，也导致儒学与少数民族哲学交融互动必然通过宗教途径来完成。所以，在中华民族交融过程中，儒学与道教、萨满教、东巴教乃至佛教、伊斯兰教等宗教的关系，本质上就是儒学与少数民族哲学文化的关系。由于这种关系是中华民族交融的思想形式和儒学本身的开放性及涵扩能力，加上大一统封建国家政教分离的政治体制，使其基本倾向是相容互渗，少有对立仇视、水火不容的情形；由于儒学的主流意识形态地位，使其在这样的文化关系中始终处于主导地位，或者儒学融摄宗教思想元素而创益增进，或者宗教儒学化以生存发展。这里面当然包括那些兼有或兼研这两种文化的学术精英及其精神创造活动的作用和功绩，因而也是儒学与少数民族哲学交融互动的最高层次和最具实质意义的重要途径。

1. 儒学与道教、佛教的兼容共存

儒学和道教，从起源看，《史记》有关于孔子问礼于老子的故事；而道教的学术根源于先秦与孔孟儒家并存的老庄道家，因而可以说二者在学术上有同源关系。汉武帝前的西汉政权崇尚黄老之术，之后"独尊儒术"，道家学说流落民间逐渐转向神秘化而沦为宗教，直至东汉始有民间教团组织，标志着道教的兴起。因为道儒同源，所以初起的道教便仿儒家尊孔而神化老子；因有维护大一统封建帝国的相同政治境遇，所以道教与儒学的政治伦理并不对立，反而逆先秦道家对儒学的嫌隙，于其《太平经》《老子想尔注》等经典中承袭儒学天命观、人性论、德治仁政及其大同理想等思想因素，将《周易》《春秋繁露》《孝经》等儒家、儒教典籍也视为自己的学术资源，其斋醮仪式也多以儒家的祭祀礼仪为蓝本。随着道教的发展，也反过来对儒学产生了重大影响，在社会作用上与儒学显示出互补关系，在学术上与儒学相互交融，如以"太平"观念诠释"大同"，以"积善功""立真行"强调儒学道德践履，其注重心性的修炼功夫影响了儒学从经学向理学和心学的跃迁，等等。

佛教由印度传入中国后，便形成了儒道佛三者交融互动的总体格局和发展趋势。由于佛教传入的路途和方式不同，因而大致形成了北路的汉传佛教和南路的藏传佛教。汉传佛教的儒学化倾向自不待言，隋唐时期儒学通过汉传佛教与藏传佛教的融通已很明显。岭南少数民族地区也有印度某些佛教教派直接传入，与儒学结合而营造了诸如云南大理白族儒佛并举的文化样式。但无论西藏还是中原、岭南还是北狄，佛教一旦传入中国，都无一例外地会与儒道等本土文化发生关系，主导这一关系的也仍然是儒学，以开放包容的姿态融合儒道释、通过融合宗教的途径融合中华各民族哲学和文化的学术主角也主要是儒学家，汉末三国时期岭南少数民族地区苍梧人牟子最具典型性。牟子本是精研儒家经传的儒生，但博览儒佛道群书，对佛教尤有研究，其《理惑论》虽被称为中国第一部佛学专著，却大量引用儒、道经典，反而很少引用佛经，表现出佛不悖道、儒的学术思想和融汇儒道佛的学术倾向。中唐儒者柳宗元也是融合儒道释的学术家。他自幼习儒且好佛，以儒家经典为"取道之源"，博采兼收，调和儒、法、释、道等各家学说，力图"统合儒释"，因而后世苏轼称赞他"儒释兼通、道学纯备"[1]。另有明代翰林宿儒、

---

[1] 《柳宗元全集·曹溪第六祖赐谥大鉴禅师碑》，中国书店，1991，第64页。

白族李元阳，潜心研究宋明性理之学，以一种"公允"的心态坚持"志于明道者，不主儒，不主释，但主理"[1]，"以灵知到手"为目标，"不计为孔，为释，为老也"[2]。以"老释方外儒，孔孟区中禅"的论断总结儒道释一致互通，[3] 在其《心性图说》《十三经注疏》等著述中，从学术上融合儒道释，多有建树。

2. 儒学与少数民族佛教的互渗融通

佛教作为输入文化要在中国生存发展下去，必须获得中国封建政权及其主流意识形态儒学的认可。要创造这样的生存发展条件，佛教必然从社会、政治作用上适应封建统治者的需要，从学术上发掘自己与儒学的共同点和相通性而儒学化。虽然佛教因"出家"、禁欲教规有悖于儒家"忠孝""不孝有三，无后为大"等伦理观念，在历史上曾被个别统治者所抛弃，但随着佛教的儒学化发展，逐渐得到了政权的认可，得以与儒、道并行不悖、和谐相处。对佛教儒学化成效最显、影响最大者首推禅宗慧能（或惠能），慧能为禅宗六祖大师，其对汉传佛教的改造，在《六祖坛经》中有充分表现，最大的特点是用儒学的性、心观念去理解、诠释佛教的佛性理论，把佛性人性化，指出佛性藏于心，只要"反求诸己"，顿悟即可成佛。后来百丈禅师进一步结合中国实际改造佛教礼仪管理制度，制定《百丈清规》，最终把印度佛教变成了具有中国特色的本土佛教，因而史称慧能的变革为"六祖革命"。

藏民族与儒学的机缘始于文成公主入藏，此后汉藏大规模的文化交流从敦煌莫高窟藏经洞中的大量汉文和藏文儒学典籍、学生读物及听课笔记等得到了印证。古代藏民曾像崇拜佛或神的宗教信仰一样崇拜儒学鼻祖孔子，从

---

[1] 《李中溪全集》卷5，《丛书集成续编》142，《文学类·诗文别集—明》，台北：新文丰出版公司，1988，第637页。

[2] 《李中溪全集》卷10《答龙溪王年兄》，《丛书集成续编》142，《文学类·诗文别集—明》，台北：新文丰出版公司，1988，第769页。

[3] 《李中溪全集》卷2《感寓二首》，《丛书集成续编》142，《文学类·诗文别集—明》，台北：新文丰出版公司，1988，第538页。

而创造了儒学能够通过藏传佛教走进更为广阔的藏族文化生活的社会条件。文成公主、金城公主出嫁吐蕃，掀起了唐蕃文化交流的热潮，汉藏宗教界的交流是其重要组成部分，既有汉地僧侣赴藏传经讲学，也有藏族喇嘛入中原传教求经，显示出汉藏佛教融通的大趋势，而儒学化了的禅宗在其中发挥了突出作用。禅宗高僧摩诃衍那于德宗年间被赤松德赞赞普邀请到藏地传法，倡扬带有强烈儒家文化色彩的禅宗教义，对藏传佛教宁玛、噶举、萨迦、觉囊、格鲁等教派产生了重要影响。清朝乾隆年间格鲁派活佛土观·罗桑却吉尼玛是藏传佛教认同融摄禅宗以及儒学的代表人物，其代表作《土观宗派源流》，不仅对佛学和儒学进行深入研究，还广泛研及藏区的苯教、中原的道教和印度的佛教。为了推动儒学在藏区的正确传播，土观从语词上纠正人们对儒学典籍的误读；为了帮助人们正确理解儒学典籍，掌握儒学精神，土观以佛释儒，努力澄清人们对儒家观点的误解；为了架设佛儒融通的桥梁，土观深入钻研，比较佛儒许多概念和论断的异同，从义理上揭示二者的对应和相通。

宋时地处西北的西夏王朝区域是汉、藏、党项、回鹘等民族杂居之地，曾长期受汉唐儒学文化的影响，初期因以党项族为主的政权推崇藏传佛教而有"蕃化"倾向，但也多次以献马的方式向宋朝赎取佛教经典，形成佛儒并举的文化格局。后来西夏崇宗乾顺亲政、御史中丞薛元礼上言首推儒学文治，极大地提高了儒学地位，促进了儒释的融合。如西夏学者曹道乐著《新集慈孝传》《德行集》，将"慈悲""施舍"等佛家之说融入儒家伦理道德观念之中。

古代云南白族南诏大理少数民族地区是儒佛并举并重、融合最深最佳的地区，其佛教源自印度密宗阿吒力教，元以前即被汉化儒化，曾不时派人于中原朝廷或民间寺院求受收集佛像佛书等佛教物品，所诵经律，同中原一样。元以后因中原禅宗传入取代密宗而愈益兴盛。这里举族信佛，寺院是行佛事之地，也是子弟从佛习儒之地，寺院僧侣既是佛门高徒，又是行佛传儒的"师僧"。这种佛儒兼修的文教体系为中华民族培养出一批将儒佛融为一体的学术高手，史称"儒释"或"释儒"。其中元时有在滇弘扬佛教禅宗的雄辩法师和他的弟子玄通，明时有大理荡山寺（感通寺）法师无极。将儒佛深度融合者首推李元阳，李元阳身为大理白族人，参加儒学科考，于嘉靖五年（1526）中进士，入京城翰林院，成为一代鸿儒，中年辞官返乡，悉心授徒讲学，潜心学术研究。其将儒佛融为一体的表现及手法，是在心性本体论、复性修养工夫、格物致知之学等问题上，既"以佛诠儒"或"参佛入儒"，又"以儒融佛"。李元阳融合儒佛的学术创进之路，是儒学通过佛教与少数民族哲学深度交融互动的典型范例，达到了这一途径上的最高水平。

3. 回族学者以儒诠经的著述成果

回族是中华民族交融过程中因为一些历史的机缘而自然形成的少数民族之一，其族源包括唐宋时期来自阿拉伯、波斯等地的穆斯林商人，蒙元初期被成吉思汗从阿拉伯地区带回中国的回回人，以及明清时期逐渐融入其中的汉族、维吾尔族、蒙古族等族成员。如此族源结构使其一开始就没有自己的"祖籍"之地，只能长期居住于以汉人为主的地区，使用汉语，崇尚孔孟，研习儒学，世代受汉儒文化熏染，经济政治社会生活与汉人融为一体，也孕育出许多回族儒学家，其"汉化"或"儒化"程度远远高于其他少数民族。但在宗教信仰上，却一直坚持穆斯林伊斯兰教，因而伊斯兰教在中国被称为"回教"，回教是具有中国特色的伊斯兰教，是在中国与佛道并列、规模较大的少数民族宗教。由于回族的汉化或儒化，也必然会有回教或伊斯兰教的儒化，较为普遍的表现是回族在其伊斯兰宗教活动中，掺和渗入较多儒家观念因素和文化内容，使其宗教习俗也带上儒家色彩。

儒学与回教的融合，同儒学与回族哲学文化的交融互动，其实就是一回事，主要是由回族那些兼通伊儒的回族儒家完成的。其融合两种文化的精神创研活动是"以回附儒"或"以儒诠经"，他们不限于将伊斯兰教义、经典翻译为汉语，还基于对宋明理学的深刻理解，从义理上对伊斯兰教经典、教义及其哲学思想进行阐释、诠解，从而实现二者的深度融合，乃至有人将其著述称为明清"回回理学"或"回儒"[1]。"以回附儒"的倾向始于元末明初，发展至清朝晚期，出现了王岱舆、刘智、马注、马德新等前后相继、影响儒学宗教思想界长达两个多世纪的回儒思想家学派，共同创进了"以儒诠经、即伊即儒、亦伊亦儒、伊儒合璧"的回回理学学术思潮。第一个代表人物是王岱舆，他"学通四教"，所撰《正教真诠》《清真大学》《希真正答》等著作，创建的伊斯兰"真一"哲学体系，是伊儒融合最早的代表作。刘智广泛研阅中国经史，博览西洋群书，译著《天方性理》《天方典礼》《五功释义》《真境昭微》等伊儒学术著作百卷之多，被誉为中国伊斯兰教哲学文化集大成者，穆斯林称其"先贤"。马注、马德新两人的先祖系元初忽必烈重臣、精通儒学的回族政治家赛典赤·赡思丁，史载赛典赤·赡思丁任云南行省平章政事时，重民生，立孔庙，购儒典，聘师兴教，深得民心。马注、马德新作为名门之后，于社稷也多有成就。马注谙熟儒伊文化，尤精阿拉伯文和波斯文，兼研伊、佛教义，讲授儒家"心性之学"，有《清真指南》《经权集》《樗樵录》等学术著作，被誉为云南第一位穆斯林学者。马德新著书三十多种，既有介绍、摘编王岱舆、马注、刘智等学派先辈论著的，也有《四典要会》《大化总归》《性命宗旨》《会归要语》等关于回儒理学、礼法的学术著作。统观上述四人共创的回回理学，其伊儒合璧的主要表现，一是用宋儒太极说宇宙观论证伊斯兰教的真一、真宰之本源性；二是将伊斯兰的"四行"与儒学的"五行"结合而成"水、火、气、土、金、木、活类"的"七

---

[1] 见孙振玉《王岱舆 刘智评传》，南京大学出版社，2006，第24、25页。

行说"，用以阐释世界的演化；三是将程朱"格物致知"的修养工夫论纳入伊斯兰教认主独一的体认论证；四是把儒家三纲五常伦理观与伊斯兰教的顺主、顺君、顺亲及念、施、拜、戒、聚等"三正""五功"相结合；五是广泛吸纳儒佛道忠、孝、仁、义、礼、智、信等德行概念丰富伊斯兰教教义内涵。他们在学术上的重大成果，不仅提高了回教义理水准，而且推动了儒学理学的创进增益。

第三节　儒学与中国少数民族哲学交融互动的基本特征

儒学与少数民族哲学交融互动的特征，同这两种哲学文化各自的特征既有区别，又有联系。这两种哲学文化各自的特征指其作为意识文化在形式和内容上的特殊性，而这两种哲学的交融互动本质上是它们在中华民族融合实践中构成的一种特殊的文化关系。这两种哲学文化的特殊关系在交融互动中表现出种种特点，就是我们在这里所要探讨的中心问题。但之所以呈现这样一些特点又是由这两种哲学文化各自的基本特征决定的。正是这两种哲学文化的明显差异，构成了它们优势互补的文化关系；也正是它们之间的差异性以及相向性、开放性、进步性和包容性，它们才彼此吸纳、相互推动、共同发展。与之相较，这种各美其美、美人之美、美美与共、共存共荣的文化关系，是绝不能简单地用少数民族文化的衰退、消亡或被同化去看待的。虽然在中华民族交融发展史中也不时有少数民族文化被其他民族文化同质化而渐失的个案，但直到今天，不仅中华民族哲学文化相对于世界各民族文化保持着自己的民族特色，而且在中华民族文化"大家庭"中，少数民族文化也保持着自己的民族特色。

一　儒学与中国一些少数民族哲学在互补中形成积淀

互补是儒学和少数民族哲学互动的基础，无论儒学还是少数民族哲学，它们的互动发展，都是在互补的关系中实现的，这便决定了儒学和少数民族哲学的互补性特征。儒学和少数民族哲学互动发展的互补性，指这两种哲学文化相互依赖、互为条件、互通有无、契合同构的文化关系。这种互补关系，又是基于双方的差异才会发生的，是因差异而互补，是异中之同和同中之异。但儒学和少数民族哲学这种意识文化的差异互补关系，又有其特殊性，那就是受中华民族交融实践所规定，是具有文化差异的各民族在哲学文化上各有所长、互补互成的关系。所以儒学和少数民族哲学的互补性，明显区别于人类社会发展中，历史或现实都普遍存在的文化对立、对抗和冲突。虽然在中华民族交融史上常有民族间政治关系诉诸暴力和个别民族被湮没或被同化的现象，在文化上却基本上趋向于形成统一的民族意识，呈现出优势互补、相依相成的非对抗非冲突关系。儒学和少数民族哲学这种因差异而非对抗促成的互补相成关系，既可从中华民族既成的"多元一体"族体结构得以证实，又可从世界史中民族关系和宗教关系的史实中彰显其难能可贵。与历史上帝国主义的殖民文化和当今世界西方国家的文化霸权，乃至频频发生的种族隔离主义、狭隘民族主义和宗教极端主义笼罩下的民族文化对抗相比较，中华民族以儒学"和为贵"为指导思想的各民族哲学文化的互补性显示出它独特的优势。

各民族文化的差异是民族现实物质生活差异性的反映，各民族哲学文化的互补性，归根结底源于物质生活和社会经济基础。中华民族赖以生存的地理条件的特殊性造成了各民族的产业差异，各民族生产方式的发展程度形成了经济差异，由此产生了民族交融及其政治生活的现实需要，差异互补的文化关系就是在此基础上形成的。可以从两个角度分析各民族物质生活的差异,一是空间意义上物质生活条件的差异,包括产业产品、生产生活的经验技术及其相应的物质消费生活等方面的差异;二是时间意义上物质生活水准的差异,即生产力、生产关系及其经济发展程度的差异。但无论哪种意义上的差异,都必然提出各民族发生经济、社会交往的必要。无论采取什么方式——经济的还是政治的、非暴力的还是暴力的、道德的还是不道德的方式,各民族经济交往都必然发生。如果仔细分析这两种差异,前者造成的交往直接就是经济上的互补——物质生活上互通有无;后者的交往则是弱者、低者、劣者对强者、高者、优者的模仿和追赶。经济、社会的交往在某种意义上也是文化交往,经济生活和社会生活的优势互补反映到意识文化领域,便是优势文化的互补交流。

文化的优势互补交流的重要表现,一是儒学融入少数民族文化生活而充实改造少数民族哲学文化;二是少数民族哲学融入儒学而充实完善儒学。前者具体表现为凡被融入中华民族共同体的大小民族族体,无不认同儒学这种哲学文化,都自觉地不约而同地将儒学当作自己的心理情结、精神灵魂和理想信念,哪怕对它进行贬责甚至鞭挞,也是当作"自己的"文化传统不离不舍,因而形成了显著区别于世界其他民族的被称为"炎黄子孙"的文化特质。对儒学精神的培育和认同,贯穿中华民族交融全程,是中华民族交融的精神主线,成为儒学和少数民族哲学交融互动关系的基本倾向,并呈现为中华民族显著的文化特征。后者则主要表现为少数民族知识分子对儒学的引进、引申和改造利用,从而形成具有少数民族特色的儒学变种或分支。这种情况,在那些面积较大、人口较多、影响较大的少数民族中尤甚,诸如满族、蒙古族、藏族、回族、彝族、维吾尔族乃至白族、纳西族等少数民族的哲学文化,不仅本身包含着许多优于儒学的质朴原生、绝少虚伪造作的纯真文化元素,而且在儒学和少数民族的文化交往中,涌现出许多少数民族儒学家,对儒学的历史发展产生了重大影响。

民族交融中各民族文化互补交流的必然结果，一是各民族文化资源的积淀和优化，二是各民族文化联系增强。儒学和少数民族哲学优势互补促成双方哲学文化资源的积淀，既丰富了儒学，也丰富了少数民族哲学。少数民族哲学文化因儒学的融摄而积淀和优化，不断提高自己的辩证理性和思维能力，从而摆脱原始粗陋的落后状态，跟上儒学前进的步伐，既彰显了民族特色，又具备了随着中华民族共同体共同进步的时代特征。儒学也在同少数民族哲学的交往中，采撷少数民族优秀文化资源，吸纳少数民族优秀文化基质，从而实现中华民族文化资源的积淀和优化，不断地丰富儒学理论宝库。在民族交融中，儒学是汉族和少数民族共同浇灌和培育起来的意识文化的鲜艳花朵和丰硕果实。

二 儒学与中国一些少数民族哲学在吸纳中彰显伦理

相互吸纳是儒学和少数民族哲学交融互动的必要条件和显著特征。如果说儒学和少数民族哲学因差异而互补，那么这两种哲学文化也因它们的相向性、开放性和包容性而相互吸纳。它们之所以"相向"，是因为它们基于具有"多元一体"特征的中华民族族体的统一性，是在中华民族交融实践中由"多元"特征决定的，具体表现为以汉族为主体的多民族一体化趋势。所以这种不同文化观念的相向性不是随意偶然的，其实质是儒学和少数民族哲学彼此依赖、互为条件的关系，是客观必然的。从民族交融的客观实践看，是汉族和各少数民族间的彼此相向；从观念文化上看，则既是汉文化和众多少数民族文化间的彼此相向，又是儒学和少数民族哲学文化的彼此相向。儒学和少数民族哲学间这种与生俱来的相向性，既规定了它们双方一开始就具有开放、包容的品质，又规定了彼此开放的特定方向。而儒学和少数民族哲学间的彼此开放和相互包容，又反过来赋予了它们的相向性以实际意义。没有彼此的开放和包容，相向毫无意义，所以相向性同开放性和包容性是相依相存、不可或缺的。儒学和少数民族哲学的相向性、开放性和包容性虽然因其特定方向、特定对象和特定内涵而是具体和特殊的，但最终却赋予了儒学以开放和包容的普遍性质，儒学的开放性和包容性是中华各民族文化开放性和包容性的集中体现，是在它与少数民族哲学文化长期互动交流中逐步形成和强化起来的。由儒学和少数民族哲学的相向性、开放性和包容性特征决定了这两种哲学文化相互吸纳的必然性，相互吸纳、取长补短便成为儒学和少数民族哲学互动发展的显著特征。吸纳和互补，吸纳更为"先在"一点。没有吸纳，谈何互补？从内涵上讲，吸纳也不同于互补，吸纳基于不同方面而强调各方文化的增益，而互补则基于统一强调不同文化的契合。同时，从外延上讲，吸纳也远远宽于互补，或者吸纳包含互补。但是相反，从吸纳的原因上说，互补又应是吸纳的条件——如无互补性，吸纳何以发生？互补的选择及其引起的吸纳毕竟是吸纳一方的自主自觉行为。只有对方存有自己所倾慕和索求的东西，才有吸纳之必要。人们吸纳的总应该是优异的东西——"优"即优秀，"异"即自己缺乏而需要的东西，只有如此，也才会倾慕和索求，这就是"美人之美，美美与共"。

　　儒学和少数民族哲学文化的吸纳是相互的，既有少数民族哲学文化对儒学的吸纳，又有儒学对少数民族哲学文化的吸纳，但双方的吸纳又不是无差异、无优劣高低而完全对等的。虽然时有儒学吸纳少数民族哲学的现象和史料，但儒学和少数民族哲学相互吸纳的主要方面依然是少数民族对儒学的吸纳。这种少数民族哲学吸纳儒学的非对等文化关系，是这两种哲学文化相互吸纳的显著特征。究其原因，一是儒学原本就是民族交融的产物，具有高度综合性和普适性。儒学从一开始就不是汉族或华夏某一优势民族的一家之学，而是吸纳、综合各家之学的产物，是中华各民族哲学文化的融汇、同构及其智慧的结晶，是中华民族认同意识的核心、主体和精华。正是因为它是民族交融的产物，对生活在中华民族大家庭中的每一分子都是必需的和适合的，亦即相对于中华民族任何个别族体，儒学都具有普适性特征。由于儒学的高度综合性和普适性，无论汉族还是少数民族，都把它当作自家之学。儒学犹如中华民族大家庭庭院中生长的一棵智慧之树、营养之树，少数民族哲学从这棵参天大树吸纳智慧和营养，同汉族没有本质区别。二是儒学原生的伦理特质，具有抽象的人伦性和现实的政治性。儒学源于自然哲学并以自然哲学为前提，但本身并非自然哲学，它的主题始终是面向人、面向社会的。无论考察反映儒学源流的代表人物——从周公到孔子、从孟子到荀况、从董仲舒到程朱陆王，如此等等，还是考察儒学演进的阶段性理论形态——从先秦儒学到汉代经学、从程朱理学到陆王心学、从明清儒学到当代影响全球的新儒学，等等，人伦政治都始终是不变的主题。从周公"以德配天"，把自然人伦融为一体，据天命说人事开始，经汉时董仲舒"天人感应""人副天数"，到程朱理学"存天理灭人欲"，及至今天强调自然人类协调和谐的当代新儒学，始终彰显着道德哲学和道德政治的鲜明特征。而儒学的这种原生的伦理特质，无非是中华各民族主要以道德手段调节内外经济政治关系的产物。由于各民族的社会生活都要面对这样的人伦政治关系，所以因此而生的儒学也必然成为各民族的共同需要，这是儒学能够成为各民族认同意识核心的基本前提，也是众多少数民族哲学吸纳儒学的根本原因。三是儒学在农业社会的进步性和导向性。儒学的现实物质生活条件是中国从原始社会到封建社会历时两千多年的农业社会，其由弱渐强和由盛渐衰的演进历程，明确地显示出其进步性和导向性及其作用。由于儒学的进步性和导向性，使它得以从百家之学渐成显学，进而获得"独尊"地位，渐趋兴盛，成为贯穿封建社会始终的主流价值观和核心意识形态，以至成为中华各民族精神文化的共同家园。而近代以来，儒学盛极而衰、每况愈下，正是由于其进步性和导向性的逐步丧失。儒学进步性和导向性的物质生产条件是以水作农业为主的农耕文化，相对于少数民族多为山地草原的旱作农业和居无定所的游牧业为主的物质文化更为先进，这是决定儒学相对于少数民族哲学更为进步的物质基础。在此基础上，儒学文化背景下的汉族农业生产力及其生产关系乃至经济政治等制度文化的发展程度，始终走在少数民族的前面，因而对进化程度参差不齐且总体落后的少数民族具有导向作用。而近代以来儒学的衰落，虽然归因于进步性和导向性的丧失，但并非相对于中华民族内部，而是相对于西方文化而言。因为这时的儒学，已经作为中华民族统一的文化内涵面向发展了的世界，与西方资本主义和社会主义文化相比，它已经远远地落后于时代，因而受西方文化的冲击和改造是不可避免的。总之，基于上述三个原因，少数民族哲学对儒学的吸纳，其基本态度是尊崇、仰慕、学习和模仿，即使是那些对儒学发展有所建树的少数民族知识分子对儒学的改造利用，也是在这样的态度支配下进行吸纳的结果。

显而易见，在上述三个原因中，第二个原因也可说是儒学和少数民族哲学互动发展的重要特征，即在相互吸纳中彰显伦理天下的哲学内涵，集中体现为儒学的人伦性和政治性特质。正是儒学的这种人伦政治特质，使得无论汉族及其政权还是少数民族及其政权都将其作为育人治世意识形态的首要选择，从而规定了儒学和少数民族哲学交融互动的基调和主题。无论它们之间的优势互补还是相互吸纳，无不彰显儒学的人伦政治特色以及中华各民族哲学文化交往和互动发展的伦理特征。史料已经充分显示，民族交融中少数民族对儒学的认同意识，主要是伦理观念和道德意识，以及以此为思想基础的国家和法律意识；而儒学对少数民族文化的浸润，也主要是伦理导向和道德教化，以及以此为前提的王道法治治国方略。其实早在春秋战国时期，相对于中原华夏诸族的边疆民族，对于儒家人伦治世之学的认同趋向就已明显，因而有"中原失礼，求诸四夷"之说。孔子所推崇的周礼，源自周朝以降华夏诸族民风民俗，其时"夷夏之辨"在很大程度上就是风俗的改变，也就是周边民族对中原礼文化的认同。自此，非制度化的风俗习惯和制度化的礼法规范在民族交融实践中得以初步彰显，礼文化因而成为华夏文化的重要标志。及至汉武帝"独尊儒术"，用儒家价值观念及其礼教规范教化百姓，在全社会（包括少数民族地区）推行儒家礼仪。此后，无论是汉族政权，还是少数民族政权，都注重用儒学礼教育人治世，历朝历代封建王朝不断抬高孔子的权威和地位，积极重建以儒家纲常名教为核心的价值信仰体系和社会行为规范。隋、唐、宋、明等汉族政权自不必说，汉、唐间魏晋南北朝时期的许多少数民族政权和唐后辽、夏、金、元、清等少数民族政权均不例外。源自周公"以德配天""唯德是辅""敬德保民"的儒家政治伦理文化已经刻入中华各民族的精神灵魂，不仅汉族统治者及其儒士学者，而且少数民族统治者及其精神领袖都讲过类似的言论，在育人治世实践中都尽力奉行伦理天下的宏大愿景。较早者如前秦氐族政权君王苻坚，认为王权乃"德之所授"，较晚者尤以清朝努尔哈赤、皇太极、康熙等为典型。诸如"民意即天意"，"人君唯敬修其德，以与天意相感"[1]；"皇天无亲，有德者受命，无德者废弃"[2]；"为恶者天谴之，其国衰败；为善者天佑之，其国炽昌"[3] 等思想观念，可见一斑。不仅儒学本身人伦治世特质和那些在历史上兴盛一时的汉族政权对儒学伦理纲常的执着，而且民族交融的文化主题和少数民族政权对儒学道德天下主张的认同和尊崇，从两个不同的方面共同彰显着儒学的人本、人伦、人道特征，规定着儒学和少数民族哲学相互吸纳、互补互动的内容和主题，赋予了这两种哲学文化的关系特征所具有的基本内涵。

1　《圣祖仁皇帝御制文集》卷 26，文渊阁《四库全书》，上海古籍出版社影印本，1987，第 1298—227 页。
2　《太宗实录》卷 59，《清实录》第二册，中华书局，1985，第 805 页。
3　见宋德宣《满族哲学思想研究》，辽宁大学出版社，1994，第 111 页。

三 儒学与中国一些少数民族哲学
在融汇中实现升华

儒学和少数民族哲学文化优势互补、相互吸纳的必然趋势是中华各民族哲学文化的融汇和升华，使儒学和少数民族哲学的交融互动呈现海纳百川似的显著特征。如果说互补是基于儒学和少数民族哲学相互依存而有的基本特征，吸纳是构成这种文化关系的不同主体的基本态度，那么融汇则是所有中华文化的概括和总结。或者说，如果中华文化是百川之汇，那么儒学和少数民族哲学的融汇，则绝非中华各民族哲学文化的简单汇集。当然，汇集是前提和条件，没有文化的汇流，哪有文化的融合？但融汇的重点不在汇集而在整合和提炼。在更高层次上将民族交融的思想成果进行概括总结，使之融为一体，形成新质而有所提升，这才是儒学和少数民族哲学交融互动的总体趋势、真正实质和最终结果。可见，儒学和少数民族哲学交融互动关系，并非整体和部分的结构关系，亦即儒学绝非各民族哲学文化的简单相加或者偶然拼凑，而是以民族交融为内涵的哲学思维及其文化推衍，是分析中的综合和归纳中的演绎，也是由具体而抽象、由抽象而具体的文化增益演进、提升发展的运动过程。由此构成了儒学和少数民族哲学间抽象和具体、一般和个别、共性和个性的基本文化关系。

"百川"汇集、概括总结、融为一体、形成新质、不断提升、持续发展，中华民族的这种文化融汇大潮一浪高过一浪，在每一轮民族交融浪潮之后，展现在世人眼前的中华文明和中华文化都愈益丰盛成熟、蔚为壮观，同多元一体的民族实体相应相称，成为中华民族日益增进的共同意识和精神灵魂，集中体现在延续两千多年的儒学身上，使儒学从一开始就是既成民族交融体的思想文化的全面总结和哲学概括。《尚书》中有尧"克明俊德,……协和万邦"[1] 的记载;《孟子》记载舜为东夷人、周文王为西夷人,可见周礼文化实为远古民族融汇的文化硕果,儒学以此为源,概括总结、继承倡扬周礼文化而得以创立;[2] 而荀况集先秦各族各派诸子百家之学,推动先秦儒学走向一个新的高度,可说是"夏、夷"或"儒、夷"文化融汇的产物。此外,战国时荆蛮地区"悦周公、仲尼之道,北学于中国"[3]。与此方向相反,此时成章的《易传》对源自荆蛮之地的道家哲学文化进行了融摄;乃至宋代以后新儒学代表人物朱熹对荆楚地区以屈原为代表的思想文化进行了概括总结。如此等等学术史迹,无不表明儒学和少数民族哲学在融汇中提升的基本特征。此后,随着秦汉的政治统一、民族交融和汉族的形成,民族文化的融汇成就了以董仲舒为代表的经典儒学,使儒学趋于成熟;随着隋、唐、宋、元、明、清等朝代的民族大融合,"援释入儒"和"援儒释教"、民族文化融汇以儒、释、道相互渗透的方式推动儒学的发展,成就了程朱理学和陆王心学等"新儒学"更具哲理化的逻辑特征;其间还伴随着以回族为代表的西域信奉伊斯兰教的少数民族以儒诠经、伊儒合璧等文化融汇现象。自西汉儒学成为中国封建社会主流意识形态之后,儒学作为中华各民族文化融汇之结晶,总是在分分合合的民族交融潮流之中不断概括总结各民族思想文化资源,并因而发生演变、得以升华的。

显而易见,儒学和少数民族哲学交融互动在融汇中升华的总体特征,是以中华民族交融为实践基地的。在民族交融实践中,凡被卷入民族交融大潮的民族,受客观物质生产生活条件及其交往的必然性所制约,不管它们的态度意愿、目的动机、主体状态、知识能力……总而言之民族心理意识等思想文化有多大差别,都会自觉或不自觉地将自己的一份力量汇入民族交融的

---

[1] 《尚书·尧典》。
[2] 《孟子·离娄下》。
[3] 《孟子·滕文公上》。

"合力"之中，文化融汇就是由此合力推动所致，而儒学就是中华民族交融之合力的文化结晶，因而是中华各民族文化融汇的唯一标志。由于合力的推动，中华文化的融汇必是一个持续的运动过程，而儒学就是这个历史过程的逻辑抽象，使之成为整个中华文化及其民族意识的核心部分；由于合力呈现愈益增强之势，所以文化融会的规模愈益扩大，文化内涵时有创新增益，每一轮民族大融合之后，便是民族文化的大融汇和大发展，其中也蕴含着儒学和少数民族哲学交融互动的换代升级。

儒学作为中华民族文化融汇的核心部分既是融汇的代表和标志，又是融汇的载体，尤其是融汇所形成的文化成果的集中体现和哲学抽象。如果着眼于儒学的综合性和普遍性，那么融汇的载体只能是儒学而不是多样性的少数民族哲学；融汇的结果集中体现于儒学的升华而主要不在于少数民族哲学。但少数民族哲学在中华文化融汇中得到提升，也是不可否定的历史事实。这里的问题不在于少数民族哲学是否得到提升，而在于少数民族哲学的提升同中华文化融汇的关系，尤其是同儒学提升的关系。因为中华文化在民族交融实践中的提升，既是儒学的提升，也是少数民族哲学的提升。但无论是儒学的提升，还是少数民族哲学文化的提升，无非是同一个文化演进过程的两个方面，它们在相互依存、相互促进中共同提升，本质上就是中华文化的提升。可见儒学和少数民族哲学的交融互动，其本质特征就是在民族交融基础上的文化融汇及其升华，实际上就是少数民族与汉族共同推动儒学的发展，因而儒学在任何时候都是卷入民族交融大潮的所有族体共同的精神财富。

第十九章
儒学与中国少数民族哲学交融互动的价值和意义

全面深入地概括总结儒学与我国少数民族交融互动和谐发展的文化传统、历史经验及其精神意志、思想原则和方式方法，无论是对当代中国多元一体民族共同体的复兴伟业及其中国特色社会主义建设，还是对当代世界构建人类命运共同体的和平发展，都有着不可低估的理论价值和重大意义。

第一节 儒学与中国少数民族哲学交融互动的理论价值

儒学与中国少数民族哲学交融互动的理论价值，即这种中华民族交融的基本文化关系对各族哲学文化乃至中华民族共同体意识及其思想理论形成发展的重大作用，理所当然地体现在关系双方及其交融的理论成就上：一是使始于孔孟的原初儒学的基本精神得以传承彰显，从样态到义理得以极大拓展，其生命活力大为增强；二是少数民族包括宗教在内的哲学文化得以开发提升，以其民族特色真正融入中华民族精神家园；三是凝结创生中华民族共同体意识，并推动其成熟完善，使其成为凝聚各族人民的文化软实力。

一　儒学生命的重要拓展

经儒学与少数民族哲学的交融互动，相对于孔孟原初儒学，其基本精神和义理得以传承张扬，其流派形态得以转换更新；随着民族交融大潮与时俱进，其强大生命力得以重要拓展，其理论价值得以充分展现。

1. 儒学文化得以传承和倡扬

中华各民族交融的社会生活是儒学与少数民族哲学交融互动最为广大的实践基础，必然引起各族文化信息的相互传递和交流，特别是各族民间大面积混居的生存状态，哪怕是一次简单的对话或礼节交往、习俗效仿甚至商品交换，都会增加不同民族间在心理、意识等文化信息上的相互了解和交流。虽然这些分散零星感性经验式的文化信息离哲学文化的理论形态十分遥远，却是整个意识文化传递交流的起点和高层次理论概括的基础和素材。因为那些归根结底源自现实社会生活的哲学文化观念，总是要通过这样那样的具体途径回到现实生活中去，并因而成为一个民族的心理、意识、精神的表征，当然也成为不同民族发生观念文化传递交流的唯一真实和可能的窗口和界面。

在中国古代社会，对不同民族间哲学文化信息传递交流乃至传承倡扬最具理论价值的当首推文教及其学术探研交流。中华民族自西汉官方确定"独尊儒术"以来，各朝各代官民并举、一以贯之地在少数民族地区兴文教、建书院，结合当地民族本土文化教习探研儒学经典，使儒学哲学文化大面积持续不断且卓有成效地得以传承和倡扬，不仅拓展了儒学生命，提升了少数民族文化，而且构建和发展了民族认同意识，通过中华民族共同的哲学文化传统牢牢地将各族人民凝聚在一起。其次，有诸如汉唐元明清等官方对少数民族地区的羁縻、土司、土官制度，从行政上有助于中原地区与边远少数民族地区文化交流、强化儒学在少数民族地区的传承和倡扬，其理论价值不可低估。还有如汉唐朝廷与西域吐蕃等少数民族首领和亲等政治外交事件，也掀起了儒学向少数民族地区传播倡扬的热潮，虽只兴盛一时，却影响深远，对儒学的传承和倡扬有着重大的理论价值。

2. 儒学样态得以丰富和更新

从古至今发生在中华大地上的民族交融乃是生活在这块土地上的所有民族的合力所致，诚如恩格斯所说："每个意志都对合力有所贡献，因而是包括在这个合力里面的。"[1] 由民族交融而形成的、以儒学为主导和主体的中华民族认同意识，也是对这些民族特有的哲学文化的概括和总结，是他们共同建设起来的精神家园，因而其中每个民族不分大小都不同程度地对之有所影响和贡献，都基于自己的民族文化特色赋予了儒学开放包容、持续发展的生命活力。儒学就像植根于中华大地上的一棵文化智慧之树，由中华各民族共同栽培、精心呵护，使其根系发达、枝叶繁茂，结满中华民族共同的精神意志和思想品德的丰硕成果，这是儒学与少数民族哲学交融互动最为显著的理论价值。

从纵横两个维度考察儒学样态的演变发展，无论是其形态的历史跃迁，还是其流派的分化繁衍，其实都是中华各民族在大交融中哲学文化相互作用的必然结果。自先秦孔儒问世，面对周末社会动乱和战国时期中原新一轮民族交融态势，一开始就卷入"诸子"百家争鸣的旋涡之中，终有孟、荀、墨、韩等流派的分化。按照韩非的说法，"自孔子之死也，有子张之儒，有子思之儒，有颜氏之儒，有孟氏之儒，有漆雕氏之儒，有仲良氏之儒，有孙氏之儒，有乐正氏之儒"[2] 八个流派。而秦汉大一统封建帝国的建立，可以说是先秦中原民族大交融极具建设性的政治成果，其中诸如秦始皇"焚书坑儒"、统一文字、黄老之术的兴衰、儒学的宗教化倾向乃至汉武帝对董仲舒儒

---

[1] 《马克思恩格斯选集》第4卷，人民出版社，1995，第697页。
[2] 《韩非子·显学》。

学的宠信等，其实质无非是中华各民族哲学文化融合之中的冲突、碰撞和选择。自此，儒学虽得政权"独尊"地位，但并未因而成为"绝对真理"或"永恒真理"而失去自己发展的可能和停止前进的步伐，诸如今文经学和古文经学、训诂和义理，乃至儒学从经学到理学、从理学到心学的跃迁等，其实质也都是儒学与少数民族哲学交融互动和谐发展的历程，都体现了这一文化关系的理论价值。这样的理论价值最突出地表现在儒学向少数民族文化渗透而发生儒学流派或样态的转换上，由此形成了诸如唐时禅宗慧能这样的"儒僧"及其"顿悟教派"，以及清时藏传佛教活佛土观·罗桑却吉尼玛这样的"儒释"及其深受儒化禅宗影响的格鲁教派；造就了诸如西夏学者曹道乐、明时白族人李元阳等这样的"释儒"代表人物；涌现出诸如清时王岱舆、刘智、马注、马德新等这样的"伊儒"学派及其"回回理学"；还有诸如明时植根于岭南少数民族地区的陈献章及其开明代心学之先的"江门学派"，以及"似儒""辨儒""原儒""反儒"等生动而丰富的民族哲学文化形态，成为构筑儒学宏大理论形态体系不可或缺的组成部分。

3. 儒学义理得以创新和增益

儒学样态的丰富和更新，乃至形态体系的宏大和繁茂，不过是儒学理论宝库中其精神、品质和义理增益演进的表现，儒学与少数民族哲学交融互动最具实质性的理论价值，无疑是儒学义理的创新增进及其凝聚中华民族精神意志的强大力量。先秦孔孟原初儒学，其义理，哪怕是"心""性"等这些宋明以后才得以倡扬的哲学范畴，早在战国争鸣时代其内涵要义就已初见端倪，后经汉唐以来各朝各代对儒学的一再强化，儒学义理在学术上与现实的跟进就从来没有停止过。也正是儒学义理的不断创新和增进，才使其始终与中华民族交融的实践进程相适应，始终充当民族认同意识的主角，发挥着凝聚所有民族精神意志的强大作用。

儒学义理的创新增进源自中华民族包括思想文化融合在内的社会生活交

融实践。如果儒学义理不能解释新的交融现象，或者儒学义理不能包容契合新的文化因素，尤其是如果儒学义理不能解决民族交融中的新矛盾和新问题，如此等等，那么社会中的新矛盾、新问题就得不到及时恰当的解决，而且儒学也无法获得创新和增进。中华民族交融发展的历史已经雄辩地证明，儒学既有传承包容内外优秀文化的基本素质，又有吸纳溶解外来文化、深化提升其学说义理的智慧和能力，这种素质、智慧和能力，集中地体现在它与包括宗教在内的少数民族哲学交融互动的文化融合历程之中，这是儒学与少数民族哲学交融互动最为突出的理论价值。

儒学义理适应中华民族交融之需而深化演变，随民族交融的进程而增进发展，从学术上说是由各民族各宗教理论精英的合力所致。最早有儒者叔孙通、陆贾、贾谊等，面对汉初法家和黄老之术当道、儒学失宠的严峻挑战，既质疑又吸纳法家和道家思想，使儒学义理相对于先秦有所提升，为董仲舒儒家新论登上政治舞台拉开了序幕。魏晋时期，何晏、王弼、裴頠、向秀、郭象等人针对两汉经学的衰颓，调和名教与自然的关系，糅合儒道而将儒学玄学化。中唐韩愈打着承继孔孟道统的旗号抵制佛老僧道盛行对经济社会的消极影响，力图打破自西汉以来经学教条对人们的思想禁锢，为从根本上更新儒学义理创造了条件。而李翱和柳宗元则在学术上吸收禅宗心性理论，以儒统佛、援佛入儒、统合儒释，为从义理的创新上复兴儒学迈出了可贵的一步，开理学之先河。北宋周敦颐进一步援佛、道入儒，张载、程颢、程颐以"气""理"本体论为儒家伦理政治主张的理论根据，形成了一系列理学新范畴，从根本上更新了儒学义理，为理学的产生奠定了基础。南宋朱熹"远承孔孟，吞吐诸儒，吸收佛老哲理方法，融入儒学"[1]，集理学之大成，终于推动儒学义理由经学演进到理学的最高发展阶段。与此同时，陆九渊又在理学

---

[1] 赵吉惠：《中国儒学史》，中州古籍出版社，1991，第608页。

成型的背景下独树一帜，开创了与"理学"针锋相对的"心学"体系，后明代王守仁加以承继和发挥，并援佛老之"心"学理论，建立起"心性不二"的阳明学，使儒学义理实现了由客观"天理"到主观"人心"的大迁移。由此可见，儒学义理从孔孟初儒始，经经学、玄学、理学、心学的长足演进，实际上无不是儒学融佛老之道的结果，这应该是儒学与少数民族哲学交融互动的理论价值的重要表现。

儒学义理的创新增益不仅有处于儒学发展主线上的鸿儒巨擘的主力军的贡献，还有处于民族文化融合"支线"上的各族文化精英的重要贡献。如汉时岭南壮乡祖孙"三陈"、云贵舍人、盛览、尹珍"三贤"和三国时虞翻、刘熙、唐宋韩愈、柳宗元、苏轼、黄庭坚、西夏斡道冲、骨勒茂才，以及元时保巴，明时湛若水、李元阳，清时玄烨、高奣映、王崧、刘定逌等，他们都是于民族文化融合战线上结合少数民族哲学文化拓展融渗儒学义理的学术大家。此外还有诸如汉时苍梧人牟子、唐时禅宗慧能和摩诃衍那、元时云南雄辩法师及弟子玄通、明时大理荡山寺法师无极、清时藏区活佛土观，以及王岱舆、刘智、马注、马德新等伊儒学者等，他们都是影响和助推儒学义理创新演进的宗教界精英。

二 中国少数民族哲学的发育彰显

中国少数民族哲学经与儒学的交融互动，其优秀朴实的文化基因得以开发，其鲜明的民族特色得以彰显，其理论表现形式得以拓展，其时代性和理性得以增强，其理论深度和高度得以提升，其在共创中华民族共同体意识中的理论地位及其作用也不断得以确认。因此，中国少数民族哲学文化的发育发展，也是儒学与少数民族哲学交融互动的理论价值的重要表现。

1. 各族文化得以发育跟进

中国少数民族渊源久远，数量较大，演变频繁，关系复杂，无论是在古代，还是在近代，也无论血缘生态、经济状况或社会政治、思想文化，其生存方式、发展样态和程度水平都有极大差异。由此既造就了各民族文化生活的个性特色，也规定了它们在中华民族交融过程中的地位和作用。基于这样的社会物质文化条件，各个少数民族在交融中的境遇是极为不同的，其哲学文化发育演变的情况也是极为不同的。在中华民族交融过程中，虽然不乏因族源生灭而消失，或因混居融合而"同化"的民族及其文化，但从民族文化融合的总体趋势上说，儒学与少数民族哲学交融互动的实际效果，是在消弭文化差异的同时，也通过"自然选择"那些既富有民族特色又适应时代要求的优秀文化因素都得以保留甚至弘扬，在中华民族精神文明宝库及其共同意识中，不仅占有一席之地，甚至还发挥了不可或缺的重大作用。可以说，少数民族哲学文化无不得益于儒学等优于自己的意识文化品类的影响和渗透，或者因诸如儒学这样的进步文化的带动而发育或重建，或者因这些优越文化的强势渗透而成熟完善和增益提升，从而体现了儒学与少数民族哲学交融互动对于后者的理论价值。其具体表现如适应文化传播交流之需而形成、更新、完善本族文字乃至文化结构，促进有的部族由言传时代进入有文字记录的文明史阶段；由于儒学与少数民族哲学文化典籍文献在交流交融中的对译，少数民族特有的语词概念、视域眼界和思想境界大为扩展、深化和丰富；尤其是儒学文化教育在少数民族地区广泛开展，在儒学义理向之渗透的同时，不仅极大地提升着少数民族文化水准和文明程度，而且给予少数民族优秀文化传统跟进时代、在中华民族共同体意识的发展中发挥作用的难得机会。

2. 传统宗教得以改造更新

民族的起源和发展总是伴随着宗教，尤其是那些起源于本土部族、有着自己独立而悠久发展渊源的民族，可以说其传统宗教就是他们走向文明、创建自己的哲学文化、形成极有特色的心理意识品质的基地和载体。如有的学者指出，中国"绝大多数少数民族的宗教文化中，根深蒂固的仍然是本民族固有的传统宗教"[1]。书中列述了北方以满蒙为主的萨满教和白族、布依族、傣族、独龙族、景颇族、傈僳族、纳西族、怒族、羌族、瑶族、彝族、藏族、壮族等的传统宗教，还从自然崇拜、图腾崇拜、祖先崇拜等方面涉及了其他21个少数民族的传统宗教。

毫无疑问，民族交融就是大浪淘沙、优胜劣汰的过程。少数民族传统宗教不可避免地会卷入文化融合，特别是宗教文化融合的旋涡之中，有的已经被淹没，有的得以幸存。被淹没者或因其族源已不存在，或因民族兼并而失去了自己的传统宗教，还有被更为优越的其他宗教所取代者。即使那些幸存下来并有所发展的传统宗教，其在社会文化生活中的地位和作用，乃至标志其宗教性质的内容和形式等都已远远不同于从前，一方面表明它们应对民族文化融合挑战的生命活力，另一方面表明它们接受外来优势文化而改造更新。在中华民族交融大潮中，自汉代以来，相对于儒、道、释这样的文化内容，少数民族传统宗教因大多数还处于较低发展水平上，因而从总体上处于相对的弱势，只有少数几个发展程度较高的，如藏族的苯教、纳西族的东巴教和彝族的西波教，以及影响我国北方许多少数民族的萨满教等，由于它们在面临儒学或其他宗教的影响和渗透时，能够主动接受这些优势文化的改造更新，因而表现出跟进民族交融大潮的顽强生命力。

藏族苯教尤具代表性。西藏文明起源于冈底斯山一带的古象雄文明，古象雄文明历史悠久，苯教就是其中的一枝璀璨奇葩。在唐宋吐蕃王朝时期，苯教曾遭受统治者和外来佛教的挤压，但并未因而销声匿迹，其根本原因就是以一种开放的姿态积极参与文化融汇，在承继苯教优秀传统基础上主动吸

---

[1] 马曜：《中国少数民族宗教·序》，段丽萍《中国少数民族宗教》，云南民族出版社，2002，第1页。

纳优势文化因素，从而使自己跟进时代，摆脱了自然宗教的落后状态而成了人为宗教。在历史上对其有重大影响的文化力量主要是儒学和佛教。儒学本不是宗教，但苯教信徒却把孔子当作神、圣、王三位一体的贡则楚吉杰布——苯教大师、苯教教主辛饶米沃且的化身、苯教仪式文献的创造者——加以崇拜，既表明儒学对苯教的深度影响，又表明他们对儒学的虔心认同，从而造成了儒学的苯教化。苯教接受佛教的影响，从地缘政治上看，主要是藏传佛教，这是它得以与佛教在藏区并存的基本条件；但反过来，从传统宗教的社会土壤上看，佛教能够立足于藏区，无疑也有入乡随俗、适应苯教传统风尚的本土化倾向。当饱受儒学浸润的汉传佛教影响藏传佛教时，显然苯教也会从另一个方向受到儒学的间接影响。因接受儒学和佛教影响而改造更新的苯教，对中华文明乃至世界文明都产生了深远影响，印度、尼泊尔、不丹、蒙古、俄罗斯等国有些地区至今可见苯教遗迹及寺庙、僧侣，世界各地很多人都在信奉"古象雄佛法"，2013年7月，《象雄大藏经》汉译工程已经被列入中国社会科学院的重点课题，古象雄文明也已被列入世界文化遗产的保护范围。

苯教的广泛影响也体现于纳西族东巴教，唐时吐蕃崛起，苯教随吐蕃军队传至滇西北，对纳西族传统宗教产生了重大影响。有宗教学者称纳西族苯教信奉者阿明为编译苯教经典于唐代创制象形文字——东巴文，为苯教"纳西化"奠定了文化基础，并进而产生了东巴教。[1] 至明末清初，东巴文从象形文字演变为表音文字"哥巴文"，至今仍在东巴教宗教活动及其相关研究领域内使用，国内外留存至今的两万多册东巴经书就是用东巴文或哥巴文写成的。另有学者从东巴经书中的"卢色""精威五行"等观念以及"—""--"符号的借用指出其深受儒学《易经》和阴阳五行学说的渗透。这些学

---

[1] 参见段丽萍《中国少数民族宗教》，云南民族出版社，2002，第147页。

者上述研究成果表明，纳西族东巴教也同苯教一样，是在儒学与少数民族哲学文化交融激荡之中，以一种开放兼容的姿态而得以提升发展的。

还有彝族的西波教，也十分突出地显示出以道教为主的汉族宗教文化的渗透和转化。有学者考察，西波教主要是生活于云南昆明的白彝撒梅人（彝族撒尼支）的传统宗教，主要接受道教改造更新而成，在明朝得以较好发展以至鼎盛。西波教祭拜和祈佑的神灵，是以太上老君为最高神的诸神系统，与道教颇为相似；其组织人员及其宗教活动相对成型，有脱产或半脱产专门从事宗教活动的祭师（称"西波"或"毕摩帕"）；有自己的语言文字"西波文"及其经书，西波经书虽为西波文手抄本，文句也显粗糙，但甚为系统、丰满和完善。不难想象，在儒道释交融互渗的宏大文化背景下，儒学对彝族哲学文化及其西波教发生间接甚至直接的影响和渗透是不可避免的。

在古代北方不少民族中流传的萨满教，其生存、分化、更新的历史过程，在儒道释错综复杂的文化融汇关系中，也若隐若现地与儒学发生着这样那样的融合关系。以鹰、狼等为图腾崇拜的北方少数民族传统宗教，因其神职人员被称为"萨满"而名为萨满教，萨满是族人中德、智、能堪称一流的德高望重者，或以神灵的替身被族人崇拜。萨满教的主要宗教活动是跳神祭祀，堂子祭和家祭等宗教形式是萨满教传承流行的主要标志，直到20世纪中期都仍在流行。儒学与萨满教两种文化的关系，在清朝康熙皇帝玄烨的文化生活中表现得颇具代表性，他既崇尚儒学的程朱理学，又同其普通族人一样坚持萨满教信仰并参加其宗教活动。从玄烨身上，既可看到儒学与萨满教相容不悖，又可看到萨满教还有自己不被其他文化所湮没的相对独立的特色和地位。由于康熙及其满蒙民族在政治上的统治地位，萨满教不仅在中国宗教中占有一席之地，而且在国内外产生过重大影响。

3. 哲学文化得以融摄互渗

少数民族哲学文化在中华民族交融之中得益于与儒学的交融互动，不只是在于文化文明发展上诸如语言文字、文化教育乃至精神文明等表现形式方面，还在于标志双方在哲学文化、伦理政治等核心部分的较高层次上的深度交融与渗透。

少数民族哲学文化的提升，可从如下三个维度得以观测。一是从社会人类学的维度，由于本族文字的产生，使自己由"野蛮"进入"文明"，不仅其历史摆脱了仅靠言传的局限，进入有文字记载的文明史阶段，而且也有了以文字为武器的意识文化及其精神创造，能够主要靠文字记录、表达和传承自己的哲学思维及其思想理论成果，同时也具备了参与民族间哲学文化交流传播的基本条件。二是从社会经济政治学维度，一个民族哲学文化是其社会经济政治发展阶段的反映，如果没有外部文化因素的影响，其哲学文化发展的程度，决不会超越其社会经济政治发展阶段。相对于汉族与中原社会经济政治发展程度相适应的以儒学为主导的哲学文化，少数民族哲学文化基本上处于较为落后的阶段上，正是少数民族哲学文化与儒学的这种"势能差"，既决定了少数民族包括宗教文化在内的哲学文化的儒学化基本倾向，又决定了少数民族哲学文化跟进儒学谋求提升的基本趋势，同时也表明少数民族哲学文化在与儒学的融摄互渗之中增益更新、跟进时代的必然性。三是从意识文化学维度，少数民族哲学文化得益于与儒学的交融，必然会通过其哲学文化的质变跃升显示出来。在这里，儒学推动甚至催生少数民族哲学的理论价值尤为明显，正是因为与儒学的互动，少数民族哲学才得以由感性到理性、由自发到自觉、由个别到融通的发展和提升。一些少数民族文化由原生的落后状态——如哲学观念的萌芽状态、自然宗教的神巫乞灵、神话古歌的言传史话、风俗习惯的乡规民约，等等，跃迁而成适合本民族发展、适应民族交融需要的哲学思维及其世界观、社会观、人生观、价值观等哲学文化体系，如此哲学文化的发展进步，无疑是儒学与少数民族哲学交融互动而致的重大理论成就。

三 中华民族哲学文化及其精神品质的提升和优化

中华民族哲学文化中的核心价值观和主流意识形态及其团结奋斗、自强不息等精神品质，其理论基础，就是经儒学与少数民族哲学交融互动而成的中华民族共同体意识。中华民族共同体意识是以儒学为主、对各族哲学文化的概括和总结，其世界观和价值观的选择提炼，其"贵和"文化精髓的凝结引申，其民族精神品质的培育彰显，都是在儒学与包括宗教在内的少数民族哲学的交融互动中完成的。中华民族哲学文化的融汇、共同意识的形成和精神意志的磨砺，就是儒学与少数民族哲学交融互动最为显赫的成果，是其理论价值最为集中的体现。

1. 中华民族共同体意识在比较中得以选择

中华民族共同体意识是历史上以汉族为主的中华各民族在交融过程中认同意识的逻辑演绎，是彼此间思想文化碰撞交融、互动激荡、去粗取精、去伪存真、取长补短、求同存异的产物。其中，少不了世界观和价值观乃至与之相匹配的精神意志等哲学文化的比较和选择。那些被比较、被选择的哲学文化素材，大体上可分为内外两大类，"内"为本土自生，"外"为域外传入。中华民族内生文化又可分为两个方面，反映中华某一民族自身演进的传统哲学文化和反映中华各民族交融演进的共生哲学文化。显然这两方面的对立统一关系，其实质就是儒学与少数民族哲学交融互动的关系。而"域外传入"就是诸如佛教、伊斯兰教、基督教乃至近现代西方各门学科文化等在中华民族交融的道路上，中途从域外传入的哲学文化。正是上述两类三方哲学文化因素，在数千年中国历史上编织出中华民族文化交融之网，演绎出中华民族共同体意识的精神成果。

反映中华某一民族自身演进的传统哲学文化，即后来被称为"少数民族"

的哲学文化，应该是形成中华民族共同体意识的原初素材，因而是比较和选择的基本对象。先秦包括孔孟老庄在内的"诸子百家"，主要反映周末中原民族融合处于社会政治大变动时期的思想状况，其思想政治理念及其主张的分化聚焦于民族交融的新的方向和道路，已经大大超越了单一民族自身演进的境界，因而"诸子百家"这些供历史比较和选择的哲学文化，不仅本身是民族文化融合的产物，而且为中华民族共同体意识的进一步演绎提供了丰富的思想资源，成为比较和选择的主要对象。可见中华民族共同体意识作为"内生文化"，其形成和发展，既有对各民族传统文化的比较和选择，又有对因融合所致的诸多思想主张及其学说理论的比较和选择，前者是对个性民族文化的优胜劣汰，后者则是对共同意识的完善和更新。无论前者还是后者，其比较和选择，都是同各个时期的外来文化交织在一起的。

中国古代的外来文化，主要是佛教、伊斯兰教、基督教等宗教文化，它们的传入，虽然只是影响某一民族或某些民族，却对中华民族共同体意识产生了不可低估的影响。尤其是当它们经本土化而扎下根来，就会在中华民族文化融合之网上占有自己的网结，就会在中华民族共同体意识中留下自己的痕迹。因为它们之所以传入中国，而且能够存在和发展下去，体现的正是中华民族自主自觉的比较和选择。

虽然外来文化蕴含着原创主人的意愿意志，但对于自主地选择了它们的受传者而言，原来主人的支配作用已不复存在，特别是当这些外来文化本土化之后。因而面对这两类三方哲学文化，其比较和选择的主体，实际上就是中华民族自己。而中华民族作为一个集合概念，它对两类三方哲学文化的比较和选择，无疑是极其现实和具体的文化行为，其比较和选择的主体必会具体化为代表中华民族整体的族体和作为中华民族个体成员的族体。中华民族交融史已经明确显示，前者就是以汉族为主的族群，后者就是各少数民族。毫无疑问，面对多样性和多元化的两类三方哲学文化，它们从各自不同的立场和视角所进行的比较和选择是有差别的。另外，比较和选择还有官方和民间之别，虽然官方的比较和选择具有主导性和权威性，但民间的比较和选择却是前者广泛的社会基础和不能忽视的客观依据。如是，在中华民族关系复杂的文化融合之网中，各种文化关系中的主体都以自己的精神需求和思维方式进行比较和选择，各种意志意愿相互作用，形成合力导致最终结果，那就是中华民族共同体意识。

考察中华民族共同体意识形成发展的历史成因不难发现，以政权为主体的政治的比较和选择具有决定意义。自秦统一开始的封建中央政权常常代表中华民族整体，从其政权的稳固所需选择、设计和施行相应的文化政策，表明自己对两类三方哲学文化的基本态度，其基本倾向是在以儒学为主的中华民族内生文化和外来文化之间进行比较和选择，较为集中在儒学及其流派和道、佛等宗教文化之间。如秦朝对于"诸子百家"的比较和选择、西汉对于黄老之术和孔孟儒学的比较和选择、唐朝对于儒释的比较和选择，以及其后封建王朝对经学和理学、对程朱理学和陆王心学的比较和选择等。中央政权对少数民族哲学文化则基本上是用其主流哲学文化加以改造和利用，决定着儒学与少数民族哲学交融互动关系的基本性质和方向。此外，诸多少数民族地方政权往往站在本族哲学文化基地上，对于儒道佛等哲学文化进行比较和选择，其文化政策多取决于与中央政权的政治关系，是儒学与少数民族哲学文化发生关系的主要领域，对中华民族共同体意识的凝聚产生着重要影响。

政权对多样性和多元化哲学文化的比较和选择，实质是据其核心价值观对主流意识形态的比较和选择，虽有褒贬取舍甚至排斥压制，却无消灭。虽曾发生秦时"焚书坑儒"、唐时禁佛和吐蕃禁止苯教等类似事件，但被禁文化总是禁而不绝，因为信仰及其思想认识问题，用简单的行政命令是禁止不了的。这种禁止某种哲学文化的政策往往适得其反，促使被禁文化为其生存，一方面加强与优势文化的融合以扩大自己的社会基础和群众基础，另一方面主动接受主流哲学文化的改造以适应统治者的需要，实际作用是从反面推动各种民族文化的更新融合。正是看到哲学文化的不可禁止性，大多数封建统治者都在主流意识形态的比较和选择上采取兼容的态度，即坚持主流意识形态的统治地位，用主流哲学文化改造利用非主流哲学文化。正反两方面思想文化统治经验表明，随着民族交融的多元文化的并存融合是必然的，主流意识形态的比较和选择并非水火不容、非此即彼，而只是主体、主流、主导、核心地位的比较和选择，所以中华民族文化融合的基本方向不是刻意用主流意识形态去禁止、消灭和取代其他哲学文化，而是本着"和而不同"的态度，在比较中认同和选择主流哲学文化，并以此为主体和核心，各种文化因素相互融通借鉴、渗透吸纳、交融互动、和谐发展，这必然使其共识日趋成熟、日渐增益，终致共同体意识形成并发展。中华民族交融而成的历史已经清楚地表明，儒学既是中国封建社会各民族普遍认同和共同选择的主流意识形态，又是集两类三方哲学文化之大成、集中体现中华民族共同体意识的思想宝库，它既在意识形态的比较和选择中充当主角，又是这种比较和选择的产物。

2. 中华民族哲学文化在融汇中得以提升

既然在比较中得以认同和选择的只是主流意识形态，那么儒学作为中华民族共同体意识的集中体现，必然处于中华民族两类三方哲学文化的核心，儒学与少数民族哲学的交融互动必然主导中华民族所有哲学文化的融汇演进，其比较和选择的过程也必然是中华民族哲学文化中的精华得以提炼、彰显和倡扬的过程。虽然我们不能将儒学与中华民族哲学文化画等号，但中华民族哲学文化中的精华差不多都主要集中在日积月累的儒学文献里。

儒学融汇古今内外各民族优秀哲学文化，总结、提炼、弘扬中华民族哲学文化之精华，集中体现于哲学世界观和方法论、社会政治观和道德观、人们的人生观和价值观等理论体系之中。哲学世界观和方法论是高层次意识形态的核心部分，社会政治观和道德观乃至人们的人生观和价值观都是其演绎和引申。一个民族由个体反复展示出来的颇具共性特征的精神境界和意志品行，也就是这个民族的精神品质，或称"民族之魂"，就是他们的人生观和价值观的具体表现。中华民族的哲学世界观和方法论，是其知识精英在认识世界和改造世界的漫长岁月里积淀熔铸而成的，其中许多理论观点及其思维方法和思想主张，无不是民族关系及其融合实践的观念反映，是儒学与少数民族乃至其他哲学文化交融互动的产物。在中国古代哲学典籍中，诸如"天""道""理""气""五行"等哲学范畴，是他们对世界根源、世界本质的追问、概括、提炼和总结；诸如"道生一，一生二，二生三，三生万物"，"万物皆动，无物常驻"，"道法自然"，"一阴一阳之谓道"，"反者道之动"，"五行相生相克"，"同中有异，异中有同"，"和实生物，同则不继"，"中也者，天下之大本也；和也者，天下之达道也"，"天人感应"，"天行有常"，"理一分殊"，等等，都是他们对世界存在及其演化的认识和描述。基于这些哲学认识，形成了诸如"自然无为""返朴归真""去伪存真""一分为二""贵和尚中""求同存异""天人合一""知行统一""制天命而用之"等哲学方法论。这些作为中华民族哲学文化精华的世界观和方法论，指导其融合实践，从而又演绎、提炼、总结成丰富成熟的社会政治观和道德观以及相应的人生观和价值观。诸如"天下为公"、社会"大同"、大一统国家观；"厚德载物""礼之用，和为贵""民为邦本"的仁政德治理念；艰苦奋斗、"君子以自强不息"的实践观；"内圣外王"、道德"反求诸己"、"内得于心，外施于人"、"修身、齐家、治国、平天下"、"富贵不能淫，贫贱不能移，威武不能屈"等人生价值观等。

与中华民族数千年交融历史在逻辑上高度统一的"贵和"哲学思维，是中华民族哲学文化的精髓所在。"和"范畴的哲学内涵是多样性的统一，从方法论上要求天人和谐、人际和谐、社会和谐。"贵和"思维的理论前提是周时"天人合一"的宇宙观,由此引申出宇宙万物之间、人与世界和人与人之间的和谐共存关系。"贵和"理念与尧、舜、禹时代联合各部族之力共同顺天应时改善人的生存环境不无关系,更与夏、商、周时代调整民族关系和阶级矛盾直接相关,其实质是中华民族早期交融意识及其原则方法的概括总结。先秦诸子百家对"和"及"贵和"理念均从不同角度加以阐释和拓展,尤其是孔孟儒学对"和""中"等范畴的诠释和对"贵和""尚中"思维方式的弘扬,奠定了"和文化"的理论基础,并于秦汉以后主导着中华民族交融的基本方向。无论从"和文化"的基本内涵,还是从其方法论指向及其社会作用看,它都是因中华民族交融而生的文化,都是对中华民族交融境界及其思想原则的哲学概括。"贵和尚中"理念及其思维方式不仅在儒学理论体系中占有极其重要的地位,而且以儒学与少数民族哲学文化互动发展为主导模式,在民族交融中显示出"和为贵"的至高精神原则,发挥着核心示范作用。儒学与少数民族哲学交融互动,承继了中华民族"和文化"的早期萌生,在新的民族交融实践中把"和文化"推向完善和成熟,成为构筑中华民族多元一体格局的理论基础和中华民族传统哲学文化的精髓,这是儒学与少数民族哲学交融互动最为关键的理论价值。

3. 中华民族精神品质在培育中得以弘扬

上述中华民族哲学文化优秀传统在民族文化融合中培育出日积月累、世代相传的精神品质,鲜明地体现在各个历史时期各民族代表中华民族共同体意识的知识精英和代表中华民族利益意愿的民族英雄身上。这些具有典型意义和榜样力量的知识精英和民族英雄,显示着民族交融大浪淘沙的历史作用,他们的精神意志和思想品质成为中华民族精神的标志和象征,在儒学与少数民族哲学的交融互动中得以总结、肯定、培育和弘扬。特别是在中国近代以来遭受西方帝国主义和霸权主义欺凌的国际关系背景下,围绕中华民族伟大复兴的历史宏愿,其具有深厚历史根基的民族精神不断从理论上得到民族文化精英的总结、肯定和提炼,从实践上自五四运动以来得到以共产党人为代表的革命阶级和革命党派的彰显和弘扬。

也许中国古代在没有像近代那样的域外威胁条件下,由中华民族优秀传统文化滋润的民族精神只是在内部融合中自发显现,而在近代面对西方殖民主义威胁的条件下,自觉地总结、培育和弘扬民族精神成为增强中华民族自信心和凝聚力的必然选择。直到今天,适应实现中华民族伟大复兴中国梦的发展进程的新要求,总结、培育、弘扬中华民族精神的理论研究工作也仍在继续。早在1899年,梁启超就在《中国魂安在乎》一文中提出了"中国魂"这个意指民族精神的称呼,并在随后的一些著述中较为系统地分析论证了中华民族精神问题。在此后一百多年里,中国那些致力于中华民族伟大复兴的政治精英和学术精英,都从各自的角度和需要对中华民族精神进行了深刻的阐释和论证。

对于中华民族有哪些基本精神的概括总结,趋近共识的内容大致可归纳为以下七条:一是"厚德载物""海纳百川"的宽厚包容精神;二是天下兴亡、匹夫有责、抗击侵略、反对分裂的爱国主义精神;三是"协和万邦""怀柔远人""天下大同"以及坚持和谐、和睦、和平发展的理想主义精神;四是勤劳勇敢、自尊自重、自立自强的艰苦奋斗精神;五是求真务实、追求进步、革故鼎新的革命进取精神;六是尚仁重义、"天下为公"、大公无私的整体主义精神;七是"万物皆备于我""以人为本""民为邦本"的人文主义精神等。分析中华民族这些得到反复褒扬的精神品质不难发现,它们与民族交融的哲学文化,特别是儒学有着割不断的思想渊源。第一条"宽厚包容精神",无疑孕育于儒学对少数民族和各种外来哲学文化的兼收并蓄、交融互动的关系之中;第二条"爱国主义"和第六条"整体主义",体现着民族交融过程中愈益强化的民族认同意识、少数民族对儒学道统的承继以及大一统国家观念等;第三条"天下大同""和谐社会""和睦和平"等精神理念,明确地透露着既合目的又合规律地化解民族矛盾、追求各民族共赢共进和团结统一的儒学"贵和"理念及智慧；第四条"自尊自重、自立自强""勤劳勇敢""艰苦奋斗"等精神品质，是在民族交融中能够自立于民族之林的基本态度；第五条革命进取精神和第七条人文精神则是民族交融价值观的鲜明体现。可见，中华民族基本精神，其实都是在以儒学为核心的两类三方哲学文化着眼于民族交融现实需要的交融互动中孕育强化起来的，因而最为突出地体现了儒学与少数民族哲学交融互动的理论价值。

第二节 儒学与中国少数民族哲学交融互动的实践意义

儒学与少数民族哲学交融互动所积累起来的历史文化资源、所形成的哲学文化成果及其思维方式，尤其是所培育塑造起来的民族精神品质等，必然凝结为强大的文化软实力反作用于中华民族的交融实践，产生思想指导和精神动力作用，对增强中华民族认同感、自信心和凝聚力、维护其团结统一、坚持其和谐发展具有影响深远的历史意义和现实意义。

一 促进各族文化交融、加强中华民族的团结统一

儒学与少数民族哲学交融互动，是民族交融所有文化现象中最突出、最集中、最重要、最深刻的文化现象，主导着中华各民族的文化关系，促进各民族文化的全面交融互动，不断增强民族认同意识和凝聚力，使中华民族愈益团结统一。

首先，儒学与少数民族哲学交融互动促进了各民族物质文明的推广和交流。费孝通曾经说："如果要寻找一个汉族凝聚力的来源，我认为汉族的农业

经济是一个主要因素,"[1] 许多少数民族地处偏远,贫穷落后,中原民族先进的农耕文化和富庶的经济条件对之有很强的吸引力,通过民族间生产技术和生产方式等物质文明的交融,必然推动少数民族生产、经济的发展进步,有利于改善和发展民族关系。例如从汉代开始,西北先是以匈奴、契丹为代表,后是以蒙古族为代表的以游牧业为主的少数民族,由于落后的生产经济条件,其物质文明发展总是滞后于汉族地区,在经济交往中往往处于劣势,这是它们采取武力方式时常入侵掳掠中原的根本原因。从唐代开始,汉族政权逐渐地既重视用儒学教化少数民族,又重视帮助少数民族发展生产和经济;而吐蕃、辽、西夏、金及元、清等少数民族政权,则在引进儒学教化的同时,也积极主动地学习汉族先进的农耕文化,推动其生产由落后的游牧业向先进的农耕业转化,发展成农牧兼务互补的民族经济,推动了少数民族地区物质文明发展进步。物质文化交融和物质文明进步构建了各民族相依相成、优势互补的密切关系,形成了利益攸关的经济共同体,从物质根基上增强着中华民族的凝聚力,维护着中华民族的团结统一。

其次,儒学与少数民族哲学文化交融互动促进各民族道德、政治文化及其制度文明的交流借鉴,对各民族乃至整个中华民族的政权建设和道德建设实践具有重大指导意义。儒学所宣示的核心价值观及其道德原则规范、德治仁政的治国理念和建设大一统国家的制度体系,在其与少数民族哲学交融互动中得到坚持、推广、完善和发展,在中华民族政治文明和制度文明建设发展的社会实践中发挥着突出作用。尤其是大一统国家观念及其愈益完善的制度体系,在中华民族的政治生活中占有标识和支配的地位,主导着中央政权和民族政权的分合态势,对大一统国家政权的建设和维护中华民族的团结统一发挥着极其重要的作用。

---

[1] 费孝通主编:《中华民族多元一体格局》(修订本),中央民族大学出版社,1999,第34页。

最后，儒学与少数民族哲学交融互动持续不断地推动了中华民族文化教育事业的长足发展。儒学原本兴起于教育，儒学与少数民族哲学交融互动，也主要是通过文化教育渠道。中央政权向周边少数民族推广儒学，实施儒学主流意识形态的思想统治，其主要手段就是办学兴教、"教化"边民。少数民族及其政权认同、引进儒学，同样要依靠教育。所以，紧随儒学与少数民族哲学交融互动历史进程的社会文化现象，就是整个中华民族尤其是少数民族文教事业的持续发展。儒学与少数民族哲学交融互动，是整个中华民族社会文化建设的阀门和枢纽。

二 为中华民族和谐发展、民族复兴提供重要历史文化资源

儒学与少数民族哲学交融互动是贯穿中国封建社会始终的历史现象，既是各民族团结融通的精神纽带，又是中华民族团结统一的思想条件。儒学与少数民族哲学交融互动所形成的中华民族哲学文化、共同意识及其精神品质等历史文化资源，不仅在中华民族演进的历史进程中发挥了重大作用，而且在近代以来维系着中华民族的团结统一，成为实现中华民族伟大复兴的文化软实力。

清朝晚期，面对西方列强的殖民化浪潮，中国封建社会已面临穷途末路，逐渐沦为半殖民地半封建社会。与之相应，儒学也逐渐丧失其社会意识形态的主导地位而走向没落和衰颓。以鸦片战争和太平天国运动为标志，西方文化从外内两个方向给予儒学以双重激荡，具有现代性内涵的西方资本主义文化和社会主义文化通过种种途径逐渐传入中国。先是西方发达的资本主义文化，后是渐趋兴盛的社会主义文化，与中华民族伟大复兴的社会实践相结合，最终转化为反帝反封建的新民主主义和社会主义革命文化。虽然如此，儒学与少数民族哲学交融互动的历史文化资源及其民族文化特色，已经成为中华

民族的心理灵魂和精神标识，像生物基因一样塑造着每一个炎黄子孙，潜移默化地左右着他们的思维方式和行为方式，指示着整个中华民族同心同德的精神追求和自强不息的实践奋斗。中华民族博大精深的历史文化资源，既是新时代繁育生长民族新文化的丰厚滋养，又是任何外来文化植根的土壤。这种文化底蕴的强大作用，非常鲜明地表现在中华民族近代以来民族复兴的伟大实践中。

宏观中国近现代史，可以说从19世纪40年代到20世纪40年代是中华民族复兴伟业的第一个一百年，是中华民族用摧枯拉朽的革命精神改造旧中国的一百年。在这个一百年里，最终创造了实现中华民族复兴梦想的优越的社会制度条件。从20世纪40年代到21世纪40年代，是中华民族复兴伟业的第二个一百年，是中华民族用自强不息、艰苦创业的奋斗精神和科学理性的自我革新精神全面建设社会主义物质文明、政治文明、精神文明、社会文明和生态文明的一百年。在这个一百年里，全国各族人民，包括港澳台同胞和海外侨胞，同心同德朝着富强、民主、文明、和谐、美丽的目标迈进，创造着实现中华民族复兴梦想的所有条件。

在第一个一百年里，由于资本帝国主义的任意欺凌和中华民族积贫积弱的国力，激发了国人"复兴中华"的强烈愿望，各阶级阶层仁人志士为之奋起。无论是封建士大夫的改良运动、革新运动，还是农民群体的"天国"梦想及其武装起义；也无论是孙中山领导的民族资产阶级民主革命，还是中国共产党领导的新民主主义革命，都无一例外地显示出中华民族共同体意识、精神品质及其思维方式的文化软实力的巨大作用，都能够窥见儒学与少数民族哲学交融互动所积淀的历史文化资源的重大影响。正是在民族复兴的伟大实践中，中华民族共同体意识空前凸显，自强不息、百折不挠、抵制外侮、反抗侵略的民族精神得以自觉弘扬。当"太平天国"和改良主义梦想破灭之后，反帝反封建的民族民主运动风起云涌，极为强烈地彰显着中华民族追求真理、追求进步、追求"大同"理想的革命精神。还有洋务运动、鸦片战争、抗法战争、甲午海战、义和团运动、五四运动、抗日战争等事件中爆发出来的反抗侵略、自强自立的强烈的爱国主义精神，以及新文化运动对儒学文化糟粕的自我批判精神等，激励着中华民族一代又一代炎黄子孙成功地化解了内外反动势力分化瓦解中华民族的图谋，坚定地维护了中华民族的团结统一。与此同时，中华民族在两千多年儒学与少数民族哲学交融互动所积累起来的历史文化资源，尤其是那些反映民族交融的共同意愿及其精神品质的优秀文化传统，在近现代许多知识精英那里得以概括总结、论证倡扬，使中华民族精神品质的展现，由自发提升为自觉、由感性发展为理性，由个别综合为共识，由分散凝聚为合力，在中华民族伟大复兴的奋斗实践中发挥了极其重要的作用。

三 对最终实现中华民族伟大复兴中国梦的当代意义

新文化运动和五四运动以后，虽然儒学式微，儒学与少数民族的文化交融关系及其主导地位已经成为历史，但由儒学与少数民族哲学交融互动所构筑的各民族多元互补、融合创新的文化关系及其发展机制和思维方式等，却深深地嵌入中华民族复兴伟业之中，至今仍在发挥作用。无论什么阶级，只要是中国的，只要是为中华民族伟大复兴而奋斗，都不能没有中华民族共同体意识、精神品质及其思维方式的精神支柱，都不能摆脱儒学与少数民族哲学交融互动的历史影响，中华文化既给炎黄子孙以深深的烙印，又给任何外来文化以中国特色。中国共产党是中华民族伟大复兴的先锋队，中国共产党人是炎黄子孙的佼佼者。中国共产党领导中华民族进行的新民主主义革命和社会主义运动是中华民族复兴大业胜利发展的阶段，建设中国特色社会主义的伟大实践是实现民族复兴中国梦的最高阶段。中国共产党在其革命、建设、改革实践中，非常重视文化软实力的作用，总是根据民族复兴长远的和现实的需要，一方面广泛寻求科学进步的思想理论指导，另一方面批判继承中华民族优秀文化传统，从新民主主义文化建设到中国特色社会主义文化建设，推动中华文化全面持续繁荣进步，推动中华民族复兴大业胜利前进。

中国共产党从一开始就把马克思主义作为行动的指南，但也坚决反对原文照搬、原封不动的本本主义和教条主义，坚持马克思主义与中国具体实践相结合，实现马克思主义的"中国化"，然后用中国化的马克思主义指导实践。马克思主义民族化是其中国化的重要方面，要在中国坚持和发展马克思主义，必须同中华优秀传统文化相结合。只有植根于中华民族优秀历史文化的肥沃土壤之中，马克思主义真理之树才能根深叶茂。马克思主义民族化不仅在于中国语言、中国习惯、中国智慧和中华民族共同体意识等本土文化形式和内容，更在于立足于中华民族复兴大业，用马克思主义立场、观点和方法解决中华民族社会革命、建设和改革的具体问题，不断总结实践经验，达成理论创新，形成适合中华民族复兴大业需求的具有中国风格、中国标识、中国元素的马克思主义。马克思主义民族化必然包括中华民族交融发展的历史经验及其优秀文化传统的概括总结和批判继承。习近平总书记在党的二十大报告中明确指出："中华优秀传统文化源远流长、博大精深，是中华文明的智慧结晶，其中蕴含的天下为公、民为邦本、为政以德、革故鼎新、任人唯贤、天人合一、自强不息、厚德载物、讲信修睦、亲仁善邻等，是中国人民在长期生产生活中积累的宇宙观、天下观、社会观、道德观的重要体现，同科学社会主义价值观主张具有高度契合性。"[1] 习近平新时代中国特色社会主义思想对中华民族优秀历史文化的创造性转化和创新性发展，明确地显示出儒学与少数民族哲学文化互动发展所积累的宝贵精神遗产对于中华民族伟大复兴和中国特色社会主义伟大事业的当代意义。

---

[1] 习近平：《高举中国特色社会主义伟大旗帜 为全面建设社会主义现代化国家而团结奋斗——在中国共产党第二十次全国代表大会上的报告》，人民出版社，2022，第18页。

毛泽东最早提出马克思主义中国化，毛泽东思想是马克思主义中国化的光辉典范。毛泽东思想作为马克思主义在中国的发展飞跃，是继新文化运动之后对"孔孟之道"辩证否定最为彻底的，但明确指出，从孔夫子到孙中山，我们应当给以总结，继承这一份珍贵的遗产。其"百花齐放、百家争鸣"发展社会主义文化的"双百"方针，贯彻"和而不同"的思想原则，弘扬了中华民族海纳百川、融贯古今的文化融合创新精神。毛泽东思想有着深厚的中华文化底蕴，毛泽东的《矛盾论》《实践论》等哲学著作和他一贯坚持和倡导的实事求是的思想方法、实践第一的知行统一论以及全心全意为人民服务的群众观点和群众路线等，都深透地浸润着中华民族优秀历史文化的传统基因。毛泽东思想立足于中华民族复兴大业的特殊阶段，反映反帝反封建和反对官僚资本主义的革命需要，既表现出中华民族自强不息、追求进步的不屈不挠的斗争精神，又表现出维护中华民族团结统一、反对分裂的民族气节和爱国主义精神。

中国共产党带领全国各族人民创建新中国后，经历了短短几年的新民主主义过渡时期。这一时期由改造旧社会到建设新社会是中华民族复兴大业的重大转折，中华民族的社会实践由革命斗争为主转入和平建设为主的发展阶段，艰苦创业、自强不息、团结奋斗、同心同德的民族精神日益彰显，"和文化"的精神动力和方法论作用日益突出。多元一体、和而不同、求大同、存小异、求和谐、谋发展的"贵和"理念，具体化为既兼顾各方利益和特点，又毫不动摇地坚持中华民族的团结统一，既坚持多党合作、政治协商的统一战线政策和民族区域自治制度，又毫不动摇地坚持人民代表大会最高权力机构的一元化领导，建设既有民主自由又有集中统一的体制机制等一系列制度体系和方针政策，有效地化消极因素为积极因素，形成全国各族人民为复兴大业团结奋斗的实践精神。

自20世纪80年代中国建设进入改革开放新时期以后，建设中国特色社会主义的实践和理论日趋成熟、快速发展，中华民族复兴大业进入由"站起来"到"富起来"再到"强起来"的最高发展阶段。中国共产党总结改革开放以来和平发展的实践经验，建构起中国特色社会主义理论体系，充分地显示出中华民族哲学文化中"贵和"思想原则的当代意义。中国共产党的卓越领导人邓小平，在改革开放方针政策和办法措施的开创性设计，在有效调整民族关系，港澳回归和解决两岸统一问题，在对世界"和平与发展"主题的准确判断及其对外开放的外交思想原则等方方面面，无不浸透着中华民族"贵和"思维方法的文化基因。其后的历届党中央领导集体都无不强调中华民族优秀文化传统在改革开放新时期的创造性转化和创新性发展。相对于改革开放前"以阶级斗争为纲""抓革命促生产"的发展思路，改革开放时期，无论内政外交还是政府群众，都更向往"以经济建设为中心"，调动各方面积极因素，强调政通人和、稳定持续的发展模式，这不能不归因于以"和为贵"为主旨的"和文化"底蕴在起作用。这种以"和文化"为底蕴的发展思路，在以人为本的科学发展观和以人民为中心的新发展理念中得以科学总结。中国特色社会主义理论体系的"和文化"底蕴及其对实践的正确指导，彰显了当代中国马克思主义的民族特色和"和文化"的现实意义。

第三节　儒学与中国少数民族哲学交融互动对于世界和平发展的当代意义

儒学与少数民族哲学交融互动印证、滋润和熔铸了中华民族以"和为贵""和而不同""天下大同"为精要的特色文化及其精神品质和思想原则，它们作为中华民族共同体意识及其文化传统的精髓，不仅在凝聚全民族力量实现民族复兴伟业上发挥了强大的文化软实力作用，而且在全面解决当代人类社会面临的一系列国际问题上产生着重大影响，为当代世界和平发展发挥着积极作用。

一 中国以"和文化"为底蕴的和平发展外交政策及其国际影响

诸如"天下为公"的"大同"理想及其"协和万邦""怀柔远人"等"贵和"思想主张,具体到处理人际、族际、国际等"对外"关系上,便强调平等公正、宽容互尊、和平友好、互助合作、互利共赢的方法原则,显示出"和文化"深刻影响中华民族对外交往的实践意义。

中华民族以儒学与少数民族哲学文化互动发展为基本形式的文化融合实践经验,主导着"和文化"的形成和发展;"有朋自远方来,不亦说乎"的善邻礼教和"协和万邦""怀柔远人"的"天下大同"理念,直接指导中华民族的"外交"路线及其政策。中华民族大一统封建国家历来遵循"儒术""修文德以来之"[1]、"不以勇猛为边竟(境)"[2]、"不以兵强天下"[3]的文明外交路线,常常采用输出儒学、互派使臣、羁縻自治乃至皇室和亲等和平方式调节与邻族、邻邦、邻国的关系,不仅以文德施恩不断扩大民族交融的范围,而且逐渐在自己的周围建立起与日本、朝鲜、越南、缅甸等几十个"拱卫"国家和平共处的"宗藩"国际体系。维系这种以中国为"天朝上国"的"宗藩"体系的是"朝贡"制度,该制度始于先秦,汉唐之际得以壮大,明清期间日益成熟,是古代中国最为基本的外交模式。虽然中国处于接受朝贡的宗祖国地位,历代统治者却出于保持边疆和平、安宁、稳定的需要,执行"厚往薄来"的外交政策,让朝贡的藩邦往往能获得价值数倍于贡品的赏赐。如此"天朝富有四海"的外交政策,不仅巩固了与邻近邦国的友善关系,而

---

[1] 《论语·季氏》。
[2] 《管子·枢言》。
[3] 《老子》第三十章。

且在政治上造成了"四夷来朝"的国际影响，在国际上树立起"礼仪之邦"的大国形象。近代以来，西方发达国家统治者奉行殖民掠夺政策、强权政治和霸权主义，造成"弱国无外交"的客观事实，中国腐朽落后的封建帝国不得不屈从于西方列强，以"和文化"指导的外交政务不仅无从施展，而且被当作弱者的哀鸣受到严重冲击。但"贵和"外交理念已然成为礼仪之邦的光荣传统，此时非但没有丝毫动摇，反而因帝国主义的武装侵略而愈益渴望和平，愈益坚定了通过自立自强维护世界公平正义、和平友善的国际关系的信念和决心。

以"和文化"为基调的外交理念已经成为中华文化的重要部分，至今仍在发挥作用。新中国的诞生使中华民族自立于世界民族之林，彻底改变了近代以来听任资本帝国主义操纵摆布的屈辱历史。新中国虽然为维护国家主权和领土完整也与邻国发生过武装摩擦，但为了创造边境稳定、和平发展的国际环境，仍然贯彻和弘扬"贵和"外交，其总原则和大趋势是通过政治途径以平等对话的和平方式化解矛盾、解决争端，逐渐成为积极作用愈益显著、颇有国际话语权和影响力的负责任外交大国。中国从 20 世纪 50 年代开始，就在国际关系上提倡"互相尊重领土主权、互不侵犯、互不干涉内政、平等互惠、和平共处"五项原则，其深刻的文化底蕴就是"己所不欲，勿施于人"[1]、"己欲立而立人，己欲达而达人"[2]、"协和万邦"、"怀柔远人"等"大同"观念。和平共处五项原则与昔日帝国主义掠夺、瓜分殖民地的殖民外交、暴力外交、霸权外交形成鲜明对比，因而得到第三世界国家的广泛认同和支持，已经成为当代国际关系和国际法的基本原则之一。

随着改革开放以来中国经济快速发展和综合国力日益增强，一些人别有用心地宣扬"中国威胁"论调，他们依据的是"逢强必霸"的帝国主义逻

---

[1] 《论语·颜渊》。
[2] 《论语·雍也》。

辑，而缺乏对中华民族"和文化"的了解和理解。自邓小平开始的中国特色社会主义建设改革实践，始终奉行"睦邻、安邻、富邻""亲诚惠容""与邻为善、以邻为伴"的周边外交方针，始终高举和平、发展、合作、共赢旗帜，坚持维护世界和平、促进共同发展的外交政策，致力于推动构建"和谐世界"和"人类命运共同体"。显示出礼仪之邦、文德制胜的极其深厚的"和文化"底蕴，与西方那些至今仍然奉行恃强凌弱、巧取豪夺、零和博弈等霸权霸道霸凌行径的国家形成鲜明对比。

二 "贵和"思维方式对调整当今世界政治、经济国际关系的重大意义

"和文化"作为一种世界观和思维方式，不仅指导着中国的外交实践，而且由于中国外交实践的显著成效而受到世界各国的青睐，越来越成为调整当代国际经济、政治关系、构建国际关系新秩序的思想资源。

第二次世界大战以后，包括中国在内的亚、非、拉许多民族及其国家摆脱西方资本帝国主义的殖民统治而纷纷独立，老殖民主义构筑的殖民体系土崩瓦解，一大批贫穷落后的民族国家走上独立发展的道路。但它们在那些曾经是老牌帝国主义的发达国家的经济、政治压力下，困难重重、步履维艰、低谷连连、挫折不断，有的甚至在其经济、政治、社会现代化进程中陷入动乱和内战的泥潭不能自拔。发达国家为了保持自己的先发优势及昔日的霸权，一方面极力维护那些不利于发展中国家的处理国际经济、政治关系的旧惯例、旧秩序，另一方面利用甚至制造发展中国家的民族矛盾、宗教矛盾乃至邻国矛盾干涉、操纵、控制发展中国家的内政外交，施行强权政治、霸权主义和新干涉主义，使得局部动荡频繁发生，世界仍然很不安宁。但发展中国家自力更生的发展愿望是不可遏制的，它们渴望公平正义、和平发展的国际环境，

向片面维护发达国家利益的旧惯例、旧秩序以及那些超级大国奉行的霸权主义、强权政治、新干涉主义、极端主义、恐怖主义和"本国利益至上"的唯我主义及其"双重标准"等提出了严重挑战，国际关系和国际秩序因而处于大调整、大变革时代。顺应国际社会调整变革、和平发展的时代要求，中国宣示和推广自己和平、和谐发展的成功经验，倡导世界各国弘扬和平、发展、公平、正义、民主、自由的全人类共同价值；"坚持对话协商，推动建设一个持久和平的世界；坚持共建共享，推动建设一个普遍安全的世界；坚持合作共赢，推动建设一个共同繁荣的世界；坚持交流互鉴，推动建设一个开放包容的世界；坚持绿色低碳，推动建设一个清洁美丽的世界"[1]；提出构建和谐世界和人类命运共同体的思路和主张，促进各国人民相知相亲，为世界谋大同。这种深刻蕴含中华民族"贵和"思维方式的中国智慧，既是对"和文化"的继承和弘扬，又是充溢时代气息的创新诠释和重大发展，是中华优秀传统文化与中国当代外交实践有机结合的产物，对当代世界国际关系的调整和变革产生着重大影响，也从一个方面论证了儒学与少数民族哲学交融互动的当代意义。

三 "和文化"主导的多元文化融合模式对当代世界文化关系的借鉴意义

在当今世界，伴随经济全球化和社会信息化的是文化的多样化。"百家争鸣"的多样化文化体系能否和如何共存共荣，是摆在国际关系中从思想根源上影响其走向的紧迫问题和难解课题。而中国儒学与少数民族哲学交融互动及其"和文化"主导的多元文化"融突"模式，以中华民族独特的文化智慧

---

[1] 习近平：《高举中国特色社会主义伟大旗帜 为全面建设社会主义现代化国家而团结奋斗——在中国共产党第二十次全国代表大会上的报告》，人民出版社，2022，第62—63页。

在化解这样的难题上显示出自己的特殊优势。

这种特殊的优势首先表现在国际宗教文化关系的协调上。当今世界各国各地不时发生的宗教或其教派冲突,本身具有悠远的历史成因,近代以来又与民族问题、地缘政治问题交织在一起,再加上第三方别有用心的介入和干涉,使问题越来越复杂,越来越成为"历史的死结",越来越成为全球安宁的威胁,越来越成为世界和平发展、多元文化共存共荣的严重阻碍。如此现实不能不引起人们对宗教文化的关系问题进行深入思考,尤其是那些当事国或当事地区的无辜百姓更为迫切地渴望谋求化解之道。而中华民族在其融合过程中,如何让儒、道、佛共存互渗,如何妥善处理道、佛、回伊、基督等宗教文化关系,如何使它们既"各美其美",又和平共处、相安无事、共存于一个多民族统一体中,等等,显然对化解上述国际宗教文化的矛盾冲突具有借鉴意义。

其次表现在国际民族关系的调整上。近代以来,由于资本帝国主义的殖民统治和当代西方发达国家的强权政治和霸权主义,造成国际民族问题、民族矛盾愈益突出尖锐,民族间文化冲突持续不断,成为制约世界和平发展的重要因素。如果从第三世界发展中国家的角度进行分析,这些民族国家大致面临三方面文化关系必须妥善解决:一是它们中的多民族国家,当它们摆脱帝国主义奴役而自主自立之后,如何解决国内各民族的团结统一问题,是其发展的前提、起点和基础。就这一方面而言,中华民族通过文化融合,即儒学与少数民族哲学交融互动而增强凝聚力的"融突"经验和模式显然对之有直接的借鉴意义。二是由于这些国家民族文化在历史传承、宗教信仰、经济体系及政治依附等问题上的种种差异,它们相互之间也存在矛盾冲突,也有如何和睦相处、交融互动、发展进步的"融突"需求。在这一方面,中华民族"和文化"及其"贵和尚中""求同存异""包容宽厚""以邻为善、以邻为伴"等思维方式对其化解矛盾和冲突也大有帮助。三是由于当初资本帝国主义在经济上剥削、政治上压迫亚非拉众多民族、国家的同时，还在思想文化上实行殖民文化的精神奴役和资本主义文化的强势渗透，力图湮没这些国家各具特色的民族文化，使这些国家的民族文化传统受到强烈冲击和严重挑战，与殖民文化和资本主义文化的矛盾愈益深重，冲突愈演愈烈，从而也有是否和能否保持本土文化独立、弘扬民族文化传统的优势和特色，如何处理与西方文化的关系和不失个性地融入世界文化潮流等问题。这其实同中国近代以来所面临的中西文化冲突是一样的，就中国近两百年化解这一文化冲突的历史经验而言，虽然"和文化"在西方资本主义依恃经济、政治乃至军事实力的强势文化面前显得软弱无力，但其"贵和尚中""和而不同""异中求同""天行健，君子以自强不息"等"和文化"思维在应对西方资本主义文化的强势渗透、吸取西方优秀传统文化和引进社会主义先进文化以求进步自强上发挥着重要作用。

此外还表现在当今世界文化变革发展的潮流和趋势上。第二次世界大战以前，尤其是资本帝国殖民主义盛行的年月，与帝国主义消灭种族民族、霸占贫国弱国、以殖民形式瓜分世界等行径相适应的是西方资本主义殖民文化、强力文化和霸权文化，他们藐视贫弱国家的民族文化，罔顾人类四大古老文明的悠远史实，鼓吹"唯我独尊"的"欧洲文明中心论"。战后，他们用服务于经济垄断、政治强权的世界观和价值观绑架各国人民，千方百计湮灭世界各国丰富多彩的民族文化，对社会主义国家搞"和平演变"，企图"不战而胜"让西方资本主义文化独领风骚。随着第三世界民族国家的觉醒和兴起，在经济全球化和社会信息化的"一体化"发展的同时，世界文化呈现出多样性特征。从帝国主义文化要消灭多样性到人们摆脱殖民统治后世界文化反而呈现多样性，充分表明世界文化发展的规律和趋势是"多样性的统一"，就是各具特色和优势的民族文化在"百花齐放，百家争鸣"中"相比较而存在、相斗争而发展"，这就叫"和而不同，同则不继"，这是中华民族"和文化"早就总结出来的道理。可见"和文化"及其思想原则既是中华民族文化融合实践的经验总结,又是文化变革发展规律的理性概括。

结合当代世界文化多样性及其关系调节的现实需要,弘扬中华民族"和文化"及其思想原则,早在20世纪90年代经济全球化初见端倪的时候,我国许多有远见的学者就世界文化多样性的可能性、必然性和必要性及其应对方略进行了较为深入的探讨。社会学家费孝通颇有代表性地提出"各美其美,美人之美,美美与共,天下大同"的十六字概括,[1] 既反映了当今世界文化多样性特征(各美其美),又表明了不同文化主体彼此尊重、相互融通的主张(美人之美,美美与共),还指出了文化融汇的发展趋势(天下大同)。费孝通的概括不啻弘扬中华民族"和文化"传统的经典范例,也很好地表现出儒学与少数民族哲学交融互动的当代意义。

正是根据"和而不同,同则不继"的道理,中国共产党人以铸牢中华民族共同体意识为主线,不仅在国内坚持科学正确的民族政策和宗教政策,而且就世界各国多元文化的和睦相处、和谐发展问题共享中国经验,提出中国方案。江泽民指出:"和而不同是人类各种文明协调发展的真谛。"[2] 胡锦涛指出:"文明多样性是人类社会的基本特征,也是人类文明进步的重要动力。"[3] 习近平总书记在党的二十大报告中倡导:"尊重世界文明多样性,以文明交流超越文明隔阂、文明互鉴超越文明冲突、文明共存超越文明优越,共同应对各种全球性挑战。"[4] 这种充盈中国智慧的多元文化交流互鉴、共存共荣的思想主张,引起各国学者对儒学及其"和文化"的青睐和兴趣。著名学者汤因比和池田大作在其《展望21世纪》谈话中认为,中华民族在民族交

---

[1] 见费孝通1993年9月题词。
[2] 《江泽民文选》第三卷,人民出版社,2006,第522页。
[3] 胡锦涛:《努力建设持久和平,共同繁荣的和谐世界》,《人民日报》2005年9月16日。
[4] 习近平:《高举中国特色社会主义伟大旗帜 为全面建设社会主义现代化国家而团结奋斗——在中国共产党第二十次全国代表大会上的报告》,人民出版社,2022,第63页。

融中培育起来的"贵和尚中"的思维方式,对于解决当今世界的和平统一、合作繁荣问题,是无与伦比的成功经验。充分肯定了"和文化"及其思维方式对于世界各国和平发展、合作共赢、繁荣共进,对世界多样性文化和谐共生的时代价值。

四 "和文化"对全球社会和自然关系问题的生态学意义

现代生态观起因于对资本特别是垄断资本的掠夺式经济发展方式的批判,认为任何生物的生存都不是孤立的,不同生物之间相生相克,同种生物之间互助和竞争并存。而现代工业文明凭借科技及其生产力的强大力量,以及以之为工具唯利是图、无限追求利润、暴力式开发、掠夺式发展的资本运作方式,在制造出只适合少数人生存享受的畸形社会生态的同时,还不断地破坏自然生态的平衡并愈益降低其自我修复能力,致使人口、资源、环境等全球问题越来越突出尖锐。

面对人口、资源、环境等全球难题,有识之士都在寻求化解之道。绿党提出"生态永继、草根民主、社会正义、世界和平"四个基本主张,向世界倡导"生态优先"、非暴力、基层民主和反对核武器等。虽然绿党的主张的确反映了国际社会科学发展、和平发展的良好愿望,但由于不能触及破坏全球社会生态的垄断资本制度及其国际强权政治和世界霸权主义,其主张和愿望难以从根本上解决问题。与绿党相比,萨卡、佩珀、高兹等"生态社会主义"学者更触及问题的实质,他们把注意力放在现存社会制度的批判上,主张通过社会改造构建社会生态新的平衡,从而在保护自然生态基础上获得经济、社会和人的持续发展。萨拉·萨卡在其《生态社会主义还是生态资本主义》著作中指出,资本主义天然存在着一种资本的逻辑,它要求实现资本的不断增值、利润的最大化,它建立在自私自利的驱动力基础之上,市场与价格机制只注重眼前利益而不注重未来人类的生存。由此，资本主义国家解决生态问题的种种措施，诸如价格机制、污染许可证制度、生态凯恩斯主义、稳态经济理论等都难以奏效。萨卡对苏联、东欧社会主义模式也进行了深刻的批判，认为造成苏东社会主义模式垮台的最为根本的原因是其遭遇了经济增长的生态极限。此外，由于经济、政治高度集中的权力机制及其营造的社会生态，任意地干扰自然生态，适得其反地限制社会主义和共产主义理想道德的倡行，导致"公地的悲剧"而得到比资本主义更严重的生态后果。基于对"生态资本主义"和苏东社会主义的批判，萨卡提出了生态社会主义的解决方案。但是，此方案只是学者案头上的逻辑方案，既缺乏实践基础，又难于诉诸实践，至今仍处于"学术争鸣"的状态。

"民族交融"应属"社会生态"范畴，中华民族交融孕育而成的"和文化"渊源于古老中华"天人合一"的天道观。"天人合一"已经把自然和社会视为一个相当于"宇宙"的统一的生态体系，彰显着自然生态和社会生态的和谐统一。"天人合一"的天道观显然应该是早期人类及其社会活动必须依赖物质自然乃至假设的神力神灵等生活经验的概括总结。以"天人合一"为哲学基础的"和文化"与西方生态观相比，虽然不及后者的科学和精致，但在其哲学世界观乃至自然观、社会观、价值观、文化观等方面无不存在契合之处。在哲学理念及其思维方式上，它们都不是孤立地而是普遍联系地看待自然事物和社会事物；在自然观上，诸如"一阴一阳之谓道""道生一，一生二，二生三，三生万物"或"五行""相生相克"衍生万物等宇宙生成论，同生态学基于生物种群从环境的制约关系中去解释其生存样态颇有异曲同工之妙；在社会观上，"和文化"的"贵和尚中""和而不同""和谐""大同""天下为公"等人道人伦价值观及其文化观与"社会生态"理论高度契合；而当代"生态社会主义"关于"自然生态和社会生态关系"的思想主张，在古老中华早在数千年前就以"天人合一""天人感应"等"神话"方式得以表达了。正是这些契合之处，使"和文化"这一中华文化之精髓成为当代生态理论的重要文化资源，尤其在思路和思维方式上为化解发展难题发挥着重要作用。

中国人民大学张立文教授把 21 世纪人类共同面临的冲突和挑战概括为五个方面：一是由人与自然的冲突所致的生态危机；二是由人与社会冲突所致的社会危机；三是由人与人的冲突所致的道德危机；四是由人与自身心灵冲突所致的精神危机；五是由不同文明之间冲突所致的文明危机。针对此五方面危机的挑战，提出求解"融突"的五个原理：一是"和生"，即万物都有存在的理由和权利；二是"和处"，即事物相互依存、互为条件；三是"和立"，即求同存异、共存共荣；四是"和达"，即互助合作、互利共赢；五是"和爱"，即彼此尊重、相互爱护。[1] 张立文教授的上述"融突五原理"反映了部分中国学者弘扬"和文化"分析和求解全球生态问题的理论思考，对于树立全球命运共同体意识不无裨益。

化解危及生态的世界难题说到底是一个实践问题，学者案头上的化解之道，即使是极有可行性的方案，也须诉诸全面而持续的全球共同实践。我国自改革开放以来，从邓小平同志"两个文明一起抓"，到江泽民同志物质文明、政治文明、精神文明"三个文明"协调发展，再到胡锦涛同志、习近平总书记经济建设、政治建设、文化建设、社会建设、生态文明建设五位一体总体布局，既不断弘扬和创新"和文化"及其思维方式的全面性、整体性、系统性和人文性，又汲取可持续发展的当代生态观赋予"和文化"以新内涵。构建和谐社会、和谐世界、人类命运共同体的主张及其不懈努力，更是把"贵和""大同"理念发挥到了极致。中国特色社会主义面向现代化、面向世界、面向美好未来的建设实践，赋予了"和文化"的时代内涵，不断创

1　参见张立文《儒家和合文化人文精神与二十一世纪》，《学习与探索》1998 年第 2 期。

新发展的"和文化"使"贵和"精神成为中国科学发展、和谐发展、和平发展的文化特色。中国四十多年改革开放的发展成效向国际社会提供了可资借鉴的"中国经验"及其思想主张——既尊重世界文明多样性、发展道路多样化，又基于人类共同利益，建立人类命运共同体意识，推动国际关系民主化，构筑世界各国平等均衡的新型全球发展伙伴关系，同舟共济，权责共担，尊重主权，共享安全，全球同心、各国合力，和平合作、共赢共进，从而从根本上化解全球生态难题，保持全人类世世代代永续发展。显而易见，鲜明体现中华"和文化""求大同"的和谐世界和人类命运共同体的思想主张，已经融涵了当代生态学关于全球生态文明建设的核心思路，表明构建人类命运共同体是世界各国人民的前途所在。

主要参考书目

一 古著

（汉）孔安国传，（唐）孔颖达等正义：《尚书正义》，（清）阮元校刻：《十三经注疏》，中华书局，1980。

（魏）王弼、（晋）韩康伯注，（唐）孔颖达等正义：《周易正义》，（清）阮元校刻：《十三经注疏》，中华书局，1980。

（汉）郑玄注，（唐）孔颖达等正义：《礼记正义》，（清）阮元校刻：《十三经注疏》，中华书局，1980。

（晋）杜预注，（唐）孔颖达等正义：《春秋左传正义》，（清）阮元校刻：《十三经注疏》，中华书局，1980。

（汉）何休注，（唐）徐彦疏：《春秋公羊传注疏》，（清）阮元校刻：《十三经注疏》，中华书局，1980。

（晋）范宁注，（唐）杨士勋疏：《春秋穀梁传注疏》，（清）阮元校刻：《十三经注疏》，中华书局，1980。

《十三经》（全一册），中州古籍出版社据1914年商务印书馆本影印，1992。

陈襄民等注译：《五经四书全译》，中州古籍出版社，2000。

杨伯峻、杨逢彬注译：《论语》，岳麓书社，2000。

方勇译注：《孟子》，中华书局，2010。

方勇、李波译注：《荀子》，中华书局，2015。

方勇译注：《庄子》，中华书局，2015。

陈桐生译注：《国语》，中华书局，2013。

（汉）高诱注：《吕氏春秋》，上海书店，1986。

曾振宇、傅永聚注：《春秋繁露新注》，商务印书馆，2010。

（北魏）郦道元撰：《水经注》，上海古籍出版社，1990。

（汉）司马迁撰：《史记》，中华书局，1962。

（汉）班固撰：《汉书》，中华书局，1962。

（汉）刘珍等：《东观汉纪》，上海：中华书局，1934。

（汉）应劭撰，王利器校注：《风俗通义校注》，中华书局，1981。

（晋）陈寿撰：《三国志》，中华书局，1982。

（晋）常璩撰，刘琳校注：《华阳国志校注》，巴蜀书社，1984。

（晋）葛洪撰：《西京杂记》，三秦出版社，2006。

（北齐）魏收撰：《魏书》，中华书局，1974。

（北魏）崔鸿撰：《十六国春秋》，吉林出版集团有限责任公司，2005。

（北魏）杨衒之撰，周祖谟校释：《洛阳伽蓝记校释》，中华书局，2013。

（后晋）刘昫等撰：《旧唐书》，中华书局，1975。

（晋）陆机撰：《吴趋行》，《影钞宋本陆士衡文集》卷第六，国家图书出版社，2018。

（南朝梁）释慧皎：《高僧传》，陕西人民出版社，2010。

（唐）杜佑撰：《通典》，中华书局，1984。

（唐）樊绰撰，向达校注：《蛮书校注》，中华书局，1962。

（唐）房玄龄等撰：《晋书》，中华书局，1962。

（唐）房玄龄注，（明）刘绩补注：《管子》，上海古籍出版社，2015。

（唐）封敖：《与南诏清平官书》，袁任远、赵鸿昌辑：《唐文云南史料辑抄》，云南人民出版社，1989。

（唐）韩愈撰，马其昶校注：《韩昌黎文集校注》，上海古籍出版社，1986。

（唐）李延寿撰：《北史》，中华书局，1974。

（唐）刘知几：《史通》，中华书局，2014。

（唐）柳宗元：《柳宗元集》，中华书局，1979。

徐文明注译：《六祖坛经》，中州古籍出版社，2008。

（唐）孙樵撰：《序西南夷》，方国瑜主编：《云南史料丛刊》第2卷，云南大学出版社，1998。

（唐）魏徵撰：《隋书》，中华书局，1962。

（唐）吴兢撰：《贞观政要》，中华书局，2011。

（唐）张九龄撰，熊飞校注：《张九龄集校注》，中华书局，2008。

（宋）程颢、程颐：《二程集》，中华书局，1981。

（宋）范成大撰：《桂海虞衡志》，文学古籍刊行社，1955。

（宋）苏轼：《苏轼全集》，上海古籍出版社，2000。

（宋）李光：《庄简集》，文渊阁四库全书本。

（宋）李焘撰：《续资治通鉴长编》，中华书局，1985。

（宋）欧阳修、宋祁撰：《新唐书》，中华书局，1975。

（宋）欧阳修撰，（宋）徐无党注：《新五代史》，中华书局，1974。

（宋）普济撰：《五灯会元》，中华书局，1984。

（宋）契嵩撰：《镡津文集》，上海古籍出版社，2016。

（宋）司马光：《司马温公文集》，《丛书集成初编》，商务印书馆，1936。

（宋）司马光编撰：《资治通鉴》，中华书局，2018。

（宋）王安石：《王安石全集》，上海古籍出版社，1999。

（宋）王溥撰：《唐会要》，中华书局，1955。

（宋）王钦若等编：《册府元龟》第十二册，中华书局，1960。

（宋）王象之撰：《舆地纪胜》，中华书局，1992。

（宋）章如愚：《群书考索》，文渊阁四库全书本，台湾商务印书馆，2008。

（宋）薛居正等撰：《旧五代史》，中华书局，2011。

（宋）乐史撰：《太平寰宇记》，中华书局，2007。

（宋）张栻：《张栻集》，中华书局，2015。

（宋）张栻：《张栻全集》，长春出版社，1999。

（宋）张载：《张载集》，中华书局，2008。

（宋）周敦颐：《周敦颐集》，中华书局，1990。

（宋）周去非著，杨武泉校注：《岭外代答校注》，中华书局，1999。

（宋）朱熹：《四书章句集注》，中华书局，2011。

（宋）朱熹撰：《朱子全书》（修订本），朱杰人等主编，上海古籍出版社、安徽教育出版社，2010。

（宋）黎靖德编：《朱子语类》，中华书局，1986。

（宋）慕容彦逢撰：《摛文堂集》，文渊阁四库全书本，台北：商务印书馆，2008。

（宋）庄绰撰：《鸡肋编》，中华书局，1983。

（金）牧常晁撰：《玄宗直指万法同归》，《道藏》，文物出版社、上海书店、天津古籍出版社，1988。

（西夏）骨勒茂才：《番汉合时掌中珠》，黄振华等整理，宁夏人民出版社，1989。

陈述辑：《全辽文》，中华书局，1982。

（元）保巴：《周易原旨 易源奥义》，中华书局，2009。

（元）郭松年撰，王叔武校注：《大理行记校注》，云南民族出版社，1986。

（元）李京撰，王叔武辑校：《云南志略辑校》，云南民族出版社，1986。

（元）郝经：《陵川集》，文渊阁《四库全书》第1192册，上海古籍出版社，1987。

（元）李道纯撰：《中和集》，《道藏》，文物出版社、上海书店、天津古籍出版社，1988。

（元）鲁明善：《农桑衣食撮要·自序》，上海：商务印书馆，1936。

（元）马端临：《文献通考》，《四裔考六》，上海图书集成局，清光绪二十七年（1901）。

（元）陶宗仪撰：《南村辍耕录》，上海古籍出版社，2012。

（元）脱脱等撰：《金史》，中华书局，1970。

（元）脱脱等撰：《宋史》，中华书局，1977。

（元）许衡：《许衡集》，东方出版社，2007。

（元）玄全子编：《真仙直指语录》，《道藏》，文物出版社、上海书店、天津古籍出版社，1988。

（元）耶律楚材：《西游录》，中华书局，1981。

（元）耶律楚材：《湛然居士文集》，中华书局，1986。

《元典章》，天津古籍出版社，2011。

（明）曹学佺撰：《蜀中广记》，杨世文校点，上海古籍出版社，2012。

（明·朝鲜）佚名撰：《朝鲜史略》，谢国桢辑，国立北平图书馆善本丛书第一集，上海商务印书馆，1937。

（明）陈献章：《陈献章集》，中华书局，1987。

（明）戴熺、欧阳灿总裁，（明）蔡光前等纂修：《万历琼州府志》，马镛点校，海南出版社，2003。

（明）海瑞：《海瑞集》，中华书局，1962。

（清）黄宗羲原著，全祖望补修：《宋元学案》，中华书局，1986。

（明）黄佐：《广州人物传》，广东高等教育出版社，1991。

（明）黄佐纂修：《广东通志》，明嘉靖刻本。

（明）湛若水：《湛甘泉先生文集》，齐鲁书社，1997。

（明）李元阳：《李中溪全集》，《丛书集成续编》142 册，台北：新文丰出版公司，1988。

（明）李贽：《藏书》，中华书局，1959。

（明）李贽：《初潭集》，中华书局，1974。

（明）李贽：《焚书 续焚书》，中华书局，1975。

（明）李贽：《续焚书》，中华书局，2009。

（明）申时行等修：《明会典》，中华书局，1989。

《明太祖实录》，国立北平图书馆红格钞本影印本。

《明实录》，台湾"中研院"历史语言研究所校印，上海书店，1982。

（明）宋濂等撰：《元史》，中华书局，1962。

（明）唐胄纂修：《正德琼台志》，海南出版社，2012。

（明）王岱舆：《正教真诠 清真大学 希真正答》，宁夏人民出版社，1988。

（明）王守仁撰：《王阳明全集》，上海古籍出版社，1992。

（明）谢肇淛：《俗略》，《滇略》卷四，文渊阁四库全书本。

（明）徐霞客：《徐霞客游记》，中华书局，2009。

贵州民族研究所编：《明实录·贵州资料辑录》，贵州人民出版社，1983。

（清）阿克敦撰：《德荫堂集·阴阳之精互藏其宅论》，嘉庆二十一年那彦成刻本。

（清）蔡毓荣：《筹滇十疏》，方国瑜主编：《云南史料丛刊》第 8 卷，云南大学出版社，2001。

（清）德沛：《实践录》，清乾隆元年刻本。

（清）鄂尔泰等修：《八旗通志》，东北师范大学出版社，1985。

（清）鄂尔泰修，靖道谟纂：《云南通志》卷二十九，清乾隆元年刻本。

（清）高奣映：《高奣映集》，云南大学出版社，2011。

（清）顾彩：《容美纪游》，湖北人民出版社，1998。

（清）顾炎武撰：《天下郡国利病书》（六），《顾炎武全集》第17册，上海古籍出版社，2011。

（清）黄培杰纂修：《贵州永宁州志》，成文出版社，1967。

（清）黄以周等辑注：《续资治通鉴长编拾补》，中华书局，2004。

（清）金鋐、郑开极纂修：《广东通志初稿》，书目文献出版社，1998。

《九朝圣训》，京都撷华书局，清光绪十年铅印本。

（清）康熙撰：《庭训格言》，中州古籍出版社，1994。

（清）中国第一历史档案馆编：《康熙起居注》，中华书局，1984。

（清）何劭忞：《新元史》，中国书店，1988。

（清）梁份：《秦边纪略》，青海人民出版社，1987。

（清）刘智撰：《天方典礼》，天津古籍出版社，1988。

（清）马国翰：《玉函山房辑佚书·周易蜀才注》，广陵书社，2005。

（清）马注：《清真指南》，宁夏人民出版社，1988。

（清）明谊修，张岳崧纂：《道光琼州府志》，海南出版社，2013。

（清）那彦成：《那彦成青海奏议》，青海人民出版社，1997。

（清）倪蜕辑：《滇云历年传》，云南大学出版社，1992。

（清）聂缉庆、张延主编：《临高县志》卷十五，海南出版社，2004。

（清）乾隆撰：《日知荟说》，中州古籍出版社，1994。

（清·乾隆）《鹤峰州志》，海南出版社，2001。

（清·乾隆）《永顺府志》，乾隆二十八年癸未（1763）。

《清高宗圣训》，清嘉庆十二年（1807）武英殿刻本。

《清圣祖圣训》，清嘉庆十二年（1807）武英殿刻本。

《清实录》，中华书局，1985。

《清世宗圣训》，清嘉庆十二年（1807）武英殿刻本。

（清）屈大均：《皇明四朝成仁录》，上海：商务印书馆，1948。

周殿富点校新编：《圣祖仁皇帝庭训格言·康熙圣思录》，北京时代华文书局，2013。

（清）苏铣撰：《西宁志》，青海人民出版社，1993。

（清）孙星衍撰：《尚书今古文注疏》，中华书局，1986。

清·同治《恩施县志》，上海书店出版社，1982。

清·同治《来凤县志》，上海书店出版社，1982。

清·同治《咸丰县志》，上海书店出版社，1982。

清·同治《宣恩县志》，上海书店出版社，1982。

清·同治《沅陵县志》，上海书店出版社，1982。

（清）王崧：《乐山集》，《丛书集成续编》192册，台北：新文丰出版公司，1988。

（清）王先谦撰：《尚书孔传参正》，中华书局，2011。

（清）王先谦撰：《荀子集解》，中华书局，1988。

（清）王延熙、王树敏辑：《皇朝道咸同光奏议》，上海久敬斋，1902。

（清）文庆等纂辑：《筹办夷务始末》，上海古籍出版社，2008。

（清）吴广成撰，龚世俊等校证：《西夏书事校证》，甘肃文化出版社，1995。

（清）张廷玉等撰：《明史》，中华书局，1974。

（清）杨应琚纂修：《西宁府新志》，青海人民出版社，1988。

（清）尹湛纳希：《泣红亭》，内蒙古人民出版社，1981。

（清）载湉撰：《光绪御制文集》，光绪刻本。

（清）张惠言：《茗柯文编》，上海古籍出版社，1984。

（清）章梫：《康熙政要》，中州古籍出版社，2012。

（清）郑珍、莫友芝编纂：《遵义府志》，《中国地方志集成·贵州府志辑》，巴蜀书社，2006。

（清）郑献甫：《郑献甫集》，广西人民出版社，2013。

（清）爱必达修，罗绕典辑：《黔南识略·黔南职方纪略》，贵州人民出版社，1992。

周钟岳总纂，龙云、卢汉主修：《新纂云南通志》，云南人民出版社，2007。

由云龙总纂，霍士廉修：《姚安县志》，云南人民出版社，1988。

王明编：《太平经合校》，中华书局，1960。

贾顺先主编：《退溪全书今注今译》（全八册），四川大学出版社、四川人民出版社，1992—1996。

史金波、聂鸿音、白滨译注：《中华传世法典：天盛改旧新定律令》，法律出版社，2000。

二　今著

《马克思恩格斯选集》1—4卷，人民出版社，1995。

阿不都克里木·热合满、马德元主编：《维吾尔族文化简史》，新疆人民出版社，2011。

阿城：《洛书河图：文明的造型探源》，中华书局，2014。

白新良：《中国古代书院发展史》，天津大学出版社，1995。

包和平编著：《中国少数民族文献学研究》，国家图书馆出版社，2009。

《布依族简史》编写组：《布依族简史》，贵州人民出版社，1984。

才让：《吐蕃史稿》，人民出版社，2010。

《朝鲜族简史》编写组、《朝鲜族简史》修订本编写组编：《朝鲜族简史》（修订本），民族出版社，2009。

陈雄编著：《冼夫人在海南》，中山大学出版社，1992。

陈耀南：《唐诗新赏》，中国人民大学出版社，2011。

陈玉龙等：《汉文化论纲：兼述中朝中日中越文化交流》，北京大学出版社，1993。

陈玉屏主编：《中国古代民族融合问题研究》，四川民族出版社，2003。

陈乐素、陈智超编校：《陈垣史学论著选》，上海人民出版社，1981。

陈垣：《明季滇黔佛教考》，河北教育出版社，2000。

陈垣：《元西域人华化考》，上海古籍出版社，2008。

陈兴龙：《羌族释比文化研究》，四川民族出版社，2007。

崔大华：《儒学引论》，人民出版社，2001。

崔大华：《儒学的现代命运——儒家传统的现代阐释》，人民出版社，2012。

崔明德：《中国古代和亲史》，人民出版社，2005。

董其祥：《巴史新考》，重庆出版社，1983。

东巴文化研究所编译：《纳西东巴古籍译注全集》第24卷，云南人民出版社，1999。

杜建录主编：《西夏学》第八辑，上海古籍出版社，2011。

段超：《土家族文化史》，民族出版社，2000。

段丽波：《中国西南氐羌民族源流史》，人民出版社，2011。

段丽萍：《中国少数民族宗教》，云南民族出版社，2002。

段渝：《酋邦与国家起源：长江流域文明起源比较研究》，中华书局，2007。

范文澜：《中国通史》第2册，人民出版社，1978。

方国瑜：《云南史料目录概说》，中华书局，1984。

方克立主编：《中国哲学大辞典》，中国社会科学出版社，1994。

费孝通：《乡土中国》，中华书局，2013。

费孝通主编：《中华民族多元一体格局》（修订本），中央民族大学出版社，1999。

奉恒高主编：《瑶族通史》，民族出版社，2007。

冯骥才主编：《羌族口头遗产集成·民间歌谣卷》，中国文联出版社，2009。

冯时:《中国天文考古学》,中国社会科学出版社,2010。

傅秋涛:《李卓吾传》,湖南人民出版社,2007。

傅小凡:《李贽哲学思想研究》,福建人民出版社,2007。

傅璇琮:《唐代科举与文学》,陕西人民出版社,2003。

富育光:《萨满教与神话》,辽宁大学出版社,1990。

嘎尔迪:《蒙古文化专题研究》,民族出版社,2004。

甘肃省民族研究所编:《伊斯兰教在中国》,宁夏人民出版社,1982。

高亨:《周易大传今注》,齐鲁书社,1998。

葛荣晋:《中国哲学范畴通论》,首都师范大学出版社,2001。

葛兆光:《中国思想史》(第一卷),复旦大学出版社,2001。

耿少将:《羌族通史》,上海人民出版社,2010。

龚友德:《白族哲学思想史》,云南人民出版社,1992。

龚友德:《儒学与云南少数民族文化》,云南人民出版社,1993。

归秀文编:《土家族民间故事选》,上海文艺出版社,1989。

海南省民族学会编,王献军主编:《黎族藏书·方志部·卷一》,海南出版社,2009。

海南省民族学会编,赵红主编:《黎族藏书·方志部·卷二、三》,海南出版社,2009。

韩荫晟编:《党项与西夏资料汇编》,宁夏人民出版社,1983。

韩致中主编:《土家族民间故事集·女儿寨传说》,长江文艺出版社,1985。

何成轩:《儒学南传史》,北京大学出版社,2000。

何永斌:《西川羌族特殊载体档案史料研究》,巴蜀书社,2009。

和少英:《纳西族文化史》,云南民族出版社,2001。

贺灵主编:《百二老人语录》,新疆人民出版社,2016。

鹤峰县委统战部等编:《容美土司史料汇编》,内部资料,1983。

洪军：《四端七情之辨：朝鲜朝前期朱子学研究》，人民出版社，2018。

侯绍庄、史继忠、翁家烈：《贵州古代民族关系史》，贵州民族出版社，1991。

黄安余：《新中国外交史》，人民出版社，2005。

黄烈：《中国古代民族史研究》，人民出版社，1987。

黄庆印：《壮族哲学思想史》，广西民族出版社，1996。

黄仁宇：《万历十五年》，中华书局，2007。

黄现璠、黄增庆、张一民编著：《壮族通史》，广西民族出版社，1988。

黄有福主编：《中国朝鲜族史研究2008》，民族出版社，2009。

纪国泰：《〈扬子法言〉今读》，巴蜀书社，2010。

江应梁主编：《中国民族史》，民族出版社，1990。

金景芳：《〈周易·系辞传〉新编详解》，辽海出版社，1998。

李范文：《李范文西夏学论文集》，中国社会科学出版社，2012。

李国文：《东巴文化与纳西哲学》，云南人民出版社，1991。

李健胜、赵菱贞、俄琼卓玛：《儒学在青藏地区的传播与影响》，人民出版社，2012。

李申：《简明儒学史》，中国人民大学出版社，2006。

李书增等：《中国明代哲学》，河南人民出版社，2002。

李甦平：《韩国儒学史》，人民出版社，2009。

李元光：《宗喀巴大师宗教伦理思想研究》，巴蜀书社，2006。

李治安：《忽必烈传》，人民出版社，2015。

李宗放：《四川古代民族史》，民族出版社，2010。

李宗桂主编：《儒家文化与中华民族凝聚力》，广东人民出版社，1998。

梁庭望、罗宾译注：《壮族伦理道德长诗传扬歌译注》，广西民族出版社，2005。

梁庭望等搜集整理：《壮族传统古歌集》，广西民族出版社，2011。

廖德根、冉红芳编著：《恩施民俗》，湖北人民出版社，2013。

林海权：《李贽年谱考略》，福建人民出版社，2005。

刘光曙：《大理文物考古》，云南民族出版社，2006。

刘俊哲、罗布江村编：《藏传佛教哲学思想资料辑要》，民族出版社，2007。

刘俊哲：《藏传佛教哲学思想研究》，民族出版社，2013。

刘立千：《藏传佛教各派教义及密宗漫谈》，民族出版社，2000。

刘尧汉、卢央：《文明中国的彝族十月历》，云南人民出版社，1986。

刘宗贤、蔡德贵主编：《当代东方儒学》，人民出版社，2003。

罗世泽、时逢春搜集整理：《木姐珠与斗安珠》，四川民族出版社，1983。

吕建福：《土族史》，中国社会科学出版社，2002。

吕思勉：《先秦史》，上海古籍出版社，1982。

马光星：《土族文学史》，青海人民出版社，1999。

马学良主编：《爨文丛刻》，罗国义审订，四川民族出版社，1986。

马长寿遗著：《氐与羌》，上海人民出版社，1984。

《蒙古族简史》编写组、《蒙古族简史》修订本编写组编：《蒙古族简史》（修订本），民族出版社，2009。

蒙冠雄等编：《瑶族风情歌》，广西人民出版社，1983。

蒙培元：《理学范畴系统》，人民出版社，1989。

蒙文通：《古史甄微》，巴蜀书社，1999。

孟燕、归秀文、林忠亮编：《羌族民间故事选》，上海文艺出版社，1994。

米海萍、乔生华辑：《青海土族史料集》，青海人民出版社，2006。

《苗族简史》编写组：《苗族简史》，贵州民族出版社，1985。

牟钟鉴主编：《民族宗教学导论》，宗教文化出版社，2009。

牟宗三：《心体与性体》，上海古籍出版社，1999。

木芹、木霁弘：《儒学与云南政治经济的发展及文化转型》，云南大学出版社，1999。

倪建中、辛向阳主编：《人文中国：中国的南北情貌与人文精神》，中国社会出版社，2008。

欧阳若修等：《壮族文学史》，广西人民出版社，1986。

潘乃谷、潘乃和选编：《潘光旦选集》Ⅱ，光明日报出版社，1999。

彭勃、彭继宽整理译释：《摆手歌》，岳麓书社，1989。

彭继宽选编：《湖南土家族社会历史调查资料精选》，岳麓书社，2002。

彭荣德、王承尧整理译释：《梯玛歌》，岳麓书社，1989。

《黔西南布依族清代乡规民约碑文选》，黔西南布依族苗族自治州史志办公室编印，1986。

青海省民委少数民族古籍整理规划办公室：《青海地方旧志五种》，青海人民出版社，1989。

青海省文物考古研究所：《上孙家寨汉晋墓》，文物出版社，1993。

《青海土族民间文化集》编委会编：《青海土族民间文化集》，青海人民出版社，2009。

曲铁华主编：《中国教育史》，武汉大学出版社，2011。

冉光荣、李绍明、周锡银：《羌族史》，四川民族出版社，1985。

热依汗·卡德尔：《东方智慧的千年探索——〈福乐智慧〉与北宋儒学经典的比对》，民族出版社，2009。

杜继文：《佛教史》，江苏人民出版社，2006。

尚斌、任鹏、李明珠：《中国儒学发展史》，兰州大学出版社，2008。

邵方：《西夏法制研究》，人民出版社，2009。

石朝江、石莉：《中国苗族哲学社会思想史》，贵州人民出版社，2005。

石训等：《中国宋代哲学》，河南人民出版社，1992。

史宗主编：《20世纪西方宗教人类学文选》，金泽等译，上海三联书店，1995。

四川省阿坝藏族羌族自治州茂汶羌族自治县地方志编纂委员会编：《茂汶羌族自治县志》，四川辞书出版社，1997。

四川省阿坝藏族羌族自治州汶川县地方志编纂委员会编：《汶川县志》，民族出版社，1992。

四川黔江地区民族事务委员会编：《川东南少数民族史料辑》，四川民族出版社，1996。

宋德宣：《满族哲学思想研究》，辽宁大学出版社，1994。

苏发祥主编：《西藏民族关系研究》，中央民族大学出版社，2006。

孙俊萍编著：《伊儒合璧的回族哲学思想》，宁夏人民出版社，2008。

孙文良、李治亭：《清太宗全传》，吉林人民出版社，1983。

孙振玉：《王岱舆　刘智评传》，南京大学出版社，2006。

谭其骧：《长水粹编》，河北教育出版社，2000。

谭善祥编著：《怪臣满朝荐》，贵州民族出版社，1993。

唐明邦、汪学群：《易学与长江文化》，湖北教育出版社，2004。

特·官布扎布、阿斯钢译：《蒙古秘史》，新华出版社，2006。

田景等编著：《韩国文化论》，中山大学出版社，2010。

田晓岫主编：《中华民族》，华夏出版社，1991。

佟德富、宝贵贞：《中国少数民族哲学专题研究》，中央民族大学出版社，2006。

《土家族简史》编写组：《土家族简史》，湖南人民出版社，1986。

《土族简史》编写组：《土族简史》，青海人民出版社，1982。

万依、王树卿、刘潞：《清代宫廷史》，百花文艺出版社，2004。

王宝峰：《李贽儒学思想研究》，人民出版社，2012。

王炳照：《中国古代书院》，中国国际广播出版社，2009。

王晖：《古文字与商周史新证》，中华书局，2003。

王明珂：《羌在汉藏之间——川西羌族的历史人类学研究》，中华书局，2008。

王明珂：《英雄祖先与弟兄民族：根基历史的文本与情境》，中华书局，2009。

王明珂：《游牧者的抉择：面对汉帝国的北亚游牧部族》，广西师范大学出版社，2008。

王天玺：《宇宙源流论——彝族古代哲学》，云南人民出版社，1999。

王天玺、李国文：《先民的智慧：彝族古代哲学》，云南教育出版社，2000。

王文光：《中国民族发展史》（上下），民族出版社，2005。

王献军、蓝达居、史振卿主编：《黎族的历史与文化》，暨南大学出版社，2012。

王雄编著：《辽夏金元史徵》，内蒙古大学出版社，2007。

王尧：《礼仪问答写卷》，《王尧藏学文集》（卷四），中国藏学出版社，2012。

王尧：《西藏文史考信集》，中国藏学出版社，1994。

王尧：《西藏文史探微集》，中国藏学出版社，2005。

王俞春：《历代过琼公传》，中国国际广播出版社，1993。

韦玖灵：《儒学南传与壮族思想发展》，香港新闻出版社，2003。

维吾尔族简史编写组：《维吾尔族简史》（修订本），民族出版社，2009。

翁独健主编：《中国民族关系史纲要》，中国社会科学出版社，2001。

乌兰察夫、宝力格、赵智奎：《蒙古族哲学思想史》，内蒙古大学出版社，1994。

巫鸿主编：《汉唐之间的视觉文化与物质文化》，文物出版社，2003。

吴明海：《中国少数民族教育史教程》，中央民族大学出版社，2006。

吴天墀：《西夏史稿》，商务印书馆，2010。

吴震：《泰州学派研究》，中国人民大学出版社，2009。

伍新福、龙伯亚：《苗族史》，四川民族出版社，1992。

伍新福：《苗族文化史》，四川民族出版社，2000。

伍雄武：《智慧奇彩：云南民族哲学思想》，云南教育出版社，2000。

伍雄武：《中华民族的形成与凝聚新论》，云南人民出版社，2000。

伍雄武：《中华民族精神》，云南民族出版社，2004。

伍雄武、普同金：《彝族哲学思想史》，民族出版社，1998。

向警予：《向警予文集》，湖南人民出版社，1985。

萧洪恩、张文璋：《问道土家族哲学》，世界图书出版公司，2015。

萧洪恩：《土家族口承文化哲学研究》，中央民族大学出版社，1999。

萧洪恩：《土家族哲学通史》，人民出版社，2009。

肖万源主编：《儒学与中国少数民族思想文化》，当代中国出版社，1996。

萧万源、伍雄武、阿不都秀库尔主编：《中国少数民族哲学史》，安徽人民出版社，1992。

肖万源、张克武、伍雄武主编：《中国少数民族哲学·宗教·儒学》，当代中国出版社，1995。

邢丽菊：《韩国儒学思想史》，人民出版社，2015。

徐初霞：《中国哲学文献研究与整理》，民族出版社，2013。

徐万邦、祁庆富：《中国少数民族文化通论》，中央民族大学出版社，1996。

徐旭生：《中国古史的传说时代》，广西师范大学出版社，2003。

徐远和：《儒学与东方文化》，人民出版社，1994。

许同莘编：《张文襄公年谱》，商务印书馆，中华民国三十五年（1946）。

许倬云：《说中国——一个不断变化的复杂共同体》，广西师范大学出版社，2015。

阎国栋：《俄罗斯汉学三百年》，学苑出版社，2007。

杨国荣主编：《简明中国哲学史》，人民出版社，1973。

杨珒：《女真统治下的儒学传承——金代儒学及儒学文献研究》，四川大学出版社，2014。

杨建新：《中国西北少数民族史》，民族出版社，2003。

杨军：《朝鲜王朝前期的古史编纂》，社会科学文献出版社，2013。

杨镰：《贯云石评传》，新疆人民出版社，1983。

杨世钰等主编：《大理丛书·金石篇》（10）第一册，中国社会科学出版社，1993。

杨勇、龙倮贵：《彝族传统哲学思想研究》，民族出版社，2014。

杨雨蕾：《韩国的历史与文化》，中山大学出版社，2011。

杨志玖：《元代回族史稿》，南开大学出版社，2003。

姚江滨：《民族文化史论》，中国艺文出版社，1949。

尤中校注：《僰古通纪浅述校注》，云南人民出版社，1988。

余嘉华等：《木氏土司与丽江》，云南人民出版社、云南大学出版社，2014。

余仕麟等：《儒家伦理思想与藏族传统社会》，民族出版社，2007。

余仕麟：《藏族伦理思想史略》，民族出版社，2015。

喻遂生：《〈纳西东巴古籍译注全集〉中的花甲纪年经典》，载《纳西东巴文研究丛稿》（第二辑），巴蜀书社，2008。

袁珂：《中国古代神话》，华夏出版社，2006。

云南省历史研究所编：《清实录有关云南史料汇编》，云南人民出版社，1984。

藏族简史编写组：《藏族简史》，西藏人民出版社，2006。

曾春海：《中国哲学史纲》，台湾五南图书出版股份有限公司，2012。

张碧波、董国尧主编：《中国古代北方民族文化史》（上下），黑龙江人民出版社，2001。

张岱年、程宣山：《中国文化与文化论争》，中国人民大学出版社，1990。

张惠芬、金忠明编：《中国教育简史》，华东师范大学出版社，1997。

张佳生主编：《中国满族通论》，辽宁民族出版社，2005。

张沛之：《元代色目人家族及其文化倾向研究》，天津古籍出版社，2009。

张声震主编：《壮族通史》，民族文化出版社，2004。

张涛：《经学与汉代社会》，河北人民出版社，2001。

张文杰编译：《现代西方历史哲学译文集》，复旦大学出版社，1987。

张曦、黄成龙编著：《中国羌族》，宁夏人民出版社，2012。

张秀民：《士燮传》，载《中越关系史论文集》，台北文史哲出版社，1992。

赵吉惠等：《中国儒学史》，中州古籍出版社，1991。

赵世炎：《赵世炎选集》，四川人民出版社，1984。

赵汀阳：《惠此中国——作为一个神性概念的中国》，中信出版社，2016。

赵心愚：《纳西族历史文化研究》，民族出版社，2008。

赵心愚：《纳西族与藏族关系史》，四川人民出版社，2004。

赵寅松：《白族的文化》，民族出版社，2006。

赵永红：《神奇的藏族文化》，民族出版社，2003。

郑文泽编：《羌族民间故事集》，中国民间文艺出版社，1988。

政协武鸣县委员会编：《壮乡鸿儒刘定逌》，广西民族出版社，2015。

宝贵贞、朝克、佟德富主编：《中国北方少数民族哲学史》，光明日报出版社，2016。

民族院校公共哲学课教材编写组编：《中国少数民族哲学和社会思想资料选编》，天津教育出版社，1988。

中国社会科学院历史研究所译注：《满文老档》，中华书局，1990。

原中国科学院民族研究所广东少数民族社会历史调查组、原中国科学院广东民族研究所编：《黎族古代历史资料》上下册，1964（存于广东省中山图书馆）。

中国西北文献丛书编辑委员会编：《中国西北文献丛书》，兰州古籍书店，1990年影印版。

仲富兰：《中国民俗文化学导论》（修订本），上海辞书出版社，2007。

周国炎编著：《中国布依族》，宁夏人民出版社，2012。

周锡银、刘志荣：《羌族》，民族出版社，1993。

周燮藩主编：《中国宗教历史文献集成·清真大典》第16、17册，黄山书社，2005。

朱刚、席元麟等编：《土族撒拉族民间故事选》，上海文艺出版社，1992。

〔美〕朱学渊：《中国北方诸族的源流》，华东师范大学出版社，2010。

三　译著

《东巴经典选译》，和志武译，云南人民出版社，1994。

《蒙古源流：新译校注》，道润梯步译校，内蒙古人民出版社，2007。

《土鲁窦吉》，王子国译，贵州民族出版社，1998。

《西南彝志》（修订本，第1—2卷），王运权、王仕举译，贵州民族出版社，2004。

《西南彝志》第3—4卷，毕节地区彝文翻译组译，贵州民族出版社，1991。

《西南彝志选》，贵州省民族研究所、毕节地区彝文翻译组，贵州人民出版社，1982。

《训书·人生论》（《训书》亦译为《宇宙源流》），载马学良主编《爨文丛刻》（上）（增订本），四川民族出版社，1986。

《宇宙人文论》，陈英、罗国义译，民族出版社，1984。

阿旺贡噶索南：《萨迦世系史》，陈庆英译注，西藏人民出版社，2002。

拔·塞囊：《拔协》，佟锦华、黄布凡译注，四川民族出版社，1990。

布顿大师：《佛教史大宝藏论》，郭和卿译，民族出版社，1986。

萨迦班智达：《萨迦格言》，王尧译，当代中国出版社，2012。

土观·罗桑却吉尼玛：《土观宗派源流》，刘立千译，西藏人民出版社，1985。

尹湛纳希：《尹湛纳希全集·青史演义》，黑勒、丁师浩译，内蒙古人民出版社，2010。

优素甫·哈斯·哈吉甫：《福乐智慧》，耿世民、魏萃一译，新疆人民出版社，1979。

宗喀巴：《菩提道次第广论》，华锐·罗桑嘉措译，内部流通本。

宗喀巴：《菩提道次修行原理集要》，多识仁波切译，《宗喀巴大师佛学名著译解》，甘肃民族出版社，2002。

〔德〕恩斯特·卡西尔：《人论》，甘阳译，上海译文出版社，1985。

〔德〕费尔巴哈：《基督教的本质》，荣震华译，商务印书馆，1997。

〔德〕黑格尔：《历史哲学》，王造时译，商务印书馆，1973。

〔法〕伏尔泰：《风俗论》上册，梁守锵译，商务印书馆，1996。

〔韩〕洪大容：《答朱郎斋文藻书》，《湛轩书》外集卷一，《韩国文集丛刊》248，景仁文化社，1998。

〔韩〕李珥：《栗谷全书》，华东师范大学出版社，2017。

〔韩〕李滉：《退溪全书》，首尔：成均馆大学大东文化研究院，1958。

〔韩〕朴趾源：《热河日记》，《燕岩集》卷十七，韩国国立首尔大学1979年奎章阁影印本。

〔韩〕尹丝淳：《韩国儒学史》，邢丽菊、唐艳译，人民出版社，2017。

〔韩〕郑齐斗：《霞谷集·存言》，《韩国文集丛刊》160，民族文化推进会，1992。

〔美〕兰西·佩尔斯、查理士·撒士顿：《科学的灵魂》，潘柏滔译，江西人民出版社，2006。

〔美〕露丝·本尼迪克特：《文化模式》，王炜译，社会科学文献出版社，2009。

〔日〕工藤元男：《睡虎地秦简所见秦代国家与社会》，〔日〕广濑薰雄、曹峰译，上海古籍出版社，2010。

〔瑞典〕多桑：《多桑蒙古史》（上册），冯承钧译，上海书店出版社，2001。

〔英〕J.G.弗雷泽：《金枝》，徐育新、张泽石、汪培基译，新世界出版社，2006。

〔英〕加文·汉布里主编：《中亚史纲要》，吴玉贵译，商务印书馆，1994。

索 引

A

阿克敦

661,662

阿鲁浑萨里

554,562

艾自新

266

艾自修

266

安贵荣

13,377

安国亨

13,377

安珦

689,691—693

B

白狼（兰）歌

471,472,475—480,514

八卦

28,269,320,330,336—340,342—352,356,358,359,361,398,404,407,411—414,421,422,424,428,429,462—464,466,470,612,613,619

百二老人语录

675,676

保巴

22,89,90,611—620,645,726,742,750,774

本体论

23,87,88,257,261,263,265,269—272,274,277,280—282,284—287,457,567,568,582,583,589,601,614,618—620,638,693—695,698,699,701,711,751,756,773

苯教

398,399,404,423—432,442,445,446,461,469,470,755,776—778,782

伯颜师圣

561

C

禅宗

10，256，261，262，289，458，699，754—756，772—774

朝鲜实学

704

朝鲜阳明学

699，700，703—705，712

朝鲜朱子学

693，700，701，704，705，708，711，712

陈坚卿

2，3，85，86，107，108，110，750

陈钦

2，3，85，107，108，110，750

陈氏春秋

3，85，107，750

陈献章

8，89，747，749，772

陈元

2，3，85，86，107，108，110，750

成吉思汗

554—556，563，593，596，597，599，601，603，605，628，629，639，640，740，756

程颢

6，64，83，528，529，531，537，606，644，773

程颐

6，64，83，281，283—284，528，529，531，537，589，606，614，619，644，695，773

程朱理学

20，21，24，25，71，76，88，90，91，118，122，125，167，572，573，590，594，606，625，633，655，657，679，680，692—694，696，711，727，751，763，767，778，782

传扬歌

117，132—135

春秋集解详说

554

爨宝子碑

242，298，300，301

爨㬇

324，744

爨龙颜碑

242，298—301

存诚

168，275—277，695

D

东观汉纪（记）

205，293，399

大理行记

10，72，249，308，314，319，321，372

大同

30，50，66，97，143，175，180—182，191，295，354，602，722，753，784，786，791，793—796，798，801，803—805

大学

3，4，6，7，23，24，39，40，45，54，58，59，67，69，71，72，78，81，85，87，88，102，105，109，111，118，122，124—126，128，132，136，138，139，142，144，163—166，168，183，213—217，249，252，265，267—269，271—277，293—296，298，302，305—307，324，326，327，358，371，401，408，416，418，419，424，429，440，442，444，463，467，468，481，482，487，488，490，498，500，503，529，537—541，544，548，557，560，571，572，576，582—588，602，605，607，608，625，633，635，647，648，650，654，656，659，664，666，667，675—677，681，682，686，690，694—699，703，714，716，741，743，745，747，757，765，788，804

大一统

25，48，66，82，88，105，110，243，323，329，365，369，422，593—595，598，644，717—723，733，734，736，737，739，741，744，752，771，784，786，788，795

大哉乾元

22，89，593，598—600，660，740

道德经

41，42，539

道问学

452，570—572

德沛

70，73—76，661，663

东巴经

9，398，400，401，404—407，409—411，413，414，422，777

董仲舒

4，25，93，282，285，287，302，332，333，335，341，405，410，421，433，595，723，763，767，771，773

杜林

3，86，107

多元一体

11，26，31，35，49，78，92，265，473，714，716，717，720，759，761，766，769，785，788，793

E

恩格斯

181，651，771

尔雅

63, 84, 109, 368, 416, 491, 517, 689, 715, 750

二程集

233

二爨碑

241, 242, 248, 296, 298—300

F

番汉合时掌中珠

493, 500

蕃学

16, 81, 155, 156, 490—492, 497

范仲淹

61, 545—547, 553, 557, 558

费孝通

714, 721, 787, 801

佛儒合一

250

佛学

3, 8, 11, 18, 23, 42, 87, 142, 251, 259—261, 289, 321, 416, 449, 491, 498, 525, 575, 576, 579, 595, 602, 753, 755

福乐智慧

516, 522, 523, 529, 530, 532, 535, 537, 540—544, 551—553, 562

复性

254, 257—260, 275, 277, 278, 756

G

改土归流

207, 208, 213—217, 253, 345, 385—387, 415, 508

高奣映

11, 23, 87, 267—279, 289, 747, 751, 774

阁罗凤

304—306, 309—311, 725

格物穷理

125, 126, 588—591, 663, 695

格物致知

17, 23, 24, 74—76, 87, 88, 90, 91, 125, 126, 165, 166, 258, 260, 265, 440, 452, 570, 572, 676, 679, 695, 700, 702, 756, 758

工夫论

17, 23, 24, 87, 88, 257, 262, 264, 275, 277, 568, 569, 572, 582, 588—590, 619, 679, 695, 701, 702, 711, 758

顾炎武

11, 128, 212, 277, 278, 388, 579, 622

贯云石

22, 554, 559—562

桂海虞衡志

173, 178, 318

郭松年

10，72，249，308，314，319，321，372

郭象

773

H

海瑞

164—167，172，175，567—573，580，581，591，592

韩非

595，723，771

韩延徽

724

韩愈

4，5，65，287，462，690，691，735，743，749，773，774

韩知古

724

汉学

21，69，74，127，128，244，288，322，370，371，388，389，490，491，596，648

好礼守义

398，414，422

何晏

773

河图

27，330，334—336，338—340，343—347，352—354，356，359，360，407，424，612，613，619

洪范

347，406—408，526，682

忽必烈

20，22，81，89，443，555，556，558，562—564，586，591，593，594，598—601，603，605—609，623，638，643—645，720，721，724—726，740—742，744，746，747，757

华阳国志

192，197—206，293—296，298，301，302，366，369，483，487，488

桓谭

3，86，107

黄宗羲

11，277，278，576，579，622

慧能

261，262，754，772，774

J

箕子

149，682，710，711

羁縻制度

69，197，198，207，737

家铉翁

554，561

贾谊

96，605，773

金城公主

14，93，733，755

京房

411，412，619

经世致用

207，279，381，388，619，643，675，717，751

经学

3，4，21，82，85，86，92，107—109，126—128，277，294—296，330，331，367—369，371，386，388—390，479，572，607，644，687，690，700，717，727，735，739，749，750，753，763，772—774，782

精威五行

398，405—412，414，421，777

K

开科取士

3，72，146，213，217，249，250，319，491，623，726，736

孔颖达

47，320，360

孔子

5—7，25，64—65，67，68，77，78，80，81，96，101，120，133，150，160，180，185，242—244，253，260，261，269，271，280，281，285，296，304，306，307，312，315，316，320，353，367，376，379，382，383，390，393，394，420，424—429，431，432，434，436，438—441，444，445，448，449，453，456，459，462，463，465，466，469，470，473，474，476，484，489，492，505，514，534，555，560，564，575，578，594，595，601，603，644，645，649，656，673，682，684，690，691，705，719，726，727，734，742，752，754，763—765，771，777

L

李珥（李栗谷）

682，692-698，699，703，711，

李滉（李退溪）

692，693，699，711

李相龙（石洲）

709

老子

3，110，201，270，539，584，649，722，749，752，753

礼记

3，14，35，57，93，104，107，110，127，165，180，315，317，328，353，360，409，411，416，418，430，437，449，462，531，608，686—688，750

礼仪问答写卷

430—441，470，751

李翱

690，773

李元昊

490，546

李元阳

10，11，22，23，86，87，253—265，278，279，288，289，328，581，750，754，756，772，774

李贽

567，568，573—581，591，592

理气之妙

694

理学批判思潮

129，278，379，567，578，579，592

理惑论

3，108，110，753

理气

74，75，167，169，271—274，278，585，613，693，694，696—699，711

理先气后

75，271，272，613

理学

7，10，21，23，24，26，30，36，46，48，51—55，61，71—76，83—84，87—91，118，119，122—125，128，129，134，162，163，167，253，257，259，268，271，273，274，277—279，282，288，322，323，325，330，361，372，376，379，380，386，389，429，443，456—459，524，525，528，554，567，568，570，572，573，575，576，578，579，582—592，594，596，598，601，606，607，609，613，615，618—620，633，634，644，655，656，658，671，675，676，679，680，687—693，695，696，698，699，703，704，706，708，711，717，726，727，740，750，751，753，757，758，763，767，772—774，782

理一分殊

24，90，583，586，615，618，679，694，784

廉希宪

22，554，557—559，561，562

濂洛关闽

23，87，118

两仪

269，320，330，462—464，467，525，583，588，660

刘秉忠

603，609，721，725，726，741

刘定逌

23，24，87，88，117—122，135，747，751，774

刘熙

96，109，110，749，774

刘向

484

刘歆

3，85，107

刘因

606，607，644，726

刘智

17，27，91，582，585—588，591，757，772，774

柳宗元

4，5，8，735，753，773，774

卢色

9，398，402，403，421，777

陆贾

2，82，105，135，481，483，736，773

陆九渊

268，280，281，284，457，570，606，773

陆王心学

71，88，121，125，167，264，568，570，573，606，633，701，727，763，767，782

论语正义

682

论六家要旨

594，595

论语

3，7，20，39，41，44，62，64，65，81，99，110，119，128，150，151，156，163，180，185，236，300，301，309，312，324，353，392，416，431，449，463，474，498，560，603，608，648，649，682—684，686，688，719，726，749，751

罗布桑却丹

626，627，629，630，645

洛书

27，330，335，337，338，343—347，352—354，356，359，360，407，424，612，613，619

M

马德新

17，91，582，586—589，591，757，772，774

马克思

41，42，47，181，218，222，622，651，710，792—794，846

马注

17，91，278，582，586—591，757，772，774

满朝荐

378—381，397

孟孝琚碑

241，242，296

孟子

20，22，35，63，65，66，81，86，128，

129，164—166，180，181，233，236，237，264，280，284，285，301，312，317，323，324，379，382，393，394，408，416，432，434，436，438，440，444，448，456—458，462，463，474，482，489，498，531，557，558，560，562，568—571，589，600，608，648，649，663，705，726，763，767

莫友芝

84，89，101，368，371，386—391，397，751

莫与俦

89，371，386—391，397，751

牟子

3，108，110，753，774

N

南诏德化碑

243，245，303，305，308—312

P

评皇券牒（过山榜）

229-231，233，234，239

裴頠，773

盘瓠开天

226，227，239

皮逻阁

243，247，311

铺咩

398，402，421

Q

青蛙八卦（图）

411-414

气质之性

279—285，288，527，528

穷理尽性

135，590，615，619，620，676

丘濬

137，162—164，167，172，175，183，380

R

人仿天成

340，341

人性物性论

128—130

仁政

66，126，169，379，438—440，444—447，456，558，559，564，600，603，619，633，665，685，689，713，722，724，734，740，753，784，788

任延

106，141，294

儒家

2—4，7，11，12，14—20，23—25，27，30，39，41，42，45，46，49—53，55—

64, 66, 67, 69, 71, 72, 74, 79—96, 99, 101—103, 105, 106, 108, 110, 111, 117, 118, 126, 132—134, 136, 138—140, 142, 144—151, 153, 155, 158, 160, 162—164, 166, 167, 169, 172, 180, 182—188, 190, 191, 196, 197, 202, 203, 207, 209—218, 220, 237, 242—252, 255, 259, 262, 264, 266—268, 275, 278, 287, 288, 293, 294, 296, 299—302, 304—310, 312, 313, 315—317, 320—327, 329—331, 345, 359, 362, 367—369, 372, 380, 382, 383, 385, 386, 388, 391, 392, 394, 400, 403, 404, 411, 412, 416—420, 425, 426, 430—436, 438, 440—452, 454—456, 458, 459, 461—473, 475—480, 486—490, 494—498, 501, 504—515, 524, 531, 533, 537—540, 544, 547, 548, 550, 555—560, 562—567, 580, 582, 586, 588, 591, 593—595, 599—605, 607, 611, 618—620, 623—625, 630, 633—636, 643—646, 648—650, 653—658, 665, 667, 670—675, 677—679, 682—689, 703, 709, 710, 719, 720, 722, 723, 727, 730, 735, 737, 740—742, 744—746, 749—758, 764, 765, 773

儒释

5, 10, 11, 19, 23, 27, 72, 110, 228, 232, 250—252, 263, 265, 266, 278, 288, 289, 304, 319, 320, 422, 465, 468, 489, 497—501, 514, 579, 602, 750, 753, 755, 756, 767, 772, 773, 782

儒学

1—805

S

萨迦班智达

442, 445, 448

萨迦格言

442—455, 470

赛典赤·赡思丁

252, 253, 323, 563, 564, 566, 586, 591, 757

三五历记

227, 232

赡思

253, 564—566, 591

尚书

15, 20, 28, 60, 65, 81, 86, 92, 94, 104, 108—110, 134, 162, 163, 192, 201, 205, 264, 320, 353, 366, 390, 394, 406, 408, 416, 430, 492, 526, 555, 556, 600, 602, 611, 633, 682, 684, 686, 688, 724, 726, 750, 766

索　引　837

少数民族

1—103, 106, 108—110, 112, 114, 116, 118, 120, 122, 124, 126, 128, 130, 132, 134, 136—146, 148, 150—156, 158—162, 164, 166, 168—184, 186, 188, 190, 192, 194, 196, 198—200, 202, 204, 206, 208, 210, 212, 214—216, 218, 220—222, 224—226, 228, 230, 232, 234—236, 238—242, 244, 246—248, 250, 252—254, 256, 258—260, 262, 264—268, 270, 272, 274, 276, 278—280, 282, 284, 286—289, 291, 292, 294, 296—300, 302, 304, 306, 308—310, 312—314, 316, 318—326, 328, 330, 332, 334, 336, 338, 340, 342, 344—346, 348, 350, 352, 354, 356, 358—360, 362—366, 368, 370—378, 380, 382, 384—386, 388, 390, 392, 394, 396, 399—406, 408—410, 412—414, 416—418, 420, 422, 424, 426, 428, 430, 432, 434, 436, 438, 440, 442, 444, 446, 448, 450, 452, 454, 456, 458, 460, 462, 464, 466, 468, 470, 472, 474, 476, 478—480, 482, 484—486, 488, 490, 492, 494, 496, 498, 500, 502—506, 508—510, 512—514, 518, 520, 522—524, 526, 528, 530, 532, 534, 536, 538, 540, 542, 544, 546, 548, 550, 552, 554, 556, 558, 560, 562, 564—568, 570, 572, 574—576, 578, 580—582, 584, 586, 588, 590—592, 594, 596, 598, 600, 602, 604, 606, 608, 610—612, 614, 616, 618—620, 622, 624, 626, 628, 630, 632, 634, 636, 638, 640, 642, 644, 646, 648, 650, 652, 654, 656, 658, 660, 662, 664, 666, 668, 670, 672, 674, 676, 678—680, 682, 684, 686, 688, 690, 692—694, 696, 698, 700, 702, 704, 706, 708, 710, 712—805

邵雍

22, 90, 583, 611—613, 615, 618, 619, 726, 750

奢香

88, 324

舍人

11, 15, 16, 83, 84, 94, 293, 366—368, 396, 687, 750, 774

神创说

501, 504

盛览

11, 83, 84, 293, 366—369, 396, 750, 774

诗经

80, 95, 301, 328, 416, 462, 567,

688，715

十生五成

331，335，337，345，351，354—358，360

实践录

73，74

实学

74，149，163，164，169，171，269，279，379，380，388—390，566，691，696，703—707，712

士先器识论

117，123—125

士燮

86，107—110

释儒和融

241，248，252，253，266，267，289

叔孙通

773

述异记

227，228，232，239

恕道

452

四德

280，456，510，524，530，562

四端七情之辨

696—699，711

四书翼注

117，127，128

四书章句集注

124，128，312，531—533，537，538，540，603

四素

524，530，562

四象

269，330，338，462—464，583

松赞干布

14，85，93，424，426，430，443，446，456

宋学

127，388，727

苏轼

7，8，148—153，158，687，736，747，749，753，774

T

太极图说

268，276，525，612，613，616—618

太古风致

136，165，175，183

太昊

714

太极

6，17，22，23，74，75，82，87，90，91，169，268—278，320，330，331，340，344，360，402，462—464，467，525，583—586，588，591，612—620，657，659，660，664，667，674，679，

698，699，701，720，725，740，741，
747，751，757，765

郯子

67

体用一源

694

天地之性

280—283，527，528

天方性理

585，757

天南理窟

6，83

天人感应

4，82，341—343，410，674，679，763，
784，803

天人合一

64，131，187，223，224，233，234，
302，410，524，530，589，601，784，
785，792，803

天盛改旧新定律令

494—497

童心说

576，577

统合儒释

5，753，773

土观宗派源流

423，442，455，461—470，755

吐蕃

14—16，68，85，93，94，145，311，
312，424，425，430，431，441—443，
446，480，490，498，593，597，600，
733，735—738，743，751，755，771，
776，777，782，788

W

完颜亶

20，81，650，673

完颜璟

20，81，650，673

完颜雍

20，81，673

王安石

16，94，148，547—551，553，735

王弼

22，90，611，618，750，773

王充

114，715

王岱舆

17，27，72，89，91，582—585，587，
588，591，605，757，772，774

王夫之

11，277，278，579，622

王崧

278—289，751，774

王阳明

7，12，13，22，86，125，167，168，

256, 258, 362, 375—378, 382, 396, 457, 459, 570, 572, 578, 701, 702, 747

韦天宝

117, 122—126, 135

文成公主

14, 85, 93, 431, 443, 456, 733, 754, 755

文化哲学

184, 508

倭仁

625, 633—637, 645

无极

23, 30, 87, 113, 116, 255, 265, 268—275, 277, 278, 330, 331, 333, 525, 583—586, 588, 591, 612, 618, 660, 756, 774

吴澄

151, 606, 607, 726, 740

吴越春秋

482, 483

五常

17, 72, 76, 81, 82, 91, 95, 118, 124, 125, 184, 214, 244, 276, 308, 329, 461, 463, 494, 497, 510, 526, 654, 665, 676, 740, 758

五德

315, 410, 524, 526, 562

五服

49, 60, 61, 495

五生十成

334, 335, 337, 338, 345, 351, 354—358, 360

五行

9, 28, 206, 269, 270, 273—275, 330, 333—336, 340—343, 347, 348, 351, 352, 355—360, 398, 405—414, 421, 422, 424, 428, 429, 467, 470, 499, 505, 507, 508, 515, 524—526, 586, 588, 613, 638, 757, 777, 784, 803

X

西南彝志

290, 329, 331, 333, 340, 345, 347—350, 352, 354, 355, 751

西夏黑水桥碑

499, 500

锡光

106, 141, 142, 145

冼夫人

142—144

显微无间

694

向秀

773

孝经衍义

665, 666

孝经

3, 15, 94, 110, 156, 242, 265, 296, 300, 327, 416, 491, 498, 554, 560, 608, 623, 649, 666, 677, 686, 688, 689, 726, 753

絜矩之道

125, 126, 539

偰哲笃

556, 557, 562

偰文质

556, 561

偰玉立

556

心性图说

254, 751, 754

心学

8, 10, 22, 24, 86, 88, 89, 164, 167, 253, 256, 262, 264, 265, 280, 376—378, 380, 381, 567—569, 572, 575—578, 591, 655, 699—703, 712, 749, 750, 753, 756, 772, 774

新语

481, 483

兴宝寺碑

315

修其教不易其俗

67—69

徐静德

692, 693

许衡

20, 81, 606—608, 619, 620, 623, 691, 724, 726, 740, 741, 747

玄烨

21, 24, 89—91, 659, 660, 662—664, 666, 668—670, 674, 675, 678, 679, 751, 774, 778

荀子

3, 60, 65, 96, 110, 129, 130, 226, 316, 416, 432, 484, 595, 600

训诂

85, 107, 109, 128, 322, 367, 368, 371, 388—390, 572, 621, 646, 655, 749, 772

Y

颜元

11, 277, 278, 300

扬雄

197, 287, 408, 410, 416, 482, 487

杨才照

250, 315

杨黼

27, 265, 266

姚枢

20, 81, 606, 726, 741

耶律楚材

20，81，602，603，605，623，740

耶律洪基

726

伊儒会通

567，591

易传

7，86，150，151，207，276，282，285，287，330—332，336，339，340，402，403，406，466，613，620，767

易学

90，205，206，344—346，352，353，357，403，404，412，414，611，618—620，660

易源奥义

22，90，611—617，620，750

阴阳

9，22，27，28，74，75，90，113，116，169，227，245，270，272—275，282，285，286，309，315，330—332，337，338，340—344，348，350，351，356，357，360，398，400—405，410，412—414，422，424，429，464，467，499，505—508，515，525，527，528，566，583—586，588，594，595，607，612，616，638，645，659—663，698，777

尹湛纳希

621，626—629，637—642，645，646

尹珍

11，83，84，88，197，293，366—371，396，750，774

优素甫·哈斯·哈吉甫

523，529，531，532，535，537，540—544，551—553，561

虞翻

110，206，749，774

宇宙人文论

290，302，329，330，333—336，340，341，345，347—354，357，360，751

宇宙源流

290，329，336，352，356，751

元代儒学

554，562，593，598，606，607，618

元气

112—116，227，302，309，330，331，333，349，350，357，361，464，660，665

云南志略

250，299，313，319

Z

造幛记

10，252，320，321

湛若水

8，12，89，747，749，774

张九龄

3，4，735

张鹏展

115—117，122，123，135，748，751

张栻

6，64，83，735

张载

233，279—281，284，287，527—529，531，589，611—614，618，750，773

张之洞

171，172，174

章太炎

49

赵佗

82，105，138—140

正德利用厚生

703

郑回

244，304，305，308，725

郑献甫

115，117，126—131，135，748，751

郑玄

86，330，360，367，389，406，411

郑珍

84，89，101，368，371，386，389—391，751

知行合一

12，166—168，258，376，390，396，452，454，570，700—702，704

执两用中

531，533—535，537，562

直解孝经

560

止至善

23，87，275，278，544，562

致良知

7，22，86，167，262，264，376，457，569—572，701，702

中道

168，173，456，459，460，531，550

中华民族多元一体

26，35，92，473，714，716，717，785，788

中华民族共同体意识

329，581，713，769，774，775，780—783，785，790—792，794，801

中庸

50，57，71，128，168，258，261，262，281，282，285，287，315，324，438，449，456，459，460，463，531—534，537，560，562，570，608，648，677，690，695

中原儒学

11，16，104，135，222，226，239，248，277，278，322，330，331，366，372，388，400，403—408，410，411，414，419，422，429，462，470，490，

524, 562, 565, 620, 623, 692, 732, 738, 751

忠孝

72, 105, 133, 164, 217, 295, 315, 320, 321, 416—419, 433, 441, 465, 510, 557, 650, 672, 676, 723, 754

周易原旨

22, 90, 611—617, 620, 750

周敦颐

6, 17, 22, 23, 64, 83, 87, 90, 91, 268—271, 273, 275, 276, 330, 525—527, 529, 530, 582, 583, 588, 606, 611—613, 615—620, 644, 750, 773

周公

133, 244, 304, 306, 315, 462, 466, 595, 600, 663, 682, 685, 705, 723, 763, 765, 767

周礼

65, 486, 528, 608, 709, 717, 764, 767

周易

9, 20, 28, 39, 65, 73, 81, 89, 110, 123, 153, 206, 207, 276, 281, 301, 320, 328, 331, 340, 343—346, 349—351, 353, 357, 403, 407, 411, 413, 426, 428, 430, 462—464, 467, 507, 599, 613, 614, 617—619, 663, 686,

688, 726, 749, 750, 753

朱熹

8, 17, 23, 24, 75, 87, 89—91, 122—126, 128, 151, 154, 165—167, 268—275, 280, 281, 284, 312, 330, 344, 346, 353, 359, 459, 462, 524, 525, 531—533, 537, 538, 540, 567, 572, 582—584, 588, 596, 599, 603, 606, 611, 613, 615, 616, 618, 619, 644, 655, 675, 679, 687, 688, 691, 692, 694, 696, 698, 699, 701, 703, 750, 751, 767, 773

朱子语类

75, 124, 126, 270, 272, 274, 280, 459, 616, 696, 699

主敬

276, 620, 695, 696, 704, 711

主静

275—277, 616—618, 620

尊德性

452, 570—572

左传

3, 14, 86, 93, 107, 110, 236, 316, 320, 382, 389, 420, 430, 437, 444, 473, 686

左氏春秋

3, 85, 107, 108, 110, 750

后 记

本书是作者负责的国家社科基金重大项目"儒学与我国少数民族哲学关系的历史发展研究"（编号：13&ZD059）的最终成果，经进一步修改完善而成，书名精简为《儒学与中国少数民族哲学》。本书主旨是发掘铸牢中华民族共同体意识的一种传统思想资源，有幸入选2022年《国家哲学社会科学成果文库》，这是对本书学术价值和实践意义的极大肯定。

该国家社科基金重大项目于2013年11月获得批准立项，项目团队成员经过苦心爬梳、深入研究，精心撰稿，于2020年7月最终完稿提交结项。对于课题组全体成员、给予该重大项目和本书有力指导及国家社科基金支持和资助的全国哲学社会科学工作办公室、各级社科规划办、给予大力支持的专家团队成员所在单位及领导、所有支持和帮助该重大项目顺利完成的学者、博硕士研究生和其他人士，表示我们衷心的感谢！特别感谢中央民族大学佟德富教授、云南师范大学伍雄武教授、中国社会科学院马克思主义研究院研究员兼中国少数民族哲学及社会思想史学会原常务副理事长赵智奎、西南民族大学原校长民族学研究专家陈玉屏教授、西南民族大学原校长民族史研究专家赵心愚教授、西南民族大学原校长中国文学史论研究专家曾明教授、《西南民族大学学报》原常务副主编博士生导师余仕麟教授、西南民族大学博士生导师李蜀人教授、《西南民族大学学报》现任主编教育部长江学者博士生导师王启涛教授等，给予的指导和支持！

"儒学与我国少数民族哲学关系的历史发展研究"这一国家社科基金重大项目，是作者继后负责的国家社科基金重大项目"中国少数民族儒学通论"

（编号：20&ZD031）的重要研究基础和重大前期成果，是较好实现我们前后两个重大项目之间由"史"到"论"深度理论跨越的重要学术前提。我们取得了多项阶段性成果，获得过四川省哲学社会科学一等奖等多项奖励，学术上取得了重大突破，成为中国少数民族儒学研究的重要成果。

国家社科基金重大项目"儒学与我国少数民族哲学关系的历史发展研究"，由杨翰卿（西南民族大学教授）任首席专家，各子项目负责人是：李元光（西南民族大学教授）、段吉福（西南民族大学教授）、李健胜（原青海师范大学现湖南师范大学教授）、徐初霞（西南民族大学副研究员）、陈金龙（西南民族大学教授）。该重大项目在申报、立项、开题研究时，曾聘请新疆社会科学院副院长正厅级巡视员刘仲康教授、西南民族大学博士生导师蔡华教授、吉林延边大学金哲洙教授为子课题项目负责人，宁夏社会科学院哲学研究所孙俊萍研究员、延边大学李红军教授提供了"儒学与回族哲学文化""儒学与中国朝鲜族哲学文化"两章的初步研究提纲，特此感谢几位专家学者对于该项目的支持！参与文献资料收集、查阅和在各方面以不同方式参加本重大项目的成员，详见相关信息和文件。

国家社科基金重大项目"儒学与我国少数民族哲学关系的历史发展研究"最终结题成果各章撰稿、参加修改完成的学者，已在最终结题成果后记中具体注明。

在这一基础上修改完善、精简提高而成的本书，各章撰稿和参加修改完成的学者如下：

第一章，绪论：儒学与中国少数民族哲学的良性融促互动发展，杨翰卿、杨旭（西南民族大学教授、河南广播电视台一级播音员）撰写；

第二章，人文地理学视野下的儒学与中国少数民族哲学关系，萧洪恩（土家族，华中农业大学教授）撰写；

第三章，儒学与壮族哲学，第一、二节、第三节（二）（三）（四），韦玖灵（壮族，广西大学教授）撰写；第三节（一）、第四节和本章结语，杨翰卿（西南民族大学教授）撰写；

第四章，儒学与黎族哲学，李元光（西南民族大学教授）撰写；

第五章，儒学与土家族哲学，萧洪恩（土家族，华中农业大学教授）撰写；

第六章，儒学与瑶族哲学，韦玖灵（壮族，广西大学教授）撰写；

第七章，儒学与白族哲学，第一节、第二节（一），吴蓉（藏族，西南民族大学副教授）撰写；第二节（二）、第三节和本章结语，杨翰卿（西南民族大学教授）撰写；

第八章，儒学与彝族哲学，段吉福（西南民族大学教授）撰写；

第九章，儒学与苗族、布依族哲学，王岚（苗族，西南民族大学教授）撰写；

第十章，儒学与纳西族哲学，杨翰卿、徐初霞（西南民族大学教授、副研究员）撰写；

第十一章，儒学与藏族哲学，第一节和本章结语，杨翰卿（西南民族大学教授）撰写；第二、三节，刘俊哲（西南民族大学教授）撰写；

第十二章，儒学与羌族哲学，李健胜（土族，原青海师范大学现湖南师范大学教授）撰写；

第十三章，儒学与维吾尔族哲学，热依汗·卡德尔（维吾尔族，中国社会科学院民族文学研究所研究员）撰写；

第十四章，儒学与回族哲学，杨翰卿（西南民族大学教授）撰写；

第十五章，儒学与蒙古族哲学，宝贵贞（蒙古族，中央民族大学教授）撰写；其中第一节（五），杨翰卿（西南民族大学教授）撰写；

第十六章，儒学与满族哲学，贾秀兰（西南民族大学教授）撰写第一、二稿；陈金龙（西南民族大学教授）修改完成；

第十七章，儒学与朝鲜族哲学，杨翰卿（西南民族大学教授）撰写；

第十八章，儒学与中国少数民族哲学交融互动的原因、途径和特点，徐纪律（西南石油大学教授）撰写；

第十九章，儒学与中国少数民族哲学交融互动的价值和意义，徐纪律（西南石油大学教授）撰写；

主要参考文献及引用书目，由李海林（西南民族大学副教授）、杨兵（西南民族大学博士）、段博雅（四川大学博士）整理。英文目录由杨超（西南民族大学博士研究生华南师范大学讲师）翻译。余众（西南民族大学硕士研究生）、常歌（河南广播电视台记者）对于本文库书稿的部分文献资料进行了查找、查阅、查核。

本重大项目最终成果及本书全稿，由首席专家杨翰卿统改、审稿、定稿。

该课题项目结项意见认为，项目组对课题进行了高屋建瓴的把握，对中国少数民族哲学思想观念和文化与儒学的关系，通过不同视角进行了具体分析、总结、阐论，结项成果具有重大理论价值和实践应用价值。同时提出了重要的修改建议和深刻的中肯意见，表明了该项目成果的不足或欠缺之处，有待进一步完善提高。最后，十分感谢中国社会科学出版社的领导同志、责任编辑韩国茹博士为本书出版所给予的支持、付出的劬劳！并在此向读者致谢！

杨翰卿谨识

2022 年 12 月于蓉城

2023 年 3、9 月修改